U0947023

中国老龄工作年鉴

(2007)

全国老龄工作委员会办公室
中　国　老　龄　协　会　编

华龄出版社

责任编辑　刘正刚　毋卫莉　闫　丽
封面设计　刘苗苗
责任印刷　李浩玉

图书在版编目（CIP）数据

中国老龄工作年鉴．2007/全国老龄工作委员会办公室，中国老龄协会编．—北京：华龄出版社，2009.2

ISBN 978-7-80178-606-7

Ⅰ.中…　Ⅱ.①全…②中…　Ⅲ.老年人—工作—中国—2007—年鉴　Ⅳ.D669.6—54

中国版本图书馆 CIP 数据核字（2009）第 014410 号

书　　名：中国老龄工作年鉴（2007）
作　　者：全国老龄工作委员会办公室　中国老龄协会　编
出版发行：华龄出版社（北京西城区鼓楼西大街 41 号，邮编：100009）
印　　刷：三河科达彩色印装有限公司
版　　次：2009 年 2 月第 1 版　　2009 年 2 月第 1 次印刷
开　　本：787×1092　1/16　　**印　张：**33.5
定　　价：220 元　　**印　数：**1～1000 册

中国老龄工作年鉴（2007）

编 委 会

2007年2月1日，全国老龄工作委员会召开第九次全体会议，中共中央政治局委员、国务院副总理、全国老龄委主任回良玉出席会议并作重要讲话。

2007 年 10 月 22 日至 25 日，由中国老年学学会承办的第八届亚洲 / 大洋洲地区老年学和老年医学大会在京召开。中共中央政治局委员、国务院副总理、全国老龄委主任回良玉发表书面致辞；全国人大常委会副委员长顾秀莲出席；全国政协副主席张怀西发表讲话；全国老龄委办公室常务副主任李本公，副主任袁新立、曹炳良、阎青春、吴玉韶等出席会议。

2007 年 2 月 6 日至 7 日，2007 年全国省级老龄办主任会议在浙江省杭州市召开。会议传达学习了回良玉同志在全国老龄委第九次全体会议上的重要讲话。全国老龄委办公室常务副主任李本公作了工作报告。全国老龄委办公室副主任袁新立、曹炳良、阎青春、吴玉韶等出席了会议。

2007年2月7日，全国居家养老服务经验交流会在杭州举行。会议交流了2006年居家养老服务工作的典型经验。全国老龄委办公室常务副主任李本公，副主任袁新立、曹炳良、阎青春、吴玉韶等出席了会议。

2007 年 8 月 21 日至 22 日，全国老龄办在京举办了《中华人民共和国老年人权益保障法》修订研究高层论坛。常务副主任李本公致开幕词，副主任曹炳良主持会议，副主任袁新立、阎青春、吴玉韶等出席。该论坛得到了联合国人口基金的支持，联合国人口基金的驻华代表和项目官员、国际助老会的执行主席及项目官员出席了论坛开幕式。

2007 年 9 月 10 日，全国老龄宣传工作研讨会在内蒙古自治区满州里举行。

北京北方计算中心 NORTH COMPUTATION CENTER

老龄服务管理智能系统

北京北方计算中心研制开发的老龄服务管理智能系统具有“紧急呼叫”、“自动通知”、“信息咨询”、“老龄短信互动”等多种实用功能，终端设备为老年人多功能专用电话机。该系统推广至今受到了老龄工作者的普遍欢迎。目前在军队和地方已有 200 多家单位安装使用。这些单位自从使用该系统后，大大提高了工作效率，改进了工作方式，用信息化的手段解决了“老龄服务管理中通知事情难，咨询信息难，有急事求助难”的问题。

干休所紧急呼叫

- 紧急情况电话报警
- 系统自动响应声控报警
- 同步显示用户相关资料（姓名、职业、电话、住址、主要病史、家庭情况）
- 值班人员固定电话接听处理报警
- 值班人员移动电话接听处理报警

老干部自动通知系统

- 电话自动通知、通知内容灵活设置
- 自动拨打用户电话、手机号码无须人工干预
- 可方便设定拨打用户
- 可按用户分类、按职位分类、按住宅分类、按通知内容分类

老干部咨询台

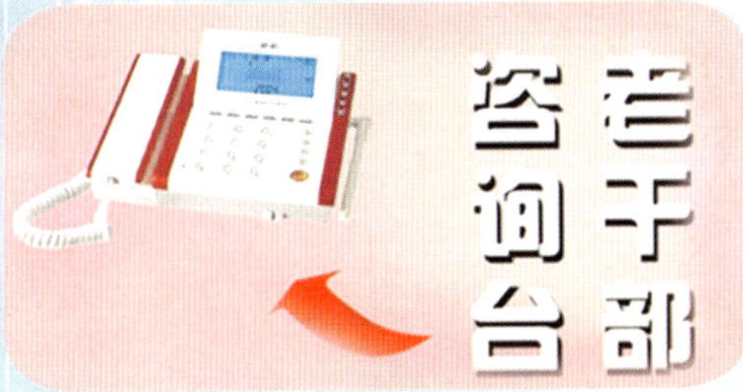

- 1 键 -- 每月活动安排咨询；
- 2 键 -- 文体娱乐活动咨询；
- 3 键 -- 健康保健知识咨询；
- 4 键 -- 政策法规咨询；
- 5 键 -- 热点问题解答；
- 6 键 -- 天气状况咨询；
- 7 键 -- 交通状况咨询；
- 8 键 -- 通知内容查询；
- 9 键 -- 转人工值班热线。

老干部短信互动平台

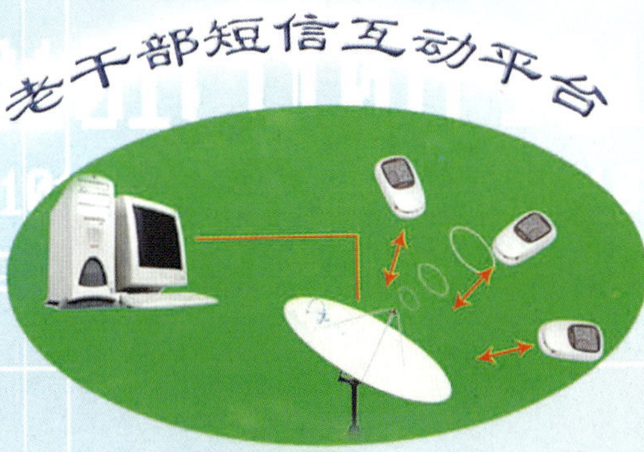

- 重要通知短信发送
- 有奖竞猜短信互动
- 老龄政策法规短信互动
- 节日慰问短信发送
- 生日祝福短信发送

北京电视台专门摄制专题片《老龄服务管理智能系统》在电视台播放后引起社会的广泛关注。我们真诚地欢迎全国老龄工作者选购我们的产品或来电来函洽谈合作事宜。

联系电话：010-66326677　010-66326673　传真：010-62880479

联系人：汪先生　闫先生

2007年：海南省老年人权益保障工作

省人大副主任、省老龄委主任吴昌元在首届海南省老人节期间慰问海口市秀英区石山镇百岁老人王桂妹、李彩姑等

在海南省委、省政府的领导下，各级党委政府深入贯彻落实科学发展观，2007年老年人权益保障工作取得了突破性进展。

《海南省实施〈中华人民共和国老年人权益保障法〉若干规定》增强了社会各方面保障老年人合法权益的责任。各级人民代表大会常务委员会和人民政府以尊重和保护老年人的权益为出发点，制定配套政策法规，推进老年人权益保障法律、法规的贯彻实施。经海南省第三届人民代表大会常务委员会第三十四次会议批准，海口市人民代表大会常务委员会公布施行《海口市城市公共交通客运管理条例》。该条例规定：公交客运经营者应当依照有关法律、法规和本条例的规定，为老、弱、病、残、孕等特殊人群设置专座和提供必要帮助；离休干部、70周岁以上的老年人、身高1.2米以下的儿童及持有全国统一印发的《残疾人证》的残疾人享有免费乘车待遇；小学生以及65周岁以上不满70周岁的老年人享有半票乘车待遇；海口市人民政府应当建立健全公共交通财政补贴、补偿制度，对经营者因实行低票价和承担社会福利形成的政策性亏损给予适当的经济补贴。

2007年2月27日，省民政厅厅长陈川民、省民政厅副厅长、省老龄办主任黄栋国等在海南省老年人优待证首发仪式上给海口市龙华区滨海新村社区老人敬发优待证

省民政厅、省财政厅协同制定专项规范性文件，推进老年人优待工作。实施对一百周岁以上

2007年海南省老人节期间，省老龄办副主任许永建在首届海南省长寿事业发展论坛上发表主旨讲话

海口市龙华区滨海村社区老年人在海南省老年人优待证首发仪式上展示老年人优待证金卡

老人长寿补助，各级老龄委办公室负责长寿补助对象申报登记和审核发放的管理，省财政厅负责编制年度预算和拨付补助金。2007 年省财政厅拨付长寿补助金 111.42 万元，631 名一百周岁以上老年人享受长寿补助。东方市、白沙县等地人民政府，在省级长寿补助基础上安排了专项资金，对包括一百岁以上老人在内的高龄老人发放补助。白沙县政府对一百周岁以上老人每人每月补助 150 元。东方市政府对一百周岁以上老人每人每月补助 100 元。老年人优待证的发放，除离退休人员以外对所有老年人免费发放，免费发放老年人优待证制作费由市县财政负担。2007 年，各市、县（区）财政预算共计安排 108.46 万元老年优待证印制专项经费。老年人优待证共发放 8 万张。

全省尊重老年人的社会氛围明显增强。省内外新闻媒体对老年人优待政策等热点问题给予高度关注和广泛报道，家庭赡养、老年人优待、养老服务等老年话题逐步进入社会舆论主流。海南省政府网开设“老年人网”，有两家企业办老年网。海南省老人节期间，全省以“关爱贫困老年人，共建和谐社会”为主题，开展慰问贫困老年人活动。省人大常务委员会副主任、省老龄工作委员会主任吴昌元前往海口秀英区石山镇慰问贫困老年人。各市县政府组织对贫困老年人的慰问活动，送去党和政府的温暖和关爱。全省共慰问贫困老年人 1484 人，送慰问金和慰问品共计 34.66 万元。三亚市人民政府、省老龄委办公室、海南日报社、省社会科学界联合会和南山文化旅游区联合主办，新华社海南分社、中新社海南分社、海南省电视台、海南省在线、南国都市报、海南旅游发展研究会等单位协办，在南山举办“首届海南省长寿事业发展论坛”，共商海南老龄事业发展大计。

海南省老年人优待证样式

长寿优待证封面封底

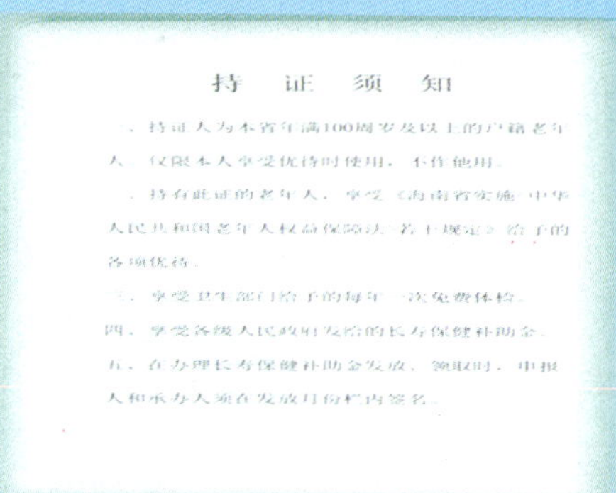

持 证 须 知

一、持证人为本省年满100周岁及以上的户籍老年人，仅限本人享受优待时使用，不作他用。

二、持有此证的老年人，享受《海南省实施〈中华人民共和国老年人权益保障法〉若干规定》给予的各项优待。

三、享受卫生部门给予的每年一次免费体检。

四、享受各级人民政府发给的长寿保健补助金。

五、在办理长寿保健补助金发放、领取时，申报人和承办人须在发放月份栏内签名。

持证须知

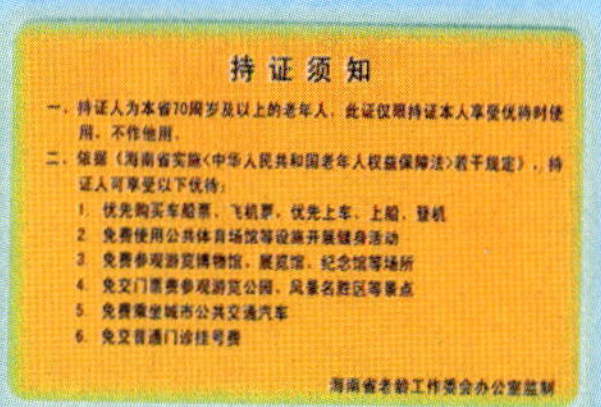

70 周岁及以上老人优待证

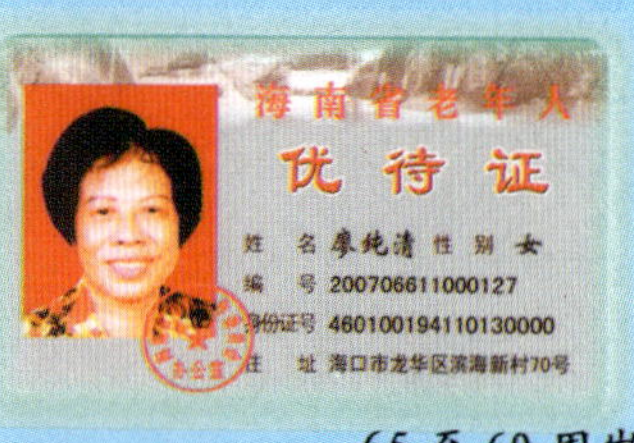

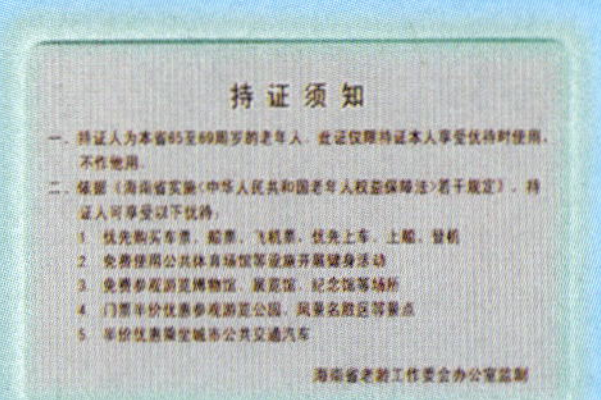

65 至 69 周岁老人优待证

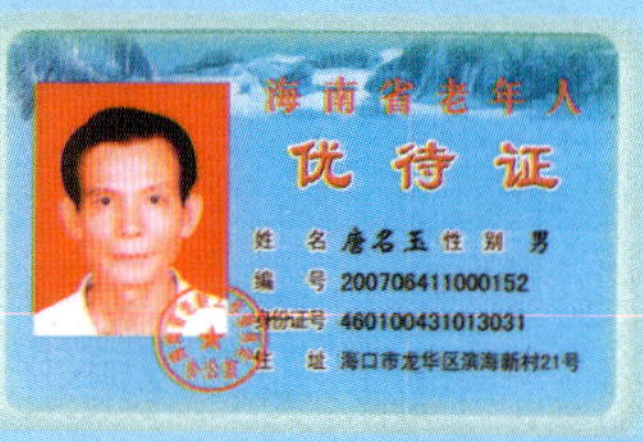

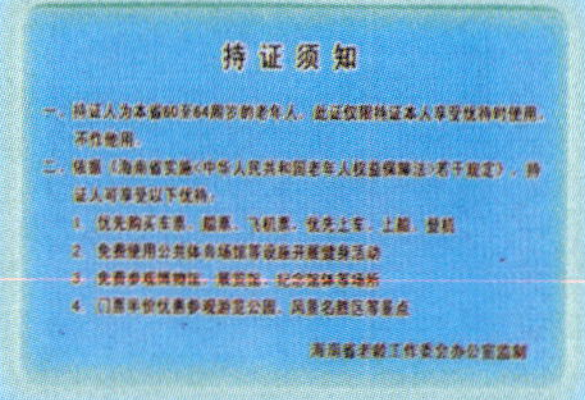

60 至 64 周岁老人优待证

上海市老龄工作委员会办公室

截至2007年底，上海市60岁及以上户籍老年人口286.83万人，占户籍人口的20.8%；65岁及以上人口211.18万人，占总人口的15.3%；70岁及以上人口158.74万人，占总人口的11.5%；80岁及以上人口50.24万人，占总人口的3.6%，占60岁及以上人口的17.5%；百岁老人758位。本市共有“纯老家庭”老年人84.37万人，其中单身独居老人19.30万人。2007年上海市户籍人口平均预期寿命为81.08岁，其中男性78.87岁，女性83.29岁。

作为全国最早进入老年型城市的上海，60岁及以上老年人口和80岁及以上高龄人口逐年递增，且增速加快。“十五”期间，上海市户籍60岁及以上老年人口年平均增加近5万人，而在“十一五”初期的2006和2007年，60岁及以上老年人口年平均增加量就已超过10万人。此外，80岁及以上的高龄人口是老年人口中快速增长的一个年龄组。自2000年以来，60岁及以上、65岁及以上和70岁及以上年龄组的年平均递增率分别为2.5%、1.7%和4.2%，80岁及以上年龄组的年平均递增率则为7.4%。

老年人口和高龄人口总量不断增多、增速不断加快，使得满足老年人的各种保障需求以及保证老年群体积极健康发展的要求日益迫切，上海的老龄事业正面临前所未有的挑战。

2007年，上海市召开了市老龄委全体扩大会议和上海市为老服务工作会议，会议明确要求以老年人关注的民生问题为重点，把提高老年人保障水平和完善为老服务体系作为今后一段时期内上海老龄工作发展的目标。

在市委市政府的领导下，在市老龄委各成员单位的共同努力和社会各界的大力支持下，2007年上海市老龄事业发展取得了长足进步。已基本构建了具有上海特点的多层次养老保障体系，养老保障总体水平稳步提高；医疗保障实现了全覆盖；基本形成老年人家庭自我照料、居家养老照料与机构养老为一体的养老服务格局；老年设施网络和为老服务体系日臻完善，为老服务总体水平不断提升，居家养老服务受益面持续扩大；顺利完成了2007年市政府为老实事项目；有关部门相继出台了一系列惠老政策和措施，广大老年人较好地共享了改革发展成果；全社会共同应对人口老龄化的意识日益增强，尊老敬老氛围进一步浓厚；老年文体活动蓬勃开展，精神文化生活进一步丰富。

养老保障

●城镇基本养老保险　全市60岁及以上老年人领取城镇基本养老金的人数共计199.28万人，占老年人口的69.5%。

●小城镇社会保险　小城镇社会保险稳步推进，领取养老金人数30.48万人。全市养老金月平均水平由2006年的447元提高到519元。参保人数160万人。

●农村社会养老保险　农村社会保障不断加强，“农保”制度得到完善。领取养老金人数26.51万人。参保人数74万人。开展区县统筹试点，对养老金月平均水平低于162元的人员，其增加标准每人每月不低于40元。

●征地养老　全市60岁及以上被征地老年农民领取征地养老保险的人数共计18.10万人，占老年人口的6.3%。全市养老金月平均水平由2006年的132元提高到2007年的171元。

最低生活保障

●低保救助　全市60岁及以上老年人获得城镇最低生活保障的人数共计0.74万人，获得农村最低生活保障的人数共计4.93万人，占老年人口的2.0%。

●老年农民养老金补贴　全市65岁及以上农村无保障老年人获得老年农民养老金补贴的人数共计16.73万人，占老年人口的5.8%。

●农村“五保”老人供养

全市60岁及以上的农村“五保”老人共计0.27万人，占老年人口的0.1%。

●完善社会救助分类施保政策体系，对退休老人部分养老收入免予计入家庭收入

从2007年9月起，对城镇居民最低生活保障家庭中退休人员的部分养老收入先从其养老金中予以免除，免除标准为110元，其余部分计算为家庭收入。

●城镇高龄无保障老人纳入社会保障（简称“高龄纳保”）

全市城镇70岁及以上老年人符合相关条件，可享受养老待遇的人共计6.13万人，占老年人口的2.1%，占70岁及以上老年人口的3.9%。

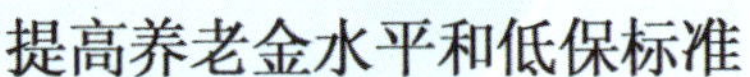

提高养老金水平和低保标准

●加大经济保障力度，进一步提高退休人员养老金水平

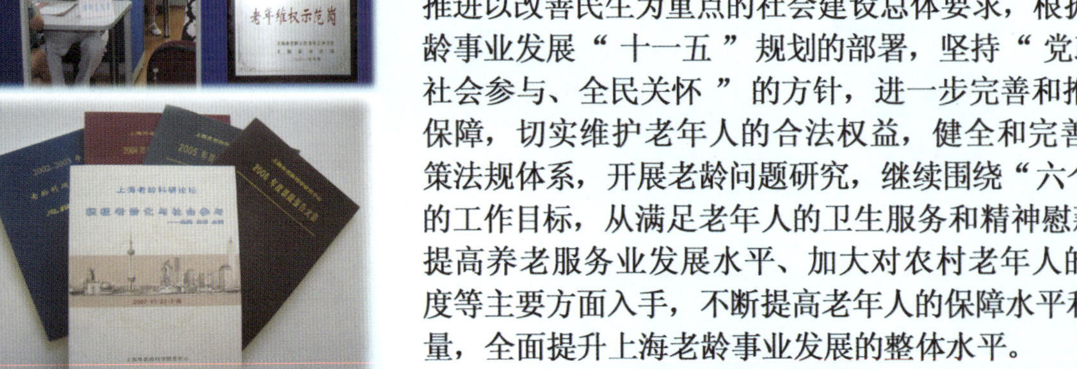

2008年，上海老龄工作将按照党的十七大关于加快推进以改善民生为重点的社会建设总体要求，根据上海老龄事业发展“十一五”规划的部署，坚持“党政主导、社会参与、全民关怀”的方针，进一步完善和推进老年保障，切实维护老年人的合法权益，健全和完善老龄政策法规体系，开展老龄问题研究，继续围绕“六个老有”的工作目标，从满足老年人的卫生服务和精神慰藉需求、提高养老服务业发展水平、加大对农村老年人的保障力度等主要方面入手，不断提高老年人的保障水平和生活质量，全面提升上海老龄事业发展的整体水平。

北京市老龄工作委员会办公室

民政部李学举部长在丁向阳副市长等领导的陪同下到西城区慰问老年人

2007 年，北京市老龄工作坚持以邓小平理论和“三个代表”重要思想为指导，全面落实科学发展观，在市委、市政府的领导下，按照市老龄委第十次全体会议要求，各成员单位、各级老龄工作部门，圆满完成了全年各项目标任务，为构建繁荣、文明、和谐、宜居的首善之区和建设“新北京、新奥运”战略构想做出了应有贡献。

社会养老保障制度不断完善。2007 年，制定并实施了城镇居民“老小”大病医疗保险制度，全年共有 17.1 万名无医疗保障老年人参加了保险，约 9000 人次发生了医疗费用，共支出保险基金 4148 万元。全年有14.2万名退休人员选择社会化报销医疗费，共计 25.79 亿元。建立了城乡无保障老年居民养老保障制度和新农保制度，从制度上解决了全市 70 万城乡老年人无社会养老保障的问题。试行无医疗保障老年人社区卫生服务首诊制。建立了无社会保障老年人社会福利养老金制度和高龄老年人津贴制度。完善了城乡最低生活保障、分类救助、专项救助制度。继续给计划生育家庭发放贴息贷款，健全完善农村部分计划生育家庭奖励扶助制度。

老年人座谈会

居家养老服务日趋完善，社会为老服务不断加强。全市开展了居家养老服务的推广和普及工作，拟定了有关开展居家养老服务工作的政策。召开了基层老龄工作座谈会，总结“空巢家庭”老人帮扶、老年人协会建设、山区老年福利服务设施管理使用等方面的经验。完成养老服务政策起草工作和专项养老服务机构规划调研工作。截至目前，全市共有 338 家养老服务机构，总床位 3.6 万多张，床位使用率 63.3%。实施第二批“山区星光计划”，各部门累计投入 1.45 亿元，其中市级投入 5000 余万元，顺利完成 521 个工程建设任务，超额完成任务并全部投入使用。强化了社区卫生为老年人服务功能，社区卫生服务机构全年共为老年人出诊 20 余万次，为约 65 万名老年人建立健康档案，为近 6400 名老年人建立家庭病床。

“和谐之声”第三届北京市老年合唱大赛颁奖音乐会

“和谐之声”第三届北京市老年合唱大赛颁奖音乐会

新建成的“山区星光计划”项目

门头沟书法讲座

老龄工作宣传力度不断加大，老年人精神文化日益丰富。北京市属新闻单位宣传报道老龄事业发展成就，及时报道相关政策、重要会议和活动，以及优秀老年人的先进事迹。发布了《北京市 2006 年老年人口信息和老龄事业发展状况报告》，首次用数据展示了全市人口老龄化发展水平和老龄事业发展成果。举办第三届北京老年合唱大赛，并在电视台开办老年合唱系列讲座。首次举办了北京老年电影节，并召开老年电影研讨会。老年艺术协会艺术团赴俄罗斯进行演出，完成国家年的“中国年”活动项目。“寸草春晖服务中心”开通老年心理咨询热线。

老年维权工作深入开展，老年维权网络日益健全。将老年人请求人身损害赔偿的案件等 4 类案件纳入了援助范围，使更多的困难老年人得到优质高效的法律援助，并支持引导社会力量积极参与老年人法律援助工作。2007 年全市法律援助机构共办理老年人法律援助案件 380 余件。开展了基层司法援助试点工作，各区县老龄办开展各种老年法律法规宣传活动，完成了基层老年维权组织的调整、充实工作，开展了法律为老服务下基层、进社区活动。

不断拓展老年人社会参与领域。引导老年群团积极参与“和谐社区、和谐村镇”建设，开展“走进山区•银龄行动”暨医疗、科技、文化三下乡活动，充分发挥老艺术家、老知识分子的作用。全年共组织离退休专家 160 人次，开展了 27 个援助项目、248 场活动。加大公共服务投入力度，继续进行无障碍设施的建设和改造。返聘具有高级职称的退休医学专家到社区服务，目前已有 630 余名专家分别到 250 个社区卫生服务中心（站）工作。充分发挥和利用各类老年人才的资源优势，开展有益于青少年健康成长的活动。在全市广泛开展“真情奉献迎奥运，共建和谐乐晚年”主题实践活动。

贺新春敬老慰问演出

崇文区老龄时装培训

电影节开幕式

老龄事业发展报告新闻发布会

宣武区老龄心理讲座

老年心理咨询热线开通会场

北京市崇文区老龄工作委员会办公室

崇文区居家养老服务工作现场会

截至2007年12月，我区户籍老年人数已达到63.354人，占全区户籍人口的19.5%。在北京市18个区县中，我区人口老龄化程度排第三位。到2020年我区老年人口的比例将达到30%，这意味着平均10个崇文人中至少有3人是“银发老人”。如何应对迅猛而来的老龄化挑战，已成为我们老龄工作的重点，为了探索新形势下做好老龄工作的新思路，在2007年度，我区的老龄工作在市老龄办的指导及区委、区政府的正确领导下，大力弘扬“艰苦奋斗，敢为人先，团结奉献，追求卓越”的崇文精神，在老年保障、福利、卫生、文化、教育、体育、科研、服务等项事业上都取得了一定的成绩。

一、强有力地推进“居家养老为主、机构养老为辅”的养老体系建设

区委、区政府高度重视居家养老服务工作，并把此项工作列入政府折子工程，为此，我们首先开展了三项调查：一是空巢老人对居家养老服务的需求调查。二是在试点街道对老年人进行全方位的调查摸底。三是对全区60岁以上老年人进行抽样调查。其次，区民政局成立了从事居家养老服务工作实体—北京市崇文区银手杖服务总社，各街道设立分社，各社区建立居家养老服务站，承担居家养老服务项目的具体实施。3月份，在龙潭街道率先搞了居家养老服务试点工作。到2007年12月，我区财政共筹措专项资金119万余元，用于符合享受政府补贴的5729名老人购买居家养老服务。

崇文区副区长、区老龄委主任宋甘澍元旦、春节期间走访慰问高龄特困老人

二、认真完成为老年人办实事的工作计划

2007年共为老年人办实事10件：一是开展了救助特困高龄老人和百岁老人活动。在元旦、春节期间，走访慰问了高龄、特困老人68人，百岁老人19人。区领导与其中20名老人结成长期的帮扶关系；二是为全区196户80岁以上患有易突发紧急状况的、有特殊需求的空巢老年人安装120紧急医疗呼叫器；三是为离退休老干部免费订阅《新崇文报》共18000份；四是免费为生活有困难的100名老年人进行体检；五是举办“夕阳红”电影专场，共计40场，吸引3万余名老人观看演出；六是开展“携手助老送健康—慈善医疗卡”活动，全年为261名老人办理了每人500元的慈善医疗卡，共计13.05万元；七是为全区50对金婚老人举办“相濡以沫新世纪，风雨携手五十载”大型庆典活动；八是举办全区老年人健身项目表演赛，29个参赛队500名老年人参加了表演赛；九是开展了“法律进社区”活动。增强老年人维护自身合法权益意识，在活动中，共发放《老年法》2万余份，发放《老年援助指南》1万余份，吸引了2万多名老年人参与“法律法规”咨询；十是逐步将全区6904名70岁以上无工作的老年人纳入医疗保险，组织全区500名退休人员外出健康疗养活动。

为全区50对金婚老人举办“相濡以沫新世纪，风雨携手五十载”大型庆典活动

三、成功研发《崇文区老年人口信息管理系统》

为使各种老年信息和资源得到有效存储和记录，我们成功研发了《崇文区老年人口信息管理系统》，全区6万多名老年人的信息录入工作基本完成。

四、宣传工作与时俱进

全年共上报信息69篇，其中《北京日报》、《中国老年杂志》、《北京社会报》、《法制晚报》、《劳动午报》、《北京晨报》、《新崇文》等新闻媒体共采用新闻素材56篇，采用率达到81%，其中重头文章和节目14篇，占25%；全年编制《老龄工作动态》12期。

开展老年权益保障法律法规进社区活动

在2007年的老龄工作中，我们献上诚心，用实心实意为老人解决问题的态度和人性化的服务换来老年人的舒心；奉献爱心，在服务中倾注感情和热情让老年人开心；做到细心，确保工作百密而无一疏让老人安心；保持热心，想老人所想急老人所急让老人放心。我们能够圆满完成为老人所办一系列的实事、好事，得益于上级领导的高度重视；得益于成员单位的齐抓共管；得益于全区老年朋友们的大力支持。

崇文区第二届老年武术集体项目表演赛

成功研发《崇文区老年人口信息管理系统》举办老年人口系统培训班

吉林省老龄办

2007年，全省老龄工作在省委、省政府的领导下，以科学发展观为统领，以实施"十一五"老龄事业发展规划为主线，紧紧围绕省委、省政府中心工作，强化服务，狠抓落实，突出重点，整体推进，各项工作都取得了新成绩。

一、省老龄委成员单位积极发挥职能作用，合力推动老龄工作向纵深发展

一是加强老年维权工作，维护老年人合法权益。省民政厅、财政厅、劳动保障厅等部门按照省人大进行"一法一规定"执法检查形成审议意见的要求，组织有关人员认真研究办理，由省老龄办对办理情况进行了汇总，形成书面报告提交省人大内司委。省计生委配合省老龄办在农村有赡养争议的家庭开展签订赡养协议书工作，全省共签订《家庭赡养协议书》37万多份。省司法厅加强老年法律援助和司法救助工作，全年共为老年人提供法律援助672件，法律咨询4000余件。

二是完善社会保障体系，保障老年人基本生活。截止到2007年末，全省企业离退休人员有148万人参加了基本养老保险，99万人参加了城镇职工基本医疗保险，37万人（60岁以上）参加了城镇居民基本医疗保险。省民政厅逐步扩大最低生活保障面，对城镇特困老人实现应保尽保，分类施保，为社区配备老龄低保对象生活照料员，并对老龄低保对象给予多形式救助。省卫生厅在全省范围内实施新型农村合作医疗制度，93%的老年人参加了新农合。省人口计生委落实农村计划生育家庭奖励扶助制度，全年拨付1620万元奖励扶助金，受益对象2.7万人。

三是加强为老服务体系建设，推动养老服务业发展。省劳动保障厅在公益性岗位中增加为老服务项目。省民政厅着眼于推进养老服务业发展，召开全省社区养老服务工作现场会，制定下发了《关于大力推进社区养老服务工作的通知》，完成了全省668所农村社会福利服务中心建设改造任务，实现了每个乡镇一所、每个县城一所的目标，改善了为老服务环境。省建设厅、省妇联完善为老服务组织体系，发展为老服务志愿者队伍，通过包保服务、结对子等形式，解决老年人生活中的困难。

二、各地结合实际认真贯彻省二次老龄工作会议精神，基层老龄工作稳步推进

一是为老服务工作有了新进展。各地不断丰富"爱老义工服务活动"内容和形式，推动居家养老服务工作深入开展。长春、辽源、白城、延边制定下发了《关于加快发展养老服务业的若干意见》。吉林、四平等地通过新建、改建等各种形式，兴建规模大、设施全的社会福利服务中心。

吉林省副省长、省老龄委主任金振吉在吉林省老龄节全体会议上作重要讲话

吉林省副省长、省老龄委主任金振吉在春节前夕走访慰问长春市105岁老人王义并与老人亲切交谈

2007年6月18日，吉林省老龄办常务副主任陈双喜一行到吉林市东浩老年康复护理院调研

2007年12月18日，吉林省老龄办常务副主任陈双喜率队到广州友好老年公寓考察学习

二是老年维权工作有了新起色。各地加大《老年法》的宣传贯彻力度。长春、四平积极配合省政协对"一法一规定"贯彻执行情况进行视察。延边州设立老年人法律援助咨询热线。白城、四平、辽源建立法律援助网络，减免诉讼费用均在万元以上。

三是基层老龄工作有了新提高。基层老龄工作组织机构进一步健全，县（市、区）、乡（镇、街）和村（社区）三级老龄工作组织网络基本形成。通过敬老模范村（社区）创建活动，营造了基层老龄工作争先创优的良好氛围。各地还组织开展了大量丰富多彩的活动，不断活跃老年人的文体生活。

四是老年人作用得到进一步发挥。各地积极为广大老年知识分子搭建"老有所为"平台，继续开展"银龄行动"。吉林昌邑实现老年人才网上需求对接。辽源、四平等地多项科研成果获国家专利，取得了良好的社会效益和经济效益。

三、省老龄办履行协调职能，突出工作重点，推动全省老龄工作任务落实

一是开展调查研究，制定老龄工作相关政策； 二是主动协调配合，做好"一法一规定"执法检查和视察相关工作；三是强化宣传工作，扩大老龄工作影响力。在充分发挥"省老龄工作记者协会"作用的同时，办好《吉林老年报》和《吉林老龄工作》刊物，建立"吉林老龄"网站，宣传老龄工作经验和动态，指导全省老龄工作。另外，还以活动为平台广泛宣传老龄工作既丰富了老年人的精神文化生活，又扩大了老龄工作的影响力；四是完善工作机制，加强自身建设。省老龄委进一步完善成员单位考核办法，去年底对各成员单位全年的老龄工作进行考核，并将考核情况予以通报。

西藏自治区老龄工作委员会办公室

2007年，西藏自治区的老龄工作按照自治区老龄委的统一安排和部署，顺利完成了全年各项目标任务，为构建小康西藏、平安西藏、和谐西藏发挥了积极作用。

一、养老保障体系不断完善

继续推进统筹城乡养老保障制度工作，出台了《西藏自治区五保供养工作条例》，2007年，全区农牧区特困老人供养救助标准提高到每人每年不低于1500元的应保尽保标准。建立完善了社区离退休党支部，活跃了基层文化、体育生活。进一步加强了为老服务的工作力度。各级老年活动中心(站)、“星光老年之家”有效运转。为80周岁以上寿星老人免费办理寿星证书1万多本，兑现健康补贴费600多万元。为60周岁以上老年人免费办理《老年人优待证》10万多本。

二、为老服务体系初步建立

截至2007年底，全区建成32个老年活动中心(站)，7个“星光老年之家”，为广大老年人健身娱乐，安度晚年生活提供了有利条件。广大老年人积极参与书画、舞蹈、棋牌赛，庆祝党的十七大胜利召开。虽然我区老龄事业起步较晚，但经过各级老龄办和各级部门的共同努力，我区的各项老龄事业也得到了长足的发展和进步，老年活动中心(站)的建立和完善，给我区广大老年人提供了愉悦身心的场所。“九九重阳节”期间，自治区老龄委办公室组织联合慰问组走访慰问百岁老人、特困老人、“五保”老人。给百岁老人购买了新衣服，送去了慰问金。县、乡老年文艺队为祝贺百岁老人生日，表演了精彩的文艺节目。

社区“星光老年之家”为全区广大老年人“老有所学、老有所乐”，安度晚年生活，提高生活和生命质量打下了良好的环境基础，使广大老年朋友真正享受到改革发展的成果，感受到社会主义大家庭的无比温暖，坚定了永远跟党走的信念。

三、老龄工作宣传力度不断加大，老年人的精神文化生活越来越丰富

西藏自治区民政厅厅长、自治区老龄办主任单增卓扎看望慰问芒康县敬老院老人

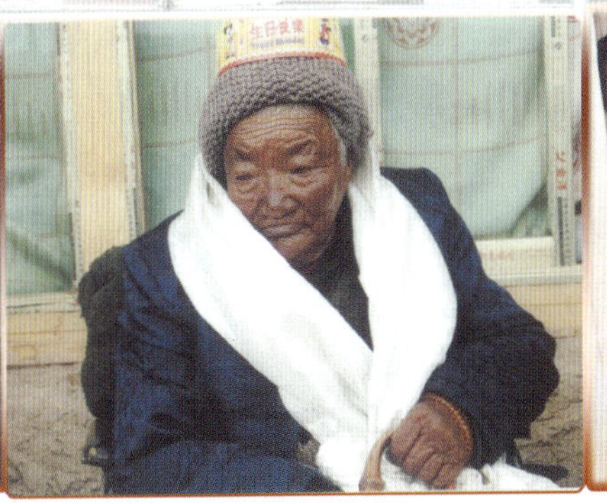

拉萨市林周县江夏乡加荣村百岁老人阿麦次仁

西藏自治区老龄办负责同志为阿麦次仁老人祝寿

老年人为迎接“北京奥运”表演学英语

2007年自治区老龄办组织全区老年人迎接党的十七大暨“九九重阳节”文艺表演

老年人宣传表演“八荣八耻”

辽宁省老龄工作委员会办公室

2007 年，辽宁省的老龄工作坚持科学发展观，认真落实全国老龄委第九次会议和省老龄工作会议精神，紧紧围绕老龄“六个老有”工作目标，抓基层、打基础，不断开拓创新，真抓实干，完成了全年的工作任务，取得了显著成绩，全省老龄工作呈现了新的局面。

一、各级领导重视，老龄工作不断强化。省领导对老龄工作真抓实管，按照省委书记李克强、省长张文岳对老龄工作的重要批示和要求，2007 年我省的老龄工作得到省领导的高度重视。一年中，两次召开全省老龄工作重要会议。各级领导对老龄工作重视超过以往。各市把老龄工作摆上了日程，沈阳、鞍山、抚顺、营口、阜新、辽阳、盘锦和葫芦岛等 8 市相继召开老龄委全委会和工作大会。大连、本溪、丹东、锦州、铁岭和朝阳等市召开了县区老龄办主任会，传达全国和省老龄工作会议精神，对落实会议作了全面部署。

二、老年政策法规建设进一步推进。加快政策法规修改工作，为《辽宁省实施〈中华人民共和国老年人权益保障法〉规定》尽早出台，近三年来，省办 14 次修改草案，4 次向省人大领导汇报情况。年初，省办领导陪同省人大内司委主任等，分别在大连、鞍山、抚顺等市和省直有关部门召开座谈会，认真听取各方面的意见，目前，已列入省人大立法计划。认真组织落实老龄事业发展“十一五”规划，根据省《规划》的总体目标，省办将《规划》中的任务细划分解，制定出各阶段实施的计划，把具体任务分解，由老龄委各成员单位部署实施，促使《规划》有序推进。各成员单位认真落实，制定出本部门实施方案。沈阳、鞍山、本溪、丹东、营口、阜新、辽阳、铁岭和朝阳等 9 市相继出台了本市的《规划》。

三、老年人权益保障工作得到加强。认真落实老年人优待政策，全省 14 市对 70 周岁以上的老年人全都实行了半价或免费乘车，14 市对百岁老人每月给予 100-300 元不等的长寿补贴，大连、丹东、锦州、营口、辽阳、葫芦岛等市在原来的基础上相应提高了补贴标准。老年人权益得到维护。大连、抚顺、阜新、铁岭等市开通了维权热线，丹东、辽阳、朝阳、盘锦市从上到下已经形成市、县、乡、村四级老年维权网络。朝阳 50% 的乡镇街设有老年维权四员（信息、监督、陪审、调解）。全省县区法院设立了老年法庭。

四、老龄工作体系基础建设得到加强。机构建设实现突破，2006 年 11 月份，经省政府决定，省编委下文件，省老龄办由民政厅管理，副厅级建制，内设三个处，增加人员编制；同时，将省老龄办人员编制置换为机关行政编制。各市县老龄工作机构也普遍得到加强。辽宁省 14 市，原只有 6 市老龄办有工作机构，目前，已有 13 个市的老龄工作机构得到理顺。基层工作扎实深入。通过创建全国先进县（市、区）和总结表彰全省老龄先进单位、先进个人、评选“三星”、“敬老十佳”等，进一步推动了基层老龄工作。

五、养老社会化服务体系逐步完善。城乡老年人生活得到基本保障，全省建立了城乡老年人养老保障制度，对低保老年人实现了应保尽保。城市医疗救助新制度全面推开，农村医疗救助实现全覆盖。养老服务社会化全面展开，全省养老机构建设不断发展。

省老龄工作总结表彰暨经验交流会现场。全国老龄办常务副主任李本公、辽宁省政府常务副省长许卫国、副省长闫丰等领导参加

全国老龄办常务副主任李本公参加省老龄工作总结表彰暨经验交流会，与省政府常务副省长许卫国、副省长闫丰、省老龄办主任孙艳华亲切交谈

闫丰副省长、民政厅徐铁南厅长、省老龄办孙艳华主任在鞍山老年公寓看望慰问老年人，并送去慰问金

省老龄委顾问、原省人大副主任陈素芝，省政府副秘书长郭富春、省老龄办主任孙艳华到锦州善缘老人看护中心走访

辽宁省老龄办主任孙艳华参加第二届全省老年中国象棋比赛

广东省老龄工作委员会办公室

广东省副省长李容根在省老龄委第七次全体会议上提出要把我省老龄工作提高到一个新水平

2007年，广东省的老龄工作在省委、省政府的领导下，在各级党政部门的高度重视下，坚持以邓小平理论和“三个代表”重要思想为指导，以科学发展观为统领，深入贯彻党的十七大精神，根据全国老龄委第九次全体会议及全国省级老龄办主任会议精神和广东省老龄委主任、副省长李容根关于老龄工作要抓难点、抓重点、抓创新、抓根本的要求，经过省老龄委各成员单位和各级老龄工作机构的共同努力，老龄工作取得了新的成绩。

一、出台政策，保障老年人养老需求

老龄委各成员单位，根据本部门的职责，出台政策，创新工作方式，为保障和提高老年人老有所养、老有所医水平做出了新的成绩。目前，在城镇，我省以基本养老、基本医疗、最低生活保障制度为主要内容的城镇社会养老保障制度逐步完善。在农村，“五保”供养、社会救助等政策得到较好落实；新型农村合作医疗100%覆盖所有行政村，参合人员近90%。

二、创新服务，切实开展为老服务工作

近年来，各地大力发展社区为老服务，在街道和社区大力建设面向老人、方便实用、功能配套的老年福利服务设施和活动场所。同时，利用社区“星光老年之家”功能设施和社区卫生服务资源，大力开展社区居家养老服务工作，采取政府出资、福利彩票公益金资助、社会慈善捐助等方法，面向社区为有需求的居家老人提供形式多样的服务。

广东省民政厅厅长、省老龄委副主任刘洪慰问贫困老年人

三、强化意识，保障老年人合法权益

我省把《中华人民共和国老年人权益保障法》和《广东省老年人权益保障条例》纳入“五五”普法和“法律六进”的重要内容，并建立健全了老年人权益工作站等法律援助服务网络。全省各地陆续修订出台老年人优待政策，在参观、游览、乘坐公共交通工具等方面，对老年人给予更多的优待和照顾，体现了党和政府对老年人的尊重和关怀，弘扬了敬老养老的传统美德。

四、组织开展第十九届“老人节”及敬老月活动，丰富老年人精神文化生活

在省第十九届“老人节”期间，全省各地积极开展形式多样的庆祝活动，如老年文艺演出、老年运动会、太极柔力球大赛、“万名老年人健步登山迎奥运”等老年人喜闻乐见的文体活动，丰富了老年人的晚年生活。

广东省民政厅副巡视员、省老龄办主任高党生带领考核组考核各市老龄工作

五、开展第四期“银龄行动”，开辟“老有所为”新途径

我省继续以“就近、方便、可行、实效”为原则开展第四期“银龄行动”，组织了11名中老年医疗专家赴湛江市徐闻县进行医疗援助。援助期间，专家们共接诊1858人次、会诊86次，义诊324人，为基层1098名医务工作者免费授课13场次，并指导参与手术18台。

六、加强宣传，创新模式，老龄工作社会日益关注

我省不失时机抓住老龄工作重点，通过各种形式做好老龄宣传工作。在春节、“老人节”等重大节日，组织开展“十大敬老之星”评选表彰、老年人文艺调演、老年人运动会等大型宣传活动，营造助老爱老的社会氛围。各级新闻媒体也加大对涉老工作，尤其是一些老龄重大活动的宣传报道力度，动员社会各界共同参与老龄事业的发展。

老年人文化体育活动丰富多彩

“银龄行动”医疗专家为贫困地区的人民群众义诊

各地老年福利设施为老年人提供形式多样的为老服务

深圳市老龄工作

一、 敬老优待政策不断完善

进一步落实老年人乘车优待政策， 老年人免费乘车范围扩大到特区内外所有公交线路和地铁， 男性老年人免费乘车年龄由 70 岁降至 65 岁， 全年办理敬老优待证 52729 张。 百岁老人营养补贴由原来的每人每月 300 元提高到 500 元。 通过敬老优待政策的调整完善， 使广大老年人得到了更多的实惠。

深圳市老年艺术团体在2007年“七一”期间慰问驻深部队

二、 为老服务项目深入开展

一是深化居家养老服务。 进一步扩大受益老人范围， 年底符合资助条件的老人达 16171 人， 基本包含了全市最困难的老年群体， 全年共支出居家养老补助金 4278．44 万元。 二是扶持民办养老福利机构发展。 由公益金提供 300 万元， 用于资助民办福利机构和民间组织为老人服务。 积极调研起草了民办福利机构的扶持政策， 成立了 26 家居家养老服务机构， 有 5 家民办养老机构正在筹办中， 预计可增加床位 1500 多张。 三是实施“ 老有所乐计划 ”。 由公益金投入 2000 万元资助老人开展社区文体活动， 已资助 1116 个老年人文体项目。 四是实施“ 老有所学计划 ”。 资助社区老年协会和老年教育机构开展老年教育， 已资助 82 间老年学校。 五是实施“ 老有所为•结对关爱 ” 计划， 组织低龄健康老人与高龄独居和体弱多病老人结对帮扶， 结成对子 1498 个。 六是实施 “ 临终关怀计划 ”。 资助临终老人购买身体护理和精神慰藉等服务， 全年资助了 704 人。 七是实施“高龄独居老人关爱计划”。为2000位80岁以上的独居老人免费提供“亲情通 ”， 让老人随时随地与家人和服务机构保持联系， 全年有 55 位老人因此而得到及时救助。

深圳市举行老年文艺节目展演

三、 尊老爱老活动有声有色

2007 年老人节和元旦、 春节期间， 发放慰问金 （品） 500 多万元， 开展了形式多样的敬老爱老活动。 我市还协助举办了 “ 中华孝亲敬老楷模 ” 事迹报告会， 百位将军、 部长和艺术家作了感人的报告。 2007 年 10 月， 我市隆重召开深圳市庆祝老人节暨敬老模范社区颁奖大会， 表彰了 54 个敬老模范社区。 此外， 罗湖区为 1600 多位老年人进行了健康体检， 印发了老年保健宣传资料 2 万多份， 播放健康教育录像 68 场； 盐田区与香港圣约翰爵士基金会联合举办了 “ 千叟宴 ” 慰问老人； 光明新区组织开展 “ 天使行动 ”， 为 43 位患白内障的老人免费治疗， 使老人重见光明。 联合举办了 “ 千叟宴 ” 慰问老人； 光明新区组织开展 “ 天使行动 ”， 为 43 位患白内障的老人免费治疗， 使老人重见光明。

四、 老年文体项目丰富多彩

2007 年， 我市实施 “ 公园老年文化活动计划 ”， 将老年文化活动与公园文化结合起来， 让老年人天天有活动、 月月有演出、 节日有表演， 并举办了深圳市首届公园老年文化活动节， 社会反映良好。 在 “ 敬老月 ” 期间， 市 “ 老有所乐 ” 老年文艺比赛、 市 “ 老龄杯 ” 门球大赛、 市老年钓鱼比赛、 “ 好日子 ” 万名老人迎奥运健步走活动受到了广大老年人的欢迎。 福田区举办了 “ 康乐杯 ” 老年人柔力球比赛和第三届 “ 社保杯 ” 夕阳红文艺会演； 罗湖区举办了 “ 社保杯 ” 老年太极拳比赛； 南山区举办了欢庆重阳节老年文艺演出、 “ 重阳杯 ” 老年乒乓球赛， 并派队参加全国第四届老年气排球比赛， 获男队冠军奖； 盐田区举办了第六届老年书画作品展、 “ 社保杯 ” 老年文艺汇演，派队参加全国老年秧歌大赛，获得金奖；宝安区举办了全区老年文艺会演；龙岗区举办了老年文艺会演和太极拳 （剑）、 木兰扇比赛。 “ 八一 ” 前夕， 市民政局、 老龄办、 双拥办组织了 3 个老年文艺团体，深入 4 个驻深部队营地进行慰问演出，给子弟兵送上节日的祝福和问候。 由市委宣传部、市文化局、 市民政局等联合举办的 “ 鹏城金秋 ” 社区文化艺术节， 专设了老年文艺汇演项目， 受到老年人欢迎和全社会的关注。 市劳动保障局与市老年体协联合举办了深圳市 “ 社保杯 ” 首届老年人太极拳 （剑） 比赛。市总工会退管办举办了 “ 乐力杯 ” 退休职工健身秧歌、 武术比赛， 有 3000 多名退休职工参加比赛； 组织 “ 九九艺术团 ” 参加全国中老年合唱比赛和才艺大赛， 均荣获金奖。 市公安局举办了 “ 长寿杯 ” 老干部钓鱼比赛。市老年体协举办了首届老年柔力球和第四届气排球赛。

深圳市举行首届公园文化活动节

深圳市举行“关爱长者老有所学”计划启动仪式

深圳市召开市老龄委第六次全体扩大会议

围绕主线抓落实　融入大局见成效

青海省老龄工作委员会办公室

2007 年是全省老龄工作扎实推进的一年，省老龄工作委员会在省委、省政府的领导和支持下，以邓小平理论和“ 三个代表 ”重要思想为指导，全面落实科学发展观，紧紧围绕省委、省政府的中心工作，认真贯彻落实第二次全国和全省老龄工作会议精神，按照省老龄委第六次全体会议的要求和部署，各成员单位和各级老龄办各司其职，突出重点，全面完成了确定的工作目标，老龄事业有了新的进展和突破。

【全国老龄办重阳节慰问青海省贫困老人】 10 月 18 日至 21 日，全国老龄办副主任曹炳良带队的全国老龄办慰问组，深入到青海省西宁市社区和海东、海北、海南等地区的农村和牧业点，走访慰问了贫困老人。青海省政府乌成云副秘书长、省老龄委陈庆华副主任、西宁市政府、海东行署、省妇联、海北州、海南州及部分区县政府领导和老龄委的领导陪同慰问。

【青海省副省长马建堂参加亚洲 / 大洋州地区老年学大会】10 月 21 日，青海省副省长、省老龄委常务副主任马建堂参加了亚洲 / 大洋州地区老年学大会开幕式。

全国老龄办副主任曹炳良看望贫困老人

“ 银龄行动 ”的老专家为农户讲解技术难题

青海省首届孝亲敬老楷模颁奖

“ 银龄行动 ”志愿者在工作

老年福利中心

孝亲敬老

省老龄委副主任兼办公室主任克保为“银龄行动”授旗

河南省老龄工作委员会办公室

河南省老龄工作在省老龄委和民政厅党组的正确领导和全国老龄办的具体指导下，以邓小平理论和“三个代表”重要思想为指导，坚持以人为本的科学发展观，深入贯彻“党政主导、社会参与、全民关怀”的老龄工作方针，以实现“六个老有”为目标，以维护老年人合法权益为重点，以全面深入开展“养老服务社会化示范区（市）”创建活动为载体，努力营造关心支持老龄事业、关爱老年人的良好社会氛围，河南省老龄工作取得了新进展。

一、老年人社会保障制度进一步完善

省老龄委出台位了新的政策和措施，进一步完善了老年人社会保障制度，提高了老年人生活、医疗保障水平。

二、老年人维权工作得到加强

三、社会化养老服务业有了新发展

一是开展养老服务社会化示范区（市）、示范单位创建活动。二是召开了全省养老服务社会化工作现场会和居家养老工作经验交流会，大力推进居家养老服务工作。三是深入贯彻《河南省人民政府办公厅转发省老龄委等部门关于加快发展养老服务业意见的通知》（豫政办〔2006〕105号）精神，积极支持、引导社会力量申办养老服务机构，一批投资千万元、上亿元的项目落户河南。

四、老龄宣传工作有声有色

一是省政协、省老龄委共同举办“河南省2007‘关爱夕阳’中原行”活动，拍摄老年人生活状况专题片，举办“关爱夕阳”公益演唱会。二是重阳节期间，省老龄办、省老年福利基金会与省电视台联合制作播放了尊老敬老主题公益广告短片；印制10万册尊老、敬老知识宣传册，在公园、广场及主要路口悬挂宣传条幅，陈设宣传板面，有针对性地开展多种形式的宣传活动。三是加强与新闻媒体的联系，各大新闻媒体加大对涉老工作，尤其是一些老龄重大活动的宣传报道力度，推出涉老专题专栏，大力提倡尊老敬老爱老的良好风尚。四是省司法厅认真做好老年法制宣传工作，在全省开展了法律进社区、法律进农村、法律进万家、法律进学校、法律进机关、法律进企业等活动，把法律送到人民群众手中。五是全省各地开展了不同形式的尊老敬老人物评选表彰活动，商丘市开展了“十佳儿媳”、“十佳孝子”评选活动；鹤壁市开展了一年一度的“十大孝亲敬老之星”评选活动；三门峡市开展了评选“好儿子、好儿媳、好婆婆、五好家庭”等评选活动。这些活动的广泛开展，树立了正气，弘扬了优良传统，增强了人们的老龄意识和尊老敬老意识，促进了公民道德建设深入发展，推动了社会风气的好转，为老龄工作的开展营造了良好的社会氛围。

五、老年文体活动广泛深入开展

为丰富老年人精神文化生活，把老年人引导到健康生活方式上来，全省组织开展了形式多样的老年文体活动。

六、调查研究工作，取得了新成果

2007年上半年，开展了河南省老年人口数据及老龄化发展趋势研究，形成了《河南人口老龄化发展趋势预测研究报告》。下半年，为深入了解我省农村空巢老年人的生活需求状况，省老龄办在安阳、漯河、濮阳等地市开展了农村空巢老年人生活状况调查，抽查1个县、1个乡、1个村，进行问卷调查，形成了《河南省农村空巢老年人状况调查报告》。这两份内容翔实的报告，为老龄政策的制定，提供了科学依据。

安徽省老龄工作委员会

2007年,安徽省老龄工作在省委、省政府的领导下，继续坚持以邓小平理论和“三个代表”重要思想为指导，贯彻落实科学发展观，坚持“党政主导，社会参与，全民关怀”的老龄工作方针，认真落实第二次全国老龄工作会议和全国省级老龄办主任会议精神，较好地完成了全年工作任务，老龄事业得到了相应的发展。

一、老年人养老、医疗和生活保障水平有所提高。在各级政府及各有关部门的共同努力下，企业离退休人员基本养老金得到了按时足额发放。到2007年底，全省参加城镇基本养老保险的城镇职工达到529万人；离退休人员的离退休金全面提高；企业退休职工调整待遇工作全部兑现；未参保集体企业退休人员按当地低保标准领取了生活费；企业年金制度得到强力推进。参加城镇基本医疗保险和农村新型农村合作医疗的范围进一步扩大；城市和农村低保制度不断完善；以居家养老为基础、社区服务为依托、机构养老为补充的养老服务体系建设稳步推进；总体上看，城乡老年人的社会保障水平进一步提高。

二、落实老龄事业发展规划和老龄工作三个文件精神取得成效。2007年下半年，经省人民政府批准同意，以省老龄委名义制定并下发了《安徽省老龄事业发展“十一五”规划》。此前又相继出台了十九个部门《关于加强老年人优待工作的实施意见》、省政府办公厅《关于加快发展养老服务业的通知》和省老龄委《关于加强基层老龄工作的实施意见》。各地把制定老龄事业发展规划和老龄工作相关政策文件作为一项重点工作来抓。到2007年底为止,淮南、六安、铜陵等市以及部分县（区）相继出台了当地的老龄事业发展“十一五”规划；芜湖、蚌埠、六安、滁州、安庆、宣城、马鞍山、合肥、黄山等市出台了相关加强老年人优待、加快发展养老服务业和加强基层老龄工作的文件。六安市及所辖县（区）、和芜湖市政府规定,凡是社会资金和民办养老机构均可享受政府予以的一定补贴。

三、“一法一办法”得到进一步贯彻落实。全省各级老龄办在抓好三个文件执行的同时,以贯彻落实《老年法》和安徽省《实施办法》为出发点，以为老年人办实事、解难事为落脚点，扎实开展老年维权工作。一是广泛深入地开展了老年法律法规的宣传教育活动，充分发挥新闻媒体的积极作用，以宣传“一法一办法”为主线，把贯彻落实老年人合法权益和开展尊老敬老教育活动紧密结合起来，在全社会营造尊老敬老的良好社会氛围。

四、积极发挥老年知识分子的智力作用，“银龄行动”工作面得以拓展。省老龄办按照“立足本省、面向基层、纵向开展；自愿量力、无偿服务；对口援助、双向选择”的原则，于年初召开了“银龄行动”老年专家座谈会,总结了过去的一些成功做法，找出了一些工作方面的不足，改变了“银龄行动”在时间要求上的传统方式，采取灵活多样的办法,不拘一格地开展活动。省老龄办动员安徽农业大学的专家继续对黟县板栗加工技术进行长期的援助；同时在广泛征求有关合作单位和部门意见的基础上，结合安徽医科大学、安徽中医学院送医疗下乡活动灵活开展“银龄行动”。

五、老年人精神文化生活进一步丰富。为推动老年人积极响应国家关于在全国开展“亿万老年人健身活动”的号召，促进我省老年健身运动深入开展，不断提高老年人素质，经过多方努力和争取，在有关部门的积极支持下，由省老龄办和省体育局共同举办的四年一次的全省老年人运动会，于11月4日至7日在合肥市隆重举行。来自全省十七个市、省直及大型企业、大专院校共57支代表队1200余名老年运动员，参加了12个大项28个小项的角逐。为开好这次运动会，各市老龄办精心组织，认真准备，多渠道筹集经费，按照省老龄办的文件要求，切实做好安全保障和热情服务工作，同时克服各种各样难以预料的困难和问题，及时化解矛盾，积极配合省老龄办做好组织协调工作，充分体现了全省老龄系统是一支特别能战斗的队伍。本届老年人运动会在总结上一届经验的基础上,坚持“安全为上，健康为重，参与为主，风格为荣”的原则，赛出了水平，赛出了风格，赛出了友谊，赛出了健康，从而进一步激发全省老年人参与体育健身的热情，推进我省老年人体育事业健康发展，为安徽的奋力崛起做出了新的贡献。

六、诸多惠老政策进一步落实兑现。2007年初，省政府出台了构建和谐安徽实施12项民生工程意见，特别是相关措施和优惠政策适应广大老年群体，尤其是农村困难老年群体。各地抓住了这一契机，及时落实和兑现涉及老年群体的相关政策。

七、老龄科研工作取得成效。为了加强老龄工作理论研究，提高老龄工作人员的调研、科研能力，指导和促进老龄工作，从2007年开始，省老龄办决定在全省老龄系统开展老龄工作理论研究研讨活动，并将这一活动逐步形成制度，争取每两年开展一次这项活动,而且能够在此基础上创造条件，开展优秀论文评选活动。

贵州省老龄工作委员会

加强领导 求真务实 努力开创老龄工作新局面

我省老龄工作在省委、省政府的高度重视和领导下，在各成员单位和各级老龄办的共同努力下，按照年初确定的工作目标，开拓进取，扎实工作，全省老龄工作有了长足的发展。

老龄事业发展综述：

一是社会养老保障体系进一步完善。2007年底，全省基本养老、基本医疗参保人数分别达到240.9万人和221.5万人，全省养老、医疗保险基金征缴收入分别达到52.05亿元和16.5亿元。省劳动和社会保障厅制定下发了《关于完善企业职工基本养老保险制度的有关问题的处理意见》等政策措施，拟制《关于做好被征地农民就业培训和社会保险工作的意见》，养老保险的体制机制进一步健全。

二是为老服务体系建设进一步加强。为推动我省老年服务体系建设，省民政厅在充分调查研究的基础上，草拟了《关于加快发展养老服务机构的意见》上报省政府，提出了鼓励扶持社会力量多种方式兴办养老服务机构的具体措施，同时大力实施“农村五保供养服务设施建设霞光计划”。2007年，全省共筹集安排敬老院资金3515万元，各地新建、改建、扩建农村“五保”供养机构130所。至2007年底，全省共有13.7万名农村“五保”对象纳入供养范围，农村敬老院862所，集中供养7242人，比上年增加508人，床位利用率从2006年的62.29%提高到70%。同时加强对农村“五保”供养服务机构的建设和管理，制定下发了《贵州省农村五保供养服务机构建设基本规范（试行）》。

三是维护老年人合法权益、关爱老年人的社会氛围日益浓厚。省司法厅积极倡导律师协会、公证部门和法律援助部门，成立老龄工作站，为老年人提供法律援助和法律服务，每年组织一次老年人《法律援助条例》宣传月活动，为弱势群体和老年人提供义务法律咨询；省妇联从维护老龄妇女合法权益的角度做好老龄工作，开展“三八”维权周系列活动，启动普法大讲堂，认真处理老年妇女来信来访，为老年妇女提供法律咨询服务。

四是老年思想教育得到进一步重视和加强。省委组织部、省委宣传部、省直机关工委等成员单位切实抓好老年政治思想工作，大力加强和改进新形势下离退休党支部建设。省直机关工委认真抓好省直单位离退休党组织学习贯彻党的十七大和省第十次党代会精神，各成员单位认真组织离退休同志学习中央、省委的重大战略决策和重要文件精神，及时通报本部门工作开展情况，认真听取离退休老同志的意见和建议。

五是老年精神文化生活丰富多彩。根据老年人的特点，各有关部门积极创造条件，满足老年群众的文化需求，引导组织老年人开展科学、文明、健康、有益的文体活动。

老龄工作重要会议和活动：

2007年10月12日，贵州省第二次老龄工作会议在贵阳召开，全国老龄办副主任袁新立到会并作讲话；副省长、省老龄委常务副主任肖永安作全省老龄工作报告。

2007年3月15日，省老龄工作委员会在省政府召开第七次全体会议，副省长、省老龄委常务副主任肖永安主持会议并作重要讲话，省老龄委23个成员单位的负责同志参加会议。省民政厅厅长、省老龄办主任郭猛受肖永安副省长的委托，向全体会议作工作报告。

2007年全省市（州、地）老龄办主任会议于3月28日在贵阳召开，全省9个市（州、地）老龄办主任暨民政局局长、老龄办专职副主任及省老龄委23个成员单位的联络员参加了会议。会议传达了2007年全国省级老龄办主任会议和省老龄委第七次全体会议精神，对2006年全省老龄工作进行了总结回顾，并安排部署了2007年全省老龄工作，会议还表彰了2006年度市州地老龄办目标考核的获奖单位和2006年度省老龄委成员单位优秀联络员。

老年节文化团体自编自演的文艺节目，庆祝自己的节日

全国老龄办副主任袁新立到贵州代表全国老龄办慰问我省贫困老年人

省老龄办组织的医务人员为灾区群众免费检查身体，送医送药

陈如昌副厅长向灾区捐款现场

省老龄办干部职工爬山涉水，深入灾区慰问灾民

贵州省老龄办和贵阳市老龄办联合举办庆祝十七大暨老年节文艺演出

肖永安副省长、袁新立副主任深入贫困老年人家中慰问座谈

广西壮族自治区老龄工作委员会

全区老年文艺调演晚会

全区居家养老调查工作会议

“银龄行动”专家在给群众提供健康咨询

自治区老龄办主任齐白鸽慰问贫困老人

全区老龄宣传工作会议现场

一、养老保障体系进一步完善

广西劳动部门努力扩大社会保险覆盖范围，截至2007年底，全区城镇企业基本养老保险参保人数325.45万人，比上年增长7.51%；医疗保险的覆盖面逐步扩大，全区参加城镇职工基本医疗保险人数339.31万人，比上年增长12.35%。其中参保退休人员99.19万人，参加基本医疗保险的农民工人数16.03万人；民政部门逐步扩大最低生活保障面，做到应保尽保，截至2007年底，全区平均每月纳入低保的人数保持在60万人左右，共发放低保资金6.98亿元，低保对象月人均补助97元。筹集到农村低保资金3.59亿元，纳入农村低保的对象达162.8万人，占农村总人口的4%，月人均补助20元的低保金；全区纳入“五保”供养的对象33.98万人，筹集到农村“五保”供养资金2.8亿元，“五保”供养实现了自治区人民政府确定的月人均补助“30斤米、30元钱、1斤食油”的工作目标。积极推进新型农村合作医疗，至2007年底，全区开展新农合的县（市、区）已达88个，占全区所有县（市、区）的80.73%，覆盖农业人口达3620多万人。医疗救助制度日益完善，全区共发放城市医疗救助资助金3282万元，享受城市医疗救助的人数达9.7万人次；在农村医疗救助方面，全区109个县（市、区）已全面建立了农村医疗救助制度，全年筹集到农村医疗救助资金8630万元，共发放农村医疗救助资金4780万元，享受农村医疗救助的人数达113.45万人次。

二、老年人福利设施建设有了新发展

2007年，全区城乡老年收养机构3803个，床位49654张，其中民办收养性单位48个，床位2389个。全区70%的市（区）拥有1所综合性社会福利院，乡镇敬老院，实现每万名老年人口拥有床位108张。“五保”供养设施建设和维修改造也得到了加强，全区新建“五保”村388个，新建敬老院45所、维修改造敬老院143所，到年底全区共建成乡镇敬老院978所、“五保”村6521个，集中供养“五保”对象达10.8万人，集中供养率占“五保”对象总人数的31.8%，比上一年增加了3个百分点。出台了《关于扶持我区民办养老服务机构发展的通知》（桂民发〔2007〕162号），促进了我区民办养老服务机构的快速发展。

三、为老服务体系初步建立

根据自治区老龄委、发改委和建设厅等九个厅局联合下发的《关于加快发展我区养老服务业的实施意见》精神，为进一步推动我区养老服务业的发展，提高老年社会保障的水平，我们及时召开了全区地级市老龄办主任会议，传达“全国省级老龄办主任会议暨全国居家养老服务经验交流会”主要精神，就如何推进我区居家养老服务工作进行了布置。同时，组织各市老龄办领导及有关人员赴东北三省及浙江、上海、云南等省（市）学习和了解开展“居家养老”服务工作的好经验和好做法，为做好我区居家养老服务工作开阔了眼界，拓展了思路。

四、维护老年人合法权益工作有新突破

一是建立老年维权咨询机制。2007年，为了加大老年人维权力度，自治区老龄办与广西法律援助中心等有关司法部门联系，在《广西老年报》和广西老龄网开设了“老年法律援助之窗”专栏，定期请法律事务所的法律专家，免费为需要法律援助的老年人答题解难，扩大老年维权服务工作面，受到老年人欢迎。同时，柳州市老龄办与当地律师事务所开设了“柳州市法律援助中心老龄委联络站”，及时有效地为老年人提供法律服务。二是抓好老年优待政策的落实。桂林市老龄办联合司法、民政等多家单位开展了贯彻实施“三优”办法情况的检查工作。各地扩大老年人享受免费、优惠服务项目范围，如柳州、北海都使用了IC卡乘车服务，为老年人提供更多的便利，目前全区已有约40多万名老年人享受各类优待政策。三是建立信访登记制度，抓好信访工作。各地为了做好老年维权工作，建立了老年人来访来信登记制度，认真处理老年人来信来访，针对老年人反映的问题，对能当场解答、处理的事情当即办结，不能当场处理的事情，做好耐心说服和疏导工作，对一些难点热点问题，及时上报和协调有关部门，并做好答复工作。

五、老年人文化娱乐活动丰富多彩

为活跃老年人精神文化生活,展示老年人风采,举办全区老年文艺调演、绿城科普广场活动、“老年科普进社区”活动及召开“社区为老服务体系建设”学术研讨会等活动。广西军区为老干部们举办广西军区第五届老年运动会、《纪念建军80周年广西军区老战士书画作品展览》和《广西军民庆祝中国人民解放军建军80周年书画摄影联展》，各有关旅行社在当地旅游局的指导下，针对老年人的特点，为老年游客提供了细致、周全的“夕阳红”旅游专列、“爸妈之旅”、“银发之旅”、“红色之旅”等旅游活动，深受广大老年游客的欢迎。广西电台常年为老年人开办专题栏目《长乐宫》，全年发稿438篇；广西电视台开展“十大敬老孝亲”的评比活动和开设了“金色舞台”专栏，同时还配合有关部门做好宣传报道我区老年人的生活、学习情况。广西新闻出版局为帮助广大老年读者掌握科学的保健养生知识，组织全区8家出版社在2007年出版了200余种图书。其中，漓江出版社出版的《60岁登上健康快车》尤其受欢迎，至今已经发行了近50万册。广西美术出版社等2007年出版了近100余种适合老年人的书法与绘画美术类图书等，丰富了老年人的晚年生活。

宁夏回族自治区
老龄工作委员会办公室

自治区党委书记陈建国看望慰问老干部

自治区主席王正伟看望慰问在宁安置的四川地震灾区老人

自治区老龄办常务副主任李广庆调研农村老龄工作

2007 年， 各地认真贯彻第二次全区老龄工作会议精神和《宁夏老龄事业发展“十一五”规划》，按照自治区老龄委第四次全体会议的要求和部署， 各成员单位和各级老龄工作部门， 各司其职， 准确定位， 突出重点， 统筹兼顾， 较好地完成了全年工作任务， 在构建社会主义和谐社会中发挥了积极作用。

一、 建立健全养老保障体系， 保障老年人的基本生活

抓紧制定有关养老保障政策。 颁布了《农村村民最低生活保障办法》， 制定了《宁夏农村特困户和特重大疾病医疗救助办法（试行）》，下发了《关于开展城镇居民基本医疗试点工作的实施意见》， 印发了《关于进一步提高村干部待遇的意见》、《关于建立全区村干部养老保险的意见》， 下发了《关于贯彻落实中组部关于进一步加强和改进离退休干部党支部建设工作的意见的通知》， 印发了《银川市已征地农转非人员基本养老保险试行办法》， 有 4520 名被征地农民按月领取 300 元养老金。

二、 建立健全社会救助制度， 贫困老年人的生活得到保障

认真落实“五保”供养政策。“五保”供养工作实现了由农民集体互助共济向财政保障为主的历史性转变， 供养对象达到 1.6 万人， 年人均集中供养标准达到 2781 元， 分散供养标准达到 2002 元。

三、 完善医疗保障制度， 提高健康水平

城镇居民基本医疗保险制度进一步完善， 覆盖面不断扩大。 新型农村合作医疗制度全面推进。 截止 2007 年， 全区 18 个农业县（区）全面实施新型农村合作医疗， 参加人数达到 319.44 万人， 覆盖农业人口 374.78 万人， 参合率为 85.23%。 对农村“五保”老人及生活困难的老年人， 制定优惠政策， 应自筹部分的参保费用由财政负担， 实行更优惠的费用报销、 减免政策。

全区老龄办主任会议在银川召开

宁夏全民健身与奥运同行—亿万老年人健步走向 2008 启动仪式

回族老人认真学习《宁夏回族自治区老年人权益保障条例》

自治区民政厅为敬老院捐赠“敬老服务车”

蓬勃发展的黑龙江老龄事业

“桑榆情”老龄工作颁奖晚会上，黑龙江省政府副省长、老龄委主任孙永波（左一）为“孝星敬老之星”获奖代表颁奖

省老龄办开展深入学习实践科学发展观活动，省老龄办常务副主任杨铁生（左三）带队，对全省5个地市的部分为失能老年人服务机构和贫困老年人进行了走访慰问并征求意见

国家发改委社会发展司对黑龙江省实施爱心护理工程的相关情况进行了深入调研，并就有关问题进行了认真探讨。调研期间，先后走访了哈尔滨市、齐齐哈尔市5个老年福利机构

“三农”工作是全党工作的重中之重。为了落实全国老龄办“银龄在行动，重心在基层”的要求，切实突出“银龄援农”的活动主题，黑龙江省老龄办、省老科协、哈尔滨市老龄办在黑龙江省双城市水泉乡富有村开展了“银龄援农”示范活动

党的十七大以来，在党中央、国务院和黑龙江省委、省政府的正确领导下，坚定地贯彻落实科学发展观，黑龙江省的老龄事业蓬勃发展，形成了党政主导、社会参与、全民关怀的有利格局。各地老龄工作亮点频现，色彩纷呈，各具特色。

建立完善了老年法律法规和老龄工作政策。先后出台了《黑龙江省实施〈中华人民共和国老年人权益保障法〉条例》、《中共黑龙江省委省政府贯彻〈中共中央国务院关于加强老龄工作的决定〉的意见》、《黑龙江省老龄事业发展“十一五”规划》、《关于对全省老年人实行优待服务的意见》、《关于加快发展养老服务业的实施意见》，各市（地）根据国家和省的有关要求，也都制定了具体贯彻落实措施和办法，这些对指导和推动老龄工作和老龄事业发挥了根本保障作用。

老年社会福利服务设施有了长足发展。据统计，目前全省有各类老年福利机构1225所，老年活动中心（站、室）8409所，老年医院、老年康复医院、老年门诊669所，星光老年之家669所。有些地方对发展老年福利设施给予积极政策上的支持。全省设施比较配套、功能比较完善、管理比较规范的社区服务网络已初具规模，社区养老服务体系逐步形成，社区居家养老服务工作正在有序开展。

老年人合法权益得到有效保护。全省加大了老年维权工作力度，实施了“35146”工作布局，有效地保护了老年人的合法权益。全省老年社会保障制度不断健全完善，老年养老保险制度、老年医疗保险制度、最低生活保障制度得到很好落实；农村实行了新型合作医疗制度，对高龄老年人、多病老年人给予优待照顾；对特困老年人、“空巢”老年人、高龄老年人给予生活上的帮助或补贴。全省有老年维权中心143个、老年维权岗799个、老年维权热线123个。省法院、省司法厅、省公安厅与老龄办采取协作、联动措施保护老年人权益机制成效显著，受到好评。

老龄基础建设得到加强。全省各地进一步加强了老龄工作组织建设，特别是通过创建先进县（市、区），建设“双百”模范街道、社区、乡（镇）、村活动，加强完善了老龄工作组织建设、制度建设、设施建设，活跃了工作，在和谐社会建设中发挥了重要作用。老龄政策研究、科学研究、人口老龄化战略对策研究、爱心护理研究、老年特困群体调查研究、老年社会福利机构调查研究取得重要成果，为党委、政府提供了科学决策依据。

老龄宣传工作发挥了有效宣传、引导作用。全省各级协调动作加大宣传力度，营造了浓厚的有利老龄工作环境。通过新闻媒体对老龄法律、法规、政策和各类先进单位、先进人物的宣传，敬老、爱老、助老，做好老龄工作，已成为社会的共识；通过系列主题教育，树立了“情系老龄、孝行龙江、构建和谐”的工作理念；通过“一把手工程”、“一站式服务”、“星级管理”、“银龄援农”等典型的宣传，对全社会开展老龄工作起到了积极带动作用。

今天人们对老龄工作的认知，已趋于理性，对老龄工作开展已成为自觉行动，老龄事业也走向了更加坚实与辉煌。在当前和今后一个时期，我们要按照党的十七大关于加强推进以改善民生为重点的社会建设总体要求，坚持党政主导，社会参与，全面关怀的老龄工作方针，在黑龙江省委、省政府的领导下，着力解决老年人的现实利益问题，进一步加快健全老年社会保障制度，努力促进养老服务业发展，切实维护老年人利益，扎实推进全省老龄事业又好又快发展。

青岛市老龄工作委员会办公室

全国老龄办副主任吴玉韶一行来青岛市调研并与奥帆赛场服务队合影留念

市委副书记、老龄委主任王文华亲自搀扶百岁老人王熙凤

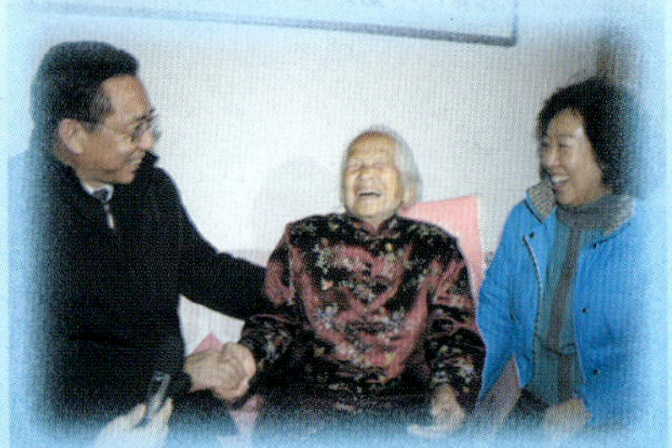
副市长张元福和市老龄办主任李雪华与百岁老人王桂兰聊家常

青岛市首次主办国际中老年健康产业高层论坛

部分获赠保险的老人在“银发无忧”关爱工程暨爱心捐助活动领取了保险凭证

“七彩风”艺术团民族乐团和交响乐团献演庆祝建军80周年音乐会

2007 年，市老龄委各成员单位在市委市政府的正确领导下，各司其职，密切配合，通力协作，不断提高老年人社会保障水平，努力维护老年人合法权益，充分挖掘老年人才资源，积极推进老龄学术研究，大力强化老龄宣传教育，不断拓展老龄对外交流，进一步开拓了全市老龄事业发展的新局面。

一、准确把握形势，切实增强做好老龄工作的紧迫感和责任感

党的十七大明确提出了“加快推进以改善民生为重点的社会建设”、“加强老龄工作”等要求，为新时期老龄事业的发展指明了方向，提供了机遇。我市坚持把老龄工作摆在改善民生的突出位置，在经济社会又快又好发展的基础上，努力为老龄事业提供必要的财力支持，搭建良好的发展平台，使青岛的老龄工作迎来了一个前所未有的发展机遇。同时要看到，人口老龄化的形势越来越严峻，给我们带来了新的挑战。

2007 年我市 60 岁以上的人口 119.3 万人，占总人口的 15.93%（全国平均是 11.6%，我们高出将近 5 个百分点），80 岁以上人口 19.3 万人，占总人口的 2.6%，占老年人口的 16.19%，高龄化特征非常明显。此外，我市首批独生子女家庭也将步入老龄化，面临着比当年实行计划生育更为严峻的养老问题。

二、突出工作重点，努力开创老龄事业发展新局面

一是要全面落实老龄事业发展目标。市第十四届人大一次会议确定了今后五年老龄事业发展的“1234”目标，即“建立一个中心，建设两个基地，构筑三个平台，实现四个突破”。“一个中心”是市、区市两级示范性综合性老年活动中心建设；“两个基地”是市老年人体育活动基地建设项目和市老干部活动基地维修改造工程项目；“三个平台”是构筑信息救助平台、社区帮助平台和养老机构服务平台；“四个突破”是实现机构养老、居家养老、社区托老和基层老年文化活动场所四个方面的突破。

二是要不断完善老年人社会保障体系。全面实施五市城镇居民基本医疗保险制度，加快解决无养老保险老年人养老保障问题。逐步提高新型农村合作医疗筹资标准，积极推进社区卫生服务机构和镇卫生院标准化建设，探索推行为农村高龄老年人发放生活补贴，努力使城乡老年人更好地享受改革发展成果。

三是要努力满足老年人的养老服务需求。市里相继出台了一系列扶持养老服务业发展的政策和措施，扶持和鼓励社会力量投资兴建不同档次的养老服务设施，更好地满足老年人多元化的养老需求。

四是要切实维护老年人的合法权益。强化主动维权工作，健全完善老年法规政策体系，积极开展老年法规政策宣传教育、老年法律法规咨询等工作，大力提供司法救助、司法援助和法律服务。

五是要深入开展老龄调查研究工作。各级各部门特别是老龄办要认真搞好调查研究，摸清老龄事业发展的情况，提出解决人口老龄化问题的新对策和建议，为更好地应对老龄化的挑战提供决策依据，以便出台实施加强新时期老龄工作的指导性文件，并对《青岛市优待老年人规定》进行适当修订。此外，要继续完善全市老龄事业统计体系，为老龄工作提供必要的参考。

三、强化工作措施，确保各项工作任务落到实处

一是要加强组织领导。各级党委、政府要把老龄工作摆上重要的议事日程，纳入工作目标体系，不断加大老龄事业的投入，定期听取老龄工作汇报，及时研究解决老龄工作中遇到的突出问题，为老龄事业的发展营造良好的环境。

二是要加大宣传力度。大力表彰老龄工作先进典型，不断扩大老龄工作的社会影响力，营造全社会关注支持老龄工作和老龄事业发展的良好氛围。

三是要形成整体合力。解决老龄问题需要全社会齐心协力，共同推进，各级各部门要着眼全市老龄事业发展，相互协调，相互配合，相互补台，形成强大的工作合力。老龄办肩负着综合协调的重任，要主动加强对老龄工作的战略规划和督促检查，动员全市力量共同致力于老龄事业发展，力求实现新的突破。

宁波市老龄工作委员会

2007年，宁波市老龄工作委员会和各级老龄工作部门认真贯彻落实全市老龄工作会议精神，按照年初的部署，圆满完成了全年各项工作任务，为和谐宁波建设做出了应有的贡献。

一、覆盖城乡的多层次社会保障体系不断完善

宁波市政府先后制定出台了市区城镇居民基本医疗保险办法、外来务工人员社会保险办法和新型农村养老保险制度。其中市区城镇居民基本医疗保险于2007年11月1日开始办理参保手续，参保人员于2008年1月起享受待遇。年末，市区参保老年人3.53万人。外来务工人员社会保险将于2008年1月1日在市级统筹区开始实施。随着以上三项社保新制度的出台，宁波市基本建立了以养老保险、医疗保险为重点，覆盖城乡全体居民和外来务工人员的多层次社会保险（障）体系。

二、居家养老服务工作继续推进

宁波市政府将推进居家养老服务列为为民办实事项目，下发了《关于加快发展养老服务业的实施意见》（甬政办发〔2007〕67号），提出了加快发展社会化养老服务事业的三个工作重点和十一条政策措施。市民政局下发了《关于促进居家养老服务规范运作的指导意见》，从七个方面对全市居家养老服务工作进行规范。将居家养老服务作为现代化和谐社区建设的一项重要内容，加大督促指导和财政投入，在巩固提高社区居家养老服务工作的基础上，将居家养老服务向农村延伸。召开了全市农村居家养老服务工作座谈会，下发了《关于推进农村居家养老服务的指导意见》，提出了农村居家养老服务阶段性工作目标。年末，全市实质性开展居家养老服务工作的社区达到371个，6万多名社区居家老年人享受到各种公益性居家养老服务，建立带有综合服务功能的居家养老服务中心89个，全市经过培训的专职居家养老服务员已增加到500余人，参与居家养老服务的社会志愿者和义工人数超过1.5万人。

三、基层老龄工作不断加强

各级老龄工作部门从老年人的需求热点和老龄工作的薄弱环节入手，结合政府中心工作，深入基层调查研究，积极为党委政府建言献策。以第二轮浙江省老龄工作先进县（市）、区创建为契机，采取有效措施，不断夯实老龄工作基础。宁波市老龄办同浙江大学人口与发展研究所联合开展了农村老年人基本状况1%抽样调查。加强老年活动阵地建设和管理。市财政下拨资金100万元，继续扶持部分经济薄弱村建设老年活动室，“星光老年之家”建设由社区向农村延伸，积极开展“星级”老年活动中心（室）评比活动。组织开展农村老年人协会骨干培训。全市共培训农村老年人协会骨干1304名，培训内容包括新农村建设、老龄工作形势、老年协会规范化建设、社团基本知识等。继续开展创建浙江省老龄工作规范化社区活动，17个社区达到浙江省老龄工作规范化社区标准。

四、老年人合法权益得到有效维护

加强老年法律宣传。通过法律进社区、上法制宣传专窗、发放有关宣传资料等多种形式，广泛深入开展《中华人民共和国老年人权益保障法》、《浙江省实施<中华人民共和国老年人权益保障法>实施办法》和《继承法》等与老年权益保障密切相关的法律法规宣传教育活动。积极推动预防和制止家庭暴力地方立法工作，《宁波市预防和制止家庭暴力条例》被列入2008年市人大常委会的立法项目，进入立法程序。广泛开展敬老先进典型评比表彰活动，并通过电视、广播、报纸等新闻媒体对敬老、爱老典型的先进事迹大张旗鼓地进行宣传。在全市建立老年人司法维权网络，认真做好老年人法律援助和服务工作。全年办理为老法律援助案件225件，接待老年人法律问题来访5830件。全市律师事务所义务为老，法律咨询、代书1275余次，减免费用计10万余元。深化“平安家庭”创建活动，把老年人合法权益维护列为创建主要内容，以家庭平安促进老年权益维护。

五、老年文化体育教育活动广泛开展

以迎接2008年北京奥运会、庆祝老人节、迎接党的十七大胜利召开等为契机，开展形式多样的老年文体活动。举行宁波市10万名老年人健步走活动，组团参加了浙江省第五届老年人运动会和全国有关项目比赛获得好成绩；举办全市第二届退休干部运动会和庆重阳老年文艺团队优秀节目汇演；开展了钓鱼、门球、麻将、柔力球比赛。市老龄办在老人节期间会同有关部门举办了《红叶风采》广场文艺晚会、第八届“夕阳红”钓鱼比赛、“发现晚霞之美•寻找年轻态老人”等活动，丰富了老年人的精神文化生活。

宁波市老年教育事业蓬勃发展。图为宁波市镇海区老年电大机关集中教学班学员喜领结业证书

宁波市老年文化艺术周老年服饰展演现场

宁波市委、市政府高度重视居家养老服务工作，将其列入2007年市政府为民办实事项目，并召开会议大力推进居家养老服务工作

宁波市加大财政投入，不断加强社区为老服务设施建设。图为海曙区白云街道白云庄社区居家养老服务中心

宁波市在巩固城区居家养老服务工作成果的基础上，积极探索农村居家养老服务的新路子。图为宁波市农村居家养老服务工作座谈会现场

3月13日宁波市政府召开全市老龄工作会议。图为宁波市委常委、常务副市长、市老龄委主任王勇（左二）在会上讲话

大连市老龄工作

民政局巡视员董兴华走访慰问百岁老人

2007年，老龄工作按照年初制定的工作目标，以邓小平理论和“三个代表”重要思想为指导，深入贯彻落实科学发展观，按照第二次全国老龄工作会议和省老龄工作会议要求，立足服务大局，心系老年群众，协调有关部门，发挥成员单位职能作用，突出工作重点，创造性地开展工作，老龄事业呈现出良好发展势头，较好地完成了工作任务。

截至2007年末，全市常住人口608万人，户籍总人口为578.2万人，其中60岁以上老龄人口101万人，占全市人口的17.5%，高于全国老龄人口平均值7个百分点。全市现有百岁老人372人，居全省首位。目前，我市老年人口仍以年均4%的速度递增，高于全国年均3%的增长速度。

市老年人应急求助系统建设座谈会

全年全市养老保险参保人数139.1万人，比上年末增长3.1%；征缴保险费67.6亿元，比上年末增长22.9%，其中企业参保人数125.3万人，征缴保险费57.7亿元，分别增长3.6%和22%。50.6万名企业离退休人员全部按时足额领取了基本养老金。失业保险参保人数96.4万人，征缴保险费6.3亿元，分别比上年末增长4.9%和23.5%。医疗保险参保人数236万人，比上年末增长15.2%。工伤保险参保人数133万人，征缴保险费2.2亿元，分别比上年末增长12%和22.2%。生育保险参保人数98.2万人，征缴保险费1.1亿元，分别比上年末增长7.3%和22.2%。提高企业退休人员养老金标准，由889元提高到1029元，增长15.7%。提高城乡低保标准，农村低保标准由每人每年的1500元、1800元提高到1800元、2100元；城市低保标准由每人每月的200元、280元提高到240元、320元。提高企业职工最低工资标准，整体上浮14.8%。提高失业保险金标准，平均提高109.7元。实施城镇居民基本医疗保险制度，市内四区参保人员达33.2万人。采暖费补贴社会化发放工作稳步推进。筹集企事业单位采暖费补贴专项资金12.3亿元，20.5万名企事业单位离退休人员采暖费补贴实现了社会化发放，1.1万名困难企业退休人员采暖费补贴纳入社会化发放。

全市老龄办主任会议暨老龄委成员单位联络员座谈会

2007年末，全市共有211.5万名农民参加了以大病统筹为主的新型农村合作医疗，参合率达到94.7%，提前两年实现了国家提出的建立基本覆盖农村居民的新型农村合作医疗制度的目标。市内四区建立57个社区卫生服务中心，为城市60岁以上老人建立健康档案，建档率达到89.6%。全民健身运动蓬勃发展。新增31个社区全民健身休闲广场，配置各类健身器材5600件；新增农民健身场地83个。

计划生育家庭奖励扶助制度稳步推进，1.1万人得到农村部分计划生育家庭奖励扶助费，11.3万城镇无业人员和20.8万农村村民得到独生子女父母奖励费，2130个实行计划生育的特殊家庭得到扶助。

2007年成功举办全市首届老年用品大集，办理老年人意外伤害保险6万多份。提高百岁老人生活补贴标准，由每月100元提高到现行城市低保标准，并首次建立自然增长机制。成功主办2007大连“日本周•银发之旅”活动。全年审批新建养老机构26所，吸纳社会投资1亿多元，新增养老床位2527张。新建农村区域性中心敬老院16所。

百名爱心老人和爱心孝子评选活动

大连市首届老年用品大集

慈善杯老年人文艺大赛颁奖晚会

前进中的天津塘沽区老龄工作

塘沽区地处天津滨海新区核心区，全区面积859平方公里，截止2007年底，全区共有60岁以上户籍老年人7.413万人，占全区户籍人口的15.58%，是我市人口老龄化发展较快的地区之一。塘沽区委、区政府历来重视老龄工作，我区老龄事业在区委、区政府的正确领导和社会各有关方面的支持下，坚持以人为本，切实维护老年人合法权益，努力给老年人更多的关怀和优待，不断丰富老年人精神文化生活，把党和政府的关怀送到老年人的心田。

一、积极开展养老服务社会化工作，大力发展居家养老。塘沽区作为实施养老服务社会化试点区，出台了《塘沽区关于实施养老服务社会化工作的意见》，结合区情，提出了“建立服务机制，明确服务内容，强化服务队伍，注重服务效果”的工作思路。以政府购买服务为切入点，以老人受益为着眼点，以保障老年人生活为落脚点，按照试点先行、逐步推开的原则，积极开展入户服务、发展日间照料、扶持养老机构，在实践中探索养老服务社会化发展的新路。形成了“以居家养老为基础、社区养老为依托、机构养老为补充”的养老服务新格局。实行了民办养老机构和敬老院每张床位每年600元补贴和开办社会福利养老机构、社区日间托老机构5万元资助的扶持政策。成立了塘沽区养老服务指导中心、街道养老服务中心、社区养老服务站。针对困难老人开展了居家养老政府购买服务工作。

二、不断完善老年人优待政策，努力给老年人更多的关怀和优待。塘沽区研究制定了《塘沽区进一步加强老龄工作的意见》，重申了做好新时期老龄工作的重要意义、基本原则和具体要求。积极研究老年人的优待政策，在巩固70岁以上老年人免费镶牙、免费乘车和百岁老人每月400元生活补贴的基础上，实行了80岁以上老人每年300元慰问金、90岁以上老人每月100元健康补贴的优待政策。

三、社会保障体系进一步完善。相继制定了《关于进一步推进养老服务社会化工作的实施办法》、《对城镇特困家庭实行实物救助的实施意见》、《塘沽区关于建立以社区卫生服务机构为基础的困难群众基本医疗救助制度的试行办法的实施细则》以及《关于进一步完善塘沽区农村医疗保险有关政策的意见》等一系列社会保障配套政策。在全区设置了45个社区医疗点，为全区建立了健康档案，开设了老年人家庭病房，有关医院开设了老年人康复病房。

四、积极推进老年教育事业。塘沽区现有老年大学示范校1所，在册学员580人，开设了计算机、书法、绘画、英语口语、文学鉴赏、摄影等科目、共有15个教学班；街道（镇）社区（村）老年大学11所、老干部大学1所、渤海石油离退休中心老年大学1所，在校学员890人，开设了书法、绘画、计算机、英语口语、器乐演奏、老年舞蹈、文学鉴赏、工艺美术、医疗保健、花卉栽培、布艺插花、饮食文化、摄影、体育活动等学科，开设了32个教学班 全区累计注册学员1470人，老年教育入学率2%。建立了207支老年人文化、娱乐、体育、健身组织，有7000多名骨干队员，老年教育参与率13%。全区所有街道均建立了网站，区民政部门开通了三级网站，不定期在网上开办一些形式多样的老年教育内容。

淄博市老龄工作情况

吕宜民
市老龄办主任

淄博市位于山东中部，南依泰沂山麓，北濒九曲黄河，西邻省会济南，东接潍坊、青岛，是国务院批准的山东半岛经济开放区城市和具有地方立法权的“较大的市”。辖张店、淄川、博山、周村、临淄5个区和桓台、高青、沂源3个县及1个高新技术开发区，总面积5938平方公里，人口422.52万人。淄博市1987年进入老龄化城市，截至2007年底，全市老年人口63.8万人，占全市总人口的15.1%，且每年以老年人总数3.7%的速度增长。淄博市老龄办成立于1987年，现有工作人员17名，内设秘书科、老年人权益保障科、老年事业科、宣教科4个科室，下设老龄事业服务中心和淄博市老年学学会。淄博市委、市政府历来十分重视老龄工作，该市老龄工作以“三个代表”重要思想和科学发展观为指导，紧紧围绕“六个老有”的工作目标，坚持“党政主导、社会参与、全民关怀”的老龄工作方针，全市老龄事业迅速发展。

一是党政领导重视，为全市老龄工作发展提供了有力支持。市委、市政府每年至少两次听取老龄工作汇报，研究解决老龄问题。每逢重大节日，市五大班子领导都会深入高龄和特困老人家庭、老年公寓、敬老院走访慰问老年人；每逢老龄工作会议和活动，市领导都亲自参加并作重要讲话；自2006年以来，市委书记、市长连续三年为全市老龄工作会议发贺信，2007年老人节，市委书记、市长专门在新闻媒体刊发了慰问信。近两年来，市五大班子领导直接参与老龄工作及活动70余人次。同时，市政府第52次常务会专门听取了全市老龄工作汇报并审议通过了《淄博市老龄事业“十一五”发展规划》，为老龄工作开展提供了有力的保障。

团结务实的淄博市
老龄办领导班子

二是创新思路，开展了系列敬老爱老助老工程活动。2007年以来，先后开展了“温馨夕阳工程”和“爱心助老工程”活动。2007年该市启动了以“关爱老人，构建和谐、健康、温馨的养老环境”为主题的“温馨夕阳工程”活动，涉及老龄工作的6个方面、37项具体活动，25个市直部门参与其中。2008年，又启动了以“人人献爱心，温暖助老人”为主题的“爱心助老工程”活动，包括养老保障、老年维权、敬老宣传教育、老年文体活动、助老活动、老龄基础工作6个方面，56项活动。工程涉及的40个市直部门分别对文件作了会签，并明确了每项活动的责任单位。

老人节大型文艺晚会

三是贯彻老年法规政策，进一步维护了老年人合法权益。深入开展了签订《农村家庭赡养协议书》工作；启动了老年人维权直通车活动；举办了“温馨夕阳”大型老年人法律咨询会；在市主要媒体上开设了“老年法律课堂”；不断加大贯彻落实老年法规政策和优待老年人工作力度，自2004年第三次调整充实老年人优待政策以来，各区县每年充实1至2项优待老年人政策，到2007年底，区县已充实老年人优待政策27项，使老年人优待范围不断扩大。

四是加强宣传教育，为老龄工作的开展营造浓厚的舆论氛围。近年来，该市的新闻媒体全方位开设了老年专版、专栏，投资近3万元创建了老龄工作网站。新闻媒体针对老年人关心的热点问题，开展了以老龄化形势、社会化养老、老年维权、尊老敬老等为主题的宣传。在社区制作安装了700余块老龄公益宣传牌，组织编印了《老年人法规政策读本》2万册，在全市开展了学法用法活动。开展了百岁老人调研采访活动，对我市40余名百岁老人刊发了120多个版面的报道，组织了“百岁老人调研成果巡回展”，编印了《淄博百岁老人》画册。淄博市模范老人和孝感淄博模范人物评选等活动突出了社会参与性，200多万人次参与了网上和选票投票。向手机用户编发了“过年不忘看老人”的敬老公益短信；组织开展了老龄工作宣传口号和老龄工作标志征集活动；开展了老龄工作宣传员推选工作。

老年广场文化

五是多办好事实事，不断优化社会养老环境。深入开展了助老服务活动。筹集资金10余万元对150名贫困老人进行了救助；专为老年人印制了10万份敬老宣传年画。还为6万余名老年人进行了义诊；组织法律、家政、商业、文化等单位开展了敬老服务进社区活动，为近万名老人进行了免费法律咨询、家电维修、家政等服务。

老年文体活动

六是广泛开展了老年文体活动，丰富了老年人精神文化生活。近年来，我们根据老年人的身体特点和需求，连续三年开展了老年人才艺大赛，每年老人节都举办了文艺晚会；还举办了“金秋俏夕阳”进区县老年文化活动和“醉夕阳，喜看淄博新变化”、“重阳节里游张店”等公益旅游活动。迎奥运之际，组织了万余名老年人开展了倒计时100天庆祝活动，从5月初开始，老年人“迎奥运、同参与、做贡献”活动正式拉开序幕。

曲靖市老龄工作情况

曲靖市辖九个县（市）区，115个乡（镇、街道），1599个村委会（社区），全市总人口603.04万人，有60周岁以上老年人68.9万人，占总人口的11.43%，其中：城镇老年人8.34万人，农村60.57万人；有离退休人员76253人（其中，机关6893人、事业26937人、企业42423人），占老年人口总数的11.06%。有80周岁以上老年人7.38万人，占老年人口总数的10.07%；"五保"老人21731人，百岁老人83位。

近年来，在市委、市政府的正确领导下，在省老龄委的指导及市老龄委成员单位的配合支持下，老龄工作全面落实科学发展观，以服务老年人为宗旨，以"党委、政府满意、社会满意、老年人满意"为检验标准，为老年人创造和谐的生活、学习、娱乐环境，不断提高老年人的生活质量，老龄事业健康发展。2005年，市老龄办、麒麟区分别荣获"全国老龄工作先进单位"和"全国老龄工作先进区"称号；2006年曲靖市人民政府、曲靖市老龄委办公室被评为"云南省老龄工作先进单位"，受到了省政府的表彰。2006-2007年，在云南省老龄工作目标管理考核中连续两年获得一等奖。

一、党政主导有力，老龄工作健康快速发展

市政府先后出台了《关于进一步加强老龄工作的意见》、《曲靖市老龄事业发展"十一五"规划纲要》、《关于加强基层老龄工作的意见》等规范性文件。并通过层层签订责任书，对全市各级进一步明确老龄工作目标，形成了上下统一、齐抓共管的良好格局。全市已形成了市县乡三级组织网络建设，老龄工作机构健全并独立设置。市、县、乡健全了老龄工作委员会及其办公室，行政村（社区）成立了老龄工作领导小组，由书记或主任兼任领导小组组长。9个县（市）区老龄办在编在职人员70人，工作经费、交通工具、办公设施到位；乡镇（街道）老龄专干55人、兼职60人，基层老年组织规范、有效地开展活动。

二、深入开展"创建活动"，老年设施建设步伐加快

全市以建设社会主义新农村为契机，抓"结合"促"创建"，大力推进创建"敬老先进村（社区）"步伐。2002-2007年，全市按照创建"敬老先进村（社区）""七个一"标准，经过市老龄办检查验收，市政府命名表彰的市级"敬老先进村（社区）"480个，占全市1599个村委会（社区）的30%，创建活动促使老年设施建设步伐加快，县（市）区有老年活动中心13个，老年活动中心（室）由"十五"期间967增加到1750个（其中100平米以上的有1209个），为广大老年人文体活动提供了必要的条件，基层老龄工作局面发生了可喜的变化。基层许多地方，因地制宜，整合资源，将寺庙、旧学校、卫生院改建成老年活动室，老年活动场所遍布城乡，功能逐步齐备。目前，有老年人专用羽毛球场651块，网球场44块，门球场380块，地掷球场188块，气排球场104块，乒乓球桌894张，棋牌桌4696张。这些活动阵地的建设，满足了城乡老年人的文体生活需求，提高了为老服务水平。

三、老年维权工作实，贯彻《条例》力度大

全市各县（市）区建起老年法律援助工作站或联络站，开通"12348"老年法律咨询热线，全市基层老协会都有专人负责老年人的维权工作，认真宣传贯彻《老年法》和《条例》，调解赡养纠纷，有效地维护了老年人的合法权益。市、县老龄工作部门认真接待和处理老年人来信来访，对他们反映的问题协调有关单位及时解决。2007年7月，省人大修订的《云南省老年人权益保障条例》颁布后，全市已办新证12.6万余本。市政府在贯彻落实《条例》的《实施意见》中一方面认真落实了老年人免购门票进入风景区、免费使用公厕、免交普通挂号费等26项优待政策，同时明确百岁老人提高长寿补助，由原来的每人每年1000元提高到每人每年2400元；80周岁以上不满100周岁的老年人享受高龄保健补助，每人每年补助200元-300元。自2008年6月1日起，全市老年人将免费乘坐城市市内公交车。

四、开展"助老工程"，为老年人办实事多

各级建立了救助制度，保障特殊老人的合法权益。2003-2007年，市、县两级财政对300多名百岁寿星每年发放长寿补助1000-1500元全部落实。配合省老龄事业发展基金会，全市对1656名特困老人、老党员开展了生活和医疗救助活动，每人资助200-500元，共计50余万元，县（市）区配套救助特困老人、老党员100多万元。成立了曲靖市老年福利促进会和建立了救助体系，共筹集基金35万元。募集资金已达561324.43元。其中60120元用于"助老工程"活动。2007年元旦、春节前全市投入1000万元，为10万多名离退休老同志进行了健康体检，充分体现了党和政府对老年人的关爱。

五、老年社团活动规范，文体活动有声有色

各级老年人文体活动丰富多彩，健康向上。市级17个老年组织结合各自实际，制订了工作计划和重大活动安排。98%的行政村（社区）成立了老年人协会和老年人体育协会。实行了村"七个一"规范管理和社区"1144"工程。全市已发展老体协会员17.7万人，体育人口已达33.8万人，老体协、老科协的工作走在全省的前列，各类老年社团"老有所为、老有所乐"作用发挥较好。老年文体队伍1000多支，活动有声有色，大大丰富了老年人的晚年生活，促进了曲靖的和谐稳定。

六、老年教育规模不断扩大，教学范围有所拓展

全市县级老年大学已建有7所。老年大学已成为老年人"学、乐、为"的家园。乡村（社区）老年人学校达389所，在校人数达27629人。市老年大学现开设8个系、22个专业，51个教学班，学员达2100人，年增长18%。老年人学校已向乡、村延伸，全市村级老年学校423个。形成了多学科、多层次、多学制的教育环境。

七、成员单位发挥职能作用，"齐抓共管"工作格局基本形成

市老龄委成员22个单位，认真履行本部门的职责，发挥职能作用，在工作中积极主动，相互支持，不断增强老龄工作的紧迫感和责任感，按照全委会要求及年度《目标责任书》内容，制定了为老年人办实事的计划，并采取措施抓落实，取得了较好的效果，全市上下形成了齐抓共管老龄事业的工作氛围。

八、敬老奉献典型涌现，良好社会氛围形成

2005年8月，曲靖市人民政府首次设立了"敬老奉献奖"，对一次性捐助老年事业8万元以上的个人和20万元以上的集体颁发"敬老奉献奖"的荣誉称号，并表彰了23个敬老典型。鼓励、激发了全社会关心、支持老龄事业的积极性。全市涌现了一批敬老奉献先进典型，个人一次性捐资50万元以上的有10人，个人捐资8万元以上的有39名，单位捐资20万元以上的有4个。其中10名被评为省级"敬老奉献先进个人"，2006年，分别受到了省政府、省老龄委的表彰。2007年10月，市政府又颁发20名"敬老奉献奖"，并评出曲靖市首届"曲靖十大孝星"。通过对捐资赞助老龄事业的人和敬老典型进行正面宣传报道和评选表彰活动，树立先进，典型引路，形成人人敬老爱老的良好氛围，推动了全市老龄工作的深入开展。

江苏张家港市老龄工作

【概况】2007年末，全市有60周岁以上老年人16.4万人，占全市总人口的18.3%，其中：70周岁以上老年人75143人，占全市老年人口的45.9%；90周岁以上老年人2446人，占全市老年人口的1.5%；百岁老人76人，创历史新记录。百岁老人徐秀惠、白六妹、卢大妹、黄林妹被评为苏州市“姑苏健康老人”。市老龄办荣获江苏省老龄工作先进单位称号。

年内，市政府出台了《张家港市加快发展养老服务事业的意见》，健全完善养老服务保障体系。重新修订出台了《张家港市老年人优待规定》，对养老、医疗、法律服务等作了六大项二十条优待规定，其中百岁老人、90周岁以上老年人分别享受每人每月200元和50元的长寿补贴金，每年老年节，分别发给每人1000元和200元的敬老金。深化基层老龄工作，规范老年人协会各项制度，印发2000册村、社区居委老年人协会台账资料，并组织不定期抽查。老年活动丰富多彩，举办了“九九重阳、和谐共享”老年节大型活动，40对金婚夫妇参加了庆祝第二十个老年节“和谐苏州美、夕阳无限好”千名老人金婚庆典活动，荣获了优秀组织奖、最佳风采奖。节目《婆媳风波》在江苏省老年文艺汇演节目选拔评比中荣获二等奖；《江苏省百岁老人风采摄影》一书中，有16幅作品入围出刊。苏州市第四届老年书法大赛中，荣获一等奖、二等奖各1名，三等奖4名，佳作奖7名。

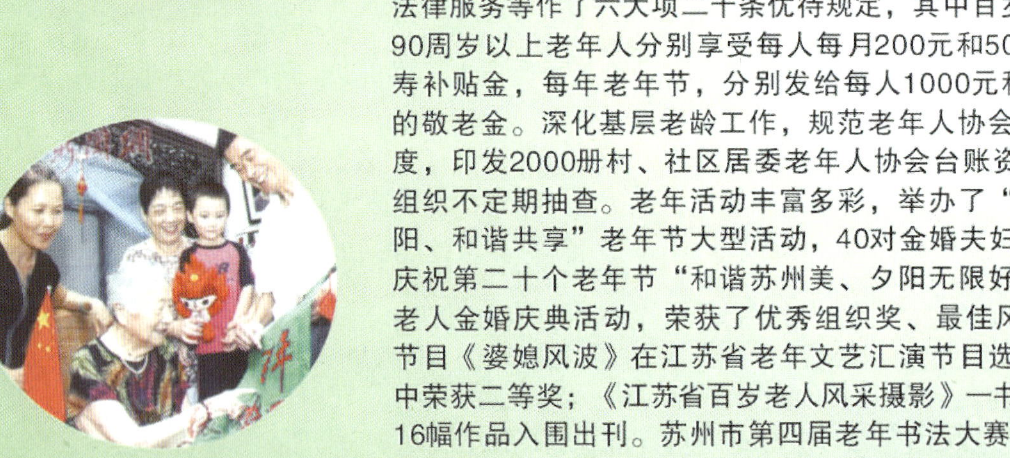

走进长寿之乡，看夕阳正红

——江苏省如皋市2007年老龄工作大事记

江苏省如皋市东壤黄海、西临长江。全市目前60岁以上的老人达到30.7万人，占141万户籍人口的21.8%，其中90岁以上老人6380人，95岁以上2300人，100以上老寿星251人。从人口老龄化来得早、速度快、高龄多的实际出发，全市上下以科学发展观为指导，坚持“政府主导、社会参与、全民关怀”的方针开展老龄工作，全市老龄事业发展出现了生机勃勃的局面。

一、全民关怀，老有所养更有保障

如皋市30多万名老人中有八成多在农村，保障农村老人“老有所养”成了老龄工作的重中之重。保障老有所养，在全市形成了整体推进的态势。

市老龄办在农村广泛开展签订家庭赡养协议书，先后累计有26万名多老人与子女签订，促进了老有所养。随着农村经济的发展，市老龄办在全市城乡推广柴湾镇“六有二查一公布”的做法；同时，市老龄委成员单位整体联动，更注力从多层面的政策机制上保障“老有所养”：一是市民政部门认真做好城乡低保对象工作，将城乡生活困难的老人纳入低保对象，目前全市有2103名老人享受城乡低保，70岁以上老人还享受15%的提标，真正体现生活困难的老人共享社会发展成果。二是市民政部门启动敬老院关爱工程，先后投资6000多万元对全市20所乡镇敬老院进行了改建、扩建和新建，目前总床位2450张，有2300位“五保”老人入住；敬老院同时接收96名社会老人托老。三是市民政局开展“百村万户”帮扶工程，全市从市级机构到乡镇有10543名干部与10694户农村贫困户实行一对一帮扶，帮助农村786家困难户结束草危房历史的工作中，其中有600多户是老年人户。四是市劳动和社会保障局重视城乡社会养老保险工作，到目前为止，全市城乡有24万名老人参加了社会养老保险，参保率占到应保人数的80%。五是市劳动和社会保障局出台《新型农村社会养老保险暂行办法补充规定》，规定子女投保并按规定正常缴费的，其父母年满70周岁且没享受政府发给的其他补助的，每人每月可领到30元养老补贴金。六是市卫生部门在农村积极推行新型合作医疗制度，到目前为止，全市有20多万名老人参保，让老人医疗得到了更多的保障。七是市计生委出台关爱计生困难家庭的政策，让计生困难家庭享受政府补贴，在一定程度上解除了他们养老的后顾之忧。八是市委组织部出台关爱老党员的补助政策，全市有1475位老党员享受到这一规定。九是市民政部门认真做好优抚待遇的落实工作，保障全市1250名老年优抚对象晚年生活无忧。

如皋市被中国老年学学会授予中国长寿之乡，图为全国老龄办常务副主任、中国老年学学会会长李本公向如皋市政府市长姜永华授牌

如皋百岁寿星韩秀芳被中国老年学学会评为中国最佳风采寿星，图为十届全国政协副主席张怀西为中国最佳寿星揭榜和颁奖

二、政府主导，社会优待和谐共享

市委、市政府高度重视老年人优待政策的落实，让广大老年人得到更多实惠。在如皋，目前城乡有6万名多老人领取了老年优待证。所有这些都表明，老年人在如皋，已越来越得到尊重，越来越被社会所关心。

三、社会兴办，养老事业协调发展

2007年，如皋市筹资3000多万元，征地43亩，兴建了建筑面积为1.2万平方米，集养老、生活、学习、娱乐为一体的市老年公寓和社会福利中心，让近百位“五保”老人共享社会发展成果；如皋市江陵建筑集团投资1.08亿元，在如城镇西郊兴建了占地50亩、建筑面积4万多平方米的怡园老年公寓，成为江苏省内为数不多的，上规模、上档次的一家老年公寓；民企上海阳光集团董事长张德璜和儿子张志镕在上海创业事业有成，致富不忘乡亲，父子俩捐赠400万元，委托当地政府在家乡如皋林梓镇兴建了阳光老年公寓，供“五保”老人入住和社会老人托老；北京民营企业家许宏斌投资近亿元，在如城镇城西村兴建了长寿主题公园—东方大寿星园，供人们观光游览。

如皋市委书记陈惠娟和著名表演艺术家王馥荔等到百岁寿星祝寿

四、挖掘资源，敬老氛围更加浓郁

如皋，这里浓厚的人文底蕴，造就了这里“水常清、树常绿、人长寿”的生存环境，最近这里被中国老年学学会命名为中国长寿之乡。今年如皋市长寿研究会与复旦大学生命科学院联合成立了中国•如皋（复旦）长寿研究所，探索如皋长寿现象。为挖掘典型资源，如皋市总结宣传市邮政局137名乡邮员8年如一日，为216位孤寡老人献爱心做好事的典型，对在全社会倡导尊老敬老文明之风起到积极影响；宣传全国老有所为十佳模范之一的夏堡镇鞠桥砖瓦厂老厂长谢庆生奉献社会公益事业的事迹，对号召离退休老同志为地方经济献计献策起到积极作用。为让更多的人了解长寿之乡的如皋，市老龄办建立了“如皋老龄网”，向社会展示如皋。挖掘这些有生资源，都是为了一个宗旨：思尊老之策，行爱老之实，长寿之乡尊老敬老的氛围更日渐浓郁。

水绿阜宁·和谐老龄

——江苏省阜宁县老龄工作

县委书记、人大主任王锦胜、县长王连春向上将周克玉汇报家乡建设情况

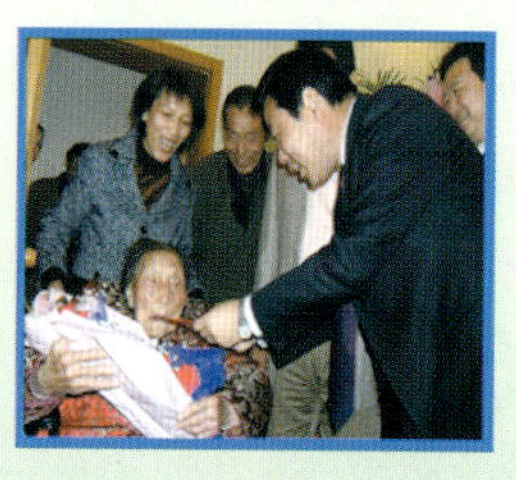

县委副书记、县长王连春，副县长周广展向新沟镇百岁老人周怀花祝贺生日快乐，并赠送长寿补贴金

重阳佳节，县委常委、常务副县长魏伏银带队慰问新沟镇敬老院“五保”老人

县政协副主席、县建设局长周正雄在益林镇工作期间连年率三套班子到敬老院与“五保”老人吃守岁酒、敬老饭

【概 况】阜宁县位于苏北平原中北部，作为革命老区之一，敬老、爱老、助老是全县人民传统美德，养老尽孝，推动了全县的文明建设。县老龄工作委员会成立于1984年12月24日（2003年由老龄问题委员会更为现名），县委、县政府十分重视老龄工作，在认真贯彻实施《老年法》、《中共中央、国务院关于加强老龄工作的决定》和省、市一系列涉老文件精神的同时，制定实施《阜宁县老龄事业发展“十一五”计划纲要》，相继出台惠老文件，惠及全县老年人。

【创老龄工作特色】

一是领导重视有突破，老龄工作有位置。县老龄委做到“五子登科”（有牌子、房子、机子、位子、车子）。全县20个镇和两个开发区、化工园区均成立老龄委，各部门单位都有负责人分管老龄工作，且有具体办事人。各村（居）基本上成立了老年人协会，全县老龄工作基层组织达到五有（即有组织网络、有办公设施、有规章制度、有活动经费、有档案资料），并向规范化建设迈进了一步。县劳动保障局为弘扬孝文化，还举办劳动保障杯孝文化征文活动。由于各级党委、政府高度重视老龄工作，大力发展老龄事业，有力地促进老龄工作再上新台阶。

二是工作思路有创新，考核工作有新招。县为进一步强化老龄工作，提出创建全国老龄工作先进县，制定实施六项工程；考核方法做到“三个结合”（创建考核与年度考核相结合，平时考核与年终考核相结合，镇、村干部考核与部门领导考核相结合）。

三是老龄工作有特色，“两件”（软件、硬件）建设有起色。全县着实抓了基层老年人协会规范化建设，并取得了明显成效。

近两年，全县又涌现出一批国家、省、市级的老龄工作先进集体和先进个人，具体的有：全国老龄工作先进社区阜城镇林海社区、省老龄工作先进单位阜宁县老龄办、省老龄工作先进社区阜城向阳社区、盐城市乡镇老年学校阜城镇老年学校；全国孝亲敬老之星戴元龙，省孝亲敬老之星刘芹、刘训佐，省先进老年人协会会长顾正军（益东社区）。

【老有所为做贡献】 全县有11万多人仍在各个方面为社会做贡献。参与调解民事纠纷的有8818位；从事种植、养殖、加工的有55075位。还有部分老同志被聘请到“三老一关”、招商引资等工作。吴滩镇老农戴元美自费举办庆祝党的十七大胜利召开图文宣传版面，在镇内外巡回展出14场次，收看2万人次。在开展“我与奥运同行，全民健身走”活动中，城乡老年人广泛采用拳、剑、舞、操、球、跑、戏、唱等群众性体育文化项目进行健身；爱好书画、诗词、摄影的老人挥笔举镜创作，成果颇丰。他们用多种形式进行创业、创新、创优，用辉煌业绩书写人生第二春的壮丽诗篇。

【老年维权工作见成效】 《老年法》的核心是“维护老年人合法权益”，县老龄委积极宣传、贯彻、落实《老年法》，帮助老年人维护自己的合法权益。

【老年文娱活动丰富多彩】 2000年，阜城镇23名离退休干部职工，自愿组成夕阳红文艺队以来，先后到有关镇区武警中队、学校共演出150多场次，深受干群好评。《人民日报·海外版》还作了专题报道。目前，全县老年文体队伍遍及城乡，老年健身活动场面成为精神文明的一道道亮丽风景线。10月1日至25日，县文明办与县老龄办联合在县政府门前，举办《水绿阜宁·和谐老龄》大型图片展，吸引很多人参观浏览。2007年，在省举办的《和谐杯“江苏老年摄影展”》、《江苏百岁寿星风采》摄影展评活动中，我办3幅参赛作品入选。

南浔·中国第一老年城

“南浔·中国第一老年城”，坐落在太湖南岸、苏沪杭中心区域“中国历史文化名镇”南浔。由浙江久安公益事业有限公司创建于1996年重阳节，被列入浙江省老龄委和体改委推行社会化养老的试点单位。“老年城”总投资5000多万元，占地近百亩，建筑面积3万㎡，是一座集吃、住、医、娱、学和商贸、旅游为一体、供老人们颐养天年的综合性老年社区。它包括“久安老年公寓”、“久安老年俱乐部”、“久安老年医院”、“南浔文园”、“千翁宾馆”和“江南水乡一条街”等老年服务设施及相关产业。创办十年来，“老年城”的规模不断扩大，功能不断完善，从开始举办的“老年公寓养老”，发展到今天的“社区文化休闲养老”、“医疗康复养老”、“宾馆疗休养老”、“社区健身养老”、“旅游观光养老”六大养老功能。从一定程度上承担了社会的职能，分担了政府的压力。“久安老年公寓”先后有150多位老人定居；“老年俱乐部”已拥有周边社区1000多名会员；“南浔文园”内每天早晨有300—500名社区老人参加健身锻炼；千翁宾馆每年接待上海、杭州等地前来疗休养的老人达几千人次。老年医院既服务于老年医疗康复，又承担了临终关怀的职能。十年间，接待专程前来考察、观光的各界人士累计达20多万人次，以及近十个国家和地区的国际友人和老年问题专家。“南浔老年城”以“社会办养老、产业化助老、多功能为老”的模式，走出了一条符合中国国情的社会化养老之路。

老人们在老年公寓楼里休闲

退休中学音乐教师吴映贤（左二）在老年公寓指挥老人们唱歌

清晨，老人们在南浔·中国第一老年城文园练习太极拳

网址：WWW. CNOLD. COM

联系电话：0572---3919589

老年俱乐部京剧班的老票友蒋明道（前左）、曾新群在彩排京剧折子戏《吕布与貂婵》

上海老人陈梅江、汪桂英（左二、左一）在老年俱乐部健身房锻炼

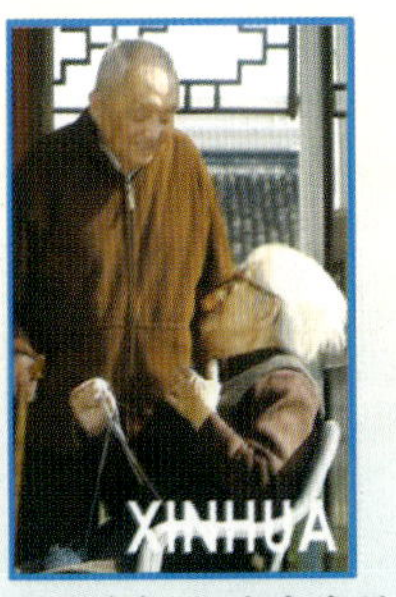

满头银发的潘益群、张婉定夫妇刚刚在老年公寓度过了他们结婚66周年的纪念日

沈德坤、钮菊艳老人在翻阅他们两年前拍摄的新婚照。两位原为单身的老人是在入住老年公寓后喜结良缘的

萍乡市老龄工作委员会办公室

萍乡市地处江西西部，与湖南省相邻，是秋收起义策源地，在这个红色的土地上，在党和政府亲切关怀下，全市人民奋发进取，开拓创新，坚持以发展为第一要务，坚持以邓小平理论为指导，经济、社会得到了同步发展，全市年工农业总产值达到250亿元。

截止2007年底，全市有老年人21.2万人，占总人口的11.2%，随着社会的进步，人民生活水平的提高，医疗卫生状况的改善，老年人的寿命不断延长，出现了老龄化社会的发展阶段。

市政府和老龄委领导向先进单位和个人颁奖

一切为了夕阳红

湘东区地处赣西最西端。全区有总人口39万人。据2007年底统计，全区60岁以上的老年人达4万人，占人口总数的11%，已进入老年化发展阶段，面对人口老龄化的挑战，湘东区委、区政府以科学发展观为指导，围绕“老有所养，老有所医，老有所教，老有所学，老有所为，老有所乐”的目标，通过社会各界的努力，使老年人的经济供养与医疗保障得到改善，老年人的文化体育活动不断丰富，老年人的生活质量明显提高，全区形成了敬老、养老、助老的良好氛围。2005年荣获全省老龄工作先进县称号，2007年获得萍乡市人民政府授予老龄工作先进区称号。

六月五日萍乡市人民政府召开全市第二次老龄工作先进表彰大会

出席人大代表认真听取市政府副市、市老龄委主任王朝新的工作报告

江西省老龄工作

全国老龄办副主任阎青春和江西省政府副省长孙刚慰问贫困老年人

2007年，全省老龄工作在省委、省政府的领导下，坚持以“三个代表”重要思想和科学发展观为指导，按照全国老龄委第九次和第二次全省老龄工作会议的部署，紧密结合实际，突出工作重点，在加强基层老龄工作、维护老年人合法权益、老龄宣传工作、充分发挥成员单位的作用、丰富老年人的精神文化生活等方面下功夫，并取得了一定成效。

一、养老保障工作力度加大。省委组织部、省委老干部局认真落实离休干部的医疗待遇，进一步扩大了老干部就医住院范围，并为74名老干部办理了相关手续。省劳动和社会保障厅进一步完善了企业职工基本养老保险制度，调整了现行的基金缴费政策和养老金计发政策，保证了企业退休人员基本养老金按时足额发放，对企业年金、建立农民工和被征地农民养老保险制度的探索也取得了一定的成效。省民政厅坚持“以人为本，为民解困”的宗旨，在落实城乡最低生活保障制度、特困群众救助制度、城乡大病医疗救助制度中，坚持把老年人作为重点救助对象，“五保”供养标准得到落实，集中供养率已提高到80%。省总工会在春节、重阳节期间组织走访了退休人员和困难老职工。省人事厅一年来，根据有关规定，为44561名省直机关事业单位增加了离退休费，组织完成了3250名省属国有企业办中小学退休老师退休金的审核工作，并为500多名机关事业单位立功获奖人员提高了退休费标准。

南昌市将“三无”老人全部纳入低保，图为市民政局长梁礼伦将低保证送到老人手中

二、老年基本医疗得到保障。2007年，全省开展新农合的县（市、区）达到80个，覆盖全省农业人口89.64%，参合农民2493.31万人，参合率87.47%，农村老年人从中得到很多实惠。从2007年7月1日起，我省在全国率先向城市6类人群（其中包括老年人）发放社区公共卫生服务券，60岁以上老年人持券在社区卫生服务机构免费享受健康管理等公共卫生服务和每两年享受一次免费健康体检等服务。此外，社区还为60岁以上老年人免费建立了健康档案，开展老年人重点慢性病筛查和健康干预行动。

农村老年人协会组织老年人开展文体活动

三、老年优待工作进一步加强。一年来，全省各地把落实和扩大老年优待政策作为老年维权工作一项重要内容来抓。如南昌市将百岁老年长寿补贴金由每人每月100元提高到200元。九江市政府在推进民生工程中，将享受长寿补贴金的老人由100岁降至95岁，70周岁以上老年人可以免费进入风景区、免费乘坐城市公交车、就医享受“三免四减”政策。宜春市老龄办与市卫生局联合行文，扩大了老年医疗优待政策，全市年满60周岁老年人，凭《老年人优待证》到全市公立医院就医时，可免缴普通门诊挂号费；年满90周岁以上的老年人，每年由各县（市、区）卫生行政和老龄工作部门组织一次免费体检。赣州市规定70岁以上老年人凭公交IC卡可免费乘坐市所有公交车，取消了过去不能免费乘坐郊区线路公交车的限制。

重庆市老龄工作委员会

重庆市首届“‘泰恒眼科’杯老年人激情广场歌咏大赛”

2007年，重庆市老龄工作紧密围绕“党政主导、社会参与、全民关怀”的老龄工作方针，按照第二次全国老龄工作的总体要求和市政府专题老龄会议的工作部署，各成员单位和各级老龄工作部门认真履行职责，扎实开展工作，全市老龄工作取得了新进展，老龄工作呈现出持续发展的新局面。

一、养老保障制度有了新举措

2007年重庆市各级劳动保障部门共组织元旦、春节“送温暖”专项资金400余万元，对全市5万余名高龄、重病退休人员进行慰问。圆满完成2007年企业退休人员基本调整工作，持续提高全市养老保险待遇水平。通过三年调整，超额完成了中共重庆市委、市政府确定的330元的总体目标，使企业退休人员基本养老金水平得到大幅提升。全市城镇一共划分了35个基本医疗保险统筹区，参保的退休职工近百万人。在继续做好原有的农村养老保险工作基础上，2007年1月1日起，九龙坡区、大渡口区启动了新农村养老保险试点工作。开创性地将60岁以上的农村老年人纳入参保范围，同时新农村养老保险还制定了高龄补贴等惠老政策。启动了城乡居民基本医疗保险试点工作。

中国第三届老年产业博览会

二、老年事业投入加大

重庆市政府老龄专题会议决定从2007年起每年拨付100万福彩资金作为高龄、空巢老人的扶老项目经费。2007年市财政下达区县身患癌症和长期生病卧床不起的在乡老复员军人补助资金1038万元，补助标准为身患癌症者一次性补助每人1500元、长期卧床不起者一次性补助每人500元。对在企业生活困难的老复员军人每人每月给予150元临时生活困难补助金。2007年市财政安排378.9万元补助资金，用于解决市级特困破产企业的生活困难老复员军人生活困难。2007年在全面建立农村居民最低生活保障制度当中对享受最低生活保障待遇人员中的80岁以上老年人每年增加120元的救助金额。

重庆市首届“‘泰恒眼科’杯老年人激情广场歌咏大赛”

三、维护老年人合法权益力度加大

中共重庆市委、市政府一直坚持把老年人维权工作纳入党政工作重要议事日程，让广大老年人共享经济社会发展成果。2007年市委把“老龄服务工程”纳入了构建“和谐重庆”的十大工程的内容，从政策制度框架上，有效地保障好老年人发展权益。坚持法制、行政、舆论与道德教育等多种手段相结合，不断优化维护老年人权益的社会环境。将宣传贯彻《实施办法》，切实维护老年人权益纳入各区县（自治县）老龄工作部门年终目标考核的主要内容。建立了从市到区县到镇乡、街道的老年维权机构。我市40个区县老龄工作办公室与当地司法部门共建老年法律援助站点，对外公布了维权热线电话。把依法护老同以德敬老结合起来，广泛开展了尊老敬老助老主题教育活动，全市35个村居（社区）获得“全国敬老模范村居（社区）”称号。

中共重庆市常委、副市长、市老龄委主任马正其慰问百岁老人

太原市老龄工作委员会

加强领导求真务实努力开创老龄工作新局面

太原市老龄工作委员会成立于一九八六年，原名“太原市老龄问题委员会”。二十多年来，太原市老龄委在市委、市政府的正确领导下，经过全市各级老龄工作者的努力和各级各部门以及广大群众的支持，形成了完整的老龄工作体系，稳定的工作队伍，推动全市老龄工作顺利开展。

太原市辖十个县（市、区）和三个开发区，人口334万人，60岁以上老年人49.5万人，占全市总人口的14.8%，我市百岁以上老人有34人。太原市人口老龄化已进入快速发展期。面对严峻的老龄化形势，太原市老龄委（办）坚持以邓小平理论和“三个代表”重要思想为指导，认真贯彻落实中共中央国务院《关于加强老龄工作的决定》精神，坚持“党政主导、社会参与、全民关怀”的老龄工作方针，扎实工作，开拓创新，取得显著成绩。

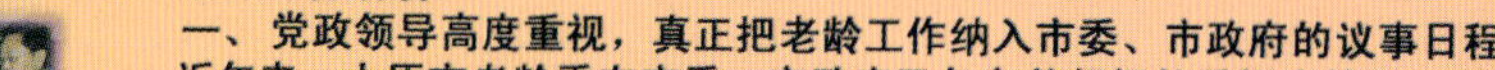

一、党政领导高度重视，真正把老龄工作纳入市委、市政府的议事日程

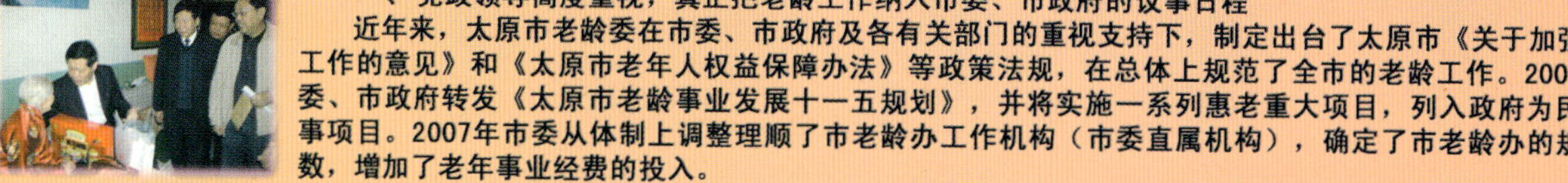

近年来，太原市老龄委在市委、市政府及各有关部门的重视支持下，制定出台了太原市《关于加强老龄工作的意见》和《太原市老年人权益保障办法》等政策法规，在总体上规范了全市的老龄工作。2007年市委、市政府转发《太原市老龄事业发展十一五规划》，并将实施一系列惠老重大项目，列入政府为民办实事项目。2007年市委从体制上调整理顺了市老龄办工作机构（市委直属机构），确定了市老龄办的规格职数，增加了老年事业经费的投入。

二、加大老龄工作宣传力度，强化全社会老龄意识

2007年创办了《并州老龄》杂志，开通了《太原老龄网》，为全市老龄工作搭建了一个平台，宣传党和政府关于老龄工作的方针政策；报道国内外老龄工作的成功经验；研究探讨老年人关心的热点问题等。

三、加强老年人权益保障工作，推动老年人政策法规落实

（一）弘扬尊老敬老传统美德，老年维权步入法制化轨道

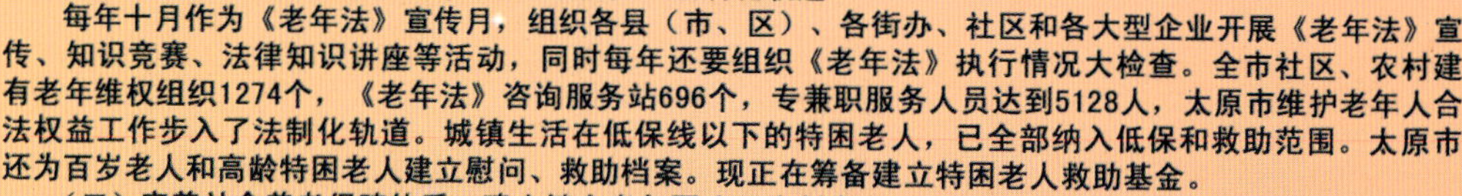

每年十月作为《老年法》宣传月，组织各县（市、区）、各街办、社区和各大型企业开展《老年法》宣传、知识竞赛、法律知识讲座等活动，同时每年还要组织《老年法》执行情况大检查。全市社区、农村建有老年维权组织1274个，《老年法》咨询服务站696个，专兼职服务人员达到5128人，太原市维护老年人合法权益工作步入了法制化轨道。城镇生活在低保线以下的特困老人，已全部纳入低保和救助范围。太原市还为百岁老人和高龄特困老人建立慰问、救助档案。现正在筹备建立特困老人救助基金。

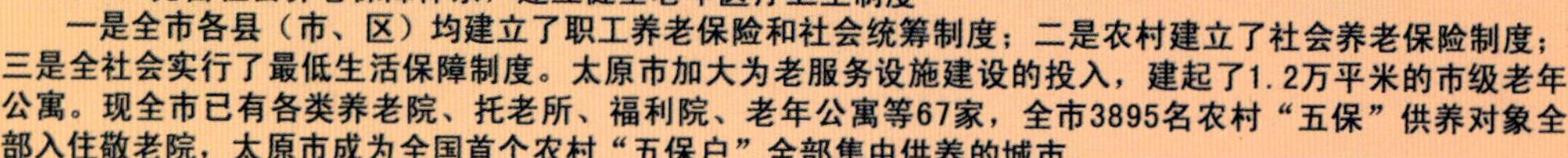

（二）完善社会养老保障体系，建立健全老年医疗卫生制度

一是全市各县（市、区）均建立了职工养老保险和社会统筹制度；二是农村建立了社会养老保险制度；三是全社会实行了最低生活保障制度。太原市加大为老服务设施建设的投入，建起了1.2万平米的市级老年公寓。现全市已有各类养老院、托老所、福利院、老年公寓等67家，全市3895名农村“五保”供养对象全部入住敬老院，太原市成为全国首个农村“五保户”全部集中供养的城市。

景德镇老年大学

景德镇老年大学在市委、市政府的正确领导下，以邓小平理论和“三个代表”重要思想为指导，坚持科学发展观，以发展继续教育，构建终身教育体系，提高老年学员综合素质，促进社会和谐发展为目标，实践“增长知识、丰富生活、陶冶情操、促进健康、服务社会”的办学宗旨，坚持走“社会化办学，办学社会化”的“开门办学”之路。办学规模不断扩大，教育教学质量不断提高，社会影响不断提升，学校凝聚力不断增强。

我校创建于1987年9月，现已开设了5个系、26个专业、73个班级，在校学员2158人次，成立了书画研究院、诗词社、艺术团、理论研究室、市容督导团等五个社团组织。围绕教学中心，不断在抓好第一课堂，丰富、拓展第二、三课堂上做文章，为学员、为教学、为社会服务方面取得了可喜的成效，被评为“江西省老年大学示范校”、市级文明单位、全市“双创”先进集体、老龄工作先进单位。3月21日，省委组织部、省委老干部局、省老年大学领导亲临我市为我校荣获江西省老年大学示范校授牌。

丰收的九月，是学校成立20周年的大喜日子，学校举行了一系列庆祝活动，向社会宣传和展示全校师生员工的知识、才艺和风采。中国老年大学协会会长张文范、副会长靳振中、陆剑杰和天津、上海、山东、武汉、广州等地老年大学领导亲临大会祝贺，市委书记许爱民发来贺信，市长李放书面致辞。

济宁市老龄工作

兖州市老年人喜领政府生活补贴

【概况】济宁市老龄工作委员会办公室编制12人，其中工勤人员编制2人。内设秘书科、老年事业科、老年人权益保障科和宣传教育科。2007年，全市老龄工作在市委、市政府的正确领导下，紧紧围绕“六个老有”的工作目标，经过各级各部门、各单位及社会各界的共同努力，全市老龄工作呈现出良好的发展态势，取得了可喜的成绩，得到了各级领导和社会各届的充分肯定和好评。

【敬老宣传氛围日益浓厚】深入挖掘传统儒、孝文化资源，不断加大老龄工作宣传力度。9月份“敬老爱老宣传月”活动；各级党委、政府主要领导带头开展“进万家、送亲情”活动；由中央电视台新影制作中心、济宁市委宣传部联合摄制的豫剧连续剧《孝贤闵子骞》，在中央电视台连续播出；邹城市根据全国敬老好儿女金榜奖得主魏传兰事迹编排的大型现代豫剧《媳妇》，在中央电视台11台三次播出。去年2月份，市老龄委、市人事局联合评选表彰了200名尊老敬老先进典型，鱼台县的尊老敬老先进个人赵化吉同志被评为山东省“十大孝星”。7月份召开了全市老龄工作现场会议，推广了邹城市“加大投入力度，完善基础设施，加速推进社会养老”、兖州市“领导高度重视，加大资金投入，全面提升为老服务水平”、嘉祥县“加大工作力度，弘扬孝道文化，全力推进和谐社会建设”的先进经验。11月份，市政府下发了《关于表彰全市首届敬老模范六项“十佳”的通报》，隆重表彰了“十佳”敬老孝星、模范老人、敬老模范单位、敬老模范乡镇（街道）、敬老模范村居（社区）、老龄工作先进单位。

孔孟之乡-邹城市中华母亲节现场

【养老保障事业快速发展】民政、劳动、老龄等有关部门联合，加强基础设施建设，促进各项养老制度的落实。12月份，市委办公室、市政府办公室下发了《关于开展“关爱银龄孝德工程”活动的意见》。把老龄工作细化、量化，纳入各县市区政府年终考核内容。农村家庭养老主渠道作用不断增强。全市农村有50多万户签订了《家庭赡养协议书》，占到应签户的91%。

市中区华汇老年公寓

【老年医疗体系日渐完善】市政府把建立城乡困难居民大病救助机制作为为民办好的十件实事之一，制定出台了《济宁市城乡困难居民大病医疗救助办法（试行）》，把救助范围覆盖到全体城乡居民，对低保对象和“五保”对象实行医前救助。

【老年文化娱乐丰富多彩】采取多种形式举办各类老年文体活动80余次，老年人成为群众文化体育活动的主体，老年团体成为城区文体活动骨干力量。实施农村老年人体育健身活动场地建设项目，完成了三个县市区55个村（居）的建设任务。全市已建立老年体育、舞蹈 协会98个，辅导站270多个。比较规范、活动经常的老年文化、体育组织1560多个。

【老年权益维护扎实有效】目前，我市百岁老人长寿补贴和公交、公园、旅游、公厕、就医等方面的优待政策得到全部落实。经济条件较好的行政村实行了老年人发放生活补贴制度，惠及4.2万名农村老年人。市主要新闻媒体和部分县市区新闻媒体开设了“老年维权栏目”，设立了老年维权热线。市中区建立了老年维权法庭，实行为老年人提供减免诉讼费用等方便和优待服务；汶上县在乡镇老龄办设立了老年人维权投诉电话；兖州市利用148热线提供法律咨询，及时为老年人实施法律援助。老龄、交通等单位联动，协调解决了济宁市区个别公交线路不履行老年人乘车优待规定的问题。

青岛市李沧区老龄工作委员会

春节期间区委书记王作安走访慰问独居老人

重阳节期间傅明先区长走访慰问百岁老人

青岛市李沧区位于市内四区北端，面积98平方公里，现辖11个街道办事处，户籍总人口29.9万人，其中老年人口4.85万人，占总人口数的16.2%。日益严峻的人口老龄化趋势引起了区委、区政府的高度重视，多年来始终把老龄工作作为一项重要的工作抓紧抓实，把老龄工作纳入区委区政府的年度目标考核，定期研究部署老龄工作，解决实际问题，积极组织实施老龄事业发展“十五”、“十一五”规划，确保了“六个老有”工作目标逐步实现。已连续六年将惠老实事纳入政府民生工程，不断加大对老龄事业的投入，先后投资4000多万元，兴建了占地面积8000余平方米、建筑面积6100平方米的两处老年活动中心。投资1.66亿元对李村公园和沧口公园进行了整体改造，改造面积16余万平方米，在拆墙透绿的基础上，建设集休闲、购物、科技展览等功能于一体的开放式文化公园。投资850余万元扩建了区福利院、北方老年护理院、老干部活动中心；投资300余万元建成两处面积各为300平方米的社区医疗服务中心。投资3493万元，建成123处“星光老年之家”，覆盖了全区100%的社区。今年在对困难孤寡老人实行政府购买服务的基础上，积极探索实施“以老扶老”的社会养老服务方式。在老人节和春节期间，区委书记、区政府区长及区人大、区政协分管领导亲自走访慰问百岁老人和困难独居老人。在组织建设上我们积极整合人、财、物资源，将老年体协、老年书画研究会、老年大学、星光老年大学、老摄影家协会等，统一划归区老龄办管理，接受区老龄委的领导，这样使得不同社团组织的优势充分结合起来，对全区的老龄工作起到了积极的推动作用。李沧区被山东省政府授予“全省老龄工作先进区”荣誉称号；荣获全国健身球之乡称号；荣获全国太极拳（剑）比赛第一名；荣获青岛市锣鼓比赛第一名；全区老年文体活动丰富多彩，老年特色队伍149支。向社会聘请了8名敬老、爱老、助老形象大使，真正体现了“党政主导、社会参与、全民关怀”的老龄工作方针，为全区老龄工作的开展搭起了坚实的平台。

李沧区老龄办主任赵国走访慰问百岁老人

李沧区老年太极拳剑代表队获得全国太极拳剑比赛第一名

常州市老龄工作管理

常州市现有老年人口61.5万人，占总人口的17.2%。两年来，认真贯彻“党政主导、社会参与、全民关怀”的老龄工作方针，促进“六个老有”工作目标落实，被市委市政府授予“文明单位”，被省老龄委授予“老龄工作先进单位”，被全国老龄办、公安部、司法部授予“全国老年维权示范岗”荣誉称号。

一、学习领会十七大文件，落实市老龄委全会精神。在市政府出台《常州市老龄事业发展“十一五”规划》后，市老龄委对规划的目标任务进行分解，推进层层落实。

二、协调成员单位发挥作用，共同为老年人办实事。市劳动和社会保障局实现社会保障全覆盖，市区18.5万名离退休人员纳入基本医疗保险，3万名城镇老年居民纳入城镇居民医疗保险，为6000名城镇老年居民发放养老补贴，1.03万名乡镇大小集体退养人员纳入企业养老保险和基本医疗保险，将15.3万名企业退休人员纳入社会化管理，96.8%的企业退休人员信息得到落实；全市养老保险参保缴费70.76万人，医疗保险参保62.36万人；企业离退休人均养老金1156元／月；“知青半家户”和20世纪60年代精简下放职工城镇老年居民每月领取150元养老金。市民政局落实全市5726人“五保”供养标准，其中集中供养4194人，占73.2%，标准年人均3194元，分散供养1532人，标准年人均2528元；将“关爱工程”列入市政府为民办实事项目，49所敬老院新建或改扩建项目全部竣工，总投入1.56亿元，新增建筑面积9.1万平方米，新增床位4327张；提高城镇“三无”对象生活标准；40万慈善金救助1029名老人。市委老干部局先后建立离休干部医疗保障、养老金社会化发放、企业离休干部各专项经费由财政保障机制。市财政局和市人事局确保退休人员退休费及时、足额发放，落实部属企业办中小学退休教师享受事业单位退休人员待遇，解决市属改制单位中按事业单位退休人员的地方补贴和住房租金补贴。市卫生局实施对城区60岁以上老人建立健康档案工程，建档率已达60%高血压、糖尿病等慢性病治疗纳入规范化管理。市总工会重点对鳏寡孤独、伤残和高龄退休人员实施送温暖工程。市体育局为老年人提供健身方便，全市建有1500个老年人健身广场、门球场和健身点；承办2007年全国第十五届老年骑游健身文化展示大会，来自23个省、自治区和香港、澳门等地108支骑游队，5000名老年骑游者参加会议。

常州市召开第20个敬老日庆祝表彰大会

常州老龄专列旅游

王伟成市长视察常州老年大学

常州市虹枫老年研修大学落成典礼

江苏省政协视察常州市《老年法》实施情况

十佳健康老人领奖

浙江省武义县老龄工作委员会

2007年，浙江省武义县老龄工作在武义县委、县政府的领导和重视下，在上级老龄工作部门的指导和支持下，取得了显著成绩是浙江省老龄工作先进县之一，为构建“和谐社会”、“和谐武义”发挥了积极作用。主要有：

一、继续开展规范化达标老协分会和星级老年活动室争创活动。要使老龄工作全面迈上一个新台阶，关键是要有更多的老协分达到规范化和更多的老年活动室达到二星级、三星级的标准。前三年，武义县已评出了240个规范化达标老协分会和118个二星级年活动室。通过三年争创活动，证明这项活动对促进基层老协分会和老年活动室建设起了很大的促进作用。今年又增加了74个达老协分会和25个二星级老年活动室。

二、建立为老服务志愿者组织，深化为老服务内容。在改革开放的新形势下，老龄工作出现了一些新情况、新问题。随着青壮劳力的大量外出务工经商，各地农村都出现了主要由老人留守的新状况。针对新情况，县老龄工委及时号召各地大力组织为老服务愿者组织，一方面发动社会上的热心人就近为老年人提供力所能及的帮助，一方面发动老年人自己帮助自己。为使这一组织在全县速开花结果，三月份，县老龄工委专门在桐琴镇倪桥村召开了全县为老服务志愿者队伍建设现场会，要求各地要从构建和谐社会的高度从为老人谋福利、为社会立功德的高度，切实重视为老服务自愿者组织队伍的建设，让每个“空巢”老人、高龄、困难、病残老人能安度晚年。目前全县建立为老服务志愿者队伍536个，为老服务志愿者8570多人，帮扶结对老人7300余人。

三、努力为老年人做好事办实事，积极维护老年人的合法权益。2006年11月，县人民政府办公室下发了武政办〔2006〕112号《于转发县老龄工委今明两年为老年人办十六件实事意见的通知》，2007年是各责任部门切实为老年人做好事办实事之年，县财政、人事劳动社会保障局、卫生局、体育局、司法局、供电局、建设局、广电局、老干部局以及教育局、妇联、共青团、慈善总会等部也积极履行职责，创造条件，为老年人在法律援助、供水、供电、改善活动设施、建立健康老龄化社区、村镇救助、爱老助老、建小康型老年体育乡镇等方面积极为老年多办实事。

武义县柳城畲族镇老年电大学员们认真学习场景

每年举办一届的老年文化体育艺术周

武义县近年来提高农村居家养老服务功能，图为马昂村的老年人在老年食堂用餐

武义县争创全国老龄工作先进县动员暨表彰大会

县委副书记、县老龄工委主任陈增加（左二）和县人大副主任倪恒贵（左三）与成员单位领导一起讨论老龄工作

目录

第一部分 特载

在全国老龄工作委员会第九次全体会议上的讲话 …… 回良玉（3）
发展老年学和老年医学是长寿时代的客观要求
——在第八届亚洲/大洋洲地区老年学和老年医学大会开幕式上的致辞 …… 回良玉（5）

第二部分 重要讲话、报告

关于2006年全国老龄工作情况和2007年工作安排意见的报告
——在全国老龄工作委员会第九次全体会议上的报告 …… 李学举（9）
重阳节前夕在京看望慰问生活困难的独居老人即席讲话 …… 李学举（13）

在全国居家养老服务经验交流会上的讲话 …… 李本公（14）
在2007年全国省级老龄办主任会议上的讲话 …… 李本公（18）
在中国/联合国人口基金第六周期老龄项目基线调查成果
报告会开幕式上的致辞 …… 李本公（22）
在上海市老龄委全体（扩大）会议上的讲话 …… 李本公（23）
在《中华人民共和国老年人权益保障法》修订研究高层论坛
开幕式上的致辞 …… 李本公（25）
在中国城乡老年人口状况追踪调查新闻发布会上的讲话 …… 李本公（26）
在全国老龄工作委员会第十一次联络员和信息员会议上的讲话 …… 李本公（28）

在公安部机关离退休干部新春座谈会上的讲话 …… 蔡安季（31）
在教育部老干部工作总结交流会上的讲话 …… 袁贵仁（32）

在（北京市）市老龄委第十次全体会议上的讲话 …… 丁向阳（40）
在（天津市）全市农村社区老龄工作推动会上的讲话 …… 王崇喜（42）
在（重庆市）全市老龄工作专题会议上的讲话（摘要） …… 马正其（45）
在河北省第一次老龄工作会议上的讲话 …… 宋恩华（46）
在（山西省）全省老龄工作会议上的讲话 …… 薛延忠（49）

在内蒙古自治区庆祝老年节及全区首届老年人运动会闭幕式上的讲话 ………………… 杨 晶（52）
在（黑龙江省）省老龄委第七次全体会议暨市地老龄办主任会议上的讲话 ………… 王东华（53）
在（吉林省）省老龄工作委员会第三次全体会议上的讲话……………………………… 李 斌（56）
在（辽宁省）全省老龄工作总结表彰暨经验交流会上的讲话 ………………………… 许卫国（58）
在第八次（山东省）全省老龄工作会议上的讲话（摘要）…………………………… 李玉妹（62）
在江苏省第20个敬老日庆祝大会上的讲话 ……………………………………………… 张九汉（65）
在（浙江省）省老龄工作委员会第六次全体会议上的讲话……………………………… 陈加元（66）
在（陕西省）省老龄委全体委员会议上的讲话 ………………………………………… 张 伟（69）
在（甘肃省）省老龄委第六次全体会议上的讲话 ……………………………………… 陈学亨（72）
在河南省老龄委第五次全体会议上的讲话……………………………………………… 刘新民（75）
在（湖北省）省老龄委第六次全体会议上的讲话 ……………………………………… 周坚卫（77）
在（广东省）省老龄委第七次全体会议上的讲话 ……………………………………… 李容根（80）
在云南省第二十届敬老节晚会上的讲话（摘要） ……………………………………… 孔垂柱（82）
在（贵州省）省老龄工作委员会第七次全体会议上的讲话……………………………… 肖永安（83）
在四川省“金秋乐园杯”《中华人民共和国老年人权益保障法》
　知识竞赛抽奖仪式暨迎春敬老联欢会上的讲话 ……………………………………… 张作哈（86）
在庆祝（宁夏回族自治区）自治区第十八个“老人节”大会上的讲话………………… 刘 慧（87）
在新疆维吾尔自治区老龄办主任会议上的讲话 ………………………………………… 黄昌元（88）
在（青岛市）市老龄委全委（扩大）会议上的讲话 …………………………………… 王文华（90）
在（宁波市）全市老龄工作会议上的讲话（摘要） …………………………………… 王 勇（92）
在（厦门市）市老龄委第七次全体（扩大）会议上的讲话（摘要） ………………… 潘世建（94）
在深圳市老龄委第六次全体（扩大）会议上的讲话 …………………………………… 李 铭（96）

第三部分　法规、文件选编

关于印发《全国老龄工作委员会办公室外事工作管理规定》和
　《全国老龄工作委员会办公室国际合作项目管理办法》的通知 ……………………………（101）
　附件一　全国老龄工作委员会办公室外事工作管理规定……………………………………（101）
　附件二　全国老龄工作委员会办公室国际合作项目管理办法 ………………………………（103）

（天津市）关于支持我市养老服务业发展，促进下岗失业人员再就业
　有关问题的通知 …………………………………………………………………………………（106）
关于印发《天津市居家养老服务政府补贴管理办法（试行）》的通知 ………………………（108）
附件　天津市居家养老服务政府补贴管理办法（试行） ………………………………………（108）
天津市养老机构管理办法……………………………………………………………………………（109）
重庆市城乡养老机构服务管理办法 ………………………………………………………………（111）
关于印发《河北省老龄事业发展“十一五”规划》的通知…………………………………………（114）
　附件　河北省老龄事业发展“十一五”规划 ……………………………………………………（114）

河北省人民政府办公厅关于加快发展养老服务业的意见 …… (118)
中共河北省委办公厅、河北省人民政府办公厅关于进一步加强老龄工作的通知 …… (120)
(山西省) 关于切实加强老年人优待工作的实施意见 …… (122)
内蒙古自治区2007年老龄法规政策简介 …… (125)
吉林省优待老年人规定 …… (125)
安徽省老龄事业发展"十一五"规划 (2006—2010年) …… (127)
江苏省人民政府办公厅关于印发《江苏省老龄事业发展"十一五"规划》的通知 …… (131)
附件　江苏省老龄事业发展"十一五"规划 …… (131)
江苏省人民政府办公厅关于进一步做好老年人优待和服务工作的通知 …… (135)
青海省人民政府办公厅转发省老龄委办公室和省发展改革委等部门
关于加快发展养老服务业意见的通知 …… (137)
附件　关于加快发展养老服务业的意见 …… (137)
关于印发《青海省高龄老人长寿保健费发放办法》的通知 …… (139)
附件　青海省高龄老人长寿保健费发放办法 …… (139)
关于印发《西宁市老年人优待工作实施细则》的通知 …… (141)
附件　西宁市老年人优待工作实施细则 …… (141)
湖北省关于老年人享受优待服务的规定 …… (143)
(湖北省) 关于加快发展养老服务业的意见 …… (145)
湖南省老龄事业发展"十一五"规划 (2006—2010年) …… (147)
(广东省) 关于解决社会保障若干问题的意见 …… (152)
云南省老年人权益保障条例 …… (155)
云南省关于加快发展养老服务业的实施意见 …… (158)
贵州省2007年老龄法规政策简介 …… (161)
(广西壮族自治区) 关于加快发展我区养老服务业的实施意见 …… (161)
青岛市城镇居民基本医疗保险暂行办法 …… (163)
(青岛市) 关于进一步做好被征地农民社会基本养老保险工作的通知 …… (167)
(宁波市) 关于加快发展养老服务业的实施意见 …… (168)

第四部分　全国老龄工作

全国老龄工作委员会办公室 …… (175)
中央组织部 …… (175)
中央宣传部 …… (176)
中央直属机关工作委员会 …… (176)
中央国家机关工作委员会 …… (177)
国家发展和改革委员会 …… (177)
公安部 …… (178)
教育部 …… (178)

国家民族事务委员会 …… (178)
民政部 …… (179)
劳动和社会保障部 …… (180)
司法部 …… (180)
财政部 …… (181)
人事部 …… (182)
建设部 …… (182)
文化部 …… (182)
卫生部 …… (183)
国家人口计划生育委员会 …… (184)
国家广播电影电视总局 …… (184)
国家体育总局 …… (184)
国家新闻出版总署 …… (185)
国家旅游局 …… (185)
解放军总政治部 …… (186)
中华全国总工会 …… (186)
中国共产主义青年团中央委员会 …… (187)
全国妇女联合会 …… (187)

第五部分 地方老龄工作

北京市 …… (191)
天津市 …… (196)
上海市 …… (199)
重庆市 …… (206)
河北省 …… (210)
山西省 …… (214)
内蒙古自治区 …… (220)
黑龙江省 …… (223)
吉林省 …… (226)
辽宁省 …… (230)
山东省 …… (237)
安徽省 …… (241)
江苏省 …… (244)
浙江省 …… (247)
江西省 …… (251)
福建省 …… (253)
陕西省 …… (257)

甘肃省 …… (260)
青海省 …… (264)
河南省 …… (266)
湖北省 …… (268)
湖南省 …… (273)
广东省 …… (276)
云南省 …… (283)
贵州省 …… (287)
四川省 …… (291)
海南省 …… (293)
宁夏回族自治区 …… (294)
新疆维吾尔自治区 …… (300)
广西壮族自治区 …… (305)
西藏自治区 …… (307)
大连市 …… (308)
青岛市 …… (311)
宁波市 …… (317)
厦门市 …… (320)
深圳市 …… (325)
新疆生产建设兵团 …… (329)

第六部分　科研成果和调研报告

天津市 …… (337)
上海市 …… (339)
重庆市 …… (339)
河北省 …… (343)
内蒙古自治区 …… (349)
黑龙江省 …… (351)
吉林省 …… (353)
辽宁省 …… (360)
山东省 …… (374)
江苏省 …… (374)
浙江省 …… (390)
江西省 …… (391)
陕西省 …… (394)
甘肃省 …… (398)
湖北省 …… (398)

广东省 …… (401)
云南省 …… (406)
贵州省 …… (409)
四川省 …… (411)
宁夏回族自治区 …… (414)
新疆维吾尔自治区 …… (415)
大连市 …… (420)
宁波市 …… (424)
厦门市 …… (426)
新疆生产建设兵团 …… (429)

第七部分　出访报告

关于出席亚洲人口快速老龄化形势下的社会养老金保障区域研讨会的报告 …… (433)
澳大利亚第十届社会政策国际研讨会在悉尼召开 …… (437)
曹炳良副主任出席亚太经社会马德里老龄问题国际行动计划
　执行情况区域评估高级别会议小结 …… (438)
出席澳大利亚老年照料协会第 26 届年会报告 …… (439)
第二届海峡两岸四地老年教育研讨会在澳门举行 …… (440)
关于赴澳门学习培训的报告 …… (440)
赴俄罗斯出席第 6 届欧洲地区老年学和老年医学大会的情况报告 …… (444)
中国老龄协会代表团在日本参加老龄问题国际会议的情况 …… (445)
中国老龄协会代表团赴美国交流考察报告 …… (446)
联合国人口基金第六周期援华老龄项目赴日本、越南研习考察报告 …… (449)
日本东京中日韩社会福利研讨会 …… (452)
　附件　研讨会论文 …… (452)
赴英法考察老龄工作和社区养老情况的报告 …… (461)
关于参加马来西亚第 19 届亚太地区社会工作者会议的报告 …… (465)
赴莫斯科参加第一届世界社会保障论坛暨第二十九届国际社会
　保障协会（ISSA）大会的情况汇报 …… (465)
赴瑞典、马耳他访问考察报告 …… (467)
中国老年艺术团赴澳门演出交流活动总结 …… (469)

第八部分　大事记

2007 年全国老龄工作大事记 …… (473)

第一部分

特　　载

在全国老龄工作委员会第九次全体会议上的讲话

中共中央政治局委员、国务院副总理、全国老龄工作委员会主任　回良玉

（2007 年 2 月 1 日）

今天我们召开全国老龄委全体会议，主要是以党的十六届六中全会精神为指导，回顾总结 2006 年老龄工作，分析研究人口老龄化形势，安排部署 2007 年的工作任务。这既是年度老龄工作的总结和部署，又是人口老龄化情况的通报和知识的普及，会议很及时、很必要、很重要。

刚才，南开大学的原新教授给我们作了一个很好的专题讲座，以翔实的数据分析了我国人口老龄化面临的形势和特点，从不同的角度阐述了人口老龄化带来的情况和问题，论述深刻，观点明确，讲述生动，使我们深受启发、很受教育，对老龄工作的开展将起到积极的推动作用。在此，我代表全国老龄委对原新教授和所有从事人口老龄化研究的同志表示敬意和感谢！中央组织部、发展改革委、劳动保障部、人口计生委的负责同志分别介绍了一年来有关工作情况，讲得很好，从中可以看出有关部门对老龄工作的高度重视，采取的措施扎实有力。李学举同志代表老龄委总结了 2006 年老龄工作情况，提出了 2007 年工作安排意见，讲得很全面。大家进行了认真讨论，提出了很好的意见，会后请老龄办进一步修改后报批印发。下面，我讲几点意见。

一、充分肯定 2006 年老龄事业取得的进展和成绩

2006 年是“十一五”开局之年，在党中央、国务院的正确领导下，在社会各界的大力支持下，各地区、各部门开拓进取，扎实工作，老龄事业取得了新的进展，各项工作成绩显著。

一是老龄工作的政策法规体系进一步完善。2006 年，我们召开了全国老龄工作会议，安排部署了今后一个时期的老龄工作。同时，修订了《农村“五保”供养工作条例》，为确保农村五保对象的基本生活提供了有力的法规保障；编制印发了老龄事业发展“十一五”规划，农村“五保”供养服务机构、老年体育等发展规划，以及与老年人利益密切相关的劳动和社会保障事业发展规划、社区服务体系发展规划、护理事业发展规划等。此外，制定印发了加快发展养老服务业、加强老年人优待工作、加强基层老龄工作等政策性文件。这对于做好今后一个时期的老龄工作具有重要意义。

二是老年人生活保障水平得到较大提高。在各方面的共同努力下，企业离退休人员基本养老金得到按时足额发放。全国参加城镇基本养老保险的城镇职工超过 1.86 亿人，比上年底增加 1162 万人；离退休人员的离退休金全面提高，其中 3966 万企业退休人员月人均增加养老金 169.2 元，是历年来提高幅度最大的一次。参加基本医疗保险的范围进一步扩大。城市低保制度不断完善，农村低保和新型农村合作医疗制度加快建立，进一步保障了城乡老年人的基本生活。

三是为老服务事业加快发展。各地积极制定政策措施，加大投入力度，扶持为老服务机构发展，以居家为基础、社区为依托、机构为补充的为老社会服务发展格局加快形成，显著改善了老年人的福利服务。2006 年底为老社会服务床位已超过 156 万张。民间为老社会服务机构发展迅速，服务项目拓宽。

四是老年人合法权益得到有效保障。各地围绕纪念老年法实施十周年开展系列活动，大力宣传老年法律法规和政策，积极开展执法检查，老年维权工作力度加大，全社会自觉维护老年人合法权益的意识进一步增强。各地出台了许多针对老年人的优待政策措施，从多方面对老年人实行优先、优待和减免服务。

五是基层老龄工作有所加强。各地坚持把老龄工作的重点放在基层，基层老龄工作体系进一步完善。基层老年群众组织得到较快发展。老年人文化体育活动蓬勃开展，2006 年全国各类老年大学（学校）达到 2.6 万所，在校学员超过 230 万人。举办了全国性的老年合唱节和重阳节大型文艺演出，一些地方分别举办了老年艺术节、文艺汇演、老年人趣味运动会等文体活动，丰富了老年人的文化生活。

总之，在过去的一年中，老龄事业发展较快，老龄工作成绩显著，实现了“十一五”良好开局。借此机会，我代表国务院和全国老龄委，向在座的各位同志，并通过大家向所有从事老龄工作，为老龄事业发展付出辛勤劳动的同志们表示亲切的问候和衷心的感谢！

二、切实增强做好老龄工作的责任感和紧迫感

当前，我国正处在改革发展的关键时期，也是人口老龄化快速发展的重要时期。经济体制的深刻变革，社会结构的深刻变动，利益格局的深刻调整，思想观念的深刻变化，使老龄工作面临着新机遇、新挑战；全面贯彻落实科学发展观，构建社会主义和谐社会，对老龄工作提出了新要求、新课题。做好老龄工作，促进社会和谐，是摆在我们面前的一项重大而紧迫的任务。

一要清醒分析人口老龄化的严峻形势。正如原新教授所指出的，老龄问题是公认的21世纪世界性的重大社会问题之一。我国是世界上唯一一个老年人口超过1亿人的国家，目前我国60岁以上老年人口已达1.44亿人，占总人口的11%，并将以年均3%的速度增加。2000年至2005年，我国总人口年均增长6.2‰，但60岁以上老年人年均增长16.9‰，65岁以上老年人年均增长26.2‰，80岁以上老年人年均增长57.7‰。老年人口数量占总人口的比重也在不断增长，2000年60岁以上老年人口约占总人口的1/10，2005年约占1/9，预计2010年将占1/8左右，2015年将占1/7左右，2020年将约占1/6左右，2025年将占1/5左右，2048年将占1/3左右。高龄老人的绝对数也在递增，80岁以上老年人2000年为1199万人，2005年为1600万人，年均净增80万人；今后到2050年，年均净增量将超过100万人。我国人口老龄化的严峻性和特殊性在于，不仅老年人口规模庞大，发展迅速，高龄人口增长快，而且是典型的“未富先老”，老龄化提前到来，甚至农村还超前于城镇。因此，我们对人口老龄化对我国经济、社会、政治、文化的发展带来的巨大影响要有充分的认识，对庞大的老年群体对养老、医疗、社会服务、社会管理等方面的压力要有足够的估计。必须加强战略和对策研究，加快发展老龄事业。

二要客观估价老龄工作面临的问题。在充分肯定老龄工作取得显著成绩的同时，我们也要看到，当前老龄事业发展还有很多不适应的地方。现行的养老保障体系、医疗保障体系、养老服务体系、社会管理体制尚不能适应人口老龄化的要求，全社会对老龄问题的严重性和紧迫性还没有形成广泛的共识和引起足够的重视。老龄政策法规尚不完善，老龄事业投入不足，社会养老服务业的发展不能满足日益增长的社会需求，农村不少老年人的生活还比较困难。必须进一步提高认识，在解决实际问题上下功夫。

三要充分认识做好老龄工作的重要意义。尊老敬老是中华民族的一个传统美德，老龄工作是构建社会主义和谐社会的一项重要工作。我们要建设的全面小康社会是包括全体老年人同步进入的小康社会，我们要构建的和谐社会是在我国已进入人口老龄化阶段的社会背景下的和谐社会。因此，做好老龄工作，维护老年人的合法权益，提高老年人的生活水平和质量，有利于维护家庭和睦、促进代际和谐；确保老年人共享经济社会发展的成果，有利于化解社会矛盾、促进社会公平；弘扬中华民族的尊老敬老的优秀文化，有利于形成良好社会风尚、促进精神文明建设；充分发挥老年人的经验和作用，有利于激发社会活力、促进经济和社会的发展。

四要全面贯彻中央对老龄工作的要求。2000年，党中央、国务院下发了《关于加强老龄工作的决定》，对发展老龄事业，积极应对人口老龄化作出了战略部署。党的十六届六中全会关于构建社会主义和谐社会若干重大问题的决定，明确提出要发展老龄事业，开展多种形式的老龄服务。最近，中共中央、国务院在关于全面加强人口和计划生育工作统筹解决人口问题的决定中，再次把积极应对人口老龄化作为统筹解决我国人口问题的重大战略举措。我们一定要全面贯彻落实中央的要求，站在党和国家战略全局的高度，进一步增强责任感、使命感和紧迫感，以奋发有为的精神状态开展工作，推动老龄事业不断发展，开创老龄工作的新局面。

三、扎实做好2007年的老龄工作

2007年是我国经济社会发展非常重要的一年，我们党将召开第十七次代表大会，做好今年的老龄工作，对国家政治经济社会发展全局具有特别重要的意义。要以邓小平理论和“三个代表”重要思想为指导，全面落实科学发展观，围绕构建社会主义和谐社会的目标，认真贯彻落实第二次全国老龄工作会议精神和老龄事业发展“十一五”规划，扎实推进各项工作的开展。刚才，李学举同志对2007年的工作作了全面安排，我再强调几点。

一要抓紧落实老龄事业发展“十一五”规划。这个规划是经国务院批准实施的专项规划，是“十一五”时期开展老龄工作的重要依据。各地、各有关部门要把落实老龄事业发展规划摆到重要位置，围绕老年人生活保障、老龄事业基础设施、养老服务业发展、老年人精神文化生活、老年人权益保障等重点任务，从当地实际和各部门的职责出发，针对工作中的薄弱环节，制定工作计划，明确实施方案，强化工作措施，确保完成各项任务。

二要切实加强农村老龄工作。农村老龄工作是我们整个老龄工作中的薄弱环节，加强农村老龄工作是社会主义新农村建设的重要内容和必然要求。各有关部门要把农村老龄工作放到突出位置来抓，积极探索建立农村养老保险制度，全面建立农村最低生活保障制度，继续实施农村计划生育奖励扶助制度，解决农村贫困老年人的基本生活问题。在推进新型农村合作医疗制度过程中，要充分考虑老年人的实际需要，建立医疗救助制度。要积极推进农村社区建设，加强农村基层老年群众组织建设，丰富农村老人的精神文化生活，特别要高度重视解决好农村留守老人的问题。

三要大力促进养老服务业的发展。2006 年，国务院办公厅转发了《关于加快发展养老服务业的意见》，许多地方也出台了相应的配套措施。今年，各部门要针对制约老龄服务业发展的突出问题，进一步研究制定切实可行的政策措施，特别是要研究制定扶持民办为老服务机构发展的政策措施，总结推广居家养老服务的经验。实施"爱心护理工程"是解决生活不能自理老年人的长期照料服务问题的重要措施，各有关部门要相互配合，抓紧工作，确保这项工程及时启动、顺利实施。

四要高度重视应对人口老龄化的战略和对策研究。目前，我们这方面的研究尽管取得较大进展，但还很不够，仍有很多空白。各有关方面要就人口老龄化对宏观经济和社会发展的影响、老年人的基本生活状况和需求趋势等问题重点进行研究，有针对性地提出应对措施。全国老龄办要精心组织，协同有关方面深入开展中国老龄事业中长期发展战略研究，为制定应对人口老龄化的政策法规提供科学依据。

五要认真做好老年法修订工作。老年法是老龄法律法规体系的核心。全国人大常委会已经把修订老年法列入今年的立法工作计划，这是健全老龄法律法规体系、推动老龄事业法制化进程的重要契机。修订老年法涉及方方面面，需要有关部门共同参与，积极支持配合。各有关部门要根据各自职责，深入开展调查研究，针对法律实施过程中存在的带有普遍性的问题进行系统梳理，立足当前，着眼发展，提出切实可行的修改意见。

做好老龄工作，功在当代，利在千秋，惠及千家万户。各地、各部门要进一步统一思想，提高认识，把老龄工作摆上重要议事日程。各级党政领导要经常听取老龄工作部门的汇报，指导他们的工作，帮助他们解决工作中存在的实际困难和问题，特别是要注重解决基层老龄工作中存在的困难和问题。要进一步发挥政府主导作用，不断加大对老龄事业的投入。要充分调动社会各方面的积极性，因地制宜，整合资源，多方筹集资金，加大为老服务设施的建设力度。各部门既要各负其责，又要团结协作，形成工作合力。

让我们紧密团结在以胡锦涛同志为总书记的党中央周围，高举邓小平理论和"三个代表"重要思想伟大旗帜，全面贯彻落实科学发展观，开拓进取，扎实工作，推动老龄事业更好更快地发展，为构建社会主义和谐社会作出新的贡献。

发展老年学和老年医学是长寿时代的客观要求

——在第八届亚洲/大洋洲地区老年学和老年医学大会开幕式上的致辞

中共中央政治局委员、国务院副总理、全国老龄工作委员会主任　回良玉

（2007 年 10 月 22 日）

各位嘉宾、各位代表、各位朋友：

今天，第八届亚洲/大洋洲地区老年学和老年医学大会在北京隆重开幕，这是近年来中国在老龄领域举办的最大规模的国际会议。我代表中国政府向大会表示热烈的祝贺，向出席大会的中外嘉宾、老年学和老年医学专家学者，以及老龄工作者表示热烈的欢迎

和良好的祝愿。

亚洲/大洋洲地区的老年人口有3亿多，占全世界老年人口的一半以上，人口老龄化已引起各国政府和学术界日益增多的关注，许多国家在应对人口老龄化的政策和实践方面已经取得了许多宝贵的经验。这次大会围绕“人口老龄化在健康、参与、保障和共享方面的多样性”这个主题，组织了近百个不同题目、不同形式的论坛，既反映了老龄问题的复杂性，也反映了各界关注老龄问题的广泛性。大家将对共同关注的问题进行深入探讨，介绍新成果，分享新经验。我相信，这次大会对提升亚洲/大洋洲地区老年学和老年医学的研究水平，对推动各国老龄事业的发展，对促进老年人生活质量的改善，都将发挥积极而重要的作用。

世界已经进入长寿时代。长寿时代需要老年学和老年医学的发展。第二次世界大战以来，世界人口平均预期寿命稳步上升，已由20世纪50年代的46岁上升到目前的66岁，中国则由40岁上升到72岁。老年人占总人口的比例也迅速上升，人口老龄化已经成为世界的普遍趋势，这是人类文明的重大进步。但不断增长的老年物质文化需求，对社会发展也造成一定的压力，给经济增长、社会福利和卫生保健体系带来许多新的挑战。许多关系老年人口生活和生命质量的社会问题，需要老年学和老年医学发挥作用。在政府制定老龄政策和促进老年人健康长寿、社会健康老龄化等方面，也都需要老年学和老年医学的智力支持、科学指导和技术保障。加强老年学和老年医学研究工作，是一个国家老龄事业不可或缺的重要部分，是长寿时代的客观要求。

中国是世界上老年人口最多的国家。目前，60岁以上的老年人口为1.49亿人，占总人口的11.3%。今后30年将以年均纯增600万左右的规模持续增长，预计到本世纪中叶，老年人口将超过4亿人，占总人口比例约达31%。在这样的背景下，我国老年学和老年医学研究从上世纪80年代开始起步，逐步发展，产生了中国老年学学会等一批国家和地方的老年社会研究团体，建立了推动学术发展的“中国老年学奖”；在一些著名大学建立了老年学研究所和老年医学系，开展了一系列涉及老年社会学、老年生物学、老年医学、老年心理学等分支学科的科学研究和人才培养工作，取得了一些研究成果，并积累了一些初步的经验，即政府主导、社会支持、专家参与的发展机制；理论与实际相结合的研究方法；面向社会需求多学科多视角综合研究老龄问题的研究方向，以及推动发展的表彰激励机制等。老年学和老年医学研究已经成为中国科学研究事业一个十分活跃的领域。但同发达国家相比，中国仍然处于初级阶段，存在很大的差距，中国愿意借此机会，学习各国的经验，提高自己的研究水平。

中国政府历来重视老龄工作和老龄事业，重视老年学和老年医学研究工作，我们将从这次大会中吸取营养，结合本国实际，进一步完善支持老年学和老年医学发展的相关政策，加强老年学和老年医学在科学研究和人才培养方面的国际交流与合作，鼓励专家和实际工作者积极探索人类个体老化和群体老化的规律，探索人的健康长寿规律，探索老龄社会保持活力实现和谐发展的规律，为促进亚大地区乃至世界老年学和老年医学的繁荣和发展作出自己的贡献。

各位嘉宾、各位朋友，世界正处于以和平和发展为主题的新时代，中国已进入改革、开放和发展的新时期，中国和北京的面貌都发生了巨大的变化。金秋10月的北京即将迎来第28届奥运会，希望北京的悠久文化和发展活力能给大家留下难忘的记忆。祝大家在北京期间生活愉快，身体健康，收益丰厚。

祝大会圆满成功！

第二部分

重要讲话、报告

关于2006年全国老龄工作情况和2007年工作安排意见的报告

——在全国老龄工作委员会第九次全体会议上的报告

民政部部长、全国老龄工作委员会副主任兼办公室主任　李学举

（2007年2月1日）

我受良玉主任的委托，向全体会议报告2006年全国老龄工作情况和2007年工作安排意见。

一、2006年全国老龄工作的基本情况

2006年，在党中央、国务院的领导下，全国老龄工作以邓小平理论和“三个代表”重要思想为指导，坚持以科学发展观为统领，以认真贯彻第二次全国老龄工作会议精神和《中国老龄事业发展“十一五”规划》为主线，按照全国老龄委第八次全体会议的要求和部署，各成员单位和各级老龄工作部门，各司其职，准确定位，突出重点，统筹兼顾，较好地完成了全年工作任务，在构建社会主义和谐社会中发挥了积极作用。

（一）各成员单位充分发挥职能作用，努力贯彻二次会议精神

第二次全国老龄工作会议召开以后，各成员单位和有关部门高度重视，认真组织传达和学习会议精神，许多部委还召开党组会或工作会议，专题研究老龄工作，并结合各自工作实际，认真贯彻落实二次会议精神。

一是抓紧制定老龄事业发展规划和政策。全国老龄委各成员单位密切配合，共同完成了《中国老龄事业发展“十一五”规划》的编制，对“十一五”期间老龄事业的整体发展作出了部署。人口计生委在参与草拟《中共中央、国务院关于全面加强人口和计划生育工作统筹解决人口问题的决定》中，把积极应对人口老龄化作为当前和今后一个时期我国人口工作的重要任务。发展改革委编制了《社区服务体系发展规划纲要》，将发展社区养老服务作为建设社区服务体系的重点任务。中组部下发了《关于进一步加强和改进离退休干部党支部建设工作的意见》，对强化离退休干部党支部建设工作提出了新的要求。民政部制定了《农村“五保”供养服务机构建设专项规划》，明确了“五保”供养机构建设的目标任务和总体思路。体育总局编制了《中国老年体育“十一五”发展规划》，进一步明确了老年人体育工作的目标任务和具体措施。卫生部积极推动实施《中国护理事业发展规划纲要（2005－2010年）》，把强化社区老年护理工作作为拓展护理事业的重要内容。国家民委下发了《关于做好全国少数民族老龄工作的通知》，要求各地高度重视并切实加强少数民族老龄工作。全国妇联专门召开全国妇联系统老龄工作会议，研究部署了今后一个时期老龄妇女工作。

二是努力完善养老保障制度。民政部协调有关方面，推动修订了《农村“五保”供养工作条例》，对加强新形势下的农村五保供养工作提供了有力的法规保障。劳动保障部等部门进一步完善了基本养老金正常调整机制和社会保险的参保交费政策，并积极研究探索建立农村养老保险制度。财政部、劳动保障部继续采取多种措施确保企业离退休人员基本养老金按时足额发放，通过专项转移支付方式对确有困难的地区给予补助。人事部等部门根据公务员工资制度改革和规范收入分配秩序专项工作的要求，制定下发了《关于机关、事业单位离退休人员计发离退休费等问题的实施办法》。人口计生委继续深入做好农村计划生育家庭奖励扶助制度试点工作。教育部采取积极措施，加强养老服务业从业人员的职业教育和职业培训。解放军总政治部进一步完善离退休干部政策制度，下发了《关于移交政府安置的军队离休退休干部探亲问题的通知》和《关于做好全军老干部管理机构编制调整工作有关问题的通知》。全国总工会积极开展困难企业退休人员医疗保障问题的调研，提出了《关于当前困难企业部分退休人员缺乏医疗保障问题的调查报告》。卫生部扩大新型合作医疗试点，创建城市卫生服务示范区，继续推动实施“光明行动”，印发了《全国防盲治盲规划（2006－2010）》。团中央继续巩固和深化“志愿者为老服务金晖行动”和“爱心助成

长”志愿服务计划等重点为老服务项目。

三是切实加强为老服务设施建设。发展改革委将“爱心护理工程”列入国家“十一五”规划，积极协调有关部门，推动“爱心护理工程”建设规划的编制和立项审定工作。民政部研究出台了《关于支持社会力量举办社会福利机构的意见》，起草了《城镇养老机构管理条例》，修改了《农村敬老院管理暂行办法》，推动了养老服务的社会化和队伍的专业化。建设部加快组织制定和完善各类老龄基础设施建设的技术标准，《养老设施建筑设计规范》基本制定完成，《城市和村镇老龄设施规划规范》已出台，会同相关部门起草了《养老机构等级划分与评定》国家标准。体育总局从体育彩票公益金中专门安排300万元用于老年人健身设施建设，并实施了“农民体育健身工程”。

四是积极维护老年人合法权益。公安部、司法部和全国老龄办联合开展了“全国老年维权示范岗”评比表彰活动。司法部大力倡导和鼓励律师、公证员和基层法律工作者为老年人提供服务，对贫困老年人减免收费。文化部认真落实《关于加强老年人优待工作的意见》，对老年人参观文化设施实行更加优惠的门票减免政策。国家旅游局协调有关部门共同研究老年旅游安全问题，为老年人提供与市场需求相适应的旅游保险险种。

五是高度重视老龄宣传教育工作。中组部、人事部联合召开全国老干部工作先进集体和先进工作者表彰大会，有力推动了新时期老干部工作的开展。中宣部积极引导和协调新闻单位加强老龄工作方针政策的宣传教育。广电总局充分发挥中央电视台、中央人民广播电台等媒体作用，深入报道老龄工作。文化部连续7年举办中国老年合唱节，在社会上产生了广泛影响。新闻出版总署召开“全国老年类报刊改革和发展研讨会”，对新时期老年类报刊的发展趋势等问题进行了认真研讨。中直机关工委、中央国家机关工委在纪念建党85周年、红军长征胜利70周年之际，组织本系统的老同志开展了丰富多彩的纪念活动。文化部、全国妇联等五部门共同主办了重阳节“红叶风采”大型文艺演出。

2006年，全国老龄委成员单位以外的中央有关部门，高度关注并积极推动老龄工作，最高人民法院、最高人民检察院针对诉讼审判过程中的老年侵权案件，组织开展专题调研，强化对老年人的司法保护；全国人大内司委积极推动《中华人民共和国老年人权益保障法》（以下简称《老年法》）修订的立项工作；全国政协社法委和人口环资委先后派出3个考察组对地方老龄工作进行考察和专项调研，并向党中央、国务院报告了调研情况；国务院研究室、人民日报、新华社等单位多角度向中央反映老龄问题。

（二）各地认真按照二次会议部署，扎实有效地开展各项工作

第二次全国老龄工作会议结束后，福建、西藏等25个省（区、市）相继召开了老龄工作会议，甘肃、湖南等16个省（区、市）公布实施了地方老龄事业发展“十一五”规划。各地贯彻落实二次会议精神行动快，热情高，效果好，有力地推动了老龄工作的开展。

采取有效措施，保障老年人基本生活。云南、内蒙古等地大力推动城乡老年人救助制度的实施，优先落实老年人最低生活保障制度，组织开展多种形式的扶老助困活动。上海实施“无保障老人纳保计划”，使10万老年人受益。山东、天津等地积极探索建立农村养老保险制度，建立健全被征地农民养老保障制度，适当提高土地补偿费和安置补偿费标准。辽宁、江苏加快推进城镇医疗保险制度改革，重点扩大退休职工的参保率，完善城乡贫困老人医疗救助制度。

探索多种途径，推动为老服务工作。各地结合实际，制定出台了一批扶持养老服务业发展的政策文件。上海市决定在“十一五”期间每年增加1万张养老床位和5万名居家养老服务对象，市、区两级政府给新建民办养老机构每张床位补贴1万元。福建省出台《关于加快发展养老服务机构的意见》，打破所有制界限，大力扶持福利性、非营利性民办养老机构的发展。辽宁、新疆、厦门等地养老机构不断壮大，日间照料室、活动室、托老所等各类社区养老服务项目蓬勃发展。宁波市将居家养老服务体系建设纳入全市国民经济和社会发展总体规划。大连市在创新10种养老模式基础上，出台了特困老年人货币化养老服务补贴实施意见。

加强维权工作，保护老年人合法权益。各地充分利用纪念《老年法》颁布10周年的有利时机，加强老年法规政策的宣传普法工作，加大落实老年人优待政策和司法保护工作力度，有效维护了老年人的合法权益。各地普遍按照《关于加强老年人优待工作的意见》要求，进一步提高优待标准，拓宽优待范围，使老年人得到更多实惠。甘肃省老龄办联合21个部门出台落实优待政策的具体实施意见。西藏自治区为全区80岁以上高龄老年人发放了健康补贴。黑龙江、吉林、湖北、广西等省（区）老龄办配合人大、政协和法制办等有关部门，深入基层调研检查《老年法》和相关条例执行情况。山东、云南等省启动了地方老

年法规的修订工作。青海、宁夏等省（区）加强老年法律援助和老年维权组织建设，市县一级普遍成立了法律援助中心或相关维权服务机构。海南省出台了实施老年法若干规定。至此，全国 31 个省（区、市）都出台了地方性的老年权益保护专项法规。

突出工作重点，强化农村老龄工作。浙江省重视加强基层老年群众组织建设，大力加强老年人协会的规范化管理。陕西省启动了发挥农村老年人协会在建设社会主义新农村中作用的行动计划。江西省每年拿出专项经费扶持 100 个基层老年人协会。山东省投入 6000 多万元将基层闲置校舍和空闲集体用房改建为老年活动基地，使全省 50%的村（居）有了老年活动场所。北京市实施“山区星光计划”，以福利彩票公益金资助部分山区村建设老年福利服务设施。湖北、福建等省从福利彩票收益中拨出专项资金，资助农村老年活动场所建设。

活跃文化生活，营造社会敬老氛围。河南、广西、河北、山西、重庆、青岛等地举办了老年艺术节、文艺汇演、老年人趣味运动会等文体活动，极大地丰富了老年人的精神文化生活。云南省老龄委在重阳节期间，宴请全省 1000 名老功臣、老模范，在老年人当中产生了很好的反响。

争取党政支持，提高机构建设水平。按照二次会议精神的要求，各地党委和政府进一步重视老龄工作机构建设，解决了一些老龄工作机构面临的实际问题。除纳入公务员序列的地方老龄工作机构外，其他大多数机构已参照公务员法管理，调动了广大老龄工作干部的积极性。辽宁省政府将老龄工作任务纳入省政府办公厅督察考核体系，全省老龄工作机构基本实现了编制、规格、人员、经费、职责、办公场所“六落实”。黑龙江、贵州等省老龄办增加了人员编制，杭州市规定区、县（市）老龄办按每万名老年人配备 1 名工作人员。吉林、宁夏等地的财政部门根据老年人口总数，按照一定比例拨付专项工作经费，使老龄机构的财政状况得到了较好的改善。

（三）全国老龄办紧扣重点工作，积极推动二次会议精神的落实

全国老龄办在全国老龄委的领导下，在各成员单位的大力支持和各地老龄工作机构的密切配合下，紧紧围绕职能职责要求，突出重点，注重实效，积极推动二次会议精神的落实。一是加大督促检查力度。先后召开两次省级老龄办主任会议，派出 8 个检查组，分赴 16 个省（区、市）检查二次会议精神的传达贯彻；先后召开成员单位联络员、信息员会议，座谈沟通情况，明确提出要求，并将全国贯彻落实二次会议的情况向国务院领导作了专题报告。二是发挥综合协调作用。通过深入调研，草拟的《关于加快发展养老服务业的意见》、《关于加强基层老龄工作的意见》和《关于加强老年人优待工作的意见》三个指导性政策文件的出台，对各地老龄工作起到了有力的推动作用。协调全国老龄委成员单位编制了《中国老龄事业发展“十一五”规划》，并受发展改革委委托，牵头起草了《“爱心护理工程”“十一五”建设规划》。协调并积极参与了全国政协组织开展的《老年法》执法调研；同司法部、公安部联合开展了“全国老年维权示范岗”评选表彰活动；以全国老龄办名义表彰了“全国敬老模范村居（社区）”，进一步推动了基层老龄工作和老年维权工作。三是加强调查研究工作。在深入研究基础上，完成了《中国人口老龄化趋势预测研究报告》，第一次系统预测了今后 100 年中国人口老龄化的发展趋势，为应对人口老龄化的严峻形势提供了可供借鉴的科学依据，这一研究成果引起了强烈的社会反响。针对居家养老服务工作中存在的突出问题，选择部分有代表性的城市开展了专题调研，有关推进居家养老服务工作的指导性政策文件正在起草之中。同时，还开展了民办养老服务机构发展情况调研和中国城乡老年人口状况追踪调查。四是重视宣传报道工作。会同国务院新闻办联合起草、发布了《中国老龄事业的发展》白皮书，全面展示了中国老龄事业发展状况，向国际社会表明了中国政府应对人口老龄化的积极态度。成功举办了首届中国老龄事业发展成就展。通过与全国人大、全国政协、国务院研究室、国务院参事室等单位的协调联络，拓宽了老龄问题情况反映的渠道，充分发挥中央各大媒体作用，有力地推动了老龄舆论宣传工作，进一步扩大了老龄工作的社会影响。联合全国总工会、共青团中央、全国妇联共同举办了全国《老年法》知识竞赛，取得了良好效果。

2006 年全国老龄工作成绩显著，老龄事业发展态势良好，但也存在一些问题：一是农村老龄问题特别是老年人的“养”、“医”问题依然严峻，中西部地区问题更为突出。二是养老服务供给不足的压力日趋增大，政府扶持力度有待加大，养老服务业的服务标准和水平亟待规范和提高。三是一些地方基层老龄机构、队伍建设仍很薄弱，人员编制和工作经费难以得到保障。四是老龄科研工作尚需加强，特别是基础性、前瞻性研究投入力量还不够。

二、2007 年全国老龄工作的安排意见

今年全国老龄工作的总体思路是：以邓小平理论和“三个代表”重要思想为指导，全面落实科学发展

观，深入贯彻党的十六届六中全会精神，进一步落实第二次全国老龄工作会议精神和《中国老龄事业发展“十一五”规划》，按照全国老龄工作委员会第九次全体会议的部署，着力完善养老保障制度，积极推进农村老龄工作，加快建设养老服务体系，切实维护老年人合法权益，真抓实干，开拓创新，努力把老龄事业提高到一个新的水平，以优异成绩迎接党的十七大胜利召开。

要重点做好以下六个方面的工作：

（一）着力完善养老保障制度。继续采取积极有效的政策措施，贯彻落实《国务院关于完善企业职工基本养老保险制度的决定》，确保养老金按时足额发放，巩固养老金当期发放无拖欠的成果。以非公有制企业、城镇个体工商户和灵活就业人员为重点，落实基本养老金参保缴费政策，加大扩面征缴工作力度。继续扩大新型农村合作医疗制度试点范围，加强规范管理。积极采取有效措施，加大对老年慢性病的干预力度，强化预防手段，最大限度地降低老年疾残率。进一步健全新型社会救助体系，继续完善城市低保制度，规范医疗救助、临时救助制度，注意加强各项救助制度之间的政策衔接配套，提高社会救助资源利用效能。进一步推动农村养老保障体系的建立和完善，在有条件的地方探索建立多种形式的农村养老保险制度。认真落实《农村“五保”供养工作条例》，着力解决好五保老人生活问题。采取有力措施，推动在全国范围内建立农村最低生活保障制度，切实解决农村贫困老年人的基本生活保障问题。

（二）积极推进农村老龄工作。高度重视社会主义新农村建设中的涉老问题，切实加强对农村基层特别是中西部少数民族贫困地区老龄工作的指导。积极开展农村社区建设试点，有效整合基层为老服务资源，逐步完善服务设施，不断提高农村社区为老服务能力。高度重视农村老年人权益的保障，充分发挥基层调解组织的作用，把涉老纠纷处理在萌芽阶段。引导、整合各方面力量，加大农村为老服务基础设施投入力度，实施以提升五保供养设施管理服务水平为主的“霞光计划”。巩固完善计划生育家庭的补偿机制和社会保障措施，扩大农村计划生育奖励扶助政策的覆盖面，积极探索建立独生子女死亡伤残家庭困难扶助制度。开展农村老年人生活状况调查，推动有关部门完善落实有关政策措施。加强农村老年群众组织的规范化建设，充分发挥其在建设社会主义新农村中的积极作用。大力弘扬子女赡养、家庭养老和邻里互助的优良传统，加大执法力度，严厉惩处侵害老年人合法权益的违法行为。

（三）加快建设为老服务体系。以推进居家养老服务工作为重点，加快制定为老服务业发展的政策法规，着手制定《养老机构管理条例》，研究起草关于加快发展居家养老服务工作的指导意见，颁布实施《养老机构等级划分与评定标准》，组织修订《医疗卫生机构基本标准》，并研究起草相关为老服务标准和规范。积极探索建立为老服务协调管理机制，搭建多种形式的为老服务网络。启动实施“爱心护理工程”，逐步建立长期照料服务体系。鼓励支持各种社会力量参与养老服务业发展，积极培育发展为老服务中介组织，为老年人提供丰富多样的社会化服务。进一步加强为老服务人员职业技能培训和职业技能鉴定工作，努力提高为老服务专业化水平。

（四）切实维护老年人合法权益。积极推动《老年人权益保障法》的修订，力争年内完成修订草案征求意见稿的起草工作。积极推动“老年人权益维护岗”建设，为老年人提供多种形式、便捷高效的法律服务和法律援助，加大司法救助力度，依法惩处侵犯老年人权益的违法犯罪活动。完善落实老年人优待政策，及时解决老年人优待政策落实过程中的突出问题。重视和支持基层老年服务组织建设，充分发挥其在调解涉老纠纷、和谐代际关系、活跃老年人生活等方面的重要作用。动员慈善组织和社会力量开展多种形式的老年贫困救助活动。加强对老年人用品市场的监督，保障老年消费者的合法权益。着力营造敬老爱老助老的良好法制道德环境，倡导全社会理解、尊重、关心和爱护老年人。

（五）进一步加强宣传文化工作。充分发挥各类媒体优势，积极做好老龄宣传工作，加大对老龄工作先进典型、全国老年维权示范岗、全国敬老模范村居（社区）、“孝亲敬老楷模”的宣传力度，进一步扩大老龄工作的社会影响。继续组织开展敬老爱老助老主题教育活动。努力办好老龄专业报刊，提高老年节目质量。加大对外宣传力度，促进我国老龄工作国际地位和影响的不断提升。加强对老年文化体育活动的指导和管理，支持有影响的大型老年文化活动，努力打造“重阳节”老年系列文化活动品牌。

（六）不断强化基层组织建设。切实加强对基层老龄工作的指导，充分发挥基层涉老部门的职能作用，加大协调力度，积极推动解决老龄工作中的问题和困难。继续指导县及县以下老龄工作机构建设，保证人员、经费、职责和相应工作条件的落实。因地制宜建立基层老龄工作激励机制，不断增强基层老龄工作活力。

此外，还要支持举办好 2007 年亚大地区老年学和老年医学大会，这次会议是经国务院领导批准、我国第一次承办的老龄问题大型国际会议，要主动协调有关部门，稳妥组织会务工作，确保会议圆满成功。进一步促进《中国人口老龄化发展趋势预测报告》的成果转化。加强老干部活动中心和老年大学工作。高度重视老年信访工作。进一步推进“银龄行动”的深入开展。认真组织编写中国执行《马德里国际老龄行动计划2002》和亚太地区实施战略情况的国家报告等。

为了确保以上工作的顺利完成，全国老龄工作委员会各成员单位间要积极探索更为紧密的合作机制，加强协调，密切合作，提高整体效能。各级老龄工作部门要以能力建设为重点，进一步理顺机构，加强老龄干部队伍建设，大力倡导为老解困的务实之风，切实为广大老年人办实事、办好事。

以上报告，提请会议审议。

重阳节前夕在京看望慰问
生活困难的独居老人即席讲话

民政部部长、全国老龄工作委员会副主任兼办公室主任　李学举

（2007年10月6日）

目前，我国有近千万贫困老年人，他们大多数生活在农村和西部地区。解决好贫困老年人的养老和医疗问题是构建社会主义和谐社会的重要内容，也是我们老龄工作部门的重要任务。十六大以来，党和政府采取了一系列措施，加强社会保障制度建设，努力提高老年人的生活水平，在全国范围实行了最低生活保障制度。劳动、人事、民政等部门及时出台有关政策，不断提高老年人退休金标准，扩大社会救助范围，提高救助水平。在医疗方面，国家也正在加快医疗保险制度改革，努力让老年人不再为看病就医发愁、为难。北京市最近率先出台的“一老一小”医疗保险制度的实施，将有效解决没有退休金老年人的看病难问题，在全国起到了很好的示范作用。在老年人生活照料方面，国家出台了加快社会服务社会化、发展养老服务业等一系列政策文件，鼓励开展各种社会为老服务，力争使老年人在家庭、在社区享受到不同层次的社会服务，不断提高老年人生活水平和生活质量，使老年人的生活更加幸福。

尊老敬老是中华民族的传统美德。尊重和关爱老年人，使他们共享经济社会发展成果是我们全社会的共同责任。我相信，随着我国社会经济的快速发展，在党中央的领导下，我们的政府一定会尽最大努力，加大对贫困老年人的资金救助力度，同时动员社会力量，参与对贫困老年人的社会救助和帮助，在全社会形成一个帮贫助老、关爱老人、共建和谐的良好社会氛围。

“九·九”重阳节即将来临，在此，我受全国老龄工作委员会主任、国务院副总理回良玉的委托，向全国老年人表示节日的祝贺和慰问！祝全国老年人节日愉快、家庭幸福、健康长寿！

在全国居家养老服务经验交流会上的讲话

全国老龄工作委员会办公室常务副主任　李本公

（2007 年 2 月 6 日）

同志们：

今天，我们在美丽的杭州召开全国居家养老服务工作经验交流会，目的是总结经验，交流信息，互相学习，研究部署下一步的居家养老服务工作。刚才，杭州、宁波、北京、上海、天津、青岛、大连、南京等地介绍了开展居家养老服务工作经验和做法，讲得都非常好，突出了自己的特色，值得我们学习和借鉴。下午会议还要组织参观考察杭州市上城区、下城区的居家养老服务工作，希望大家能够再多增加一些感性认识和实际体验。下面，我想就全面推进居家养老服务工作谈几点意见。

一、充分认识推动居家养老服务工作的重要性

居家养老服务是由社区和社会帮助家庭为居家老人提供生活照料、医疗护理和精神慰藉等方面服务的一种社会化的养老服务形式。就其养老方式看，它是以家庭为核心，以社区照顾为依托，以专业化服务为手段的，老年人是居住在家里，而不是居住在机构或院舍；就其提供养老资源的主体看，既有家庭成员的照顾，也有社会的帮助，尤其强调社区照顾在居家养老中的重要作用。因此，我们说居家养老服务实际上是在社区建立一个支持家庭养老的社会化服务体系，它应该具有服务主体多元化、服务方式多样化、服务队伍专业化等特点。它是对传统家庭养老模式的补充与更新，是我国建立具有中国特色养老服务体系的基础工程，是发展社区服务的一项主要内容，也是更新养老服务理念、创新养老服务方式、解决我国众多老人养老服务需求的重要途径。2005 年 9 月 21 日，回良玉副总理在国内动态清样《宁波居家养老有望破解城市老龄化难题》上作出重要批示，表明居家养老服务模式已经引起了党政领导的高度重视。大力发展居家养老服务，是应对人口老龄化严峻挑战，破解我国养老服务难题的根本出路之一；是加快社会服务业发展，推动劳动就业和经济增长的有效途径；是合理配置、有效整合养老资源，充分发挥资源最大效益的最佳选择；也是坚持以人为本，关注和关爱老年弱势群体，提高老年人生命生活质量的具体体现；是促进家庭和谐、社区和谐和代际和谐，推动经济社会与老龄事业的协调发展，构建社会主义和谐社会的重要举措。

二、各地开展居家养老服务的基本做法和经验

近几年，各地陆续进行了不同形式的居家养老服务试点探索，取得了许多宝贵的经验，也收到了很好的社会效果，为下一步更加广泛深入地开展居家养老服务趟出了路子。概括各地的基本做法和经验，主要有以下几个方面：

一是建立政府主导、社会参与、中介组织运作的工作机制。各地在开展居家养老服务工作中，都把转变政府职能，创新工作机制摆到重要位置，改变过去单纯由政府包办包管的传统做法，建立起一套全新的“政府主导、社会参与、中介组织运作”的工作机制。“政府主导”主要体现在三个方面：一是认真研究制定扶持居家养老服务的相关政策，鼓励和引导社会力量参与居家养老服务。浙江、上海出台了《关于促进养老服务业发展的通知》、《关于进一步深化居家养老服务试点工作的通知》、《关于全面推进居家养老服务的意见》等文件。二是建立和完善了层级服务管理体系和服务实体组织，在社区逐步形成一个多层次、多形式、广覆盖的居家养老服务网络。宁波、大连等地在区级建立居家养老服务管理办公室、街道建立管理服务中心、社区建立居家养老服务站，形成三级管理服务体系，受政府委托负责居家养老服务的管理和实施。三是加大资金投入力度，完善社区服务设施。杭州市各级政府累计投入两亿元，建设完善社区为老服务设施。北京市三年投入财政资金 3 个亿，社会集资 9 个亿，建成了 2244 个具有“三室一场一校”服务功能的社区为老服务中心和网点。“社会参与”就是发动社区居委会、企事业单位、社区中介组织、社区居民参与到居家养老服务中来，整合资源，共同推进。“中介组织运作”，则是积极培育和发展非营利性的社区服务机构或中介服务组织，他们不以营利为目的，运作成本低，运作方式灵活，有良好的群众基础，能够针对不同情况及时为老年人提供不同的服务。杭州上城区把居家养老服务交给居家养老服务社以及各社区老龄协会来运作，南京市鼓楼区、玄武区培育、发展和依靠社区“心贴心”、“万家帮”等服务组织，及时为老年人提供各种服务。

二是创新并形成“走出来、走进去”的基本服务模式。各地在开展居家养老服务的过程中，在丰富服务内容，创新服务方式上进行了有益的探索，基本形成了“走出来、走进去”的服务模式。走出来，就是尽可能动员自理老人走出家门到社区居家养老服务机构里接受亲情化、人性化的多种服务，使之更好地融入社会。走进去，就是指派专门的养老护理人员为不能自理的老人提供上门包护的多种服务，这种上门服务既有一对一的服务，也有一对几的定时定点的服务。如北京、天津、广州等地都在社区建立起居家养老服务中心（站点），配备有电视机、洗衣机、躺椅、空调、棋牌、图书、健身器械、食堂等设备设施，并配备专职服务人员，向老年人提供日托、就餐、洗衣、保健、休闲、娱乐等多种服务，同时对行动不便和有特殊需求的老年人上门提供生活照料、康复护理、精神慰藉等项服务。他们充分尊重老年服务对象的需求和意愿，采取灵活多样的方式开展居家养老服务，受到了老年人的普遍欢迎。

三是建立并实行区分对象、分类施补的政府补贴制度。各地在开展居家养老服务的过程中，都加大了政府责任承担的分量，不同程度地建立和实行了政府对支付能力不足的困难老人享受服务的补贴制度。各地根据实际情况，按照经济收入、身体状况、家庭成员的不同状况，对“三无”老人、优抚对象和有特殊贡献的老人基本上由政府为他们购买服务，对低保老人、高龄老人、生活困难老人主要是政府补贴服务费用，对更多身体健康、有经济支付能力的老人则是实行优惠低偿的市场化服务。如上海根据老年人具体情况实行每月100到250元不等的补贴标准，北京西城区的“三无”老人和困难老人每人每月可享受160到280元不等的补贴服务，宁波目前有1130多位老年人享受政府购买的居家养老服务。政府通过这种补贴方式不仅较好地解决了众多老年人有支付能力的需求严重不足的问题，而且大大降低了服务成本，节约了政府资源，同时还培育和开拓了为老服务市场，引导和促进了老年人自己或子女为之购买服务的消费。目前，上海就有3万多老年人到居家养老服务中心购买了服务。

四是着力打造专职服务人员与志愿者相结合的专业化服务队伍。居家养老服务个性化、专业化比较强，各地都在加强服务队伍建设方面下了一番功夫，积累了一些成功经验。各地普遍把开展居家养老服务与实施下岗再就业工程有机结合，集中培训符合条件的下岗职工学习专业护理知识，考核合格，持证上岗，从队伍建设的进口把关，确保良好的道德素养和基本的专业技能。上海市挑选和培训了14000多名下岗人员在居家养老护理员的岗位上实现了再就业。各地还采取措施稳定专职服务队伍。宁波海曙区、大连市沙河口区，把居家养老服务人员列入财政拨款购买公益岗位的序列，有效保证了居家养老服务人员的基本收入和队伍的专业化建设。青岛市吸纳一批素质高、有专长的下岗失业人员和有志于为老服务的其他人员，建立居家养老服务专业队伍，经过家政服务、老年病常识、老年心理学等基本专业技能培训后，持证挂牌上岗。各地还积极发展居家养老服务的志愿者组织和志愿者队伍，通过宣传动员，组建起由社区党员、热心人士、邻里居民、低龄健康老年人等组成的志愿为老服务队伍，对社区老人通过结对子、定时定点、安装求助电话、“爱心门铃”等方式，无偿地提供多种公益性服务。宁波城区有3万多名社区老年人享受到了不同形式的志愿者照顾和公益性的居家养老服务，有2200多位老年人享受到了义工结对子的上门包护服务。

五是建立并实施一整套严格的服务质量监督评估体系。为保证居家养老服务质量，各地制定了量化标准和质量要求，实现规范服务、规范管理。各地对居家养老服务扶持政策的贯彻落实，政府和社会各界投入居家养老服务资金的使用效果，服务机构、服务人员和服务质量等方面，探索实施了全员（服务对象、服务人员）和全过程的质量控制，强化了检查监督。许多地方聘请中介组织或专业机构作为第三方，对居家养老服务工作进行监督，对服务质量进行评估，对服务人员进行考评。上海市委托全市的福利行业协会成立了居家养老服务评估事务所，招聘、培训专门的评估员，对申请服务补贴的老年人进行生活自理能力的评估和经济收入的核定，提高了政府福利资源的利用效果和效率。大连市在社区成立了由老党员、退休职工、居民代表组成的居家养老监督小组，定期到服务对象家里回访，检查服务员填写的、并由服务对象签字的《服务日志》，将居家养老服务落到实处。

总之，经过几年的探索和努力，各地的居家养老服务探索取得了很大的进展，不仅有力缓解了日趋尖锐的为老服务供求矛盾，而且为建立具有中国特色的养老服务体系奠定了稳固的基础。但是，也应看到，目前全国居家养老服务的探索开展，无论是政策层面还是实践层面都还存在一些问题，一是政策支持力度不够。主要是各级政府还没有建立起居家养老服务的公共财政政策，政府相应承担公共服务的角色还未能准确到位。二是为老服务中介组织发展滞后。目前我国这类民间服务团体由于种种因素制约，难有较快发展，有些地方则还没有发展。还有社区为老服务设施设备缺乏、老年人的消费观念陈旧和儿女们的尊老意识淡薄、服务管理不规范等问题的存在，也在很大程度上制约和影响了居家养老服务在深度和广度上的发展。

目前就全国老龄事业发展的形势看，在全国城市社区全面推动居家养老服务普遍展开，同时积极向农村乡镇推进和发展，不仅十分必要，而且切实可行。人口老龄化迅速发展带来日益增长的养老服务需求为居家养老服务的全面发展提供了无比广阔的市场和空间，党和政府的高度重视为居家养老服务的发展创造了良好的政策环境，国民经济的快速发展和城乡社区建设的全力推进为居家养老服务的开展提供了坚实的物质基础和社会条件，各地对居家养老服务卓有成效的探索和实践为全国范围的普遍推开提供了有益的指导和借鉴。在此基础上，只要我们把锐意进取的精神与求真务实的态度紧密结合起来，针对存在的问题采取措施，吸收成功的经验为我所用，借鉴失败的教训少走弯路，相信居家养老服务就一定会开创一个蓬勃发展的新局面。

三、加强协调，全面推进居家养老服务的开展

全面推进居家养老服务，要认真贯彻十六届六中全会关于构建社会主义和谐社会的决定精神，以科学发展观为统领，以最大限度满足老年人的养老服务需求为出发点和落脚点，坚持政府主导、社会参与，加大工作力度，力争“十一五”期间，在全国城市社区基本建立起多种形式、广泛覆盖的居家养老服务网络，社区的居家养老服务设施不断充实完善，服务内容和形式丰富多彩，专业化和志愿者相结合的居家养老服务队伍不断发展壮大，居家养老服务的组织管理体制和监督评估机制逐步建立、健全和完善；农村社区力争 80%以上的乡镇建成一处集院舍住养和社区照料、居家养老等多种服务功能于一体的综合性老年福利服务中心，1/3（或一半）左右的村委会和自然村建成一所老年人文化活动和服务站点，支持并完善家庭赡养。由此以全国城乡社区居家养老服务普遍、健康、快速的发展来保证城乡老年人基本养老服务需求的较好满足。为此，须重点做好以下几项工作：

首先，协调制订政策，为开展居家养老服务提供根本依据。全国老龄办去年在北京、辽宁、广西等八个省、市开展了居家养老服务工作专题调研，调查问卷数据样本 6000 余份，得到了大量的第一手数据资料，在此基础上，撰写了《我国大中城市居家养老服务研究报告》，起草了《关于全面推进居家养老服务工作的意见》（征求意见稿），这次在会上发给大家广泛征求意见，以便进一步修改完善。在制定政策方面，各地老龄办要认真学习浙江、上海、南京、宁波等地的经验，充分发挥综合协调职能，加大协调力度，主动联合有关部门，积极开展居家养老服务的调查研究工作，制定出台政策性文件。要结合人口老龄化分省预测和老年人生活状况跟踪调查，撰写调研报告，向党委和政府提出有针对性的政策建议，力争把民办公助、政府补贴、税费减免等项拟议中的优惠政策变成具体的、可操作性的规定首先在本地实施，促进居家养老服务的健康快速发展。

其次是搭建平台，建立居家养老服务管理体系。从各地介绍的经验来看，居家养老服务开展好的，都有一个政府主导下建立起来的层级服务管理体系。上面有市、区级的居家养老服务管理办公室，街道和乡镇有居家养老服务中心，村、居有社区居家养老服务站，为居家养老服务搭建起了一个实施网络和管理体系，它一方面接受政府委托，向社会发布居家养老服务信息，监督居家养老服务的质量，对享受政府补贴的老年人进行资格评估，落实政府居家养老服务补贴，承担本社区居家养老服务的实施和管理工作等；另一方面又连接着社区的众多老人，在服务机构、服务人员和老年服务对象之间架起一座桥梁，有效地保障了居家养老服务的供求对接和质量管理。没有这个管理体系，居家养老服务是很难开展的。因此，各地老龄办要争取政府发挥主导作用，结合本地实际，建立相应的层级居家养老服务管理体系，使之担负起沟通政府、老人、服务机构，提供和管理服务的职责。

三是整合社区资源，构建居家养老服务网络。要构建居家养老服务网络，一般说来要在软、硬件两方面下功夫。从硬件来说，就是要加快城乡社区服务机构、设施的建设，在城市区、街两级和县城镇、绝大部分农村乡镇建设综合性居家养老服务中心，城市社区要普遍建立、部分农村自然村初步建立居家养老服务站点等基础性服务设施，真正在社区构建起为老年人提供生活照料、医疗康复、文化娱乐、精神慰藉等项服务，公平、高效、开放的居家养老服务网络，为居家养老服务奠定坚实的物质基础。为此，各级老龄部门要按照当地社区建设规划和老年人实际需要，争取政府重视和支持，积极协同各个部门，整合社区资源，盘活闲置资源，使之在社区层面形成为老服务的合力。同时要积极推动“民办公助”、“公办民营”改革方针的贯彻落实，调动多种社会力量积极参与和兴办多种形式的为老服务设施，使老年人在家门口就能享受到就近就便的服务。

从软件建设来说，要加强服务内容的设计施行、服务过程的控制监督和服务结果的评估管理。各地一定要紧密结合对老年人实际养老服务需求的调查摸底，统筹规划、合理设计和布局本地居家养老服务中心、网点建设，紧密结合当地政府资助补贴服务政策的落实情况，加快建立和实施服务机构设施等级管理、服务对象身体健康状况和经济支付能力等方面的评估标准体系，并统筹安排和开设当前急需的为老服务项目，同时不断拓展和开设满足个别服务需求的特殊项目。要加强服务管理办法、规范、标准、制度的研究制定和推广实施，加强服务质量全员管理和全过程控制，加强各类服务项目的规范化管理和运作。

四是采取有效措施，切实加强居家养老服务队伍建设。各项事业的发展，都离不开人才培养和队伍建设。努力建设一支宏大的专业化服务人员与志愿者相结合的服务队伍，对于全面推进居家养老服务的发展至关重要。各级老龄部门在推进居家养老服务发展的过程中，对居家养老服务的专职人员，要普遍实行养老护理员持证上岗制度，按照统一大纲和教材对服务人员开展职业技能培训，考试合格发给相应的职业技能等级证书。同时，要加强服务人员的职业道德教育和岗位技能培训，不断提高他们的政治业务素质和服务水平。还应有计划地从大专院校养老护理专业毕业生中吸纳老年康复、护理、保健、营养、心理等方面的专业人才充实到居家养老的服务队伍中，不断改善和提高服务队伍的专业结构。要认真结合实施专业社会工作者职业水平评价制度，科学界定居家养老服务中职业社会工作者的岗位和职责，加强对社工专业人才的吸纳与培养。与此同时，各地还要大力发展社区居家养老服务的志愿者组织和人员，鼓励和支持社区居民、社区单位员工在业余时间利用专业知识、技能、体能等为居家的老年人提供多种形式的养老服务。

各地要重视改善和提高居家养老服务人员的地位和待遇。要协同有关部门结合落实国家下岗再就业政策，开发居家养老服务岗位，并争取纳入政府购买的公益性岗位予以支持，免费为下岗职工提供养老护理的专业培训。贯彻国家对非正规就业人员的社会保障政策规定，争取政府给予适度补贴并严格监督，确保居家养老服务人员养老、医疗、工伤、失业等各项保险费用的及时足额缴纳。从长远看，还要结合社会工作者职业水平评价制度的实行，争取为专业居家养老服务人员落实相应的物质待遇，积极做好宣传，提高全社会对居家养老服务人员的认可与尊重。

五是开拓创新，积极探索实现居家养老服务的有效形式。这次会议介绍的居家养老服务做法与经验，值得大家学习和借鉴。各级老龄部门要清醒地看到这项工作任务的光荣与艰巨，进一步提高对开展居家养老服务重要性的认识，明确老龄部门的职能定位，增强责任感和使命感，在推动居家养老服务开展的过程中充分发挥组织协调作用和检查监督职能，扎扎实实做好工作，抓好落实，真正从本地实际出发，大胆开拓，锐意创新，走出适应本地经济发展状况，符合本地人口老龄化特点的居家养老服务新路子。在这里我提几点请大家思考：一是老年社会福利的实施方式。党的十五届四中全会《中共中央关于构建社会主义和谐社会若干重大问题的决定》指出，要“积极探索公有制多种实现形式”，我想这个思路对老年社会福利的实施同样适用。社会福利到底怎样实施才能使它的成本最低？才能使它的社会效益、经济效益最大化？是走政府投资，不计成本，不讲效益，办管一体的路子，还是转变观念，转变政府职能，实施“钱随事走、钱随人走”的新型社会福利实施方式？这个问题民政部门正在探索，我们也应在推动为老社会服务体系建设中认真研究。二是农村居家养老服务。我国农村老年人口有 9072.03 万人，占老年人比例的 61.7%，农村老年人的居家养老服务该怎样开展？这次经验交流没有这方面的成功案例。我希望各级老龄办要结合农村社区建设，在这方面积极探索，努力实践，闯出适合我国国情，适合当地经济发展状况，能够满足广大农村老年人居家养老服务需求的新路子。三是正确认识中介组织的地位和作用。政府要转变职能，与企业、事业、社团分离，居家养老服务的经办和运作应尽可能交给社会中介组织和非营利机构去办，这是必然趋势。各级老龄办在协助政府培育、规范管理各类居家养老服务中介组织的过程中，要特别注意扶植和发展社区内老年人自我服务、自我管理的群众组织，并积极鼓励居家养老服务组织发展连片辐射、连锁经营、统一管理的服务模式。但也必须明确，在那些中介组织没有发展起来的地方和时候，政府还应尽力担负起开展居家养老服务的责任。

同志们，这次居家养老服务工作经验交流会是一次重要的会议，既是对全国居家养老服务实践探索的认真总结，也是对深入推进居家养老服务的全面部署和集中动员。让我们在党的十六届六中全会精神指引下，全力推进城乡居家养老服务的普及与发展，为构建中国特色养老服务体系添砖加瓦，为构建社会主义和谐社会作出更大贡献。

在2007年全国省级老龄办主任会议上的讲话

全国老龄工作委员会办公室常务副主任　李本公

（2007年2月7日）

同志们：

刚才，传达了回良玉副总理在全国老龄工作委员会第九次全体会议上的讲话。学举部长在全国老龄工作委员会第九次全体会议上的工作报告也已印发给大家，同时我们还印发了南开大学原新教授在这次会议上所作的“我国人口老龄化的形势与问题”讲座的讲稿。良玉副总理的讲话言简意赅，高屋建瓴。学举部长的报告全面具体，重点明确。两个讲话是我们各级老龄工作委员会及其办公室今年开展工作的指导性文件，要认真贯彻落实好。

从总结工作，布置年度任务的角度，我讲几点意见。

一、2006年工作回顾

2006年是“十一五”规划颁布实施的第一年。在各级党委、政府的领导下，各级老龄办坚持以人为本的科学发展观，认真贯彻落实第二次全国老龄工作会议精神，抓住机遇，求真务实，突出重点，开拓创新，统筹兼顾，综合协调，完成了一些重大而又有影响的工作任务，取得了可喜成果。可以说，2006年是老龄事业大丰收的一年，是老龄工作取得突破性进展的一年，也是贯彻落实全国老龄事业十一五规划取得良好开端的一年。

（一）第二次全国老龄工作会议精神得到全面贯彻落实。去年二月份，国务院召开了第二次全国老龄工作会议，这是老龄事业发展史上的一次重要会议。中央政治局委员、国务院副总理、全国老龄委主任回良玉全面总结了过去五年的老龄工作，分析了我国老龄工作和老龄事业发展面临的新形势，部署了今后一个时期的工作任务。会议表彰了150个全国老龄工作先进县（市、区、旗）和300个先进单位。会议的成功召开，充分体现了党和政府对老龄工作的重视和对老年人的关怀。会后，各地迅速掀起了学习贯彻会议精神的高潮。山东、云南等10个省（区、市）召开专门会议，听取老龄办关于二次会议精神和贯彻意见的汇报，福建、西藏等25个省（区、市）筹备召开了本省的老龄工作会议，结合本地实际对老龄工作作出安排部署，有力地推动了各项工作的开展。

（二）制定并实施了《中国老龄事业发展“十一五”规划》。根据《中华人民共和国国民经济和社会发展第十一个五年规划纲要》，全国老龄办会同25个部委研究编制了《中国老龄事业发展“十一五”规划》（以下简称《规划》），并于2006年9月经国务院批准正式颁布。《规划》提出了“十一五”期间我国在养老、医疗、救助等老年社会保障领域及老龄事业基础设施建设、老龄产业、老年精神文化生活等方面所要实现的目标和任务，为全面加快老龄事业发展提供了宏观指导，是今后一个时期老龄工作的纲领性文件。与此同时，各地也积极开展了老龄事业发展“十一五”规划的制定工作，甘肃、宁夏、天津、重庆、厦门等16个省市和单列市已经颁布实施了本地老龄事业发展“十一五”规划，还有8个省市即将发布。

（三）制定出台了关于老年优待、养老服务业发展和基层老龄工作的重要文件。全国老龄办在深入调查、反复研究、广泛征求意见的基础上，主动牵头协调成员单位，相继出台了《关于加快发展养老服务业的意见》、《关于加强老年人优待工作的意见》和《关于加强基层老龄工作的意见》三个重要文件。这三个文件对于促进我国养老服务体系建设、切实保障老年人合法权益、推动基层老龄工作具有深远的指导意义。各地积极贯彻落实文件精神，结合实际研究制定具体的实施办法和措施。福建省出台了《关于加快发展养老服务机构的意见》，强调体制创新，打破所有制界限，增加政府对民办养老服务机构的资助和扶持力度，促进了多种形式的民办养老服务机构的发展。山东、海南、黑龙江等28个省（区、市）先后出台了本地的老年人优待办法。上海、浙江、江苏、青岛、大连等地出台了《关于开展居家养老服务工作的意见》。中央和地方一系列老龄政策文件的出台，为老龄事业健康发展提供了制度保证。

（四）发布了《中国老龄事业的发展》白皮书。

2006年12月12日，全国老龄办会同国务院新闻办向国内外发表了全面展示中国老龄事业发展状况的国家报告——《中国老龄事业的发展》白皮书。白皮书全面系统地回顾了中国老龄事业的发展状况，从老龄事业国家机制、养老保障体系、老年医疗保障、为老社会服务、老年文化教育、老年人参与社会发展、老年人合法权益保障等七个方面，系统总结了中国发展老龄事业作出的努力和取得的成就，反映了中国政府对老年人的关心和对老龄问题的高度重视，在国内外树立了中国政府积极发展老龄事业、维护老年人权益的良好形象。可以说，《中国老龄事业的发展》白皮书的发布是我国老龄事业发展史上的一个里程碑。白皮书在社会上引起了强烈反响，国内外媒体对此争相报道，人民日报、光明日报等多家主流媒体对此进行深入解读，连续报道，累计发表文章1000多篇，网络检索到的相关报道超过了32万多条。

（五）发布了《中国人口老龄化发展趋势预测研究报告》和分省研究报告。多年来，各级老龄办一直没有自己前瞻性的数据支持，许多时候都是引用其他部门或研究机构的数据。为改变这一状况，全国老龄办和南开大学合作，顺利完成了中国人口老龄化发展趋势百年预测和分省50年预测研究报告。该报告系统描述了本世纪100年中国人口老龄化的发展趋势、主要特点、应对策略以及分省50年人口老龄化发展趋势，为应对人口老龄化的严峻挑战提供了科学依据，也得到了国家人口计生委、国家统计局等权威部门的认可。在中央“两会”和老龄工作二次会议前夕，全国老龄办召开新闻发布会向社会公布，引起了强烈反响，各大报刊、电台、电视台、网站纷纷报道，国际社会也予以关注。不到一个月时间，各媒体为此编发的信息多达五万多条，形成了浓厚的社会舆论氛围。受此影响，去年“两会”代表涉及老龄问题的提案大幅度增加。与全国人口老龄化预测相呼应，北京、浙江、上海等地也相继开展了地方性的人口老龄化发展趋势预测研究，为政府决策提供了参考和依据。

（六）“爱心护理工程”列入国家“十一五”规划。针对生活完全不能自理或半自理老年人的长期照料服务问题，李宝库等46名政协委员在去年两会期间联名提案，建议启动爱心护理工程，引起了国务院领导的高度重视。全国老龄办抓住机遇，根据国务院领导的指示，多方协调，积极努力，把解决“失能”老人长期照料服务问题为目标的“爱心护理工程”写进了国家“十一五”规划，并协调有关部委，牵头起草了《“十一五”爱心护理工程建设规划》，这是我国老龄事业发展史上第一个列入国家规划的专项建设规划。现正在积极会同国家发改委推动具体立项和实施工作。很多省市也根据当地实际，就此项目展开调研、试点，积极探索实施爱心护理工程的有效途径。福建等地还积极鼓励和支持社会力量参与，卓有成效地推动了这项工作的开展。

（七）上下联动组织开展纪念《中华人民共和国老年人权益保障法》（以下简称《老年法》）颁布10周年系列活动。去年各级老龄办以纪念《老年法》颁布10周年为契机，积极策划组织了一系列活动。全国老龄办会同各省老龄办一道，成功举办了中国老龄事业发展成就展，有力地扩大了老龄事业的社会影响，得到了回良玉副总理和社会各界的称赞。成功召开了全国老年维权工作经验交流会，以全国老龄办名义表彰了3000个“全国敬老模范村居（社区）”，并与司法部、公安部联合评选了1000个“全国老年维权示范岗”，进一步推动了老年人合法权益的维护与落实。各级老龄办积极协调并参与了全国人大、政协和地方各级人大、政协开展的《老年法》执法检查与调研，并与共青团、工会、妇联等群团组织联合举办了全国性的《老年法》知识竞赛。全国老龄办联合国家新闻出版总署和中国新闻工作者协会，组织20多家中央新闻媒体和地方老年报业集中开展了老龄事业的联合报道活动，一个多月时间就集中刊发了2000多篇老龄事业的文章，进一步扩大了老龄工作的影响。在全面发动、精心筛选的基础上，成功举办了重阳节《红叶风采》大型老年文艺演出。各地还结合自己特点，开展了一系列纪念活动。辽宁、江西等省组织了老年书画展、大型文艺晚会，湖北、河南、广西、河北、重庆、青岛等地举办了老年艺术节、文艺汇演、老年人趣味运动会，四川省举办了敬老周活动，许多地方进行了敬老孝星、敬老先进社区（村）的评选表彰，都收到了良好的效果。

（八）各级老龄办自身建设取得新的进展。去年，许多地方抓住贯彻落实二次会议精神的机遇，加强了老龄工作组织机构建设，理顺关系，提高规格，增加编制和人员。黑龙江、辽宁、贵州等省增加了老龄办内部机构设置和人员编制，杭州市规定区、县（市）老龄办按每万名老年人配备1名工作人员。吉林、辽宁、宁夏等省、自治区按老年人口数，以一定比例提取老龄工作专项经费。山东、湖北、福建、辽宁、江西、北京等省、市从福彩、体彩的公益金中提取一定比例，用于发展老龄事业。全国老龄办也抓住《公务员法》贯彻实施的有利时机，积极争取，多方协调，经中央批准，人事部8月29日下文将全国老龄办纳入了第一批参照公务员法管理的机关，使机构不顺这一困扰我们二十多年的老大难问题得到了实质性的解决。

去年我们还进行了《中国城乡老年人口状况追踪调查》的样本采集和数据收集整理工作，召开全国“银龄行动”经验交流会推动这项工作的深入开展，组织重新修订了老龄事业统计指标体系，进一步加强了老龄信息工作，加强了老龄工作的国际交流与合作，积极争取并顺利开展了新一周期联合国人口基金和欧盟援助项目。

去年的老龄工作之所以取得这样的优异成绩，究其原因，我们感到主要有以下几方面：

1. 党和政府的高度重视为老龄工作的快速发展提供了不竭的动力源泉。随着人口老龄化的不断加剧，党和国家越来越重视老龄工作和老龄事业的发展，各级政府都把它摆上重要议程，召开专门会议进行研究部署，列入经济社会发展规划。党的十六届六中全会《关于构建社会主义和谐社会若干重大问题的决定》提出了发展老龄事业，开展多种形式的老龄服务的新理念，把适应人口老龄化，逐步建立社会保险、社会救助、社会福利、慈善事业相衔接的覆盖城乡居民的社会保障体系列为和谐社会建设的一项重要任务，并把扶老、助残、救孤、济困作为发展社会福利的重点，为新时期老龄工作的开展指明了方向。最近，中共中央、国务院《关于全面加强人口和计划生育工作统筹解决人口问题的决定》，又把积极应对人口老龄化作为统筹解决我国人口问题的重大战略举措进行部署，提出明确要求。这些都充分体现了党和政府对应对人口老龄化挑战的高度重视，对老年人切身利益的高度关注，也对大幅度提升老龄工作地位，拓展老龄事业发展空间，营造良好的发展环境起到了至关重要的决定性作用。

2. 各级老龄办职能的准确定位和奋发努力为老龄事业的快速发展提供了坚强的组织保证。综合协调是各级政府赋予老龄工作部门的职能。各级老龄办作为综合协调机构紧紧抓住2006年各级政府制定颁布“十一五”规划、贯彻落实第二次全国老龄工作会议精神和纪念《老年法》颁布实施10周年的重要契机，摆正位置，明确职责，端正态度，充分发挥主观能动性，承上启下、沟通左右，在协调制定政策和推动工作上狠下功夫，主动牵头起草制定规划、文件，探索创新工作机制和服务方式，使老龄事业出现了健康快速发展的新局面。事实证明，思路决定出路，定位决定地位。我们各级老龄部门在2006年以努力求发展，以作为求地位，做出成绩，赢得社会好评，应该说是顺理成章的。

3. 做好老龄宣传工作为老龄事业的快速发展营造了良好的舆论氛围，创造了良好的社会环境。去年我们着力加大宣传工作力度，主动与中央各大媒体加强联络，探讨扩大老龄宣传报道的办法和途径，得到了他们的大力支持。中央电视台有重要的老龄新闻和专题报道，人民日报、法制日报等主流媒体有老龄专版和评论员文章，各类电台有老龄部门问题的专访，网络媒体有老龄部门领导的新闻在线，尤其是新华社仅去年一年就向中央报送了22篇有关老龄问题的国内动态清样，引起了党和国家领导人的高度关注。这些都为扩大老龄工作影响，唤起全社会的关注和参与热情，解决老龄事业发展中遇到的问题，发挥了重要作用。

在肯定成绩的同时，我们也要清醒地看到老龄工作中存在的困难和问题：个别地方党政领导对老龄工作的重要性认识还不到位、重视仍然不够；老龄事业经费投入体制和经济发展水平还不相适应；发展老龄产业的相关配套政策措施还相对滞后；农村老龄工作基础薄弱；少数基层老龄工作干部的综合素质和工作作风不能适应时代发展的要求等等。我们一定要正视这些困难和问题，积极采取有效措施，逐步加以解决。

二、2007年主要工作

（一）深入贯彻二次会议和九次全会精神，谋划好全年工作。深入贯彻、全面落实好第二次全国老龄工作会议和前几天召开的全国老龄委第九次全体会议精神，是今年各级老龄工作部门的首要任务。各地要继续深入贯彻二次会议精神，在狠抓落实上下功夫。没有召开省级老龄工作会议和出台地方性老龄事业发展“十一五”规划的省份，要尽快筹备召开会议，尽快制定颁布规划。各地还要把九次全会精神及时向省政府和省老龄委汇报，抓紧召开省级老龄工作委员会全体会议，结合学习、贯彻党的十六届六中全会精神，准确领会和把握九次全会精神的要点，提高认识，统一思想，确定本地今年老龄工作的主要任务，从保障广大老年人根本利益和服务需求出发，结合实际研究制定好全年工作计划和具体实施方案。要针对当前老龄工作中的重点、热点、难点问题，认真抓几项社会影响大、实实在在的工作，并力争抓出成效。

（二）加强基层老龄工作，重视解决农村养老问题。目前，农村老龄工作特别是基层工作相对比较薄弱，农村的养老保障制度还没有建立起来，有些地方老龄组织机构网络尚未建立健全，为老服务基础设施建设严重滞后。党的十六届六中全会《关于构建社会主义谐社会若干重大问题的决定》明确强调各级政府要把基础设施建设和社会事业发展的重点转向农村，在中央农村工作会议上进一步明确提出：“积极探索建立覆盖城乡居民的社会保障体系，在全国范围建立农村最低生活保障制度。”这一切都表明了党和政府对农村养老问题的高度关注，为加强农村老龄工作提供了难得的机遇。全国老龄办已经把解决好农村老年人的基本养老和医疗保障问题列为近期老龄工作的重点。我们计划在今年普遍深入地进行农村养老基本情况的调查，然后协调成员单位，研究制定相关政策，采取积极有效的措施，推动低保、养老和医疗保障制度的建立健全，从政策、制度上为解决当前农村老年人“养”和“医”的迫切需要提供有力保障。各地老龄办要认真贯彻十六届六中全会精神，高度重视社会主义新农村建设中的涉老问题，充分认识新时期加强农村老龄工作的重要意义，明确工作思路，创新工作方式，增强做好农村老龄工作的责任感和紧迫感。要针对当前农村出现的空巢家庭、隔代家庭、失地农户中的老人，独生子女户的老人，“留守老人”养老等新问题，组织搞好本地的“农村老年人生活状况调查”，为中央研究、制定和完善农村养老保障体系提供参考和依据，并积极推动、协调、配合有关涉老部门出台适合本地农村实际的具体政策和措施，督促抓好落实，切实保障农村老人的基本生活权益。要根据当地农村人口老龄化的发展趋势，积极争取政府、动员社会增加对农村老龄事业的投入，加快建设一批农村为老服务站点，培养一批为老服务的专兼职人员，改变农村老人文化生活短缺、服务供给严重不足的状况。要大力加强农村老年群众组织的建设和规范化管理，充分发挥其在建设社会主义新农村中的积极作用。

（三）加快推进居家养老服务工作，为居家老年人排忧解困。关于居家养老服务工作，我们昨天的会议已经进行了经验交流和工作部署。全国老龄办今年的主要任务就是要积极推动《关于全面推进居家养老服务工作的意见》的出台和督促检查各地的工作开展情况。各级老龄办要根据这次会议提出的任务和要求，组织力量对居家养老服务进行专题调查研究，摸清底数，全面掌握分析城乡老年人居家养老服务需求、供给情况，给当地政府提供决策依据；协调各成员单位，制定出台推进居家养老服务工作的地方性政策法规，为居家养老服务提供政策保障；争取政府加大投入，发动社会力量参与，加快社区为老服务设施、网点建设和服务队伍建设；坚持典型引路，以点带面，特别要抓好农村发展居家养老服务的试点，及时总结和推广成功经验，争取使居家养老服务在大中城市逐步推进，然后再适时向县城镇和农村延伸。

此外，各地要认真贯彻落实《关于加快发展养老服务业的意见》精神，按照全国老龄办下发的关于进行养老机构调研的通知要求，精心组织相关部门和人员对养老机构特别是民办养老机构的发展现状和存在问题进行调研，在此基础上摸清情况，把准问题，提出政策建议和解决问题的办法。全国老龄办将对各地的调研报告进行评选，择优表彰。

（四）启动《老年法》修订工作，切实维护老年人的合法权益。《老年法》修订工作已经列入全国人大修法规划，全国老龄办今年将配合全国人大内司委、国务院法制办等部门启动《老年法》修订工作。联合相关部门成立修法工作领导小组及办公室，整理研究相关资料，系统开展专题调研，了解掌握《老年法》实施过程中出现的难点、热点问题，并提出具体的评估报告。在广泛征求意见、充分论证的基础上，集中组织力量年内力争起草完成修订草案（征求意见稿）。各地老龄办要高度重视、积极配合这项工作，认真总结10年来本地贯彻施行《老年法》的经验教训，结合本地实际提出有参考价值的修改意见。同时，要继续深入贯彻落实《关于加强老年人优待工作的意见》，积极发挥综合协调职能，督促检查各涉老部门落实老年人优待政策的具体情况，及时发现和研究解决老年人优待工作中出现的新情况、新问题，确保老年人优待政策落到实处。要随着经济社会的发展，不断扩大优待范围，丰富优待内容，为老年人提供最基本、最需要、最实惠的优待，使老年人更多地分享改革开放带来的成果。还没有制定老年优待政策的省市，要抓紧时间尽快出台。

（五）启动实施“爱心护理工程”，促进养老服务业发展。为加快我国养老服务业的发展，缓解城乡高龄、带病、失能老年人生活照料服务供给严重不足的矛盾，国家把“爱心护理工程”列入了“十一五”规划，并正在积极研究制定实施方案和落实办法。今年全国老龄办要协调有关部门，修订完善并颁布实施《“十一五”爱心护理工程建设规划》，同时加快研究制定相关配套的爱心护理院建设标准、从业人员资格标准和爱心护理服务规范等，确保这项工程的顺利启动和实施，并尽快发挥示范导向作用。各地也要努力摸清失能老人的底数和对长期照料护理服务的需求情况，抓紧在计划立项、土地征用、资金配套等方面搞好先期筹划和运作，以便“爱心护理工程”一经启动就能尽快落到实处。

（六）开好亚大地区老年学大会，促进老龄科学研究。今年10月份即将在北京召开的第八届亚洲/大洋洲地区老年学和老年医学大会，是有史以来在我国大陆地区召开的老龄方面最大规模的国际会议，意义重大，影响深远。支持中国老年学学会筹备和开好此次会议，是各级老龄办的重大责任。各级老龄办都要高度重视，已建立老年学学会的省，省老龄办作为业务主管单位要全力支持做好这次会议的筹备工作；未建立老年学学会的省，省老龄办要担负起筹备的任务。要按照全国老龄办的通知要求，积极组织有质量的学术论文参加学术论坛，认真搞好老年学三个奖项的推荐评选，多渠道筹集参会经费，确保参会人员数量，以便确保会议的圆满召开。同时，各地要以亚大老年学大会为契机，加大老年科学研究力度，积极协调有关部门，做好各地人口老龄化发展趋势预测成果发布和积极应对的战略研究，为党和政府制定老龄政策提供科学依据。

同志们，构建和谐社会已经成为我国政治、经济、社会生活的重要目标，党的十六届六中全会为我国老龄事业的发展指明了方向，老龄工作迎来了前所未有的机遇。让我们紧密团结在以胡锦涛同志为总书记的党中央周围，在各级党委、政府和老龄委的领导下，在成员单位的鼎力支持下，抓住机遇，锐意进取，开拓创新，以饱满的热情做好2007年的各项工作，以优异的成绩迎接党的十七大召开！

在中国/联合国人口基金第六周期老龄项目基线调查成果报告会开幕式上的致辞

全国老龄工作委员会办公室常务副主任　李本公

（2007年5月15日）

尊敬的联合国人口基金驻华代表伯纳德先生、国际助老会亚太地区代表默里盛先生、上海市浦东新区过剑飞副区长、各位与会代表、各位专家：

上午好！

中国/联合国人口基金第六周期老龄项目基线调查成果发布会今天在这里召开了。首先，我代表全国老龄委办公室向会议的召开表示热烈的祝贺！向应邀与会的国外代表、中央有关部委、项目省（市）和县（市、区）的代表，以及各位专家学者的到来，表示热烈的欢迎和诚挚的谢意！同时，也十分感谢上海市政府和浦东新区政府及市、区民政局和老龄办对此次会议给予的高度重视和大力支持！

召开此次基线调查成果发布会，旨在向各项目省（市）及各项目县（市、区）和有关部门通报基线调查取得的有关数据及信息，并在此基础上共同研究制定符合各地实际的行动计划，用以促进当地积极老龄化策略的进一步深化。我相信，通过大家的共同努力，会议一定会达到预期的目的。

大家知道，联合国人口基金援华第六周期老龄项目确定的主题是“提高政府制定和实施老龄战略计划和政策的能力”。根据这一主题，在中央一级，我们重点是推动《中华人民共和国老年人权益保障法》的修订。此项工作已取得了较大的进展，国务院已将《老年法》的修改列入了工作计划。在地方一级，主要是从代表我国不同经济和社会发展水平的东、中、西部分别选取6个项目省（市），每个省（市）确定1个项目县（市、区），通过帮助所选地区研究制定和实施老龄行动计划，增强地方政府在制定和执行老龄政策方面的能力，并进而加以推广。

自2006年4月这一项目正式启动以来，商务部、联合国人口基金驻华代表处和国际助老会对该项目给予了大力的支持与帮助，参与项目实施的各级地方政府和老龄工作部门高度重视该项目的执行，按照全国老龄委办公室的要求及项目工作的需要，建立充实了相应的工作机构，配备了得力的工作人员，给予了必要的资金保障，特别是在项目基线调查过程中，积极配合基线调查的实施单位——中国老龄科研中心，精心组织，不辞辛劳，保证了基线调查各项工作的顺利完成，为下一阶段制订老龄行动计划打下了良好的基础。

应该看到，在针对老龄工作某个具体领域制定行动计划方面，我们还缺乏经验，因此在各项目点的老龄行动计划的制定及实施过程中，可能会遇到各种新的问题和困难。我相信，所有参与项目工作的专家和人员，在各级政府特别是项目县（市、区）政府和老龄工作部门的大力支持和帮助下，一定会虚心学习国内外在该领域的有益经验，聚智聚力，克服困难，破解难题，圆满完成各项任务，通过项目工作推动所在地方政府不断提高老龄战略计划制订和实施方面的能力，并在全国范围起到典型和示范作用。

各位代表，当前我国人口老龄化发展速度在进一步加快。截止2005年底，我国60岁以上老年人口已达1.44亿人，占总人口的11%，并以年均高于3%的速度增长，大大高于总人口0.66%的增长速度。据预测，在未来的15年间，平均每年增加660万人。到2020年老年人口将达到2.48亿人，占当时总人口的17.2%。而到2050年，中国将进入重度老龄化阶段，老年人口规模将达到峰值4.37亿人，约占当时总人口的31%以上。应该说，21世纪的中国是一个不可逆转的老年型社会，这是一个重要的国情。我国人口老龄化的迅速发展，对经济社会发展的影响是十分广泛和深远的。为此，温家宝总理在今年的《政府工作报告》中强调，要“发展老龄事业，积极应对人口老龄化”。国务院副总理、全国老龄委主任回良玉强调：“老龄工作事关经济社会发展全局，体现着社会文明进步的程度。地方各级政府和国务院有关部门都要站在战略高度，从经济和社会发展的全局出发，本着对党和人民高度负责的精神，采取切实有效措施，把老龄工作抓紧抓好。”我认为，党中央对老龄工作的高度重视，是我们广泛动员组织各方力量做好工作的根本保证。联合国人口基金对华老龄项目就是其中的重要内容。我们高度重视项目工作，也看到了项目工作在各级取得的可喜成果，其中有相当的内容已在我们制定政策过程中和实际操作工作中得以汲取。作为老龄工作的牵头部门，我们希望继续深化与联合国人口基金的合作，继续深化与国际助老会、欧盟以及一切有助于我国老龄工作开展的国际组织的合作。

最后，预祝会议圆满成功！

预祝中国/联合国人口基金第六周期老龄项目圆满成功！

预祝各位代表工作顺利，身体健康！

谢谢！

在上海市老龄委全体（扩大）会议上的讲话

全国老龄工作委员会办公室常务副主任　李本公

（2007年5月16日）

同志们：

今天，很高兴参加上海市老龄委全体（扩大）会议。首先，我代表全国老龄委办公室，对会议的召开表示热烈的祝贺！对上海各级老龄工作干部的辛勤劳动、取得的突出成绩及为全国老龄工作提供的经验，表示衷心的感谢！

上海是全国最早进入老龄化的城市，也是目前人口老龄化程度最高的地区，60岁以上的老年人口占户籍人口的19.8%，因此，上海老龄工作所面临的任务非常艰巨。多年来，上海市委、市政府从老年人最关心、最直接、最现实的利益问题入手，重点聚焦，积极突破，不断开拓创新，出台了一系列的新政策、新举措，推动了老龄事业的新发展。上海在全国率先实现退休人员养老金100%社会化发放；上海早在2000年就开展了居家养老服务工作的试点，对推动全国的居家养老服务工作具有示范意义；上海2001年开始，连续6年为近7万多名老年人家庭安装了紧急呼叫装置，在全国也是首次；上海对口支援新疆的“银龄行动”至今已连续开展了5年，产生了非常好的社会效益；2004年上海开展的独居老人结对关爱活动，在全国影响很大。另外，上海养老保障和医疗保障的有关政策得到了很好的落实，老年人的合法权益得到了有效保障，为老服务工作开展得红红火火，老年文化体育教育活动丰富多彩，各项老龄工作措施得力，基层老龄工作深入扎实，成效显著。总之可以说，上海的老龄工作在许多方面走在全国的前列，为全国的老龄工作的开展提供了不少好经验。

上海的老龄工作之所以取得优异的成绩，首先是上海市委、市政府以及各级党委和政府从战略的高度认真研究老龄问题，高度重视老龄工作，把老龄事业纳入经济社会发展的总体规划，整体推进。其次是利用市场机制，合理配置资源，充分调动社会各方面的力量积极参与老龄事业的发展，真正做到了“党政主导，社会参与，全民关怀”。当然，也更离不开各级老龄委成员单位和基层老龄工作部门的解放思想，开拓创新，积极实践，扎实工作。这里我还要特别指出的是，近年来上海老龄工作的快速发展与本届老龄委两位主任：刘云耕副书记、周太彤副市长的直接关心和领导是分不开的，他们为上海的老龄工作倾注了极大的心血和智慧。在此，我提议大家以热烈的鼓掌向刘云耕副书记、周太彤副市长表示衷心的感谢和深深的敬意！

下面，结合全国的老龄工作我讲几点意见。

一、当前老龄工作面临着良好的发展机遇

随着我国人口老龄化的迅速发展，老龄工作得到了党和政府的高度重视。党中央、国务院多次召开专门会议，研究人口和老龄问题，相继出台了《中国老龄事业发展“十一五”规划》，《关于加快发展养老服务业的意见》等一系列重要文件。国家经济和社会发展“十一五”规划纲要把实施爱心护理工程，加强养老服务、医疗救助、家庭病床等老年人服务设施建设作为积极应对人口老龄化的重要措施；中共中央、国务院《关于全面加强人口和计划生育工作统筹解决人口问题的决定》，也把积极应对人口老龄化作为统筹解决我国人口问题的重大战略举措进行部署。特别是党的十六届六中全会《关于构建社会主义和谐社会若干重大问题的决定》（以下简称《决定》）把适应人口老龄化，逐步建立社会保险、社会救助、社会福利、慈善事业相衔接的覆盖城乡居民的社会保障体系，作为和谐社会建设的重要任务；提出了发展老龄事业，开展多种形式的老龄服务新理念；把发展扶老、助残、救孤、济困作为发展社会福利的重点，充分说明党和政府对应对人口老龄化挑战的高度重视，对老年人切身利益的高度关注。在党中央、国务院的领导下，在社会各界的共同努力下，老龄工作取得了突破性进展，社会养老保障制度逐步建立健全，老年人生活得到较好保障；老年人的合法权益得到了有效保护；养老服务业有了新的发展；老龄工作体制逐步到位；积极老龄化得到了社会和老年人的广泛响应。老龄事业和老龄工作取得了丰硕成果，迎来了前所未有的发展机遇。

二、大力推动“三个体系建设”

党的十六届六中全会指出，要始终把最广大人民群众的根本利益作为党和国家一切工作的出发点和落脚点，实现好、维护好、发展好最广大人民的根本利益，不断满足人民日益增长的物质文化需要，做到发展为了人民、发展依靠人民、发展成果由人民共享，促进人的全面发展。当前实现好、维护好、发展好广大老年人的根本利益，最重要的是继续大力推进“三个体系”建设，这是一项长期而艰巨的任务。

一是建立健全老龄政策法规体系。政策和策略是党的生命，也是老龄事业的生命。胡锦涛总书记早在1999年就明确指出，对于人口老龄化“这样一个重大的社会问题，全国上下都要充分的认识，并积极研究制定相应的政策”。目前我国老龄政策法规体系的建设还不能完全适应人口老龄化形势的需要，因此，“十一五”期间，研究制定相关老龄政策是老龄工作的重中之重。近两年，全国老龄办在政策研究制定方面作了大量的调研、协调工作，会同有关部门制定出台了《关于加快发展养老服务业的意见》、《关于加强基层老龄工作的意见》、《关于加强老年人优待工作的意见》以及《老龄事业发展“十一五”规划》等政策性文件。今年，老年人权益保障法的修订已经列入了国家计划，全国老龄办正在组织力量认真准备，抓紧工作。各地也根据自己的实际出台了许多政策文件，但是还不够，还要进一步努力，要在调查研究的基础上，不断制定相关政策，逐步建立健全相对独立、完善的老龄政策法规体系，推动老龄事业的健康发展。

二是建立和完善养老保障体系。社会保障是现代国家最重要的社会经济制度之一，养老保障是其重要的组成部分。建立健全与经济发展水平相适应的养老保障体系，是经济社会协调发展的必然要求，是社会和谐稳定和国家长治久安的重要保证。党的十六届六中全会《决定》中明确提出，要“适应人口老龄化、城镇化、就业方式多样化，逐步建立社会保险、社会救助、社会福利、慈善事业相衔接的覆盖城乡居民的社会保障体系。”这无疑是今后一个时期老龄工作的目标和方向。具体来说，就是要围绕着解决老年人“养”和“医”的问题，紧紧围绕着构建和谐社会这个中心，采取一切有效措施，包括政策创新、制度创新，建立和完善养老保障体系，使老年人共享社会文明、进步的成果。

三是培育和构建养老服务体系。养老服务业是解决老年人生活照料、精神慰藉、心理支持、康复护理、临终关怀、紧急救助等实际需求的新兴行业，具有广泛的社会需求和广阔的发展前景。加快养老服务业的发展，可以满足庞大的老年群体日益增长的物质文化需求，提高老年人生活质量；可以促进社会消费，拉动经济增长，保障国民经济良性发展；还可以开辟就业渠道，创造众多的就业岗位。有统计资料表明，目前发达国家的社会服务业收入占GDP总值的60%以上，而我国仅占40%左右。其中，发展相对缓慢、潜力最大的恰恰就是养老服务业。

居家养老服务是适合我国国情的养老服务体系的基础，全国老龄办年初在杭州召开专题会议，进行了经验交流和工作部署。目前，正在积极协调推动出台《关于全面推进居家养老服务工作的意见》。许多地方政府也在研究出台有关政策，加大资金投入，加快社区为老服务设施、网点建设和服务队伍建设；发动社会力量参与其中，居家养老服务工作正在全国健康有序地开展。

三、不断强化基层和社区的老龄工作

我们知道，老年人生活在基层在社区，老龄工作重点和难点在基层在社区，不断加强基层和社区的老龄工作是一项长期的任务，必须常抓不懈。去年，全国老龄工作委员会出台了《关于加强基层老龄工作的意见》，这是全面推动和规范基层老龄工作的一个重要文件，对推动基层老龄工作的发展具有重要的意义。加强基层老龄工作必须切实加强基层老龄工作组织机构建设，把基层社区的老龄工作的经费列入政府财政预算，这样才能确保党和政府有关老龄工作的路线、方针、政策在基层得到落实，老年群体才能真正得到实惠。同时，要重视基层社区的老年群众组织的建设，积极为老年群众组织的发展创造条件，充分发挥其积极作用。目前，我国已有基层老年协会42.5万个，其中城镇5.2万个，农村37.3万个。多年来，这些基层老年群众组织在促进经济社会发展，促进社会和谐稳定，维护老年人的合法权益，关心教育下一代等各个方面都发挥了积极作用。要不断结合新形势、适应新要求、探索新机制，大力推进基层老年群众组织的规范化建设，使这些老年群众组织成为深入开展基层老龄工作、创建文明社区、促进社会和谐和新农村建设的重要力量。

总之，老龄事业正处在不断加快发展的时期，新时期的老龄工作充满了挑战，但更多的是难得的机遇，我们一定要坚定信心，开拓进取，创造更加光辉的业绩。

谢谢大家！

在《中华人民共和国老年人权益保障法》修订研究高层论坛开幕式上的致辞

全国老龄工作委员会办公室常务副主任、中国老龄协会会长　李本公

（2007年8月21日）

各位来宾，女士们，先生们：

值此《中华人民共和国老年人权益保障法》（以下简称《老年法》）修订研究高层论坛开幕之际，我谨代表中国老龄协会，向出席会议的全国人大内司委、全国政协社法委、最高人民法院和国家部委有关部门的负责同志、向各位专家学者以及来自省、自治区、直辖市的老龄工作机构代表、向联合国人口基金和国际助老会的代表，表示衷心的感谢和热烈的欢迎！

本次论坛的主要内容是：从理论与实践的结合上，就加强老年人权益法制建设进行研究和探讨，提出《老年法》修订的意见和建议。在这个论坛上，来自10个省、区、市的老龄工作机构提供了关于老年法贯彻实施情况的报告，我们请来了有关专家就养老服务体系建设与立法、老年人的婚姻家庭权益、社会保障和司法保护等作专题发言，论坛还将就中国老龄协会课题组草拟的《老年法》修订专题研究提纲进行讨论。相信在大家的积极参与下，论坛一定会取得丰硕的成果。

1996年8月29日，《老年法》经第八届全国人大常委会第二十一次会议表决通过，于同年10月1日起实施。《老年法》是我国第一部发展老龄事业、保障老年人权益的专门法律。它的颁布实施，充分体现了国家对广大老年人的关怀，标志着我国老龄工作和老龄事业步入了法制化的发展轨道，对于推动老龄事业持续、健康、快速发展，对于依法保障老年人的各项合法权益发挥了重要作用。到目前，全国31个省、自治区、直辖市都出台了老年法实施办法或者老年人权益保护条例。

《老年法》颁布至今的十一年来，我国国民经济

快速发展，综合国力明显增强，社会事业显著进步，民主法制不断健全，各方面都取得了重要进展，为进一步提高广大老年人的物质文化生活水平，维护好、实现好、发展好老年人的合法权益奠定了良好的基础。同时，经济体制、社会结构、利益格局和人们的思想观念也发生着深刻变动，与《老年法》颁布之初相比，经济、政治、社会、文化等各方面条件发生了较大变化。老年人权益保障和老龄事业发展在取得长足进步的基础上也面临着一些新情况和新问题。主要表现在，人口老龄化快速发展，同时伴随老年人口高龄化、老年人家庭小型化和空巢化，老年人的社会保障和社会为老服务需求不断增长，老年群体的精神文化生活需要进一步丰富，参与社会发展的意识和要求进一步增强。我们也注意到，受社会一些不良文化和思想意识的影响，侵犯老年人人身、财产、婚姻等权益的情况日趋多样和复杂，等等。这些，为老年人权益保障提出了新的、更高的要求，需要从立法层面对新形势下加强老年人权益的保障做出回应。同时，一些重要法律以及与老年人权益关系密切的法规规章陆续出台或修订，各级各地在保障老年人权益的实践中积累了一些行之有效的、可以上升到立法层面的经验措施，国际社会在老龄领域的立法方面取得了很大进展。这些，都需要通过修订《老年法》来进行衔接，吸收借鉴和完善。

了解《老年法》的适用情况，推动《老年法》的修订工作，是中国老龄协会近几年的重点工作之一。近年来，我们进行了有关《老年法》贯彻执行情况的专题调研，提请并配合全国人大、全国政协开展了《老年法》的执法检查和老年维权工作视察，协调有关省份开展了《老年法》贯彻执行情况的评估并提出了修订《老年法》的意见和建议，比较详实地掌握了各地各级在贯彻执行《老年法》过程中取得的成效、积累的经验以及存在的问题。在此基础上，中国老龄协会还在联合国人口基金的支持下，立项开展了《老年法》的修订研究工作，拟就《老年法》的修订提出具体建议，供有关立法部门参考。

提交这次论坛讨论的“专题研究提纲”是我们对修订《老年法》的一些初步想法。我们将充分吸取与会各位领导、专家学者和实际部门工作同志的意见和建议，进一步修改、充实和完善。

2006 年十届全国人大常委会第二十四次会议表决通过了全国人大内司委关于第十届全国人大第四次会议主席团交付审议的议案审议结果的报告，同意启动《老年法》的修订程序。国务院已经将《老年法》的修订工作纳入 2007 年的立法计划，相信我们这次高层论坛必将对《老年法》的修订工作作出应有贡献。

最后，预祝高层论坛圆满成功。

谢谢大家！

在中国城乡老年人口状况追踪调查新闻发布会上的讲话

全国老龄工作委员会办公室常务副主任　李本公

（2007 年 12 月 17 日）

各位新闻界的朋友，女士们、先生们：

上午好！

欢迎大家参加今天的新闻发布会，感谢大家对中国老龄事业的关心和支持。下面，我向大家介绍一下中国城乡老年人口状况追踪调查项目的主要情况。

经民政部、国家统计局批准，在科技部科技基础性工作专项支持下，全国老龄办组织并委托中国老龄科学研究中心，在“2000 年中国城乡老年人口状况一次性抽样调查”的基础上，又一次在全国 20 个省、自治区、直辖市的范围内开展了城乡老年人口状况的追踪抽样调查。

本次调查的标准时点为 2006 年 6 月 1 日零时。调查对象分为两种，其中个人访问对象为居住在中华人民共和国境内的（不包括台湾省、香港特别行政区和澳门特别行政区）60 岁及以上的中国公民，共收回个人问卷的有效样本为 19947 份；社区调查对象为市（区县）、街道（乡镇）、居委会（社区、村委会）各级的老龄工作相关部门及老龄工作者，收回社区调查问卷2874份。本次调查按国家统计局2005年全国1%人口抽样调查中60岁以上老年人口数据加权处理后的结果，具有较高的科学性、可信性和代表性。这次调查与2000年中国城乡老年人口状况一次性抽样调查相衔接，在全面反映近年来我国城乡老年人口的基本状况、老年人养老保障与服务需求的变化情况、我国老龄工作发展状况的同时，还对比显示了我国城乡老年人口基本生活变化以及老年人养老保障和服务需求的变动趋势。调查较全面地反映了我国老龄事业发展现状和人口老龄化发展过程中出现的新问题，为党和政府研究制定经济社会发展规划以及相关的法律、法规提供了科学的决策依据，对于加强和改善从中央到地方的各级老龄工作，推动老龄事业的快速发展，具有重要的现实意义，必将发挥积极的作用。

本次调查显示，我国的老年人口规模及其社会人口学特征发生了显著变化。截至2006年6月1日，我国60岁及以上老年人口总数为14657万人（国家统计局公布到2006年底增长为14901万人），占总人口的比重也从2000年的10.2%提高到现在的11.3%。按城乡区域划分，城市老年人3856万人，占26.3%；农村老年人10801万人，占73.7%。按户籍分类，非农业老年人口4019万人，占27.5%，农业老年人口10619万人，占72.5%。按性别构成分类，男性为71，69万人，占48.9%；女性74，88万人，占51.1%。老年人口中，年龄结构的高龄化趋势愈益明显，80岁及以上的高龄人口从2000年的1199人万增长到目前的1619万人，增加了35.0%，占老年总人口的比例也从9.2%增至10.7%。老年人口的增多，使得全社会的老年扶养系数从2000年的15.7%增长到目前的16.4%。

本次调查表明，我国持续的经济增长和社会进步，使得老年群体收入水平和生活水平有了较大幅度的提高与改善。城市老年人享受退休金（养老金）的比例由2000年的69.1%上升到2006年的78.0%，年平均收入从7392元提高到11963元，增长了61.8%；同期老年人年收入低于当地最低生活保障线的比例由4.9%下降到3.5%；认为自己经济有保障的比例由74.7%上升到80.5%。农村老年人享受退休金（养老金）的比例由2000年的3.3%上升到2006年的4.8%，年平均现金收入同期从1651元提高到2722元，增长了64.9%；老年人年收入低于当地救助标准的比例同期由31.9%下降到23.9%。绝大多数老年人的基本生活不仅得到了切实保障，而且有了明显改善。

城乡老年人的医疗保障得到较大程度的改善。党和政府针对老年人看病难、看不起病的问题，通过建立和完善各类医疗保障制度、医疗救助制度和推进医疗卫生体制改革，很大程度上改善了老年人的医疗状况。2000年到2006年，城市老年人各种医疗保障的覆盖率从51.6%上升到74.1%；农村推行了新型合作医疗制度，老年人的基本医疗保障同期也从8.9%上升到44.7%。

城乡老年人的社会福利和社区服务不断发展。从2000年到2006年，城市老年人享受各种社会福利补贴和社会救助的比例由16.0%上升到19.3%，农村老年人则由15.0%上升到19.7%。城市老年人领取老年优待证并享受各种优待的比例由40.5%上升到63.9%，享受到各类特困救助的比例由1%上升到2.4%；农村老年人得到政府救助的比例也从5.4%提高到8.9%。城市社区为老服务快速发展，增加了老年人活动室和托老所，覆盖的老年人分别由51.2%和11.7%上升到70.8%和31.2%；很多城乡社区都设立了老年人运动健身场地，提高了覆盖率，城市由41.7%提高到64.5%，农村则由10.6%提高到18.4%。社区提供家政服务所覆盖的老年人比例，城市由45.6%提高到68.2%，农村由3.6%提高到6.8%；提供上门护理服务所覆盖的老年人比例，城市由36.0%提高到55.1%，农村由3.6%提高到8.2%。城乡老年人居住社区的为老服务设施进一步健全和规范，为老年人带来了更加方便快捷实惠的服务。

本次调查还显示出近年来老年人家庭结构的显著变化。2000—2006年，儿女不在身边和老年人愿意单独居住的家庭显著增加，城市地区的纯老户（空巢户）为49.7%（其中单身孤老户8.3%，夫妻户41.4%），与其他家庭成员一起居住的占50.3%；农村地区的纯老户（空巢户）38.3%（其中单身孤老户9.3%，夫妻户29.0%），与其他家庭成员一起居住的占61.7%。城市中老年人表示愿意与子女住在一起的仅为37.1%，而表示愿意入住养老机构的增长到16.1%，且表示平均每月能承担710元的住养费用；农村中表示愿意与子女住在一起的老年人占54.5%，而表示愿意入住养老机构的占15.2%，平均每月可承担121元的住养费用。

本次调查为加速发展老年人长期照料与护理服务事业提供了科学依据。2000年到2006年，我国城乡高龄老人和“空巢”老人急剧增多，完全失能的老年人由799万人增加到940万人，其中城市由154万人增加到194万人，农村由645万人增加到746万人；部分失能老年人同期由1461万人增加到1894万人，其中城市由 260 万人增加到 370 万人，农村由 1201 万人增加到 1524 万人。由此老年人日常生活需要专业护理和长期照料的比例大为提高，同期从 6.6%提升至 9.8%，其中城市由 8.0%升至 9.3%，农村由 6.2%升至 9.9%，家庭和社会对失能老人长期照料与护理的责任明显加重。城乡老年人愿意到养老机构长期住养的总量增加，调查测算，对机构养老床位的潜在需求量从 2000 年的 1821 万张上升到 2006 年的 2261 万张。但我国社会养老机构现有的床位数仅为 150 多万张，与此相差甚远，尚不及需求的 1/12。加速发展老年人的长期照料与护理服务事业已迫在眉睫。

总之，本次调查反映出我国养老保障制度还不能满足老年人口日益增长的物质文化生活需要，反映出我国为老服务供给和广大老年人服务照料需求不相适应。我们在看到我国老年人口基本状况不断改善，老龄事业不断发展的同时，也要看到日益严峻的人口老龄化趋势对经济社会发展带来的巨大压力。我们一定要全面贯彻落实党的十七大提出的“加快推进以改善民生为重点的社会建设”方针和“加强老龄工作”、“积极应对人口老龄化”的要求，制订和完善相应的法律、法规和政策，不断健全社会养老保障体系，切实解决老年人的养老和服务等实际问题，满足老年人日益增长的物质文化生活需要，确保老年人共享经济社会发展成果！

谢谢大家！

在全国老龄工作委员会第十一次联络员和信息员会议上的讲话

全国老龄工作委员会办公室常务副主任　李本公

（2007 年 12 月 21 日）

同志们：

首先，我要感谢各位联络员、信息员在年终岁尾的百忙之中出席这次会议。这次会议主要任务是，总结各个成员单位今年老龄工作情况，交流 2008 年工作计划，为筹备召开全国老龄工作委员会第十次全体会议做准备。刚才，各成员单位都发了言，大家讲的都很好，总结大家的发言，我认为有以下 3 个特点：

一是领导重视。中组部、民政部、劳动保障部等部门的党组多次传达学习中央领导同志关于老龄工作的重要讲话，并专题研究落实具体措施。许多部门的领导同志就贯彻落实九次会议精神多次作出批示。中直机关工委、中央国家机关工委、国家发展改革委、财政部、教育部、公安部、广电总局、体育总局、国家旅游局、解放军总政治部、全国妇联、团中央等成员单位从部门职责出发，结合贯彻落实《老龄事业“十一五”发展规划》，加强了对老龄工作的领导。

二是注重制定并落实政策措施。老龄委第九次全体会议召开以后，各部门积极研究政策，出台措施，及时制定了贯彻落实会议精神的工作计划。国家发展改革委重视老年长期照料服务制度建设的研究和探索，积极支持和推动爱心护理工程立项工作。劳动保障部进一步加强了企业退休人员社会化管理服务工作，对养老护理员标准和培训工作进行了部署。财政部与有关部门一起出台政策，确保企业离退休人员基本养老金按时足额发放。同时，继续加大资金投入力度，做好调整企业退休人员基本养老金水平工作，并继续向具有高级职称的企业退休科技人员和退休早、养老金偏低的人员等加以倾斜。劳动保障部、财政部等部门进一步完善了基本养老金正常调整机制，从明年 1 月起，进一步提高退休人员养老金。民政部、司法部等几个部委联合进行修订《中华人民共和国老年人权益保障法》（以下简称《老年法》）。卫生部进一步完善老年人医疗保障工作，继续完善新型农村合作医疗制度，研究建立城镇居民基本医疗保险制度，积极开展社区老年护理示范项目，加强老年病防治与研究。建设部积极推进老年服务基础设施建设和管理规范化、制度化，推动老年服务工程建设标准体系建设。人口计生委把老龄工作作为重要内容纳入统筹解决人口问题的总体战略，在试点的基础上继续完善农村部分计划生育家庭实行奖励扶助制度。司法部、公安部积极引导和推动律师、公证和基层法律服务机构及司法公安人员为维护老年人合法权益提供法律服务。解放军总政治部完善有关政策规定，加大离退休干部移交安置步伐，加强干休所全面建设。全国总工会等成员单位积极参与涉及老年人切身利益的社会保障法律法规政策的研究制定，在制定《社会保险法》和深化医药卫生体制改革工作中，积极维护老年人权益，为保障老年人的养老和医疗需求尽了最大努力。全国妇联研究提出了进一步加强老龄妇女工作的措施。

三是加强老年人的精神文化建设。中组部、中宣部、中直机关工委、中央国家机关工委、新闻出版总署等单位，把学习贯彻党的十七大精神作为今后一个时期加强老干部工作的重要任务，推动老干部活动中心和老年大学建设。中组部会同总政治部等单位，在老同志中开展“迎接党的十七大、纪念建军80周年知识竞赛”活动。国家民委在少数民族地区弘扬敬老传统，密切民族关系，对加强民族团结发挥了积极作用。教育部与其他五部委积极开展全国敬老爱老助老主题教育活动，在全国大中小学生中广泛开展敬老爱老助老活动。文化部组织了老年大合唱等丰富多彩的老年文体活动，广电总局组织中央电视台、中央人民广播电台为丰富老年人精神文化生活做了大量的专门报道。国家体育总局继续加大老年体育活动场地设施建设力度，同时，举办全国亿万老年人健身活动展示大会。国家旅游局会同有关部门积极探索老年旅游的特点、权益、安全等方面工作，积极推动老年旅游的发展。团中央进一步深化“志愿者为老服务金晖行动”，建立为老服务志愿者骨干队伍，营造敬老爱老助老的良好社会氛围。

因时间限制，只能进行简要的归纳，总的来看，各成员单位从老龄工作职责出发，积极工作，成效显著。各位联络员、信息员做了大量的协调和推动工作，对此，我代表全国老龄办表示衷心的感谢！

二、关于明年全国老龄工作的重点

下面，我向大家介绍一下全国老龄办明年的工作安排，以便于大家了解掌握，希望大家对老龄办工作一如既往地给予支持和配合。

2008年，全国老龄工作委员会的总体思路是：深入贯彻党的十七大精神，以邓小平理论和“三个代表”重要思想为指导，全面落实科学发展观，进一步落实第二次全国老龄工作会议精神和《中国老龄事业发展“十一五”规划》，促进建立健全老年社会保障制度，修订《老年法》，推进居家养老服务工作，推动“爱心护理工程”建设，求真务实，锐意进取，努力把老龄工作和老龄事业持续推向前进。

重点做好以下九个方面的工作：

（一）认真贯彻全国老龄工作委员会第十次全体会议精神。召开全国老龄工作委员会第十次全体会议。召开全国老龄办主任会议，传达贯彻全国老龄委第十次会议精神。召开全国老龄工作联络协调座谈会，总结交流各地联络协调工作经验。认真履行职能职责，协调督促各成员单位、各地做好各项老龄工作。

（二）促进建立健全老年社会保障制度。针对老年群体，尤其是城乡贫困、高龄、病残、空巢、失地等老年群体在养老、医疗方面遇到的突出问题，积极开展专题调研，为有关部门建立健全城市居民基本养老保险、农村居民养老保险、城市居民基本医疗保险、新型农村合作医疗制度、城乡居民最低生活保障等老年社会保障制度，提供政策建议和决策依据。发挥综合协调、督促检查的职能职责，推动社会保障体系的各项措施在落实过程中，照顾到老年群体的特殊情况和需求。

（三）修订《老年法》。协同有关部门，推动《老年法》的修订纳入第十一届全国人大立法工作规划。结合老年人权益保障需求和老龄事业发展中的新情况、新问题，围绕修法过程中遇到的重点、难点问题，开展专题调研。在广泛征求意见的基础上，年底完成上报《老年法》（修订草案）送审稿。

（四）推进居家养老服务工作。颁布实施《关于全面推进居家养老服务工作的意见》，推进各地探索和逐步形成适应本地经济社会发展状况和人口老龄化特点的居家养老服务模式。引导社会力量参与养老服务业发展，推动城乡基层为老服务资源的整合利用，向老年人提供不同层次、不同内容、满足不同需求的服务。

（五）推动“爱心护理工程”建设。推进“爱心护理工程建设规划”立项和实施。调研制定“爱心护理机构建设标准”、“爱心护理机构服务标准”和“老年人失能等级划分标准”等相关标准。以“老年长期照料服务”为重点，开展全国民办养老机构发展状况调研。

（六）强化老龄宣传工作。动员组织主流媒体和各方力量，努力扩大老龄工作的社会宣传。召开第二次全国老龄宣传工作会议。联合相关部门举办首届“老年艺术节”。继续在“重阳节”期间开展慰问贫困老年人活动。组织好“重阳节”系列宣传报道活动。加强老龄对外宣传工作。支持老龄报刊、出版、网络向大众化、专业化方向发展。

（七）启动全国老龄工作先进单位和先进个人评比活动。认真总结第一轮创建活动经验，按照广泛、深入、持久、规范的原则，创新工作思路，完善标准程序，启动全国老龄工作先进单位和先进个人评比活动，全面推动基层老龄工作的开展。

（八）加强国际交流与合作。积极履行国际义务，认真执行联合国《国际老龄行动计划》及《上海实施战略》。做好联合国人口基金和欧盟援华老龄项目工作，加强对基层项目点的指导和支持。拓展重点业务领域的国际交流。筹建亚洲老龄培训中心。

（九）进一步加强自身建设。认真学习领会党的十七大精神，增强做好老龄工作的责任感和使命感。巩固和发展先进性教育成果，加强自身思想建设、组织建设、作风建设、制度建设和反腐倡廉建设。以能力建设为核心，着力提高干部队伍的综合协调能力、学习研究能力和组织指导工作能力，推进学习型研究型和谐机关建设。

此外，做好启动人口老龄化战略研究的准备工作。组织开展基层老年人协会发展状况研究。进一步推动老年优待工作。做好老龄科研工作。继续开展敬老爱老助老主题教育活动。继续以“银龄援农”为主题，推动“银龄行动”向基层发展。

以上是老龄办明年工作的基本打算，希望大家多提建议，以利于我们更好地开展工作。

三、进一步加强老龄信息联络工作

刚刚闭幕的党的十七大围绕保障和改善民生提出一系列方针政策和制度措施。从老龄工作角度，我们领会到中央改善民生这一施政方针的伟大。随着这一系列政策、制度和措施的落实，可以说，解决老年群体遇到的突出问题，尤其是“老有所养”、“老有所医”的问题就有了制度保证。老龄工作方针政策的落实关键在各个成员单位，在座的各位重任在肩，发挥着重要作用。从刚才各位联络员、信息员汇报的情况看，各成员单位明年的工作目标、任务已经明确，这里面包含着大家的努力和心血，后面关键性的工作是狠抓落实。希望各位联络员、信息员继续创造性地开展工作。

一是希望大家牢记我们肩负的责任，各司其职，密切协作。全国老龄工作委员会由 26 个部委组成，既表明中央非常重视老龄工作，也说明老龄工作涉及面广，需要各个部门共同来做。从一定意义上讲，老龄工作做得好不好、老龄事业发展得快与慢，很大程度上取决于成员单位职能作用的发挥。因此，只要大家认识到位，各自职责范围内的老龄工作到位，并积极配合其他部门努力完成涉老方面的工作任务，就会进一步形成分工合作、齐抓共管的工作局面。

二是希望大家注重综合协调，当好参谋助手。各成员单位在总结工作，制定工作计划、出台为老年人办实事、办好事的政策措施等方面，经常涉及到本单位内部和成员单位之间等多个部门，有很多政策需要掌握，有很多信息需要沟通，有很多事情需要协调，各位联络员、信息员是本单位老龄工作的中坚和骨干，责任重大，离开各位的综合协调是不可能的。希望大家能够共同谋划发展老龄事业的大政方针，建言献策，成为领导决策的好帮手。

三是希望大家继续发挥桥梁纽带作用。各位联络员、信息员是老龄委办公室与成员单位沟通的桥梁和纽带，各位不但要和老龄委办公室及时沟通情况，交流信息，还要及时地把老龄委的指示精神和工作中遇到的新情况、新问题向部委领导汇报，以便各级领导对老龄工作作出妥善安排，统一认识，统一行动。老龄委办公室是为各成员单位服务的，我们会主动与各位沟通信息，保持密切联系，协商共事。需要我们办的事情，大家提出来，我们一定竭诚服务。希望我们紧密配合，共同开创 2008 年老龄工作的新局面。

同志们，今天出席会议的各位联络员、信息员，为老龄事业发展付出了心血，工作成绩有目共睹。我代表全国老龄委办公室再次向大家表示感谢，并祝愿各位在新的一年里，身体健康，工作顺利，家庭幸福，万事如意！

在公安部机关离退休干部新春座谈会上的讲话

公安部政治部主任 蔡安季

（2007年1月19日）

今天，在6个活动站老干部座谈会的基础上，请12位老干部党支部书记参加，召开新春老干部座谈会，再次听取各活动站老干部代表的意见，时间虽然不长，但效果很好。我听了同志们的发言，第一是受教育。老同志提出的一些意见非常好，是对公安事业和对在职同志们工作的关心支持，充分体现了老同志的赤诚之心和高风亮节。第二是很感动。老同志对部党委的工作给予高度评价，对部机关包括老干局所做的工作也给予了充分肯定。尽管我们的工作还有不尽人意之处，但老同志们都能充分谅解，令人非常感动。第三是很惭愧。老同志反映的问题，是我们应该做的，而且是应该快办的，但有的却需要三番五次反映后才办，这其中有客观原因，但更主要的还是主观原因。对此，作为分管领导，我深感工作没有做好，很惭愧。我和老干部局，还有各联席会成员单位及负责同志，都要深刻反思，认真总结，切实把各项工作做深做细做实。

下面，我向大家简要通报一下有关工作情况，并就如何做好今年的老干部工作提几点要求。

老干部工作是公安工作的重要组成部分，更是公安政治工作的重要组成部分。做好老干部工作，关系到党的老干部工作方针政策的落实，关系到和谐社会与和谐警营的构建。永康同志一直非常关心老干部工作，多次作出重要指示和批示。这与永康同志非常关注“民生”问题有关，更源于他对广大公安民警和老干部的深厚感情。去年以来，在部党委的领导下，在有关部门的大力支持下，部机关的老干部工作取得了较好成绩：一是坚持政治建警方针，老干部的思想政治建设和党支部建设得到新加强。二是坚持以人为本，提高老干部的政治、生活待遇工作取得新进展。三是坚持老有所乐、老有所为，在丰富文化生活、充分发挥老干部作用方面取得新进步。四是坚持加强自身建设，老干部工作人员的思想政治素质和业务能力取得新提高。老同志对老干部工作总体是满意的。但在肯定成绩的同时，我们也要清醒地看到，当前老干部工作仍然存在一些薄弱环节，一些工作在抓落实过程中还存在认识不到位、力度不够大等问题。在新的一年里，我们要发扬成绩，整改不足，尽最大努力把老干部工作做得更好。

第一，要进一步增强做好老干部工作的责任感和使命感。老干部是党和国家的宝贵财富，是公安机关的宝贵财富。老同志在职时为我们的事业发展打下了坚实的基础，离开工作岗位后，仍然继续关心支持我们的工作。可以说，尊重老干部，就是尊重历史；关心爱护老干部，就是关心爱护我们共同的事业。同时，每个人都有老的时候，老干部既是我们的过去，也是我们的现在，更是我们的将来。因此，做好老干部工作无论怎么强调都不过分。各有关单位一定要切实提高思想认识，自觉把老干部工作摆到重要位置、提上议事日程、作为大事来抓，认真贯彻落实党的老干部工作政策，真正做到政治上尊重老干部、思想上关心老干部、生活上照顾老干部。广大老干部工作者一定要牢固树立服务意识，切实加强思想政治建设和能力建设，积极主动地做好老干部工作，争当坚定理想信念、全心全意为老干部服务的模范，争当熟悉老干部工作政策、精通老干部工作业务的模范，争当发扬党的优良传统作风、弘扬中华民族美德的模范，推动老干部工作不断迈上新台阶。

第二，要高度重视、认真落实老同志提出的意见和要求。对各位老同志反映的问题，提出的要求，各有关单位要高度重视，狠抓落实，务求实效，防止发生“梗阻”现象，防止出现情况汇报不上去、工作落实不下来等问题。会后，各单位要把老同志的意见和要求集中起来，认真进行分析研究，尽快拿出切实可行的解决办法。凡是不违反政策，有条件解决的，都要按照中央关于老干部“政治待遇不变，生活待遇从优”的要求，本着“能快的不要慢，能早的不要迟，能多的不要少，能高的不要低”的原则，坚决迅速地落到实处。

第三，要切实加强老干部工作的制度建设。制度具有长期性和稳定性，做好老干部工作，既要靠各级干部的自身素质，更要把多年来积累的好经验好做法制度化，靠科学的制度来保证。一是健全信息沟通制度。只有加强沟通交流，才能增进了解；只有做好宣传解释，才能释疑解惑。这对做好老干部工作尤为重要，往往能取得事半功倍的效果。如有的老同志对未能及时安排参观新大楼、对工资改革问题不了解等有意见，都是因为缺乏沟通和宣传解释产生了不应有的误解。因此，要将信息沟通工作制度化，积极采取季度通气会、建立联系点和聘请老干部信息员等多种形式，加强与老干部的沟通交流。二是健全领导干部与老干部的联系制度。特别是要把领导干部定期召开老干部工作座谈会制度化，避免因人员变化而变动。今后，部领导的征求意见座谈会每年至少要开两次。年中开一次，充分听取意见；年底再开一次，既反馈解决问题的情况，又为老同志们祝贺新年。三是健全各项工作制度。如定期通报情况、传达文件、举办形势报告会等，都要通过制度的形式固定下来。还有老干部生活待遇、医疗保健、文体活动等方面的工作，也要由老干部局商联席会各成员单位，抓紧研究制定相关的制度规定，做到按制度办事。

最后，一年一度的新春佳节即将来临，在此我代表永康同志，代表部党委，也代表联席会成员单位向在座的老同志，并通过你们向全体离退休干部拜个早年，衷心祝愿大家身体健康，生活愉快，家庭幸福，万事如意！

在教育部老干部工作总结交流会上的讲话

教育部党组副书记、副部长　袁贵仁

（2007 年 11 月 28 日）

刚刚闭幕的党的十七大是在我国改革发展关键阶段召开的一次十分重要的大会。胡锦涛同志代表十六届中央委员会所作的报告，高举中国特色社会主义伟大旗帜，以邓小平理论和“三个代表”重要思想为指导，深入贯彻落实科学发展观，坚持改革开放和科学发展，注重民生和社会和谐，是我们党团结和带领全国各族人民坚定不移走中国特色社会主义道路、在新的历史起点上继续发展中国特色社会主义的政治宣言和行动纲领，是马克思主义的纲领性文献。胡锦涛同志在报告中，特别提到要尊老爱幼，老有所养，要加强老龄工作，全面做好离退休干部工作。这为我们进一步做好新时期高校老干部工作指明了前进方向，提出了明确的要求。

党中央历来十分重视老干部和老干部工作。2004年、2006 年，中央组织部等部委先后召开了全国老干部及老干部工作先进个人和先进集体表彰大会，胡锦涛总书记作出重要指示，曾庆红同志两度出席讲话。十七大邀请中央老领导出席大会，提出“三个永远铭记”，这些做法体现了中央对老干部的尊重，为我们带了好头。今年是党中央颁布《关于建立老干部退休制度的决定》25 周年，25 年来，特别是党的十六大以来，高等学校老干部工作取得了显著成绩。今天我们在这里召开会议，就是要认真总结交流经验，进一步推进高校老干部工作的开展和老龄事业的发展。这次会议的指导思想和主要任务是：深入学习贯彻党的十七大精神，以邓小平理论和“三个代表”重要思想为指导，深入贯彻落实科学发展观，按照十七大的部署和要求，总结交流老干部工作的经验和做法，研究分析新形势下出现的新情况新特点，找出存在的问题和不足，求真务实、开拓创新，努力使高等学校老干部工作迈上一个新台阶。大会安排 8 所学校作交流发言，有的经验和做法非常好，值得肯定和推广。下面，我讲三个问题。

一、以先进典型为榜样，认真分析形势，总结经验，进一步做好新时期老干部工作

高等学校老干部工作是学校工作的重要组成部分。长期以来，特别是党的十六大以来，高等学校老干部工作在党中央、国务院有关方针政策的指引下，在学校党委的领导和支持下，通过广大老干部工作者的辛勤努力，取得了长足发展和显著成绩，形成了

“围绕中心、服务大局”的良好风气和局面，涌现出一大批先进集体和先进个人。在去年全国老干部工作“双先”表彰大会上，全国老干部工作部门的107个集体和302名个人在会上受到表彰，我部推荐的浙江大学离退休工作处和东北大学离退休工作处党委书记冯跃兵、上海外国语大学离退休工作处处长陶进龙分别获得“全国老干部工作先进集体”和“全国优秀老干部工作者”、“全国先进老干部工作者”荣誉称号。他们是教育系统老干部工作队伍中的杰出代表，是我们广大老干部工作者学习的榜样。要认真学习、大力弘扬先进典型的模范事迹，立足本职、争先创优，努力在平凡的工作岗位上作出不平凡的工作业绩来。

随着经济社会的发展和人口老龄化进程的加快，高等学校离退休人员队伍不断壮大。据统计，目前教育部直属高校和直属单位的离退休人数已达15万人，其中离休干部12000余人。有的高校离退休人员与在职人员的比例接近1：1，其中相当一部分具有高级职称或担任过学校领导职务。整个队伍呈现层次高、知识密集、党员比例大和高龄空巢多的特点。

高等学校离退休老同志长期以来受党的培养和教育，在政治上、思想上与党中央保持一致，对社会主义理想信念坚定不移，对党的教育事业感情笃深。在长期的革命生涯中为我国社会主义革命、建设和改革开放事业，特别是教育改革发展事业辛勤工作、无私奉献，作出了重要贡献，是党和国家的宝贵财富，更是我们教育系统的宝贵财富。高等学校离退休老同志具有丰富的社会阅历和渊博的专业知识，具有较强的参与意识和独立思考能力，愿意为党和人民的事业继续发挥作用。2004年，中组部对全国老干部先进个人和先进离退休党支部进行表彰，清华大学郑用熙、天津大学印邦炎两位老教授被评为先进个人，武汉大学商学院离退休干部党支部被评为先进支部，在大会上受到表彰。他们是教育系统老同志的优秀代表，是广大干部教师学习的榜样。

为全面贯彻落实党的老干部工作政策，切实做好各项服务管理工作，部属高校现已拥有一支近千人的专职工作队伍。多数学校对离退休人员实行校系两级管理的工作模式，对离休干部实行集中管理和一线服务，并建立完善了相应的工作机制和规章制度，为老干部工作提供了强有力的组织保障。

当前，高等学校老干部和老干部工作受到重视；学校老龄事业健康发展；老同志队伍思想稳定、精神状态良好，为办好人民满意的教育和建设和谐社会继续发挥着积极作用。其主要做法和经验是：

（一）提高认识，切实加强对老干部工作的组织领导

老干部工作是干部人事工作的重要组成部分。各高校从改革发展、和谐稳定的大局出发，认真贯彻落实党中央、国务院关于老干部工作的方针政策，始终把离退休工作作为学校工作的重要组成部分，按照共产党员先进性建设的要求，以“六个老有”为目标，加强领导、倾力支持、规范管理、完善服务。绝大多数学校都成立了老干部工作（或离退休工作）领导小组等机构，党委书记担任组长，党政各一名分管领导任副组长，成员包括相关职能部门主要负责人，这样协调起来方便，有利于工作的开展。

各高校都采取切实措施，认真落实老干部政治和生活待遇，在政治上尊重老干部、思想上关心老干部、生活上照顾老干部。主要领导都十分注重定期向老同志通报情况和深入老同志中间听取意见建议。凡学校重大决策和涉及老同志切身利益的重大事项，学校都及时召开会议听取意见，帮助老同志们释疑解惑和解决具体问题。对老同志关心的阅文、补贴、房改、医改、活动场所建设、学校发展规划和年度工作情况等都适时听取老同志们的意见和建议。

（二）加强建设，着力提高老同志党支部的凝聚力和战斗力

近年来，各高校大力加强老同志党建和思想政治工作，充分发挥离退休党支部的政治核心作用，广泛联系老同志的桥梁纽带作用和抵御错误思潮及歪理邪说的战斗堡垒作用，取得明显成效。

一是加强组织建设，完善支部设置和强化支委会班子建设。近年来，不少高校先后进行了合并或重组，老同志人员结构、年龄结构和组织状况也发生了较大变化。离休干部人数渐少，年事趋高；退休人员逐年增多，居住地点更加分散，原有的组织方式和活动模式遇到一些新的情况。许多学校对此进行了积极探索，采取以片区为单位、进行离退混编、在职人员插编和选派在职联络员的方式，加强离退休党支部建设。同时，着力加强支委会班子建设，通过充分酝酿把党性强、作风好、威信高、身体健康、乐于为老同志服务的老党员选举出来担任支部书记；定期组织支部书记、支部委员培训学习，共同研究探索新时期离退休干部党支部工作的特点和规律，提高开展支部工作的水平和能力。建好支部，选好书记，对做好离退休干部工作至关重要。

二是加强思想建设，着重抓好政治理论和时事政策的学习教育。支部生活是老同志“老有所学”、“老有所教”的重要途径，是党组织思想建设的重要渠道。通过加强支部生活会，组织学习马列主义、毛泽

东思想、邓小平理论、“三个代表”重要思想和科学发展观；学习党的路线、方针、政策，学习新党章和有关法律法规。努力做到政治坚定、思想常新、理想永存、保持晚节。在学习安排上，紧密结合年度工作特点，如保持共产党员先进性教育、纪念抗日战争胜利60周年、中国共产党成立85周年、红军长征胜利70周年、社会主义新农村建设和迎接十七大、学习十七大等，组织开展专题学习讨论。为增强教育效果，还适时组织专题讲座、辅导报告和参观考察；有条件的学校还在内部网站上开辟专栏，使老同志支部的思想理论建设得到有效落实。

三是寓教于乐，寓教于帮，把思想政治工作与解决老同志实际困难相结合。(1) 通过加强服务和办实事，提高党支部的向心力和凝聚力，使老同志感受到组织的温暖，在思想上更加贴近支部。(2) 通过组织开展丰富多彩的文体活动和参观学习，提高离退休党支部的吸引力和亲和力，使老同志情趣高雅、眼界开阔、乐而忘忧、身心健康。(3) 通过弘扬科学、倡导文明，抵制错误思潮和不良风气，提高思想认识水平和辨别能力，增强离退休党支部的战斗力和号召力。无论是“非典”和禽流感时期，还是法轮功欺世盗名、蛊惑人心的时刻，离退休党支部始终发挥着重要作用，成为抗击天灾人祸的战斗堡垒。

(三) 扎实工作，全心全意为老同志服务

为老同志服好务是老干部工作的出发点和落脚点。长期以来，高等学校老干部工作队伍在为老同志服务方面做了大量深入细致和开创性的工作，服务意识、服务质量和服务水平明显提高，涌现出许许多多的像冯跃兵同志那样的雷锋式先进人物，受到广大老同志的普遍称赞和肯定。首先，大家积极主动做工作。事不分大小，时不分8小时内外，无论是“非典”时期顶着危险为老同志送医送药，还是为老同志办理后事过程中不分份内份外，只要需要，都全方位地主动去做。有些学校和单位还坚持24小时值班制度，实行全天候服务；有的采取巡诊、家访、探视的方式，对年高多病的老同志重点关照，为行动不便的老同志提供人性化、个性化的服务。其次，大家带着感情做工作。老同志是一个特殊的群体，从精神生活、思想交流和尊重理解等方面需要给予更多更细的关怀。许多学校的主要领导亲自带领工作人员走访慰问老同志。在逢年过节、生日喜庆时登门看望；在生病住院、病故送别时亲临现场；对年高体弱、长期不能参加集体活动的老同志，主动上门看望并与他们促膝谈心，倾听他们的意见和心声，使他们从内心深处感觉到组织的温暖和同志之间的温馨。第三，创造性地做工作。老干部工作具体繁琐，千头万绪，许多事情关乎老同志切身利益，必须认真对待，件件落实。为此，许多学校积极动脑筋、想办法，创新工作思路，提高工作效率，更好地做好各项服务。如：有的学校针对老同志行动不便、居住分散的特点，按照“四就近”的原则组织学习、服务、文体活动和发挥作用；有的学校充分利用现代化办公手段，通过网络视频、热线电话等加强与居住分散或异地安置的老同志沟通交流；有的积极发挥各活动站的作用，把重要的宣传教育活动内容做成音像制品送到各站点，使老同志既不会因为现场人数限制或一时不便而遗漏重要的学习内容，又减少了车马劳顿之苦；有的学校加强信息宣传工作，编印《工作简讯》、《学习园地》、《老年生活》等，使那些长期卧病、很少出门的老同志也能够及时了解情况、交流信息。

(四) 建立机制，切实解决老同志特殊困难和实际问题

高等学校整体而言，“老有所养”的问题已基本解决，不存在拖欠“两费”的问题。但老同志作为年高体弱的特殊群体，其物质基础和精神支柱，容易因为外部环境的影响而发生变化，特别是重大疾病、配偶亡故，以及空巢家庭的意外事故等很容易将一个幸福殷实的老同志家庭拖入困境。因此，各高校在认真落实老干部各项待遇、为老同志做好日常服务工作的同时，特别关注如何帮助他们切实解决特殊困难和问题。为确保离退休老同志生活待遇的落实，并随着改革发展而逐步提高，许多学校制定了相应的政策措施，包括：不断完善校内离退休人员生活补贴办法，使老同志共享学校改革发展成果，老有所养、乐享晚年；对离休老干部和高龄老人制定倾斜政策，从医疗救助、用药标准、资金支持和用车服务等方面予以特殊照顾，使病有所医、健康长寿；建立离退休老同志特困帮助机制，对家庭生活困难特别是因病致困的老同志进行专项特困补助，为无固定收入的离休干部配偶或遗孀办理医疗保险。同时对高龄空巢老人从多方位进行帮扶，如子女在国外的，通过网络等加强联系，落实其在国内的委托人或监护人；对无子女的，要求其财产继承人履行义务，并与继承人签订协议，落实监护和养老送终事宜；建立养老机构信息库，为有需求的老同志提供信息或组织参观等等。特事特办，扶病济困。通过这一系列措施和办法，特别是建立特困帮助机制，有效地缓解了老同志在看病就医等方面的困难和问题。目前，许多学校都安排筹集了一定的帮困经费，并制定了严格的管理使用办法，效果良好并受到老同志称道。

（五）充分发挥老同志的作用，组织开展丰富多彩的文体活动

曾庆红同志在全国老干部“双先”表彰大会上讲话指出，老同志从工作岗位上退下来以后，第一位的任务就是要保持身心健康，做到安度晚年、颐养天年、益寿延年。同时，要发挥老同志们在建设学习型政党、学习型社会中的参与和促进作用，在经济建设和科技进步中的服务和推动作用，在弘扬党的光荣传统、培养下一代上的示范和教育作用，在建设社会主义和谐社会中的参谋和助手作用。据此，一些学校邀请离退休老党员、老干部、老教师参与学校发展规划的制定，为学校建设发展建言献策；有些学校聘请老专家教授担任学术顾问或教学督导评估，为学校学科建设和教师队伍建设再作贡献；有些学校聘请老同志担任青年学生的心理辅导员、生活协管员、组织联络员，关心教育下一代。使他们在学校改革发展和学生思想政治教育中继续发挥作用。

同时，各高校充分发挥老年文体活动积极分子的作用，组织开展丰富多彩的文体活动，进一步丰富和活跃老同志的离退休生活。不少学校依托老年活动中心或老年大学成立了各种老年文体团队和兴趣小组，开展有益于老同志身心健康的文化体育活动。一些学校的老年文体队还具有相当高的专业水平，经常参与校内外比赛和演出，成为学校一道亮丽的风景线。有的学校定期组织老同志外出参观学习，举办文艺汇演、趣味运动会和春节联欢会等，深受老同志的欢迎。以老年活动中心为依托的老年大学也越办越红火，教学内容不断丰富，教学质量不断提高，办学条件不断改善，办学规模也越来越大。一些学校的老年大学从最初的几个班到现在每学期十几个班甚至几十个班，吸引了大批老同志前来学习。其中有不少学员是 80 岁高龄的老人，他们长期坚持并十分认真地参加学习活动，其刻苦的学习精神和严谨的治学态度不仅感动了任课老师，也深深教育了校园里的青年学子。

通过组建一个个兴趣小组和组织开展一系列文体活动，一批老年文体骨干应运而生，成为老同志自我管理、自我服务、自我教育的中坚力量，并影响和带动一大批文体活动积极分子。一些兴趣小组的负责人定期与学校离退休工作部门联络沟通、反映情况，争取支持；离退休工作部门也经常召集团队负责人商议工作，听取意见，帮助他们解决具体困难和问题，从而使各类文体团队能够良性发展，真正成为老同志们发展兴趣、愉悦身心、舒发情怀、乐享天年的快乐大本营。

（六）加强队伍和制度建设，不断提高服务管理水平

老干部工作队伍是做好老同志服务管理工作的基本力量。各高校从实际出发，采取切实措施强化队伍建设，着力打造一支“政治上靠得住、工作上有本事、作风上过得硬、老同志信得过”的老干部工作队伍。首先，通过学习培训，逐步提高现有干部队伍的素质和水平，更好地适应新形势下高校老干部工作的需要。其次，通过调整充实和提高准入门槛，改善干部队伍年龄结构和知识结构，为老干部工作队伍增添新的生机和活力。第三，通过加强思想政治工作和党风廉政建设，进一步提高干部队伍的思想觉悟和工作积极性，形成了特别能吃苦、特别能奉献、积极向上、努力进取的良好风气。第四，通过办实事，为老干部工作队伍解决后顾之忧，在为老同志服务奉献过程中同样感受到受教育、被关怀的幸福和快乐。目前，各高校老干部工作部门的吸引力和影响力不断增强，老干部工作队伍的精神面貌和整体素质不断提高，有的学校通过校内统一竞聘上岗充实干部队伍，平均年龄大幅下降，文化程度逐年提升，具有大专以上文化程度的年轻干部包括硕士博士毕业生陆续进入这支队伍，有力促进了老干部工作队伍建设。老干部工作队伍建设好不好，关键在书记、校长的重视与支持，把它摆在学校工作的重要位置。

加强制度建设是做好老干部工作的又一个重要保障。各高校以保持共产党员先进性教育为契机，大力加强制度建设和规范化管理，建立健全了各项规章制度，管理水平明显提高，为形成努力工作、争先创优的长效机制奠定了基础。一些高校老干部工作部门认真进行总结探索，对常规工作与突发事件；重点工作与难点工作；共性问题和个性问题进行科学分类，按照轻重缓急，分门别类进行处理，工作效率大大提高。

通过长期实践积累和积极探索，高等学校基本形成了一套适合老同志特点的有效的工作经验和做法。(1) 全面落实党的老干部工作方针政策，重视和加强对老干部工作的领导；(2) 以党支部建设为重点，大力加强老同志党建和思想政治工作；(3) 以人为本，求真务实，扎实做好为老同志服务的各项工作；(4) 搭建平台，创造条件，充分发挥老同志在建设和谐社会、和谐校园中的作用；(5) 着力加强老干部工作队伍建设，不断提高干部队伍的素质、能力和水平；(6) 与时俱进，创新工作，努力开创老干部工作新局面，等等。

这些年来，高校老干部工作确实取得了显著的成

绩，但按照新形势新要求来衡量就不难发现，我们的工作仍然存在一些问题和不足。一方面，随着社会的发展、改革的深化和离退休人员结构、年龄结构的变化，我们的老干部工作面临许多新的情况和新的问题，一些现行的办法已无法完全适应和覆盖，如社会保障问题等。另一方面，在我们的实际工作中也存在不符合、不到位、不适应、不平衡的问题。一些学校还重视不够，投入不足，特别是老同志活动设施、场地建设和活动经费不足，难以满足高校老干部工作和老龄事业发展的需要；一些单位离退休工作部门和队伍建设得不到足够的重视，工作人员年龄偏大、结构不合理，有的人员素质有待提高，等等。要进一步提高认识，加强领导，明确责任，确保高校老干部工作取得新的更大成绩。

二、以“六个老有”为目标，积极研究探索新的情况和问题，引导老同志在和谐社会建设和办好人民满意的教育实践中再立新功

人口老龄化是21世纪人类面临的共同课题，世界各国都从本国的实际出发制定了相应的应对措施和办法。我国更是面临人口老龄化和计划生育的双重考验，因此形势和任务更加紧迫，挑战更为严峻。我们必须针对新形势下出现的新情况新问题，加强研究探索，创新思路，积极应对，努力实现“老有所养、老有所医、老有所教、老有所学、老有所为、老有所乐”。

（一）积极探索“老有所养”与“老有所为”有机结合的途径和方式，努力实现积极老龄化

“老有所养”和“老有所医”是离退休工作的基本内容和重要基础；“老有所教”和“老有所学”是老同志继续融入社会、与时俱进和“政治坚定、思想常新、理想永存”的重要渠道和措施；“老有所乐”和“老有所为”是积极老龄化、健康老龄化的重要内容，是经济社会发展到一定阶段的必然要求。

2005年，中组部等八部委联合发出《关于进一步发挥离退休专业技术人员作用的意见》（中办〔2005〕9号），对进一步发挥离退休老同志的作用提出要求。去年，全国老干部工作“双先”表彰会也明确提出，要坚持把“老有所养”同“老有所为”更好地结合起来，引导广大老干部以实际行动为党和国家事业的发展继续作出力所能及的新贡献。“老有所为”是积极的“老有所养”。这对我们深入思考“老有所养”和“老有所为”问题、进一步做好新时期老干部工作提出了新的思路和视角。

高校离退休老同志长期奋斗在教学、科研和学校管理工作第一线，政治敏锐、思想活跃、积累了丰富的实践经验和专业知识，具有良好的组织动员和宣传表达能力，以及可贵的奉献精神，是学校建设发展的宝贵资源。学校的名气和地位与他们有关，学校名气越大、历史越久，老同志人数就越多。他们中间多数人身体状况良好，一些60多岁刚退休的老同志正是出大成果的时候，而且他们真心希望能继续发挥作用。因此在高校做到“老有所养”与“老有所为”有机结合既是必要的也是可能的。一些高校组织老同志党员担任大学生的形势政策宣讲员、理论学习辅导员、党员发展组织员，深受大学生欢迎，老同志也乐在其中，精神焕发，取得很好的效果，值得学习和效法。各高校党政领导及老干部工作部门要积极创造条件，搭建平台，在弘扬党的优良传统、加强大学生思想政治教育、关心下一代、学科建设、教学指导、建设创新型国家等方面为老同志发挥作用提供支持和方便。使老同志在奉献和有为中感受快乐，体现价值，益寿延年，从而促进老有所养，真正实现积极老龄化。同时，要积极研究探索高校离退休老同志为社会发展服务面临的新情况和新问题，配合全国老龄办积极推进智力援助西部的“银龄行动”，为全面建设小康社会作贡献。

（二）大力加强老同志活动场地建设，切实改善老同志学习、活动等方面的条件

胡锦涛同志在十七大报告中指出，要使人民基本文化权益得到更好保障，使社会文化生活更加丰富多彩，使人民精神风貌更加昂扬向上。高等学校老年活动中心是离退休老同志精神文明建设的重要载体，是老同志交流思想、联络感情、学习健身，落实“老有所教、老有所学、老有所乐”的重要场所。老同志离开工作岗位以后，集体活动和社会交往逐渐减少，长期的工作和生活习惯使他们对政治理论学习和精神文化生活格外看重，对集体活动和思想交流重视有加，与老朋友、老同事一起活动和见面交流成为他们日常生活的重要组成部分；高校离退休老同志文化层次普遍较高，所表现出来的兴趣爱好对环境和场地设施也有一定要求。因此，加强高校老同志活动场地建设，对满足老同志精神文化生活需求、提高老同志生活质量、建设和谐校园具有十分重要的现实意义。

目前，教育部所属各高校都建有不同规模和条件的老年活动中心。但总的来说，活动中心建设还不能满足老同志日益增长的精神文化生活的需要。各校在活动中心的建设、管理和发挥作用方面发展也很不平衡。有的学校重视不够，投入不足，场地缺乏，设施陈旧；有的制度不健全，管理不到位，活动没特色，吸引不了广大老同志前来参加活动。

当前高校正处于新的建设发展期，各高校领导一定要站在落实老干部政策、保障老同志基本文化权益、建设和谐文化的高度来认识这个问题，要高度重视和大力加强高校老年活动中心建设，将老年活动中心建设纳入学校发展的总体规划同步考虑实施。

要进一步加强活动中心条件和设施建设，增加投入，建立正常的经费支持保障机制，加强管理，配备相应人员和设备设施。要进一步发挥好高校老年活动中心的作用，组织开展丰富多彩的文体活动，吸引更多老同志参加活动。同时，着力培养有一定特长、热心为老同志服务的老年文体骨干，使之成为老干部工作的又一支重要力量。

（三）进一步建立完善校内保障机制，确保老同志物质文化生活水平随着改革发展而不断提高

胡锦涛同志在十七大报告中强调："发展为了人民、发展依靠人民、发展成果由人民共享。"深刻阐明了"成果共享"的政治主张。这对老龄问题研究、老龄政策制定和进一步做好新时期离退休干部工作都有十分重要的指导意义。

确保老同志共享改革发展成果是我们老干部工作题中应有之义，也是和谐社会建设和"六个老有"工作目标所含盖的重要内容。对高校离退休老同志来说，"共享"是多方面的，不仅体现在生活补贴费上，老有所养、老有所医、老有所教、老有所学、老有所为、老有所乐及特困帮扶、活动中心建设、无障碍设施建设和校园环境美化等各方面都包含"共享"的内容。发展是"共享"的基础，发展是一个历史的过程，是几代人共同努力的结果，我们任何时候都不能忘记老同志们的历史贡献。学校在制定发展规划、生活补贴和福利措施时要充分考虑离退休老同志的实际情况，要使我们老同志物质和精神文化生活水平随着学校的改革发展而不断提高，使我们老同志"共享"改革发展的成果落到实处，这是总的原则和要求。当然，"共享"也要从实际出发，实事求是，统筹考虑在职人员与离退休人员的切身利益，正确处理改革发展稳定的关系，建立健全可持续发展的"共享"机制，真正实现公平公正、和谐发展。

三、以科学发展观为指导，进一步提高认识，加强建设，全面做好离退休干部工作

胡锦涛同志在十七大报告中明确提出，要"全面做好离退休干部工作"，现在关键是如何进一步落实好。一是"做好"，一是"全面"，"做好"是质量要求，"全面"是内容要求，就是说，该做的要做，而且要做好。我们必须以科学发展观为指导，把老干部工作纳入学校工作的总体规划，统筹安排，认真实施，确保政策措施落到实处和学校老龄事业全面、协调、可持续发展。

（一）立足全局，统筹协调，进一步加强对老干部工作的领导

高校老干部工作作为学校整体工作的一部分，处于"不是中心却能牵动中心，不是大局却能影响大局"的特殊地位。一定要从落实科学发展观、维护改革发展稳定大局的高度来认识这项工作；从关爱党和国家的宝贵财富、呵护学校发展资源的角度来部署这项工作；从以人为本、关心老同志的今天就是关心自己的明天的思路来对待这项工作。要进一步加强对老干部工作的领导，将其列入学校工作的重要议事日程，并作为学校领导班子和领导干部考核的重要内容；学校党政主要负责人要亲自挂帅和主动过问老干部工作，安排专门的时间听取职能部门的工作汇报、研究解决具体困难和问题；分管领导要经常深入老干部工作部门，了解情况，指导工作，做到对老干部队伍和老干部工作情况心中有数；领导班子成员要分工联系老同志，联系老同志支部，定期走访慰问，听取他们的意见和建议。要舍得在老同志身上花点钱。

高校老干部工作是一项系统工程，涉及到学校组织、人事、财务、后勤、医疗卫生及原所在的院系等多个部门，单靠老干部工作部门是很难做好的。要在学校党委统一领导下，形成有关部门共同参与、齐抓共管的工作局面；各部门在出台相关政策和部署工作时要充分考虑老同志的情况，并事先与老干部工作部门沟通。老干部工作部门作为职能部门，要全力以赴做好各项服务管理工作，让离退休老同志满意，让学校领导放心；要主动向有关领导和主管部门汇报情况，争取支持，同时积极保持与各相关部门的协调配合，共同做好老干部工作。

（二）以人为本，求真务实，进一步做好为老同志服务的各项工作

随着高校离退休人员的增多，特别是空巢、多病老人的增加和离休干部整体进入"双高期"，老同志对生活服务性工作提出更高的希望和要求。以人为本，求真务实，扎实服务，是我部高校离退休工作部门的理念和宗旨，也是我们这支队伍的传统和优势。老干部工作要做实事，不能有任何的官僚主义和形式主义，做一件实事可能比作十次报告都管用。

要继续发扬中华民族敬老、爱老、助老的优良传统，认真落实党的老干部工作方针政策，深入做好为老同志服务的各项工作。国家政策有明确规定的，要认真执行；没有政策规定的特殊问题，要从实际出发，分别情况，个案处理，防止简单化。针对老同志

年事已高，急症重病不断增多的情况，要进一步加强医疗保健和生活服务工作。当前，要充分利用高校医疗卫生资源，突出解决老同志看病难、不方便的问题，努力使老同志们保持较好的生活质量，做到身心健康。

要适应新形势的发展和高校老同志的特点，进一步提升服务品质和内涵。要加强对老同志心理和精神层面的服务，注重人文关怀和个性化服务；要帮助新退休的同志顺利实现向退休生活的过渡和角色转换，鼓励他们在可能的情况下继续发挥作用；要增加和拓宽老同志之间、老同志与工作人员、与社会之间交流沟通的渠道，引导老同志学习新知识，掌握新方法，发展兴趣，开阔视野；要运用现代化手段，努力提高服务质量和工作效率。

要创新工作思路，积极探索单位服务与社会服务的有机结合，形成单位、社区、家庭多方关照、协同服务的良好局面。“依托社区，居家养老”是今后我国养老服务的发展趋势，这不仅符合我国的传统文化和现代家庭特点，也与经济社会发展水平相适应。高校要继续做好各项服务管理工作，对离退休老同志尽心尽力，尽职尽责。对现有家属区服务点可协助其完善为老服务功能，开展看护照料、精神慰藉、家务帮助等多种形式的服务。积极探索建立学校、社区和家庭联动机制，不断深化高校离退休干部工作，以适应老龄社会发展的新形势与新需求。

（三）加强队伍建设，为老干部工作健康发展提供组织保障

高等学校离退休工作队伍是学校干部教师队伍的重要组成部分，是做好学校老干部工作的主要力量。新的时期，离退休工作面临许多新的情况和特点，对离退休工作人员提出了新的更高的要求。

1. 要进一步加强学习，不断提高老干部工作队伍政策理论和业务水平。老干部工作是一项政策性很强的工作，面对的大多是经验丰富、知识渊博的老同志，如果我们的工作人员不加强学习，就很难做到与老同志进行良好沟通，顺利完成各项任务；很难跟上学习型社会和知识经济时代的发展步伐，提出新的工作思路和举措，进行工作创新。必须认真学习邓小平理论和“三个代表”重要思想，认真学习科学发展观等重大战略思想；刻苦学习科学文化知识和具有时代意义的新思想、新观念、新理论、新知识；努力学习党的老干部工作方针政策和现代管理学、老年心理学等业务知识，不断开拓高校老干部工作的新局面。

2. 要切实加强能力建设，不断提高老干部工作队伍服务管理水平。老干部工作也是一项实践性很强的工作，头绪多，任务重，涉及到学校工作的方方面面，如果不能统筹考虑，科学安排，就很可能陷于疲于奔命、被动应付的局面。要通过学习培训和实践锻炼，切实加强干部队伍的自身建设，努力提高工作队伍的能力和水平，特别是政策运用能力、服务管理能力、综合协调能力和开拓创新能力，不断提高为老同志服务的效率和水平。

3. 要进一步转变作风，牢固树立全心全意为老同志服务的思想观念。老干部工作又是一项服务性很强的工作，除了大量的日常服务工作，还要经常与医院、殡仪馆打交道，按照世俗的眼光来看既不风光，更不荣耀。因此，我们的干部队伍要能够正确处理苦与乐、名与利、得与失的关系，弘扬淡薄名利、默默奉献的思想作风和精神境界；要情系老同志、真心实意为老同志办实事、谋实利，并积极探索新特点新规律，针对深化改革中出现的新情况新问题，进行调查研究，及时提出新建议新办法，提倡求真务实，开拓创新的工作作风和进取精神。

要进一步加强高校老干部工作的组织机构建设。要健全机构，配好人员，保证必要的条件设施；要关心老干部工作人员的进步和成长，在干部录用、培训、提拔使用、岗位交流和职称评定方面一定要有政策倾斜，同等情况下优先考虑老干部工作人员的晋职晋级和提拔使用，使他们进得来、长得大、出得去；要充分利用高校的学科资源加强培训工作，采取多种方式提高老干部工作人员的素质和水平；要以事业留人、感情留人、适当的待遇留人，帮助他们解决工作和生活中遇到的实际困难和问题，保持队伍的相对稳定和适当交流。

（四）着眼长远，科学谋划，进一步加强老年学科专业建设，确保老龄事业可持续发展

老干部工作和老龄工作是一门科学。在高等学校开设老年学等相关专业，是我国着眼长远、积极应对人口老龄化发展的重要举措，是我部作为全国老龄办成员单位的职责之一。要进一步加强高等学校老年学科专业建设，逐步完善课程设置，积极探索教学改革，促进有条件的高校继续开设老年学等相关专业，为社会培养更多的老龄工作方面的高级专门人才。目前，中国人民大学、清华大学、北京大学等高校先后开设了老年学、老年心理学、老年护理学等专业，招收了硕士和博士研究生，首批学员已经毕业并受到社会欢迎。同时要进一步加强对老干部工作和老龄工作的调查研究，可以组织校际之间、区域之间的参观学习，互相启发，取长补短，共同探讨老龄问题；要加强为老服务工作队伍的职业培训，强化服务意识和职

业道德，更好地把握新时期老年群体以及老干部工作和老龄工作的特点和规律，以增强工作的前瞻性、主动性、针对性和创造性，为老年人提供科学化、人性化、个性化和现代化的服务，进一步提高老干部工作和老龄工作的水平和成效。

要积极为老年人办实事，努力营造敬老、爱老、助老的良好社会风气。青少年是民族的希望、祖国的未来，加强对他们进行敬老、爱老、助老中华传统美德教育，是学校思想道德建设和德育的重要内容。要继续配合全国老龄办等部委深入开展敬老、爱老、助老主题教育活动，鼓励青少年学生读敬老书、做敬老事、写敬老文、当敬老人。要结合普法教育和德育教学，大力宣传《中华人民共和国老年人权益保障法》，培养青少年学生维护老年人权益的法律意识和敬老爱老助老的良好道德情操。

同志们，我们要在党的十七大精神指引下，以先进典型为榜样，进一步总结经验，提高认识，强化服务，开拓进取，全面做好教育系统离退休干部工作，为建设社会主义和谐社会、和谐校园、办好人民满意的教育作出新的更大的贡献。

在（北京市）市老龄委第十次全体会议上的讲话

北京市副市长　丁向阳

（2007年4月20日）

同志们：

今天这个会议很重要，也很有意义。刚才，劳动、卫生、文化、司法、体育、农委等几个成员单位汇报了老龄工作的开展情况，谈了本部门对2007年老龄工作的打算。赵义同志代表市老龄委部署了2007年全市的工作，其他同志也提出了不少好的意见和建议，讲得都很好，我都同意。在座的都是老龄委组成部门的领导，应该发挥各自职能，把工作做好。我不再多讲。我主要讲一下当前北京市老龄工作面临的挑战和近几年的主要工作。

一、我市老龄面临的挑战

从人均GDP看，我市人均GDP已达6000美金，达到了中等发达国家水平，老龄工作、为老龄服务是否也赶上国际水平了？是否也赶上这样一个阶段的水平了？另外，我们与上海、与天津、与其他省市相比，我们是落后了还是超前了，还是处在中游？大家对这个应该有一个认识，如果没有认识，就不知道从哪里着手，就无的放矢。目前，全市60岁以上的老年人已达236万人，其中70岁以上近50%，再加上0至14岁的，这两部分人口已占总人口的30%了，而且老龄化形势还在发展，尽管与2000年比，儿童和老年人的比例下降了两个百分点，但是北京整个老龄化的进程还在继续加快。特点是高龄人口在增加，80岁以上的老年人在增加，他们需要帮助，需要救助，这都是需要我们做工作的。那么，我们北京市面临的困难和挑战是什么？主要有以下几个：

（一）社会养老保障体系还不够完备

城市养老保障体系还需要进一步完善。城市养老保障体系已经建立，这几年民政局和各个职能部门都做了大量的工作，投入很多的精力，应该说尽到了责任，尽了义务。但是在政策体系建设方面还存在差距，城市养老保障体系还不完善，还有缺失，比如70岁、80岁以上老人，以及社区有残疾家庭、丧偶老年人，生活不能自理的老年人，我们应该如何针对他们不同需求，分别提供什么样的服务，各个职能部门的政策是否到位了，措施是否到位了，目前看来还不够完善，需要进一步完善。农村养老保障体系建设相对滞后。农村养老问题比较严峻，很多问题需要政府出面去帮助。包括老年人的维权，包括老年人在家庭、在社会中的地位，包括他们的健康，也包括老年人的精神需求。贫困老年人的救助制度还不到位，现有高龄特困老人救助水平较低，老年人的养老补贴制度尚未建立。医疗保障水平不足以满足老年人的需求，老年人因病致贫和因病返贫现象还在发生，现在就在发生。

（二）为老服务体系还没有完全建立

为老龄服务体系是国务院转发民政部的一个意见中提出的。现在高龄、病残老人增多，纯老年人家庭增加，家庭照料资源和社会照料服务不足的问题日益突出。这个问题，一个是靠政府出面帮助，另一个是调动社会的力量，慈善事业，爱心救助都需要整合进来，尽管现在一些区县推出了代金券，为老年人购买服务，但是政府的触角依然到不了家庭，这都需要社会力量来帮助我们政府一起来做。这个问题值得民政局、老龄委和各个部门认真考虑。养老服务社会化基础还较薄弱，社会化养老服务政策亟待完善。在慈善事业上，我们要向发达国家和地区学习，研究出台一些政策吸引社会资金投向慈善事业。

（三）老龄事业发展城乡差异很大

农村人均收入仅是城市的一半，城市19000元，农村仅8620元。这就需要政府转移支付，这些东西需要各个部门抓紧研究，因为马上就要研究明年的预算了，在明年预算出来之前需要民政局、老龄委、各个职能部门尽早地提出这些公共服务，特别是为老年人服务政策支持的标准，和具体的一些目标、要求。

（四）老年福利政策还不能适应向适度普惠型转变

我们现在的政策是针对一些个别人、个别家庭、个别老人，向普惠型发展是我们的方向和目标。总的政策要求是“全覆盖，分步走”。

（五）在舆论宣传上在全民不能形成全民共识

老年人在个别家庭受到虐待、受到歧视，还不能享受到家庭的幸福，需要我们社会的帮助，需要社会的救助，特别是在农村这个社会现象比较严重。

二、当前的主要工作

老年人是我们的前辈，曾经在我们的革命和经济建设中做出重要贡献，我们是从他们手中接过接力棒的，是站在他们肩膀上看世界、看未来的，今天的一切发展成果都是他们打下的基础。现在他们到了晚年，为他们提供保障，做好服务是我们义不容辞的责任和义务。这是一个大的社会责任，但要由我们去完成，因此我们要从政治和社会的高度完成好这个任务。这个靠谁去完成，就靠我们老龄委各个职能部门，我们做了一点事都会产生巨大效果，这是老龄工作的要求，也我们的义务，今年要做好四个方面的工作。

（一）建立完善政策体系

包括养老保障体系，医疗保障体系，养老服务体系，老龄政策的法规研究，老龄事业投入和社会资源进入方面的政策。将来一切制度出台后，要用法规的体制把它确定下来，用它来保障各个职能部门依法行政。另外，老龄事业的投入，每年公共事业要拿出多少钱来用于养老事业，哪些是靠社会来投入，哪些是靠政府必须投入，社会资源的介入，社会资本如何进入到养老事业中来，这需要我们研究办法，没有这方面的政策，想吸引社会资本进来是根本不可能的。

（二）统筹城乡养老制度

在城市主要是完善现有的制度，把有缺失的地方补上，把已经实行了的一些政策，要研究如何提升和完善它。农村主要是在考虑跟城市统筹的基础上，提出农村在家庭养老方面的政策措施。

（三）突出重点工作

一是在“爱心护理工程”方面有所突破。从局部区域、区县向全社会覆盖，把“爱心护理工程”开动起来，这需要在社区建设中把它完善。政策标准的提出需要民政局来提出，各个职能部门来配合，将来社区在公共卫生领域、服务方面，要把职能明确好，使常见病、慢性病和出诊在社区；为老服务方面，我们将推出家庭医生，由社区的全科医生、保健医生和护士构成的家庭服务团队，为老年人上门服务，减少社会成本，为家庭提供方便，还有一个家庭护理，家有病残老人，生活不能自理的，民政局将来发代金券购买服务，这就是政府的财政支付转移，还有其他服务都要通过这种形式，这是“家庭为老龄服务”的大概念。

二是集中养老设施建设。根据问卷调查，现在70%多的老人愿意在家养老。还有10%～20%的老人愿意集中养老，集中养老有医疗服务，有文化服务，还有日常生活的服务，但我们设施不够。解决这个矛盾有两个办法：一个是政府出资建一批，一个是社会投资建一批。社会投资实行特许经营，在政策上可以支持，在土地的价格上、在将来的补助上、在免税方面将提供跟政府的公益性养老设施同样的政策标准，特许经营可以是20年或30年。规委在规划这些养老设施时需要土地、财政、发改等其他部门的大力支持。

三是出台一个意见。就是北京市关于支持老龄事业发展的一个意见，这里面多是一些政策性的意见，包括集中养老设施建设，还有其他养老设施的一些规范、标准、要求和目标，在这个意见中都要集中体现出来，今年要先出台，有不当的地方明年再完善。只要能充分调动政府和社会资源，我们一定能上一个台阶，一定能迈一大步。

四是制定敬老爱老助老的措施。老年人的体育健身、看病就医、文化娱乐、婚丧嫁娶这些系统性的措施要研究出台。坐车，进公园、图书馆、博物馆等有什么优待，都要有明确的政策，能考虑到的全考虑到，各职能部门都要从自己的工作出发，提出政策建议，最后由政府决定。

五是搞好全民爱老教育活动。今年九九重阳节，要从观念上有个突破，让媒体帮助一下，大力宣传一些百岁老人的家庭，介绍他们是怎样保持健康的，他的家庭是一个怎么样的和谐家庭，只有家庭和谐了才能保证他身心健康，才能保证他长寿，从而宣传我们中华民族尊老爱老的美好传统，也让我们这年轻人向他们学习，人家是怎样孝敬老人的，让老人活到一百岁，其他一系列的宣传都应该是这样的。全市有300多个百岁老人，要在重阳节到来之前就开始宣传一批，要构建和谐社会，大力宣传这些和睦、和谐的家庭，也是构建我们和谐社会的一部分，也是我们为老龄服务的一部分。要让全社会学一学他们的孩子是如何孝敬老人的。敬老爱老是社会的责任和义务，大家都要从我做起，不管是谁。今年在宣传上要有一些措施和办法，单在宣传上还不够，还需要形成社会的共识。即敬老爱老既是责任也是义务，是中华文明的构成。

（四）制定阶段发展目标

就是按“十一五”规划来做，有的能提前做一做就提前做，不能提前做就按计划做，这就要求我们根据目前的财政情况和各个部门的计划来定。

总之，老龄工作是一项很有意义的工作，需要大家来完成，单靠民政局或老龄委一个部门做不起来，我希望今天的会议，大家回去之后跟主要领导汇报汇报，把我刚才讲的这四个方面跟主要领导说一说，然后把今年的工作按照赵义讲的把它做好。

在（天津市）全市农村社区老龄工作推动会上的讲话

天津市老龄委办公室主任　王崇喜

（2007 年 7 月 10 日）

同志们：

今天我们召集全市有农村的区县同志开会，专题研究如何推动农村社区老龄工作问题，交流这方面的工作经验。刚才，大家听了西青区老龄委开展老龄工作的汇报，还听了西青区中北镇、中北镇中北斜村，武清区曹子里乡小高口村，宁河县潘庄镇杨建村等“一镇三村”的经验介绍。他们的做法和经验非常朴实、非常实在、非常贴近农村实际，值得学习借鉴。一会儿，我们大家还要实地参观考察中北镇中北斜村老龄设施和活动。相信大家通过听和看，一定会有所启发、有所收获。下面，我讲三个问题：

一、为什么要组织召开这个会议

多年来，我市农村社区老龄工作，在各级党委、政府的领导，在各有关部门支持和各级老龄组织的努力下，逐步发展，取得良好成绩。应该说，正是因为有了基层老龄工作的蓬勃开展，才为推动全市老龄工作的发展奠定了坚实基础。

为了进一步加强社区村老龄工作，经过大量调研和广泛征求意见，去年 4 月天津市老龄工作委员会发布了《天津市关于加强社区（村）老龄工作规范化建设的意见》（以下简称《意见》）。《意见》对社区村的老龄工作从组织机构、设施建设、服务工作、制度规范、措施保障等五个方面，提出了明确要求，是今后几年推进我市基层老龄工作的一个指导性文件。《意见》下发后，全市各级老龄组织认真学习贯彻落实，一年多来，我市基层老龄工作出现了一些新变化、新发展，创造了一些新做法、新经验，需要认真总结、宣传和推广。

同时也应看到，我市基层老龄工作的发展还不够平衡，与我市快速发展的人口老龄化需求相比，还有很多不相适应的地方。就农村社区老龄工作来说，目前存在着四个明显问题：一是有些基层领导对老龄工作的重要性缺乏认识，重视程度还不够，往往是讲起来重要，做起来次要，忙起来忘掉，没有把老龄工作纳入议事日程；二是基层老龄工作组织体系还不健全，有的虽然建立起来了，但还不够规范，或作用发挥的不好，有的甚至是有名无实；三是对基层老龄工作的投入少，造成老年人的活动设施和活动经费短缺，工作开展十分困难；四是一些基层老龄干部的工作理念和服务意识跟不上形势发展需要，满足于一年组织一、两项老年人活动，缺乏计划性和制度性，有的虽然有干好老龄工作的愿望，但不知道怎么干、从何入手。这些问题，需要认真研究解决。

我们开这样一个会议，就是想让大家通过听和看，学到开展基层老龄工作的方法和经验，有利于今后工作的开展。这次会议的指导思想是：进一步贯彻落实《意见》，从我市农村实际出发，进一步健全农村社区老龄工作组织，发展老年福利服务设施，完善为老服务体系，规范各项工作制度，形成党政主导、社会参与、老年群众组织具体运作的老龄工作格局，为老年人创造良好的居家养老环境。所以，这是一次很有意义的会议。

二、认真学习和实践基层老龄工作先进经验

西青区是一个以农业人口为主的区，随着改革开放、经济发展和城镇化进程的加快，西青区发生了翻天覆地的变化。2006 年，西青区地区生产总值达到 147.89 亿元，一般预算区级财政收入 16.5 亿元，位居全市各区县前列，社会事业协调发展，人民生活水平显著提高，生活环境不断改善。西青区委、区政府把发展老龄事业，作为落实科学发展观、构建和谐社会的一项重要任务纳入议事日程。今年，在区委、区政府的推动和支持下，在全区范围内实行了农民养老补贴制度，通过区财政支持、街镇配比、社区村自筹的办法，实现老年农民养老的制度性保障。在目前我市农村养老保障制度尚未建立的时候，这一举措充分体现出西青区委、区政府注重民生、以人为本的工作理念，体现出敢于开拓、大胆实践的创新精神，体现出关心爱护老年人、重视老龄事业的态度。

西青区老龄委在区委、区政府领导下，把为老年人办好事、实事作为己任，尽心竭力为老年人服好务。在《意见》下发后，他们组织老龄干部认真学习，逐条梳理和对照，制定有力措施，一项一项抓落实。经过一年多的努力，使西青区农村社区的老龄工作取得长足进步。

农村社区老龄工作怎么抓？概括今天会上交流的“一镇三村”的经验，我觉得有五点值得学习借鉴：

第一，老龄工作组织健全。“一镇三村”把建立健全老龄工作组织体系作为开展老龄工作的前提，普遍建立了老龄工作领导小组和老年人协会。老龄工作领导小组在村党支部领导下，统筹负责老龄工作，每月定期召开工作例会，研究部署工作计划。中北镇各村老龄工作领导小组做到机构、人员、编制、经费、职责和办公场所六落实；各村老年人协会要求做到“四好”，即班子建设好、活动开展好、作用发挥好、经费保证好。武清区曹子里乡小高口村老年人协会，由现任村支部书记任名誉会长，由热心老龄事业、群众威信高的老支部书记、老村长、老党员任会长、副会长，并根据村里的实际，成立了职能小组，工作开展得有声有色。

第二，舍得给老龄事业投入。“一镇三村”积极为老年人活动创造条件，根据自身经济条件，建设适合农村老年人特点的活动设施。条件较好的西青区中北镇中北斜村，规划建设了“五个一”工程：一个活动中心、一个老年协会办公场所、一个健身花园、一个宣传专栏、一所市民学校。武清区曹子里乡小高口村党支部和村委会，专门为老年人协会腾出四间房屋160平米，作为协会活动室。经济条件并不富裕的宁河县潘庄镇杨建村，也投资30万元，为老年人新建了80平米的活动中心，内设各类活动项目，冬天由村里沼气站集中供应暖气，使老年人有了一个健身娱乐的好去处。

第三，注重建立养老保障机制。“一镇三村”尽管经济条件不一，但都结合实际，因地制宜建立了村级老年人的养老保障机制。西青区中北镇中北斜村，对老年农民的养老补助从最初的十几元，提高到现在的每人每月400元，2005年起实行新型农村合作医疗制度，2006年起为村民交纳了商业医疗保险，缓解了老年人看病负担重的难题。武清区曹子里乡小高口村，实行给老年农民发放退养补贴，已经坚持了10年。宁河县潘庄镇杨建村，也尽力而为，给全村老年人每人每月发100元的生活补助，对老年人就医看病也给予经费上的一定补贴。

第四，敬老氛围浓厚。西青区中北镇根据国家和我市的有关法规规定，又专门制定了本镇的老年人优待办法，进一步扩大了老年人在本镇内的优待服务内容。宁河县潘庄镇杨建村，多种形式宣传老年法，在全村推广签订“家庭赡养协议”，大张旗鼓地宣传“五好家庭”、“好儿媳”的先进事迹，树立敬老爱老养老光荣、不孝敬老人可耻的良好村风。

第五，充分发挥老年人的作用。武清区曹子里乡小高口村老年人协会根据本村老年人的特长，成立了八个小组，为村党支部和村委会建言献策，使老年人在宣传教育、治安保卫、卫生保健、民事调解、移风易俗、文体活动、科学技术和社会福利等方面发挥了重要作用。西青区中北镇中北斜村，组织成立了一个老年人巡逻队，维护村里和村工业园的安全秩序，使全村多年未发生盗窃等刑事案件。宁河县潘庄镇杨建村，成立了有12位老年人组成的老年清洁队，专门负责村里的卫生，不但发挥了老年人作用，也维护了村容村貌的整洁。

这几个典型发言，可以说是我们全市农村社区开展老龄工作的缩影，他们的经验值得大家很好学习。

三、对下一步抓好农村社区老龄工作的几点要求

（一）充分认识抓好农村社区老龄工作的重要意义。加强农村社区老龄工作绝非权宜之计，而是应对人口老龄化的长远大计。大家知道，我们天津是一个特大型城市，随着改革开放和经济发展，农村城镇化的步伐日益加快，非农业人口逐渐增多，目前全市非农业人口和农业人口的比例为6：4。截止2006年底，全市户籍60岁以上老年人口达到148.81万人，占总人口比例为15.68%。如果按照非农业和农业6：4的比例推算，那么全市农业户籍的老年人大约有60万人，这是一个很大的老年群体。无论是现在还是将来，社区都是老年人生活的主要场所，特别是在当前农村社会保障制度不健全的情况下，家庭养老仍然是农村老年人的主要养老形式。所以，做好农村社区老龄工作，是应对农村人口老龄化挑战的需要，是全面推进社会主义新农村建设的重要组成部分。

加强农村社区老龄工作对解决农村老年人养老医

疗等突出问题是一个促进。由于我国城乡二元结构，导致农村社会保障水平低于城镇，农村绝大多数老年人不能享受退休金待遇和医疗保险，使农村老年人的老有所养和老有所医问题十分突出，是首先要解决的问题。而做好农村老龄工作，有利于协调和推动各方力量，以多种方式实现农村老年人老有所养和老有所医。

加强农村社区老龄工作也是促进社会和谐稳定的重要措施。农村老年人曾经为经济建设和社会发展作出巨大贡献，如今进入老年，在个人储蓄少、缺乏社会保障的情况下，一部分老年人生活比较困难，他们理应得到政府和社会的帮助，这是构建和谐社会所需要的。同时，很多农村老年人身体尚好，他们积极参加各种公益活动，成为维护农村社会稳定的重要力量。

总之，加强农村社区老龄工作意义重大。有农业的区县老龄组织，一定要充分认识自己肩上的责任，解放思想、开拓创新，真抓实干，努力把农村基层老龄工作提高到一个新水平。

（二）进一步建立健全农村社区老龄工作组织体系。没有一定的组织形式，老龄工作就不好开展，这是做好老龄工作的前提。有些社区也想把老龄工作开展起来，但不知从何入手、从哪儿抓起。今天会上介绍的经验，给大家提供了一个很好的样板，就是首先要在社区这个层面成立起两个组织：一个是老龄工作领导小组，一个是老年人协会。

老龄工作领导小组的任务，是在社区党组织和村委会领导下，对本社区老龄工作统筹计划、组织协调。一般由党支部书记或村委会主任为组长，民政、文教卫生、妇联负责人和管片民警、老年人协会会长等作为成员。

成立起社区村老年人协会是为了更好地发挥老年人作用，实现自我管理、自我服务、自我教育，成为开展老龄工作的一支主要力量和抓手。老年人协会要按照组织规范化、决策民主化、活动经常化、内容多样化的要求加强自身建设。一般由退下来的德高望重、热心为老年人服务、身体健康的老同志担任会长，可以聘请现任的社区村主要领导担任名誉会长，然后根据工作需要成立若干职能小组，分工负责各项老龄工作。老年人协会要在社区党组织和居委会、村委会的领导下，围绕社区建设的中心任务开展工作，成为社区开展老龄工作的一支重要力量，成为社区党组织和居委会、村委会的有力助手。

有了这两个组织，社区老龄工作就有了基础、有了保障。实践证明，凡是成立和健全这两个基层老龄组织的，他们那里的老龄工作抓得就好、就能够持久并且有效果。对此，我们在《意见》中提出了明确要求。希望大家回去后，首先要把这两个组织建立起来；已经成立的，要按照要求，进一步规范，真正发挥其作用。

（三）推进农村社区老龄工作的制度化。实事求是地说，虽然我市农村社区老龄工作取得了一些成绩，但总的讲，工作还比较肤浅，临时性、随机性的东西多，缺少制度化的建设。比如：社区（村）老龄工作领导小组例会制度有没有？老龄工作计划有没有？老龄基础资料有没有？开展的各项老龄活动有没有记录等等。这些制度建设是老龄工作健康持久开展下去的保证，非常必要。

我们希望，农村社区老龄工作要在现有普遍开展起来的基础上，再进一步向规范化方向努力。具体说，要建立五项基本的老龄工作制度：(1) 建立老龄工作领导小组例会制度，一般每月不少于一次。做到老龄工作有计划，活动有记录。(2) 建立为老服务承诺制度。公开明示服务项目和服务程序，确保服务质量。(3) 建立老年人来访、登记、办理制度，对老年人反映的问题做到件件有答复，事事有结果。(4) 完善基础资料制度。建立老年人总名册、“六种服务对象”名册、老年人协会会员名册、老年学员名册、维权骨干名册、为老服务队伍名册和老年健康卡（简称“六册一卡”），掌握老年人基本情况和动态变化。做到资料齐全，数据准确。(5) 建立“社区老年人才档案”制度。积极创造条件发挥老年人作用。努力提高老年人社会活动的参与率和受益率。这五项老龄工作制度，是多年来我市基层老龄工作的经验总结。当然，还可以不断实践、不断总结，结合自身实际，建立适合自身老龄工作发展的各项制度和措施，从而保证老龄工作健康有序地发展。

（四）积极推动农村养老保障的多样化。民以食为天，特别是农村老年人的养老和医疗，是老龄工作的重点和难点。根据我市农村实际和全市“十一五”规划部署，市和区县要共同努力，在更大范围内推行老年农民退养补贴措施，积极试行农村社会养老保险制度，建立健全新型农村合作医疗制度和大病统筹制度，完善最低生活保障制度和定期定量救济制度，并不断提高保障标准。采取多种措施解决好农村“五保户”和贫困老年人的生活保障问题。有条件的乡村，可建立老年生活基地或老年专项基金，定期定量给予特困老年人一定的生活补贴费，因地制宜帮助贫困老年人解决生活困难。

大力宣传和弘扬敬老爱老养老的传统美德，强化家庭养老功能，营造敬老爱老的社会氛围。在社区（村）建立健全维护老年人合法权益组织，对侵害老年人权益的现象及时调解，把涉老纠纷解决在萌芽状态，坚决制止侵犯老年人合法权益的恶性事件发生。

（五）建设和管理好农村老年人福利服务设施。农村地区要根据农村老年人的特点和需要，本着因地制宜、小型分散、实用方便的原则，建设老年人的福利服务设施。已经建设的“星光老年之家”、老年活动站等老年人福利服务设施，要充分发挥其功能，积极组织老年人开展内容丰富、形式多样、健康有益的文化娱乐活动。要充分发挥老年人协会作用，管理好、使用好老年活动场所，使其真正为老年人服务。

（六）开展适合农村特点的老年人文体活动。要创建社区（村）老年人的学习阵地，使老年教育更加贴近老年人、更加贴近老年人家庭、更加贴近老年人生活。开展基层老年教育，要坚持“三个因地制宜”：一是教育场地因地制宜，一室多用，资源共享；二是师资力量因地制宜，多方取才，能者为师；三是讲课内容因地制宜，因需施教，因人施教，方法灵活。一般来说，每月要集中组织老年人学习一次，力争使参加学习活动的老年人数达到社区（村）老年人口的50%以上。

要定期组织开展多种形式的老年文化活动，活跃社区（村）老年人的文化生活，促进老年人的身心健康，提高老年人的生活质量。特别要善于发挥和引导社区（村）各类老年文化团体的作用，开展有本地区特色的老年文体娱乐活动，形成自身老年文化品牌，推动老年文化活动水平的提高。

同志们，我们相信，通过大家的共同努力，我市农村基层老龄工作一定会不断进步，为全面推进我市老龄事业、建设社会主义新农村、实现全市科学发展和谐发展率先发展的目标作出新贡献！

在（重庆市）全市老龄工作专题会议上的讲话（摘要）

重庆市委常委、副市长、市老龄工作委员会主任　马正其

（2007年6月4日）

一、加强宣传，认真落实现有涉老政策。市老龄工作委员会办公室要充分发挥参谋助手、检查指导、综合协调的职能作用，要突出老龄工作重点，继续加大宣传力度，积极引导和动员全社会力量都来关注和参与老龄工作，推动我市老龄事业蓬勃发展。要及时协调有关部门，整合资源，认真落实现有涉老政策，严格执行责任制，把好事办好，让更多的老人共享改革发展的成果。

二、调整充实，确保老龄工作机构运转。老龄工作量大、面广，为适应工作需要，会议同意在市老龄工作委员会办公室内单设老年人权益维护处，并适量增加领导职数和人员编制。从今年开始，每年从市级福彩资金中，给市老龄工作委员会办公室增加事业经费100万元。市老龄工作委员会办公室在职和离退休人员的生活工作津补贴经费来源问题，由市财政局研究落实。

三、部门配合，齐心协力抓好老龄工作。市老龄工作委员会各成员单位要加强沟通协调，齐抓共管，形成合力。各级民政部门要将老龄工作纳入民政工作平台，使老龄工作和民政工作互相补充，紧密结合，把为老服务工作做得更细、更实、更好。

四、开拓创新，加快我市养老设施建设。要积极引导有实力的、热心老年事业的人士，充分利用现有闲置的学校、办公室、厂矿等设施，通过改造，建设民办社会养老服务机构，以满足老年人需要。市老龄工作委员会办公室要积极配合市民政局在主城区选择2～3个点，建设环境好、档次较高的老年公寓。对此，市政府将适时给予土地、税收、贷款等政策支持，以扶持民办养老服务机构。

在河北省第一次老龄工作会议上的讲话

河北省副省长　宋恩华

（2007 年 7 月 10 日）

同志们：

这次全省老龄工作会议，是在我省人口老龄化快速发展的新形势下，省政府决定召开的一次重要会议。会议的主要任务是，认真贯彻第二次全国老龄工作会议精神，回顾总结“十五”以来全省老龄工作，分析形势，研究问题，安排部署当前和今后一个时期的工作任务。庚茂省长对这次会议非常重视，专门发来贺信，充分肯定了全省老龄工作取得的成绩，并对今后工作提出了明确的要求。各地、各有关部门一定要认真学习，切实抓好落实。刚才，大会对 20 名“河北省孝亲敬老楷模”进行了表彰，部分县（市）政府和孝亲敬老楷模代表作了发言。在此，我代表省政府和省老龄委，对受到表彰的先进个人表示热烈的祝贺！对全省老龄工作者表示诚挚的问候！对关心、支持老龄事业的社会各界表示衷心的感谢！

下面，我讲四点意见。

一、“十五”以来我省老龄工作成绩斐然，老龄事业全面发展

“十五”以来，在省委、省政府的正确领导下，各涉老部门共同努力，广大老龄工作者创新进取，全省老龄工作进一步加强，老龄事业得到了较快发展。

（一）老龄工作机构和政策法规逐步完善。为加强对老龄工作的领导和协调，1983 年省政府成立了“河北省老龄问题委员会”。根据新的形势和任务，2001 年成立了省老龄工作委员会，并设立了办公室，各市、县也相继建立了机构。多年来，各级党委、政府坚持以科学发展观为指导，把老龄事业纳入经济社会发展全局，摆上重要议事日程。省委、省政府出台了《关于贯彻〈中共中央国务院关于加强老龄工作的决定〉的实施意见》，省委办公厅、省政府办公厅印发了《关于进一步加强老龄工作的通知》，制定了《关于加快发展养老服务业的意见》、《河北省老龄事业发展“十五”计划纲要》、《河北省老龄事业发展“十一五”规划》。老龄工作机构和政策法规的建立、完善，为老龄事业发展提供了有力的政策支持和组织保证。

（二）老年社会保障水平不断提高。以基本养老、基本医疗、最低生活保障制度为主要内容的社会养老保障制度基本建立，全省城乡老年人的基本生活得到有效保障。在城镇，参加基本养老保险的职工人数达到 707.9 万人，158 万退休人员享受社会医疗保险，符合条件的贫困老年人全部纳入了城镇低保范围。在农村，实行家庭赡养、土地保障和社会扶持相结合的办法，目前共有 227.4 万人参加农村社会养老保险，10 余万老年人参加农村医疗保险，享受农村低保待遇老年人 30 万人，“五保”供养老人 29.3 万人。全省 11 个设区市和部分县（市、区）实行了百岁老人、高龄老人长寿补贴制度。

（三）老年福利服务设施建设得到加强。以居家养老为基础、社区服务为依托、机构养老为补充的养老服务体系建设取得进展。目前，全省已建成福利院 1900 余所，光荣院 150 余所，老年活动中心、活动站、活动室 5300 余个，老年医疗保健机构 1100 余个，拥有家庭病床 14000 余张。实施“星光计划”，共投入资金 3.7 亿元，建成“星光老年之家”1700 余个，初步形成了区、街道、居委会三级为老服务网络。老年福利服务场所和老年医疗机构紧张状况得到缓解。

（四）老年人合法权益得到有效保障。认真贯彻落实《老年人权益保障法》和《河北省老年人优待办法》，健全了对老年人的社会保障制度，逐步改善了保障老年人生活、健康以及参与社会发展的条件。各市、县普遍建立了老年法律援助中心，广泛实施了老年法律援助、老年法律服务和老年司法救助，加大了对侵害老年人合法权益案件的处理力度。大力开展尊老敬老宣传活动，弘扬尊老敬老传统美德，在全社会形成了维护老年人合法权益、尊重和关爱老年人的良好氛围。在 2006 年“全国敬老模范村居（社区）”和“全国老年维权示范岗”评选活动中，我省 172 个村居（社区）和 32 个单位榜上有名。

（五）老年文化教育体育事业有了较大发展。各地、各部门高度重视老年人的思想政治工作和老年文体活动，组织开展了全省性的老年文艺调演、老年书画展、老年人健康知识竞赛、老年人健身展示等大型老年文体活动，并通过各种媒体广泛宣传，扩大了老年文教体育事业的社会影响，丰富了老年人的精神文化生活。老年教育事业发展迅速，建立各类老年学校1300多所，在校学员达到13万余人。这些场所的建立和活动的开展，提高了老年人的生命生活质量。

在多年的老龄工作实践中，我们积累了一些宝贵的基本经验。一是只有坚持贯彻落实科学发展观，紧紧围绕党和政府的中心工作，才能促进老龄事业更快更好发展；二是只有坚持“党政主导、社会参与、全民关怀”的方针，党委政府高度重视，社会各界广泛参与，老龄工作才能充满生机和活力；三是只有坚持为老年人多办实事、解决实际问题，满足老年人的物质和精神文化需求，老龄工作才能得到广大老年人和人民群众的支持、拥护；四是只有坚持把老龄工作重点放在社区和农村，不断健全老龄工作网络和为老服务网络，才能提高老龄工作整体水平。这些既是做好当前老龄工作的有效办法，也是今后工作中必须坚持和遵循的原则。

二、全面把握当前形势，进一步提高对老龄工作重要性的认识

当前，我省正处在全面建设小康社会、加快建设沿海经济社会发展强省新的发展阶段，也是应对人口老龄化的关键时期。胡锦涛总书记指出，对人口老龄化“这样一个重大的社会问题，全国上下都要有充分的认识，并积极研究制定相应的政策”。我们要深刻认识老龄工作面临的形势，切实把老龄工作摆上重要位置。

（一）人口老龄化发展加快。截止到2006年底，我省60岁以上老年人口已达810万人，占全省总人口的11.4%，高于全国11%的平均值，并以年均3%左右的速度迅速增长。据预测，到2010年，全省老年人口将达到912万人，约占全省总人口的12.9%；到2020年将达到1261万人，约占全省总人口的16.9%。今后一个时期，人口老龄化速度显著加快，老年人口数量持续增长，已成为各级党委政府必须重视的一个重大社会问题。

（二）人口老龄化带来各种挑战。人口老龄化是一个重大挑战，对经济、政治、文化等方面将带来全面、深刻、长远的影响。主要体现在四个方面：一是基本养老面临危机。人口老龄化的快速发展，导致抚养结构的根本性转变。据研究，2005年1个老年人平均有6.2个劳动力赡养，到2020年1个老年人平均只有3.7个劳动力赡养。如不采取措施，一部分老年人将无人赡养。二是医疗保障问题凸现。随着老年人口总量的不断增加，医疗保障需求快速增长。2005年，我国老年人口医疗费用占GDP的0.48%，预计到2010年将达到1.11%，2020年达到3.06%。老年人医疗费用增长远远高于GDP的增长速度。对河北这样一个老年人口大省，实现“老有所医”困难更大。三是服务保障压力剧增。需要长期照料等特殊服务需求是人口老龄化过程中暴露最晚、问题最多、解决起来难度最大的问题。2006年底，我省生活不能自理的老年人口数量达71万，预计到2020年达到111万。总体上看，我省老年服务设施比较薄弱，数量少、规模小、层次低，还难以适应工作需要。四是农村养老问题突出。随着城市化的发展和户籍管理制度的改革，农村劳动力大量向城市转移，妇女、儿童、老年人成为农村人口的主要成分。农村劳动力的减少、老龄人口的增多，将使农村老龄工作面临的压力尤为突出。总之，人口老龄化带来的养老、医疗、服务等一系列需求，是面临的一个非常严峻、非常现实的问题。这个问题解决不好，将会直接影响经济发展和社会和谐。

（三）做好老龄工作意义重大。老龄工作直接关系改革发展稳定大局，直接关系构建和谐社会，是党委、政府的一项重要职责。一是做好老龄工作是贯彻落实科学发展观的具体体现。坚持以人为本，实现经济社会全面协调可持续发展，就必须切实维护包括老年人在内的广大群众的根本利益，使经济社会发展成果惠及包括老年人在内的全体人民。二是做好老龄工作是全面建设小康社会的客观需要。老年群体是整个社会的重要组成部分，他们既是小康社会的建设者，也是小康社会的共享者。没有老年人的小康，是一个不全面、不完善和低水平的小康。三是做好老龄工作是构建和谐社会的重要内容。社会对老年人的态度，体现了社会的文明程度，是社会是否和谐的重要标志。只有全社会共同关心老年人、爱护老年人，才能促进代际和谐、老少共融，使老年人有保障、有尊严、有安全，促进社会和谐稳定。四是做好老龄工作是建设社会主义新农村的重要课题。我省62.5%的老年人生活在农村。目前农村老年人的生活水平相对较低，农村养老保障、医疗保障制度相对滞后。加强农村老龄工作，着力解决农村老年人的养老、医疗、生活等问题，是推进社会主义新农村建设的一项重要内容。五是做好老龄工作是弘扬中华传统美德的重要方面。尊老敬老是中华民族的传统美德，作为领导干部、党员、国家公务员，对老龄工作要有真心，对老年人要有孝心。如何对待老年人，既是检验履行职责的标准，也是衡量道德水准的标志。家家有老人，人人都会老，今天的老年人就是明天的自己。做好今天的老龄工作，就是为我们的明天打好基础。

三、突出工作重点，推动老龄事业全面发展

"十一五"期间，老龄工作要以科学发展观为统领，坚持"党政主导、社会参与、全民关怀"的老龄工作方针，围绕"老有所养、老有所医、老有所教、老有所学、老有所为、老有所乐"的工作目标，不断加大工作力度，促进老龄事业与经济社会协调发展。

（一）加快完善老年社会保障体系。完善城镇职工基本养老保险制度，持续扩大基本养老保险覆盖面，确保基本养老金的按时足额发放。完善基本医疗保险制度，加大医疗救助力度，积极推进老年医疗、保健、康复工作。完善最低生活保障制度，确保将符合条件的老年人及时纳入城乡低保范围，实现应保尽保、应保必保。

（二）积极推进养老服务业发展。要认真落实《国务院关于加快发展服务业的若干意见》和省政府办公厅《关于加快发展养老服务业的意见》，按照政策引导、政府扶持、社会兴办、市场推动的原则，有计划、有步骤地推动养老服务业稳步健康发展。一方面，要加快养老服务设施建设，逐步建立起布局合理、设施齐全、服务周到、管理规范的养老服务网络。"十一五"期间，要新增各类供养、养老床位15万张，80%以上的街道有容纳30名以上老年人的助养福利服务机构，各设区市、扩权县和有条件的县（市）要建立1～2所以收养生活不能自理老年人为主要对象的"爱心护理院"。另一方面，要积极探索养老服务公办民营、民办公助的路子，对于社会力量和个人投资兴办的养老服务机构，有关部门都要尽最大可能予以支持，切实落实各项优惠政策，形成多渠道、多途径、多种所有制形式共同发展的养老服务业新格局。这里，我特别强调一下老龄产业，也称为银发产业。目前，我国正处在前所未有的老龄人口快速发展阶段，老龄产业开发潜力巨大。从产品来说，老龄产业包括适合老年人生活需要的所有产品的开发、生产和销售；从服务角度来说，老龄产业包括老年福利服务、医疗保健服务、老年教育、老年旅游、老年体育等。可以说老年人不是"包袱"，而是巨大的财富。老龄产业是一个新兴的产业，不仅能够带动众多相关行业的发展，而且也会创造更多的就业岗位。发展老龄产业，要借鉴国际先进经验，以经济规律引领老龄产业的发展，加强老年用品的流通，推进老年服务业进步，为老年人提供更好的产品和服务。

（三）大力加强农村老龄工作。一是落实农村最低生活保障制度，逐步提高保障水平，实行分类施保、应保尽保。二是推广新型农村合作医疗试点成果，建立和完善农村基层医疗服务网络，努力解决农村老年人"看病难、看病贵"问题。三是认真执行《农村五保供养工作条例》，将符合条件的农村特困老年人纳入财政供养范围，逐步提高集中供养率，保障他们的基本生活。四是积极探索建立适合当地特点的农村养老保险制度和农村"居家养老"新模式，切实使广大农村老年人得到有效赡养。五是建立健全农村老年人协会，充分发挥在基层民主自治、老年维权、家庭纠纷和赡养矛盾调解、老年文化活动等方面的作用。

（四）依法维护老年人的合法权益。一要加大对侵害老年人合法权益案件的查处力度，依法严厉打击遗弃、虐待老年人的违法犯罪行为，谴责干涉老年人生活、不尽赡养义务的不道德行为，确保老年人的合法权益不受侵害。二要严格执行《河北省老年人优待办法》，特别是执行70岁以上老年人免费乘坐市内公交车条款，进一步研究完善老年人优待政策。三要健全老年法律援助机制，为老年人提供方便快捷的法律服务。四要充分发挥基层群众组织和基层调解组织的作用，妥善处理各类涉老纠纷，努力把涉老纠纷化解在萌芽阶段。

（五）深入开展老年文化体育教育活动。要面向社会、面向基层、面向老年群众，整合现有资源，繁荣和发展老年文化。一要针对老年人的特点和要求，组织创作更多老年人喜闻乐见的优秀文化作品。二要积极发展老年教育，办好老年大学，丰富老年人精神文化生活。三要广泛开展老年人体育活动，使老年人强身健体，陶冶情操。四要通过举办老年文艺汇演、老年才艺展示等多种形式，展示广大老年人乐观向上的精神风貌。

（六）努力开发老年人才资源。开发老年人才资源是老龄工作的一项重要内容。要正确认识老年人才，尊重老年人才，坚持服务社会、面向市场、因地制宜、灵活多样、自觉自愿、量力而行的原则，鼓励和支持老年人的参与热情，为他们提供政策和必要的经费支持，切实帮助他们解决在参与社会过程中遇到的各种实际问题。要继续实施"银龄行动"计划，为老年人参与社会、贡献社会营造一个良好的环境，提供一个必要的条件，搭建一个广阔的平台，铺平一条畅通的道路。

四、切实加强领导，努力开创老龄工作新局面

老龄工作是党和政府的一项重要工作，是一项朝阳的事业。各级政府和有关部门要采取有效措施，加大工作力度，切实把老龄工作抓紧抓好，抓出成效。

（一）加强组织领导。各级党委、政府要高度重视老龄工作，将其纳入经济社会发展总体规划，纳入和谐社会建设，纳入政府重要议事日程，纳入社会管理范畴，纳入政府同级财政预算。各地老龄工作搞得好不好，老龄委主任是第一责任人。如果现在不重视老龄工作，就会犯历史性错误，就会造成重大损失。

（二）明确责任分工。做好老龄工作，只靠老龄办一个单位是不行的，必须依靠各涉老部门齐抓共管、协调联动。各级老龄办要充分发挥“综合协调、督促检查、参谋助手”职能作用，组织协调各成员单位共谋老龄工作之策。老龄委各成员单位和各位委员要积极履行职能，切实把老龄工作放在心上，摆在位上，抓在手上。要坚持每年制定为老年人办实事办好事计划，提出一批服务老年人项目，调动各有关部门的积极性，把老年人的事办好，把老年人的事办实。

（三）加大经费投入。各级政府要按照公共财政的要求，根据经济发展水平和老年人口规模，把老龄工作经费列入财政预算，建立与经济社会发展水平相适应的老龄事业发展经费投入机制。要根据各地老年人口数量，参照外省做法，原则上按照每年每名老年人省1元、设区市2元、县（市、区）3元的标准，安排老龄事业发展经费。有条件的地方要尽快到位，没有条件的地方要创造条件尽早到位。各级要根据老龄办编制情况安排人员经费、办公经费，保证老龄工作正常开展。

（四）强化队伍建设。加强老龄队伍建设是做好老龄工作的组织保证。省编办已经明确，各市、县可参照省里的模式设置老龄工作机构，配备与工作任务相适应的工作人员，确保老龄工作的顺利开展。目前，还有6个设区市和2/3左右的县（市、区）没有落实到位。这次会议印发了各地老龄工作机构设置情况表，希望落后的市、县抓紧研究，提出明确意见，按照程序尽快落实。要加强老龄工作理论研究，总结和探索发展规律，指导老龄工作实践。要加强干部培训，不断提高综合业务素质和履行职责能力，更好地为老年人服务。

（五）建立评估体系。为进一步规范老龄工作，使之走上正规化、科学化、制度化的发展轨道，促进全省老龄工作的持续、健康、快速发展，省老龄委研究制订了《河北省老龄工作评估指标》。这次会议印发大家进行讨论，提出意见和建议，修改完善后印发各地实施。省老龄委要适时组织开展对各地老龄工作的评估，评估结果向社会公布，表扬先进，鞭策落后，督促各地进一步加强老龄工作。

（六）做好宣传工作。加强老龄宣传工作，是增强全民敬老、爱老、助老的道德意识，贯彻老龄工作大政方针的重要保证。要充分利用各种新闻媒体，通过丰富、深刻、生动、鲜明的宣传手段和形式，广泛宣传老龄工作的方针政策，展示老龄工作的丰硕成果，报道尊老敬老的先进事迹和人物，弘扬中华民族尊老、敬老、爱老的传统美德，提高全社会的老龄意识，为老龄工作和老龄事业发展营造一个良好的社会环境。

同志们，做好老龄工作，积极应对人口老龄化的挑战，任务艰巨，责任重大。各级、各部门要牢固树立科学发展观，深怀爱老之心，善谋养老之策，恪守助老之责，努力把全省老龄工作提高到一个新水平，为建设沿海经济社会发展强省作出新的更大的贡献。

在（山西省）全省老龄工作会议上的讲话

山西省委常委、常务副省长、省老龄委主任　薛延忠

（2007年4月18日）

同志们：

今天，省老龄委召开全省老龄工作会议，认真学习贯彻全国省级老龄办主任会议暨全国居家养老服务经验交流会议精神，总结2006年工作，表彰先进集体和先进个人，部署2007年工作，意义重要。开好这次会议，对于全省各级老龄组织深入落实科学发展观和构建社会主义和谐社会的战略思想，按照省委、省政府的决策部署，进一步把握大局，明确重点，强

化措施，扎实做好下一步的老龄工作、推动我省老龄事业持续健康发展，进而促进全省和谐社会建设，必将产生积极作用。

过去的一年，是全省实现“十一五”规划取得良好开局、社会主义现代化建设取得突出成就的一年，也是全省老龄工作继续上水平、上台阶，取得新的成绩的一年。一年来，全省各级老龄工作机构和广大老龄工作者，坚持以科学发展观为统领，认真贯彻第二次全国老龄工作会议精神，紧密结合我省实际，坚持围绕中心、服务大局，创新进取、扎实工作，在提高老年人生活水平、发展为老服务业、维护老年人合法权益、发挥老年人作用等方面都付出了很大努力、取得了很大成绩，从而为推进我省经济、政治、文化、社会建设作出了积极贡献。对于省老龄委及各级老龄工作机构的工作，省委、省政府给予充分肯定。借此机会，我代表省委、省政府，向全省广大老龄工作者表示衷心的感谢，向受到表彰的先进集体和先进个人表示热烈的祝贺！

刚才，进龙同志作了一个很好的工作报告，讲得很全面、很具体，我完全赞成。希望大家结合实际，认真学习，深入贯彻，努力把这次会议部署的各项任务完成好、落实好。下面，我再强调几点意见。

一、认清形势，提高认识，进一步增强做好老龄工作的紧迫感和责任感

老龄问题（以及艾滋病问题、贫困问题）是国际公认的21世纪三大社会问题之一。目前，我国60岁以上人口已达1.44亿人，是世界上唯一的老年人口总量过亿的国家。在今后一个较长时期内，老年人口还将以较快速度增长，预计2037年将超过4亿人，2051年将达到4.37亿人的峰值。如此大规模、高速度的增长，在世界人口发展史上是前所未有的。同全国一样，我省人口老龄化形势也十分严峻。目前，全省有60岁以上老年人口405万人，2010年将达到520万人，年增长速度预计在3%左右。这从一个侧面反映出人民生活环境的改善、生活水平的提高，但同时也对整个经济社会发展带来了一系列重大影响，对养老、医疗、社会服务、社会管理等方面产生了巨大压力。要清醒看到，与发达国家相比，我们是在经济欠发达、尤其是社会保障体系很不健全的情况下，提前进入老龄化社会的，是典型的“未富先老”。这些年，尽管我们不断加大工作力度和财政投入，大力加强社会保障体系建设，但由于基础差、底子薄，社会保障覆盖面和保障水平都不高——目前，全省有80万人参加机关事业单位养老保险，297万人参加城镇职工基本养老保险，160万人参加农村社会养老保险，社会养老保险覆盖面不到20%。有353万人参加基本医疗保险，只占城镇人口总数的1/3；新型农村合作医疗覆盖农业人口1244万人，占农村人口总数的一半。加之，社会救助标准和救助水平普遍较低，现行的养老、医疗保障体系等还不能很好地适应人口老龄化的要求。

当前，我们正处在加快科学发展、构建和谐山西的新阶段。搞好老龄工作，加快老龄事业发展，更好地满足老年人的物质、文化、精神生活需求，对于推动全省经济社会又好又快发展，意义十分重大。我们要看到、做好老龄工作，让老年人和其他社会成员一起共享改革发展成果、过上更殷实富足的小康生活，是全面建设小康社会的应有之义和重要内容。我们要看到、做好老龄工作，积极开发为老服务产业，既能更好地满足老年人的物质文化生活需要，又能带动第三产业发展，是深化结构调整、促进科学发展的必然要求。我们要看到、做好老龄工作，妥善处理涉及老年人切身利益的各种矛盾，全力维护和保障老年人的合法权益，有利于促进社会公平、推进和谐社会建设。各级各部门特别是老龄工作机构，一定要立足经济社会发展的战略全局，进一步增强紧迫感和责任感，不断加强老龄工作，全面提升老龄事业发展的层次和水平，努力为推进全省经济建设和社会各项事业发展，作出新的更大贡献。

二、突出重点，扎实工作，努力把全省老龄工作提升到一个新水平

今年，是我省实施“十一五”规划和落实省九次党代会精神的关键之年。做好今年的老龄工作，具有特别重要的意义。要坚持以科学发展观为指导，按照《山西省老龄事业发展“十一五”规划》的总体部署和要求，以“六个老有”为目标，统筹安排、突出重点、全面推进，努力把全省老龄工作提升到一个新水平。针对当前实际，要重点抓好以下几项工作：

第一，着力完善养老保障制度。健全的养老保障制度是保障老年人基本生活的重要途径，是促进经济健康发展、保持社会和谐稳定的重要条件。为此，各级政府和相关部门要从实际出发，加快建立完善的多层次的养老保障制度。在城市，一要继续完善企业职工基本养老保险制度，扎实搞好做实个人账户扩大试点工作；二要拓展养老保险参保对象，特别是要做好外资、私营等非公有制企业和城镇灵活就业人员的参保工作，不断扩大养老保险覆盖面；三要逐步提高养老保险统筹层次，推进和完善企业养老保险省级统筹，逐步实现企业养老保险制度从现收现付模式向部分积累模式的转换。在农村，要继续做好农村社会养老保险工作，逐步探索建立新型农村社会养老保险制度，不断完善土地养老保障、家庭赡养和社会扶持相结合的社会养老保障体系。

第二，加快完善医疗保障制度。老年人是医疗卫生资源的主要消费群体，是医疗保障制度的重点对象。针对当前医疗保险覆盖面小、支出压力大的实际，在城市，要继续完善城镇职工基本医疗保险制度，尽快覆盖到各种所有制企业；在农村，要继续扩大新型农村合作医疗试点，进一步探索长效筹资、组织管理、基金运行和监督机制，推动新型农村合作医疗逐步走上制度化、规范化轨道。今年要把试点范围扩大到99个县，覆盖农业人口2000万人。针对医疗卫生资源配置不均衡以及看病难、看病贵的问题，要积极深化医疗卫生体制改革，不断提高基层医疗卫生服务能力和水平；要积极推动优质资源向农村流动，加快农村医疗卫生服务网络建设，大力发展农村医疗卫生事业；要从健全网络、完善政策、强化功能等方面入手，大力发展社区卫生服务，使老年人可以就近享受方便、低廉、优质的医疗卫生服务。

第三，大力发展养老服务业。养老服务是当前我省在老龄事业发展中亟待强化的一个薄弱环节。从为老服务设施看，一般发达国家社会养老床位数相当于老年人口总数的7%，而我省仅有0.63%，且大多集中在城市。随着农村独生子女的不断增多和农村青壮年的外出转移，“留守老人”、“空巢老人”越来越多，老年人的精神慰藉、康复护理、文化娱乐等方面的需求难以得到很好满足。为此，要突出抓好以下几点：一要加快服务设施和服务网络建设。要把新建老年服务设施和改扩建结合起来，充分利用、整合现有资源，逐步建立和完善以居家养老为基础、社区服务为依托、机构养老为补充的城乡养老服务体系。要抓住民政部实施“霞光计划”的有利机遇，抓紧推进全省福利院和敬老院建设，进一步解决“五保”老人的居住和供养需求。二要努力提高服务水平。要继续培育养老服务队伍，壮大老年服务组织，实施养老服务规范，提高养老服务水平。要认真组织实施“爱心护理工程”，切实解决生活不能自理老年人的长期照料服务问题，让更多的老年人得到社会的关爱和温暖。三要创新为老服务机构的管理体制和运行机制。要改革过去单纯依靠政府包办的老办法，按照政府引导、政策扶持、社会兴办、市场推动的原则，采取公建民营、民办公助、政府补贴、购买服务等措施，建立多元化的资金投入和市场化的经营运作方式，逐步形成多种经济成分并存、老年服务机构自主经营的管理体制和运行机制。对社会力量兴办的医疗、照料、文体活动等养老服务设施，政府主要通过优惠政策提供支持。

第四，全力保障老年人合法权益。近年来，全省各级着力完善老年政策法规体系，切实加强老年维权工作，全社会尊老、敬老、爱老意识不断增强。但在社会转型、体制转轨的新形势下，老年人合法权益被侵犯的案件仍然时有发生。因此，我们要把维护和保障老年人的合法权益作为一项重要工作，摆在突出位置来抓。一要大力弘扬中华民族尊老、敬老的优良传统。要把法制教育和道德教育结合起来，多渠道、多形式地加强宣传引导。要把传统孝道的精髓与时代精神相结合，在构建社会主义核心价值体系中弘扬尊老敬老的优良传统，在全社会营造尊老敬老的良好氛围。二要进一步落实老年优待政策。要认真贯彻落实全国《关于加强老年人优待工作的意见》精神，进一步加强管理，拓展领域，积极为老年人提供更多、更优惠的服务，使广大老年人更充分地享有改革发展的成果。

第五，不断丰富老年人精神文化生活。近年来，各地采取开办老年大学（学校）、成立老年文体组织、开展文体娱乐活动等举措，使越来越多的老年人参与到老年文化、教育、体育活动中，成为传播科学文明健康生活方式的一支重要的力量。要在现有的工作基础上，进一步加强对老年人的组织引导，不断丰富老年人精神文化生活。要广泛开展适合老年人特点的教育活动，组织老年人加强对党的方针政策、有关法律法规以及疾病预防、养生保健等方面知识的学习，进一步丰富他们的精神世界。要积极为老年人创作更多更好的优秀文化产品，繁荣老年文化事业，让优秀的思想作品占领老年文化阵地。要广泛开展老年文体娱乐活动，充分展示老年人与时俱进、乐观向上的精神风貌，为老年人展示才华、陶冶情操、增进健康创造条件。

三、加强领导，齐抓共管，确保老龄工作各项任务落到实处

今年是省委、省政府确定的“作风建设年、狠抓落实年”。各级各有关部门要按照省委、省政府改进作风、狠抓落实的部署和要求，狠抓各项老龄工作任务的落实。要把老龄工作纳入当地经济和社会发展总体规划，立足全局来谋划、部署和推进老龄事业的发展。要经常听取老龄工作汇报，及时研究解决工作中的实际困难和问题。要进一步加强老龄工作机构建设，积极为老龄事业发展提供支持、创造条件。

各级老龄工作机构要切实加强自身建设，以更好地适应新形势新任务的需要。要深入贯彻落实胡锦涛总书记倡导和弘扬“八个方面”良好风气的重要指示精神，进一步加强理论武装，以科学的理论来指导老龄工作；进一步转变思想观念，以宽广的眼界来谋划老龄工作；进一步改进工作作风，以扎实的作风来推进老龄工作，不断提升老龄工作的层次和水平，推进老龄事业又好又快发展。

劳动保障、卫生、民政、财政、发展改革等有关部门要牢固树立全局观念，认真履行职责，积极开展工作。要积极探索建立科学、协调、高效的老龄工作机制，调动和发挥各方面力量，努力形成协调配合、分工合作、齐抓共管的工作局面，促进有关政策措施的衔接配套，形成推进老龄工作的整体合力。

同志们，搞好新形势下的老龄工作，积极应对人口老龄化挑战，形势紧迫，任务艰巨。我们一定要以科学发展观和构建社会主义和谐社会战略思想为统领，开拓进取，扎实工作，全面提升老龄事业发展水平，努力为推进科学发展、建设和谐山西，作出新的更大贡献！

在内蒙古自治区庆祝老年节及全区首届老年人运动会闭幕式上的讲话

内蒙古自治区党委副书记、自治区政府主席　杨晶

(2007 年 9 月 1 日)

全区首届老年人运动会，在全体运动员、教练员、裁判员及工作人员的共同努力下，顺利完成了各项赛事，取得了圆满成功。首先，我代表自治区党委、政府，向在运动会上取得优异成绩的运动员和代表团表示热烈的祝贺！今天是自治区老年节，借此机会，向参赛的老年人并通过你们向全区的老年朋友们致以节日的问候和美好的祝愿！

老年人是社会的宝贵财富，为社会主义革命和建设事业作出了重要贡献，为自治区 60 年的发展付出了宝贵的青春岁月。关心和尊重老年人，是中华民族的传统美德，也是我们党的优良传统。自治区党委、政府高度重视老龄工作，“十五”以来，先后制定下发了《关于贯彻〈中共中央、国务院关于加强老龄工作决定〉的意见》，颁布了《内蒙古自治区实施〈中华人民共和国老年人权益保障法〉办法》，并将老龄事业费列入财政预算，保障了老龄工作和老龄事业的顺利发展。各地区、各部门认真贯彻中央和自治区关于老龄工作的决策部署，不断加大老龄工作的力度，建立健全老龄工作组织机构；加强老年人社会保障体系建设，确保了养老金按时足额发放，新型农村牧区合作医疗制度实现了全覆盖，将符合条件的新增“五保”对象全部纳入农村牧区低保范围，保障了老年人衣食住行和就医等方面的基本要求；开展形式多样的文体活动，丰富了老年人精神文化生活；积极支持老年人发挥余热，参与经济发展；加大《老年人权益保障法》的宣传贯彻力度，依法维护老年人合法权益，老龄工作取得了积极进展。

当今世界，人口老龄化问题越来越受到社会的关注，关爱老年人、维护老年人的利益，越来越成为衡量一个国家社会发展水平和文明程度的重要标准。当前，我国正处在人口老龄化快速发展时期。2006 年《中国老龄事业的发展》白皮书指出，到 2004 年底，我国 60 岁以上老年人口已达 1.43 亿人，占总人口的 10.98%，今后老龄人口还将以年均 3% 的速度增长。2006 年，我区 60 岁以上的老年人达到 256 万人，占全区总人口的 10.76%。做好老龄工作，既关系老年人的切身利益，也关系自治区经济社会的健康发展；既是积极应对人口老龄化的需要，也是促进社会和谐的客观要求。我们要进一步提高思想认识，增强责任感和使命感，加快发展老龄事业。一是要加强老年社会保障体系建设。扩大养老保险和医疗保险覆盖范围，加快探索建立农村牧区社会养老保险制度，建立健全以社区服务为基础的城镇老年医疗保健服务体系，推进新型农村牧区合作医疗制度建设。加强对贫困老年人的生活救助，将贫困老年人全部纳入最低生活保障范围。二是要加强老龄事业基础设施建设。建设好与老年人日常生活密切相关的文化、卫生、社区服务等公共设施和养老服务设施。三是加快发展老龄产业。鼓励支持养老服务业发展，鼓励和扶持开发老年用品，满足老年人的生活需求。四是加快老年教

育、文化和体育事业发展，丰富老年人精神文化生活。五是充分发展老年人在构建和谐社会中的优势和特长，鼓励和支持老年人继续参与经济社会发展。六是依法保障老年人合法权益，严肃查处侵害老年人合法权益的违法行为。通过这些举措，努力实现“老有所养、老有所医、老有所教、老有所为、老有所学、老有所乐”的目标，营造敬老爱老、代际和谐的良好社会氛围。

老年人体育事业是老龄工作的重要组成部分，对于丰富老年人精神文化生活、强健老年人体质具有重要作用。近年来，自治区老年体协坚持“促进城市、发展农村、重在基层、面向全体”的老年体育工作方针，开拓进取、扎实工作，取得了可喜成绩，自治区老年体育事业得到了长足发展。老年体育协会组织网络不断健全，老年人体育设施得到较大改善，老年人体育竞赛交流广泛开展，老年体育队伍已经成为全民健身大军中的一支重要力量。老年体育运动的蓬勃开展，使广大老年朋友在充分享受运动健身益处的同时，陶冶了情操，愉悦了身心，也为推动自治区经济社会发展和构建和谐社会作出了积极贡献。

在自治区老年体协的精心组织下，全区首届老年人运动会获得了圆满成功，取得了体育竞技和精神文明的双丰收。希望老年体协以此为新起点，做好领导组织工作，继续将我区的老年人体育事业推向前进。一是要把全心全意为老年体育工作的根本出发点和落脚点，不断满足老年人日益增长的体育需求，努力构建亲民、便民、利民的老年体育健身服务体系。二是要立足于社区、乡镇两个重点，推动城乡老年体育工作协调发展。城市要大力开展社区老年体育运动，探索和开发更多适宜老年人参加的体育健身项目。农村要积极开展建设体育场地设施、指导体育健身、普及体育科学知识的“体育三下乡”活动，鼓励和吸引更多的老年人参与到体育健身活动中。三是要切实加强老年体育组织建设。建立健全各级老年体协组织，加强老年体育研究，提升理论水平，创新工作方法，为老年人开展体育运动提供更好的服务。

各地区、各部门要重视、关心、支持老年人体育工作。要进一步提高认识，切实将老年人体育工作作为一项重要的公益事业，纳入工作日程，列入发展规划，加大支持力度，保障经费投入，改善设施条件，帮助解决存在的困难和问题，为老年人体育事业发展创造良好的条件。

同志们，尊老、敬老、爱老是中华民族的传统美德。我们要高度关注老年人的身心健康，带着深厚的感情做好老龄和老年人体育工作，为老年人服务好、办好事，推动自治区老龄和老年人体育事业再上新台阶！

最后，祝愿全区老年朋友节日快乐、身体健康、万事如意！

在（黑龙江省）省老龄委第七次全体会议暨市地老龄办主任会议上的讲话

黑龙江省副省长、省老龄工作委员会主任　王东华

（2007年4月6日）

同志们：

这次会议的主要任务是传达贯彻全国老龄工作委员会第九次全体会议精神，总结我省2006年老龄工作，安排部署2007年的工作任务。刚才，凤春同志传达了全国会议精神，省民政厅等成员单位作了典型发言，希望大家结合本部门本地实际，认真抓好贯彻落实。下面我讲几点意见。

一、2006年全省老龄工作发展态势良好，取得了明显成效

2006年，是我省经济社会全面发展的一年，也是老龄工作扎实推进的一年。在省委省政府的正确领导下，全省老龄工作紧紧围绕省委、省政府中心工作，科学谋划、创新推进，取得了一定成效。其主要标志是：

（一）老龄工作政策法规体系不断健全。以省政府名义出台了我省《关于加快发展养老服务业的实施意见》、《黑龙江省老龄事业发展“十一五”规划》等政策性文件，确立了今后一个时期老龄工作任务目

标。各地市也相继出台了一系列政策性文件，为老龄工作的开展提供了政策保障。

（二）老年维权工作取得了新的进展。各地进一步健全基层老年法律服务组织，积极开展司法救助和法律援助工作，使老年人就地、就近及时得到高效优质的法律服务和法律援助。2006年全省共办理老年人法律援助案件2769件，为老年人代理案件470多起，法律咨询3000多人次，调解非诉讼案件1923件，有力地维护了老年人的合法权益。2006年，省人大在对全省贯彻"一法一例"情况进行了执法检查之后，对我省的老年维权工作给予高度评价。

（三）基层老龄工作不断夯实。各地不断加大基层老龄工作的力度，积极推广做好老龄工作"实施一把手工程提升基层社区老龄工作水平"、"用一站式服务推进社区老龄工作"、"以五星级管理强化农村老年协会建设"等经验，推动了全省基层工作再上台阶，国家老龄办主要领导多次在国家级会议上表扬推广我省的做法。创建老龄工作先进县（市、区）和老龄工作模范村（居）活动起步早，工作扎实，初见成效，使创建活动的成果得到巩固，评选表彰激励机制初步形成。农村基层工作进一步加强，召开了农村部分县（市、区）基层老龄工作座谈会暨经验交流会，探讨农村工作中遇到的新情况、新问题，有力推动了农村老龄工作的开展。

（四）老龄宣传工作进一步加强。各地以简报、报刊、网站、新闻报道等媒体为阵地，以丰富多彩的老年活动为素材，广泛加强老龄工作的宣传报道，营造了良好的舆论氛围。在第二届中国老龄事业成就展上，回良玉副总理对我省的老龄工作给予充分肯定。"龙江夕阳红"网站内容不断丰富更新，受到了老龄工作者和广大老年人的热烈欢迎。

（五）多项工作获得了国家表彰奖励。我省老龄、司法、公安、法院等系统中32个单位被国家评为"全国老年维权示范岗"；148个村居（社区）被评为"全国敬老模范村居（社区）"；有100余人在敬老、爱老、助老主题教育活动中被评为"孝亲敬老之星"；3个单位获"银龄行动"先进集体，10人获"银龄行动"先进个人，1人获"银龄行动十佳老人"称号。

2006年我省老龄工作取得明显成效，主要得益于老龄工作呈现出"三多"局面。即各级领导关心重视老龄工作多了，形成了党政主导老龄工作的有利氛围；各级职能部门主动支持老龄工作多了，形成了齐抓共管合力推进老龄工作的良好格局；社会各界关怀参与老龄工作多了，形成推动老龄事业发展共同构建和谐社会的良好局面。这些工作的开展和各项成绩的取得，是省委、省政府正确领导的结果；是各地区各部门和社会各方面关心支持的结果；也是老龄工作战线全体同志共同努力的结果。借此机会，我代表省政府向全省广大老龄战线的同志们以及关心支持老龄工作的社会各界人士表示诚挚的问候和衷心的感谢！

二、认清形势，进一步增强做好新时期老龄工作的责任感、使命感和紧迫感

当前，我省正处在振兴东北老工业基地，加快构建社会主义和谐社会的新的发展时期，也是人口老龄化快速发展的重要时期。纵观我省人口老龄化发展趋势，不难发现我省人口老龄化形势十分严峻。目前，我省60岁以上老年人446万人，占总人口的11.67%，每年还将以年均3%的速度增加。我省人口老龄化发展迅速，高龄人口增长快，是典型的"未富先老"，老龄化提前到来，甚至农村还超前于城镇。未来20年，我省人口老龄化形势更为严峻，主要表现为人口结构变化大，养老负担越来越重，空巢化加剧，高龄老年人口剧增，农村老龄化形势严峻。如此严峻的老龄化形势给经济社会可持续发展带来巨大影响，庞大的老年群体对养老、医疗、社会服务、社会管理等方面带来了巨大压力，将迫使经济社会结构和消费结构不断调整，社会劳动力结构逐步趋向老龄化，养老压力逐年加大，对政府社会管理和公共服务职能的加强，对老年文化、教育、卫生、体育事业的发展都提出了新的更高的要求。因此，我们要充分认清老龄工作面临的新形势，进一步增强做好老龄工作的责任感、使命感和紧迫感，从更高起点、更高层次、更高水平上去思考和做好新时期老龄工作。

三、明确任务，科学谋划2007年全省老龄工作

2007年是我省构建和谐龙江的关键一年，也是我省实施老工业基地振兴关键的一年，做好今年的老龄工作意义重大。为此，我们要紧紧围绕省委、省政府的中心工作，以进一步落实《中华人民共和国老年人权益保障法》（以下简称《老年法》）、《老龄事业"十一五"发展规划》和第二次全国老龄工作会议精神为主线，紧密结合我省老龄工作实际，加强农村老龄工作，大力推动居家养老服务工作，进一步充实和完善相关老年法规，真抓实干，开拓创新，努力把老龄事业提高到一个新的水平。2007年具体要抓好以下五项工作。

（一）认真落实《黑龙江省老龄事业发展"十一五"规划》。一是各地、各部门要把落实老龄事业发展规划摆到重要位置，围绕老年生活保障、老年事业基础设施、养老服务业发展、老年人精神文化生活、老年人权益保障等重点任务，从当地实际和各部门职责出发，把老龄事业“十一五”规划分解和纳入本地、本部门的规划之中，围绕规划制定具体实施方案和年度计划，强化工作措施，确保完成各项任务。二是没有出台地方性老龄事业发展“十一五”规划的市地，要尽快制定颁布规划。三是各级老龄办要创造性地开展工作，积极探索推动实施规划的有效办法，加强督促检查，确保规划的目标任务落到实处。

（二）积极推进农村老龄工作。一是各级政府及各有关部门要把农村老龄工作放到突出位置来抓，积极探索建立农村养老保险制度，全面建立农村最低生活保障制度，继续实施农村计划生育奖励扶助制度。高度重视解决农村留守老人面临的问题，加快研究探索适应农民工、被征地农民以及农转非人口特点的养老保障制度。二是要努力推进新型农村合作医疗制度，加快和完善农村基层卫生服务网络建设，切实解决贫困地区缺医少药问题。三是要高度重视社会主义新农村建设中的涉老问题，切实加强对农村基层老龄工作的指导，因地制宜地开展农村社区建设试点，有效整合基层为老服务资源，逐步完善服务设施，不断提高农村为老服务能力。四是加强农村老年群众组织的规范化建设，充分发挥他们在建设社会主义新农村中的积极作用。要结合全国老龄办组织的“农村老年人生活状况调查”，摸清我省农村老年人生活状况，为有关部门研究、制定和完善农村养老保障体系提供参考和依据，并推动有关部门完善落实有关政策措施。

（三）继续加大对基层工作的指导力度。一是各级政府、各级老龄办和成员单位，要切实加强对基层老龄工作的领导和指导，充分发挥基层各涉老部门的职能作用，加大协调力度，积极推动解决基层老龄工作中的问题和困难。二是要继续督促推动县及县以下老龄工作机构建设，保证人员、经费、职责和相应工作条件的落实。三是继续开展好创建活动，各地要在总结创建工作经验的基础上，巩固创建成果，推广先进经验，完善评估和激励机制，把创建活动引向深入，推动基层老龄工作发展。

（四）积极维护好老年人的合法权益。一是各级政府和有关部门要认真落实《老年法》，从解决关系老年人切身利益的社会保障和提高生活质量等现实问题入手，促进形成全面保障老年人合法权益的制度和机制。二是要针对改革发展中出现的新情况、新问题，及时研究提出新的政策措施，进一步完善老龄政策体系，建立和完善社会主义市场经济条件下保障老年人权益、发展老龄事业的相关配套政策。三是要切实做好老年人优待工作，加大对特困老年人的救助力度，解决好生活问题。高度重视农村老年人的权益保障，巩固完善“家庭养老协议书”的签订和落实工作。四是要继续抓好省人大“一法一例”执法检查中提出问题的解决，各相关部门要做好提出意见的落实工作。要认真做好《老年法》修订的调研工作，结合我省实际，向国家提出切实可行的修改意见。

（五）大力推动居家养老服务工作。一是要大力发展以家庭为核心、以社区为依托、以专业化服务为依靠的社区居家养老服务，研究出台政府对社区居家养老服务的政策扶持办法。二是认真落实省政府《关于加快发展养老服务业的实施意见》，各部门要针对制约老龄服务业发展的突出问题，进一步研究制定切实可行的政策措施，特别是要研究制定扶持民办为老服务机构发展的政策措施，积极推进养老服务社会化，逐步扩大养老服务设施的覆盖面，不断满足老年人的福利服务需求。三是要加快社区养老服务机构和设施建设步伐，强化社区为老服务功能，拓展为老服务领域，丰富为老服务内容，努力建成布局合理、功能完善、服务周到、管理规范的社区养老服务网络，为广大老年人提供优质便捷的服务。四要加快培育发展老年服务队伍和中介组织，健全社会互助制度，积极倡导扶老助困和为老志愿者服务活动，不断提高服务质量和服务水平。

四、加强领导，努力提高老龄工作整体水平

做好2007年的老龄工作要求高，难度大，责任重大。各级政府和有关部门要积极完善保障措施，强化科学管理，创造性地开展工作，努力提高工作整体水平。

（一）加强领导，纳入日程。各级党委、政府要切实加强对老龄工作的领导，把老龄工作摆上重要位置，列入议事日程，主要领导要经常过问，及时听取工作汇报，各级主管领导要及时研究解决老龄工作中出现的各种问题，为老龄工作有序开展提供保障。要进一步加强老龄工作机构，理顺工作关系，完善工作机制。建立正常的老龄事业经费投入机制，保证老龄事业发展经费和必要的工作经费。要把老龄工作列入党委、政府工作目标管理，建立明确的责任制，保证目标任务的落实和完成。

（二）协调配合，形成合力。要广泛有效地整合社会资源，充分调动各涉老部门和社会各界的积极性，共同推动老龄事业的发展。各成员单位要把老龄工作纳入部门职责，结合自身业务，积极主动地开展工作，特别是要加强涉老行业相关优惠政策的制定，为老龄事业发展提供政策支持。省老龄办要充分发挥“综合协调、督促检查、参谋助手”作用，加强与成员单位的联系与沟通，及时研究解决工作中出现的新情况和新问题，形成一个协调联动促进工作落实，齐抓共管推动工作的良好局面。

（三）加强学习，提高素质。要适应新形势新任务的要求，把队伍建设作为关系事业长远发展的基础性工作。要从思想上、组织上、作风上全面提高干部队伍素质，建设一支政治强、业务精、作风实、讲奉献的老龄干部队伍。要加强对各级老龄干部的政策理论和业务知识的培训，要加强现代科技知识、法律知识和业务知识的学习，提高老龄工作干部的综合协调能力、组织指导能力和群众工作能力。要切实履行好职责，加强老龄工作的综合协调和督促检查，深入基层，深入实际，发现新情况，研究新问题，改进工作方式，进一步提高服务水平和质量。要通过敬业、执着、勤恳的工作作风，赢得党委、政府和社会各界对老龄工作的更加关注支持。

同志们，构建社会主义和谐社会给我们提出了新要求、新任务，做好新形势下的老龄工作，任务艰巨，责任重大，我们要以高度的责任感和使命感，振奋精神，团结奋斗，开拓进取，全面做好各项工作，努力为我省经济社会又好又快发展贡献新的更大的力量。

在（吉林省）省老龄工作委员会第三次全体会议上的讲话

吉林省副省长、省老龄委主任　李斌

（2007年3月9日）

同志们：

这次会议是经省政府同意召开的，主要任务是贯彻落实全国老龄委第九次全体会议精神，回顾总结2006年全省老龄工作，安排部署2007年的工作任务。

刚才，陈双喜同志代表省老龄委总结了去年老龄工作开展情况，提出了今年工作的具体安排意见，我完全同意。省委老干部局、省发改委、省劳动保障厅和省人口计生委分别介绍了一年来有关工作情况和今后工作打算，讲得很好，体现了对老龄工作的重视。下面，我强调几点意见。

一、充分肯定2006年全省老龄工作取得的进展和成绩

2006年是“十一五”开局之年，在省委、省政府的正确领导下，在社会各界的大力支持下，各地、各部门开拓创新，扎实工作，全省老龄事业有了新的进展，老龄工作取得了显著成绩。

老龄工作政策法规体系进一步完善。去年，召开了全省第二次老龄工作会议，全面安排部署了今后一个时期的老龄工作，明确了工作目标和任务。会后陆续出台了一系列指导性文件。编制了《吉林省老龄事业发展“十一五”规划》，出台了《吉林省加快发展养老服务业的若干意见》和《关于加强基层老龄工作的意见》，制定并下发了《吉林省老龄委成员单位考核办法》，年终进行了考核。《吉林省优待老年人规定》也进入专家论证阶段。此外，《省委、省政府贯彻落实〈中共中央、国务院关于全面加强人口和计划生育工作统筹解决人口问题的决定〉的意见》中，对如何应对人口老龄化也提出了明确的措施。这些政策性文件的出台，对做好今后的老龄工作具有十分重要的意义。

老年人社会保障水平稳步提高。养老保险覆盖面进一步扩大，全省在职职工已有341.38万人参加基本养老保险，退休人员人均养老金水平提高了22%，确保了基本养老金的按时足额发放。随着城市居民基本医疗保险的大力推进，城市居民和农村最低生活保障制度的不断完善，新型合作医疗制度的加快建立，对部分计划生育家庭奖励扶助制度的全面实施，惠及老年人的各项社会保障制度不断完善和健全，保障标准逐步提高。

老年人合法权益得到有效保障。去年，全省紧紧围绕纪念《中华人民共和国老年人权益保障法》（以下简称《老年法》）颁布实施10周年开展丰富多彩的活动，深入宣传贯彻老年法律法规和政策。省人大对《老年法》和《吉林省实施〈中华人民共和国老年人权益保障法〉若干规定》的执行情况进行了督导检查。举办《老年法》知识电视竞赛，组织“全省老年维权示范岗”评选活动，推进了老年维权工作的开展。各地通过制定老年优待政策，对特困老年人实施法律援助和司法救助等，有效维护了老年人的合法权益。

为老服务业发展势头较好。通过政策扶持，逐步形成以居家养老为基础、社区服务为依托、机构养老为补充的养老格局。2006年底，全省为老社会服务床位达6.3万张。民间为老社会服务机构发展迅速，其床位已接近总数的1/3。全省计划两年建设684所农村社会福利服务中心，不到一年已完成任务的3/4，拓宽了农村为老服务平台。各地认真做好建立“爱老义工服务”活动长效机制的试点工作，推进了此项活动的深入开展。

老年人文化体育活动更加活跃。全省广泛开展有益于老年人身心健康的文体活动，组织了首届老年人趣味运动会、第八个老人节庆祝大会暨“夕阳欢歌”文艺演出，以及首届社区老年人象棋比赛等活动。老年活动室、老年大学（学校）发展较快，为丰富老年人精神文化生活提供了场所。各地还通过举办老年文化艺术节、文艺汇演和组织老年人旅游等活动，积极倡导科学、健康、文明的生活方式，不断提高老年人的生活质量。

基层老龄工作得到不断加强。逐步健全基层老龄工作组织机构，基本形成了县（市、区）、乡（镇、街）、村(社区)三级老龄工作组织网络。深入开展“敬老模范村、居(社区)”创建活动，评比表彰了一批基层先进单位，激励和推进了基层老龄工作的有效开展。

2006年全省老龄工作取得的成绩，主要得益于以下几方面因素：一是各级党委、政府对老龄工作高度重视，加大投入、为老龄工作提供了有力支持；二是老龄委办公室和各成员单位切实发挥职能作用，紧密配合，形成了齐抓共管的工作格局；三是加大宣传力度，重视、参与和支持老龄事业发展的部门和同志越来越多；四是加强了各级老龄办的组织建设，基层基础工作得到有力加强。在此，我代表省政府和省老龄委向在座的各位同志，并通过大家向全省所有从事老龄工作、为老龄事业发展付出辛勤劳动的同志们表示衷心的感谢！

二、认清形势，增强做好老龄工作的责任感和紧迫感

目前，我省正处在深化改革、加快发展的关键时期，这一时期也是人口老龄化发展比较快的时期。据省统计局调查统计，2006年末，我省65岁以上的老年人口约222.4万人，占总人口的8.17%。随着多年生育水平的不断下降和人们健康水平的提高，未来我省老年人口的规模和比重仍将迅速扩大和提高。因此，对人口老龄化给我省社会、政治、经济和文化发展带来的巨大影响要有充分的认识，对老年群体的养老、医疗、社会服务、社会管理等方面的庞大需求压力要有足够的思想准备。

近年来，我省老龄工作取得了积极的进展，同时也要看到，老龄工作面临的问题还较多，老龄事业发展还有很多不适应的地方。养老保障体系、医疗保障体系和养老服务体系还需进一步完善，老龄工作管理体制还不够顺畅，老龄政策法规还不够健全，老龄事业投入不足，社会养老服务业的发展尚不能满足需求，农村部分老年人生活还比较困难等。对此，必须有足够的重视，在解决实际问题上多下功夫。

敬老、养老、助老是中华民族的传统美德，老龄工作是构建社会主义和谐社会的一项重要内容。做好老龄工作，维护老年人的合法权益，提高老年人的生命生活质量，有利于家庭和睦、代际和谐，从而促进社会的和谐；确保老年人共享经济社会发展成果，有利于化解社会矛盾，促进社会公平；弘扬敬老爱老的优良传统，有利于形成长幼有序的良好社会风尚，促进精神文明建设；根据老年人的特长，充分发挥他们的经验和作用，有利于促进经济和社会的发展。我们一定要全面贯彻落实中央的要求，进一步增强做好老龄工作的责任感、使命感和紧迫感，以奋发有为的精神状态开展工作，推动我省老龄事业不断发展，开创老龄工作的新局面。

三、抓住重点，扎实做好2007年老龄工作

2007年是我省经济社会发展的重要一年，全省老龄工作要以邓小平理论和“三个代表”重要思想为指导，全面落实科学发展观，围绕构建社会主义和谐社会的目标，认真贯彻全国老龄委第九次会议精神，严格落实老龄事业发展“十一五”规划，突出重点，创新务实，努力推进老龄工作实现更好更快发展。

一是抓紧落实老龄事业发展“十一五”规划。省老龄事业发展“十一五”规划是征求了各地、各部门的意见后形成的符合我省省情的发展规划，是“十一五”时期开展老龄工作的重要依据，要分阶段落实好、实施好。各地、各部门要把落实发展规划摆到重要位置，围绕老年人生活保障、老龄事业基础设施建设、养老服务业发展、老年人精神文化生活和老年人权益保障等重点任务，细化年度工作方案，强化措施，确保完成各项任务。

二是着力完善养老保障制度。健全完善的社会保障制度是保障老年人基本生活和维系社会和谐的重要条件。要认真落实基本养老保险参保缴费政策，继续加大扩面征缴工作力度。加快建立和健全被征地农民养老保险办法。积极探索养老保险个人账户资金管理运营办法。进一步推动企业年金等多层次养老保险体系建设。研究探索适合农村经济发展水平和农民特点的农村养老保险制度。继续开展“万户民企进社保”等专项行动，努力实现养老保险参保人数和基金收入稳步增长。加快推进城市居民基本医疗保险，全面开展新型农村合作医疗试点，加大医疗救助工作力度，逐步解决好老年人基本医疗保障问题。动员慈善组织和社会力量开展多种形式的救助贫困老年人活动。注意加强各项社会保障和救助制度之间的政策衔接配套，提高社会资源利用效能，探索建立救助贫困老年人的长效机制。

三是进一步加强农村老龄工作。加强农村老龄工作，是社会主义新农村建设的重要内容和必然要求。各地、各部门要把农村老龄工作放到突出位置来抓，整合为老服务资源，加大为老服务基础设施建设力度，完善功能，不断提高农村社区为老服务的能力。要高度重视农村老年人权益保障工作，大力弘扬子女赡养和邻里互助的好风尚，通过签订赡养协议等方式，巩固家庭养老功能。充分发挥基层调解组织作用，把涉老纠纷处理在萌芽阶段。认真落实农村部分计划生育家庭奖励扶助等政策。加强农村老年群众组织的规范化建设，努力实现自我组织、自我管理、自我活动、自我服务。

四是加快建设为老服务体系。要推动加快发展养老服务业若干意见的落实，通过多方投资，新建、改扩建等形式，兴办老年人养老、活动、学习等服务设施，形成服务网络。在社区探索建立一个支持家庭养老的社会化服务体系。继续深入开展“爱老义工服务”活动。抓好“爱心护理工程”项目试点建设工作。围绕重大节日、特别是省老人节组织好宣传文体活动，丰富老年人精神文化生活。相关部门要研究制定为老服务的标准和规范，加强对为老服务人员的职业技能培训和鉴定工作，努力提高为老服务人员的专业化水平。

五是切实维护老年人合法权益。继续深入宣传贯彻《老年人权益保障法》和《吉林省实施〈中华人民共和国老年人权益保障法〉若干规定》，增强社会各界维护老年人合法权益和为老人服务的意识。积极推动“老年维权示范岗”建设，广泛开展法律服务和法律援助进社区活动，使老年人能够就地、就近、及时得到高效优质的法律援助和司法救助。要认真开展执法检查,加大执法力度,严厉打击诈骗、伤害、遗弃、虐待老人等侵害老年人合法权益的严重违法行为。

六是充分发挥各级老龄委组织的作用。老龄委各成员单位要认真履行职责，密切配合，切实完成好本部门的工作任务。老龄办要充分发挥综合协调、督促检查和参谋助手的作用，继续加强对成员单位的考核，并建立健全情况通报制度。各级老龄干部要牢固树立构建社会主义和谐社会的大局意识，以人为本、执政为民的服务意识，各司其责、认真负责的责任意识，不断提高协调和创新能力。要在全系统提倡和发扬勤奋敬业、恪尽职守、高效务实、开拓进取的工作作风，使各级老龄机构始终保持良好的精神状态和工作效率。要组织相关专家和学者，围绕人口老龄化对经济社会发展的影响，老年人的基本生活状况和需求趋势等问题进行研究。要加大对老龄工作先进典型的宣传力度，进一步扩大老龄工作的社会影响。

各地、各部门要进一步提高认识，切实把老龄工作摆上重要位置。各级党政领导要定期听取老龄工作部门的汇报，研究老龄工作，帮助解决工作中的困难和问题。发挥政府的主导作用，不断加大对老龄事业的投入。充分调动社会各界的积极性，主动参与、支持老龄事业的发展。

同志们，做好老龄工作是利在当代，功在千秋,惠及千家万户的大事。我们要全面贯彻落实科学发展观,创新务实,努力推进老龄工作和老龄事业更好更快地发展,为构建社会主义和谐社会作出新的更大的贡献。

在（辽宁省）全省老龄工作总结表彰暨经验交流会上的讲话

辽宁省委常委、常务副省长　许卫国

（2007年8月8日）

这次会议是在全省上下正加快推进老工业基地全面振兴和构建和谐辽宁的新形势下，也是全省老龄事业发展进入关键时期召开的一次重要会议。主要任务是，认真总结交流近两年来全省的老龄工作，研究部署当前和今后一个时期的老龄工作。其目的是进一步分析形势，明确任务，突出重点，狠抓落实，努力开创全省老龄事业发展新局面，为实现老工业基地全面振兴和构建和谐辽宁提供有力保障。因此，开好这次会议，对于联系老龄工作实际贯彻落实好中央的要求和省委、省政府的部署，更广泛更充分地调动广大老龄工作者的积极性、主动性、创造性，进一步做好新形势下我省的老龄工作，具有十分重要的意义。

全国老龄办对辽宁的老龄工作一直十分关心，长期以来给予了有力的支持和指导。今天，本公副主任在百忙之中又亲自到会，并做了针对性、指导性很强的重要讲话，既充分肯定了辽宁老龄工作取得的成绩，又对我们的工作提出了五点殷切希望，各地、各部门一定要认真抓好贯彻落实。

刚才，闫丰同志作了一个很好的工作报告，讲得全面、具体、到位，我表示完全赞成。省老领导光中同志也作了一个重要的讲话，特别是围绕进一步发挥好老年人的作用讲了非常好的意见。会议还对近两年来全省老龄工作的先进集体和先进个人进行了表彰，鞍山市老龄办、沈阳市铁西区老龄办、营口市老边区政府等三个单位及阜新市矿区社会保障管理中心主任徐桂芬同志分别作了大会发言，还有近30个单位和个人书面交流了经验材料。应当说，这些先进集体和先进个人作为全省老龄战线和老龄工作者中的优秀代表，事迹感人，精神可贵。在此，我代表省委、省政府，向受到表彰的老龄工作先进集体和先进个人表示热烈的祝贺；也借此机会，向全省广大老龄工作者表示亲切的问候和崇高的敬意！

下面，我想重点围绕如何在更高的起点上谋划和推动全省老龄事业的发展，简要讲几点意见。

一、在更高的起点上谋划和推动全省老龄事业的发展，必须充分肯定近年来全省老龄工作取得的成绩，认真总结和科学运用实践中创造的宝贵经验

省委、省政府一直高度重视老龄工作。特别是近年来，在全国老龄办的大力支持和省委、省政府的正确领导下，各地、各部门坚持以科学发展观为指导，牢牢把握“党政主导、社会参与、全民关怀”的工作方针，紧紧围绕实现“六个老有”，做了大量卓有成效的工作，推动全省老龄事业获得了长足发展，老龄工作迈上了一个新的台阶。主要有三个标志：

标志之一，推动了一批重点工作。一是老龄政策法规逐步健全，以《辽宁省老龄事业发展“十一五”规划》为代表的一系列法规文件陆续出台，为老龄事业发展提供了法律和政策依据。二是老年保障服务体系日趋完善，具有辽宁特色的“六位一体、城乡统筹”的养老服务社会化体系初步建立。目前，全省国办养老机构达到119家，床位2.1万张；民办养老机构发展到510家，床位4.1万张。全省区、街道、社区共建设日间照料室、活动室、托老所等各类社区养老服务设施达6590个。三是老年福利建设水平明显提高，城市最低生活保障制度不断完善，农村低保和新型合作医疗制度建设步伐加快。特别是在全国率先开展了关爱老年人健康行动，为全省60—80岁老年人集中办理意外伤害保险，目前已有32万老年人入保，1300多人受益，获理赔金132万元。四是全国先进县区及先进单位的评选、创建活动有序开展，并已成为推动全省老龄工作持续健康发展的重要载体。五是老年文化活动进一步丰富，老年人发挥余热、为社会再做贡献的热情日益高涨。通过扎实推进上述工作，使我省老龄事业发展呈现出“五多”的可喜局面，即各级领导关心重视老龄工作的人多了，各职能部门主动支持老龄工作的多了，社会各界关怀老龄事业的人多了，老龄战线爱岗敬业、真抓实干的人多了，爱老敬老的模范典型多了，全省大老龄的工作格局正在形成。

标志之二，得到了一些有益启示。通过这些年来的探索和实践，使我们从指导思想、方针政策到具体工作等方面，不断加深了对老龄工作特点和规律的认识，得到了一些有益的启示。概括起来，主要有五个方面：一是必须坚持党委、政府对老龄工作的统一领导，充分发挥老龄委各成员单位的职能作用，最大限度地整合各方面资源，调动一切积极因素，努力形成齐抓共管的社会合力和工作机制。二是必须坚持围绕中心、服务大局，把老龄工作作为党委和政府工作的重要组成部分来认识，作为构建社会主义和谐社会的重要工作来部署，努力在服务大局、维护大局中找准定位，更加奋发有为。三是必须坚持以人为本，全心全意为老年人办实事，尽心竭力为老年人做好事，千方百计为老年人解难事，处处体现对老年人的关心、关怀、关爱，努力使老年人的生活状况与经济社会发展水平相适应，使他们共享改革发展的成果。四是必须高度重视和切实加强基层老龄工作，并将其作为推动老龄工作健康发展的关键环节，不断完善机构，健全网络，充实力量，努力形成全方位、全覆盖的工作格局。五是必须坚持改革创新的思路，以中央放心和广大老年人满意为标准，着眼于与时俱进地解决老龄工作面临的新情况新问题，不断推动养老服务的社会化、专业化和市场化，努力走出一条老龄工作的新路子。这些既是我们长期工作的实践成果和有益创造，也是指导我们做好新形势下老龄工作的重要原则，必须在以后的工作中牢牢坚持和把握。

标志之三，涌现了一批先进典型。这些年来，全省各级老龄工作机构和广大老龄工作者，坚持急老年人之所急，想老年人之所想，帮老年人之所需，在竭诚为老年人服务的实践中，涌现出一大批先进典型。比如，刚才发言的沈阳市铁西区老龄办，是本次会议表彰的先进集体。几年来，他们始终坚持把满足老年人文化生活需求、提高老年人生活质量作为工作的出发点和落脚点，积极负责地推动老年人各项福利政策的落实，满怀深情地为老年人办实事、办好事，得到了广大老年群众的普遍赞誉。又比如，志为夕阳创和谐的阜新市矿区社会保障管理中心主任徐桂芬同志，是本次会议表彰的先进工作者。在从事老龄工作30多年的时间里，她始终把老矿工当作亲人看待，几乎把全部精力都投入到了为老年人服务上，除了数年如一日地照顾一位老矿工亡遗属外，她和她的同志们不辞辛苦，用13天时间为老矿工包了12万多个饺子的事迹，也让我们深受感动。再比如，今天书面交流事迹材料的盘锦市盘山县陆家乡中心敬老院院长盖井忱同志，他在致富以后不忘回报社会，主动要求到敬老院工作，并自己出资150万元改善敬老院设施，为老年人送去了真心关爱和真情关怀，用实际行动印证了中华民族敬老、爱老、助老的传统美德，等等。我认为，在这些先进集体和先进个人身上，集中体现了我省老龄工作部门和老龄工作者的精神风貌和良好形象。他们那种爱岗敬业的实干精神、开拓创新的进取精神、任劳任怨的奉献精神，是值得我们大家学习的。

总之，近年来全省老龄工作取得的成绩值得充分肯定。这是在全国老龄办的指导和省委、省政府的正确领导下，全省各级老龄工作机构和老龄工作者共同努力的结果，同时也是与在座各位老领导、老同志的关心支持分不开的。在此，我代表省委、省政府，再次向劳苦功高的在座的各位表示衷心的感谢！

二、在更高的起点上谋划和推动全省老龄事业的发展，必须进一步认清形势，明确任务，务求在事关老年人切身利益的重点工作上取得新进展、新突破

大家知道，以去年省十次党代会为标志，辽宁已进入全面振兴的新阶段。从目前的整个发展情况看，可以说态势良好。全省经济在过去三年连续保持高速增长的基础上，今年继续保持了强劲的发展势头，实现了又好又快发展，呈现出“速度继续加快，效益大幅度提高，结构进一步改善，后劲明显增强”的可喜局面。上半年，全省生产总值增长14.8%，同比加快1.9个百分点，高于全国3.3个百分点，为多年来同期最好水平。规模以上工业增加值增长22%，同比加快3.1个百分点，高于全国3.5个百分点。全社会固定资产投资增长36.4%，同比加快0.5个百分点。社会消费品零售总额增长16.1%，同比加快2.3个百分点，高于全国0.7个百分点。外贸进出口总额增长29.7%，同比加快21.8个百分点，高于全国6.4个百分点。其中，外贸出口总额增长35.3%。实际利用外商直接投资增长125.3%，远高于全国的增长速度。地方财政一般预算收入增长36.1%，为实行分税制13年以来同期最好水平，增速分别高于全国和东部地区8个和7.9个百分点，位居全国第4位。城镇居民人均可支配收入实际增长14.3%，同比提高4个百分点，高于全国0.1个百分点。农民人均现金收入实际增长18.6%，同比提高4.2个百分点，高于全国5.3个百分点，为近年来同期最好水平。与此同时，年初省委、省政府确定的重大举措、重点工作扎实推进，民生工程加快实施，和谐辽宁建设取得新进展。

应当说，全省发展振兴的良好态势和取得的成果，为我省老龄事业的发展提供了有利的外部条件，奠定了一定的物质基础。但是，我们也绝不可以盲目乐观。正如刚才闫丰同志所分析的，当前我省正处在人口老龄化快速发展的重要时期，老龄工作面临着比较严峻的形势，突出表现为四点：一是老年人口多。目前全省老年人口已达620万人，占全省总人口的14.2%。二是发展速度快。全省老年人口正在以每年3%以上的速度递增，预计到2025年占全省总人口的比例将超过25%。三是地区差异大。我省城市老年人口占全省老年人口的比例为56%，是全国唯一一个城市老年人口多于农村的省份。四是进入时间早。我省早在1995年，就提前国家五年进入了老龄化社会，当时的人均GDP只有835美元，还不到发达国家的1/10，属于典型的“未富先老”。除此之外，我们在工作层面也还存在着一些与老龄事业发展不相适应的地方，特别是一些地方对老龄工作重视不够，抓得不紧，落得不实，老年人生活困难、权益受到侵害的现象仍时有发生，做好新形势下的老龄工作任重道远。

我们必须充分认识到，做好老龄工作，发展老龄事业，是实践“三个代表”重要思想的具体体现，是贯彻科学发展观和构建社会主义和谐社会的重要内容，也是实现老工业基地全面振兴的题中应有之义，更是全社会的共同责任。各地、各部门一定要从全局和战略的高度，充分认识做好老龄工作的重要性、必要性和紧迫性，以对党和人民高度负责的精神，紧紧围绕实现“六个老有”目标，从老年人最关心、最直接、最现实的利益问题入手，不断推动各项工作取得新进展，努力使发展振兴成果更多地惠及包括老年人在内的全省人民。

关于今后一个时期全省老龄工作的重点任务，刚才闫丰同志已经作了全面部署，这里我再强调以下几个问题：

第一，要继续完善有关制度和政策，切实保障老年人的基本生活。要认真落实已经出台的涉及老年人的有关政策措施，抓紧研究制定我省《关于加快发展养老服务业的意见》和《关于加强老年人优待的意见》，进一步健全有关老年人社会保障、医疗、教育等方面的相关配套政策，为老龄工作开展提供政策依据。要继续巩固和发展我省社保工作取得的成果，进一步完善城镇职工基本养老保险、基本医疗保险和城镇居民最低生活保障制度，启动城镇居民基本医疗保险试点工作，继续扩大社会保险覆盖面。要以基层和农村为重点，加快推进农村养老和最低生活保障及新型合作医疗制度建设，并通过社会慈善义举、社会捐赠、集体和群众“一帮一、手拉手”等互助方式，不断完善社会救助体系，逐步解决农村老年人的基本生活和贫困、特困、病残老人的养老问题。

第二，要坚持改革创新的思路，大力发展老龄产业。养老服务的产业化和社会化，是老龄事业发展的必然趋势，也是推动老龄工作健康发展的必由之路，各地、各部门对这个问题要给予高度重视。当前的重点是要加快推进国有养老机构改革，从根本上转变国有养老机构的运行机制和运行方式，切实提高服务质量和服务水平。同时，抓紧研究制定相关政策，消除体制障碍，鼓励和支持社会力量兴办老年服务设施和服务机构。要切实发挥好中介组织和为老服务队伍的作用，特别是要大力推广大连创建的10种养老服务模式和辽阳开展虚拟养老院社会服务的做法，不断拓展老龄产业发展的途径，有关部门要在土地征用、市政配套等方面为其提供有力支持。

第三，要加强为老服务设施建设，不断提高老年人的精神文化生活质量。为老服务设施是活跃老年人精神文化生活的物质基础和重要阵地，必须下力气抓紧抓好。要抓住国家大力推进城市社区建设的有利时机，以社区和村镇为重点，在整合现有资源的基础上，积极推进县（市、区）、乡（镇、街道）、村（居委会）三级为老服务设施建设，最大程度地满足老年人的精神文化生活需求。对已经建立的活动场所和服务设施要注意加强管理，确保充分发挥作用。同时，要有组织、有计划地开展有益于老年人身心健康的各种经常性的文体活动，积极引导广大老年人选择科学、文明、健康的生活方式。

第四，要积极搭建平台，为老年人发挥作用创造条件。老年群体中蕴含着丰富的人才资源，老领导、老干部、老专家、老同志是我们党和国家的宝贵财富，他们经验多，阅历广，虽然年事已高，但关心全省发展振兴的初衷不变、热情不减。各地、各部门都要注意研究和探索发挥老年人才作用的有效途径和方式，积极为他们实现老有所为创造便利条件，引导和鼓励他们在推动经济发展、构建和谐社会以及维护社会稳定等方面发挥应有的作用。

三、在更高的起点上谋划和推动全省老龄事业的发展，必须切实加强组织领导，整合各方力量，积极构筑“大老龄”的工作格局

老龄工作关系经济社会发展全局，牵扯社会方方面面。做好这项工作，不是喊口号喊出来的，需要每个人、每个部门都加入到敬老、爱老、助老工作中来，每个人、每个部门都能为老年人真正动点真情，办点实事。特别是各级党委和政府都要把老龄工作纳入当地社会经济发展的总体规划之中，统筹兼顾，精心组织，狠抓落实，实实在在地帮助老年人解决一些实际问题，务求取得令老年人真正满意的实效。

第一，要进一步强化对老龄工作的领导。各地、各部门要把老龄工作纳入重要日程，与其他工作一同布置、一同检查、一同落实，确保老龄工作与经济社会同步发展。要建立健全老龄工作责任制，发挥好党政主导作用，做到一级抓一级，层层抓落实。主要领导同志和分管领导同志要经常听取老龄工作汇报，及时研究解决工作中遇到矛盾和问题，并在人力、财力、物力等方面给予必要支持。这里我再次重申，到2009年底前，全省必须全面建立起省、市、县（区）、乡镇四级老龄工作委员会及其办事机构，并真正实现编制、级格、人员、经费、职责和办公场所“六落实”。

第二，要注重加强老龄科学理论和政策研究。要密切关注老龄化发展趋势，认真研究老年群体的新特点、新变化，充分认识和把握市场经济条件下老龄问题的特点和规律，不断拓宽工作思路，提高工作水平。同时，要进一步畅通与老年人联系的渠道，全面准确地了解广大老年人的所思、所想、所忧、所盼，尽心竭力帮助他们解决实际困难，从而真正把我们的理论研究成果转化为老龄事业健康发展的现实成果。

第三，要不断巩固密切配合、齐抓共管的老龄工作格局。老龄委各成员单位要根据今后一个时期全省老龄工作的任务重点，结合本部门实际，研究制定具体政策措施，认真抓好落实。各成员单位在工作中要加强沟通协商，搞好协调配合。各级老龄委办公室要充分发挥综合协调、督促检查和参谋助手作用，切实履行好职责。此外，还要通过各种形式和渠道，广泛发动社会团体、组织及个人投入到老龄慈善事业中来，努力构筑全社会齐抓共管的“大老龄”工作格局。

第四，要着力营造全社会敬老爱老的良好氛围。要把传统孝道的精髓与时代精神相结合，赋予新的内涵，弘扬新型的孝文化，培育和树立新时代敬老先进典型，形成生活上关心老年人、精神上慰藉老年人、权益上维护老年人的良好风气。要加强老龄工作法律法规和政策的宣传，使全社会充分了解老年人依法享有的权利以及家庭、社会和单位对老年人应尽的义务，增强维护保障老年人权益的法律意识，提高尊老、爱老、敬老的自觉性。要大力宣传关爱老人、奉献社会的先进典型，引导广大企业家自觉加入到为老年人献爱心、办好事的行列中。要加强对青少年的道德教育，使他们从小认识到老年人对社会和家庭的贡献，培养仁爱之心和责任意识，懂得感恩回报和奉献社会。

做好老龄工作，发展老龄事业，任务艰巨，责任重大，使命光荣。让我们在省委、省政府的正确领导下，坚持以科学发展观为指导，开拓创新，扎实工作，努力开创老龄事业发展新局面，为实现老工业基地全面振兴和构建和谐辽宁作出新的贡献！

在第八次（山东省）全省老龄工作会议上的讲话

（摘要）

山东省副省长　李玉妹

（2007 年 4 月 17 日）

省政府召开山东省老龄工作会议，主要任务是传达贯彻全国老龄委第九次全体会议和省委、省政府主要领导同志的重要指示精神，总结 2006 年全省老龄工作情况，安排部署 2007 年的工作任务，进一步统一思想，强化措施，加大工作力度，推动全省老龄工作开创新局面。省委书记李建国、省长韩寓群及原省委书记张高丽都对这次会议非常重视，李书记专门作了批示，韩省长和高丽同志专门为会议写了信，对老龄工作提出了新的更高的要求。

2006 年，全省老龄工作在省委、省政府的正确领导下，各级各部门解放思想，团结协作，开拓进取，狠抓落实，各项工作取得了新的成绩。养老保障工作有了新突破。山东省社会基本养老保障制度进一步健全，城乡老年医疗保障制度进一步完善，养老保险、家庭养老、老年人救济救助、新型农村合作医疗制度试点，都取得显著成效。落实老年政策法规有了新进展。全省广泛开展了纪念《中华人民共和国老年人权益保障法》颁布 10 周年活动，增强了全社会依法维护老年人权益的意识，进一步打击和预防了侵害老年人合法权益的违法犯罪行为。积极探索新形势下优待老年人的新路子，保证了山东省老年人共享经济社会发展成果。养老服务业有了新提高。按照国务院和省委、省政府有关通知要求，积极发展养老服务业，山东省各类养老服务组织发展迅速，老年服务项目日益增多，养老床位大幅度增加，老年产品进一步丰富，老年市场进一步活跃，为老年人提供了更好、更全面的服务。老年文体活动形成新亮点。各级加强了基层老年组织、老年大学和老年活动场所建设，积极组织引导老年人开展健康有益、丰富多彩的文化、体育、教育和老有所为活动，进一步丰富了老年人的精神文化生活，促进了老年群体的稳定。老龄工作的环境有了新改善。各级党委、政府对老龄工作更加重视，全社会敬老道德文化氛围日益浓厚，进一步形成了党政主导、社会参与、全民关怀的老龄工作大格局，营造了关注老龄问题、支持老龄工作、参与老龄事业的良好社会氛围。韩寓群省长充分肯定了老龄工作，指出："近年来，山东省老龄工作围绕中心、服务大局，取得了显著成绩。"在此，我代表省政府，向所有关心支持老龄工作的各级各部门和社会各界表示衷心的感谢！向长期奋斗在老龄工作战线上的同志们表示亲切的问候！

山东省人口老龄化已经进入快速发展时期。根据2005年1%人口抽样调查结果，山东省60岁以上老年人有1293万人，占山东省总人口的13.98%，"十五"期间老年人口年递增率为4.37%。按此推算，去年底山东省60岁以上老年人口已超过1300万人，占山东省总人口的比例已突破14%。据预测，到2010年，山东省60岁以上老年人口占山东省总人口的比例将上升到18%左右，2020年将上升到24%左右。人口老龄化的压力已经是一个严峻的客观现实。目前，我省老龄事业虽有了较大发展，但与经济社会发展要求、与人口老龄化严峻形势、与老年人日益增长的物质文化需求，都有明显的差距；现行的养老保障体系、医疗保障体系、为老服务体系以及老年管理体系等，都有明显的不适应；地区之间老龄事业发展也不够平衡，工作中还存在一些问题和薄弱环节。对此，我们必须有一个清醒的认识。要把老龄工作放在经济社会发展的大局中去思考、去谋划，牢固树立老龄事业是社会主义事业的重要组成部分，老龄工作是党和政府的重要工作的观念；做好老龄工作是各级领导干部应尽的政治责任的观念，进一步增强做好老龄工作的责任感和紧迫感。

《山东省老龄事业发展"十一五"规划》已经省政府批准发布，它是指导"十一五"全省老龄工作的纲领性文件，各级各单位一定要按照要求切实抓好落实。

一、认真抓好养老保障工作，不断提高老年人生活水平

从全省老龄工作情况和老年人的实际需求来看，养老保障始终是老龄工作的重中之重。各级要按照巩固家庭养老、发展社会养老、鼓励自我养老的工作思路，深入总结、研究和探索符合当前实际的养老保障新办法、新经验，大胆创新，广开新路，进一步加强养老保障工作。在家庭养老方面，要继续抓好签订农村家庭赡养协议书工作，进一步完善监督措施，督促子女切实履行好赡养老人的义务，并研究探索鼓励家庭养老的新办法，进一步巩固和充分发挥家庭养老的主渠道作用。在社会养老方面，要继续加大工作力度，不断扩大城镇基本养老保险覆盖范围；抓好新型农村养老保险制度试点，争取在新型农村养老保险政策研究和制度建设方面实现新的突破；继续加大对乡镇敬老院建设的投入，确保年底集中供养率达到70%以上，进一步提高"五保"供养水平。在老年医疗保障方面，要重点抓好扩大新型农村合作医疗制度试点的工作，并采取政府和集体补助的办法减免高龄和贫困老人的参合费用。各级要逐步建立专项资金，加强对贫困老人的医疗救助和生活救助，切实抓好"爱心护理"工程的实施，多途径解决老年人的实际困难。省里将在提高百岁老人长寿补贴的基础上，研究制定对高龄老人实行养老补贴的办法，各地也要抓紧这方面的探索。

二、大力发展养老服务业，多方位满足老年人服务需求

养老服务是社会服务的重要方面，大力发展与老年人特殊需求相适应的社会养老服务业，是应对人口老龄化的重要举措。老年群体中需要长期照料护理和入住养老机构的高龄、带病、独居老人约占近25%。我省第二次残疾人抽样调查显示：全省569.5万残疾人中62.8%是老年人。这也从一个侧面说明了老年人对养老服务业的需求。各级一定要认真贯彻国务院和省委、省政府关于大力发展服务业的指示精神，充分利用好当前的优惠政策，加快以居家养老为基础、社区服务为依托、机构养老为补充的养老服务体系建设步伐，为老年人提供生活照料、精神慰藉、卫生保健、文化教育、体育健身和权益维护等方面的服务。要坚持走政府倡导鼓励、社会力量兴办、多元化投资、市场化运作的路子，采取公建民营、民办公助、政府补贴、购买服务等多元化资金投入和经营运作方式兴办养老服务业，优化资源配置，提高服务质量。建立公开、平等、规范、优惠的养老服务业准入制度，鼓励社会力量以独资、合资、合作、联营、参股、特许经营等多种方式兴办养老服务业。要突出发展老年人住养、照料和老年医疗保健、老年旅游等服务项目，引导相关企业提供适合老年人的、具有实用性、方便性和安全性的老年产品和服务，满足不同层次老年人的需求。要加强行业管理监督和老年服务人员培训，提高管理服务水平。今年省政府将尽快出台扶持养老服务业的意见，各地也要积极探索完善有关政策措施，推动以养老服务业为重点的老龄产业快速健康发展。

三、积极开展居家养老服务工作，为居家养老提供强有力支持

居家养老是我国的传统养老方式，但随着城市化进程加快、家庭小型化以及生活方式、养老观念的变化，家庭养老功能日趋弱化，已经难以满足老年人的需求。居家养老服务就是由社区和社会帮助家庭为居家老人提供生活照料、医疗护理和精神慰藉等方面服务的一种社会化的养老服务形式。近年来，青岛市以及外省的一些城市，在发展机构养老的同时，依托社区建立养老服务网络，发展养老服务队伍，完善养老服务设施，创新养老服务模式，有效地缓解了养老服务供需矛盾，取得了良好的社会效益。实践证明，大力发展居家养老服务，是对传统家庭养老模式的补充与更新，是解决众多老年人养老服务需求的重要途径，是应对人口老龄化严峻挑战，破解养老服务难题的重要出路之一，也是促进家庭和谐、社区和谐和代际和谐，推动经济社会与老龄事业协调发展，构建社会主义和谐社会的重要举措。各级要认真贯彻全国居家养老服务经验交流会精神，以满足老年人养老服务需求为出发点和落脚点，坚持政府主导、社会参与的方针，按照服务主体多元化、服务形式多样化、服务队伍专业化的要求，全面推进居家养老服务的开展。要加强调查研究和工作试点，研究制定符合本地实际的居家养老服务发展规划和政策措施，建立健全居家养老服务管理体制和运行机制。要深入开展养老服务社会化示范活动，积极培育和发展居家养老服务中介组织，建立和完善社区居家养老服务体系，力争“十一五”期间，全省城市社区基本建立起多种形式、广泛覆盖的居家养老服务网络，为广大老年人居家养老提供良好的服务。要加强居家养老服务队伍建设，实行专业化服务人员与志愿者相结合，大力开展职业道德教育和岗位技能培训，不断提高服务队伍的政治业务素质和服务水平。

四、高度重视农村老龄工作，着力解决新农村建设中的涉老问题

农村老龄工作既是山东省老龄工作的重点，也是一个薄弱环节，加强农村老龄工作是社会主义新农村建设的重要内容和必然要求。我省老年人74%在农村，农村老年人自我保障能力低，社会保障覆盖面小，农村老年人的保障问题解决不好，将直接影响小康社会和新农村建设。各级要充分认识做好农村老龄工作对新农村建设的推动作用，将其纳入新农村建设的大盘子，抓实抓好。要加强敬老道德和法制建设，大力弘扬子女赡养、家庭养老和邻里互助的优良传统，严厉惩处不养老和侵害老年人合法权益的违法行为。要加快推进农村社会养老保险制度建设，全面建立农村最低生活保障制度，全面实行计划生育家庭奖励扶助制度，扩大新型农村合作医疗试点，切实解决好贫困老年人的基本生活问题。要积极探索在农村实行居家养老的新路子，全面提高农村社会养老保障水平。要加强农村社区建设，加大对农村养老和老年活动设施的投入，不断改善农村老年人的生活娱乐条件。要加强农村老年群体组织的规范化建设，充分发挥其在社会主义新农村建设中的积极作用。

五、切实加强老龄机构建设，全面提高老龄工作水平

随着我省老龄化程度的不断提高，老龄工作的任务越来越繁重。各级老龄委是同级党委、政府主管老龄工作的议事协调机构，作用发挥的如何，直接关系到老龄工作的成效，关系到全省老年人的切身利益。各级老龄委及成员单位，都要认清肩负的重要责任，强化责任感、使命感，尽职尽责，尽心尽力，真抓实干。各级老龄委主任，要真正做到认识到位、领导到位、工作到位、组织协调到位。我省各级老龄委的工作职责分工、工作制度、议事协调机制是比较健全的，下一步要在坚持和落实上下功夫。各级老龄办是老龄委的办事机构，负责老龄委的日常工作，老龄办的综合协调、督促检查、参谋助手作用发挥的如何，直接影响到一个地区的老龄工作水平。各级老龄办要切实加强自身建设，不断提高综合素质和能力。要主动当好参谋，密切关注经济社会发展，加强调查研究，及时提出加强老龄工作的意见和建议，为党委、政府决策提供可靠依据；要积极搞好协调，主动为老龄委成员单位服务，对涉及有关部门的工作，要主动协商、及时沟通，促进相互支持配合；要加强督促检查，对老龄工作方针政策、法律法规和老龄委决定事项的落实情况，要加强检查监督，确保工作落实。各级老龄委、老龄办要深入研究市场经济条件下老龄问题的特点和规律，积极探索做好新形势下老龄工作的措施和办法，学习借鉴全国乃至世界的成功经验与做法，开拓创新，大胆实践，不断推出符合山东实际的老龄工作新思路、新举措、新经验，推动山东省老龄工作不断上层次、上水平。

六、进一步加强组织领导，积极营造发展老龄事业的良好环境

省委、省政府对老龄工作一直高度重视。刚才会议传达了省委书记李建国的重要批示，传达了3月12日时任省委书记的张高丽同志和省长韩寓群同志写给会议的信。这些情况说明，省委、省政府的主要领导同志高度重视老龄工作。我们一定要按照省委、省政府的要求，切实加强对老龄工作的领导，开创老龄工作的新局面。要适应老龄工作涉及面广、社会性强的特点，进一步建立和完善“党政加强领导、老龄委组织协调、有关部门齐抓共管、全社会共同努力”的老龄工作机制。要把老龄工作列入各级政府的重要议事日程，领导同志要定期听取工作汇报，及时解决工作中的实际困难和问题，带头参加重要活动，以实际行动尊重、关心老年人，支持老龄工作。要在各级干部培训机构设立老龄问题课程，把尊老敬老列入干部考核内容，切实增强各级干部的老龄意识，认真解决“在位时办到想不到，退下来时想到办不到”的问题。要把尊老敬老列入中小学德育教学、村规民约和基层文明创建条件，切实增强青少年和广大群众的尊老敬老观念。各级宣传部门、各类新闻媒体和书刊音像出版单位，要加大老龄宣传，城市主要公共场所和基层农村、街道要设置敬老爱老宣传橱窗或标牌，营造浓厚氛围。要按照省政府第67次常务会议的要求，建立正常的老龄事业投入机制，不断加大经费投入，保障老龄事业发展经费和必要的工作经费，切实解决好各级老龄办的班子建设、队伍建设、思想作风建设等方面的问题。要进一步建立和完善老龄工作决策目标、执行责任、考核监督“三个体系”，切实做到有部署、有检查、有落实，真正实现目标明确、责任清晰、措施得力、考核到位，形成一级抓一级，层层抓落实的机制。要采取政府督查、人大检查、政协视察、媒体监督等多种形式，加强执法监督检查，推动各项老年优待政策全面落实。要大力宣传老年法规政策和尊老敬老的先进典型事例，积极营造发展老龄事业的良好社会大环境。

在江苏省第20个敬老日庆祝大会上的讲话

江苏省副省长　张九汉

（2007年10月16日）

各位老领导、老同志，同志们：

在全国上下欢庆党的十七大胜利召开之际，今天我们在这里隆重集会，迎接即将到来的省第20个敬老日。首先，我代表省人民政府、省老龄工作委员会，向全省老年朋友致以节日的祝贺，祝你们健康长寿、阖家幸福！向全省广大老龄工作者和关心支持江苏老龄事业发展的社会各界人士，致以诚挚的问候和衷心的感谢！

敬老、爱老、养老、助老是中华民族的传统美德。老年人是社会财富的创造者，他们为新中国的建立、建设和发展作出了积极贡献。我们今天的物质文明、精神文明、政治文明的建设成果，无不蕴含着老年人的智慧和劳动，凝结着老年人的辛勤汗水。尊重老年人，关心关注他们的物质生活和精神生活，帮助他们解决实际困难，让广大老年人分享经济社会发展成果，以丰富、健康、文明的生活方式安享晚年，是社会主义制度优越性的具体体现，是构建社会主义和谐社会的必然要求，是促进社会文明进步的重要举措。开展老龄工作，发展老龄事业，关系国计民生，关系经济发展，关系社会和谐。可以说，没有江苏老年人的小康，就没有江苏的全面小康；没有老年人的现代化，就没有江苏的整体现代化。老龄工作不仅关系每一位老年人、每一个家庭的切身利益，也关系到全社会的稳定和年轻人的未来。老龄事业发展水平不仅反映一个国家和地区的综合竞争力，也是社会文明进步的重要标志。

近年来，江苏省委、省政府高度重视老龄事业发展，积极应对人口老龄化挑战，坚持以科学发展观为指导，坚持以人为本，积极保障老年人生活，努力提高为老服务水平，取得了积极成效，全省老年人的经济生活保障、医疗保障、服务保障、文化建设和参与社会生活等方面得到了迅速发展。今年上半年，省政府常务会议专题研究了老龄事业发展问题。前不久，省政府办公厅下发了《江苏省老龄事业发展“十一五”规划》和《关于进一步做好老年人优待和服务工作的通知》。这些都充分体现了省委、省政府对老龄事业的重视，对广大老年人的关心，对做好老龄工作的决心。但必须清醒地看到，随着人口老龄化加速，对老龄工作提出了新的更高的要求。胡锦涛总书记在中央党校讲话中指出，要坚持“四个坚定不移”，推动科学发展，促进社会和谐。党的十七大将对全面推进中国改革开放和社会主义现代化建设、全面推进党的建设新的伟大工程作出战略部署。各地各部门要认真学习贯彻党的十七大精神，以科学发展观为统领，将老龄事业摆上更加重要的位置，列入经济社会发展总体规划，统筹考虑、协调推进。要加快完善社会养老保障制度、医疗保障制度、养老服务保障制度，通过政府扶持、市场推动、社会化服务的运作机制，推进老年服务基础设施建设和老年社会服务业发展，进一步维护老年人合法权益，不断提高老年人生活水平和生活质量，努力实现“六个老有”的目标。

当前和今后一段时期，江苏在发展老龄事业方面将做到四个“率先”：一是率先实现老年人基本经济生活社会保障的全覆盖。进一步完善城镇职工基本养老保险和农村新型养老保险制度，探索城乡衔接的养老保险办法，建立和完善覆盖全省困难老年群体的社会救助体系。二是率先建立包括老年人在内的全民医疗社会保障制度。进一步完善城镇职工基本医疗保险、城镇居民基本医疗保险，完善新型农村合作医疗制度，实施覆盖全省的医疗救助制度，逐步提高老年人医疗保障水平。三是率先构筑基本满足人口老龄化需求的养老服务体系。按照居家为基础、社区为依托、机构为补充的养老服务路子，大力发展社区为老服务和养老服务机构，完善养老服务体系，提高为老服务质量和水平。四是率先建立老年人优待工作体系。各级政府要积极设立“尊老金”，对不同年龄段的高龄老人发放不同标准的长寿补贴，实行全省老年人优待证“一证通”，加大力度让老年人享受多种优惠服务，加大维护老年人合法权益的力度。

在老龄工作中，要全面把握和正确处理好四个关系：一是正确处理好老年人基本生活与提高生活质量的关系。在切实保障老年人基本生活和医疗需求的同时，使城乡老年人的生活质量随经济发展相应提高，不断满足老年人日益增长的物质文化需求，真正使每一位老人既能安度晚年，又能欢度晚年。二是正确处理好老龄事业发展中政府、社会、家庭、个人之间的关系。坚持政府主导、全民参与的原则，充分发挥各方面的积极性，各负其责、各尽所能。三是正确处理好居家养老与机构养老的关系。积极推广促进居家养老服务和扶持养老机构建设的做法和经验，创新社会化养老服务的运行机制。四是正确处理好物质养老与精神养老的关系。采取扎实措施，关注老年人的精神养老，对老年人更多地给予行为上的尊重、感情上的沟通、精神上的抚慰，使他们身心愉悦地安度晚年。

同志们，老龄工作是一项涉及全社会的系统工程，各级党政机关、企事业单位、社会团体及社会各方面都要积极行动起来，自觉为老龄事业发展献计出力，共同营造全社会敬老、爱老、养老、助老的良好社会环境。同时，也希望各位老领导、老同志、广大老年朋友更加关爱自己，关爱家人，关心社会，关心和支持江苏的改革发展，积极参与和谐社会建设，在社会生活和家庭生活中充实每一天，快乐每一天，幸福每一天。

谢谢大家！

在（浙江省）省老龄工作委员会第六次全体会议上的讲话

浙江省副省长　陈加元

（2007 年 3 月 27 日）

同志们：

不久前，全国省级老龄办主任会议暨居家养老服务经验交流会在浙江召开，这是全国对浙江的老龄工作，尤其是对浙江居家养老服务工作的鼓励和鞭策。落实全国会议精神，将杭州、宁波居家养老经验做法在全省推行，切实解决老年人居家养老难题是当务之急。今天，我们召开老龄委第六次全体会议，对去年工作进行阶段性总结，安排部署今年工作，贯彻落实全国会议精神，很必要，也很及时。刚才，黄永正同志代表省老龄委作了工作报告，各成员单位提出了很好的意见建议，我都赞成。请老龄办根据各成员单位提出的意见建议，进一步修改和完善后报批。下面，我再讲几点意见。

一、要充分肯定 2006 年老龄事业取得的新进展

2006 年是“十一五”开局之年，省委省政府全面树立和落实科学发展观，作出了深入实施“八八战略”、加快推进“平安浙江”、文化大省、“法治浙江”建设的重大部署，带领全省人民发扬“自强不息、坚忍不拔、勇于创新、讲求实效”的浙江精神，实现了经济社会又好又快发展，老龄事业也取得了新的进展。

一是老龄工作的政策法规体系进一步完善。2006年，老龄工作有关部门相继出台了一些老龄政策法规。编制印发了《浙江省老龄事业发展“十一五”规划》，对今后一个时期的老龄事业发展作了战略部署；拟定了《2006—2007年为老年人办实事的意见》，以办实事为抓手，让广大老年人得到实惠。《关于完善企业职工基本养老保险制度的通知》、《关于推进城镇居民医疗保障制度建设试点工作的意见》、民政厅转发民政部《关于农村五保供养服务机构建设的指导意见》、《浙江省农村部分计划生育家庭奖励服务制度实施办法》等政策文件的出台有力地促进了大社保体系的深化。此外，我们还出台了《关于促进养老服务业发展的通知》和《关于加强老年电大教育工作的意见》等政策文件。省政府和有关职能部门的涉老政策文件的出台完善了老龄政策法规体系，为老龄事业更好更快发展提供了政策保证，对老龄事业发展有着深远意义。

二是大社保体系建设进一步深化。继2005年全省人均GDP在全国各省区率先跨越了3000美元这一国际公认的实现初步现代化的重要“门槛”后，2006年全省人均GDP逼近4000美元，全省和省级新增财力用于民生方面的支出大幅增加，分别达72.0%和73.0%，安排促进就业再就业、城乡居民最低生活保障、孤寡老人集中供养、新型农村合作医疗和医疗救助、农村公共卫生和农民健康体检等各项资金达6.8亿元，有了雄厚的经济基础，特别是财力支持，大社保体系得以进一步深化。一是支持大社保体系深化的法规政策进一步完善，去年我们出台了一系列的有关大社保体系的政策法规文件，分别涉及就业、社会保险、新型社会救助体系等。二是大社保的覆盖面进一步加大。基本养老保险去年底已经覆盖了964万人；城乡一体的低保制度将基本生活困难老人全部纳入低保救助范围；农村“五保”和城镇“三无”对象集中供养率分别达到92%和98%；11万老年人享受到农村部分计划生育家庭奖励扶助政策；2902万人参加了新型合作医疗，1441万人接受了免费体检；“送光明”、“送温暖”等临时救助有12650名困难老人直接受益，3709名困难老人重见光明。三是大社保的保障水平进一步提高，养老保险金标准随经济社会发展水平相应提高，全省退休人员月均养老金达1028元，居全国第三。大社保体系的进一步深化让更多的老年人得到了更多的实惠，更多困难老年人的基本生活问题得到了保障。

三是老年人合法权益得到有效保障。各地围绕老年人优待政策抓落实，全省十一个市全部出台了《浙江省优待老年人规定》实施办法，有的地方还对贯彻落实老年人优待规定进行督查，确保了各项优待老年人规定的有效落实。各地、各部门还围绕纪念《中华人民共和国老年人权益保障法》（以下简称《老年法》）实施10周年开展系列活动，大力宣传老年法律法规和政策，积极开展执法检查，老年维权工作力度加大，全社会自觉维护老年人合法权益的意识进一步增强。

四是老年文化、体育设施建设投入进一步加大，老年文体活动日益活跃，老年人精神文化生活日益丰富。2006年全省新增门球场153片、气排球场475片、地掷球场87片、老年体育活动中心719个，较好地缓解了老年体育场地紧缺的矛盾，为老年人就近就便参加体育锻炼提供了良好的条件。省福利彩票公益金也拨出500万元用于欠发达地区农村兴办老年电大教学点，有250个教学点得到了资助，进一步促进了新农村老年文化活动设施建设。基础设施完善，老年人参与热情很高，全省老年体育人口已达50%以上，而在省第十九个老人节期间，全省有62个市、县（市、区）开展了老年文化艺术周活动，近9万余名老年人参与其中。

这些成绩的取得与省委、省政府高度重视，各部门通力协作，各地狠抓落实密不可分。

二、从构建和谐社会的高度，提高认识，切实增强做好老龄工作责任感和紧迫感

和谐社会提倡的是社会的各个阶层、社会的每一个成员都能享受的根本利益和共同利益。积极发展老龄事业，做好老龄工作是浙江加强统筹协调发展，促进社会和谐稳定的重要内容之一。

首先，发展老龄事业，做好老龄工作是构建社会主义和谐社会的内在要求。中央提出，构建社会主义和谐社会要保证经济协调可持续发展的同时，社会事业必须得到全面发展。老龄事业作为社会事业的重要命题之一，适应人口老龄化形势，发展老龄事业，做好老龄工作，让广大老年人共享社会经济发展成果，保障基本生存权和发展权，提高生命生活质量是我们构建和谐社会的重要目标和重要任务。

同时，发展老龄事业，做好老龄工作是构建和谐社会的基础性工作。老龄化问题影响社会的方方面面，没有老年人的和谐稳定就没有全社会的和谐，不可逆转的老龄化趋势要求我们必须重视人口老龄化问题，重视老龄工作。截至2006年底，全省60岁及以上老年人口有674.26万人，占总人口的14.55%；80岁及以上高龄人口已达97.87万人，占老年人口总数的14.51%。“十一五”期间还面临人口老龄化的加速期，按现行生育政策，到2010年，我省60岁以上的老年人口将达到746.63万人，占总人口的15.11%，5年间增长94万人。浙江省人口老龄化要比全国提早10年左右，全国2015年60岁以上老年人口占总人口的1/7，浙江省去年已超过1/7，形势严峻、任务很重。面对严峻的老龄化形势，充分利用人口负担系数较轻、财力日趋雄厚的良好条件，为应对老龄化高峰期提前做好思想上、理论上和制度上的准备是我们构建和谐社会的必要条件。

第三，发展老龄事业，做好老龄工作必将有力地推动和谐社会建设。老年人是构建和谐社会的一支重要力量，有着丰富的知识和经验，发挥老年人作用，有助于把我们的社会建设得更加和谐美好。老年人这个群体与其他社会群体不同，有其鲜明的特点，他们的辐射能力很强，可以为社会做许多有益的事，许多其他社会群体做不到的事，在构建和谐社会中发挥独特影响；同时，这个群体也会给某些社会事业带来一定的负面影响，原因往往是社会对他们的关注和关爱不够。老年人在构建和谐社会过程中能不能发挥积极的作用，就看我们的老龄工作是不是做好了。在这个问题上，浙江省在正反两方面的经验教训都有。

三、突出重点，扎实做好2007年工作

对今年的工作，黄永正同志刚才讲了10个方面的要点，大家也作了讨论，我完全同意，今年的工作很重要，2006－2007两年办10件实事要如期完成好。这里，我根据全国老龄委第九次会议精神和在浙江召开的全国会议精神，再强调几点意见。

（一）进一步加快养老服务业发展，提升居家养老服务水平

近几年来，我们已经出台了一系列支持老年服务业发展的优惠政策和措施，去年省政府还专门就养老服务业出台了《关于促进养老服务业发展的通知》，养老服务业有了一定的发展。今年要全面推进养老服务业发展，重点是发展居家养老。

全面推进养老服务业，一是各地、各部门都要将促进养老服务业发展作为今年老龄工作的重点来抓。省里的文件出台了，落实要靠各地、各部门，不能仅仅停留在会议上、停留在文件上，要切实贯彻下去，狠抓落实。省相关职能部门要配合起来抓调查研究、抓督促检查，配套的更具操作性的细则要出来，不能从原则到原则；各市已经出台相关文件的要狠抓文件落实，还没有出台文件的要抓紧协调，尽快出台。有条件的地方要积极探索，大胆鼓励社会力量参与兴办养老服务业，只要政策落实、规则到位，养老服务业是可以发展起来并成为优化产业结构，促进经济社会发展的重要力量。二是养老服务机构、社区为老服务、居家养老几个方面要同时推进。机构养老、社区为老服务、居家养老三者之间并不是孤立的，而是有机地联系在一起的。居家养老的基础作用能不能发挥好，关键还要看社区服务能不能托得住，只有社区服务跟上了，老年人才能安心居家养老。养老机构的养老服务也可以且应当向社区延伸，在社区服务人员培训，提供专业化的护理服务等方面都可以发挥积极的作用，居家养老的老人中也会有一部分因为身体状况、经济条件的改变而产生入住机构养老的需求。要充分注重各类养老资源的整合利用，以最小资源满足老年最大需求。

养老服务业要全面推进，居家养老服务作为重中之重，今年一定要有更大的突破。居家养老是一项长期的制度化建设，也是破解未富先老难题的希望所在。今年全国经验交流会在浙江举行，杭州、宁波介绍了开展居家养老服务工作的经验。这说明我们浙江在居家养老服务工作方面是走在全国前列的，要以这次全国会议的召开为契机，在扩大居家养老服务覆盖面上下功夫，在提升居家养老服务工作水平上下功夫。我们已经初步具备了条件，一是杭州、宁波等地的经验已经有了。二是通过为期3年的“3587”工程建设，初步搭建了有效开展居家养老服务的社区服务平台。各地要加强对居家养老服务工作的组织领导，对居家养老服务工作进行组织、协调，同时要制定具体政策和实施办法，因地制宜，做好居家养老整体规划和分步推进计划。

（二）继续深化大社保体系建设

今年政府工作报告上，温家宝总理强调“关注民生、重视民生、保障民生、改善民生”。大社保体系是保障民生、改善民生的重要制度安排。现在整个大社保体系的框架已经初步建立，去年一年的政策文件也出台了不少，今年要抓落实、抓深化、抓完善。

要通过抓项目落实促制度深化，2007年省政府拟定为民办的十方面实事中有两方面是与老年人利益密切相关的，而且都属于大社保体系范畴内的事。一是对集中供养的农村“五保”和城镇“三无”人员给予每年人均300元的医疗救助。二是在50%以上的县（市、区）开展以大病统筹为主要内容的城镇居民医疗保障，对参加城镇职工基本医疗保险的企业退休

职工每两年进行一次免费体检。去年拟定的2006—2007年为老年人办10件实事的项目中，有4件属于大社保范畴，任务涉及基本养老保险、医疗救助、住房救助、被征地农民生活保障等等。任务很明确，很具体，一定要不折不扣地如期完成，把顺民心、得民意的好事办好。省委、省政府把完善大社保体系列为“十一五”时期经济社会发展的优先目标，各地、各部门要切实增强责任感和使命感，以更为扎实有效的工作，认真落实确定的各项目标任务。

（三）稳步推进农村老龄工作发展

近几年来，随着经济的发展和大社保体系的建设，农村老年人的生活得到了一定的改善，老龄工作得到了一定的发展。但是与城市相比，农村老龄事业发展还显得很落后：一是社会保障的覆盖范围还很窄、保障水平还很低。二是老龄工作基础还不扎实，队伍、机制还不健全。要将推进农村老龄事业发展放到统筹城乡发展的大局，放到推动农村社会事业的位置、放到保障农村社会公共安全的角度，稳步推进农村老龄事业发展，在思想上予以重视，在政策、经费上予以倾斜，把短腿补上来。解决三农问题，城乡统筹发展的重点是公共服务的均等化。今年要重点抓好以下两个方面的工作：一是要进一步解决好农村老年人养老问题，老有所养是农村老年人最关注的问题。农村老年人养老，家庭养老这个基础不能丢，这是我们的国情、省情决定的，要巩固完善家庭赡养，要按照《老年法》的规定，确保赡养人对老年人经济上供养、生活上照料。家庭责任要担起来，政府的担子也不能卸。政府要挑的有三块，基本养老保障和社会救助随着大社保体系建设逐步推进，还有一块就是农村老年人居家养老问题。除了“五保”老人外，绝大多数农村老年人都是要居家养老的，随着年龄增大和经济条件逐步改善，他们也会产生社会化养老服务需求。要逐步构建农村新的养老服务支撑体系。一方面要发挥已建成的中心敬老院作用，为农村居家养老的老年人提供社会化养老服务；另一方面要适应城乡一体化的新形势，以建设社会主义新农村为契机，科学规划布点，建设一批具有生活照料、康复护理、文化娱乐等功能的老年服务设施，满足不同层次老年人的养老服务需求。二是要抓好基层农村老年人协会的规范化管理工作。要深刻领会习书记“老年人协会覆盖面广，作用大。要将其作为基层组织建设的一个重要抓手，因势利导，充分发挥好这一阵地在构建和谐社会中的积极作用”的批示精神，切实抓好基层农村老年人协会规范化管理工作。首先，要让规范化管理思想深入到老协领头人、领导班子头脑中，要集中力量，对全省老协骨干力量进行一次系统的培训。省里重点要抓好教材的编印和骨干培训。各县（市、区）负责培训，通过培训抓思想认识，抓工作落实，指导农村老年人协会按照《浙江省基层老年人协会组织通则》和《浙江省基层老年人协会规范化建设标准》，开展规范化建设活动。民政部门要积极探索农村老年人协会依法登记管理工作。其次，村两委既要满腔热情，关心、支持老协工作，帮助他们解决一些实际问题，如活动场地、经费等；同时也要加强教育引导，让老协走上健康发展轨道，在构建和谐社会中起到正面的作用。

同志们，老龄事业在“十一五”取得了开门红，可喜可贺，同时面临的任务也很重。让我们牢固树立科学发展观，不断学习，努力工作，推动老龄事业又快又好发展，在老龄事业发展历程中再书浓厚一笔，为构建社会主义和谐社会作出新的更大的贡献！

在（陕西省）省老龄委全体委员会议上的讲话

陕西省副省长、省老龄委主任 张伟

（2007年3月29日）

同志们：

今天，我们召开省老龄委全体委员会议，向东同志传达了全国老龄委第九次全体会议和全国省级老龄办主任会议精神，建功同志代表省老龄委作了很全面的报告，总结了省老龄办的工作，安排部署了今年的工作任务。希望各单位能切实地抓好自身的工作，把今年的老龄工作做得更好。

下面，我再讲几点意见。

一、认清形势，提高认识，增强做好新时期老龄工作的紧迫感和责任感

2006年，在省委、省政府正确的领导下，各级老龄委和广大老龄工作者，认真贯彻落实全省第二次老龄工作会议精神，开拓进取，抓紧工作，全省老龄工作取得了新的进展，老龄事业有了新的发展，老龄机构的建设，特别是基层老龄机构的建设，一步一步地在健全，农村老年人协会在机构建设中的作用，也得到了进一步的发挥。老年人法律法规的建设在不断地完善，老年人优待工作取得了实效，老年人社会保障制度逐步得到完善，老年人文体活动日益丰富，全社会老龄意识和敬老意识不断增强，老龄工作呈现出良好的发展势头。在肯定成绩的同时，我们也要清醒认识到当前老龄工作面临的严峻形势。认识到我国当前的老龄形势。我国60岁以上老年人口已达1.44亿人，占总人口的11%，并将以年均3%的速度增加。我省老年人口已达375万人，占全省总人口的10.2%，也已经进入了老龄化的新阶段，陕西已经进入老龄化的进程加快，给经济社会带来一系列新的现实问题。从工作方面看，还有不到位、不完善的地方，少数地方的领导认识还不到位，协调议事机制不健全，法规政策不完善；基层老年群众组织的活动不规范，监督管理比较薄弱，老年群体的生活质量整体上还有待进一步提高等。这些问题解决不好，不仅影响老年群体的切身利益，而且影响家庭和社会的稳定，对此要有清醒的认识，并且要高度地重视，人口老龄化是经济社会发展的结果，是人口年龄结构类型转变的必然产物。做好老龄工作，对维护老年人的合法权益，促进经济发展，维护社会稳定，构建和谐社会，都具有十分重要的意义。各级政府和有关部门必须高度重视老龄问题，进一步增强做好新时期老龄工作的责任感和紧迫感，努力解决好当前老龄工作中存在的问题，推动老龄事业健康发展。

首先，做好老龄工作是坚持以人为本、维护人民群众根本利益的具体体现。老龄工作做得好不好，老年群体稳定不稳定，直接或间接影响到经济发展和社会的稳定，坚持以人为本、维护人民群众的根本利益，必须落实到各级政府和有关部门的工作中去，体现到关心群众的生产生活中去。老年人为社会的进步和文明作出了巨大的贡献，他们是党和国家的宝贵财富，理应受到全社会的关心和尊重。从总体上看，他们的生活水平和生活质量还不高，经济和生活依赖性还较强，尤其在深化改革和建立完善社会主义市场经济体制的条件下，很容易受到社会变革和利益调整带来的冲击和影响，特别需要给予更多的关心和帮助。坚持以人为本，维护人民群众的根本利益，一个很重要的方面就是：必须高度关注和重视老年人的利益。全社会都要尊重老年人，关心老年人，切实保障老年人的基本权益，使他们能够充分参与社会生活，获得切实的政治、经济和文化利益，共享改革开放和经济社会发展的成果。

其次，做好老龄工作是促进经济社会协调发展的客观要求。近年来，省委、省政府坚持把加快发展成为兴陕的第一要务来抓，经济社会各项事业取得了有目共睹的成就。老龄问题是带有全局性的重大问题，老龄事业是经济社会发展的重要组成部分，但是从总体上看，我省老龄事业显现滞后于整个经济社会的发展，老龄工作难以适应人口老龄化客观的要求。所以省委、省政府提出要坚持科学发展观，更加关注民生，解决关系群众切身利益的现实问题，对老龄工作来讲就是要更多老年人得到温暖和关爱，努力做到老有所养、病有所医、弱有所助、困有所济。要把老龄事业纳入经济和社会发展的全局，不断加大对老龄事业的投入，切实解决好老年人的社会保障、医疗、教育、维权等工作，促进老龄事业与经济社会的协调发展。

再次，做好老龄工作是构建社会主义和谐社会的重要内容。老年群体的和谐是构建和谐社会不可缺少的重要力量，党的十六大明确提出要形成全体人民各尽其能、各得其所而又和谐相处的社会。构建社会主义和谐社会是提高党的执政能力的重要任务，是巩固党执政的社会基础，实现党执政的历史任务的必然要求。老年群体是构建社会主义和谐社会不可缺少的一支重要力量。做好老龄工作，多形式、多渠道引导和组织老年人参加力所能及的社会活动和健康有益的文体活动，发挥老年人在维系家庭稳定、关心下一代教育、调解民事纠纷、参与社会治安、参与经济发展等方面的重要作用，有利于改革开放和经济发展，有利于社会主义物质文明、政治文明和精神文明建设，有利于维护社会稳定，促进社会和谐。反之，如处理不好，将会对家庭关系、人际关系、党群关系产生消极影响，甚至影响社会稳定。

二、明确任务，突出重点，圆满完成今年的当前任务

今年，我省老龄工作要按照党的十六大和省委十届九次全会精神，紧紧围绕省委、省政府的中心工作，以“六个老有”为目标，坚持抓基层、打基础，全面地做好各项工作，推进老龄事业的健康发展。

（一）主要抓好发展《陕西省老龄事业发展“十

一五”规划》各项工作。今年是实施“十一五”规划的第二个年头，各单位要严格按照“十一五”规划要求，紧密结合本地区、本部门的具体实际，制定具体的年度规划，采取有力的措施，认真地抓好组织实施工作，确保完成各项工作任务。

（二）要夯实老龄工作的基础。老龄工作的重点在基层、在农村。基层老龄工作的如何，直接关系到老龄工作方针政策的落实，所以各成员单位要按照省委十届九次会议提出的“突出构建和谐”的要求，高度关注民生，高度关注老年群体。在城市，要继续依托社区发展老年服务事业，完善社区老年服务体系，不断提升社区养老功能。在农村，要在巩固家庭养老的基础上，结合农村乡镇敬老院的建设、特困户救助、农村新型合作医疗、农村养老保险，逐步解决好农村养老问题；要结合创建文明乡镇、文明家庭、敬老模范村活动，弘扬敬老风尚，多为老年人办实事、办好事。要加强基层老龄机构建设，配齐配强工作人员，落实工作经费，努力提高为老年人服务的水平和质量，要大力推动基层老年文化活动，引导、支持老年人开展适合老年人特点和需要的文化体育活动，倡导科学、健康、文明的生活方式。同时要加强基层老年组织的管理工作，进一步规范基层老年群众组织活动，坚决杜绝封建迷信和邪教异说。

（三）积极开展创建活动。我省从2004年开始坚持开展创建老龄工作先进县（市、区）、先进单位活动，取得了良好的成效。今年按照全国老龄委的要求，继续完善工作措施，规范评选细则，提高评选标准，精心组织实施创建活动，通过这一活动充分调动各方面的能动性，不断提高老龄工作的整体水平。

（四）要不断健全和完善法律体系。老年人是相对脆弱的群体，自我保护能力还比较弱，维护合法权益的问题更加突出，维护老年人的合法权益是老龄工作的一项重要任务。各成员单位要加强对老龄问题的调查研究，不断完善老龄工作的法规和政策体系，努力适应老龄化形势和经济发展的需要，要严格执行有关法律规定，依法保护老年人在家庭赡养和扶养、社会保障、参与社会发展等方面的合法权益；要加大执法检查力度，依法处理勒索、诈骗、侮辱、虐待、伤害、遗弃老年人的违法行为；要坚决打击侵害老年人权益的不法分子，要做好老年人优待工作，加大对特困老年人的救助力度，解决好特困老年人的生活问题；要健全和完善法律援助制度，逐步在各设区市积极建立老年人法律援助中心（站），使老年人就地、就近、及时地得到良好的法律服务。同时，各部门积极配合，在国家统一安排之后，要认真做好全国拟修订《中华人民共和国老年人权益保障法》的工作。

（五）加快养老服务业的发展。按照国办印发的《关于加快养老服务业的意见》，抓紧制定我省《加快养老服务业的意见》，推动养老服务业比较快速地发展，同时要认真地做好“爱心护理工程”的组织实施工作，按照“统一名称、统一标识、统一理念、统一功效、统一规范”的要求，积极争取国家支持，落实配套资金，抓典型，推经验，把老年群体工作抓紧做好。

（六）要积极开展老年工作的国际交流。2003年以来，欧盟国际助老会在我省农村投入100多万元实行针对老年人的扶贫项目，省老龄办和省扶贫办积极协调各市配套资金，使近千名老年人直接受益，受到国际助老会的认可和肯定。去年，省老龄办又争取到了英国“援助祖母”基金会的赞助项目，今年将启动实施，省级各有关部门和项目所在的市县和政府要积极配合搞好服务，确保项目的顺利实施，为进一步扩大老龄工作的领域和国际交流奠定良好的基础。

（七）要着力营造尊老敬老的良好氛围。去年，我省建立了老龄工作“报、刊、网”宣传平台，要充分利用这个平台，加大宣传力度，宣传老龄工作的法律法规和方针政策，宣传尊老敬老先进典型经验，也包括一些反面的典型案例，在全社会大力弘扬尊老敬老的传统美德，营造全社会关心、支持老年人良好氛围，推动老龄事业更好、更快地发展。

三、加强领导，完善机制，努力开创我省老龄工作新局面

发展老龄事业是党和政府的一项重要工作，也是全社会的共同责任。各级政府要从落实科学发展观，构建和谐社会的需要出发，从加快发展的大局出发，切实加强对老龄工作的领导，把老龄事业纳入全面建设小康社会的各项规划，列入重要议事日程，切实抓紧、抓好、抓出成效，各级老龄委要从单纯的协调议事转向加强调查研究、加强依法监督、加强宏观指导方面，积极研究和解决老龄工作中存在的问题，确保老龄工作的持续健康的发展。

各成员单位要强化责任意识，认真履行职责，发挥部门优势，积极主动地为老龄工作做好服务，省老龄办要切实履行综合协调和检查监督，加强队伍建设，不断提高老龄工作的政策制定和业务能力，当好党委政府的参谋助手，提高为老年人服务的等级。

同志们，做好老龄工作，发展老龄事业，任务艰巨、责任重大。我们要始终坚持以邓小平理论和“三个代表”重要思想为指导，认真贯彻落实党的十六届六中全会和省委十届九次全会精神，求真务实、开拓创新，扎实工作，努力开创全省老龄工作的新局面。

在（甘肃省）省老龄委第六次全体会议上的讲话

甘肃省委副书记、省老龄委主任　陈学亨

（2007年4月4日）

同志们：

我们这次省老龄工作委员会第六次全体会议，主要是学习贯彻全国老龄委第九次全体会议和全国省级老龄办主任会议精神，总结去年的老龄工作，研究部署今年的工作。刚才，罗笑虎同志传达了回良玉副总理的重要讲话精神，梁国安同志传达了全国会议精神，并提出了我省的贯彻意见，我都同意，希望大家认真抓好贯彻落实。

2006年，在省委、省政府的正确领导下，全省老龄工作坚持以邓小平理论和“三个代表”重要思想为指导，全面落实科学发展观，把握机遇，积极应对，突出重点，扎实推进，老龄事业取得了新的成绩。

（一）制定下发了全省老龄事业发展“十一五”规划。经过广泛调研，深入论证，充分征求各方面意见，省委、省政府批转下发了《甘肃省老龄事业发展“十一五”规划》，明确了今后五年的指导思想、基本原则和主要任务，组织开展了全省老年人生活状况抽样调查，采集了大量的数据资料，掌握了全省老年人的基本状况，为今后工作提供了可靠的依据。

（二）老年人物质生活保障水平得到提高。养老保障体系不断完善，保障水平进一步提高，全省基本养老和基本医疗参保人数稳步扩大，提高了企业离退休人员的养老金标准。从去年10月份起在全省农村实行最低生活保障制度，“五保”供养标准进一步提高。医疗保障体系在城镇基本建立，新型农村合作医疗制度覆盖面进一步扩大，医疗救助制度全面推行。

（三）老年教育、文化、体育等事业有了较大发展。各类老年学校相继建立，老年教育蓬勃发展，老年文体活动日益活跃。据统计，全省有老干部活动中心100个，老年人活动站2800多个，老年大学36所，有60多万老年人经常参加文体活动，由老年人组建的各类文艺团体活跃于城乡。

（四）老年维权工作进一步加强。以《中华人民共和国老年人权益保障法》（以下简称《老年法》）颁布实施10周年为契机，通过举办座谈会、纪念会、开展知识竞赛等方式在全省掀起了学习、宣传、贯彻《老年法》的新高潮，全社会自觉维护老年人权益的意识得到增强。国家21部委关于加强老年人优待工作的意见下发后，我省在全国最早出台了实施意见。各地开通了“12348”法律热线，依法查处了一批侵害老年人权益的典型案件，维护了老年人的合法权益。省政协等有关方面就老年法贯彻执行情况进行了专题视察，有力地推动了老年维权工作。去年全省有86人被评为全国孝亲敬老之星，42个社区被评为敬老模范社区，受到全国老龄办的表彰。

（五）老年服务设施不断完善。各地整合资源，兴建改建了一批敬老院，为分散供养的“五保”老人修建了住房，目前全省有敬老院582所，入院老人3366人。一些地方积极筹资建起了民营老年公寓，仅兰州市的城关、七里河区去年就有3家民营老年公寓投入运营，缓解了部分老人入寓难的问题。全省有5家老年公寓和老年康复医院，被全国确定为“爱心护理工程”试点单位。一些社区组织了志愿者服务队伍，开展了“一帮一”互助活动，设立老年人日间照料服务，使居家养老服务工作有了一个新的进步。

（六）“银龄行动”成效明显。积极组织老专家、老教授发挥智力优势，为地方经济社会发展做贡献。我省首倡的开展省内互援，组织企业院校广泛参与的做法，得到了全国老龄办的充分肯定。在全国“银龄行动”经验交流暨表彰会上，我省被评为全国“银龄行动”试点先进单位，有12位专家被评为“银龄行动”先进个人。

总之，在过去的一年中，我省的老龄事业取得了新的进展，成绩显著，实现了“十一五”良好开局。今年是贯彻落实老龄事业“十一五”规划的重要一年，我们一定要发扬成绩，再接再厉，推动我省老龄事业再上一个新台阶。下面，我就做好今年的老龄工作，简要讲几点意见。

一、要保持清醒头脑，正确把握老龄工作面临的形势

老龄问题是21世纪世界性的重大问题。2005年底，我国60岁以上老年人达到1.44亿人，是世界上唯一一个老年人口超过1亿的国家。我国人口老龄化的显著特点是：不仅老年人口规模庞大，发展迅速，而且是典型的“未富先老”，老龄化先于现代化提前到来，农村老龄化超前于城镇老龄化。我省作为西部欠发达省份，人口老龄化的压力相比东部各省更为严峻。2006年，我省60岁以上老年人已经达293万人，占全省总人口的11.3%，90岁以上的高龄老人达到了13000多人，高龄老人增长迅速。人口老龄化对全省经济、社会、政治、文化发展带来了巨大影响，庞大的老年群体给养老、医疗、社会服务、社会管理等方面带来了许多新问题。同时，要清醒地看到，面对严峻的人口老龄化形势，我省的老龄工作还有许多不适应，突出表现在：一是养老保障机制与人口老龄化不相适应。现行养老保障资金支付压力呈逐年加大的趋势；二是卫生保障体制与老年群体医疗需求不相适应。医疗资源总体不足、分布不平衡，医疗保障制度覆盖面小，个人负担医疗费用上涨过快和政府投入不足，老年人“看病难”问题十分突出；三是养老护理机构建设与老年人的护理需求不相适应。从去年的抽样调查看，38%的老年人有上门看病的需求，13%的老年人有上门护理的需求，但是我省目前专为老年人提供护理服务的社会机构和设施严重不足，现有养老机构的服务项目和服务内容也不齐全，服务人员总体素质和服务质量还有待提高；四是社会管理体制与老年人群实行社会化管理和服务的要求不适应。随着各项改革的深化和政府职能的转变，大量的“单位人”转为“社会人”，对老年人的社会化管理和服务已是大势所趋。同时，广大农村老年人也需要社会化管理和公共服务。而我们在社区建设和社区服务方面还处在起步和探索阶段，远远不能满足老年人的需求。由此可以看出，要做好新时期的老龄工作，我们面临着巨大压力和严峻挑战，有许多方面的工作还需要认真研究、深入探讨。各级党委政府和老龄工作部门一定要从贯彻落实科学发展观的高度，从全面建设小康社会、构建社会主义和谐社会的高度，从维护改革发展稳定大局的高度，全面把握老龄工作面临的新形势、新任务和新要求，切实增强做好老龄工作的责任感和紧迫感，扎扎实实做好各项工作，促进老龄事业全面发展。

二、要始终把解决“养”和“医”的问题作为中心环节，推动城乡老龄事业协调发展

从我省的实际情况看，在全省群众生活还不富裕的情况下，解决好老年人“养”和“医”的问题，是当前和今后一个时期我省老龄工作必须牢牢把握的一个重点。老年人的需求多种多样，老龄工作涉及方方面面，但如果这两个问题解决不好，我们的老龄工作就等于丢掉了根本。近几年，省委、省政府高度重视这个问题，不断采取有力措施，建立健全与经济发展水平相适应的社会保障体系，使全省老有所养、老有所医的水平得到进一步提高。但客观地讲，我们的养老保障和医疗保障水平仍然比较低，覆盖面还比较小，在“养”和“医”方面矛盾依然十分突出。这就要求我们必须加快养老保障和医疗保障体系建设，在老有所养、老有所医上取得新的进展。要进一步完善城镇职工基本养老保险制度、基本医疗保险制度和城镇居民最低生活保障制度，确保基本养老金的按时足额发放和医疗待遇的落实；要进一步加大工作力度，综合运用经济、法律和行政手段，切实抓好养老金的社会统筹工作，保证各种企事业单位和职工按照有关规定依法缴纳养老保险金，努力扩大基本养老保险和基本医疗保险覆盖面。这里需要强调的是，在解决老年人“养”和“医”的问题上，要把工作的重点放在农村，推动城乡老龄事业协调发展。根据去年的抽样调查，在城市有68%的老年人感觉自己在经济上有保障，而在农村只有37%的老年人感觉自己在经济上有保障。我觉得，这37%的老年人所说的有保障，与城市老年人所说的有保障是有区别的，是一种低水平的要求。现在，中央对建立农村养老保障制度和新型农村合作医疗制度提出了明确要求，省委、省政府也作出了具体安排部署，各级老龄部门一定要抓住这一有利时机，加强与有关部门的沟通协作，切实做到不论是养老还是医疗都要优先保障老年人需求。农村“五保户”是农村最困难、最需要特殊照顾的群体，要按照《农村五保供养工作条例》的规定，把财政供养的要求落到实处。要建立完善农村最低生活保障制度和农村贫困老年人救助制度，确保困难老年人的基本生活。总之，在解决老年人“养”和“医”的问题上，要把工作的对象始终确定在困难老年人群体上，多做雪中送炭的工作，使这部分老年人共享改革发展的成果。

三、要以推进社区居家养老服务和实施爱心护理工程为契机，加快建立完善为老服务体系

老年人作为特殊消费群体，在卫生保健、生活照料、精神慰藉等方面都有特殊需求，大力发展与老年人需求相适应的社会养老服务业，逐步构建起功能齐全、优势互补的养老服务体系，是积极应对人口老龄化的重要举措。要根据不同类型老年人的实际需求，制定养老基础设施建设规划，采取新建、改建、扩建、重组等方式，加快养老服务机构和设施的建设，增加数量，扩展功能，逐步建立起布局合理、设施齐备、队伍严整、服务周到、管理规范的养老服务网络，为广大老年人提供优质便捷的服务。在为老服务体系建设上，要分层次予以推进。首先，对于老年群体中低龄和相对健康的老年人，要积极探索居家养老服务模式，建立以家庭为核心、以社区照料为依托、以专业化服务为手段的家庭养老社会化服务体系。要看到，目前我们绝大多数老年人都是在家庭养老，这是中国的传统也是现实国情，只要把居家养老服务体系建立起来，就意味着解决了大多数老年人的问题。省老龄办要把这项工作作为今后一个时期的重点，在抓好兰州市试点的同时，要做好全省的规划、指导和组织实施工作。其他市、州也要结合实际，积极开展试点，探索不同形式的居家养老服务方式。有条件的地方，步子可以迈得大一点，发展可以快一点。其次，对于高龄、带病、需要长期照料护理的那部分老年人，要大力实施“爱心护理工程”。刚才梁国安同志讲，国家准备拨款 13 亿元用于“爱心护理工程”建设，这是一个难得的机遇，省老龄办要会同省发改委抓紧做好项目的前期准备工作，确保拟新建的“甘肃松鹤爱心护理院”工程的顺利启动和实施。同时，对其他几家已基本具备“爱心护理工程”要求的试点单位，也要积极争取国家投资，纳入到全国的“爱心护理工程”建设之中。第三，对于有一定经济条件的空巢老人、独居老人，要通过大力发展老年公寓、养老院、托老所等提供有效服务。各级政府要继续加大投入，力争多新建一批示范性的福利养老机构。要制定和完善养老服务设施建设和经营养老服务业的行业规范及质量标准，鼓励社会力量以独资、合资、合作、联营、参股、特许经营等多种方式，兴办养老服务机构，促进养老服务业良性健康发展。

四、要坚持宣传教育和维护权益双管齐下，努力营造敬老助老的良好社会风尚

敬老养老助老是中华民族的传统美德。大力弘扬这一传统美德，对提高全体公民的道德素质、调节家庭关系、促进代际和谐、提升整个社会的文明程度都具有重要的意义。在市场经济条件下，人们的思想观念日趋多元化，道德标准和约束力发生了变化，出现了一些不尊重老年人、不关心老年人，甚至伤害、遗弃、虐待老年人等与社会主义道德和传统美德相背离的不良现象。要在全社会营造敬老、养老、助老的良好风尚，必须坚持宣传教育和维权两手抓、两手都要硬。一方面，要组织开展以“权益、共享、和谐”为主题的宣传教育活动，大力宣传党的老龄工作方针政策和法律法规，宣传尊老敬老先进典型，弘扬中华民族传统美德，在全社会树立尊重、关心、帮助老年人的时代新风。要加强道德教化，把传统孝道的精髓与时代精神相结合，赋予新的内涵，形成新型的孝文化。要通过学校、家庭、媒体等多种途径，加强对青少年的教育，使他们从小就认识到老年人对社会和家庭的贡献，培养仁爱之心和责任意识，懂得感恩回报和奉献社会。要把道德教育和普法宣传结合起来，使全社会了解老年人依法享有的权利和家庭、社会、单位对老年人应尽的义务，增强为老服务和维护老年人合法权益的意识。另一方面，要高度重视老年维权工作，以有效的维权带动和促进敬老、养老、助老风气的形成。现在，单纯的说教往往效果不佳，但如果我们抓住一个典型事例公开予以处理，就会在一定范围内产生良好的社会效果。要针对当前侵犯老年人住房、财产、合法再婚等方面的问题，采取积极措施加以解决。对子女不尽赡养义务，甚至虐待老人的，要严肃批评教育，直至依法追究刑事责任。对宣扬歪理邪说、伤害老年人身心健康的邪教组织和愚昧迷信活动，要坚决取缔。各级司法部门要建立健全法律援助制度，加强老年人法律服务工作，使老年人可以就地就近及时得到优质的法律服务。近年来，各地陆续出台了一些老年人福利优待政策，如参观、游览、交通、就医、生活补贴等，要进一步充实完善，逐步规范化、制度化。对已经公布的优待政策，要狠抓落实，使各项优待政策在老年人身上得到充分体现。

同志们，在当前老龄化步伐逐步加快的形势下，老龄工作任务繁重，许多工作仅靠老龄部门是很难做好的，必须在党委、政府的领导下，依靠有关部门和社会各方面的力量来共同完成。各级党委、政府要把老龄事业作为工作的重要组成部分，摆上重要议事日程，及时听取汇报，研究解决实际困难和问题。要按照转变政府职能、强化公共服务的要求，加大对老龄事业的投入，集中财力解决一些涉及老年人切身利益的紧迫问题，真正发挥好政府在老龄事业中的主导作用。各有关部门都要树立大局意识，不推诿、不扯皮，密切配合，共同努力，形成做好老龄工作的合力。各级老龄办要不断提高工作能力和水平，把主要精力放在研究政策、开展调研上，放在搞好指导协调，狠抓工作落实上，放在实实在在为老年人办好事、办实事上，确保老龄事业健康顺利发展。

在河南省老龄委第五次全体会议上的讲话

河南省副省长　刘新民

（2007年7月2日）

同志们：

今天我们召开河南省老龄工作委员会第五次全体会议，主要是传达贯彻全国老龄委第九次全会精神，学习领会回良玉副总理的讲话精神，回顾过去一年的工作，安排部署新一年度的全省老龄工作。刚才，我们认真听取了南开大学老龄发展战略研究中心主任、博士生导师原新教授关于老龄化形势发展的报告，很有启发，深受教育；培新同志对2006年全省老龄工作做了全面回顾和总结，对2007年及今后一个时期的全省老龄工作做了具体安排部署；东河同志传达了全国老龄委第九次全会精神，大家讲的都很好，很全面，我都同意。老龄问题是一个涉及全局的大问题，也是我们必须认真面对并要积极解决的现实问题，十分必要列入重要议事日程，认真谋划，积极应对。下面，我再讲三点意见：

一、认清形势，把握全局，以高度的责任感和使命感扎实做好全年及新时期的老龄工作

2006年，在省委、省政府的正确领导下，在各级政府和各有关部门的共同努力下，按照省老龄委第四次全会的部署，我省老龄工作取得了新的进步：及时安排部署了“十一五”期间全省老龄工作的规划，明确了工作目标任务，老年社会保障体系逐步建立，老年福利服务设施继续改善，老年文体活动日益丰富，社会养老、敬老、助老意识不断增强，老龄工作呈现出良好的发展势头。但是，在取得上述成绩的同时，我们也要清醒地看到，我省老龄工作仍然存在一些问题和不足，主要是个别地方和部门的领导思想认识不到位，对老龄问题的重要性认识不足；协调配合机制尚不健全，老年政策法规体系尚不完善；基层老年群众组织的活动尚不规范；对农村特困老年人的帮扶措施还不到位，等等。这些问题都亟待深入研究，切实加以解决。

当前，我省正处在全面建设小康社会，构建和谐中原，加快推进社会主义现代化建设进程的新阶段，也处于体制深刻转换、结构深刻调整、社会深刻变革的重要时期，同时，也是应对人口老龄化十分关键的时期。人口老龄化是经济社会发展的必然结果，与经济社会发展中产生的诸多矛盾密切联系，已经到了必须特别关注，认真研究制定相关政策措施的时候了，务必引起大家的高度重视。

省委、省政府十分重视人口老龄化问题。从2005年开始，省政府已将解决人口老龄化问题列人省政府的年度工作目标，2007年又将加快推进社会化养老工作，深入开展创建社会化养老示范市区和示范单位，制定发展养老业的优惠优待政策、措施，实施“爱心护理工程”等项工作列入省政府年度目标考核。在3月28日召开的全省人口和计划生育工作会议上，省委书记徐光春同志又着重指出：“要积极应对人口老龄化问题，认真实施我省老龄事业‘十一五’发展规划，把建立覆盖城乡居民的养老保障制度作为社会保障体系建设的重点，逐步构建养老服务体系。”李成玉省长也在这次会议上强调指出：“要积极应对人口老龄化问题，加快养老保障和养老服务体系建设。”因此，可以说，切实加强老龄工作，积极应对人口老龄化问题，维护好老年人的合法权益，已经列入省委、省政府的重要议事日程，希望各级政府、各有关部门都要认真贯彻落实省委、省政府的指示精神，面对人口老龄化带来的挑战，认清当前人口老龄化的严峻形势，以高度的责任感和认真负责的态度，把老龄工作抓紧抓好，抓出成效。

二、理清工作思路，突出重点，推动老龄事业的全面发展

今年是实施《河南老龄事业发展“十一五”规划》的关键一年，我们一定要紧紧围绕“十一五”期间的老龄工作目标，坚持“党政主导、社会参与、全民关怀”的工作方针，按照“六个老有”的总体要求，理清思路，突出重点，以点带面，推动我省老龄工作的全面进步。要具体抓好以下几方面的工作：

一是要加快老龄法规政策的制定出台步伐。《中华人民共和国老年人权益保障法》今年将重新修订，《河南省老年人保护条例》也已作为省人大、省政府的立法调研项目，纳入修改调研计划；《河南省老年人优惠优待办法》也正在做全面深入的论证和调研。省老龄办一定要抓住这个关键时机，广泛征求各地、各行业、各阶层、各涉老部门的意见和建议，全面了解并借鉴兄弟省市好的经验和做法，通过“一法一条例”等涉老法规政策的制定和修订，推动我省老龄工作机构建设，确立财政投入保障机制，动员和调动社会各界力量，参与发展老龄事业，进一步提高我省老年人的生活质量，切实维护好他们的合法权益和利益。

二是要着重解决好老年人的养和医的问题。我省是传统的农业大省，农村人口占全省总人口的70%以上，农村老年人的“养”和“医”的问题尤其突出。妥善解决好这两个问题，是当前和今后一个时期我省老龄工作必须牢牢把握的一个重点。要进一步推进建立新型农村合作医疗制度，扩大“新农合”的覆盖面，尤其是要将农村老年人及时纳入新型农村合作医疗制度之中。同时，要建立和完善农村最低生活保障制度和农村贫困老年人救助制度，确保困难老年人的基本生活，推动城乡老年事业协调发展。在城市，要进一步完善城镇职工基本养老保险制度、基本医疗保险制度和医疗待遇的落实，加快建立社区卫生服务体系，为广大居民切实提供优质、便捷的医疗服务。

三是要加快养老服务业发展，逐步构建完善的养老服务体系。目前，我省人口出生率持续降低，人口自然增长率连续4年保持在6‰以下，老年人口比例持续相对上升。人口平均寿命延长，老年人口增加，是我们社会主义制度优越性的体现和社会文明进步的标志，是经济发展、社会进步、人民生活水平提高、医疗卫生条件改善的重大成果，也是全面建设小康社会和社会主义和谐社会的客观要求。但是，伴随着人口老龄化的发展，老年人口数量和社会化养老需求持续增长，也产生了一些突出问题。目前，我省的老年社会福利服务体系尚不健全，传统的家庭养老功能正在逐步弱化，养老机构的床位数量严重不足。据不完全统计，截至2005年底，全省仅有社会办养老服务机构363所，床位21018张，不到全省老年人需求数的0.2%，（8.7/1122×1.03＝0.75%）不仅低于发展中国家5%的标准，也低于全国0.9%的平均水平，供需矛盾十分突出。2006年，我们下发了《河南省人民政府办公厅关于转发省老龄委等部门关于加快发展养老服务业意见的通知》，在全省反响很大，很受欢迎。今后，我们要按照“公办民营、民办公助、政府补贴、购买服务”的社会化养老服务业发展模式，遵循“以家庭养老为基础、社区养老为依托、机构养老为补充”的基本原则，尽可能地多出台一些这方面的优惠优待政策，促进我省养老服务业的健康有序发展。

四是抓住创建“社会化养老服务示范市（区）”和实施“爱心护理工程”的契机，推动我省老龄工作的全面进步。今年，我省将按照全国老龄办的要求，开展创建全国养老服务社会化示范市（区）活动，并将着手实施国家“十一五”规划中明确的“爱心护理工程”。省老龄办一定要抓住这一大好时机，明确标准，抓好组织引导和督促检查，通过各地创建省级、国家级的社会化养老服务示范市（区）和示范单位，通过制定实施“爱心护理工程”奖励扶持政策，督促引导好各地加快老年服务基础设施建设，建立健全老龄工作机构，加大对老龄事业的投入，确保我省老龄工作步入良性发展轨道。

三、明确责任，齐抓共管，营造大老龄的有利氛围

老龄委是直属省政府的议事协调机构，老龄委的各项工作任务，主要是由各成员单位分工协作完成的。我们要按照建立“大老龄”格局的整体思路，积极建立老龄委成员单位协调互动机制，形成密切配合、分工合作、齐抓共管的工作局面。各成员单位要按照《河南省老龄工作委员会成员单位职责》，明确各自责任，认真履行好自己的职责。在坐的22个省直厅局都是省老龄委的成员单位，老龄工作尽管归口民政厅，只是将老龄委的办事机构设在民政厅，他们将为此做更多的工作，出更多的力，起到综合协调的作用，但老龄工作具体任务，是由各成员单位共同完成的。因此说，老龄工作能否搞好，不是民政厅一家的责任，在坐的各位都有责任。今后，我们要认真落实成员单位职责，做到年初有分工，年中有检查，年底有考核，建立一套科学完善的成员单位工作目标责任制。一些成员单位认为老龄工作就是老干部工作，部分成员单位将协调省老龄办的任务分工到本单位的老干部处，这种认识和做法是不太适宜的。各单位回去后，要进一步学习领会《河南省老龄工作委员会成员单位职责》及《河南省老龄工作委员会成员单位联络员职责》，真正承担起成员单位的责任，心往一处想，劲往一处使，把各自的涉老工作做得更加具体、深入，从而为全省老龄工作水平的提高奠定基础。比如说老龄工作机构问题，时至今日，仍有个别市没有这方面的机构编制，甚至还未理顺管理体制。再比如，加强老龄事业投入，强调的多，落实得很不充分。1996年确定的省老龄办每年核定20万元的专项事业经费标准，十余年都没有增加，无论是绝对数还是相对数，目前在全国都排在十分靠后的位次。市以下，财政的投入也相应少得很。这种现象，值得斟酌，应当抓紧研究，提出可行的解决办法。希望有关厅局结合我省实际，发挥部门积极作用，促进相关问题的妥善解决。各成员单位都要着眼于全省老龄工作的大局，把老龄工作真正摆上重要议事日程，结合工作职责，发挥部门优势，强化责任意识，更加积极主动地做好老龄工作。省老龄办也要认真履行“参谋助手、综合协调、督促检查”的职责，加强调查研究，转变工作作风，创新工作思路，不断提高政策理论水平和业务能力，当好省委、省政府的参谋助手，把老龄工作抓紧抓好，促进我省老龄事业的发展。

同志们，做好老龄工作，发展老龄事业，是时代赋予我们的光荣使命，也是各级政府和各有关部门义不容辞的责任。让我们认清形势，把握机遇，以邓小平理论和“三个代表”重要思想为指导，全面贯彻落实科学发展观，在省委、省政府的领导下，求真务实，开拓进取，为促进我省老龄事业与经济社会的协调发展，加快全面建设小康社会和社会主义和谐社会建设，促进中原崛起，作出新的、更大的贡献。

在（湖北省）省老龄委第六次全体会议上的讲话

湖北省常务副省长、省老龄委主任　周坚卫

（2007年4月13日）

今天，我们召开省老龄委第六次全体会议的主要任务是：传达国务院副总理、全国老龄工作委员会主任回良玉同志在全国老龄工作委员会第九次会议的重要讲话和全国省级老龄办主任会议精神，总结回顾2006年老龄工作，安排部署2007年的工作任务。刚才，谢松保同志代表省老龄委总结了去年的老龄工作，并对2007年的工作，提出了安排意见，大家发表了很好的意见，我原则上同意，请省老龄办修改后尽快印发。郭义友同志概括地传达了全国省级老龄办主任会议精神，应按会议的要求认真贯彻。关于召开全省老龄办主任会议和组团参加亚太地区老年学大会和农村空巢老人家庭调查问题，请省老龄办按照务实、高效、节俭的原则抓好落实。下面，我讲几点意见。

一、正确估价2006年老龄事业取得的成绩

2006年是“十一五”开局之年，在省委、省政府的正确领导下，在社会各界的大力支持下，在各地、各部门的共同努力下，老龄工作取得了新的成绩。

一是老龄工作的政策法规体系进一步完善。去年，我们召开了全省老龄工作电视电话会议，全面安排了今后一个时期的老龄工作，进一步明确了目标和任务。在调查研究和广泛征求意见的基础上，编制印发了《湖北省老龄事业发展“十一五”规划》，下发了加强基层老龄工作的文件。此外，还深入开展了老年人生活状况及关于养老服务业的调研工作，制定了关于《加快发展养老服务业》、《加强老年人优待工作》的文件和规定，这些文件的制定与颁发对做好今后一个时期的老龄工作具有重要意义。

二是老年人生活保障水平得到提高。在各方面的共同努力下，企业离退休人员基本养老金实现了社会化按时足额发放，且连续五年无拖欠。去年以来，连续两次调整全省企业离退休人员基本养老金，惠及全省200多万企业离退休人员。目前全省城镇参保的在职职工及离退休人员已达到840.8万人；养老保险基金年收支总规模突破260亿元。进一步完善了老年人救助制度，提高特殊老年群体基本生活水平，全省3.39万名“三无”老人全部纳入了救助范围，各地

还为他们增发了不低于当地保障标准50%的补助资金。

三是养老服务事业加快发展。各地积极制定政策措施，适应人口老龄化的需要，加大投入力度，扶持养老服务机构发展，以居家为基础、社区为依托、机构为补充的养老服务业发展格局正在逐步形成。武汉市2006年投入600万元，为高龄困难老人提供购买服务，赢得社会广泛赞誉。2007年武汉市政府决定出资1000万元，放宽条件，扩大受惠面，加大居家养老服务力度，并被列入市政府2007年为民办的“十件实事”。荆州市沙市区的居家养老服务工作全面展开。目前，全区共建社区养老服务所49个，养老服务专职工作人员131人，志愿服务人员1640人。全区已有79%的老年人享受到居家养老服务，18%的老年人得到社区照料，基本形成了“三无”老人、高龄老人、低保老人由政府补助，普通老人全员建卡，养老服务多形式、广覆盖的格局，较好地实现了养老服务的社会化。

四是老年人合法权益得到有效保障。各地围绕纪念《中华人民共和国老年人权益保障法》（以下简称《老年法》）实施10周年开展系列活动。全省开展了《老年法》知识竞赛活动，较好地宣传了《老年法》，增强了公民依法维护老年人合法权益的意识。全省司法部门为老年人提供优质高效的法律服务，全省共办理老年人法律援助案件5000余件，涉及老年人法律咨询上万人次。省人大、省政协视察团先后视察老龄工作，对老年维权工作起到了有力的促进作用。

五是“银龄行动”稳步推进。按照全国老龄办的统一部署，我省去年在全省开展“银龄行动”试点。在省财政厅、省卫生厅的支持下，省老龄办会同省老年科技工作者协会组织省直医疗战线的老教授、老专家赴大悟进行为期一个月的“银龄行动”，取得了良好的社会效益。赤壁、石首、保康、老河口等地也在本地开展了“银龄行动”。虽然这项工作开展时间不长，由于各地重视，组织得力，效果明显，既展现了老同志的精神风貌，又为老年人实现老有所为搭建了一个平台。

六是基层老龄工作有所加强。面对老年人口的增加，各地坚持把老龄工作放在基层，基层老龄工作日趋活跃。基层老年组织得到加强，老年文体活动丰富多彩，老年人的精神文化生活更加丰富。去年我省成功举办全省首届老年艺术节，在社会上产生了强烈的反响。基层老年文化体育活动形式多样，异彩纷呈，充实了老年人的晚年生活，提升了老年人的生活质量。

过去的一年，老龄事业取得了显著的成绩，实现了“十一五”良好开局。借此机会，我代表省政府、省老龄委向在座的各位同志，并通过大家向所有从事老龄工作、为老龄事业发展付出辛勤劳动的同志们表示亲切的问候和衷心的感谢！

二、充分认识做好老龄工作的重大意义，进一步增强做好老龄工作的责任感和紧迫感

当前，我国正处在改革发展的关键时期，也是人口老龄化快速发展的重要时期。经济体制的深刻变革，社会结构的深刻变动，利益格局的深刻调整，思想观念的深刻变化，给老龄工作带来新的挑战、新的机遇，全面贯彻科学发展观，构建社会主义和谐社会，给老龄工作提出新要求、新课题。我们必须充分认识老龄工作的重大意义，切实增强做好老龄工作的责任感和紧迫感。

（一）做好老龄工作是应对人口老龄化的需要。老龄问题是公认的21世纪世界性的重大社会问题之一。我国是世界上唯一一个老年人口超过1亿人的国家，目前我国60岁以上老年人口已达1.44亿人，占总人口的11%，并将以年均3%的速度增加。我省的老年人口也已达到668万人。我国和我省人口老龄化的严峻性和特殊性在于，不仅老年人口规模庞大，发展迅速，高龄人口增长快，而且是典型的“未富先老”，老龄化提前到来，甚至农村还超前于城镇。因此，我们对人口老龄化给我国经济、社会、政治、文化的发展带来的巨大影响要有充分的认识，对庞大的老年群体在养老、医疗、社会服务、社会管理等方面的压力要有足够的估计。必须加强战略和对策研究，加快发展老龄事业。

（二）做好老龄工作是老龄事业发展的需要。在充分肯定我省老龄工作取得显著成绩的同时，我们也要看到，当前老龄事业发展还有很多不适应的地方，现行的养老保障体系、医疗保障体系、养老服务体系、社会管理体制尚不能适应人口老龄化的要求，全社会对老龄问题的严重性和紧迫性还没有展开广泛的共识和引起足够的重视。老龄政策法规尚不完善，老龄事业投入不足，县以下基层老龄工作体系不健全，社会养老服务业的发展不能满足日益增长的社会需求，农村不少老年人的生活还比较困难，必须进一步提高认识，在解决实际问题上下功夫。

（三）做好老龄工作是构建社会主义和谐社会的需要。尊老敬老是中华民族的传统美德，老龄工作是构建社会主义和谐社会的一项重要工作。我们要建设的全面小康社会是包括全体老年人同步进入的小康社会，我们要构建的和谐社会是在我国已进入人口老龄化阶段的社会背景下的和谐社会。因此，做好老龄工作，维护老年人的合法权益，提高老年人的生活水平和质量有利于维护家庭和睦、促进代际和谐；确保老年人共享经济社会发展的成果，有利于化解社会矛盾、促进社会公平；弘扬中华民族的尊老敬老的优秀文化，有利于形成良好社会风尚、促进精神文明建设；充分发挥老年人的经验和作用，有利于激发社会活力、促进经济和社会的发展。

党和国家高度重视老龄工作。2000 年，党中央、国务院下发了《关于加强老龄工作的决定》，对发展老龄事业，积极应对人口老龄化作出了战略部署。党的十六届六中全会《关于构建社会主义和谐社会若干重大问题的决定》，明确提出要发展老龄事业，开展多种形式的老龄服务。最近，中共中央、国务院在关于全面加强人口和计划生育工作统筹解决人口问题的决定中，再次把积极应对人口老龄化作为统筹解决我国人口问题的重大战略举措。我们一定要全面贯彻落实中央的要求，站在党和国家战略全局的高度，进一步增强责任感、使命感和紧迫感，以奋发有为的精神状态开展工作，推动老龄事业不断发展，开创老龄工作的新局面。

三、扎扎实实做好 2007 年的老龄工作

2007 年是我国经济社会发展非常重要的一年。做好今年的老龄工作，对我省政治经济社会发展全局具有特别重要的意义。要以邓小平理论和“三个代表”重要思想为指导，全面落实科学发展观，围绕构建社会主义和谐社会的目标，认真贯彻落实第二次全国老龄工作会议精神和我省老龄事业发展“十一五”规划，扎扎实实做好各项老龄工作，刚才，松保同志对 2007 年的工作作了部署，我再强调几点：

一要抓紧落实《湖北省老龄事业发展“十一五”规划》。这个规划是经省政府批准实施的专项规划，是“十一五”时期我省开展老龄工作的重要依据。各地、各有关部门要把落实老龄事业发展规划提到重要位置，围绕老年人生活保障、老龄事业基础设施、养老服务业发展、老年人精神文化生活、老龄权益保障等重点任务，从当地实际和各部门的职责出发，针对薄弱环节，制定工作计划，强化工作措施，确保今年各项老龄工作任务完成。

二要切实加强农村老龄工作。老年人大多生活在农村，且农村经济社会发展相对落后，农村老龄工作是整个老龄工作的薄弱环节。做好农村老龄工作，既是社会主义新农村建设的重要内容和必然要求，又是当前老龄工作的需要。各地、各有关部门要把农村老龄工作放到突出位置来抓，积极探索建立农村养老保险制度，继续推行农村计划生育奖励扶助制度，解决农村贫困老年人的基本生活问题。在推进新型农村合作医疗制度过程中，要充分考虑老年人的实际需要，建立医疗救助制度。要逐步推进农村社区建设，加强农村基层老年群众组织建设，并充分发挥他们的作用，要加强农村基层文化娱乐设施建设，丰富农村老年人的精神文化生活，特别要高度重视并解决好农村空巢老人家庭的实际困难。

三要大力促进养老服务业的发展。去年，国务院办公厅转发了《关于加强发展养老服务业的意见》。为了贯彻国务院文件精神，省老龄办会同省劳动厅、民政厅、建设等部门进行调查研究，并提出了《关于加强发展我省养老服务业的意见》（已送省政府审批）。各部门要按照文件精神，针对制约养老服务业发展的突出问题，进一步研究制定切实可行的政策措施，特别要研究制定扶持民办为老服务机构发展的政策措施，加快推进居家养老服务工作。“爱心护理工程”已纳入了国家“十一五”规划，这是解决生活不能自理老年人的长期照料服务问题的重要措施，各有关部门要按国家的要求，互相配合，认真搞好调查论证，抓紧相关工作，确保“爱心护理工程”一经启动就能尽快实施。

四要高度重视应对人口老龄化的研究工作。要做好老龄工作，推动老龄事业又快又好发展，很重要的一条是搞好理论研究工作。目前我们这方面的工作还做得不够。要通过调查研究，弄清我省人口老龄化的现状、特点及发展趋势；弄清人口老龄化对宏观经济和社会发展的影响；弄清老年人的基本生活状况和需要；提出应对人口老龄化的措施。

五要继续做好“银龄行动”工作。“银龄行动”是根据中央领导同志的指示，由全国老龄办组织实施的一项十分有意义的活动。我省去年开展这项活动以来，省直和各有关市县组织医疗卫生、文化、农业战线的老专家、老教授深入农村进行援助。既展现了老同志的精神风貌，又给基层广大群众送去了科技，解决了不少问题；既产生了很大的社会效益，又带来了一定的经济效益。这是一件好事，应当坚持做好。各地要把“银龄行动”与建设社会主义新农村结合起来，要把“银龄行动”与构建社会主义和谐社会结合起来，使这项工作成为老龄工作的一个品牌。

做好老龄工作，功在当代，利在千秋，惠及千家万户。各级党政领导要进一步加强对老龄工作的领导，把老龄工作摆上重要议事日程。各地、各部门要进一步统一思想，提高认识，互相配合，齐抓共管，共同做好老龄工作。要进一步发挥政府主导作用，不断加大对老龄事业的投入。要充分调动社会各方面的积极性，整合资源，各方筹集资金，加大为老服务设施的建设力度。

同志们，党的十六届六中全会为我国老龄事业的发展指明了方向，老龄工作迎来了前所未有的发展机遇。让我们紧密团结在以胡锦涛同志为总书记的党中央周围，高举邓小平理论和“三个代表”重要思想伟大旗帜，全面贯彻科学发展观，切实抓好省委、省政府有关加强老龄工作指示要求的贯彻落实工作，开拓进取，扎实工作，推动老龄事业更好更快地发展，为构建社会主义和谐社会作出新的贡献，以优异的成绩迎接党的十七大胜利召开！

在（广东省）省老龄委第七次全体会议上的讲话

广东省副省长　李容根

（2007年5月29日）

同志们：

今天，我们召开省老龄委第七次全体会议，主要任务是总结2006年老龄工作情况，部署2007年的工作任务。刚才，光超同志传达了全国老龄委第九次全体会议精神，党生同志对去年我省老龄工作作了总结，对今年的工作提出了意见，很有针对性。希望各成员单位认真贯彻落实这次会议精神，共同努力，把各项工作落实好。同时，希望受表彰的2006年度省老龄委先进成员单位和优秀联络员再接再厉，为我省老龄事业发展作出新贡献。下面，我讲两点意见：

一、求真务实、开拓进取，2006年全省老龄工作迈上新台阶

2006年是我省全面实施“十一五”规划的开局之年，也是我省贯彻落实第二次全国老龄工作会议精神的重要一年。在省委、省政府的高度重视和正确领导下，经过各地、各有关部门尤其是省老龄委各成员单位的共同努力，我省的老龄工作取得了新的成绩。

一是老年人养老医疗保障水平有新提高。2006年，全省企业离退休人员月人均养老金达904元，比2005年增长约8%；约130万农民和被征地农民纳入了保障范围，48万进入最低生活保障线的贫困老年人和近27万“五保”老人的生活得到基本保障，实现了应保尽保；城镇居民基本医疗保险制度和新型农村合作医疗制度加快推行，老年人养老医疗保障事业不断发展，保障水平逐年提高。二是老年人权益维护有新举措。为贯彻落实《中华人民共和国老年人权益保障法》以及《广东省老年人权益保障条例》，2006年我省把维护老年人合法权益的法律法规纳入“五五”普法和“法律六进”的重要内容，建立健全了“老年人权益工作站”等法律援助服务网络，收到了比较好的效果。去年全省共为老年人办理各类公证11000件，法律援助案件2713宗，为2117名老年人无偿提供法律援助。我省还出台了《关于进一步加强老年人优待工作的意见》，从宏观和政策层面上为提高老年人优待水平、扩大优待范围提供了保障。三是为老服务有新拓展。目前，我省第一期“千间敬老福星工程”改扩建工作已顺利完成，新建和改造了一批老年护理康复设施。截至2006年底，全省共有公办社会福利院133所、民办福利院82所、集体办敬老院1983所；在2005年试点成功的基础上，2006年我省的养老服务社会化示范工作在全省全面铺开，约有1.3万名居家老人享受了上门服务；从2006年开始，各县级以上人民医院陆续新设立“老年康复科”，为老年人提供老年病预防保健、医疗康复等服务，全省为老年人服务设施和为老年人服务项目不断扩展。四是老年文教体工作有新成效。目前，全省22个群众艺术馆、120个文化馆、1680个文化站、1000多个文化广场已全面向老年人开放。成功举办了“第十八届老人节及敬老月活动”、“第三届广东省老年文化艺术节”、“广东省第六届老年人运动会”等导向性、示范性的大型群众文体活动，吸引了众多的老年群众、老年团体参加。全省共开办老年大学45所、老年学校（课堂）1000多间，开设了适合老年人身心健康的各类专业课程，在读老年人超过10万人次，极大地丰富了老年人的精神文化生活。五是敬老、爱老、助老有新氛围。各地纷纷创办老龄信息网站，制作敬老宣传片、公益广告以及新设户外敬老广告标牌等，举办了“广东省老龄事业发展成就展”，拍摄了一批老龄专题、记录片，出版了一批老年朋友喜闻乐见的图书和音像资料，敬老、爱老、助老的宣传力度不断加大。全省开展评选创建“老龄工作先进县（市、区）、先进单位”、“敬老模范村（居）”、“先进老年群众组织”等活动，使敬老、爱老、传统美德更加深入人心，全社会敬老爱老助老蔚然成风。

上述成绩的取得，是省委、省政府和各级党委、政府高度重视的结果，是省老龄委各成员单位共同努力的成果，也是各级老龄工作机构和广大老龄工作者勤奋工作的成果。在此，我代表省政府向省老龄委各成员单位和老龄战线上的广大工作者表示衷心的感谢，希望大家继续努力，再创佳绩。

二、密切配合、再接再厉，切实做好2007年的老龄工作

（一）提高认识，不断增强做好老龄工作的自觉性和主动性

前不久，国务院发布了《中国老龄事业的发展》白皮书，表明了我国政府应对人口老龄化的积极态度，进一步明确了做好老龄工作的指导方针和目标任务。我省是人口大省，同时也是老年人口大省。最新的老龄事业统计报表显示，截至2006年底，我省老年人已超过900万人，正向1000万老年人口大省迈进，人口老龄化进程正处于“加速期”，人口结构日趋高龄化，人口老龄化形势日益严峻，给我省经济社会各方面带来新的挑战、提出新的要求：老年人扶养比不断提高，对社会保障体系和公共服务体系的压力不断加大；老年人口基本养老保障覆盖率偏低，与老年人社会保障需求不适应基本医疗保障体系尚未健全，与老年群体医疗需求猛增的趋势不适应；养老服务体系建设滞后，与老年人日益增长的服务需求不适应等等。尤其是随着我省城市化进程的加快，大量农村青壮年人口涌入城市，使农村的人口老龄化形势更加严峻，对我省现阶段农村社会养老保障制度是一个新的考验。

家家都有老人，人人都会老，老龄工作事关我省经济社会发展的全局，是一项重要的社会化工程。对全省老龄工作的紧迫性、艰巨性、复杂性，各级政府、各有关部门必须要有足够的认识，要准确地把握我省人口老龄化的新趋势和加快老龄事业发展的新机遇，切实从落实科学发展观、构建和谐社会、全面建设小康社会和建设社会主义新农村的战略高度，从全省经济社会发展全局出发，积极研究对策，努力把我省的老龄工作推上一个新台阶。

（二）突出重点，不断推动老龄事业又好又快发展

一是抓根本，在解决老年人养老保障工作上要有新成绩。健全社会保障制度，不断提高老年人生活水平和生活质量，是党和政府执政为民的具体体现，也是我省老龄工作的重点。当前，我省老年人面临的最重要的问题依然是“老有所养”和“老有所医”，这也是老年人最基本的需要。按照《广东省国民经济和社会发展“十一五”规划》以及《广东省老龄事业发展“十一五”规划》的要求，各地、各有关部门要继续认真落实有关政策措施，加大工作力度，进一步健全城镇基本养老保险制度，加快推进城镇医疗保险制度改革，不断完善城乡最低生活保障制度，建立健全社会救助制度，逐步提高离退休人员和城镇老年人的保障水平，使他们共享经济社会发展成果。

二是抓难点，在加强农村老龄工作上要迈开新步伐。研究和探索社会主义新农村建设中的老龄工作，是当前我省老龄工作的重要任务。各地要按照统筹城乡发展的要求，把关心农村老年人的生活列入各级政府的议事日程，摆到更加突出位置。农村老年人特别是“五保”老人是目前农村最困难、最需要照顾的特殊群体，要认真研究并切实做好新形势下的“五保”供养工作。鼓励有条件的地区探索建立农村养老保障制度，切实解决农民“老有所养”的问题。积极推进新型农村合作医疗制度建设，逐步解决农民“老有所医”的问题。各有关部门要加强调查研究，深入思考，科学分析，切实解决好农村老年人的养老和医疗保障、农村老年人权益保护、农村老年人协会建设发展等问题，不断创新工作思路和工作方法，努力推动农村老龄工作上台阶、上水平。省老龄办要按照今年工作要点提出的要求，尽快按程序制订出台我省农村老龄工作的指导意见。

三是抓重点，在居家养老工作上要有新举措。老年人口是一个庞大的社会群体，养老服务需求大，解决好高龄、独居、失去自理能力老人的基本生活和照料护理问题日益突出。《国务院办公厅转发全国老龄委办公室和发展改革委等部门关于加快发展养老服务业意见的通知》（国办发〔2006〕6号），是国家出台的针对养老服务业的重要政策文件，要切实贯彻落实好。今年，全国老龄办决定以推进居家养老服务工作为重点，推动养老服务业发展。各有关部门要根据国家要求，结合我省实际，制定相关政策，为推进居家养老服务提供依据；要搭建平台，建立居家养老服务管理体系；要整合资源，构建居家养老服务网络。要

加快建设一大批立足基层、面向老人、方便实用的老年福利服务设施和活动场所，建立健全老年福利服务体系。要完善养老服务业投入机制，除各级政府加大投入力度外，要继续推进老年福利社会化，鼓励、吸引民间资本投向老年福利服务领域，发展民办社会福利机构，进一步探索“民办公助、公办民营”的运作模式，促进养老服务业健康发展，加快构建以居家养老为基础、社区服务为依托、机构养老为补充的养老服务体系。

四是抓创新，在丰富老年人精神文化生活上要有新办法。要充实老年人文体活动内容，丰富老年人精神文化生活。充分发挥基层老年人协会、老年文化体育团体的作用，广泛开展科学文明、健康有益、寓教于乐的老年群众性文体活动和健身项目，定期组织老年文艺汇演，老年才艺展示和老年体育健身运动会，促进老年人身心健康。要创新老年人文化产品。各级宣传、文化、广电、出版等部门，要积极引导和组织社会力量为老年人创造更多思想性、艺术性强、老年人喜闻乐见的文化产品。广播、电视、报刊、网络等要创办好丰富多彩的老年专题节目，文化出版部门要办好面向老年人的出版物，为老年人送文化精品，丰富老年人生活。要进一步开展好敬老爱老助老活动。大力培养、树立、宣传敬老养老助老的先进典型，通过评选表彰我省“十大敬老之星”等活动，以榜样的力量影响和带动全社会尊老敬老。要在基层大力开展“敬老模范村”和“敬老模范社区”的创建工作，不断营造尊老爱老的良好社会氛围。要在全社会大张旗鼓地开展为老年人送温暖、献爱心活动，组织发动机关、企业、部队、学校和社会各界积极为老年人办实事、办好事，引导和动员广大群众特别是青少年尊老、爱老、助老，弘扬中华民族传统美德，让老年人感受到党和政府以及全社会的关爱和温暖。

（三）加强领导，不断提高老龄工作水平

一是要加强组织领导。省老龄委各部门要把老龄工作列入本部门重要议事日程，作为重要工作来抓。部门主要领导要经常、主动了解本部门的老龄工作情况，指导和支持老龄工作。要强化本部门老龄工作责任，建立健全老龄工作责任制，做到任务分工到人，责任明确到人。

二是要加强协调配合。老龄工作涉及面比较广，头绪繁多，是一项长期复杂的社会工程，需要各有关部门的共同努力。各成员单位要切实增强老龄意识，树立全局观念，既要突出部门职能作用，又要分工合作，互相配合，加强涉老工作信息交流，认真落实好老龄委确定的工作目标和各项任务。在制定政策、开展活动的时候，要充分考虑到老年群体的特点，对社会普遍关注的涉老问题，要及时协商研究解决。老龄办是老龄委的具体办事机构，也是政府关于老龄问题决策的督查部门。各级老龄办要加强与成员单位的联系，及时掌握工作动态，了解成员单位的意见，加强信息沟通和交流。各成员单位在研究涉老工作时，要邀请本级老龄办参与，共同做好老龄工作。

三是要加强督促检查。今年我省老龄工作的目标、任务已经明确，关键是抓好落实。各成员单位要自觉做到年初有计划、年中有检查、年底有总结，并将涉老工作作为一项经常性的工作坚持下去。要加强督促检查，一级抓一级，抓好各项涉老政策措施的落实。

同志们，老龄工作牵动千家万户，是实现宽裕型小康和构建和谐社会的重要组成部分。让我们以邓小平理论和“三个代表”重要思想为指导，以科学发展观为统领，认真贯彻落实省第十次党代会精神，按照老龄工作的新要求，团结奋斗、积极进取、开拓创新，为把我省的老龄工作提高到一个新水平、迈上一个新台阶而共同奋斗，以优异的成绩迎接党的第十七次全国代表大会胜利召开！

在云南省第二十届敬老节晚会上的讲话
（摘要）

云南省副省长、省老龄委主任　孔垂柱

（2007 年 10 月 15 日）

在这金风送爽、丹桂飘香的美好时节，为大力弘扬中华民族孝亲敬老的传统美德，努力营造“关爱老人、共创和谐”的良好社会氛围，经省委、省政府同意，今天我们在这里隆重集会，热烈庆祝第二十届敬老节。这充分表明了省委、省政府对老龄工作的关心和重视。借此机会，我代表省委、省政府和省老龄委，向全省480多万老年朋友致以节日的祝贺和诚挚的问候！向多年来关心支持全省老龄工作的各级领导、社会各界以及为老龄工作付出辛勤劳动的同志们表示衷心的感谢！

改革开放以来特别是近些年来，在党中央、国务院的正确领导下，省委、省政府高度重视老龄工作，各地、各有关部门认真贯彻落实中央和省关于老龄工作的方针政策，采取有效措施，切实加强老龄工作，有力地推动了全省老龄事业的发展，老年人的基本生活得到切实保障，养老服务体系建设取得积极进展，老年文化教育体育事业蓬勃发展，老龄工作机构逐步健全完善，老年人合法权益得到切实维护，老年人的生活质量不断提高，老年人在全省物质文明、政治文明、精神文明建设中发挥了重要作用。

人口老龄化是本世纪人类社会面临的共同课题。近些年来，随着经济社会的快速发展和人民生活水平的不断提高，人口老龄化呈现出加快发展的趋势。与以往相比，当前的老龄化具有老年人口基数大、增速快、高龄化和未富先老、老龄化提前到来等特点，人口老龄化已经并将进一步成为我省在全面建设小康社会、加快推进现代化建设进程中必须认真面对的重大战略问题。加强老龄工作，满足老年人日益增长的物质文化需求，实现老龄事业与经济社会协调发展，是经济社会发展到现阶段的客观需要，是构建社会主义和谐社会的战略举措，它对于弘扬中华民族尊老敬老传统美德、增强老年朋友身心健康、倡导科学文明健康生活方式、提升经济社会发展水平，都具有十分重要的历史和现实意义。各地、各部门一定要以邓小平理论和“三个代表”重要思想为指导，全面贯彻落实以人为本、全面协调可持续发展的科学发展观，紧紧围绕党和国家中心工作，继续坚持“党政主导、社会参与、全民关怀”的方针，按照“老有所养、老有所医、老有所教、老有所学、老有所为、老有所乐”的目标要求，切实增强做好老龄工作的责任感、紧迫感和使命感，充分调动各方面的积极性，统筹和加强城乡老龄工作，加快构建为老服务体系，健全完善社会保障制度，全面普及老年人科学健康知识，不断丰富老年人的精神文化生活，积极开展老龄宣传教育和法制建设，努力推动老龄事业协调健康发展。

老年人是社会的宝贵财富，他们曾为经济社会发展和抚育、培养年轻人，作出了巨大贡献与无私奉献。没有老年人的努力和奉献，就没有今天社会的进步与繁荣，老年人的今天就是我们中年人、青年人的明天和后天。尊老、敬老、爱老、助老是中华民族的传统美德，是社会文明进步的重要标志，也是全社会应尽的责任和义务。尊重老年人就是尊重人生和社会发展规律，就是尊重历史和自然规律。我们一定要向“云岭十大孝星”学习，把孝敬父母、尊重老人作为自己道德和日常行为的准则，常怀敬老之心、善谋为老之策、多做助老之事，在全省上下倡导敬老爱老的好风尚，让所有的老人都能够沐浴党和政府的关怀，共享改革发展成果，共创和谐美好的生活，安度晚年，颐养天年。同时，也希望老年朋友们继续为经济社会发展贡献光和热，为构建和谐社会添砖加瓦，为我们伟大的社会主义建设事业再树丰碑，并希望你们加强身心健康，争当福星寿星。

在（贵州省）省老龄工作委员会第七次全体会议上的讲话

贵州省副省长、省老龄委常务副主任　肖永安

（2007年3月13日）

同志们：

今天，我们召开省老龄工作委员会第七次全体会议。会议主要任务是学习贯彻回良玉副总理在全国老龄工作委员会第九次全体会议上的讲话精神；总结2006年和研究部署2007年全省老龄工作。刚才，陈如昌同志汇报了全国省级老龄办主任会议精神，郭猛

同志总结了去年我省老龄工作开展情况，提出了2007年工作安排意见，我都赞同。大家对去年的工作总结和今年的工作安排进行了认真讨论，提出了很好的意见，会后请办公室作进一步修改。下面，我讲三点意见。

一、2006年，我省老龄工作取得的主要成绩

去年，我省老龄工作在省委、省政府的高度重视和领导下，在各成员单位和各级老龄办的共同努力下，认真贯彻落实第二次全国老龄工作会议精神，按照年初确定的工作目标，开拓进取，扎实工作，全省老龄工作有了长足的发展。

第一，编制贵州省老龄事业发展“十一五”规划。根据《贵州省国民经济和社会发展“十一五”规划》和《中国老龄事业发展“十一五”规划》以及《贵州省老龄事业发展“十五”计划纲要》检查评估情况，办公室起草了《贵州省老龄事业发展“十一五”规划》（以下简称《规划》）（初稿）。《规划》（初稿）形成后，分别在办公室各处室、老龄委各成员单位、省直有关部门征求意见，并召开了两次专题研讨会，在广泛听取意见的基础上对《规划》（初稿）进行了多次修改，于10月份上报省政府。12月份，省政府批转下发各地执行。

第二，重视加强基层老年群众组织建设。为了继续推进村（居）老年协会建设，充分发挥其作用，使之成为开展基层老龄工作的重要力量，6月份我们召开了全省基层老年协会建设座谈会。会议全面总结了我省基层老年协会建设基本情况和经验，分析了存在的困难与问题，明确提出了加强我省基层老年协会建设的努力方向。到目前为止，全省有65%的村（居）委会建立了老年协会。村（居）老年协会的建立，对于加强基层老龄工作，维护老年人合法权益，丰富老年人精神文化生活，团结和带领老年人参与基层“三个文明”建设发挥了重要作用。

第三，加强老年维权工作。为了做好老年维权工作，切实保障老年人的合法权益，经省编办同意，省老龄办增设了维权处，增加编制3名。各市（州、地）也积极努力争取设立老年维权机构，黔西南州在今年初成立了“黔西南州老年法律援助工作站”，工作站设在州老龄办，专人负责全州老年法律援助工作。贵阳市明确了市老龄办及12个县（区）老年维权工作负责人，实现了市、县（市、区）、乡镇（街道）三级老年维权工作网络。同时，各地以纪念《中华人民共和国老年人权益保障法》（以下简称《老年法》）颁布10周年为契机，认真贯彻落实《贵州省优待老年人试行办法》。省财政从去年起，每年拨出专款为全省百岁老人发放生活补助，发放标准为每人每年500元。去年，全省512名百岁老人领到了生活补助费。黔南州对95至99岁非财政供养的高龄老人，每人每月发给30元生活补助费。全省大多数公园、风景名胜区、图书馆、纪念馆、医院等涉及优待的服务场所挂牌明示，向符合条件的老年人提供优待服务。

第四，老年文体活动丰富多彩。去年是我省第19个老年节。在老年节期间，全省各级老龄办、老年大学、老年体协以各种形式广泛开展庆祝活动。10月30日，在贵阳举办了贵州省庆祝老年节暨纪念《老年法》颁布实施10周年文艺演出，参加演出的老年人有300多人，老年演员表演了合唱、舞蹈、京剧、服饰等14个节目，极大地丰富了广大老年人的精神文化生活。

二、切实增强做好老龄工作的责任感和紧迫感

当前，我国正处在改革发展的关键时期，也是人口老龄化快速发展期。经济体制的深刻变革，社会结构的深刻变动，利益格局的深刻调整，思想观念的深刻变化，使老龄工作面临着新的机遇、新的挑战；全面贯彻落实科学发展观，构建社会主义和谐社会，对老龄工作提出了新的要求、新的课题。做好老龄工作，促进社会和谐，是摆在我们面前的一项重大而紧迫的任务。

第一，要清醒分析人口老龄化的严峻形势。老龄问题是国际公认的21世纪世界性的重大社会问题之一。我国是世界上唯一一个老年人口超过1亿人的国家，目前我国60岁以上老年人口已达1.44亿人，占总人口的11%，并将以年均3%的速度增长。我国人口老龄化的严峻性和特殊性在于，不仅老年人口规模庞大，发展迅速，高龄人口增长快，而且是典型的“未富先老”，老龄化提前到来，甚至农村还超前于城镇。我省人口老龄化的状况比全国还要严峻，再加上我省是一个欠发达、欠开发的省份，应对老龄社会各种挑战的经济、制度和社会基础比较薄弱。因此，我们一方面要充分认识人口老龄化对经济、社会、政治、文化的发展带来的巨大影响；另一方面要高度重视庞大的老年群体对养老、医疗、社会服务、社会管理等方面带来的巨大压力。必须加强战略和对策研究，加快发展老龄事业。

第二，要客观估计老龄工作面临的问题。在充分肯定老龄工作取得的显著成绩的同时，我们也要看到，当前老龄事业发展还有很多不适应的地方。现行的养老保障体系、医疗保障体系、养老服务体系、社会管理体制尚不能适应人口老龄化的要求，全社会对老龄问题的严峻性和紧迫性还没有形成广泛的共识和引起足够的重视。老龄政策法规尚不完善，老龄事业投入不足，社会养老服务业的发展不能满足日益增长的社会需要，农村不少老年人的生活还比较困难。必须进一步提高认识，在解决实际问题上下功夫。

第三，要充分认识做好老龄工作的重要意义。尊老敬老是中华民族的传统美德，老龄工作是构建社会主义和谐社会的一项重要工作。我们要建设的全面小康社会是包括全体老年人同步进入的小康社会，我们要构建的和谐社会是在我国已进入人口老龄化阶段的社会背景下的和谐社会。因此，做好老龄工作，维护老年人的合法权益，提高老年人的生活水平和质量，有利于维护家庭和睦、促进代际和谐；确保老年人共享经济社会发展的成果，有利于化解社会矛盾、促进社会公平；弘扬中华民族的尊老敬老的优秀文化，有利于形成良好社会风尚、促进精神文明建设；充分发挥老年人的经验和作用，有利于激发社会活力、促进经济和社会的发展。

我们一定要全面贯彻落实中央对老龄工作的要求，站在党和国家战略全局的高度，立足当前，着眼长远，进一步增强责任感、使命感和紧迫感，以奋发有为的精神状态开展工作，推动老龄事业不断发展，开创老龄工作的新局面。

三、扎扎实实做好2007年的老龄工作

2007年，是全面实施老龄事业发展“十一五”规划的重要一年，做好今年的老龄工作，对于完成“十一五”时期老龄事业的各项任务具有特别重要的意义。我们要以邓小平理论和“三个代表”重要思想为指导，全面落实科学发展观，围绕构建社会主义和谐社会的目标，认真贯彻落实第二次全国老龄工作会议精神和我省老龄事业发展“十一五”规划，扎实推进各项工作的开展。刚才，郭猛同志对今年的工作作了全面安排，我再强调几点：

第一，要筹备召开第二次全省老龄工作会议。第二次全国老龄工作会议于去年上半年在北京召开。会议全面回顾总结了第一次全国老龄工作会议五年来我国老龄工作取得的成绩和经验，深刻分析了人口老龄化的发展趋势，明确了今后一个时期老龄工作的总体思路、目标和主要任务，为我国老龄事业的全面发展指明了方向。贯彻、落实好会议精神，对于做好我省老龄工作，发展我省老龄事业具有重要的意义。第二次全省老龄工作会议拟在今年下半年召开。老龄办和有关成员单位要深入基层，搞好调查研究，认真排查困扰我省老龄工作的薄弱环节，理清制约我省老龄事业发展的瓶颈障碍，明确工作要点和努力方向。会议筹备工作由办公室负责，有关成员单位要积极支持，互相配合，共同努力把会议开好。

第二，要认真贯彻落实老龄事业发展“十一五”规划。《贵州省老龄事业发展“十一五”规划》已于去年底经省政府批准下发。这个规划是我省“十一五”时期开展老龄工作的重要依据。各地各部门要把落实老龄事业发展规划摆到重要位置，围绕老年人生活保障、老龄事业基础设施、养老服务业发展、老年人精神文化生活、老年人权益保障等方面，明确目标任务，制定工作计划，强化工作措施，确保完成各项任务。

第三，要切实加强基层老龄工作。基层老龄工作是我们的工作基点，也是我们的薄弱环节。各地要认真贯彻落实全国老龄办下发的《关于加强基层老龄工作的意见》，高度重视老龄工作机构建设，建立健全县（市、区）、乡镇（街道）和村（居）委会三级老龄工作组织网络，配备必要的工作人员。要根据当地经济社会发展水平和老年人口规模，每年按比例提取一定的工作经费，确保各级老龄办工作的正常开展。

第四，要做好我省人口老龄化发展趋势预测情况的研究工作。我省2003年人口年龄结构进入老龄化阶段，成为“老年型”省份。2005年底，全省60岁及以上老年人为481.56万人，占总人口的12.25%。今后一个时期我省老年人口还将以较快的速度增长，而且高龄老人进一步增加。我省人口老龄化的特点是典型的“未富先老”。为进一步摸清我省老年人口及老龄化发展的基本态势，掌握未来我省老龄问题的基本情况，老龄办要认真组织协调省直有关部门，做好我省人口老龄化发展趋势预测报告的课题研究，为省委、省政府决策老龄工作和老龄问题提供参考依据。

第五，要加快构建养老服务体系。当前，应对人口老龄化严峻挑战，解决“空巢”家庭、高龄老人和生活完全不能自理的老年人的养老服务问题，必须采取有力措施，加快养老服务机构建设，逐步建立和完善以居家养老为基础、社区服务为依托、机构养老为补充的服务体系。各地要认真贯彻前不久在杭州召开的全国居家养老服务经验交流会议精神，大胆开拓，锐意创新，积极探索符合本地经济发展状况、人口老龄化特点的居家养老服务模式。老龄办要协调有关部门，认真抓好城市社区居家养老服务的试点工作，及时总结经验，并在全省加以推广。去年，国务院办公厅转发了全国老龄办和发改委等部门《关于加快发展养老服务业的意见》。老龄办、发改委、民政、财政等部门要抓紧制定和完善我省养老服务业发展的具体措施，特别是要研究制定扶持民办为老服务机构发展的政策措施。

做好老龄工作，功在当代，利在千秋，惠及千家万户。各地、各部门要进一步统一思想，提高认识，把老龄工作摆上重要议事日程。各级领导要经常听取老龄工作部门的汇报，指导他们的工作，帮助他们解决工作中存在的困难和问题。要进一步发挥政府主导作用，不断加大对老龄事业的投入。要充分调动社会各方面的积极性，整合资源，多方筹集资金，加大为老服务设施的建设。

同志们，让我们在以胡锦涛同志为总书记的党中央领导下，高举邓小平理论和“三个代表”重要思想伟大旗帜，全面贯彻落实科学发展观，开拓进取，扎实工作，推动我省老龄事业更好更快地发展，为构建和谐贵州作出新的贡献。

在四川省“金秋乐园杯”《中华人民共和国老年人权益保障法》知识竞赛抽奖仪式暨迎春敬老联欢会上的讲话

四川省副省长　张作哈

（2007年1月18日）

尊敬的各位老领导、老年朋友，同志们：

在2007年新春到来的美好时候，我们在这里隆重举行四川省“金秋乐园杯”《中华人民共和国老年人权益保障法》（以下简称《老年法》）知识竞赛抽奖仪式暨迎春敬老联欢会，在此，我代表省委、省政府、省老龄工作委员会向全省1160万老年朋友致以新春的祝福和亲切的问候！

刚刚过去的2006年，是全省实施“十一五”规划的开局之年。全省各族人民团结一心、奋发努力，全面推进社会主义经济建设、政治建设、文化建设、社会建设，国民经济和社会发展取得了新成就，人民生活水平进一步提高。全省的老龄工作也取得了可喜的成绩，老年社会保障体系进一步完善，第二轮敬老模范县创建工作全面推进，基层老龄工作进一步加强，老龄宣传和老年教育更加扎实，老年文体活动更加丰富多彩。去年也是《老年法》颁布实施10周年，全省各地扎实开展了纪念《老年法》颁布实施10周年的系列活动，切实维护了老年人合法权益，为老年人办了很多实事，进一步营造了敬老养老助老的社会氛围，老年人的生活水平和生命质量得到了进一步提高。

今年是我省全面落实科学发展观、加快构建社会主义和谐社会的重要一年。省委、省政府急群众所需，正在全省组织实施“就业促进行动、最低生活保障行动、教育资助行动、医疗保障行动、农村交通建设行动、安全饮水行动、农民工培训行动、农村安居行动、扶贫解困行动和环境治理行动”等“十大惠民行动”。各级党委、政府要将老龄工作与“十大惠民行动”结合起来，进一步加强对老龄工作的领导，充分认识人口老龄化挑战的严峻性，立足当前做实事，着眼长远打基础，把老龄事业发展放在重要位置，进一步加快老年社会保障体系和政策法规建立，加快建立健全老年医疗保障体系，加快公共老年服务设施和服务网络建设，努力保障老年人的基本生活。要重点关注“五保”老人、“三无”老人、“低保”老人、残疾老人、高龄老人、纯老年人家庭等特殊群体，多做“雪中送炭”的工作。要采取有效的措施，在全社会进一步弘扬中华民族敬老养老助老的传统美德。老年人过去为国家建设做出了重要贡献，对子女教育付出了自己的一切。关爱老年人，不仅是政府、社会的责任，同时也是每个家庭的责任，只有政府、社会和家庭共同来关心，老年人安度晚年才能落到实处。

2007年春节即将到来，我再次代表省委、省政府、省老龄工作委员会给全省老年朋友拜个早年，祝大家阖家欢乐，健康长寿，吉祥如意！

谢谢大家！

在庆祝（宁夏回族自治区）自治区第十八个“老人节”大会上的讲话

宁夏回族自治区党委常委、自治区副主席 刘慧

（2007年10月10日）

尊敬的各位老年朋友们：

你们好！

在党的十七大即将胜利召开之际，今天，我们迎来了自治区第十八个“老人节”。在此，我代表自治区党委、政府，向在座的各位老人家，并通过你们向全区广大老年朋友们表示节日的问候，祝大家精神愉快、身体健康、生活幸福！

我国现在是世界上老年人口最多的国家。据国家统计局最新统计，截止2006年年底，我国60岁及以上老年人口总数已达1.44亿人，占总人口的11%，并以年均2.8%的速度递增。从自治区老龄办今年开展的宁夏老年人生活状况普查结果来看，截至2006年年底，我区60岁及以上老年人口已达56.4万人，占全区总人口的9.4%。80岁以上的高龄老人已近4.2万人，空巢老人达到18.29万人。老年人比重日益增长。这个状况反映了在我国经济、科技、教育、文化、卫生事业蓬勃发展和人民生活水平明显提高的同时，人口老龄化也给家庭结构和社会生活带来新的变化，对经济和社会发展产生重大影响。随着经济社会的发展，人民生活水平的提高，社会生活方式的转变，老年人对日常生活照料、精神慰藉、康复护理、紧急救助等方面的需求日益增长。自治区党委、政府对此是高度重视的，采取了一系列行之有效的政策措施，在全社会积极倡导敬老、爱老、助老的良好风气，目前已取得了良好的效果。

人的一生总要经历少年、青年、壮年和老年时期。尊重老年人就是尊重人生和社会发展的规律，就是尊重历史。过去，老人们在岗位上以艰苦奋斗的满腔热血，为宁夏的发展奉献了自己的青春和力量，为宁夏的经济社会发展付出了辛勤的汗水，建立了光辉的业绩。今天，虽然离开了工作岗位，但仍然“老骥伏枥，志在千里”，用长期积累起来的丰富知识和宝贵经验，通过各种方式继续为宁夏的改革、发展、稳定发挥余热。广大老年人是中华民族传统文化的坚定守护者和传播者，是维护社会和谐和政治稳定的重要力量。弘扬中华民族尊老敬老助老的传统美德，满足老年人的各种需求，不仅有利于老年人生活安康、家庭和睦、代际和顺，也有利于社会和谐，有利于推进全面建设小康社会的进程。各级党委、政府要更加深怀敬老之心，多办为老之事，把老年人的根本利益发展好、实现好、维护好，使之“老有所养，老有所医，老有所教，老有所学，老有所为，老有所乐”。

尊老敬老是中华民族的传统美德。人老了，特别需要社会的关怀和他人的帮助，这是老年人的殷切希望，更是全体社会成员的义务。为了充分体现自治区党委、人民政府对广大老年人的关爱，在“重阳节”期间，为全区3000多名90岁以上高龄老人每人发放200元慰问金，帮助高龄老人解决一些实际困难。200元是微薄的，但它体现的是自治区党委、政府关爱老年人的一片真情，也是倡导全社会关注高龄老人的实际行动。

自治区第十次党代会提出了实现跨越式发展的战略目标，标志着自治区党委、政府对我区经济社会发展的阶段性特征的认识更加明确，自觉地把差距看作潜力，以更加自信的姿态、勇于赶超的精神，自加压力，奋起直追，充分发挥比较优势和后发优势，在奋力拼搏中实现跨越式发展。宁夏的各项建设事业由此进入了一个崭新的发展时期，这为老龄事业的发展必将创造“千载难逢”的良机。我们有自治区党委、人民政府的坚强领导，有广大老年人的关心和支持，在今后的岁月里，以更加坚实的步伐，在党的十七大精神的贯彻落实中，我区的老龄事业同其他各行各业的事业将会是前所未有的生机盎然的美好前景。共同努力吧！尊敬的同志们、朋友们！

最后我说一句：“最美莫过夕阳红。”衷心祝愿老年朋友们健康长寿！

谢谢大家！

在新疆维吾尔自治区老龄办主任会议上的讲话

新疆维吾尔自治区政协副主席、自治区人民政府党组成员、
自治区劳动和社会保障厅党组书记、
自治区老龄委副主任　黄昌元

（2007 年 3 月 29 日）

同志们：

今天，我们召开自治区老龄办主任会议，主要任务是传达学习全国老龄委第九次全体会议、全国省级老龄办主任会议、全国居家养老服务经验交流会和全国老年维权工作经验交流会议精神，总结部署自治区的老龄工作。刚才，宋海渭同志对 2006 年的老龄工作进行了全面的总结，安排了 2007 年的工作任务。自治区老龄办、公安厅、司法厅和高级人民法院共同表彰了老年维权示范岗、敬老模范村居（社区）。大会还安排了典型经验交流和分组讨论。会议内容很丰富，很有针对性，必将对自治区 2007 年老龄工作的顺利开展产生积极的推动作用。借此机会，我代表自治区人民政府，代表自治区老龄工作委员会，向受到表彰的先进单位和先进个人表示热烈的祝贺！向在座的各位同志，并通过你们向全区各级老龄工作者致以亲切的问候和崇高的敬意！

2006 年是自治区老龄事业发展史上不平凡的一年。在这一年里，自治区人民政府召开了第二次老龄工作会议，全面总结了“十五”期间的老龄工作成绩和经验，研究部署了今后一个时期的老龄工作，自治区第十届人民政府第 34 次常务会议审议通过了自治区老龄事业发展第十一个五年规划，自治区人民政府办公厅批转了自治区老龄办等 11 个部门关于加快发展养老服务业的意见，自治区老龄事业的发展实现了“十一五”的良好开局。这一年里，各级老龄工作部门在各级党委、政府的领导下，认真贯彻落实全国和自治区老龄工作会议精神，坚持“党政主导、社会参与、全民关怀”的老龄工作方针，紧紧围绕“六个老有”的工作目标，开拓创新，真抓实干，全心全意为各族老年人服务，做了大量卓有成效的工作，推动自治区老龄工作取得了突破性进展。

2007 年，我们党将召开第十七次代表大会，做好今年的老龄工作，对自治区政治经济社会发展全局具有特别重要的意义。各级要以邓小平理论和“三个代表”重要思想为指导，全面贯彻落实科学发展观，紧紧围绕构建社会主义和谐社会和新农村建设，立足当前和我区实际，着眼今后和未来，适应自治区整体战略部署，适应我区人口老龄化发展所处的历史阶段的要求，求真务实，突出重点，打牢基础，整体推进自治区老龄工作的全面发展。

下面，我就如何做好 2007 年的老龄工作，谈几点意见：

一、充分认识人口老龄化发展形势，进一步增强做好老龄工作的责任感和紧迫感

我国已与新世纪同步进入人口老龄化社会，目前，有 60 岁以上老年人口 1.44 亿人，占总人口的 11%，并以年均 3%的速度递增，我国人口老龄化具有老年人口规模巨大、老龄化发展迅速、地区发展不平衡、城乡倒置显著、老龄化超前于现代化等主要特征。自治区人口老龄化的发展程度虽然低于全国平均水平，但我们面临的人口老龄化发展形势却不容乐观。“十一五”期间，自治区老年人口将以年均 4.36%的速度快速增长，预计到 2010 年，60 岁以上老年人口将达到 220 万人，约占总人口的 10%以上，进入人口老龄化社会。我区人口老龄化的严峻性和特殊性在于，全国人口老龄化的特征在我区都有突出的体现，同时，我区的经济和社会各项事业发展相对滞后，老龄事业发展基础相对薄弱，如何加快发展老龄事业，以适应人口老龄化发展的需要，我们面临的任务更为艰巨，压力更大。人口老龄化是经济社会发展的必然产物，与经济社会发展中产生的诸多矛盾密切联系，对政治、经济、文化和社会生活等各个领域的影响是深远而广泛的，人口老龄化问题是我们必须认真对待的一个重大的战略问题。老龄工作直接影响着

改革发展稳定的大局，直接关系着社会主义现代化的进程，做好老龄工作意义重大、责任重大。“十一五”期间，正是我们积极应对人口老龄化挑战，加快发展老龄事业的关键时期。面对严峻的人口老龄化发展形势，我们必须清醒地看到，老龄工作任务越来越重，老龄工作将越来越受到重视，发展老龄事业的社会环境也将越来越好。去年，国务院召开了第二次老龄工作会议，发布了中国老龄事业的发展白皮书，对今后一个时期老龄事业的发展作出了全面部署，从全国到自治区，“十一五”期间老龄工作的目标任务已经十分明确。我们要做的，就是认清人口老龄化和老龄工作面临的现状和发展趋势，正确认识老龄事业发展的远大前景和面临的现实困难，站在党和国家战略全局的高度，进一步提高认识，统一思想，增强做好老龄工作的政治责任感和时代紧迫感，牢固树立全心全意为人民服务的宗旨意识，抓住历史机遇，迎接新的挑战，全面加强老龄工作，推动老龄事业与经济社会各项事业协调发展，为迎接自治区人口老龄化的到来打下坚实的基础。

二、立足服务大局，心系老年群众，进一步提高老年人的生命生活质量

老龄工作是党和政府工作的重要组成部分。当前，在全面建设小康社会、加快推进社会主义现代化建设新的发展阶段，在人口老龄化的基本国情下，构建社会主义和谐社会，要求老龄工作要紧紧围绕党和政府的中心工作来谋划和发展，服从和服务于党和政府工作的大局。要坚持以人为本，把解决好老年人的问题，维护好、保障好、发展好老年人的根本利益，作为一切工作的出发点和落脚点，努力实现“六个老有”，做好老龄工作，促进社会和谐。要重点贯彻落实全国和自治区老龄事业发展第十一个五年规划和关于加快发展养老服务业的意见，切实采取措施，从实际出发，针对薄弱环节，强化工作措施，开创工作新局面。要完善城镇基本养老保险、基本医疗保险、最低生活保障制度，积极探索和着力推进农村养老保险、医疗保险和最低生活保障制度，保障好老年人的基本生活、基本医疗。要加快构建以居家养老为基础、社区服务为依托、机构养老为补充的养老服务体系，抓好贫困老年人的社会救助工作，针对不同类型老年人的状况和需要，大力推进为老服务业的发展，为老年人提供生活照料、精神慰藉、卫生保健、文化教育、体育健身和权益保护等全方位的服务。要按照科学发展观的要求统筹好城乡老龄事业的发展，既要着力抓好老年人物质生活水平的提高，又要着力于促进老年人精神文化生活的不断丰富，因地制宜，因势利导，区别城乡，区别不同的老年群体，针对性地找准工作的切入点和突破口，统筹兼顾“六个老有”的协调发展，满足老年人日益增长的物质和精神文化生活需要。要切实采取措施贯彻落实党的老龄工作方针政策和老年法律法规，加大老年维权和优待工作力度，关心老年人的疾苦，倾听老年人的呼声，从老年人关心的热点难点问题入手，认真研究解决关系老年人切身利益的社会保障和提高生活质量等各种现实问题，让广大老年人共享经济和社会发展成果。

三、认真贯彻老龄工作方针，充分调动社会力量齐抓共管发展老龄事业

坚持“党政主导、社会参与、全民关怀”的老龄工作方针，是我们做好老龄工作的关键。在这个方针中，党政主导是核心，社会参与是保证，全民关怀是基础。党政主导，要体现在各级党委、政府高度重视老龄工作，将老龄事业纳入国民经济和社会发展规划，加大老龄事业经费投入，将老龄工作纳入党政工作议事日程和目标管理，及时研究解决老龄工作中的重大问题。去年年底，自治区老龄委向全区转发了昌吉州党委、政府关于加强老龄工作的意见，这个意见最突出的是，在老龄工作经费投入和机构建设等方面采取了一些切实可行的措施，充分体现了昌吉州党委和政府对老龄工作的高度重视。各级政府要按照公共财政的要求，根据经济社会发展水平和人口老龄化发展需要，加快建立正常的老龄事业经费投入机制，加大对老龄事业的投入，保障老龄事业发展经费和必要的工作经费。组织机构和干部队伍建设问题，是开展老龄工作的基础性问题，各级党委、政府要切实重视老龄工作机构建设，积极克服困难解决好这个问题，要确保各级老龄办的机构设置、人员编制、干部待遇、工作条件等落实到位，创造条件支持老龄工作的正常开展。社会参与，要以各级老龄委成员单位为代表，形成社会各界关心支持老龄工作的局面，要进一步健全老龄工作领导体制和运行机制，建立和完善老龄工作的目标管理和量化考核制度，调动和发挥老龄委成员单位的职能作用，推动老龄工作的规范化发展。老龄工作是一项社会系统工程，各级老龄委成员单位职能作用发挥的程度，对老龄事业的发展至关重要，齐心协力做好老龄工作，是各级老龄委成员单位义不容辞的职责。这次会议中，自治区老龄办、公安厅、司法厅和高级人民法院联合表彰了全国和自治区老年维权示范岗、敬老模范村（居、社区），这种形式非常好，今后要多组织开展类似的活动。全民关怀，要落实在广泛深入的宣传教育之中，进一步加大宣传工作力度，充分发挥各级新闻媒体的宣传主导作用，组织开展一系列敬老、爱老、助老主题宣传教育活动，提高全社会的老龄意识、养老意识和依法保护老年人合法权益的法律意识，营造良好的社会氛围。

四、认真履行工作职责，扎实推进自治区老龄工作的全面发展

各级老龄办是老龄委的具体办事机构，承担着“综合协调、督促检查、参谋助手”的职能作用，老龄办履行职责的状况，直接决定着当地老龄工作的发展状况。老龄工作的目标任务能不能落到实处，依赖于各级老龄工作干部是不是有所作为。这些年来，正是由于有一支热爱老龄事业、勇于开拓、甘于奉献的老龄工作队伍，自治区的老龄工作才得以不断发展。目前，我区老龄工作中还存在着一些困难和问题，老龄工作的难度和压力也不小，但我们也要看到，压力就是动力，正是因为存在困难，才需要各级老龄工作者以奋发有为的精神状态知难而上，以更加饱满的热情，更加昂扬的斗志，更加务实的作风，艰苦创业，不断开拓进取。各级老龄办要注重加强自身建设，不断提高老龄工作队伍的整体素质，提高老龄工作干部的理论政策水平和综合协调能力、组织指导能力、群众工作能力。要主动及时地向党政领导汇报工作，争取各级党委、政府的重视、关心和支持。要深入基层大力开展调查研究，摸清情况，研究对策，及时为党委、政府加强老龄工作提供决策依据。要认真落实老龄委的工作部署，正确处理好老龄办与成员单位的工作关系，积极主动地做好服务工作，协调督促成员单位履行老龄工作职责。要真抓实干，在落实老龄工作方针政策和老年法律法规等方面，善于研究新情况，探索工作新思路，真正办一些好事、实事，为党和政府分忧，为老年人排忧解难，在大有作为中树立老龄工作者的良好形象，扩大老龄工作的社会影响。要抓好“十一五”规划的落实工作，制定工作计划，明确实施方案，将规划确定的目标任务按年度进行分解，协调有关部门开展工作，确保逐年按计划落实各项目标任务。这次会议把各地州市所在城市老龄办的负责同志请来，是因为各首府城市有着很好的工作基础，也承担着繁重的工作任务，对各地州市老龄工作的开展具有带动和辐射作用。老龄工作的一系列方针政策都要通过基层来落实，有大量深入细致的老龄工作需要基层来做。各级要围绕新农村建设，把工作重点放在农村基层和社区，进一步加强基层老龄工作，抓好基层老龄工作机构建设，调动和发挥基层老年群众组织的作用，抓好老年优待证的发放和管理工作，通过基层深入细致的工作，把党的老龄工作方针政策落实到每一个老年人身上，夯实基层老龄工作基础。

同志们，老龄事业是一项新兴的事业，老龄工作既光荣又艰巨。我们要在自治区党委、政府的正确领导下，以“三个代表”重要思想为指导，贯彻落实科学发展观，坚持以人为本，紧紧抓住机遇，敢于克服困难，勇于迎接挑战，坚定信心，开拓进取，扎实工作，推动自治区老龄事业更快更好地发展，为构建社会主义和谐社会作出新的贡献，以优异的成绩迎接党的十七大的胜利召开！

最后，祝会议圆满成功！

祝同志们身体健康、家庭幸福、工作愉快！

谢谢大家！

在（青岛市）市老龄委全委（扩大）会议上的讲话

青岛市委副书记、市老龄委主任 王文华

2007年，市老龄委各成员单位在市委市政府的正确领导下，各司其职，密切配合，通力协作，不断提高老年人社会保障水平，努力维护老年人合法权益，充分挖掘老年人才资源，积极推进老龄学术研究，大力强化老龄宣传教育，不断拓展老龄对外交流，进一步开拓了全市老龄事业发展的新局面，为推动社会经济发展和促进社会和谐稳定做出了积极贡献。在此，我代表市委、市政府向全市广大老龄工作者和关心支持老龄事业发展的各界人士表示衷心的感谢！

一、准确把握形势，切实增强做好老龄工作的紧迫感和责任感

党的十七大明确提出了“加快推进以改善民生为重点的社会建设”、“加强老龄工作”等要求，为新时期老龄事业的发展指明了方向，提供了机遇。我市坚持把老龄工作摆在改善民生的突出位置，在经济社会又快又好发展的基础上，努力为老龄事业提供必要的财力支持，搭建良好的发展平台，使青岛的老龄工作迎来了一个前所未有的发展机遇。

同时要看到，人口老龄化的形势越来越严峻，给我们带来了新的挑战。2007年我市60岁以上的人口119.3万人，占总人口的15.93%（全国平均是11.6%，我们高出将近5个百分点），80岁以上人口19.3万人，占总人口的2.6%，占老年人口的16.19%，高龄化特征非常明显。按照国际标准，我市的人口机会窗口预计将在2029年关闭，这就意味着应对人口老龄化的黄金时期不久就要过去，人口老龄化给养老保障、医疗保障、生活照料、精神慰藉以及整个社会带来的压力越来越沉重。此外，我市首批独生子女家庭也将步入老龄化，面临着比当年实行计划生育更为严峻的养老问题。作为个体，个人对整个社会的养老的问题或者老龄化的问题，看的不是很明显或者理解得不是很够，可以理解。但作为一级政府、整个社会，对待这个问题，不能小视。我们国家是未富先老，养老压力非常大。所以，各级各部门一定要对当前的老龄工作形势保持清醒的认识，从构建和谐社会，落实科学发展观的战略高度，切实增强做好老龄工作的责任感和紧迫感，把老龄工作这一事关国家安定、家庭安宁和老年人切身利益的大事抓紧抓好。对老年人的养老问题，各级党委政府都要重视起来，要做到未雨绸缪，要在居家养老、机构养老等方方面面做好准备。

二、突出工作重点，努力开创老龄事业发展新局面

一是要全面落实老龄事业发展目标。市第十四届人大一次会议确定了今后五年老龄事业发展的“1234”目标，即“建立一个中心，建设两个基地，构筑三个平台，实现四个突破”。“一个中心”是市、区市两级示范性综合性老年活动中心建设；“两个基地”是市老年人体育活动基地建设项目和市老干部活动基地维修改造工程项目；“三个平台”是构筑信息救助平台、社区帮助平台和养老机构服务平台；“四个突破”是实现机构养老、居家养老、社区托老和基层老年文化活动场所四个方面的突破。年内要着重做好市级老年人活动中心项目的选址、设计等前期工作，对老干部活动中心进行改扩建，争取建成市老年体育活动中心，为老年人提供更多的活动场所和更完善的硬件服务。同时要认真实施养老服务“双千计划”，在市内四区新增政府购买服务的困难老年人1000人，新建1000处社区互助养老点，让更多老年人得到实惠。

二是要不断完善老年人社会保障体系。全面实施五市城镇居民基本医疗保险制度，加快解决无养老保险老年人养老保障问题。逐步提高新型农村合作医疗筹资标准，积极推进社区卫生服务机构和镇卫生院标准化建设，探索推行为农村高龄老年人发放生活补贴，努力使城乡老年人更好地享受改革发展成果。要继续深化关爱活动，特别是农村关爱活动，带着深厚的感情做工作，多为老年人办实事办好事，把关爱行动落到实处。

三是要努力满足老年人的养老服务需求。市里相继出台了一系列扶持养老服务业发展的政策和措施，各级各部门要认真抓好落实，规划、老龄、民政等部门要对全市的养老服务设施布局及社会化养老服务进度做出整体规划，扶持和鼓励社会力量投资兴建不同档次的养老服务设施，更好地满足老年人多元化的养老需求。各区、市要服从市里的统一规划和安排，为养老机构建设提供力所能及的支持。积极创办青岛市养老机构示范基地，同时还要大力扶持老年产业发展，继续抓好老年旅游和中外老年文化交流工作，努力使老年人生活更加丰富多彩。

四是要切实维护老年人的合法权益。强化主动维权工作，健全完善老年法规政策体系，积极开展老年法规政策宣传教育、老年法律法规咨询等工作，大力提供司法救助、司法援助和法律服务，进一步加大对涉诉老年人的优待力度，不断提升涉老案件审判质量和效果，努力使老年人的合法权益得到有效的维护。

五是要深入开展老龄调查研究工作。各级各部门特别是老龄办要认真搞好调查研究，摸清老龄事业发展的情况，提出解决人口老龄化问题的新的对策和建议，为更好地应对老龄化的挑战提供决策依据，以便出台实施加强新时期老龄工作的指导性文件，并对《青岛市优待老年人规定》进行适当修订，此外，要继续完善全市老龄事业统计体系，为老龄工作提供必要的参考。

三、强化工作措施，确保各项工作任务落到实处

老龄工作是一项系统工程，各级各部门要通力合作密切配合，形成齐抓共管的工作格局。

一是要加强组织领导。各级党委、政府要把老龄工作摆上重要的议事日程，纳入工作目标体系，不断加大老龄事业的投入，定期听取老龄工作汇报，及时研究解决老龄工作中遇到的突出问题，为老龄事业的发展营造良好的环境。老龄工作究竟重视到什么程度，我不是很清楚，可能很多党委、政府重视的不够，老龄委成员单位应该来的一些人没来。对弱势群体，领导同志、各级组织更应该关注，更应该重视。

要进一步完善各级老龄工作机构，不断提高老龄干部队伍素质，为老龄事业发展提供组织和人员保障。

二是要加大宣传力度。近几年，我市的老龄宣传工作搞得有声有色，取得了明显的成效，今后要继续利用各种媒体各种渠道，大力宣传尊老敬老的传统美德和老龄工作取得的丰硕成果，深入开展评先创优活动，大力表彰老龄工作先进典型，不断扩大老龄工作的社会影响力，营造全社会关注支持老龄工作和老龄事业发展的良好氛围。

三是要形成整体合力。解决老龄问题需要全社会齐心协力，共同推进，各级各部门要着眼全市老龄事业发展，相互协调，相互配合，相互补充，形成强大的工作合力。老龄办肩负着综合协调的重任，要主动加强对老龄工作的战略规划和督促检查，动员全市力量共同致力于老龄事业发展，力求实现新的突破。

同志们，做好新形势下的老龄工作，意义重大，任务艰巨。希望大家进一步振奋精神，开拓进取，扎实工作，努力把我市老龄工作提高到一个新的水平，为把青岛建设成为老年人的乐园而努力奋斗！

在（宁波市）全市老龄工作会议上的讲话
（摘要）

宁波市常务副市长、市老龄委主任　王勇

（2007 年 3 月 13 日）

一、肯定成绩，发扬优势，进一步加快推进我市老龄工作

近年来，各地、各部门坚持“党政主导、社会参与、全民关怀”的老龄工作方针，紧紧围绕实现“老有所养、老有所医、老有所教、老有所学、老有所为、老有所乐”的工作目标，求真务实，开拓创新，扎实工作，我市老龄事业得到了全面发展。一是社会养老保障制度进一步完善。出台了职工低标准养老保险政策和城镇老年居民养老保障政策，在制度设计上真正实现了我市社会养老保障网的全覆盖。二是老年医疗保障体系进一步健全。目前，全市已有 95%的老年农民参加了新型农村合作医疗，80%以上的城镇老年人在社区卫生服务机构建立了个人健康档案。三是老年服务网络建设进一步加强。目前，全市共有各类养老机构 160 余家、居家养老服务中心 58 个，为老年人提供饮食、娱乐、家政等多方位服务，并以政府购买服务的形式为部分经济困难的高龄、独居老人提供帮助。四是老年人合法权益得到有效保护。各级老龄部门和相关执法部门认真贯彻落实维护老年人合法权益的法律、法规、规章和政策，积极开展执法检查，及时处理和纠正侵犯老年人合法权益的案件，并为老年人提供了法律援助、法律服务和司法救助，为老年人维护自身合法权益提供方便。五是老年教育文化体育事业进一步发展。目前，全市县级以上老年大学 10 所，浙江老年电视大学基层教学点 200 余个，老年文艺团体和组织 1300 多个，93%的社区和 96%的行政村建立了老年体协，经常参加体育活动的老年人达 40 多万人。近几年，我市共投入 2550 万元加大了对老年活动设施的建设和投入，开展了农村贫困地区老年活动室建设扶持工作，目前已有 96%的社区和 85%的行政村建立了老年活动中心。

二、认清形势，提高认识，进一步增强做好老龄工作的责任感、紧迫感

（一）人口老龄化形势已十分严峻，未来老龄问题将更加突出。宁波市的人口老龄化发展速度较快，早在 1987 年就进入了老龄社会。2006 年底，全市 60 岁以上户籍人口已经达到 84 万人，占全市总户籍人口的 14.93%。今后 10 年，宁波市老年人口还将进入一个快速增加期。为此，大家必须正确认识人口老龄化的紧迫性，将发展老龄事业提上议事日程。

（二）挑战与机遇并存，必须对做好老龄工作充满信心。人口老龄化给经济、社会、政治、文化教育等诸多方面带来深远影响，是我们未来发展中的一项重大战略课题。一是现行养老保险制度面临严重挑战。养老金需求将呈直线上升趋势，养老金供需矛盾会越来越突出。二是现行医疗保障体制面临严重挑战。老龄化不仅会加剧社会医疗保障费用支出规模的压力，还会从根本上改变医疗卫生资源的代际分配格局，引发潜在的社会代际矛盾和利益冲突，影响和谐社会的建设进程。解决“老有所医”将是医疗保障体制建设的一个严峻考验。三是养老服务体系面临严重挑战。目前，全市现有的老年医疗、卫生、文化、教育、体育设施已远远满足不了老年人的需求。今后，随着经济社会发展，老年人对服务的需求也将趋于多样化。加快养老服务体系建设，特别是发展老年照料服务已刻不容缓。四是农村老龄问题面临更严重挑战。未来几十年，农村人口老龄化速度和程度将超过城镇，但农村普遍面临养老人力资源不足和养老经费短缺两方面压力，农村家庭养老功能已严重弱化。另一方面，农村社会保障制度和为老服务设施建设相对滞后，供求矛盾相对突出。五是传统养老观念面临严重挑战。随着经济转轨、社会转型和利益关系的变动，再加上人口老龄化来势迅猛、独生子女日益增多和负担加重，年轻一代的养老意识弱化现象已经呈现。营造浓厚的敬老养老社会氛围是我们当前和今后需要着力加强的道德文明建设。当然，我们在看到困难和挑战的同时，也要看到做好老龄工作的机遇。就宁波市而言，就应紧紧抓住以下三个有利条件：一是宁波市正处于人口“红利期”。随着大量外来劳动力的持续流入，全市劳动力数量处于丰富状态，在未来的十几年里，社会人口总扶养系数还比较低，十分有利于经济发展；二是宁波市经济平稳快速发展还将保持相当长的一段时间，这将为推进老龄事业发展提供较好的物质支持；三是宁波市着力加强政治建设、法治建设、文化建设和社会建设，这为营造全社会尊老、敬老、养老、爱老的良好氛围提供了强大的理论、制度和舆论支持。

（三）要从落实科学发展观的高度，充分认识新形势下做好老龄工作的重大意义。人口老龄化问题，从一定意义上讲是社会发展问题，做好老龄工作，是贯彻落实科学发展观的必然要求和具体体现。一是，做好老龄工作是坚持以人为本的应有之义。坚持以人为本，必须维护包括老年人在内的广大人民群众的根本利益，使经济社会发展成果惠及包括老年人在内的全体人民，促进人的全面发展。二是，做好老龄工作是全面建设小康社会的客观需要。老年群体是社会的重要组成部分，他们既是小康社会的建设者，也是小康社会的共享者。大力发展老龄事业，对增加就业、扩大内需、促进经济发展都具有重要意义，有利于推进全面小康社会的进程。三是，做好老龄工作是构建社会主义和谐社会的重要内容。老年人是家庭的重要成员，老年群体是社会群体的重要组成部分。如果没有代际关系的和谐，没有老年群体与其他社会群体之间的和谐，建设社会主义和谐社会是不可想象的。四是，做好老龄工作是建设社会主义新农村的重要课题。随着经济社会的发展，越来越多的青壮劳动力从农村转移到城市，农村“留守老人”的生活状况令人忧虑，迫切需要我们在社会主义新农村建设中，把加强农村老龄工作摆到重要议事日程，努力解决好农村老年人的养老、医疗等问题，这也是建设社会主义新农村的客观要求。

三、突出重点，狠抓落实，全面推进老龄事业发展

（一）继续加强社会养老保障制度的建设和完善，确保老年人的基本生活。首先，要继续做好社会保障工作，努力推进社会保障体系的全民全覆盖。要研究建立各项社会保障制度的对接平台，不断提高社会保障体系的抗风险能力，实现社会养老保障机制的良性运行和健康发展。其次，要重视做好对贫困老年人的社会救助工作，加快构建覆盖城乡的新型社会救助体系，实施分层分类救助。农村“五保”和城镇“三无”对象集中供养工作要继续巩固提高，符合低保条件的老年人要做到应保尽保。

（二）大力推进老年服务体系建设，加快养老服务业的发展。必须坚持以居家养老为基础、社区服务为依托、机构照料为补充，符合中国“未富先老”国情的这个养老模式来推进老年服务业建设。首先，政府要动员各部门（单位）和社会各方面力量为居家养老的老年人提供服务。目前，海曙、江东、镇海区等地已经全面推开居家养老服务工作，今年其他县（市）、区也要抓紧做好试点和推广工作，出台相关政策措施，将居家养老服务工作从城镇逐步向农村拓展。对一些高龄、困难、独居、残疾的居家老人，各级政府要拿出一些资金为他们无偿提供必要的服务。其次，要加快推进全市老龄事业基础设施的建设。政府要加强规划和配套建设，同时要更多地鼓励、吸引社会力量来兴办老龄事业。要建立健全为老服务队伍，加强对专职服务人员的培训和管理，广泛动员社会力量参与为老服务工作，不断壮大为老服务志愿者队伍。最后，要积极探索养老服务业的体制机制创新。宁波市要结合国务院和浙江省政府关于加快养老服务业发展的意见等文件精神，尽快出台实施相应的意见和政策，切实做好贯彻落实工作。

（三）强化农村老龄工作，努力实现城乡老龄事业协调发展。各级政府要把农村养老保障政策真正落到实处，不断探索和完善适应不同层次、不同保障水平的农村养老保障体制。要继续加强农村老年活动场所建设，力争到“十一五”末，每个行政村都有适合老年人休闲娱乐和健身活动的场地。同时，要加强对农村老年人协会的管理，使协会在老年人自我服务、自我教育、自我维权的方面发挥积极作用。强化农村敬老养老宣传教育，努力营造敬老光荣、虐老可耻的良好社会风尚，确保赡养人切实履行好赡养老年父母的义务。要以求真务实的态度，以改革创新的精神探索和实践农村老龄工作，促进农村老龄事业全面协调发展。

（四）切实保障老年人合法权益，不断丰富老年人的精神文化生活。要重视老年维权工作，认真贯彻落实好保护老年人合法权益的各项法律法规和政策措施，完善老年人维权制度和机制。要加强执法检查，加大查处侵犯老年人合法权益的违法行为。继续做好对困难老年人的法律援助、司法救助工作，同时，要按照宁波市新的老年人优待政策，认真做好老年人的优服工作，把好事办实、实事办好。此外，各地、各有关部门要积极推进老年文化教育体育事业的发展，要把发展老年文化教育体育事业纳入经济社会发展规划，协调推进，不断丰富老年人的精神文化生活。同时要积极鼓励和支持老年人继续参与经济社会发展和社会公益活动，并为他们提供和创造好参与条件。

四、加强领导，齐抓共管，努力开创老龄工作新局面

一是加强组织领导。各地、各有关部门要充分认识老龄工作的重要性，切实把老龄工作摆上重要议事日程，及时解决老龄工作中存在的问题，做到分工明确，责任到人，一级抓一级，层层抓落实。二是加强调研工作。努力探索和创新市场经济条件下老龄工作的政策、措施和方法，注重学习借鉴外地应对人口老龄化的先进做法，加强老龄科学理论和老龄工作特点及规律的研究。三是加强协调配合。各地、各部门要切实增强全局观念、大局意识，加强协作，努力形成上下贯通、部门联动、齐抓共管的良好工作局面和工作机制，共同推进全市老龄工作发展。四是加强队伍建设。各级老龄部门要积极深化老龄工作队伍建设，注重强化队伍自身能力建设，不断提高老龄工作干部把握方向、解决问题、调查研究和创新的能力，确保这支队伍始终充满活力，推进我市老龄事业再上一个新台阶。

在（厦门市）市老龄委第七次全体（扩大）会议上的讲话（摘要）

厦门市副市长、市老龄委主任　　潘世建

一、充分认识老龄化的严峻形势，增强工作责任感

中国社会的迅速老龄化，正如中国经济的迅速崛起。去年我参加上海浦东干部学习的时候，上课的很大一部分内容，就是怎么正确地认识中国现在的国情，其中重要的一部分内容，就是正确地认识老龄事业，迅速地老龄化是我们必须去正视的。现在老年扶养费用越来越高，老年人的医疗费用、养老压力越来越大，80岁以上的高龄、空巢老人越来越多，中国社会可能出现“未富先老”的社会结构。当前人口老龄化、高龄化、空巢化是我市老龄事业发展面临的三大挑战。随着人口的老龄化，我们还要面对劳动力缺乏等问题。截止2007年年底，我市60周岁以上的老年人口已达19.1万人，占户籍总人口的12%，而在厦门，实际的比例可能更高。很多没有厦门户籍的老人也选择在厦门养老。其中80岁以上的约2.6万人，90岁以上的2597人，百岁及其以上的69人，城区空巢率高达46%，其中有66.6%为纯老年人家庭，33.4%的老人寡居（单身）。老年人平均子女数为2.99人，比10年前减少了1人，老年人家庭规模进一步缩小，为6.48人，呈现“421”倒金字塔结构。在上海，“8421”的家庭结构比比皆是。对于我们国家老龄化的严峻形势，要给予充分认识。在党的十七大报告中，把以改善民生为重点的社会建设，提升为中国特色社会主义总体利益中的重要组成部分进行了战略部署，使老龄工作的大政方针更加明确。人口老龄化的压力及其对经济、社会、文化的影响正日益凸显，迫切需要各级政府和社会各界不断提高对加强老龄工作重要性的认识。首先，加快发展老龄事业是贯彻党的十七大精神的具体体现。十七大明确提出“努力使全体人民老有所养”的目标，贯彻这一精神，从老龄工作角度看，就是要积极制定应对人口老龄化的政策措施，用全局的观念统筹解决人口问题，统筹老龄事业与其他经济社会事业，着力完善老龄化社会各项制度保障，努力解决老年人遇到的突出问题，尤其是养老和医疗问题。过去讲“老有所养”，是指老年人的生活有个基本交待，未来的老年人，基本生活不成问题，我们要关注的是他们的医疗和精神生活。“老有所养”的概念不是简单的糊口之说，而是身体、生活，特别是精神生活有所进步。其次，加快发展老龄事业是我市建设“两个先行区”的必然要求。当好“两个先行区”的榜样，老龄工作不可忽视。从“科学发展观的先行区”来看，十七大特别提出了以人为本科学发展观，要深入贯彻落实，来促进社会和谐，改善民生，把这种理念贯彻到我们的老龄事业中去。需要老龄事业与经济社会协调发展，需要老龄事业与人口老龄化形势相适应、需要家庭养老与社会养老相结合。从“两岸人民交流合作的先行区”来看，老龄工作也可发挥独特的作用，提供广阔的天地，具有我们的独特性。老年群体在两岸文化交流中的作用不仅独特，也越来越突出。第三，加快发展老龄事业是新一轮文明城市创建工作的重要内容。2005 年我市荣获首批全国文明城市殊荣，目前新一轮创建工作正在紧锣密鼓地开展。当前新一轮全国文明城市考评测评体系提出新要求，新增“做好孤寡老人的呼叫救助和监护保护工作”内容，这充分体现了中央对老龄事业的高度重视和对老年弱势群体的亲切关怀，也说明老龄工作是文明城市建设的一项重要组成部分。这次创建文明城市的工作中，一定要使厦门的老龄工作能够有新亮点，切实推动老龄工作向前发展，以此来回报老年人对社会所创造的财富，我们表示感谢。

二、注重研究老年民生保障问题，提高保障新水平

建立养老保险、医疗保险、长期照料服务等老年社会保障体系是应对人口老龄化的三大制度保障。我们关注老年民生事业，重点是要进一步完善老年社会保障体系，根据经济社会发展状况，不断提高保障水平。为此，各有关部门要针对老年群体，尤其是城乡贫困、高龄、病残、空巢、失地等老年群体在养老、医疗方面遇到的突出问题，积极开展专题调研，为市委、市政府提供政策建议和决策依据，推动社会保障体系各项措施在落实中，照顾到老年群体的特殊情况和需求。今年在养老方面要继续加大力度，不断扩大城镇基本养老保险覆盖范围，着力推进新型农村养老保险。在老年医疗保障方面，要全面推进城镇职工基本医疗保险、城镇居民基本医疗保险和新型农村合作医疗保险制度建设，重点要完善全民医保工作，结合实际，适当减免高龄和贫困老人的参保费用。在老年社会救助和福利方面，要根据目前物价上涨的实际情况，适当提高困难老年人家庭的低保补贴和高龄补贴。在社区为老服务体系建设方面，要认真贯彻年初全国老龄办、国家发改委、教育部、民政部等 10 部委下发的《关于全面推进居家养老服务工作的意见》，履行好政府在养老社会问题上的主导职责，要根据我市人口老龄化形势及老年人实际需求，制定居家养老服务发展规划、建立服务网络、服务队伍和管理机制，逐步形成以居家养老为基础，以社区服务为依托，以机构养老为补充的居家养老服务体系。

三、不断完善老年福利服务设施，保障城乡协调性

我市养老服务设施总体存在规模偏小、设备简陋、资金短缺、城乡差距大等现实问题，为此，市委、市政府已将扩建市社会福利中心、建设爱心护理院列为 2008 年为民办实事项目之一。各区各部门还要根据《厦门市老龄事业发展“十一五”规划》和《厦门市民政事业“十一五”规划》，依据我市经济发展水平和老年人口的需求，统筹规划，实行新建与改造相结合的方针，有计划有步骤地完善养老服务设施，防止盲目发展、重复建设，逐步形成布局合理、档次齐全、设施配套、服务优质的社会化养老体系。岛内要重点抓好市福利中心扩建工程和爱心护理院工程建设，包括管理与服务方面；岛外要加强养老资源整合，将岛外四个区现有的农村敬老院整合改造，逐步改建成综合性、多功能的农村老年人社会福利中心。要完善“公办民营”管理办法、制定和落实“民办公助”扶持政策和优惠措施，推进民办养老服务机构发展。这一点工作目前还是比较弱势。养老事业完全由政府来承担还是比较困难的，社会的需求又多样，要让有意向的机构、企业介入进来，不断完善厦门的养老服务。

四、以重大纪念庆祝活动为契机，展示老龄事业成果

今年是奥运年，也是改革开放 30 周年和我市区级老年文化艺术年。当前全国关注奥运、参与健身、庆祝改革开放的热情正持续升温。老年群体作为社会成员的重要部分，也应以良好的精神风貌参与到庆祝活动中来。为此，市老龄办和相关涉老部门要围绕“迎奥运”和“改革开放 30 周年”两大主题，积极筹划好专题庆祝纪念活动，掀起特区新一轮的全民健身热潮，带动全市更多老年人参与庆祝改革开放 30 周年的活动，更积极地投身于我市新一轮跨越式发展。

**五、加强老龄工作机构自身建设，适应形势新

要求

我市老龄工作机构建设总体上走在全省前列，但仍不适应特区老龄工作发展的需要。目前全市各区、街（镇、农场）共有专、兼职老龄工作干部103人，平均约每1805名老人配备一名专兼职老龄工作干部，且大部分是兼职人员，普遍存在人员少、经费不足等问题。目前情况下，我们要打开工作思路，增加人员编制有困难要依托社会各方面的力量，包括义工。为此，各区要按照党的十七大关于“加强老龄工作”的精神和《关于加强基层老龄工作的意见》，着力推进各级老龄工作机构建设，重点要抓好区级以下老龄工作机构建设。做到总体工作有人抓，具体事情有人办，老年人的事情有人管。老龄工作也需要创新精神。

老龄工作是社会主义和谐社会建设的重要组成部分，各级各部门要认真贯彻落实十七大提出“更加注重社会建设，着力保障和改善民生”，“加强老龄工作”的要求，提高应对人口老龄化的紧迫性和自觉性，要将老龄工作纳入经济社会发展总体规划，作为“为民办实事”项目和社会事业发展的一项重要指标来抓。各成员单位要根据工作职责，结合部门实际，研究制定具体政策措施，相互支持、配合，努力形成分工合作、齐抓共管的工作局面。

常言道，家家有老人，人人都会老，老龄事业关系民生保障。今年是改革开放30周年，特区今天翻天覆地的变化离不开广大老年人的积极奉献，让他们共享发展成果是社会主义和谐社会建设应有之义。我相信，只要我们不断深化对老龄事业重要性的认识，积极制定应对人口老龄化的政策与措施，同心同德，扎实工作，特区老龄事业必将实现又好又快发展，必将为我市新一轮跨越式发展和和谐社会建设作出更为突出的贡献。

在深圳市老龄委第六次全体（扩大）会议上的讲话

深圳市副市长　李铭

（2007年4月24日）

同志们：

刚才，曾威斌同志传达了全国省级老龄办主任会议精神，刘润华同志代表市老龄委作了工作报告，对去年市老龄工作进行了总结，对今年的工作进行了部署，与会同志对今年的工作安排进行了认真的讨论，发表了很好的意见和建议。下面，我就做好今年我市老龄工作谈几点意见。

一、切实提高认识，切实增强做好老龄工作的责任感

老龄问题涉及政治、经济、文化和社会生活等诸多方面，是关系国计民生和国家长治久安的一个重大问题。尽管近年我市老龄工作已取得了长足发展，全市的老龄化程度与兄弟城市相比还不高，但是我们也应清醒地看到，我市老年人口正以较快速度增长，人口老龄化趋势日益明显。截至去年底，户籍老人已达11.4万人，比2005年增加了1.7万人，占全市户籍人口的5.8%。日益加快的人口老龄化趋势，将对我市经济社会的发展产生一定的影响。一是加重我市户籍劳动适龄人口总抚养负担；二是对社会公共服务和社区服务产生影响；三是对传统的家庭养老模式构成冲击；四是对消费市场需求产生影响。人口老龄化趋势要求社会资源配置做出适应性调整。党的十六届六中全会提出了构建社会主义和谐社会的目标任务，这对加强老龄工作，维护老年人权益提出了更高的要求，也提供了更好的机遇。全市老龄工作者要充分认识老龄工作的重要性，进一步增强做好老龄工作的责任感。各区政府要未雨绸缪，要把老龄事业纳入经济社会发展的整体规划；老龄委各成员单位要把老龄工作作为本部门的重要职责，认真其责，密切协作，共同推进我市老龄事业不断发展。

二、突出重点，进一步推动各项工作任务的落实

一是要继续贯彻执行好《中华人民共和国老年人权益保障法》（以下简称《老年法》），切实维护老年人权益。自1996年《老年法》颁布实施以来，我市做了大量宣传和贯彻落实的工作，取得了明显的成效。今后，还要进一步做好老年维权和优待工作。市老龄办要发挥牵头作用，制定和完善优待老年人的有关规定，并抓好落实。抓好基层基础工作，克服薄弱环节，重视做好老年人信访工作，及时解决老年人反映的问题。把老年维权工作落到实处。要大力宣传维护老年人合法权益和尊老、敬老、助老的先进典型，在全社会树立良好的尊老、敬老、助老道德风尚。

二是继续做好有关政策的协调工作。要按照中宣部等21部委下发的《关于加强老年人优待工作的意见》的要求，本着既积极又稳妥的思路，继续做好我市老年人敬老优待政策的修订完善工作。今年要以降低男性老年人免费乘车年龄（70岁降到65岁）等作为工作的突破口。市老龄办要进一步加大协调力度，各有关部门要积极给予支持和配合，将敬老优待工作好事办实，实事办好。

三是要继续完善为老服务体系设施，为老年人提供更多更好更方便的服务。首先要调整、优化社会化养老体系和设施结构，整合资源，优化配置，提高利用率；其次要继续大力推进社区居家养老服务，将重点放在特困老人、空巢老人、患病老人、残疾老人和高龄老人的生活保障及照料服务上，为我市老年人创造更好的颐养天年、健康长寿的环境。

四是要继续热情关心、支持老年群众文化体育活动。要以我市社区“星光老年之家”建设和实施“老有所乐”、“老有所学”为老服务项目为载体，优化老年人展示风采、增进身心健康的平台，让我市老年群众文化体育活动更加普遍化、经常化，进一步丰富老年人的精神文化生活，提高老年人的生活、生命质量。老龄部门和文化、体育、教育等有关职能部门，要加强对老年群众活动的规划、指导工作，为推动老年文化、体育、教育等活动，多办实事，多做贡献。

五是要加强基层老龄工作。老龄工作的重点在基层，在社区。各级老龄委成员单位，要针对基层老龄工作比较薄弱的实际，高度重视抓基层、打基础的工作，真正把工作的重点和着眼点放在基层。要继续健全街道、社区老龄工作组织机构，健全工作制度，保证基层老龄工作人员到位。大力加强基层老年群众组织建设，指导他们按照“自我教育、自我管理、自我服务、自我监督”的要求，充分发挥老年队伍的作用。

六是要大胆探索，深化改革。要积极探索老龄工作和老龄事业发展的新的思路、模式。如老年福利机构，不能老是政府办，全是政府办，也要鼓励支持社会力量兴办。这是老龄事业发展的机制问题。可以定个门坎，即确定一个准入标准，公开透明，公平竞争。发展老年产业，如发展老年用品的生产，开办老年用品商店，都应该鼓励，在政策上给予一定的扶持。但是也要加强引导和监管。要贯彻资源整合、共享原则，合理布局，优化结构、层次。

三、齐抓共管，积极构建大老龄工作格局

老龄工作是一项复杂的社会系统工程，涉及到诸多部门和方方面面。推进老龄事业全面发展，主管部门要加大工作力度，各相关部门也要齐抓共管、共同努力，积极构建大老龄工作格局。

一是要理顺领导体制，整合各口，形成党委牵头、政府落实的领导体制和工作格局。各区、各相关单位要把老龄工作纳入工作重点，投入更多的精力去研究和推动。各区、各有关部门要从构建和谐社会的大局出发，树立正确的政绩观，切实做到“四个纳入”，即把老龄工作纳入各级政府整体工作布局，与任期目标一起部署，一起实施，一起考核；把老龄事业的发展纳入国民经济和社会发展的总体规划，统筹安排，加大投入，保证老龄事业与经济建设和社会各项事业协调发展；把老年服务和活动设施建设纳入城乡建设统一规划，加大投入，合理布局，最大限度满足广大老年人的需要；把发展老年产业纳入经济结构的调整当中，使老年产业成为经济增长的新“亮点”。

二是要搞好长计划、短安排。老龄工作要有长期计划，要研究如何迎接老龄化面临的问题，党和政府要怎样搞好服务，要长短安排，通盘考虑，有计划地推进全市各项老龄工作。

三是各部门要协调配合，相互协作，形成合力。老龄委是市老龄工作综合管理、宏观指导、组织协调、督促检查的重要机构，要进一步发挥各项职能作用。老龄办是具体负责老龄工作的办事机构，要主动协调各涉老部门，创造性地开展工作，并抓好各项工作任务的落实。老龄委各成员单位要按照各自职责，围绕发展老龄事业，从实际发出，尽心尽力，积极开展相关工作。总之，各部门要共谋老龄事业发展，为老年人多办实事、好事。

四是要进一步加强老龄工作队伍建设。各区、各有关部门，对老龄工作队伍要配好配强。不要把老龄工作干部边缘化，要更多地关心、爱护老龄工作干部，支持他们开展各项工作，要树立先进典型，有成绩要鼓励表彰，也要与别的部门交流。人事部门要大力加强老龄工作队伍建设，整合资源，把涉老部门统一整合起来，市人事部门要拿意见。

总之，要使我市的老龄工作形成新的格局，有新的突破，不断取得新的成绩。

同志们，老龄工作任务光荣、意义重大。让我们围绕今年老龄工作的中心任务，统一思想，振奋精神，开拓进取，努力开创我市老龄工作的新局面，为构建和谐深圳作出新的贡献。

谢谢大家！

第三部分

法规、文件选编

关于印发《全国老龄工作委员会办公室外事工作管理规定》和《全国老龄工作委员会办公室国际合作项目管理办法》的通知

（2007 年 6 月 18 日）　【全国老龄办发〔2007〕31 号】

机关各部、各直属单位、各社团：

《全国老龄工作委员会办公室外事工作管理规定》和《全国老龄工作委员会办公室国际合作项目管理办法》已经 2007 年 6 月 14 日主任办公会议审议通过。现印发给你们，请遵照执行。

附件一

全国老龄工作委员会办公室外事工作管理规定

第一章　总　则

第一条　为适应我国老龄领域国际交流与合作不断发展的新形势、进一步加强全国老龄工作委员会办公室（以下称全国老龄办）系统外事工作的管理、规范办事程序，根据中共中央、国务院及外交部和民政部等部门的相关规定，结合全国老龄办的实际情况，制定本规定。

第二条　本规定适用于全国老龄办机关、直属事业单位和代管社团。

第三条　全国老龄办机关、直属事业单位和代管社团可根据本单位的职责和业务范围，按照国家有关法律和规定，遵循外事服从和服务于国内老龄工作的原则，积极开展老龄领域的对外交流与合作。

第四条　全国老龄办外事工作的范围包括：因公出国访问、考察、培训、组织并参加境内外国际及地区会议、开展国际合作项目、申请加入国际或地区组织以及其他涉外事务；按照国家相关规定，邀请和接待国外人员来访；日常外事活动；出国护照、签证的申办和管理工作等。

第五条　外事工作管理的基本原则是统一领导、归口管理、严格各项审批制度、分级负责、协调配合。外事工作要注重政策性、科学性、计划性，严格管理，讲求实效，确保安全，保守国家机密。

第六条　国际部为全国老龄办外事工作业务归口管理部门。

第二章　审批权限及审批程序

第七条　全国老龄办系统一切涉外事务，包括因公出国、组织和召开国际及地区会议、开展国际合作项目或调查研究、申请加入国际组织、邀请国外人员来华访问等，均须经全国老龄办研究同意后报民政部审批。

第八条　全国老龄办机关各部门、直属事业单位和代管社团应根据本单位对外交流与合作的实际需要，于每年 11 月底前编制并上报下一年度出国考察、培训、出席国际会议、来访接待、申办和组织召开国际会议及开展国际合作项目等计划，经主任办公会议研究同意后报民政部审批。年度外事计划经批准后，由国际部严格按批准计划具体协调组织实施，无特殊情况不得擅自变更已批准的外事计划。

第九条　全国老龄办系统副部长级领导因公临时出国，按照中共中央办公厅、国务院办公厅《关于省部级人员因公临时出国的若干规定》（中办发〔2005〕

17号）办理。出国计划（包括出访目的及内容、前往国家、陪同人员等）经主任办公会议研究同意后报民政部审批。

第十条 全国老龄办系统其他人员因公临时出国，按照《民政部司（局）级及其以下人员因公临时出国管理规定》（民办发〔2007〕1号）办理。

第十一条 全国老龄办副主任因公临时出国由国际部根据全国老龄办年度外事工作计划统一安排并提出方案（包括出国目的、前往国家、停留时间、团组人员等），经主任办公会研究同意后报民政部审批。

全国老龄办领导原则上不参加以直属事业单位和代管社团及企业（在以上单位兼职的除外）名义组织的出国代表团。特殊情况确须全国老龄办领导率团或随团出访的，承办单位应事先征求国际部意见，并由国际部按照外事管理规定及程序报批。未经批准，任何单位不得向外方允诺全国老龄办领导的出访。

第十二条 全国老龄办机关部门正职及直属事业单位行政正职负责人的出国，经由分管外事和业务的副主任同意并提交主任办公会研究批准后报民政部审批。

第十三条 全国老龄办机关部门副职以下人员、直属事业单位行政副职以下人员、代管社团中人事关系在全国老龄办的人员出国，经主管外事和业务的副主任批准后，报民政部外事司审批。

第十四条 已办理离退休手续的人员，一般不再派遣出国执行公务。离退休后受全国老龄办直属事业单位、代管社团或外单位聘请继续工作的人员，如确属工作需要，可出国执行公务并按第十三条规定审批。

第十五条 全国老龄办机关、直属事业单位和代管社团中社会聘用人员的因公出国，按民政部人事教育司《关于进一步规范部属事业单位社会聘用人员因公出国（境）审查工作的通知》（民人干字〔2003〕26号）办理。

第十六条 全国老龄办系统公务员及工作人员因私出国，严格按照《中组部等五部委〈关于加强国家工作人员因私事出国管理的暂行规定〉》执行。因私出国的审批及护照的申办和管理由政工部负责。

第十七条 未经批准，全国老龄办机关各部门、直属事业单位、代管社团及其分支机构，不得擅自组织或与其他单位、中介机构、公司及旅行社联合组织跨地区和跨部门的出国团组，不得擅自对外发出国组团通知和接受外单位邀请参加出国代表团。如出现违反规定组织出国团组的，追究直接责任人及有关领导人的责任。

第十八条 邀请国外政府现职副部级（含）以上官员、联合国副秘书长级（含）以上官员以及外国政府前政要来华访问或出席国际会议，须经全国老龄办主任办公会议研究同意后报民政部审批。未经批准，任何单位不得擅自向以上人员发出邀请。

第十九条 邀请国外政府副部级（不含）以下官员或联合国副秘书长（不含）以下的官员、专家、非政府组织人员来华，经分管外事的副主任同意后，报民政部审批。

第二十条 全国老龄办、直属事业单位及代管社团拟申请加入国际组织，须经主任办公会研究同意后报民政部审批。如需申请财政支付国际组织会费，应事先征求财政部意见。

第二十一条 全国老龄办、直属事业单位及代管社团在华举办国际性或地区性会议、研讨会、博览会、展销会等，须经主任办公会研究同意后报民政部审批。

第二十二条 以全国老龄办机关业务部门或由直属事业单位及代管社团名义举办的小型国际研讨会、座谈会，经分管外事和业务的副主任同意后报民政部审批。

第二十三条 与国外机构或国际组织开展国际合作项目，按民政部《关于印发〈民政部国际合作项目管理规定〉的通知》（民函〔2004〕81号）文件办理。

第二十四条 各单位所有涉及外事工作的请示报告，一律报经国际部审核并提出明确意见后，报相关领导审批。代表团出访（包括出席国际会议）和邀请重要外宾来访的报告应至少提前三个月上报；邀请一般外宾来访应至少提前一个月上报；申请在华召开各类国际会议须在拟召开时间的前一年度上报并列入年度外事计划。

第三章 出国团组的管理

第二十五条 列入年度外事出访计划的团组，要按照提高质量、讲求实效、精简节约、任务明确、人员精干的原则，组织因公出国团组并选派人员，按程序报批。可派可不派的团组一律不派。杜绝一般性参观考察，严禁搞公费出国旅游等不正之风。

第二十六条 出国团组出发前必须做好相关准备工作，指定团组负责人，研究制定出访任务和计划，了解出访国家（地区）的相关情况，进行外事教育等。出国团组在外期间，不得擅自更改出访路线及在外停留时间，要严格遵守外事纪律，听从团长指挥，并可保持与我驻外使领馆（机构）的联系。出访团组回国后应及时进行总结，回国后一个月内向国际部提交出访总结或考察报告。

第四章　证照的管理

第二十七条　按照国家有关出国证照的管理规定，全国老龄办机关、直属事业单位和代管社团的出国证照（包括因公护照、签证、出境证明等），由国际部统一向上级主管部门申请办理、并负责收交。

第二十八条　严格执行民政部外事司制定的证照借用手续。全国老龄办机关、直属事业单位和代管社团因公出国，当事人对已有的有效证照的使用须根据出访任务由国际部向民政部外事司办理借用手续。任务完成后，应在一周内主动将证照交国际部送民政部外事司保管。

第二十九条　全国老龄办系统出国团组在外遗失证照，代表团和当事人应立即与我驻外使领馆（机构）取得联系，并按相关规定申请办理临时证件，同时向国际部报告情况。

第五章　出国团组经费管理

第三十条　出国团组的费用支出，要严格按照财政部、外交部关于《临时出国人员费用开支标准和管理办法的通知》（财行〔2001〕73号）执行。

全国老龄办机关出国代表团的预算和报销，根据全国老龄办机关财务审核和管理制度，由国际部审核、财务处复核后报综合部领导或分管财务的副主任审批；

直属事业单位和代管社团出国代表团一般情况下自行审核，如需申请出国外汇额度或经批准由全国老龄办机关支付费用的，参照此规定办理。

第三十一条　使用财政经费出国的团组，应根据国家有关规定乘坐国内航空公司班机，并由国际部在国家规定的公务员售票处统一购票。如因特殊情况确须乘坐外航时，出访团组须事先征得国际部和综合部的同意，报分管外事和财务的副主任批准后方可办理，否则不予报销。

第三十二条　出访团组无正当理由擅自超出开支标准，以及延长在外停留时间或进行非公务性活动所发生的费用支出，由个人承担。

第六章　外事纪律和保密规定

第三十三条　所有涉外工作人员均须严格遵守国家有关法律法规，在涉外工作中自觉维护国家主权和尊严，不做有损国格和人格的事。

第三十四条　各部门、单位和个人在外事工作中必须严格执行请示报告制度，不得越权处理涉外事务。

第三十五条　涉外人员应严格遵守《中华人民共和国保守国家秘密法》，在涉外活动中坚持内外有别，保守国家机密。

第三十六条　出国团组和个人不得携带秘密级以上文件、资料出访，不得携带未对外公布的原始调查数据。确因工作需要，必须携带有关资料出国的，应按照国家相关规定办理报批手续。在国外期间须高度警惕，防止泄密。

第三十七条　向外方提供未公开的数据和资料，须经单位主要领导审核同意后报全国老龄办保密办审批。严禁用普通电话谈论机密文件的内容；严禁用普通传真机发送涉密文件；严禁擅自复印涉密文件；严禁用明电回复密电，或用密电回复明电；密电的起草和修改必须使用专用电脑完成。

第七章　附　则

第三十八条　全国老龄办涉台、港、澳事务工作的开展和管理参照此规定执行。

第三十九条　本规定自发布之日起施行。

附件二

全国老龄工作委员会办公室
国际合作项目管理办法

第一章　总　则

第一条　为进一步促进老龄领域的国际合作，加强和规范全国老龄工作委员办公室（以下简称全国老龄办）国际合作项目的管理，保证国际合作项目的有效实施，更好地发挥国际合作项目对我国老龄工作的促进作用，开拓国际合作的新局面，根据外交部、民政部、商务部等部门的有关规定特制定本办法。

第二条 本办法所称的国际合作项目是指国际组织、外国政府、国外学术机构及非政府组织（以下简称外方）向全国老龄办及其所属事业单位和代管社团提供的无偿援助（包括资金、技术、设备援助和人员培训等）、全国老龄办及其所属事业单位和代管社团向外方提供的无偿援助（包括资金、技术、设备援助和人员培训等）或以双边/多边合作形式进行的项目。

第三条 全国老龄办系统国际合作项目的管理严格按照《民政部国际合作项目管理规定》（民函〔2004〕81号）执行。

第四条 国际部为本办法所述的国际合作项目归口管理部门。

第二章 审批权限及审批程序

第五条 所有拟开展的国际合作项目均须事前经全国老龄办研究同意后报民政部或相关部门审批。经批准后方可实施。

第六条 与外方就开展合作项目进行的技术性和意向性谈判可由各单位自主安排。

第七条 项目单位在与外方就拟开展的合作达成一致后应及时将项目意向、项目内容、草拟的项目合同或项目协议文本报国际部。经国际部审核、主管办领导或主任办公会议同意后报民政部审批。

第八条 合作项目经民政部批准后，以全国老龄办名义与外方合作的项目原则上由全国老龄办常务副主任或常务副主任指定的代表与外方签署项目协议或项目书，以直属单位和代管社团名义与外方开展的合作项目原则上由各单位负责人与外方签署项目协议或项目书。全国老龄办与外方签署的合作项目文本，原件由国际部存档，直属单位及代管社团与外方签署的项目文本应向国际部提交项目文本副本备案。

第三章 项目的实施、管理和监督

第九条 经批准开展的规模较大、周期较长的合作项目应设立项目领导小组，具体指导、协调、管理、监督项目的实施，并配备必要的工作人员，建立规章制度，明确工作职责，保持人员稳定。

第十条 项目单位应严格按照项目协议及工作计划实施项目活动。项目方案和工作计划不得随意更改，如确需更改，须先征得外方同意并报上级主管部门批准。

第十一条 项目实施过程中，项目单位根据项目协议对项目实施情况进行中期、终期评估或不定期检查，并将有关情况及时报国际部。

第十二条 各业务部门、下属单位或代管社团承办的全国老龄办合作项目下的一项或多项项目活动，各承办单位须制定和提交详细的工作计划及活动预算，经国际部审核和主管副主任审批同意后实施。项目资金按照相关规定进行拨付或报销。活动结束后，须及时向项目办提交活动成果和项目负责人签字的资金使用报告。对于未能按期完成项目活动或项目资金使用出现违规情况的，将要求返还已拨付或报销的项目资金。

第四章 项目的资金及物资管理

第十三条 项目资金的使用与拨付实行分级管理制，项目资金的使用必须符合项目协议规定的范围和用途。如确需更改资金使用用途的，须经项目领导小组和外方同意。任何单位和个人不得以任何形式挤占、挪用项目资金，不得将项目资金用于与项目活动无关的工资、奖金、福利等用途。

第十四条 各项目单位不得以开展国际合作项目为名随意设立机构、开设银行账户。如确有必要设立执行项目的临时性机构和银行账户的，应专题请示。经全国老龄办及有关部门批准后建立的项目临时机构和银行账户，应建立和健全财务管理制度，配备财会人员，严格资金管理，确保专款专用。

第十五条 为开展项目设立的临时性专用账户应接受财务部门的监督和检查。项目结束后即取消所设立的银行账户。

第十六条 项目按计划结束后，受援资金如有结余，须由相关各方重新商定结余资金的用途，项目单位不得将结余资金挪作他用。

第十七条 在项目实施期内，项目单位须建立受援物资台账管理制度，对采购或受赠的物资和设备进行登记管理，严格按照项目协议规定的范围使用，任何部门和个人不得挪作他用。项目结束后，受援物资应按相关规定办理资产移交和登记手续。

第五章 项目的报告制度及审计制度

第十八条 项目实施过程中，项目单位应定期向国际部报告项目进展情况。

第十九条 项目完成后，项目单位须向外方和国际部提交项目完成报告。

第二十条 受援主管部门和项目单位应按项目协

议的规定，推广项目经验和成果，注重项目可持续发展。

第二十一条　根据《中华人民共和国审计法》的规定，各项目单位应接受和配合审计机关对项目的财务收支和效益情况进行审计。

第二十二条　对于外方要求中方提供公证审计报告的项目，将依据项目协议进行。

第六章　附　则

第二十三条　全国老龄办系统与台、港、澳地区合作项目的开展和管理参照此办法执行。

第二十四条　本办法自发布之日起实施。

（天津市）关于支持我市养老服务业发展，促进下岗失业人员再就业有关问题的通知

【津财社〔2007〕50号】

各区县财政局、劳动和社会保障局、民政局：

截至2006年底，本市户籍60岁以上老年人口有148.81万，占总人口15.68%，老龄化程度居全国第三位。为适应我市人口老龄化快速发展的形势，满足日益增长的养老服务需求，鼓励社会力量兴办养老服务机构，促进我市居家养老服务发展，实现我市养老服务业发展与下岗失业人员再就业的双赢，根据国务院办公厅批转10部委《关于加快发展养老服务业的意见》要求，现就支持我市养老服务业发展，促进下岗失业人员再就业有关问题通知如下：

一、指导思想

以邓小平理论和“三个代表”重要思想为指导；坚持以人为本，按照科学发展观和构建和谐社会的要求，坚持政策引导、政府扶持、社会兴办、市场推动、有利于促进就业和再就业工作的原则，逐步建立和完善以居家养老为基础、社区服务为依托、机构养老为补充的养老服务体系，推动我市下岗失业人员就业和再就业工作不断发展。

二、工作目标

通过扶持政策引导，推动我市养老服务业发展，拉动就业和再就业，到2010年实现新增3万个养老服务就业岗位的工作目标。依据我市养老服务业发展规划，到2010年全市养老机构新增床位10300张，由现在的19711张增加到30000张，实现千名老人拥有床位18张；按照养老护理服务人员和服务对象1∶4的比例估算，预计新增就业岗位近3000个；逐步建立和完善政府购买服务、志愿者公益服务和市场化相结合的居家养老服务体系，按照我市150万老年人中有10%享受居家养老服务，居家养老服务人员与服务对象1∶6的比例估算，预计新增居家养老服务就业岗位25000个。

三、扶持对象和条件

本市行政区域内，符合条件的养老机构和提供居家养老服务的公益性公司可以享受本通知所列政策扶持。

（一）享受扶持政策的养老机构应符合下列条件：

1. 经我市社会团体管理局注册认定为公益型养老机构；

2. 按照市民政局、市劳动和社会保障局下发的《关于民间组织工作人员参加社会保险有关问题的通知》（津民社团字〔2003〕119号）精神，参加我市各项社会保险，缴纳社会保险费；

3. 招用我市下岗失业人员以及农村富余转移劳动力从事养老护理工作，并签订劳动合同；

4. 根据收住老人的自理能力和护理等级，实施分级护理服务，每1名护理人员护理能够自理老人不得超过8人，护理不能自理老人不得超过4人。

（二）享受扶持政策的公益性公司应符合下列条件：

1. 与各区县民政部门签订委托服务协议，为所在区县具有本市户籍、享受城乡最低生活保障待遇或特困救助的60周岁以上需要生活照料的老人提供居家养老服务；

2. 招用我市下岗失业人员以及农村富余转移劳动力从事居家养老服务工作，并签订劳动合同；

3. 按照平均每名居家养老服务人员服务的老人不超过6人配备服务人员。

四、扶持政策

（一）社会保险补贴

具有本市户籍，并与养老机构、公益性公司签订一年以上劳动合同的养老护理人员和居家养老服务人员（以下简称护理、服务人员），可以享受城镇企业职工养老保险（20%）、城镇职工基本医疗保险（6.3%）、失业保险（2%）、生育保险（0.8%）、工伤保险（0.5%）五项社会保险补贴，补贴期限以劳动合同期限为准，补贴金额按照单位缴纳社会保险费实际缴费基数计算。补贴采取先缴后补，按季结算的办法，所需资金由再就业资金中解决。补贴资金的申请、审核、拨付程序参照《天津市下岗失业人员再就业社会保险补贴办法》规定执行，养老机构、公益性公司申请补贴资金除需提供《天津市下岗失业人员再

就业社会保险补贴办法》规定的相关材料外，还应持护理、服务人员认定证明。护理、服务人员认定证明由各区县民政部门根据对养老机构、公益性公司护理、服务人员、床位、入住、劳动合同、服务协议的审核情况出具。

（二）工资补贴

具有本市户籍，并与养老机构、公益性公司签订一年以上劳动合同的护理、服务人员，凡经劳动保障部门认定为就业困难对象的，可以按照本市最低工资标准的30%享受工资补贴，补贴期限以劳动合同期限为准，所需资金从再就业资金中解决。补贴资金的申请、审核、拨付程序参照《大龄下岗失业人员从事公益性岗位工资补贴办法》规定执行，养老机构、公益性公司申请补贴资金除需提供《大龄下岗失业人员从事公益性岗位工资补贴办法》规定的相关材料外，还应持区县民政部门出具的护理、服务人员认定证明。

（三）培训补贴

护理、服务人员必须具有初级以上职业资格证书，持证上岗。对已从事养老护理、服务工作尚未取得职业资格证书，并与用人单位签订一年以上劳动合同的护理、服务人员，由养老机构、公益性公司统一组织参加职业技能培训，培训后取得《养老护理员》、《家政服务员》初级职业资格证书的，由各区县民政部门给予每人200元的一次性培训补贴，取得《养老护理员》、《家政服务员》中级职业资格证书的，再给予每人100元的一次性培训补贴，补贴资金由市福利彩票公益金解决。具体申请、认定、拨付程序为：由养老机构、公益性公司将职业资格证书、劳动合同、人员名单等相关材料，报送各区县民政部门进行审核认定，由市民政局对各区县民政部门审核意见进行复核并汇总后，报市财政局核拨培训补贴资金。对准备从事养老护理、服务工作的人员，凡属再就业培训补贴范围的，可在市劳动保障部门认定的职业培训机构进行免费培训，按照现行规定，享受职业技能培训补贴。

（四）小额担保贷款

凡具有本市户籍，符合我市下岗失业人员小额担保贷款条件的个人兴办养老服务机构，可申请2～5万元小额担保贷款；合伙兴办社会养老机构的，可申请人均2万元以下，期限不超过两年的担保贷款。小额担保贷款的反担保措施、贷款期限、利率、贴息、管理、考核与服务，按照我市小额担保贷款政策有关规定执行。

（五）贷款担保

对持续经营2年以上，设置床位200张以上，需要贷款的养老机构，每新吸纳1名护理人员，可由我市小额贷款担保基金给予2万元额度的贷款担保，担保最高额度不超过50万元。具体的审核、担保程序为：由养老机构提出申请，民政部门对其申请贷款资格进行审核，市中小企业信用担保基金管理中心与民政部门共同审核该养老机构的经营情况，出具审核意见并确定担保金额，由市中小企业信用担保基金管理中心提供担保。对养老机构不能按期归还所欠本息的，担保赔付责任由市民政局、市中小企业信用担保基金管理中心各承担1/2。市民政局赔付资金由市福利彩票公益金解决，担保中心赔付资金由小额贷款担保基金承担。

（六）按揭贷款贴息

对通过银行按揭贷款购置房屋作为经营用房的养老机构，在其与各区县民政部门签订三年内房屋使用性质为养老用房协议后，确按协议约定，将所购房屋作为养老用房使用的，可对其按揭贷款每年给予50%的贴息，年度最高贷款贴息额不超过10万元，贴息期限最长不超过3年。贷款贴息按年度采取后付制，所需资金由市福利彩票公益金负担。具体申请、认定、拨付程序为：由养老机构将贷款合同、约定协议、利息交款单据等相关材料，报送各区县民政部门进行审核认定，由市民政局对各区县民政部门审核意见复核并汇总后，报市财政局核拨贷款贴息资金。

（七）一次性招用补贴

对养老机构招用我市三类退出企业解除劳动关系职工从事养老护理工作并签订3年以上劳动合同的，按照每人5000元的标准给予养老机构一次性补贴，所需资金在三类退出企业落实分流安置职工方案时，从再就业资金中直接拨付养老机构。

五、监督与检查

各级财政、劳动、民政部门要严格按照规定进行补贴对象和补贴单位的审核认定工作，要及时对补贴资金进行跟踪检查，发现问题及时纠正，同时自觉接受监察、审计部门和社会各界的监督检查，市财政也将组织联合检查小组对政策执行和补贴资金支出情况进行不定期检查，以确保资金安全、有效、规范使用。

六、请各区县财政局、民政局、劳动保障局结合本区县实际情况，按照《通知》有关精神，制定具体的实施细则，报市财政局、市民政局、市劳动保障局备案。

七、本通知从下发之日起执行。

关于印发《天津市居家养老服务政府补贴管理办法（试行）》的通知

【津财社〔2007〕51号】

各区县财政局、劳动和社会保障局、民政局：

根据国务院办公厅转发全国老龄办等10部委《关于加快发展养老服务业的意见》（国办发〔2006〕6号）精神，为加快发展我市养老服务业，逐步建立和完善以居家养老为基础、社区服务为依托、机构养老为补充的服务体系，我们制定了《天津市居家养老服务政府补贴管理办法（试行）》，现印发给你们，请遵照执行。

附件

天津市居家养老服务政府补贴管理办法（试行）

第一条 根据国务院办公厅转发全国老龄委等10部委《关于加快发展养老服务业的意见》（国办发〔2006〕6号）精神，为适应我市老年人口快速增长的形势，加快发展我市养老服务业，逐步建立和完善政府购买服务、志愿者公益服务和市场化相结合的居家养老服务体系，结合我市实际，制定本办法。

第二条 居家养老服务是指以家庭为核心，以社区为依托，以老年人日间照料、生活护理、家政服务、精神慰藉等为主要内容，以上门服务、社区日托和引入养老机构专业化服务为主要形式的养老服务。

第三条 居家养老服务政府补贴（以下简称“补贴”）是政府对补贴对象购买以生活照顾、家政服务、精神慰藉、医疗保健、紧急救援为重点的居家养老服务提供的补贴。

第四条 补贴对象

具有本市户籍、享受城市最低生活保障待遇或特困救助的60周岁以上需要生活照料的老人。

第五条 补贴标准及形式

依据补贴对象所需的照料程度，划分轻度、中度和重度三个等级，按不同标准进行补贴。

A：需轻度照料的老人，每人每月补贴100元。

B：需中度照料的老人；每人每月补贴150元。

C：需重度照料的老人，每人每月补贴200元。

补贴以居家养老服务代金券的形式由各区县民政部门按季度支付补贴对象。

第六条 补贴对象照料程度评估

各区县民政部门负责认定补贴对象并对其照料程度进行评估；对符合补贴条件的人员开具居家养老服务补贴证明。具体照料程度可以参照以下评估标准：

（一）轻度照料：老人思维意识清楚、思维功能及举止言行正常；活动轻度障碍，在照料者的督促下生活可以自理；饮食、起居等日常生活护理需部分服务。

（二）中度照料：老人思维时有障碍，生活规律时有失常，需他人帮助；活动轻度障碍或肢体功能部分丧失；饮食及排便需要协助，日常生活需要帮助。

（三）重度照料：老人患有老年痴呆、言行不能自控，思维功能障碍；视力、肢体障碍，行动不便；患有多种疾病，患有褥疮（Ⅱ度以上）；不能主动进食，二便不能自理，日常生活需要照料。

第七条 居家养老服务模式

居家养老服务可采取公益性公司和社会办养老机构提供服务两种模式。

（一）公益性公司服务模式

从事居家养老服务的公益性公司可向其所在区县民政部门提出申请。各区县民政部门审核后，与公益性公司签订委托服务协议，约定服务内容和服务收费标准等项目，委托其负责所在区县享受补贴人员的居家养老服务。

接受委托的公益性公司原则上应按照居家养老服务人员与被服务的老人1∶6比例配备服务人员，其居家养老服务人员须取得初级以上养老护理员或家政服务员职业资格证书，持证上岗，并可以按照《关于支持我市养老服务业发展，促进下岗失业人员再就业有关问题的通知》中相关规定，享受培训、工资、社会保险等政策补贴。

接受委托的公益性公司应与接受服务的老人签订服务协议，按照与民政部门协议约定的项目进行服务，接受老人使用代金券结算居家养老服务费用，并在季度终了10日内，向所在区县民政部门申请兑现代金券。区县民政部门接到兑现申请后，应对公益性公司的人员配比、服务质量、服务对象档案、服务记录等进行检查，检查合格后兑现代金券。

（二）社会办养老机构服务模式

社会办养老机构应接受老人使用居家养老服务代金券结算入院费用。社会办养老机构所持居家养老服务代金券由各区县民政部门负责兑现，其兑现程序参照公益性公司居家养老服务代金券兑现程序执行。

第八条　资金来源和拨付方式

居家养老服务补贴所需资金，由市和区具两级财政各负担50%，在城市居民最低生活保障资金列支。

市财政补助经费根据各区县财政、民政部门上报的统计汇总表，按照上年实际支出情况和享受居家养老服务补贴人数，采取年初预拨、年底结算的方式，拨付市级转移支付资金。各区县财政部门将市级补助资金和匹配资金，按季度拨付民政部门管理使用。

各区县财政部门每年需安排专项资金，用于民政部门开展老人照料程度评估、政策宣传等工作。

第九条　监督与检查

各区县民政部门、各级财政部门要严格按照规定进行补贴对象的审核认定工作，及时拨付补贴资金，坚决杜绝截留、挤占、挪用、骗取居家养老服务补助资金的现象，要及时对补助资金进行跟踪检查，发现问题及时纠正，同时自觉接受监察、审计部门和社会的监督检查，市财政也将对居家养老服务补助资金的支出情况进行不定期检查，以确保资金安全、有效、规范的运行。

第十条　请各区县财政局、民政局结合本区县实际情况，按照本办法精神，制定具体的实施细则，报市财政局、市民政局备案。

本文件从2008年4月1日起执行。

天津市养老机构管理办法

天津市人民政府令第110号

《天津市养老机构管理办法》已于2007年1月8日经市人民政府第84次常务会议通过，现予公布，自2007年3月1日起施行。

市长　戴相龙

二○○七年一月十六日

第一条　为促进养老机构的发展，规范养老机构行为，保障老年人的合法权益，根据国家有关法律、法规，结合本市实际情况，制定本办法。

第二条　本市行政区域内养老机构的设置、服务与监督管理适用本办法。

本办法所称养老机构，是指为老年人提供住养、生活护理等综合性服务的机构。

第三条　发展养老机构应当坚持政府投入、扶持与社会支持、参与相结合的原则。鼓励社会力量兴办多种形式的养老机构，捐资、捐助支持养老机构的发展。

第四条　市和区、县人民政府应当根据社会经济发展、人口老龄化和养老服务的需求状况，制定养老机构设置规划，并纳入经济社会发展规划。

第五条　市民政部门是本市养老机构的行政主管部门。各区、县民政部门具体负责本行政区域内养老机构的管理和监督。发展和改革、城市规划、机构编制、建设、财政、税务、价格、工商、公安、卫生、劳动保障等行政部门按照各自职责，共同做好养老机构的发展和管理工作。

第六条 市和区、县人民政府对扶持与发展养老机构工作做出突出贡献的单位和个人，应当给予表彰和奖励。

第七条 养老机构协会应当遵守法律、法规和规章的规定，并履行下列职责：

（一）建立养老服务业自律机制，制订并组织实施本行业的行规行约，对违反协会章程或者行规行约、损害行业整体利益的会员，采取相应的行业自律措施；

（二）代表本行业向有关国家机关反映涉及本行业利益的事项，提出有关建议，参与有关行业发展规划和技术标准的制订；

（三）开展行业统计、培训和咨询，出具行业证明文件，促进国内外的交流与合作；

（四）协调养老机构之间及养老机构提供服务过程中产生的争议；

（五）其他行业自律、服务、协调等活动。

第八条 养老机构应当遵守法律、法规和其他有关规定，依法保障收住老年人的合法权益。

第九条 养老机构应当具备下列条件：

（一）申办人是单位的，应当具备法人资格，申办人是个人的，应当具有完全民事行为能力；

（二）符合养老机构的设置规划；

（三）有与其收住规模相适应的资产；

（四）有与其收住规模相适应的固定场所和服务设施，并符合《老年人建筑设计规范》（建标〔1999〕131号）及消防、卫生防病、供热、防暑降温等要求；

（五）有与其业务活动相适应的机构管理人员、专业技术人员和护理人员。

第十条 申请设置养老机构应当按下列规定办理有关手续：

（一）利用非国有资产开办的非营利性养老机构，申办人取得民政部门的批准文件后，到开办地的民办非企业单位登记管理机关办理登记手续；

（二）利用国有资产开办的非营利性养老机构，申办人按事业单位登记管理的规定到事业单位登记管理机关办理登记手续；

（三）开办营利性养老机构，申办人到工商行政管理部门和税务部门办理登记手续。

与境外组织或个人合资、合作开办养老机构的，在办理登记手续前，申办人应当经市民政部门、市商务行政部门审核同意。

第十一条 养老机构变更登记事项、申请注销登记的，应当按照有关规定办理变更登记、注销登记手续。养老机构解散申请注销登记的，应当按照国家有关规定对原有资产进行清算处理，并妥善安置收住的老年人。

第十二条 开办营利性养老机构、利用国有资产开办的非营利性养老机构应当在开业后10日内将养老机构的章程、管理制度以及机构管理人员、专业技术人员和护理人员的基本情况报所在地区县民政部门备案。养老机构备案后，按照本办法第十一条的规定需要办理变更、注销登记手续的，应当重新备案。

第十三条 养老机构应当按照国家和本市规定的养老机构管理规范，为收住的老年人提供膳食、生活护理、心理康复等服务。

第十四条 入住老年人应当遵守所住养老机构制定的各项管理制度。

第十五条 养老机构应当与老年人及其托养亲属或者托养单位（以下简称托养人）签订入住协议。协议一般包括以下内容：

（一）双方当事人、托养人的姓名（名称）和地址；

（二）服务内容和方式；

（三）服务收费标准、费用支付方式和预付款数额；

（四）服务期限和地点；

（五）双方当事人、托养人的权利和义务；

（六）协议变更、解除与终止的条件；

（七）违约责任；

（八）双方当事人、托养人约定的其他事项。

第十六条 养老机构应当根据收住老年人的自理能力和护理的等级标准，实施分级护理服务。

养老机构的每名工作人员护理能够自理的老人不得超过8人；护理不能自理的老人不得超过4人。

第十七条 养老机构应当制定老年人营养平衡的食谱，合理配置适宜老年人食用的膳食。老年人的膳食制作和用餐应当与工作人员膳食制作和用餐分开。

养老机构应当对老年人膳食经费建立专门账户，并定期向老年人及其家属公开账目。

第十八条 养老机构应当为收住的老年人建立健康档案，定期检查身体，做好疾病预防工作。养老机构不得接纳患传染病、精神病的老年人。对入住后患传染病或精神病的老年人，养老机构应当按照规定及时向有关部门报告，采取必要的隔离措施，并通知其托养人或亲属转送专门的医疗机构治疗。

卫生部门应当将养老机构老年人的卫生服务纳入社区卫生服务。

第十九条　养老机构应当开展适合老年人特点的康复活动。配置符合老年人特点的文化体育活动设施，组织有益于老年人身心健康的文化体育活动。

第二十条　养老机构应当建立卫生消毒制度，定期消毒老年人使用的餐具，定期清洗老年人的被褥和衣服，保持室内外的环境整洁。

第二十一条　养老机构应当建立夜间值班制度，做好老年人夜间监护工作。

第二十二条　非营利性养老机构收费实行政府定价或者政府指导价，营利性养老机构收费实行自主定价。

养老机构应当建立财务、会计制度，定期制作财务会计报告，公示各类服务项目的收费标准。

第二十三条　非营利性养老机构凭民政部门或机构编制管理机关的证明，可以按有关规定享受扶持优惠政策。

第二十四条　养老机构不得改变其房屋、设施的用途。

第二十五条　养老机构应当按照国家和本市有关规定接受捐赠、资助，并按照章程的规定和与捐赠人、资助人的约定使用。养老机构应当向民政部门报告接受、使用捐赠、资助的有关情况，并接受有关部门的监督。

第二十六条　市和区、县民政部门应当对养老机构的服务质量、服务范围以及服务费用的收支情况等进行监督和检查。

第二十七条　违反本办法规定，养老机构有下列行为之一，未从事经营活动的，由民政部门处1000元以下罚款；在经营活动中有违法所得的，由民政部门处1万元以上3万元以下罚款；在经营活动中无违法所得的，由民政部门处1000元以上1万元以下罚款：

（一）擅自改变其房屋、场地、设施的用途从事经营活动的；

（二）擅自转让、出租、出借养老机构的房屋、设施的；

（三）未按本办法的规定向老年人提供服务，当事人之间又没有其他特殊约定的；

（四）非营利性养老机构从事营利性经营活动的；

（五）不向所在地区县民政部门备案的。

有前款规定行为之一的，有关部门还应当取消给予的扶持优惠措施，并追缴违法行为存续期间已减免的相关费用。

第二十八条　养老机构的活动违反其他法律、法规规定的，由有关行政部门依法处理。

第二十九条　本办法自2007年3月1日起施行。

重庆市城乡养老机构服务管理办法

第一章　总　　则

第一条　为维护老年人合法权益，规范养老机构服务行为，促进养老机构发展，根据有关法律法规，结合本市实际，制定本办法。

第二条　本市行政区域内养老机构的服务和监督管理，适用本办法。

前款所称养老机构，是指为老年人提供住养、生活护理、康复、托管等服务的机构。

第三条　养老机构的发展坚持政府举办和社会兴办相结合、政府扶持和市场推动相结合的原则。

鼓励集体、村（居）民自治组织、社会团体、企事业单位、个人和外资以多种形式兴办养老机构，捐资、捐物支持养老机构的发展。

第四条　市和区县（自治县）人民政府应当根据经济社会发展、人口老龄化和养老服务的需求状况，制定养老机构发展规划，并纳入当地经济社会发展规划。

第五条　市和区县（自治县）民政部门负责对本行政区域内养老机构的养老服务行为进行监督和检查。

发展改革、城乡规划、机构编制、工商、税务、建设、国土、财政、价格、卫生、劳动保障等部门按照各自职责，共同做好养老机构的管理和发展工作。

第六条　市和区县（自治县）人事、民政部门对扶持和发展养老机构做出突出贡献的单位或个人，应当给予表彰。

第二章 机构设立

第七条 开办养老机构应当按照国家有关规定办理登记手续：

（一）利用国有资产开办的非营利性养老机构，申办人到开办地事业单位登记管理机关办理登记手续；

（二）利用非国有资产开办的非营利性养老机构，申办人到开办地民办非企业单位登记管理机关办理登记手续；

（三）开办营利性养老机构，申办人到工商行政管理部门办理登记手续。

外商投资开办养老机构的，还应当依法办理相关审批手续。

第八条 养老机构应当自登记之日起30日内到所在地民政部门备案。备案应提交下列材料：

（一）登记机关颁发的登记证书复印件；

（二）机构章程、管理制度；

（三）管理人员、技术人员和护理人员的基本情况。

养老机构备案事项发生变化的，应当自变化之日起30日内重新备案。

第九条 养老机构的服务、管理和设施设备应当符合《老年人社会福利机构基本规范》、其建筑设计应当符合《老年人建筑设计规范》。

养老机构符合上述两个规范的，可自愿向民政部门申领养老机构证书。养老机构证书不得转让、出租、出借和涂改。

第三章 服务管理

第十条 养老机构的服务对象分为收养人员和休养人员。

收养人员是指无劳动能力、无生活来源、无法定赡（扶）养人，按有关规定到养老机构接受养老服务的人员。

休养人员是指自愿到养老机构按合同约定接受养老服务的人员。

第十一条 利用国有资产开办的非营利性养老机构的服务对象主要是收养人员，在完成收养任务的前提下，可以接收休养人员。

利用非国有资产开办的非营利性养老机构和营利性养老机构根据市场需求自主确定服务对象。对其接收收养人员的，政府应当给予鼓励和支持。

第十二条 养老机构应当与服务对象或其亲属、送养单位（以下统称送养人）签订服务合同。

服务合同应当包括以下内容：

（一）合同各方姓名（名称）和地址；

（二）服务内容和方式；

（三）服务期限和地点；

（四）收费标准和方式；

（五）合同各方的权利和义务；

（六）合同变更、解除与终止的条件；

（七）违约责任；

（八）争议解决方式；

（九）其他约定事项。

市民政部门可以制定养老机构服务合同示范文本，供养老机构和服务对象参考使用。

第十三条 养老机构开展服务应当遵守下列规定：

（一）根据服务对象的生活自理能力和护理的等级标准，实施分级护理服务；

（二）制定老年人营养均衡的食谱，合理配置适宜老年人的膳食。老年人膳食制做和用餐应当与工作人员分开；

（三）开展适合老年人特点的康复活动、文化体育活动；

（四）为服务对象建立健康档案，定期检查身体，做好疾病预防工作；对入住后患传染病和精神病的老年人，养老机构应当按照规定及时向有关部门报告，采取必要的隔离措施，并通知其送养人转送专门的医疗机构治疗；

（五）建立夜间值班制度，做好老年人夜间监护工作；

（六）建立卫生消毒制度，定期消毒老年人使用的餐具，定期清洗老年人的被褥和衣服，保持室内外的环境整洁。

第十四条 养老机构应当善待收住的老年人，不得歧视、虐待、遗弃服务对象。

养老机构注销的，应当妥善安置收住的老年人。

第十五条 养老机构接收收养人员的费用由同级财政部门按照规定的供养标准支付。具体标准由市财政部门会同市民政部门另行制定。

养老机构接收休养人员的收费实行自主定价。

第四章 监督管理

第十六条 市和区县（自治县）民政部门应当对养老机构的服务质量、服务范围、服务费用以及捐赠款物的使用情况等进行监督检查。

养老机构应当自觉接受和配合有关部门的监督检查。

第十七条　养老机构应当建立工作人员名册和工作人员工作细则以及选聘、培训、考核、任免和奖励等管理制度。

第十八条　养老机构应当建立财务、会计核算制度，公示各类服务项目的收费标准，并接受有关部门的监督。

第十九条　养老机构接受捐赠、资助，应当按照章程的规定和与捐赠人、资助人的约定使用。养老机构应当向捐赠人、民政部门报告接受和使用捐赠、资助的情况，并依法接受相关部门的监督。

第二十条　养老机构可以建立行业协会。行业协会应当加强自律管理，并履行下列职责：

（一）建立养老机构自律机制，制订并组织实施本行业的行规行约，对违反协会章程或者行规行约、损害行业整体利益的会员，采取相应的行业自律措施；

（二）代表本行业向有关国家机关反映涉及本行业利益的事项，提出有关建议，参与有关行业发展规划和技术标准的制订；

（三）开展行业统计、培训和咨询，促进国内外的交流与合作；

（四）协调养老机构之间及养老机构提供服务过程中产生的争议；

（五）开展其他行业自律、服务、协调等活动。

第二十一条　市和区县（自治县）民政部门可以定期组织营养、医疗、护理、财务等方面的专家和热心老年事业的社会人士，对养老机构的场地、设施设备、人员配备、服务质量和信誉等情况进行评估，并向社会公布评估结果。具体办法由市民政部门制定。

第五章　扶持与鼓励

第二十二条　市和区县（自治县）人民政府应当制定优惠扶持政策，鼓励和扶持养老机构的发展。

养老机构符合《老年人社会福利机构基本规范》和《老年人建筑设计规范》的，经民政部门备案后，可享受有关优惠扶持政策。

第二十三条　养老机构在提供养老服务时，享有以下优惠政策：

（一）排放污染物达标的，经负责征收排污费的环保部门核准后可以免交排污费；

（二）免缴残疾人保障金；

（三）城市养老机构使用国有土地，应当依照法律、法规、规章规定以出让等有偿使用方式取得，但依法可以以划拨方式取得的除外；农村养老机构可以依法使用农村集体建设用地；

（四）养老机构所办医疗机构，具备对外开展医疗、康复服务条件的，可申请纳入当地区域医疗机构设置规划，卫生部门按有关医疗机构管理规定予以审批；所办医疗机构取得执业许可证的，可向当地劳动保障行政管理部门申请医疗保险定点医疗机构，经审查合格的，可以纳入医疗保险定点范围。

第二十四条　非营利性养老机构在提供养老服务时，享有以下优惠政策：

（一）提供的育养服务收入免征营业税；

（二）自用房产、土地免征房产税、城镇土地使用税；

（三）用电、用水、用气应当按照有关规定给予相应优惠；

（四）国家机关开办的非营利性养老机构的建设和运营费用，由同级财政予以保障；企事业单位、社会团体和其他社会力量以及公民个人开办的非营利性养老机构的建设和运营费用，市和区县（自治县）人民政府可根据当地经济、社会发展状况给予一定补贴。

第二十五条　国家和本市对养老机构的优惠政策还有其他专门规定的，从其规定。

第六章　法律责任

第二十六条　养老机构有下列行为之一的，由民政部门责令限期改正；逾期不改正的，处以罚款。

（一）违反本办法第八条规定不办理或者不重新办理备案手续的；

（二）违反本办法第十二条规定不签订服务合同的；

（三）违反本办法第十三条规定不按要求提供养老服务的；

（四）违反本办法第十四条规定歧视、虐待、遗弃服务对象或者不妥善安置收住的老年人的；

（五）违反本办法第十六条规定不配合有关部门监督检查的；

（六）违反本办法第十九条规定不按约定使用捐赠、资助并向相关部门报告使用情况的。

有前款第（一）、（二）、（三）、（五）、（六）项规定行为之一的，由民政部门处200元以上1000元以下的罚款；有第（四）项规定行为的，由民政部门处2000元以上5000元以下罚款。

有上述行为之一的，有关部门还可以取消给予的扶持优惠措施，并追缴违法行为存续期间已减免的相关费用。

第二十七条 养老机构有其他违法行为的，由有关部门依法予以处理。

第二十八条 民政部门和有关管理部门工作人员在养老机构管理服务中，严重失职、滥用职权、徇私舞弊、收受贿赂的，由主管部门或者监察部门视情节轻重给予处分；涉嫌犯罪的，移送司法机关处理。

第二十九条 当事人认为具体行政行为侵犯其合法权益的，可以依法申请行政复议或者向人民法院提起行政诉讼。

第三十条 服务对象、送养人与养老机构在养护过程中发生纠纷的，可以向有关部门申请调解，也可以向人民法院提起民事诉讼。

第七章 附 则

第三十一条 智力和精神残疾人托养机构等社会福利机构的扶持与鼓励参照本办法第五章的规定执行。

第三十二条 本办法施行前已开业的养老机构，应当自本办法施行之日起30日内补办备案手续。

第三十三条 本办法自2008年3月1日起施行。

关于印发《河北省老龄事业发展“十一五”规划》的通知

（2007年1月8日） 【冀老龄委发〔2007〕1号】

各设区市、扩权县人民政府，省政府各部门：

经省政府同意，现将《河北省老龄事业发展“十一五”规划》印发给你们，请结合实际，认真贯彻执行。

附件

河北省老龄事业发展“十一五”规划

“十一五”时期，既是我省经济社会发展重要的战略机遇期，又是全面应对人口老龄化的关键时期。目前，我省已经进入老龄化社会。截止到2005年底，全省60岁以上老年人口781.8万人，占总人口的11.4％。预计到2010年将达到912.38万人，占总人口的12.96％，到2020年将达到1261.18万人，占总人口的16.95％。为了加快发展老龄事业，实现老龄事业与经济社会协调发展，根据《中共中央、国务院关于加强老龄工作的决定》、《中共河北省委、河北省人民政府关于贯彻〈中共中央、国务院关于加强老龄工作的决定〉的实施意见》、《河北省国民经济和社会发展第十一个五年规划纲要》和国务院批准的《中国老龄事业发展“十一五”规划》，结合我省人口老龄化的实际，制定《河北省老龄事业发展“十一五”规划》（以下简称《规划》）。

一、指导思想、基本原则和总体目标

（一）指导思想

以邓小平理论和“三个代表”重要思想为指导，全面落实党的十六届六中全会和省委第七次党代会精神，坚持以人为本，落实科学发展观，贯彻“党政主导，社会参与，全民关怀”的老龄工作方针，完善老年社会保障制度，加大基础设施建设力度，建立健全为老服务体系，大力发展老龄产业，努力提高老年人生活水平和生活质量，积极推进和谐河北建设，促进老龄事业和经济社会的协调发展。

（二）基本原则

1. 正确处理老龄事业与全省经济社会发展的关系。按照经济社会发展水平和老年人口增长速度建立制度化的投入机制，把解决当前老龄问题和应对人口老龄化挑战结合起来，在发展社会事业过程中，把老年人群放在重要位置。

2. 正确处理城市和农村老龄事业的关系。统筹兼顾，分类指导，继续推进城市老龄事业的发展，把加快发展农村老龄事业作为建设社会主义新农村的重要内容，推动老龄事业协调发展。

3. 正确处理社会化和市场化的关系。通过体制创新，发挥政府的主导作用和市场的资源配置优势，调动社会各方面的积极性，促进老龄事业走社会化道路，推动老龄产业的市场化进程。

4. 正确处理老年人物质需求和精神需求的关系。坚持以人为本，加强为老服务体系建设，切实保障老年人的基本生活。开展丰富多彩的老年活动，满足老年人的精神文化需要，不断提高老年人的生活水平和生活质量。

（三）总体目标

到2010年，逐步建立相对完善的老年政策法律法规体系，进一步完善适应社会主义市场经济要求的城市老年社会保障体系，探索建立适合农村实际的社会养老制度，建立健全居家养老和社会养老相结合的为老服务体系，开发满足老年人特殊需求的老年用品市场，加快推进方便老年人生活、娱乐、健身、医疗、养老的基础设施建设，健全与人口老龄化相适应，高效规范的老龄工作体系，努力营造“敬老、爱老、助老”和代际和谐的良好社会氛围，为实现“老有所养、老有所医、老有所教、老有所学、老有所为、老有所乐”的老龄工作目标创造更为有利的社会条件。

二、老年社会保障

以建立与我省经济发展水平相适应、规范和完善的社会保障体系为目标，逐步扩大老年社会保障覆盖面，形成资金来源多元化，保障制度规范化，管理服务社会化的老年社会保障体系。

（一）养老保障。在城市，继续完善基本养老保险制度，加强基本养老保险金征缴工作，建立稳定、可靠的资金筹措机制，提高养老保险金收缴率。增加对养老保险基金的投入，继续保持养老保险基金收入的稳定增长，基金收缴率保持在90%以上。研究探索事业单位养老保险实施办法，加快机关事业单位养老保险制度改革步伐。落实城市居民最低生活保障制度，加大“低保”资金投入力度，并根据经济发展水平适时提高最低生活保障标准。在农村，发挥土地保障养老的基础作用。有条件的市、县（县级市）积极探索建立社会养老保险制度，建立集体养老津贴发放制度。鼓励企业建立补充养老保险、商业保险，满足老年人多层次的社会保障需求。积极引导老年人转变观念，鼓励老年人积极参加储蓄，倡导个人储蓄养老。

（二）医疗保障。加快推进医疗保险制度改革，重点是扩大覆盖面，完善政策，强化管理。至2010年，参保人数力争达到600万人（其中老年人占20%）。建立健全以社区卫生服务为基础的老年医疗保健服务体系，加强社区老年卫生工作，增加服务项目，改进服务措施，为老年人提供预防、医疗、护理和康复等多种服务。继续推进合作医疗试点工作，积极建立农村新型合作医疗制度。有条件的市、县（县级市）积极探索建立医疗保险制度。做好贫困老年人参加新型农村合作医疗或大病费用的补助工作，并随着经济发展和财力增加逐步加大资金投入，不断提高医疗救助水平。重视老年常见病、多发病的防治和康复工作，加强老年病预防和健康知识教育，使老年人的健康教育普及率在城市达到85%，在农村达到55%。

（三）社会救助。积极发展社会福利、社会救济等老年保障事业，加大社会救助力度，努力实现法制化、制度化、规范化，并重点向农村倾斜。开展以生活不能自理和半自理老年人为对象的“爱心护理工程”试点和示范工作。认真贯彻《农村“五保”供养工作条例》，落实“五保户”供养制度，把符合“五保”供养条件的老年人全部纳入供养范围。坚持集中和分散相结合的原则，因地制宜地探索“五保户”新的供养形式。农村“五保”供养服务机构实现集中供养率50%～70%的目标。提高农村最低生活保障标准，逐步扩大保障范围。对因为特殊原因遇到困难，长期贫困的老年人进行生活和医疗救助。继续开展“计划生育困难家庭救助活动”，对农村符合条件的计划生育家庭实行奖励扶助制度。

三、老年基础设施建设

以满足老年人生活、娱乐、健身需要为目的，以社区街道和基层村镇为重点，加大资金投入力度，加强老龄事业基础设施建设，改善老年人人居环境，为老年人的社会活动创造良好条件，为老龄事业的发展奠定基础。

（一）公共服务和老年活动设施。贯彻以人为本的方针，加强与老年人日常生活密切相关的文化、卫生、社区服务等公共设施（场所）建设，在公园、展览馆、博物馆及图书馆、文化馆、图书室等文化娱乐场所，增加对老年人免费或优惠开放的项目。省、市、县（县级市、区）都要建设有一定规模、设施完备、功能齐全、能起示范作用的老年活动中心。社区和街道都要建设能为老年人文化学习、体育健身、娱乐休闲、医疗保健提供服务的老年活动中心（站、室）和卫生服务站，以方便老年人活动和就医。充分利用各种资金新建和扩建一批以老年人为主要服务对象的社区老年活动场所和设施，引导各级政府加大对老年服务设施的投入。在社区和街道建立内容丰富、服务规范，集咨询和服务于一体的老年服务中心（站），搭建老年服务平台，为老年人提供优质服务。鼓励、帮助村级建立老年活动站。

（二）养老服务设施。新建一批设施齐全、功能完善的养老服务机构和设施，不断满足多层次养老服务需求。新增各类供养、养老床位15万张，其中民营所占比例争取达到50%以上。80%以上的街道有容纳30名以上老年人的助养福利服务机构。各设区市、扩权县和有条件的县（县级市）都要建立1～2所以收养生活不能自理老年人为主要对象的“爱心护理院”。加大资金投入，政策倾斜，重点建设县综合性老年福利服务中心和乡镇敬老院，县（县级市）、有条件的乡镇要建立一所设施比较齐全、功能比较完备、服务比较到位的综合性老年福利服务中心和敬老院。

（三）无障碍设施。加强老年住宅、老年公寓、养老院、护理院、托老所等养老设施的标准化建设，规范城市和村镇老年设施的规划设计。各设区市、县（县级市）新建城市道路、公共设施和养老机构、场所，必须严格执行《城市道路和建筑物无障碍设计规范》，在规划、设计、施工、监理、验收等各个环节严格把关，新建城市道路和养老机构、场所无障碍率达到100%。对已建成并投入使用的与老年人生活、工作密切相关的居住区、城市道路、公共设施和养老机构，达不到无障碍要求的，要制定改造计划，增补无障碍设施。2010年养老机构、场所的无障碍率力争达到100%。省会及各设区市、扩权县要积极实施城市交通无障碍工程，加强道路改造和无障碍交通工具的研制开发及引进，在试点的基础上大力推广，2010年公共设施无障碍率力争达到60%以上。

四、老龄产业

坚持“政府引导、社会兴办、市场推动、逐步发展”的方针，逐步建立起适合我省人口老龄化发展趋势的老龄产业市场体系，城乡多元化、多层次的养老机构体系和老年社会服务体系。2010年老龄产业在第三产业中的比重要有较大幅度增长。

（一）制定出台相应政策法规。把老龄产业纳入国民经济发展总体规划，列入政府扶持行业目录。研究关于加快发展老龄产业的意见，对非营利养老服务机构实行优惠政策，积极鼓励非公有资本参与老龄产业发展。

（二）加快发展为老服务。改革福利制度实施模式，变单纯“政府办福利”为“政府购买服务，社会提供服务，老年人享受服务”，实施货币化养老。努力实现老年福利社会化、市场化。根据国务院转发的《关于加快发展养老服务业的意见》、民政部《社会福利机构管理暂行办法》、《支持社会力量兴办社会福利机构的意见》等，提出和制定我省的实施意见或办法。积极探索公有制养老机构的多种有效实现形式，逐步形成公办民营、民办公助、私营、股份制、合资经营等多种经营模式，适应不断发展的为老服务市场化趋势。

（三）大力开发老年用品和为老年人服务的产品。鼓励和扶持开发老年产品，引导企业生产满足老年人各种需求的门类齐全、品种多样、经济适用的老年用品，对部分老年人共用的生活、娱乐、健身等器材，采用招标或集中采购的方式促其发展。大力发展老年旅游业，积极倡导老年人出游，推出适合老年人特点的旅游项目、路线，在交通费、旅游景点门票价格等方面对老年人实行优惠。

（四）鼓励社会对养老服务机构的捐助。企业向国家认可的养老服务机构的捐助，可以在税前列支，其他单位和个人的捐助可以得到相关慈善事业的荣誉褒奖，鼓励社会各界支持老龄产业发展。为老服务机构在老年人自愿的情况下，经过公证，可以接受收住老年人的遗产，减免相关费用。

（五）加强管理和监督。逐步建立养老服务机构资质评估系统，包括研究制定建筑设施、卫生条件、服务水平、管理能力在内的养老服务机构资质评估认证标准，明确管理认证机构，对养老服务机构进行资质认定和监管，使老龄产业的管理和发展规范化、标准化。

五、老年精神文化生活

把丰富老年人精神文化生活作为提高老年人生活质量，促进老年人融入社会，与时俱进的重要任务，加大投入，加强引导，努力提供符合老年人特点，体现社会主义先进文化的老年精神文化产品与服务。

（一）大力发展老年教育。到2010年，老年大学、老年学校等老年教育机构数量要有较大增长。积极发展老年大学、老年网上学校，倡导社区办学等多种形式的老年教育。按照增长知识，丰富生活，陶冶情操，增进健康，服务社会的原则安排教学内容。农村要注重把老年教育与老年人脱贫致富、维护权益、破除迷信和移风易俗结合起来。开展老年思想教育，帮助老年人树立科学的世界观和积极的人生观、价值观。

（二）加大老年文体和宣传工作力度。把老年文化教育和体育纳入全民教育、文化和体育健身的发展规划，逐步加大对老年教育和老年文化体育事业的投入。规范老年精神文化产品与服务市场。广播电台、电视台办好老年文化专题节目，文学、影视、戏剧界积极创作优秀的老年题材作品，新闻出版部门办好老年报刊，出版面向老年人的图书、音像、电子出版物。公共文化和体育活动场所为老年人提供优先、优惠服务，建立健全服务公示制度，方便老年人了解、使用和监督。

（三）广泛开展老年活动。组织开展基层老年文化体育活动，创作喜闻乐见的老年文化节目，发展适合老年人身体特点的体育活动和健身项目，为老年人自发的文体活动提供条件。在各设区市、县（县级市、区）及社区基层普遍开展老年文体活动的基础上，定期组织全省老年文艺汇（调）演、老年才艺展演和老年体育健身运动会等。通过政策引导，鼓励企业及社会投入、捐助、参与老年活动。加强对各类老年群众文体组织的指导，发挥他们在老年文体活动中的骨干作用。对在开展老年教育和老年文体活动中表现出色，取得优异成绩的单位和个人进行表彰。

六、老年人合法权益保障

进一步完善保障老年人合法权益的法律法规，普遍开展老年法律宣传和敬老道德教育，加大维权工作力度，加强执法检查和监督，广泛形成尊重、保障和维护老年人合法权益的法制和道德环境。

（一）制定《河北省实施〈中华人民共和国老年人权益保障法〉办法》等有关法规政策，加快老年社会保障的法制化进程。加强对高龄老年人优待工作。及时研究老年人权益保障工作中出现的新情况、新问题，通过法规政策及时保护老年人合法权益。

（二）贯彻《中华人民共和国老年人权益保障法》和省有关涉老法律法规。继续做好签订农村《家庭赡养协议书》的指导工作，进一步加强老年人法律服务与法律援助工作，倡导和鼓励法律工作者为老年人提供优质高效的法律服务，并对特困老年人减免服务费用。对老年人的法律援助申请要简化程序，优先服务，适当放宽标准。进一步加大对老年人合法权益的司法保护力度。有关部门要及时依法受理和处理侵害老年人合法权益的申诉、控告和举报，有效预防和严厉打击各种侵害老年人人身和财产安全的违法犯罪行为。

（三）各级政府和有关部门要积极主动配合本级人大常委会进行老年人权益保障法的执法检查，主动接受监督。各级老龄工作委员会负责综合协调、督促检查老年维权工作。积极协调本级人大常委会，根据情况适时对《中华人民共和国老年人权益保障法》执行情况进行全面检查或专项检查。

（四）加强普法教育。把普及涉老法律法规教育和提高普法率相结合，纳入工作计划，实行目标管理。把法制教育和道德教育结合起来，推动全社会形成敬老、爱老、助老的新风尚和道德观。加强老年法律法规的宣传教育工作，强化全社会的养老法制意识，转变“女儿不养老”、“隔代不养老”等传统习俗和观念。大力开展“敬老模范乡镇（村居）”的创建活动，倡导敬老养老的传统美德和文明之风。重视加强对青少年的教育，继续开展“敬老、爱老、助老主题教育活动”。

七、老年人社会参与

充分发挥老年人的作用，组织开展发挥老年知识分子作用的“银龄行动”，营造老年人参与社会发展的政策和社会环境，大力开发和培育老年人才市场，鼓励老年人继续参与经济社会发展，实现老有所为。

（一）营造老年人参与社会发展的政策和社会环境。根据社会发展和老年人群的实际需要，研究有关老年人参与社会发展的政策，政府机关、企事业单位、民间组织、社区居委会和村委会要创造条件，为老年人参与物质文明、精神文明和政治文明建设营造良好的社会氛围。

（二）鼓励老年人继续参与经济社会发展。根据自愿量力的原则，在城镇，引导老年人从事教育下一代、科技开发、信息服务以及维护社会治安、参与社区建设等社会公益活动。在农村，鼓励低龄健康老年人从事种植、养殖和加工等经济活动。积极倡导和支持老年人广泛开展自助互助活动。努力探索实现老有所为的新形式。

（三）大力开发和培育老年人才市场。重视老年人才资源的开发和利用，建立省老年人才信息数据库和老年人才信息中心。凡符合条件的老年人，均可以参加专业技术人员执业资格考试，考试合格取得证书者按规定登记注册。符合条件的老年技能人才，可以参加职业技能鉴定，取得相应的职业资格证书。各级都要创造条件建立老年人才信息库，把老年人才的开发和利用纳入人才市场建设的总体规划，为老年知识分子和具有专业技能的老年人才参与经济社会发展搭建平台。

八、实施《规划》的保证措施

各级政府和有关部门要高度重视人口老龄化问

题，深入贯彻落实党和国家关于加强老龄工作的法规政策，继续贯彻“党政主导，社会参与，全民关怀”的老龄工作方针，充分发挥市场机制作用，动员全社会力量参与发展老龄事业。

（一）充分发挥各级政府的主导作用。各级政府要切实加强对老龄工作的领导，真正把老龄工作纳入工作日程。老龄工作委员会各成员单位要按照承担的老龄工作职能，把老龄事业纳入本部门的工作规划。各级老龄工作委员会办公室要充分发挥综合协调，督促检查，参谋助手作用。

（二）加大老龄事业发展的资金投入力度。根据全省经济社会发展水平和老年人口发展规模，逐年增加对老龄事业经费的投入。各级政府要按老年人口规模安排专项老龄事业发展经费，列入年度财政预算。“十一五”期间，省本级逐年适当增加老龄事业业务经费和老龄事业发展经费，主要用于指导加快老年服务设施建设，老龄事业宣传、培训、表彰先进，开展老年教育，老年文化体育活动和爱老、敬老、助老主题教育、对外交流活动，以及老年科学研究和老龄产业发展，老年人社会福利和特困老年人救助、高龄老年人补贴、慰问，开展“爱心护理工程”试点和示范，指导基层老龄协会等组织建设，组织开展发挥老年知识分子作用的“银龄行动”，建立老年人才信息数据库以及老年网站等。各设区市、县（县级市、区）财政也要专项列支老龄事业发展经费，用于促进老龄事业发展。加大政府公共财政向老龄事业投入的力度，探索政府在老龄事业中新的财政转移支付方式和社会资金投入老龄事业的新模式。在各级发行的彩票收益中要安排一定比例，用于开展老龄工作、老龄事业发展和实施涉老助老工程等。充分发挥各级慈善机构和基金组织的作用，积极引导民营资本和吸引外资投入老龄事业发展，逐步形成国家、社会、个人、外资等多元化的老龄事业投入机制。争取国家商业银行和政策性银行加大对老龄事业的信贷支持力度。对于符合老龄事业发展方向，专为老年人服务，又有市场前景的老龄产业，需要银行信贷支持的，按信贷规模给予优惠支持。

（三）加强老龄工作机构和老年群众组织建设。进一步理顺老龄工作体制，对各级老龄工作委员会的办事机构，明确职责和任务，核定编制，配备人员，保证必要的办公经费和工作条件。对老龄工作人员要有计划地进行培训，提高政治和业务素质。加强基层老龄协会建设，制定老年人协会的管理办法，规范老年人协会的管理和活动，充分发挥老年人协会在基层民主自治、社区建设和老龄工作，以及在开展老龄研究、养老服务业发展和对外交流等方面的作用。

（四）加快为老服务队伍建设。拓宽培训渠道，充分利用普通高校和中等专业技术学校或培训机构，设立老年学、老年心理学和老年护理等专业，有计划地培训为老年人服务的专业人员。适应市场需求，培训为老年人家庭服务人员。探索建立养老护理服务人员管理办法，加强岗位职业培训，落实持证上岗制度。研究制定相关政策，培育老龄中介组织，逐步形成健全的城乡基层为老服务体系。

（五）加强老龄科学研究。要逐步加大老龄科研的经费投入，争取建立省级老龄科学研究机构，附设培训功能。老年人口密集和有条件的设区市、县（县级市）也可以建立相应的老龄研究、培训机构，加快老龄事业发展。

（六）努力扩大对外交流与合作。拓宽对外交流与合作的领域，借鉴外省和国际应对人口老龄化的经验，不断提高老龄工作水平，促进我省老龄事业全面发展。

（七）建立督查、评估和激励机制。各设区市、扩权县和各有关部门要按照本《规划》的要求，结合实际和部门职责，制定本地、本部门实施方案。省老龄工作委员会办公室会同有关部门对《规划》实施情况进行督促检查。2010 年对《规划》的执行情况进行全面评估。继续开展对老龄工作先进单位和个人的评选表彰活动，建立推进老龄事业发展的激励机制。

河北省人民政府办公厅
关于加快发展养老服务业的意见

（2007 年 1 月 8 日）　【冀政办函〔2007〕1 号】

各设区市人民政府、省政府有关部门：

为认真贯彻《国务院办公厅转发全国老龄委办公

室和发展改革委等部门关于加快发展养老服务业意见的通知》（国办发〔2006〕6号）精神，加快发展我省养老服务业，现结合我省实际提出如下意见：

一、充分认识加快发展养老服务业的重要意义

我省已经进入老龄化社会。截至2005年底，全省60岁以上老年人口已达781.5万人，占全省总人口的11.4%。预计到2020年，全省老年人口将达到1261.8万人，占总人口的16.95%。随着经济社会的发展以及人们生活水平的提高和生活方式的转变，老年人对生活照料、康复护理等方面的服务需求日益增长。各级政府和有关部门要充分认识加快发展养老服务业的重要意义，统一思想，增强紧迫感和责任感，采取积极有效措施，加大政策支持和资金扶持的力度，广泛动员社会力量，大力推进我省养老服务业的快速发展。

二、加快发展养老服务业的指导思想和总体要求

指导思想：以邓小平理论和“三个代表”重要思想为指导，坚持以人为本，以提高老年人的生活质量为根本出发点，不断满足广大老年人日益增长的养老服务需求。按照政策引导、政府扶持、社会兴办、市场推动的原则，统筹规划，突出重点，因地制宜，分类指导。动员社会各方面的力量，有计划、有步骤地推动养老服务业稳步健康发展。

总体要求：“十一五”期间，基本建成以政府兴办的养老服务机构为示范、居家养老为基础、社区养老服务为依托、社会办养老服务机构为补充，适应我省人口老龄化发展趋势的多元化、多层次的城乡社会养老服务体系。到“十一五”末，全省各种所有制形式的养老服务机构床位数达到每千名老年人13张以上。

三、制订和落实发展养老服务业的优惠政策

（一）经民政部门审批、登记的福利性、非营利性的养老服务机构，包括社会福利院、老年公寓、养老院、护理院、托老所、敬老院、老年服务中心、康复指导中心等，不论公办还是民办，都享受同等优惠政策。

（二）对各类投资主体新建、改建、扩建的养老服务项目和养老服务设施，要优先予以立项，优先予以规划定点。

对新办的非营利性养老服务机构建设用地，经有批准权的人民政府批准，可以采用划拨方式优先供地；对新办的营利性的养老服务机构建设用地，应当以有偿使用的方式供地，土地出让金不得低于国家规定的最低价，即不得低于新增建设用地的土地有偿使用费、征地（拆迁）补偿费以及按照国家规定应当缴纳的有关税费之和，有基准地价的地区，协议出让最低价不得低于出让地块所在级别基准地价乘以修正系数之积的70%；对征收集体所有的土地建设养老服务机构的，可以免收征地管理费和土地登记费。

乡（镇）村公益性的养老服务机构建设用地经依法批准可以使用集体所有的土地。

（三）建设养老服务设施项目免缴城市基础设施配套费、旧城改造费、墙改费、渣土处置费和散装水泥专项资金等房屋建设的行政事业性收费（证照费除外），减半收取防空地下室易地建设费；福利性和非营利性的养老服务机构用电、自来水、管道燃气价格按居民用电、用水、用气价格标准执行；申请安装水、电、气管线、管道工程的，有关单位应予以优惠或减免相关费用；要求地籍测绘服务的，测绘机构应按照我省规定的最低标准收费。养老服务机构的救护车免征养路费；生活用车比照党政机关用车给予减免照顾，即小车（五人座以下）免征养路费，大型车辆减半征收养路费。

（四）福利性、非营利性的养老服务机构提供的养护服务免征营业税；对政府部门和企事业单位、社会团体以及个人等社会力量兴办的福利性、非营利性的老年服务机构，暂免征企业所得税以及老年服务机构自用房产、土地、车船的房产税、城镇土地使用税、车船税。对企事业单位、社会团体以及个人等社会力量，通过非营利性的社会团体和政府部门向福利性、非营利性的养老服务机构的捐赠，在缴纳企业所得税和个人所得税前准予全额扣除。

（五）县级政府和乡（镇）政府应当为农村敬老院提供必要的设备、管理资金，并配备必要的服务人员。敬老院可以开展以改善“五保”供养对象生活条件为目的的农副业生产。各级政府及其有关部门应当对敬老院开展农副业生产给予必要的扶持。

（六）社会办养老服务机构用房自建、提供社会老年人养老的床位数达50张以上的，按核定的床位数给予一次性开办补助，每个床位补助不低于1000元；用房属租用且租用期5年以上的，分5年给予开办补助，按核定的床位每个床位每年补助不低于100元。所需资金原则上由县（市、区）财政承担。对财政确有困难的县（市、区），由省和设区市财政给予适当补助。受补助的社会办养老服务机构5年内改变用途的，收回一次性开办补助款。对已经开业的社会办养老服务机构，是否进行补助及补助标准，由设区市、县（县级市、区）政府根据实际情况确定。

（七）对已经接收老年人的社会办养老服务机构，按入住满一个月的老年人实际占有床位数计算全年平均数，每年给予每个床位不低于120元的运营补贴，所需资金由当地财政解决。

对社会办养老服务机构内安置城市“三无”对象、农村“五保”对象的，当地财政可将补助给上述人员的生活费转入社会办养老服务机构，用于支付其生活、照料服务等所需费用。补助费低于当地政府规定的生活、医疗、照料服务等费用标准部分，由当地财政补足。

（八）养老服务机构开展医疗活动，要按照《医疗机构管理条例》的有关规定提出申请，卫生行政部门应在法律法规和政策允许的情况下给予大力支持。对养老服务机构所办医疗机构已取得执业许可证并申请城镇职工基本医疗保险定点医疗机构的，劳动和社会保障部门可根据国家有关规定经批准后纳入城镇职工基本医疗保险定点范围，养老服务机构收养人员中的基本医疗保险参保人员，在基本医疗保险定点医疗机构就医所发生的医疗费用，按基本医疗保险的规定支付。

（九）除法律法规和国务院财政、价格主管部门规定的收费项目外，任何部门和单位不得向养老服务机构强制收取任何费用，不得以任何理由强行要求养老服务机构提供各种赞助或接受有偿服务。各级政府要加强对各类收费的监督检查，严肃查处乱收费、乱罚款及各种摊派行为。

（十）对经民政部门审批、工商行政管理部门登记的企业性质的社会办养老服务机构，应给予鼓励和支持，享受国家有关服务业的政策待遇。鼓励金融机构按有关规定，积极为养老服务机构提供信贷支持。

四、促进养老服务业健康发展

各级各有关部门要加强组织领导，把发展养老服务业列入议事日程，明确工作目标，落实工作责任，提高服务意识，改进服务方式，创新服务手段，完善相关制度。民政部门要充分发挥职能作用，做好指导、协调、扶持和管理工作。发展改革部门要严格按照基本建设项目程序，加强规划制订和实施，加强宏观调控和指导。各有关部门要按照各自职能，密切配合，依法履行监管和服务职责。老龄工作部门要充分发挥综合协调、督促检查的职能，协调有关部门制订养老服务业设施建设以及分类管理的政策和措施，不断提高养老服务业规范化、标准化水平，促进养老服务业健康有序发展。加强教育培训和队伍建设，有计划地在高等院校和中等职业学校增设养老服务相关专业和课程，加快培养老年医学、护理、营养和心理等方面的专业人员，提高养老服务从业人员的职业道德、业务技能和服务水平。各级各有关部门要从实际出发，制订和完善促进养老服务业发展的具体政策和措施，切实解决养老服务业发展中遇到的问题。加强为老服务体系建设，为全省经济社会更好更快发展和构建和谐社会作出贡献。

中共河北省委办公厅、河北省人民政府办公厅关于进一步加强老龄工作的通知

（2007年1月17日）　【冀办字〔2007〕3号】

各市、县（市、区）委，各市、县（市、区）人民政府，省直各部门，各人民团体：

人口老龄化是21世纪人类发展的主要特征，也是经济社会发展的必然结果。老龄问题涉及政治、经济、文化和社会生活等领域，是关系国计民生和国家长治久安的一个重大社会问题。人口老龄化的迅速发展，对全省经济社会发展的影响广泛而深远。为了进一步加强和做好新时期的老龄工作，推动全省老龄事业的发展，经省委、省政府领导同意，特作如下通知：

一、认清形势，不断增强做好老龄工作的责任感和紧迫感

目前，我省60岁以上老年人口已达781万人，占全省总人口的11.4%，且以年均3%左右的速度继续增长，未来十年到本世纪中叶，老年人口数量将攀升至峰值，人口老龄化形势日趋严峻。积极做好新时期的老龄工作，满足老年人日益增长的物质文化生活需要，让老年人共享改革开放和经济发展成果，是贯彻落实科学发展观的具体体现，是构建社会主义和谐社会的必然要求，是建设社会主义新农村的重要课题。正确处理和解决人口老龄化过程中出现的各种问题，不仅可以从根本上促进老年人生命生活质量的提

高，而且可以使广大老年人成为维护社会安定团结的积极力量。各级党委、政府要着眼于新时期老龄工作面临的新形势、新环境、新要求，从维护社会稳定、促进经济发展和社会全面进步的高度，不断增强做好老龄工作的责任感、使命感和紧迫感，切实把老龄工作摆上重要议事日程，纳入社会发展总体规划，统筹安排，精心谋划。针对人口老龄化快速发展的新特点、新变化，围绕“老有所养、老有所医、老有所教、老有所学、老有所为、老有所乐”的发展目标。下大力解决老龄工作面临的新矛盾、新问题，推动全省老龄事业的健康发展。

二、健全体制，切实加强老龄工作机构建设

加强老龄工作机构建设是做好老龄工作的组织保证。各级党委和政府要进一步提高认识，切实解决机构建设与人口老龄化快速发展不相适应的矛盾，各市、县（县级市、区）要参照省里的模式设置老龄工作机构，配备与工作任务相适应的工作人员，确保老龄工作顺利开展。各级老龄委要根据领导干部变动情况，及时补充和调整人员，保证对老龄工作的组织领导。要选派有爱心、责任心强、能力水平高的人员从事老龄工作，形成上下贯通、管理有序的老龄工作体制。

三、加大投入，大力推进老龄事业发展

发展老龄事业必须坚持“党政主导、社会参与、全民关怀”的老龄工作方针。各级政府要从经济和社会发展的全局出发，切实加大对老龄事业的资金投入力度。各级要根据老龄办编制情况安排人员经费、办公经费，要根据本地国民经济发展水平和老年事业发展需要，合理安排经费，并在彩票公益金中按一定比例安排经费，积极支持基层老年服务设施、农村老年活动场所、居家养老和社会养老服务业等建设和开展老年文化活动、老年知识分子援助欠发达地区行动等。要不断完善最低生活保障制度和医疗救助体系建设，根据经济发展水平，适时提高最低生活保障标准，逐步扩大低保范围。

四、合力维权，切实保障老年人的合法权益

维护老年人的合法权益，是老龄工作的重中之重。各级党委、政府要认真落实和完善维护老年人权益的法律法规和政策措施。从解决关系老年人切身利益的社会保障和提高生活质量等现实问题入手，促进形成全面保障老年人合法权益的制度和机制。在继续抓好现有老龄法规政策落实的同时，针对改革发展中出现的新情况、新问题，及时研究提出新的政策措施。各地要切实贯彻落实《河北省老年人优待办法》，从本地经济社会发展水平出发，不断充实优惠老年人的优待办法和内容。要广泛开展法律服务和法律援助进社区活动，使老年人能够便捷、及时地得到高效优质的法律服务和法律援助。要高度重视农村老年人权益的保障，充分发挥基层老年群众组织和基层调解组织的作用，巩固、完善“家庭赡养协议书”的签订和落实工作，把涉老纠纷处理在萌芽阶段。要认真开展执法检查，加大执法力度，严厉打击诈骗、伤害、遗弃、虐待老人等侵害老年人合法权益的严重违法行为。

五、加强为老服务体系建设，稳步推进养老服务业健康发展

各级政府要按照《国务院办公厅转发全国老龄委办公室和发改委等部门关于加快发展养老服务业意见的通知》（国办发〔2006〕6号）和《河北省人民政府办公厅关于加快发展养老服务业的意见》（冀政办函〔2007〕1号）精神，切实加快以居家养老为基础、社区服务为依托、机构养老为补充的养老服务体系建设步伐，根据不同类型老年人的实际需求，采取新建、改建、扩建、重组等方式，加快社区养老服务机构和设施的建设，增加数量，扩展功能，逐步建立起布局合理、设施齐备、服务周到、管理规范的养老服务网络，为广大老年人提供优质便捷的服务。要积极探索养老服务业的体制机制创新。除了继续加大政府兴办的敬老院、福利院的投入外，还应积极采取公建民营、民办公助、政府补贴、购买服务等多元化资金投入和经营运作方式兴办养老服务业，优化资源配置，提高服务质量。鼓励社会力量以独资、合资、合作、联营、参股、特许经营等多种方式兴办养老服务业。按照国家有关政策，进一步加大对老年服务机构减免税收政策的落实力度。对社会力量兴办的医疗、照料、文体活动等养老服务设施，各级政府要采取多种形式予以扶持，在土地征用、设施建设、市政配套等方面提供优惠条件。鼓励下岗失业人员等创办家庭养老院、托老所，以创业促就业，进一步推动全省养老服务业的健康发展。

六、积极推进老年文体事业发展，不断丰富老年人精神文化生活

满足老年人日益增长的精神文化需求，繁荣和发展老年先进文化，是老龄工作的一项重要内容。各地要把发展老年文化、教育、体育事业纳入经济社会发展规划，文化、宣传、出版、广播电视等部门，要积极引导和带动社会力量为老年人创作更多更好的优秀文化产品，让具有思想性、艺术性、实用性、老年人喜闻乐见的优秀作品占领老年人的思想文化阵地。要积极发展老年教育，在办好现有老年大学的基础上，积极开展老年网络远程教育和广播电视教育试点工作，不断丰富办学形式和内容，逐步形成老年教育网络。省、市、县（县级市、区）要利用“国际老人节”、“重阳节”等时机，定期组织老年文艺汇演、老年知识竞赛和老年体育健康运动会等活动，继续实施积极老龄化战略，鼓励和支持老年人参与经济社会发展和社会公益活动。

七、深入宣传，积极营造敬老、爱老、助老的良好社会氛围

敬老、爱老、助老是中华民族的传统美德。各级党委、政府要积极宣传老龄工作方针、政策、目标、任务，积极开展敬老、爱老、助老主题教育活动，积极开展“知荣辱、树新风、促和谐”主题实践活动，把传统孝道的精髓与“八荣八耻”的时代要求结合起来。各类新闻媒体要广泛宣传做好老龄工作的重要意义，广泛培育和树立新时期敬老先进典型。通过丰富、深刻、生动、鲜明的宣传内容和新颖的形式，使全社会充分了解老年人依法享有的权利以及家庭、社会和单位对老年人应尽的义务，增强维护老年人合法权益和为老年人服务的意识，营造全社会尊重、关心、帮助老年人的社会风尚和舆论氛围。

老龄工作任重而道远。加强老龄工作，发展老龄事业，是党中央、国务院面向新世纪做出的重大决策。各级党委、政府必须站在贯彻“三个代表”重要思想、落实科学发展观、构建和谐社会的高度，从改革、发展、稳定的大局出发，切实重视和加强老龄工作，努力开创我省老龄工作的新局面。

（山西省）
关于切实加强老年人优待工作的实施意见

山西省老龄工作委员会办公室　中共山西省委宣传部　山西省发展和改革委员会
山西省科技厅　山西省民政厅　山西省司法厅　山西省财政厅　山西省建设厅
山西省交通厅　山西省农业厅　山西省商务厅　山西省文化厅　山西省卫生厅
山西省广播电视局　山西省体育局　山西省林业厅　山西省旅游局
山西省文物局　山西省总工会

（2007 年 7 月 10 日）

各市、县（区）老龄工作委员会办公室、宣传部、发展和改革委员会、科技局、民政局、司法局、财政局、建设局（建委、规划局、市政局）、交通局、农业局、商务局、文化局、卫生局、广电局、体育局、林业局、旅游局、文物局、总工会：

根据《中华人民共和国老年人权益保障法》（以下简称《老年法》）、《山西省实施〈老年法〉办法》和《中共中央、国务院关于加强老龄工作的决定》、《省委、省政府关于加强老龄工作的意见》、全国老龄办等 21 部门联合下发的《关于加强老年人优待工作的意见》，结合我省实际，现就切实加强新形势下的老年人优待工作提出如下意见：

一、充分认识老年人优待工作的重要性和必要性

优待老年人，积极为老年人提供各种形式的经济补贴、照顾和优先、优惠服务，促进老年人共享经济社会发展成果，是贯彻落实“三个代表”重要思想和科学发展观的具体体现，是全面建设小康社会和社会主义和谐社会的重要内容，也是建设社会主义精神文明的有效载体。

我省老年人优待工作已有十多年的发展历史。在 1996 年国家颁布的《老年法》和 2000 年中共中央、国务院下发的《关于加强老龄工作的决定》（以下简称《决定》）中都对老年人优待工作作出了原则规定。全省认真贯彻《老年法》和《决定》精神，老年人优待工作步入法制化、经常化、社会化的良性轨道。之后，我省于 2002 年下发了《关于加强老龄工作的意见》，2003 年 7 月 1 日施行了《山西省实施〈老年法〉办法》，明确规定老年人在税费缴纳、劳务负担、乘坐车船、就诊和进入文化、园林场所等方面享受的优先优惠和照顾。晋城、运城、太原、大同、阳泉、忻州等市政府出台了关于落实《老年法》有关优待政策的实施意见，把优待政策分解到有关职能部门，落实在具体工作中。有的市、县还扩大了优待范围，提高了优待标准。优待法规政策的制定和实施，体现了党和政府对老年人的尊重和关怀，弘扬了尊老、敬老、爱老、助老的社会风尚，保障了老年人享受经济社会发展成果的权益，受到了广大老年人的欢迎，产生了积极的社会效果。但是，就整体老年人优待工作也存在着一些困难和问题：一是发展不平衡。部分地方、部门、行业对老年人优待工作重视不够，落实不到位。二是优待项目少。针对高龄老人、空巢老人、特困老人的优待项目比较少，对农村老年人的优待项目更少。三是覆盖范围小。部分地方、部门、行业制定的优待政策、办法和意见覆盖面窄，受益老人少。随着经济社会的快速发展、公共服务领域改革的不断深化和老年人维权意识的逐步提高，对老年人优待工作提出了新的、更高的要求，迫切需要研究制定新形势下的老年人优待意见。

二、加强老年人优待工作的指导原则和基本要求

加强老年人优待工作要坚持从老年人的实际需求出发；坚持发挥党政主导作用，广泛动员社会力量；坚持立足于城乡和地区的经济社会发展实际，考虑不同老年人群的特点，因地制宜，分类指导；坚持依法履行职责与思想道德建设相结合，在落实优待政策的同时，积极营造尊重、关心和照顾老年人的社会氛围。

对老年人实行优待服务的对象为60岁及以上的老年人。优待服务的内容要兼顾老年人的物质生活、精神文化生活、医疗保健以及维护权益等多方面的需要，注意照顾贫困、高龄、鳏寡孤独老年人以及病残老年人等特殊群体的需求。提倡市、县（区）为老年人提供更多、更优惠的优待项目，鼓励把优待对象的范围扩展至外埠老年人。

三、提供养老优待，努力减轻老年人的经济负担，改善养老条件

（一）贫困、孤寡、残疾老年人要按规定纳入最低生活保障、特困救助等城乡社会救助体系，并予重点照顾。“五保”老人要按规定纳入财政供养。各级民政部门应从福利彩票公益金中安排一定比例的资金救助特困老年人。同时可采取社会捐赠的方法筹集老年特困救助资金。

（二）老年人不承担各种社会集资。农村老年人不承担“一事一议”筹劳和筹资任务，不承担兴办公益事业的劳务和出资义务。

（三）各市、县（区）可根据经济条件，对高龄老年人发放生活补贴。百岁以上老年人长寿保健补助费由当地财政落实。

（四）“五保老人”由乡镇人民政府、村民委员会或者农村集体经济组织分散或者集中供养。

（五）农村“五保老人”、城市“三无老人”去世，持“五保”供养证书免费享受丧葬殡仪服务，享受低保或特困救助的老年人去世，持特困救助证（低保证）丧葬殡仪服务费用减半。

四、提供医疗保健优待，努力减轻老年人的医疗费用负担，方便老年人享受医疗保健服务

（一）城市“三无”老人、农村“五保”老人和城乡贫困老年人要按规定纳入医疗救助范围。

（二）农村“五保”老人和贫困老年人参加新型农村合作医疗制度，符合救助条件的，可按规定帮助其交纳个人应负担的全部或部分资金。鼓励各地在开展新型农村合作医疗工作中，结合本地实际，对农村70周岁及以上老年人给予适当的政策优惠。

（三）医疗机构应为老年人就医提供方便和优先就诊、化验、检查、划价、交费、取药服务，需要住院的，优先安排床位。要积极创造条件，开设老年门诊、老年病房、家庭病床，开展巡回医疗等服务。公立医院应免收70周岁以上老年人普通门诊挂号费和贫困老年人家庭病床出诊费。

（四）老龄工作机构应协同卫生部门组织医护人员为本地百岁及以上老年人每年至少提供一次免费体检，并建立健康档案。

五、提供生活服务优待，采取多种措施，方便老年人的衣、食、住、行等日常生活

（一）城市规划和建设，要把老年公寓、老年活动中心、老年大学等为老服务设施纳入公共设施之内，根据有关规定，统一规划，统一设计，统一建设。

（二）商业饮食、社区居民服务等与老年人生活关系密切的各类服务性行业及企事业单位，应根据行业特点和单位情况积极为老年人提供优先、优惠服务和照顾。有条件的服务场所可实行电话或其他方式预约，开展上门服务，满足老年人的特殊需求，免收或从优收取服务费。

（三）城市公共交通、长途客运、铁路、水路和航空客运应为老年人提供优先购票、检票、进站和托运物品服务，照顾老年人的特殊需求。城市公共交通应设立“老弱病残孕”专座，为老年人提供票价优惠，其中70周岁以上的老年人免费乘坐市内公共汽

（电）车。

（四）新建城市道路、车站、机场、商场、公交站点、住宅居住区和其他公共建筑，严格执行《城市道路和建筑物无障碍设计规范》和《老年人建筑设计规范》，为老年人居住和出行创造无障碍环境，车站、机场还应设立老年人专座，商场设立老年人休息处。对已建成并投入使用的不达标工程，要制定改造计划，增补无障碍设施。

（五）老年人在其产权或承租住房拆迁安置中，享受优先选择楼层的待遇。贫困纯老年人户优先纳入廉租房保障范围。

（六）老年人免费使用收费公厕。

（七）大力发展老年服务业，根据老年人需求，建立服务热线和呼叫网络等，健全为老服务体系。

（八）乡（镇、街道）、村（居）委、社区为老服务组织和青年志愿者服务组织，对孤寡、高龄、生活不能自理的老年人，应从各方面给予帮助，开展各种义务服务。

六、提供文体休闲优待，努力丰富老年人的精神文化生活

（一）国家财政支持的各级各类博物馆（院）、美术馆、科技馆、纪念馆、烈士纪念建筑物、名人故居、公共图书馆、文化馆（站、宫，含工人文化宫）等公益性文化设施要向老年人免费开放。非公益性的以上场所，经营者要对老年人实行优惠并给予优待。

（二）公园、园林、旅游景点应免除老年人门票，并提倡对外埠老年人实行同等优待。

（三）公共体育场馆、设施为老年人健身活动提供方便和优惠服务，在淡季可为老年文艺团体优惠提供场地。

（四）影剧院应积极为老年人实行票价优惠，在淡季可为老年文艺团体优惠提供演出场地。

（五）贫困老年人入老年大学（学校）学习，享受学费减免。

七、提供维权服务优待，让老年人享受及时、便利、优质、高效的法律服务、法律援助和司法救助

（一）对城市“三无”老人、农村“五保”老人和城乡享受低保老年人提出的法律援助申请，要简化程序，优先受理、优先审核和指派。各地可根据本行政区域的经济发展水平及财力状况，对老年人申请法律援助的经济困难标准和受案范围适当放宽。

（二）老年人因合法权益受到侵害提起诉讼，交纳诉讼费确有困难的，可以申请司法救助，缓交、减交或者免交有关收费。老年人因赡养费、扶养费、养老金、退休金、抚恤金、医疗费等纠纷提起的诉讼案件，要予以优先立案、优先审理、优先执行。因情况紧急需要先予执行的，应裁定先予执行。

（三）律师事务所、公证处、基层法律服务所和其他社会法律服务机构，应积极为老年人提供减免费法律咨询和有关服务。

八、积极营造有利于老年人优待工作实施的社会环境

尊重、关爱和照顾老年人，保障他们的合法权益是全社会的共同责任。各行各业、企事业单位、社会团体和公民，都应当履行为老年人提供优待的职责和义务，积极为老年人提供更多优惠和优待服务。各级宣传部门、司法行政部门、涉老优待职能部门以及社会各有关方面，要加强尊老敬老的思想教育、道德宣传和维护老年人合法权益的法制教育活动，大力营造关心、支持和参与老年人优待工作的社会氛围，增强社会成员依法维护老年人权益的自觉性，提高老年人自我维权意识和能力，共同推动优待工作的落实。

九、各级政府要切实加强对老年人优待工作的领导

各级政府按照本意见，结合各地实际，认真组织落实。尚未制定老年人优待办法的市、县，要抓紧研究制定；已经制定的，要根据经济社会的发展和老年人的需求，适时对现有优待办法进行修订完善。要随着经济的发展逐步增加对老年人优待的经费支持，政府花钱买服务，让老年人得实惠。同时，充分调动社会各方面的积极性，建立多元化的投入机制。要本着统揽全局，协调各方，整体推进的原则，建立健全政府主导、老龄工作机构组织协调、相关部门各司其职、企事业单位和社会团体以及志愿者积极参与的工作体制和运行机制，整合各方资源，齐抓共管，形成合力。对优待工作中老年人反映强烈的突出问题，要加强督办解决的力度。要把老年人优待工作作为老龄工作的一项重要内容纳入目标管理，建立督查和奖惩制度。

十、各级老龄工作委员会和涉老优待职能部门要积极发挥作用，抓好优待工作的落实

各级老龄工作委员会要在同级政府的领导和支持下，建立有关涉老优待职能部门的联席会议制度，由老龄工作委员会办公室承担日常工作，负责老年人优待工作的具体组织、指导、协调和本地老年人优待证的发放工作。各级老龄工作委员会要深入扎实地开展创建“老龄工作先进县（市、区）”活动，以创建活动为载体，推动老年人优待政策的落实。各级涉老优待职能部门要按照本意见的精神，结合部门职能所负责管理行业的特点，制定具体的实施办法，每年集中一个月开展敬老服务主题实践活动。要规范服务，加强管理，督促各优待服务场所、设施和窗口设置优待标识，公布优待内容，建立健全信息反馈和监督机制，设立服务和监督热线，及时受理、依法解决好举报和投诉问题。

本实施意见印发后，老年人原持有的《老年人优待证》继续生效，同时享有本实施意见所列项目的优待。到外省市旅游观光，可凭证享受当地对外省市老年人的优惠政策。

内蒙古自治区2007年老龄法规政策简介

一、中共包头市委办公厅和包头市人民政府办公厅于2007年8月2日颁布《包头市关于进一步对老年人实行优待的规定》，主要内容：1、凡具有本市常住户口、年满60周岁的公民，不分性别、职业、民族、宗教信仰，均属优待对象，发给《包头市敬老优待证》(以下简称《优待证》)，持《优待证》享受本规定及居住地人民政府规定的优惠待遇。老年人凭《优待证》进入风景名胜区、旅游景点和文化宫(馆)、电影院、美术馆、博物馆、科技馆、展览馆、纪念馆等公共文化活动场所，一律实行半价，70周岁以上（含70周岁）老年人免费；免费使用公共厕所，免费存放自行车；进入收费的体育健身场所实行半价优惠，70周岁以上（含70周岁）老年人免费。火车站、汽车站、机场的候车（机）室应设置老年人专用座椅，车上应设置一定数量的老年席。老年人乘坐市内公共汽车，只购起价票，70周岁以上（含70周岁）老年人免费。乘火车、飞机可优先购票入站。老年人就医优先，普通门诊挂号费减半收取，70周岁以上（含70周岁）老年人就医免收普通门诊挂号费。各级法院对涉及老年人权益的案件应当优先受理、优先审理、优先执行。交纳诉讼费确有困难的，可以申请缓交、减交或者免交。各级司法行政部门应积极拓展和规范法律援助服务，建立健全法律援助机构，及时向老年人提供法律服务和法律援助，维护老年人合法权益。

二、兴安盟盟委于九月四日制定兴安盟老年的优待办法：凡具有兴安盟常住户口，年满60周岁以上的公民，不分性别、职业、民族、宗教信仰，均属优待对象，发给《兴安盟老年人优待证》。70周岁以上老年人进入政府投资主办的公园、文化宫（馆)、影剧院、图书馆、博物馆、美术馆、科技馆、旅游景点、体育场（馆、中心）和体育健身等公共场所一律免购门票，其他老人享受平价优惠，老年人免费使用公共厕所。各级法律援助机构和律师事务所、法律服务所等法律服务机构优先乡老年人免费提供法律咨询。农村老年人除缴纳国家规定的税收外，不承担义务工、劳动积累工和社会性集资收费。对百岁以上的老人所在旗县市每人每月发给不低于100元的长寿补贴金，90岁至99岁高龄的老年人每人每月发给不低于50元的长寿补贴金。

三、通辽市人民政府十二月二十一日颁布通辽市老年人优待办法，全市60周岁以上老年人凭《通辽市老年人优待证》享受：游览市内各公园、名胜古迹、旅游景点、图书馆、博物馆、文化宫和到各级老年活动中心参加活动，门票减半收取；在本地区“星光老年之家”参加活动予以免费；到市属医院就医，免收普通挂号费，专家门诊减半并优先挂号、就诊；观看非专门组织的电影、市属专业各类文艺团体的演出及各项体育比赛门票减半收取，老年群体组织的各类文体活动所用场地费一律减半收取；百岁以上老人不分城镇、农村，每月享受低保金100元；农村老年人不承担义务工、劳动积累工及各种摊派工和集资，符合“五保”供养条件的要及时纳入“五保”供养范畴。

吉林省优待老年人规定

第一条　为了弘扬中华民族敬老、养老、助老的传统美德，体现全社会对老年人的关怀，促进社会主义和谐社会建设，根据有关法律、法规的规定，结合本省实际，制定本规定。

第二条 凡户籍在本省行政区域内60周岁以上的老年人，均可以依照本规定在全省范围内享受优待。

第三条 县级以上人民政府负责老龄工作的机构，组织本规定的实施。

各有关部门应当在职权范围内，依法履行优待老年人的管理和监督职责。

第四条 凡户籍在本省行政区域内的老年人，均可凭身份证到户籍所在地或者常驻地县级以上老龄工作机构免费领取老年人优待证。

老年人优待证由省人民政府负责老龄工作的机构统一样式，印制费用由当地财政负担。

第五条 县级以上人民政府民政部门应当将符合条件的老年人纳入城乡最低生活保障范围。

第六条 农村老年人不承担“一事一议”筹劳任务，享受最低生活保障待遇的老年人、分散供养的“五保”老人及70周岁以上的老年人不承担“一事一议”筹资任务。

第七条 对百岁以上老年人，由户籍所在地县级人民政府发给每人每月不低于200元的生活补贴，所需资金由当地财政负担，当地老龄工作机构负责发放；对其他高龄老年人，有条件的地方，当地人民政府可以适当发放生活补贴。

第八条 实施医疗救助制度的地方，有关部门应当将享受城乡居民最低生活保障待遇的老年人纳入医疗救助范围。农村享受最低生活保障待遇的老年人参加当地新型农村合作医疗的，其个人筹资部分从农村贫困家庭医疗救助基金中支付。

第九条 老年人在医疗机构挂号、诊治、交费、取药和住院时，享受优先服务。

医疗机构对行动不便的就诊老年人，应当免费提供担架、推车和助步器。

社区设立的医疗服务机构应当为本社区内老年人建立健康档案，开展卫生保健活动。

提倡医疗机构对老年人普通门诊挂号费和家庭病床出诊费以及对贫困老年人的医疗费用给予优惠或者减免。

第十条 县（市、区）卫生行政部门和老龄工作机构，每年应当组织医护人员为本地百岁以上老年人免费体检一次。

第十一条 提倡商业、餐饮、社区居民服务等与老年人生活关系密切的各类服务性行业及企、事业单位为老年人提供优先、优惠服务和照顾。

第十二条 城市公共交通工具应当设置敬老席。70周岁以上的老年人凭乘车证免费乘坐市内公共交通工具（不含出租汽车）。

第十三条 火车站、公路客运站应设置指定售票窗口，老年人享受优先购票服务。候车室应设置一定数量的老年人专座，并安排老年人优先检票上车。

第十四条 城市道路、车站、机场、商场、公共交通车辆站点、住宅区和其他公共建筑，应当按照国家规定，为老年人居住和出行创造无障碍环境。

第十五条 县级以上人民政府建设行政部门应当将享受最低生活保障待遇无赡养人的老年人户，优先纳入廉租房保障范围。

第十六条 老年人可以免费使用收费公共厕所。

第十七条 国有博物馆（院）、美术馆、科技馆、纪念馆、烈士纪念建筑物、名人故居、公共图书馆、文化馆（站、宫）等公益性文化设施向老年人免费开放。

第十八条 老年人进入收费公园、园林、旅游景点，70周岁以下享受第一门票半价优惠，70周岁以上免收第一门票。

省外老年人进入本省收费公园、园林、旅游景点，享受本省老年人同等优惠待遇。

第十九条 需要收费的公共体育设施管理单位，应当根据设施的功能、特点为老年人健身活动提供免费或者半价优待，在淡季可以为有关组织和单位开展老年文体活动优惠提供场地。

第二十条 有条件的地方，可以为老年人观看电影、文艺演出、体育比赛提供优惠票价。可以为有关组织和单位开展老年文艺活动优惠提供场地。

第二十一条 享受城乡最低生活保障待遇的老年人进入老年学校学习，学费优惠。

第二十二条 享受最低生活保障待遇的老年人提出的法律援助申请，有关单位应当简化程序，优先办理。

第二十三条 老年人的合法权益受到侵害提起诉讼，交纳诉讼费确有困难的，可以申请司法救助，缓交、减交或者免交有关费用。

第二十四条 律师事务所、公证处、法律服务所和其他社会法律服务机构，应当按照有关规定为老年人减免法律咨询和服务费用。

第二十五条 对老年人提供优待服务的单位，应当在适当位置设置优待标识，公布优待内容，兑现承诺，接受监督。

第二十六条 享受城乡居民最低生活保障待遇的老年人去世，为其办理后事的组织或者个人，在民政部门设置的殡葬单位选择普通殡葬服务的，该殡葬服务单位应当分别按照城镇或者农村火化费、殡仪车运费、骨灰寄存费收费基本标准的50%收取殡葬服务费。

第二十七条　各市（州）、县（市、区）人民政府可以在上述优待老年人规定的基础上，根据本地实际，制定具体的实施办法。

第二十八条　对于在优待老年人工作中做出突出成绩的单位及个人，由县级以上人民政府负责老龄工作的机构给予表彰。

第二十九条　对违反本规定不履行义务的，或者主管部门不履行管理和监督职责的，由县级以上人民政府负责老龄工作的机构责令限期改正；逾期未改正的，提请有关机关按规定处理。

第三十条　本规定自2007年11月1日起施行。

安徽省老龄事业发展“十一五”规划
（2006—2010年）

为加快老龄事业的全面发展，根据《中国老龄事业发展“十一五”规划纲要》和《安徽省国民经济和社会发展第十一个五年规划纲要》的精神。结合我省人口老龄化快速发展的趋势，制定《安徽省老龄事业发展“十一五”规划（2006—2010年）》（以下简称《规划》）。

一、背景

《规划》实施以来，我省的老龄事业有了较快发展。养老保障体系逐步建立，企业离退休人员的基本生活得到保障；基本养老金水平逐年提高，养老保险覆盖面不断扩大；医疗保险制度改革建设加快，医疗救助制度初步建立；老年权益得到有效维护；老年人物质和精神文化生活日益丰富；老年福利、教育、文化、体育事业有了较大发展，敬老、养老、助老的道德风尚进一步形成；省及市、县老龄工作体制基本理顺；老龄工作有效开展。

“十一五”期间我省老年人口将快速增长，预计到2010年，60岁以上老年人将达到876.5万人，约占总人口的13.1%。未来五年，我省人口老龄化具有增长速度快、数量大、农村养老资源减少、人口高龄化特点显著、城乡和地区之间老龄化程度差异扩大等特点。和“十五”期间相比，劳动年龄人口对老年人赡养负担加重，养老保障问题更加突出，社区照料服务需求迅速增加，解决人口老龄化问题的社会压力显著加大，对社会经济全面协调发展带来的影响更加深刻。

面对未来五年人口老龄化的新形势，我省老龄事业在总体上仍滞后于经济和其他社会事业的发展，老年人的需求与社会供给的矛盾日益突出，老年社会保障制度有待完善，老龄事业投入机制还不健全，老年服务设施建设比较缓慢，老龄产业发展滞后，农村老龄问题愈发突出，这些问题都需要在“十一五”期间切实加以解决。

二、指导思想、总体目标和基本原则

（一）指导思想

以邓小平理论和“三个代表”重要思想为指导，坚持以人为本，树立和落实全面、协调和可持续的科学发展观，深入贯彻“党政主导，社会参与，全民关怀”的老龄工作方针，从我省的实际情况出发，努力完善社会保障制度，维护老年人的根本利益，充分发挥政府、社会、家庭和个人的作用，提高老年人的生活质量，促进老龄事业和经济社会的协调发展。

（二）总体目标

到2010年，基本建立相对完善的适应社会主义市场经济要求的城市老年社会保障体系，适应农村实际的社会养老制度；建立健全适应家庭养老和社会养老相结合的为老服务体系，初步建立满足老年人特殊需求的老年用品市场，积极推进方便老年人生活的基础设施建设，健全与人口老龄化相适应的、高效规范的老龄工作体系，进一步营造“敬老、爱老、助老”和代际和谐的良好社会氛围，为实现“老有所养、老有所医、老有所教、老有所学、老有所为、老有所乐”的老龄工作目标创造更为有利的社会条件。

（三）基本原则

1. 坚持科学的发展观，促进老龄事业与社会经济协调发展。坚持以人为本，按照“五个统筹”的要求，把老龄事业纳入国民经济和社会发展中长期规划和年度计划，促进老龄事业的全面、协调和可持续发展。

2. 坚持以满足老年人的物质文化生活需求为出发点，切实维护老年人的合法权益。重点解决老年人的养老医疗和精神文化生活等问题。充分关注“五保”老人、“低保”老人、残疾老人、高龄老人、空巢老人和老年妇女等特殊群体，确保他们和其他社会群体共享社会经济发展成果。

3. 坚持家庭养老与社会养老相结合，构建具有中国特色、多种形式共同发展的养老保障格局。继续巩固和支持家庭养老，加快老年社会保障制度建设，健全为老服务体系，完善服务功能，提高服务质量。

4. 坚持改革创新，运用社会化、市场化的机制发展老龄事业。通过体制创新，鼓励、支持和引导非公有资本参与老龄事业发展。发挥政府的主导作用，调动社会各方面的积极性，通过市场优化资源配置，推动老龄事业健康发展。

5. 坚持统筹规划，分类指导。充分考虑不同地区社会经济发展的差异，统筹兼顾，制定相应的政策措施，发挥地区优势，稳步推进城市老龄工作，切实加强农村老龄工作，因地制宜地推动老龄事业协调发展。

三、老年社会保障

以建立与我省经济发展水平以及各方面的承受能力相适应、规范和完善的社会保障体系为目标，逐步扩大老年社会保障覆盖面，构筑社会保障安全网，形成资金来源多元化、保障制度规范化、管理服务社会化的老年社会保障体系，不断提高老年社会福利水平。

（一）养老保障

在城市，完善基本养老保险制度，以非公有制经济组织和城镇灵活就业人员为重点，依法扩大养老保险覆盖范围，加强养老保险金征缴工作，建立可靠、稳定的资金筹措机制，提高养老保险征缴率；调整财政支出结构，增加财政对养老保险基金的投入，加强基金征缴，继续保持养老保险基金收入的稳定增长，使基金收缴率保持在95%以上。研究探索事业单位养老保险实施办法，加快机关事业单位养老保险制度改革步伐。完善基本养老金正常调整机制，随着经济发展适当提高养老金水平，确保企业离退休人员基本养老金按时足额发放。落实城市居民最低生活保障制度，并根据经济发展水平适时调整最低生活保障水平，切实保障老年人老有所养。

在农村，加强家庭成员养老和土地养老保障的基础作用。推行签订家庭赡养协议书，明确赡养责任，巩固家庭保障功能；鼓励低龄健康老人提高自养能力；完善农村计划生育家庭奖励扶助制度。有条件的地区，积极发展社会养老保险事业，建立集体养老津贴发放制度。解决好城镇化过程中老年人的养老保障问题。鼓励发展企业年金、商业养老保险、以满足老年人多层次的需求。积极引导老年人转变观念，鼓励老年人积极参加养老储蓄，倡导个人储蓄养老。

（二）医疗保障

在城市，加快推进医疗保险制度改革，完善政策，强化管理，以中小企业和灵活就业人员为重点，扩大基本医疗保险覆盖面。建立完善以社区卫生服务为基础的老年医疗保健服务体系，加强社区老年卫生工作，增加服务项目，改进服务措施，为老年人提供预防、医疗、护理和康复等多种服务。利用学校教育、岗位培训、继续教育等形式，加强基层全科医生和老年护理、康复队伍建设。重视老年期常见病、多发病的防治和康复研究，加强健康教育和预防保健，健康教育普及率达到85%。积极开展建立城镇居民医疗保险制度试点，逐步解决城镇老年居民的医疗保障问题。

在农村，继续推进新型合作医疗制度建设，2008年在全省全面建立新型农村合作医疗制度。进一步完善城乡医疗救助制度，将城乡低保对象、农村“五保户”、农村重点优抚对象纳入医疗救助范围。完善县、乡、村三级医疗预防保健网，加快乡村医疗卫生组织建设，努力改善老年人医疗卫生条件。

（三）社会救助

积极发展社会福利、社会救济等保障事业，加大社会救助力度，包括社会救助立法、资金筹措、救助方式、救助管理以及检查监督机制的建立等，努力实现法制化、制度化、规范化、救助重点向农村倾斜。

落实“五保户”供养制度，加大农村“五保”供养工作力度，启动以特困户为主的农村救助体系建设。坚持集中和分散相结合的原则，因地制宜地探索“五保户”新的供养形式。有条件的地方建立最低生活保障制度和贫困救助制度，对因特殊原因遇到困难、长期贫困、收入在贫困线之下的老年人进行生活和医疗救助。继续开展“计划生育困难家庭救助活动”。

四、老龄服务设施建设

以满足老年人生活、娱乐、健身需要为目的，以社区街道和基层村镇为重点，加大资金投入力度，加强老龄事业基础设施建设，改善老年人居住环境，为老年人的社会活动创造良好的条件，为老龄事业的发展打牢基础。

（一）公共服务建设

努力增加投入，大力发展与老年人日常生活密切相关的文化、卫生社区服务等公共设施（场所），规划建设一批文化娱乐场所，增加有利老年人健身、休闲服务设施，对老年人优惠或免费开放。

（二）老年活动和服务设施

省、市、县（区）都要建设有一定规模、设施完备、功能齐全、能起示范作用的服务设施，城市要有老年公寓、养老院、托老所、老年活动中心。有条件的城市要有护理院、临终关怀院。充分利用城市基层医疗机构的资源开展养老服务，逐步形成养老设施网络。加强社区老年活动服务场所设施建设。社区和街道都要建设能为老年人文化学习、体育健身、娱乐休闲、医疗保健提供服务的老年活动中心（站、室）和医疗服务站，为老年人提供高质量的服务，以方便老年人活动。结合新农村建设，各级政府要增加资金投入和政策倾斜，并充分发挥市场投入机制作用，在统筹规划基础上重点修建县级敬老院和中心乡镇敬老院。鼓励、帮助村级建立老年活动站。乡（镇）敬老院要进一步加强设施建设，完善服务功能。

（三）住房和生活环境建设

贯彻落实国家各类老年设施的建设标准和技术标准，完善老年住宅、老年公寓、养老院、护理院、托老所等养老设施的标准化建设。

各地新建城市道路、公共建筑和养老机构场所应严格执行《城市道路和建筑物无障碍设计规范》，在规划、设计、施工、监理、验收等各环节严格把关，新建城市道路和养老机构场所无障碍率达到100%。对已建成并投入使用的与老年人生活、工作密切相关的居住区、城市道路、公共建筑和养老机构，要制定改造计划，增补无障碍设施。2010年养老机构（场所）无障碍改造率达到60%，公交设施无障碍率达到30%以上。

五、老龄服务业

坚持“政府引导、社会兴办、市场推动、加快发展”的方针，优先发展养老护理业、社区为老服务业和老年人特殊需要的生活用品业，辅以卫生健康服务、旅游娱乐和金融保险业，逐步培育适应人口老龄化发展的老年消费市场。初步建立城乡多元化、多层次的养老设施网络和老年社会服务体系，养老、护理机构的床位数达到老年人总数的15‰，其中民办民营所占比例达到50%以上。到2010年老龄服务业要有较大幅度的增长。

政策扶持。制定出台引导老龄服务业发展的税收、信贷、投资等各种政策。采取税收优惠、信贷支持、鼓励个体私营和外资投资以及减免费用等特殊政策扶植尚在起步阶段的老龄服务业。制订相关的其他配套政策文件，规范老龄服务业发展进程中的市场行为，发挥政府监督和指导的作用。把老龄产业纳入国民经济发展总体规划，列入国家扶持行业目录。积极鼓励、引导和规范非公有资本参与老龄产业发展。

加快发展为老服务设施。增加对养老设施建设的投入，通过新建和改、扩建的办法，办好示范性的养老服务设施，同时鼓励吸引社会力量投资兴办不同档次的养老服务设施。积极推进公有制养老机构的多种实现形式改革，采取公办民营、民办公助、私营、股份制、合资经营等多种经营模式，适应不断发展的市场化趋势，逐步实现老年福利社会化。

大力开发老年用品和老年服务产品。鼓励和扶持开发老年产品，引导企业生产满足老年人各种需求的门类齐全、品种多样、经济适用的老年用品；整合各地旅游资源，推出适合老年人特点的精品旅游线路和服务产品，促进老年人出游，发展老年旅游业；拓展多种经济成分并存的老年卫生健康服务领域，为老年人提供预防、医疗、护理和康复保健服务；积极开发适合老年人的金融、理财、保险等其他服务项目。支持信息服务、管理咨询、人才培训等社会中介机构的发展，鼓励社会力量兴办以社区为基础的老年生活照料、家政服务、康复护理、紧急救援、心理咨询等服务项目，形成为老服务网络体系，为居家老人提供良好、便捷的服务。

培育老年消费市场，引导老年人消费。鼓励支持老年用品专卖店和独立核算专卖柜台发展，有条件的地方可试办针对中老年消费群体的市场或产品展示，促进流通，扩大销售。在鼓励商家通过积极生产个性化、人性化商品发展的同时，要正确引导老年人的消费观念和消费行为，通过各种科学直观手段刺激消费欲望，更新老年人的消费观念与行为，帮助老年人建立健康的消费理念，促进老年消费市场的繁荣与发展，从而最终带动老龄服务业的可持续发展。

六、老年精神文化生活

丰富老年人闲暇文化生活，提高老年人精神文化生活质量，努力营造全社会尊重、理解、关心和帮助老年人的社会环境与舆论氛围。加大投入，加强引导，努力提供符合老年人特点、体现社会主义先进文化的老年精神文化产品与服务。

完善老年教育网络。各级政府要继续加大对老年教育的投入，同时动员社会力量，因地制宜办好老年教育。积极发展老年电视大学、老年网上学校，倡导社区办学等多种形式的老年教育。经过努力，在全省建立起老年大学为龙头，以基层老年学校或社区教育培训中心为基础的四级办学网络。到2010年全省老年人入学率达8%以上。教学内容要按照增长知识、丰富生活、陶冶情操、增进健康、服务社会的原则安排。农村要注重把老年教育与老年人脱贫致富、维护权益、破除迷信和移风易俗结合起来。重视开展老年思想教育活动，帮助老年人树立科学的世界观和积极的人生观、价值观。

加大老年文化宣传工作力度。广播电台、电视台办好老年文化专题节目。文学、影视、戏剧界积极创作优秀的老年题材作品。新闻出版部门办好老年报刊，出版面向老年人的图书、音像、电子出版物。公共文化和体育活动场所为老年人提供优先、优惠服务，建立健全服务公示制度，方便老年人了解、使用和监督。积极组织送文艺下乡活动，丰富包括农村老年人在内的农村精神文化生活。

广泛开展老年活动。把老年文化和体育纳入全民文化和体育健身的发展规划。政府在逐步加大对老年文化体育事业资金投入的基础上，制定优惠政策鼓励和引导企业投入，争取社会捐助。到2010年，要建成布局比较合理、设施完备，方便老年人参与的文化体育设施，满足老年人的精神文化生活需求。组织开展经常性的基层老年文体活动，发展适合老年人身体特点的体育活动和健身项目，为老年人自发的文体活动提供条件。制定有关法规政策加强对市场提供老年精神文化产品与服务的引导和规范。有计划地组织老年文艺汇演、老年才艺展演和老年体育健身运动会。支持各类老年群众文体组织开展活动。

七、老年人合法权益保障

（一）提出《安徽省实施〈中华人民共和国老年人权益保障法〉办法》的修订意见，制定新的老年法实施办法。加快老年社会保障法的法制化进程。完善巩固家庭养老的措施。

（二）初步建立老年法律服务与援助体系。“十一五”期间，政府安排适当的资金用于老年法律援助和法律服务组织建设，鼓励社会各界志愿提供资金用于老年法律援助。鼓励引导城市社区、农村乡镇法律服务机构和人员为老年人提供及时、便利、高效的法律服务。继续做好签订农村家庭赡养协议书工作的组织指导，有家庭纠纷的家庭赡养协议书要做到应签尽签。

（三）加强法制宣传教育工作。把法制教育和敬老道德教育结合起来，推动形成社会主义敬老思想道德观。加强对农村的宣传教育工作，大力开展“敬老模范乡镇（村居）”的创建活动，倡导敬老养老的传统美德和文明之风。在青少年中广泛开展“敬老、爱老、助老主题教育活动”。

（四）司法部门对侵害老年人合法权益的案件要做到及时受理、及时立案、及时审理、及时执行。比较突出的要及时回访，对交纳诉讼费用有困难的老年人酌情减免。各级公安部门特别是基层派出所对严重侵害老年人人身权和财产权的不法行为要及时采取措施予以制止，妥善处理。对构成犯罪的要依法严厉惩处。

八、老年人的社会参与

（一）努力营造老年人参与社会发展的社会环境。根据经济社会发展的需求和老年群体的实际情况，研究出台相关政策。各级政府机关和企事业单位、民间组织、社区居委会和村委会要为老年人参与社会创造条件，进一步发挥离退休专业技术人员的作用，为广大老年人参与物质文明、政治文明和精神文明建设营造良好的社会氛围。

（二）鼓励和支持老年人继续参与经济社会发展。鼓励、支持离退休专业技术人员和老专家参与科技发展和经济建设，发挥老年人在教育下一代中的示范和教育作用。根据经济社会发展和人才市场的需要，采取专项活动聘请、项目聘请、短期聘请等多种方式，从事青少年教育、传播科学文化知识、咨询服务、医疗卫生、科技开发应用等具有专业特点的工作。支持老年人对青少年开展社会主义、爱国主义、集体主义、中华民族精神教育，以及维护社会治安、参与社区建设等社会公益活动。在农村、鼓励低龄健康老年人从事种植、养殖和加工业等经济活动。积极倡导和支持老年人广泛开展自助互助活动。努力探索实现“老有所为”的新形式。

（三）大力开发和培育老年人才市场。要根据市场需求和老年人的志愿，积极搭建老年人才服务平台，开拓老年人特别是老年专业技术人员和老专家参与社会的渠道。老龄工作机构要积极配合有关部门定期举办各种形式的老年人才交流活动，各类人才市场、人才中介机构应积极把老年人才纳入服务范围。凡符合条件的老年人可以参加专业技术人员职业资格考试，考试合格取得证书者按照规定登记注册。要建立国家老年人才信息数据库和老年人才信息中心。有条件的地方，把老年人才的开发和利用纳入人才市场建设的总体规划之中，为老年人参与经济社会发展搭建平台，使他们继续为全面建设小康社会贡献经验、才智和力量。

九、实施《纲要》的保证措施

（一）充分发挥各级党委和政府的主导作用。各级党委和政府要切实加强对老龄工作的领导，真正把老龄工作纳入工作日程。各级老龄工作委员会是各级党委、政府的议事协调机构，要充分发挥各级老龄工作委员会成员单位的作用，按照成员单位承担的老龄工作职能，把老龄事业纳入本部门的工作规划。各级老龄工作委员会要强化其办事机构，充分发挥其综合协调、督促检查、参谋助手作用。

（二）加大老龄事业发展的资金投入力度。各级财政要建立老龄事业专项经费，用于老年服务设施建设、老年文化教育、老龄科学研究和老年活动等。“十一五”期间，根据经济社会发展水平和老年人口发展规模，在逐年增加投入的同时，建立老龄事业投入的增长机制。要充分发挥各级老年基金会和其他基金组织的作用，积极引导民营资本和吸收国外资金投入老龄事业发展，逐步形成国家、社会、个人、境外资金等多元化的老龄事业投入机制。国家商业银行和政策性银行要加大对老龄事业发展的信贷支持力度。对于符合老龄事业发展方向，专为老年人服务，又有市场前景的老龄产业，需要银行信贷支持的，要按信贷规定给予支持。

（三）加强老龄工作机构和老年群众组织建设。对各级老龄工作委员会的办事机构，要加强机构建设，编制要适应“十一五”期间人口老龄化的发展趋势。对从事老龄工作的干部要进行有计划的培训，要把老龄工作人员的培训纳入组织部门培训之中。加快提高政治和业务素质。“十一五”期末，根据人口快速老龄化，政府职能转变、退休人员剥离企事业单位实行社会化管理的要求，加强基层老年群众组织建设，制定出台老年群众组织的管理办法，规范老年群众组织的建设、管理和活动，充分发挥其在基层民主自治、社区建设和老龄工作中的作用。

（四）加快为老服务队伍建设。加快培养老龄产业所需的各类人才，特别要加快培养急需的老龄服务业管理人员、服务人员。有计划地在普通高校和中等职业学校增设老年学、老年心理学和护理服务专业，拓宽人才培养途径，积极引进和聘用高级人才。要充分利用现有中等专业技术学校或培训机构，培养大批老年专业护理人员。有条件的社会培训机构也要适应市场需求，为老年人培训家庭服务人员。逐步形成健全的覆盖全省城乡的基层为老服务体系。

（五）努力扩大对外交流与合作。在人员培训、学术研究和项目合作等领域拓宽对外交流与合作，借鉴国际应对人口老龄化的经验和做法，不断提高老龄工作水平。

（六）建立督查、评估机制和激励机制。各地、各部门要按照本《规划》的要求，根据各地实际和部门职责，制定本地、本部门实施方案。对《规划》的实施情况要定期进行督查和评估。省老龄工作委员会办公室会同有关部门对《规划》实施情况进行检查，并对各地落实情况进行督查和评审，在2010年对《规划》的执行情况进行全面评估。继续开展针对老龄工作先进单位和个人的评选表彰活动，建立推进老龄事业的激励机制。

江苏省人民政府办公厅关于印发《江苏省老龄事业发展“十一五”规划》的通知

（2007年9月24日）　【苏政办发〔2007〕117号】

各市、县人民政府，省各委、办、厅、局，省各直属单位：

《江苏省老龄事业发展“十一五”规划》已经省人民政府同意，现印发给你们，请认真贯彻实施。

附件

江苏省老龄事业发展“十一五”规划

根据《中华人民共和国老年人权益保障法》、《中共中央、国务院关于加强老龄工作的决定》（中发〔2000〕13号）和《全国老龄工作委员会关于印发〈中国老龄事业发展“十一五”规划〉的通知》（全国老龄委发〔2006〕7号），结合我省实际情况，制定《江苏省老龄事业发展“十一五”规划》（以下简称《规划》）。

一、现状与形势

（一）“十五”期间我省老龄事业发展状况

“十五”时期，在省委、省政府领导下，全省各地、各部门认真实施《江苏省老龄事业发展“十五”计划纲要》，老龄事业得到较快发展。老年人经济供养保障体系进一步完善，城镇职工养老保险覆盖率达96.8%，离退休人员基本养老金全部按时足额发放，农村社会养老保险逐步发展，城乡建立了最低生活保障制度，31万多名特困老年人纳入“低保”生活补助范围，22万多名城市“三无”和农村“五保”老人供养得到保障。全省养老床位达11万张以上，“五保”集中供养率达45%。城镇职工医疗保险覆盖率达90.3%，新型农村合作医疗覆盖面达85.5%，医疗救助制度逐步推行，老年人医疗得到进一步保障。老年教育、文化、体育事业稳步发展，参加老年学校学习的老年人超过老年人总数的5%。通过实施“星光计划”，改善了社区老年活动场所。老年人合法权益得到维护，敬老、养老、助老良好风尚已经形成。

我省老龄工作还存在一些矛盾和问题。养老设施和社会养老服务业的发展与老年人需求之间的供需矛盾仍较突出；养老保障制度和老年医疗保障制度尚需进一步完善；老龄事业投入不足，城乡之间、地区之间养老保障水平差距较大。

（二）老龄工作面临的形势

“十一五”期间，我省人口老龄化将进一步加快。2006年底，60岁以上老年人1151.7万人，占户籍人口的15.74%，其中80岁以上高龄老人160万人，占老年人口的14%。预计2010年60岁以上老年人将超过1260万人，占总人口16%以上，其中，80岁以上高龄老人将超过190万人，占老年人口15%。人口老龄化对经济社会发展带来的影响将更加深刻。我省老年人口基数大，比例高，增速快，高龄多，社会养老负担将进一步加重。农村老龄问题加剧，农村老年人养老和医疗保障问题突出。“四二一”代际结构趋势背景下，对养老设施和社会照护的需求迅速增加，特别是在农村，随着劳动力的转移，老年人社会照护需求日益增大。随着经济转型和体制转轨，人们生活观念及人际关系的变化，维护老年人权益任务更加艰巨。“十一五”时期，既是我省经济社会发展重要的战略机遇期，也是全面应对人口老龄化的关键时期。大力发展老龄事业，直接关系到江苏和谐社会建设和“两个率先”战略目标的实现，是经济社会发展过程中一项重要而紧迫的战略任务。

二、指导思想、总体目标和基本原则

（一）指导思想

以邓小平理论和“三个代表”重要思想为指导，深入贯彻落实科学发展观，按照构建社会主义和谐社会的要求，贯彻“党政主导、社会参与、全民关怀”的老龄工作方针，围绕我省“全面达小康、建设新江苏”战略目标，制定应对人口老龄化的政策措施，推动老龄事业与经济社会统筹协调发展。

（二）总体目标

“十一五”时期，全省老龄事业发展以实现老年人经济、医疗、服务保障为重点，以提高老年人生活水平和生活质量为目的，加快完善社会养老保障制度和医疗保障制度，发展以居家养老为基础、社区服务为依托、机构养老为补充的养老服务保障体系，通过政府扶持、市场推动、社会化服务的运作机制，推进老年服务基础设施建设和老年社会服务业发展，进一步营造维护老年人合法权益和敬老、养老、助老的社会环境，努力实现“老有所养、老有所医、老有所教、老有所学、老有所为、老有所乐”的目标。

（三）基本原则

一是坚持老龄事业与经济和社会协调发展，将老龄事业纳入经济社会发展总体规划。二是坚持以满足老年人的物质文化生活需求为出发点，让老年人共享改革和经济社会发展成果。三是坚持老龄事业社会化发展方向，形成党政主导、社会参与、全民关怀的老龄工作体制和运行机制。四是坚持统筹规划和分类指导，突出重点，发挥地区优势，因地制宜推进城乡老龄事业协调发展。

三、主要任务和要求

（一）加强养老保障

1. 进一步完善城镇职工基本养老保险制度，坚持广泛覆盖、水平适当、基金平衡的原则，完善政策，健全机制，逐步做实个人账户，提高统筹层次，加大养老保险费征缴力度，继续确保离退休人员养老金按时足额发放，建立企业退休人员基本养老金正常增加机制，让广大退休人员分享经济社会发展成果。

2. 有条件的地方逐步探索建立与社会主义新农村建设相适应的，以制度规范为基础，由农民个人缴费、集体补助、政府补贴三方筹资，社会资本参与，适应当地区域特点的新型农村养老保险制度。加快推进被征地农民基本生活保障制度。制定城镇职工基本养老保险、农村社会养老保险、被征地农民基本生活保障相协调的衔接办法。有条件的地区逐步实行城乡社会保障并轨。全面推进农村部分计划生育家庭奖励扶助制度。

3. 巩固和完善城乡居民最低生活保障制度，建立完善城乡居民最低生活保障标准增长机制，切实保证将符合低保条件的老年人纳入最低生活保障范围，并可按规定适当提高补助标准。

4. 进一步完善城市“三无”和农村“五保”老人供养制度，提高供养水平和集中供养率。

5. 鼓励企业参加补充养老保险。

6. 在农村继续推行签订赡养协议书或责任书，巩固和发挥家庭养老功能。

（二）完善医疗保障

1. 完善城乡老年人医疗保障制度。完善城镇职工基本医疗保险制度，建立城镇居民基本医疗保险、新型农村合作医疗制度时，要充分考虑老年人特殊的医疗需求，在政策措施上有所倾斜，保障老年人的基本医疗服务。对符合条件的困难老年人，优先纳入城乡医疗救助范围，各地惠民医院要优先为符合条件的贫困老年人提供服务。

2. 改善老年人医疗服务。各级各类医疗机构要按照相关规定，开设老年人就诊绿色通道，方便老年人挂号、就诊、取药、住院等，为老年人提供方便、快捷、价廉、优质、高效的医疗服务。加强社区老年卫生工作，增加服务项目，改进服务措施，为老年人提供预防、医疗、护理和康复等多种服务，积极为老年病人提供上门服务。

3. 加强老年病的防治和康复研究工作。各市可指定一所二级以上综合医院作为老年病的防治中心，开展老年病的防治和康复研究，加强对各级医疗机构老年病防治和康复的业务技术指导。普及老年人疾病预防及保健知识，降低老年常见病和多发病的发病率和致残率。

（三）推进服务保障

1. 加强养老服务体系建设。加快发展和完善以居家养老为基础、社区服务为依托和机构养老为补充的养老服务体系，大力发展老年福利、生活照料、医疗保健、体育健身、文化教育和法律服务等老年人服务网络和组织，提高社区服务和机构养老的能力。

2. 加快养老服务基础设施建设。要将养老服务基础设施建设纳入全省经济社会发展总体规划，统筹协调，合理布局。各级政府要加强对土地等资源的统筹协调，规划安排老年设施用地，在城乡建设、旧城改造、住宅小区开发时保证一定数量的老年设施和场所，在闲置厂房、宾馆、幼儿园、小学、职工医院以及乡镇合并过程中的办公房进行调整流转时，优先考虑养老服务设施需求。“十一五”期间各地老年福利院、老年公寓、托老所、敬老院、老年康复院、临终关怀机构、老年社区服务中心、老年大学（学校）等设施建设要基本满足老年人的需求。养老床位苏南要达到老年人总数的2%以上，苏北要达到老年人总数的1.5%以上，全省新增15万张以上床位。省、市、县要积极建立示范性养老机构，老年人较多的街道要建设适合老年人住养并具有社区外展服务功能的老年社区服务中心或托老所。继续实施以农村敬老院新建、改建和扩建为主要内容的“关爱工程”。按照科学规划、合理布局的要求，扩大中心乡镇敬老院的建设规模，建成集五保供养、社会寄养和外展服务为一体的养老服务机构。积极探索政府对民办福利机构的扶持政策，鼓励社会力量兴办养老服务机构。

3. 提升养老服务水平。各类老年服务机构要按照国家有关规划要求和建筑设计标准规范进行建设。建立健全养老服务业规范管理制度，逐步实行准入制、持证上岗制、培训制、等级资质评估制、行业协会介入制等。加强老年服务业管理和服务人员的培训，并纳入全省职业技能培训总体规划。

（四）丰富老年人精神文化生活

1. 发展老年教育。健全老年教育网络体系，扩大老年教育覆盖面。有条件的市、县（市、区）可结合当地实际，建立老年大学，街道、乡镇可建立老年学校，居委会和行政村可建立老年学校分校（办学点），并充分利用广播、电视、互联网等现代传媒积极开展老年教育，形成覆盖城乡的多层次、多形式的老年教育网络体系。“十一五”期末，全省老年人参加各级各类老年学校学习的人数不低于老年人总数的10%，条件好的地区力争达到15%以上。社区要发挥老年教育的主力作用。有条件的地区，可以建立一批标准较高的示范性老年学校。国家和省级社区教育示范区要加强老年教育设施、资源、能力建设，并充分发挥示范作用。

2. 广泛开展老年文体活动。各地各有关部门要有计划地组织老年文艺汇演、老年才艺展演等丰富多彩的老年文体活动。充分发挥老年人体育组织网络作用，开展适合老年人特点的体育健身活动，办好老年人体育节。每个市、县（市、区）都要建有一所集老年大学和老年文体活动场所为一体的多功能的老年活动中心。要在社区建设中统筹规划建设老年文体活动中心。公共体育、文化、休闲等场所，要开辟老年活动场所，根据老年人需要进行配套设计，为老年人提供优惠服务。

3. 加强老年文化建设。广播、电视、报刊、网络等新闻媒体要加大对老龄工作的宣传力度，拓展宣传报道面，丰富宣传形式，有条件的应积极办好老年专题节目和栏目。各级文化部门、文联要积极组织文艺工作者创作优秀的老年题材作品。出版单位要多出版适合老年人阅读的图书、音像、电子出版物。

（五）支持老年人参与社会活动

1. 支持老年人参与经济社会发展。鼓励支持专业技术型老年人才参与科学文化知识传播，从事科学研究，开展咨询服务。鼓励和支持老年人参与公民道德建设、民主监督、社会治安、公益事业、移风易俗、民事调解、社区文化活动、老年组织等社会事务和社区工作，发挥老年人在教育下一代中的示范和教育作用。鼓励和支持农村有劳动能力的老年人从事种植、养殖和加工业等经济活动。积极倡导老年人开展自助和互助活动，努力探索实现老有所为的新形式。

2. 发展老年组织。加快培育和扶持老年人协会等各种老年组织，充分发挥老年组织自我管理、自我教育、自我保护、自我服务和服务社会的作用。

3. 开发和培育老年人才市场。积极搭建老年人才服务平台，拓宽老年人才参与社会的渠道，有条件的地方可建立老年人才信息服务中心，社区要建立和发展健康老年人志愿者队伍。

（六）发展老龄产业

围绕老年人需求，遵循市场规律，构建包括养老设施、生活照料、卫生保健、康复护理、文化教育、体育健身、老年用品、老年食品、老年旅游、各种商业养老补充保险等在内的老龄产业体系基本框架，初步形成经济效益和社会效益并重的老龄产业，基本实现老年消费供求关系的平衡。积极鼓励、引导和规范非公有资本参与老龄产业的发展。重点扶持社会养老设施建设、老年保健康复服务和老年特殊用品的开发，帮助打造具有全国影响的老年产品和服务品牌。到2010年，全省养老服务业增加值要明显增长，大幅度增加就业岗位。

（七）营造敬老养老助老的社会环境

1. 落实对老年人经济、医疗、生活服务、维权服务、文体休闲等方面的优待政策和措施。实行老年人优待证全省通用。

2. 维护老年人合法权益。依照《中华人民共和国老年人权益保障法》及江苏省实施办法，切实维护老年人的合法权益。各级司法机关对侵害老年人合法权益的案件要及时受理、立案、审理、执行。各级公安部门特别是基层派出所，对严重侵害老年人人身、财产权的行为要及时采取措施予以制止，对构成犯罪的要依法惩处。

3. 建立老年法律服务与援助体系。司法部门要建立健全老年法律援助体系。各级法律援助和服务机构优先为老年人提供及时、便利、高效的法律服务。要根据老年人特点采取方便老年人的审理方式，并建立特殊案例及时回访制度。老年人因合法权益受到侵害提起诉讼，交纳诉讼费等确有困难的，可以申请缓交、减交或者免交有关费用。

4. 加强敬老养老助老宣传教育。将法制教育与道德教育相结合，积极倡导尊重、关心、帮助老年人的良好社会风尚。机关、企事业单位、社会团体要把敬老、养老、助老宣传教育作为干部职工思想道德建设的重要内容。教育部门对大中小学生要开设相关教育内容，工会、共青团、妇联等群团组织要开展形式多样的敬老、爱老、助老活动。“千村示范工程”要把敬老、养老、助老教育内容和发挥老年人作用作为其中重要内容。

四、重点项目

（一）养老设施建设

1. 继续实施“关爱工程”。省政府安排资金扶持改造和扩建农村敬老院等养老设施，改善敬老院居住条件。力争“十一五”期末，全省敬老院新增加4万张以上床位，使全省“五保”集中供养率达到70%以上。

2. 建设示范性养老机构。省老年公寓要在“十一五”中期全面竣工并投入使用，确保建成优质精品工程，完善管理运营机制，在全省发挥示范和引导作用。有条件的市、县可结合当地现有养老机构实际情况建设一所具有培训功能的示范性养老机构。

3. 扶持社会养老机构建设。鼓励支持社会力量兴办养老机构。根据国家和省有关规定，各地可采取土地出让价格优惠、规费减免、贷款贴息、以奖代补、购买服务等方式吸引和鼓励社会资本投入养老服务设施建设。

4. 建设“爱心护理院”。各市要在现有养老护理机构中确定1～2所、有条件的县（市）确定1所为“爱心护理院”，配备相关设施，开展长期护理和临终关怀服务。“十一五”期末全省“爱心护理院”要达到60所，并制定系统的服务规范。

（二）老年病防治中心建设工程

省级重点建设好省老年病医院和省人民医院老年病科，支持老年病科研、下基层会诊、健康教育等活动，提高对全省老年病预防、治疗、康复的指导水平。各市要加大对所在地老年病防治中心的支持力度。力争到2010年，省市两级老年病医疗机构的老年病床位数达到3000张以上。

各地可根据实际情况，对高龄老年人发放长寿补贴，高龄老年人的范围及补贴标准由各地研究确定。

五、保障措施

（一）发挥政府的主导作用。各级政府要切实加强对老龄工作的领导，把《规划》实施列入年度工作计划，分解工作任务，明确责任要求，把老龄事业主要指标列入经济社会发展指标体系和干部政绩考核内容。

（二）加大老龄事业资金投入。各级政府可结合当地实际情况，建立包括老龄事业在内的公共财政投入增长机制，根据老年人口增长和当地经济发展水平安排老龄事业经费。在福利彩票公益金留成中适当安排资金用于老龄事业建设。通过发展慈善事业增加老龄事业的投入。着力吸引社会资金投入，逐步形成老龄事业多元化投入机制。

（三）加强老龄工作机构建设。充分发挥各级老龄工作委员会的统筹、协调、指导、督促作用。老龄委要定期召开会议，通报老龄事业规划实施进展情况，协调研究解决问题。各成员单位要认真履行职责，充分发挥作用，把老龄工作纳入本部门工作规划。要选派政治和业务素质高的人员从事老龄工作，并加强对老龄工作干部的培训，提高业务工作能力。进一步完善老龄工作考评体系，对成绩突出的单位和个人进行表彰。

（四）创新老龄工作机制。深化老龄事业体制改革，形成政府主导、多部门协调配合、社会广泛参与，上下贯通、渠道通畅、结构优化的老龄工作体系。以“管办分离”为原则，采取公建民营、民办公助、股份制、政府购买服务、财政补贴、委托管理等多种形式，改革政府办的养老机构体制及其经营方式，为各种所有制老年服务实体创造公平竞争的环境，鼓励社会资金以独资、合资、合作、联营、参股等方式兴办养老服务机构，促进社会养老服务业的快速发展。

（五）加强信息建设和老龄科学研究。建立老龄事业数据信息系统，加强老龄事业基本信息统计，并列入政府数据统计系列。针对老龄工作中出现的新情况、新特点、新问题，加强基础理论和应用性研究，提出科学对策和有效措施。扩大对外学术交流和合作研究，借鉴国内外成功经验和做法，不断提高老龄工作水平。

（六）建立监督评估机制。各地、各部门要按照《规划》要求，结合实际制定具体实施方案，并实行年初报告制、中期评估制、期末评审制。省老龄工作委员会办公室要会同有关部门对《规划》实施情况进行督查评估。

江苏省人民政府办公厅关于进一步做好老年人优待和服务工作的通知

（2007 年 8 月 11 日）　　【苏政办发〔2007〕98 号】

各市、县人民政府，省各委、办、厅、局，省各直属单位：

尊老敬老是中华民族的传统美德，是社会文明进步的重要标志。对老年人实行优待照顾，是深入贯彻落实科学发展观，坚持以人为本，促进老年人共享经济社会发展成果，构建社会主义和谐社会的重要体现，也是应对人口老龄化形势需要、造福社会和广大老年人的关键举措。近年来，全省各级政府及有关部门认真做好老年人优待和服务工作，受到了广大老年人和社会各界的拥护和欢迎，产生了良好的社会影响。当前，新形势、新任务对做好老年人优待和服务工作提出了新的更高的要求。根据全国老龄办、中宣部等 21 个部门联合下发的《关于加强老年人优待工作的意见》（全国老龄办发〔2005〕46 号）和《国务院办公厅转发全国老龄委办公室和发展改革委等部门关于加快发展养老服务业意见的通知》（国办发〔2006〕6 号）精神，结合我省实际，现就进一步做好全省 60 岁以上（含 60 周岁）城乡老年人优待和服务工作通知如下：

一、加强对困难老年人的救助和服务

（一）进一步完善城市“三无”和农村“五保”老人供养制度，为符合条件的老年人提供生活保障。

（二）在执行城乡最低生活保障制度时，对低保对象中的 70 周岁以上（含 70 周岁）老年人，可在原有补贴标准基础上适当上浮。

（三）各级政府可设立“尊老金”，对高龄老年人发放长寿补贴。高龄老年人的范围及补贴标准由各地根据实际情况研究确定。

（四）社区要动员和组织志愿者为高龄、独居、生活难以自理的困难老年人提供服务。

二、为老年人提供医疗优待

（一）不断完善城镇职工基本医疗保险、城镇居民基本医疗保险、新型农村合作医疗和城乡医疗救助制度，研究制定向老年人倾斜的相关规定和办法。

（二）各级各类医疗机构对老年人看病就医实行优先照顾。积极创造条件开设老年病门诊，在挂号、就诊、收费、取药、住院等窗口设置“老年人优先”标志，给予优先照顾；为患有慢性疾病或体弱伤残、行动不便的老年人设立家庭病床，上门提供医疗服务。

（三）对城乡最低生活保障对象中的老年人，要落实规定的各项医疗优惠政策。对百岁以上的老年人，每年至少进行一次免费体检。

三、为老年人提供生活服务优待

（一）商业和居民生活服务等行业要积极为老年人提供优先服务和优惠照顾，并在服务场所设置明显标志。

（二）城市公共交通、长途客运、铁路、水路和航空客运应为老年人提供优先服务，机场、车站、码头等都要尽可能设置老年人候车、候船、候机的休息专座和“老年人优先”标志。城市地铁、公共汽车等对老年人收费给予优惠，并设立“老幼病残孕”专座。

（三）收费公厕应向老年人免费开放，并设置明显标志。

（四）贫困纯老年人户优先纳入廉租房保障范围。

四、为老年人提供文体休闲优待

（一）政府主办的公园和风景名胜区等，应对老年人免费开放。图书馆、博物馆、文化馆、美术馆、纪念馆、展览馆、科技馆等公益性文化设施，要积极创造条件，对老年人实行免费开放或票价优惠，并设置明显标志。社会投资的旅游景点和文化服务单位，对老年人要提供优惠服务。

（二）公共体育场馆设施要为老年人健身和老年文艺团体活动提供方便及优惠服务。影剧院对老年人要实行票价优惠，为老年文艺团体演出和老年组织举办大型活动优惠提供场地。各地各部门要为老年人参加老年大学（学校）学习提供方便和支持。

（三）老年人凭老年人优待证或居民身份证享受优待服务。各市、县制定的对老年人免费开放公园等优待政策，全省范围的老年人同等享受。《江苏省老年人优待证》由江苏省老龄工作委员会办公室统一监制，在全省范围内通用。

五、为老年人提供法律服务优待

（一）对城市“三无”老人、农村“五保”老人和城乡贫困老年人提出的法律援助申请，要优先受理、优先审核和优先指派律师。法律援助机构对老年人的法律咨询要优先接待、耐心解答，提供优质服务。

（二）老年人因合法权益受到侵害提起诉讼，缴纳诉讼费等确有困难的，可以申请缓缴、减缴或者免缴有关费用。老年人因赡养费、扶养费、养老金、退休金、抚恤金、医疗费等纠纷提起的诉讼案件，要予以优先立案、优先审理、优先执行。

（三）律师事务所、公证处、基层法律服务所和其他社会法律服务机构要积极为老年人提供法律咨询和相关服务，并根据老年人经济状况酌情减免服务费用。

六、积极推进养老服务业发展

（一）按照政策引导、政府扶持、社会兴办、市场推动的原则，加快养老服务基础设施建设，开发老年服务项目，培育和发展社会养老服务机构，提高社会养老服务水平，构筑以居家养老为基础、社区服务为依托、机构养老为补充的与人口老龄化需求相适应的养老服务体系。

（二）认真落实国家和省有关优惠政策，鼓励和引导社会资金以独资、合资、合作、联营、参股等方式兴办养老服务业。各级政府可通过购买服务、发放床位建设补贴和收养老人补贴等多种措施，积极推动社会养老服务业发展。对社会投资建立的养老服务机构，政府按规定在土地供给价格、税收和规费等方面给予优惠；养老机构使用水、电、燃气应按居民收费标准执行，在电话、网络、电视安装等方面给予优惠；除法律法规和中央、省两级规定的收费项目外，任何部门和单位均不得擅立名目，向各类养老机构强制收取费用。

（三）各地各有关部门要加强对养老服务机构的业务指导、日常监督和年度检查等；规范行业行为，科学制定养老机构资质等级划分与评定标准，建立诚信管理体系；建立从业人员上岗培训制和职业技能等级鉴定制，提高从业人员职业道德和服务技术水平；改革养老服务收费核准制度，对社会兴办的养老机构放宽服务项目收费核定；充分发挥养老服务行业协会的管理和服务作用。

七、加强对老年人优待和服务工作的组织领导

（一）建立健全政府主导、老龄工作机构组织协调、相关部门各司其职、企事业单位和社会团体以及志愿者积极参与的老龄工作体制和运行机制。各级政府要将加强老年人优待和服务工作列入议事日程，根据本地人口老龄化情况和老年人需求，制定加快养老服务业发展的政策措施，并列入经济社会发展总体规划。

（二）老龄工作委员会在同级政府领导下，对老年人优待服务工作和养老服务业发展进行具体组织、指导、协调。相关涉老职能部门，要按照老年人有关法律法规和政策规定，结合部门职责和行业特点，制定具体政策措施。

（三）各级政府及其老龄工作机构要加强对老年人优待和服务工作的监督检查。对老年人优待和服务工作成绩显著的单位和个人，进行表彰和奖励。对拒不执行老年人优待服务政策的单位，予以通报批评，并按规定追究相关人员责任。

各地各部门可结合实际，制定老年人优待服务和推进养老服务业发展的具体实施办法。

青海省人民政府办公厅转发省老龄委办公室和省发展改革委等部门关于加快发展养老服务业意见的通知

（2007年1月22日）　【青政办〔2007〕10号】

西宁市、各自治州人民政府，海东行署，省政府各委、办、厅、局：

省老龄委办公室、省发展改革委、省教育厅、省民政厅、省劳动保障厅、省财政厅、省建设厅、省卫生厅、省人口计生委、省国土资源厅、省国税局、省地税局《关于加快发展养老服务业的意见》已经省政府同意，现转发给你们，请认真贯彻执行。

附件

关于加快发展养老服务业的意见

省老龄委办公室　省发展改革委　省教育厅　省民政厅
省劳动保障厅　省财政厅　省建设厅　省卫生厅
省人口计生委　省国土资源厅　省国税局　省地税局

（2007年1月）

为加快建立与我省社会经济发展水平相适应、基本满足老年人生活需求的养老服务体系，促进养老服务业的发展，根据《国务院办公厅转发全国老龄委办公室和发展改革委等部门关于加快发展养老服务业意见的通知》（国办发〔2006〕6号）精神，现就加快我省养老服务业发展提出以下意见：

一、充分认识加快发展养老服务业的重要意义

目前我省60岁以上的老年人口已达51万人，占全省总人口的9.41%，预计到2010年老年人将达到全省总人口的10%以上，届时我省将进入老年型省份。广大老年人为青海的建设与发展做出过重要的贡献，是最需要关心和帮助的人。随着经济社会的发展，人民生活水平的提高，社会生活方式的转变和人口老龄化的到来，老年群体在日常生活照顾、精神慰藉、心理支持、康复、护理、临终关怀、紧急救助等方面呈现出日益增长的需求。妥善处理人口老龄化问题，关心老年人的需求，是贯彻落实科学发展观、坚持以人为本的具体体现，是构建社会主义和谐社会的重要内容，是社会文明进步的重要标志。加快发展养老服务业，认真解决老年人生活中的实际问题，有利于保持家庭关系稳定和睦，促进老年群体与其他群体和谐相处，有利于促进相关行业发展，推动经济增长，提高全体人民生活质量和水平。各地区、各部门要充分认识发展养老服务业的重要意义，采取有效措施，推动养老服务业加快发展。

二、把握基本原则，突出工作重点

发展养老服务业要按照“政策引导、政府扶持、社会兴办、市场推动”的原则，逐步建立和完善以居家养老为基础、社区服务为依托、机构养老为补充的服务体系。要建立公开、平等、规范的养老服务业准入制度，积极支持以公建民营、民办公助、政府补贴、购买服务等多种方式兴办的养老服务业，鼓励社会力量兴办养老服务业，加快形成能满足各类老年群体多层次、多样化服务需求的养老服务新格局。

（一）加大投入，进一步促进老年社会福利事业发展。各级政府要从履行社会管理和公共服务的职能出发，把老年社会福利事业作为社会保障体系建设的重点，在增加财政投入的同时，鼓励和支持社会资金以独资、合资、合作、联营、参股等多形式、多渠道参与老年社会福利事业，为困难老年人提供无偿或低偿服务。

（二）合理规划，大力发展社会养老服务机构。在城乡规划、建设和旧城（村）改造中，各级政府和有关部门要根据老年人口数量增长和养老需求提高的现实，将老年公寓、养老院、敬老院等养老机构建设纳入规划，落实建设用地或提供相应的活动场所。同时，各级政府要重点办好农牧区“五保”对象和城镇“三无”对象集中供养的敬老院和示范性、窗口性社会福利养老机构。

（三）积极引导，加快发展养老服务体系建设。要通过政策引导，积极鼓励社会资本投资兴办和发展以老年人为主要对象的生活照料、家政服务、社区卫生服务、康复护理、心理咨询等服务机构和服务业务；支持医疗机构发挥优势，开展社区卫生服务、老年护理、临终关怀服务，有条件的地方要积极兴办老年医院；支持企业开发、生产老年人特殊用品，促进老年人用品市场发展，满足老年人的多方面需求；加快培养老年医学、管理学、护理学、营养学以及心理学等方面的专业人才，提高基层卫生技术人员的专业素质。拓展社区服务领域，培育城乡社区志愿者队伍，引导其为老年人提供便利服务。

三、加大对养老服务机构的政策扶持

（一）加强养老机构工作的登记管理。养老机构按其性质可分为福利性、非营利性和营利性养老机构。福利性养老机构（即政府兴办的社会福利机构）是指在事业单位登记管理机关办理登记手续的养老机构；非营利性养老服务机构是指在民办非企业单位登记管理机关办理登记手续的养老机构；营利性养老服务机构是指在工商行政管理部门和税务部门办理登记手续的养老机构。鼓励各地重点兴办非营利性的养老机构。各有关登记机关要认真做好养老机构的登记管理工作，在审批前应征求当地老龄部门的意见，并适时通报登记情况。

（二）认真落实国家对老年服务机构的税收政策。

1. 对政府部门和企事业单位、社会团体以及个人等社会力量投资兴办的福利性、非营利性的老年服务机构，在注册登记和年审时，应优先及减免相关费用，并暂免征企业所得税及老年服务机构自用房产、土地、车辆的房产税、城镇土地使用税、车辆使用税。对企事业单位、社会团体和个人等社会力量，通过非营利性的社会团体和政府部门向福利性、非营利性的养老服务机构的捐赠，在缴纳企业所得税和个人所得税前准予全额扣除。

2. 对福利性、非营利性的养老服务机构为老年人提供生活照料、护理、健身等方面取得的收入暂免城建税和教育费附加。免交煤气、水、电增容费和供排水设施使用费；用电、用水、用气（燃料）等价格按居民使用价格标准执行；申请安装门牌号、固定电话、有线电视、水、电、气管线、管道工程的，主管单位应予以优惠或减免相关费用；要求地籍测绘服务的，服务机构应按照省有关规定的最低标准收费。养老服务机构的救护与生活用车，按程序报请有关部门审批免征养路费、车辆通行费和年审费等费用。

（三）优先安排养老机构建设用地。新办的非营利性养老服务机构用地，符合国家《划拨用地目录》的，经有批准权限的人民政府批准后，可以划拨方式优先供地；对新办的营利性养老服务机构用地，必须以招标拍卖挂牌出让方式供地。征收集体所有土地建设养老服务机构的，可以免收征地管理费和土地登记费（工本费除外）。乡（镇）村公益性养老服务机构建设用地经依法批准，可以使用集体建设用地。

（四）加大财政对养老服务业的投入。各级政府要将养老服务业纳入当地经济和社会发展规划，积极扶持并加大对养老服务事业投入，根据需要适当安排资金用于养老服务机构补助。省财政部门和民政部门要从全省福利彩票公益金中加大对全省老年人服务设施建设的投入。县（区）级人民政府每年应当为农牧区“五保”供养服务机构拨给一定的工作经费，并配备必需的工作人员。“五保”供养服务机构可开展以改善生活条件为目的的农副业生产。

（五）加大对民办养老服务机构的扶持。

1. 对民办养老服务机构安置城市“三无”老人和农牧区“五保”对象的，当地财政应将其原享受的城市最低生活保障费和“五保”供养经费补助直接转入养老服务机构，用于支付吃、穿、住、医、葬、照料服务等费用。

2. 民办养老服务机构所办医疗机构取得执业许可证，并符合定点医疗机构资格条件的，按有关规定申请经批准后可纳入城镇职工基本医疗保险定点范围和新型农村合作医疗定点范围。民办养老服务机构收养人员中基本医疗保险参保人员和新型农村合作医疗参合人员，在定点的民办养老服务机构所办医疗机构就医所发生的医疗费用，按基本医疗保险和新型农村合作医疗的规定支付。

3. 民办养老服务机构凡贷款兴建养老服务设施的，财政给予贴息补助。鼓励金融机构按有关规定，积极为养老福利机构提供信贷支持。

（六）加强监督检查，严格制止乱收费。除国家法律法规和财政、物价主管部门规定的收费项目外，任何部门和单位不得向养老服务机构强制收取任何费用，不得以任何理由强行要求养老服务机构提供各种赞助或接收有偿服务。各级政府要加强对各类收费的监督检查，严肃查处乱收费、乱罚款及各种摊派行为。

（七）加强养老机构的日常管理。养老机构要不断提高服务水平，加强对老年人的日常护理的管理，对发生意外事故的，有关部门要积极帮助养老机构做好协调工作，保证其日常工作的正常进行。

（八）加强养老服务业人员管理，提高服务人员的素质。各级政府应根据辖区内养老服务机构的需要，配备专业院（校）毕业的人员。每年对养老机构管理、服务人员进行1～2次培训、考核，提高养老服务机构的人员素质。

四、加强组织领导，认真落实责任和措施

各级政府要加强组织领导，把加快发展养老服务业列入议事日程，要进一步强化政府公共服务职能，明确工作目标，认真落实责任，强化服务意识，改进服务方式，要鼓励建立养老服务行业中介组织，发挥其在行业自律、沟通企业与政府联系等方面的积极作用，促进我省养老服务业规范、健康发展。

各有关部门要加强协调，密切配合，加强对养老服务业的调研，从本地、本部门实际出发，制定和完善促进养老服务业发展的具体政策和措施，认真解决养老服务业发展中遇到的问题，促进养老服务体系建设，改善和提高广大老年群众的生活质量。

关于印发《青海省高龄老人长寿保健费发放办法》的通知

（2007年9月25日）　【青老龄办〔2007〕14号】

各州、地、市老龄办，财政局：

为更好地贯彻第二次全省老龄工作会议精神，搞好我省老年人优待工作，提高老年人的生活质量，根据省老龄办、省财政厅等单位联合下发的《青海省关于加强老年人优待工作的实施意见及相关部门职责》（青老龄办〔2007〕2号）要求，省老龄工作委员会办公室和省财政厅制定了《青海省高龄老人长寿保健费发放办法》，现印发给你们，请认真遵照执行。

附件

青海省高龄老人长寿保健费发放办法

根据《青海省老年人权益保障条例》和《青海省关于加强老年人优待工作的实施意见及相关部门职责》的有关规定，制定本办法。

第一条　发放范围及标准

（一）凡具有我省常住户口（下同）的100岁以上（含100岁）的百岁老人，每人每年按1000元标准发放长寿保健费。资金由省财政承担。

（二）95岁至99岁的高龄老人，每人每年按500元标准发放长寿保健费。资金由州级财政承担。

（三）94岁以下的高龄老人长寿保健费的发放范围及标准，由县（市、区）级政府制定。

（四）各地可在以上发放高龄老人长寿保健费办法的基础上，根据当地经济发展情况进一步实行地区性优待。各地已制定本地区老年人优待政策中高龄老人生活保健费办法的，凡优于本通知发放范围和标准的应继续实行当地办法，凡达不到本通知标准的，可根据当地经济社会的发展逐步提高。

第二条 发放程序

（一）主要赡养义务人持百岁老人的户口本（身份证）原件和复印件4份，到老年人户口所在地的乡（镇、办事处）老龄办申请登记。

（二）乡（镇、办事处）老龄办核实后，发给《青海省百岁老人领取长寿保健费登记表》，一式4份。

（三）主要赡养义务人要如实填写《长寿保健费登记表》，由村（居）委会和乡（镇、办事处）老龄办分别签章，报县（市、区）老龄办。

（四）各县（市、区）老龄办审核确认后在每年3月30日前将百岁老年人和95岁至99岁老年人的名册、登记表、户口（或身份证）复印件及村（居）委会证明等统计汇总后上报州（地、市）老龄办审核。其中百岁老人由州（地、市）审核后报省老龄办。

（五）省老龄办核准后按实名将保健费下拨到各州地市老龄办，具体发放和登记工作由县（市、区）老龄办负责。

（六）县（市、区）老龄办应将高龄老人保健费直接送达高龄老人本人，也可由其认可的法定代理人，凭有效证件到县（市、区）老龄办领取。

第三条 监督检查

（一）各级财政部门要及时将高龄老人长寿保健费列入财政预算，并加强资金管理和监督。老龄工作部门要严格按照规定做好高龄老人长寿保健费的审核、发放工作，健全发放制度，完善发放手续，确保发放长寿保健费的工作健康顺利开展。

（二）各州（地、市）及县（区）级老龄办要建立95岁以上高龄老人档案，随时掌握高龄老人的变化情况。

（三）各州（地、市）老龄办每年要对本地区高龄老人保健费发放情况进行检查统计，汇总后于次年1月31日前报省老龄办备案。

（四）各级老龄办都要定期检查高龄老人长寿保健费的领取情况，确保高龄老人的长寿保健费发放到位。

（五）对虚报冒领或贪匿高龄老人长寿保健费的，要追回冒领或贪匿的金额并追究当事者的责任，情节严重的要从重处罚。

第四条 本办法自2007年10月1日起执行。由省老龄办负责解释。

附表1

青海省百岁老人领取长寿补助金汇总表

填报单位：　　　州（地、市）　　　　　　　　年　月　日

姓　名	出生年月	性别	民族	户籍类型	户籍所在地	长期居住地	长寿金发放情况		备注
							标准	金额	

附表 2 **第 号 第 联**

青海省百岁老人领取长寿保健费登记表

地区：　县（市、区）　　　　　　　　年　月　日

<table>
<tr><td>姓名</td><td colspan="2"></td><td colspan="2">出生年月</td><td></td><td>性别</td><td></td></tr>
<tr><td>民族</td><td></td><td colspan="2">户籍类型</td><td colspan="2">城镇/农村</td><td>邮编</td><td></td></tr>
<tr><td colspan="2">户籍所在地</td><td colspan="6">州（地、市）　县　乡　村</td></tr>
<tr><td colspan="2">家庭成员
情　况</td><td colspan="6"></td></tr>
<tr><td colspan="4">户籍所在地村（居）委员会
（签章）　年　月　日</td><td colspan="4">户籍所在地乡（镇、办事处）
（签章）　年　月　日</td></tr>
<tr><td colspan="4">县市区老龄办审查意见
（签章）　年　月　日</td><td colspan="4">州地市老龄办审核意见
（签章）　年　月　日</td></tr>
<tr><td colspan="2">省老龄办
批准意见</td><td colspan="6">年　月　日</td></tr>
<tr><td colspan="2">备　注</td><td colspan="6">长期居住地乡（镇、办事处）
（签章）　年　月　日</td></tr>
</table>

注：1. 本表须同时附本人户籍和身份证的复印件 4 份。

2. 本表需一式 4 联：第 1 联由乡（镇、街道）老龄办留存；第 2 联由县（区）老龄办留存；第 3 联由州（地、市）老龄办留存；第 4 联报省老龄办备案。

3. 如百岁老人长期不在户籍所在地居住，则需要到长期居住地乡（镇、办事处）审核签章。

关于印发《西宁市老年人优待工作实施细则》的通知

（2007 年 1 月）　【宁老龄办〔2007〕001 号】

各区县老龄委、市老龄委各成员单位：

现将《西宁市老年人优待工作实施细则》印发给你们，请遵照执行。

附件

西宁市老年人优待工作实施细则

为了推进我市老龄事业的快速发展，提高老年人的生活质量，切实维护老年人的合法权益，根据西宁市人民政府《关于加强老年人优待工作的意见》（宁政〔2006〕214 号）精神，制定本细则。

第一条 办理老年人优待证条件和工作程序：

（一）凡具有西宁市常住户口，年满 65 周岁以上的老年人，均可以办理《西宁市 65 周岁以上老年人优待证》（以下简称《优待证》）。

（二）《优待证》由各区、县老龄工作委员会办公室审核、发放。要严格执行发证年龄规定，把好审核关。对不按规定办证的，要追究当事者的责任。

（三）65 周岁以上老年人凭西宁市常住户口簿、身份证到区、县老龄工作委员会办公室进行登记，登记内容：老年人姓名、性别、出生年月、家庭住址。

（四）各区、县老龄工作委员会办公室对65周岁以上老年人登记造册。登记表一式两份，区、县老龄工作委员会办公室存档一份，报市老龄工作委员会办公室备案一份。符合条件的，发给《优待证》。《优待证》编号依次为：市老龄委办公室宁A00001；城东区宁B00001；城中区宁C00001；城西区宁D00001；城北区宁E00001；大通县宁F00001；湟中县宁G00001；湟源县宁H00001。

（五）《优待证》需加盖各区、县老龄工作委员会钢印、公章方能生效。《优待证》不得涂改、伪造、转借他人。实行优待规定的部门有权收回虚假《优待证》，并通告发证机关。发证机关对涂改、转借《优待证》的责任人，一年内不予办理《优待证》。

（六）《优待证》由西宁市老龄工作委员会办公室统一印制。

（七）《优待证》实行免费发放，任何单位和个人不得收取任何形式的费用。

第二条　市财政局每年将优待资金、补贴资金、办公经费按时足额拨付到西宁市老龄工作委员会办公室，由市老龄工作委员会办公室按照各单位和各区县的实际情况进行拨付。针对个人的补助资金，由各区县老龄工作委员会办公室负责发放。

第三条　市交通局要认真做好公交公司、市运公司、起重运输公司的内部协调和督查工作，确保老年人凭《优待证》和《青海省高龄老人优待证》免费乘车。为防止发生意外事故，对行动不便，长期患病的老年人必须在家人的陪同下才能免费乘车。老年人乘车应避免上、下班和高峰期乘车。

第四条　市城管局负责协调各城区及有关环卫企业，保证老年人凭《优待证》和《青海省高龄老人优待证》免费使用城区内收费公厕。

第五条　市园林局负责老年人凭《优待证》和《青海省高龄老人优待证》免费进入市内各类公园。同时，对60～64岁的老年人，继续办理免费入园证，免费进入市内各类公园。

第六条　市文化广播电视局继续贯彻执行国家财政支持的各类博物馆（院）、美术馆等公益文化设施向持《优待证》的老年人免费开放。老年人凭老年证在公共图书馆办理借阅证。

第七条　市体育局加强对公共体育场馆、设施建设。为老年人健身活动提供方便和优惠服务。对持有《优待证》的老年人健身，按50%收费，并科学指导老年人体育健身活动。

第八条　市卫生局将65岁以上老年人纳入享受“七减一免政策”范围，组织社区医疗机构为社区65岁以上的老年人每年至少提供一次免费体检。

第九条　市民政局要认真做好老年人的各种优待和救助工作。

（一）制定特殊困难群众救助政策和办法时，要对贫困老年人给予重点照顾。

（二）对城市无劳动能力、无生活来源、无法定赡养人和扶养人的“三无”老人、农村“五保”老人和城乡贫困老年人，按规定纳入医疗救助范围。

（三）农村“五保”老人和农村特困老年人参加新型农村合作医疗，符合救助条件的，应及时给予救助应负担的全部或部分资金。

第十条　市规划建设局要严格执行《城市道路和建筑物无障碍设计规范》和《老年人建筑设计规范》，重点协调做好城市道路、车站、机场、商场、公交站点、住宅居住区和其他公共建筑的无障碍设施建设，为老年人居住和出行创造无障碍环境。

第十一条　市房产局在住房拆迁安置中，要优先照顾老年人，在费用交清的基础上照顾老年人优先选择楼层。要将贫困老年户优先纳入廉租房保障范围。

第十二条　市司法局要协调落实四区三县司法部门和律师事务所、公证处、基层法律服务所和其他社会法律服务机构，对老年人申请法律援助的经济困难的老年人，提供减免法律咨询费和有关法律援助服务。

第十三条　市法院对老年人因合法权益受到侵害提起诉讼，符合司法救助条件的可申请司法救助，缓交、减交或者免交有关诉讼费用。老年人因赡养费、扶养费、养老金、退休金、抚恤金、医疗费等纠纷提起的诉讼案件、应优先立案、优先审理、优先执行。因情况紧急符合《中华人民共和国民事诉讼法》有关先予执行规定的老年人可申请裁定先予执行。

第十四条　市委组织部要认真落实离退休干部的待遇政策，重点帮助农村“三老”人群解决生活中的困难问题。

第十五条　市委宣传部要加强尊老敬老的思想教育、道德宣传、对老年人优待服务和维护老年人合法权益的宣传、关心下一代教育活动。在宣传媒介定期举办老年专栏，对虐待老年人典型事例进行曝光。协调督促广播、电视、报社等新闻媒体加大宣传力度，要大力营造关心、支持和参与老年人优待工作的社会氛围，增强社会成员依法维护老年人权益的自觉性，提高老年人自我维权的能力，共同推动全市老年优待工作的落实。

第十六条　市发改委要将老龄事业特别是涉及老龄事业发展的重大基础设施纳入全市社会和经济项目

建设规范管理，并做好全市各部门、各县区老龄事业发展规划制定和实施的指导、协调、服务工作。

第十七条 市人事局、市劳动和社会保障局负责落实机关、各类企事业单位干部职工离退休待遇政策和医保政策。

第十八条 市农牧局在推广农业技术开发项目的安排上，要优先考虑贫困老年人家庭，并给予积极帮助指导。老年人不承担各种社会集资。

第十九条 市商务局在商业饮食、社区居民服务等与老年人生活关系密切的各类服务性行业及企事业单位中倡导积极为老年人提供优先、优惠服务和照顾。

第二十条 市旅游局抓好所管的风景名胜区、旅游景点对老年人凭证免费进入规定的落实工作，作到挂牌明示，积极支持和指导我市老年旅游业的发展。与社会有关部门组织好老年旅游活动，丰富老年人精神文化生活。

第二十一条 市总工会抓好维护全市离退休老职工的合法权益，关心和照顾好离退休老职工的生活，鼓励、支持有专长的老职工在自愿量力的前提下，为社会发展再做贡献。

第二十二条 市妇联结合《公民道德建设实施纲要》，开展以“尊老、敬老、爱老、助老”为主要内容的“五好文明家庭”创建活动。切实维护老年妇女的合法权益。

第二十三条 团市委要认真加强青少年尊老、敬老教育活动，积极开展青年志愿者为老服务活动。

第二十四条 市科协要继续抓好“银龄行动”，发挥老专家、老教授、老知识分子在活动中的积极作用。

第二十五条 市教育局要把尊老、敬老、爱老、助老作为中小学德育教育的一项重要内容，纳入教育计划。

第二十六条 市老龄委办公室承担日常工作，负责老年人优待工作的具体组织，指导、协调和督查落实工作。负责优待、补贴资金的拨付，组织有关部门进行定期检查，确保市政府《优待意见》的贯彻执行。

第二十七条 本细则由市老龄委办公室负责解释，本细则从下发之日起施行。

湖北省关于老年人享受优待服务的规定

（1999年1月1日省人民政府令第181号公布 根据2007年5月15日《省人民政府关于修改〈湖北省关于老年人享受优待服务的规定〉的决定》修订）

第一条 为做好对老年人的优待服务工作，改善老年人的生活条件，根据《中华人民共和国老年人权益保障法》和《湖北省实施〈中华人民共和国老年人权益保障法〉办法》，结合我省实际，制定本规定。

第二条 本省行政区域内年满60周岁的老年人，均可依照本规定在全省范围内享受优待服务。

60周岁以上各年龄段的老年人，可以依照本规定享受特殊优待服务。

第三条 各级人民政府应当加强对为老年人提供优待服务工作的领导；各有关部门应当在其职责范围内做好为老年人提供优待服务工作；各有关单位和个人应当依照本规定为老年人提供优待服务。

第四条 老年人进入各类公园、纪念性陵园，门票（不包括门票外的合法收费项目）实行免费。

第五条 老年人进入风景区和博物馆、美术馆、科技馆、展览馆、纪念馆、已开放的文物点、宗教活动场所，凡收取门票的对60周岁以上70周岁以下老年人实行半价优惠，对70周岁以上老年人实行免费。

每年10月1日国际老人节和“九·九”重阳敬老日老年人可以免费参观。

第六条 各影（剧）院、体育场（馆）、文化馆、工人文化宫和俱乐部，放映电影、录像、举行体育比赛、表演节目（全运会和国际性比赛除外）等，在观众人数不超过容纳限度的条件下，白天对老年人实行半价优惠。

第七条 老年人到各级各类医疗机构（含民营和个体诊所）就医，应当享受优先就诊、化验、检查、交费、取药、住院的优待，70周岁以上老年人免收普通门诊挂号费。

第八条 老年人进入收费公共厕所，免收入厕费。

第九条 65周岁以上的老年人可以免费乘坐市内公共电（汽）车；乘坐长途客运汽车，可以优先购票、优先上下车，县以上长途汽车客运站候车室（厅）内应设老年人专座。

享受免费乘车的老年人，需办理意外伤害险。

各级政府应该按照国家有关规定，对公交企业承担社会福利所增加的支出，给予专项经济补偿。

第十条 铁路车站应当让老年人及行动不便的老年人的陪同人员进入为老年人、母婴专设的候车室候车；没有为老年人、母婴专设候车室的车站，应在一般候车室内设老年人专座。

第十一条 65周岁以上老年人可以免费乘坐轮渡过渡；老年人乘长途客运轮船，凭证可以在水上客运码头优先购票、优先进候船室、优先托运行李、优先上下船。

第十二条 鼓励从事食品、蔬菜、燃料经营的单位和个人，为老年人提供优质优价服务，有条件的，可以免费承担相应的劳务。

第十三条 城镇老年人不承担社会性集资和其他社会性劳务负担。

符合城市居民最低生活保障条件的老年人家庭，应优先纳入城市居民最低生活保障范围。对已享受城市居民最低生活保障的有特殊困难老年人家庭，应适当提高救助水平。

第十四条 对农村老年人免除乡（镇）、村筹资筹劳负担。不得向农村老年人收取各类社会性集资款。

第十五条 对百岁以上的高龄老年人，当地老龄工作机构应当按月发给不低于200元的长寿保健费和生活补助费。各地可根据当地财力情况，适当放宽发放年龄和增加发放金额。

当地医疗机构应定期为百岁以上老人免费提供医疗保健服务。

第十六条 有条件的地方，应当建立社会福利院、敬老院，供养孤寡老人和代养其他需要在福利院、敬老院扶养的老人。基层人民政府应按规定的标准积极筹措按时划拨福利院、敬老院集中供养老人所需的经费。

城乡分散供养的符合“五保”条件的老年人，由基层人民政府积极筹措资金，按照省政府规定标准发给供养费，力争不低于当地居民平均生活水平。符合社会救助条件的老年人家庭，由民政部门按规定给予救助。

对自愿为本辖区内的老年人开展援助服务的志愿者，有关社区和农村基层组织要予以鼓励。

第十七条 邮政、电信部门应当为老年人提供优先办理汇款、取款、取包裹、订报刊、发电报、打电话的服务。有条件的邮政、电信部门应设老年人服务专柜（台）。

电信部门应当优先为敬老院、光荣院、老年公寓、社会福利院安装电话，并可适当减免因未能及时交纳话费造成的滞纳金。

单独居住的老年人安装燃气、有线电视，持乡（镇）人民政府、街道办事处出具的证明，安装费给予30%的优惠照顾。

第十八条 工商行政管理部门对符合相应条件创办老年福利企业和老年人从事经营活动的，应当优先办理注册登记手续，核发营业执照。

第十九条 人民法院应当优先受理、优先审理老年人因合法权益受侵害而提起诉讼的案件，当事人交纳诉讼费确有困难的，可以依照规定缓交或者减免。

公证处、律师事务所和其他法律咨询服务机构应当免费提供有关维护老年人合法权益方面的法律咨询。老年人因其合法权益受到侵害，需要获得律师帮助，但无力支付律师费用的，可以依照有关规定获得法律援助。

第二十条 城镇老年人死亡时，由有关单位或社会保险机构按规定给予丧葬补助；农村老年人死亡时，可由农村集体经济组织从所提取的公益金中给予适当的丧葬补助。

第二十一条 需要有关方面提供优待服务的老年人，应当出示《湖北省老年人优待证》。优待证应当载明为老年人优待服务的主要项目。优待证由省老龄工作机构统一印制和管理，县以上老龄工作机构负责发放，优待证式样由县以上老龄工作机构行文告知。老年人优待证除收取物价部门核定的工本费外不得额外收取任何费用。

外省（自治区、直辖市）老年人，持有当地人民政府或老龄工作机构发放的老年人优待证及其他表明可享受优待的合法证件，来鄂观光旅游、探亲访友等，享受本省老年人同等的优惠待遇。

第二十二条 依照本规定应当为老年人提供优待服务的各有关场所，应当在显著位置设置老年人优先、优惠及免费的公示牌和标识，文明服务，兑现承诺。

第二十三条 各级老龄工作机构应当会同有关部门对《中华人民共和国老年人权益保障法》、《湖北省实施〈中华人民共和国老年人权益保障法〉办法》及本规定的执行情况进行监督检查。对不按本规定履行优待老年人义务的单位和个人，由当地老龄工作机构提请其所在单位或者有关部门对其进行批评教育，责令其改正；拒绝履行优待老年人义务造成严重后果或不良影响的，由当地老龄工作机构提请其所在单位或者有关部门对其直接责任人和负责人给予行政处分或行政处罚。

第二十四条　各市、县人民政府可以根据本地实际情况，制定实施本规定的具体措施。

第二十五条　本规定自2007年7月1日起施行。

（湖北省）关于加快发展养老服务业的意见

为应对人口老龄化快速发展的形势，做好老年人服务工作，根据《国务院办公厅转发全国老龄委办公室和发展改革委等部门关于加快发展养老服务业意见的通知》（国办发〔2006〕6号）精神，现就加快发展我省养老服务业，提出如下实施意见：

一、认清人口老龄化的形势，充分认识加快发展养老服务业的重要意义

目前，我省60岁以上老年人口已达到668.2万人，占全省总人口的11.08%；65岁以上老年人口451.7万人，占总人口的7.49%；80岁以上的老年人口有44万人；90岁以上的老年人有2万人，百岁老人有671人。其中，农村老年人口占总人口的60%；城镇老年人口占40%。据预测，到2010年，全省60岁以上老年人口将达784.7万人，占总人口的12.66%，65岁以上的老年人口508万人，占总人口的8.2%。而且，在人口总体不断老化的同时，我省正在向高龄化发展。随着大量青壮年外出打工和社会生活方式的改变，空巢家庭迅速增加，有资料显示，2003年我省家庭户口中，65岁以上老年人单独生活的家庭户占22.63%，比2000年增加了3.88%。老年空巢家庭的增多，不仅使传统家庭养老方式受到冲击，同时，也对老年人身心健康带来影响。目前，我省国办养老服务业有一定的数量和规模，民办养老服务业也有一定的发展。据有关统计，2004年，全省社会办福利机构87家。当前的问题是，国办养老服务业在一些大中城市满足不了老年人的需要；民办养老服务业规模不大，水平不高，而且举步维艰。人口老龄化的现实，给养老服务业的发展提出了新的要求和挑战。

养老服务业是为老年人提供生活照顾和护理服务，满足老年人特殊生活需求的服务行业，是老龄产业的重要组成部分。首先，加快发展养老服务业，是贯彻落实科学发展观，坚持以人为本的具体体现。认真解决老年人生活中的实际问题，有利于保持家庭关系稳定和睦，促进老年群体与其他群体和谐相处。这是构建社会主义和谐社会的重要内容，是社会文明进步的重要标志，是积极应对人口老龄化的重要举措。其次，加快发展养老服务业，有利于促进相关行业发展，推动经济增长，提高全体人民生活质量和水平。其三，加快发展养老服务业，可以扩大就业门路，增加就业岗位。各级政府和有关部门，要认清我省人口老龄化的形势，充分认识发展养老服务业的重要意义，采取有效措施，推动养老服务业快速健康发展。

二、发展养老服务业的指导思想、基本原则和目标任务

（一）指导思想：高举邓小平理论和“三个代表”重要思想伟大旗帜，全面落实科学发展观，坚持以人为本，按照政策导向、政府扶持、社会兴办、市场推动的原则，统筹规划，突出重点，因地制宜，分类指导，逐步建立适应我省人口老龄化发展趋势的多元化、多层次、体现城乡不同特点的养老服务体系。

（二）基本原则：（1）服务对象公众化原则。以面向全社会老年人服务为宗旨，满足广大老年人的服务需求，提高老年人生活生命质量。（2）服务方式多样化原则。以居家养老为主，机构养老为辅，大力发展家政照料、医疗保健、护理康复、精神慰藉等各种服务项目，实行有偿、低价、志愿服务，满足不同层次老年人的服务需求。（3）服务队伍专业化原则。开展养老服务职业培训，实行养老服务职业资格管理制度。（4）投资主体多元化原则。加强政府对养老服务业的资金投入和扶持政策，引导、支持和资助社会力量兴办养老服务业，形成多种所有制形式共同发展的新格局。（5）运作机制市场化原则。建立养老服务事业社会化、市场化的运作机制，逐步形成自主经营、自负盈亏、自我发展的公平竞争市场。（6）城乡发展一体化原则。统筹城乡养老服务业的发展，促进社会公平。

（三）目标任务：“十一五”期间，全省建立以国办社会福利机构为示范、其他各种所有制福利机构为骨干、居家养老为基础、社区服务为依托的社会养老服务体系。城乡各类社会福利机构的床位数和集中供养人数每年以10%左右的速度增长，到2010年底，力争使全省各种所有制形式的养老服务机构床位数达到每千名老人10张以上。各市、州、县要分别建立一所综合性、多功能的老年人福利机构。全省 80%以上的街道建立能容纳 30 名左右老人的托养综合机构。有计划有步骤地在市、州和部分县（市）建设 20 所“爱心护理院”。有条件的地方应建立临终关怀医院。各类养老机构服务人员和居家养老服务组织从业人员及职工需进行技能培训，并全部实行持证上岗服务。

三、采取措施，推动养老服务业的发展

（一）加快国办养老服务业的改革。公办社会福利机构要继续履行现有职能，为城乡“三无”老年人和生活困难老年人提供无偿或低收费服务，保障他们的基本生活。同时，要探索养老服务机构公办民营的路子。

（二）要采取措施，加快公共老年服务设施和服务网络建设，积极支持以公建民营、民办公助、政府补贴、购买服务等多种形式发展养老服务业。鼓励和支持社会资本投资兴办养老服务业，逐步实现由政府兴办养老服务业为主，向由政府与社会力量多元化投资主体兴办转变。按照“谁投资、谁管理、谁受益”的原则，鼓励和支持不同所有制性质的单位和个人以独资、合资、合作、联营、参股等方式，兴办养老服务业。具备条件的地方，可兴建退休人员公寓，支持社会资本投资兴办以老年人为对象的老年生活照顾、家政服务、心理咨询、康复服务、紧急救援等业务，为居家养老的老年人提供养老服务。支持兴办老年护理、临终关怀性质的医疗机构，鼓励医疗机构开展老年护理、临终关怀服务。大力促进老年用品市场开发，鼓励企业开发、生产老年人用品，满足老年人的需求。

（三）鼓励利用医院、疗养院、培训机构、厂矿等企事业单位闲置的场地、设施兴办养老服务业；鼓励和支持慈善机构等民间组织兴办养老服务业；鼓励下岗失业人员等创办家庭养老院、托老所，以创业促就业。街道和社区要积极创造条件兴办养老服务业，为社区老年人提供服务。

（四）要积极引进和利用外资发展养老服务业。各级政府在招商引资中可把发展养老服务作为本地服务贸易领域利用外资的重要项目，采取切实可行的措施吸引和利用港、澳、台资金、侨资和外资来我省投资养老服务业。

四、加快发展养老服务业的扶持政策

政策扶持是发展养老服务业的重要保证，各级各有关部门要认真落实国家有关扶持社会福利事业发展的各项优惠政策，并从实际出发研究制定本地新的优惠政策。经民政部门审批、登记的福利性、非营利性的养老服务业，包括社会福利院、老年公寓、养老院、托老所、敬老院、老年服务中心、康复中心等，不论公办还是民办，都同等享受国家有关优惠政策。

（一）项目审批政策。对符合规划的养老服务项目，有关部门要给予优先审批。对列入规划的原来已经建有的养老服务设施，任何单位不得挤占或改变性质。因国家建设需要拆迁占用的，应按照有关拆迁办法给予补偿。

（二）土地使用政策。对新办的非营利性养老服务业建设用地，经有权的人民政府批准后，可以采用划拨方式优先供地；对新办的营利性养老服务业建设用地，应当以协议出让方式供地，土地出让金收取标准予以适当降低，但不得低于国家规定所确定的最低价，即不得低于新增建设用地的土地有偿使用费，征地（拆迁）补偿费用以及按照国家规定应当缴纳的有关税费之和，有基准地价的地区，协议出让最低价不得低于出让地块所在级别基准地价的 70%；对征收集体所有的土地开办养老服务业的，可以按照国家的规定免收征地管理费、土地使用权初始登记等行政事业性收费（证照费除外）。乡（镇）村公益性的养老服务业建设用地经依法批准可以使用集体所有的土地。

（三）费用减免政策。经县级以上民政部门审批认定的养老服务业，可减免有关费用。免交城市建设和房屋建设的行政事业性收费（证照费除外），免交煤气、水、电增容费和供排水设施使用费；电价按居民生活用电价格标准执行，自来水、管道燃气价格按民用水、民用气价格标准执行；申请安装水、电、气管线、管道工程的，有关单位应予优惠或减免相关费用；要求地籍测绘服务的，服务机构应按我省规定的最低标准收费。养老服务机构的救护与生活用车，可根据有关规定和实际工作需要，按程序报请地方交通部门审批免征养路费。

（四）税收优惠政策。对政府部门和企事业单位、社会团体以及个人等社会力量投资兴办的福利性、非营利性的老年服务机构，暂免征收企业所得税，以及老年服务机构自用房产、土地、车船的房产税、城镇土地使用税、车辆使用税。对企事业单位、社会团体和个人等社会力量，通过非营利性的社会团体和政府部门向福利性、非营利性的老年服务机构的捐赠，在缴纳企业所得税和个人所得税前准予全额扣除。房产所有人、土地使用权所有人通过中国境内非营利性的社会团体、国家机关将房屋产权、土地使用权赠与教育、民政和其他社会福利、公益事业的，不征收土地增值税。财产所有人将财产赠给政府、社会福利单位（指扶养孤老伤残的社会福利单位）、学校所立的书据免纳印花税。对敬老院建设用地占用地，占用耕地修建老年公寓，利用社会福利彩票公益金或单位、个人捐赠资金建设城市社区老年福利服务设施、活动场所和农村乡镇敬老院占用耕地的，免征耕地占用税。对养老院提供的育养服务、婚姻介绍、殡葬服务免征营业税。

（五）培训和用工政策。大力开发为老年服务岗位，鼓励和引导下岗失业人员从事老年护理工作。养老机构和居家养老服务组织吸纳持再就业优惠证的人员，政府免费提供养老护理，家政服务等相关职业技能培训。培训经职业技能鉴定合格发给相应职业资格证书，持证上岗可享受当地公益性岗位补贴。鼓励下岗人员创办养老院、托老所，开展包户服务。对持再就业优惠证人员从事养老服务业的，免收属于管理类、登记类、证照类的各项行政事业性收费，期限最长不超过三年。对自筹资金不足的，可申请小额担保贷款，贷款额度一般在 2 万元左右。加强职业技能培训，特别要加快开展老年保健、护理、营养、心理咨询等急需的专业技能培训，提高从业人员的素质和服务水平。2008 年底，凡享受政策扶持政府的养老机构和居家养老服务组织，其从业人员一律持证上岗。

（六）政府资助政策。各地要采取多种形式，打破所有制界限，加大资金投入，支持福利性、非营利性民办养老服务业的发展；对用房自建、提供社会老年人养老的床位数达 50 张以上的，按核定的床位数给予一次性开办补助，每个床位补助 1000 元；用房属租用且租用期 5 年以上的，分 5 年给予开办补助，按核定的床位每个床位每年补助 100 元。所需资金原则上由县（市、区）财政承担，省和设区市财政对财政困难县各按 30%的比例予以补助。享受补助的民办养老服务机构 5 年内改变用途的，收回一次性开办补助款。对已经开业的民办养老服务机构，是否进行补助及补助标准，由所在的县（市、区）人民政府根据实际情况定。鼓励金融机构按有关规定，积极为养老服务业提供信贷支持。

对已接受老年人的民办养老服务机构，按入住满一个月的老年人实际占用床位数计算全年平均数，每年给予每个床位不低于 120 元的运营补助，其中，由省级福利彩票公益金安排补助 50 元，其余资金从当地财政或福利彩票公益金中安排。

对民办养老服务机构安置城市“三无”对象，农村“五保”对象，当地财政可将补助给上述人员的费用转入民办养老服务机构，用于支付其生活、照料服务等所需费用。补助费用低于当地政府规定的生活、医疗、照料服务等费用标准部分，由当地政府财政补足。对民办养老机构的补助、补贴，从 2006 年 1 月开始执行。

（七）基本医疗保险定点政策。对社会力量兴办的养老服务机构内部设置的已取得执业许可证的医疗机构和为老年人提供专科医疗服务的医疗机构，如申请医疗保险重点，在符合同等条件情况下予以优先审批。

五、加强组织领导，认真落实责任

（一）各地、各部门要把加快发展养老服务业提到重要位置，纳入国民经济和社会发展总体规划，把养老服务业作为社会发展指标，把养老服务设施布局纳入城镇建设规划和新农村建设，切实加强组织领导，采取有效措施，推动我省养老服务业健康发展。

（二）兴办养老服务业统一由民政厅审批，领取《社会养老服务机构设置批准书》。经民政部门批准的民办养老服务机构，属于福利性、非营利性的，向民政部门民间组织登记机关申请登记，发给《民办非企业单位》证书，属于营利性的，向工商部门申请登记，发给营业许可证。兴办养老服务业应向所在市、县（区）老龄办备案。

（三）规范标准，加强监督。有关部门要研究制定养老服务业建筑设施、卫生条件、服务水平、管理水平在内的质量检查标准，建立资质评估认证体系和准入、退出机制，加强检查监督，促进养老服务业健康、有序、规范和持续发展。养老服务机构要严格遵守国家有关规定，加强管理，提高服务水平，使入住老年人生活舒适，安度晚年。

（四）为了加强对老年服务业工作的领导，成立湖北省加快发展养老服务业协调领导小组，其组成人员及小组任务：待省政府研究后，另行发文。

湖南省老龄事业发展“十一五”规划
（2006—2010 年）

为加快我省老龄事业发展，根据《中华人民共和国老年人权益保障法》、《中共中央、国务院关于加强老龄工作的决定》（中发〔2000〕13号），依照《中国老龄事业发展“十一五”规划（2006—2010年）》（以下简称规划），结合我省实际，制定《湖南省老龄事业发展“十一五”规划（2006—2010年）》（以下简称《规划》）。

一、背景

“十五”期间，我省老龄事业在省委、省政府的正确领导下，取得了较快的发展。初步建立了老年经济供养体系。城镇建立了基本养老保障制度和最低生活保障制度。企业离退休人员养老金能够按时足额发放。农村老年人养老保险制度正在逐步建立，贫困老年人得到救助。“五保老人”的居住条件得到改善，生活水平得到提高。初步建立了老年人医疗保障体系。城镇建立了职工基本医疗保险制度。老年病医院、老年门诊、老年医疗服务机构发展较快。初步建立了包括老年人在内的大病医疗救助制度。农村新型合作医疗制度正在推广，老年人医疗条件有所改善。老年人精神文化生活日益丰富。城乡老年人积极参与文化、教育和体育健身活动，讲究科学、健康向上的生活方式的老年人越来越多。老年社会服务业快速发展。全省各地兴建了一批老年服务设施，如老年活动中心、老年公寓、老年护理院、康复中心等，老年人的生命和生活质量得到提高。

“十五”期间，我省60岁以上的老年人口增长迅速。到2005年底，全省老年人口已达819.74万人，占全省总人口的12.18%。据预测，“十一五”期间，全省老年人口将以每年2.6%的速度增长，至2010年将超过1000万人，占总人口的14%以上。“十一五”期间，我省人口老龄化具有增长速度快、高龄老人增多、农村老龄化问题凸现、城市和农村老龄化差异扩大等特点。社会养老保障任务日益加重，家庭养老问题更加突出，老年服务需求快速增长，老龄问题的社会压力显著加大，对经济社会全面协调发展将带来较大影响。

目前我省老龄事业的发展滞后于经济社会的发展。主要表现在：现行养老保障制度覆盖面窄，保障水平较低，特别是农村养老保障问题突出，不适应人口老龄化快速发展的要求；现行医疗保障制度不适应老年群体医疗需求猛增的趋势；为老服务体系建设滞后，不适应老年人日益增长的服务需求；现行社会管理体制不适应对日益庞大的老年人群实行社会化管理的要求；道德建设和舆论宣传不适应进一步形成敬老、养老、助老的良好社会氛围的要求。各级政府必须进一步提高对人口老龄化严重性和老龄工作重要性的认识，全面贯彻落实科学发展观，协调处理好老龄事业发展与经济社会发展的关系，在大力促进经济发展的同时，进一步加大投入，加快发展老龄事业，积极应对人口老龄化挑战。

二、指导思想、总体目标和基本原则

（一）指导思想

以邓小平理论和“三个代表”重要思想为指导，坚持以人为本，落实科学发展观，深入贯彻“党政主导、社会参与、全民关怀”的老龄工作方针，从我省实际出发，把老龄事业纳入经济社会发展全局统筹规划，坚持老龄事业与国民经济协调发展，进一步完善社会保障制度，切实维护老年人合法权益，制定政策措施，加快老龄事业基础设施建设，加快发展养老服务业，促进老龄产业发展，不断提高老年人的生活水平和生活质量，为全面建设人人共享的和谐、文明、小康社会而努力。

（二）总体目标

逐步建立和完善适应社会主义市场经济要求的城镇老年社会保障体系，探索建立符合农村实际的农民养老保障制度，建立健全适应家庭养老和社会养老相结合的养老服务体系。尽快建立健全与我省经济和社会发展相适应的老龄事业发展机制，建立和规范与人口老龄化发展形势相适应的老龄工作体制，进一步建立和完善老龄工作政策法规体系。加快养老服务基础设施建设。进一步营造敬老、爱老、助老和代际和谐的良好社会氛围。完善优待老年人的政策，确保老年人共享改革开放和社会发展成果，推动“老有所养、老有所医、老有所教、老有所学、老有所为、老有所乐”的落实。

（三）基本原则

“十一五”期间，我省老龄事业发展的基本原则是：坚持老龄事业与国民经济和社会发展相适应，政府和社会逐步加大对老龄事业的投入，促进老龄事业快速发展；坚持协调发展城市和农村老龄事业发展，在推进社会主义新农村建设中，加快农村老龄事业发展步伐；坚持解决当前老龄问题与制定长远对策应对老龄化挑战相结合，重点解决当前老年人养老、医疗与照料问题，不断提高老年人生活质量；坚持国家、社会、家庭和个人相结合，加快建立为老服务体系，走中国特色的为老服务之路；坚持法律约束和道德规范相促进，强化维权意识，加强舆论监督，创造老年人物质和精神文化生活的良好氛围。

三、主要任务

（一）社会保障

不断完善养老保障制度，确保老有所养。在农村，要把解决好老年人的养老保障问题作为建设社会主义新农村的重要内容。积极探索建立与农村经济社会发展水平相适应、与其他保障措施相配套的农村社会养老保障制度。建立农村最低生活保障制度，将符合条件的农村老年人纳入最低生活保障范围。有条件的乡镇要实行对退休村干部财政补助机制，有条件的村要对本村老年人实行集体福利制度。着力解决好社会主义新农村建设过程中老年人的养老保障问题，发挥土地养老保障作用。进一步推行签订“家庭赡养协议书”，巩固家庭养老保障功能。重视解决好城镇化进程中失地老年人的养老保障问题。

在城市，进一步健全和完善职工基本养老保险制度，以非公有制经济、城镇个体工商户和灵活就业人员为重点，扩大基本养老保障覆盖面，加强基本养老保险基金征缴工作，努力提高基金征缴率，增加财政对养老保险基金的投入，确保企业离退休人员基本养老金按时足额发放。加快建立企业年金，逐步形成基本养老保险、补充养老保险、个人储蓄养老保险相结合的多层次养老保险体系。到2010年，全省企业职工基本养老保险新增300万人参保。

积极推进医疗保障制度改革，实现老有所医。在农村，全面推进新型农村合作医疗制度，通过政府支持、集体扶助、社会资助等渠道，帮助贫困老年人参加新型农村合作医疗。到2010年，有条件的地区实现农村老年人参合率100%。采取卫生支农、医疗扶贫等措施，努力解决农村老年人看病就医问题，尤其要改变贫困地区老年人缺医少药的状况。建立和完善县、乡、村三级医疗预防保健网，努力改善老年人医疗卫生条件，使老年人健康教育普及率达到55%。县级以上人民政府每年要对百岁以上老年人免费体检一次，对他们生病给予基本医疗费免费优待。完善农村医疗救助制度，资助贫困、“五保”老人参加新型农村合作医疗。

在城市，要大力推进城镇居民基本医疗保障制度，完善城镇职工基本医疗保险制度，建立健全城镇居民医疗救助制度。健全城市社区老年医疗保健服务体系，大力发展社区老年卫生服务，合理确定定点医疗机构范围，建立家庭病床，增加服务项目，完善医疗服务管理，使老年人能够得到安全、有效、方便、价廉的医疗服务，老年人健康教育普及率达100%。政府着力解决好困难企业退休人员医疗保障问题，为无支付能力的老年人提供医疗帮助。提倡和支持医疗机构对老年人看病挂号、就诊、取药、住院等提供方便和优先优惠服务。

建立和完善老年人社会救助体系。加强对贫困老年人的生活救助。建立健全城乡社会救助制度，将符合条件的老年人全部纳入救助范围，切实保障城乡贫困老年人的基本生活。开展计划生育困难家庭救助活动，探索建立独生子女家庭老年人扶助制度。落实《农村“五保”供养工作条例》，把符合“五保”供养条件的老年人全部纳入供养范围。“十一五”期间，“五保老人”集中供养率达到25%以上。

建立社会、个人向老年人捐赠机制。鼓励社会、个人自愿长期或临时供养“五保老人”、困难老人，鼓励和支持社会、个人向老年人社会福利机构捐赠钱、物，捐赠者享受政府有关政策优惠。

省、市、县老龄委继续抓好“夕阳工程”，采取政府投入，社会、个人捐赠等办法筹集“助老基金”，向特困老年人提供救助，为老年福利机构提供资助。

（二）权益保障

加强老年人权益法制建设。根据我省人口老龄化发展形势和实际情况，适时修订《湖南省实施〈中华人民共和国老年人权益保障法〉办法》（以下简称实施办法），充实老龄产业、养老服务业、老年人社会化管理、老年人才开发等方面的内容，进一步完善老年人权益保障法规。加大老年维权力度，加强执法检查和监督，使老年人的合法权益得到广泛尊重和有效维护。

加强老年人法律服务。“十一五”期间，政府要安排一定的资金用于老年人法律援助和法律服务组织建设，鼓励社会各界关心、支持老年人法律援助工作。法律服务机构要优先为老年人提供及时、便利、高效的法律服务。鼓励和支持律师事务所、公证处、基层法律服务所对城市“三无”老人、农村“五保”老人和城乡贫困老年人酌情减免法律咨询和法律诉讼费用。司法机关对侵害老年人合法权益的案件要优先受理，优先审理、优先执行，对突出的个案要及时回访。公安部门特别是基层派出所对严重侵害老年人人身权和财产权的不法行为，要及时制止，妥善处理，构成犯罪的要依法惩处。

加强开展老年人权益宣传教育。把《老年法》和《实施办法》纳入“五五”普法规划。每年十月为全省老年法规宣传月，各地采取多种形式深入宣传老年法规，使老年法规的宣传进社区、进农村。大力开展敬老、爱老、助老教育活动，评选表彰“敬老模范乡镇（村、居）”和“敬老好家庭”、“敬老好儿女”，形成法制教育和道德教育相结合的机制，树立敬老、养老、助老的社会文明之风。

（三）为老服务

公共服务。各级政府要增加资金投入，建设好与老年人密切相关的文化、体育、卫生、社区服务等公共服务设施（场所），并充分利用好现有的设施（场所），为老年人服务。公园、展览馆、博物馆及图书馆（室）、文化馆、体育馆等场所，要增加为老服务项目，向老年人提供优质的免费或优惠服务。

各地新建城市道路、公共建筑和养老机构（场所），要严格按照《城市道路和建筑物无障碍设计规划》进行建设，实现无障碍率达100%。已经投入使用但未建无障碍设施的城市道路、公共建筑和老年人居住区、养老服务机构（场所），"十一五"期间要增补无障碍设施，逐步达到安全无障碍。积极推动城市公交工具无障碍设施建设，"十一五"期末达到30%左右。各地的公共场所要开设专门为老年人提供服务的窗口，并挂牌明示服务内容。

养老服务。各级政府要采取多种形式解决老年人最关心、最直接、最现实的日常生活照料等养老服务问题。积极探索政府引导、社会参与、多元投入、市场运作的养老服务模式，逐步形成居家养老社会化、机构养老规模化、社区养老专业化的新格局。加大财政对老年福利服务设施建设的投入，鼓励和支持社会资本进入老年福利服务设施建设领域，积极发展养老服务业。到2010年全省非国有投资养老服务机构占养老服务机构总数的50%以上，培育形成20个以上养老服务产业连锁经营品牌，发展一批养老服务产业集团。逐步推进公有制养老机构改革，采取公建民营、民办公助、政府补贴购买服务、私营、股份制、合资经营等多种模式，逐步实现养老服务社会化。

省、市州、县市区要根据老年人实际生活需要，兴建一批有一定规模、设施齐全、功能完善的老年公寓、养老院、托老院等养老服务机构。引导和支持社会力量兴建适宜老年人居住、生活、娱乐、健身的养老机构和场所（如老年公寓、社区托老所、家庭养老院），大力开展养老服务。到"十一五"期末，各市州、县市区至少建一所有一定规模、设施完备，能够满足老年人多层次需要的老年公寓。认真实施国家"爱心护理工程"，积极做好国家在我省兴办的以生活不能自理和半自理老年人为对象的"爱心护理院"的试点和示范工作。"十一五"期间，省和各市州在国家投资基础上配套资金，分别兴办一所"爱心护理院"。"十一五"期末，全省养老服务的床位数达到老年人总数的12‰。

社会服务。城市要适应企业离退休人员逐步进入社会化管理体制变化的需要，建立健全社会为老服务机制。还未建立老年人活动中心的市、县以上城市，"十一五"期间要建一所设备齐全、功能完备、服务到位的老年活动中心。城镇街道居委会（社区）建设好为老服务中心、为老服务站（点）。农村75%以上的乡镇建立综合性的老年福利服务中心，鼓励和扶助村建立老年人活动室（站）。各地社会为老服务机构要重点为高龄、病残、独居老人提供服务。鼓励社会中介机构和社会力量开展以社区为基础的养老服务，重点为老年人提供生活照料、医疗保健、康复护理、家政服务、心理咨询、文化学习、体育健身、娱乐休闲等多种服务，特别为居家老人提供优质、便捷的服务。倡导建立志愿者为老服务队伍，定期或结对为老年人提供义务服务。各市州中心城市要在社区建立综合性的为老服务网络，有条件的要开通老年人紧急求助呼叫系统。

（四）老龄产业

把老龄产业纳入国民经济和社会发展总体规划，列入国家扶持行业目录。尽可能制定税收优惠、减免费用、信贷支持等政策，大力扶植和引导老龄产业发展。积极鼓励、引导和规范民间资金和外资等非公有资本参与老龄产业的发展。

鼓励和扶持开发老年用品和老年服务产品，规范老年用品（包括保健品）和老年服务产品市场。大力发展老年旅游业，拓展老年旅游市场，开发老年旅游精品线路，为老年人提供优质服务。拓展多种经济成分并存的老年卫生健康服务领域，为老年人提供预防、医疗、护理和康复保健等服务。积极开发适合老年人的金融、理财、保险等服务项目。

培育和开发老年人消费市场，积极研制老年用品和老年服务产品。鼓励和支持发展老年用品专店，在商场（店）设立老年用品专卖柜，社区设立老年人购物网点。采取老年用品和老年服务产品博览等形式，促进老年用品的流通和销售。正确引导老年人的消费观念和消费行为，促进老年消费市场的繁荣与发展。

（五）文化生活

重视发展老年教育。各级政府要继续重视老年教育，同时动员社会力量兴办老年教育。到2010年，各市州和县市区至少要有1所老年大学，乡镇、街道至少有1所老年学校，在校学员达到城镇老年人数的4%，农村老年人数的2%。省、市州现有的老年大学要争取扩容，满足更多老年人的学习需求。积极发展农村老年教育，重视对农村老年人的现代农业科技培训，把老年教育与老年人脱贫致富、维护权益、破除迷信和移风易俗结合起来，促进社会主义新农村建设。

加强老年文化体育工作。把老年文化和体育纳入全民文化和体育健身发展规划，加大对老年文化和体育事业的资金投入。制定相关政策措施支持老年文化市场的发展，鼓励社会力量投资发展老年文体事业。省、市、县级广播电台、电视台还未开办老年专题栏目的，要抓紧开办，已经开办的要创新内容，创新机制，办出特色。省、市州级党报要办好老年栏目。组织力量创作老年人喜闻乐见的文学、影视、戏剧作品。新闻出版部门要组织出版一批面向老年人的图书、音像、电子出版物。文化和体育部门要积极组织文化体育进社区、进乡村活动，并支持各类老年群众文体组织开展活动，丰富老年人的精神文化生活。省、市州每四年举行一次老年体育运动会和文艺调演，对在开展老年教育和老年文体活动中表现突出的先进单位和个人进行表彰。

（六）社会参与

鼓励老年人参与社会发展。研究制定相关政策，发挥老年人特长和优势，在社会需要和老年人自愿量力的前提下，鼓励和支持老年人继续参与经济社会发展。发挥老年人在关心下一代工作中的教育示范作用，支持老年人积极参与维护社会治安、社区建设等公益活动。在农村，鼓励低龄健康老年人从事种、养殖业和加工业等经济活动。组织开展“银龄行动”，鼓励城市老科技专家、老教育工作者、老医务工作者定期到贫困地区或经济欠发达地区发挥“智囊”作用，为当地经济社会发展献计献策。充分发挥乡村、街道居委会（社区）老年人协会的作用，为建设和谐社会和社会主义新农村做贡献。

大力开发老年人才。要把老年人才的开发利用纳入人才市场的总体建设规划之中。各级政府要为充分发挥老年人才参与经济社会发展搭建平台提供服务。各级老龄工作和人事部门联合建立老年人才信息、数据库和老年人才信息网络，并定期举办老年人才交流活动。各类人才市场、人才中介机构要积极为老年人才提供服务。继续发挥老科技工作者协会等老年群团组织的引领作用，进一步推动老年人才资源的开发。

四、政策措施

（一）充分发挥各级政府的主导作用。各级政府要切实加强对老龄工作的领导，把老龄工作纳入议事日程，采取积极措施和有效对策，应对人口老龄化挑战。各级老龄工作委员会成员单位要按照其老龄工作职能，把老龄事业纳入本部门的工作规划，实行目标管理。

（二）加大老龄事业发展的资金投入力度。“十一五”期间，各级政府要根据老年人口发展规模和老龄事业发展需要，逐步增加对老年服务设施建设、老年文化教育、老龄科学研究和老年活动等方面的资金投入。省、市州、县市区政府要按照当地老年人口数1：2：3的比例（每年每个老年人1元、2元、3元）筹措老龄事业发展资金。各级财政要根据老龄事业发展需要，逐步增加对老年服务设施建设、老年文化教育、老龄科学研究和老年活动等方面的投入。在彩票公益金中要有一定比例用于老龄事业。鼓励和引导社会各界和个人踊跃捐资老龄事业。逐步建立多元化的老龄事业发展资金筹措机制，鼓励、引导民营资本和吸收外国资金投入老龄事业发展。

（三）加强老龄工作机构和老年群众组织建设。各级政府要进一步加强老龄工作机构建设，充分发挥老龄工作机构的“综合协调，督促检查，参谋助手”作用。要把老龄工作干部的培训纳入组织人事部门的培训计划，努力建设一支业务精、素质高、热心老龄事业的老龄工作队伍。要进一步加强社区基层老年人协会等老年群众组织的建设，规范管理，充分发挥其在基层民主自治、社区建设和老龄工作中的作用。

（四）加快为老服务队伍建设。加快培养老龄产业所需要的各类人才，特别要加快培养老龄产业管理人员、服务人员。充分利用普通高校和中等专业技术学校开办老年学、老年心理学、老年护理专业和培训班，培养大批老年专业护理人员。养老机构和社会培训机构要适应市场需求，积极培训养老护理员和服务员，落实持证上岗制度。各级共青团组织要教育动员广大青年参加志愿者队伍，积极开展为老服务活动。积极培育为老年人服务的非盈利性民间组织和社工队伍。

（五）加大老龄工作宣传力度。各级宣传部门和各类传播媒体，要切实加大对人口老龄化紧迫性和发展老龄事业重要性的宣传力度，提高全体公民的老龄意识和敬老意识，增强从现在起为自己、为他人做好老龄工作的责任感。报刊、广播、电视和互联网等大众传媒要办好老龄宣传栏目，公共场所要开设老龄宣传窗口，张贴和树立老龄宣传标牌，各单位、各基层组织要定期办好老龄宣传橱窗、宣传板报等，形成全社会关注和重视老龄问题的舆论氛围。提高全社会做好老龄工作的紧迫感和责任感，自觉关注和支持老龄工作。

（六）加强老龄科学研究。要适应我省人口老龄化快速发展的形势，把老龄科学研究提到重要位置，为发展老龄事业提供理论指导。成立我省老龄科学研究机构，培养和建立一支高水平的老龄科学研究队伍。“十一五”期间，要完成我省至2020年人口老龄化发展趋势和老龄事业发展战略研究项目。

（七）建立督查评估和激励机制。本《规划》由省老龄工作委员会负责协调和督促实施。各地要根据本《规划》的要求，结合实际情况，制定本地区的具体实施方案并纳入目标管理，认真落实。为推动落实本《规划》，将继续在全省开展创建“老龄工作先进县（市、区）”活动，两年评选表彰一次，用先进典型推动老龄事业发展。2010年，省老龄工作委员会会同有关部门对各地执行《规划》的情况进行全面评估。

（广东省）关于解决社会保障若干问题的意见

中共广东省委　广东省人民政府

（2007年8月30日）

为落实省第十次党代会精神，坚持科学发展，促进社会和谐，着力完善民生保障，根据党中央、国务院有关会议和文件精神，结合广东省实际，现就解决社会保障若干问题提出如下意见。

一、建立被征地农民生产生活保障制度

（一）保障对象。征地时享有农村集体土地承包权的在册农业人口，包括城市规划区内被征地农民和城市规划区外被征地农民，即在城市规划区内（含县城、镇政府所在地）因征地失去1/2以上农用地的人员；在城市规划区外经依法批准征收或征用土地后，被征地农户人均耕地面积低于所在县（市、区）农业人口人均耕地面积的1/3的人员。被征地农民社会保障对象的具体名单，经集体经济组织成员的村民代表大会讨论，由村委会报镇（乡）人民政府，核准并公告7天后，报县（市、区）劳动保障行政部门备案。

（二）保障原则。坚持缴费及保障水平与经济社会发展水平相适应；个人缴费、集体补助和政府扶持相结合；权利和义务相统一；低起点、广覆盖、多层次；农村社会保险制度与城镇社会保险制度双轨运行、逐步并轨；被征地农民的基本养老保险制度实行完全积累个人账户模式，实行统账结合模式的地区，应逐步向个人账户模式过渡；按不同年龄段分别实行培训就业保障、养老保险和福利保障等多种保障方式。

（三）保障方式。对16周岁以上、35周岁以下的被征地农民，采取培训就业保障方式为主。对年满35周岁以上、59周岁以下的、未参加城镇职工基本养老保险的被征地农民，应当参加被征地农民基本养老保险。对被征地农民基本养老保险制度实施时年满60周岁的被征地农民，纳入养老补助保障范围，对其实行“老年生活津贴”的养老补助政策，按月发放，直至终老。

（四）保障资金。按照政府、集体、个人三方合理负担原则筹集费用，个人按一定比例缴纳，其余部分由集体经济缴纳和当地政府补助。其中，个人领取的征地安置补偿费、集体土地使用权流转分配收益、集体经济股权分红等应优先用于缴纳被征地农民基本养老保险费个人部分，以上收入不足以抵缴的，也可以用个人的其他收入缴纳。集体承担部分由村民代表大会讨论决定，从征地补偿和规定比例的集体建设用地使用权流转收益或集体资产经营收益中列支。政府补助部分，可以从当地政府国有土地使用权出让收入中安排。发放“老年生活津贴”所需资金，从依法批准提高的安置补助费和用于被征地农民的土地补偿费中统一安排，两项费用尚不足以支付的，由当地政府从国有土地有偿使用收入中解决。

（五）培训就业保障。以16周岁以上、35周岁以下的被征地农民为培训就业的重点对象。对城市规划区内的被征地农民，要纳入公共就业服务体系和城镇失业登记管理制度，享受与城镇居民统一的公共就业服务和相关培训扶持政策。对城市规划区外的被征地农民，将符合培训准入条件的农村青年统一纳入“百万农村青年技能培训工程”和职业技能培训就业计划，开展实用性职业技能培训，促进其向非农产业转移和在城镇稳定就业，就业后按规定参加城镇职工社会保险制度。鼓励被征地农民自谋职业或自主创业，在劳动年龄段内尚未就业且有就业愿望的，可享受促进就业再就业的相关扶持政策，并按自愿原则参加被征地农民的基本养老保险制度。

（六）留用地保障。今后征收土地，征地单位要留出或划出实际征地面积的10%～15%用于被征地集体作生产发展用地。在城市规划区内的留用地应依法办理将其变为国有建设用地的有关手续。留用地转为国有建设用地或集体用地的费用纳入征地单位的预算成本。

二、建立城镇居民基本医疗保险制度

（一）保障对象。城镇居民基本医疗保险的范围是城镇职工基本医疗保险制度覆盖范围以外的本省各统筹地区城镇户籍居民。包括未成年人（未满18周岁的居民以及18周岁以上的中学生），18周岁及以上无业居民，未享受公费医疗的大中专及技工学校全日制在校学生，征地后转为城镇居民的被征地农民等。有条件的地区，农村户籍居民可以与城镇户籍居民实行统一的居民基本医疗保险。

（二）待遇水平。城镇居民基本医疗保险坚持低水平起步，着眼于保障基本的医疗需求，重点解决参保人员在保险期限内疾病、意外事故以及符合计划生育政策规定的生育或终止妊娠发生的住院医疗费用和门诊特定病种医疗费用。城镇居民基本医疗保险只设统筹基金，不设个人账户。最高支付限额设定在上年度所在统筹地区在岗职工平均工资的2倍左右。起付标准以上部分的医疗费用，医疗保险基金的支付比例按连续缴费时间设定在40％～60％之间。有条件的地区，在建立城镇居民基本医疗保险的同时，可设立社区门诊医疗统筹。社区门诊医疗统筹具体的筹资标准和保障水平由各统筹地区确定。鼓励有条件的居民购买商业医疗保险作为补充，用于补偿城镇居民基本医疗保险支付范围以外的医疗费用。

（三）筹资水平。各地要根据实际，合理确定城镇居民基本医疗保险筹资水平。具体缴费标准由所在统筹地区人民政府确定，并报送省劳动保障部门和省财政部门审定后实施。

（四）缴费方式。城镇居民基本医疗保险以家庭缴费为主，各级财政给予适当补助。用人单位应对职工供养直系亲属参加城镇居民基本医疗保险给予补助。一次性领取征地补偿金的被征地农民，可以参保当年缴费标准为基数，一次性预缴基本医疗保险费若干年，并享受相应年限的医疗保险待遇，享受年限期满后，继续按期缴费参保。大中专及技校学生以学校为单位缴费，其他符合参保条件的居民以家庭为单位全员缴费。城镇居民基本医疗保险基金及其利息免征税、费。

（五）财政支持机制。各级政府要建立财政对城镇居民参加基本医疗保险的缴费支持机制。城镇居民参加基本医疗保险，原则上由财政按人均每年不低于50元的标准给予补助，省财政对东西两翼和粤北山区（含恩平市）城镇居民参加基本医疗保险，按实际参保人数人均每年35元标准给予补助，所在市、县、乡镇（街道）三级财政按每人每年不低于15元给予补助。对属于低保对象或重度残疾的家庭成员和低收入家庭60岁以上的老年人等困难居民参保所需的家庭缴费部分，由当地社会医疗救助基金承担。

（六）管理服务。城镇居民基本医疗保险费由劳动保障部门或地税部门负责征收，原则上参照城镇职工基本医疗保险的有关规定管理。各地要充分利用现有管理服务体系，改进管理方式，提高管理效率。鼓励有条件的地区结合城镇职工基本医疗保险和新型农村合作医疗管理的实际，进一步整合基本医疗保障管理资源。根据医疗保险事业发展的需要，切实加强医疗保险管理服务机构和队伍建设。街道（乡镇）社区劳动保障事务所负责具体办理辖区内居民参保资格认证、协助参保登记和业务咨询工作。利用银行、邮政储蓄等社会窗口，委托办理缴费手续。

三、解决困难企业退休人员基本医疗保险问题

（一）参保对象。困难企业退休人员指广东省关闭、破产、解散的国有和县级以上集体企业的退休人员。各地应于2007年底前将困难企业退休人员全部纳入基本医疗保险范围。对不同时期困难企业退休人员，采取分类纳入基本医疗保险的办法。

（二）参保方式。困难企业退休人员按属地管理的原则参加当地城镇职工基本医疗保险。筹资确有困难的地区，可通过建立保障门诊特定病种和住院为主的医疗保险社会统筹办法，不建个人账户，优先解决困难企业退休人员住院和大病医疗保障问题。

（三）分类纳入。一是对当地城镇职工基本医疗保险制度实施以前困难企业移交社会管理的退休人员，凡已在社会保险经办机构领取长期养老金，并在本意见下发之日尚未参加基本医疗保险的，由政府给予资助，在2007年底前全部纳入城镇职工基本医疗保险范围。二是对当地城镇职工基本医疗保险制度实施以后至2006年12月31日困难企业移交社会管理的退休人员，凡已在社会保险经办机构领取长期养老金并在本意见下发之日尚未参加基本医疗保险的，其参加基本医疗保险费用原则上从企业资产变现中解决，企业资产变现不足的，由企业主管部门统筹解决；企业主管部门统筹确有困难的，经同级人民政府批准，符合条件的由政府给予资助，帮助其参加基本医疗保险。三是对2006年12月31日以后破产、关闭、解散的企业，按照《中共广东省委办公厅、广东省人民政府办公厅关于进一步促进劳动关系和谐稳定的意见》（粤办发〔2006〕26号）相关规定执行。

（四）缴费办法和资金来源。各地要根据本地的经济和医疗消费水平，合理确定困难企业退休人员参加基本医疗保险的缴费标准。符合上述政府资助条件的退休人员参加城镇职工基本医疗保险，以所在统筹地区2006年参保退休人员人均医疗费支出为基数，一次性计算10年，所需资金由各级财政、医疗保险基金承担。其中对东西两翼和粤北山区（含恩平市），原则上由省财政负担25%，市、县财政负担25%，统筹地区医疗保险基金负担50%。10年后的医疗费用支出，通过扩大覆盖面和发挥各地医疗保险统筹基金结余的调剂保障功能解决。省级财政补助资金在东西两翼和粤北山区（含恩平市）困难企业退休人员纳入当地医疗保险统筹且市、县财政补助资金安排到位后，再安排下拨。

四、提高企业退休人员养老保险待遇

（一）稳步提高企业退休人员基本养老金。按照国家和省有关政策，不断完善企业职工基本养老保险制度，逐步提高企业退休人员基本养老金水平。2007年，采用普遍调整与政策倾斜调整、定额调整与缴费年限补贴相结合的办法，适当提高企业退休人员基本养老金水平，重点对建国前参加革命工作的老工人、具有高级职称的企业退休科技人员以及80周岁以上人员予以倾斜。通过调整，全省企业退休人员基本养老金月人均增加120元左右、月人均基本养老金达到1000元以上（其中欠发达地区不低于450元），保证广大企业退休人员共享经济社会发展成果。

（二）逐步完善基本养老金正常调整机制。按照普遍调整与政策倾斜调整相结合的原则，参照在岗职工工资增长和物价指数的变动情况，建立健全统一规范的基本养老金正常调整机制，逐步缩小不同地区和不同人员之间的养老金差距。2008年至2010年，连续三年提高企业退休人员基本养老金，提高幅度高于前三年的水平。

（三）多渠道提高企业退休人员养老待遇总体水平。各级党委、政府要高度重视企业离退休人员基本养老金发放工作，进一步完善各项政策和工作机制，确保按时足额发放。对基本养老保险基金出现的缺口，各级财政要及时调整支出结构，加以弥补。加快企业年金制度建设，大力发展商业保险，构建多层次养老保障体系，着力提高企业离退休人员养老待遇总体水平。

五、解决农垦企业职工养老保险问题

（一）逐步提高农垦企业离退休人员基本养老金标准。从2007年7月起，农垦企业离退休人员基本养老金按照全省统一政策和标准实施调整，确保离退休人员基本养老金逐步提高。

（二）着力解决农垦企业养老保险基金缺口。2006和2007社保年度出现的基金缺口，省财政在原基数的基础上再增加补助6000万元（即每年专项补助11066万元）；省农垦总局在原基数上再增加安排2000万元（即每年11066万元，含中央财政专项补助4000万元）；省级养老保险调剂金每年在原基数上再增加调剂3000万元（即每年专项调剂8066万元），各项资金落实到位后仍有缺口的，由省级养老保险调剂金安排解决。今后，继续按照“尊重历史、实事求是、多方筹资、确保稳定”的原则，建立多种渠道、多方筹资解决农垦企业养老保险基金缺口的长效机制。

（三）确保按时足额发放。各级政府、各有关部门和单位要切实负起责任，认真做好扩面征缴和基本养老金发放工作，努力实现全省农垦企业职工应保尽保，确保缴费水平不降低，确保资金落实到位，确保基本养老金按时足额发放，确保垦区和谐稳定。

六、解决华侨农场职工生产生活保障突出问题

（一）加快归难侨的危房改造。中央和地方政府按每户不少于1.5万元的标准对归难侨的危房改造给予补助，力争用三年左右时间，完成全省华侨农场归难侨1.69万户危房改造任务。

（二）加强公共基础设施建设。各级政府要把华侨农场的公共基础设施建设纳入各行业中长期规划统筹安排。其中，17个困难华侨农场的交通、水利、电力、教育、卫生、广播电视等公共基础设施建设，纳入扶持欠发达地区发展政策的实施范围。

（三）完善养老和医疗保险。按照属地管理原则，组织归难侨、职工及退休人员参加城镇基本养老保险和统账结合的城镇职工基本医疗保险，或单建统筹的住院基本医疗保险。各级政府要积极筹措资金，对华侨农场中困难群体和困难地区的基本养老和医疗保险给予适当补助。安排好中央专项补助资金。

（四）妥善处置历史债务。对华侨农场因分离办社会职能等所形成的非金融债务，包括历年拖欠职工工资、离退休金、职工及离退休人员医疗费等，从2007年起三年内分期分批解决，省财政对17个困难华侨农场历年拖欠款的缺口资金，给予适当补助。稳妥处理华侨农场职工的劳动关系。

（五）做好土地确权登记发证和开发利用管理工作。土地确权登记发证所需工作经费，由中央、省、市、县和华侨农场共同负担，中央和省级财政给予适当补助。规范华侨农场土地开发利用的管理。省有关部门要对华侨农场新增建设用地指标予以适当倾斜，支持华侨农场开展招商引资和兴办产业转移工业园，以工业化促进经济发展，提高华侨农场职工生活水平。

各有关部门要按照职能分工，切实负起责任，加强协调，密切配合，尽快制定具体实施办法，狠抓各项政策的落实，确保取得实效。

各级党委、政府要以邓小平理论和“三个代表”重要思想为指导，深入贯彻落实科学发展观，坚持立党为公、执政为民，把解决民生问题摆上更加突出的位置，进一步完善社会保障制度，切实解决人民群众最关心、最直接、最现实的利益问题，为建设经济强省、文化大省、法治社会、和谐广东，实现全省人民的富裕安康而努力奋斗！

云南省老年人权益保障条例

（1999年4月2日云南省第九届人民代表大会常务委员会第八次会议通过
2007年3月30日云南省第十届人民代表大会常务委员会第二十八次会议修订）

第一章　总　则

第一条　为了保障老年人的合法权益，发展老龄事业，弘扬敬老、养老、助老的传统美德和社会风尚，根据《中华人民共和国老年人权益保障法》等法律、法规，结合本省实际，制定本条例。

第二条　本条例所称的老年人是指60周岁以上的公民。

第三条　老年人依法享有人格尊严和人身自由权、婚姻自由权、财产权、受赡养扶助权、受教育权、获得国家和社会物质帮助权、参与社会发展权，享受社会发展成果权以及宪法和法律、法规规定的其他权利。

禁止歧视、侮辱、虐待或者遗弃老年人。

老年人应当遵守社会公德、遵纪守法，履行法律、法规规定的义务。

第四条　老龄事业属于社会公益事业。老龄工作坚持政府主导、社会参与、全民关怀的方针。

县级以上人民政府应当将老龄事业纳入国民经济和社会发展规划，建立投入机制，逐年增加经费，鼓励社会投入，使老龄事业与经济社会协调发展。

第五条　依法保障老年人的合法权益，实现老有所养、老有所医、老有所教、老有所学、老有所为、老有所乐，是国家机关、社会团体、企业事业单位、群众组织和公民的共同责任。

全社会应当尊重、关心、帮助和照顾老年人，为老年人提供社会救助、邻里互助；应当尊重各民族敬老、养老的良好风俗习惯。

提倡义务为老年人服务，兴办老年福利事业；单位和个人为老年人福利事业提供捐助的，依法享受税收减免优惠。

第六条　每年农历九月为敬老宣传月，每年农历九月初九为敬老节。

涉及老龄工作的有关部门和组织应当根据老年人的特点，经常开展文化、体育、医疗保健、法律服务、帮贫助困等活动，为提高老年人的生活质量和健康水平服务。

第七条　各级人民政府或者有关部门应当对在老龄工作中做出显著成绩的单位、家庭和个人给予表彰奖励。

第二章　组织保障

第八条　县级以上人民政府应当设立老龄工作部门并配备工作人员。

老龄工作部门负责本行政区域内的老龄工作，主要履行下列职责：

（一）贯彻执行有关老龄工作的法律、法规及政策，制定并组织实施老龄事业发展规划和年度计划；

（二）维护老年人的合法权益，协调、检查、督促有关部门做好老年人合法权益的保障工作，指导、协调老年人法律服务中心的工作；

（三）支持和引导开展为老年人服务的助老活动、兴办老龄产业和老年人服务业；

（四）组织、协调开展老年人教育、文化娱乐、体育、心理咨询、医疗保健等活动；

（五）加强老龄工作的宣传，开展老龄工作的调查、统计和理论研究；

（六）负责对老年人组织的指导和管理工作；

（七）负责工作人员的培训。

老龄工作部门对涉及老年人权益保障情况进行协

调、检查、督促时，有关单位和个人应当协助、配合。

第九条 各级人民政府及其有关部门、法院、检察院以及工会、共青团、妇联，应当按照各自职责，做好老年人权益的保障工作。

第十条 老年人协会以及其他依法设立的老年人组织，是老年人自愿组织的自我教育、自我管理、自我服务、自主发挥作用的群众性组织，应当按照章程开展为老年人服务的活动。

第三章 家庭保障

第十一条 老年人的婚生子女、非婚生子女、养子女、形成抚养关系的继子女以及其他依法负有赡养扶助义务的公民，应当履行赡养扶助义务；老年人子女已经死亡的，其有负担能力的孙子女、外孙子女应当履行赡养义务。

赡养人的配偶应当协助赡养人履行赡养义务。

赡养人不得以放弃继承权、老年人离婚或者再婚以及其他理由，拒绝履行赡养义务。

第十二条 赡养人应当在经济上保证老年人的基本生活需要，其基本生活水平应当与其家庭成员的平均基本生活水平相当，对无经济收入或者收入较低的单独居住的老年人，按时给付赡养费或者生活必需物品；在精神上营造和睦友爱的家庭环境慰藉老年人；在生活上照料老年人，对患病或者生活不能自理的老年人应当提供医疗费用，并承担护理、照料的责任。

赡养人有义务耕种老年人承包的田地，照管老年人的林木和牲畜等，其收益归老年人所有。

赡养人及其家庭成员不得要求老年人承担力不能及的劳动。

赡养人自己履行本条第二款、第三款义务确有困难的，可以请人代为履行，并支付所需费用。

第十三条 共同赡养人在征得老年人同意后，可以就赡养义务签订赡养协议；对赡养义务有争议的或者老年人要求签订赡养协议的，应当签订赡养协议。

赡养协议由社区居民委员会、村民委员会、老年人协会或者赡养人所在单位监督履行。

第十四条 老年人子女、亲属不得侵犯老年人的合法收入、房屋、储蓄、有价证券、生产生活用品等财产所有权。

老年人依法立遗嘱处分个人财产和老年人与公民、组织签订遗赠扶养协议或者其他扶助协议的，其子女、亲属不得干涉。

子女、亲属不得侵犯老年人依法享有的财产继承权。

成年子女和其他亲属不得以无业或者其他理由，强行索取、克扣老年人的财物。

第十五条 老年人有自主选择养老方式的权利。赡养人应当尊重老年人的生活意愿，不得强迫被赡养的老年夫妻分开居住；赡养人应当妥善安排老年人的住房，不得强迫老年人迁居。

老年人自有房屋，其子女、亲属不得擅自改变产权关系。房屋、土地管理部门在办理老年人自有房屋转移、过户、交换等手续时，应当当面征得老年人同意，并查验老年人签名的书面材料。

老年人与其子女、亲属共同出资购买、建造的房屋，老年人依法享有相应的房屋所有权和居住权。

第十六条 老年人的子女、亲属不得干涉老年人的婚姻自由，不得妨碍老年人再婚后的生活。

第四章 社会保障

第十七条 老年人依法享有的基本养老金和其他待遇应当得到保障，不得拖欠或者挪用。

农村逐步推行多形式的社会养老保险制度。

实行了计划生育的农村老年人享受国家和省的有关奖励政策。

第十八条 老年人依法享有的医疗待遇应当得到保障。有关部门在制定城镇职工基本医疗保险办法时，应当对老年人给予照顾。有关单位应当优先为老年人支付规定由本单位承担的医疗费，不得拖欠。

城市无劳动能力、无生活来源以及无法定赡养人、扶养人或者其法定赡养人、扶养人确无赡养、扶养能力的老年人（以下简称城市“三无”老年人），农村享受保吃、保穿、保住、保医、保葬的老年人（以下简称农村“五保”老年人）等贫困老年人，各级人民政府应当将其纳入医疗救助范围。

参加新型农村合作医疗且符合救助条件的农村“五保”老年人等贫困老年人，民政、卫生等部门应当按照规定帮助其交纳个人应负担的全部或者部分资金，并对参加新型农村合作医疗的70周岁以上老年人的医疗费用补偿给予适当照顾。

鼓励老年人及其子女为老年人办理商业医疗保险。

第十九条 各级人民政府应当将贫困老年人纳入城乡社会救助体系予以救助。

城市“三无”老年人在享受最低生活保障的基础上，遇特殊情形生活存在严重困难的，由民政部门给予救济；农村“五保”老年人由县、乡两级人民政府组织实施供养。

各级人民政府及其有关部门应当将贫困纯老年人户优先纳入廉租房保障范围；贫困老年人去世的，殡葬服务机构应当减免其丧葬殡仪服务费。

第二十条　各级人民政府应当对单位和个人兴建、兴办的养老院、敬老院、抚养院及其他为老年人服务的设施给予政策优惠。

县级以上人民政府应当开办老年学校，贫困老年人进入老年学校学习的，应当减免学费。

规划、建设部门在规划建设城镇公共场所、居民区时，应当考虑老年人的特殊需要，建设适合老年人生活和活动的配套设施。老年人在其房屋或者承租房屋的拆迁安置中，应当享受优先选择楼层等待遇。

社区应当发展社会化养老服务事业，根据条件设立为老年人服务的生活、文化、教育、体育、医疗、康复、护理、保健、日托以及老年维权等场所、设施和项目。

公共体育场所、影剧院应当为老年人开展文体活动优惠提供场地，影剧院应当为老年人实行票价优惠。

第二十一条　卫生部门应当加强老年人医疗保健工作，逐步建立健全老年病防治研究机构，开办老年病医院或者老年人医疗康复中心。

医院应当根据条件，设立老年病门诊、病房和家庭病床，制定老年人诊疗的优惠措施，为老年人的医疗保健提供方便。

第二十二条　交通运输部门应当为老年人乘车、乘船、乘机提供方便，公共交通工具上应当设置老年人专座。

老年人持《老年人优待证》或者《离休证》，免费乘坐城市市内公共交通工具；城市人民政府应当对城市公共交通企业给予相应的经济补偿。

第二十三条　文化、教育、广播电视、新闻出版、司法行政等部门应当加强敬老、爱老、助老、养老和维护老年人合法权益的宣传教育；新闻媒体应当开设敬老宣传专版（栏）；教育部门应当在中小学校开展敬老教育。

第二十四条　任何单位和个人不得强迫老年人承担各种社会集资，不得强迫农村老年人承担筹资、筹劳任务。

第二十五条　老年人可以向乡、镇人民政府和县（市、区）老龄工作部门申领全省统一印制的《老年人优待证》。老龄工作部门应当自收到申请之日起10日内，对达到规定年龄的老年人核发全省统一印制的《老年人优待证》。《老年人优待证》的工本费按照省财政、物价部门核定的标准收取并上缴财政，贫困老年人应当免除工本费。

第二十六条　向公众开放的公园、园林、旅游景点、风景名胜区、博物馆、美术馆、科技馆、纪念馆、烈士纪念建筑物、名人故居、公共图书馆、文化馆（站、宫），老年人持《老年人优待证》或者《离休证》免购门票进入；属个体私营的，应当为老年人提供门票价格优惠。

提供公共服务的行业应当在服务窗口张贴“老年人优先”的标志。老年人持《老年人优待证》或者《离休证》优先就医、取药、交费，并免交普通挂号费；优先购买汽车票、火车票、船票、飞机票；优先办理银行储蓄业务。

老年人持《老年人优待证》或者《离休证》，免费使用收费公厕。

第二十七条　100周岁以上的老年人为寿星老人，由老龄工作部门颁发全省统一印制的《百岁寿星荣誉证》，州（市）、县（市、区）人民政府应当每月给予长寿补助，当地卫生部门应当每年为其免费体检一次。

州（市）、县（市、区）人民政府应当每年对80周岁以上不满100周岁的老年人给予保健补助。

第二十八条　老年人因其合法权益受到侵害提起诉讼，交纳诉讼费确有困难的，可以申请缓交、减交或者免交。老年人因赡养费、扶养费、养老金、退休金、抚恤金、医疗费等纠纷提起的诉讼案件，法院应当及时立案和审理。因情况紧急需要先予执行的，应当裁定先予执行。

贫困老年人提出法律援助申请的，法律援助机构应当简化程序，优先受理、审核和指派相关人员办理。

律师事务所、公证处、法律服务所和其他法律服务机构，应当优先为老年人提供法律服务，属贫困老年人的，应当减免相关费用。

有条件的地方可以依法设立老年人法律服务组织，为老年人提供法律咨询，代理有关法律事务，开展有关调解服务。

第五章　参与社会发展

第二十九条　全社会应当重视、珍惜老年人的知识、技能和经验，发挥老年人在社会主义物质文明、政治文明、精神文明建设和构建和谐社会中的作用。

第三十条　全社会应当支持老年人对青少年和儿童进行爱国主义、集体主义、社会主义教育和艰苦奋斗等优良传统教育。

第三十一条　各级人民政府对老年人依法从事下

列活动应当给予鼓励：

（一）传授文化、科技知识；

（二）提供咨询服务；

（三）参与兴办社会公益事业、老年人福利企业；

（四）参与兴办老龄产业；

（五）参与科技开发和应用；

（六）参与社区服务。

兴办为老年人服务的非营利性公益事业的，依法享受国家有关税收优惠政策。

第六章 法律责任

第三十二条 老年人合法权益受到侵害时，被侵害人或者其代理人、有关组织可以要求有关部门依法处理，也可以依法向法院提起诉讼。

第三十三条 任何单位或者个人都有权劝阻、制止或者检举、控告侵犯老年人合法权益的行为。

对侵犯老年人合法权益行为的申诉、控告、检举，有关部门应当及时受理并调查处理，不得推诿、拖延。拒绝受理或者故意拖延不及时处理的，由其上级主管部门对直接责任人员给予批评教育并责令改正；造成严重后果的，由有关主管部门依法给予行政处分；构成犯罪的，依法追究刑事责任。

第三十四条 侵犯老年人的合法权益造成损害的，侵害人依法承担法律责任。

第三十五条 乡（镇）人民政府、街道办事处、村民委员会、居民委员会和当事人所在组织，对虐待、遗弃老年人和负有赡养义务而拒绝赡养或者不完全履行赡养义务的赡养人，应当给予批评教育，并责令改正；情节严重的，依法追究法律责任。

赡养人虐待、遗弃老年人，情节严重的，其继承权依法丧失，老年人也可以立遗嘱取消其继承权；构成犯罪的，依法追究刑事责任。

第三十六条 老年人的子女、亲属侵犯老年人财产所有权的，或者强迫老年夫妻分居、干涉老年人婚姻自由的，由所在地的乡（镇）人民政府、街道办事处、村民委员会、居民委员会或者老龄工作部门给予批评教育，责令改正；违反治安管理规定的，依法给予行政处罚；构成犯罪的，依法追究刑事责任。

第三十七条 侵占老年人住房，未经老年人同意改变老年人房屋产权关系、房屋租赁关系或者更改户主、变更户口的，老年人投诉后，房屋、土地、公安等有关部门应当及时依法处理。

第三十八条 任何单位、个人侵占、挪用、虚报、冒领养老金、医疗保险费的，依法追回；有违法所得的，没收违法所得，将其并入养老保险基金、医疗保险基金；尚不构成犯罪的，对单位直接负责的主管人员和其他直接责任人员依法给予行政处分和行政处罚；构成犯罪的，依法追究刑事责任。

拖欠养老金、医疗费的单位依法承担法律责任。

第三十九条 对不依照本条例规定落实老年人优待措施的单位，由县级以上老龄工作部门责令限期改正；逾期不改正的，向社会通报批评。

国家机关及其工作人员有渎职行为，侵害老年人合法权益的，依法承担法律责任。

第七章 附 则

第四十条 本条例自2007年7月1日起施行。

云南省关于加快发展养老服务业的实施意见

省老龄工作委员会办公室 省发展和改革委员会 省教育厅 省民政厅
省财政厅 省劳动和社会保障厅 省国土资源厅 省建设厅 省卫生厅
省人口和计划生育委员会 省国税局 省地税局 省环境保护局
省工商行政管理局 省质量技术监督局 省消防总队

（2007年11月19日）

为认真落实《国务院办公厅转发全国老龄委办公室和发展改革委等部门关于加快发展养老服务业意见

的通知》(国办发〔2006〕6号)精神，努力构建全省以居家养老为基础、社区服务为依托、机构养老为补充的养老服务体系，全面推进我省养老服务业快速发展，不断提高老年人生活质量，现提出如下实施意见：

一、充分认识加快发展养老服务业的重要意义

老年人为社会主义革命和建设做出了重要贡献，值得尊敬和爱戴，也最需要关心和帮助。加快养老服务业发展，提高老年人生活质量，是贯彻落实科学发展观、坚持以人为本的具体体现，是实现社会共融、和谐发展的重要举措，是促进经济发展、维护社会稳定的重要内容，是社会文明进步的重要标志，是确保老年人分享社会主义建设成果的重要手段，是解决养老服务业发展中地区间不平衡、布局不合理、结构较单一、体系不健全、标准不统一、供需滞后困难和问题的重要途径。各级各部门要充分认识发展养老服务业的重要性、紧迫性、艰巨性，采取有效措施，推进养老服务业的快速、健康发展。

二、加快发展养老服务业的指导思想和原则

加快养老服务业发展要坚持以邓小平理论和“三个代表”重要思想为指导、以科学发展观为统揽，积极贯彻政策引导、政府扶持、社会兴办、公平竞争、城乡统筹、规范管理、健康发展的原则，按照全面发展、突出重点、科学组织、分步实施、积极支持、多元投资、强化管理、提高质量的思路，采取公建民营、民办公助、政府补贴、购买服务的办法，快速推进养老服务发展。“十一五”期间，我省要构建以居家养老为基础，以社区养老服务为依托，以民办养老服务机构为骨干，以政府兴办的养老服务机构为示范的养老服务体系。

三、主要任务与工作重点

加快养老服务业发展要认真落实《国务院办公厅转发全国老龄委办公室和发展改革委等部门关于加快发展养老服务业意见的通知》(国办发〔2006〕6号)精神，以提供税收优惠、减免行政事业收费、降低投入和运行成本为突破口，积极鼓励各方资源参与养老服务业发展。大力发展老年社会福利事业、兴办社会养老服务机构，发展居家养老服务，开发老年用品及市场，培育完善为老服务中介组织，提高为老服务人员队伍素质，引导老年人转变消费观念，扎实推进养老服务业发展，不断改善老年人生活质量。

(一)发展养老服务机构。各级政府应不断加大对公办养老服务机构的投入，对现有养老福利机构采取重组、改建、扩建的办法进行布局调整，“十一五”末，“五保”集中供养率达45%以上。积极探索股份制合作方式，采取“民办公助”、“公建民营”等多种形式，对部分经营不善的养老服务机构进行改革。鼓励社会力量、个体私营和外资兴办养老服务机构，民间投资兴办的非营利性的老年公寓、养老院、敬老院、托老所、养老服务中心等养老服务机构与政府主导建设的养老服务机构享受同等优惠政策。

非营利性养老服务设施用地，各级人民政府可采用划拨方式提供用地，营利性的养老服务设施用地，应当以有偿方式提供用地。对征用集体所有的土地建设养老机构的，可按国家和我省相关规定免收征地管理费、土地使用权初始登记等行政事业性收费。乡(镇)村公益性的养老服务机构，经依法批准后，可以使用集体土地。福利性、非营利性的养老机构，免交城市建设和房屋建设的行政性收费(不包括证照费)。金融机构要充分发挥信息支持作用，按照信贷通则加大贷款支持力度。

(二)发展养老服务。充分利用国家和地方制定的现有优惠政策，对开展以老年人为主要服务对象的老年生活照顾、家政服务、心理咨询、康复服务、紧急救援、观光旅游、文体教育、临终关怀等业务的养老机构和企业实行税费优惠扶持，以促进养老服务领域的拓展、服务方式的改进和服务质量的提高。对福利性、非营利养老机构，自来水、管道燃气等价格经按居民用水、电、气价格标准执行；申请安装水、电、气管线、管道工程的，有关单位应予以优惠或减免相关费用；救护与生活用车，可据相关规定，按程序报请省人民政府审批减免养路费。有关税收优惠政策问题由省财政厅、省国家税务局、省地方税务局研究提出建议，报省政府审定。

采取有偿服务、微利服务和政府救助的办法，与实施社区为老服务“163”计划和“爱心护理工程”相结合，形成多层次为老服务体系，建立以居家和社区服务为主体的温情服务、援助服务、医疗服务、教育服务、康乐服务、维权服务网络。在有条件的地方，由当地政府对“五保”、高龄、特困老年人的基本生活服务施行政府救助、政府补贴和政府购买服务的办法。对已接收老年人的民办养老服务机构，按入住满一个月的老年人实际占用床位数计算平均数，每年给予每个床位不低于100元的运营补贴，由省级福利彩票公益金安排补助50元，当地财政安排50元。对在民办养老机构内安置城市“三无”对象和“五保”对象，当地财政可将补助给予上述人员的生活费转入该民办养老机构。补助费低于当地政府规定的生活、医疗、照料服务等费用标准部分，由当地财政补足。

（三）促进老年用品市场的开发。鼓励企业开发、生产老年人特殊用品。新开发老年人用品的鉴定评审工作由省老龄办牵头，省发改委、省工商局、省质量技术监督局、省税务局联合进行。加大营销老年人用品的税收扶持力度，对开办老年人用品专营市场和老年人用品专柜的经销商免征3年工商部门收取的个体工商注册登记费、个体工商户管理费、集贸市场管理费、经济合同示范文本工本费。

（四）加强为老服务队伍建设。采取多渠道、多种形式和方法提高为老服务从业人员的素质，加快培养老年医学、管理学、护理学、营养学以及心理学等方面专业人才，提高社区及农村基层卫生技术人员的专业素质。有计划地在高等院校和中等职业学校增设养老服务相关业务和课程。加大岗位培训力度，提高养老服务业务人员职业道德、服务意识和业务技能。加强为老服务从业人员管理，推进持证上岗制度。

四、加快发展养老服务业的保障措施

（一）切实加强对养老服务业的领导。各级各部门要加强领导，把加快发展养老服务业纳入议事日程、纳入经济社会发展规划，纳入“十一五”规划。各级老龄办为同级政府加快发展养老服务业的综合协调部门，各有关部门要加强协作，密切配合，认真解决养老服务业发展中的问题，促进养老服务业健康发展。

（二）加大经费投入。对需要改扩建的公办养老机构建设经费，多渠道筹资的办法解决。农村敬老院和社区文体设施建设经费主要由省、市、县统筹解决。各级政府要在福利彩票公益金中安排一定比例的经费，保障养老服务业的发展，产业发展工作经费应列入年度财政预算。

（三）相关部门职责。老龄部门要做好产业发展的规划制定与落实的协调工作；发展和改革部门要按照《云南省人民政府关于印发〈云南省企业投资项目核准实施办法（试行）〉等六个投资体制改革文件的通知》（云政发〔2004〕224号）精神，优先办理养老机构建设项目的基本建设许可手续；国土资源部门要按照政府的统一部署，依法保障老年社会福利设施的用地需求；教育部门要做好从业人员的教育、培训；民政部门要做好养老机构的规划、调整和中介组织的培育与监管；劳动保障部门做好参保离退休人员基本养老金的发放与管理；财政部门要做好建设资金的划拨与管理；建设规划部门要做好养老机构建设工程的规划设计和质量监督检查；卫生部门要落实好医疗优惠政策；税务部门要落实好税收优惠政策；人口计生部门要扎实推进“奖优免补”政策的实施，继续对全省年满60周岁的农业人口独生子女或生育子女死亡现无子女的父母，按政策规定给予养老生活补助。环保部门加强对养老机构建设的环境进行指导和监管；公安消防部门要做好养老机构的建设工程消防监督、日常消防安全检查和消防常识宣传教育工作，主动为养老机构提供火灾隐患整治技术服务。

（四）制定落实服务质量标准。由省老龄办会同相关部门，对建筑设施、卫生条件、服务范围、服务质量等制定统一的、规范的行业标准和规范，实行年检制和等级评审制。评审工作由省老龄办按标准具体实施。防止在兴办养老机构、从事服务活动中的随意性，促进多层次、多类别的养老服务体系的形成。

（五）积极引导老年人树立新的消费观念。政府和社会舆论应加强宣传、积极鼓动，企业和商家应进行恰当定位宣传，不断推出新的老年服务产品，开展体验销售、真情销售、微利销售等，引导老年人树立新的消费观念，促进养老服务业的良性发展。

（六）建立完善中介服务机构。鼓励为养老服务提供信息支持、管理咨询、人才培训等社会中介组织的发展，充分发挥中介组织群众基础牢，信息资讯多，联系渠道畅，推荐效果好的优势，尽快建立起多层次、多形式、广覆盖的中介组织。

各州（市）、各部门要根据本意见，结合实际，抓紧制定和完善促进养老服务业发展的具体措施。

五、老龄法规政策

（一）《贵州省实施〈中华人民共和国妇女权益保障法〉办法修正案（草案）》于2007年3月30日经十届省人大常委会第二十六会议审议并通过。将对我省保护妇女合法权益，促进男女平等，维护社会稳定和构建和谐贵州，保障《中华人民共和国妇女权益保障法》在我省的贯彻实施发挥重要作用。

（二）贵州省委组织部、省人事厅联合下发《关于机关工作人员工资制度改革后有关离退休（职）问题处理意见的通知》（黔人通〔2007〕115号）及《关于事业单位工作人员收入分配制度改革后有关离退休（职）问题处理意见的通知》（黔人通〔2007〕116号。该两文件结合我省实际，对退休政策进行了调整，从政策措施上落实了离退休老同志的待遇。

（三）省劳动和社会保障厅制定下发了《关于完善企业职工基本养老保险制度有关问题的处理意见》、《关于做好破产国有企业养老保险费核销工作的通知》等文件，并会同省财政厅制定了对52万名企业离退休人员基本养老金待遇的调整方案，积极筹措2.8亿元资金专项用于提高企业离退休人员基本养老金。

（四）省委组织部、省民政厅、省财政厅联合下发《关于及时发放老党员生活补贴经费的通知》（黔民发〔2007〕5号），根据通知要求，我省建国前入党的农村老党员和未享受离退休待遇的城镇老党员全部全额领到了补贴。

（五）为抓好全省非经济强县老干部活动阵地建设，省发改委下发《关于印发68个非经济强县老干部活动中心建设规划的通知》（黔发改投资〔2007〕660号）和《关于印发非经济强县老干部活动中心建设管理办法的通知》（黔发改投资〔2007〕663号），对老干部活动中心建设项目的资金来源、投资规模、建设规模与时间等提出明确要求，2007年末，已审批下拨17个县资金680万元。

贵州省2007年老龄法规政策简介

一、《贵州省实施〈中华人民共和国妇女权益保障法〉办法修正案（草案）》于2007年3月30日经十届省人大常委会第二十六会议审议并通过。将对我省保护妇女合法权益，促进男女平等，维护社会稳定和构建和谐贵州，保障《中华人民共和国妇女权益保障法》在我省的贯彻实施发挥重要作用。

（二）贵州省委组织部、省人事厅联合下发《关于机关工作人员工资制度改革后有关离退休（职）问题处理意见的通知》（黔人通〔2007〕115号）及《关于事业单位工作人员收入分配制度改革后有关离退休（职）问题处理意见的通知》（黔人通〔2007〕116号）。该两文件结合我省实际，对退休政策进行了调整，从政策措施上落实了离退休老同志的待遇。

（三）省劳动和社会保障厅制定下发了《关于完善企业职工基本养老保险制度有关问题的处理意见》、《关于做好破产国有企业养老保险费核销工作的通知》等文件，并会同省财政厅制定了对52万名企业离退休人员基本养老金待遇的调整方案，积极筹措2.8亿元资金专项用于提高企业离退休人员基本养老金。

（四）省委组织部、省民政厅、省财政厅联合下发《关于及时发放老党员生活补贴经费的通知》（黔民发〔2007〕5号），根据通知要求，我省建国前入党的农村老党员和未享受离退休待遇的城镇老党员全部全额领到了补贴。

（五）为抓好全省非经济强县老干部活动阵地建设，省发改委下发《关于印发68个非经济强县老干部活动中心建设规划的通知》（黔发改投资〔2007〕660号）和《关于印发非经济强县老干部活动中心建设管理办法的通知》（黔发改投资〔2007〕663号），对老干部活动中心建设项目的资金来源、投资规模、建设规模与时间等提出明确要求，2007年末，已审批下拨17个县资金680万元。

（广西壮族自治区）关于加快发展我区养老服务业的实施意见

自治区老龄委办公室　自治区发展改革委　自治区教育厅
自治区民政厅　自治区劳动保障厅　自治区财政厅　自治区建设厅
自治区卫生厅　自治区人口计生委　自治区国税局　自治区地税局

（2007年4月25日）　【桂政办发〔2007〕57号】

为适应我区人口老龄化快速发展的形势，满足日益增长的养老服务需求，根据《国务院办公厅转发全国老龄委办公室和发展改革委等部门关于加快发展养老服务业意见的通知》（国办发〔2006〕6号）精神，结合实际，现就加快我区养老服务业发展提出如下意见：

一、充分认识加快发展养老服务业的重要意义

养老服务业是为老年人提供生活照顾和护理服务，满足老年人特殊生活需求的服务行业。随着经济社会的发展，人口老龄化已成为人类社会发展的一个必然阶段，它既是社会文明进步的一个重要标志，也是新形势下社会经济发展中所面临的一项重大挑战。2000年第五次全国人口普查结果显示，我区60岁以上老年人口达480万人，占全区总人口的10.69%；2005年统计部门1%人口抽样调查结果显示，我区60岁以上老年人口已达633万人，占全区总人口的13.59%。五年间，我区老年人口增加了153万人，人口老龄化发展迅猛。我区人口老龄化已呈现出基数大、增长快、高龄化、贫困老年人多等突出特点。随着家庭结构日趋小型化，家庭养老功能逐步弱化，迫切需要加快建立满足老年人特殊生活需求的养老服务业，不断满足老年人的养老需求，解决老年人生活中的实际问题。这既是维护和保障广大老年人的基本生活权利，让他们分享社会发展成果的有效渠道，也是促进相关行业发展，推动经济增长，提高人民生活水平的助推器；既是应对人口老龄化挑战，促进经济与社会协调发展的有效措施，也是落实科学发展观，构建社会主义和谐社会的重要内容。各级各有关部门要充分认识发展养老服务业的重要意义，采取有效措施，推动我区养老服务业的快速发展。

二、加快我区养老服务业发展的主要目标任务

要通过政策引导、政府扶持、社会兴办、市场推动，逐步在我区建立以居家养老为基础、社区（村）养老服务为依托、机构养老为补充的与经济发展和社会需求相适应的养老服务体系、管理体制和运营机制，不断满足老年人在经济供养、医疗保健、生活照料、精神慰藉、文化娱乐等方面的需要，为老年人提供全方位、多层次的养老服务。

（一）积极开展居家养老服务。针对有养老服务需求又不愿离家的各类老年人，各级要建立居家养老工作平台，为其提供日间照料、保健康复、精神慰藉等上门服务或日托服务，形成多层次、多形式和覆盖面广的居家养老服务网络。社区和有条件的行政村，要组建或依托中介组织成立专业化的居家养老服务队伍和为老服务志愿者队伍，并做好管理和培训工作，保证服务质量。要充分发挥老年人协会等群众性组织的作用，组织社区老年人开展形式多样的活动。积极推行“邻里关照”、“结对子”等社会互助式养老活动。各级要着力保障特殊老年群体的养老服务需求，对无劳动能力、无生活来源、无赡养人的老年人和生活困难的老年人及高龄老年人、有特殊贡献的老年人，确定服务项目和标准，提高他们的生活水平。

（二）加强社区养老服务设施建设。各级要统筹规划，把社区养老服务设施建设纳入社区公共服务平台建设范畴，积极筹建综合性老年活动服务中心（站、所），逐步加强和完善社区公共服务功能。到“十一五”期末，基本形成社区有养老服务信息站、居家养老服务站、卫生服务机构，县（市、区）有养老服务中心、托老所等功能齐全的综合性养老服务机构的格局，并以设施网络为基础，建设服务信息网络，实现社区服务管理网络化。要加强对各种为老服务设施的管理，保证其正常运营。社区要积极建立老年人应急呼叫系统，为老年人应急需要提供信息保障。

要充分利用现有的各种基础设施为老年人服务。公园、展览馆、博物馆、文化娱乐场所、图书馆等要向老年人免费或优惠开放，新建相关设施要充分考虑老年人的需要。社区医疗卫生服务机构要为老年人看病就诊提供方便，有条件的地方要将社区医疗卫生服务机构纳入基本医疗保险支付点。此外，要积极发展集体公益性养老服务业，农村公共文体设施要向老年人免费开放和服务。

（三）大力发展社会养老服务机构。各级各有关部门要采取积极措施，鼓励、扶持社会力量参与发展养老服务业，兴办养老服务实体（机构）。要努力提高养老服务机构的管理水平和服务质量，鼓励、引导社会福利养老机构向社会延伸服务功能。养老服务机构要充分利用现有设施和人力资源，积极拓展社区养老服务项目，为有需求的老年人提供生活照顾、体育健身、送餐等多种居家养老服务。凡具备医疗执业资格的社区卫生服务机构要逐步完善服务条件，为老年人提供老年护理、家庭病床、临终关怀等服务。“十一五”期间，要开展“爱心护理院”建设试点，对生活完全不能自理和半自理老年人开展“爱心护理工程”试点和示范工作。

（四）建立和发展养老服务业市场。各级要逐步建立老年用品和服务市场体系。要引导和鼓励各种经济实体开发生产品种多样、经济适用的老年用品和服务产品，并通过展示、示范、宣传等方式正确引导，使老年人树立良好的养老服务消费观念。

三、加快我区养老服务业发展的保障措施

社会化养老服务体系建设，是一项系统工程，也是“十一五”时期的一项重要工作。各级各有关部门要切实加强领导，把加快发展养老服务业列入议事日程，纳入经济社会发展规划，定期或不定期听取养老服务业工作情况的汇报，及时研究解决工作中遇到的新情况、新问题，明确工作目标，完善工作措施，改进服务方式，提高工作效率，形成密切配合、齐抓共管的工作格局。

（一）规范养老服务业的发展。要按照社会主义市场经济规律，从实际出发，积极稳妥地制定建筑设施、卫生条件、质量标准、服务规范等方面的养老服务行业标准，定期或不定期开展服务质量评估和服务行为监督，规范服务行为，促进养老服务业向规范化、标准化发展。

（二）加大投入力度。各级要加大发展养老服务业的财政预算，财政资金投入要注意向农村倾斜。要保证无劳动能力、无生活来源、无赡养人的老年人和生活困难的老年人的基本生活，通过政府购买服务的补贴方式为他们提供养老服务。市、县两级财政应适当安排资金用于鼓励、支持社会团体、企事业单位以及个人等各种社会力量兴办养老服务机构，推动民办养老事业的发展。鼓励金融机构按规定向养老服务机构提供信贷支持。

（三）实行相关优惠政策。对新办非营利性养老机构的建设，经依法批准，可以划拨方式提供土地使用权；乡（镇）、村公益性养老服务机构的建设，经依法批准，可使用集体所有土地。对企事业单位、社会团体以及个人等社会力量和政府部门投资兴办的福利性、非营利性的老年服务机构，享受服务行业的有关优惠政策。企事业单位、社会团体以及个人等社会力量，通过非营利性的社会团体和政府部门向福利性、非营利性老年服务机构的捐赠，在缴纳企业所得税和个人所得税前准予全额扣除。各级也要制定优惠政策，充分调动社会力量，为发展养老服务业提供良好的政策环境。

各级各有关部门要认真总结在发展养老服务业中的好经验、好做法，开展养老服务业示范活动，培养一批养老服务工作先进典型，并进行广泛宣传和推广，发挥其示范作用，以点带面，推动全区养老服务业健康发展。

青岛市城镇居民基本医疗保险暂行办法

青岛市人民政府令第191号

《青岛市城镇居民基本医疗保险暂行办法》已于2007年5月15日经市人民政府第31次常务会议审议通过，现予公布，自2007年7月1日起施行。

市长　夏耕

二〇〇七年五月十七日

第一章　总　则

第一条　为保障城镇居民基本医疗，建立覆盖各类城镇居民的多层次医疗保障体系，根据国家、省有关规定，结合本市实际，制定本办法。

第二条　本办法适用于本市市南区、市北区、四方区、李沧区、崂山区、黄岛区、城阳区行政区域内未纳入城镇职工基本医疗保险范围内的下列城镇居民：

（一）中等以下学校的在校学生、托幼机构的在册儿童和其他具有本市城镇户籍未满18周岁的少年儿童（以下简称少年儿童）；

（二）驻青高校以及高等职业技术学校的全日制在校学生（以下简称大学生）；

（三）具有本市城镇户籍，完全丧失或者大部分丧失劳动能力的重症残疾人员（以下简称重度残疾人员）；

（四）具有本市城镇户籍，男满60周岁、女满50周岁的居民（以下简称老年居民）；

（五）具有本市城镇户籍未参保的其他非从业人员（以下简称城镇非从业人员）。

第三条　城镇居民基本医疗保险制度坚持以下原则：

（一）医疗保障水平与本市经济发展水平和各方承受能力相适应，重点保障住院和门诊大病医疗，不建立个人账户。逐步试行门诊医疗费用统筹的保障方式；

（二）基本医疗保险费按照以收定支、收支平衡、略有结余的原则筹集和使用。医疗保险费在个人和家庭负担的基础上，财政给予适当补助，接受社会捐助；

（三）各类人群医疗保障制度之间基本政策平衡衔接；

（四）医疗保险、医疗卫生、医药流通三项制度改革协同推进、配套实施。

第四条 市劳动保障行政部门负责本市城镇居民基本医疗保险的行政管理工作。

社会保险经办机构具体负责城镇居民基本医疗保险基金的征收、支付和管理工作。街道劳动保障服务中心在区劳动保障行政部门监督管理下做好保险费的收缴工作。

财政、卫生、物价、审计、教育、民政、人口计生、食品药品监督、工会、残联等部门，应当按照各自职责做好城镇居民基本医疗保险的有关工作。

各区政府、街道办事处、居民委员会负责本辖区内城镇居民参保的组织工作。

第二章 基金的筹集

第五条 城镇居民基本医疗保险费按照以下标准筹集：

（一）少年儿童按照每人每年100元的标准筹集。其中，个人缴纳40元，财政补助60元。少年儿童属独生子女的，财政另外补助5元。

（二）大学生按照每人每年40元的标准筹集。其中，财政补助20元，其余部分由个人或者原渠道解决。

（三）重度残疾人员按照每人每年900元的标准筹集。其中，个人缴纳150元，财政补助750元。

（四）老年居民个人按照每人每年900元的标准筹集。其中，个人缴纳300元，财政补助600元。

（五）城镇非从业人员按照每人每年900元的标准筹集。其中，个人缴纳720元，财政补助180元。

筹资标准依据城镇居民医疗保险费收支情况适时调整。

享受城镇居民最低生活保障待遇家庭、特困职工家庭的参保人和优抚对象，其个人缴费部分，由财政全额补助。

第六条 城镇居民基本医疗保险费由以下单位负责收缴：

（一）在校学生、托幼机构在册儿童，由所在学校、托幼机构负责代收；

（二）老年居民、重度残疾人员、城镇非从业人员以及其他少年儿童，由其户籍所在地或者居住地街道的劳动保障服务中心负责收缴。

财政补助资金由市、区两级财政分担，按年度直接划拨到城镇居民基本医疗保险基金账户。

第七条 各收缴单位应当做好基本医疗保险费收缴、医疗保险、政策宣传、参保信息登记和变更工作，协助社会保险经办机构做好参保信息确认等其他相关工作，及时将城镇居民基本医疗保险费移交社会保险经办机构，不得截留、挪用。

第八条 城镇居民基本医疗保险费每年8月1日至9月30日为缴费期。9月30日前缴费的，从10月1日起享受基本医疗保险待遇。每年的10月1日至次年的9月30日为一个保险年度。

新生儿等新出现的符合参保条件的人员，可即时参保缴费，缴费次月起享受基本医疗保险待遇。

第九条 参加城镇居民基本医疗保险的城镇非从业人员，从业后参加城镇职工基本医疗保险的，在退休时如达不到城镇职工基本医疗保险最低缴费年限，其城镇居民基本医疗保险的累积缴费额可折抵其城镇职工基本医疗保险费补缴额。

第十条 城镇居民符合参保条件未及时参保缴费的，在以后年度参保时应当补缴历年应当由个人负担的基本医疗保险费，自缴费次月起享受基本医疗保险待遇。

城镇居民中断参保缴费的，续保时须补缴中断期间应当由个人负担的基本医疗保险费，自缴费次月起享受基本医疗保险待遇。中断期间发生的医疗费用基本医疗保险基金不予支付。

第三章 基本医疗保险待遇

第十一条 城镇居民基本医疗保险主要保障大病住院医疗和大病门诊医疗。对老年居民、重度残疾人员适当兼顾普通门诊医疗，对少年儿童和大学生适当兼顾意外伤害门诊医疗。

第十二条 城镇居民基本医疗保险的用药范围、诊疗项目、服务设施范围和支付标准按照城镇职工基本医疗保险相关规定执行。适当增加适宜少年儿童诊疗的药品、诊疗项目和服务设施。具体办法由市劳动保障行政部门另行制定。

第十三条 老年居民、重度残疾人员试行普通门诊医疗费定点定额包干管理，患病需门诊治疗的，应当选择一家社区卫生服务机构作为本人门诊定点医疗机构。一个年度内，在本人定点社区卫生服务机构发生的门诊医疗费累计超过100元的，超过部分由基本医疗保险门诊统筹金按照30%的标准支付。在非本人定点社区卫生服务机构发生的门诊医疗费，基本医疗保险基金不予支付。

第十四条　老年居民、重度残疾人员和城镇非从业人员患病需住院治疗的，其住院医疗费纳入基本医疗保险基金支付范围。住院医疗费的起付标准，按照城镇职工基本医疗保险的规定执行。

起付标准以上的医疗费，按照分档累加计算的办法，由基本医疗保险基金按以下标准支付：5000元以下部分，在三级医疗机构支付50%，在二级及以下医疗机构支付60%；5000元至10000元部分，在三级医疗机构支付55%，在二级及以下医疗机构支付65%；10000元至20000元部分，在三级医疗机构支付60%，在二级及以下医疗机构支付70%；20000元以上部分，不分医疗机构级别，统一支付70%。

在一个医疗年度内，基本医疗保险基金最高支付限额为10万元。

第十五条　老年居民、重度残疾人员和城镇非从业人员患大病需门诊治疗的，经社会保险经办机构审定，其门诊大病医疗费纳入基本医疗保险基金支付范围。门诊大病病种及审定标准，按照城镇职工基本医疗保险门诊大病的相关规定执行。

门诊大病医疗费实行限额管理，一个医疗年度单独设立一次起付标准。起付标准按照城镇职工基本医疗保险的规定执行。

起付标准以上的医疗费，在定点社区卫生服务机构的基本医疗保险基金支付60%；在其他定点医疗机构的基本医疗保险基金支付50%。

尿毒症透析治疗、器官移植抗排异治疗、白血病、恶性肿瘤放化疗患者的门诊医疗费不单独设立起付标准，基本医疗保险基金的支付标准按照住院标准执行。

经审定患大病门诊治疗的患者，治疗非审定病种发生的门诊医疗费，基本医疗保险基金按照普通门诊规定支付。

第十六条　少年儿童、大学生患病需住院治疗的，其住院医疗费纳入基本医疗保险基金支付范围。

住院医疗费的起付标准，按照三级医疗机构500元、二级及以下医疗机构300元标准设立。在一个医疗年度内，第一次住院的，起付标准按照100%执行；第二次住院的，起付标准按照50%执行；第三次及以上住院的，不再设立起付标准。

起付标准以上的医疗费，按照分档累加计算的办法，由基本医疗保险基金按以下标准支付：5000元以下部分，在三级医疗机构支付70%，在二级及以下医疗机构支付75%；5000元至10000元部分，在三级医疗机构支付80%，在二级及以下医疗机构支付85%；10000以上部分，不分医疗机构级别，统一支付90%。

在一个医疗年度内，基本医疗保险基金最高支付限额为12万元。

第十七条　少年儿童、大学生患大病需门诊的，经社会保险经办机构审定，其门诊医疗费纳入基本医疗保险基金支付范围。门诊大病病种及审定标准，按照城镇职工基本医疗保险的规定执行，并由市劳动保障行政部门根据少年儿童医疗特点和管理实际适当调整。

门诊大病一个医疗年度单独设立一次起付标准。起付标准以上的医疗费由基本医疗保险基金按照住院标准支付。

尿毒症透析治疗、器官移植抗排异治疗、白血病、恶性肿瘤放化疗患者的门诊医疗费不单独设立起付标准。

第十八条　少年儿童、大学生因意外伤害发生的门急诊医疗费用，超过100元以上的部分，由基本医疗保险基金支付90%，在一个医疗年度内最高支付限额为2000元。

第十九条　享受独生子女待遇的少年儿童，其住院医疗、大病门诊医疗、意外伤害门急诊医疗的费用，基本医疗保险基金在上述支付比例的基础上增加5个百分点。

第二十条　参保人因意外伤害事故发生的医疗费，无责任人的，由基本医疗保险基金按照相应标准支付；有责任人的，应当先由责任人给予赔偿，赔偿的医疗费达不到基本医疗保险基金支付标准的，由基本医疗保险基金补足差额。

责任人确无赔偿能力或者无法确定责任人的，其医疗费由基本医疗保险基金按照相应标准支付。

第二十一条　参保人因病情需要转院到外地住院治疗的，须由本市三级以上定点医院或者市级专科医院出具转诊手续，并报社会保险经办机构批准。在外地发生的基本医疗保险范围内的住院医疗费，由基本医疗保险基金按照本办法第十四条、第十六条的规定并降低5个百分点支付。

第二十二条　参保人因探亲、休假等原因在异地发生的急诊住院医疗费，可纳入基本医疗保险基金支付范围。具体管理办法按照城镇职工基本医疗保险的相关规定执行。

第四章 医疗服务管理

第二十三条 城镇居民基本医疗保险实行定点医疗机构管理，参保人应当到定点医疗机构就医。定点医疗机构的范围及管理办法，按照城镇职工基本医疗保险的相关规定执行。

第二十四条 老年居民、重度残疾人员的普通门诊医疗实行社区定点和协议管理制度。定点社区卫生服务机构应当与参保人签订医疗服务协议，明确双方权利义务。

鼓励参保人以家庭为单位与定点社区卫生服务机构签订医疗服务协议。以家庭为单位签订协议的，其家庭成员均可享受医疗保险有关优惠政策。

第二十五条 老年居民、重度残疾人员基本医疗保险实行社区首诊及转诊制度。参保人应当选择一家社区卫生服务机构作为本人定点社区卫生服务机构。参保人患病首先在本人定点社区卫生服务机构就诊，因病情需要转诊的，所在社区卫生服务机构应当及时为患者办理转诊登记手续。

未经社区卫生服务机构办理转诊登记手续而发生的住院医疗费用，基本医疗保险基金不予支付。急诊、手术住院治疗、抢救直接住院治疗的除外。

参保人可以自由变更定点社区卫生服务机构。参保人需变更定点社区卫生服务机构的，原定点社区卫生服务机构应当予以配合，不得干涉。

第二十六条 建立家庭医生联系人制度。参保人可在定点社区卫生服务机构中选择一名具备相应资格的医生作为家庭医生联系人，签订服务协议，明确双方权利义务。家庭医生联系人代表社区卫生服务机构对签约人及家庭成员提供医疗服务。

第二十七条 定点社区卫生服务机构及家庭医生联系人，应当为参保人及其家庭成员开展预防保健，实施慢性病干预，设立家庭病床，提供出诊、巡诊、双向转诊及老年医疗护理等其他社区卫生服务。

第二十八条 每年从福利彩票公益金财政专户中划拨 2000 万元，专项用于补偿定点社区卫生服务机构为参保人提供的健康查体、预防保健、慢性病干预等医疗保险服务支出。

第五章 基金的管理和监督

第二十九条 城镇居民基本医疗保险基金实行收支两条线，纳入财政专户管理，专款专用，任何单位和个人不得挤占、挪用。

第三十条 城镇居民基本医疗保险基金执行统一的社会保险基金预决算制度、财务会计制度和内部审计制度。

第三十一条 社会保险经办机构负责城镇居民基本医疗保险预决算草案的编制、基金的筹集和医疗费的结算给付、基金的会计核算等工作。

社会保险经办机构应当建立健全内部管理制度，加强城镇居民基本医疗保险基金收支管理，并接受审计、财政、劳动保障等行政部门的监督检查。

社会保险经办机构所需事业经费由财政预算安排，不得从基金中提取。

第三十二条 劳动保障行政部门负责对城镇居民基本医疗保险基金筹集、管理和使用情况的监督检查，审核社会保险经办机构编制的城镇居民基本医疗保险基金预决算草案。

第三十三条 财政部门负责城镇居民基本医疗保险基金财政专户核算，审定基金预决算。

审计部门依法负责对城镇居民基本医疗保险基金收支和管理情况进行审计。

第三十四条 城镇居民基本医疗保险基金的收支管理情况，应当定期报告市社会保险基金监督委员会，并定期向社会公布，接受社会监督。

第六章 法律责任

第三十五条 城镇居民基本医疗保险费的收缴单位有下列行为之一的，由市劳动保障行政部门责令限期改正；拒不改正的，对主要负责人和直接责任人分别处以 500 元以上 1000 元以下罚款；构成犯罪的，依法追究刑事责任。

（一）不按规定收缴基本医疗保险费的；

（二）不按规定为参保人办理参保信息登记、变更或者信息确认的；

（三）截留、挪用基本医疗保险费的。

第三十六条 定点社区卫生服务机构及其工作人员有下列行为之一的，由市劳动保障行政部门对定点社区卫生服务机构处以 5000 元以上 20000 元以下罚款，对直接责任人处以 500 元以上 1000 元以下的罚款；情节严重的，暂停或取消其定点资格。

（一）伪造医疗文书，骗取医疗保险基金的；

（二）将不符合转诊条件的参保患者转诊的；

（三）未及时为参保患者办理转诊手续的；

（四）与医院恶意串通转诊的；

（五）其他违反城镇居民基本医疗保险管理规定的。

第三十七条　参保人骗取基本医疗保险基金的，由市劳动保障行政部门责令退还，并处骗取金额1倍以上3倍以下的罚款，暂停其一年的基本医疗保险待遇；构成犯罪的，依法追究刑事责任。

第三十八条　基本医疗保险定点医疗机构、社会保险经办机构、劳动保障行政部门及其工作人员的法律责任按照《青岛市城镇职工基本医疗保险规定》第五十三条、五十四条、五十六条、五十七条的规定执行。

第三十九条　当事人对劳动保障行政部门的行政处罚决定不服的，可以依法申请行政复议或者提起行政诉讼。当事人逾期不履行行政处罚决定的，由作出行政处罚决定的行政机关依法申请人民法院强制执行。

第七章　附　则

第四十条　城镇居民基本医疗保险基金的筹集标准和待遇标准按照收支平衡、待遇逐步提高的原则，由市劳动保障行政部门会同市财政部门适时提出调整意见，报市政府批准后实施。

第四十一条　本办法未涉及的其他事项，参照《青岛市城镇职工基本医疗保险规定》及有关规定执行。

即墨市、胶州市、胶南市、莱西市、平度市应当参照本办法制定本市城镇居民医疗保险的有关规定，并报市政府备案。城镇居民基本医疗保险费，由当地社会保险经办机构筹集和管理，适时纳入全市统筹。

第四十二条　本办法自2007年7月1日起施行。

（青岛市）关于进一步做好被征地农民社会基本养老保险工作的通知

（2007年8月8日）　【青政办发〔2007〕30号】

各区、市人民政府，市政府各部门，市直各单位：

为进一步做好即墨、胶州、胶南、平度、莱西市（以下简称五市）被征地农民社会基本养老保险工作，实现被征地农民即征即保，根据劳动保障部、国土资源部《关于切实做好被征地农民社会保障工作有关问题的通知》（劳社部发〔2007〕14号）和《山东省人民政府办公厅转发省劳动保障厅关于进一步做好被征地农民就业培训和社会保障工作的意见的通知》（鲁政办发〔2006〕99号）精神，结合我市实际，现就有关问题通知如下：

一、做好被征地农民调查和参保方案制定工作

五市国土资源部门在开展征地调查时，应会同当地劳动保障部门做好被征地农民相关情况的调查工作。五市劳动保障部门根据调查摸底情况，制定被征地农民社会基本养老保险即征即保方案，经同级国土资源部门、财政部门确认后，报当地政府审批。方案应包括以下内容：

（一）参保人员范围。征地协议签订当年，年满18周岁及以上的被征地农民，除在校学生和已参加城镇职工基本养老保险的外，均属于参保范围。五市人民政府应参照征地需要安置的农业人口数确定参保总人数，按照所征土地的原土地承包人确定具体参保对象。

（二）缴费标准。缴费基数按参保时各市上年度农民人均纯收入确定。缴费比例不得低于各市被征地农民养老保险暂行办法规定的最低缴费比例，其中，参保个人和村集体缴费比例之和应不低于12%，市、镇两级财政补助比例之和应不低于4%。缴费年限根据参保人员年龄确定，参保时年龄小于领取养老金年龄的（男60周岁、女55周岁），一次性最低缴纳15年；参保时年龄达到或超过领取养老金年龄的，按各市规定的缴费年限一次性缴纳。

（三）资金来源。被征地农民的安置补助费应优先用于个人缴费，土地补偿费等村集体土地收益部分应优先用于村集体缴费。镇级财政补助资金从土地收益和财政收入中列支，市级财政补助资金从社会保险储备金中列支，不足部分由当地政府从国有土地有偿使用收入中解决。

（四）待遇水平。被征地农民基本养老保险待遇不得低于农村最低生活保障水平。

被征地农民社会基本养老保险即征即保方案要纳入征地报批前告知、听证等程序，切实维护被征地农民的知情权和参与权。五市在呈报征地报批材料时，应将参保方案作为必备要件随建设用地报批资料同时上报。

二、确保参保资金按时足额到位

被征地农民参加社会基本养老保险，个人和村集体缴纳的资金，应在征地补偿安置方案批准之日起3个月内足额缴入“被征地农民社会保障资金专户”；市、镇两级财政补助资金，由财政部门同时划入。资金全部到位后，由劳动保障部门按规定记入农村社会养老保险个人账户和统筹账户，并及时办理参保手续。被征地农民社会基本养老保险方案和资金不落实，未按规定履行征地报批前有关程序的，一律不予供地。

三、逐步扩大保障范围

五市在确保被征地农民即征即保的同时，要加大工作力度，扩大新型农村社会基本养老保险覆盖范围，逐步将成建制“转非村”、城市规划范围内村庄、全国重点小城镇、新农村建设示范村和经济条件较好的村纳入保障范围。要加强宣传，发挥典型示范作用，确保完成我市“十一五”规划确定的新型农村社会基本养老保险工作目标。

四、切实加强组织领导

做好被征地农民社会基本养老保险工作，是构建和谐社会、建设社会主义新农村的重要内容。五市人民政府要对被征地农民社会基本养老保险工作负总责，实行“一把手”负责制，切实抓紧抓好。要建立完善农村社会保险计算机网络，加强农保经办队伍建设，保障工作经费，确保工作正常开展。各级劳动保障、国土资源、财政等部门要认真履行职责，密切配合，形成合力，切实保障被征地农民原有生活水平不降低，长远生计有保障。

（宁波市）
关于加快发展养老服务业的实施意见

（2007年4月17日）　【甬政办发〔2007〕67号】

各县（市）、区人民政府，市政府各部门、各直属单位：

为贯彻落实《国务院办公厅转发全国老龄委办公室和发展改革委等部门关于加快发展养老服务业意见的通知》（国办发〔2006〕6号）和《浙江省人民政府办公厅关于促进养老服务业发展的通知》（浙政办发〔2006〕84号）等文件精神，加快建立和完善与我市经济社会发展水平相适应、基本满足老年人生活需求的养老服务体系，促进养老服务事业发展，现提出以下实施意见：

一、充分认识加快发展养老服务业的重要意义

养老服务业是为老年人提供生活照料和护理服务，满足老年人特殊生活需求的服务行业。我市人口老龄化发展速度较快，到2006年末，全市60周岁以上老年人口达到84.08万人，占全市总人口的14.93%，其中80周岁以上高龄老人达到11.57万人。预测到2010年，全市60周岁以上老年人口将接近100万人。广大老年人曾为国家、社会和家庭作出了重要的奉献，对他们的晚年生活应当重视和关心。随着经济社会的发展，人民生活水平的提高，社会生活方式的转变，老年群体对生活照料、精神慰藉、康复、护理等方面的需求也日益增长。加快发展我市养老服务业，保障老年人享受经济社会发展成果，不断提高老年人的生活和生命质量，是积极应对人口老龄化的重要举措，是坚持以人为本，贯彻落实科学发展观，构建社会主义和谐社会的重要内容，是社会文明进步的重要标志。加快发展我市养老服务业，也有利于促进相关行业发展，增加社会就业岗位，实现经济又好又快增长，提高人民生活质量和水平。各级政府和各有关部门要充分认识发展养老服务业的重要意义，进一步统一思想，提高认识，积极采取有效措施，促进养老服务业加快发展。

二、明确工作重点，进一步健全养老服务体系

发展养老服务业要按照政策引导、政府扶持、社会兴办、市场推动的原则，加快构建以居家养老为基础、社区服务为依托、机构照料为辅助，各类养老服务机构协调发展、多种养老方式相互补充、老年用品和服务市场配套齐全的社会化养老服务体系，形成以面向全体老年人服务为发展宗旨，能满足老年群体多层次、多样化服务需求的养老服务新格局。

（一）加强规划，大力发展养老服务机构。在城乡规划和建设中，各级政府和有关部门要按照合理布局的原则，将社会福利院、敬老院、老年公寓、养老院和社区养老服务设施等养老服务机构建设优先纳入规划，落实建设用地或提供相应的场所。要创新机制，建立公开、平等、规范的准入制度，鼓励和支持社会力量多形式、多渠道创办养老机构，增加社会养老服务床位总量；引入市场机制，支持和鼓励社会力量多形式参与国有社会福利养老设施的建设和经营，稳步推进国办养老机构改革。同时，各级政府要重点办好农村“五保”和城镇“三无”老人集中供养敬老院和示范性、窗口性社会福利养老机构。

（二）加大力度，着力推进居家养老服务。要坚持以社区为依托，按照就近、方便的原则，在社区建设完善老年活动场所和服务设施，根据老年人的需求，建立居家养老服务中心，向老年人提供定点服务和上门服务，并不断丰富服务项目和服务内容，提高服务功能和服务质量，更好地满足居家老年人的服务需求。具体意见按照宁波市人民政府办公厅《关于推进居家养老服务工作的若干意见》（甬政办发〔2006〕17号）贯彻执行。

（三）加强引导，积极拓展为老服务。鼓励社会力量兴办和拓展以老年人为主要对象的家政照料、医疗保健、精神慰藉、应急救援等服务机构和服务业务，加大对以护理康复为主要服务内容的养老服务机构和服务行业的扶持力度；支持医疗机构发挥优势，开展老年护理、临终关怀等服务。有条件的社区卫生服务中心要开设老年康复病房（区）。鼓励科研院所和企业开发、生产适合老年人康复、益智等特殊用品，发展老年旅游、保险等服务市场，不断满足老年人的多方面需求。

三、加大养老服务事业发展的政策扶持

（一）搞好养老服务机构的分类管理。养老服务机构按其机构性质划分，可分为福利性、非营利性和营利性养老服务机构。福利性养老服务机构是指在事业单位登记管理机关办理登记手续（即国办养老机构）的养老服务机构；非营利性养老服务机构是指在民办非企业单位登记管理机关办理登记手续的养老服务机构；营利性养老服务机构是指在工商行政管理部门办理登记手续的养老服务机构。

福利性、非营利性养老服务机构的收养对象在充分保障农村“五保”、城镇“三无”老人集中供养的基础上，重点向生活自理困难且家庭难以照料老人、独居（空巢）高龄老人倾斜。营利性养老服务机构的收养对象由投资者根据市场需求自行决定。

筹办各类养老服务机构由民政部门实行前置审批，开业前到民政部门领取开业许可证，并按规定到登记机关办理登记手续。

（二）加大财政对养老服务事业的投入。县（市）、区财政应建立养老服务工作专项经费，专项经费列入当地财政预算。在继续安排好国办养老机构建设资金的同时，每年安排一定的资金用于民办养老服务机构及居家养老服务组织的补助、贷款贴息和低收入困难老年人养老补贴等。

（三）项目优先审批。规划部门对符合城市规划的新建养老服务机构项目应给予优先审批。

对列入规划的包括已建成的养老服务机构，其他部门和单位不得挤占或改变用途。因国家建设需要拆迁或占用的，应按照有关拆迁办法给予补偿安置。

（四）优先安排养老服务机构建设用地。国土资源部门要优先安排养老服务机构建设用地，对福利性、非营利性养老服务机构采取划拨方式供地。对不具有划拨用地条件的，也可采取协议出让或招标、拍卖、挂牌等方式供地，但应严格审批，确保土地用于养老服务事业。企事业单位、社会团体和个人闲置的房产，经国土资源等管理部门批准可兴办养老服务机构。

非营利性养老服务机构建设可参照享受国办养老机构的减免建设配套费等优惠政策。

（五）采取以公建民营、民办公助、购买服务、政府补贴等形式发展养老服务业。民政部门对政府投资新建的养老服务机构，条件具备的，可通过公开招标等方式，择优选择承办主体实行民营。由公共财政投入且闲置的国有房产经财政、国有资产管理等部门批准可改造为养老服务机构。

财政部门对床位在50张以上（含50张）的非营利性养老服务机构，新建的按核定床位数每张床位不高于2000元的标准，分二年给予开办补助；属于改扩建的按核定床位数，分三年给予开办补助，每张床位每年补助不高于500元，由同级财政在上述标准内予以补助。受补助的非营利性养老服务机构五年内不得改变用途，五年后改变用途的，须经所在地政府部门批准。

对已开业的非营利性养老服务机构和老年服务实体开办的补助标准，由所在地县（市、区）政府根据实际情况确定。

对经调查评估城区经济和生活自理困难且家庭难以照料的重点优抚对象、独居（空巢）高龄及其他有特殊困难的老年居民，根据其生活自理状况及意愿确定养老方式，由政府提供购买居家养老服务或入住养老服务机构补贴，所需资金原则上由同级财政承担，市财政视情给予适当补助。具体实施办法由市民政局会同市财政局另行制定。

各地政府可逐步采取招标等方式，将经调查评估符合条件的困难老年居民，交与养老服务机构和老年服务实体承担养老护理或生活照料等服务，并提供一定补贴。

（六）改革和完善养老服务机构收费管理制度。对福利性、非营利性的养老服务机构，其收费标准按补偿成本原则确定，报同级物价、财政、民政部门核准并备案，非营利性养老服务机构收费标准可根据实际成本适当高于福利性养老服务机构。对营利性养老服务机构，其收费标准根据设施条件、服务项目等，自主确定，实行明码标价，市场调节。

（七）减免养老服务机构的有关税费。认真落实国家对福利性、非营利性老年服务机构的税费扶持政策，暂免征收社会福利院、敬老院、老年公寓、养老院、托老所等养老服务机构企业所得税、养老服务收入营业税，以及老年服务机构自用房产、土地、车船的房产税、城镇土地使用税和车船使用税。营利性养老服务机构要照章纳税，如纳税确有困难的，按照税法管理权限，报经税务部门批准，可给予减免。减免养老服务机构行政事业性收费（国家法律法规另有规定的除外）；养老服务机构缴纳水利建设专项资金确有困难的，报经税务部门批准，可予以减免照顾。

政府主办和特许经营的供水、供电、供气、通信、有线（数字）电视等经营单位，应为养老服务机构提供优质服务和优惠收费。其中用水、用电、用气（燃料）等与居民用户实行同价，并免收相应的配套费；免收养老服务机构电话、有线（数字）电视、宽带互联网一次性接入费，并减半收取通信费、听视费。

对企事业单位、社会团体以及个人等社会力量，通过经批准成立的非营利性的公益性社会团体和基金会或政府部门向福利性、非营利性老年服务机构的捐赠，准予在缴纳企业所得税和个人所得税前全额扣除。

（八）优化金融服务。金融机构要支持老年社会福利事业发展，在符合市场原则的前提下，对养老服务机构及其建设项目积极提供融资便利，并提供优惠利率。对经论证前景好、规模大、市场急需的养老服务机构建设项目，财政部门要给予必要的贷款贴息。

（九）支持养老服务机构开展对外服务。养老服务机构具备对外开展护理、康复及医疗服务条件的，可申请纳入社区医疗机构设置规划。养老服务机构所办医疗机构符合申请医疗保险定点医疗机构资格条件的，经审批可纳入城镇职工基本医疗保险定点范围。养老服务机构所办医疗机构纳入医疗保险定点范围后，其休养人员中的基本医疗保险参保人员，在医疗机构就医所发生的医疗费用，按基本医疗保险的规定支付。

鼓励和支持养老服务机构利用其服务设施和服务资源，为居家老年人提供生活照料、医疗保健、护理康复、文化娱乐、心理慰藉等多种养老服务。

（十）支持养老服务从业人员的职业技能培训。由劳动保障部门对养老服务机构和居家养老服务组织的从业人员，免费提供初次养老护理、家政服务等相关职业技能培训，经职业技能鉴定，合格者发给相应的职业资格证书，实行持证上岗。培训、技能鉴定所需经费由所在县（市、区）财政承担。有关部门要鼓励和支持有条件的养老服务机构开展此类职业技能培训业务。

（十一）允许非营利性养老服务机构投资者提取合理收益。非营利性养老服务机构投资者拟提取收益的，可在核算机构运行成本、预留发展基金以及按照国家有关规定提取其他必需的费用后，经审计符合规定的，可从年经营结余中不高于30%且不超过固定资产和流动资金原始投入的5%提取收益，但应承担亏损的相应责任。

四、加强领导，落实责任，促进养老服务业健康发展

（一）各级政府要加强组织领导，把加快发展养老服务业列入议事日程，进一步强化社会管理和公共服务职能，整合和利用各种资源，加大对养老服务事业的倾斜。各县（市）、区政府要从本区域人口老龄化及为老服务的需求出发，制定区域养老服务事业发展规划和养老服务机构布局规划，明确养老服务机构建设规模和进度安排，到“十一五”期末，使各类养老服务机构的总床位数达到每百名老人3张。

（二）民政部门要会同有关部门制定和完善建筑设施、卫生条件、质量标准、服务规范等与养老服务有关的行业标准，对养老服务机构和老年服务实体定期开展服务质量评估和服务行为监督，探索建立老年服务志愿者、照料储蓄、长期护理保险等社会化服务制度，加强养老服务市场的规范管理，不断提高养老服务业的规范化、标准化水平。要加快培育发展养老服务行业中介组织，发挥其在行业自律、评估监督、沟通养老服务机构与政府联系等方面的作用。

（三）发展改革、财政、劳动保障、规划、建设、文广新闻出版、卫生、税务、工商、物价、国资、国土资源、城管、广电、电业、电信、金融、慈善等部门要切实履行职责，认真落实各项扶持政策；加强协调，密切配合，及时研究解决养老服务业发展中的问题，促进养老服务体系建设。

（四）各类养老服务机构和老年服务实体要严格遵守国家有关法律、法规和规定，建立健全各项管理制度，自觉接受有关部门的监督，不断提高服务和管理水平。

各县（市）、区政府应根据本意见的精神，结合当地实际，尽快制定和完善促进养老服务业发展的具体实施办法并认真组织实施，确保养老服务业加快发展。

第四部分

全国老龄工作

全国老龄工作委员会办公室

一、认真传达贯彻全国老龄工作委员会第九次全体会议精神

按照会议部署，扎实开展各项工作，做好综合协调，当好参谋助手，切实发挥职能作用。

二、积极推进农村老龄工作

针对农村老年人养老、医疗、精神文化生活以及空巢家庭、隔代家庭、失地农户中的老人、独生子女户的老人、“留守老人”养老等新问题，组织“农村老年人生活状况调查”，推动有关部门完善落实有关政策措施。加强农村老年群众组织的规范化建设，充分发挥其在建设社会主义新农村中的积极作用。

三、大力推动居家养老服务工作

组织编写发布《大中城市居家养老服务研究报告》和《全国城乡老年人生活状况追踪调查报告》。针对居家养老体系建设中的关键性问题，研究起草《关于加快发展居家养老服务工作的指导意见》。颁布实施《养老机构等级划分与评定标准》，加强为老服务基础设施的建设和规范化管理，并研究起草为老服务的系列标准和规范。

四、开展《中华人民共和国老年人权益保障法》修订

协调配合有关部门启动《中华人民共和国老年人权益保障法》修订工作，成立修法领导小组及办公室，整理研究相关资料，系统开展专题调研，了解掌握《中华人民共和国老年人权益保障法》实施过程中出现的难点、热点问题，并提出具体的评估报告。

五、启动实施“爱心护理工程”

协调有关部门修订《“爱心护理工程”“十一五”建设规划》，会同相关部委起草制定《“爱心护理工程”“十一五”建设规划》实施方案、“爱心护理工程”建设标准，开展爱心护理院从业人员资格标准和爱心护理服务标准的调研。积极开展社会力量兴办养老服务机构的调查研究。

六、切实加强宣传文化工作

充分发挥各类媒体优势，努力办好老龄专业报刊，多角度开展及时有效的新闻报道和宣教活动。支持有影响的大型老年文化活动，努力打造“重阳节”老年系列文化活动品牌。

七、积极开展国际交流与合作

支持和协助中国老年学学会做好2007年亚大地区老年学和老年医学大会的各项工作。按照联合国关于在全球范围开展《马德里国际老龄行动计划2002》5年执行情况评估的决议，认真组织编写中国执行国际老龄行动计划和亚太地区实施战略情况的国家报告。认真执行好联合国人口基金第六周期援华老龄项目和欧盟援华扶贫项目。

八、进一步加强自身建设

以能力建设为重点，加强干部队伍建设，提高综合协调能力、学习研究能力和组织指导工作能力。加强老龄科研队伍建设，不断提高科研人员的专业研究能力、理论创新能力和成果转化能力。

中央组织部

一、进一步加强老干部思想政治建设

以邓小平理论和“三个代表”重要思想为指导，全面落实科学发展观，深入学习贯彻党的十六大和十六届六中全会精神，继续举办中央和国家机关司局级以上老干部形势报告会，进一步落实老干部的政治待遇。指导各地各部门采取多种形式，组织广大老同志认真学习六中全会精神，深化对党中央十六大以来提出的一系列重大战略思想的学习，增强广大老干部以科学理论武装头脑，在政治上、思想上、行动上与党中央保持一致的自觉性和坚定性，以优异的成绩迎接党的十七大胜利召开。

二、进一步加强和改进离退休干部党支部建设工作

加大培训和宣传力度，加强分类指导；开拓创新，突出重点；根据不同地区部门党支部设置形式的不同情况，采取切实有效措施落实。

三、进一步落实好老干部生活待遇

抓住离休干部“两费”落实中的薄弱环节，深入研究，提出切实可行的措施，进一步巩固和完善“三个机制”。加大督促指导力度，推动“三个机制”的有效运转。完善国有改制和破产企业离休干部管理服务工作，认真研究解决存在的突出问题。推进中央企业离休干部参加所在地离休干部医药费单独统筹工作。认真处理老干部来信来访，解决老干部最关心、最直接、最现实的利益问题。

四、加强老干部活动中心、老年大学工作

进一步改善基础设施和整体环境，丰富活动和学习内容、改进活动和学习方式，使老干部活动中心、老年大学工作更加富有活力、富有成效。

五、积极做好调查研究和信息宣传工作

认真总结实践中的好做法好经验，深入研究新情况新问题，研究制定《关于进一步加强新形势下老干部工作的意见》。指导各地各部门深入开展调查研究，做好调研成果的转化运用。

六、突出抓好老干部工作队伍思想政治建设和业务能力建设

进一步加强老干部工作队伍教育培训，健全和巩固保持先进性的长效机制，不断提高思想政治素质和政策运用、管理服务和开拓创新能力。

中央宣传部

一、积极组织进行党和政府有关老龄工作方针政策的宣传，引导和协调新闻单位配合进行“六个老有”的宣传。

二、与有关部委联合开展活动，广泛宣传推广老龄工作先进经验和敬老典型，推动尊老、爱老、助老的良好社会氛围形成。

中央直属机关工作委员会

一、切实落实好老同志的政治待遇

努力做好老同志政治理论学习的服务工作，重点做好学习材料、学习用品、学习场所的保障服务工作。根据老同志特点，采取集中学习与分散自学、阅读文件与专题讨论相结合等多种适合老同志的学习方式。开展适合老同志特点的活动，保障离退休老党员党内民主权利的充分行使，努力营造有利于十七大胜利召开的良好环境氛围。进一步建立健全并坚持、完善、落实好老干部阅文、听报告、就近参观、参加重要会议和重大会议等制度。

二、扎实落实好老同志的生活待遇

按照以人为本，全心全意为老干部办实事的要求，努力使老同志的生活待遇与经济发展水平相适应，使老同志共享改革发展成果。要积极开展勤进老干部门、常听老干部言、熟知老干部情、善解老干部难的活动，确保老干部、老同志晚年生活的质量与社会发展相适应。确保离退休干部离休费保障机制、医药费保障机制和财政支持机制的落实。对个别支付高额医疗费的特困离休、退休干部，要给予关注和积极向有关部门反映，尽力为他们排忧解难。关心关注涉及老同志生活福利待遇方面改革的相关信息，及时向老同志宣讲有关文件政策，宣传党和政府对老同志生活上的关心照顾，确保老同志工资套改、津贴补贴等方面的政策落实到位，使老同志生活待遇的正常增长机制落到实处。以夯实基础为着力点，规范基层组织设置，健全组织体系、强化组织功能、加强分类指导。加强老党员支部组织建设，选配好支部书记，依据老同志特点搞好对党员的教育和管理。坚持从实际出发，落实党内生活各项制度，提高党组织生活质量。积极探索适合机关特点的老同志生活服务和管理工作，积极探索发挥机关大院的社区功能，充分利用资源，广泛协调力量，调动各方面积极因素，开展多种形势的老龄服务。

三、把发挥老干部重要作用的要求落到实处

围绕充分发挥老干部在落实科学发展观、促进经济社会又好又快发展中的推动作用，在构建社会主义和谐社会中的参谋助手作用，在大力弘扬党的优良传统和牢固树立社会主义荣辱观中的示范作用，在加强党的执政能力建设和先进性建设中的促进作用的要求，积极组织开展有利于促进老干部在四个方面发挥作用的各类活动，从而进一步从政治上关心老干部，从思想理论上武装老干部，从各方面充实提高老干部。

四、继续贯彻落实好第二次全国老龄工作会议和中直机关老龄工作会议精神

针对工作中出现的新情况、新问题，及时研究制定新的措施，探索做好老龄工作的新途径，不断创新中直机关老龄工作。加强信息交流工作，加强对中直机关各单位老龄工作的调查研究和协调服务工作，及时反映中直机关老龄工作动态。对中直机关各单位老龄工作情况，采取简报等形式及时交流，适时举办中直机关老龄联络员或信息员学习培训班。做好老干部来信来访工作。对老干部、老同志的来信来访，要热情接待好，妥善处理好，对有条件的要积极帮助协调解决，对一些难以办到的要做好耐心细致的解释工作，做到件件有着落，事事有回音。适应老干部、老同志老有所学的要求，通过组织老同志学习参观、文艺演出、书画展览、座谈研讨等形式，进一步丰富和活跃老同志晚年文化生活，协调各单位老同志积极参加中直机关第七届运动会。按照中央的统一部署和中央有关部门要求，组织好老同志参加庆祝香港回归

10周年、建军80周年等有关纪念活动。

五、加强对老龄工作的领导和老龄工作部门及队伍的自身建设

进一步加强老龄工作者对老干部、老龄工作方针政策的系统学习和全面把握，准确地掌握本机关本系统本部门老同志所思、所想、所忧、所盼，积极研究和解决老龄工作中遇到的一些难点问题。围绕形成抓好有关老龄工作的各项方针政策贯彻落实的工作合力，积极探索有关部门齐抓共管、各方面共同参与、共同抓好老龄工作方针政策贯彻落实的工作格局。进一步加强老龄工作者队伍的思想政治建设和业务能力建设，健全队伍培训机制，要真正重视、真情关怀、真心爱护机关老龄工作者队伍，千方百计地帮助老龄工作者解决工作、学习及生活中的实际问题，满腔热情地为他们的成长进步创造条件。

中央国家机关工作委员会

一、组织好政治理论学习，进一步加强离退休干部思想政治建设

结合老同志的实际和特点，通过举办培训班、辅导报告、座谈交流、参观考察等多种形式，组织老同志深入学习十六届六中全会精神，充分发挥离退休干部党支部的作用，发挥老干部学习骨干的引导作用，在提高学习效果上下功夫。注意及时了解老同志的学习情况，解决学习中遇到的问题，切实把老同志的思想和行动统一到中央精神上来。工委老龄办将适时举办中央国家机关离退休干部党支部书记形势报告会。

二、进一步加强离退休干部基层党组织和党员队伍建设

要把贯彻落实中组部《关于进一步加强和改进离退休干部党支部建设工作的意见》和巩固、发展离退休干部党员先进性教育活动成果结合起来，完善组织设置，落实工作职责，丰富活动内容，创新活动方式，使离退休干部党支部组织健全、制度完善、管理规范、活动经常。抓好离退休干部党支部班子建设，促进按时换届改选，选好配强党支部书记，加强对支部书记的培训。“七一”前夕，以联络片为单位召开会议，组织各部门交流加强离退休干部基层党组织和党员队伍建设、建立和落实长效工作机制的情况。

三、倡导和组织老同志开展丰富多彩的活动

根据部门实际，组织老同志开展丰富多彩的文化活动，既要抓好老年文体骨干队伍建设，发挥他们的带头作用，又要注意文化活动的群众性，使更多的老同志参加到活动中来，坚持活动的小型、多样、经常，为提高老同志生活质量、展示老同志精神风貌搭建平台。工委老龄办将以迎接党的十七大胜利召开为主题，组织各联络片开展多种形式的活动，将适时举办中央国家机关离退休干部台球比赛。

四、开展有关老龄工作的调查研究

进一步加强调查研究工作，重点开展中央国家机关老年教育、老年大学建设情况的调研。工委老龄办将围绕贯彻全国老干部活动中心、老年大学工作座谈会精神，适时召开中央国家机关离退休干部部门老年大学工作座谈会。

五、做好信息交流和宣传工作

在提高《老年工作园地》组编工作质量上下功夫，不断扩大信息量，更好地发挥上情下达、交流经验、研究问题、指导工作的作用。

国家发展和改革委员会

一、加快实施专项规划，着力推进老龄事业发展

推动专项规划实施，支持老龄事业重点领域建设。认真贯彻落实《中国老龄事业发展“十一五”规划》，着力推进《“十一五”爱心护理工程建设规划》和《农村“五保”供养服务设施建设规划》。切实采取有效措施，开拓思路，创新机制，将规划任务落到实处。

坚持推进社区养老，继续把发展社区养老作为社区建设的重要组成部分，予以重视和加强。结合《“十一五”社区服务体系发展规划》的制定实施，采取多种形式改善社区养老机构和为老服务的条件，不断提高社区的服务能力，为依托社区发展养老服务提供保障。

努力促进老龄产业及养老服务业发展。进一步推动《关于加快发展养老服务业的意见》的实施，不断完善相关政策措施，引导社会力量积极兴办老龄产业，培育老龄消费市场，提高养老服务社会化程度和服务水平。

二、加强对老龄事业相关政策的研究，大力发展老龄产业，积极应对人口老龄化

切实履行政府职责，加大投入，保障老年人群的基本权益；同时，也要加强政策调研和基础研究，准确把握老龄产业发展情况，深刻认识其基本规律，充分借鉴国外经验，注重理论创新和制度创新，大力发展养老服务业，进一步拓宽投资渠道，鼓励企业、慈善机构等社会力量参与养老服务业，满足不同层次的老年人群的需求。

公安部

一、充分发挥职能作用，依法严厉打击侵害老年人合法权益的违法犯罪活动，切实保障老年人的合法权益

各级公安机关特别是基层公安派出所，要将维护老年弱势群体的合法权益作为一项重要的日常性、基础性工作来抓。要依法及时受理涉及侵害老年人合法权益的申诉、控告和检举，认真对待老年人的报警和求助，依法严厉打击侵害老年人人身、财产安全的违法犯罪行为。预防和减少侵害老年人合法权益的违法犯罪行为，对违反《治安管理处罚办法》有关规定的，依法予以治安管理处罚，对构成犯罪的依法严肃追究刑事责任。

二、加强协作配合，及时研究解决涉及老年人权益维护保障的重点、难点问题

各级公安机关要在党委、政府的领导下，充分利用加强公安基层基础工作的有利时机，进一步加强与基层老龄工作部门、民政等部门的沟通和联系，深入了解掌握涉及老年人权益维护保障的重点、难点问题，及时配合相关部门研究制定有效措施和办法。全面了解有关老年人权益维护保障工作的情况，主动获取有关侵害老年人合法权益的信息和线索，及时妥善进行处理，把老年维权工作进一步推向深入。

三、进一步拓宽服务领域，努力为老年人提供更好的服务

各级公安机关特别是基层公安派出所要进一步强化服务意识，不断拓宽为老年人服务的工作范围。要充分利用当前推进社区建设的有利时机，积极配合老龄委、民政等有关部门，大力发展社区服务，逐步建立适应老年人需要的生活服务、文体活动、疾病护理与康复等服务设施和网点。各级公安交通管理部门要与社区组织密切配合，进一步加强对老年人的交通安全教育工作，提高文明交通意识，减少老年人交通事故的发生。

四、切实加强公安机关的老干部工作，提高服务质量，落实各项待遇

各级公安机关要从当地实际出发，进一步加强离退休干部的政治思想和组织建设，从解决实际问题入手，改善活动场所，提高离退休干部对落实政治和生活待遇的满意度，并从制度入手完善和创造条件，发挥离退休干部在构建和谐社会中的作用。

教育部

一、采取积极措施促进老同志活动场地建设

以促进直属高校老同志活动场地建设为抓手，加强调查研究和情况交流，推动教育系统老同志活动场地建设，为教育系统老年人老有所乐、积极老龄化、健康老龄化创造条件。组织召开教育战线老龄工作座谈会或老同志活动场地建设现场会。

二、积极筹备教育系统老龄工作总结交流会

在认真做好系统内老龄工作队伍状况调研摸底工作的基础上，召开总结交流会，进一步推动教育系统老龄工作的开展。

三、进一步加强和促进高校老龄工作学科专业建设

培养和造就一支高素质的老龄工作队伍，对已开设老龄工作相关专业的院校进行调研，了解专业教学、学员学习、学科建设等方面的情况以及存在的问题，并继续推动有条件的普通院校开设老年学专业和社区服务类专业，培养从事老龄工作和社区工作的专门人才。继续推动有条件的综合性大学开设相关涉老专业或课程，在医学和护理院校增加老年医学、老年护理学教学内容。加强老龄工作岗位职业培训，提高工作人员的职业道德、服务意识和服务水平，更好地为老年人服务。

四、继续参与和支持由全国老龄办、中宣部、教育部、团中央、全国妇联等联合举办的全国敬老、爱老、助老主题教育活动，以及全国老龄办实施的“银龄行动”计划，进一步推进两项活动的开展。

国家民族事务委员会

一、进一步提高对老龄工作的认识

认真研究和探索民委参与老龄工作的途径和方法，年内适当时候，组织调研组赴少数民族老龄人口较多的地区调研，调查了解少数民族老龄人口的特点和特殊困难以及民族地区老龄工作状况，针对存在的主要问题提出相应的政策措施，推动少数民族老龄工作扎实开展。

二、设计有关课题，委托老龄人口学专家对全国少数民族人口老龄化趋势、老龄人口结构、原职业分布、民族构成等特点进行分析研究，为切实做好少数民族老龄工作提供科学依据和理论指导。

三、在实地调研和课题研究的基础上，形成做好少数民族老龄工作的政策建议。

民政部

一、社会福利方面

加强老年福利事业的法制建设。调研修订《中华人民共和国老年人权益保障法》，继续调研、论证、起草《养老机构管理条例》，《老年人社会福利机构基本规范》将修订扩充为《养老机构基本规范》。通过法制建设，规范和推动老年福利事业的健康、有序发展。

加大对老年福利事业的资金投入。加大政府的资金投入，继续使用福利彩票公益金，重点加强对老年福利服务设施新建和改造、“爱心护理工程”、居家养老等涉老服务工程和项目的资金支持力度。

深入推进养老服务社会化。积极推动开展全国养老服务社会化示范单位创建活动，今年8月命名第一批“全国养老服务社会化示范区（市）”。通过创建活动，扎实推进养老服务社会化，加快养老服务事业发展，进一步建立健全以居家养老为基础、社区照料为依托、机构养老为补充的具有中国特色的养老服务体系。

加强养老服务队伍建设。以提高整体服务水平为目标，继续加强养老服务队伍建设，一是以《养老护理员国家职业标准》为依据，积极推行养老护理员国家职业资格制度。二是积极建立和壮大志愿者服务队伍，动员各类人群参与社区为老服务，并使其制度化、规范化、常态化。三是在养老服务领域抓紧开发社工岗位。

二、社会救助方面

落实农村“五保”供养政策，保障最困难的孤寡老人的生活。会同有关部门开展《农村“五保”供养工作条例》执法检查，对各地新条例和新标准的落实情况进行检查，督促各地农村“五保”供养实现应保尽保。

落实城乡最低生活保障政策，保障城乡困难老年人的基本生活。将会同相关部门研究分类救助政策，使城市低保对象中的“三无”人员、重残、重病人员得到更好的保障，今年完成论证工作并出台相关文件。给予城市孤寡老人或家中有生活不能自理的老年人、长期老年病人或残疾人的家庭特殊照顾，提高他们的补助水平，为他们提供更高标准的生活保障。将特困户救助制度转变为农村最低生活保障制度，并确保最低生活保障金发放到户。同时，中央财政对财政困难地区给予农村最低生活保障专项资金补助，以促进各地区农村最低生活保障工作的协调发展，保障农村困难老年人的基本生活。

落实医疗救助政策，缓解城乡困难老年人就医看病困难。在总结经验的基础上，积极稳妥推进城市医疗救助制度的全面建立，督促各地加快城乡医疗救助工作步伐，将符合条件的城乡困难老年人纳入医疗救助的范围。在开展城镇居民基本医疗保险试点和新型农村合作医疗的地区，不仅要通过资助城乡困难群众参加当地城镇居民基本医疗保险和新型农村合作医疗；而且要帮助解决城镇居民基本医疗保险和新型农村合作医疗的门槛和自付费用，并对因患大病，经城镇居民保险和新型农村合作医疗报销后个人负担部分仍然较重，影响家庭基本生活的，再及时给予救助。

加快构建城乡社会救助体系，全方位保障困难老龄人口的生存权益。建立健全各项救助政策，形成以最低生活保障、农村“五保”供养为基础，以医疗、教育、住房、司法等专项救助为辅助，以优惠政策相配套，以社会互助为补充的城乡社会救助体系，切实保障包括城乡困难老年人在内的困难群众的基本生活。同时，在发挥政府主导作用的基础上，通过慈善和社会帮扶等，动员各方面力量，共同关心、帮助城乡困难群众，多渠道帮助困难群众解决生活困难问题。

三、军休安置方面

围绕服务国防和军队建设，进一步加快军休人员接收安置工作进度；围绕和谐军休建设，进一步完善军休安置管理工作的政策法规体系；围绕认真落实军休人员“两个待遇”，进一步推进国家保障与社会化服务相结合服务管理模式的建立；围绕服务管理机构规范化标准化建设，进一步提高军休服务管理工作整体水平；围绕加强精神文化建设，进一步营造和谐的军休干部休养氛围；围绕解决工作中的新情况新问题，进一步开展军休安置管理工作调查研究。

四、养老服务方面

2007年，民政部加快推进养老服务事业发展，取得了新的成绩：

一是深入推进养老服务社会化。为了进一步应对人口老龄化快速发展的严峻形势，着力满足广大人民群众日益增长的养老服务需求，我们加大工作的指导力度，积极推动各地巩固的扩大养老服务社会化的成果，进一步建立和健全以居家养老为基础、社区服务为依托、机构养老为补充的养老服务体系。同时，为了及时总结养老服务社会化示范活动开展以来的经验和成果，解决示范活动开展中涌现出来的矛盾问题，将推进养老服务社会化活动引向深入，我们起草了进一步推进养老服务社会化的政策文件，正在征求各地意见。

二是推动社会福利事业的法制化建设。10多年来，随着经济体制改革的进一步深化和社会结构的转型，老年人权益保障面临着许多新情况和新问题，客观上需要对《中华人民共和国老年人权益保障法》进行修改完善。为此，在民政部法制办的统一组织下，我们会同有关部门，抓紧对《中华人民共和国老年人权益保障法》进行修订。

三是加快社会福利事业的标准化进程。为进一步做好社会福利服务领域的标准化工作，经国家标准化管理委员会批准，组建了由31名委员组成的全国社会福利服务标准化技术委员会，秘书处设在社会福利和社会事务司。同时，为了规范养老机构的发展，保护老年人的合法权益，我们在充分调研和广泛论证的基础上，起草了国家标准《养老服务机构基本规范（草稿）》，正在征求各地意见。

劳动和社会保障部

一、继续做好完善企业养老保险制度贯彻落实工作

督促指导地方全面落实实施意见的各项规定，并使之贯彻到基层。指导地方做好计发办法改革的组织实施，实现平稳过渡。落实好城镇个体工商户和灵活就业人员参保缴费政策，解决工作中存在的问题。

二、进一步加强扩面征缴，做好确保养老金发放工作

争取今年底参保人数达到1.95亿人，完成今年扩面和征缴指标任务。要进一步采取有力措施，健全工作机制，完善奖励机制，创新经办服务，以非公有制企业、城镇个体工商户和灵活就业人员为重点，进一步加大扩面征缴工作力度，努力保证明年扩面征缴指标任务顺利完成。在加强基金征缴的基础上，将继续加大协调力度，积极会同财政部研究确定地方养老保险基金缺口补助方案，及时下拨中央财政补助资金，支持各地保险金的发放工作，继续巩固养老金当期发放无拖欠的成果。

三、做好基本养老金待遇调整工作

研究提出2007年调整企业离退休人员基本养老金的方案，提前部署地方做好测算工作。认真做好调整方案的审批，加强审核把关，指导各地继续向退休早、待遇偏低的群体适当倾斜。

四、抓好做实个人账户试点工作

对已开展做实的省份，加强工作指导，推动逐步提高做实个人账户的比例。规范个人账户基金归集和管理流程，对动态做实情况进行督促检查。根据地方的要求，争取再扩大做实个人账户试点的范围。

五、进一步推动省级统筹和提高统筹层次工作

制定下发省级统筹标准，同时按照分类指导的原则，要求已实现省级统筹的省份继续完善，对尚未实现省级统筹的地区，加强督促指导，明确工作重点，逐步实现省级统筹。对扩大做实个人账户试点的地区，应结合个人账户基金的省级管理，重点推进省级统筹。

六、继续提高社会化管理服务水平

进一步加强街道社区劳动保障工作平台建设，将更多的退休人员纳入街道和社区管理。健全服务功能，拓展管理服务的内容，规范管理服务，不断提高退休人员社会化管理服务水平。加快老年公共服务设施和服务网络建设，鼓励有条件的地区兴建退休人员公寓，开展老年护理，积极探索多种形式的老年服务体系，满足退休人员多层次的需求。进一步加强养老护理员等为老服务人员职业技能培训和职业技能鉴定工作，推行持证上岗制度，扩大为老服务队伍，提高养老护理人员队伍的水平。

司法部

一、充分发挥职能作用，切实做好老年人权益保障工作

继续在全国范围内推广开展“老年维权示范岗”

活动，组织引导律师、公证、基层法律服务机构及人员为老年人提供及时、便利、高效的法律服务，积极为老年人提供诉讼代理以及法律咨询、代书、调解、办理公证等各种非诉讼代理服务。进一步加强基层老年人法律服务工作，将服务领域不断向城市社区和农村延伸，对于贫困老年人实行减免收费，确保老年人能方便、快捷获取法律帮助。

二、探索方便老年人的措施，努力为老年人提供法律援助

针对老年人年老体弱、行动不便、信息不畅、经济困难等特点，积极探索方便老年人维护合法权益的措施，及时高效地为老年人提供法律援助。推行法律援助的公示制度、首问责任制、一次性告知制度和为行动不便的孤寡老人实行上门服务等措施，保证老年人申请法律援助及时方便快捷。继续推动在城市社区和农村乡镇建立法律援助工作站和法律援助联系点，积极拓展老年人申请法律援助的渠道，方便老年人就近申请法律援助。

三、充分发挥基层人民调解的作用，深入开展涉及老年人矛盾纠纷排查调处工作

认真开展矛盾纠纷排查治理工作，主动、及时地调解老龄工作中涉及赡养、婚姻、财产等方面的矛盾纠纷，提前介入，定期排查，积极有效地做好预防和调处工作。进一步探索和运用人民调解、行政调解、司法调解相衔接的工作模式，妥善调解和处理老龄工作的矛盾纠纷。

四、积极参与老年人权益保障相关立法工作

加强与相关部门的协调配合，积极组织推荐律师参与老年人权益保障有关法律、法规、政策的制订、修改论证工作，进一步推动老龄工作的法制化进程。

五、做好老年人权益保障宣传工作，加强社会舆论监督

在全社会大力开展有关涉及老年人的法律法规和政策宣传工作。重点加强对老年人享有的权利，家庭对老年人赡养与扶养义务，老年人享有财产、婚姻等自由，老年人的合法权益不受侵害等方面的宣传。对侵犯老年人权益的不法行为给予充分的揭露和批判，提高老年人的自我防范意识和维护自身合法权益的能力和水平。把法制宣传与精神文明建设结合起来，在宣传老年人权益保障法的同时，大力弘扬中华民族传统美德，在全社会营造一个尊老、爱老、敬老、助老的良好氛围和环境。

六、加强与相关部门的协调配合，建立完善日常工作机制

进一步加强各级司法行政部门与老龄、法院、街道、社区、乡镇居民（村民）委员会等部门单位的协调配合，及时沟通交流老年人内部矛盾纠纷的新情况、新特点，以及老年人法律服务和法律援助的需求信息，整合社会资源，建立高效、便捷、成本低廉的防范、化解社会矛盾纠纷和老年人维权工作机制。

七、树立为老年人提供法律服务和法律援助先进典型

加大为老年人提供法律服务和法律援助的优秀人物、事迹的宣传力度，对为老年人提供法律服务或法律援助数量较多，质量较高，事迹突出的法律服务机构和人员予以表彰，在法制日报、律师杂志、中国律师网、中国普法网对其优秀事迹进行宣传报道，支持广大法律服务工作者和法律援助工作者为老龄事业发展服务。

财政部

一、继续做好保障老年人基本生活的相关工作，确保企业离退休人员基本养老金按时足额发放

各级财政部门要积极调整支出结构，继续加大对社会保障的资金投入力度。为确保企业离退休人员基本养老金的按时足额发放，通过专项转移支付对财政确有困难的地区给予补助。

二、提高离退休人员离退休费水平

为使广大群众分享改革开放成果，促进社会和谐稳定，在改革公务员工资制度、规范津补贴的同时，配合有关部门出台提高机关事业单位和企业离退休人员的离退休费的政策。

三、认真做好扩大做实企业职工基本养老保险个人账户试点工作

做好城市低保及优抚对象和农村“五保户”等特殊群体的生活保障工作。

四、进一步推进城镇职工医疗保险制度改革，建立大额医药费用互助制度、补充医疗保险制度等

制定解决关闭破产及困难企业退休人员参加基本医疗保险的相关政策。继续加大投入，对中西部地区除市区以外的参加新型农村合作医疗的农民每年的补助标准由 10 元增加到 20 元，地方财政相应增加补助，农民个人缴费不增加。

五、努力调整财政支出结构，支持老龄事业发展

人事部

一、配合《公务员法》的实施，结合公务员工资制度改革和规范收入分配秩序工作，贯彻落实《关于机关、事业单位离退休人员计发离退休费等问题的实施办法》。

二、认真落实中央文件精神，与有关部门联合，充分发挥离退休专业技术人员的作用。

建设部

一、以建立为老年人服务的工程建设标准体系为基础，推进老龄基础设施建设和管理规范化、制度化

做好组织制定和完善各类老龄基础设施建设标准和技术标准的编制工作，争取经过2至3年的努力，完善老年住宅、老年公寓、养老院、护理院、托老所等老龄基础设施的标准规范，基本形成为老年人服务的工程建设标准体系。认真做好《老龄护理机构建设标准》、《残疾人综合服务设施建设标准》、《农村社会救助机构建设标准》的编制工作，做到科学规划老年护理机构布局，合理配置社会资源；促进与规范老年护理机构的建设，科学、合理的确定老年护理机构建设规模和水平，提高社会效益、投资效益，为老年基础设施科学立项、审批提供尺度和依据。继续做好《养老设施建筑设计规范》的制定工作，出台《城镇老龄设施规划设计规范》，使老龄基础设施的建设和管理工作有标可控、有据可依。依照有关标准规范制定养老基础设施规划，积极推进方便老年人生活的基础设施建设，通过新建、改建、扩建等，增加为老服务设施数量，提高质量，扩大规模，扩展功能，提高档次，改善老年人居住环境，逐步建立起布局合理、利用充分、使用便捷、管理服务规范的为老服务场所和设施。

二、加强养老服务机构基础设施建设的管理和监督

贯彻落实《关于加快发展养老服务业的意见》要求，加快《养老机构等级划分与评定》制定工作，争取年底颁布实施。并以此为依据，在建筑设施、卫生要求、服务水平、管理能力等方面对养老机构进行资质认定、质量评估和监管，规范养老服务机构的活动，满足社会对养老服务机构实行规范化、标准化管理的要求，提高老年人居住质量和护理水平，促进养老服务机构的健康发展。

三、进一步推动全国无障碍设施建设工作，把无障碍设施建设提高一个新水平

全面推进无障碍设施建设，新建、改建和扩建的城市道路、公共建筑、居住建筑切实建设无障碍设施；城市既有道路、公共建筑和居住建筑应按照无障碍建设的要求有计划分步骤改造。加强信息交流无障碍建设，提高全社会无障碍意识。交通、铁路、教育、邮政、银行等行业要切实实施《城市道路和建筑物无障碍设计规范》、《老年人建筑设计规范》、《铁路旅客车站无障碍设计规范》，积极组织制定针对行业特点的设计规范，加快无障碍设施建设和改造。特别是汽车客运站、铁路客运站及站台应逐步实现无障碍设施建设和改造。认真总结和推广12个创建无障碍设施建设示范城市的经验，修订完善无障碍验收标准，进一步推动全国无障碍设施建设工作。

四、加强老龄基础设施标准规范的实施监督并开展为老年人服务标准规范的调查研究

加大对《老年人建筑设计规范》、《老年人居住建筑设计标准》等标准规范实施的监督检查，充分发挥建设部稽查特派员和专家的作用，重点检查涉及老龄基础设施的建筑设计、施工图审查工作，通过检查增强各地贯彻执行标准的自觉性。开展老龄基础设施建设标准编制工作的调查研究，使制定的标准更能符合我国人口结构老龄化，满足老年人日益增长的物质与精神文化需要，确保老龄基础设施在城镇建设中得到落实。

五、进一步做好城市公共设施为老年人提供优惠服务工作

努力做好与老年人日常生活密切相关的公园、文化、卫生、社区服务等公共设施（场所）的规划和建设，增加面向老年人的建设项目。鼓励地方政府制定城市公共交通为老年人提供票价优惠，公园、园林、旅游景点积极为老年人实行优待政策，并对老年人免费或者优惠开放的政策。

文化部

一、进一步落实公共文化设施向老年人等特殊社会群体免费和优惠开放措施，积极为老年人提供优质

文化服务

要积极落实各项保障措施，保证公共文化设施向老年人等社会群体开放。各级各类公共文化单位都按照《公共文化体育设施管理条例》的要求，将服务对象、服务内容、开放时间、监督方式等内容，在设施或场所的显著位置，向公众公示，方便了群众了解、使用和监督，为老年人享受文化服务提供便利。

二、积极组织开展老年文化活动，丰富老年人精神文化生活

根据老年人群体的特殊需要，充分利用现有文化阵地，积极组织小型、灵活、分散、多样的文化活动，宣传科普、法律、卫生、保健等文化知识。活跃广大老年群众的精神文化生活，促进老年文化活动的开展，继续举办第九届中国老年合唱节。在全国第十四届"群星奖"评奖活动中，继续开展老年组评选活动，进一步引导群众文艺创作和演出向老年题材和老年人群体倾斜。

三、推动基层文化部门加强老年教育和老年文化工作

在群众艺术馆、文化馆评估定级标准中，加大"馆办老年大学（学校）"的评估分数。在"组织大型文化活动次数"项目中，要求至少举办两次以上老年文化活动。拟召开老年教育工作经验交流会，总结和推广先进的办学经验，积极探索老年教育发展的新思路、新办法，促进老年教育事业的健康发展。

四、修改、完善《全国老年大学（学校）管理办法》

在调查研究的基础上，组织起草《全国老年大学（学校）管理办法》，并先后征求了中组部、老龄委、教育部、民政部的意见，目前正在进一步修订中，争取尽快颁发。

卫生部

一、贯彻落实社区卫生服务政策

进一步推动各地贯彻落实《国务院关于发展城市社区卫生服务的指导意见》及配套文件精神，为落实老年卫生等各项工作搭建坚实的平台。加强与全国老龄办等部委的协作，大力发展社区老年卫生服务，研究改进预防、保健、医疗服务如何适应我国人口老龄化要求的卫生工作对策和具体措施。

二、加强社区老年病的防治和管理

将老年病的保健康复作为社区卫生工作的一项重要服务，研究社区老年卫生服务模式，认真落实老年常见病的防治规范和标准，改进服务措施，增加老年卫生服务项目，建立老年人家庭病床，加强老年服务设施建设，有针对性地开展临终关怀等服务，扩大为老年人服务的覆盖面，使更多的老年人得到方便的医疗服务。扩大社区老年服务试点地区。

三、继续组织实施"光明行动"

按照《全国防盲治盲规划（2006—2010年）》要求，把老年人防盲治盲工作落到实处。2007年继续开展"二五工程"项目，扩大受益面，补助中西部的17个省（市、区）的21辆眼科流动手术车，共补助专项经费1050万元，预计可为21000例老年贫困白内障患者解除病痛，重见光明。继续实施"视觉第一中国行动"项目。

四、做好"十一五"老年病防治研究项目

根据《国家中长期科技发展规划纲要》的指导精神，将轻度认知障碍诊断与干预的研究列入了"十一五"国家科技支撑计划重点项目，投入400万元的经费，进一步推动老年疾病的科研工作。另外，继续研究老年人高血压、心脑血管疾病、慢性支气管炎、糖尿病、骨质疏松症、白内障等重点疾病在社区的规范防治和管理。提高社区老年医疗保健服务质量，

五、进一步推进老年护理工作

根据《中国护理事业发展规划纲要（2005－2010年）》，组织开展有关社区护理及老年护理的师资培训工作，各省市组织开展本省市的培训工作。对目前医疗卫生机构中的护理院、护理站有关现状进行调研，组织修订《医疗卫生机构基本标准》中有关护理院（站）的标准。

六、开展老年健康教育活动

坚持预防为主的方针，组织开展有针对性的健康教育活动。把老年痴呆症作为老年卫生工作的宣传主题，在社区促进开展多种形式的讲座，编写小册子，建立宣传栏，利用电视广播等形式开展老年心理健康宣传，推广科学的健身和健脑活动，增强老年人保健能力，倡导科学、文明、健康的生活方式，提高自我保健意识，提高生活质量。

七、加强老年卫生队伍技能培训

组织、指导全国老年卫生工作人员培训，加快培养老年医学、管理学、护理学、营养学以及心理学等方面的专业人才，提高社区及农村基础卫生技术人员的职业道德、服务意识和业务素质。举办老年疾病防治规范和标准培训班，普及老年病防治知识。

八、促进国际合作与交流

组织开展有关老年慢性病防治、老年医疗等方面的国际学术交流与合作，进一步争取 WHO 等国际社会组织对老年病防治和老年社区保健工作的支持。

国家人口计划生育委员会

一、全面实施农村部分计划生育家庭奖励扶助制度

严格按照资格确认、资金管理、资金发放和社会监督等职责分设原则，严格执行国务院转发的农村奖励扶助制度实施方案及其配套的规范性文件，加强检查和监督，确保政策落实和资金安全。深入开展宣传工作，使农村奖励扶助制度人人知晓，并进一步加大信息化支持力度，确保两项制度高效实施。同时，还要积极研究，提出建立城市计划生育夫妇年老一次性奖励制度的方案。

二、积极推动建立独生子女死亡伤残家庭扶助制度

关怀独生子女死亡伤残家庭这个特殊的群体，不仅是稳定低生育水平的迫切需要，也是构建社会主义和谐社会的必然要求。认真总结推广各地开展独生子女死亡伤残家庭扶助活动的经验，主动协调有关部门，积极推动建立独生子女死亡伤残家庭扶助制度，制定具体的扶助政策和措施。要动员各种社会资源，开展计划生育困难家庭、空巢家庭的帮扶活动，并制定各种优先优惠政策。

三、力争开展农村计划生育家庭养老保险试点工作

与有关部门联合在部分地区开展试点工作，通过政府奖励、集体补助和个人缴费相结合的筹资方式，探索建立农村计划生育家庭养老保险制度；以农村计划生育家庭为重点，探索建立新型农村社会养老保险制度的思路和途径。

国家广播电影电视总局

一、广播电视将围绕党和政府的中心工作，围绕老龄事业重点工作，进一步加大老龄宣传工作力度，充分展示中国老龄事业成就，为促进我国老龄事业发展营造良好的舆论环境。

二、中央电视台新闻节目将全面及时报道各项老龄工作进展，大力宣传我国在保障老年人合法权益、设立养老保险基金、完善老年人医疗保健等方面的新做法、新成就。同时，新闻频道新闻栏目将适时制作播出尊老爱老等方面的公益宣传片，从经济保障、健康状况、精神文化、生活环境等方面加强老龄宣传报道力度。《夕阳红》栏目将结合今年的国家大事，有针对性、有重点地推出相关节目。在建军 80 周年前夕，将制作播出 10 集系列专题片《老兵》，以采访、纪实的方式，全面展示那些曾经为新中国立下卓著功勋的“老兵”的晚年生活。在重阳节前后，将播出 30 集《精彩百岁》，展现全国各地百岁老人的风采，推出 90 分钟的特别节目。采取跟踪报道的方式，走进老年生活，广泛挖掘不同寻常、风采迷人的老年人，全面反映中国老龄工作给广大老年人带来的丰富多彩的晚年生活。央视国际将全面报道各项老龄工作，加强深入解读，并通过网络专题、在线访谈、论坛讨论等方式，全方位、多角度展开相关报道。

三、中央人民广播电台《老年之友》节目将大力加大老龄政策的宣传解释力度，继续举办“全国老年优秀节目展播”，进一步改进增强老年人养生保健节目的贴近性和服务性。同时，协助全国老龄办做好老年先进人物及活动的宣传报道工作。与网络合作举办“我的父亲母亲”、“我的退休生活”征文等活动，中国广播网将加强编发转载各主要新闻媒体关于老龄工作的报道和评论。

四、中国国际广播电台将加大有关老龄问题的采访报道力度，着重加强关于老龄问题的时事报道和评论，突出宣传我国为建立老年社会保障体系推出的新措施，全面报道世界各国针对人口老龄化问题采取的有效举措。及时编发和转载重要新闻网站和媒体关于老龄工作的报道和评论，加强网友互动，引导网友正确认识老龄工作的重要意义。

国家体育总局

一、召开全国老年人体育工作会议及老年人体育健身展演大会。

二、召开第六届全国老年体育科学研讨会暨老年优秀健身方法评审会。

三、举办全国老年体协干部培训班暨老年体育活动研讨会。

四、召开工作会议并研究举办全国老年人体育健身运动大会的筹备问题。

五、举办部分省市农村老年体育工作座谈会暨农村老年体育健身展示，举办全国老年健身球操、柔力球、气排球、太极拳（剑）等比赛；举办全国老年人健步迎奥运活动。

国家新闻出版总署

一、将老龄出版物出版列入“折子工程”项目

在2007年“折子工程”60项重点工作中，首次将老龄读物出版列入其中，增加老龄出版物的选题数量。

二、规划上积极设计，出版多元化、多层次老龄读物满足工作和市场需要

继续扶持出版基础理论研究性出版物。支持和扶持一些专业出版社多出版老龄问题研究的前沿性学术类图书，包括研究建立完善养老保障制度、为老服务体系以及老年维权研究的出版物，及时向社会各界提供介绍我国老龄人口现状，把握我国乃至世界老龄化发展趋势，并研究提出相应的建议和可行性对策的出版物，使世界及我国学者研究老龄问题的最新成果能够及时通过图书形式反映出来，服务并推动我国的老龄工作。

关心老年健康，加大老年自我保健读物出版力度。积极鼓励老年及医学专业出版单位，贴近老年健康实际，围绕常见病、多发病乃至心理健康疾病等，多出版一些实用性强的老年医学保健类图书，服务广大老年读者的实际需求。

关注文化生活，满足老年人精神生活多元化需求。引导出版单位关注和研究银发读者市场需求，调整选题结构，出版更多优秀老龄读物，满足新形势下老龄读者多元化、多层次精神文化需求。

倡导老龄阅读，培育银发出版和读者两个市场。我国老龄读者群体数量巨大，阅读时间充足，阅读需求强劲，银发读物具有潜在的巨大市场。要以全民阅读和社区读书活动为契机，大力倡导老龄阅读，积极培育银发出版和读者两个市场，使之尽快形成良性循环，更好服务于我国老龄工作发展需要。

三、进一步加大对优质老龄读物出版的扶持力度

为切实服务老龄工作，保障老龄出版物的出版，在加强对老龄出版物选题进一步调整优化的基础上，对优质选题实行政策倾斜，在书号、版号等出版资源分配上给予充分支持。特别是对于入选《“十一五”国家重点图书出版规划》等新闻出版业国家规划的重点出版物要从多方面加大扶持，促使其高质量出版。

四、加大改革力度，让老年书报刊出版单位焕发活力

以出版发行体制改革为契机，继续引导老年类书报刊出版单位深化改革，更新观念，改善经营，拓展市场，加强队伍建设，通过努力提高出版物质量和经营管理水平，促进发展，形成老龄读物出版中的新型市场主体，更好地坚守专业性，出版优质出版物，贴近老年人，服务老年人。

五、创新服务方式，积极做好本部门的老龄工作

围绕“营造和谐氛围，建设和谐文化”主题，开展形势报告会、系列专题讲座、主题征文活动、参观学习等一系列重点活动，丰富老干部的精神文化生活，努力开创本部门老龄工作的新局面。

国家旅游局

一、充分发挥离退休干部党支部的作用，以支部集中学习和党员自学相结合，配合组织报告和座谈会，切实把老同志的思想统一到中央精神上来，引导广大离退休人员为建设和谐社会献策出力。

二、全面贯彻第二次全国老龄工作会议精神和《中国老龄事业发展“十一五”规划》，协助有关司室落实好离退休人员相关政策。

三、在完善支部建设基础上，落实工作职责，丰富活动内容，创新活动方式。探索和建立党支部的长效工作机制，在离退休人员日常生活和管理中充分发挥党支部的核心作用和党员的模范带头作用，全面提升离退休干部管理工作水平。

四、做好老干部活动站的管理工作，不断改善离退休人员活动条件，满足广大离退休人员日常活动的需要。

五、结合实际，从广大离退休人员需要出发，安排好适合老年特点的活动，积极参加工委老龄办组织的以迎接党的十七大召开为主题的各种形式的活动，丰富离退休人员的精神文化生活。

六、开展老年旅游市场的研究，做好开发和推广老年旅游产品的调研工作，积极推进老年旅游市场的健康发展。

七、加强自身建设，完善内设机构，健全管理制度，实现离退休干部工作制度化，管理规范化。

解放军总政治部

一、切实加强离退休干部思想政治建设

认真组织离退休干部学习贯彻党的十六届六中全会精神，进一步加强老干部党组织建设，充分发挥离退休干部党支部作用。总结推广离退休干部工作的先进经验，积极开展健康向上的文体活动。

二、下大力气抓好离退休干部年度安置移交工作

制定2010年前离退休干部安置移交规划，审定2万名离退休干部安置去向。会同有关部门进行移交安置计划、住房补贴经费、服务管理机构人员及用房建设经费的落实。认真做好移交政府安置的军队离退休干部档案整理工作，扎实做好服务保障和教育管理工作。

三、努力加强干休所全面建设

颁发《军队离职干部休养所工作条例》（以下简称《条例》），指导各级抓好《条例》的贯彻落实，使干休所全面建设走上制度化、规范化轨道。不断完善生活服务中心、医疗保健中心、文体活动中心设施，提高老干部“两高期”服务管理工作质量。继续深化干休所用车、医疗、通信、住房维修等方面的改革，引进社会化服务保障项目，不断拓宽服务保障渠道。

四、进一步做好老干部管理机构编制调整落实工作

严格按照军委的要求，按时完成老干部管理机构编制调整工作。

五、积极抓好离退休干部政策制度调整改革和贯彻落实工作

进一步健全完善离退休干部政策规定，推进老干部工作法制化制度化建设。制定下发《中国人民解放军退休军官安置条例》、《军队离休退休干部移交政府安置交接工作暂行办法》、《伤病残军人退役安置条例》等有关法规政策。加大政策宣传和落实的力度，深入研究解决政策落实中遇到的矛盾和问题，以政策落实推进安置移交和服务管理工作开展。组织离退休干部参加中央和军委举办的纪念建军80周年系列活动，指导各级采取多种形式开展相关纪念活动。

中华全国总工会

一、积极参与国家深化医药卫生体制改革工作

在对医药卫生体制问题开展深入调查研究的基础上，形成工会的政策主张，积极参与国务院关于深化医药卫生体制综合改革试点方案及其各项配套政策的研究制定，进一步促进困难企业和关闭破产企业职工，特别是退休职工医疗保障问题的解决，力争使广大职工的意见和要求在相关政策制定过程中得以充分反映和体现。

二、促进建立健全社会保险基金管理监督机制，强化工会的社会保险基金监督作用

开展社会保险基金管理监督现状的调查，了解各地社会保险基金管理监督机构和各类基金管理、使用、投资运营和监管方面的基本情况、存在的问题以及各地工会参与基金监督的情况和成功经验，提出改进的意见。在此基础上，推动政府部门加快研究制定《社会保险基金监督管理条例》，并研究制定加强工会参与社会保险基金管理监督工作的办法，提出具体要求。

三、继续推动新养老保险制度的全面贯彻实施

调查了解16个扩大试点省市个人账户做实情况，统筹基金的管理、个人账户基金管理运营和保值增值情况、各地养老金三年连续增长政策的实施情况等，发现问题及时与有关部门沟通处理；积极推动建立适合农民工特点的养老保险制度。

四、加强困难职工（包括退休职工）帮扶中心规范化建设，在资金来源、人员配备、设备场地、工作实效等方面，对各地工会困难职工帮扶中心建设提出具体要求，集中对部分省会和中心城市帮扶中心建设、年度中央财政专项资金的管理使用以及《建立困难职工档案制度暂行办法》的执行情况进行监督检查及相关调研。

五、组织开展好元旦春节期间送温暖活动

慰问对象以生活困难的劳动模范、改制企业困难职工、因患大病或遭受重大灾害致贫的职工、零就业家庭职工和农民工为重点，活动中，要特别关注独立工矿区、资源枯竭矿山的困难职工和退休职工，要通过应急救助、医疗服务、献爱心结对子等多种形式的送温暖活动，尽最大努力为困难职工解决实际问题，将党和政府的关怀送到他们的心坎上。同时，通过送温暖活动的开展，准确掌握困难职工情况，认真研究帮助职工解决困难的办法，形成报告报中央。

中国共产主义青年团中央委员会

一、结合“我与祖国共奋进”主题教育实践活动，培育青少年“敬老、爱老、助老”的传统美德

利用多种青少年喜闻乐见的方式，依托各级社区少先队组织，引导和鼓励广大少先队员以少先队中队和小队为单位，从自身做起，从身边的小事做起，从孝敬自己的父母做起，养成扶贫济困、助人为乐的良好习惯。

二、围绕“志愿中国·人文奥运”主题活动，广泛开展助老志愿服务活动

重点是在高校推广建立专门的助老志愿者队伍，组织大学生志愿者采取“一助一”“多助一”结对的方式与周边社区的孤寡老人、空巢老人以及敬老院建立长期服务关系，开展经常性服务。在主题活动的“志愿中国·人文奥运”网络大讲堂活动中，将定期邀请文化名人利用互联网宣讲中华文化，宣扬敬老、爱老、助老等中华民族的传统美德。

三、深化为老服务重点项目，夯实为老服务工作基础

加强志愿者服务站点、服务团队和服务基地建设，大力发展社区志愿服务伙伴，进一步深化“志愿者为老服务金晖行动”、“爱心助成长”志愿服务计划等为老服务重点项目。立足实际情况，认真调查研究，积极推动志愿服务立法工作，进一步将为老服务规范化、法制化。

四、完善为老服务工作机制，力求为老服务工作实效

加强为老服务工作的组织领导，指导各地普遍建立以团组织和老龄办为主体的领导机构，定期开展督促检查，了解进展情况，评估工作成效，总结推广经验，进一步提高为老年人服务的质量，使为老服务工作取得更大实效。

五、加强志愿服务理念宣传，营造敬老爱老助老的良好社会氛围

通过开展评选表彰活动，进一步发挥典型的激励示范作用，引导更多的青年并带动其他社会公众参与为老志愿服务。

全国妇女联合会

一、加强对妇联系统老龄工作的联系与指导

落实全国妇联系统老龄工作会议精神，要加大全国妇联老龄工作协调委员会对各地妇联老龄工作的指导力度，为及时传达学习了解国家老龄工作方针政策，指导各地妇联更好地开展老龄妇女工作，我们将利用《老龄妇女工作动态》交流工作信息，肯定工作成绩，推广好的经验和做法。

二、把老龄妇女工作列入全国妇联各项工作计划

加强老龄妇女维权工作，将老龄妇女权益保障工作纳入妇联维权工作重点；大力推动居家养老服务，将推动居家养老服务纳入“巾帼示范村建设”和“巾帼社区服务”工程，培养和树立先进典型，推动老年人实现“老有所为”，加强宣传教育，提高家庭、社会特别是未成年人的敬老、爱老、助老意识；注重帮助引导老年人在构建和谐社会、参与新农村建设和家庭教育中发挥积极作用。

三、深入开展调研，积极参与《老年人权益保障法》的修订工作

有关的部门要积极配合，组织开展专题调研，举办专题论坛，充分了解老龄妇女在权益保障方面的特殊情况和问题，研究探讨如何从源头上维护老龄妇女合法权益，争取在修订草案中体现老龄妇女的内容。

四、继续做好与全国老龄办及各成员单位联合主办的各项活动

加大与全国老龄办及各成员单位的沟通与交流，在专题调研、开展大型活动方面进一步开展合作。

第五部分

地方老龄工作

北京市

综　述

2007年，北京市老龄工作在市委、市政府的领导下，认真贯彻落实市委九届十三次会议精神，按照市老龄委第十次全体会议要求，各成员单位、各级老龄工作部门，顺利完成了全年各项目标任务，为构建繁荣、文明、和谐、宜居的首善之区和建设“新北京、新奥运”战略构想做出了应有贡献。

一、社会养老保障制度不断完善

2007年，制定并实施了城镇居民“一老一小”大病医疗保险制度，全年共有17.1万名无医疗保障老年人参加了保险，约9000人次发生了医疗费用，共支出保险基金4148万元。全年有14.2万名退休人员选择社会化报销医疗费，共计25.79亿元。

建立了城乡无保障老年居民养老保障制度和新农保制度，从制度上解决了全市70万城乡老年人无社会养老保障的问题。连续第四年提高了基本养老金，首次对65岁以上的退休人员划分年龄段，按不同的额度提高养老金。

试行无医疗保障老年人社区卫生服务首诊制，通过多种措施减轻退休人员的医疗负担。出台了促进社区卫生服务、引导到社区看病的支持政策。

建立了无社会保障老年人社会福利养老金制度和高龄老年人津贴制度，组织了农村老年人状况调查，摸清了农村老年人的基本生活状况、困难老年人的养老需求、农村老年人参加养老保险和新农合等各类保障情况，为相关制度设计和完善提供了数据。

完善了城乡最低生活保障、分类救助、专项救助制度，下发了进一步完善农村特困人员医疗救助制度和实施城镇无保障人员医疗保险制度与城市医疗救助制度衔接问题的有关文件。

继续给计划生育家庭发放贴息贷款，健全完善农村部分计划生育家庭奖励扶助制度，全市受助人数增加到9800余人，共发放600多万元。探索建立独生子女伤残、死亡家庭特别扶助制度、开展“生育关怀行动”。

二、居家养老服务日趋完善，社会为老服务不断加强

全市开展了居家养老服务的推广和普及工作，拟定了有关开展居家养老服务工作的政策，老干部局积极推进高龄离休干部居家养老问题。召开了基层老龄工作座谈会，全面总结了“空巢家庭”老人帮扶、老年人协会建设、山区老年福利服务设施管理使用等方面的经验。为“空巢家庭”安装应急服务铃6000余个。完成了《关于加快养老服务事业发展的意见》及配套政策起草工作和我市第一个专项养老服务机构规划调研工作；完成街道敬老院改造工程，截至目前，全市共有338家养老服务机构，总床位3.6万多张，床位使用率63.3%。

举办了养老服务社会化示范评选活动，增加了对社会办福利机构运营补贴资助申请检查项目，修订了养老服务机构的两个地方性标准，继续实施全市养老服务机构星级评定工作和“养老护理员”的职业技能培训和鉴定，组织了1期养老院长培训和1期心肺复苏培训，启动了“星光老年之家”运营管理和资助办法调研工作。

实施了第二批“山区星光计划”，各部门累计投入1.45亿元，其中市级投入5000余万元，顺利完成521个工程建设任务，超额完成任务并全部投入使用。强化了社区卫生为老年人服务功能，社区卫生服务机构全年共为老年人出诊20余万次，为约65万名老年人建立健康档案，为近6400名老年人建立家庭病床，为近15万名老年人举办各类健康讲座，为患慢性病的老年人家庭培训1万余名家庭保健员。

三、老龄工作宣传力度不断加大，老年人精神文化日益丰富

市属新闻单位宣传报道老龄事业发展成就，及时报道相关政策、重要会议和活动，以及优秀老年人的先进事迹。发布了《北京市2006年老年人口信息和老龄事业发展状况报告》，首次用数据展示了全市人口老龄化发展水平和老龄事业发展成果。在北京电视台播出了5期百岁老人家庭生活片和解读《老龄事业发展“十一五”规划》专题片。

举办第三届北京老年合唱大赛，并在电视台开办老年合唱系列讲座。首次举办了北京老年电影节，并召开老年电影研讨会。老年艺术协会艺术团赴俄罗斯演出，出色完成国家年的“中国年”活动项目。

“寸草春晖服务中心”开通老年心理咨询热线，

共接听电话800余次，服务老年人3000余次。利用多种载体开展宣传教育活动，把加强老龄工作作为一项长期工作内容，纳入全市开展的各类群众性精神文明创建活动中。

四、老年维权工作深入开展，老年维权网络日益健全

将老年人请求人身损害赔偿的案件等4类案件纳入了援助范围，进一步降低了法律援助的门槛，使更多的困难老年人得到优质高效的法律援助，并支持引导社会力量积极参与老年人法律援助工作。2007年全市法律援助机构共办理老年人法律援助案件380余件。

开展了基层司法援助试点工作，指导各区县老龄办开展各种老年法律法规宣传活动，完成了基层老年维权组织的调整、充实工作，并开展了法律为老服务下基层、进社区活动。

五、不断拓展老年人社会参与领域

引导老年群团积极参与"和谐社区、和谐村镇"建设，开展"走进山区·银龄行动"暨医疗、科技、文化三下乡活动，充分发挥老艺术家、老知识分子的作用，全年共组织离退休专家160人次，开展了27个援助项目、248场活动，近2.8万人在活动中受益。

加大公共服务投入力度，继续进行无障碍设施的建设和改造，为老年人更多地参与社会生活提供便利。返聘具有高级职称的退休医学专家到社区服务，有630余名专家分别到250个社区卫生服务中心（站）工作。在加强和改进未成年人思想道德建设工作中，充分发挥和利用各类老年人才的资源优势，深入开展有益于青少年健康成长的活动。

在全市广泛开展"真情奉献迎奥运，共建和谐乐晚年"主题实践活动，进一步调动了老同志宣传党的优良传统、维护首都社会稳定、为"新北京、新奥运"和建设和谐社会首善之区做贡献的积极性。

重要会议和活动

【北京市老龄委召开第十次全体会议】 2007年4月20日，北京市老龄委在市政府召开第十次全体会议。会议传达了第三次全国老龄工作会议和全国老龄委第九次全会精神，审议了《关于2006年北京市老龄工作情况和2007年工作安排意见的报告》。副市长、市老龄委主任丁向阳出席并做重要讲话。市政府副秘书长、老龄委副主任侯玉兰主持会议，市民政局局长、老龄委副主任赵义做了工作报告，市老龄委委员、市老龄协会会长陈宝全及市老龄委成员单位的委员出席会议。丁向阳同志在讲话中强调，要正确分析当前市老龄事业和老龄工作面临的新形势，客观分析我市老龄工作新挑战，要积极开创我市老龄工作新局面，他强调要做好四个方面的工作：建立完善政策体系；统筹城乡养老制度；突出重点工作；制定阶段发展目标。他要求各成员单位要结合本部门实际认真开展工作，努力完成各项工作任务。

【北京市老龄办召开区县老龄办主任会议】 2007年7月20日，北京市老龄办在市老年活动中心召开区县老龄办主任会议，市老龄办常务副主任陈宝全主持会议并讲话。会议听取了各区县2007年上半年老龄工作进展情况汇报，并就工作中遇到的难点问题进行了交流和热烈的讨论。陈宝全同志肯定了上半年工作形势良好，并强调下半年工作要突出重点，开好基层工作经验交流会，安排好重阳节慰问、文化娱乐系列活动，抓好山区"星光计划"的建设和管理，要着手考虑逐步向平原地区扩展的方案；要深入推进居家养老试点工作，加大力度抓好老年人协会建设，开展好"一按灵"的安装、帮扶等工作。最后，他指出要解决好几个问题，一是要抓好工作的机制建设；二是要妥善处理好双创建活动面临的问题，既要转变思路，又要继续调动基层老龄工作的积极性；三是要按照任务分工的格局推进居家养老服务工作；四是提前做好明年的预算。

【北京老年合唱大赛】 由市老龄协会、中国音乐家协会合唱联盟、北京文化艺术活动中心主办，市老年艺术协会、北京群众文化学会承办的"和谐之声——第三届北京老年合唱大赛"落下了帷幕，本次比赛共46支合唱团，近3000人参加。共有18支团队获奖，另有5支团队获得优秀奖，16支团队获得组织奖。7月18日，在北京音乐厅举行了隆重的颁奖音乐会。原市政协主席陈广文，原市政府副秘书长、老年艺术协会会长朱祖朴，市老干部局局长薛菡，市民政局副局长吴文彦，市文化局副局长王文光，市老龄办常务副主任陈宝全、副主任伊密，中国音乐家协会合唱联盟副主席苏建忠等领导出席。陈宝全同志代表大会组委会向参赛的老年朋友们表示祝贺，并希望老年朋友们在合唱活动中更快乐、健康。

【第二届全国老年学及老龄政策研讨班】 2007年7月4－6日，市老龄办、中国人民大学老年学研究所、北京大学老年学研究所、北京老年病医疗研究中心和中国老年学学会老年学教学与研究委员会，在中国人民大学成功举办了第二届全国老年学及老龄政策研讨班。研讨班邀请了国内老年学、社会学、社会保障、老年心理学等领域的知名专家、学者进行了专题讲座，内容包括积极应对人口老龄化，中国社会保障制度改革与老年社会保障发展，老年残疾人状况、问题及政策思考，社会建设与社会政策及社会工作的发展，老年心理健康等方面，涉及到当前老年学及老年政策领域许多热点和难点问题，展示了众多学者最新的和前沿性的科研教学成果。本次研讨班共有70余人参加，包括来自国内老年学和老龄问题的研究、教学人员，以及北京市各级老龄工作干部。

【市老龄办召开基层老龄工作座谈会】 2007年9月20日，市老龄工作委员会办公室在京民大厦召开北京市基层老龄工作座谈会。市老龄工作委员会副主任兼办公室主任、市民政局局长赵义出席并作了重要讲话。市老龄工作委员会办公室常务副主任、市老龄协会会长陈宝全作了题为《总结经验、创新思路，加强基层老龄工作，构建温馨和谐社区》的报告。市老龄办副主任、老龄协会副会长李文斗主持会议。市老龄办机关处室负责人和各区县民政局主管老龄工作的副局长、老龄办负责人以及部分街道（乡镇）和居（村）代表等共100多人参加了座谈会。

【北京市发布北京市2006年老年人口信息及老龄事业发展状况报告】 2007年10月18日，北京市老龄办在京民大厦召开媒体见面会，向社会发布北京市2006年老年人口信息和老龄事业发展状况。市老龄工作委员会副主任、市政府副秘书长侯玉兰出席会议并讲话。市老龄办常务副主任陈宝全发布报告，报告分老年户籍人口信息和老龄事业发展状况两个部分。报告显示，截止到2006年底，北京市户籍总人口为1197.6万人。其中60岁及以上的户籍老年人口为202.4万人，占户籍总人口的16.9%；80岁及以上的老年人口为25.8万人，占总人口的2.2%；百岁老人共计311人，其中男性74人，女性237人。60岁及以上户籍老年人口占户籍总人口的比例排在前三位的是宣武区、崇文区和朝阳区，分别为20.3%、19.6%和19.4%。同期，北京市参加养老保险统筹中离退休人员161.5万人，企业退休人员月平均养老金达到1245元，养老金的最低标准提高到每月620元。农村社会养老保险制度改革得到稳步推进。从2005年开始，北京市实施了农村部分计划生育家庭奖励扶助制度。低保对象中的老年人为3.6万人。老年人医疗服务体系得到完善，老年人各项文化娱乐体育健身活动蓬勃开展。报告第一次用数据报告的形式全面展示我市人口老龄化发展水平和老龄事业发展取得的丰硕成果。市老龄办副主任、老龄协会副会长陈谊主持会议，市老龄办副主任、老龄协会副会长伊密出席会议，市老龄委相关成员单位及媒体记者参加会议。

【北京市举办老年电影节】 2007年10月14日，由北京市老龄工作委员会办公室、中国人民大学老年学研究所、中央戏剧学院影视与传媒文化研究中心、《法制晚报》共同策划并联合主办，同时得到首都精神文明办、北京市民政局、文化局、广电局等单位大力支持的“庆重阳——北京老年电影节”开幕，并在中国人民大学逸夫会议中心举办了开幕式。市政府副秘书长、老龄委副主任侯玉兰宣布“庆重阳——北京老年电影节”开幕。开幕式由市老龄委委员、市民政局副局长吴文彦主持，市老龄办常务副主任陈宝全出席会议并讲话，市老龄办副主任伊密以及活动各主办、支持单位的主要领导出席了开幕式。中国人民大学老年学研究所所长杜鹏介绍了电影节创办的深刻意义和发展前景。电影节活动期间中央电视台电影频道播出10部老年题材电影，通过《法制晚报》举行投票评选活动，并在此基础上召开学术研讨会和颁奖晚会。中国电影界著名的老前辈金雅琴、凌圆、赵尔康等出席了开幕式，并同各界老年朋友一同观看了电影《我们俩》。12月14日下午举行了隆重的颁奖大会，著名主持人沈力、相声演员笑林主持。《过年》在“最受群众喜爱电影”中得票率最高，剧中扮演女婿的演员葛优代表剧组接受了奖项。著名表演艺术家李保田、谢芳获得由观众票选推出的奖项——“最受群众喜爱男（女）演员”称号，《我们俩》、《剃头匠》和已故著名表演艺术家赵丽蓉分别被授予评委会评出的“特别奖”和“终身怀念奖”。

【北京市老龄协会组织学习贯彻十七大精神】 2007年11月21日至23日，北京市老龄协会党委举办学习十七大精神培训班，组织正科以上工作人员学习十七大精神。期间，进行了《中国特色社会主义的伟大纲领》、《构建社会主义和谐社会若干问题分析》两个专题的培训。22日下午，市老龄委副主任兼办公室主任，市民政局党委书记、局长赵义到培训班就贯彻落实十七大精神，坚持科学发展观，促进老龄事业又好又快发展作了专题宣导。市老龄办常务副主任、老龄协会党委书记、会长陈宝全全程参加培训，他对如何贯彻十七大精神，坚持科学发展观，并就谋划好2008年和今后一个时期的老龄工作做出了要求。

【北京市老龄办成员单位联络员、区县老龄办主任联席会议】 2007年12月19日—20日，北京市老龄办召开成员单位联络员、区县老龄办主任联席会议，总结2007年工作情况，研究2008年工作思路。市卫生局等5个成员单位和东城区、西城区老龄办文任在大会上作了发言。市老龄办常务副主任、市老龄协会会长陈宝全出席并作总结讲话，他指出，2008年老龄工作要以党的十七大精神为指导，结合首都老龄事业发展需要及工作实际继续努力，健全社会养老保障体系、完善社会为老服务体系、构建老年人优待体系、加强道德和法制建设、拓宽老年人社会参与渠道、创新老龄工作机制，推动老龄事业又好又快地发展。市老龄办副主任、老龄协会副会长李文斗、陈谊、伊密参加了会议。

【北京市区县老龄事业统计培训会】 2007年12月25—26日，北京市老龄办召开"2007年北京市区县老龄事业统计培训"会，市老龄办副主任陈谊出席。部分区县老龄办代表总结了各自老龄事业统计工作的经验和做法，对下一步工作提出了积极的建议。会议邀请了市统计局和中国人民大学人口所有关专家进行了统计基础知识和统计工作实务培训，并就各区县代表提出的统计实际工作中遇到的常见问题，进行了统一的讲解，确保统计口径的一致性。各区县老龄办主任、老龄工作统计人员共60余人参加了会议。

各项业务进展

【组织北京市农村老年人状况调查】 2007年5月—6月，为详细了解北京市当前农村老年人的现状，北京市老龄办开展了农村老年人状况调查。本次调查聘请了多位专家学者，协调高校科研力量，培训基层老龄干部，组织了300多人的调查队伍，深入到3个区县对60多个村镇3000多位老年人进行了入户抽样调查，摸清了农村老年人的基本生活状况，特别是困难老年人的养老需求。同时，利用村民委员会换届选举信息系统，北京市老龄办对农村老年人参加养老保险、享受养老补贴以及新农合等各类保障情况进行了登记，掌握了农村无社会养老保障老年人的底数，最终形成了近两万字的调研报告。本次调查结果和调研报告为制定《北京市城乡无社会养老保障老年居民养老保障办法》和《北京市新型农村社会养老保险试行办法》等有关政策提供了重要的数据资料和参考依据。

【发布《北京市2006年老年人口信息和老龄事业发展状况报告》】 由北京市老龄办牵头，市公安局、市劳动和社会保障局、市卫生局、市文化局、市体育局、市人口和计划委、市民政局等成员单位以及18个区县老龄办共同参与的《北京市2006年老年人口信息和老龄事业发展状况报告》以下简称《报告》于2007年9月编制完成。该《报告》从收集、整理和审核数据，到专家论证及征求有关部门意见，历经半年多时间。《报告》内容整合了北京市现有老龄事业统计数据资源，较全面地反映出全市户籍老年人口信息和老龄工作状况。为了更好地向社会推广该《报告》，重阳节前夕，北京市老龄办召开了媒体见面会，邀请了市老龄工作委员会副主任、市政府副秘书长侯玉兰同志出席会议并讲话，由市老龄办常务副主任陈宝全同志正式发布了该《报告》，通过媒体向社会宣传了我市人口老龄化形势和我市老龄事业发展取得的成果。多家媒体报道了发布会情况和老年人口信息，《首都之窗》网站全文发布了《报告》，中央人民政府网站也刊载了发布会消息。该《报告》是北京市成立老龄工作机构23年来，第一次用数据报告的形式较全面展示全市人口老龄化发展水平和老龄事业发展取得的丰硕成果，为进一步完善老龄基础数据采集平台奠定了基础。

【完善老年人优待政策】 为加强北京市老年人优待工作，贯彻落实国家《关于加强老年人优待工作的意见》的精神，促进老年人分享经济社会发展成果，市老龄办在前期调研的基础上，开始了全市老年人优待政策的制定工作。通过广泛搜集相关资料，组织进行农村老年人生活状况调查，开展"北京市老年人社会优待体系设计"课题研究，形成了近10万字的研究成果，为制定政策提供了基础数据和理论支持。市老龄办配备专人，先后参与四次市长专题调研协调会，协调相关成员单位就养老补贴发放及公交、园林优惠优待服务等政策措施进行研究与磋商。历经数十次修改，并广泛征求有关方面的意见，最终起草了以养老救助、医疗保健、生活服务、文体休闲和维权服务等五大方面为主要内容的《关于加强老年人优待工作的若干意见》。目前，优待意见已基本成稿，市领导和相关部门正在进一步研究讨论中。

【"银龄行动"】 2007年4月19日，市老龄办继续与农委共同组织开展"走进山区·银龄行动"暨医疗、科技、文化三下乡活动，在大兴安定镇佟营村东白塔村正式启动。全年为15个区县开展了27个项目300场活动，有160名（人次）离退休专业技术人员参加援助活动，近30000人受益。并在全国"银龄行动"工作总结会上做了发言。

【老年心理咨询】 2007年4月28日正式启动开通"北京市老年心理咨询热线的仪式"。会议由老龄协会会长陈宝全主持，全国政协常委陈广文，市政府副秘书长侯玉兰、市民政局局长赵义、副会长伊密等参加了启动仪式，并讲话。

【电脑培训】 2007年6月份，北京市"寸草春晖老年心理服务中心"，为了满足社区老年人学习电脑的需求，来自各大专院校的志愿者，针对老年人的学习特点，编制了电脑入门教材，为朝阳区团结湖街道中路北社区的近百名老年人培训了电脑知识。

【加强老龄宣传工作】　北京电视台、广播、报刊多栏目、多层次、多角度宣传老龄事业，各媒体分别紧扣老龄工作重点进行宣传，形成宣传规模。北京电视台“金色时光”拍摄了北京市四个委办局解读“十一五”规划专题宣传片；北京电视台“北京您早”拍摄了百岁老人和睦家庭宣传片；北京电视台公共频道拍摄了《社区文化大讲堂·老年合唱》系列讲座片；《北京新闻》系统播出了老年健康、学电脑、书画、老年理财、老年安全、老年维权等教学节目。北京人民广播电台的《北京新闻》和全天十档《整点新闻》等节目中，对《“走进山区—银龄行动”数字电影专场启动》、《民政部和北京市领导到西城区慰问生活困难老人》等各项老龄事业进行了报道。城市管理广播《老年之友》节目，多次利用连线的方式对老年艺术协会艺术团去俄罗斯表演、电影节活动等进行连线采访，吸引了越来越多的听众。“北京日报”、“北京晚报”、“法制晚报及北京晨报”、“北京青年报”、“京华时报”等也从不同视角报道老龄事业及老龄工作。长期与《北京社会报·老年周刊》合作，设有老龄工作信息、养生保健、家居生活、法律信箱、综合消息、胡同文化、文摘精粹等版面。

【积极组织各项老年文体活动】　北京市老龄办与北京市劳动和社会保障局、北京市人事局、北京市民政局和北京市总工会五单位联合举办了“北京市退休人员2007年春节团拜演出”；北京市老龄办举办了两场“2007年北京市贺新春敬老慰问演出活动”，分别由北京市老年艺术协会艺术团和北京昆曲团编排，演出节目贴近老人，深受老人的喜欢；与中国音乐家协会合唱联盟、北京市老年艺术协会及北京文化艺术活动中心联合组织了“和谐之声——第三届北京老年合唱大赛”和颁奖音乐会，来自机关、部队、学校、18个区县的社区等46支团队，近3000人参赛；与中国人民大学老年学研究所、中央戏剧学院影视与传媒文化研究中心、《法制晚报》共同举办首届“庆重阳——北京老年电影节”，在中央电视台电影频道连续10天播出老年题材电影。召开了老年电影节研讨会及颁奖大会，著名表演艺术家李保田、谢芳获得由观众票选推出的奖项——“最受群众喜爱男（女）演员”称号，《我们俩》、《剃头匠》和已故著名表演艺术家赵丽蓉分别被授予评委会评出的“特别奖”和“终身怀念奖”。北京市老年艺术团为观众做了精彩的表演。得到了首都精神文明办公室等四单位的支持。2007年承担了“国家年”项目，赴俄罗斯参加“中国年”活动，在俄举办了大型文艺晚会及音乐会专场演出。北京市老年艺术协会艺术团代表我市到莫斯科进行了交流演出，在国际舞台上展示了我市老年人的风采。

【老年维权工作】　2007年各区县根据区县、街、乡镇两级政府和村委会、居委会换届选举，做好基层老年维权组织的调整、充实工作，进一步完善了四级老年维权组织网络。通州区在调整了区老年维权工作协调领导小组，调整健全了15个街、乡镇老年维权工作小组和558个村、居委会的老年维权组织。丰台区在街乡镇一级老年维权组织的调整工作中，全区21个街乡镇建立了街乡镇老年人权益保护工作站，有了办公地点及具体工作人员，全区322个社区和村委会都在办事大厅内设立了维护老年人权益的办事窗口。

深入开展了法律为老服务下基层、进社区活动。各区县开展了形式多样的法律为老服务下基层、进社区活动，为基层老年群众提供了法律援助和法律服务。崇文区老龄办和区司法局联合下发了文件，要求各街道组织好法律为老服务进社区活动，组织老年人参加，请司法工作者和律师进行现场咨询服务，结合案例讲解老年人如何申请法律援助，寻找法律保护。门头沟区老龄办与区司法局联合组织开展了“惠民服务”法律为老服务活动，每月进行5～6次，组织区法律援助中心工作人员、律师到农村高龄老人家中进行法律知识宣传和提供法律援助服务，先后共举办了42次活动。

贯彻落实老年法律法规，加强基层社会秩序法制建设和社会敬老道德环境建设。东城、丰台、通州、房山、门头沟、密云等区县积极开展各种法律为老服务活动，在法律服务现场张贴法律宣传挂图、现场发送法律法规宣传光盘、赠送法律书籍、发放“普法三字经”、“老年需求卡”等各种宣传材料，同时还组织了各种不同类型的社区法律法规知识培训班，全市百万余名老年人接受教育培训。

老年人权益的司法保护进一步加强。石景山区在25个社区内建立起社区法律服务室。依托人民调解委员会，聘请律师担任服务人员，为居民开展法制宣传教育、提供法律咨询服务，协助社区开展矛盾纠纷排查，调解民间纠纷。宣武区为所有的社区聘请了公益律师，街道给予财力和物质支持，保证为社区内的老、弱、病、残等困难人群提供免费法律服务。全区108家社区与驻区律师事务所签署了法律义务服务协议。为让困难群众打得起官司，宣武区司法部门还制作了法律援助速通卡，发放给经济困难的80岁以上的老年人及一户多残、老残一体的残疾人，让持卡人能够快速得到免费的法律援助。目前，全区已发放344张法律援助卡，还有300名正在审核中。

【对外交流】 2007年，北京市老龄协会组团赴南非开普敦、西班牙马德里考察社会化养老和家庭养老情况；先后派员随市政府团组赴德国考察科隆和柏林两市的老龄人口社会福利情况及社区养老工作，随市民政局团组赴马耳他参加“老年学与老年医学”培训，随中国老龄协会团组赴英国和法国就社区老年服务及机构长期照料服务情况进行了考察和学习；应中国人民对外友好协会邀请，北京市老龄协会率北京市老年艺术协会艺术团随中国人民对外友好协会团组赴俄罗斯参加庆祝俄中友协成立50周年演出活动。

2007年5月，根据北京市政府外办要求和市民政局外办安排，北京市老龄协会参与接待爱尔兰都柏林市长代表团，双方就为老服务方面进行了会谈。7月，协助中国老龄协会接待由泰国社会发展与人口保障部组织的泰国代表团来京考察机构养老和社区养老情况，组织该团参观了东城区建国门街道西总布社区老年人协会和老年大学、西城区德胜街道社区服务中心敬老院、北京市第一社会福利院和北京市老年活动中心。8月，接待印度尼西亚东爪哇省议会代表团，中印双方就老年人保障方面的政策措施进行了座谈并参观了北京市老年活动中心。9月，接待澳门明爱长者健康委员会代表团来京参观，并在维护老年人合法权益和开展敬老护老活动等方面进行了交流。10月，根据中国老年学学会和第八届亚大会议安排，接待第八届亚洲/大洋洲地区老年学和老年医学大会部分代表参观北京市老年活动中心。11月，接待美国伊利诺伊大学访问学者李红博士，就“家庭和社区为有互利需求的老人服务”这一课题进行了访谈，内容涉及家庭照料者和老年人对这些服务的获得和使用、家庭和社区服务政策和项目，以及在实施和发展这些服务中面临的挑战和机遇。12月，受中国老龄协会委托，接待由法国老人保险总局局长率领的法国社会福利卫生部代表团一行四人来京考察，参观了崇文区老年大学。

天津市

综　　述

2007年底，天津市60岁及以上老年人口有156.29万人，占全市总人口的比例达到16.30%，比2006年净增7.48万人，占总人口的比重上升了0.62个百分点。80岁及以上的高龄老年人口有21.68万人，比2006年增加2.02万人，占老年人口的比例为13.87%。2007年，天津市老龄工作在市委、市政府的正确领导下，各涉老部门认真贯彻“三个代表”重要思想，落实科学发展观，坚持以人为本，努力构建和谐老龄社会，使全市老龄工作保持了持续健康发展，取得了明显成绩。

一、各级党委政府对老龄工作日趋重视

市委、市政府高度重视和解决人口老龄化问题，积极发展老龄事业，我市初步形成了政府主导、社会参与、全面关怀的老龄工作格局。5月，市人民政府举行了“关注老龄事业，构建和谐社会”为主题的新闻发布会，介绍了我市养老保障、最低生活保障、改善医疗条件、老年福利服务设施、基层老龄工作、老年教育文化事业、保护老年人合法权益等方面所取得的成绩，分析了21世纪我市人口老龄化趋势和面临的挑战，提出了“十一五”期间我市发展老龄事业的主要任务和措施，为全市老龄工作指明了方向。各区县按照市委和市政府的部署，把老龄工作纳入重要议事内容，与时俱进，真抓实干，全市老龄工作呈现出良好发展态势。和平区本着“发挥优势，发展特色，开拓创新，全面推进”的发展思路，积极探索现代老龄工作的新思路、新招法，形成了“齐抓共管，协调联动”的老龄工作格局。开发区制定出《关于加强开发区老龄工作的意见》，在加快建立和完善社会养老保障制度、推进老年文教体育事业发展、切实保障老年人合法权益等方面提出了未来五年的任务和目标。河北区新一届区委、区政府以提升社会福利建设为契机，以改善和提高老年人生活质量为宗旨，按照“六个老有”的目标，开展了“四有三争创”活动。津南区大力加强老龄工作组织机构，集全区之力推动老龄工作，建立“大老龄”格局，取得实效。

二、老年法规政策体系逐步完善

随着我市人口老龄化程度的不断提高和老龄事业的深入发展，涉及老龄方面的法规政策不断健全和完善。我市在老年人权益保障、老年教育制定颁发专门法规的基础上，相继出台了《天津市被征地农民社会

保障实行办法》，《天津市城镇居民基本医疗保险暂行规定实施细则》等政策文件。2007年3月1日市政府颁发施行了《天津市养老机构管理办法》（政府令110号），使养老机构运营和管理走上了法制化轨道。8月13日市政府常务会议原则通过了《天津市农村社会基本养老保障暂行办法》，标志着我市农村人将享有社会保险。市政府职能部门在保障老年人养老、医疗、文化等方面出台一系列政策措施。市老龄委办公室会同市发改委、建委、市民政局、财政局、卫生局、劳动和社会保障局等部门，在调查研究的基础上，制定了《天津市关于加快发展养老服务业的意见》，提出了"十一五"期间我市发展养老服务业的指导方针、目标任务和扶持措施。在养老保障方面，市政府将进一步加大资金扶持力度。该文件已上报市政府，待批准后以市政府文件下发执行。为配合该文件的贯彻落实，市财政局、民政局、劳动和社会保障局拟订了《关于支持我市养老服务业发展促进下岗失业人员再就业有关问题的通知》和《天津市居家养老服务补贴管理办法（试行）》两个配套性文件。各区县把老龄事业纳入当地经济和社会发展规划，制定政策，完善措施，建立健全老年保障制度。2007年蓟县相继出台了《关于进一步加强老龄工作的意见》和《老年人优待办法》，北辰、西青、东丽、津南分别就实行农村老年人退养补贴制定了相关政策，为养老保障提供了政策支撑。

三、老年人社会保障水平不断提升

去年继续调整了110万企业退休人员养老待遇，月人均增加养老金114元，增长12%。全市112.66万离退休人员基本养老金100%按时足额发放。月人均养老金提高到979元。政府专项用于提高退休人员待遇资金支出增加8亿多元。养老保险个人账户比例由上年的3%提高到4%。目前，我市新型农村合作医疗制度覆盖率达到100%，农民加入率达到89%。使老年人的医疗卫生条件得到极大改善。农民养老补贴制度普遍推行，北辰区在全区126个自然村普遍实行农民养老补贴制度，补贴标准为每人每月不低于100元。西青区委、区政府下发《关于建立农民养老补贴制度的意见》，将全区农村老年人养老纳入财政供养范围。在全区所属9个街镇农业户口人员中实行农民养老最低标准制度，每人每月最低150元，发放补助金最高的可达1000多元。东丽区出台《关于普遍实行农民养老补贴制度的意见》，由区财政为农民退养"买单"，凡是年满60周岁的男性和年满55周岁的女性，均可享受每人每月120元的政府补贴，全区5万多农村老年人享受到这一惠民政策。

四、基层老龄工作基础进一步夯实

2007年，各区县按照市老龄委提出的加强基层老龄工作规范化建设的意见，认真抓落实，打基础，取得明显成效。河东区举办了300多基层老龄工作者参加的培训班，专题研讨加强社区老龄工作规范化建设问题，并结合实际积极探索建立了社区老龄工作的运行机制。武清区以抓村级老年协会为载体，确定46个老龄工作"示范村"，按照标准化建设要求建立组织、统一标牌、制度上墙，并投资添置活动器材。市老龄办先后到10个区县对社区（村）的老年协会状况进行了调研，在此基础上，制定了《天津市基层老年协会规范化建设的意见》。组织举办了基层老年人协会会长培训班。对城区街道、社区80余名老年人协会会长分二期进行了培训，就如何做好基层老年人协会工作，发挥老年人作用等方面进行了交流和探讨。7月，市老龄委在西青区召开了天津市农村基层老龄工作规范化建设推动会。交流农村基层老龄工作经验，对进一步加强农村老龄工作进行了部署，提出了要求。

五、居家养老服务工作有新举措

我市首家专业化居家养老服务公司——"天津市泰康家庭服务公司"在和平区挂牌运营。它是由国家财政投资兴办、政府职能部门监督管理的专业化居家养老服务组织，不仅承担政府政策性补贴的老年家政服务，还将面向全市老年人提供低于一般市场价格的服务项目。同时，该区投资5.5万元开发建设了老年人口普查系统数据库，为每位老年人建立一份信息化电子档案，为居家养老服务提供可靠的依据。目前，和平区已有3000多名困难老人免费享受政府提供的服务。

塘沽区全年区财政投入767372元为702名老人购买居家养老服务。同时，对全区开展为老服务的11家老年日托所，每家3至5万元的补贴。

河东区启动实施"个十百千万"助老服务工程，即：筹备建设一个区级示范性、高档次的综合老年服务设施，建立十个社区居家养老服务站，规范百个示范性社区老年人活动室，发放千部"一键通"爱心电话，为万名高龄老人免费体检。政府出资为低保、孤寡、空巢和高龄重病老人购买服务。

河西区投资500多万元，改扩建21个社区老年活动场所，面积达5250平米，为居家养老创造有利环境。

大港区政府出台《养老服务社会化示范活动方案》。把"三无"、"低保"老人和遇突发变故、家庭生活困难的老人纳入重点服务对象。服务方式以政府购买服务与个人购买服务相结合，日托照料与上门服务相结合，爱心敲门与结对帮扶相结合。2007年，该区养老服务社会化覆盖60%的城乡社区。

津南区投资3200万元兴建占地60亩、有500张床位的小站颐养院，全区集中供养的“五保户”、城镇孤老和社会自费老年人一期入住190人。

六、为困难老年人送温暖、办实事

去年12月31日，胡锦涛总书记到我市实地了解改善民生工作情况，视察了天津市养老院。胡锦涛总书记说：“尊重老年人、关爱老年人、照顾老年人，是中华民族的优良传统，也是一个国家文明进步的标志。我们要大力弘扬中华民族尊老敬老的传统美德，给予老年人更多生活上的帮助和精神上的安慰，让所有老年人都能安享幸福的晚年。”这既是对我们天津市老龄工作的鞭策，也是对我们工作的高要求。

张高丽、黄兴国、邢元敏、只升华等市领导同志也先后到养老院、光荣院和老年人家中进行慰问，送去党和政府的关怀。

各级老龄部门在老年节期间组织了对贫困老年人的慰问。市老龄委办公室组织两个慰问组到河东区、蓟县等六个区县慰问贫困老年人。市退管会系统深入到3000家困难退休职工进行了走访慰问。

2007年，我市确定了农村“五保”老人供养标准指导线，集中供养标准为每人每年4000元，分散供养标准为每人每年2500元。我市农村“五保户”人均供养标准比全国农村“五保户”每人每年989.7元高出1510元。

市老龄委与中国人寿保险股份有限公司天津分公司在全市开展“助老健康御险”工程，为全市老年人推出了老年人意外伤害组合保险。老年人只付10元钱就可保全年，最高赔付5000元。目前，已为全市11万老年人提供10多亿元的意外风险保障，兑现赔付金额达75万元。

七、老年文体生活多彩纷呈

各区县利用重大节日和重要活动契机，组织开展丰富多彩的老年文化体育活动，充实老年人的精神生活。市老龄委先后与市文化局、红桥区政府和天津《老年时报》共同主办了的天津市第三届老年文化艺术节，与市委老干部局、市卫生局、市退管会开展了第八届“津门老年健康之星”评选活动。老年节期间，市老龄委组织了京剧专场演出，近千名老人们过足了戏瘾。津南区举办了第六届老年艺术节，展示老年人的风采。老年健身活动队伍遍布全市城乡的大街小巷和公园广场，处处充满了老年人的欢歌笑语。

八、理论研究和调研工作取得新的成果

市老龄办加强与市老年学学会、天津《老年时报》的合作，年内开展了“积极关注老龄工作，构建和谐老龄社会”为主题的理论研究，取得新的成果，在第八届亚洲/大洋洲地区老年学和老年医学大会上，我市10篇论文分别获“优秀论文奖”和“学术成果奖”；与《老年时报》编辑部开设的“老年学理论与实践专版”，普及老年学知识，推广老龄问题研究成果，得到广泛好评。

市老龄办开展了空巢老人家庭生活状况和养老需求抽样调查，共抽样调查了市内六区范围内的空巢老人家庭1200户。对市内六区空巢老人家庭的数量和分布、经济状况、医疗、住房等方面状况有了详尽的资料，为有效实行居家养老服务提供了基本依据。

南开区完成了对全区空巢老人家庭的普查。蓟县县政府为全县11万老年人建立了数据库，为今后工作打下良好基础。

九、老年教育、维权工作有新的发展

2007年是《天津市老年人教育条例》颁布实施五周年。几年来，我市老年教育事业得到长足发展。市老年大学在全国率先实现“双过万”（教学场地面积达1万平米和学员数达1万名），成为“中国老年教育的创新典范”。目前，我市已逐步建设了市、区县、街道乡镇和社区四个层面的老年教育网络，全市有老年人大学39所，老年人学校66所；在校学员有70037人，占全市老年人口4.71%；有各类基层老年教育活动组织（小组）4142个，参加人员22.21万人，占全市老年人口的15%。河东区、和平区、南开区还利用有线电视和社区宽带网络优势，创办了电视老年大学和老年教育网校。

全市各级维权组织继续做好老年维权工作。南开区、塘沽区司法部门在各社区建立法律服务站。日常实行周一到周五的接待制度，每周为老年人服务不少于4个半天。每季度举办一次法律知识讲座。塘沽区开展法律服务宣传月活动，区法律服务援助中心、区法院等单位为老年人进行老年法宣传和法律咨询服务。武清区多次组织人员深入到乡、镇（街道）发放《中华人民共和国老年人权益保障法》（以下简称《老年法》）和《天津市实施〈老年法〉办法》，共发放宣传资料3000余份。前三个季度，全市市、区两级接待群众来信来访1994件。其中市老龄办信访接待室处理来信来访315件，做到件件有答复、事事有回音。

重要会议和活动

12月31日，胡锦涛总书记在中共中央政治局委员、天津市委书记张高丽和代市长黄兴国等陪同下，来到天津市养老院。胡锦涛走进老人们的居室，和大家促膝而坐。老人们告诉总书记，养老院的服务很好，在这里生活很舒心。胡锦涛总书记说：“尊重老年人、关爱老年人、照顾老年人，是中华民族的优良传统，也是一个国家文明进步的标志。我们要弘扬中华民族尊老敬老的传统美德，大力发展老龄事业，给予老年人更多生活上的帮助和精神上的安慰，让所有老年人都能安享幸福的晚年”。

5月24日，市人民政府召开以“关注老龄事业，构建和谐社会”为主题的新闻发布会。市政府副秘书长、新闻发言人张峻屹介绍了我市养老保障、最低生活保障、改善医疗条件、老年福利服务设施、基层社区和村老龄工作、老年教育文化事业、保护老年人合法权益等方面所取得的成绩。分析了21世纪我市人口老龄化趋势和面临的挑战，提出了“十一五”期间我市发展老龄事业的主要任务和措施。这是市人民政府首次就老龄问题举行的新闻发布会，吸引了各方关注，国内30多家新闻媒体参加了发布会。会议由市委外宣办副主任龚铁鹰主持。市老龄办、市民政局，市劳动和社会保障局负责人回答了记者提问。

7月10日，在西青区召开农村社区老龄工作推动会。全市有农村的12区县民政局主管局长、老龄办主任和工作人员，以及街（乡、镇）和社区（村）代表共70多人参加会议。会上，西青区老龄委副主任、民政局局长李桂强介绍了西青区开展老龄工作的情况，西青区中北镇、中北镇中北斜村、武清区曹子里乡小高口村、宁河县潘庄镇杨建村作了开展农村社区老龄工作的经验介绍。与会者参观了中北镇中北斜村老龄设施和活动。市民政局副局长、市老龄委办公室主任王崇喜作会议总结并讲话，并对下一步抓好农村社区老龄工作提出了要求。

10月3日，由市老龄委、市委老干部局、市退管会、市卫生局主办，市老年学学会老年健康促进工作委员会承办的第八届“津门老年健康之星”评选活动即日启动。市老龄委、市委老干部局、市退管会、市卫生局系统共评选出120名老年健康之星。

5月8日，市老龄办开展了空巢老人家庭生活状况和养老需求抽样调查，共抽样调查了市内六区范围内的空巢老人家庭1200户。对市内六区空巢老人家庭的数量和分布、经济状况、医疗、住房等方面状况有了详尽的资料，为有效实行居家养老服务提供了基本依据。

以援农为主题的2007年“银龄行动”在静海县开展。26名老专家在现场开展了农林、畜牧养殖、法律及医疗咨询。我市自2005年开展“银龄行动”以来，已先后在本市蓟县、宁河县实施对口支援，取得了良好的社会和经济效益，受到受援地区群众的欢迎。

市老年基金会开展了“助听、镶牙、复明”活动，为500余名老人免费配备了助听器、500名老人免费镶牙、150名老人实行了复明手术。

上海市

综　述

截至2007年底，上海市60岁及以上户籍老年人口286.83万人，占户籍人口的20.8%；65岁及以上人口211.18万人，占总人口的15.3%；70岁及以上人口158.74万人，占总人口的11.5%；80岁及以上人口50.24万人，占总人口的3.6%，占60岁及以上人口的17.5%。百岁老人758位。本市共有“纯老家庭”老年人84.37万人，其中单身独居老人19.30万人。2007年上海市户籍人口平均预期寿命为81.08岁，其中男性78.87岁，女性83.29岁。

作为全国最早进入老年型城市的上海，60岁及以上老年人口和80岁及以上高龄人口逐年递增，且增速加快。“十五”期间，上海市户籍60岁及以上老年人口年平均增加近5万人，而在“十一五”初期的2006年和2007年，60岁及以上老年人口年平均增加量就已超过10万人。此外，80岁及以上的高龄人口是老年人口中快速增长的一个年龄组。自2000年以来，60岁及以上、65岁及以上和70岁及以上年龄组的年平均递增率分别为2.5%、1.7%和4.2%，80岁及以上年龄组的年平均递增率则为7.4%。

老年人口和高龄人口总量不断增多、增速不断加快，使得满足老年人的各种保障需求以及保证老年群体积极健康发展的要求日益迫切，上海的老龄事业正面临前所未有的挑战。

2007年，本市召开了市老龄委全体扩大会议和上海市为老服务工作会议，会议明确要求以老年人关注的民生问题为重点，把提高老年人保障水平和完善为老服务体系作为今后一段时期内上海老龄工作发展的目标。

在市委市政府的领导下，在市老龄委各成员单位的共同努力和社会各界的大力支持下，2007年上海市老龄事业发展取得了长足进步。本市已基本构建了具有上海特点的多层次养老保障体系，养老保障总体水平稳步提高；医疗保障实现了全覆盖；基本形成老年人家庭自我照料、居家养老照料与机构养老为一体的养老服务格局；老年设施网络和为老服务体系日臻完善，为老服务总体水平不断提升，居家养老服务受益面持续扩大；顺利完成了2007年市政府为老实事项目；有关部门相继出台了一系列惠老政策和措施，广大老年人较好地共享了改革发展成果；全社会共同应对人口老龄化的意识日益增强，尊老敬老氛围进一步浓厚；老年文体活动蓬勃开展，精神文化生活进一步丰富。

一、养老保障方面

（一）养老保障

1. 城镇基本养老保险

全市60岁及以上老年人领取城镇基本养老金的人数共计199.28万人，占老年人口的69.5%。

2. 小城镇社会保险

小城镇社会保险稳步推进，领取养老金人数30.48万人。全市养老金月平均水平由2006年的447元提高到519元。参保人数160万人。

3. 农村社会养老保险

农村社会保障不断加强，“农保”制度得到完善。领取养老金人数26.51万人。参保人数74万人。开展区县统筹试点，对养老金月平均水平低于162元的人员，其增加标准每人每月不低于40元。

4. 征地养老

全市60岁及以上被征地老年农民领取征地养老保险的人数共计18.10万人，占老年人口的6.3%。全市养老金月平均水平由2006年的132元提高到2007年的171元。

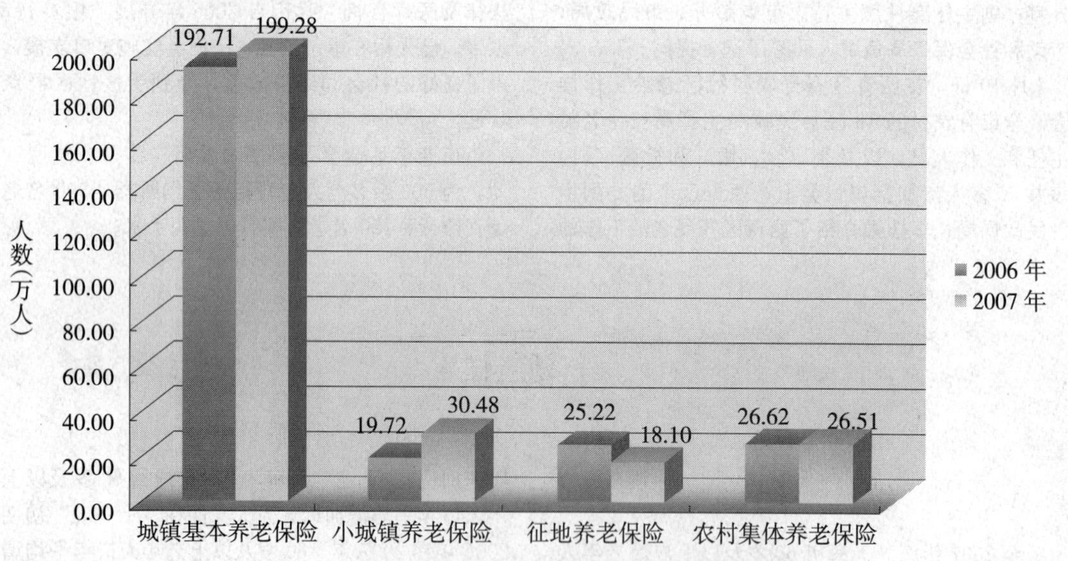

图1　2006年与2007年享受各类养老保险情况比较

（二）最低生活保障

1. 低保救助

全市60岁及以上老年人获得城镇最低生活保障的人数共计0.74万人，获得农村最低生活保障的人数共计4.93万人，总共占老年人口的2.0%。

2. 老年农民养老金补贴

全市65岁及以上农村无保障老年人获得老年农民养老金补贴的人数共计16.73万人，占老年人口的5.8%。

3. 农村“五保”老人供养

全市60岁及以上的农村“五保”老人数共计0.27万人，占老年人口的0.1%。

4. 完善社会救助分类施保政策体系，对退休老人部分养老收入免予计入家庭收入

从2007年9月起，对城镇居民最低生活保障家庭中退休人员的部分养老收入先从其养老金中予以免除，免除标准为110元，其余部分计算为家庭收入。

（三）城镇高龄无保障老人纳入社会保障（以下

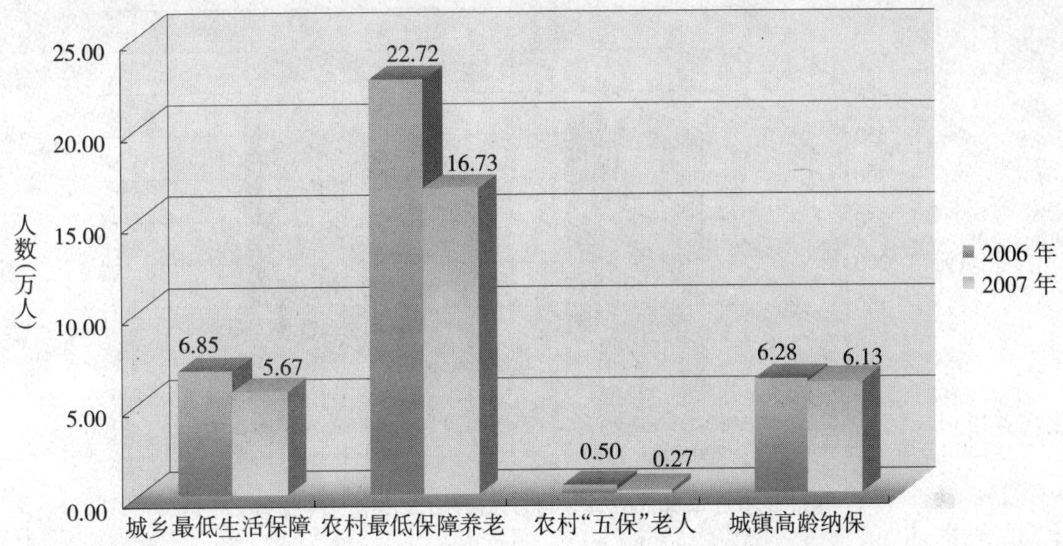

图 2　2006 年与 2007 年获得本市最低生活保障及其他养老保障情况比较

简称"高龄纳保"）

全市城镇 70 岁及以上老人符合相关条件，可享受养老待遇的人数共计 6.13 万人，占老年人口的 2.1%，占 70 岁及以上老年人口的 3.9%。

（四）提高养老金水平和低保标准

1. 加大经济保障力度，进一步提高退休人员养老金水平

2007 年继续采用了"普加"、"特加"和"专加"相结合的机制。参加城镇养老保险的企业退休人员人均月养老金增加额达到 150 元，高于全国平均水平。自 2005 年以来累计月养老金增加额达到人均 331 元，高于国家要求的 3 年增加 1/3 的水平。

同步增加小城镇养老保险和农村养老保险退休人员养老金，镇保月人均增加 60 元左右，农保由各区县结合实际确定增加标准。

2. 进一步提高老年农民养老保障水平

从 2007 年 1 月 1 日起，对本市农村常住户籍、年满 65 周岁以上的老年农民养老金补贴最低标准，从每人每月 75 元提高到每人每月 85 元，20 多万农民得到实惠。

上海市对老年农民养老金补贴最低标准始于 2004 年，当时规定对年满 65 周岁以上的农业人员，每人每月实际领取养老金低于 75 元的一律提高到 75 元。这一政策通过市、区县、乡镇财政予以补贴，不仅将无保障的老年农民纳入社会保障体系，同时将农村养老保险中老年农民月养老金水平低于 75 元的提高到 75 元。政策实行以来，2004 年、2005 年、2006 年分别惠及 30 万、26 万、24 万老年农民。

（五）住房保障政策向老年人倾斜

根据《实行廉租住房保障对象实物配租的意见（试行）》的通知，孤老及无子女的老年夫妇符合廉租条件的列入实物配租范围。目前在长宁、徐汇两区试点。

（六）落实农村部分计划生育家庭奖励扶助政策

2007 年奖励扶助对象为 4.90 万人，发放奖励扶助金约 2700 万元。该制度于 2004 年 7 月 1 日起在本市全面实施。夫妻双方均为本市农村户籍的农民，符合规定条件的，在年老时（男年满 60 周岁、女年满 55 周岁），每人每年可领取 600 元奖励扶助金（每月 50 元），夫妻合计 1200 元。

（七）对支外退休回沪人员进行帮困补助

根据《关于实施本市支援外地建设退休（职）回沪定居人员帮困补助的通知》，凡符合规定的相关人员可享受相关的帮困补助。

二、医疗保障

（一）医疗保险

1. 城镇职工基本医疗保险

本市共有 199.28 万名老年人参加了城镇职工基本养老保险，也同时享受城镇职工基本医疗保险待遇。

2. 农村合作医疗保险

2000 年起，新型农村合作医疗在沪郊全面铺开。筹资方式从"农民互助"转向"政府贴一点、自己出一点、企业捐一点"三方共同承担，政府与企业挑大

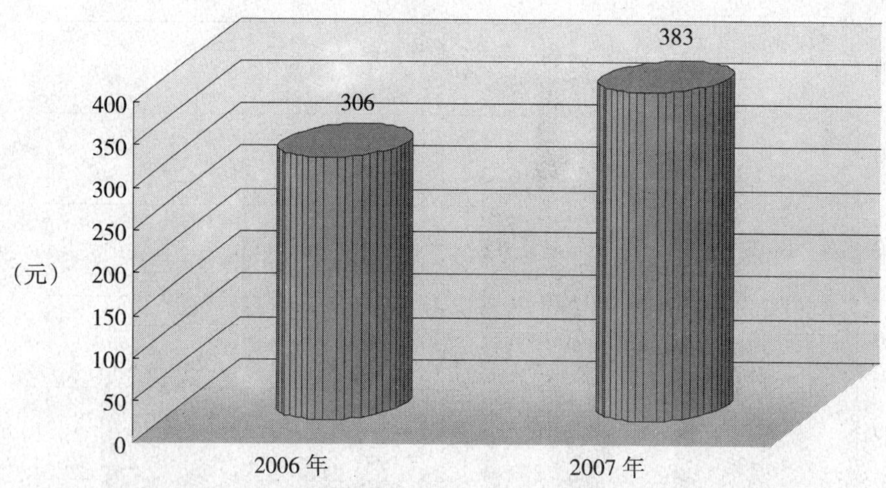

图3 2006年与2007年农村合作医疗人均保障水平比较

头。这种改变，使农村合作医疗保障水平明显提升，农民参保率也随之上升。目前，本市农村合作医疗覆盖率已达100%，基本做到应保尽保，人均保障水平也已从去年的306元涨至383元。众多的农村老人从中得益。

3. 解决征地人员医疗保险待遇

对未能享受城镇职工基本养老保险医疗保险待遇的征地人员，提出《对享受城保养老退休待遇而未享受城保医保退休待遇的征地人员医疗保险待遇问题的处理意见》，使其享受医疗保险待遇。

4. 实施门诊诊查费减免政策，减轻参保老人医疗负担

自2007年2月1日起，对在社区卫生服务中心门诊就诊人员减免诊查费，其中城保人员减免的诊查费由医保基金支付。经统计，2007年约3100万人次享受门诊诊查费减免，减免费用达2.18亿元，其中绝大部分是老年人。

（二）医疗救助

1. 高龄城镇无保障老人医保制度

2006年9月，上海开始执行“高龄城镇无保障老人医保制度”。凡上海城镇户籍中年满70周岁，在上海居住、生活满30年，且未纳入基本养老、医疗保险制度以及未享受征地养老待遇的老人，其门诊、急诊医疗费用报销50%，住院医疗费用报销70%。

2. 向社会发放“慈善医疗卡”

上海市慈善基金会向本市4万余名60岁及以上、不享受任何医保待遇的城镇低保老人发放“慈善医疗卡”。该卡向每位老人提供每年500元的医疗费，持有该卡的老人到定点门诊部就诊时，可免收挂号费、诊疗费，部分服务类项目的费用减免60%。“慈善医疗卡实施项目”在卫生系统协助下，已在全市19个区县开展，全市285家包括社区卫生服务中心在内的医院设立了慈善医疗定点门诊部，持卡老人可到这些定点门诊部就近看病。

3. 提高支内支边退休回沪定居人员的医疗保障

2007年3月，有关部门下发了《关于2007年度本市实施市民社区医疗互助帮困计划有关事项的通知》，对当地有医保人员的门诊医疗补助起付标准从1200元下调为1000元；当地无医保人员的门诊医疗补助起付标准从1700元下调为1300元，住院医疗补助起付标准统一从1200元下调为1000元。帮困对象确属当地无医保的，住院医疗补助比例从10%上调至20%。通过上述政策调整，进一步缓解了支内支边退休回沪定居人员自负医疗费困难的矛盾，逐步缩小与本市同类人员的差距。

（三）老年医疗机构和家庭病床

上海共有老年专科医院4所，病床900张。全市老年护理医院共计68所。

2007年上半年数据显示，全市为60岁及以上老年人建床31540张，占总建床数的91%。本市家庭病床的规模始终保持在每日1.5万张左右，90%床位为70岁以上老年病人使用。

（四）退休职工住院补充医疗互助保障计划

截至2007年底，全市已有270.30万名退休职工完成了续保和参保，其中给付人次为64.10万人，给付总金额达2.95亿元。

（五）扩大养老机构的内部医疗机构医保结算数量和结算范围

对22所养老机构中的内部医疗机构扩大医保结算范围，其中18所纳入医保联网结算，使本市实施医保联网结算的养老机构中的内部医疗机构数量累计达到55所，进一步方便养老机构内住养老人的就近医疗。

(六) 对特殊老年人群体实行医疗费网上结算，方便就医

根据《关于完善本市部分城镇居民基本医疗保险就医管理和实行医疗费用网上结算的实施意见》，自2007年10月18日起，对高龄无保障老人、城镇职工老年遗属（包括重残人员）实施医疗费用网上结算，约10万老年人受益。

(七) 社区卫生服务

全市开展老年保健137.62万人次；手机BP机呼叫上门服务4.40万人次、热线电话服务16.35万人次、社区康复指导58.93万人次、社区护理123.28万人次、高血压监测207.09万人次。服务对象大多数是老年人。

三、养老服务方面

(一) 养老机构建设

2007年，本市养老机构设施建设继续快速发展。截至2007年底，全市共有养老机构560家，养老床位总数达69785张。其中新增养老床位10050张，完成2007年市府实事项目，为计划的100.5%，使全市养老机构床位数占2007年底60岁及以上老年人口的2.4%。其中，市、区县级养老机构28家，床位5905张，占总床位数的8.5%；街道（乡镇）级养老机构272家，床位29670张，占总床位数的42.5%；社会办养老机构260家，床位34210张，占总床位数的49.0%。

2007年，本市养老床位建设总投资为51356万元，其中市建设财力和市级福利彩票公益金资助5000万元，占9.7%；区县、街道（乡镇）政府投入14427万元，占28.1%；社会（企事业单位、个人等）资金投入31929万元，占62.2%。

(二) 社区居家养老服务

完成2007年市政府实事项目，社区居家养老服务覆盖面扩大至13.50万老年人，占2007年底全市60岁及以上老年人口的4.7%，为计划的104%。其中，为13.02万名老年人提供上门服务，为4800名老年人提供日托服务。

“十一五”期间，上海将逐步形成“9073”的养老格局——将有90%的老年人由家庭自我照顾，7%的老年人享受社区居家养老服务，3%的老年人享受机构养老服务。对于生活自理有困难、经济收入较低的老年人，本市以专业化社会服务组织为载体，通过上门、日托等服务形式，为这部分老年人提供就近便捷的生活照料、康复护理、精神慰藉等社区居家养老服务。至2010年，上海社区居家养老服务人数将扩大到25万人，约占届时全市老年人口的7%。

1. 为老年人安装紧急呼叫装置

完成2007年市政府实事项目，为以独居为重点的2万名老年人家庭安装了紧急呼叫装置。截至2007年底，共计为8.6万名老年人安装了紧急呼叫装置。

2. 关爱独居老人

本市60岁及以上“纯老家庭”老年人84.37万人，其中80岁及以上老年人18.44万人，单身独居老年人19.30万人。对“纯老家庭”老年人开展结对关爱工作始于2004年，结对关爱行动的提供者由居委会干部或社区志愿者担任。截至2007年底，向13.65万名老年人提供了每天问候服务，向19.26万名老年人提供了每月一次以上的精神慰藉服务，向4.41万名老年人提供了应急救助服务，向6.17万名老年人提供了生活照料服务。

3. 老年人日间服务机构

完成2007年市政府实事项目，新建20家示范型老年人日间服务机构。截至2007年底，128家老年人日间服务机构向社区4800名老年人提供了就餐、洗澡、健身养生、精神慰藉等日间服务。

4. 社区助老服务社

截至2007年底，本市234个社区助老服务社的2.79万名居家养老工作人员，共为13.50万名居家养老服务对象提供服务。其中，为13.02万名老年人提供上门服务，为4800名老年人提供日托服务；有6.84万名老年人经评估后享受到政府的服务补贴，约占居家养老服务总人数的50.7%；自费购买服务的老年人6.66万名，约占49.3%。

5. 老年活动室

按照以郊区农村为重点，适当兼顾城区；以村级项目创建为主，适当考虑居委会的创建需要等原则，全面完成新建和改建300个老年活动室的任务。截至2007年底，全市老年活动室共计5631家，其中标准化老年活动室3580家。使用面积共计122.36万平方米，日均活动人数27.07万人。

6. 高龄离休干部的居家养老服务

自2007年10月起，本市户籍85岁及以上高龄离休干部每人每月可享受100元的居家养老服务补贴。全市共有3998名高龄离休干部享受了这项服务。

7. 养老服务需求评估制度推广实施

2007年初，《养老服务需求评估标准》在本市全面推广实施。截至2007年底，共有6.84万名老年人通过评估得到政府购买的服务补贴。

8. 制定养老服务扶持措施

市民政局、市发改委、市财政局、市劳动和社会保障局根据《关于全面落实2008年市政府养老服务实事项目，进一步推进本市养老服务工作的意见》，制定了10项新的养老服务扶持措施。

四、老年文娱方面

老年文化活动蓬勃开展。2007年，全市共举办市级老年文化活动9次，参加的老年人达22万人次。并组织了优秀节目赴京参加了“红叶风采”文艺晚会演出。

（一）举办上海老年教育艺术节戏剧汇演活动

全市157个街镇和196所老年大学（学校）参与了该项活动，举办近200余场戏剧汇演。

（二）老年教育艺术作品展示

2007年，共开展了老年教育艺术作品展示活动320场，参观总人数近20万人，参展的作品4.11万件。

（三）“亲情关爱、欢乐和谐”庆元宵联欢活动

2007年元宵，市老龄办组织了“亲情关爱、欢乐和谐”上海万名老人庆元宵联欢活动，以大联欢和文艺表演的形式，全市有近6万名独居、困难、高龄老人参与。

（四）第二届“光明杯”爱我中华中老年合唱和卡拉OK大赛及颁奖大会

活动自5月启动至10月结束，历时近半年，参与活动的老年文艺爱好者达10万余人。

（五）组织老年文艺精品节目进社区巡回演出活动

此项活动主要为独居、困难、高龄老人送上精神大餐，五场不同主题的巡演活动吸引近6万名社区老年人参与。

（六）上海市首届中老年书画大赛

上海市退休职工管理委员会、上海市老年书画会联合主办的“亲和杯上海市首届中老年书画大赛”是以弘扬民族文化，促进社会和谐为宗旨，坚持以公益性和打造老年文化品牌为方向，得到了广大老年人的积极参与，总参赛人数超过1800人。大赛从近3000件作品中选出人围作品250件，其中评出一等奖3名、二等奖6名、三等奖10名、优秀奖40名，并于2007年10月17～22日，在上海市公安博物馆展出，获得了社会的广泛好评。

（七）设施建设

全市公共文化设施面积共计323万平方米。新建社区文化活动中心20个，总量达100个。

五、老年体育方面

2007年，本市老年体育事业着力于发挥老年体育组织的作用，积极开展丰富多彩、形式多样的老年体育竞赛、展示活动，增强老年人身体素质，提高老年人生活质量。

全年开展老年体育竞赛、培训、交流、联谊等各类活动百余次，其中大型或较大型的活动有：上海市第三届“三林杯”女子门球锦标赛、上海市花棒秧歌比赛、上海市第四届中老年足球比赛、上海市第三届老年人浦江彩巾操比赛、上海市中老年武术太极拳（剑）比赛、上海市首届“东方杯”老年人射击比赛、8月8日8点举行全民健身与奥运同行·全国亿万老年人健步走向北京奥运（上海）启动仪式、上海市第三届“敏之杯”中老年乒乓球邀请赛、上海市第二届“塘桥杯”扯铃比赛、“张江杯”全国无极健身球保健操精英赛、“欧姆龙”杯上海市中老年人万步行等，共计40余次，近20万人参加。

截至2007年底，全市共建成老年健身苑201个、健身点4345个、社区公共运动场76个，社区健身设施总面积达283万平方米。社会体育指导员发展到1.24万人。建成了80个社区市民健康体质监测站。上海的老年体育人口占全市60岁及以上老年人口的近60%。

为倡导老年人科学健身的理念，加强对科学健身的宣传报导，进行体育康复试点。2007年全年共计在报刊、电台等媒体上宣传报导老年体育、老年科学健身等活动内容117次。

积极筹备上海市第八届老年人运动会。

六、老年教育方面

2007年，本市老年教育机构总计276个。其中市级老年大学4所，区县局、企业部队老年大学和市级老年大学分校、系统校58所，街道、乡镇老年学校214所。

远程老年大学收视点3553个。

全年老年学校学员数46.98万人，其中60岁及以上老年学员数32.88万人；远程老年大学集体收视学员数13.56万人，有组织的分散收视学员数14.86万人。

2007年，上海市老年教育在加强调查研究、推进教材建设、搞好老年远程教育、展示老年教育成果等方面都取得了新进展。

（一）召开上海市老年教育工作会议

上海市老年教育工作会议于2007年12月25日

举行。会议明确本市将进一步建设和完善老年人教育网络，让老年人也能“就近入学”。

（二）出台《市教委、市老龄委、市财政局关于全面推进本市老年教育工作的若干意见》（以下简称《意见》）

《意见》进一步明确了老年教育工作发展的指导思想，制定了“十一五”期间老年教育事业发展的主要目标，提出了推进老年教育工作的主要措施。

（三）编写老年教育教材

2007年，上海市成立老年教育教材编委会和办公室，研究首批上海老年教育教材编写工作，推出了涉及政经、外语、保健、家政、文艺等各领域的《新世纪老年课堂》教材9本。

七、老年维权方面

本市各法律服务援助机构及法院共办理涉老法律援助案件1075件，其中涉及赡养权受侵的占29.4%。共减免金额168万余元。

共受理老年人来信、来访、来电总数3.78万人次，其中涉及内容较多的依次为住房权、赡养权、财产权、婚姻权和人身权受侵问题。调处3.72万人次。

全市各法律服务援助机构提供涉老法律咨询服务1.25万人次。上海市律师协会为老年人提供法律咨询2000多人次。

全市4316个村、居委设立了法律援助联络点，占全市村、居委总数的82.8%，将老年人法律援助工作推向社区。

八、老年优待方面

（一）老年人乘车优待政策

从2007年10月19日起，持有本市红色社保卡的70岁及以上老年人在非高峰时段可免费乘坐轨道交通（磁浮线除外）和公交车（机场线、旅游线除外），节假日期间实行全天免费乘车。该项政策惠及本市近160万名70岁及以上户籍老年人。

（二）尊老社会一条龙服务

尊老社会一条龙服务的加盟单位扩大到53个单位（行业），2007年免费发放高龄老年优待证11.4万张。

九、敬老宣传方面

（一）庆祝第20个敬老日，营造敬老爱老社会氛围

2007年10月19日是上海市第20个敬老日，时任中共上海市委书记的习近平同志发出致全市老年人的慰问信，向广大老年人致以节日的祝贺。市老龄办、市老年基金会等单位在全市范围组织开展了“庆祝上海市第20个敬老日大型法律政策咨询、为老便民服务活动”和以“和谐共享、真情久久”为主题的系列庆祝活动。

上海市老龄工作委员会主办，上海市老年基金会、上海市慈善基金会、上海市精神文明建设委员会办公室、上海市民政局、上海市老龄办、上海市文化广播影视集团和《新民晚报》联合承办的上海“庆祝第20个敬老日，九九关爱2007重阳节大型文艺晚会”，将上海第20个敬老日庆祝活动推向了高潮。与此同时，上海东方电视台以“和谐共享，真情久久”为主题，进行了连续11小时的老年节目电视大直播活动，进一步营造了敬老爱老的社会氛围。

（二）积极推动尊老敬老教育

2007年11月17日，在全国敬老爱老助老主题教育活动组委会的指导下，市民政局、市老龄办与市教委一起联合举办了“幸福忘年交，辉映夕阳红”敬老爱老结对活动，向全市中小学赠送《孝亲敬老歌》光碟以及《中国敬老故事专辑》书籍，倡导全市中小学生广泛开展唱响敬老歌、学做敬老事活动，要求全市中小学与相邻的养老院签订结对协议。活动仪式上，有30所中小学与30所养老院签订了结对协议。

十、老有所为方面

（一）“银龄行动”

圆满完成第五期上海——新疆“银龄行动”。22名老年志愿者在新疆阿克苏、博尔塔拉和巴音郭楞3个地州的3所医院、1所疾控中心、1所学校、2个畜牧单位和1个农技推广中心开展志愿服务，并在3个地州的部分地区开展了巡回培训、诊疗活动。

（二）退休教师支教活动

2007年，市退休教育工作者协会组织10名退休教师赴云南省普洱市和上海市南汇区、奉贤区进行为期一年的支教活动。

（三）关心下一代工作

2007年，上海关心下一代工作在市委的领导和中国关工委的指导下，在各级党委重视和广大老同志的积极支持下，实现了全市区、县关工委组织全覆盖。现有各类关心下一代基层组织1900多个，参加关心下一代工作的“五老”人员已达到20多万人。主要工作为：开展丰富多彩的社会主义荣辱观宣传、教育活动；表彰社会主义荣辱观宣传、教育活动的先进典型；丰富青少年思想道德教育活动的内涵；拓展老少结对关爱活动的形式等。

关心下一代工作组织是以离退休老同志为主体的关心教育下一代的群众性工作组织。1991年11月，上海成立市关心下一代工作办公室。2005年6月，经市委同意，成立市关心下一代工作委员会，办公室

设在市委老干部局。

十一、为老专项活动方面

（一）“银发无忧”参保活动

2007年，参加综合保障计划人数约33万余人，比2006年增加了32%，保额达到746万元，同比增加了40.7%。上海市民帮困互助基金会和上海市老年基金会出资110万元，为5.5万名困难独居老人购买了保险。

（二）百万老人刷卡无障碍计划

为了使老年人轻轻松松刷卡，顺顺当当取款，消除对ATM机的疑虑心理，减少排队时间，上海市老年基金会、上海市老年学学会、上海银行共同推出“百万老人刷卡无障碍计划”活动，拟在三年时间内对百万老人进行培训，让老年人充分享受现代科技给生活带来的便利。

2007年6月试点以来，获得广泛的社会赞誉，成为沪上关注民生、关爱老人的一项实事。在ATM机上取款的老年人数量和比例呈明显上升趋势，创造了上海银行ATM机取现月均比率和养老金客户高峰日取现比率的历史最高纪录。

（三）组织“申城万名老人看发展”活动

2007年，“申城万名老人看发展”活动共计组织了9772名独居、困难老人分25批游览了东方明珠、松江新城等景点。本次活动还组织了300多位志愿者参与了助老服务。

（四）落实“冬季为老助浴”实事项目

2007年1至3月，该活动共计为3万名老人提供了18万人次的助浴服务，有323家浴室参加了本次活动并为老人提供了优质服务。

（五）为行动不便的老年人免费上门拍摄身份证照片

2007年，各级公安机关针对老年人行动不便的实际情况，共为全市4378名60岁及以上老年居民免费上门拍摄了第二代居民身份证照片，并为经济困难的老年人减免身份证制作工本费。

（六）慈善帮困活动

1. 上海市老年基金会

2007年，筹资额达到5000万元。

1995年以来，该会会同市老龄办、市卫生局、市红十字会、新民晚报社等发动社会各界参加助养助医活动。12年来，累计有200多家企业和300多位个人捐款，3万名特困老人得到经济补助（每人每年600元），1万余名困难老人得到助医（每人每年300元）。每年支出250万元左右。助养老年人3886名，助医老年人2300名。

2006年，启动了急难帮困项目，在低保障低收入老人遇到急难时雪中送炭，给予1000元至2000元资助，至今已帮助了近300位老人。

2. 上海市慈善基金会

2001年以来，帮助部分未享受城镇医疗保险的60岁及以上贫困老年人就医，受助老年人达15万人次，累计受助金额约7500万元。

重庆市

综　述

2007年，重庆市老龄工作紧密围绕“党政主导、社会参与、全民关怀”的老龄工作方针，按照第二次全国老龄工作的总体要求和市政府专题老龄会议的工作部署，各成员单位和各级老龄工作部门认真履行职责，扎实开展工作，全市老龄工作取得了新进展，老龄工作呈现出持续发展的新局面。

一、养老保障制度有了新举措

2007年重庆市各级劳动保障部门共组织元旦、春节“送温暖”专项资金400余万元，对全市5万余名高龄、重病退休人员进行慰问。圆满完成2007年企业退休人员基本调整工作，持续提高全市养老保险待遇水平。通过三年调整，超额完成了中共重庆市委、市政府确定的330元的总体目标，使企业退休人员基本养老金水平得到大幅提升。全市城镇一共划分了35个基本医疗保险统筹区，参保的退休职工近百万人。在继续做好原有的农村养老保险工作基础上，2007年1月1日起，九龙坡区、大渡口区启动了新农村养老保险试点工作。开创性地将60岁以上的农村老年人纳入参保范围，同时新农村养老保险还制定了高龄补贴等惠老政策。启动了城乡居民基本医疗保险试点工作。重庆市卫生局社区卫生工作领导小组办公室出台了《社区公共卫生服务券管理办法》为老年人发放社区公共服务券，免费提供以下服务：建立健康档案，每两年提供一次健康体检服务，包括全身体格检查、尿常规、血常规、血糖、血脂、心电图检查。区县、镇乡（街道）、村（居）三级建立了老年医疗预防保健网络，健康教育普及率城市达80%，农村达到50%。全市老年护理医院26个，床位数达1500多张。家庭病床9500多个，老年临终关怀医院58个，床位818张。全市共有养老床位76841张，每百名老人人均床位1.65张，已超过全国的平均水平。

二、推进退休人员社会化管理服务工作

重庆市社保局会同市财政局、市国资委、市档案局联合拟制了关闭、破产企业以外的企业退休人员移交办法，经市政府审批后，以渝办发〔2007〕214号文件下发区县执行，完善了政策体系。同时继续推进关闭破产企业退休人员移交工作。市委组织部等五部门（组织部、老干局、财政局、人事局、卫生局）联合下发了《关于认真做好县处以上退休干部管理服务工作的意见》（渝委办发〔2007〕45号）。加强了对县处级以上退休干部的管理和服务工作。

三、老年事业投入加大

重庆市政府老龄专题会议决定从2007年起每年拨付100万福彩资金作为高龄、空巢老人的扶老项目经费。2007年市财政下达区县身患癌症和长期生病卧床不起的在乡老复员军人补助资金1038万元，补助标准为身患癌症者一次性补助每人1500元、长期卧床不起者一次性补助每人500元。对在企业生活困难的老复员军人每人每月给予150元临时生活困难补助金。2007年市财政安排378.9万元补助资金，用于解决市级特困破产企业的生活困难老复员军人生活困难。2007年在全面建立农村居民最低生活保障制度当中对享受最低生活保障待遇人员中的80岁以上老年人每年增加120元的救助金额。

四、维护老年人合法权益力度加大

中共重庆市委、市政府一直坚持把老年人维权工作纳入党政工作重要议事日程，让广大老年人共享经济社会发展成果。2007年市委把“老龄服务工程”纳入了构建“和谐重庆”的十大工程的内容，从政策制度框架上，有效地保障好老年人发展权益。坚持法制、行政、舆论与道德教育等多种手段相结合，不断优化维护老年人权益的社会环境。将宣传贯彻《重庆市实施办法》（以下简称《实施办法》），切实维护老年人权益纳入各区县（自治县）老龄工作部门年终目标考核的主要内容。建立了从市到区县到镇乡、街道的老年维权机构。我市40个区县老龄工作办公室与当地司法部门共建老年法律援助站点，对外公布了维权热线电话。把依法护老同以德敬老结合起来，广泛开展了尊老敬老助老主题教育活动，全市35个村居（社区）获得“全国敬老模范村居（社区）”称号。组织市、区县人大代表，视察国家《中国人民共和国老年人权益保障法》和《实施办法》的执行情况，市人大领导多次听取老龄工作汇报，作了重要指示。市人大内司委对贯彻实施“两法”出现的新情况和新问题予以了高度重视，指导市老龄办着手对《实施办法》的修正予以了调研，并纳入了市人大2007年立法预备项目。

五、推动社会为老服务

重庆市民政局在主城区50%的社区开展了居家养老服务工作，有2个大型老年公寓的建设工作已纳入市发改委的重点建设计划；由市民政局牵头研究制订的《重庆市城乡养老机构管理办法》，已经市政府第117次常务会议审议通过；市老龄办按照2007年2月17日汪洋书记在市委办公厅《每日要情》第283期对“忠县解决农民工“三忧”的做法（委托机构赡养、委托社区赡养、委托党员干部赡养）值得总结推广”的重要批示，对忠县农村推行委托赡养制的做法进行了深入调研，以简报形式在全市进行了推广，并在全国会议上进行了交流。渝中、万州、渝北等区县已对80岁、90岁两个年龄段的老年人开始发放营养补助费。

重要会议和活动

【市政府召开专题会议研究全市老龄工作会议】 2007年6月4日，中共重庆市委常委、副市长、市老龄委主任马正其主持召集市政府办公厅、市编办及市老龄委主要成员单位市民政局、市财政局、市人事局等部门负责人召开了专题研究全市老龄工作会议。会议在充分肯定成绩的基础上，针对我市老龄人口迅猛发展的势头，以及存在的困难和问题，进行了认真研究，形成了有四项内容的会议纪要：“一是加强宣传，认真落实现有涉老政策；二是调整充实，确保老龄工作机构运转。鉴于老龄工作量大、面广，为适应工作需要，会议决定在市老龄办单设老年人维权处，增加人员编制领导职数，并从今年开始，每年从市级福彩资金中，给市老龄办增加事业经费100万元；三是部门配合，齐心协力抓好老龄工作；四是开拓创新，加快我市养老设施建设”。

【重庆市市人大代表视察老年人权益保障工作活动】 协调配合重庆市人大内司委组织市人大代表视察了老年人权益保障工作。今年四月中旬，重庆市人大常委会副主任刘隆铸亲自率市人大内司委、法工委有关领导及部分市人大代表、市级机关负责同志及新闻记者共20余人，先后赴南岸区、九龙坡区实地走访查看了“重庆爱心敬老院”和九龙坡区谢家湾街道劳动一村社区居委会，集中听取了南岸区、九龙坡区政府和市老龄办贯彻执行《中华人民共和国老年人权益保障法》实施情况的工作汇报，为将修订的《重庆市实施〈中华人民共和国老年人权益保障法〉办法》打下了良好基础，提供了翔实情况。

【重庆市综合配套改革老龄专题学习调研及统筹城乡老年人事业发展工作方案的报告出台】 2007年6月，国务院批准重庆成为统筹城乡综合配套改革试验区。如何做好统筹城乡中的老龄工作，发展重庆老龄事业，重庆市老龄办通过调查研究、问计问策，结合重庆实际，制定了初步的工作方案，方案中，重庆市统筹城乡老龄事业发展的目标分两段进行：第一阶段目标：到2012年，一是按照“解急需”的思路，初步建立“低水平、全覆盖”的农村养老保障政策体系（包括养老、医疗、社会救助），让改革开放成果惠及到每一个老年人；二是按照“打基础”的思路，在乡村建设一批老年服务基础设施，逐步构建农村社区为老服务体系，为家庭养老提供有力支持；三是按照“建制度”的思路，完善农村老年人合法权益的维护制度，切实做到依法护老；四是按照“创机制”的思路，努力探索建立适应统筹城乡发展的老龄工作组织体系和工作运行机制，整合行政资源，发挥政府主导作用。第二阶段目标：到2020年，按照“老有所养、老有所医、老有所教、老有所学、老有所为、老有所乐”的六个老有目标，上档升级，全面推进，建立“平等共享、老少共融、城乡和谐”的老龄事业发展新模式。

【“庆直辖、携手老年人共进和谐小康社会”为主题的老龄论坛】 由重庆市老龄工作委员会办公室同市老年学学会联合举办的重庆老龄论坛暨老龄干部培训会于2007年6月14日在我市召开。参加会议的有各地老年学专家、学者以及各区县老龄办领导、市老龄委部分成员单位代表共计100余人。来自重庆城职学院的原院长鲁济人、重庆市发改委处长李前、重庆师范大学副教授余衍漪、何明新等六位论文作者分别就城乡统筹和谐发展中的农村人口与劳动力转移、在三峡库区发展老年产业、新农村建设、中华孝文化以及农村老年教育等问题进行了深入论述与探讨。重庆市社科联副主席毛洪勋作了总结讲话，充分肯定老龄论坛作者的发言质量高、水平高、主题明确、成果颇有建树，对推动重庆城乡统筹发展、新农村建设、进一步研究老龄事业发展提出了很好的对策和建议，为“打好直辖牌，实现科学发展”提供了强有力的智力支持和理论支撑。

【老年人激情广场歌咏大赛】 2007年10月17日—19日，重庆市老龄办、市民政局、市人事局、市劳动和社会保障局、市总工会、市委老干部局、江北区委、江北区人民政府在观音桥广场共同举办“喜迎直辖十周年，构建和谐新重庆——重庆市首届‘泰恒眼科’杯老年人激情广场歌咏大赛”活动。此次活动受到全市各区县老龄办、老年大学、老年文艺群众组织的热烈欢迎和积极参与，活动共进行三天，有43支队伍参赛，2000余名老年人参加，共演唱了86个节目，观看的老年观众有两万余名。

各项业务进展

【加强老龄宣传工作】 组织力量编绘了《发扬敬老美德、构建和谐社会》宣传画。宣传画图文并茂，主题明确，内容丰富，对宣传老龄事业，树立尊老、敬老、爱老、助老的社会意识，有积极的推动作用。组织开展了“纪念香港回归祖国十周年赴港参观活动”、“庆重庆直辖十周年万名老人畅游新重庆活动”、“相约北京、牵手奥运活动”、“喜迎直辖十周年，构建和谐新重庆—重庆市首届老年人激情广场歌咏大赛”和“中国重庆直辖创新发展和谐论坛”的“社会科学学术展示活动”。组织专门力量编印完成了《老龄工作文件选编》第二册，并分发到各区县老龄办及老龄委成员单位学习贯彻。

中共重庆市委宣传部、广电集团等加强了宣传报道工作，全年各类媒体刊播反映老年人的种类新闻493多篇。如《老干部学习十七大精神》、《推进老有所为，共建和谐重庆》、《解决老有所养，也要重视老有所乐》等。报业集团属14报1刊1网也全方位展现了老年人的风采。重庆市教委、妇联、团委、老龄办，继续开展了敬老助老主题教育活动，向青少年赠敬老书、敬老歌碟等活动。重庆市人事局、民政局、总工会、市劳动和社保局，组织了首届重庆老年人激情广场大家唱演出活动。重庆市体育局组织老体协开展了百万老人迎奥运健步走活动。市老年教育领导小组下发了《关于加快老年教育发展的意见》。重庆市委组织部筹备了“红岩网”推动老年远程教育向农村延伸的工作。

【老年维权工作】 在已建立健全市、区县、乡镇（街道）三级法律援助工作体系的基础上，有17个区县法律援助机构依托老龄委建立了法律援助工作站，方便老年人就近咨询和申请法律援助。司法行政部门认真改进老年人法律援助服务方式。对老年人咨询或申请法律援助，做到优先接待；对申请法律援助，但缺乏书写能力的老年人，由法律援助工作人员帮助其填写《法律援助申请表》；对因实际困难无法提供所需材料的，可以先行受理；对行动不便的病、残、高龄老人，实行上门服务；对涉及赡养的老年人法律援助案件，尽量采取调解方式，促进老年人家庭和谐相处。同时逐步扩大了老年人法律援助范围。在依法对老年人请求给付赡养费、请求给予社会保险待遇或者最低保障待遇等方面提供法律援助的基础上，对一些达不到经济困难条件但确实需要法律援助的老年人放宽受理条件，办理了一大批维护老年人合法权益的典型案件。全市从2007年2月1日起免费为老年人办理敬老优待证，不再收取工本费及任何其他费用。重庆轻轨集团还实施了对70岁以上老年人免费乘坐轻轨的优待政策。着力抓好居家养老服务工作和社会机构养老建设，积极配合相关部门出台研究制订了“重庆市社会福利机构暂行办法”，正在征求意见之中。2007年，重庆市已建法律援助中心658个，维权协调组织2042个，接待老年人信访1.6万余次；为老年人提供法律援助2891人次，其中刑事法律援助83人次，民事法律援助2794人次，行政法律援助14人次；另外为老年人提供法律咨询10243人次，受益老年人合计13134名，较好地维护了老年人的合法权益。

【基层老龄工作】　重庆市巴南区建立镇街社区老龄工作专项经费。按全区老年人口2元/人·年的标准纳入区级财政预算，由区老龄工作委员会办公室统筹安排，主要用于以下四个方面：一是对贫困、特困老年人生活、医疗和参加老年大学、老年人集体活动等方面的救助或补助；二是扶助健康有劳动力的农村贫困老人从事种植、养殖和加工等项目；三是支持发展社区、行政村老龄事业发展和为老社会服务体系建设；四是发展老年文化教育，保护老年人合法权益等其他老龄公益事业。各镇街按辖区老年人口1元/人·年的标准纳入镇街财政预算。区级各部门也要落实专项经费，为老龄工作顺利开展提供物质条件。

帮扶高龄老人有了新举措。2007年，渝中区将高龄老人的救助和优待范围进一步扩大。在继续保有对百岁老人按月发放200元营养补贴这一政策外，新增了对户籍和居住地均在我区的90—99岁老人实行每月发放50元长寿补贴；扩大了对高龄特困老人实行一次性助养范围——全区所有80岁以上高龄特困老人都能享受到每年500元的一次性助养两项新政策。

【“银龄行动”】　2007年，重庆市“银龄行动”的主题是结合新农村建设以及迎接党的“十七大”的胜利召开和建军80周年等事宜，组织重庆市老科技工作者协会的老年科技工作者赴聂荣臻和刘伯承元帅的家乡江津市和开县开展“银龄援农”行动。活动时间从4月至9月，分期分批进行，时间不少于一个月。在本次活动中，市老科技工作者协会共组织30名农业、科普、医疗等方面的老年知识份子赴受援乡镇开展农业经济发展咨询、农业技术培训（良种引进和推广、农业病虫害防治、土肥施治）、农村科技信息沟通、以及为帅乡人民免费医疗义诊等多种方式服务。共举办农技知识讲座6次，医疗卫生讲座6次接受义诊和农技知识咨询1600多人，进行科普宣传4次、接受服务达2000多人，发放科普宣传资料、应用技术资料20余种达1万余册。

【重庆农村“空巢”家庭老年人状况调研】　为更好地开展农村空巢老人居家养老服务工作，重庆市老年学学会会同市老龄委办公室于2007年下半年对重庆农村空巢家庭老年人的状况进行了调研。调研采取点面结合的方式进行，选择了我市统筹城乡综合配套改革试验的先行县垫江县和“三峡库区”农业大县忠县作为典型调研单位，对忠县空巢家庭538户1660人和垫江县空巢家庭老人4.13万人的抽样调查，并结合全市农村空巢家庭老年人的情况进行了汇总分析。

【“空巢”老人养老模式的探索实践】　重庆市忠县积极推行“委托赡养制”着力解决“空巢”老人后顾之忧。具体做法是：一集中委托赡养模式。充分利用各乡镇敬老院、“五保”家园、村小布局调整后闲置的教学用房和乡镇建制调整后腾出的办公用房，改建成各级老年康乐院，坚持出入自愿的原则，吸收农村空巢老人入驻，入驻费用按不高于“五保”老人生活补助金收取，鼓励更多的空巢老人进院。如忠县拨山镇午阴村九组的张信权老人，其子女均已在外务工长达8年，每月给老人寄回五六百元生活费，老人每月向院里交300元，还能剩下一些零花钱。二责任委托赡养模式。村居委会班子成员、居委会小组长以及党员或志愿者与“空巢”老人实行一帮一结对帮扶，并签订帮扶协议书，责任人定期上门服务，做到帮扶对象、帮扶责任人、帮扶时间、帮扶地点“四落实”，使“空巢”老人、独居老人有人管，困难老人有人帮，老人需求有人问，老人心声有人听，老人困惑有人解。同时，广泛开展以助养、助医、助学、助为、助乐、助餐、助伴和助法为主要内容的“八助”工程。三亲友委托赡养模式。子女外出务工后，将老人委托给尚未外出务工的亲戚、朋友或邻居赡养。由于在农村亲戚、朋友或领导之间都比较熟悉，照看比较方便，大部分老人还有能力从事一些力所能及的简单劳动，所以大多数人也愿意通过此种方式委托赡养老人。

为了让委托赡养制收到实效，忠县还建立健全了配套措施。一是实行“空巢”老人建卡制。给高龄、“空巢”、病残老人建档立卡，将年龄、健康状况、经济条件、儿女地址、特殊需求等情况记录在档，全面摸清老人的身体、生活状况，规范“空巢”老人的档案管理，以更好地为“空巢”老人服好务。二是实行“空巢”老人健康保健制度。建立70岁以上老人免费体检制度，并建立个人健康档案。有救护车的医疗卫生单位实行免费接送农村“空巢”老人，并将急救电话号码印发给“空巢”老人，积极开展上门诊疗服务。加强健康保健知识的宣传和培训，各乡镇卫生院和村卫生站为委托赡养老人进行健康保健知识培训，讲解一些急救知识和卫生常识。据统计，2006年全县医疗卫生单位为70岁以上老人免费体检6500人，开展健康知识培训43场次。三是精心服务“空巢”老人。广泛开展以助养、助医、助学、助为、助乐、助餐、助伴和助法为主要内容的“八助”工程；建立“空巢”老人关爱服务中心，为他们提供精神慰藉、生活护理、医疗保健、文化娱乐、权益保护等服务。

河北省

综　　述

2007年，全省老龄工作牢固坚持“党政主导，社会参与，全民关怀”的方针，围绕实现“六个老有”的目标，扎实打基础，全面求发展，老龄工作呈现出蓬勃、快速发展的良好局面，全省老龄事业取得了新的进步和新的成绩。

一、明确老龄事业发展长远目标

召开了河北省第一次老龄工作会议，会议全面总结了“十五”以来全省老龄工作取得的显著成绩，深刻分析了人口老龄化的发展形势，明确了今后一个时期老龄工作的总体思路、目标和主要任务，为全省老龄事业全面发展指明了方向。印发了《河北省老龄事业发展“十一五”规划纲要》，明确了“十一五”期间老龄事业发展的指导思想、基本原则和总体目标。

二、养老保障体系逐步完善

采取有效措施，提高养老金标准。继续做好养老保险的扩面续保工作，妥善解决企业养老保险个人账户资金问题，保证了养老金的按时足额发放。不断强化养老金的征缴手段，积极争取中央财政补助，为老年人退有所养提供财力保障。继续完善和巩固以城乡低保制度为基础的各项社会救助制度。在城市，将符合条件的城市贫困老人全部纳入低保范围，“三无”老人得到妥善安置。在农村，全面落实《农村“五保”供养工作条例》，努力开辟农村“五保”供养资金新渠道，努力做到应保尽保和按标施保。启动城镇居民医保新试点，将40万低收入困难家庭60岁以上老年人纳入保险范围，确定了省级财政补助标准，形成了覆盖城乡全体居民的医疗保险制度。开展“十一五”无障碍建设示范城市评选活动，2007年全省城市道路基本实现助老无障碍建设任务。全面推进计划生育家庭奖励扶助制度，开展以计划生育家庭孩子死亡或伤残的家庭为主要人群的特别扶助，深入开展救助实行计划生育的贫困母亲的“幸福工程”和为农村老年妇女进行免费生殖健康检查的“民心工程”。制定和落实发展养老服务业的优惠政策，探索新的养老模式，积极建设以政府兴办的养老服务机构为示范、居家养老为基础、社区养老服务为依托、社会办养老服务机构为补充的多元化、多层次城乡社会养老服务体系。

三、老年政策法规不断完善

相继印发了《中共河北省委办公厅、河北省人民政府办公厅关于进一步加强老龄工作的通知》、《河北省老龄事业发展“十一五”规划纲要》、《河北省人民政府办公厅关于加快发展养老服务业的意见》、《河北省老龄工作评估指标（讨论稿）》，明确了老龄工作的具体标准和要求，推进全省老龄工作走上法制化、规范化、制度化和科学化的轨道。

四、老年人合法权益得到切实维护

配合省人大内司委进行广泛深入的调研，对《河北省实施〈中华人民共和国老年人权益保障法〉办法（草案）》做了进一步修改。为有针对性地加强农村老龄工作，开展了农村“空巢”、隔代老年人状况及帮扶政策调研，提出了对策建议。进一步加强老年人来信来访工作，特别是加大了对侵犯老年人权益信访件的协调、督办力度。加印了《老年优待证》2.5万本，并为近十万老年人办理了《老年优待证》，使老年人享受到了党和政府给予的优待。对2006年下发的69万元孝亲敬老楷模奖励补助资金落实情况进行了督导检查，确保资金落实到位并发挥作用。筹措资金100余万元，对部分敬老院建设予以支持。筹措资金50余万元，对部分贫困老人进行了慰问。

五、老年精神生活丰富多彩

重阳节期间组织举办“河北省首届老龄工作干部业务知识竞赛”。各设区市均选拔出代表队参加了比赛，省电视台对决赛进行了录播。与省电视台联合拍摄了电视系列片《孝亲敬老在行动》，弘扬中华民族尊老敬老传统美德。电视片真实记录了我省17位孝亲敬老楷模的基本情况和先进事迹，并于重阳节期间在河北导视频道播出，引起巨大反响。举办了“河北省首届亲情敬老歌曲大赛”，11月份在河北省唐山市举行了启动仪式，2007年底活动进入复赛阶段。与省人大之友摄影书画协会、省电视台都市频道、省文化传媒协会联合举办“河北省首届和谐颂‘璀璨夕阳’老年书画艺术大奖赛获奖作品展”。在重阳节期间开展了慰问贫困老年人的活动，表达了党和政府对老年人的关怀。

六、老龄宣传工作广泛深入

7月份编印了《老龄工作典型经验材料汇编》和《老龄工作政策法规文件汇编》两本宣传手册，下发到各级党委政府及老龄工作部门，宣传我省的老龄政策法规，反映我省老龄工作丰硕成果，推广各地先进经验。为多渠道宣传老龄工作，提高全社会老龄意识，与省老年文化促进会联合编办的《老年日报·河北老龄版》和《河北老年》，在宣传河北老龄工作的方针政策，报道河北老龄工作的重大活动，反映工作动态等方面也发挥了积极作用。组织撰写了《弘扬尊老爱老助老传统美德、构建社会主义和谐社会》、《“银发时代”我省老龄工作机构建设初探》、《河北省农村老年人现状及对策研究的调查报告》三篇论文宣传老龄工作。

七、老龄干部队伍整体素质不断提高

5月，组织举办了河北省老龄工作干部第五期培训班和积极老龄化战略专家论坛。老龄工作培训班采取开门办班的形式进行，从2006年5月14日至24日，组织全体参培人员赴湖南、湖北等省市，主要采取听取经验介绍、实地参观考察、开展座谈讨论、集体总结消化等形式进行学习考察。为巩固学习成果并使老龄工作干部进一步掌握河北省老龄化社会发展趋势，培训班组织全体参培干部参加了“河北省‘实行积极老龄化战略，建设社会主义和谐社会’专家论坛”。

八、老龄调查研究工作取得新的进展

为掌握河北省农村老年人在经济供养、生活照料等方面的情况，河北省老龄工作委员会办公室在对全省11个设区市的22个县深入调查的基础上，撰写了《河北省农村老年人现状及对策研究的调查报告》。为了解河北省第一次老龄工作会议的贯彻落实情况，河北省老龄办进行了专门的督导检查。省政府高度重视这次检查，下发了《关于对贯彻落实省第一次老龄工作会议精神进行督导检查的通知》。12月份河北省老龄办组成3个组，分片对全省贯彻落实河北省第一次老龄工作会议精神情况，重点是老龄工作机构建设和老龄事业发展经费投入情况进行督导检查。检查组共行程2万余公里，先后对11个设区市进行了普查，抽查了28个县（市、区），进一步掌握了全省老龄工作机构建设和老龄事业发展经费投入状况。

重要会议和活动

【河北省老龄工作委员会成员单位联络员会议】 2007年1月31日河北省召开了省老龄委成员单位联络员会议。会上各成员单位汇报了《河北省老龄委成员单位2006年老龄工作要点》落实情况和2007年工作设想，并对如何进一步做好河北省老龄工作，促进全省老龄事业更好更快发展进行了座谈。

【河北省设区市、扩权县老龄办主任会议】 2007年3月20日组织召开了设区市民政局主管老龄工作的局领导、老龄办主任和扩权县（市）老龄办负责人参加的河北省老龄办主任会议，传达了全国老龄委第九次全体会议和2007年全国省级老龄办主任会议精神，总结了全省2006年老龄工作，部署了2007年工作任务，为2007年全年工作的开展奠定了基础。

【河北省老龄工作干部第五期培训班】 2007年5月21日至5月31日举办了河北省老龄工作干部第五期培训班。培训班采取听取经验介绍、实地参观考察、开展座谈讨论等开门办班的形式进行，组织全体参培人员赴湖南、湖北等省进行学习考察，为全省老龄事业稳步健康发展积累了知识和经验。

【“实行积极老龄化战略，建设社会主义和谐社会”专家论坛】 2007年5月31日，河北省召开了“实行积极老龄化战略，建设社会主义和谐社会”专家论坛，研究老龄社会发展规律，并对老龄化社会形成的诸多因素及应对措施，如何加快全省老龄事业发展的具体措施展开了热烈的讨论。河北省委副书记张毅同志出席了论坛开幕式并作了讲话。南开大学老龄战略发展研究中心主任、博士生导师原新教授就我国人口老龄化形势做了主题报告。论坛结束后，河北省老龄工作委员会办公室与河北省老教授协会将论坛的两篇主题报告和20篇论文合辑编印为《老龄化社会趋势与对策研究——河北省“实行积极老龄化战略，建设社会主义和谐社会”专家论坛文集》，印发全省。

【河北省第一次老龄工作会议】 2007年7月10日，河北省第一次老龄工作会议在石家庄河北会堂召开。省政府副省长宋恩华，省老龄委副主任、全体委员，“河北省孝亲敬老楷模”20名，省政府办公厅及省老龄办有关工作人员；石家庄市老龄委主任、副主任、全体委员，老龄办主任及专职副主任；石家庄市所辖各县、市、区（含扩权县、市）老龄委主任、老龄办主任及专职副主任（或日常工作负责人）出席了主会场。其余10个设区市设立分会场，各设区市老龄委主任、副主任、全体委员，老龄办主任及专职副主任（或日常工作负责人）；所辖各县、市、区（含扩权县、市）老龄委主任、老龄办主任及专职副主任（或日常工作负责人）出席。参会人员约1000人。会议全面总结了“十五”以来全省老龄工作取得的显著成绩，深刻分析了人口老龄化的发展形势，明确了今后一个时期老龄工作的总体思路、目标和主要任务，为全省老龄事业全面发展指明了方向。

【河北省设区市老龄办主任会议】 2007年7月18日召开了河北省各设区市老龄办主任会议，总结上半年工作，研究贯彻落实河北省第一次老龄工作会议精神的具体方法和措施。

【河北省首届老龄工作干部业务知识竞赛】 2007年10月11日至13日，举办了“河北省首届老龄工作干部业务知识竞赛”。各设区市均选拔出代表队参加了比赛，省电视台对决赛进行了录播。省委常委、宣传部部长聂辰席，省人大副主任张群生，省民政厅厅长夏玉祥，省老龄办专职副主任姜文汇等领导以及省老龄委各成员单位联络员和来自各设区市、省会各界群众300余人一同观看了决赛。

【河北省首届和谐颂‘璀璨夕阳’老年书画艺术大奖赛获奖作品展】 2007年10月19日河北省老龄办与省人大之友摄影书画协会等部门联合举办了“河北省首届和谐颂‘璀璨夕阳’老年书画艺术大奖赛获奖作品展”。河北省民政厅厅长、省老龄办主任夏玉祥出席了开幕式并作了讲话。活动展示了河北省广大老年人积极向上、与时俱进、老有所学、老有所为的精神风貌。

【拍摄电视片《孝亲敬老在行动》】 2007年河北省老龄办与省电视台联合拍摄了电视系列片《孝亲敬老在行动》。电视片真实记录了河北省17位孝亲敬老楷模的基本情况和先进事迹，宣传了包括林秀贞等在内的敬老楷模感人事迹。

【慰问贫困老年人活动】 2007年9月20日至10月20日，河北省民政厅党组成员、省老龄办专职副主任姜文汇带领省老龄办工作人员，先后赴石家庄藁城市、邢台市任县、邯郸市魏县等地，走访慰问贫困老年人。省老龄办并对如何开展慰问贫困老年人活动做出了安排部署，要求全省172个县（市、区）在重阳节期间平均每县慰问贫困老年人10名，每人慰问金不少于500元。

【河北省首届亲情敬老歌曲大赛】 2007年11月27日“河北省首届亲情敬老歌曲大赛”启动仪式在唐山市举行，河北省委常委、唐山市委书记赵勇和部分省政府领导出席了大赛启动仪式并作了讲话。12月29日、30日评委对各市推荐的选手进行了初审，美声、民族、通俗三个演唱组每组选出了20名选手参加复赛，并拟于2008年1月10和11日分别举行复赛和决赛。

【老龄工作督导检查】 12月份河北省老龄办组成3个组，分片对全省贯彻落实全省第一次老龄工作会议精神情况，重点是老龄工作机构建设和老龄事业发展经费投入情况进行督导检查。检查组共行程2万余公里，先后对11个设区市进行了普查，抽查了28个县（市、区），并形成了情况报告。

【河北省农村老年人现状及对策研究调查】 12月份河北省老龄办在11个设区市抽取了22个县，进行了农村老年人现状调研。调研采取召开座谈会、问卷调查、深度访谈等形式，就农村老年人生活保障、医疗保障、维权情况以及村镇老龄协会建设等6个方面的问题听取了多方意见，发放了调查问卷，并选取了有代表性的特困家庭进行了家访。在深入调研的基础上形成了《河北省农村老年人现状及对策的调研报告》。

各项业务进展

【老龄政策研究】 2007年，会同有关成员单位在对“十五”计划评估检查的基础上，针对全省老龄事业发展的薄弱环节和老龄工作中面临的突出问题，印发了《河北省老龄事业发展“十一五规划”》；为加快全河北省老龄事业发展，印发了《河北省人民政府办公厅关于加快发展养老服务业的意见》和《中共河北省委办公厅、河北省人民政府办公厅关于进一步加强老龄工作的通知》；为建立老龄工作评估指标，印发了《河北省老龄工作评估指标（讨论稿）》，明确了老龄工作的具体标准和要求。这些法规政策的出台，必将为各级老龄工作部门和其他涉老部门做好老龄工作提供了法律法规和政策依据，对于实现全省老龄工作的法制化、规范化、制度化和科学化具有重要意义，必将进一步推动全省老龄工作的快速发展，实现老龄事业的新飞跃。

【老年维权工作】 2007年，河北省在配合省人大内司委进行广泛深入调研的基础上，对《河北省实施〈中华人民共和国老年人权益保障法〉办法（草案）》做了进一步修改。为进一步掌握全省老年人的生活状况，2007年初开展了农村空巢、隔代老年人状况及帮扶政策调研活动，2007年底在全省范围内开展了农村老年人现状及对策研究的调研，撰写了《河北省农村老年人现状及对策研究的调查报告》。进一步加强老年人来信来访工作，特别是加大了对侵犯老年人权益信访件的协调、督办力度，并为近十万老年人办理了《老年优待证》，使老年人享受到了党和政府给予的优待。

【为老服务业发展】 2007年，全省为老服务发展成果显著。各级组织、老干部工作部门根据老干部党员的身体、居住等实际情况，创新老干部党支部设置方式，共建离退休干部党支部5571多个。全省共建各级各类老年大学1377所，总面积226018平方米。继续巩固和完善离休干部“三个机制”，落实离退休老干部的生活待遇，下发了《关于下达2007年省对国家级、省级扶贫重点县离休干部医药费补助的通知》，对52个国家级和省级贫困县每位离休干部补助医药费1000元。医药费统筹面逐步扩大，全省11个市有39634名企业离休干部纳入医保统筹，占应参加医保统筹人数的96%。省发改委安排国债和省专项补助资金1070万元，支持全省19个社会化养老项目建设。在充分调研的基础上完成了《河北省社会化养老服务业务发展调研报告》，提出了河北省社会化养老服务的发展方向和对策措施。各级司法部门充分利用“老人节”和“12·4”法制宣传日，开展了《中华人民共和国老年人权益保障法》、《中华人民共和国婚姻法》、《中华人民共和国继承法》为主要内容的法制宣传教育活动，全年发放相关宣传资料90余万份，设咨询（站）点400多个，解答群众问题4000多人次，出动宣传车30台次，发布网站信息400余条，全省法律机构共为伤残、特困老年人提供法律援助1695人次，减免诉讼费用465万元。财政部门2007年征收养老保险费近200亿元，争取中央财政补助44.9亿元，养老保险金支出210亿元，确保了165万名企业退休人员基本生活水平，平均待遇水平比2006年增加130元。建设部门会同有关部门印发了《2007年河北省无障碍设施建设工作要点》和《河北省无障碍设施工程施工质量验收标准》等一系列文件规定，安排部署了助老设施和无障碍设施建设工作。文化部门以参加文化部第十四届群星奖比赛为契机，组织创作了一批老年文艺作品，并有两部作品获奖。组织了4个老年合唱团参加了太原第九届全国老年合唱节活动。各级图书馆、文化馆（站）专门开辟了老年文化活动阵地，对全省70岁以上老年人，免证借书并送书上门。全省各级各类群艺馆、文化站也专门开辟了老年活动室。省体育局以“全民健身与奥运同行”为契机，开展老年体育活动，组织了老年人门球赛、健身操、太极拳、健步走比赛等系列活动，使老年体育健身与奥运争光相映生辉。以全省老年体育示范区建设为依托，发展老年体育事业，2007年河北省有32个单位被命名为“河北省老年体育示范区”。工会系统对全省28072名离退休职工进行了摸底调查，制定了《关于进一步做好困难职工帮扶工作的意见（试行）》。各级共青团组织扩大了“扶老助老志愿服务”的覆盖面，解决了老年人特别是孤寡老人的实际困难。各级卫生部门为全省65岁以上老年人建立了健康档案，开展了高血压、心脑血管等老年慢性病的监测工作。各级人口和计划生育部门认真落实农村部分计划生育家庭60岁以上老人奖励扶助制度，全年确定养老扶助对象12.4万余名，发放资金7440万元；特别扶助对象1.2万人，扶助金19.2万元。大力实施“民心工程”和“幸福工程”，全年共服务60岁以上农村老年妇女32余万人。

【老年文体活动】 2007年，河北省老龄办与省电视台联合拍摄了电视系列片《孝亲敬老在行动》。电视片真实记录了河北省17位孝亲敬老楷模的基本情况和先进事迹。10月河北省老龄办与省人大之友摄影书画协会等部门联合举办了“河北省首届和谐颂‘璀璨夕阳’老年书画艺术大奖赛获奖作品展”。河北省民政厅厅长、省老龄办主任夏玉祥出席了开幕式并做了讲话。在重阳节期间举办了“河北省首届老龄工作干部业务知识竞赛”。省委常委、宣传部部长聂辰席，省人大副主任张群生，省民政厅厅长夏玉祥，省老龄办专职副主任姜文汇等领导以及省老龄委各成员单位联络员和来自各设区市、省会各界群众300余人一同观看了决赛，在提高老龄工作干部业务素质的同时也向老年人宣传了老龄工作方针政策和法律法规。组织“河北省首届亲情敬老歌曲大赛”，11个设区市进行了选拔赛，经过全省初赛每组各有20位选手进入了复赛。河北省体育局、省老干部局等单位也组织举办了老年人门球赛、健身操、太极拳比赛等一系列老年体育活动，丰富了老年人的晚年生活。

【"银龄行动"】 2007年，为全面贯彻落实全国老龄办厦门"银龄行动"会议精神，结合"构建和谐社会和建设沿海经济社会发展强省"要求，在对石家庄、张家口、承德、保定等市上报的部分"银龄行动"项目进行研究筛选的基础上，下发了《关于印发〈河北省老年知识分子援助欠发达地区行动实施方案〉的通知》和《河北省老龄办2007年"银龄行动"工作计划》，确定了石家庄市元氏县和承德市丰宁县两个重点扶持点，明确了帮扶内容，并确定了对口支援活动的内容，为部分老专家、老科技工作者发挥余热，做到"老有所为"提供了条件，搭建了平台。

【典型经验】 2007年，对20名"河北省孝亲敬老楷模"进行了表彰，并对他们的先进事迹进行了大力宣传。树立了迁西县老年社会保障体系建设、秦皇岛海港区居家养老新模式、任丘市农村老龄工作等先进典型。积极推广成功经验，推动全省老龄工作发展。

【老龄综合性基础工作】 为进一步提高老龄干部队伍整体素质，5月举办了全省老龄工作干部第五批培训班，有效地加强了老龄工作干部队伍素质建设。不断加强老龄宣传工作。7月份印发了《老龄工作典型经验材料汇编》和《老龄工作政策法规文件汇编》两本宣传手册，下发各级老龄工作部门。9月份加印了《老龄工作知识问答》和《基层老龄工作干部使用手册》两册资料，赠送有关部门，宣传河北省的老龄政策法规，反映全省老龄工作丰硕成果，推广各地先进经验。为编印《老龄工作论证论文选》，河北省老龄办在认真调研的基础上撰写了《弘扬尊老爱老助老传统美德、构建社会主义和谐社会》、《"银发时代"我省老龄工作机构建设初探》、《河北省农村老年人现状及对策研究的调查报告》三篇论文。积极筹建"河北老龄网"，与省电视台联合举办多种活动，拓展宣传平台。与省老年文化促进会联合出版的《老年日报·河北老龄版》和《河北老年》，在宣传河北老龄工作的方针政策，报道河北老龄工作的重大活动，反映工作动态等方面也发挥了积极作用。为了进一步了解掌握全省老龄工作整体发展情况，省老龄办于12月下旬对全省老龄工作机构建设和老龄事业经费投入等情况进行了全面调研，形成了《督导检查贯彻落实省第一次老龄工作会议精神的情况通报和报告》，总结了各地落实河北省第一次老龄会议精神的举措和成效，发现了亟待解决的问题，分析了问题的成因，提出了解决对策。通过各种形式的广泛宣传，全省老龄工作的知名度不断提高，老龄工作的影响进一步扩大，全社会的老龄意识不断增强，更好的营造了关爱帮助老年人的社会氛围。

山西省

综 述

2007年，山西省老龄工作以邓小平理论和"三个代表"重要思想为指导，以科学发展观为统领，以贯彻实施《山西省老龄事业发展"十一五"规划》为主线，以基层老龄工作为重点，全力保障老年人合法权益，不断丰富老年人精神文化生活，积极组织引导老年人参与社会发展，各项工作都有了新的进步和发展。

一、多措并举，老龄事业发展"十一五"规划全面实施

2007年是实施《山西省老龄事业发展"十一五"规划》的第二年，全省各级老龄组织积极努力，各有关部门齐心协力，有力地推动了老龄事业发展规划的实施。

老龄事业基础设施建设不断发展。各地在城市建设和推进小城镇建设中，统筹规划，加大投入，不断加强老龄事业基础设施建设。据2007年底统计，全省老年活动中心（站、室）11189个，老年医院284所，老年病床6263张，老年学校1189所，在校老年人124402人。农村敬老院、养老院数量不断扩大，条件不断改善。

社会保障工作不断推进。在城镇，连续三年提高企业退休人员基本养老金水平，四次提高城市低保标准。基本养老保险参保人数达到500.4万人，同比增长2%。在农村，社会养老保险参保人数达148万人，同比增长31%，"三无"老人、"五保"老人实现了应保尽保。朔州市政府积极探索农村居民生活补助制度，为市区4万多名65岁以上的农村居民每人每月发放生活补助金30元，农民从此开始领上了"退休金"。全省经济条件好的村大多都为老年人发放养老金，翼城、平定、阳城、柳林等多数县为老红军、卸任村干部发放生活补助。农村独生子女或两女户夫妇年满60岁以后，享受计划生育家庭奖励扶助。新型农村合作医疗试点不断扩大，受惠的老年人越来越多。

建立了高龄老人关爱和贫困救助制度和规定。对于贫困老年人，各级老龄组织建立了救助制度，每年普遍进行一次性救助和临时救助。省老龄办与省民政厅、省财政厅、省卫生厅联合下发了《关于提高百岁以上老人保健费标准的通知》，将全省百岁以上老年人保健费由原来的每人每月50元提高到200元。2007年省老龄办筹集18万元资金，对全省600名80岁以上的特困老年人进行了慰问救助，每人发放救助金300元。晋城、长治市及各县建立了贫困老年人救助机制，救助资金纳入了财政预算。晋城市老龄办探索“开发式”扶贫助老模式，为贫困老年人家庭资助两只成年母羊，由老年人饲养繁殖产生经济效益，从而逐步达到脱贫目的。

二、注重实效，老年维权工作成效显著

我们利用法律和道德等手段，不断加强老年人权益保障工作，为构建社会主义和谐社会做出了应有的积极努力。

一是把贯彻实施老年法与以尊老敬老为内容的道德教育和法制教育相结合，扩大社会影响面。邀请全国孝亲敬老之星—阳高县敬老院院长许生义为办公室全体职工作敬老报告；与全国敬老爱老助老主题教育活动组委会、中国老龄事业发展基金会联合，为太原市13中（太原市关爱学校）捐赠300套敬老书、敬老歌曲、敬老光盘，使敬老教育进学校、进课堂；与省司法厅合作，在省城太原南宫广场联合举办十七大精神和老年法律法规咨询服务活动。省人大副主任范堆相、省政协副主席张正明亲临现场视察。来自省城19家律师事务所的100多名律师、法律工作者和社科院专家进行现场解答，发放十七大报告的报纸3000多份，老年法宣传材料10000多份，接受咨询1000余人次。运城、大同、长治等市，临猗、清徐、阳城等县举行了隆重的孝星评选活动。临猗县还建立了青少年“孝文化”教育基地。

二是把贯彻执行老年法与建立健全老年维权组织，严肃处理侵犯老年人合法权益典型案件相结合，构建强力维权网。省老龄办成立了维权部，省直老龄办成立了老年法律援助工作站，各市、县、乡、村都成立了老年维权服务部（站）。各地认真接待老年人来信来访，化解矛盾，维护稳定。2007年山西省省直机关文明建设委员会在《山西省省直文明和谐单位管理办法》中明文规定，文明和谐单位和文明和谐标兵单位如发生严重侵害老年人合法权益的事件，将撤消其荣誉称号。在创建文明和谐单位中，实行了侵犯老年人合法权益一票否决制。

三是把贯彻落实老年法与落实老年优待政策相结合。7月10日，省老龄办联合省委宣传部、省发改委等19个部门下发了《关于切实加强老年人优待工作的实施意见》。在《山西省实施〈中华人民共和国老年人权益保障法〉办法》关于老年优待的基础上，对养老保障、医疗保健、生活服务、文体休闲等方面做了补充规定，扩大了优待范围，增加了优待内容。2006年底省财政一次性拨款279万元用于免费为全省农村老年人办理优待证。长治、晋中、忻州等市为办理农村老年优待证划拨专款。太原、大同、晋中、晋城、忻州、长治、吕梁、临汾、朔州等市组织专人采取现场办理的方式，进社区、进村庄、进企业，把关注民生的政策、关爱老年人的真情，传递和体现在老年人身上。全省各旅游景点、医院、车站等窗口明示老年优待标志，11个市70岁以上老年人免费乘坐市内公共汽车、免费参观各旅游景点、看病免费挂号等。

三、精心组织，老年文化体育健身活动丰富多彩

适应老年人精神文化生活的需要，各种形式的老年文艺体育组织遍布城乡，各具特色的文化体育活动方兴未艾。老年人以自己的文体活动装点生活、传递快乐、倡导文明进步健康的生活方式，成为文体活动的一支重要力量。

5月16日至7月4日，中国老龄事业发展基金会、山西省老龄办、山西省委老干部局、老年福数字电视频道在太原联合举办了全国中老年歌手电视大赛，来自陕西、山东、天津等10多个省（区、市）的中老年选手参加了比赛，共评出老年组和中年组金奖各1名、银奖各2名、铜奖各3名、优秀奖各6名，并于7月4日晚在山西广播电视总台大演播厅举行了隆重的颁奖晚会，省人大常委会副主任范堆相出席颁奖晚会并为金奖获得者颁奖。

10月26日，省老龄办举办了“金秋风韵”老年文艺晚会，荟萃了14个精彩的老年文艺节目，为省城老年人送上了丰盛的节日文化大餐。省委常委、常务副省长、省老龄委主任薛延忠出席晚会并发表了热情洋溢的讲话。山西省老龄办老年艺术团在全国中老年“红叶风采”服饰艺术模特展演选拔大赛中，喜获最佳创作金奖和最佳表演金奖，有2名团员分别获得最佳活力奖和最佳仪表奖，并有5名团员入围国家艺术团，赴港参加了演出。临汾市老龄办艺术团“夕阳俏花鼓”节目赴京参加了在北京民族文化宫举行的全国“红叶风采”文艺晚会，受到了好评。

各地利用重大节日举办老年文艺演出。阳泉、忻州、临汾、长治等市举办了庆祝老年节文艺演出。大同、晋中、吕梁等市举办老年人运动会，太原市举办“迎奥运三晋万里行”活动，丰富了老年人生活，提高了老年人健康水平。老年大学逐渐向社区、乡镇、农村延伸，初步形成了多层次、多形式、多学制的老年教育体系。

四、扎实推进，社区、农村老龄工作不断深化

老龄工作的重点在基层。一年来，各级老龄组织重心下沉，深入社区、农村调查研究，了解情况，指导工作，使社区、农村老龄工作不断深化。

根据全国老龄办《关于加强基层老龄工作的意见》精神，按照老龄工作先进单位的标准，着力在老龄工作组织领导、老龄政策法规落实、养老保障水平提高、老年服务设施健全、老年人精神文化生活丰富、敬老宣传教育广泛深入等六个方面作文章、下功夫，充分发挥18个老龄工作示范县（市、区）、19个老龄工作重点县（市、区）的示范效应和带动作用，不断完善社区、农村老龄工作规范化建设的标准，形成社区、农村老龄工作规范化建设创建、检查、验收、挂牌、表彰等机制，推动基层老龄工作上台阶、上水平、上档次。

积极采取措施，不断推广晋城、运城、太原等市社区、农村老龄工作规范化建设的做法和经验，不断完善社区、农村老龄工作规范化建设的标准，形成社区、农村老龄工作规范化建设创建、检查、验收、挂牌、表彰等机制。继续推进“孝心进社区工程”，全省“为老服务示范点”由48家增至53家。省老龄办举行了“孝心进社区工程”两周年总结大会。启动了“居家养老健康管理服务行动”，开展老年健康知识普及、保健方法传授和疾病预防控制等宣传活动。太原市小店区水总社区、迎泽区老军营三社区、万柏林区西矿街社区、尖草坪区兴安苑社区开始了居家养老服务试点工作。太原市杏花岭区爱心护理院以6家养老院、5个社区卫生站、92个社区卫生服务站为依托，把医疗服务延伸到全区各养老院，形成了区中心医院、老年爱心护理分院相互转诊、合理分流的卫生服务体系。

五、积极引导，“银龄行动”扎实有效

“银龄行动”是老年知识分子老有所为的重要形式。2007年，省老龄办精心组织，积极引导，使这一活动在全省广泛深入开展起来。省老龄人才资源开发协会、省老年科技工作者协会建立了老年人才库，开办了老年人才市场。省关工委“五老”队伍已发展到30万人，广大老年知识分子活跃在全省教书育人、植树造林、法律咨询、种植养殖等领域，发挥自己的知识技能优势，彰显了老年知识分子的作用。

2007年11月，省老龄办组织医疗专家赴保德县开展了为期一个月的医疗服务活动。省委常委、常务副省长、省老龄委主任薛延忠出席了欢送仪式，并发表了热情洋溢的讲话。来自山大一院、二院、省眼科医院、省儿童医院、解放军264医院的9位专家，通过义诊、查房、会诊、手术、讲座，共为当地1000多名患者诊病治疗，举办专题讲座30多次，指导建立了规范化的产房和手术室，将LCP运用于骨折病人，填补了保德县此项技术的空白。保德县委、县政府赠送了“弘扬银龄精神，情系老区人民”的锦旗。

六、弘扬先进，表彰激励机制基本形成

为培养典型，树立旗帜，以点带面，推动工作，省老龄办建立了表彰激励机制。一年评选表彰一次老龄工作先进集体和先进个人，两年评选表彰一次孝亲敬老楷模和孝亲敬老之星，三年评选表彰一次十个涉老类型的先进。按照省老龄委第四次全体会议精神，省老龄办组织了“十大类型”先进的评选工作。即十大重视老龄工作功勋领导、十大杰出老人、十大孝亲敬老楷模、十大老年维权卫士、十大老年形象代表、十大老龄事业公益典范、十大老龄工作先进集体标兵、十大老龄工作先进个人标兵、十大敬老文明社区、十大敬老文明村。在全省老龄工作会议上，对十类先进典型大张旗鼓地进行了表彰，省委常委、常务副省长、省老龄委主任薛延忠出席会议并为先进颁奖。

重要会议和活动

【山西省老龄工作委员会第五次全体会议】 2007年2月9日，山西省老龄工作委员会第五次全体会议在省民政厅八层会议室召开。会议学习了《中国老龄事业的发展》白皮书，审议通过了省老龄委专职副主任王进龙所作的《关于2006年老龄工作总结和2007年老龄工作安排意见的报告》，讨论通过了我省拟表彰的“十大杰出老人”等十类先进集体和先进个人名单。会议由省民政厅厅长、省老龄委常务副主任马景龙主持。省人大常委会副主任、省老龄委主任范堆相出席会议并作了重要讲话。省老龄委副主任、委员、联络员等参加了会议。

【全省老龄工作会议】 2007年4月18日，全省老龄工作会议在太原市并州饭店召开。会议传达了2007年全国省级老龄办主任会议暨全国居家养老服务经验交流会议精神，总结了2006年全省老龄工作，安排部署了2007年工作，对全省“十大杰出老人”、“十大孝亲敬老楷模”、“十大老年维权卫士”、“十大老年形象代表”、“十大老龄事业公益典范”“十大老龄工作先进集体标兵”、“十大老龄工作先进个人标兵”、“十大敬老文明村”、“十大敬老文明社区”进行了表彰。省民政厅厅长、省老龄委常务副主任马景龙主持会议，省委常委、常务副省长、省老龄委主任薛延忠出席会议并作了重要讲话，全国老龄办副主任闫青春、全国老龄办政研部主任吴秋风应邀出席了会议。参加本次会议的还有省直机关、各市、县（市、区）、大型企业、大专院校老龄工作负责人及受表彰的代表共300多人。

【全国中老年歌手电视大赛】　2007年5月16日至7月4日，中国老龄事业发展基金会、山西省老龄办、山西省委老干部局、山西老年福数字电视频道在太原联合举办了全国中老年歌手电视大赛，来自陕西、山东、天津等10多个省（区、市）的中老年选手参加了比赛，共评出老年组和中年组金奖各1名、银奖各2名、铜奖各3名、优秀奖各6名。7月4日晚，在山西广播电视总台大演播厅举行了隆重的颁奖晚会，山西省人大副主任、省老龄委主任范堆相出席颁奖晚会并为金奖获得者颁奖。

【“孝心进社区工程”两周年庆典活动】　2007年6月21日上午，由省老龄办主办、珍奥集团山西办事处承办的“孝心进社区工程”两周年庆典在省委党校隆重举行。庆典上，珍奥集团山西办事处汇报了“孝心进社区工程”开展两年来的情况，省老龄委专职副主任王进龙对取得的成绩表示了充分肯定，并对今后继续开展这项工作提出了新的要求。

【全省高龄特困老年人慰问救助金发放仪式】　2007年10月16日上午九时，省老龄办在省总工会职工活动中心举行了2007年全省高龄特困老年人慰问救助金发放仪式。本次慰问救助活动对全省年龄在80岁以上99岁以下生活特别困难的600名老年人每人一次性发放慰问救助金300元。省老龄委专职副主任王进龙到会为各市发放慰问金并作了重要讲话。

【老年法律法规广场义务宣传咨询活动】　2007年10月19日上午，省老龄办、省司法厅在南宫广场联合举办了老年法律法规广场义务宣传咨询活动。山西成诚律师事务所、山西晋一律师事务所等19家律师事务所和法律援助中心在南宫广场设立了法律咨询台，近百名法律工作者参加本次宣传咨询活动，现场为老年人答疑解难。此次活动采取了现场法律咨询、发放宣传资料、悬挂普法宣传横幅等形式多样、内容丰富的宣传方式，共发放宣传资料上万份，现场接待咨询老年人千余人。参加本次活动的领导有省人大常委会副主任、省老龄委主任范堆相、省政协副主席张正明、原省级老领导张邦应、省委副秘书长王进喜、省民政厅厅长、省老龄委副主任马景龙、省老龄委专职副主任王进龙等。

【“金秋风韵”文艺晚会】　2007年10月26日上午，2007年庆祝老年节“金秋风韵”文艺晚会在南宫礼堂举行。晚会以宣传贯彻党的十七大精神为重点，以构建和谐社会为主题，以促进社会主义精神文明建设为宗旨，以推动老龄事业发展为目的，丰富老年人精神文化生活，展现当代老年人的精神风貌，精心挑选全省优秀老年文艺节目14个，为老年人献上了一份精彩的重阳节文化大餐。出席晚会的领导有省委常委、常务副省长、省老龄委主任薛延忠，省人大常委会副主任范堆相、省政协副主席边鸣涛、原省级老领导吴达才、李玉明、秦国栋、赵耀仁、宬耀光、左祥等。

【“银龄行动”欢送仪式】　2007年11月1日上午，“银龄行动”志愿者赴保德县医疗服务欢送仪式在省总工会职工活动中心举行，欢送来自山大一院、二院、省眼科医院、省儿童医院、解放军264医院的9位医疗专家。省委常委、常务副省长、省老龄委主任薛延忠出席仪式并作重要讲话。出席欢送仪式的领导还有省人大原副主任、省老龄人才资源开发协会会长王民，省政府原副秘书长、省老龄人才资源开发协会副会长王敬，省老龄委原主任王继平，省老龄委原第一副主任、省老龄人才资源开发协会副会长杜振民，省卫生厅副厅长王峻，省老龄委专职副主任王进龙。

【捐赠敬老书、歌曲、光盘活动】　2007年11月6日下午，山西省老龄办与中国老龄事业发展基金会、全国敬老爱老助老主题教育活动组委会联合为太原市13中（太原市关爱学校）捐赠敬老书、歌曲、光盘300套。

各项业务进展

【老年维权工作】　2007年，山西省老龄办采取多项措施，加大维权工作力度，老年人合法权益得到有效保障。

第一，积极建立健全老年维权组织，严肃处理侵犯老年人合法权益典型案件。一年来，全省各地进一步健全和加强老年维权组织建设。多数市、县、乡、村都成立了老年维权服务部（站），全年共处理涉老案件1001件。各地认真接待老年人来信来访，全年各级老龄部门共接待来信来访8247件，进一步化解了社会矛盾，维护了社会和谐稳定。2007年省直机关文明建设委员会在《山西省省直文明和谐单位管理办法》中明文规定，文明和谐单位和文明和谐标兵单位如发生严重侵害老年人合法权益的事件，将撤消其荣誉称号。即在创建文明和谐单位中，对侵犯老年人合法权益的行为实行一票否决制。

第二，认真贯彻实施《中华人民共和国老年人权益保障法》，积极落实老年优待政策。2007年7月，省老龄办联合省委宣传部、省发改委等19个部门下发了《关于切实加强老年人优待工作的实施意见》(以下简称《实施意见》)。《实施意见》在《山西省实施〈中华人民共和国老年人权益保障法〉办法》的基础上，在养老保障、医疗保健、生活服务、文体休闲等方面做了补充规定，扩大了优待范围，增加了优待内容。2007年10月，根据全省经济社会发展，我们及时调整百岁老人保健费标准，由每人每月50元增加到200元。积极开展高龄特困老年人慰问活动，对年龄在80岁以上99岁以下全省生活特别困难的600名老年人每人一次性发放慰问金300元。积极办理老年优待证，2006年底省财政一次性拨款279万元用于免费为全省农村老年人办理优待证。太原、大同、晋中、晋城、忻州、长治、吕梁、临汾、朔州等市积极组织，不辞辛苦，办理农村老年优待证，仅2007年一年就免费办理农村老年优待证45万多本，把省委省政府关注民生的政策、关爱老年人的真情，传递和体现在农村老年人身上。各级老龄组织积极协调，各有关部门大力支持，老年优待政策落到了实处。全省各旅游景点、医院、车站等窗口明示老年优待标志，11个市70岁以上老年人免费乘坐市内公共汽车、免费参观各旅游景点、看病免费挂号等，老年人分享到了经济社会发展成果。

第三，广泛深入地开展以尊老敬老为内容的道德教育和普法宣传教育。2007年8月15日，省老龄办邀请全国孝亲敬老之星—阳高县敬老院院长许生义为办公室全体职工作敬老报告。11月6日，省老龄办与全国敬老爱老助老主题教育活动组委会、中国老龄事业发展基金会联合为太原市13中（太原市关爱学校）捐赠300套敬老书、敬老歌曲、敬老光盘，将敬老教育推进学校、推进课堂。运城、大同、长治等市，临猗、清徐、阳城等县举行了隆重的孝星评选活动。临猗县建立了青少年“孝文化”教育基地。2007年10月19日，省老龄办同省司法厅在省城太原南宫广场联合举办了十七大精神和老年法律法规咨询服务活动，来自省城19家律师事务所的100多名律师、法律工作者和社科院专家进行现场答疑解惑，发放十七大报告的学习材料3000多份，老年法宣传材料一万多份，接受咨询千余人次。省人大常委会副主任范堆相、省政协副主席张正明亲临现场视察指导了这一活动。通过一系列的尊老敬老宣传教育活动，加大了对老年法律法规的宣传，唤起全社会关爱老年人，维护老年人合法权益的法制意识和责任意识，对于促进我省社会主义法制建设，构建社会主义和谐社会都具有重要的作用和意义。

【老龄宣传工作】 2007年，山西省进一步加强老龄宣传工作。省老龄办内部刊物《山西老龄工作》是省老龄工作的主要宣传阵地，2007年继续提高质量，增加信息量，增强美观性，加大对全省工作的指导力度，每月一期如期刊出。省老龄办还编发了不定期简报《山西老龄快讯》，对一些重要活动和有价值的信息及时予以报道。同时，全省11个市级老龄办内部工作简报的数量明显增加，信息量加大。一些县级老龄办也印发了自己的内部工作简讯，加大了对本地区老龄工作的宣传力度。有的市、县、乡级老龄工作部门也创办了自己的内部工作刊物或报纸。如：太原市老龄办和太原市老龄协会、太原市老年学学会联合创办了《并州老龄》杂志；阳城县老龄委和老年学学会联合创办了《获泽晚情》老龄工作宣传期刊；长治县东和乡东和村老年协会创办了《夕阳红》报纸，宣传上级的老龄工作指示，疏通老同志感情，维护老年人权益，深受广大村民和老年人的喜爱。

全省各级老龄系统加强和新闻媒体的联系和沟通，努力扩大老龄工作的宣传渠道，利用电台、电视台、报纸、网络等宣传阵地，对老龄部门的大型会议、重要活动及孝亲敬老先进典型进行了全方位的宣传报道，对侵害老年人权益的不良行为进行曝光。《山西日报》刊载的题为《纪检部门介入惩戒不孝子女》的文章，报道了永济市赵伊村85岁的王秀英老人被子女遗弃无人照料，在社会上引起了很大反响。2007年，全省各级新闻媒体有关老龄工作、孝亲敬老、老年人活动的报道达2000余次。同时，省老龄办和各级老龄部门也加大对外宣传报道的力度，积极向《中国老年报》、《中国老龄》等报刊投稿，及时反映当地老龄工作的动向和最新成就。

【基层老龄工作】 2007年，根据全国老龄办《关于加强基层老龄工作的意见》精神，按照老龄工作先进单位的标准，山西省老龄办紧紧围绕基层老龄工作任务，在落实老龄政策法规上下功夫，在完善为老服务设施上下功夫，在强化为老服务功能上下功夫，在维护老年人合法权益上下功夫，在组织开展老年文化、教育、体育活动上下功夫。加大力度、采取措施、建立健全社区老年人协会，使社区老年人“困有所助，难有所帮，需有所应”，使社区老年群众组织成为社区老龄工作的主体力量，成为老年人合法权益的维护者，精神文化活动的组织者，社区建设的参与者。同时，充分发挥18个老龄工作示范县（市、区）、19个老龄工作重点县（市、区）的示范效应和带动作用，不断完善社区、农村老龄工作规范化建设的标准，形成社区、农村老龄工作规范化建设创建、检查、验收、挂牌、表彰等机制，推动基层老龄工作上台阶、上水平、上档次。

【为老服务工作】 2007年，全省大部分市、县（市、区）陆续开展了居家养老服务工作。太原市在小店区水总社区、迎泽区老军营三社区、万柏林区西矿街社区和尖草坪区兴安苑社区开始居家养老服务试点，同一些愿为居家老年人提供服务的单位签订了服务协议，养老护理员经过培训合格，全部持证上岗。大同市、晋中市、晋城市在原有居家养老服务试点基础上逐步推广，已形成一定规模。11月，省老龄办启动了“居家养老健康管理服务行动”，开展老年健康知识普及、保健方法传授和疾病预防控制等宣传活动。

扎实推进“爱心护理工程”试点工作。截至2007年底，全省已有6家单位成为中国老龄事业发展基金会批准挂牌的试点单位，另有多家单位正在申请过程中。同时，我们在推荐上报全国试点单位的基础上，建立了本省的试点单位资源库，对各市、县（市、区）具备一定条件的护理院进行备案，定期指导检查，促进其工作，实现了全省爱心护理院的多层次、广覆盖发展。为了在全社会广泛宣传“爱心护理工程”，扩大“爱心护理工程”试点工作的影响力，省老龄办多次在《山西老龄工作》月刊上登载有关“爱心护理工程”的会议和文件精神，报道各地、各爱心护理院试点工作的开展情况。并同新闻媒体密切联系，及时报道“爱心护理工程”试点工作的新情况、新进展，扩大了“爱心护理工程”的社会知名度，促进了“爱心护理工程”试点工作的进一步开展。同时，省老龄办积极协调有关部门，落实优惠政策。根据全国十部委《关于加快发展养老服务业的意见》和国家民政、卫生、建设等部门的有关政策规定，省老龄办积极协调有关部门，为爱心护理院争取在规划、建设、税费减免、用地、用水、用电、卫生、医疗保险及地方财政支持等方面享受优惠政策，有力地支持了爱心护理院的建设，切实解决了爱心护理院资金、物资短缺的问题。

继续推进“孝心进社区工程”，全省“为老服务示范点”由48家增至53家。6月21日上午，山西省老龄办举行了“孝心进社区工程”两周年总结大会。

【老年文体活动】 2007年，山西省开展了丰富多彩的老年文艺体育活动。重阳节期间，省老龄办举办了“金秋风韵”老年文艺晚会。晚会节目以省城的精品老年文艺节目为主，适当选调了一些外地的优秀节目和少儿节目。参加晚会演出的老年人有200多人，最大年龄79岁，展现了当代老年人积极乐观、健康向上的精神风貌。专门为晚会编排的由全国老龄事业发展基金会会长李宝库作词的《孝亲敬老歌》少年儿童表演唱，体现了传承祖国传统孝道文化的主旨。晚会现场座无虚席，精彩的文艺节目给现场的1000多名老年观众送上了一道丰盛的文化大餐。2007年5月16日至7月4日，省老龄办和中国老龄事业发展基金会、省委老干部局、老年福数字电视频道联合举办了全国中老年歌手电视大赛，取得了圆满成功。这次中老年歌手电视大赛在我国的电视历史上尚属首次，是中老年精神文化生活中的一件盛事，也促进了老年文艺事业的发展。我省的忻州市老龄办、吕梁市老龄办、朔州市老龄办分别获得了山西赛区组织奖。

全省各地的老年群众文艺活动更加普及，自发组织成立的老年文艺团体数量不断增加，文艺表演水平进一步提高。在全国《红叶风采》老年文艺晚会选拔节目中，临汾市的《夕阳俏花鼓》节目被选中，到北京参加了演出。山西省老龄委育林服饰模特艺术团在全国中老年“红叶风采”服饰艺术模特展演选拔大赛中获最佳创作金奖，最佳表演金奖。山西省葫芦丝巴乌协会老年艺术团在第二届中国艺术新秀推选系列活动的选拔大赛上，获得了民乐组一等奖。

全省老年体育事业取得了新的进展，农村老年人体育工作得到了进一步加强，老年人体育健身活动更加活跃。省老年体协举办了第三届老年人运动会，比赛项目有健身球保健操、柔力球、网球、地掷球、健身秧歌、竞技麻将等，有力推动了全省老年体育活动的开展。

【“银龄行动”】 2007年，省老龄办精心组织，积极引导，使“银龄行动”在全省广泛深入开展起来。省老龄人才资源开发协会、省老年科技工作者协会建立了老年人才库，开办了老年人才市场。省关工委“五老”队伍已发展到30万人，他们讲革命传统，播撒爱心，从事关心下一代工作。广大老年知识分子活跃在我省教书育人、植树造林、法律咨询、种植养殖等领域，打响了“银龄行动”的品牌，发挥老年知识分子的知识技能优势，突显了老年知识分子的作用。2007年11月，省老龄办组织医疗专家赴保德县开展了医疗服务活动。省委常委、常务副省长、省老龄委主任薛延忠出席了欢送仪式，并发表了热情洋溢的讲话。来自山大一院、二院、省眼科医院、省儿童医院、解放军264医院的9位专家，通过义诊、查房、会诊、手术、讲座，共为当地1000多名患者诊病治疗，举办专题讲座30多次，指导建立了规范化的产房和手术室，将LCP运用于骨折病人，填补了保德县此项技术的空白，深受当地干部群众的欢迎。经过一个月的努力，“银龄行动”赴保德医疗服务活动达到了预期的效果，促进了基层医疗卫生事业的发展，扩大了老龄工作的影响，体现了老年科技人才的作用。

内蒙古自治区

综　述

2007年，内蒙古自治区各级老龄工作部门按照内蒙古自治区民政厅和上级主管部门的工作要求，顺利完成了全年各项目标任务。实现了“十一五”期间的良好开端，为构建和谐社会发挥了积极作用。

一、明确老龄事业长远发展目标

颁布了《内蒙古自治区老龄事业发展“十一五”规划》，明确了“十一五”时期老龄事业发展的指导思想、基本原则、总体目标、具体任务、主要措施和对象。在“十一五”期间，全面落实养老保障制度；完善城镇老年人医疗保障体系；完善老年社区服务功能；加强老年思想政治工作，完善文化设施建设；构建维护老年人合法权益的法律保障体系；做好“老有所为”工作，探索发展老年产业的新路子；进一步强化老龄工作机制，切实加强对老龄工作的领导。

二、养老保障体系不断完善

内蒙古自治区劳动和社会保障厅等有关部门继续采取各项措施，加强社会保险基础管理工作和社会养老保险体系建设，确保企业离退休人员基本养老金按时足额发放。同时社会保障覆盖面持续扩大，基本养老保险参统职工人数逐年增多，企业离退休人员发放养老金全部做到足额发放。对符合条件的城镇特困老年人纳入最低生活保障制度，这部分老年人同时享受一系列的低保配套政策。

农村牧区实行最低生活保障制度以来，到2007年，已覆盖了64万农村牧区低保人口，保障标准每人每天1.2元，其中有30多万老年人从中得到了实惠。

继续加强城乡社会救助体系建设，解决老年人的生活困难。内蒙古自治区截至2007年“五保”供养对象106992人，其中已保87350人，占应保“五保”对象的82%。在已保的87350名“五保”对象中，集中供养22000人，供养标准到1926元/年·人；分散供养65550人，供养标准达到1288元/年·人。2007年，全内蒙古自治区敬老院达到616所。农村牧区医疗救助在全内蒙古自治区全面推广，城市医疗救助试点已扩展到60个旗县。

三、为老服务体系初步建立

内蒙古自治区各级政府继续投入资金，实施“星光老年之家计划”，使社区老年福利服务设施进一步完善。同时养老服务机构的管理也逐步规范化，基层单位，例如：内蒙古自治区包头市、兴安盟和通辽市制定了《老年人优待规定》，具体细化了为老服务的优惠政策。

基层老龄工作得到加强，到2007年，内蒙古自治区城镇已经建立老年协会1560个，占全区城市居委会的58%，农村村级已建立老年协会约4000个，占全区行政村的30%。

四、加大老龄工作的宣传，丰富老年人的精神文化生活

同宣传、文化和体育等部门合作，增加老龄工作的宣传报道，在电视台、电台开办了老年专题节目。人口和计划生育部门启动了计划生育困难家庭救助活动，实施了农村牧区部分计划生育家庭奖励扶助政策。利用社区这一平台，经常性地开展敬老、爱老、助老主题教育，在重阳节、“十一”和国际老年节等节日期间，对老劳模、老红军、老干部和高龄老人进行慰问。在全内蒙古自治区内开展丰富多彩的文体活动，其中一些旗县还出版了老年人的书画和摄影作品。老年教育事业持续发展，继续扩大老年大学办学规模。

五、老年维权工作深入开展

内蒙古自治区老龄办同内蒙古自治区人大办公厅印发了老年法宣传手册，并联合共青团、妇联等部门在青少年中组织开展了“敬老、爱老、助老主题教育活动”、“敬老好儿女”、“敬老模范家庭”等评选表彰活动。内蒙古自治区老龄委与司法厅成立了自治区法律援助中心老年人法律援助站。针对老年人赡养、继承、遗产分割、再婚、拆迁等民事纠纷和侵害老年人合法权益的事件，与有关部门协调处理并进行监督检查。协调各地政法部门对侵害老年人合法权益的单位和个人进行批评教育，对情节严重构成犯罪的由司法机构追究法律责任。

六、老年人参与社会的积极性继续提高

积极引导、鼓励和组织有条件、有能力的老同志走出家门，从事力所能及的社会工作。有不少老科技工作者、老教育工作者、老文化艺术工作者仍然活跃在各自的专业领域，例如很多老医务工作者参与“银龄行动”。更有大批的老年人参加星级城镇建设、文明社区、交通安全等工作，担任治安管理员、卫生监督员、街道护林员，发挥了积极作用，受到社会各界的高度赞扬。

重要会议和活动

【内蒙古自治区首届老年人运动会】　2007年5月23日至9月1日举行了内蒙古自治区首届老年人运动会，经过102天的比赛，有184个队1833名运动员、教练员和裁判员参加了10个项目的最后决赛，8个代表队获得团体总分前八名，5个代表队获得优秀组织奖，10个代表队获得体育道德风尚奖。

【全国老龄委办公室联络部副主任党俊武一行二人来内蒙古自治区进行调研】　7月份全国老龄办联络部副主任党俊武一行二人和内蒙古自治区老龄委张玉忠副主任等人就老龄工作“十一五”爱心护理工程建设规划的实施，到包头市和鄂尔多斯市进行了调研，参观了包钢集团企业公司的托老所，包头市昆区祥和老人服务管理中心、鄂尔多斯市伊金霍洛旗阿拉登廉日镇敬老院和老年公寓。

【表彰和奖励活动】　9月份，为庆祝内蒙古自治区成立60周年，进一步深入贯彻落实《全民健身计划纲要》，大力推动老年人体育工作的开展，对呼伦贝尔市老年人体育协会等34个先进集体，以及乌兰等60名先进个人予以表彰奖励，并颁发奖牌和荣誉证书。

【老龄工作调研】　9月中旬，内蒙古自治区老龄委主任、副主任张玉忠等人到乌海市就老龄工作的开展进行了调研。

【全自治区老年书画大赛】　为庆祝内蒙古自治区成立60周年，自治区老龄委主办，自治区老年书画研究会和内蒙古老年大学承办的“民族团结颂”全区老年人书画大展于2007年9月至11月在内蒙美术馆举行。两个多月的时间里，收到书画作品602幅。经过评委的筛选，247幅作品参展，有63幅作品，分别获得金、银、铜奖；其余作品均获优秀奖；八个盟市荣获组织奖。

【内蒙古自治区老年人自行车第四届运动会】　内蒙古老年人自行车旅游者协会第四届运动会于2007年10月25日在呼和浩特市举行，老龄委办公室副主任哈斯亲临大会并在开幕式上讲话。198人参加了比赛，个人自行车慢赛胜出12名，多家媒体进行了采访报道。

各项业务进展

【基层老龄工作】　内蒙古自治区基层老龄工作趋于规范化，在各方面的共同努力下，2007年取得了显著的成绩。

养老保障水平不断提高。内蒙古自治区巴彦淖尔市五原县把行政企事业离退休人员基本养老金的按时足额发放和城乡最低保障对象生活保障的发放与“五保户”的供养等放在首位，在城镇最低保障对象4962人中，有1481名60岁以上的老人享受最低生活保障金，占到城镇60岁以上老年人35%。农村最低保障对象6892人中，约有2500名60岁以上的老人享受最低生活保障金，每人每天1.2元，每人每年438元。全县“五保”对象580人中90%是老年人，全部实行集中供养或分散供养，集中供养的老年人年均生活标准达到3238元，分散供养的老年人年均标准为1000～1200元。同时投资90万元完成隆兴昌镇敬老院的扩建和套海敬老院的改建，新增房间50个，床位100张。全县离退休职工及农村老年人根据不同政策基本全部参加了医疗保险和新农村合作医疗，并且对退休及最低保障对象的重病老人给予适当的医疗补助和大病救助。2007年城镇最低保障对象患病困难得到医疗救助的有129人，其中大部分是老年人。此外为方便老年人就医，城乡各医疗机构对老年人看病实行“三优”政策，并开展送医送药上门和街头义诊的活动。

深入基层，搞好调查研究。内蒙古自治区通辽市老龄办2007年年初深入到科尔沁区、开鲁县、科左后旗、科左中旗就机构建设（县、镇、村三级）情况、“五保”、“空巢”、困难老人生活情况、各老年组织活动开展情况以及维权、敬老先进情况，存在问题和今后打算等进村入户进行深入细致的调查研究，从中发现和得到很多好的信息、好的典型，掌握第一手的资料。如：科尔沁区东郊办事处东升社区61岁的王福生义务照顾78岁“空巢”老人7年；曙光社区的吴玉文老人利用自身特长义务为社区书写文明礼貌用语，还将小区内的好人好事刊登在由他和几位老人创办的“曙光日报”上，这个小区被评为了全国先进社区；开鲁镇司法所维护了辖区内的老年人们的合法权益，曾被评为“全国老年维权示范岗”；部分孤寡老人的生活低于平均水平，仅仅是维持温饱。

为老年人办实事。内蒙古自治区锡林郭勒盟白旗察干淖尔区为迎接党的生日，2007年6月5日驻区各单位和社区党员共同赞助5600元，举办了有63名老同志参加的庆“七一”老年棋牌竞赛；同时17名党员与12户贫困家庭和下岗职工家庭建立了帮扶对子。6月8日社区干部慰问了5位老党员和5户贫困户，送去了价值1000元的慰问品；苏尼特右旗旗委、政府对60岁以上的老年人重新进行调查核实，给2048名老人重新办了证，并给226名80岁以上老年人办理了优待证，同时发放了高龄老人长寿保健金27150元。内蒙古自治区老龄委九九重阳节期间慰问贫困老年人约7000人，其中有复员、伤残老军人、贫困户和百岁以上老人，送去价值50万元的慰问品和20万元慰问金；巴盟五原县免费为60岁以上老年人体检；通辽市免费为1万多名65岁以上老年人体检；包头市九原区为65岁以上老年人送去600元慰问金。通辽市老龄委办公室与哈尔滨医药集团合作，在全市发行“金晚霞老年人救助卡”5万张的活动，6月28日举行了首发，有近200名老年人登记领取。

【发展农村牧区的老年体育健身场地和设施】 在促进城市发展的同时，2007年突出重点，加大对农村牧区的老年体育健身场地和设施的建设。内蒙古自治区鄂尔多斯市的东胜区投资2200万元，建设4800平米的老年活动中心，达拉特旗出资200万元，拟建老年人活动中心，伊金霍洛旗新建和重修了6片门球场，准格尔旗1600平米的活动中心正在扩建。赤峰市投入810万元用于老年人体育设施健身，其中在克什克腾旗的各乡、宁城县和喀喇沁旗修建门球场。兴安盟共建新门球场52片，文体活动室44个，筹资8万元扩建了乒乓球馆，扎赉特旗投资75万元新建一座720平米的老年综合体育馆。

【加大老龄宣传工作】 增加对老龄工作的宣传报道，内蒙古自治区电视台、广播电台和一些盟市电视台、广播电台开辟了老年专题节目，《内蒙古新闻》经常播出有关老龄工作的消息。内蒙古自治区通辽市出版了《通辽老年》、《通辽书法荟萃》、《科尔沁书画选集》、《通辽老年体协成立二十周年书画摄影集》，展示了老年人艰苦奋斗、团结合作、以笔为犁的精神；印发了几千份宣传老年健身的资料和辅导光盘，分发到15个苏木镇、嘎查及农场，向农牧民普及健身科学知识。

【积极组织各项老年文体活动】 内蒙古自治区及各盟市老年体协按照统一的部署和要求，于8月8日准时拉开了全民健身与奥运同行·全国亿万老年人健步走向北京奥运会的启动仪式的大幕，全区有近6万多名老人健步迈向2008年北京奥运会。通辽市、兴安盟和二连浩特市组织了气功展览、千人签名、健身球操和太极拳表演，特别是农牧区的老年体协，如托克托县、和林县、阿荣旗、克什克腾旗、喀喇沁旗、阿鲁科尔沁旗、开鲁县、科左后旗、奈曼旗、准格尔旗、扎赉特旗等精心组织，广大农牧民踊跃参加。2007年老年健身活动丰富多彩，各盟市赛事活动档次不断提升：鄂尔多斯市有1400多人参加了门球赛、秧歌腰鼓、群体舞蹈和武术等比赛；乌海市有2000余人全年参加了三次运动会，共组建了24支门球队、3支网球队、2支乒乓球队、4支健身操队和3支大型秧歌队；二连浩特市举办中国门球冠军赛·内蒙古选拔赛，全区12个代表队160多名老运动参加赛事；赤峰市各旗县利用节假日举办各种赛事活动297次，参加人数达20853人；巴彦淖尔市各旗县也举办了多种比赛项目，参加锻炼的老年人达74375人；6月5日至16日，锡林郭勒盟先后有375位老人参加了当地举行的老年棋牌竞赛和老年人运动会，其中最高龄的是86岁。9月，内蒙古自治区乌兰察布市举办中老年人书画赛，展出作品260余件，书法绘画各占50%。内蒙古自治区锡林郭勒盟多伦县成立“青松老年艺术团”和“老干部合唱团”，编写了《大家唱百首歌曲集》，还有自编自唱的歌颂多伦人、歌唱多伦发展的新歌108首，并且举行门球、象棋、乒乓球、麻将等比赛活动，参赛人数达120多人，年龄最大者82岁。内蒙古自治区通辽市老龄委办公室与市文化局、老年体协举办全市老年人文艺汇演，来自11个老年艺术团体、评委、演职人员共500人参加了这次演出，新闻媒体给予全程报道。内蒙古自治区巴彦淖尔盟五原县有近80%的老年人参加唱歌、跳舞、演戏、读书、阅报、竞技、健身、娱乐等各项活动，组建小戏班子、老年文艺队、腰鼓队和秧歌队，配合多种大型公益活动，走上街头或流动与各村，进行文艺宣传，不仅愉悦了老年人的身心，而且为构建和谐社会发挥了积极作用。10月，内蒙古自治区老龄办副主任哈斯领队，参加中央电视台中国老年艺术团重阳节文艺晚会，荣获最佳组织奖。

【老年维权工作】 内蒙古自治区老龄办同内蒙古自治区人大办公厅印发了老年法宣传手册，并联合共青团、妇联等部门在青少年中组织开展了“敬老、爱老、助老主题教育活动”、“敬老好儿女”、“敬老模范家庭”等评选表彰活动。内蒙古自治区老龄委与司法厅成立了自治区法律援助中心老年人法律援助站，工作站设在自治区老龄委办公室，由专人负责，并开设了热线电话。

基层老年维权工作。内蒙古自治区巴彦淖尔盟五原县于2007年10月，协同司法局、老年活动中心、妇联、团委、法院以及新闻媒体等有关部门开展老年人维权宣传月活动，通过电视、广播、报纸、文艺队、咨询、悬挂标语、发放宣传资料等形式，重点宣传《中华人民共和国老年人权益保障法》和〈内蒙古自治区实施《中华人民共和国老年人权益保障法》办法〉，同时结合《全国老年人维权示范岗》授匾，公开挂牌公布保障老年人权益投诉及举报电话，并通过社区的“爱心超市”运作的规范化和常规化以及在第一时间组织老年人学习有关法律知识。内蒙古自治区通辽市老年法协会，截至2007年受委托办理诉讼和非诉讼案件45起，已办结44起，未结仅一起；接待法律咨询325人次，为维护老年人的权益作了大量的工作。

2007年共接待来电来信来访24人（次），其中来访11人（次）、来信来电13次，解决处理11件。

【“银龄行动”】　2007年6月9日至10日，内蒙古老龄委和内蒙古老年卫生科技工作者协会共同开展“银龄行动”，卫生专家队奔赴乌兰察布市卓资县农村，为当地敬老院和贫困老百姓进行了义诊。义诊队伍由自治区老年卫生科技工作者协会的理事长已84岁高龄的云曙碧带队，并包括内蒙古自治区7位著名的离退休高级医学专家，最大的年纪已经84岁高龄，最年轻的也有70岁了。这次“银龄行动”共义诊230多位村民，免费发放3000多元的药品，为老百姓实际办好事、办实事。

黑龙江省

综　述

全省老龄工作按照全国老龄办的部署，紧紧围绕省委、省政府中心工作，结合我省实际，打造“情系老龄，孝行龙江，构建和谐”的工作理念，积极谋划推进，使老龄工作得到较好较快发展，受到全国老龄办和省委、省政府领导的肯定。

一、党政进一步加强对老龄工作的领导

党政领导高度重视。省委书记钱运录对老龄工作非常重视，亲自撰写理论文章，发表在《中国老年》杂志上。副省长王东华多次对老龄工作做出重要批示，充分肯定我省老龄工作开展情况，并对我们提出的问题积极协调有关部门加以解决。省政府副秘书长赵文洲经常过问老龄工作，帮助解决具体问题。切实加强对全省老龄工作的领导。4月6日召开了省老龄委第七次全体会议暨市地老龄办主任会议。会议传达了全国老龄工作委员会第九次全体会议精神，总结了2006年全省老龄工作，安排部署了2007年工作任务和工作目标。各市地认真贯彻省老龄委第七次全委会精神，及时召开了本地的老龄委全委会，明确工作重点，狠抓各项任务的落实。举办了庆“十七大老龄事业发展图片展”。11月6日至14日，省老龄委举办了全省老龄事业发展图片展，通过党政领导亲切关怀、老龄事业发展，人口老龄化形势，企业敬老、老艺术家发挥作用打造边疆文化大省等宣传老龄事业发展成果。副省长、省老龄委主任王东华，全国人口资源环境委员会副主任马国良，省老龄委成员单位的部分委员、联络员和支持单位的代表及社会老年人近千人参加了开幕式。开展了“三个一活动”。根据全国老龄办"关于在重阳节期间开展领导慰问贫困老年人活动的通知”精神，结合我省实际，采取省、市地联动，省委、省政府领导示范带动的方法，在全省范围内开展"三个一"即"慰问一批贫困老年人，看望一批百岁老人，走访一批为失能老人服务的老年福利机构"的活动。9月26日，省政府副省长王东华带队、省政府副秘书长赵文洲，省民政厅厅长符凤春、省老龄办常务副主任杨铁生及相关陪同人员，带着慰问金和慰问品在哈尔滨市走访慰问了一个爱心护理院、二名贫困老年人和一名百岁老年人。省政府领导在重阳节期间的慰问活动，带动了全省范围内“三个一”慰问活动的开展。

二、进一步加强了基层老龄工作

在完成上一轮创建老龄工作先进县（市、区）活动基础上，继续开展创建老龄工作先进县（市、区）和敬老模范村（社区）活动。目前，全省上下以创建活动为龙头，以基层工作为重点，调动各方面力量，相互配合，齐抓共管局面正在逐步形成。通过创建活动，引起了各级党政领导对老龄工作的重视，老龄工作机构得到加强，老龄工作制度得到完善，工作地位得到提升，基层老龄工作得到发展。抓好基层工作规范化的指导。根据各地的不同情况，进一步总结完善“一把手工程”、“老龄工作进社区一站式”、“老年协会星级管理”等经验，同时注意培育新典型，树立新品牌。如双城市《积极争取党政领导努力做好老龄工作》、佳木斯市《拓宽星级社区活动领域，推进社区老龄工作和谐发展》、牡丹江市《整合资源、创新思路、加强服务，全面推进社区居家养老服务工作》等。三是对全省基层工作进行大量调查研究。起草了我省《关于加强基层老龄工作的意见》，现正征求各市地和有关单位意见，待全委会审议后下发。四是全省基层老年群众组织建设步伐加快，活动管理进一步规范。目前，全省各类老年学术组织 123 个，老年文教体育组织 1623 个，老年人协会 7752 个。

三、进一步加强老年人维权工作

完成了《中华人民共和国老年人权益保障法》(以下简称《老年法》) 修订工作。按照国家老龄办的要求，我省完成了修订《老年法》工作，同时结合我省实际情况，对我省《〈老年法〉实施条例》进行了修订调研，并形成了初步修改意见。召开了全省老年维权工作经验交流会议。7 月 26 日，召开全省老年维权工作经验交流会，总结了“十五”期间全省老年维权工作，安排和部署了今后一个时期的老年维权工作，提出了全省老年维权工作“35146”工作布局。总结交流了各类经验 20 篇。大力推进养老保障体系建设。各级把养老保障工作作为重要任务，狠抓落实，养老、医疗保险、建立农村养老补贴制度、救助贫困老人、新型农村合作医疗制度、签订《农村家庭赡养协议书》等方面，都取得了显著成效。建立完善了各级老年维权服务机构。全省 13 个市地在老龄工作部门或司法部门设立了老年法律援助中心，县(市)、区及乡镇各类法律咨询服务机构不断完善并向社区农村延伸。全省有老年法律援助中心 143 个，老年维权岗 799 个，老年维权热线 123 个。各地公检法等部门加大了法律维权的力度，有效地维护了老年人的合法权益。五是各地从老年人实际出发，广泛开展了《家庭赡养协议书》签订工作。

四、进一步开展老龄调研工作

开展“爱心护理工程”调研。省老龄办专职副主任杨铁生陪同全国老龄办调研小组，深入哈尔滨市、鸡西市、齐齐哈尔市、牡丹江市的八区、二县先后召开了 3 个座谈会，走访了 13 个老年福利机构，对为老服务的管理模式、运行机制存在的矛盾和问题进行了调研，在总结经验基础上，进一步提出我省实施“爱心护理工程”的意见并进行了试点。加强人口老龄化问题的战略研究。根据我省人口老龄化问题现状，社会经济发展实际及社会保障方面存在的问题进行了我省人口老龄化的对策研究，写出了《认真落实科学发展观，积极解决好人口老龄化问题》的调研报告。已报省老龄委主任、副主任及有关部门。开展了全省老龄组织机构建设的调查。去年省人大常委会对全省落实《老年法》和《省实施〈老年法〉条例》执法检查后，省政府办公厅下发了关于办理省人大常委会执法检查组检查《老年法》等实施情况报告所提意见和建议的通知。据此，我们对全省老龄工作组织机构建设情况进行了全面调研，写出了《要采取积极措施进一步加强老龄组织机构建设》调研报告，已报送省领导、省人大内司委及有关部门。开展了全省养老机构建设情况的调查。对全省国办、民办和个体兴办的养老机构情况进行了调研，对相关的数据进行了汇总，为推进全省养老机构建设提供了基本依据。对全省老年协会建设情况进行了调查。通过调查，了解掌握了全省老年协会组织建设、经费、开展活动、办公场地等情况，为制定加强老年协会的管理意见打基础。

五、进一步加大全省老龄宣传工作力度

以政策法规宣传为重点，加强老龄理论宣传。以宣传“一法一例”为重点，以宣传党的老龄工作方针、《中共中央、国务院加强老龄工作的意见》、《中国老龄事业发展（白皮书)》及国家出台的“六个老有”方面的政策法规为主要内容加强老龄理论的宣传，教育引导社会认清老龄形势，为赢得全社会重视支持老龄事业发展打下了思想基础。开展主题教育，广泛深入地开展老龄宣传工作。省老龄办与省委宣传部、团省委、省妇联、教育厅、文化厅联合开展了“敬老、爱老、助老主题教育活动”，以“读敬老书、写敬老文、办敬老事”为主要内容，在全社会广泛开展了主题教育活动。结合我省实际，提出了开展“情系老龄，孝行龙江，构建和谐”老龄工作理念教育和"评选敬老模范窗口"活动引起了良好的社会反响。借助媒体平台，加强新闻宣传。及时地宣传了全国第二次老龄工作会议、全省第二次老龄工作会议等重要会议精神，宣传了钱运录书记在《中国老年》杂志为老龄事业发展撰写文章和我省参加全国老龄事业发展成就展，借助广播、报纸等平台开办了受到老年人欢迎的“于霞热线”、“桑榆唱晚”等老年专栏广泛普及老龄政策法规的宣传。围绕老龄中心工作，开展典型宣传。宣传了哈尔滨市《构建大老龄工作格局，全面提升老龄工作水平》、齐齐哈尔市建华区《实施一把手工程，加强老龄工作》、牡丹江市《农村老年协会实行五星级管理，全面提高老年协会规范化建设水平》等方面的工作典型，并对全省创建活动中涌现出的先进集体和先进个人、敬老维权示范岗、“银龄行动”等先进典型广泛进行了宣传，扩大了老龄工作的社会影响。

六、进一步调动各部门参与老龄工作的积极性

为了调动各成员单位发挥职能作用、参与老龄工作的积极性，我们采取了联络会议、工作制度、联谊活动、组织培训、重点调研、表彰激励等六项推进的方法推动联络工作。如年初召开了省老龄委成员单位联络员工作会议。总结了2006年省老龄委成员单位工作完成情况，征求了《2007年省老龄委成员单位为老服务行动计划》的意见，表彰了2006年度省老龄委成员单位优秀联络员。对重点成员单位登门调研了解交流有关情况，省老龄办专职副主任杨铁生带领有关人员组成调研小组，到司法厅、民政厅等成员单位对为老服务行动计划的落实情况进行了调研，全面推进《为老服务行动计划》的实施。

七、进一步丰富广大老年人精神文化生活

发展老年教育，完善老年文化活动网络。目前，全省有老年大学94所，老年学校567个，老年文艺体育团体遍及城乡。各级老年学会学术成果显著。省老龄办和省老年学会组织参加第八届亚大地区老年学和老年医学大会，我省四个课题组17人发言。会上，我省荣获优秀学术成果奖1个、优秀论文奖21个、先进集体奖6个、先进个人奖8个。省老年协会积极组织老年人开展丰富多彩的有益活动。积极参与公益事业，“夕阳红服务队”到社区扶贫、维护社会治安、义务清理垃圾，今年被民政部评为“第四届中国公益事业”楷模单位。积极举办和参加文体活动，并获得多项奖项。老年协会的艺术团体多次在露天广场进行公益性演出，受到广大群众的欢迎。

重要会议和活动

【省老龄委召开第七次全体会议】 2007年4月6日，省老龄委召开第七次全体会议。会议传达了全国老龄委第九次全体会议精神，认真总结了2006年全省老龄工作，审议通过《2007年省老龄委成员单位为老服务行动计划》、省老龄委《关于表彰创建老龄工作先进模范乡镇（村）街道（社区）》的决定，并就我省今后一个时期老龄工作做出了安排。省民政厅、省教育厅、省广电局、团省委、省妇联代表成员单位作了典型发言。副省长、省老龄委主任王东华出席会议并作重要讲话，省政府副秘书长赵文洲主持会议。王东华指出，2006年我省老龄工作取得明显成效，主要得益于老龄工作呈现出“三多局面”，即各级领导关心重视老龄工作多了，形成了党政主导老龄工作的有利氛围；各级职能部门主动支持老龄工作多了，形成了齐抓共管合力推进老龄工作的良好格局；社会各界关怀参与老龄工作多了，形成推动老龄事业发展共同构建和谐社会的良好局面。这些工作的开展和各项成绩的取得，是省委、省政府正确领导的结果；是各地区各部门和社会各方面关心支持的结果；也是老龄工作战线全体同志共同努力的结果。王东华强调，要认清形势，进一步增强做好新时期老龄工作的责任感、使命感和紧迫感。未来20年，我省人口老龄化形势更为严峻，主要表现为人口结构变化大，养老负担越来越重，空巢化加剧，高龄老年人剧增，农村老龄化形势严峻。如此严峻的老龄化形势给经济社会可持续发展带来巨大影响，庞大的老年群体对养老、医疗、社会服务、社会管理等方面带来了巨大压力，将迫使经济社会结构和消费结构不断调整，社会劳动力结构逐步趋向老龄化，养老压力逐年加大。对政府社会管理和公共服务职能的加强，对老年文化、教育、卫生、体育事业的发展提出了新的更高的要求。因此，要充分认清老龄工作面临的新形势，进一步增强做好老龄工作的责任感、使命感和紧迫感，从更高起点、更高层次、更高水平上去思考和做好新时期老龄工作。王东华要求，要明确任务，科学谋划2007年全省老龄工作。2007年是我省构建和谐龙江的关键一年，也是我省实施老工业基地振兴关键的一年，做好今年的老龄工作意义重大。为此，要紧紧围绕省委、省政府的中心工作，以进一步落实《老年法》、《老龄事业“十一五”发展规划》和第二次全国老龄工作会议精神为主线，紧密结合我省老龄工作实际，加强农村老龄工作，大力推动居家养老服务工作，进一步充实和完善相关老年法规，真抓实干，开拓创新，努力把老龄事业提高到一个新的水平。一是认真落实《黑龙江省老龄事业发展“十一五”规划》；二是积极推进农村老龄工作；三是继续加大对基层工作的指导力度；四是积极维护好老年人的合法权益；五是大力推动居家养老服务工作。王东华强调，要加强领导，努力提高老龄工作整体水平。各级政府和有关部门要积极完善保障措施，强化科学管理，创造性地开展工作，努力提高工作整体水平。一是加强领导，纳入日程。各级党委、政府要切实加强对老龄工作的领导，把老龄工作摆上重要位置，列入议事日程，主要领导要经常过问，及时听取工作汇报，各级主管领导要及时研究解决老龄工作中出现的各种问题，为老龄工作有序开展提供保障。建立正常的老龄事业经费投入机制，保证老龄事业发展经费和必要的工作经费。要把老龄工作列入党委、政府工作目标管理，建立明确的责任制，保证目标任务的落实和完成。二是协调配合，形成合力。要广泛有效地整合社会资源，充分调动各涉老部门和社会各界的积极性，共同推动老龄事业的发展，各成员单位要把老龄工作纳入部门职责，结合自身业务，积极主动地开展工作，特别是要加强涉老行业相关优惠政策的制定，为老龄事业发展提供政策支持。三是加强学习，提高素质。要适应新形势新任务的要求，把队伍建设作为关系事业长远发展的基础性工作。要从思想上、组织上、作风上全面提高干部队伍素质，建设一支政治强、业务精、作风实、讲奉献的老龄干部队伍。会议套开了全省市地老龄办主任工作会议，认真讨论学习王东华副省长的讲话，就贯彻落实省老龄委第七次全体会议和王东华副省长讲话精神提出了具体要求。

吉林省

综　述

2007年，全省老龄工作在省委、省政府的领导下，以科学发展观为统领，以实施“十一五”老龄事业发展规划为主线，按照省老龄委第三次全体会议确定的工作思路，紧紧围绕老年人维权及保障体系建设、养老服务业发展、老年人精神文化生活、老龄组织自身建设等重点工作，强化服务，狠抓落实，突出重点，整体推进，各项工作都取得了新成绩，为构建和谐吉林发挥了应有的作用。

一、完善社会保障体系，提高社会保障水平

省老龄委成员单位充分发挥职能作用，不断完善养老、医疗、最低生活保障等制度，老年人的基本生活得到有效保障。省劳动保障厅加大社会保障制度建设力度，不断扩大养老覆盖面和医疗保险覆盖面。截止到2007年10月，全省企业离退人员有190万人参加了基本养老保险，96.2万人参加了城镇职工基本医疗保险，33.4万人（60岁以上）参加了城镇居民基本医疗保险。省民政厅逐步扩大最低生活保障面，对城镇特困老人实现应保尽保，分类施保，为社区配备老龄低保对象生活照料员，并对老龄低保对象给予多形式救助；农村的养老保障制度已初步建立。集中和分散供养的“五保”老年人生活得到较好的落实，生活水平逐步提高。医疗救助等制度日益完善。省人口计生委在农村计划生育家庭实施奖励扶助制度，全年拨付1620万元奖励扶助金，受益对象2.7万人；建立独生子女死亡伤残家庭救助金制度，为12个试点县（市、区）732户特殊家庭发放救助资金307.6万元。四平市建立机关干部包保特困老年人责任制，全年为400名包保老人资助资金及物品累计200多万元。长春市老龄办组织开展了“送医下乡，关爱老年健康活动”，为1280名特困老人及老党员、老干部免费进行了12项眼科疾病的检查，免费达5万元，为20位患有白内障疾病的老年人进行了复明手术，并减免了手术费用19万元。

省老龄办与新华人寿保险公司吉林分公司共同在全省开展“银发无忧”爱心保险工程，坚持在老年人投保自愿的原则下，为老年人提供保费低、覆盖面广、且没有最高年龄限制的人身意外伤害保险。全省共有25000名老年人参保。

二、加强为老服务体系建设，推动养老服务业发展

一是建立健全为老服务工作机制。省老龄办会同省劳动保障厅，在公益性岗位中增加为老服务项目，确保了村（社区）老龄工作特别是为老服务工作有人抓、有人管。加强基层老年人协会建设，充分发挥他们在管理老龄事务、维护老年人权益方面的作用。进一步健全基层老龄工作组织机构，形成了县（市、区）、乡（镇、街）和村（社区）三级老龄工作组织网络。

二是依托城市社区积极发展养老服务站，为孤寡老人、空巢老人提供了就餐、医疗、保洁等服务。制定《城镇居家养老服务实施意见》，突出居家养老服务的主体作用。城镇社区年内都要依托现有社区用房建立一个为老服务站，配备3至5名公益岗位人员，并建立志愿者服务队伍，为特困老人提供无偿服务，为空巢老人提供互助服务和志愿服务，并开展多种形式的有偿服务。发展和规范机构养老，通过实行优惠政策、采取政府购买服务、民办公助等形式，促进城镇养老机构特别是民办养老机构健康快速发展，形成以居家养老为基础、社区养老为依托、机构养老为补充的养老福利服务体系。

三、加强老年维权工作，切实维护老年人合法权益

一是营造维护老年人权益的法制环境。全省各级老龄办通过报纸、电视台、电台等媒体，深入宣传《中华人民共和国老年人权益保障法》(以下简称《老年法》)、《吉林省实施老年法若干规定》，使老年政策法规家喻户晓、深入人心。各地、各部门加强老年法律援助和司法救助工作。省司法厅优先为老年人提供及时、便利、高效的法律服务，全年共提供法律援助672件，法律咨询4000余件。延边州设立老年人法律援助咨询热线，白城、四平、辽源建立法律援助网络，减免诉讼费用均在万元以上。吉林、四平等地开展《老年法》宣传一条街活动，举办老年政策、法规知识竞赛，从法制层面上保护老年人合法权益不受侵犯。

二是做好“一法一规定”执法检查和视察相关工作。去年省老龄办配合省人大开展了“一法一规定”执法检查，省十届人大常委会第二十九次会议形成了执法检查审议意见，并向省政府办公厅提出交办意见。今年根据省政府领导批示和省政府办公厅的要求，省老龄办组织有关人员认真研究办理审议意见，并对省民政厅、财政厅、劳动厅等部门办理情况进行了汇总，形成书面报告提交省人大内司委。九月份，配合省政协对长春、四平两市贯彻实施“一法一规定”情况进行了视察，进一步推动了“一法一规定”及老龄政策在各行政区域内的贯彻落实，促进了保障老年人合法权益制度和机制的建立和完善。

三是落实老年人优待政策。省老龄办研究起草了覆盖全省、统一规范的《吉林省优待老年人规定》，经省政府常务会通过，以省政府194号令下发，明确从养老服务、医疗保健、生活服务、文体休闲、维护权益等方面为老年人提供优待。并在全省范围内印发统一样式、统一监制的老年证。各地结合实际，协调相关部门贯彻落实。目前已经陆续开始订制《老年证》。

四是进一步做好《家庭赡养协议书》签订和督促落实工作。继续推行在农村有赡养争议的家庭开展签订赡养协议书工作，全省共签订《家庭赡养协议书》375779份，基本做到了应签尽签，并得到了较好的落实。

四、积极开展老年文化体育活动，不断丰富老年人的精神文化生活

全省各地以庆祝“老人节”为契机，组织开展一系列有益于老年人身心健康的文化体育活动。省老龄办会同省乒乓球协会组织了“快乐健康，与奥运同行”全省首届社区老年人乒乓球比赛，8个地区、19个社区的80多名老年人参赛；举行吉林省第九个老人节庆祝大会暨“夕阳欢歌”文艺演出，300多名老年人演出了歌舞、戏曲等17个文艺节目；举行省暨长春市“夕阳欢歌”广场文体表演，2000余名老年人参加了演出。延边州选送的节目《祝寿》，参加全国2007年重阳节“红叶风采”文艺演出，并受到全国老龄办的好评。各地老龄办也结合本地实际开展了丰富多彩的文化体育活动，如辽源、松原开展健步行活动，长春、吉林等地组织开展老年人书画赛、旅游健身活动，通化、白山还开展了老年象棋赛、老年人健身表演展示等活动。另外，省及各地还分别组织了老年境内外旅游。省老龄办联合旅行社分二次组织了近700名老年人参加的旅游专列活动，分赴贵阳、海南等地观光，深受老年人的欢迎。

五、搭建各种活动载体，进一步丰富老年人精神文化生活

通过组织开展丰富多彩、卓有成效的活动，丰富老年人生活，发挥老年人作用，增强老龄事业的影响力和凝聚力。

一是开展创建活动，营造老龄工作争先创优良好氛围。省老龄办会同省委宣传部、省教育厅等部门，在全省联合开展“孝亲敬老之星”等四项先进评选活动，共评选出“孝亲敬老楷模”10人，“孝亲敬老之星”111人，“老年和谐家庭”20户，有45个村和59个社区获“敬老模范村（社区)”等荣誉称号，进一步促进了尊老、助老、爱老社会风尚的形成。

二是开展“银龄自愿者援农行动”，为老年知识分子发挥余热搭建平台。省老龄办会同省老科协等部门在全省开展“银龄自愿者援农行动”，引导老年知识分子自愿者以自身的专业特长、学识等优势，在医疗卫生、教育、科技兴农、公益事业等方面贡献力量。各地老龄办结合本地实际，设计、组织和开展了内容丰富、形式多样的主题活动，取得了良好的社会效益和经济效益。辽源专门成立领导小组办公室，“自出苗地膜覆盖种植技术”等4项科研成果获奖并推广；四平铁西区“电控调温式席梦思床垫”等五项科研成果获国家专利，组织老年法律专家为企业追回应收款100多万元。吉林昌邑把老年人才纳入“一线通”社区网络服务中心，在网上实现人才需求对接，并开展了“感动昌邑”系列活动，9000余名老年人在不同领域里发挥余热。

重要会议和活动

【印发表彰决定】 2月2日，省老龄办印发《关于表彰2006年度全省老龄系统先进单位的决定》（吉老龄办发〔2007〕1号），决定授予长春市朝阳区、绿园区、磐石市、永吉县、四平市铁西区、东辽县、集安市、梅河口市、抚松县、前郭县、洮南市、延吉市、珲春市13个县（市、区）老龄工作委员会办公室为2006年度老龄工作先进单位。

【吉林省老年学学会在长春召开第三届理事会第一次常务理事会】 2月12日，吉林省老年学学会在长春召开第三届理事会第一次常务理事会在长春召开。会议讨论通过了学会工作规则，印发了学会2007年工作要点的讨论稿。会上，邹宗刚对各专业委员会的改选、设立及各专业委员会的课题设置、开展活动、研究成果等方面工作提出了具体要求。

陈双喜会长在总结时强调，今年大家尤其要做好全省70岁以上老年人生活状况的调查和农村老年人居家养老问题的研究以及关于如何加强城镇社区建设，有效地解决老有所养问题的调研工作。他希望大家能群策群力，齐心协力把我省老龄工作推上新台阶。

【慰问老年人活动】 2月13日，省老龄办常务副主任陈双喜等一行，来到长春市的部分养老机构和百岁老人、特困老人家中，送去了党和政府对老年人的关爱，送去了浓浓的节日祝福。2月14日，副省长、省老龄委主任李斌在省老龄办常务副主任陈双喜等同志陪同下，分别到养老机构和百岁老人家中进行走访慰问，给老人们送去慰问品和慰问金，送去党和政府对老年人的关爱，并祝福老人们过个喜庆、欢乐、祥和、幸福的新春佳节。慰问结束后，李斌副省长深有感触地说，我省的人口老龄化严峻形势和人口比例不平衡现状，让我们必须高度重视居家养老问题和社会养老问题。今后对养老院、老年公寓、老年护理院等养老机构要大力扶持，不断发展壮大，才能很好解决老有所养的问题。

【吉林省老龄工作委员会第三次全体会议】 3月9日，吉林省老龄工作委员会第三次全体会议在长春召开，省老龄委组成人员、成员单位联络员参加了会议。副省长、省老龄委主任李斌在会上发表了讲话，省老龄办常务副主任陈双喜受省老龄工作委员会的委托，向全委会报告了2006年全省老龄工作情况和2007年老龄工作安排意见，省委老干部局、省发改委、省劳动保障厅、省人口计生委的领导在会上作了经验交流。

【全省老龄办主任会议】 6月2日，全省老龄办主任会议在松原市召开。会上部署了在全省开展“银发无忧”老年健康工程和对全省65岁以上老年人基本情况进行调查工作。

【全省老龄系统职工运动会】 6月3日，全省老龄系统职工运动会在松原市举行，参加运动会的全省各级老龄办干部职工近300人。

【全国老龄办常务副主任李本公来我省考察民办养老机构和社区老龄工作】 6月8日，全国老龄办常务副主任李本公来我省考察民办养老机构和社区老龄工作。李本公在和平社区发表了讲话。肯定了长春市的社区老龄工作，他表示通过耳闻目睹，足以证明吉林省的各级领导非常重视社区老龄工作，并对社区工作人员给予高度赞扬。他表示，随着国家经济的发展，社会的进步，党和政府会逐步解决好这些难题。李本公希望我省广大老龄工作者和社区工作者要满怀信心，克服困难，进一步做好社区老龄工作。李本公在接受记者采访时指出，目前我国人口老龄化程度越来越严重，中国是一个跨越式进入老龄化的国家，老年人多，需要解决的问题也特别多，但其中最迫切需要解决的问题是老年人的养老护理问题。在计划生育后，我国第一代独生子女的父母已经陆续进入老年。当初我们党在号召计划生育的时候，响亮地提出一个口号：“少生，优生，幸福一生。”第一代独生子女的父母“少生”也“优生”了，但能不能“幸福一生”呢？那就看他们老了以后能不能得到很好的照顾。

【举办全省首届社区老年乒乓球赛】 6月13日，举办全省首届社区老年乒乓球赛来自全省8个地区19个社区的80多位老年人参加了比赛。

【启动“银发无忧”爱心保险工程】 7月3日，由省老龄办和新华人寿保险股份有限公司吉林省分公司共同发起的全省“银发无忧”爱心保险工程——老年人意外伤害保险活动全面启动。本次爱心保险活动是新华保险吉林省分公司针对广大老年人群提供的因意外伤害造成的身故和身体残疾的一种保险责任，吉林省范围内50周岁以上持有中华人民共和国居民身份证或符合国家规定的退休证，身体健康、生活可自理、无精神类疾病、无智力障碍者均可参加。每位老年人只需交纳10元钱，即可获得一份为期一年、最高赔付额度1万元的老年人意外伤害保险主险。即日起至2007年9月20日前符合条件的老年人可前往所在街道、社区、村（居）委会就近购买，保障责任自2007年10月日起生效。

【吉林老龄网开通】 7月16日吉林老龄网开通，副省长、省老龄委主任李斌发表了致词。吉林老龄网的开通标志着我省老龄工作又建起了一个强有力的宣传平台，同时也为我省老龄事业走出吉林、走向全国、乃至迈向世界，创造了新的机遇。希望各级老龄办及省老龄委各成员单位随时关注网站动态，并积极投稿反映本地老龄工作开展情况及老龄事业的发展进程！

【老人节庆祝活动】　8月30日，由省老龄办和省文化厅主办，省群众艺术馆承办的吉林省第九个老人节庆祝大会暨“夕阳欢歌”文艺汇演，在省宾馆礼堂隆重举行。8月31日，由省老龄办、长春市老龄办联合举办的“省暨长春市‘夕阳欢歌’广场文体表演”庆祝活动在长春市文化广场拉开了帷幕。由2000多名老年人组成的5个健美操队和10个秧歌队表演了精彩的节目。9月1日，省政府副省长矫正中在《吉林日报》发表致辞，庆祝吉林省第九个老人节。

【视察“两法一规定”】　9月18日，省政协副主席赵家治率领省政协视察组到长春市和四平市视察《中华人民共和国老年人权益保障法》和《吉林省实施〈中华人民共和国老年人权益保障法〉若干规定》的落实情况。赵家治在座谈上作了总结讲话，他对长春、四平两市的老龄工作给予了充分肯定，并勉励他们再接再厉，把这项工作做得更好。赵家治说，老年人是一个庞大而特殊的社会群体，在社会总人口中比重较大，而且人口数量增长快，因此老龄工作任务繁重、责任重大。视察中了解到各级政府对老龄工作非常重视，将其列入重要议事日程，并建立健全了相应的领导机制，基本形成了层层抓落实和依法开展老龄工作、依法发展老龄事业的局面。但是，目前我省老龄工作仍然存在一些问题，如资金和人力投入不足，基层老龄工作力量薄弱等等，还需政府、社会共同努力解决。

【吉林省政府颁布优待老年人规定】　《吉林省优待老年人规定》(以下简称《规定》)已经2007年9月6日省政府第10次常务会议通过，并于2007年9月28日，由省长韩长赋签发吉林省人民政府第194号令，予以公布，自2007年11月1日起施行。百岁老人月补贴不低于200元，老人治病享受优先服务，70周岁以上老人凭证免费坐公交，法律服务机构应为老人减免费用，低保老人去世丧葬费减半，

【重阳节慰问老年人】　10月18日，在重阳节到来之际，省政府副省长矫正中、副秘书长刘长生、长春市委常委、副市长冯强等一行，在省、市老龄办负责同志的陪同下对长春市部分贫困老年人和养老机构进行了走访慰问。

各项业务进展

【开展了65岁以上老年人基本情况的调查】　根据省政府要求，省老龄办会同省计生委和省统计局开展全省65岁以上老年人基本情况调查工作。各市州按要求就65岁以上老年人的生活状况、医疗保障情况、身体状况、“空巢”老人家庭情况、养老方式及户籍性质进行了深入细致的调查。此次调查历时半年，经过集中培训、信息录入、汇总分析，形成了调研报告，为政府制定相关政策提供了依据。

【开展了民办养老机构状况的调查】　各级老龄办按照省老龄办的统一部署，对本地民办养老机构进行了专题调研，深入分析了目前民办养老机构发展情况及存在的问题，就如何推进养老机构的健康发展提出了有针对性的建议。长春市注重调研成果的转化，制定出台了《养老服务机构管理办法》，对开办养老服务机构应具备的条件进行了详细规定，采取多项优惠政策鼓励开办非营利性养老机构，为各地规范养老服务机构的管理提供了遵循。省老龄办还注重在调研中解决一些实际问题，积极与省体育局协调，投入20万元为11家具有一定规模、有室外活动场所且有健身器材需求的养老机构置办健身器材77件(套)。

【营造敬老、爱老、助老的社会环境】　省老龄办进一步提高《吉林老龄工作》办刊质量，在省发改委的支持下，建立了“吉林老龄”网站。省及各地老龄办发挥综合协调作用，利用各种媒体进行宣传。如在电视台开设《人间晚晴》、《夕阳红》、《桑榆情》等老年专题节目，在广播、报纸中设立老年专题、专版，吉林磐石还建立了老龄工作网站，推介老龄工作经验及典型。长春市开展了“老龄新闻奖”评选活动，进一步调动了新闻媒体和新闻工作者宣传老龄工作的积极性。省新闻出版局出版了有关老龄内容的图书200余种，音像电子出版物37种，面向老年人的出版物20种，既服务了老年人，又扩大了老龄工作的社会宣传。省妇联把“尊老”作为开展群众性精神文明创建活动的重要内容和评选的重要条件，进一步营造全社会关爱老年人，支持老龄工作的浓厚氛围。

【营造有利于老龄事业发展的政策环境】　省老龄办把宣传贯彻《吉林省老龄事业发展“十一五”规划》、《吉林省加快发展养老服务业若干意见》、《吉林省优待老年人规定》作为做好老龄工作的重中之重，通过各种途径广泛宣传。各成员单位及各地老龄办针对本部门、本系统、本地区老龄工作实际，制定相关的配套措施，研究出台老龄工作相关政策。延边、四平、松原、辽源、白城老龄委会同发改委，制定出台了

《老龄事业发展“十一五”规划》。省发改委、民政厅、卫生厅等部门制定了老年人福利设施建设、医疗卫生等相关的扶持政策，为做好老龄工作、发展老龄事业提供了政策上的支持和保证。

【努力推进养老服务业进程】 省老龄办依据《吉林省加快发展养老服务业的若干意见》，对各地贯彻落实情况进行了督导检查，促进了养老服务业尤其是民办养老机构的健康有序发展。省民政厅召开全省社区养老服务工作现场会，制定下发了《关于大力推进社区养老服务工作的通知》，并为重新修订《吉林省民办社会福利机构管理规定》做好准备。完成了全省668所农村社会福利服务中心建设改造任务，实现了每个乡镇一所、每个县城一所的目标，改善了为老服务环境。长春、辽源、白城、延边制定下发了《关于加快发展养老服务业的若干意见》，推进了养老服务业的发展。

【探索建立“爱老义工长效机制”】 各地注重抓试点，树典型，推动居家养老服务工作深入开展。通过包保服务、定期服务等方式组织机关、企事业单位、学校、部队、社区的志愿者为老年人提供生活照料和精神慰藉等方面的服务。吉林桦甸开展“认亲养老服务活动”，由社区公益岗位的服务员与受助老人通过契约的方式，确定认亲关系，开展为老服务。目前，参加认亲服务的公益岗位服务人员120人，受助老人达百余人。

【完成了老龄机构建设和人才队伍建设情况的调研】

按照省委组织部的要求，省老龄办在全省开展老龄系统社会工作人才队伍建设的调查。在各地的配合下，较好地完成了调研任务。通过调研，进一步掌握了老龄工作机构和老龄社会工作者队伍现状，深入分析了存在的问题，提出了加强对老龄工作的领导、理顺老龄机构隶属关系、解决基层老龄机构编制问题、强化全省老龄系统社会工作人才队伍建设的对策和建议。

【发挥省老年学学会作用，开展老年学学术研究】

省老年学学会认真做好参加“第八届亚大地区老年学和老年医学大会”的准备工作。积极征集论文，组织专家学者撰写理论和学术文章。10篇论文获中国老年学学会“优秀论文”奖，1篇论文获中国老年学学会“学术成果”奖。

辽宁省

综　　述

2007年，辽宁省的老龄工作坚持科学发展观，认真落实全国老龄委第九次会议和省老龄工作会议精神，紧紧围绕老龄“六个老有”工作目标，抓基层、打基础，不断开拓创新，真抓实干，完成了全年的工作任务，取得了显著成绩，全省老龄工作呈现了新的局面。

一、各级领导重视，老龄工作不断强化

（一）省领导对老龄工作真抓实管。按照省委书记李克强、省长张文岳对老龄工作重要批示和要求，2007年我省的老龄工作得到省领导的高度重视。一年中，两次召开全省老龄工作重要会议。5月8日，召开了省老龄委顾问、主任会议。8月8日，全省老龄工作总结表彰暨经验交流会在沈阳成功召开。与会人员一致盛赞两年来全省老龄工作取得很大成绩，实现跨越性的发展，成效显著。新华社驻辽宁记者站、辽宁省电视台、辽宁电台、辽宁日报等各新闻媒体对大会情况和先进事迹进行宣传报道。

（二）省老龄委顾问对老龄工作十分关注。参加老龄工作重要会议；对出台的老龄政策、规划认真把关；深入各市走访慰问贫困老人、百岁老人和养老院老人。

（三）各基层领导对老龄工作重视超过以往。各市把老龄工作摆上了日程。沈阳、鞍山、抚顺、营口、阜新、辽阳、盘锦和葫芦岛等8市相继召开老龄委全委会和工作大会。大连、本溪、丹东、锦州、铁岭和朝阳等市召开了县区老龄办主任会，传达全国和省老龄工作会议精神，对落实会议作了全面布署。本溪市、阜新市常务副市长亲自协调有关部门，使多年困扰老龄工作的经费难题和当地老年人一些优待政策得到解决。盘锦市市长为市老龄办的级格、编制问题，亲自协调，得到解决。沈阳、鞍山、营口、辽阳、葫芦岛等市领导重视老龄工作，书记或市长亲自解决老龄工作中存在的问题。

（四）成员单位发挥作用。省发改委把发展老龄事业作为全省发展社会事业的重要内容，纳入到了全省“十一五”社会发展之中，与老龄委共同编制，组织实施《辽宁省老龄事业发展“十一五”规划》，使全省老龄事业在经济和社会发展中摆上位置；省民政厅在全省城乡开展“敬老行动”，建立了全省“六位一体、城乡统筹”的社会化养老体系，推动养老服务社会化的发展；省卫生厅实行了农村新型合作医疗，使农村老年人疾病救治、医疗救助有了保障；省财政厅根据我省老龄事业发展实际情况，及时拨付经费，为老龄活动开展提供了有力保障；省老干部局强化为老服务意识，全面落实离休老干部的政治和生活待遇；省人事厅、省编办认真落实政府办公会精神，积极解决老龄办人员机构等问题；省劳动和社会保障厅推进退休人员社会化管理；省人口和计生委以省委、省政府名义下发了加强人口和计划生育工作统筹解决人口问题的实施意见，对全省老龄工作具有指导意义；省公安厅、司法厅加大涉老违法犯罪活动的执法力度，为老年人提供法律援助服务；省妇联认真履行在老龄工作中的职责，为老龄妇女办实事；省文化厅积极制定方案，落实辽宁省老龄事业发展“十一五”规划；省教育厅、地税局、建设厅等11个单位，为出台我省《关于加快发展养老服务业的意见》的实施办法做准备。全省的老龄工作初步形成了齐抓共管的良好态势。

二、老年政策法规建设进一步推进

（一）加快政策法规修改工作。为《辽宁省实施〈中华人民共和国老年人权益保障法〉规定》尽早出台，近三年来，省办14次修改草案，4次向省人大领导汇报情况。年初，省办领导陪同省人大内司委主任、处长等，分别在大连、鞍山、抚顺等市和省直有关部门召开座谈会，认真听取各方面的意见。目前，已列入省人大立法计划。2008年2月份省人大主任会已讨论，3月末省人大常委会通过正式实施。各市也加快了政策法规建设步伐，沈阳市出台了《关于做好老年人居家养老工作有关问题的通知》，抚顺市制定出台的《抚顺市老年人权益保障条例》，锦州市委、市政府联合下发了《开展敬老行动的实施意见》，营口市政府颁布实施了《关于加强营口市老龄工作的若干意见》。这些政策和法规得到了很好的贯彻落实。

（二）认真组织落实《老龄事业发展“十一五”规划（以下简称《规划》）》。根据省《规划》的总体目标，省办将《规划》中的任务细划分解，制定出各阶段实施的计划，把具体任务分解，由老龄委各成员单位部署实施，促使《规划》有序推进。各成员单位认真落实，制定出本部门实施方案。沈阳、鞍山、本溪、丹东、营口、阜新、辽阳、铁岭和朝阳等9市相继出台了本市的《规划》。

（三）老龄调研工作有新进展。在2006年开展城乡老年人口状况追踪调查的基础上，2007年省老龄办与辽大人口研究所合作，对调查的数据进行了全面的统计归纳、综合分析，初步形成了有价值的综合分析报告。沈阳、大连、抚顺、丹东、锦州、营口、铁岭、盘锦等市深入实际对城乡老年人生活状况、养老机构现状、老年活动室情况、开展“六个老有”工作情况，从不同层面，广泛开展调研工作，写出了调查报告。大连市老龄办与市老年学会联合对老年人优待工作进行调研，其调研报告在国家《老龄问题研究》2007年第九期登载。丹东市召开了老龄理论研讨会。

三、老年人权益保障工作得到加强

（一）认真落实老年人优待政策。全省14市对70周岁以上的老年人全都实行了半价或免费乘车、进公园和免费使用公厕的优惠。14市对百岁老人每月给予100－300元不等的长寿补贴，大连、丹东、锦州、营口、辽阳、葫芦岛等市在原来的基础上相应提高了补贴标准。有的市、县区对90岁以上老人，每月给予50－100元不等的健康补贴；有的市对70周岁以上老人就医时实行了免收挂号费、诊查费，个别医院减收仪器使用费。沈阳市政府为老年人乘坐公交车向客运部门每年补贴3000万元。市及区（县）两级政府每年为全市90岁以上老年人发放补贴近2000万元。鞍山市今年出台了全市70周岁以上老年人乘坐市内公交车免费政策，已有3.2万名老年人办理了IC卡。

（二）老年人权益得到维护。大连、抚顺、阜新、铁岭等市开通了维权热线。丹东、辽阳、朝阳、盘锦市从上到下已经形成市、县、乡、村四级老年维权网络。朝阳50%的乡镇街设有老年维权四员（信息、监督、陪审、调解）。全省县区法院设立了老年法庭。丹东市法院对老年人立案、开庭、执行实行三上门服务。沈阳、大连、鞍山、营口、辽阳、铁岭、朝阳、葫芦岛等8市法院对老年人诉讼案件优先立案、优先审理、优先执行，诉讼费用实行减免缓交等优待。在农村普遍开展签订了家庭赡养协议书。全省老年法律援助中心已建立120个。老年维权岗80个。

（三）深入开展“关爱老年人健康行动”。省老龄办与中国人寿保险公司辽宁省分公司继续合作深入于开展“关爱老年人健康行动”。2007年，全省共有40多万老年人参加了意外伤害保险，保险金额590万元。有5000多名老年人受益，保险公司支付理赔金227万元。

四、老龄宣传工作得到加强

省老龄办与新闻媒体加强联系，先后在辽宁电视台、电台、《辽宁日报》等新闻媒体及时报道省老龄工作情况，宣传“孝亲敬老十佳”、“健康百岁老人”。通过新华社、《中国老年杂志》、辽宁电视台、辽宁电台宣传报道21次，《在辽宁日报》、辽宁老年报社发表文章28篇。印发“辽宁老龄工作”简报8期。总结有质量，有代表性的先进典型经验材料33份，装订成册，广泛宣传。9月，省老龄办组织一行7人的“辽宁省孝亲敬老十佳楷模报告团”，分别在鞍山、营口、阜新等市举行了三场先进事迹报告会，得到当地党委政府的高度重视，鞍山市，营口市，阜新市常务副市长、副秘书长分别参加了报告会，在社会上产生了轰动效应。

五、老龄工作体系基础建设得到加强

（一）机构建设实现突破。2006年11月份，经省政府决定，省编委下文件，省老龄办由民政厅管理，副厅级建制，内设三个处，增加人员编制；同时，将省老龄办人员编制置换为机关行政编制。各市县老龄工作机构也普遍得到加强。全省14市，原只有6市老龄办有工作机构，目前，已有13个市的老龄工作机构得到理顺。其中鞍山、抚顺、营口、阜新、辽阳、铁岭等市老龄办均有内设机构。葫芦岛和铁岭市增加了编制，县区全都配齐了老龄办主任。全省100个县区中，有89个县区成立了老龄办。并逐步增加配强了工作人员。鞍山、辽阳、铁岭、盘锦、葫芦岛等市的县（市、区）老龄工作编制、级格和经费等都得到了解决。

（二）老龄事业经费有保证。根据许卫国常务副省长讲话精神，省老龄办事业经费按全省老年人口人均0.5元，各市按1－2元钱的标准提取。几年来财政厅对这项经费积极支持严格审核，按预算计划批准及时下达，确保了老龄工作的开展。2007年底以来全省14市，老龄事业经费均得到落实。其中，本溪、丹东、阜新在财政困难情况下3市市长亲自过问给予解决。

（三）基层工作扎实深入。通过创建全国先进县（市、区）和总结表彰全省老龄先进单位、先进个人、评选“三星”、“敬老十佳”等，进一步推动了基层老龄工作。鞍山市老龄办开展“抓基层、打基础”工作，分片包点“抓组织、抓落实、抓成果”，实现了基层老龄工作的“四个转变”。辽阳市抓基层老龄办机构建设，36个乡镇、30个街道都成立了老龄工作机构，或配备了专职人员，全市669个村和社区有80%成立了老年协会，形成了基层老龄工作网络。本溪、盘锦、葫芦岛等市政府把老龄创建工作纳入市政府工作目标管理。丹东、锦州市对县（市）区日常工作实行工作目标百分考核管理。营口市老边区以与成员单位签定责任状，作为年终考核内容，使老龄工作得到全面提升。

（四）总结推广一批成熟经验。全省总结了鞍山市的“抓基层、打基础，全面提高老龄工作新水平”；营口市老边区的“加强领导，建立制度，构建和谐社会主义新农村”；沈阳市铁西区的“超前思维，创新工作，努力实现老龄事业跨越发展”，丹东市开展老年文化体育活动，提高老年人生活与生命质量；锦州市石化公司做好新形势下老龄工作；葫芦岛渤船重工离退休处努力建设和谐的离退休职工队伍；阜新市东梁村做好村老龄工作等。全省总结了33个典型经验，在《辽宁老年报》上作了系列报道，起到示范作用。

六、养老社会化服务体系逐步完善

（一）城乡老年人生活得到基本保障。全省建立了城乡老年人养老保障制度，对低保老年人实现了应保尽保。城市低保老人人均月低保标准达到193元；农村低保老人人均年低保标准达到1150元。省政府下发《农村“五保”供养办法》，全省14.3万名“五保”老人纳入公共财政供养。城市医疗救助新制度全面推开，农村医疗救助实现全覆盖。

（二）养老服务社会化全面展开。全省养老机构建设不断发展，达到722个，养老床位达到6.66万张。全省100个县区，有94县区，503街道，2853个社区开展居家养老服务。全省共投入8705万元，使3.3万名老人享受到上门照顾居家养老服务。以居家养老为基础，社区为依托养老体系已建立。大连市创新推出十种养老模式，正在健康发展。辽阳市建立区、街、社区三位一体居家养老虚拟敬老院不断完善。

（三）为老服务网络逐步建立。各市整合区、街道、社区服务中心、社区“一站四室”、“星光老年之家”等资源，完善为老服务功能。全省区、街道、社区共有日间照料室、活动室、托老所等各类社区养老服务设施4588个，区、街社区老年服务中心893个；社区活动广场近2000个；老年图书阅览室1045个；养老服务中介组织发展到94家，服务老年人95.4万人次。为养老服务搭建了社会平台。形成了一个全覆盖的社会化养老服务网络。全省有8个市的所属社区建立了老年人档案，登记造册，管理服务规范有序。

七、老年作用不断发挥

（一）参与和谐社会建设。我省有50多万老年志愿者，近2万支老年服务队伍，常年活跃在社区、乡村。在建言献策、关心下一代、治安巡逻、交管协理、生态保护、调解纠纷、看林护院、计生宣传、网吧监督等方面发挥重要作用。鞍山市有769个老年志愿者协会（分会），449支老年志愿者治安联防队，8.3万老年志愿者队伍。

（二）深入开展“银龄行动”。本着“就地就近、讲求实效”的原则，组织老专家、教授对省内贫困地区实施技术指导、医疗咨询等。组织召开省老教授协会、沈阳农业大学、中国医大一院、二院单位领导和部分教授参加的座谈会，分别研究落实了援助项目，组织、调整了专家队伍。6次组织医大一院、二院医疗单位专家到铁岭县、西丰县、兴城市等地的人民医院进行援助、指导，为400多人次的医护人员讲授专业知识、帮助当地医疗机构，及时处理了疑难病症，抢救危重患者，受到了好评和欢迎。抚顺市、阜新市、辽阳市组织老专家，开展了医疗、种植、养殖、环境保护等方面的“银龄行动”，赢得了良好的社会反响。

八、开展全省尊老敬老爱老活动

（一）全省及各市在春节、老年节期间开展走访慰问“三老”活动。据统计，全省以“关爱老年人，构建和谐社会”为主题，以慰问贫困老人为重点，共走访慰问城乡贫困老人10.8万人次；百岁老人548人次；走访慰问社区（村）养老机构205个、老年人9.7万人次；走访孝亲敬老先进人物218名。

（二）省及各市分别开展了丰富多彩的老年文体活动。举办了“激情年华老年人文艺汇演”、“老年人书画展”、“老年人棋艺比赛”、“老年人交友联谊会”等老年人活动；抚顺市为百对老人、辽阳市的宏伟区为13对老人、盘锦为16对老人，举办了金婚庆典活动；丹东市举办了“老寿星”门球赛；朝阳市老龄办联合市民政局，召开了老有所为健康老人评选表彰大会，并举办老年人游园、文艺表演、健康保健咨询、老年法咨询等活动。特别是在重阳节期间，全省城乡到处红旗招展，锣鼓喧天，共庆老年节。

（三）组织老年人参观考察活动。沈阳、抚顺、营口、葫芦岛等市13次，近3000多名老人参加的夕阳红旅游专列活动，走向了全国。营口、阜新、盘锦等市组织城市老年人下乡，农村老年人进城参观，感受改革开放以来的大好形势。

重要会议和活动

【走访慰问“三老”】　春节期间，原辽宁省人大常委会副主任、省老龄委顾问陈素芝，在省老龄办主任孙艳华，及盘锦市有关领导的陪同下，走访了百岁老人、特困老人和养老机构的老人，并为他们送去了慰问金、慰问品和春节的祝福。2月15日，省老领导、省老龄委顾问李国忠在省老龄办副主任曾凡彪及铁岭市有关领导的陪同下，走访了百岁老人、特困老人和养老机构的老人，仔细询问了老人们的生活情况和身体状况，并为他们送去了慰问金、慰问品和春节的祝福。2007年重阳节是辽宁省第20个敬老日，省老龄办下发了《关于在重阳节期间开展慰问贫困老人、百岁老人和养老机构老年人活动的通知》（辽老龄办发〔2007〕24号）。10月16日，原省人大常委会副主任、省老龄委顾问陈素芝，省政府副秘书长郭富春，省老龄办主任孙艳华分别到锦州、葫芦岛两市看望农村贫困老人、社区的百岁老人及住在民营养老机构的老年人，代表省委、省政府为老人们送上了节日的祝福和慰问金。10月18日，辽宁省政府副省长、省老龄委副主任闫丰在省老龄委副主任、省民政厅长徐铁南，省老龄办主任孙艳华及鞍山市市长谷春立、副市长刘桂香等领导的陪同下走访慰问了鞍山老年公寓的老人，还深入到社区看望了百岁老人和特困老人，并送上了慰问金。

【省老龄办召开全省市级老龄办主任会议】　3月份，召开辽宁省市级老龄办主任会议。会议传达了回良玉副总理、李学举部长、李本公常务副主任讲话和全国老龄工作委员会第九次全体会议精神；总结2006年全省老龄工作，部署2007年老龄工作任务；宣读了省编委关于省老龄办机构设置文件和省老龄办中层干部任免决定和任务分工；各市的老龄办主任在会上总结汇报2006年的工作情况及2007年工作安排。

【省老龄办召开“关爱老年人健康行动”工作会议】　4月份，辽宁省老龄办与中国人寿保险公司辽宁省分公司在沈阳共同召开了“关爱老年人健康行动”工作会议。原省人大副主任、省老龄委顾问陈素芝，省老龄办孙艳华主任，省人寿保险公司刘国基总经理，各市老龄办主任及人寿保险公司的分公司经理共60多人参加了会议。会议总结交流了辽阳、葫芦岛工作经验，部署了工作。对省直各单位开展“关爱老年人健康行动”作了宣传发动。2007年，全省共有40多万老年人参加了保险，投保金额590万元。有5000多名老年人受益，保险公司支付理赔金227万元。

【省老龄委召开顾问、主任会议】　5月8日，在省领导的支持下，召开了辽宁省老龄委顾问、主任会议。常务副省长、省老龄委主任许卫国，副省长、省老龄委副主任闫丰，省老龄委顾问、原省人大主任王光中，原省政协主席孙奇，原省人大副主任陈素芝，原省政协副主席李国忠，省老龄委副主任、原省政协副主席吕炳华，省老龄委顾问、原省政协副主席郭燕杰，省老龄委副主任、省政府副秘书长郭富春，省委组织部副部长、老干局局长王立平，省民政厅厅长徐铁南，省老龄办主任孙艳华出席了会议。会议由闫丰同志主持。会议传达了回良玉副总理、李学举部长、李本公常务副主任讲话和全国老龄工作委员会第九次会议文件，听取了孙艳华同志的《关于2006年全省老龄工作情况和2007年工作安排意见的报告》。常务副省长许卫国，副省长闫丰，老领导王光中、孙奇、陈素芝、李国忠、吕炳华等都做了重要讲话。与会领导一致认为，两年来，我省的老龄工作取得了很大成绩，实现了跨越性的发展，成效显著。会议对解决省老龄办的办公用房；调整省老龄委委员和联络员；接管辽宁老年报社；召开全省老龄工作经验交流会等问题做出了决定。

【省老龄办进行机关干部培训】 6月26日至28日，辽宁省老龄办对全办机关干部进行了集中培训。学习了《公务员法》和《公务员处分条例》。增强机关干部法制观念，责任意识。

【成功召开全省老龄工作总结表彰暨经验交流会】 8月8日，辽宁省老龄工作总结表彰暨经验交流会在沈阳召开。全国老龄办常务副主任李本公，省政府常务副省长许卫国，副省长闫丰；省老龄委顾问、省老领导王光中、孙奇、李国忠、郭燕杰、省老龄委副主任吕炳华；省政府副秘书长郭富春、民政厅厅长徐铁南；省老龄委24个成员单位负责人；各市、县分管老龄工作的市长、县（区）长，老龄办主任；先进单位、先进个人代表等共350余人参加了大会。闫丰副省长向大会做了两年来全省老龄工作报告。省老龄委副主任吕炳华宣读了《关于表彰全省老龄工作先进单位、先进个人、敬老优秀村居、敬老十佳和敬老“三星”的决定》。会议表彰了106个先进单位、109名先进个人，151个敬老优秀村居，10名孝亲敬老十佳，108名孝亲敬老之星、110名老有所为贡献之星和50名健康之星。鞍山市老龄办等4个先进单位和个人，在会上介绍了经验。全国老龄办常务副主任李本公，常务副省长许卫国，老领导王光中分别讲话。与会人员一致盛赞两年来全省老龄工作实现了跨越性的发展，取得很大成绩。这次大会是近年来全省老龄工作规格最高、质量最好、典型最全、效果最突出的一次盛会。会后，新华社驻辽宁记者站、辽宁省电视台、辽电台、辽宁日报等各新闻媒体对大会情况和先进事迹进行宣传报道。李本公、许卫国、闫丰同志讲话，以辽政阅〔2007〕59号文件形式下发。

【举办第二届全省老年中国象棋大赛】 8月20日至23日，在兴城市辽西军人转运接待站举办了全省第二届老年中国象棋大赛，14个市的代表队参加，共计60人。比赛评出团体奖、个人奖和优秀组织奖。孙艳华主任在闭幕式上讲话并为获奖单位和个人颁奖。

【到外省考察学习】 9月11日，辽宁省老龄办组织了省、市和部分县区老龄办主任共18人赴宁夏、新疆学习考察老龄工作情况，并提交了考察报告。11月9日至17日，组织6名省老龄委顾问、副主任赴广东、海南二省七市，进行学习考察。几位省老领导对加强辽宁省老龄工作提出了良好建议，并向省政府提交了学习考察报告。

【举行全省孝亲敬老十佳报告团巡回演讲】 9月12日至14日，辽宁省老龄办组织“省孝亲敬老十佳报告团”，分别在鞍山、营口、阜新等市举行了三场先进事迹报告会。全国“五一劳动奖章”获得者、盖州市暖泉岭镇综合开发农场场长崔玉祥，阜新市矿区社会保障管理中心党委书记、主任徐桂芬，岫岩满族自治县韭菜沟乡涌泉村党支部书记王本仁等舍小家为大家、奉献夕阳余热的事迹，在社会上产生了轰动效应。报告会得到当地党委政府的高度重视。

【举办基层老龄工作干部、老年协会会长老年维权工作培训班】 10月9日，为提高基层老龄工作者的业务水平和更好的维护老年人合法权益的能力，辽宁省老龄办举办基层老龄工作干部、老年协会会长老年维权工作培训班。由省法律援助中心专家讲课，鞍山、朝阳介绍了经验。

【召开全省老龄宣传工作会议】 10月中旬，召开辽宁省老龄宣传工作会议，传达全国会议精神，部署省老龄宣传工作安排。

【召开省老龄委成员单位联络员会议】 10月17日召开了辽宁省老龄委成员单位联络员会议。会议传达了省老龄委顾问、主任会议“关于举办辽宁省应对人口老龄化发展战略高层论坛”的精神；通报了全省老龄工作进展情况；布置了贯彻落实《辽宁省老龄事业发展“十一五”规划》具体任务；通过了《省老龄委成员单位联络协调工作制度》，讨论了《辽宁省关于加快发展养老服务业的意见》（草稿）。省委宣传部、省发改委、省民政厅、省社会和劳动保障厅、省教育厅、省文化厅、省旅游局等23个老龄委成员单位的联络员参加了会议。

【学习十七大会议精神】 十七大召开期间，辽宁省老龄办组织全体人员收听收看十七大会议实况，学习十七大报告，进行了十七大专题讨论发言。

【举办“欢庆十七大、盛世夕阳红”老年文艺汇演】 11月7日，辽宁省老龄办与鞍山市老龄办在鞍山市胜利会堂联合组织了一台“欢庆十七大、盛世夕阳红”老年文艺汇演。省老龄委顾问陈素芝及鞍山市领导参加并讲话。沈阳、营口、辽阳、盘锦等市200多名老年人上台表演。千余名老年人观看演出。

各项业务进展

【老龄工作基础建设】　辽宁省老龄工作机构建设实现突破。2006年11月份，省编委下发了“辽编发〔2006〕37号”文件，理顺了省老龄办机构，内设三个处，增加人员编制，由原来的处级事业单位升格为副厅级行政机关。各市、县老龄工作机构也普遍得到加强。目前，全省14市中已有13个市的老龄工作机构得到理顺。全省100个县区中，有89个县区成立了老龄办，逐步增加配强了工作人员。老龄事业经费有保证。根据许卫国常务副省长讲话精神，省老龄办事业经费按全省老年人口人均0.5元，各市按1－2元钱的标准提取。财政厅对这项经费积极支持严格审核，按预算计划批准及时下达，确保了老龄工作的开展。截止2007年底全省14市，老龄事业经费均得到落实。

【老龄政策法规建设】　加快《辽宁省实施〈中华人民共和国老年人权益保障法〉规定》（以下简称《规定》）的修改工作。为使《规定》尽早出台，近三年来，省办14次修改草案，4次向省人大领导汇报情况。2007年2月，省办领导陪同省人大内司委主任、处长等，分别在大连、鞍山、抚顺等市和省直有关部门召开座谈会，征求意见。目前，已列入省人大立法计划。2008年2月份省人大主任会已讨论，3月末省人大常委会通过正式实施。认真组织落实老龄事业发展“十一五”规划。根据省《规划》的总体目标，省办将《规划》中的任务细划分解，制定出各阶段实施的计划，把具体任务分解，由省老龄委各成员单位部署实施，促使《规划》有序推进。各成员单位认真落实，制定出本部门实施方案。老龄调研工作有新进展。在2006年开展城乡老年人口状况追踪调查的基础上，2007年省老龄办与辽大人口研究所合作，对调查的数据进行了全面的统计归纳、综合分析，初步形成了有价值的综合分析报告。

【老年人权益保障工作】　辽宁省认真落实老年人优待政策。实现全省老年人证件的统一制作和管理。省办争取财政支持，专拨资金42万元，由省票据中心统一制作，省老龄办统一规定要求，各市老龄办统一管理发放，为老年人发放老年优待证60万本。全省14市对持有老年优待证的老年人全都实行了半价或免费乘车、进公园、就医、诉讼等优惠。14市对百岁老人每月给予100－300元不等的长寿补贴。老年人权益得到维护。全省县区法院设立了老年法庭。全省已建立老年法律援助中心120个，老年维权岗80个。省内农村普遍开展了签订家庭赡养协议书活动。

【养老服务】　辽宁省建立了城乡老年人养老保障制度，对低保老年人实现了应保尽保。城市低保老人人均月低保标准达到193元；农村低保老人人均年低保标准达到1150元。省政府下发《农村“五保”供养办法》，全省14.3万名“五保”老人纳入公共财政供养。辽宁省养老服务社会化全面展开。全省养老机构建设不断发展，达到722个，养老床位达到6.66万张。全省100个县区，有94县区，503街道，2853个社区开展居家养老服务。全省共投人8705万元，使3.3万老人享受到上门照顾居家养老服务。以居家养老为基础，社区为依托的养老体系已建立。辽宁省为老服务网络逐步建立。全省区、街道、社区共有日间照料室、活动室、托老所等各类社区养老服务设施4588个，区、街社区老年服务中心893个；社区活动广场近2000个；老年图书阅览室1045个；养老服务中介组织发展到94家，服务老年人95.4万人次。为养老服务搭建了社会平台。形成了一个全覆盖的社会化养老服务网络。全省有8个市的所属社区建立了老年人档案，登记造册，管理服务规范有序。

【开展尊老敬老爱老活动】　8月20日至23日，辽宁省老龄办组织了全省第二届老年中国象棋大赛，经各市选拔的58位老人参加了比赛。省办与鞍山市老龄办，在鞍山市胜利会堂联合组织了一台“欢庆十七大、盛世夕阳红”老年文艺汇演。原省人大副主任、省老龄委顾问陈素芝及鞍山市领导参加并讲话。沈阳、营口、辽阳、盘锦等市200多名老人上台表演，千名老年人观看演出。特别是在重阳节期间，全省城乡到处红旗招展，锣鼓喧天，共庆老年节。组织老年人参观考察活动。沈阳、抚顺、营口、葫芦岛等市13次，近3000多名老人参加的夕阳红旅游专列活动，走向了全国。营口、阜新、盘锦等市组织城市老年人下乡，农村老年人进城参观，感受改革开放以来的大好形势。

【创建活动】　通过创建全国先进县（市、区）和总结表彰全省老龄先进单位、先进个人、评选“三星”、“敬老十佳”等系列活动，总结推广成熟经验，进一步推进基层工作。2007年8月，全省老龄工作总结表彰暨经验交流会在沈阳召开。会议表彰了106个先进单位、109名先进个人，151个敬老优秀村居，10名孝亲敬老十佳，108名孝亲敬老之星、110名老有所为贡献之星和50名健康之星。30多个典型的基层工作经验在此次大会上进行书面交流，其中鞍山市老龄办等4个先进单位和个人，在大会上发言并作经验介绍。会后，新华社驻辽宁记者站、辽宁省电视台、辽电台、《辽宁日报》、《辽宁老年报》等各新闻媒体对大会情况和先进事迹进行系列报道。

【"银龄行动"】 4月初，向各市下发了《关于开展"银龄行动"工作的通知》，明确了援助项目、方式。根据各市上报的需求项目制定了《辽宁省2007年"银龄行动"实施方案》，确定在抚顺、本溪、辽阳、铁岭、葫芦岛等市进行医疗、林业、农业、中草药种植、大棚养殖等9个方面的工作任务。5月21日，省老教授协会、沈阳农业大学、中国医大一院、二院单位领导和部分教授参加的座谈会，研究确定援助项目、方式、地点、时间，任务落实到单位，课题落实到人，重新组织调整专家队伍。今年以来6次组织了医大一院、二院医疗单位专家到铁岭县、西丰县、兴城市等地的人民医院进行援助、指导，为400多人次的医护人员讲授专业知识，帮助当地医疗机构及时处理了疑难病症，参与抢救危重患者，受到了好评和欢迎。

【老龄宣传工作】 2007年，我省认真贯彻全国老龄宣传工作会议精神，召开全省老龄宣传工作会议，部署老龄宣传工作。加强与新闻媒体联系，先后在辽宁电视台、电台、辽宁日报等新闻媒体及时报道省老龄工作情况，宣传"孝亲敬老十佳"、"健康百岁老人"。通过新华社、中国老年杂志、辽宁电视台、辽宁电台宣传报道21次，在辽宁日报、辽宁老年报社发表文章28篇。印发"辽宁老龄工作"简报8期。总结有质量，有代表性的先进典型经验材料33份，装订成册，广泛宣传。各市老龄办的《老龄工作简报》质量不断提高。省老龄办组织"辽宁省孝亲敬老十佳楷模报告团"，分别在鞍山、营口、阜新等市举行了三场先进事迹报告会。报告会得到当地党委政府的高度重视，在社会上产生了轰动效应，营造了尊老爱老助老的良好社会氛围。

【老龄队伍自身建设】 竞聘上岗，定岗定员。年初，按照省委中层干部选聘文件规定，制定中层干部竞聘实施方案。通过个人申报、竞聘演讲、群众推荐、组织审核、公示任命等程序，1名副主任、3名处长竞聘上岗。中层干部聘任、工作人员岗位双向选择，圆满完成省老龄办机构理顺工作。建立制度，明确职责。定岗定责，省办制定了3个处室及主任、处长、工作人员的岗位职能和职责说明书。建立和完善了干部培训、考勤、考核、休假制度，保密制度，用印制度，财务管理办法等，全办工作走上了规范化、制度化、正规化。同时省办将全年老龄工作任务分解为41个方面，90个小项，责任到人，具体落实，从主任到工作人员都有分工，有责任，有检查。加强培训，提高素质。省办对机关干部进行了集中培训学习。学习《公务员法》和《公务员处分条例》，增强机关干部法制观念，责任意识。开展岗位练兵活动，提高工作人员的公文写作水平和计算机的操作能力。

【进一步加强了为老服务工作】 一是继续加强了修订后的《农村"五保"供养条例》的宣传贯彻工作，推动各地解决工作人员配备、经费开支、供养费用保障等难点问题。在调研的基础上，协调省财政厅将全省农村"五保"集中供养标准由1500元提高到2200元，分散供养标准由每年1200元提高到1600元，省级财政每年增加转移支付额9000万元，财政转移支付总额达到24000万元。协调省新农村办进一步落实了五保供养对象土地政策，通过土地收入可增加"五保"对象年收入1000元左右，进一步保障了全省13.6万农村"五保"对象的基本生活。抓好资金落实工作，确保了集中供养和分散供养的"五保"老年人供养金按时足额发放。二是加强农村敬老院改造和中心院建设步伐，进一步整合敬老院资源，下拨省级补助金2000万元，落实地方配套资金1.1亿元，重点支持敬老院建设项目29个，新建的中心敬老院床位达到了150～200张，每个"五保户"使用面积15平方米，居室7平方米，设有生活区、休闲区和娱乐区等共用设施；整合后的乡镇敬老院床位数达到80～100张，每个"五保户"使用面积达10平方米，居室5平方米，生活设施齐全，并配备了农副业生产基地。通过整合改造，全省农村敬老院的建设、管理和服务水平得到全面提高，居住条件和生活环境得到明显改善，敬老院建设成为新农村建设的亮点工程。三是在全省农村全面推开农村最低生活保障制度和探索建立农村社会救济体系工作中，将符合条件的农村贫困老年人全部纳入其中，保障了贫困老年人的基本生活权益，保障标准由过去的每人每年683元提高到800元，补差标准由原来的每人每年346元提高到422元。四是认真落实了军队离退休老干部的政治生活两个待遇；进一步落实优待抚恤政策，做好了在乡老复员军人、抗日老战士、老红军的优待工作。五是将老龄工作纳入社区整体建设之中，目前全省3175个社区中已有2940个社区建起了社区综合服务站，为老年人提供休闲、娱乐等服务，1817个社区卫生服务点能够为老年人提供社区医疗保健康复服务，全省社区中介组织普遍开展了生活照料、家政服务等服务内容，32万社区服务志愿者自发为社区老年人提供志愿服务。

山东省

综　述

2007年，山东省各级认真贯彻落实省委、省政府的工作部署，坚持以邓小平理论、“三个代表”重要思想和科学发展观为指导，以学习贯彻党的十七大和省第九次党代会精神为动力，以养老保障、养老服务业和老龄宣传工作为重点，紧紧围绕山东省中心工作和广大老年人物质文化需求，认真实施《山东省老龄事业发展“十一五”规划》，促进山东省老龄工作取得了新成效。

一、老年群体倍受关注，老龄工作得到党政领导高度重视

山东省各级党委、政府认真贯彻科学发展观，高度关注民生，关注老年群体，重视老龄工作。山东省委、省政府主要领导亲自听取老龄工作汇报，对老龄工作作出重要指示。山东省政府召开了第八次山东省老龄工作会议，分管领导多次听取工作汇报、参加重要活动，及时对老龄工作进行指导。有8个市的书记、市长对老龄工作作批示、提要求，有的书记、市长亲自参加老龄工作会议，有的五大班子领导同时参加老龄工作的会议和重要活动。据统计，2007年山东省县以上党政领导同志参加老龄工作重要活动有7000多人次。各市都将老龄工作在党代会、人代会和党委、政府的会议上研究部署，陆续出台了老龄事业“十一五”规划，许多市、县（市、区）还把老龄工作重点项目列入党委、政府为民办实事的“民生工程”，重点督办，推动了老龄工作深入开展。

二、积极推进养老保障，老年人生活水平和质量得到提高

山东省各级把养老保障作为改善民生的重点任务来抓，在签订农村家庭赡养协议书、推进养老和医疗保险、建立农村集体养老补贴制度、救助贫困老人、开展新型农村合作医疗制度试点等方面取得了显著成绩。山东省农村家庭赡养协议书的签订率、兑现率分别达到90%、95%，家庭养老基础更加巩固。山东省城镇基本养老保险参保人数达到1174.9万人；企业离退休人员养老金全部做到按时足额发放，企业退休人员养老金三年调整目标全面完成，月人均提高到1054元；山东省机关事业单位67.1万离退休人员增加了离退休费，月人均增加300元。农村社会养老保险稳步推进，参保农民达1076万人。山东省134个有农业人口的县（市、区）全部建立新型农村合作医疗制度，参合农民6001.13万人，参合率90.29%，聊城、枣庄、济宁市和部分县（市、区）减免了187万多名老年人的参合费用。各级积极将有特殊困难的老人纳入惠民医疗服务范围，实行医疗费优惠政策，通过设立惠民门诊、惠民病床，减免了402万人次、2.51亿元医疗费，有效缓解了部分老年人因病致贫、返贫问题，提高了老年人健康水平和生活质量。各级积极推动实施农村集体发放养老补贴制度，山东省已有40多个县（市、区）实行，106万名老年人受益。贫困老年人得到各级政府和社会各界救助，救助人数48.88万名，救助金额2101.8万元。城乡“低保”向老年人重点倾斜，有8个市、77个县（市、区）建立了老年人专项救助资金。山东省敬老院建设三年规划顺利实施，至2007年底，山东省已累计投资25亿元，新建和改扩建敬老院1382处，床位数达到近20万张，集中供养率提高到72%。

三、加强调研指导，养老服务业发展得到普遍重视

各级认真贯彻国务院和省委、省政府关于发展养老服务业的要求，积极制定扶持养老服务业发展的政策措施，推进工作开展。省发展改革部门制定实施了《山东省社会化养老服务体系建设专项规划》，已组织开工建设10所中高档老年公寓和康复中心等重点项目，总投资5.58亿元。省卫生、财政部门制定的政府购买城市社区公共卫生服务项目及绩效考评标准中，将老年保健列入其中，并将60岁以上老人建档情况与老年慢性病患者家庭访视情况作为考核指标。青岛市将养老服务业列入市政府为民办实事项目，烟台市将“扶持兴办老年福利机构”列为“2007年为民服务实事”之一，菏泽市出台了《关于进一步加快养老服务业发展的意见》，威海市将老年福利设施建设纳入了城市公共设施布局专项规划，济南、泰安等市开展了居家养老服务工作试点，山东省有40多个县（市、区）推行了政府购买居家养老服务。截至2007年底，山东省各类养老服务机构达到2860多处、床位24.2万张，发展各类养老服务组织1160多个，组织老年人旅游 8.69 万人次。

四、认真落实政策法规，老年维权和优待工作深入开展

山东省各级通过积极开展老年法规政策宣传教育，加强执法监督检查，做好老年人信访工作，推动了老年维权工作深入开展和老年优待政策的落实。立法和法制部门积极参与《中华人民共和国老年人权益保障法》和《山东省老年人权益保障条例》修订工作。公安、司法系统依法打击侵害老年人合法权益的违法犯罪活动，加大对侵犯老年人合法权益案件审判和涉老纠纷调处的力度，各级法院共审理涉老案件 3500 多件，结案率为 97%，有 1 万多名老年人获得司法救助或法律援助，减免诉讼费、律师费 400 多万元。工商系统积极开展维权活动，维护了老年消费者的合法权益。建设系统在实施安居工程和旧城改造、房屋拆迁中，特别关注和维护老年人利益。有 6 个市的人大或政协组织了老年法执法检查、视察，有的市专门举办了老年人法律咨询会。莱芜市委组织部、市监察局、人事局、老龄办联合出台了《关于把敬老养老助老纳入工作实绩考核范围的具体办法》。山东省以人大检查、政府督查、政协视察、媒体监督四位一体的维护老年人合法权益网络和制度进一步健全，广大老年人依法维权意识和能力不断提高。各级狠抓老年优待政策落实，青岛、威海、菏泽市对全市旅游景点、收费公厕落实老年人优待政策情况进行了全面检查，潍坊、德州市解决了老年人乘坐公交车优待难题，潍坊、济南、临沂、滨州、淄博等市开展了为老年人免费健康查体活动，一些市、县（市、区）还实行了提高高龄、贫困老人医疗费报销比例的优惠政策。老人节和新年春节期间，各级都普遍组织开展了走访慰问老年人活动，慰问老年人 162.3 万名，发放慰问金 1.17 亿元。

五、实施积极老龄化战略，老有所为活动取得成效

各级不断完善鼓励老年人发挥作用的政策措施，加强指导，建立机制，探索方法，老有所为活动取得显著成效。省老龄委表彰了 113 名“山东省模范老人”，省委组织部、省委老干部局、省人事厅、省老龄办、省关工委、省老科协联合召开了老有所为工作经验交流会，制定下发了深入开展老有所为活动的意见，模范老人代表向山东省老年人发出了积极投身经济社会建设倡议书。菏泽、枣庄、烟台、潍坊、滨州等市制定了指导性文件，建立了协调组织和制度。各级政府所属的人才交流机构都将老年人才纳入了管理服务范围，有的建立了老年人才信息库，举办了老年人才专项交流活动。东营市建立了六个老年科研实验基地。聊城市组织老科技工作者开展了“科技助农”活动。济南市成立了 6000 多人的老年志愿服务团。广大老年人从经济社会需要和自身特点出发，积极开展建言献策、农技推广、关爱青少年、“银龄行动”等多种形式的老有所为活动，为山东省经济社会发展作出了积极贡献。

六、加强老龄工作宣传，老年文化建设得到加强

各级普遍注重加强老龄宣传工作，利用老人节、新年春节、十七大召开等时机，通过在新闻媒体上开辟专栏、节目，领导发表署名文章、广播电视讲话，举办老龄事业成就展览，编发宣传材料，开展咨询服务，发敬老短信，设敬老彩铃，设置户外老龄宣传物、评选表彰“孝星”等多种形式，集中开展老龄宣传活动，营造了浓厚的尊老敬老氛围。各地把发展老年活动组织、加强老年活动场所和设施建设作为重要工作推进。山东省组建了 1200 多个老年演出队、老年合唱团等老年文艺团队，省成立了老年艺术团，各文艺团体演出了大量精品节目。枣庄市召开了规范化村居老年人活动中心建设现场会议，举办了“首届老年文化艺术节”。威海市出台了《关于进一步加强农村老年活动室建设和管理的意见》。东营市投资 1500 多万元建成了老年人活动中心。烟台、泰安、菏泽、莱芜、临沂等市把老年活动室建设纳入了年度工作目标考核。山东省形成了以老年艺术团体重大节日演出为带动、老年活动室经常性活动为基础、广场老年文化活动为基本形式的三位一体老年文化活动格局，丰富了老年人的精神文化生活，促进了基层群众文化活动的开展。

重要会议和活动

【第八次山东省老龄工作会议】 4 月 17 日，省政府在济南南郊宾馆召开第八次山东省老龄工作会议。会议传达了省委、省政府主要领导对山东省老龄工作的指示和全国老龄委第九次全体会议会、全国省级老龄办主任会议、全国居家养老服务经验交流会议精神，总结了 2007 年山东省老龄工作，安排部署了 2008 年山东省老龄工作任务。副省长李玉妹出席会议并作重要讲话。各市、各大企业的分管领导、老龄办主任，省老龄委成员单位及有关部门负责同志等 130 多人参加会议。

【山东省老龄系统落实省第九次党代会精神汇报会】 7月24 日—28 日，省老龄办在威海市召开山东省老龄系统贯彻落实省第九次党代会精神情况汇报会议，省老龄办处以上干部及各市、各大企业老龄办主任等

40 多人参加会议。会议分析上半年山东省老龄工作形势，参观了威海市老年服务设施建设现场，研究部署了贯彻落实省第九次党代会精神的措施。省老龄办主任褚庆观作主题讲话。

【山东省老龄系统落实十七大精神汇报会】 11 月 20 日至 22 日，省老龄办在济南召开山东省老龄系统学习贯彻十七大精神情况汇报会，各市、四大企业老龄办主任和省老龄办机关副处以上干部参加会议。省老龄办主任褚庆观讲话，各市、四大企业老龄办负责人就贯彻落实十七大精神，进一步做好老龄工作进行了交流探讨。

【山东省老有所为工作经验交流暨模范老人表彰会】 10月11 日，省委组织部、省委老干部局、省人事厅、省老龄办、省关工委、省老科协，在济南南郊宾馆联合召开山东省老有所为工作经验交流暨模范老人表彰大会。会议对山东省老有所为工作进行了总结和部署，表彰了 113 名“山东省模范老人”，2 个单位和 3 名模范老人代表在大会上介绍了经验和事迹。副省长郭兆信出席会议并作重要讲话，省政府副秘书长张俊主持会议，省老龄办主任褚庆观作工作报告。会议主办部门有关领导高慧、王永清、李显升、刘爱民、陈志军、李云云、石真祥、于振业出席会议，各市、各大企业老龄办主任、模范老人代表、典型单位代表参加会议。

【山东省老龄宣传工作情况汇报会】 9 月 21 日，省老龄办在济南南郊宾馆召开省老龄宣传工作会议，会议由省老龄办巡视员高慧主持，省老龄办主任褚庆观讲话。会议传达了全国老龄宣传工作会议精神，听取了各市、各大企业上半年老龄宣传工作汇报，总结了山东省上半年老龄宣传工作情况，交流了各市、四大企业开展老龄宣传工作的经验，部署了下半年老龄宣传工作任务，各市各大企业老龄办主任、老龄宣传工作骨干以及山东省老龄办全体人员参加会议。

【敬老月及老人节活动】 老人节期间，省暨济南市举行了“喜迎十七大，构建和谐社会”为主题的庆祝老人节大型老年文体表演，各市普遍开展了形式多样的敬老爱老助老活动，掀起了山东省尊老敬老高潮。

【省老年艺术团成立大会暨首场汇报演出】 10 月 11 日，“山东省老年艺术团成立大会暨首场汇报演出”在济南山东剧院举行。副省长郭兆信和原省委书记赵志浩为艺术团成立揭牌，省老龄办主任褚庆观讲话，巡视员高慧主持。省老领导陆懋曾、郭长才、严庆清、董凤基、丁方明、翟永淳、何法祥、孟庆丰及省老龄委成员单位的领导出席了活动。

【第三届“山东省十大孝星”评选表彰活动】 老人节期间，省老龄办组织开展第三届“山东省十大孝星”评选表彰活动。此次评选首次采取公众评选与专家评审相结合的方式，通过候选人事迹媒体公示、群众投票、评委审评等环节，使参与人数达 40 万人次，共收回选票 72 万余张，评选结束后，将孝星事迹编入《中学生时事政策手册》，还在《山东老年》开辟专栏对孝星事迹进行深入宣传，在山东省掀起了“学孝星、评孝星、当孝星”敬老助老的高潮。

【山东省老龄工作干部专业培训班】 5 月 14 至 29 日，省老龄办与山东大学联合举办第一期山东省老龄工作干部专业培训班，76 名老龄干部参加了培训。山东大学校长展涛，省老龄办主任褚庆观、巡视员高慧、副主任陈志军，山东大学副校长范丽明，先后出席开学典礼和结业典礼。

各项业务进展

【老年维权工作】 2007 年，各级通过加强宣传教育、组织协调、监督检查等措施，推动各项老年法规政策落实。进一步加强了老年法规政策宣传教育，开展了广场宣传和咨询服务、老年法律服务进社区和进农村等活动。主要媒体增加了老年法规政策栏目和节目。以乡镇（街道）派出所、司法所为依托的老年维权网络进一步健全，较好地发挥了作用，“148”法律服务热线对老年人的服务数量明显增多。人大检查、政府督查、政协视察三位一体的老年维权机制进一步健全，各级人大、政府、政协每年开展检查、督察、视察老年法规政策施行情况 190 多次。认真做好老年人来信来访工作，山东省老龄系统办理来信来访 6200 多件，90%以上的得到了妥善处理。。各级法院每年立案侵害老年人权益案件 3000 多件，审结率和老年人满意率都达到了 97%以上。对侵害老年人合法权益的案件实行了优先立案、优先审理、优先执行、优先司法救助、优先法律援助的“五优先”制度，2007 年山东省有 1 万多名老年人获得司法救助和法律援助，减免诉讼费和律师服务费 400 多万元。公安部门把老年维权工作列入目标责任制考核指标。工商系统积极开展维权活动，维护了老年消费者的合法权益。建设系统在实施安居工程和旧城改造、房屋拆迁中，采取措施，维护老年人的房产利益。部分市以及县（市、区）把敬老养老情况纳入公务员考核范围。按照全国老龄办的要求，认真参与《中华人民共和国老年人权益保障法》的修订工作。4 月份上报了山东省《中华人民共和国老年人权益保障法》修订意见；8 月份派员参加了在北京召开的修订《中华人民共和国老年人权益保障法》高层论坛，并作讨论发言；11月份承办了部分省市《中华人民共和国老年人权益保障法》修订座谈会，上海市、江苏省、浙江省、安徽省、福建省、江西省有关负责人参加，山东省人大内司委、法工委、省高级人民法院、省发改委、省公安厅、省民政厅、省司法厅、省财政厅、省人事厅、省劳动保障厅、省建设厅、省文化厅、省卫生厅、省政府法制办、税务局、省老龄办等部门负责人应邀参加。按照省人大立法计划，继续进行了修订《山东省老年人权益保障条例》工作，组织法律工作者对《修订案（初稿）》进行了修改。

【老龄宣传工作】 2007年，山东省各级按照省有关会议精神要求，下发文件，出台措施，加大力度，继续将老龄宣传工作作为一项重要工作抓紧落实。加强了与新闻媒体的通联，召开了新闻媒体座谈会，建立了《中国老龄》山东联络站，加大了《山东老年》和《山东老龄工作》采编发行工作，加强了与新闻媒体的联系。各新闻媒体积极开办老龄专题、专栏，《济南日报》开设了“泉映晚霞”专版，济南都市频道开设了“泉映晚霞”专题节目，济南广播电台开办了“夕阳红”节目，较好地发挥了舆论引导作用，弘扬了敬老新风，受到社会各界的普遍欢迎。各地通过促进老龄工作进党校、举办老龄事业发展成就展、树立和宣传孝亲敬老先进典型、开展科普健康讲座、举办离退休职工书画展、打造孝道文化教育品牌等活动；通过媒体老龄专栏、发敬老短信、设敬老公益彩铃、建户外老龄宣传物等形式，营造尊老敬老的宣传声势，开辟了全方位的老龄宣传工作新格局，有力地推动了老龄工作整体水平的提升。成立了山东省老年艺术团，举行了首场汇报演出，推动了山东省老年文化活动蓬勃开展，各市围绕迎十七大、迎奥运、庆祝老人节等主题，积极开展多种形式的老年文体活动，丰富了老年人的精神文化生活，促进了社会和谐。

【老年服务业发展】 2007年，山东省各级各部门认真贯彻国务院关于发展养老服务业的要求，加大扶持力度，积极促进养老服务业的发展，山东省各类养老服务机构2860多处，床位24.2万张；各类养老服务组织1160多个；有40多个县（市、区）实行了政府购买养老服务办法。省老龄办与省财政厅组成联合调研组，就发展养老服务业的情况在省内外展开广泛调查研究和学习考察，形成了调研报告，山东省《关于加快发展养老服务业的意见》进行了会签；省卫生厅、省财政厅联合制订下发《政府购买城市社区公共卫生服务项目及绩效考评标准（试行）》，将老年保健列为各市政府购买城市社区公共卫生服务项目，并将60岁以上老人建档情况与老年慢性病患者家庭访视情况作为对各市政府购买城市社区公共卫生服务工作的考核指标；省发改委制定了《山东省社会化养老服务体系建设专项规划》，对今后三年的任务目标提出了要求；投资55850万元（其中国家和省各补助500万元），开工建设了安丘市康复中心、淄博颐和家苑老年公寓、栖霞市桃村敬老院和养老服务中心、聊城市老年康复护理中心、德州市福泰老年活动中心老年公寓、平阴县玫苑老年公寓、临沂市河东区老年公寓、荷泽市社会福利院老年公寓、滨州市老年公寓和乳山市百合老年公寓10所中高档老年公寓和康复中心等重点项目。

【基层老龄工作】 2007年，山东省各级充分重视基层老龄工作，认真贯彻落实全国老龄办关于《加强基层老龄工作的意见》，坚持抓基层打基础，着力加强基层老年管理和服务工作，进一步提高了基层老龄工作水平，基层老龄工作有了新发展。山东省各级大力加强县乡老龄组织和老龄干部队伍建设，加强爱岗敬业教育和分级培训，不断提高综合素质和工作能力。按照组织健全、制度完善、活动经常、作用明显的要求，不断加强基层村居老工委建设，使村居老工委真正承担起了村居老龄工作组织者、老年活动组织者和老年人权益维护者的任务。各级重视加强基层老龄工作队伍建设，部分县（市、区）把乡镇老龄委主任纳入组织部管理，部分县（市、区）配备了乡镇老龄工作专职干部，部分县（市、区）把村级老工委主任在内的老龄工作干部纳入各级党校培训计划。山东省培训基层老龄干部约3000多人次，提高了农村基层老龄工作队伍的整体素质。普遍开展了为老年人办实事活动，提高基层老龄工作的水平。济南市向社会承诺为老年人办80件实事，件件得到了落实；青岛市广泛开展了“关爱进社区，银发无忧”活动，组织老年文体活动队伍开展“七彩华龄社区大舞台”活动；淄博市启动了“温馨夕阳工程”37项活动，组织了法律、家政、商业、医疗等单位开展了敬老服务进社区活动；枣庄市召开了规范化村居老年人活动中心建设现场会议，并向首批验收合格的市级规范化村居老年人活动中心授牌；烟台、泰安等各市都把继续推进老年人活动基地建设、建设“老年人之家”、农村老年活动室作为今年重要工作，纳入年度岗位目标考核；威海市把农村老年活动室建设列入市委、市政府2007年新农村建设重点工作任务，出台了《关于进一步加强农村老年活动室建设和管理的意见》。

【老年文体活动】 2007年，山东省各级认真贯彻省委、省政府有关加强老年文体教育工作的指示精神，积极深入地组织引导开展老年人喜闻乐见、形式多样的老年文体活动，加大文体设施建设力度，进一步扩大了基层老年文体组织，严格规范管理。成立了山东省老年艺术团并成功举办了首场汇报演出，各市、县继续以抓好农村老年活动基地和城市社区老年活动场所建设为抓手，广泛开展经常性的老年文化娱乐和体育健身活动，举办各种老年文化、艺术、体育比赛、表演、展览等，不断丰富老年人的精神文化生活。利用各地自身优势，发挥各级积极性，改善老年大学和老年学校的办学条件，扩大办学规模，提高教学水平，使其真正成为了老年人“老有所学”的重要阵地。

【“银龄行动”】　2007年，省及各市围绕经济和社会发展大局，因地制宜深入细致地开展“银龄行动”，山东省老龄办制定了《深入开展“银龄行动”的意见》，各级积极引导开发利用各类老年人才，充分发挥其在物质文明、精神文明、政治文明、和谐社会建设中的重要作用；积极建立“银龄行动”长效机制，推动“银龄行动”与老有所为等日常工作相结合，使“银龄行动”更加贴近生活、贴近实际，取得明显成效，全国老龄办先后9次刊发山东省经验。10月11日，山东省委组织部、省委老干部局、省人事厅、省老龄办、省关工委、省老科协等多部门联合召开山东省老有所为工作经验交流暨模范老人表彰大会，总结交流老有所为工作经验，评选表彰模范老人。

【老龄政策研究】　2007年，山东省老龄办进一步加大了对老龄政策学术研究和对外交流的指导，继续开展各地老年学学会筹建和规范工作，及时总结老龄政策研究方面的新经验、新成果，5月30至31日，山东省老年学学会在烟台召开山东省老年学学术研讨会，主要研究了农村养老保障问题，还对居家养老的社会支持、城市老年人居住与孤独、老年人旅游等问题展开讨论，评选表彰了优秀论文。本次研讨会论文质量高、数量多、论题广，充分交流展示了山东省老年学研究的最新成果。

安徽省

综　　述

2007年，安徽省老龄工作在省委、省政府的领导下，继续坚持以邓小平理论和“三个代表”重要思想为指导，贯彻落实科学发展观，坚持“党政主导，社会参与，全民关怀”的老龄工作方针，认真落实第二次全国老龄工作会议和全国省级老龄办主任会议精神，较好地完成了全年工作任务，老龄事业得到了相应的发展。

一、老年人养老、医疗和生活保障水平有所提高

在各级政府及各有关部门的共同努力下，企业离退休人员基本养老金得到了按时足额发放。到2007年底，全省参加城镇基本养老保险的城镇职工达到529万人；离退休人员的离退休金全面提高；企业退休职工调整待遇工作全部兑现；未参保集体企业退休人员按当地低保标准领取了生活费；企业年金制度得到强力推进。参加城镇基本医疗保险和农村新型农村合作医疗的范围进一步扩大；城市和农村低保制度不断完善；以居家养老为基础、社区服务为依托、机构养老为补充的养老服务体系建设稳步推进；总体上看，城乡老年人的社会保障水平进一步提高。

二、落实老龄事业发展规划和老龄工作三个文件精神取得成效

2007年下半年，经省人民政府批准同意，以省老龄委名义制定并下发了《安徽省老龄事业发展“十一五”规划》。此前又相继出台了十九个部门《关于加强老年人优待工作的实施意见》、省政府办公厅《关于加快发展养老服务业的通知》和省老龄委《关于加强基层老龄工作的实施意见》。各地把制定老龄事业发展规划和老龄工作相关政策文件作为一项重点工作来抓。到2007年底为止，淮南、六安、铜陵等市以及部分县（区）相继出台了当地的老龄事业发展“十一五”规划；芜湖、蚌埠、六安、滁州、安庆、宣城、马鞍山、合肥、黄山等市出台了相关加强老年人优待、加快发展养老服务业和加强基层老龄工作的文件。六安市及所辖县（区）、和芜湖市政府规定，凡是社会资金和民办养老机构均可享受政府予以的一定补贴。据了解，全省各市、县（区）在执行这三个文件方面均有所突破，尤其是在老年人优待方面，黄山、九华山、天柱山等名胜古迹、旅游景区都对老年人实行了票价优惠政策。老年人优待政策进一步落实，优待的内容和范围进一步拓展；养老服务业步伐不断加快，政府的投入和社会的认知进一步凸显；基层老龄工作有序开展，村（居）老年群众组织进一步发挥优势作用。在老年文化娱乐设施建设方面，六安市投资2200多万元，历时一年半建成1.7万平米的大型综合性市级老年活动中心，对为老服务设施建设和养老服务业的发展起到了积极推动作用。

三、"一法一办法"得到进一步贯彻落实

全省各级老龄办在抓好三个文件执行的同时，以贯彻落实《中华人民共和国老年人权益保障法》和《安徽省实施〈中华人民共和国老年人益保障法〉办法》为出发点，以为老年人办实事、解难事为落脚点，扎实开展老年维权工作。一是广泛深入地开展了老年法律法规的宣传教育活动，充分发挥新闻媒体的积极作用，以宣传"一法一办法"为主线，把贯彻落实老年人合法权益和开展尊老敬老教育活动紧密结合起来，在全社会营造尊老敬老的良好社会氛围。安庆市老龄办与市政协共同举办的《政协论坛》电视访谈节目，集中报道了全市贯彻"一法一办法"取得的成就与面临的问题，提出了新要求，在社会上引起了强烈反响。二是通过做好来信来访工作，落实各项优待老年人的法律、法规和政策规定。各地老龄办十分重视老年人的来信来访，本着实事求是的原则，坚持"牢记宗旨，服务老龄"的原则，耐心细致地做好来访者的工作，无论是能够解决或暂时无法解决的问题，都能做到件件有着落，事事有回音，基本做到了使老年人满意。三是继续做好签订赡养协议书的工作，使老年人的被赡养权得到有效保护。据统计全省近半数县（区）开展了签订赡养协议书活动。四是充分发挥各级法律援助机构的作用，为困难老人提供相关的法律援助，目前我省已建立法律援助中心数百个，乡镇（街道）、社区法律援助站在老年人维权方面发挥了积极的作用，并对困难老年群体诉讼费实行减免缓等办法。五是老年群体自我维权意识达到进一步的加强。不少老年人拿起法律武器，在享受养老、医疗、被赡养、住房以及再婚等方面依法维护自己的合法权利不受侵害，也避免了一些不必要的家庭财产和利益纠纷。

四、积极发挥老年知识分子的智力作用，"银龄行动"工作面得以拓展

省老龄办按照"立足本省、面向基层、纵向开展；自愿量力、无偿服务；对口援助、双向选择"的原则，于年初召开了"银龄行动"老年专家座谈会，总结了过去的一些成功做法，找出了一些工作方面的不足，改变了"银龄行动"在时间要求上的传统方式，采取灵活多样的办法，不拘一格地开展活动。省老龄办动员安徽农业大学的专家继续对黟县板栗加工技术进行长期的援助；同时在广泛征求有关合作单位和部门意见的基础上，结合安徽医科大学、安徽中医学院送医疗下乡活动灵活开展"银龄行动"。合肥市、阜阳市继续组织医疗卫生类专家援助基层群众开展义务诊疗以及科技援助活动；并在活动的规划和经费的落实方面作了大量积极有效的工作；也为其他地市开展"银龄行动"工作提供了宝贵的经验。为了探讨如何发挥老年人才的智力优势，为贫困地区的发展解决实际困难，省老龄办与省老科技工作者协会联合开展老龄人才开发研讨会，积极探讨人口老龄化与老龄高智力人才开发。合肥、六安等市老龄工作者以及长期从事老龄问题研究的专家学者近百人参加了论坛会，对我省老龄人才的开发利用进行了有益的探索。

五、老年人精神文化生活进一步丰富

为推动老年人积极响应国家关于在全国开展"亿万老年人健身活动"的号召，促进我省老年健身运动深入开展，不断提高老年人素质，经过多方努力和争取，在有关部门的积极支持下，由省老龄办和省体育局共同举办的四年一次的全省老年人运动会，于11月4日至7日在合肥市隆重举行。来自全省17个市、省直及大型企业、大专院校共57支代表队1200余名老年运动员，参加了12个大项28个小项的角逐。为开好这次运动会，各市老龄办精心组织，认真准备，多渠道筹集经费，按照省老龄办的文件要求，切实做好安全保障和热情服务工作，同时克服各种各样难以预料的困难和问题，及时化解矛盾，积极配合省老龄办做好组织协调工作，充分体现了全省老龄系统是一支特别能战斗的队伍。本届老年人运动会在总结上一届经验的基础上，坚持"安全为上，健康为重，参与为主，风格为荣"的原则，赛出了水平，赛出了风格，赛出了友谊，赛出了健康，从而进一步激发全省老年人参与体育健身的热情，推进我省老年人体育事业健康发展，为安徽的奋力崛起作出了新的贡献。

为推动老年文体活动的开展，"国际老人节"和"安徽老年节"期间，各地组织了广场文艺演出、登山、棋类、健身舞等多种活动。六安市召开了第七届老年人体育运动会。亳州市举办了首届"十大福星"、"十大孝星"暨老年文艺汇演活动。巢湖市举办了千名老人健身走活动。这些活动的广泛开展，既烘托了节日的气氛，又丰富了老年人的精神生活，深受老年朋友的欢迎。

两节期间，省老龄办与新华人寿保险公司安徽分公司联合举办了"银发无忧"为全省老年人提供人身意外伤害保险活动；与新天地旅行社联合举办安徽省首届"尊老号"——"行边疆路沐西部风"老年专列"丝绸之路"风情之旅活动。

六、诸多惠老政策进一步落实兑现

2007年初，省政府出台了构建和谐安徽实施十二项民生工程意见，特别是相关措施和优惠政策适应广大老年群体尤其是农村困难老年群体。各地抓住了这一契机，及时落实和兑现涉及老年群体的相关政策。一是在现有农村特困群众救助制度基础上，建立全省农村居民最低生活保障制度，将家庭年收入低于绝对贫困人口纳入低保范围，给予每人每年平均260元补助；二是农村“五保”供养标准由现在每人每年平均850元提高到每人每年平均1200元；三是对城镇未参保集体企业退休人员，纳入当地城镇居民最低生活保障范围，并按当地城镇居民最低生活保障标准发给个人基本生活费；四是逐步扩大农村新型合作医疗试点范围；五是参照农村新型合作医疗办法，将城镇未参加职工基本医疗保险的居民逐步纳入保障范围；六是进一步完善城乡医疗救助制度，将城乡低保对象、农村“五保户”、重点老年优抚对象纳入医疗救助范围；七是进一步完善农村部分计划生育家庭奖励扶助制度，对农村只有一个子女或两个女孩的计划生育家庭中的老年夫妇给予奖励扶助；八是进一步落实百岁老人长寿保健金的兑现工作。各地加大了工作的力度，及时按标准兑现了长寿保健金，有条件的地方在保健金的发放标准方面由原来的100元增加到200元，享受保健金的年龄由原来的100岁放宽到90岁、80岁。这些优惠政策的落实，使全省数万名困难老人得到了实惠。

七、老龄科研工作取得成效

为了加强老龄工作理论研究，提高老龄工作人员的调研、科研能力，指导和促进老龄工作，从2007年开始，省老龄办决定在全省老龄系统开展老龄工作理论研究研讨活动，并将这一活动逐步形成制度，争取每两年开展一次这项活动，而且能够在此基础上创造条件开展优秀论文评选活动。这次活动共收到全省各地报送的论文或调查报告34篇。其中大部分内容涉及空巢老人、居家养老、社会福利、困难老人救助、社区老年人照料服务、基层老龄工作、老年人协会建设、老年人优待、老龄产业等众多方面。不少论文既有理论依据，更有实践经验，具有一定的指导性、实践性和可操作性。各地还通过不同渠道和方式开展老龄工作理论研究和老龄问题调查研究。蚌埠、六安市老龄办积极配合政协开展有关问题的调查研究，并形成报告上报到市委市政府作为领导决策参考。铜陵市老龄办组织系统老干部老领导赴山东省有关部门市县考察学习，并借鉴山东省的做法制定本市老龄工作规划和政策。成功举办了积极老龄化与高智力老龄人才专家论坛。配合中国老龄科研中心完成了对我省部分县（市）空巢老人生活状况的调查工作。在北京举办的第八届亚大地区老年学和老年医学大会上我省参会代表数篇学术文章参选会议交流。

重要会议和活动

【决定表彰全省敬老模范村居（社区）】 2007年1月17日，省老龄办按照评选条件要求，经过层层选拔推荐、抽查、审核，决定授予合肥市瑶海区和平路街道肥东路社居委等92个村居（社区）“安徽省敬老模范村居（社区）”荣誉称号。

【各地深入开展两节慰问困难老人活动】 2007年1—2月，省老龄办及各地各单位在“两节”期间开展敬老养老宣传教育，认真落实各项政策规定和措施，广泛开展敬老慰问送温暖活动，丰富老年人的精神文化生活。各级老龄办在党委、政府的支持和重视下，于元旦、春节期间深入特困、高龄老人家中，送去党和政府的温暖，帮助解决老年人的实际困难。

【全省老龄办主任会议】 2007年3月8日—9日，全省老龄办主任会议在合肥召开，传递全国老龄办主任会议精神，总结上一年工作，研究部署2007年全省老龄工作任务。

【组织赴外省学习考察】 2007年4月13日—19日，省老龄办组织六安、芜湖、马鞍山、宣城、阜阳等市老龄办主任赴河北省学习考察社会化养老、机构养老管理以及老龄工作经验。

【培训全省老龄干部】 2007年5月21日—24日，省老龄办在安徽歙县首次举办了全省老龄干部业务培训班。省老龄办专职副主任侯世标等分别主讲“人口老龄化现状及其分析”等专题，收到良好效果。

【调整老龄委成员，印发成员单位年度工作意见】 2007年6月28日省老龄委鉴于有关同志工作变动，经省政府同意，对省老龄工作委员会成员进行调整。此前于5月17日省老龄委印发了成员单位年度工作意见。

【全省老年宣传工作会议】 2007年8月，省老龄办召开各市老龄办主任参加的全省老龄宣传工作会议。会议对先进单位和先进个人予以表彰，同时要求各地不断加大宣传力度，扩大宣传效果进一步推动全省老龄工作。

【举办体育运动会】 2007年11月4日—7日，省老龄办和省体育局在合肥市共同举办了全省老年人体育运动会。来自全省17个市、省直及大型企业、大专院校共57支代表队1200余名老年运动员，参加了12个大项28个小项的角逐，推进了老年人体育事业的健康发展。

【召开理论研讨会】 2007年8月首次全省老龄系统理论研讨会在合肥召开，共收到全省各地报送的论文或调查报告34篇。其中大部分内容涉及空巢老人、居家养老、社会福利、困难老人救助、社区老年人照料服务、基层老龄工作、老年人协会建设、老年人优待、老龄产业等众多方面。

【配合进行调研工作】 2007年8月27日—9月6日，省老龄办配合中国老龄科研中心完成了对我省部分县（市）空巢老人生活状况的调查工作。

各项业务活动

【制定并下发了《安徽省老龄事业发展“十一五”规划》】 2007年，经省人民政府批准同意，以省老龄委名义制定并下发了《安徽省老龄事业发展“十一五”规划》。各地把制定老龄事业发展规划和老龄工作相关政策文件作为一项重点工作来抓。到2007年底为止，淮南、六安、铜陵等市以及部分县（区）相继出台了当地的老龄事业发展“十一五”规划。

【进行相互观摩和学习活动，落实老龄工作“三个文件”精神】 为了认真贯彻落实老龄工作“三个文件”精神，全面推进我省老龄工作和老龄事业的健康发展，省老龄办根据年初的工作计划安排，在广泛征求意见的基础上，将17个市分成了4个小组，于2007年10日—12月分别对34个县（区）、68个村（居）进行了相互观摩和学习活动，达到了相互学习经验，交流做法，找出不足，推动工作的预期目的。

【“银龄行动”】 年初召开了“银龄行动”老年专家座谈会，总结了过去的一些成功做法，找出了一些工作方面的不足，改变了“银龄行动”在时间要求上的传统方式，采取灵活多样的办法，不拘一格地开展活动。按照“立足本省、面向基层、纵向开展；自愿量力、无偿服务；对口援助、双向选择”的原则，组织安徽农业大学的专家继续对黟县板栗加工技术进行长期的援助；同时在广泛征求有关合作单位和部门意见的基础上，结合安徽医科大学、安徽中医学院送医疗下乡活动灵活开展“银龄行动”。

【老龄工作理论研究研讨活动】 从2007年开始，省老龄办决定在全省老龄系统开展老龄工作理论研究研讨活动，并将这一活动逐步形成制度，争取每两年开展一次这项活动，并在此基础上开展优秀论文评选活动。首次理论研讨活动共收到全省各地报送的论文或调查报告34篇。其中大部分内容涉及空巢老人、居家养老、社会福利、困难老人救助、社区老年人照料服务、基层老龄工作、老年人协会建设、老年人优待、老龄产业等众多方面。不少论文既有理论依据，更有实践经验，具有一定的指导性、实践性和可操作性。各地还通过不同渠道和方式开展老龄工作理论研究和老龄问题调查研究。

江苏省

综　　述

2007年，江苏省60岁以上户籍老年人数1176万人，占全省总人口15.99%。省政府出台了一系列相关的政策文件，使一千多万老人得到了更多的实惠与保障。

一、老龄事业列入政府经济社会事业发展规划

省政府办公厅下发了《江苏老龄事业发展“十一五”规划》，确立了今后一段时期老龄工作的指导思想、基本原则、目标取向、主要任务、重点项目和发展措施等。部分市县陆续制定了本地老龄事业发展规划。

二、老年人经济和医疗保障进一步完善

全省按照《省政府关于完善城乡居民最低生活保障标准增长机制进一步加强社会救助工作的通知》要求，实施了最低生活保障标准自然增长机制，困难老年人的最低生活保障标准得到了进一步提高。全省加快推进了农村新型养老保险，13个省辖市都进行了新型农村养老保险制度建设的试点。省政府出台了《关于建立城镇居民基本医疗保险制度的意见》，省政府办公厅出台了《关于加快建立和完善城乡医疗救助制度的意见》，老年人的基本医疗得到进一步加强。

三、推进养老基础设施建设成效显著

省老龄办指导各地把加快养老基础设施建设列入社会事业发展规划，加大政策和资金扶持力度，推动“关爱工程”、示范性养老机构建设和“爱心护理工程”的实施，鼓励社会兴办养老机构。农村敬老院继续投入了1.5亿元进行改扩建。各地一批示范性养老

机构立项，如南京3000张床位的示范性养老机构列入政府社会事业发展规划重点项目，南通、连云港、徐州、泰州等养老机构也列入政府社会事业建设项目。全国“爱心护理工程”试点单位增加到7所。南京、苏州、无锡、常州、镇江、泰州、南通陆续出台了养老机构床位建设补贴扶持政策，调动了社会兴办养老机构的积极性，社会办养老机构床位不断增加。

四、围绕和谐社区建设，进一步深化城乡居家养老服务工作

居家养老服务体系建设进一步加快，养老服务专业化水平进一步提高。各地按照省委要求，组织实施了“农村留守人群关爱工程”，农村留守老年人的生活照料服务得到了加强。省老龄委重点推广了南京的居家养老典型做法，南京市政府专门出台了居家养老服务政策文件，居家养老服务达到全覆盖。11月中旬全国居家养服务理论与实践研讨会在南京召开，南京特别是玄武区的经验得到全国老龄办和各地的充分肯定。苏州、无锡、常州等全省许多市、区出台了政府购买服务政策，为空巢、高龄、独居等生活困难的老年人提供有效、优质、贴近的服务。省老龄办借助养老服务协会和有关高等职业院校、养老机构，建立了养老服务人才培训基地，积极开展养老服务专业化培训。省质量技术监督局参与制定《城乡和谐社区建设评价标准》，将居家养老内容列入其中，总体要求有：社区要具有与人口老龄化需求相适应的居家养老、托老照料、“三无”老人照料、维护老年人权益和老年人卫生保健、文体教育、参与社会等为老服务功能。考评条件有：居家养老和为老服务广泛开展。有为老年人服务的机构或组织，有托老服务床位和老年人活动场所，有多种老年人需要的服务项目，有专业服务人员。“三无”老年人无偿照顾率100%，老年健康档案率95%，社区养老服务中心或托老站1个，60岁以上老年人信息数据采集录入率90%等。

五、进一步落实老年人优待服务工作，维护老年人合法权益

下发了《省政府办公厅关于进一步做好老年人优待和服务工作的通知》，省老龄办积极协调推进了全省统一的老年人优待证和高龄老年人尊老金的落实。全省各地结合新时期新情况，陆续修改出台了本地老年人优待规定，积极落实公园、公交等老年人优待服务政策。

六、围绕省第20个敬老日开展活动

省老龄委6月份举办了上千人规模的省第20个敬老日活动启动仪式，并下发专门文件，动员党政机关、企业事业单位、社会团体和全社会，掀起一个老龄工作宣传和为老年人办实事的高潮。敬老日间省里举办了省第20个敬老日庆祝大会、老年体育节、老年文艺汇演、退休职工书画展、老年摄影展、老年精神关爱高层论坛、和谐老龄化国际论坛、敬老书籍和光碟赠送仪式、老年教育年会等大型系列活动。各地也普遍开展了隆重、丰富多彩的庆祝宣传活动。据不完全统计，各地大小敬老庆祝活动2500多场次，参加人数300多万人。各地按全国和省老龄办的通知要求普遍开展了敬老日期间慰问困难老年人的活动，全省慰问老人58.7065万人，安排了4063.1041元万慰问金。各地从今年起普遍建立了敬老日慰问制度，并将其列入年度的经费预算。

七、深入调查研究，推动老龄工作

今年先后与配合省政协，协调省委研究室、劳动和社会保障厅、人口和计生委、统计局、社科院、南师大、老龄协会、老年学会等单位合作，开展了老龄工作战略研究、农村养老保障研究、老年人生活状况分析、新型养老服务体系研究，撰写了多份有份量的调研报告，省领导专门给予了批示，其中践行“和谐老龄化”战略、实现“四个率先”等许多观点和建议吸收为省老龄工作的思路、措施和省领导布置工作讲话的重要内容。

八、加强了全省老龄事业数字化建设

建立了全省老龄事业数据统计制度，养老保险和最低生活保障老年人全部纳入计算机网络管理，70%的社区建立了老年人健康档案和老年人信息数据采集录入，建立了《江苏老龄工作年鉴》电子版编写并录入数据库制度，建立了老年教育、银龄产业、老年科技工作者、老年保健以及南京、苏州等多个老龄网站，省老龄办的综合性老龄网站正准备开通，利用信息技术提高工作效率和推动老龄事业发展。

重要会议和活动

【省老年团体迎春联谊会】　1月24日下午，由江苏省老龄办主办、省老龄协会协办的“江苏省老年团体迎春联谊会”在南京举行。副省长、省老龄工作委员会主任张九汉到会讲话，省政协副主席陆军，原省委书记、省人大常委会主任沈达人、陈焕友，原省人大常委会副主任何冰皓、凌启鸿等应邀到会。省老龄委部分成员单位及老年团体30多家，100多人参加了会议。

【省老龄委第五次全体会议】　9月18日，江苏省老龄委在省政府办公厅召开“省老龄工作委员会第五次全体会议”。主要议题研究贯彻第89次省政府常务会议关于老龄工作精神、《省政府办公厅关于进一步做好老年人优待和服务工作的通知》以及第20个敬老日系列活动安排等。副省长、省老龄委主任张九汉发表重要讲话。讲话中充分肯定了近年来我省老龄事业发展取得的成绩，正确认识我省人口老龄化面临的严峻形势。研究部署推进老龄事业发展各项工作，将老龄事业纳入经济社会发展规划，省政府常务会议讨论并原则通过《江苏省老龄事业发展“十一五”规划》。该规划主要表现在：进一步完善老年人社会保障，大力推进养老服务保障，体现老年人共享改革发展成果，强化敬老和维护老年人权益的社会环境，促进老龄事业与经济社会发展和人口老龄化需求相适应。要求各地发挥政府主导作用，增加财政投入，建立目标考核责任制，加快老龄事业发展。

【敬老节活动】 10月16日，在南京市青春剧场举办了“江苏省第20个敬老日庆祝大会暨全省老年文艺汇演”。张九汉副省长到会作重要讲话，赵顺盘厅长主持，省老龄委各成员单位的部分领导、各市老龄办负责人和各涉老团体代表、老年人、社会热心人士、新闻单位等900多人参加了会议。会上表彰了86个老龄工作先进单位和77名先进老龄工作者。张九汉副省长提出，江苏在发展老龄事业方面要做到四个“率先”：一是率先实现老年人基本经济生活社会保障的全覆盖。二是率先建立包括老年人在内的全民医疗社会保障制度。三是率先构筑基本满足老龄化需求的养老服务体系。四是率先建立老年人优待工作体系。

【老年人体育节】 省体育局、省老龄办、省老年人体育协会、省老年体育事业发展基金会联合举办“2007年老年人体育节”。体育节以“快乐健身与奥运同行”为主题，宗旨为“参与、康乐、和谐、风范”，采取“集中与分散相结合、以分散为主”的形式。共设乒乓球、门球、气排球、象（围）棋、健身球保健操和柔力球等6个比赛项目。

老年人体育节开展从6月至10月，按照“小型、多样、就近、分散”的原则，面向全社会老年人开展各种体育健身活动。同时开展“全民健身与奥运同行全国亿万老年人健步走向北京奥运会”活动；举办健身知识和老年性疾病防治知识讲座；召开全省社区老年体育工作经验交流会；表彰了450名“乐天”健康老年人。

【敬老书籍捐赠】 10月28日，中国老龄事业发展基金会、省民政厅、省老龄办在江宁区共同举办“《孝亲敬老歌》光盘和《中华敬老故事精选》书籍捐赠仪式”。全国政协委员、全国敬老爱老助老主题教育组委会主任、中国老年事业发展基金会理事长李宝库到会作了精彩的孝亲敬老演讲，省政协黄因慧副主席出席了捐赠仪式，赵顺盘厅长出席仪式并讲话，钮学兴副厅长主持。600多大、中、小学学生参加，接受了一场生动的孝亲敬老教育。江苏卫视、《新华日报》、《扬子晚报》等8家媒体作了宣传报道。

【老年产业人才培养基地授牌】 10月28日，省老龄办、省老年学会与省养老服务协会共同在江苏经贸职业技术学院举办“江苏首届老年精神关爱高层论坛暨江苏老龄产业人才培养基地授牌仪式”。省人大常委会副主任张艳，省老领导何冰皓、顾浩、俞兴德出席，20多位我省知名专家学者、实际工作者和300多名有关专业老师和学生参加，省民政厅副厅长钮学兴主持会议。江苏教育电视、《扬子晚报》、《现代快报》等媒体作了报道。

【学术研讨】 10月22日，江苏省组织了50多人的专家学者和老龄工作者代表团参加在北京举行的第八届亚大地区老年医学/老年学大会。本省在会上提交了50多篇论文。

10月27日，省老龄办、省老年学会和南京师范大学联合举办以“人口老龄化与和谐社会”为主题的“江苏首届国际老龄论坛”。省委常委宣传部长孙志军、省人大副主任柏苏宁、省老领导陈焕友和何冰皓到会并讲话，美国、英国、丹麦、瑞士、挪威等10多名外国及台湾地区的专家学者和100多名江苏专家学者、实际工作者出席。江苏卫视、《新华日报》、《扬子晚报》等媒体作了报道。本次活动还组织外国专家到无锡等地演讲。

【老龄工作现场会】 12月24—25日，召开了泰州农村基层老龄工作规范化建设现场经验交流会议，泰兴市把老龄工作的重心放在农村，广泛开展基层老龄工作规范化建设活动，促进老龄事业走上良性发展轨道。与会的各市老龄办及泰州市所辖各市（区）老龄办的负责人，听取了泰州市、泰兴市及胡庄镇老龄委、姚王镇北殷村老年人协会等经验介绍，参观了泰兴市部分乡镇村老年人协会、老年人活动中心、老年学校等场所和设施。副厅长钮学兴出席会议并讲话。他充分肯定了泰兴市所取得的经验和成绩。

各项业务进展

【建立城乡低保标准自然增长机制】 从2007年开始，江苏省全面建立建全城乡居民最低生活保障标准随当地群众生活水平提高和物价上涨而同步提高的自然增长机制。城市以省辖市为单位，农村以县（市）为单位，按当地上年度城市居民人均可支配收入和农民人均纯收入的20%～25%的幅度确定当年的最低生活保障标准。城市最低生活保障标准的增长幅度不低于城市居民人均可支配收入的增长幅度；农村低保标准的增长幅度不低于农民人均纯收入的增长幅度。这是调节社会利益分配，让困难群众共享社会发展成果，实现共同富裕的重要举措。

【全省老年人口数据调查】 2007年5月，省老龄办在省民政厅、公安厅、财政厅的支持下，联合开展全省老年人口有关数据的调查。调查按户籍人口统计，范围涉及老年人口基本情况、老年人组织建设基本情况、养老服务机构基本情况。全省老年人口1166.6万人，占总人口的15.9%。各养老机构的老年人床位数16.4万张，占老年人总数的1.4%。

【老龄工作调查研究】 4月19日，省老龄委会同省委政策研究室，按照联合开展居家养老和为服务设施建设情况调查研究的工作计划，在无锡召开“爱心护理工程”试点单位负责人座谈会。“爱心护理工程”作为解决生活不能自理的高龄、病残老人照料护理问题的一项重要措施。会上南京、苏州、无锡、常州等地7家养老福利机构交流了开展爱心护理工作的经验和存在问题及解决办法等，会后实地查看了无锡博爱康复颐养院、苏州福星护理院和张家港老年专科医院。省委《民情聚焦》参考专刊登载了“我省老年‘爱心护理工程’试点工作存在五大问题”调查报告。

5月21—24日，与省委研究室、省劳动和社会保障厅、省卫生厅、省计生委等联合组成3个调查组，对南京、苏州、徐州、南通、盐城、扬州等地进行老龄问题调研。调研我省老龄人口与老龄工作现状特点，主要经验和存在问题。

6月25—29日，省政协法制委员会同省老龄办和省老龄协会，赴苏州、宿迁等地，对我省农村老年人的生活状况和养老保障情况进行专题视察，并形成了《关于我省农村老年人养老情况的视察报告》。

【老龄优待】 8月11日，省政府办公厅下发了《关于进一步做好老年人优待和服务工作的通知》。按通知精神，《江苏省老年人优待证》将实行全省“一证通”。年满60岁以上的老年人持卡或凭身份证就可在省内享受多种优惠。政府将设立“尊老金”，对高龄老年人发放长寿补贴。

【对外交流】 8月中旬，省政府副秘书长于利中率团访问英国和瑞士。省民政厅副厅长刘广哲、省老龄办副主任牛飚及南京市老龄工作者一行7人随行，考察了欧洲国家养老经济、医疗、服务保障的法规和管理体制，不同类型的养老服务机构，并探讨了有关的合作事宜。

浙江省

综　述

2007年，浙江省老龄工作在浙江省委、省政府的正确领导下，以科学发展观为指导，以保障老年人基本生活和基本医疗为重点，以建立和完善为老服务体系为突破口，以改善老年人物质、文化生活为目标，各项工作取得了较好的成绩。

一、老年社会保障制度不断完善

基本养老和医疗保险水平不断提高。全省企业养老保险参保人数达到1076万人，同比增加111.59万人，月人均养老金达到1180元；基本医疗保险参保人数达到846万人，同比增加109万人，退休人员参加医疗保险的人数达到155万人；首次为82.46万名退休人员进行了免费体检。开展了城镇居民医疗保障试点工作，参加城镇居民医疗保障的人数已达150万人。有107.18万名被征地老人按月领取到基本生活保障金。全省参加农村养老保险人数达到468万人，已有11.57万人领取到养老金。困难老人社会救助工作不断加强。在65.17万名低保对象中，有老年人25.45万人，占低保对象的39%；农村“五保”和城镇“三无”对象集中供养率分别达到94.28%和98.83%；“五保”“三无”、低保、重点优抚对象和“三老”人员医疗救助制度实现了全覆盖。老龄工作部门组织慰老助困32.62万人，慰问金达到2963万元。

与此同时，各地制定出台了一些涉老保障政策措施，给老年人提供了更多的保障待遇。杭州市出台了基本养老、基本医疗保障办法，降低了参保门槛，提高了城镇困难居民和农村居民的参保能力，初步实现了城乡社会保障制度的衔接。宁波市出台了城镇居民基本医疗保险暂行办法和新型农村社会养老保险办法，初步建立了城镇居民和农村居民的养老和医疗保险制度。嘉兴市实施“社会养老保障服务工程”，全市近16万无养老保障的城乡老人享受到政府的养老补贴。舟山市对60周岁以上无保障的老年人每月发30元生活补贴，并每年以10%的比例递增。“全覆盖、保基本、多层次、可持续”的城乡一体化的社会保障制度正在推进，老年人的各项权益保障不断得到落实。

二、为老服务体系逐步建立

老年福利设施进一步增加。全省建成并投入使用老年公寓（托老所）547张，床位43442张；敬老院1141所，床位85145张。老年活动中心（室）33232个。新建农村社区“星光老年之家”109个。列入全国“爱心护理工程”的老年医疗机构6家。社区“3587”工程不断深化，居家养老服务逐步扩展。到2007年底，全省已有2015个社区达到了老龄工作规范化建设要求，占社区总数的90%以上，实现了省政府考核目标的要求。社区“3587工程”建设，为开展居家养老服务提供了组织和网络支持。各地通过政府组织引导、整合社区资源、为困难老人购买服务、引入社会力量兴办服务设施等措施，积极开展居家养老服务工作。全省各地结合当地实际，开展了各具特色、针对性强、服务多样化的小成本投入、高效益产出的居家养老服务工作，取得了初步成效。

三、农村老龄工作取得新进展

全省农村老龄工作稳中求进，取得了一些新的进展和突破。城乡一体化的社会保障制度逐步向农村延伸，农村居民的养老保障、医疗保障正由过去的“研究探索”阶段，向“试点探索”阶段发展，一些地方已经取得了初步成效。农村居民养老保险、新型农村合作医疗、困难群众的低保和医疗救助、普惠制的养老补贴等政策制度的建立，为农村老年人基本生活和基本医疗保障奠定了基础。农村老年人协会规范化建设和依法登记（备案）管理工作取得了进展。全省近3万个行政村建立了老年人协会，其中达到规范化标准的16386个，占已建协会总数的54.86%；依法登记（备案）管理的老年人协会9474个，占已建协会的31.72%。重点加强了基层老年人协会骨干的培训工作，先后培训8000余人，提高了老年人协会的自律和服务能力。开展了老年活动中心星级评比活动，进一步加强了老年活动场所的规范化管理。全省评出“四星级”老年活动中心27个、“三星级”老年活动中心373个，起到了较好的示范作用。

四、老年文化教育体育工作持续发展

老年文化艺术周、老年远程教育、老年体育运动会已成为老年人精神文化生活的品牌工程、亮点工程，吸引了不同层次和需求的老年人参与其中，发挥了良好的凝聚和辐射作用。去年组织的第七届全省老年文化艺术周，活动内容丰富，老年群众积极参与，在“老人节”期间形成高潮。在老年文化艺术周的推动下，老年文艺团队蓬勃发展，据不完全统计，全省有各类老年文艺团队7900多个，经常参加活动的老年人有20多万人。老年教育事业快速发展。到去年底，全省已建立老年大学140所、老年学校2344所，注册学员28万余人；在500万元福利彩票公益金的扶持下，新建21个农村老年电大教学点，197个农村老年电大教学点的教学设施得到了改善，参加老年电大学习的老年人迅速增加，达到43.45万人（次）。全省有10%以上的老年人参加各类老年学校的学习。第五届老年运动会、百万老年健步走向北京奥运会等群众性老年体育活动，吸引120余万老年人参加。经常参加体育活动的老年人有380余万，老年体育人口达到56%。

五、老年人合法权益得到有效保护

贯彻落实“两法一规定”是保护老年人合法权益，促进老年人共享的根本手段。各地通过开展执法检查和执法调研活动，了解老年人合法权益保护的实际情况，掌握侵权行为的发生情况，督促政府和有关部门合理解决老年人的诉求。司法部门为解决涉老案件和纠纷提供即时、方便、优惠的法律服务，减免老年人的诉讼费用，上门提供法律援助服务。各级老龄工作部门与司法部门一道，建立老年维权组织和机构，指导和帮助老年人依法维护自身权益。各级老龄办认真做好老年人信访的接待和办理工作，协助当地党委和政府做好“维稳”工作。老年优待工作上了一个新台阶，11个市全部制定了优待规定，实现了制度的全覆盖。有533万名老年人领取了老年优待证，在全省范围内享受到包括乘车、就医、进公共文化旅游场所等优惠服务。

重要会议和活动

【全国省级老龄办主任会议暨全国居家养老服务经验交流会】 2007年2月6日—7日，全国省级老龄办主任会议暨全国居家养老服务经验交流会在杭州召开，来自全国各省、自治区、直辖市、计划单列市、省会城市老龄办负责人150余人参加会议。

【浙江省老龄委第六次全体会议】 2007年3月27日，浙江省老龄委召开第六次全体会议，总结2006年工作，安排部署2007老龄工作。省老龄办主任黄永正代表省老龄委作了关于2006年全省老龄工作情况和2007年工作安排意见的报告，各成员单位对报告进行了审议。会议原则同意今年进一步完善社会保险和社会救助制度，努力构建和完善大社保体系等十个方面的工作安排。最后，陈加元副省长作重要讲话。

【全省老龄工作先进表彰暨老龄办主任会议】 2007年4月18日，全省老龄工作先进表彰暨老龄办主任会议在杭召开，会议表彰了全省老龄工作先进集体、先进个人及全国老年维权岗等荣誉获得单位，传达了省老龄委全委会精神，安排部署了2007年全省老龄工作。副省长陈加元及省人事厅、省司法厅、省公安厅有关领导出席会议，并向先进单位和个人代表颁发了奖状。

【"送光明"行动启动仪式】 2007年5月9日，浙江省老龄委、浙江省老年基金会在浙江移动举行2007年为农村困难老人"送光明"行动启动仪式，副省长陈加元出席并作重要讲话，省政府副秘书长徐震、省民政厅副厅长纪圣麟、省老龄办主任黄永正和老领导铁瑛、翟翕武、杨彬、宋少祥出席启动仪式。

【全国老龄系统首届乒乓球邀请赛】 2007年5月15日—17日，全国老龄系统首届乒乓球邀请赛在绍兴举行。天津、北京、浙江、全国老龄办、黑龙江、河南获前六名。

【浙江老年电视大学教学工作暨先进表彰会】 2007年7月11日—13日浙江老年电视大学教学工作暨先进表彰会在岱山县召开。

【浙江省第七届老年文化艺术周开幕式暨文艺演出】 2007年10月17日晚在萧山区举行浙江省第七届老年文化艺术周开幕式暨文艺演出，省政协副主席徐鸿道宣布艺术周开幕，老同志翟翕武、杨彬和省民政厅长、省老龄委副主任吴桂英、省老龄办主任黄永正出席。

【第九届中国浙江省·韩国全罗南道学术研讨会】 2007年11月14日浙江省外办、省老龄委和韩国全罗南道在浙江世贸中心举行以老龄化时代的老人福利问题为主题的"第九届中国浙江省·韩国全罗南道学术研讨会"，省政府副省长陈加元致词。

【老龄工作先进县（市、区）创建活动暨农村老龄工作座谈会】 2007年12月11日，浙江省老龄办在杭州天鸿饭店召开老龄工作先进县（市、区）创建活动暨农村老龄工作座谈会。

【华东六省京津沪渝老龄工作暨老年学学会联席会议】 2007年12月12日上午华东六省京津沪渝老龄工作暨老年学学会联席会议在杭州召开，浙江省副省长、省老龄委主任陈加元在开幕式上致辞，全国老龄办常务副主任李本公讲话，省老龄办主任黄永正主持会议。

各项业务进展

【为老年人办实事】 一是社会养老保障水平不断提高。截止2007年底，全省企业养老保险参保人数达到1076万人，比上一年增加111.59万人。企业退休人员养老待遇逐步提高，2007年再次调整了企业退休人员基本养老金水平，月人均调整水平为125元，企业退休人员月人均养老金达到1180元，养老金待遇位居全国省区第一。企业离退休人员养老金继续做到按时足额发放，社会化发放率达到100%，企业退休人员社会化管理服务率达到96.85%，其中社区管理服务率达到78.16%。被征地农民的生活保障制度逐步完善。到2007年底，全省有284.2万名被征地农民纳入社会保障范围，比上年增加56.56万人，已有107.18万人按月领取基本生活保障金。全省参加农村养老保险人数达到468万人，已有11.57万人领取养老金。杭州、宁波、嘉兴等地还积极探索建立新型农保制度，并付诸实施。二是老年人的医疗保障和医疗卫生服务深入发展。全省医疗保险参保人数达到846万人，比上年增加109万人，退休人员参加医疗保险的人数达到155万人。积极推进城镇居民的医疗保障试点。目前参加城镇居民医疗保障的人数达到150万人，其中大部分是老年人，且已享受了医疗待遇。2007年，出台了企业退休人员两年体检一次的政策规定，全省第一年参加体检的退休人员达到82.46万人，占应体检人数的72.6%。新型农村合作医疗制度普遍建立，全省参合人数达2985万人，已有3642万人次得到了合作医疗费用报销；有85个县（市、区）实行了"住院统筹为主，兼顾门诊统筹"的补偿模式，广大农村老人深受其益。开展城乡社区卫生服务，全省已建社区卫生服务中心1360家，社区卫生服务站6601个；社区卫生服务将60岁以上老年人作为重点对象，每年至少开展4次免费上门服务，进行健康体检，建立健康档案。全省农村60岁以上老年人健康体检及建档率已达89.04%。三是困难老人社会救助力度加大。城乡低保基本实现应保尽保，全省共有低保对象65.17万人，其中老年人25.45万人。建立了覆盖"五保三无"、低保、重点优扶对象和"三老"人员的医疗救助制度，全年共救助106.65万人，支出资金3.22亿元。免费为1659名困难老人实施白内障摘除手术。农村"五保"和城镇"三无"对象集中供养率分别达到94.28%和98.83%，人均300元的医疗补助资金全部到位。四是实施农村部分计划生育家庭奖励扶助制度。2007年全省共奖励扶助130780人，发放奖扶资金9939万元，较上年增长了19.2%。奖扶制度的实施，在一定程度上帮助农村部分计划生育家庭解决了养老困难。

【老年人权益保障】 2007年，各级人民法院受理涉老赡养、财产等案件1707起，比上年同期减少了220起，下降11.42%；其中审结1577起，占受理案件总数的92.38%；执行906起，占审结案件总数的57.45%。各级老龄办和基层老年组织接待涉老来信来访31747人（件）次，比去年同期减少了9870人（件）次，下降23.72%。其中：接待来访27682人次，反映问题得到妥善解决的25397人次，占总数的91.75%；收到涉老群众来信4065件，得到妥善处理的有3836件，占总数的94.37%。截至2007年底，全省已建立各级各类老年维权机构3719个，从事老年人维权工作的专兼职法律工作人员6902人。积极开展老年法制宣传教育，在老人节期间开展“敬老月”法制宣传系列活动，组织老年法宣传活动58场、老年法咨询活动60余场，印发宣传资料8万多份。投入78万元，设立22个法律援助窗口。目前，全省已有75个市、县（市、区）建立了法律服务便民接待场所。各地法律援助机构对涉老性事件和涉老援助案件，先办理，后受理，防止矛盾激化。为孤老病残提供上门服务，减少老年人奔波之苦。

【社区为老服务】 经过连续4年实施“3587工程”，社区老龄工作得到了进一步巩固和深化。截至2007年底，全省已有2015个社区达到了老龄工作规范化建设要求。有2474个社区建立了老龄工作小组，占社区总数的90.76%。2641个社区建立了老年人协会，占社区总数的96.88%，其中：2246个老年人协会达到规范化建设标准，占已建协会总数的85.04%。入会总人数108.57万人，占社区老年人口总数的62.52%。全省已建立社区助老志愿者组织4291个，登记在册人数18.48万人。建立养老保障网络2140个，医疗保障网络2049个，生活照料网络2358个，文化教育网络2081个，权益保护网络2360个。日趋完善的社区为老服务网络，为老年人居家养老提供了方便。

【农村老年人协会骨干培训】 2007年，按照统一教材，各地组织，集中培训的要求，开展了全省老年人协会骨干培训工作。省老龄办印发《浙江省基层老年人协会骨干培训教材汇编》8000册，《基层老年人协会工作指南》3500册，制发配套教学光盘3500套，下拨培训补助经费69.272万元。全省有8000名农村老年人协会骨干得到了培训。

【“银龄行动”】 浙川“银龄行动”援助四川乐山茶叶发展项目取得快速发展。浙江省老龄办和浙江省老年事业发展基金会领导赴四川进行省际“银龄行动”考察，经协商双方达成了省际“银龄行动”协议，并向四川省乐山市无偿提供了三个品种的茶苗10.5万株以及25万元的引种试验经费。

继续开展省内“银龄行动”活动。省老卫生科技工作者协会牵头组织14名老年医学专家，在经济欠发达的丽水市、衢州开化县举办了两期卫生系统老年医学继续教育培训班，共为当地培训医务人员310人。前往欠发达地区送医下乡义诊、讲座5次，受益人数上千人次。

【老年设施建设】 2007年全省有老年公寓247所，建筑面积112.41万平方米，床位总数30597张，入住老人29257人，占老年人口总数的0.42%，床位使用率95.62%；托老所300个，建筑面积33.78万平方米，床位总数12845张，入住老年人8502人，床位使用率66.19%；全省新增敬老院床位数6885张，新建和改扩建30多个国办社会福利机构，新增床位8776张。投资9924万元，建成109个示范性农村社区“星光老年之家”。老年活动设施建设发展较快，投入力度加大。从“十五”到2007年底，省财政安排2800万元专项经费扶持经济欠发达及海岛地区建造老年活动中心，实际已下拨2420万元，资助33个市、县（市、区）建造县级以上老年活动中心35个，调动各地投入资金近2亿元，推动了经济欠发达及海岛地区老年活动设施建设。2007年全省新建、改扩建老年活动中心（室）1388个，建筑面积38.58万平方米，投资总额46163.9万元，其中：政府投入21366.3万元，集体投入20440.77万元，民间及个人投资3199.58万元，国外及港澳台同胞捐资86万元，其他投资1071.25万元。截至2007年底，全省已有各类老年活动中心（室）33232个，建筑总面积528.75万平方米。通过开展“星级老年活动中心（室）”评比活动，全省已评出“四星级”19个、“三星级”373个、“二星级”2535个、“一星级”1647个。

【老年文化】 举办了第七届老年文化艺术周，开展了三项大的活动：一是举行了开幕式暨电视文艺晚会，从全省各地精选了18个节目组成一台电视晚会，并于老人节当晚在浙江电视台播出。二是举办“和谐老龄”摄影赛作品，展出了100余幅老年人获奖作品，并以摄影专版的形式在《浙江日报》刊出。三是举行了“庆祝省第20个老人节文艺晚会”，千余名老年朋友参加表演。把老年文化工作与“万场演出进农村”等活动相结合，举行公益性的文艺演出活动

10000余场。开展送戏下乡活动，共组织送戏下乡15621场次，丰富了农村老年人的文化生活。参加了第九届全国老年合唱节，有两个节目分获“黄河奖”（一等奖）和“汾水奖”（二等奖）。2007年推出了10余种关注老年人身心健康的书籍和314种老年人喜闻乐见的音像制品。同时，老年文艺团队不断发展，全省有各类老年文艺团队7901个，参加活动老年人达23.70万人。

【老年教育】 下拨福利彩票公益金500万元，发展基层老年教育事业，资助农村兴办老年电大教学点218个。到2007年底，全省已建立老年电大分校及教学点6388个（所），比上年同期新增1326个（所），在校学员43.45万人；有老年大学140所，在校学员10.15万人；老年学校2344所，在校学员18.07万人；有10%以上的老年人参加各类老年学校的学习。

【老年体育】 举办了浙江省第五届老年运动会，省委副书记、省长吕祖善为大会发了贺信。本届运动会设乒乓球、门球、网球、气排球、健身球操等12个比赛项目，参赛运动员、教练员、裁判员达2300多人，是我省历史上项目最多、参赛人数最多、规模最大和水平最高的一次老年体育盛会。举行了“全民健身与奥运同行·全省百万老年人健步走向北京奥运会”活动，参加活动的老年人达50万之众。老年体育活动丰富多彩，全省举办县以上运动会115次，参加人数达7.1万余人；举办乡镇（街道）运动会696次，参加人数19万余人；举办各类单项比赛活动6323次，参加人数达72.3万余人。2007年全省经常参加体育活动的老年人数达384.45万人，占老年人口比例56%，比去年提高了3.1%。

江西省

综　　述

2007年，全省老龄工作在省委、省政府的领导下，坚持以“三个代表”重要思想和科学发展观为指导，按照全国老龄委第九次和第二次全省老龄工作会议的部署，紧密结合实际，突出工作重点，在加强基层老龄工作、维护老年人合法权益、老龄宣传工作、充分发挥成员单位的作用、丰富老年人的精神文化生活等方面下功夫，并取得了一定成效。

一、养老保障工作力度加大

2007年，在省老龄委的统一部署和协调下，省老龄委各成员单位认真贯彻落实去年省政府召开的第二次全省老龄工作会议精神，把提高我省养老保障水平作为一项重要的民生工程来抓。省委组织部、省委老干部局认真落实离休干部的医疗待遇，进一步扩大了老干部就医住院范围，并为74名老干部办理了相关手续。省劳动和社会保障厅进一步完善了企业职工基本养老保险制度，调整了现行的基金缴费政策和养老金计发政策，保证了企业退休人员基本养老金按时足额发放，对企业年金、建立农民工和被征地农民养老保险制度的探索也取得了一定的成效。省民政厅坚持“以人为本，为民解困”的宗旨，在落实城乡最低生活保障制度、特困群众救助制度、城乡大病医疗救助制度中，坚持把老年人作为重点救助对象，五保供养标准得到落实，集中供养率已提高到80%。省总工会在春节、重阳节期间组织走访了退休人员和困难老职工。省人事厅一年来，根据有关规定，为44561名省直机关事业单位增加了离退休费，组织完成了3250名省属国有企业办中小学退休老师退休金的审核工作，并为500多名机关事业单位立功获奖人员提高了退休费标准。

二、老年基本医疗得到保障

全省各级重视推进社区医疗服务网络建设和农村新型合作医疗制度的落实，为老年人就近就医创造了便利条件。2007年，全省开展新农合的县（市、区）达到80个，覆盖全省农业人口89. 64%，参合农民2493. 31万人，参合率87. 47%，农村老年人从中得到很多实惠。从2007年7月1日起，我省在全国率先向城市6类人群（其中包括老年人）发放社区公共卫生服务券，60岁以上老年人持券在社区卫生服务机构免费享受健康管理等公共卫生服务和每两年享受一次免费健康体检等服务。此外，社区还为60岁以上老年人免费建立了健康档案，开展老年人重点慢性病筛查和健康干预行动。为改善基层卫生条件，省政府决定从2007年起，4年内计划安排资金7. 4亿元，为全省县级综合医院、乡镇卫生院、村卫生室（所）、社区卫生服务机构等配备设备、培训人员。2007年完成了6327个村卫生室（所）、565个乡镇卫生院、41个县级综合医院、38个县中医院、188个社区卫生服务机构的设备配置和人员培训，多数老年人从中受益。

三、老年优待工作进一步加强

一年来，全省各地把落实和扩大老年优待政策作为老年维权工作一项重要内容来抓。如南昌市将百岁老年长寿补贴金由每人每月100元提高到200元。九江市政府在推进民生工程中，将享受长寿补贴金的老人由100岁降至95岁，70周岁以上老年人可以免费进入风景区、免费乘坐城市公交车、就医享受“三免四减”政策。宜春市老龄办与市卫生局联合行文，扩大了老年医疗优待政策，全市年满60周岁老年人，凭《老年人优待证》到全市公立医院就医时，可免缴普通门诊挂号费；年满90周岁以上的老年人，每年由各县（市、区）卫生行政和老龄工作部门组织一次免费体检。赣州市规定70岁以上老年人凭公交IC卡可免费乘坐市所有公交车，取消了过去不能免费乘坐郊区线路公交车的限制。

四、支持老年人参与社会发展

为充分发挥离退休专业技术人员作用，省专门召开会议。省委副书记王宪魁在会上要求全省各级党委和政府及有关部门、老科协组织要围绕省委省政府中心工作和围绕实现江西崛起新跨越，充分发挥离退休专业技术人员的聪明才智。按照省委有关文件要求，省人事厅又组织召开了省直12个部门、单位组成的全省发挥离退休专业技术人员作用的联席会议，提出各成员单位要结合自身特点把离退休专业技术人才资源开发纳入到人才队伍建设的整体规划之中，统一考虑、统一部署。要进一步完善配套政策，为离退休专业技术人员参与社会发展提供必要条件。一年来，全省离退休专业技术人员在为党委政府建言献策、服务“三农”工作、加强科普宣传和科技指导等方面做了很多实事。

重要会议和活动

【开展重阳节走访慰问活动】 根据全国老龄办《关于在重阳节期间开展慰问贫困老年人活动的通知》要求，省老龄办在全省范围内组织了大规模的慰问贫困老年人的活动。全省各级都组织了以党委、政府领导带队的慰问组，下到乡镇、街道慰问贫困老年人。据不完全统计，全省各地共组织慰问了贫困老年人近千名，其中省本级慰问贫困老年人200名。重阳节当天，全国老龄办阎青春副主任与孙刚副省长、省民政厅罗筱玉厅长一道到南昌市西湖区和青云谱区，慰问了87岁的贫困老人罗连水和78岁的贫困老人梅水保。

【召开江西省老龄协会成立大会】 11月23日，江西省老龄协会成立大会暨第一届会员代表大会在南昌市召开，有来自省老龄委成员单位、设区市老龄工作机构、社会团体、事业单位60多名代表参加了会议。省人大常委会副主任孙用和、省民政厅厅长罗筱玉等有关领导出席会议。会议通过了《江西省老龄协会章程》和《江西省老龄协会会费管理办法》（试行），选举产生了江西省老龄协会第一届理事会和会长、副会长、秘书长。

各项工作进展

【老年维权工作】 一年来，全省各地认真贯彻落实《中华人民共和国老年人权益保障法》和《江西省实施〈老年法〉办法》，一是加大了老年法律法规宣传力度。重阳节期间，有的设区市散发了大量的老年法律法规宣传单，并组织老年文艺宣传队上街宣传《老年法》；有的举办老年法律法规学习班，组织知识竞赛；有的结合典型案件，借助新闻媒体的力量，提高人们的老年法律意识。二是加强老年维权工作力量。全省大部分地区的老龄机构与司法部门合作，成立了“老年法律援助工作站”，并配有专人负责。如吉安市一年来，在本级和县（市、区）相继成立了14个“老年法律援助工作站”，并统一挂牌办公。没有设立老年维权工作机构的设区市和县（市、区）也有专人负责老年维权工作，妥善处理老年人来信来访。三是落实和扩大老年优待政策。为保证老年人的基本权益。享受改革开放和经济发展成果，一年来，全省共发放《老年人优待证》41000本。

【基层老龄工作】 为了打牢农村老龄工作组织基础，充分发挥农村老年人协会在建设社会主义新农村中的积极作用，2006年下半年省老龄办根据省老龄委的安排，在全省部署了100个农村老年人协会规范化建设试点单位，并由省财政下拨扶助金200万。为了确保试点质量，2007年4月，省老龄办按照《关于开展农村老年人协会规范化建设试点工作实施方案》提出的“设施完善、制度健全、班子得力、经费落实、作用明显”五条规范化建设标准，从设区市老龄办抽调人员，组成了6个工作组，先后检查了43个农村老年人协会开展规范化建设试点情况，并在此基础上召开了全省农村老年人协会规范化建设情况分析会，肯定成绩，针对存在的问题，提出了改进措施。2007年6月份，100个试点单位通过了设区市老龄办的考核验收。为适应社会主义新农村建设的需要，2007年底，省老龄办又安排了100个农村老年人协会继续开展规范化建设试点。通过开展农村老年人协会规范化建设试点，夯实了我省农村老龄工作组织基础。目前，农村老年人协会正在社会主义新农村建设和构建和谐平安江西中发挥着积极作用。

【老龄新闻宣传】　2007年，全省各地运用多种形式，加大了老龄宣传力度。一是充分发挥新闻媒体的作用。通过联系协调和合作，省新闻媒体加大了涉老工作宣传力度。2007年，在各档新闻中，省广播电台共播发有关老龄工作各类稿件500余篇，省电视台播发130余篇，《江西日报》刊登涉老稿件30多篇。二是突出宣传工作的重点。一年来，全省老龄工作部门和各种媒体在老龄工作方针政策、老年法律法规、敬老先进典型等方面加大了宣传力度。据统计，重阳节期间，各地播发刊登党委政府慰问贫困老年人、开展敬老活动等稿件近百篇。三是加强通讯报道员队伍建设。通过举办各类培训班，全省老龄系统通讯报道员队伍素质有了新的提高。2007年，全省老龄系统的干部职工共在省部级报刊、杂志上发稿129篇，省老龄委办编辑《江西老龄工作动态》12期。

【老年文体活动】　为营造和谐社会氛围，丰富老年人的精神文化生活，全省各地均成立了各式各样的老年文体队伍，这些队伍定期或不定期地组织文艺表演活动。重阳节期间，活动形式多、规模大、内容丰富。如宜春市、抚州市举行了老年游园活动；新余市组织了为期一个月的老年艺术节；赣州市举办了重阳敬老文艺演出和“赣南老年人采茶健身操展示赛”；萍乡市举办了九·九重阳节文艺汇演。

【“银龄行动”】　我省大部分县（市、区）建立了老科协组织。一年来，全省老龄工作机构依托老科协组织，广泛开展“银龄行动”。据不完全统计，近年来，全省老科技工作者共建言献策1912条（篇），其中被有关领导有批示或被采纳的848条（篇）；举办实用农业技术培训班774期、听讲的农民群众74501人；建立科技示范基地（点、园）1339个、受益农户66950户；编印农业科技资料274种，发放61076份；举办科技下乡活动1614次，受益人数208499人次；开展科技扶贫186点（项）。11月8日，中国老科协第二次服务“三农”推进社会主义新农村建设经验交流研讨会在我省南昌市召开，来自全国各地、国家各部委老科协领导和同志258人参加了会议。我省有18个市、县和单位在会上介绍了发挥离退休专业技术人员的经验。

【开展老龄工作调研】　我省现有60岁以上老年人527.27万，占全省总人口数12.07%，已进入人口老龄化社会。人口老龄化、尤其是“空巢”和高龄老人的增多，使养老社会需求量增大。为促进我省民营养老服务业的发展，2007年上半年，省老龄办通过实地考察、召开座谈会、书面问卷等多种形式，对南昌、赣州、九江、萍乡等部分城区民营养老服务业的发展状况进行了专题调研，并写出了调研报告。

福建省

综　　述

2007年，福建省老龄工作在省委、省政府的领导和全国老龄办的指导下，深入贯彻落实科学发展观，紧紧围绕福建省海峡西岸经济区建设大局，认真落实全国、全省老龄工作会议精神和《福建省老龄事业发展“十一五”规划》，结合老龄工作实际，抓好基础、抓好重点、抓好调研、抓好服务、抓好自身建设，各项工作在原有的基础上继续稳步推进、取得了新的进展。

一、围绕全局抓基础，老龄工作的环境更加优化

省委、省政府高度重视老龄工作。2007年，省委、省政府进一步加强对老龄工作的领导，对老龄事业的发展提出了重要举措。在省第八次党代会上，省委书记卢展工在报告中提出“继续发展老龄事业，开展多种形式的老龄服务”，对全省老龄事业的发展提出了明确的要求。在1月份召开的省十届人大五次会议上，黄小晶省长在政府工作报告中强调“重视老龄事业，开展多种形式的老龄服务，新建和改扩建百所敬老院”。2007年省政府印发的《福建省建设海峡西岸经济区纲要》提出“积极发展老龄事业和产业，加强社区养老服务、医疗救助等服务老龄人的公共设施建设，实施“爱心护理工程”，开展多种形式的老龄服务。”省领导还多次就全省的老龄工作作出重要批示，具体指导老龄工作的开展。今年老年节，省老龄委继续在《福建日报》上刊发《致全省老年人的慰问信》。老年节当天陈芸副省长在福州慰问老年人，代表省委、省政府向他们致以节日的祝福和问候并送上慰问金，带去党和政府的关怀和温暖。全省各级党委、政府进一步加强对老龄工作的领导，关心广大老年人。老年节期间，福州、泉州、莆田、三明、漳州等市几套班子主要领导分别深入各县（区）走访慰问老年人。

各成员单位合力推动。省老龄委各成员单位按照职责分工，各司其职、密切协作、相互配合，认真贯彻省委、省政府和省老龄委的工作部署，共同推动老龄工作的开展。省委组织部、老干部局认真落实老干部政治、生活待遇，加强老干部的思想政治工作，进一步发挥老干部的作用。省委宣传部、省广电局、省文化厅加强老龄宣传工作，支持开展老年文化活动。省委文明办通过开展“孝老爱亲模范”评选，推动形成敬老养老助老的社会氛围。省人大常委会内司委积极支持老年维权调研，将修订《福建省老年人保护条例》列入省人大常委会（2008—2012）年立法规划。省高级人民法院、省公安厅、省司法厅充分发挥自身作用，关心支持涉老工作，加强和完善对老年人的法律援助和法律服务，切实维护老年人的合法权益。省发改委支持基层社区老年服务设施建设，把支持老年服务业发展纳入经济和社会发展总体规划。省财政厅调整财政支出结构，加大投入，保证养老金、“低保”的支出。省民政厅将城乡贫困老年人全部纳入“低保”；认真实施百所敬老院新建、改扩建工程；切实开展“养老服务社会化示范活动”和“爱心护理工程”试点工作；从福彩公益金中拨出部分经费支持老龄事业发展。省劳动和社会保障厅进一步完善养老保险制度，基本建立了养老金正常调整机制，大力推进企业退休人员社会化管理服务工作。省体育局加强群众健身设施的建设，开展“亿万老年人健身展示活动”；注重发挥老年体育协会的作用。省新闻出版局重视开拓老年文化市场，加大出版适合老年人的图书、音像制品的力度。省建设厅协调指导各地把老年服务设施建设纳入城市规划，加强城市无障碍设施建设的监督管理。省卫生厅结合业务工作，开展敬老义诊活动，加强老年病防治科研工作。省总工会大力开展“送温暖”活动，元旦、春节期间慰问生活困难退休职工，切实维护退休职工合法权益。团省委把敬老服务纳入全省青年志愿者服务总体规划中加以实施。省妇联认真解决老年妇女的实际问题，开展丰富多彩的老年妇女文体活动。省民族与宗教事务厅扎实为少数民族和宗教界老年人办实事好事，组织慰问少数民族和宗教界生活困难老年人；联合有关部门就宗教团体、寺观教堂兴办养老服务机构情况进行专题调研。省人事厅与省老龄办联合开展全省老龄工作先进单位和先进工作者（2004—2007）的评选表彰活动。省军区切实为军队老干部办实事，认真抓好政治学习，组织开展体育比赛、书画展、文艺活动等，丰富了军队老干部的文化生活。省委农办、省直机关党工委、省教育厅、省计生委、省政府机关事务管理局、省旅游局等单位也做了许多工作，对整体推进老龄事业的发展起到了积极作用。

老龄工作部门主动作为。3月12日召开了省老龄委第七次全体会议，传达贯彻年初全国老龄工作会议精神，学习回良玉副总理在全国老龄委第九次全体会议上的讲话，回顾总结2006年全省的老龄工作、提出2007年的工作思路，省政府副省长、省老龄委主任陈芸主持会议并讲话。3月15日至16日召开了设区市老龄办负责人会议，学习贯彻省老龄委第七次全体会议精神，回顾总结2006年全省老龄工作，研究部署2007年老龄工作。各级老龄工作部门进一步振奋精神、统一思想，明确任务、完善措施，主动作为、狠抓落实，努力推进老龄工作的开展。按照省第八次党代会和闽委办〔2006〕91号文精神，省老龄办积极做好省第八次党代会报告重要举措分工方案中“继续发展老龄事业，开展多种形式的老龄服务”的贯彻落实，按照要求，精心组织，制定方案，充分征求协办单位的意见，研究提出切实可行的实施意见，协调有关单位加以落实。

老龄工作氛围更加浓厚。各级通过开展评选表彰活动，一方面推动了老龄工作激励机制的逐步建立，另一方面营造了浓厚的老龄工作氛围。省老龄办与省人事厅联合开展全省老龄工作先进单位和先进工作者（2004—2007）的评选表彰。莆田市以市政府名义表彰20个老龄工作先进集体、50名老龄工作先进个人。泉州市老龄办通过开展“敬老文明家庭”、“敬老模范村（居）”、“老龄工作示范乡镇（街道）”活动，漳州市老龄办通过开展评选表彰“首届十佳敬老好儿女”活动，都产生了很好的效果。各级继续加强与新闻媒体的联系和协作，通过完善新闻媒体老龄宣传座谈会制度等形式，充分发挥新闻媒体的优势，搞好老龄工作的宣传报道。利用重大节日、重要工作和重大活动的有利时机，因势利导，加大对人口老龄化现状及发展趋势、党和政府有关老龄工作方针政策、“六个老有”、敬老、养老、助老的传统美德、老龄工作先进典型、先进经验和老龄事业发展成就等的宣传力度。省老龄办继续办好《老龄工作简报》，认真办好《福建老年》杂志，发挥其应有的作用。

二、围绕“十一五”规划抓重点，老龄事业的发展更为持续

做好居家养老服务工作。按照在杭州召开的全国居家养老服务经验交流会的精神，认真学习借鉴兄弟省市居家养老服务工作的经验，积极探索长效服务机制，开展居家养老服务试点和进一步推进居家养老服务相关对策措施的思考。根据全国老龄办的要求，对拟出台的《关于全面推进居家养老服务工作的意见》进行认真研究、讨论修改后形成书面材料上报全国老龄办。并为参加全国老龄办在南京召开的居家养老服务理论与实践研讨会开展调研和论文撰写等工作。福州市的台江区、鼓楼区，厦门市的思明区和泉州市的鲤城区等都积极开展居家养老服务工作的试点，为全面推进居家养老服务工作进行了有益的探索。宁德市老龄办等还在全市开展居家养老服务调研。

积极推动养老服务业的发展。省老龄办配合省民政厅共同搞好全省16个（其中全国3个）养老服务社会化示范单位工作，充分发挥典型引路、以点带面的作用。与省民政厅联合在厦门召开全省养老服务社会化工作经验交流会，提出继续在坚持政府主导的前提下，鼓励社会力量通过各种方式和手段参与养老服务。继续与省民政厅、省老龄事业发展基金会联合开展"爱心护理工程"试点工作，多方筹集100多万元下拨试点单位，省民政厅还从福彩公益金中拨给每个试点单位各5万元，用于支持试点单位改善护理服务条件等软硬件建设。在推动落实《福建省人民政府关于加快发展养老服务机构的意见》的过程中，针对社会团体包括一些寺庙已经或正在筹办养老服务机构的新情况，及时向省政府报告。根据省政府领导的批示精神，由省老龄办牵头，与省民宗厅、省老龄事业发展基金会联合组成调研组，就宗教团体、寺观教堂兴办养老服务机构情况进行深入的专题调研，并形成了《关于宗教团体、寺观教堂兴办养老服务机构情况调查的报告》上报省政府，这项工作得到省政府领导的肯定，黄小晶省长和陈芸、王美香副省长分别作出批示。厦门市老龄办9月份成功召开了全国"爱心护理工程"经验交流会。

继续做好农村基层和城市社区老龄工作。各级老龄工作部门高度重视社会主义新农村建设中的老龄问题，扎实推进乡镇（街道）老龄工作，健全老龄工作组织，进一步推动把老龄工作纳入乡镇（街道）党委、政府的议事日程。抓好基层老年人协会的组织建设，加强指导和规范，使之保持特色和活力，引导其利用特有优势，在基层的精神文明建设和开展适合老年人特点的活动中发挥积极作用。

切实采取措施落实老龄事业发展"十一五"规划。2007年是落实老龄事业发展"十一五"规划的第二年，各地采取措施，加大投入，加快老龄事业基础设施的建设。龙岩市级财政在"十一五"期间每年安排不低于30万元，作为市级老龄事业和支持欠发达地区老龄事业发展专项资金。宁德市政府在财政并不宽裕的情况下，从2007年开始，每年安排20万元专项经费用于老龄事业的发展。泉州、漳州、莆田、三明等市分别对老龄事业发展"十一五"规划的主要任务进行分解，明确责任分工，促进落实。

三、围绕维权抓服务，为老年人办实事好事更有成效

认真开展维权工作。采取多种形式，大力宣传《中华人民共和国老年人权益保障法》（以下简称《老年法》）、《福建省老年人保护条例》等法律法规，提高全社会的老龄意识、法制意识，营造良好社会氛围。加大源头维权，积极参与《老年法》、《福建省老年人保护条例》等法律法规及政策措施的实施和检查。积极协助配合省人大常委会内司委将《福建省老年人保护条例》（以下简称《条例》）列入省人大常委会（2008—2012）年立法规划，为《条例》的修订打下了基础。做好省人大代表建议、省政协委员提案的办理和答复工作。做好老年人的来信来访接待工作。协调有关职能部门推动老年人权益保障工作中热点、难点问题的解决，加强疏导情绪、理顺关系、化解矛盾。与有关部门联合开展老年人法律服务与法律援助工作。认真做好《福建省老年人优待证》的发放工作，2007年省老龄办共为在榕省直单位发放2942本老年人优待证。福州市老龄办对市政府《关于进一步做好老年人优待工作的意见》贯彻落实情况进行检查。泉州市老龄办与相关部门联合组成调查组，对承担敬老优待服务项目的单位进行明查暗访。龙岩市老龄办在长汀县召开了全市老年人优待工作专项会议，对老年人优待工作进行总结和交流。

继续为老年人办实事好事。省老龄办继续创造条件，加大对生活困难老年人的救助和帮扶力度，全年共救助800多位生活困难的老年人；积极争取支持，继续资助部分县（市、区）基层老年活动场所建设，帮助解决一些实际问题；继续向基层老年活动室赠送29寸彩电87台，几年来共赠送彩电714台。全省各地都结合实际，大力开展送温暖献爱心活动，为广大老年人做好事办实事。福州市老龄办以传统民俗"拗九节"为平台，组织开展形式多样的敬老活动。厦门市老龄办与相关部门联合开展"情暖空巢"工作、推行"安康计划"、创办"温馨夕阳"服务热线、"2007年——银色年华"离退休人才专场交流会等，通过多种形式为老年人办实事、好事。漳州市老龄办继续在全市开展助养特困老年人活动。三明市老龄办继续抓好家庭赡养协议书的签订工作，2007 年全市新签订赡养协议书 2104 份。

继续做好基层老年教育，丰富老年人的精神文化生活。继续做好老年教育工作，与省委老干部局、福建老年大学协会联合召开了 2007 年福建省老年大学年会，总结交流各地开展老年教育工作和创建示范校的经验，研究安排 2008 年老年教育工作，并共同对全省首批 22 所“省级老年大学示范校”给予表彰。全省基层老年教育继续加强，乡镇（街道）、村（居）老年学校加快发展。至 2007 年，全省各级各类老年学校共计 7396 所，老年学员约 52 万人，初步形成了省、市、县、乡镇（街道）、村（居）五级老年教育网络。在省大丰文化基金会的支持下，共同尝试社会化资助部分乡（镇）、村老年教育，共为 4 个基层老年学校投入 37 万元资金用于基础设施建设和购置教学设备。坚持开展形式多样的老年文体活动，不断丰富老年人的精神文化生活。10 月与省体育局、省委老干部局等六家单位联合主办福建省老年人“庆祝十七大与奥运同行健身展示大会”，约 3000 名老年人参加本次展示大会。省老龄办与省老艺协联合开展书画展。全省各级老龄工作部门也都组织开展形式多样的老年文体活动，丰富老年人的精神文化生活。南平市举办了以“全民健身与奥运同行”为主题的老年人健步行大型活动，全市约有 10 万名老年人参与。

四、围绕实践抓调研，老龄理论研究更趋活跃

注重开展理论研究。根据福建省人口老龄化发展的态势，充分认识和把握新形势下老龄问题的特点和规律，为海峡西岸经济区建设服务，省老龄办专门组织课题组，认真开展人口老龄化对海峡西岸经济区建设的影响与对策研究，形成《人口老龄化对海峡西岸经济区建设的影响与对策》，为相关部门的决策提供依据。根据福建省城市“空巢老人”、农村“留守老人”在养老保障等方面出现的新情况、新问题，组织调研组通过问卷调查与实地调查相结合的方式深入基层调研，在掌握大量第一手资料的基础上，形成《福建省“空巢老人”问题调查与思考》。

继续开展老龄课题调研。根据工作的实际，确定全年课题调研的内容与任务，要求各级老龄办努力在探索解决社会主义新农村建设中的涉老问题上、在建立符合实际的居家养老服务模式的实践上、在规范基层老年群众组织的建设上、在推动有关部门制定老龄政策体系上有所创新、有所突破，为有关部门研究、制定和完善养老保障体系提供参考依据，推动相关部门完善落实有关政策措施。

组织召开老龄课题研讨会。为展示 2007 年全省老龄课题的调研成果，进一步探索老龄工作中的热点、难点问题，于 12 月份在南平市举行了全省老龄课题研讨会。研讨会共收到 71 篇论文，有的论文具有一定的水平，如南平市与浦城县老龄办联合调研组撰写的《对农村老年人养老状况的调查与思考》，厦门市老龄办与厦门大学课题组撰写的《厦门市城区老年人生活状况与对策调研报告》，既有理论探索，又有比较深入的研究，对今后工作的开展具有一定的借鉴和指导作用。

与此同时，认真做好全国老龄办领导来闽调研的组织协调工作。此外，福建省开展“中国城乡老年人口状况追踪调查”在 2007 年召开的“中国城乡老年人口状况追踪调查表彰会暨经验交流会”上受到全国老龄办、中国老龄科研中心的表彰，省老龄办被评为全国省级先进集体二等奖，3 个市、县（区）老龄办被评为市县先进集体，有 3 人被评为优秀督导员，6 人被评为优秀调查员。福建省老龄办还作为先进集体典型在表彰会上交流了经验做法，受到与会代表的好评。

五、围绕自身建设抓提升，老龄工作大格局更显完善

自身建设再上台阶。认真组织学习党的十六届六中、七中全会、胡锦涛总书记 6.25 重要讲话和省党代会精神。党的十七大胜利召开后，迅速组织认真学习宣传贯彻党的十七大精神，坚持以科学发展观为统领、指导实践、推动工作。适应新形势、新变化，加强老龄业务知识的学习，不断提高工作人员的综合素质和各方面的能力。老龄工作部门的凝聚力、战斗力进一步增强，党性观念、宗旨意识、服务水平明显提高。进一步把加强老龄干部队伍的思想、组织、作风和能力建设有机结合起来，努力打造一支政治强、业务精、作风实、效率高、讲奉献的老龄干部队伍。组织设区市老龄办负责人于 6 月份到老龄工作基础较好的兄弟省市学习交流，拓宽工作思路，开阔工作视野，学习先进经验。宁德市的蕉城、福鼎、福安与浙江省的平阳、苍南、瑞安签订了闽浙边界六县（市、区）老龄工作交流合作协议，并成功举办了首届交流合作会。

老龄工作大格局不断完善。省老龄办认真做好协调与服务，继续完善成员单位联络员会议制度、工作通报制度和激励表彰机制，充分发挥各成员单位的作用。分别召开了第七次省老龄委全体会议、成员单位联络员会议。加强与各涉老组织的联系，继续发挥其为老服务的特殊作用，共同推动老龄工作的开展。

各项制度建设得到加强。建立健全相关的规章制度，推动各项工作制度化、规范化。三明市老龄办印发了《2007年三明市老龄工作目标管理考核办法》，加强对各县（市、区）老龄工作目标任务的考核；厦门市老龄办印发了《厦门市老龄工作人员行为规范》，进一步完善了干部管理制度。各级还大力营造风正气顺、人和业兴的和谐氛围，发挥好老龄办的作用，落实好各项工作任务。

陕西省

综　述

2007年以来，全省各级认真贯彻落实省委、省政府的工作部署，坚持以邓小平理论、“三个代表”重要思想和科学发展观为指导，以学习贯彻党的十七大精神为动力，以养老保障、养老服务业和老龄宣传工作为重点，紧紧围绕全省中心工作和广大老年人物质文化需求，认真实施《陕西省老龄事业发展“十一五”规划》，求真务实，开拓进取，老龄工作取得了新成效，实现了新发展。

一、明确老龄工作长远目标和全年工作任务

3月下旬，召开了省老龄委全体委员会议，会议传达了全国第九次全委会、全国省级老龄办主任会议暨全国居家养老服务经验交流会会议精神。4月中旬，在西安召开了“全省设区市老龄办主任会议暨荣获‘全国老年维权示范岗’先进单位表彰大会”，会议传达了全国和省上的会议精神，对我省公安、司法、法院、老龄工作机构荣获“全国老年维权示范岗”的34个先进单位进行了表彰。按照全国会议精神，省老龄委各成员单位进一步明确了新时期老龄工作任务，对做好老龄工作有了深切的体会和认识。各市认真贯彻中央及省上会议精神，相继召开市级老龄工作会议，传达了全国和省上会议精神。省老龄委各成员单位树立大老龄工作意识，从实际出发，认真落实本单位行动计划，在方方面面支持老龄事业的发展。

二、老年宣传活动深入开展，老年文化活动丰富多彩

省老龄办加强监督和工作指导，按照中央及省委、省政府的要求，认真做好老年文化和老龄宣传各项工作，组织召开了老年艺术团分团会议，为庆祝建党86周年和香港回归10周年进行了老年文艺节目调演和选拔，进行了“省老龄委庆七一贺回归迎奥运”文艺晚会。继续完善了“报、刊、网”的老龄宣传平台，取得一定的经验，老龄宣传工作得到加强，社会对老龄工作的了解和认识程度有所提高，全社会尊老、爱老、助老的氛围日渐浓厚。老年节期间，召开了“陕西省庆祝老人节暨十佳老年公寓、百名孝亲敬老之星表彰大会”，会议对全省涌现出的10个老年公寓和敬老先进个人进行了表彰。

三、老年维权工作深入开展

按照省委、省政府的要求，认真做好《陕西省老年人优待办法》的实施工作，积极协调各有关涉老优待部门，扩大老年优待范围，加强监督检查，确保老年优待工作落到实处；为全省老年人办理《陕西省老年优待证》9万余份。积极与省财政协调，落实了陕西省法律援助中心老龄办工作部开办经费，年底，陕西省法律援助中心老龄办工作部已正式揭牌对外开展工作，为130名老人进行了法律援助。11月上旬，省老龄办会同省人大内司委对延安市贯彻落实《中华人民共和国老年人权益保障法》（以下简称《老年法》）进行检查调研，调查组与市老龄办、市民政局等单位就如何深入贯彻《老年法》、进一步落实老年优待政策等问题进行了座谈与交流。这次检查调研，对全省老龄机构与民政、人大等部门形成联动，形成长效机制，对全省做好老年维权工作起到很好的示范和推动作用。各设区市结合当地实际，修订本地区“老年人优待规定”，扩大优待范围、增加优待内容，为适应本地区经济发展，出台相关政策，落实经费，确保老龄财政预算，形成了全社会都关心老龄事业的氛围。

四、积极推进“爱心护理工程”的申报和资助工作

按照国家“十一五”规划及2007年的工作目标，指导做好了“爱心护理工程”的试点选点和申报工作，西安、渭南等市的10家单位已经被全国老龄事业发展基金会列为“爱心护理工程”试点单位。列支95万元，对我省被列入“全国爱心护理工程试点单位”的“西安百岁爱心老年公寓”等18家单位进行奖励性资助。资助活动得到省内部分媒体的有力宣传，受到住寓老年人及家属和社会各界的广泛好评。通过这些工作，推动了基层老年福利服务机构的工作，为我省老年福利服务事业的发展奠定了基础。

五、努力做好贫困老年人救助工作

我省救助贫困老年人工作取得进展，各相关部门积极配合，使救助贫困老年人工作持续进行。去年春节前夕，省民政厅省福彩中心筹措10万元资金，与我办共同举行了“福彩送温暖，助老保和谐”贫困老年人慰问活动，全省500名贫困老年人得到资助。老年节期间，根据回良玉副总理的批示精神，协调省老年基金会等出资20余万元，对我省1010名特困老年人进行了慰问。

同时做好了欧盟国际助老项目的总结工作，通过3年的助老实践，形成了《多样性开发式扶贫，消除老年贫困的有效途径（欧盟国际助老项目在陕西贫困村实施之启示）》的经验总结，对我省实施助老项目以来，以安排种子基金无偿贷款的方式开展的项目资助、引导生产、循环产出、资金回笼等做法，作了科学翔实的论证。工作中，在确保种子基金安全的同时，指导项目村做好开发扶贫，取得明显成效，使近千名农村贫困老年人家庭脱贫，提升了老年人在家庭中的地位。这项成果被全国老龄委进行了推广，得到国际助老会的认可。去年，通过努力，省老龄办又争取到了第二期的“援助祖父母”项目，自6月份在渭南正式启动，共对三个项目村投放种子基金5.7万元，为23位贫困老年人发放慰问金4600元。国际助老会执行主席理查德先生前来调研项目开展情况时，对我省的工作给予了高度的评价。渭南市在开展项目工作中，积极取得各级政府的支持，筹措配套资金，召开项目村现场交流会，确保助老项目落到实处。

六、为老服务形式多样

全省各级认真学习和贯彻党的十六届六中全会和十七大会议精神，按照中共中央《关于构建社会主义和谐社会若干重大问题的决定》关于“发展老龄事业，开展多种形式的老龄服务”的要求，在全省开展多种为老服务工作，取得新的发展。一是按照全国老龄办的要求，与省财政协商，落实经费，制定措施，积极筹备以“银龄行动”为主题的老年科教、医疗卫生、法律保护为内容的“三下乡”为老服务活动。二是筹款20万元，联合新华保险公司陕西分公司在全省开展“万名老人银发无忧送保险活动”，已为4名高龄老人因意外伤亡赔保40000余元。三是丰富老年人晚年生活，开展老年文化体育及老年旅游活动。在老年节期间开展各项庆祝活动，与省体育局共同承办了陕西省第三届老年人运动会；与省委老干部局、省妇联等单位共同举办了“夕阳红，和谐美”99对金婚老人的金婚庆典活动；与陕西华运旅行社合作组织老年人游海南、华东、北京等地，全省300余名老年人参加了活动。四是与省委老干局、省广电局、省文化厅、省卫生厅联合开展了“陕西省中老年知识大赛”活动，在老年群体中普及科技知识，杜绝封建迷信和邪教的侵蚀。这些活动，丰富了老年人的文化需求，提高了老龄工作知名度，促进了社会和谐。与中国联通陕西分公司联合开通了“10198全能通老年人服务热线”，为全省老年人提供了更广泛的信息服务。商洛市重视做好为老服务工作，三年来共组织1200多名老年人外出旅游，开阔了老年人视野；及时开通10198为老服务热线；积极开展“银发无忧”老年意外伤害保险，让老年人充分享受到经济社会发展成果。

七、积极推进老年教育

积极发展老年教育事业，创造条件继续兴办老年大学（学校）或电视、网络远程教育学校，丰富办学形式和内容，提高教学质量，逐步形成老年教育网络。

八、机关内部建设有成效

经省政府批准，省老龄办为参照公务员管理单位，完成了参照人员登记。加强工作调研，机关干部深入到安康、咸阳、渭南、汉中、宝鸡等市进行调研，做好了中国城乡老年人口状况追踪调查的经验交流工作，通过对全省居家养老的调查所起草的经验材料，在全国居家养老经验交流会上进行了交流。认真做好7份人大建议和政协提案的回复工作。

重要会议和活动

【召开省老龄委全委会和“全省设区市老龄办主任会议暨荣获‘全国老年维权示范岗’先进单位表彰大会”】 3月29日上午，在省政府黄楼会议室召开了省老龄委全体委员会议，会议总结了2006年全省老龄工作情况，安排部署了2007年的工作，副省长、省老龄委主任张伟出席了会议并作重要讲话。会议传达了全国第九次全委会、全国省级老龄办主任会议暨全国居家养老服务经验交流会会议精神。

【召开“‘全国老年维权示范岗’先进单位表彰大会”】 4月11日，召开了“全省设区市老龄办主任会议暨荣获‘全国老年维权示范岗’先进单位表彰大会”，对我省公安、司法、法院、老龄工作机构荣获“全国老年维权示范岗”的34个先进单位进行了表彰。

【组织了庆祝建党86周年和香港回归10周年文艺调

演活动】 组织召开了老年艺术团分团会议，为庆祝建党86周年和香港回归10周年进行了老年文艺节目调演和选拔。

【庆祝老年节活动】 老年节期间，召开了陕西省庆祝老人节暨十佳老年公寓、百名孝亲敬老之星表彰大会。原省上老领导老同志出席了会议，省政协副主席李雅芳出席会议并讲话。

【2007年陕西省老年休养论坛在安康举行】 6月18、19两日，由陕西省老年自助休养研究会、陕西省老年学学会、陕西省老年福利服务协会和陕西老年报社联合主办，陕西省老年自助休养研究会老龄产业研究分会承办的“2007年陕西省老年休养论坛”在安康举行，陕西省老龄办专职副主任艾向东、安康市政府副秘书长郭安平、陕西日报社副社长薛晓燕、安康市老龄办主任付才远、陕西省老年自助休养研究会会长王光第以及省老年学学会，咸阳、宝鸡、汉中等市老年学学会的代表60余人出席论坛开幕式。共有来自陕西省老年学学会、省自助休养研究会和西安市老年研究会的50余篇论文在本次论坛上进行了交流。

【国际助老会官员理查德先生考察我省欧盟助老项目执行情况】 应全国老龄工作委员会办公室邀请，国际助老会伦敦总部执行主席理查德先生2007年8月16日始对中国展开为期一周的访问，8月19日在全国老龄办国际部主任肖才伟的陪同下，理查德先生等一行乘飞机抵达西安，在陕访问期间，同陕西省老龄办负责同志就欧盟助老扶贫项目合作等事宜进行了深入交谈，并对在陕欧盟老年扶贫项目执行情况进行了实地考察。

各项业务进展

【老年维权工作】 为贯彻好《老年法》及《陕西省实施〈老年法〉办法》，加强对老年人优待工作的领导，我省积极推进老年维权和落实老年人优待工作：为加大老年优待范围和力度，及时召开《陕西省老年人优待办法》联席会议，召集各涉老优待单位及各设区市老龄办认真研究老年人优待的各项工作。由省老龄办牵头，与省人大内司委对渭南等地市执行《老年法》执行情况进行了检查。认真调研，提出了《老年法》修订意见。

全省各级认真落实老年法律法规，各设区市按照《陕西省老年人优待办法》精神，积极完善当地的优待措施和规定，增加优待项目和内容。西安积极与涉老优待部门联系，扩大优待项目。咸阳、渭南、安康、延安、榆林、汉中、商洛等市以市政府名义相继修订了老年优待措施和规定，老年优待工作逐步走上制度化、规范化的轨道。

【老年福利事业】 为全面贯彻落实老龄事业发展“十一五”规划提出的各项目标任务。不断整合社会力量，扶持中介组织，使老年人生活质量得以提升，扩大老年服务领域。3月份，召集我省部分企业实体，就开发养老服务业重点项目进行座谈，对这些重点项目的投资筹划，计划立项，土地征用等进行调查，协同有关单位向省发改委、省政府办公厅上报养老服务业重点项目计划。

协调省老年基金会出资55万元资助“爱心护理工程”试点单位。为了鼓励引导我省养老服务业的健康发展，使试点单位在全省养老服务机构中真正起到试点示范作用，从4月份起协调省老年基金会，对我省被列入“全国爱心护理工程试点单位”的“西安百岁爱心老年公寓”、“西安金秋爱心乐园”、“咸阳市陕西省银杏老人院、“汉中市社会福利院老年公寓”、“汉中市勉县定军山爱心老年公寓”、“渭南市临渭区老年公寓”、“渭南市临渭区金秋苑敬老院”、“延安市夕阳红老年公寓”、“榆林市老年爱心护理院”等10家单位进行奖励性资助。11月份，中国老龄事业发展基金会副秘书长傅双喜、黎学青来我省考察“爱心护理工程”试点工作，对我省开展此项工作所取得的成绩给予很高的评价。

积极做好贫困老年人慰问工作。在我省第19个“老人节”期间，协调省老年基金会出资20余万元，对我省1010名特困老年人进行了慰问，收到良好的社会凡响。

【省老龄委成员单位工作】 省委老干部局积极在政治上关心老干部，全面落实老干部的政治待遇，发挥老干部作用。加强做好了企业离退休干部党支部建设，加强离退休干部的思想政治及宣传教育工作，并将企业离退休人员收归省财政供养，实现了离退休干部统一管理、分级负责，老年大学、老干部活动中心有了新的发展。省委宣传部以宣传贯彻《公民道德建设实施纲要》为抓手，大力弘扬中华民族传统美德，将老龄工作纳入精神文明创建总体规划，结合社会主义荣辱观的宣传，倡导“为老服务光荣”的理念，广泛深入开展形式多样的老年法律法规政策的宣传教育和尊老、敬老、爱老、助老主题教育等活动。省财政厅积极推进养老、医疗等各项社会保障财政制度改革，认真做好“两个确保”、“两个保证”，及时落实全省百岁老人高龄补贴经费等各项工作。省司法厅及时转发司法部《关于做好服务老龄工作的通知》，按照文件精神提出服务老龄工作的措施，在法律援助受理、程序审批、立案结案等方面，积极为老年人减少负担。省教育厅在中小学中开展敬老、爱老、助老传统美德的主题教育活动，将敬老、爱老、助老内容纳入德育教育课程的有关内容，支持配合全国老龄办组织开展的“银龄行动”，协调老教授协会等社团，组织教育系统老教师、老教授、老专家开展智力援助贫困活动。省农业厅认真督察农村各涉老部门对《发挥农村老年人协会在社会主义新农村建设作用的行动计划》的落实。在各成员单位的积极配合下，全省老龄事业呈现出新的活力。

【基层老龄工作】 在老年文化活动方面，西安在老年节期间举办了体育比赛，1800余名老年人参与活动。渭南市举办了第三届中老年文艺大赛，23个代表队参加了比赛。安康以不同形式开展老年文化活动，组织了“迎奥运”桂林、海南游等活动。其他各市也积极组织老年性文化体育活动，丰富了老年人的晚年生活。

在老年优待方面，榆林市政府印发了《榆林市老年人优待规定》，明确市级财政按全市老年人总数每人每年2元的标准预算老龄工作经费，努力筹措资金，将享受高龄补贴的年龄由90周岁调整为85周岁，即：85至89周岁老年人每年享受600元补贴，90到99岁为800元，百岁以上为1500元。榆阳区、神木县从1996年开始，就开始对当地中老年人发放近200元生活保障金，在高龄老人补贴方面走在了全省前列。咸阳市认真贯彻落实《陕西省老年人优待办法》，按照省老龄办的要求，专人负责，精心组织，专门下发了《关于〈陕西省敬老优待证〉办理使用以及咸阳市〈老年优待证〉、〈寿星优待证〉享受优惠待遇的通知》和《办理〈陕西省敬老优待证〉须知》等文件，积极为全市7万余名老年人换发了《陕西省敬老优待证》。

在养老服务方面，全省各级认真贯彻落实国办发〔2006〕6号《关于加快养老服务意见的通知》精神，把开展养老服务工作纳入社会化进程中，结合当地实际，西安、宝鸡、渭南等地及时出台了加快养老服务的意见，在政策优惠、财政支出、整体规划等方面提出了具体的实施意见，对当地养老事业的发展奠定了基础。西安市委、市政府出台了《西安市关于加快实现社会福利社会化的实施意见》，明确对社会力量养老机构每增加一个床位奖励3000元，投资49万元资助5个“爱心护理院”试点单位和30个农村老年人协会。渭南市积极推进养老服务业的发展，已形成规模，突出民办公助，确保每县、市（区）都有老年公寓，老年福利设施不断得到完善，并积极争取社会力量，对孤寡老人实行社会扶助，去年筹集扶助金26万余元，使400余名困难老年人得到救助。宝鸡市委、市政府高度重视老龄事业的发展，逐步形成了“以居家养老为基础，以社区养老为依托，以机构养老为示范”、城乡统筹的具有宝鸡特色的新型养老模式。市长王宏在2007年政府工作报告中提出：要将养老事业经费纳入财政预算，市财政每年安排1000万元的专项资金，积极推进社会养老、社区养老、居家养老等服务，强化公办养老服务机构管理，建立起惠及全体老年人的服务保障体系。随后，宝鸡市政府又迅速出台了《宝鸡市人民政府关于加强发展养老事业的意见》，《陕西日报》、《中国老年报》等主流媒体专门对宝鸡的做法给予了报道，全国各兄弟省、市老龄机构纷纷来陕西学习取经，成为我省乃至全国发展养老事业的亮点。

甘肃省

综　述

2007年，甘肃省老龄工作在省委、省政府的正确领导和全国老龄办的指导支持下，积极履行工作职责，较好地完成了工作任务。

一、老年社会保障体系进一步健全和完善

2007年，在巩固传统的以家庭养老为主的基础上，经各方面的共同努力，我省社会养老保障体系不断完善，养老水平进一步提高，城乡广大老年人得到了较多实惠。全省基本养老和基本医疗参保人数稳定扩大，企业离退休人员基本养老全面提高。全省参加城镇基本养老保险的职工超过208万人，其中，有53万人享受到养老保险金，全部实现按时足额发放，社会化发放率达100%。全省各级老龄办认真贯彻落实《农村“五保”供养工作条例》和国务院《关于在全国建立农村最低生活保障制度的通知》，为农村“五保”对象和困难老年人的基本生活提供了有力的保障。同时，城市低保制度不断完善，城镇职工基本

医疗保险参保人数不断增加，城镇居民基本医疗保险开始试点。新型农村合作医疗制度加快建立，农村社会养老保险开始试点，农村计划生育家庭奖励扶助制度进一步落实，这些社会保障制度的建立和完善，使全省老年人真正得到了实惠。全省养老保障机构和老年福利事业有了新的发展，新建和改建了一批老年服务设施，为老服务项目逐渐丰富。

二、老年人服务设施建设不断发展

2007年，全省各地整合资源，加大资金投入力度，新建和扩建了一批敬老院、老年公寓、老年活动室、老年大学等，特别是一些上档次、服务完善的中心敬老院相继建立。武威市民勤、天祝县投资200多万元建起了能容纳200位老人入住的敬老院，古浪县建设中心敬老院院4所。张掖市临泽中心敬老院老年文体设施齐全、方便老年人活动。嘉峪关投资900万元，建起了四星级的能容纳200人入住的西部一流的夕阳红公寓。平凉市将10所农村示范敬老院建设列为“10件实事”之一，筹集资金605万元进行建设，经检查验收，任务超额完成，有12所敬老院达到示范敬老院标准并投入使用，灵台县投资200多万元在县城修建占地3000多平方米的四层老年福利服务中心，泾川县投资183万元新建了一处老年公寓。庆阳市投资1389.3万元，新建老年福利服务活动中心17个，维修敬老院28所，建成中心敬老院28所。一些成功的企业家和有识之士，个人集资修建了老年福利设施，如兰州颐瑞康老年公寓、武威雷海爱心护理院、酒泉老来乐公寓投资都在2000万元以上。酒泉市金塔县老干部张永忠退休后回到农村老家，把自家院落改建成老少同乐的活动中心——聚贤庄，除村上老年人参加自乐活动外，还为小学生开办了阅览室，有3000多册图书供小学生阅读。兰州市国有、集体、民营、个体举办的各种类型的老年医疗保健机构592个，老年公寓和农村敬老院52所，设置床位2430张。兰州还通过试办街、镇居家养老院，开展养老服务专业培训，选派为老服务人员提供上门服务、日托集中照料服务及送餐、送医、洗衣等预约服务，提高了为老服务专业化水平。

三、抓好甘肃省老龄事业发展“十一五”规划的落实工作

为把《甘肃省老龄事业发展“十一五”规划》落到实处，省老龄办及时安排部署全省老龄工作任务。一是年初，省老龄办组成督查组，分赴到武威市的凉州区、古浪、民勤县，对落实全省老龄事业发展“十一五”规划执行情况进行了督查。检查组先后深入到1区两县的乡、镇、社区、敬老院、老年公寓，高龄和百岁老人家中，听取、征求老龄工作意见和建议。并检查了医院、公园等公共服务场所对老年人优待规定的落实情况。二是春节前夕，按照优待规定，向全省298名百岁及以上老年人发放了每人1000元的特殊生活补贴，落实了对老年人实行优待规定的政策。同时，先后组织慰问了兰州市康复医院、兰州童鹤赡养院、甘肃省老年公寓，兰州颐瑞康老年公寓等社会养老机构。

四、老年优待不断加强和完善

2007年，《甘肃省物价局关于对麦积山风景名胜区门票实行一票制并统一售检的通知》规定对60岁以上老年人实行半价门票优惠，此乃因片面理解，对省上政策打折扣的典型问题。省老龄办及时与相关部门协调并下发了补充通知，得以纠正。金昌市从2007年1月1日起，对60岁以上城市“三无”老人、60岁～70岁有子女享受城市低保的老人、95岁～99周岁长寿老人、100岁以上老人等每人每月提供50～200元不等的居家养老送时服务。8月1日起，对户口和居住地都在金昌市的“三无”老人、90岁以上的高龄老人和六级以上革命伤残优抚对象每天由政府免费提供一袋鲜奶。目前，该市老年人可享受的优惠政策共7项，同时，全市老年人还可在医疗、收视、供电、供水、取暖、入厕等12个方面享受费用减免政策。永昌县委、县政府决定，对全县60岁以上的“三无”老人，每人每月发200元的居家服务费；对90岁以上的“空巢”老人，每人每月发放100元的居家服务费；对95岁以上的长寿老人，每人每月发放50元的家庭服务费。酒泉市阿克塞县委、县政府决定，2007年拿出18万为全县70岁以上的“三无”老人每人每月发放100元养老补助金。肃北县委、县政府决定，对残疾人和60岁以上老年人补贴标准从2007年6月份开始，由原来的130元提高到150元。对牧农村70岁以上的老年人由县财政拨款，给予每人每年1800元的生活补贴。并对全县“五保”老人实行集中供养，供养标准在每人每年3400元的基础上，2007年起再增加100元。平凉市灵台县对农村60岁以上的老年人免除义务工以及筹工筹劳的费用，同时把特困老年人作为救助重点对象，定期上门调查优待规定的落实情况。庆阳市华池县在县财政十分紧张的情况下，从2007年起，对全县城市“三无”老人和农村孤寡老人生活救助金及90～94岁高龄老年人生活补贴资金全部纳入财政预算，安排10万元专项资金，为全县80岁以上生活特困老年人每人发放1000元养老补助金。此项工作定为“养老扶幼”工程，列入2007年为民办好“十件实事”之一重点督办。

五、新一轮创建活动向纵深发展

6月份，省老龄办在陇南徽县就进一步开展好创建老龄工作先进县（市、区）活动等情况进行了调研，有力地促进了全省创建活动的开展。天水市在新一轮创建活动中，积极开展争创“全国敬老模范村居（社区）”、“全国老年维权示范岗”和“孝亲敬老之星”活动的同时，坚持法制教育与道德教育并举，深入开展“敬老、爱老、助老”主题教育活动。嘉峪关市通过创建活动，把基层老龄工作制度化，形成了老龄工作中长期规划和年度工作计划制度，年度工作调研报告制度，工作信息报告制度，老年人优待规定的跟踪落实制度，走访慰问制度，对老年人的优待帮扶制度。张掖市在第二轮创建活动中，制定切实可行的创建方案，按照创建工作的量化检评标准，扎实推进，逐条逐项抓落实，市老龄办集中精力，重点指导搞好县（区）的创建工作，至少推荐1个县参加全省的评选。酒泉市认真抓好新一轮“争先创优”竞赛活动，确定每个县（市、区）要分别选择1～2个乡镇（街道）和2～3个县直单位开展调查研究，总结推广经验和做法。武威市天祝县全县和乡、村示范点普遍达到“四簿六有四到位”的要求。在天祝县创建活动的带动下，武威市其他县（区）也确定了“典型带动，全面推进”的工作思路，创建工作取得明显实效。平凉市灵台县委、县政府对西屯、上良、龙门三个乡进行了命名表彰，其他乡镇都进一步健全了机构，配备人员，优化了创建方案，创建工作扎实推进。

六、“银龄行动”取得较好成效

2007年初，甘老龄办发〔2007〕6号文件，向全省市、州老龄办，金川公司、兰州大学、西北师大、省地矿局、兰州石化公司、省老科协、省老教授协会等单位印发了《甘肃省2007年“银龄行动”实施方案》，安排部署了今年“银龄行动”工作。之后，兰州大学、兰州交通大学、兰州理工大学等单位，分别组成经济、地质、水利等五人“银龄行动”专家组，对国扶贫困县陇南的两当县进行智力援助。他们深入调查了当地36个乡镇和企业，到山区、景区、矿区进行考察。提出六条建议，并达成五个方面合作协议。

金川公司组织老医务工作者就近在金川区和永昌县进行三个月之久的义诊、巡诊活动，接受诊疗3000多人，培训医务人员120多人。公司老年志愿者组织和雷锋战友姜文志举办报告会73场次，5万多人听讲；组织成立小区文明建设督查组，成员225人，开展“我爱小区、奉献小区”等活动。

2007年，兰州大学老教授协会与省老教授协会联合制定“银龄行动计划”，充分发挥离退休老专家、老教授智力资源优势，继续做好援助地方经济建设工作。一是开展对盐锅峡镇的环境治理、医疗讲座、专家门诊、中小学教师交流座谈，并提供对部分肝病患者免费检查、免费治疗及咨询。二是开展对临洮县的各种援助工作，选派医疗专家义诊，免费赠药。三是选派医疗小分队赴高台县开展医疗培训、义诊、咨询等工作。兰大老专家教授给永靖等县农村80多名患者义诊、无偿提供药品价值56万元，给临洮、天祝、永靖县贫困地区捐赠电脑、桌凳、图书等价值3万多元。我省“银龄行动”开展4年来，共组织294名老教授、老专家参加资助，奔赴7市州11个县、区实施医疗、文化、教育、农业、灾情治理、社区建设等9个援助项目，惠及各族群众12万多人。推广农业新技术、新品种增收总价值3000余万元，诊治各类患者1.6万人次，减免诊疗费用达8万多元，捐赠各种物品5万多件（幅），总价值76万多元，规划城建和环境治理项目2个。目前有老年志愿者5900余人，入库老年人才1680人，投入经费近50万元，年均10多万元。

重要会议和活动

【第十四次甘肃省民政会议】 3月22日—23日，甘肃省召开了第十四次全省民政会议，民政部党组成员、全国老龄办常务副主任李本公、中共甘肃省委副书记、省长徐守盛、中共甘肃省委副书记陈学亨出席会议。会议要求在做好民政工作的同时，积极应对人口老龄化挑战，认真做好老龄工作。省民政厅厅长、省老龄办主任梁国安在讲话中肯定了去年全省老龄工作取得的成绩，对做好2007年老龄工作提出了要求。

【省老龄委第六次全体会议】 4月4日，省老龄委第六次全体会议在省委西楼会议室举行。省人民政府副省长、省老龄委常务副主任罗笑虎传达了回良玉副总理在全国老龄委第九次全体会议上的重要讲话；省老龄办副主任刘柏林传达了全国省级老龄办主任会议暨居家养老服务经验交流会精神，提出我省贯彻意见；中共甘肃省委副书记、省老龄委主任陈学亨作了重要讲话，对2007年老龄工作提出意见。

【全省市、州老龄办主任会议】 4月25日，全省市州老龄办主任会议在陇南康县召开，来自全省各市、州老龄办负责人和部分省直、中央在甘单位、大专院校，陇南各县、区老龄办负责人及省老龄办处以上干部 80 余人参加会议。省老龄办副主任刘柏林传达全国和省上有关老龄工作会议精神并作工作报告，礼县、嘉峪关市、秦安县、省司法厅、兰州石化离退二处、敦煌市等六个市县和单位进行了大会交流。

【甘肃省庆祝第 20 个老人节大会】 10 月 17 日，甘肃省庆祝第 20 个老人节大会在省政府礼堂举行，全国老龄办副主任曹炳良、省长助理程正明、省政府副秘书长唐晓明、省民政厅副厅长沙仲才、省老龄办副主任张忠健及老年人代表、老龄工作者 500 多人出席了大会。程正明代表省政府、曹炳良代表全国老龄办在大会上讲话，向全省 292 万名老年人致以节日祝贺和表示亲切慰问，会后演出了精彩文艺节目。

各项业务进展

【参与修订《中华人民共和国老年人权益保障法》(以下简称《老年法》) 的工作】 撰写了 1.5 万字的《甘肃省关于对〈老年法〉修改的意见和建议》(甘老龄办发〔2007〕5 号文件)，并上报全国老龄工作委员会办公室审核，完成了全国老龄办交给的征求老年法修改意见的任务。

【办理回复省政协涉老提案】 上半年，省政协常委会将老年维权工作列为 2007 年重点工作之一，部分委员提出了有关老龄工作的提案，省政府办公厅及时督办，要求省老龄办做好工作。省老龄办按照这一要求，对全省部分市、州，县（市、区）及省直有关单位进行深入调研，提出了建议及今后工作改进措施，较好地完成了省政府办公厅督办的省政协委员提出的有关老龄工作的提案回复工作。

【老年维权成效显著】 兰州、酒泉等市开通了“12348”法律咨询热线。嘉峪关市在总结多年从事老年人法律援助工作的基础上，制定出台了一些适合老年人的工作方法和制度，针对老年来访求助者实行“三优三特”制度。全省有 36 个单位获得“全国老年维权示范岗”荣誉称号，46 个社区获“敬老模范社区”，86 人获“孝亲敬老之星”。省老龄办和省老年之家法律咨询室先后接待老年人来访 262 人次，协调有关单位处理了 70 多位老人的信访问题。

【实施“孝心进社区工程”】 今年 3 月，按照全国老龄办的部署，省老龄办以甘老龄办发〔2007〕9 号文件，向兰州市及所辖各县、区的老龄办、省直和中央在甘企事业单位老龄工作部门发出《关于组织 2007 年“孝心进社区工程”活动的通知》。同时，对“全国孝亲敬老楷模提名奖”获得者——我省兰州市七里河区黄峪乡 12 岁的“小孝星”姚万琴，号召组织社会各界进行了援助，取得成效。

【老年人口抽样调查工作进展顺利】 “中国城乡老年人口状况追踪抽样调查”工作取得了新成效，甘肃省老龄办荣获全国抽样调查先进单位称号，有 9 名同志被评为优秀督导员和优秀调查员受到全国的表彰。并将有关调查数据编印成《甘肃老年人口报告》发行。同时，一部记录我省老龄事业二十年发展的大型画册印刷发行。

【老年旅游继续开展】 省老龄办上半年先后组织了赴华东五省、市和云南的“夕阳红”老年旅游专列，同时，组织了省老龄委部分成员单位和省直有关部门的 20 名同志经香港、泰国赴台湾参观考察。下半年，甘肃与青海两省又组织夕阳红老年联谊旅游专列，赴海南和桂林参观旅游。

【重阳节助老活动丰富多彩】 2007 年的“重阳节”是我省的第 20 个老人节，节日期间，全省各地普遍开展了以“欢庆十七大，喜迎老人节”为主题的丰富多彩、形式多样的活动。10 月 9 日，省老龄办、省老年体协等单位联合举办了一年一度的登山、游园联欢活动，兰州地区数万名老年人参加活动，有数十支老年文体队伍表演了文艺、体育节目。10 月 17 日，省老龄办在兰州召开了隆重庆祝第 20 个老人节大会及文艺演出，省上领导和全国老龄办副主任曹炳良出席并发表讲话，各界老年代表共计 500 人参加了大会。《甘肃日报》及时作了报道并发表了评论员文章。根据全国老龄办关于认真做好重阳节慰问贫困老年人活动的要求，省老龄办下拨慰问金 10 万元，每户 500 元，共计慰问 200 户。全省已发放 500 多万元的高龄老人特殊生活补贴。兰州市、临夏市、武威市拿出近 80 万元配套资金补贴高龄和生活困难老年人。全省各地也在节日期间，采取不同形式慰问了百岁老人、高龄老人和贫困老人，给他们送去了慰问金和慰问品。

【争取外援与有关项目工作有了一定进展】 联合国人口基金援华老龄项目之一的敦煌有关项目得到了落实，30 万美元分三年支付。6 月份，省老龄办与敦煌市代表在上海参加了联合国人口基金援华项目老龄事项工作会议，我省代表就如何在敦煌市开展项目工作获得了更多更详细的信息。在此基础上，争取加拿大政府基金小额援助的永靖县项目书得到了全国老龄办肯定并送交了加拿大有关部门审批。国家在我省确定 5 家“爱心护理工程”实施单位，其中童鹤赡养院列为全国 13 家试点单位，已先期拨款 30 万元到位给予支持，并给 5 家护理院赠送了电动轮椅。经全国考察，我省的 5 家试点单位中，有 3 家基本具备了“爱心护理工程”的要求。

青海省

综　述

一、全省老龄工作的基本情况

2007年是全省老龄工作扎实推进的一年，省老龄工作委员会在省委、省政府的领导和支持下，以邓小平理论和“三个代表”重要思想为指导，全面落实科学发展观，紧紧围绕省委、省政府的中心工作，认真贯彻落实第二次全国和全省老龄工作会议精神，按照省老龄委第六次全体会议的要求和部署，各成员单位和各级老龄办各司其职，突出重点，全面完成了确定的工作目标，老龄事业有了新的进展和突破。

(一) 认真贯彻第二次全省老龄工作会议精神，落实各项老年人优待政策

一是老年福利服务出台新政策。省老龄办和发改委、财政厅等20个厅委局和单位制定出台了《青海省关于加强老年人优待工作的实施意见及相关部门职责》。省老龄办和发改委、财政厅、民政厅等10部门制定了《关于加快发展养老服务业的意见》，并由省政府办公厅转发全省贯彻执行。省老龄办起草制定了《青海省老龄事业“十一五”发展规划》、《青海省高龄老人长寿保健费发放办法》。这几个文件的制定，对青海养老服务业的发展和加强老年人优待工作起到了重要的推动作用。

二是老年优待工作有新突破。第二次全省老龄工作会议后，各州地市相继召开了老龄工作会议或老龄工作委员会全体会议，政府发挥主导作用推动了老龄工作的开展。在老年人基本生活保障、为老服务、高龄老人优待、维护老年人合法权益、加强基层老龄工作、推进老年福利服务设施等方面做出一系列重要举措：在省级老龄部门为全省百岁老人发放长寿保健费的基础上，海西州、黄南州、西宁市、格尔木、海晏县、大通等州、市、县实施了给本地区高龄老人或贫困高龄老人增发长寿补助金或生活补助金的优待政策。西宁市、海西州对老年人实施了持“老年卡”或半价优惠乘坐城市公交车的优待政策。

三是老年维权工作有新起色。省老龄委各成员单位在加强维护老年人合法权益方面做了大量的工作。全省公安系统加大了对侵害老年人人身财产安全的违法犯罪行为的打击力度，开展了对在街头抢劫、欺诈老年人的犯罪行为的严打活动，将老年人集中活动场所列为重点服务和管理范围，有效地保护了老年人的人身财产安全；省司法厅与省老龄办制定了《青海省老年人法律援助工作办法》，全省法律援助的案件中援助老年人的案件占16.5%，司法厅还在“12348”法律服务热线上开辟了老年人法律服务日栏目，方便老年人咨询和寻求法律援助；省妇联将老年妇女的赡养、住房、财产、婚姻、继承等合法权益作为重点工作进行维权，并通过非诉讼调解的方式，维护了老年妇女的合法权益。

各州地市政府和老龄工作部门加强老年人维权工作。海西等州在全省率先出台了《关于进一步做好全州老年人法律援助工作的意见》、《老年人法律援助工作办法》等文件。到去年十一月止，省老龄办、西宁市老龄办、海西州老龄办、黄南州老龄办已相继成立了老年法律援助工作站，为我省要求法律援助的老年人提供了援助平台，今年共接待来访及要求法律援助的老年人487人次，代理老年人法律援助案件75件。

各级法院加大了对侵犯老年人合法权益案件的调查、诉讼的审理及纠纷的调处力度，切实维护了老年人的合法权益。《青海省高龄老人优待证实施办法》基本保证了持《优待证》的老年人在全省医疗、法律援助、进出公园和旅游景点等方面享受了优惠服务。

四是基层老龄工作进一步加强。西宁和海东城乡社区老年协会组织基本建立，活动开展积极。西宁市、海西州、海北州和大通县、湟源县、平安县等地已配备专职老龄工作人员。《农村家庭赡养协议书》(以下简称《协议书》)的签订面不断扩大。去年，海东地区各县和西宁市的大通、湟中、湟源三县共有1823户有老年人的家庭签订了《协议书》，同时西宁市老龄办、海东地区老龄办进行跟踪检查，检查表明《协议书》基本得到落实，并深受老年人的好评。

(二) 完善社会保障体系，老年人基本生活得到保障

关注老有所养和老有所医问题是青海省老龄工作的重点，有关部门认真贯彻落实省委、省政府关于加强社会保障制度建设的精神。在城镇，将全省符合条件的贫困老年人全部纳入了城市最低生活保障。截止2007年12月，对符合分类施保救助的12170名老年

人，按照月增发10—20元不等的标准，实施了生活救助倾斜，月增发保障金17.33万元。全省城市低保对象住房和冬季取暖救助制度的建立，以及临时生活补贴、燃气补贴的发放，缓解了低保老人冬季取暖、物价上涨造成的困难，有效地保障了困难老年人的基本生活。针对企业退离休老人生活水平偏低的问题，建立养老金调整机制，提高了企业离退休人员的基本养老金水平和冬季取暖标准，确保了全省17.3万名企业离退休人员，特别是困难和破产的国有中小企业的离退休老年人养老金得到按时足额发放；提高了全省离休干部及其遗属的生活、医疗等待遇，解决了全省企业离休干部的生活待遇，确保了离休干部“三个机制”的实现。在农牧区，2006年提高特困人口救助标准时，对60岁以上的31231名特困老人实行了重点救助，年人均增加救助金50元。今年全面实施农村最低生活保障制度后，低保家庭的老年人在低保标准的基础上增加100元。“五保”老人供养工作进一步走向法制化、规范化，全省农牧区应当“五保”供养的老人约15230人已全部纳入财政转移支付，年兑现供养资金1400万元左右，做到了应保尽保、按标施保，老年福利服务基础设施得到改善。自2004年起至2007年全省投资7200万元，新建农村牧区敬老院58所，床位3244张，2008年又将兴建敬老院项目10个，县级福利中心4个。集中供养比例也由原来的5.5%提高到7.5%，“五保”老人的基本生活需求得到保障。

全省老年人医疗保障体系正在逐步完善，基本医疗保险覆盖面不断扩大。《青海省城市医疗救助实施办法》（试行）的实施为城市困难群众解决医疗方面的困难提供了更加实惠的救助。同时根据已实施的《关于在我省开展农村牧区特困人口医疗救助的意见》，在已经建立农牧区新型合作医疗的地区，“五保”老人和特困老人在医疗合作基金中应由个人承担的部分也改由民政部门代交，重点优抚对象还可享受到优抚医疗保障制度，此项政策使全省“五保”老人和贫困老人从中受益。

（三）成员单位积极发挥职能作用，合力推动了全省老龄事业的发展

成员单位通过贯彻第二次全省老龄工作会议精神，普遍增强了老龄责任意识，围绕老龄事业的发展，做了大量扎实有效的工作。

省民政厅认真落实省政府关于开展农村最低生活保障工作的意见，在制定的具体实施办法中，向贫困老年人家庭倾斜；为落实《青海省关于加快发展养老服务业的意见》，积极筹措资金、立项并开工建设“青海省老年福利服务中心”项目，推动了我省养老服务业的发展；省劳动和社会保障厅积极开展了被征地农民基本养老保障制度的探索工作；省财政厅为各涉老部门制定老年人养老、医疗、住房、冬季取暖等方面救助制度的实施积极调配资金，几年来不断增加老年人养老、医疗等方面的投入。同时逐年增加省老龄工作经费，为全省老龄工作的开展提供了强有力的保障。省卫生厅加强老年人常见病、多发病的防治工作。在农村加强新型农村合作医疗工作中，向老年人倾斜，并探索将老年慢性病、多发病纳入大病统筹范围，增加了参加合作医疗的老年人的受益程度；省旅游局积极协调旅游企业减免老年人参观旅游景点门票；省人事厅积极筹备建立老专家人才数据库和信息平台，为“银龄行动”工作的开展储备和集中人才；省人口计生委在《青海省十一五人口和计划生育事业发展规划》中明确提出了在养老、医疗、社会救助等方面的老年社会保障目标和任务；省建设厅加强了实施老年人建筑从规划、设计、施工的全过程监督和管理力度。省委组织部、省老干部局、省教育厅充分发挥“关心下一代工作委员会”老同志们的作用，积极加强和改进了青少年思想道德教育工作。省委宣传部、省广播电视局与省老龄办、省文明办、省民政厅、省妇联等单位在全省开展了首届“青海省孝亲敬老楷模”评选活动，经过4个月的层层推荐、评选、公示，图秋吉美等9位在孝亲敬老方面有突出事迹的同志被授予“青海省首届孝亲敬老楷模”称号。2007年5月16日活动组委会在西宁举行了隆重的颁奖典礼，省委常委、省委宣传部部长曲青山出席颁奖典礼，并作重要讲话。活动在全社会引起强烈反响，社会上老龄意识得到增强。海西州、海南州等地也开展了以主题教育活动为主要内容的“孝亲敬老”评选活动。

省老龄办和西宁市老龄办联合开展的“银龄行动”，有94名老教授和老专家参加了大通、湟中、湟源三县农村的援助活动，共组织义诊7000多人次，送去日常药品约1.2万元，培训科技人员342人次，指导种植、养植户946户，赠送科技书973本，培训教师234人次，为439名学生进行了免费体检，为农民修理农业机械262件，防治小麦银粉病962亩，为近百个蔬菜大棚解决了病虫害困扰，受到了当地政府和群众的欢迎与好评。“银龄行动”还得到了省药品食品卫生技术监督局的支持，他们为“银龄行动”争取到省富康药业公司捐助的药品价值一万余元。在厦门召开的全国“银龄行动”表彰大会上，青海省老龄办被全国“银龄行动”办公室评为全国“银龄行动”

试点工作先进单位，西宁市老龄办、湟中县老龄办、西宁市老科技工作者协会被评为全国“银龄行动”先进单位。

老年教育在有关成员单位的帮助和参与下有了长足发展。目前，全省老年大学已发展到8所。仅省老年大学现已开设10个专业30个班级，注册学员近1700名。去年以来，省老年大学还陆续在海西州、省电力局、大通县开办了分校。省老干部大学发展迅速，目前已增加2个分校，在校学员总计达800余人。省老年大学艺术团去年首次参加了全国老年大学文艺汇演，获得了一个梅花奖、一个荷花奖的好成绩。

通过各成员单位的积极努力，青海省在“全国敬老、爱老、助老主题教育活动”、“全国老年维权示范岗评选活动”、“全国敬老模范村居（社区）评选活动”等各种评先创优活动中多次获奖。在第二届全国“中华孝亲敬老”活动中，我省玉树州杂多县结多乡党委书记梁文海被评为“中华孝亲敬老楷模提名奖”，图秋吉美等48人被评为“中华孝亲敬老之星”，平安县老年文体协会被评为“优秀组织奖”；青海省法律援助中心等16个单位被评为“全国老年维权示范岗”；西宁市大通县人民路南社区等29个社区、村委会获得“全国敬老模范村居（社区）”荣誉称号。

重要会议和活动

【全国老龄办重阳节慰问青海省贫困老人】 10月18日至21日全国老龄办副主任曹炳良带队，全国老龄办慰问组，深入到青海省西宁市社区、海东、海北、海南等地区的农村和牧业点，走访慰问了贫困老人。青海省政府副秘书长鸟成云、省老龄委副主任陈庆华，西宁市政府、海东行署、省妇联、海北州、海南州及部分区县政府领导和老龄委的领导陪同慰问。

【青海省副省长马建堂参加亚洲/大洋洲地区老年学大会】 10月21日青海省副省长、省老龄委常务副主任马建堂参加了亚洲/大洋洲地区老年学大会开幕式。

河南省

河南省老龄工作在民政厅党组的正确领导和全国老龄办的具体指导下，以邓小平理论和“三个代表”重要思想为指导，坚持以人为本的科学发展观，深入贯彻“党政主导、社会参与、全民关怀”的老龄工作方针，以实现“六个老有”为目标，以维护老年人合法权益为重点，以全面深入开展“养老服务社会化示范区（市）”创建活动为载体，努力营造关心支持老龄事业、关爱老年人的良好社会氛围，河南省老龄工作取得了新进展。

一、老年人社会保障制度进一步完善

老龄委有关成员单位，出台新的政策和措施，进一步完善老年人社会保障制度，提高了老年人生活、医疗保障水平。一是在普遍调整养老金的基础上，对退休较早、基本养老金相对偏低的人员给予了适当倾斜，退休人员生活水平得到普遍提高。到2007年年底，全省企业退休人员月人均养老金达到920元，人均增加290元，在全国的位次由25位上升至第23位。全省离退休人员养老金按时足额发放率达到100%。二是全省纳入基本医疗保险参保的退休人员达到195.45万人，对退休人员个人账户计入金额、个人负担医疗费比例给予适当照顾，把一些在门诊治疗的老年慢性病医疗费用纳入统筹基金支付范围，减轻了退休人员的个人医疗费用负担。三是开展了济困医疗服务，缓解特困老年群体看病难的问题，截至目前，全省共有济困医院和设置济困床位的医院68所，设立济困病床4475张，收治济困对象46.48万人次。四是大力推行新型农村合作医疗制度。全省157个县全部实施新农合，有7249.07万人参加，平均参合率达92.06%，提前3年实现了全面覆盖，享受合作医疗补偿的参合农民达7246.23万人次。五是在全省开展帮扶贫困计划生育家庭活动，全面启动了对部分计划生育家庭奖励扶助工作，对全省60岁以上的独生子女和二女户，每人每年发放600元的奖励扶助金。六是加强城乡低保、农村“五保”供养、医疗救助等社会救助制度建设，较好地保障了贫困老年人的基本生活。今年6月底，全省共有城市低保对象143.3万人，农村低保对象261万人，“五保”对象15.45万人，救助水平分别达到118元、41.36元、130.53元。社会保障制度的建立与逐步完善，从根本上保障了参保老年人的基本生活。

二、老年人维权工作得到加强

一是在充分调查研究和广泛征求意见的基础上，

积极建言，省委办公厅、省政府办公厅下发了《关于进一步加强老年人优待工作的意见》，从养老、医疗、生活服务、文体休闲、维权五个方面，规定了为老年人提供34条优待政策，涵盖了老年人生活的方方面面。二是维护老年人的合法权益，加强以律师、公证处和基层法律服务所为主，以社会、法律服务咨询机构为辅的法律服务体系建设，为社会福利机构及老年人法律顾问，为老年人提供法律咨询和法律服务，通过法律援助，帮助老年人伸张正义。三是百岁老人享受特殊生活补贴落到了实处。信阳、济源等将百岁老人享受的特殊生活补贴由每月100元调高到200元。驻马店市制定了90岁以上老人每年发放200元生活补贴的政策，充分体现了当地政府对老年人的关怀。四是组织开展《河南省老年人保护条例》修订前的调研工作，并在调研的基础上，起草了《河南省老年人保护条例》修订草案。

三、社会化养老服务业有了新发展

一是开展养老服务社会化示范区（市）、示范单位创建活动。省民政厅下发了《关于开展河南省养老服务社会化示范单位创建活动的通知》（豫民文〔2006〕100号），明确了评选养老服务社会化示范区（市）和示范单位的具体标准和评分办法。在考察验收基础上，评选出郑州金水区、焦作解放区、濮阳华龙区、漯河源汇区、平顶山汝州市、商丘梁园区、三门峡灵宝市7个示范区（市）和郑州市舒心老年公寓等40家示范单位，决定从福利彩票公益金中拿出部分资金实行以奖代补，给予适当奖励，推动了我省养老服务社会化工作的深入开展。二是召开了全省养老服务社会化工作现场会和居家养老工作经验交流会，大力推进居家养老服务工作。去年4月和11月，省民政厅、省老龄办在郑州市金水区、许昌市分别召开全省养老服务社会化现场工作会和居家养老工作经验交流会，大力推广养老服务社会化工作和开展居家养老服务工作经验，以点带面，推动工作的全面开展。三是深入贯彻《河南省人民政府办公厅转发省老龄委等部门关于加快发展养老服务业意见的通知》（豫政办〔2006〕105号）精神，积极支持、引导社会力量申办养老服务机构，一批投资千万元、上亿元的项目落户河南。目前，全省有社会办养老服务机构363个，拥有床位25188张。与此同时，解决失能老年人照护问题的“爱心护理工程”进展顺利，我省有国家命名的“爱心护理工程”6家，其中已有4家挂牌。初步确定了22家有一定工作基础、管理规范、社会反响良好的养老服务机构作为全省“爱心护理工程”试点单位。

四、老龄宣传工作有声有色

一是省政协、省老龄委共同举办“河南省2007‘关爱夕阳’中原行”活动，拍摄老年人生活状况专题片，举办“关爱夕阳”公益演唱会。二是重阳节期间，省老龄办、省老年福利基金会与省电视台联合制作播放了尊老敬老主题公益广告短片；印制10万册尊老、敬老知识宣传册，在公园、广场及主要路口悬挂宣传条幅，陈设宣传板面，有针对性地开展多种形式的宣传活动。三是加强与新闻媒体的联系，各大新闻媒体加大对涉老工作尤其是一些老龄重大活动的宣传报道力度，推出涉老专题专栏，大力提倡尊老敬老爱老的良好风尚。四是省司法厅认真做好老年法制宣传工作，在全省开展了法律进社区、法律进农村、法律进万家、法律进学校、法律进机关、法律进企业等活动，把法律送到人民群众手中；五是全省各地开展了不同形式的尊老敬老人物评选表彰活动，商丘市开展了“十佳儿媳”、“十佳孝子”评选活动；鹤壁市开展了一年一度的“十大孝亲敬老之星”评选活动；三门峡市开展了评选“好儿子、好儿媳、好婆婆、五好家庭”等评选活动。这些活动的广泛开展，树立了正气，弘扬了优良传统，增强了人们的老龄意识和尊老敬老意识，促进了公民道德建设深入发展，推动了社会风气的好转，为老龄工作的开展营造了良好的社会氛围。

五、老年文体活动广泛深入开展

为丰富老年人精神文化生活，把老年人引导到健康生活方式上来，全省组织开展了形式多样的老年文体活动。一是省体育局、省委老干部局、省老龄办、省老体协去年联合举办了河南省第10届老年人运动会，去年4月在灵宝市开赛，10月在焦作市闭幕，时跨7个多月，完成了各项预定任务，达到了预期目的，取得了文明、健身双丰收。二是省体育局、省委老干部局、省老龄办、省老体协联合下发了《关于在全省开展“全民健身与奥运同行·千万老年人健步走向北京奥运会”活动的通知》，参加健步走活动的老年人达到24万多人，其范围、规模、规格、人数均创我省老年体育史之最，不仅增强了大家的奥运意识，反映了广大老年人参加健身的积极性，而且带来了良好的社会效应。三是去年重阳节当天，省老龄办、省老年福利基金会在郑州市世纪欢乐园联合举办了第三届老年嘉年华活动，组织了大型文艺演出和999名老年人免费游园活动。四是省妇联开展了第一届河南省“绿色家庭”、第五届“五好家庭”评选活动，省老龄办与省老年模特协会联合举办了河南省第八届中老年服饰比赛活动，都收到了良好的效果。五是省老龄办、省红十字会、省电视台法制频道，今年5月24日在绿城广场共同举办了“让世界充满爱·抗震救灾”大型广场募捐义演活动，募集捐款1500万元。通过多种老年文体活动的开展，寓教于乐，丰富了老年人精神生活，提高了老年人生活质量。

六、调查研究工作，取得了新成果

随着我省人口老龄化的持续发展和老年人口的日益高龄化，老年人的生活照料问题正变得越来越突出。2007年上半年，开展了河南省老年人口数据及老龄化发展趋势研究，形成了《河南人口老龄化发展趋势预测研究报告》。下半年，为深入了解我省农村“空巢”老年人的生活需求状况，省老龄办在安阳、漯河、濮阳等地市开展了农村空巢老年人生活状况调查，抽查1个县、1个乡、1个村，进行问卷调查，形成了《河南省农村“空巢”老年人状况调查报告》。这两份内容翔实的报告，为老龄政策的制定，提供了科学依据。

与此同时，省老龄办联合省老年福利基金会启动了河南省“银龄行动”。去年重阳节前夕，组织省会知名老医疗专家和老艺术家赴革命老区新县进行义诊和文艺演出，为老区人民提供了医疗、文化服务，推动了全省“银龄行动”的开展。今年5月初，又组织省会15名医疗专家赴平顶山叶县，义务为贫困老年人诊病，举办老年病防病知识讲座，受到当地群众的热烈欢迎。“银龄行动”的开展，也为老专家、老艺术家发挥余热、回报社会搭建了一个平台，收到了良好的效果。

湖北省

综　述

2007年是实施湖北省老龄事业发展“十一五”规划的起步之年。在省委、省政府的正确领导下，经过省老龄委各成员单位的共同努力，全省老龄工作者以迎接党的十七大胜利召开的饱满姿态，坚持以邓小平理论、“三个代表”重要思想和科学发展观为指导，对照年初制定的全年目标管理任务，团结拼搏，勇于进取，圆满完成了全年各项工作任务，有效地推动了老龄事业持续协调发展，为湖北经济社会又好又快发展发挥了积极作用。

一、认真贯彻全国会议精神

为了贯彻好全国老龄委第九次全体会议和全国省级老龄办主任会议精神，及时总结部署工作，先后召开了省老龄委第六次全体会议和全省市州老龄办主任会议。省老龄委第六次全体会议于4月12日在省政府办公大楼召开，会议由常务副省长周坚卫和分管副省长蒋大国主持，审议通过了《关于2006年全省老龄工作情况和2007年工作安排意见的报告》；听取了关于全国省级老龄办主任会议暨全国居家养老服务经验交流会精神的汇报；各成员单位交流了2007年的工作打算，并研究确定尽快召开全省市州老龄办主任会议，常务副省长周坚卫同志作了总结讲话。全省市州老龄办主任会议于4月27日至28日在十堰市召开，会议的主要任务是传达贯彻全国会议和省老龄委全体会议精神，交流工作经验，总结部署工作。全省会议之后，各市州抓住贯彻全省会议精神这一契机，采取多种形式推动工作乘势而上。武汉、黄石、十堰、孝感、荆州、襄樊、宜昌、咸宁、鄂州、黄冈、荆门、恩施、神农架等地召开县市区老龄办主任会议，传达全省市州老龄办主任会议精神，安排部署全年工作。省老龄办在8月下旬就各地贯彻落实全省会议精神的情况进行了通报。

二、老年优待工作得到进一步落实

在省老龄办与省政府法制办的共同运作下，《省人民政府关于修改〈湖北省关于老年人享受优待服务的规定〉的决定》（以下简称《优待规定》）经2007年3月26日省政府常务会议审议通过，5月15日，时任省长罗清泉签署湖北省人民政府第301号令予以发布，自7月1日起施行。修订后的优待规定，在优待标准上有提高，优待内容上有增加，优待范围上有扩大，落实措施上有加强。在贯彻实施过程中，一是广泛宣传。第一时间将新《优待规定》在全国和省内有影响的媒体上进行报道，让全社会特别是广大老年人和提供优待服务的单位了解掌握规定的内容。二是制发文件。省老龄办及时向全省县市以上老龄工作部门印发了《关于学习贯彻省人民政府第301号令的通知》，要求各级领导及相关部门高度重视，加强领导，认真贯彻落实。十堰、宜昌、荆州、黄石、恩施、鄂州、咸宁等市州分别以政府或政府办名义发出落实优待规定的通知；孝感市从落实优待服务的单位入手，在全市开展争创“敬老优待文明示范岗（单位）”的活动；随州市开展了《中华人民共和国老年人权益保障法》（以下简称《老年法》）执法检查。成员单位民政厅、民宗委、文化厅、广电局、体育局、旅游局等出台了贯彻实施省政府第301号令的意见。三是组织培训。省老龄办分别于7月中旬和11月下旬，先后两次举办全省县以上老龄工作干部培训班。培训围绕学习贯彻党的十七大精神，正确理解《优待规定》内涵，着力解决好老年人最关心、最直接的老年优待问题展开，总结了近年来全省老年优待工作情况，重点对下一步深入抓好优待规定的落实和换发新版《老年优待证》进行了部署。

三、调查研究与学术交流取得了新成果

一是制定出台了《关于加快发展养老服务业的意见》。根据国办发〔2006〕6号文件精神和省政府领导同志的指示，省老龄办会同省发改委等13个部门，在调查研究的基础上，起草了《湖北省关于加快发展养老服务业的意见》（以下简称《意见》），经反复征求各相关部门的意见并会签，省政府办公厅以鄂政办发〔2007〕47号文向全省转发了《意见》。《意见》就发展养老服务业的指导思想、基本原则、目标任务、优惠政策等方面的问题作了明确的规定，将对我省养老服务业的发展产生积极的推动作用。

二是完成了3项课题研究。2007年，省老龄办注重在调研工作的深度上下功夫，在大学科学机构的配合下，完成了3项课题研究工作。第一，与南开大学共同完成了《报告》（以下简称《报告》）课题研究。《报告》分七个部分，近10万字，全面反映了湖北省人口老龄化的现状和发展趋势。第二，与华中师大老龄问题研究中心联合开展了农村空巢老年人课题研究。本课题共调查1000个样本，对荆州区、云梦县、英山县、宜城市、秭归县农村空巢老年人生活现状进行问卷调查，掌握了我省农村空巢老年人的第一手资料。第三，与武汉大学联合完成了全省老年残疾问题数据分析报告。此项成果获《湖北省第二次全国残疾人抽样调查优秀课题》二等奖。这些调研成果丰富了我省老龄工作的数据库，具有一定的指导意义和较高的参考价值。

三是组团参加了在北京召开的第八届亚洲/大洋洲地区老年学和老年医学大会。这次会议是近20年来中国在老龄领域承办的最高规格的国际会议。根据全国老龄办的要求和省政府指示，我省组成了以郭义友同志为团长的50多人的代表团出席会议。我省共报送7项学术成果、60多篇论文，有3个论坛通过评审，被邀请为大会正式论坛；会上我省共获5项学术成果奖（获奖人数18人）、24篇优秀论文奖（获奖人数48人）。省老年学学会，黄石市、赤壁市老年学学会，华中师范大学老龄问题研究中心被中国老年学学会评为先进单位，有6名同志被评为先进个人。在这次大会中我省获奖数和论坛组织工作在全国排在前6名位置，省老年学学会受到中国老年学学会通报表彰。

四是组织参加了重庆市政府主办的第三届中国（重庆）老年产业博览会。11月8日至11日，在重庆国际会展中心举行了第三届中国（重庆）老年产业博览会。根据省政府要求，省老龄办组织了参展学习考察团。黄石、黄冈、荆门、孝感、咸宁等市老龄办负责同志和部分参展企业的负责同志以及参加老年产业论坛的15名代表参会。我省有3家老年企业在会上布展，2篇论文被大会选用，其中1人作为嘉宾在大会发言。

四、“银龄行动”稳步推进

根据全国老龄办的部署并结合我省实际，2007年，我省“银龄行动”工作又上了一个新台阶。活动的范围由4个县（市）扩大到8个县（市），并突出了新农村建设，体现了“银龄援农”主题。据不完全统计，参加“银龄行动”的老专家、老医生、老教授、老科技、老文艺工作者300多人；文艺演出18场，观众达3万多人；举办农业科技、医疗讲座课99场次，听众8600多人次。“银龄行动”工作队所到之处深受欢迎，农民得到了实实在在的帮助。为活跃农村文化生活、增强农民的科技意识发挥了积极作用。

五、干部队伍建设进一步加强

9月和11月，省老龄办在武汉分别举办了全省老龄工作干部业务培训班和学习贯彻党的十七大精神培训班，来自各市州县老龄办、省直机关、大专院校、大型企事业单位老龄工作部门的同志共230多人参加了培训。培训班邀请了华中师大著名社会学教授和省直机关工委党校校长及省老龄办各业务处主要负责人授课。参训人员在对十七大精神的理解、专业知识、工作方法、协调能力等方面均有新的提高和进步。与此同时，与省人事厅联合开展评先表彰工作。评选活动在层层评选、逐级把关、公开、公正的基础上，共评选出武汉、孝感、黄石、荆门、十堰、宜昌、黄冈、咸宁、石首、鄂州市鄂城区等10个“湖北省老龄工作先进集体”和20名“湖北省老龄工作先进工作者”。

六、敬老活动丰富多彩

一是举办了“九九夕阳红”大型游园活动。10月16日和12月23日，省老龄办分别在洪山广场、武汉大学医学部体育馆举行了“九九夕阳红”大型游园活动，活动由文艺表演、寻伴交友、书画展示、有奖猜谜四个版块组成。数千名老年人踊跃参与。《湖北日报》、《楚天都市报》、《武汉晚报》、《长江商报》、湖北电视台、湖北人民广播电台等媒体对活动进行了大篇幅报道，社会反响强烈。

二是举办湖北省敬老节。为营造良好的尊老、敬老、爱老、助老的社会氛围，8月中旬至10月17日，省老龄办与省文联联合主办了“2007年湖北省敬老节”。敬老节具有时间跨度长、活动项目多、社会声势大等特点。中南政法大学50多名大学生志愿者参加了敬老节、敬老院公益活动；举办了老年健康讲座；在武昌群光广场举行了大学生关爱老年人万人签名活动；在洪山广场举行了“金秋老年人群娱会”。印制了大量的宣传单、宣传画，在老年人比较集中的地方广为散发。《湖北日报》、《长江日报》等10多家媒体对这一活动进行了报道，有3家电台对敬老节的各项活动进行了现场直播。敬老节活动的开展，为老年人搭建了一个自娱自乐、展示自我风采的平台。

三是各地举办了精彩纷呈的敬老节活动。敬老节期间，武汉市率先在汉口江滩举行大型文艺演出，其各区也随后举办了不同类型的欢歌漫舞庆重阳活动。黄石市选在重阳节为10对老年再婚新人举行了“夕阳红·真情恋”集体婚礼。荆州市组织了“迎‘九·九’重阳节夕阳红老年健康之旅”活动。十堰市带领老年大学的舞蹈学员们载歌载舞，为十堰市人民献上了丰富多彩的戏曲大餐。黄冈、神农架林区、天门、鄂州、潜江、大冶、谷城等市区县，也都结合当地实际，举办了丰富多彩的文艺演出，充分展示了我省老年人晚年的幸福生活和积极向上的精神风貌。

四是高度关注敬老典型事例，借助媒体扩大社会影响。恩施孝子陈立强为赡养母亲30多年至今单身的事迹在《楚天都市报》上刊登之后，在荆楚大地引起强烈反响。省老龄办立即与媒体联系，表示对陈立强的关注和支持，号召全社会学习这种精神。在陈立强陪同母亲赴北京看天安门途经武汉期间，省老龄办主任、党组书记郭义友带机关工作人员到火车站送行并对其进行慰问。此外，还编辑出版了《湖北首届老年艺术节》大型画册，以展示当代老年人的精神风采。荆门、孝感、十堰、襄樊等市为中国老年基金会《敬老爱老主题教育活动》大型画册提供稿件和图片，《中国老年报》为此开辟了专版宣传湖北老龄工作。

七、成员单位发挥作用更加明显

一年来，各成员单位从全局发展的高度出发，各司其职，密切协作，认真履行职责，积极配合支持省老龄办开展工作，以务实的态度，求实的作风，为推进老龄工作和事业发展发挥了重要作用。尤其是在制定出台《关于加快发展养老服务业的意见》、在贯彻实施新的《优待规定》以及在积极推进“银龄行动”上，成员单位充分发挥各自部门作用，使老龄工作不仅在方方面面得以顺利开展，而且为整体推进老龄工作形成了合力。随着人口老龄化形势的发展，关注老龄问题的建议提案呈逐年上升趋势，2007年一些建议提案涉及到民政厅、财政厅、建设厅、妇联等成员单位，在这些单位的积极配合支持下，使6件建议提案均在规定的时间内，按要求上报省政协提案委员会办公室和省政府办公厅。建议提案办复率、见面率、满意率均达到了100%的要求。2007年，省老龄办全年还接到老年人投诉电话21个，接待来访者11人，处理上访信件65封，与省信访办联合上门处理1起家庭纠纷，较好地贯彻落实了省委、省政府关于《湖北省信访工作责任制暂行办法》。

八、多方筹集资金救助特困老年人

为了体现党和政府对老年人的关怀，根据中央、全国老龄办和省委省政府的要求，省老龄办多方筹集资金，在节前和雪灾后先后三次开展了对特困老人的救助活动。为把救助工作开展好，省老龄办及时向各地下发文件，作出部署，要求各级老龄部门积极配合救助活动。救助活动共筹集资金40万元，包括10万元的物质（轮椅、铝合金腋拐、坐便椅、伸缩手杖、保健药品、棉絮），对武钢、武重、武锅等重点企业和全省17个市州的1200多名特困老人实施了救助，使他们每人获得了300元救助款和部分救助物质。尽管筹集资金有限，但的确是雪中送炭，帮助这些受助老人度过了雪灾难关。

重要会议和活动

【省老龄委召开第六次全体会议】 为贯彻全国老龄委第九次全体会议和全国省级老龄办主任会议精神，及时总结部署工作，省老龄委于4月12日在省政府办公大楼召开了省老龄委第六次全体会议。会议由副省长、省老龄委常务副主任蒋大国主持。会议审议通过了《关于2006年全省老龄工作情况和2007年工作安排意见的报告》；听取了关于全国省级老龄办主任会议暨全国居家养老服务经验交流会精神的汇报；各成员单位交流了2007年的工作打算，并研究确定尽快召开全省市州老龄办主任会议。省委常委、常务副省长、省老龄委主任周坚卫出席会议并作了重要讲话。省老龄委副主任、委员，成员单位联络员参加了会议。

【召开全省市州老龄办主任会议】 省老办于4月27日至28日在十堰市召开全省市州老龄办主任会议。会议的主要任务是传达贯彻全国会议和省老龄委全体会议精神，交流工作经验，总结部署工作。武汉市、十堰市、黄石市、荆州市、宜昌市在会上介绍了工作经验交流。会议代表还参观、考察了十堰市的老年优待工作和为老服务工作。

【省政府出台第301号令】 《省人民政府关于修改〈湖北省关于老年人享受优待服务的规定〉的决定》经2007年3月26日省政府常务会议审议通过，5月15日，时任省长罗清泉签署湖北省人民政府第301号令并予以颁布，自7月1日起施行。修订后的优待规定，在优待标准上有提高，优待内容上有增加，优待范围上有扩大，落实措施上有加强。

【认真贯彻落实省政府301号令】 省老龄办认真贯彻落实省政府第301号令。在宣传方法上，一是广泛宣传。第一时间将新《优待规定》在全国和省内有影响的媒体上进行报道，让全社会特别是广大老年人和提供优待服务的单位都了解掌握规定的内容。二是制发文件。省老龄办及时向全省县市以上老龄工作部门印发了《关于学习贯彻省人民政府第301号令的通知》，要求各级领导及相关部门高度重视，加强领导，认真贯彻落实。十堰、宜昌、荆州、黄石、恩施、鄂州、咸宁等市州分别以政府或政府办名义发出落实优待规定的通知；孝感市从落实优待服务的单位入手，在全市开展争创“敬老优待文明示范岗（单位）”的活动；随州市开展了《老年法》执法检查。成员单位民政厅、民宗委、文化厅、广电局、体育局、旅游局等出台了贯彻实施省政府第301号令的意见。三是组织培训。省老龄办分别于7月中旬和11月下旬，先后两次举办全省县以上老龄工作干部培训班。培训围绕学习贯彻党的十七大精神，正确理解《优待规定》内涵，着力解决好老年人最关心、最直接的老年优待问题展开，总结了近年来全省老年优待工作情况，重点对下一步深入抓好优待规定的落实和换发新版《老年优待证》进行了部署。

【制定出台了《关于加快发展养老服务业的意见》】 根据国办发〔2006〕6号文件精神和省政府领导同志的指示，省老龄办会同省发改委等13个部门，在调查研究的基础上，起草了《湖北省关于加快发展养老服务业的意见》，经反复征求各相关部门的意见并会签，省政府办公厅以鄂政办发〔2007〕47号文向全省转发了《意见》。《意见》就发展养老服务业的指导思想、基本原则、目标任务、优惠政策等方面的问题作了明确的规定，这将对我省养老服务业的发展产生积极的推动作用。

【完成了3项课题研究】 2007年，省老龄办注重在调研工作的深度上下功夫，在大学科学机构的配合下，完成了3项课题研究工作。第一，与南开大学共同完成了《湖北省人口老龄化发展趋势预测报告（2005—2050）》课题研究。《报告》分七个部分，近10万字，全面反映了湖北省人口老龄化的现状和发展趋势。第二，与华中师大老龄问题研究中心联合开展了农村空巢老年人课题研究。本课题共调查1000个样本，对荆州区、云梦县、英山县、宜城市、秭归县农村空巢老年人生活现状进行问卷调查，掌握了我省农村空巢老年人的第一手资料。第三，与武汉大学联合完成了全省老年残疾问题数据分析报告。此项成果获《湖北省第二次全国残疾人抽样调查优秀课题》二等奖。这些调研成果丰富了我省老龄工作的数据库，具有一定的指导意义和较高的参考价值。

【组团参加在北京召开的第八届亚洲，大洋洲地区老年学和老年医学大会】 这次会议是近20年来中国在老龄领域承办的最高规格的国际会议。根据全国老龄办的要求和省政府指示，我省组成了以省老龄办主任、党组书记郭义友为团长（50多人）的代表团出席会议。我省共报送7项学术成果、60多篇论文，有3个论坛通过评审，被邀请为大会正式论坛；会上我省共获5项学术成果奖（获奖人数18人）、24篇优秀论文奖（获奖人数48人）。省老年学学会，黄石市、赤壁市老年学学会，华中师范大学老龄问题研究中心被中国老年学学会评为先进单位，有6名同志被评为先进个人。在这次大会中我省获奖数和论坛组织工作在全国排在前6名位置，省老年学会受到中国老年学会通报表彰。

【参加第三届中国（重庆）老年产业博览会】 11月8日至11日，在重庆国际会展中心举行了第三届中国（重庆）老年产业博览会。根据省政府要求，组成了以省老龄办主任、党组书记郭义友为团长的学习考察团。黄石、黄冈、荆门、孝感、咸宁等市老龄办负责同志和部分参展企业的负责人以及参加老年产业论坛的15名代表参会。我省有3家老年企业在会上布展，2篇论文被大会选用，其中1人作为嘉宾在大会发言。

【“银龄行动”稳步推进】 根据全国老龄办的部署并结合我省实际，2007年，我省“银龄行动”工作又上了一个新台阶。活动的范围由4个县（市）扩大到8个县（市），并突出了新农村建设，体现了“银龄援农”主题。据不完全统计，参加“银龄行动”的老专家、老医生、老教授、老科技、文艺工作者300多人；文艺演出18场，观众达3万多人；举办农业科技、医疗讲座课99场次，听众8600多人次。“银龄行动”工作队所到之处深受欢迎，农民得到了实实在在的帮助。为活跃农村文化生活、增强农民的科技意识发挥了积极作用。

【举办全省老龄工作干部队培训班】 9月和11月，省老龄办在武汉分别举办了全省老龄工作干部业务培训班和学习贯彻党的十七大精神培训班，来自各市州县老龄办、省直机关、大专院校、大型企事业单位老龄工作部门的同志共230多人和80多人参加了培训。培训班邀请了华中师大著名社会学教授和省直机关工委党校校长及省老龄办各业务处主要负责人授课。通过培训，参训人员在对党的十七大精神的理解、专业知识、工作方法、协调能力等方面均有新的提高和进步。

【开展评先活动】 2007年6月至12月，省老龄办与省人事厅联合举办了全省老龄工作先进集体、先进工作者评选活动。评选活动在层层评选、层层把关、公开、公正的基础上，共评选出武汉市、孝感市、黄石市等10个单位为“湖北省老龄工作先进集体”和黄先廷等20名同志为“湖北省老龄工作先进工作者”。

【救助特困老年人】 为了体现党和政府对老年人的关怀，根据中央、全国老龄办和省委、省政府的要求，省老龄办多方筹集资金，在节前和雪灾后先后三次开展了对特困老人的救助活动。为把救助工作开展好，省老龄办及时向各地下发文件，作出部署，要求各级老龄部门积极配合救助活动。救助活动共筹集资金40万元，包括10万元的物质（轮椅、铝合金腋拐、坐便椅、伸缩手杖、保健药品、棉絮），对武钢、武重、武锅等重点企业和全省17个市州的1200多名特困老人实施了救助，使他们每人获得了300元救助款和部分救助物质。尽管筹集资金有限，但的确是雪中送炭，帮助这些受助老人度过了雪灾难关。

【举办“九·九夕阳红”大型游园活动】 10月16日和12月23日，省老龄办分别在洪山广场、武汉大学医学部体育馆举行了“九九夕阳红”大型游园活动，活动由文艺表演、寻伴交友、书画展示、有奖猜谜四个板块组成。数千名老年人踊跃参与。《湖北日报》、《楚天都市报》、《武汉晚报》、《长江商报》、湖北电视台、湖北人民广播电台等媒体对活动进行了大篇幅报道，社会反响强烈。

【举办湖北省敬老节】 为营造良好的尊老、敬老、爱老、助老的社会氛围，8月中旬至10月17日，省老龄办与省文联联合主办了“2007年湖北省敬老节”。敬老节具有时间跨度长、活动项目多、社会声势大等特点。中南政法大学50多名大学生志愿者参加了敬老节、敬老院公益活动；举办了老年健康讲座；在武昌群光广场举行了大学生关爱老年人万人签名活动；在洪山广场举行了金秋老年人群娱会。印制了大量的宣传单、宣传画，在老年人比较集中的地方广为散发。《湖北日报》、《长江日报》等10多家媒体对这一活动进行了报道，有3家电台对敬老节的各项活动进行了现场直播。敬老节活动的开展，为老年人搭建了一个自娱自乐、展示自我风采的平台。

各项业务进展

【深入贯彻第二次全国老龄工作会议精神和第九次全体会议精神】 深入贯彻、全面落实好第二次全国老龄工作会议精神和第九次全体会议精神，是今年各级老龄工作部门的首要任务。要抓紧筹备，尽快召开省老龄委全体会议，汇报全国老龄委第九次全委会，确定今年老龄工作的主要任务。要认真抓好各项工作的落实，督促检查和掌握了解各地、各成员单位老龄工作任务的落实情况，搞好综合协调，当好参谋助手，切实发挥职能作用。要针对当前老龄工作中的重点、热点、难点问题，认真抓几项社会影响大、实实在在的工作，并力争抓出成效。省老龄委第六次全会之后，省老龄办拟尽快筹备召开全省老龄办主任会议传达贯彻本次会议精神。

【认真贯彻实施老龄事业发展“十一五”规划】 国家以及我省的老龄事业发展“十一五”规划相继出台，为老龄工作和事业在未来五年的发展勾画出了宏伟蓝图，摆在我们面前的任务就是抓好落实，努力实现“十一五”规划所提出的各项目标。要在全省掀起一个学习贯彻老龄事业“十一五”规划的高潮。省老龄办与老龄委各成员单位要对“十一五”规划所提出的各项指标进行量化和细化，明确各自的职责要求，列出实施时间表，并制定切实可行的措施。市州以及县市要根据全省老龄事业发展规划，尽快制定颁布本地的“十一五”规划，并全面启动贯彻落实工作。

【切实加强老年维权工作力度】 重视做好老年法规的普法工作，深入开展法规宣传。我省老年优待规定修订颁布后，做好换证和老年人购买意外伤害保险等相关工作。高度重视社会主义新农村建设中的涉老问题，充分认识新时期加强老龄工作的重要意义，明确工作思路，创新工作方法，增强做好农村老龄工作的责任感和紧迫感，切实加强对农村和社区老龄工作的指导。充分发挥各成员单位和相关部门的职能作用，进一步推动养老保障体系的建立和完善，采取有力措施，逐步解决贫困老年人的基本生活保障问题。加强农村及社区老年群众组织的规范化建设，充分发挥其在构建和谐社会中的积极作用。认真做好信访工作，安排专人负责，落实领导接待日制度，做到来访必接，来信必复，跟踪督办，抓好问题的最终解决。配合司法部门，及时对虐老案件进行调查和处理。

【继续推进“银龄行动”】 全国“银龄行动”经验交流会议指出：“银龄行动”是老龄工作部门今后一项长期的重要工作内容，2007年“银龄行动”突出新农村建设，主题为“银龄援农”。根据这一要求，在认真总结去年我省四市开展“银龄行动”经验的基础上，今年继续在全省开展“银龄行动”。要把“银龄行动”与建设社会主义新农村结合起来，加强组织领导，完善服务措施，管好、用好有限资金，发挥好老科技工作者的积极作用，争取社会效益和经济效益的最大化，确保这一活动能够健康持续地开展下去。上半年将对有条件的县市进行实地考察，确定受援地点和实施项目。拟于下半年召开“银龄行动”总结表彰会。

【认真做好宣传教育工作】 举办第二届“荆楚十大敬老好儿女”评选活动。与省人事厅共同组织对全省老龄工作先进单位和先进工作者进行评比表彰。充分发挥各类媒体优势，立足于服务老龄工作大局，积极做好重要时期、重点项目、重要工作、重大事项的宣传工作。搞好第二届《湖北省志·人口（老龄工作）》编纂工作。抓好老龄工作系统信息化建设，继续深入推进助老上网工程，组织老年人进行上网培训。省老龄办拟于重阳节期间，组织省直机关老年人举办一次以和谐湖北为主题的大型游园活动。

【切实抓好养老服务工作】 根据国务院文件精神和省政府的批示要求，制定出台我省《关于加快发展养老服务业的实施办法》（以下简称《实施办法》），推动我省养老服务业的发展。做好《实施办法》的宣传贯彻工作。在全省开展养老服务业的调研工作，摸清情况，搞好典型引路，抓好以点带面，特别要抓好农村发展居家养老服务，及时总结和推广成功经验。要努力摸清失能老人的底数和对长期照料护理服务的需求情况。依托湖北老年事业发展中心，为老年人提供娱乐、休闲、保健、旅游等方面的服务，探索发展老年产业的新思路。

【深入开展调查研究工作】 发挥大专院校和科研院所老龄研究组织的作用，组织力量重点抓好三件事情：一是对湖北省老龄人口进行50年发展预测；二是在经费落实的情况下与省政协人口资源环境委员会共同搞好农村老年空巢家庭的调查工作；三是收集整理完成有关涉老方面的数据资料统计工作。同时，为出席北京亚大地区老年学会议做好筹备工作，力争组织1～2个论坛参加会议。

湖南省

综　述

2007年，在党的十六届六中全会和十七大精神指引下，在省委、省政府的正确指导下，省老龄委认真贯彻全国和全省老龄工作会议精神，充分利用和整合社会助老资源，促进了老龄事业与社会经济的协调发展。

一、各级党委、政府进一步重视老龄工作

省政府召开全省老龄工作会议，总结几年来的老龄工作，明确了今后一个时期老龄工作的发展思路和主要任务，对全省老龄工作提出具体要求，颁布了湖南省老年事业发展“十一五”规划，提出了我省五年内老龄事业发展的指导思想、总体目标和措施。各级党委、政府认真贯彻落实会议精神和“十一五”规划，长沙、衡阳等9个市州相继召开了老龄工作会议。株洲市委常委会议专题听取老龄工作情况汇报，市委、市政府下发《关于进一步发展老年人事业的意见》。市县结合实际颁布了本地区老龄事业发展“十一五”规划，出台了本地区老年人优惠政策，扩大了老年人优待范围，增加老年人优待项目。

二、城乡养老保障制度不断健全

全省参加社会养老保险统筹内离退休人员169.69万人，较去年增加约5万人，共支付企业离退休人员的养老金124.57亿元，较去年增加36亿元，离退休人员基本养老金人均增加80元，人均基本养老金达795元，养老金实现按时足额发放。

全省城镇基本医疗保险试点工作、农村新型合作医疗制度、农村社会养老保险工作稳步实施。城镇

“三无”老人、低保老人实行了免缴和减少缴费的政策。城乡低保老年人 39.71 万人，城市最低生活保障实现应保尽保，农村低保逐步扩面。部分低保老人享受到廉租房补贴，减免水费、电费和收视费的政策扶持；城乡低保、“五保”老人进入大病救助范围，除资助参加新农村合作医疗和城镇居民基本医疗保险外，患大病的老年人每年每人发放 1500～3000 元医疗救助金。

全省救助农村“五保户”和低保老人 9 万余人，救助城市低保老人 1.2 万余人。

各地进一步充实社会保障的内容。部分社区为老年人以购买商业养老保险的形式进行养老保障，形成了基本养老保险、补充养老保险和个人储蓄保险相结合的多层次养老保障。

各地积极开展家庭成员与老年人签订赡养责任书工作。

三、养老服务体系不断完善

全省有老年病医院 185 所，床位数 8716 个；老年临终关怀医院 73 所，床位数 1945 个，在院人数 2111 人。老年学校 586 所，在校人数 10.2 万人；老年活动站/中心/室 17729 所，参加活动人数达 156 万人（次）。全省有敬老院 1629 所，供养“五保”老人 7.03 万人。

我省长沙、岳阳、衡阳三市进行了“爱心护理院”试点工作，首批“爱心护理院”已正式挂牌运作。

省政府专门召开办公会议，同意为湖南老年基金会兴建老年公寓批地和立项的决定，对我省养老服务业的发展起到了积极的推动作用。

长沙市 33 个社区进行了社区居家养老试点工作，通过建立健全综合性的老年福利服务中心，为老年人提供生活照料、医疗保健、康复护理、家政服务、心理咨询、文化学习、体育健身、娱乐休闲等多种服务；株洲市开展“黄帽子”志愿者服务活动，空巢老人只要在阳台上挂一顶黄帽子，就有志愿者上门服务；娄底市建立了社区老年人服务站，老年人只要拨打电话，志愿者就上门进行扶助；市级医院还建立了家庭病床服务，定期上门为老年人看病和检查；邵阳市有 1515 家社区服务组织，27500 人从事家政、托老、医疗等老年服务工作，每年市卫生部门还定期为高龄多病老人开展义务巡诊，举办免费健康咨询和健康讲座等活动；湘潭市实现为孤寡老人上门服务的承诺；常德市基本实现老年人小病不出社区的目标。

四、老年人权益不断得到保障

年初，省老龄办与省人大内司委成立联合调研工作组，分别到长沙、株洲、益阳、常德等 4 个市进行调研，了解基层对《中华人民共和国老年人权益保障法》颁布实施 10 周年中存在的问题和意见，提出了 80 余条修改意见。开展了“扩大老年人优待范围、共享社会发展成果”的调研活动，广泛征求各级各单位意见，提出了适合我省实际的老年人的优待方案。许多市县将老年人优待范围扩大到了 60 岁和 65 岁以上的老年人，把优待项目扩大到老年人的衣食住行各方面。张家界市对 70 岁老年人减免风景点门票、市内知名景点、交通工具费用；为 70 岁以上老年人、老党员以及任职 10 年以上退位的老村班干部、老村小组长发放生活补助；衡阳市将长寿生活补助费发放到 90 岁及以上的老年人；湘西自治州部分县（市）为百岁老人发放每月 300 元长寿补助金。

全省各地普遍开展节假日走访慰问老年人活动，老人节期间，长沙市安排了 8.5 万元资金慰问 170 名特困、高龄老人。

老年维权网络建设不断加强，全省有老年法律援助中心 709 个，维权协调组织 5694 个。全省共收到群众来信来访 40133 件，查处涉老案件 3759 起。岳阳、邵阳、张家界等市建立老年维权中心，公开投诉电话；永州市设立老年法律服务站，为老年人提供法律一站式服务，法院对涉老案件坚持优先审理、优先结案、优先执行的原则，建立陪审员制度，并为老年人减免诉讼费用 90 多万元。

五、老龄宣传教育工作不断深入

省老龄办共编辑《湖南老龄通讯》共 12 期，12000 份 28 万余字，在传达上级指示精神、提供老龄信息，交流工作经验等方面起到了积极作用。省老龄办还通过民政网络媒体宣传老龄政策、老龄工作信息共 35 篇。

各地充分利用各种媒体开展老龄工作宣传，常德、益阳、永州、湘西等市州在电台、电视台开办《牵手夕阳红》、《为老服务》、《老年人生活与健康》等老年服务性专栏；长沙、株洲、常德、益阳等市在报刊、杂志上开辟《晚情》、《金色晚秋》、《为了夕阳的灿烂》、《人间最重是晚情》、《关注空巢老人》、《城乡邻里情》、《老骥伏枥谱新篇》栏目宣传老龄事业；娄底、永州、邵阳等市通过发放《老年法》宣传资料进行老年法规和老龄政策的宣传；株洲在重大节日为老年人点歌祝福，常德通过纪念日在年轻人当中开展“做敬老好人好事”、“读敬老好文章”，“关爱老人、促进和谐”活动，利用手机短信平台向 15 万用户发送“关爱老人、始于足下，孝敬父母、从心做起”宣传口号，唤起全社会关注老龄问题。

六、老年精神文化生活日益丰富

省老龄办与省文化厅联合举办了为期三个多月的全省老年文艺调演活动，有5万多名老年人参与活动，有19个代表队、37个节目选调到省里演出。

老年人精神文化生活丰富，全省有老年活动团体994个，老年文化活动设施17729个，老年体育协会遍布城乡，有156万名老年人参加了各种健康向上的文艺体育活动。老人节期间，省老龄办与省福利彩票发行中心联合开展了“福彩情系贫困老人”献爱心慰问活动，从福彩公益金中拿出50万元慰问全省1000名特困老人。株洲市为纪念抗战胜利60周年、长征胜利70周年组织近千名老年人到北京、海南、港澳旅游观光，领略祖国的大好风光；长沙开展“迎奥运、庆节日，万名老人健步行”活动，与宣传部、广电中心成功举办“长沙市中老年歌咏大赛”；张家界开展“迎奥运”中老年乒乓球赛；岳阳开展“百名老人登岳阳楼”活动，近300名老红军、老八路、老英雄、老战士、老劳模、老党员参加；湘西在州庆之际举办了《荣昌杯·湘西颂》大型文艺活动，州老龄委成立了老龄委艺术团并参加了演出；株洲市积极引导老同志开展公益事业、青少年教育等方面的活动，为社会经济发展做贡献。

七、老龄科研和国际交流日趋活跃

2007年，我们组织50多名包括各市州老龄工作者及老龄问题专家、学者在内的湖南代表团参加全国老龄办在北京举办的“第八届亚洲/大洋洲地区老年学和老年医学大会”。我省代表印大中、朱志明分别荣获了首届中国老年学“杰出贡献奖”和首届老年学“学术成果奖”，省老龄委荣获优秀组织奖。

我省国际援华助老项目、“爱心护理院”试点项目继续实施，在承担欧盟国际助老项目的基础上，又争取到了英国救助祖母基金会（2007—2008）的进一步援助。

各市州开展了各种形式的调查研究工作。娄底市开展了贫困老人和百岁老人生活状况调查；株洲市老龄委与市人口计划生育委员会联合开展人口老龄化问题学术调研活动；郴州市组织开展了农村居家养老调研以及围绕养、医、为老服务、“五保”供养、老龄产业、优待政策、机构建设为内容的老龄综合调研活动，组织市政协委员对城区养老机构的建设和经营情况开展调研，市老龄委积极做好老龄修志工作，与湘南学院合作开展两个老龄科研课题研究，并在省教育厅立项。各地开展的调研工作为老龄工作决策起到了积极的作用。

八、老龄工作队伍自身建设有所加强

省老龄办举办了有县（市区）、街道、乡镇等107名基层老龄工作人员参加的培训班，提高了老龄干部素质。

各地老龄机构非常重视自身建设，普遍都建立了工作请示汇报制度、成员单位的会议联系制度、联合执法检查制度、老龄工作目标考核评比制度。

大力加强思想作风建设，进一步增强了做好老龄工作的责任感和事业心。各级老龄办认真履行职责，在人员少、经费少、任务重的情况下，紧紧依靠党政领导关心与重视，尤其是民政系统的大力支持与帮助，不怕跑腿，不怕辛苦，不讲条件，圆满完成了全年各项工作任务。

重要会议和活动

【全省老年文艺调演】 为推动全省老年文化活动的开展，根据省老龄委2007年工作安排。3月1日，省老龄委发出通知，以“快乐、健康、和谐”为主题举办“2007’湖南省老年文艺调演”。调演活动由省老龄委、省文化厅联合主办，珍奥集团湖南公司承办，调演节目有音乐类、舞蹈类、时装类、曲艺小品类和小戏类等五大类形式，分设金、银、铜奖。

5月底止，全省70多个老年文艺团体（组织）5万多名老年人参与各市州选拔活动，经市州老龄委、文化局审核，向省里推荐文艺节目50余个。6月12日，全省老年文艺调演在长沙湖南大剧院举行，经专家评委采取现场观摩和观看节目光碟初选的市州19个老年文艺代表队，37个优秀节目，400余人参加省里调演。经评选：

怀化市沅陵县老年大学选送的舞蹈《婆婆辣》等4个节目荣获金奖；

湘潭电机厂老年艺术团选送的舞蹈《湘秀情》等5个节目获银奖；

衡阳有色金属冶金机械总厂留守处选送的歌伴舞《蓝色的蒙古高原》等6个节目获铜奖。

长沙市天心区文艺队选送的武术与旗袍《和谐》等22个节目获优秀奖。

省级老领导熊清泉、刘夫生、王克英、董志文、刘亚南、罗秋月、沈瑞庭、朱东阳、赵培义等观看了调演节目，并为以上获奖的单位颁奖。

【老人节慰问贫困老人活动】 省老龄委为认真贯彻落实回良玉副总理在回答全国老龄办《关于重阳节期间看望慰问贫困老人的请示》中关于“在重阳节期间在全国开展‘慰问贫困老人活动’很好，有利于弘扬中华民族敬老养老的优良传统，有利于推动社会主义和谐社会建设”的重要批示和庆祝湖南省第十九届老人节。今年也是中国福利彩票发行20周年，省老龄委、省福利彩票发行中心决定通过实践福利彩票“扶老、助残、救孤、济困”的宗旨，在老人节期间，在全省范围联合开展慰问贫困老人活动。

10月15日，省老龄委、省福利彩票发行中心在长沙市天心区政府会议厅举行“庆祝第十九届老人节暨‘福彩情系贫困老人’慰问活动启动大会”。省老龄委顾问、省级老领导刘夫生、王克英、董志文、罗秋月、沈瑞庭、朱东阳、刘亚南、赵培义等出席会议。参加会议的有省委组织部副部长、省老龄委副主任李映华，省妇联巡视员、省老龄委委员尹大春，省人事厅副巡视员柳席田，长沙市市委常委、副市长、市老龄委主任谢建辉，以及省老龄委有关成员单位负责同志，长沙市人民政府、市老龄委、市民政局和天心区区委、区政府负责同志，以及社会各界老同志代表等500多人。省民政厅厅长、省老龄委常务副主任余长明主持启动仪式并致辞。省老龄委专职副主任、省老龄办主任邢志斌代表省老龄委、省福彩中心宣读《致全省老年人的慰问信》。省级老领导为在场的10位贫困老年人发放了慰问金。省老龄委艺术团演出了精彩的文艺节目。

启动仪式后，省老龄委部分成员单位领导带领四个慰问组，分赴郴州、衡阳、株洲、常德等8个市走访慰问贫困老人，发放慰问信和慰问金。湘西州、怀化、张家界等市（州）老龄委代表省里对本区域内贫困老人进行慰问活动。

此次慰问活动共慰问全省1000名贫困老人，发放福彩公益金50万元。

广东省

综　　述

2007年，广东省的老龄工作在省委、省政府的领导下，在各级党政部门的高度重视下，坚持以邓小平理论和“三个代表”重要思想为指导，以科学发展观为统领，深入贯彻党的十七大精神，根据全国老龄委第九次全体会议及全国省级老龄办主任会议精神和广东省老龄委主任、副省长李容根关于老龄工作要抓难点、抓重点、抓创新、抓根本的要求，经过省老龄委各成员单位和各级老龄工作机构的共同努力，老龄工作取得了新的成绩。

一、出台政策，保障老年人养老需求

老龄委各成员单位，根据本部门的职责，出台政策，创新工作方式，为保障和提高老年人老有所养、老有所医水平做出了新的成绩。省财政从几方面入手，切实解决广东老年人的养老问题。一是安排了省级养老保险基金储备金1亿元；二是养老保险提高待遇标准后，安排贫困地区基金增支缺口补助资金8000万元；三是安排广东农垦企业职工养老保险统筹补助资金1.1亿元；四是安排省直企业离休干部增发生活补助专项资金1.07亿元；五是安排省属企业部分早期退休人员增发生活补助专项资金5000万元。确保养老金和省直企业离退休人员生活补贴按时足额发放。省人事厅根据国家政策规定，结合我省实际，给机关事业单位离退休人员增加离退休费；解决了2006年工资套改后退休人员计发退休费标准与工改前退休人员计发标准衔接问题，使全省机关事业单位工资改革后退休人员的退休金得到正常提高；对早期退休人员退休费给予政策倾斜，适当提高他们的生活待遇。省劳动和社会保障厅采取积极措施，推进我省养老保险制度改革。截至2007年12月底，全省基本养老保险参保人数达到2226.8万人，增长12.9%，其中离退休人员参保人数257万人，增幅为5.6%。全省养老保险基金累计积累1283亿元，同比增长24.9%。同时，大力推动多层次养老保险制度建设，采用普遍调整与政策倾斜调整、定额调整与缴费年限补贴等相结合的办法，适当提高了企业离退休人员基本养老金水平，重点对建国前参加革命工作的老工人、具有高级职称的企业退休科技人员以及80周岁以上人员予以倾斜。通过调整，全省企业离退休人员基本养老金月人均增加132元左右，达到每月1053元，其中，欠发达地区每月不低于450元。劳动保障部门还研究提出了解决困难欠费补缴、未参保破产企业人员、县以下集体企业人员、早期下海人员养老保险问题的相关措施；筹集资金解决我省40多万破产、关闭、解散国有、集体企业的退休人员参保资金问题。省民政厅在全省建立了城乡统一的居（村）民最低生活保障制度，全省发放低保金12.74亿元，享受低保救济的有71万户，176.8万人。其中城镇低保标准为人月130～361元，农村人月100～320元；城镇月人均补差121元，农村月人均补差47元，高于全国平均水平。“五保”供养工作有新进展，全省已保“五保”对象25万人，其中3.6万人实行集中供养。全省“五保户”人均分散供养标准为年人均1600元，集中供养标准为年人均3600元。

在保障老年人老有所医方面，省财政安排了企业离休干部医疗费补助资金2424.57万元；安排省属企业社会申办退休人员参加广州市基本医疗保险补助经费2200万元；各级财政还出资3.92亿元，帮助解决29662名华侨农场归侨退休人员参加医疗保险问题。全省参加医疗保障人数2022万人，增长42.3%，其中退休人员参加医保人数218万人，比上年底增加15.3万人。省劳动和社会保障厅制定政策帮助解决中央驻穗单位社会申办退休人员参加医疗保险；出台倾斜政策，将一些老年性疾病的门诊医疗费用纳入基本医疗保险统筹基金支付范围，切实减轻了患老年性疾病的老年人个人经济负担。省卫生厅建立救助金制度，尽力减轻参合人特别是老年人的个人负担，提高了老年人参加“新型农村合作医疗”的积极性。目前，全省“新型农村合作医疗”100%覆盖所有行政村，参合人员近90%。同时，积极扩大筹资渠道，提高筹资标准和补偿标准，给予乡村卫生站和乡医专项补助。省民政厅基本建立了城乡基本医疗救助制度。全年共发放医疗救助金1.09亿元，救济困难群众145.21万人（次）；出资2167万元资助农村138.9万名低保、“五保”对象参加新型合作医疗；出资1865.7万元资助城镇2.8万名困难群众参加医疗保险，有效缓解了困难群众“看病难”问题。

二、创新服务，切实开展为老服务工作

按照第九次全国老龄工作委员会会议提出的“抓好社区和基层老龄工作要在社区建设一批适用、方便的老年人活动场所和服务设施”的要求，全省各地充分发挥现有文化设施功能，在群众艺术馆、文化馆、图书馆、文化站等单位设立老龄活动室。省文化厅通过评选全省“十佳文化广场”等工作，大力推动适合老年人活动文化广场的建设，要求有条件的地区兴建老年文化活动中心。目前，全省22个群众艺术馆、139个文化馆、1589个文化站已基本设立了老龄文化活动室，全省200平方米的文化广场已达到4063个。同时，文化部门组织各专业和业余艺术表演团体创作排演了大量的老龄题材剧节目，为老年人演出。各级图书馆结合图书馆服务宣传周等活动，积极开展老年人读书活动，组织老年人成立读书小组，开展书评活动。各地博物馆、美术馆实行免费向老年人开放。省民政厅广泛开展省级养老服务社会化示范单位创建工作，继续推进以居家养老为重点的社会福利社会化，目前有3万多名居家老人享受上门服务，收到良好社会效果。去年全年完成“星光计划”建设项目150个，使我省“星光老年之家”达到3905个。“千间敬老福星工程”继续推进，第二批改扩建的175间敬老院基本完工入住，第三批220间改扩建工程已全面启动。省财政安排专项资金5920万元（其中省级福利基金安排3200万元），用于我省14个经济欠发达地区敬老院福利改造工作，促进了困难地区老年人福利与服务设施的建设。省卫生厅指导各医疗机构为老年人提供系列优先服务和便民特色服务。针对老年人群，通过义务咨询，广泛宣传健康生活方式，同时还开展了“中医中药中国行”大型义诊服务。开通“健康直通车”，组织青年志愿者到基层一线和老人院，为困难群众和老年人进行义诊服务。省委宣传部组织青年卫生医药志愿者到全省16个贫困县，举办大型义诊，以入户治疗等形式，为患病困难的农村老年人送医送药。省民宗委致力推动全省性宗教团体和有条件的寺院举办慈善诊所，创设慈善中医诊所和义诊流动车，利用养老院等常规性慈善平台，为特困人群和老年人看病。一年来，为特困老年人群免费看病1万多人次，赠药60万元。省旅游局把老年旅游纳入全省旅游发展规划，从旅游资源开放到旅游企业经营，都充分考虑老年旅游需要。在开拓旅游市场的同时，对老年人市场进行调查研究，开发一些比较贴近老年人的旅游产品。地处粤东、粤西和粤北的192个旅游扶贫点，已成为老年人旅游市场的重要产品。省建设厅积极主动地做好老人院、老人活动中心等建筑设计工作，充分考虑老年人活动不便的实际情况，让建筑工程充分体现出人性化，适宜老年人生活。省妇联充分调动社团积极性，每月定期到街道和敬老院慰问演出，深受敬老院老人们的欢迎。由省老龄办组织、省财政厅拨款，在全省开展了慰问贫困老年人活动。根据对生活不能自理老年人状况调查结果，从韶关、河源、梅州、湛江、茂名、清远、汕尾、潮州、揭阳、云浮等10个经济欠发达地市，各选择50名贫困老年人，共计500人纳入慰问对象，每人划拨500元慰问金。并在广州市选择了3名贫困老年人，由省老龄委领导代表省委、省政府入户进行慰问，深入了解贫困老年人的生活现状和需求，为他们送去了党和政府的关怀。

各地加大政策扶持力度，切实为老年人服务。一是加强了基础设施建设，为老年人尤其是高龄老人服务。广州市划拨504.8万元资助全市“星光老年之家”运营，市老人院投资2000多万元建成了国内第一座临终关怀大楼。汕头市从福彩公益金拨出330万元，资助33个农村老年人活动场所改扩建。东莞市安排了980万元用于资助兴建或改造全市“星光老年之家”。中山市两年内共投入6000多万元基本完成对全市13间敬老院的改造，并把市社会福利院建设纳入全市十大重要民生工程。江门市累计兴建了“星光老年之家”246间，共投入资金3918万元，其中2533万元由社会力量捐助。梅州市建成了市级收养托老中心。二是推进社区居家养老服务工作，建立健全社会化养老服务体系。广州市全面铺开了居家养老服务，并出台了《关于进一步加强老年人社区管理服务工作的意见》。深圳市共拨付了83.3万元开展“结对关爱高龄独居老人”活动。珠海市为空巢老人提供亲情慰藉服务活动。汕头市除市（区）级财政将养老服务专项经费列入年度预算，并从市、县（区）本级福彩金中按每年不低于10%的比例，安排资金用于居家养老服务。汕头市、东莞市制订了居家养老服务人员管理、服务标准等配套制度。阳江市召开了全市社区居家养老现场会，交流居家养老服务的工作经验。来自社会各界的关爱和养老服务模式的创新，使老年人切切实实得到了实惠，老年人的生活质量不断提高。

三、强化意识，保障老年人合法权益

为贯彻省老龄办等21个部门联合下发的《关于进一步加强老年人优待工作的意见》文件精神，惠州、东莞、中山、茂名、肇庆等不少地市结合本地实际，及时修订了本地的老年人优待办法，让老年人分享经济社会发展的成果。东莞市降低了优待年龄，规定男性年满60周岁，女性年满55周岁可享受优待政策。江门市为解决老年人乘车优待问题，市区两级财政每年补助公交企业273万元，同时为70岁以上老年人连续3年购买乘车保险。深圳市把百岁老人营养补贴提高到每人每月500元。珠海市扩大补贴范围，除了提高百岁老人生活补贴标准，还给全市95岁以上高龄老人每月发放100元生活补贴。惠州市在为百岁老人发放长寿补贴的基础上，对90岁～94岁和95岁～99岁两个年龄段的高龄老人每月分别发放50、100元的补贴。汕头市开展优待办法实施情况检查，会同部分涉老单位分别对公园、医院、公交等单位进行重点抽查。潮州市政府专门召开全市老年优待工作协调会议，落实老年优待政策。广州、佛山、东莞、汕尾等市完善了老年人优待证或老年人优惠乘车卡的发放工作，使老年人更方便快捷地享受优待服务。

省老龄办去年全年共接待上访群众154批182人次，接听咨询上访电话101次，收到书面上访信件材料46件。针对老人来信来访中反映的子女不赡养、经济活动和消费过程中上当受骗、养老医疗政策未落实、享受社会优待受歧视等问题，坚持请律师开展每月一次的法律咨询活动，为老人指出投诉和解决问题的方式和途径，增强老年人的法律意识、防范意识以及维护自身合法权益的能力，做好上访群众的思想疏导工作。省人事厅对一些地区和单位未能足额兑现离退休费的情况进行及时督查，对离退休人员的诉求，在政策范围内尽量给予解决。据司法部门统计，全省基层司法所、法律服务所全年共接待老年人法律咨询32200多人次，为老年人办理各类公证21000件，调解涉老纠纷11300多件，调解成功率占96%以上。在律师代理诉讼中建立了老年人法律服务“三优”制度：一是优先接待，对80岁以上老年人扶送出门；二是优先调解，开辟老年人法援“快车道”；三是服务优质，全年为老年人提供法律咨询13000多人次，办理案件3200宗，共有21647老年人获法律援助。省直各涉老部门和各地上下联动，把维护老年人合法权益摆到重要工作日程上，不仅为老年人撑起了法律的保护伞，也为老年人拓宽了优待服务的范围，保障了他们享受社会经济发展成果的权力。

四、组织开展第十九届“老人节”及敬老月活动，丰富老年人精神文化生活

在省第十九届“老人节”期间，省老龄办向全省各地发出通知，要求各地高度重视，积极开展形式多样的庆祝活动，在全社会营造尊老敬老的良好氛围。“老人节”及敬老月期间，各级老龄工作部门深入基层，广泛开展了老年文艺演出、老年运动会、太极柔力球大赛、“万名老年人健步登山迎奥运”等老年人喜闻乐见的文体活动，丰富了老年人的晚年生活，充分体现了《中共中央关于构建社会主义和谐社会决定》的精神，同时也树立了老龄工作部门的良好形象。省老龄办和省老年产业协会共同在广州文化公园举办了广东省老龄事业发展成就展和第二届党政军老领导书画摄影作品展，地方和军队老领导出席了展览。活动展出了图片128张，书画摄影作品70多幅，旨在展示我省老龄事业的成就，展现我省党政军老领导风姿焕发的精神风貌。省体育局举办了第13届“文化杯”老年门球赛，全省21个地级市、中央驻穗单位、广州驻军部队、香港、澳门特别行政区等64个代表队参加了比赛。

广州、深圳、佛山、梅州、惠州、东莞、中山、江门、湛江、清远等市组织了本市的老年人文艺汇演或老年人运动会。深圳市投入了1030万元抓好“老有所乐”、“老有所学”等助老计划的实施工作。珠海市、湛江市分别组织老年人乘火车专列出省旅游观光。形式多样的庆祝活动，不仅丰富了老年人的精神文化生活，而且扩大了老龄工作部门的影响，各地老龄工作得到社会各届的广泛好评。

五、开展第四期“银龄行动”，开辟“老有所为”新途径

在认真总结前三年“银龄行动”经验的基础上，继续以“就近、方便、可行、实效”为原则，组织老年知识分子对我省经济欠发达地区进行技术援助，开展第四期“银龄行动”。10月下旬，我省组织了11名中老年医疗专家赴湛江市徐闻县开展医疗援助活动。援助期间，专家们共接诊1858人次、会诊86次，义诊324人，为基层1098名医务工作者免费授课13场次并指导参与手术18台，既为徐闻县培养了一支不走的医疗队伍，同时也扩大了老龄工作的影响，进一步开辟了实现“老有所为”的新途径，取得了良好的社会反响。省人事厅指导支持省老科联的工作，把重点放在建设社会主义新农村上。一年来组织140名老专家先后到重点开展科技扶贫的阳春市和新丰县，参与各项科技下乡活动，抓技术培训、技术推广，进行项目考察、调查研究，为当地政府提交了多项意见和建议，受到当地政府的高度重视。

六、加强宣传，创新模式，老龄工作社会日益关注

开展老龄工作，宣传是关键，其旨在让全社会了解老年人，关爱老年人，共同帮助老年人。省委宣传部专门提出要求，省直宣传系统各单位和各地级市委宣传部要站在建设和谐社会和谐广东的高度，把涉老宣传列入工作议程，作为社会宣传重要内容，将爱老敬老作为开展公民道德建设的突出主题。各级新闻媒体根据部署，加大了对涉老工作尤其是一些老龄重大活动的宣传报道力度，推出涉老专栏专题，在社会上大力提倡尊老敬老爱老的良好风尚，全省报纸、电台、电视台、网站等媒体刊（播）发了有关涉老新闻报道、图片、评论、涉老维权文章4931条（篇），策划有关涉老专题343期，有效地提高了人们对涉老工作的关注，促进了尊老敬老社会风气的进一步形成。省新闻出版局做好老龄读物的选题、策划和出版工作。适当引导文学、影视、戏剧界积极创作优秀老年题材作品，对一些具有积极意义的老年读物的出版和发行给予一定支持和政策倾斜，组织启动“农家书屋”工程，举办“南国书香节”等一系列活动，尽量满足老年人对各类图书、报刊、音像、电子出版物的需求。不断将老龄服务理念渗入到社会各个层面。省司法厅把《中华人民共和国老年人权益保障法》作为“法律六进”的重要内容，通过法律进机关、进乡村、进学校、进企业、进单位、进社区，把法律送到人民群众手中。与新闻媒体联手，开办了“法制园地”宣传栏目，以案说法，以案析法等普法活动。在学习宣传活动中，举办老年人维权文艺汇演专场和尊老助老事迹演讲专场等活动。全年举办各类文娱汇演300多场次，张贴宣传标语7万多条幅，发放有关维权资料12万份，举办涉老事迹演讲100多场。省老龄办对各地上报的百岁老人进行了综合评选，与广东省电视台共同制作了《走进广东百岁老人》电视专题片，并在敬老月期间，在广东珠江频道播出，受到了广大老年朋友的热烈欢迎，将别具岭南特色、体现人文关怀的老年精品电视节目奉献给了广大观众，取得了良好的社会反响。同时，省老龄办在全省范围内开展了第二届“广东省十大敬老之星”评选活动。此外，省老龄办还创办了“广东老龄网”公众网站，召开了老龄宣传工作座谈会。全年共编发老龄工作简报12期，在各新闻媒体上刊发了老龄工作新闻稿件50余篇，准确及时地反映了省和各地市老龄工作动态。

各地也积极利用各种方式宣传老龄工作。珠海市开通了“夕阳红”公众网站，编辑印刷了2万册《长寿民谚集锦》免费赠送老年人。惠州市在创建全国文明城市“市民素质教育”系列活动中，开展了“十佳健康快乐老人”、“十佳孝子”的评选表彰。江门市编写出版了《生活小窍门》赠送给广大老年朋友。潮州市制作了百岁老人电视专题报导。云浮市开展了首届“云浮市敬老模范村居（社区）”评选表彰活动。这些活动不仅引起了全社会对老龄工作的认识和关注，而且提高了老龄工作部门的地位，为开展老龄工作创造了和谐的社会氛围。

重要会议和活动

【召开省老龄委第七次全体会议】　5月29日，省老龄委召开了第七次全体会议。会议传达了全国老龄委第九次全体会议精神，总结了2006年广东省的老龄工作，并对2007年工作的落实提出了意见。会议还表彰了2006年度省老龄委先进成员单位和优秀联络员。

【省老龄委成员单位联络员会议】　1月18日，省老龄委召开了成员单位联络员会议。会议回顾了各成员单位2006年的涉老工作的情况，交流了工作经验，并对新一年的涉老工作提出了新的要求。

【召开老龄宣传工作座谈会】 8月16日下午，省老龄办召开了老龄宣传工作座谈会。传达了广东省副省长李容根关于加强老龄宣传工作的指示，介绍了广东省老龄事业发展概况，通报了省老龄办的老龄宣传工作计划。与会人员还就下半年老龄宣传工作的具体事项进行了座谈。

【召开全省老龄办主任会议暨老龄事业统计工作培训班】 7月11日至12日上午，省老龄办召开全省老龄办主任会议暨举办老龄事业统计工作培训班。会议的主要目的是为了传达贯彻全国省级老龄办主任会议和省老龄委第七次全体会议精神；回顾2006年以来的老龄工作情况及第二次全省老龄工作会议贯彻落实情况，部署2007年下半年的主要工作任务；同时，为了做好老龄事业统计工作，切实提高统计人员业务素质。

【举办广东省老龄事业发展成就展和第二届党政军老领导书画摄影作品展】 1月6日，举办了广东省老龄事业发展成就展和第二届党政军老领导书画摄影作品展。活动展出了图片128张，书画摄影作品70多幅，旨在展示广东省老龄事业的成就，展现党政军老领导风姿焕发的精神风貌，推动广东老龄事业的发展。

【开展第二届“广东省十大敬老之星”评选表彰活动】 3月底，在全省范围内正式启动了第二届“广东省十大敬老之星”评选表彰活动。各地按照评选表彰办法的规定和程序，推荐上报了18名候选人。《老人报》、《岭南松》及广东老龄网向社会公示了18名候选人的事迹，并接受广大群众的投票。最终，经省老龄委各成员单位审议通过并省老龄委领导同意，欧阳欣华等10名同志被评为第二届“广东省十大敬老之星”，黄柱深等8名同志获得第二届“广东省十大敬老之星”提名奖。

【开通广东省老龄信息网】 4月28日，广东老龄网（http：//gdll.com.cn）正式开通。网站旨在为老年朋友和关心老年人的朋友提供全方位的优质服务；同时，宣传广东省涉老法律法规、老龄工作方针政策及老龄工作动态。

【举行第二届“桂格杯”老年人万人登白云山大型活动】 10月12日上午，组织了省直属机关、企事业单位、中央驻穗单位及各大专院校的离退休干部、职工、部队老同志共7000余人在重阳来临之际畅游白云山。

【慰问贫困老年人】 为贯彻落实全国老龄办关于在节日期间开展慰问贫困老年人活动，推动和谐社会建设的指示精神，在全省开展了慰问贫困老年人活动。从韶关、河源、梅州、湛江、茂名、清远、汕尾、潮州、揭阳、云浮等10个经济欠发达地市，各选择50名贫困老年人，共计500人纳入慰问对象，每人划拨500元慰问金，为他们送去了党和政府的关怀。

【开展我省第四期“银龄行动”】 10月，组织了11名中老年医疗专家组成“银龄行动”医疗队，赴湛江市徐闻县开展了医疗援助。据不完全统计，援助期间，专家们共接诊患者1858人次，接受咨询165人次，阅读CT、MIR及X线片及影像会诊86人次，手术实施及指导18起，为324人次提供了义诊服务，开展学术讲座13场次。这次“银龄行动”为当地居民排忧解难，受到了居民和社会高度赞扬，取得了较好的社会效果。同时，激发了广大老年知识分子参与社会公益事业的热情，并进一步增强老年人医疗保健意识，提高老年人的健康水平和生命质量。

【拍摄《走进广东百岁老人》电视专题片】 11月18日、12月2日上午9：00，由省老龄办和广东电视台珠江频道联合摄制的《走进广东百岁老人》电视专题片第一、二集在广东电视台珠江频道《晨彩飞扬》栏目播出。本片旨在通过广东百岁老人的幸福生活反映广东城乡代际和谐，体现党和政府对老龄事业的重视和支持，激发社会各界共同关注老龄社会，继续发扬中华民族尊老爱老的优良传统。

【举行首届（中国·广州）太极柔力球大奖赛】 12月11日～13日，在广州军区体育馆举行了“首届（中国·广州）太极柔力球大奖赛”。大赛为期三天，共有来自国内等十几个省市以及欧盟、日本、韩国等国家和地区，共35支队伍330多名运动员参加。大赛设团体项目、单人项目及双人项目等奖项。

各项业务进展

【老龄政策研究】 一是开展了“‘双百村居’老年人生活状况调查”。2007年上半年，为了解我省城乡老年人的生活需求状况，省老龄办在全省范围内开展了“‘双百村居’老年人生活状况调查”，形成了《广东省双百村居老年人状况调查报告》、《广东省生活不能自理老年人的生活状况及需求调查报告》两个内容翔实的报告。以调研报告为依据，省老龄办草拟了《关于进一步加强我省农村老龄工作的实施意见》，并征求了省老龄委24个成员单位和相关部门的意见，于2008年以省政府办公厅的名义下发各地贯彻执行。此举不仅有利于解决农村老年人的实际困难，还充分发挥了老龄工作部门参谋助手、综合协调的积极作用，也是关注民生、切实推动农村涉老政策措施落实的有力举措。二是承办了省政协《积极应对人口老龄化，尽快发展老年服务业》重点提案。根据省政协重点提案提出的“积极应对人口老龄化，尽快发展老年服务业”、“争取提出扶持我省民办养老机构的优惠政策建议，引导和鼓励更多的社会力量举办老年事业”的提案意旨，省老龄办组织省政协及省发改委、省政府法制办等单位相关人员，开展了涉及提案主要问题的“我省民办养老机构的发展状况和存在问题调查”，赴我省湛江、中山市和浙江、北京、上海等省市，就我省老年人的机构养老诉求、我省养老机构的现状，以及外省市扶持养老机构发展的经验做法等进行了调研。形成了《我省老年人机构养老诉求及养老机构发展状况》等报告，为扶持我省民办养老机构优惠政策的加快出台提供了科学依据，促进了我省民办社会福利机构包括养老服务业更好更快地健康发展，得到了省政协的表彰。

【老年维权工作】 据司法部门统计，全省基层司法所、法律服务所全年共接待老年人法律咨询32200多人次，为老年人办理各类公证21000件，调解涉老纠纷11300多件，调解成功率占96%以上。在律师代理诉讼中建立了老年人法律服务“三优”制度：一是优先接待，对80岁以上老年人扶送出门；二是优先调解，开辟老年人法援“快车道”；三是服务优质，全年为老年人提供法律咨询13000多人次，办理案件3200宗，共有21647老年人获法律援助。省直各涉老部门和各地上下联动，把维护老年人合法权益摆到重要工作日程上，不仅为老年人撑起了法律的保护伞，也为老年人拓宽了优待服务的范围，保障了他们享受社会经济发展成果的权力。省老龄办去年全年共接待上访群众154批182人次，接听咨询上访电话101次，收到书面上访信件材料46件。针对老人来信来访中反映的子女不赡养、经济活动和消费过程中上当受骗、养老医疗政策未落实、享受社会优待受歧视等问题，坚持请律师开展每月一次的法律咨询活动，为老人指出投诉和解决问题的方式和途径，增强老年人的法律意识、防范意识以及维护自身合法权益的能力，做好上访群众的思想疏导工作。省人事厅对一些地区和单位未能足额兑现离退休费的情况进行及时督查，对离退休人员的诉求，在政策范围内尽量给予解决。

各地级以上市为贯彻省老龄办等21个部门联合下发的《关于进一步加强老年人优待工作的意见》文件精神，结合本地实际，及时修订了本地的老年人优待办法，让老年人分享经济社会发展的成果。

【为老服务业发展】 按照第九次全国老龄工作委员会会议提出的“抓好社区和基层老龄工作要在社区建设一批适用、方便的老年人活动场所和服务设施”的要求，全省各地充分发挥现有文化设施功能，在群众艺术馆、文化馆、图书馆、文化站等单位设立老龄活动室。省文化厅通过评选全省“十佳文化广场”等工作，大力推动适合老年人活动文化广场的建设，要求有条件的地区兴建老年文化活动中心。目前，全省22个群众艺术馆、139个文化馆、1589个文化站已基本设立了老龄文化活动室，全省200平方米的文化广场已达到4063个。同时，文化部门组织各专业和业余艺术表演团体创作排演了大量的老龄题材剧节目，为老年人演出。各级图书馆结合图书馆服务宣传周等活动，积极开展老年人读书活动，组织老年人成立读书小组，开展书评活动。各地博物馆、美术馆实行免费向老年人开放。省民政厅广泛开展省级养老服务社会化示范单位创建工作，继续推进以居家养老为重点的社会福利社会化，目前有3万多名居家老人享受上门服务，收到良好社会效果。去年全年完成“星光计划”建设项目150个，使我省“星光老年之家”达到3905个。“千间敬老福星工程”继续推进，第二批改扩建的175间敬老院基本完工入住，第三批220间改扩建工程已全面启动。省卫生厅指导各医疗机构为老年人提供系列优先服务和便民特色服务。针对老年人群，通过义务咨询，广泛宣传健康生活方式，同时还开展了“中医中药中国行”大型义诊服务。开通“健康直通车”，组织青年志愿者到基层一线和老人院，为困难群众和老年人进行义诊服务。省委宣传部组织青年卫生医药志愿者到全省16个贫困县，举办大型义诊，以入户治疗等形式，为患病困难的农村老年人送医送药。省民宗委致力推动全省性宗教团体和有条件的寺院举办慈善诊所，创设慈善中医诊所和义诊流动车，利用养老院等常规性慈善平台，为特困人群和老年人看病。一年来，为特困老年人群免费看病1万多人次，赠药60万元。省旅游局把老年旅游纳入全省旅游发展规划，从旅游资源开放到旅游企业经营，都充分考虑老年旅游需要。在开拓旅游市场的同时，对老年人市场进行调查研究，开发一些比较贴近老年人的旅游产品。地处粤东、粤西和粤北的192个旅游扶贫点，已成为老年人旅游市场的重要产品。省建设厅积极主动地做好老人院、老人活动中心等建筑设计工作，充分考虑老年人活动不便的实际情况，让建筑工程充分体现出人性化，适宜老年人生活。省妇联充分调动社团积极性，每月定期到街道和敬老院慰问演出，深受敬老院老人们的欢迎。

各地加大政策扶持力度，切实为老年人服务。一是加强了基础设施建设，为老年人尤其是高龄老人服务。广州市划拨504.8万元资助全市“星光老年之家”运营，市老人院投资2000多万元建成了国内第一座临终关怀大楼。汕头市从福彩公益金拨出330万元，资助33个农村老年人活动场所改扩建。东莞市安排了980万元用于资助兴建或改造全市“星光老年之家”。中山市两年内共投入6000多万元基本完成对全市13间敬老院的改造，并把市社会福利院建设纳入全市十大重要民生工程。江门市累计兴建了“星光老年之家”246间，共投入资金3918万元，其中2533万元由社会力量捐助。梅州市建成了市级收养托老中心。二是推进社区居家养老服务工作，建立健全社会化养老服务体系。广州市全面铺开了居家养老服务，并出台了《关于进一步加强老年人社区管理服务工作的意见》。深圳市共拨付了83.3万元开展“结对关爱高龄独居老人”活动。珠海市为空巢老人提供亲情慰藉服务活动。汕头市除市（区）级财政将养老服务专项经费列入年度预算，并从市、县（区）本级福彩金中按每年不低于10%的比例，安排资金用于居家养老服务。汕头市、东莞市制订了居家养老服务人员管理、服务标准等配套制度。阳江市召开了全市社区居家养老现场会，交流居家养老服务的工作经验。来自社会各界的关爱和养老服务模式的创新，使老年人切切实实得到了实惠，老年人的生活质量不断提高。

【老龄新闻宣传】 开展老龄工作，宣传是关键，其旨在让全社会了解老年人，关爱老年人，共同帮助老年人。省委宣传部专门提出要求，省直宣传系统各单位和各地级市委宣传部要站在建设和谐社会和谐广东的高度，把涉老宣传列入工作议程，作为社会宣传重要内容，将爱老敬老作为开展公民道德建设的突出主题。各级新闻媒体根据部署，加大了对涉老工作尤其是一些老龄重大活动的宣传报道力度，推出涉老专栏专题，在社会上大力提倡尊老敬老爱老的良好风尚，全省报纸、电台、电视台、网站等媒体刊（播）发了有关涉老新闻报道、图片、评论、涉老维权文章4931条（篇），策划有关涉老专题343期，有效地提高了人们对涉老工作的关注，促进了尊老敬老社会风气的进一步形成。省新闻出版局做好老龄读物的选题、策划和出版工作。适当引导文学、影视、戏剧界积极创作优秀老年题材作品，对一些具有积极意义的老年读物的出版和发行给予一定支持和政策倾斜，组织启动“农家书屋”工程，举办“南国书香节”等一系列活动，尽量满足老年人对各类图书、报刊、音像、电子出版物的需求。不断将老龄服务理念渗入到社会各个层面。省司法厅把《中华人民共和国老年人权益保障法》作为“法律六进”的重要内容，通过法律进机关、进乡村、进学校、进企业、进单位、进社区，把法律送到人民群众手中。与新闻媒体联手，开办了“法制园地”宣传栏目，以案说法，以案析法等普法活动。在学习宣传活动中，举办老年人维权文艺汇演专场和尊老助老事迹演讲专场等活动。全年举办各类文娱汇演300多场次，张贴宣传标语7万多条幅，发放有关维权资料12万份，举办涉老事迹演讲100多场。省老龄办对各地上报的百岁老人进行了综合评选，与广东省电视台共同制作了《走进广东百岁老人》电视专题片，并在敬老月期间，在广东珠江频道播出，受到了广大老年朋友的热烈欢迎，将别具岭南特色、体现人文关怀的老年精品电视节目奉献给了广大观众，取得了良好的社会反响。此外，省老龄办还创办了“广东老龄网”公众网站，召开了老龄宣传工作座谈会。全年共编发老龄工作简报12期，在各新闻媒体上刊发了老龄工作新闻稿件50余篇，准确及时地反映了省和各地市老龄工作动态。

各地也积极利用各种方式宣传老龄工作。珠海市开通了“夕阳红”公众网站，编辑印刷了2万册《长寿民谚集锦》免费赠送老年人。惠州市在创建全国文明城市“市民素质教育”系列活动中，开展了“十佳健康快乐老人”、“十佳孝子”的评选表彰。江门市编写出版了《生活小窍门》赠送给广大老年朋友。潮州市制作了百岁老人电视专题报导。云浮市开展了首届“云浮市敬老模范村居（社区）”评选表彰活动。这些活动不仅引起了全社会对老龄工作的认识和关注，而且提高了老龄工作部门的地位，为开展老龄工作创造了和谐的社会氛围。

【老年文体活动】 在省第十九届“老人节”期间，省老龄办向全省各地发出通知，要求各地高度重视，积极开展形式多样的庆祝活动，在全社会营造尊老敬老的良好氛围。“老人节”及敬老月期间，各级老龄工作部门深入基层，广泛开展了老年文艺演出、老年运动会、太极柔力球大赛、“万名老年人健步登山迎奥运”等老年人喜闻乐见的文体活动，丰富了老年人的晚年生活，充分体现了《中共中央关于构建社会主义和谐社会决定》的精神，同时也树立了老龄工作部门的良好形象。省老龄办和省老年产业协会共同在广州文化公园举办了广东省老龄事业发展成就展和第二届党政军老领导书画摄影作品展，地方和军队老领导出席了展览。活动展出了图片128张，书画摄影作品

70多幅，旨在展示我省老龄事业的成就，展现我省党政军老领导风姿焕发的精神风貌。省体育局举办了第13届“文化杯”老年门球赛，全省21个地级市、中央驻穗单位、广州驻军部队、香港、澳门特别行政区等64个代表队参加了比赛。

广州、深圳、佛山、梅州、惠州、东莞、中山、江门、湛江、清远等市组织了本市的老年人文艺汇演或老年人运动会。深圳市投入了1030万元抓好“老有所乐”、“老有所学”等助老计划的实施工作。珠海市、湛江市分别组织老年人乘火车专列出省旅游观光。形式多样的庆祝活动，不仅丰富了老年人的精神文化生活，而且扩大了老龄工作部门的影响，各地老龄工作得到社会各届的广泛好评。

【第四期“银龄行动”】 在认真总结前三年“银龄行动”经验的基础上，继续以“就近、方便、可行、实效”为原则，组织老年知识分子对我省经济欠发达地区进行技术援助，开展第四期“银龄行动”。10月下旬，我省组织了11名中老年医疗专家赴湛江市徐闻县开展医疗援助活动。援助期间，专家们共接诊1858人次、会诊86次，义诊324人，为基层1098名医务工作者免费授课13场次并指导参与手术18台，既为徐闻县培养了一支不走的医疗队伍，同时也扩大了老龄工作的影响，进一步开辟了实现“老有所为”的新途径，取得了良好的社会反响。省人事厅指导支持省老科联的工作，把重点放在建设社会主义新农村上。一年来组织140名老专家先后到重点开展科技扶贫的阳春市和新丰县，参与各项科技下乡活动，抓技术培训、技术推广，进行项目考察、调查研究，为当地政府提交了多项意见和建议，受到当地政府的高度重视。

云南省

综　　述

2007年，云南省老龄工作在省委、省政府的正确领导下，各级各有关部门牢固树立“以人为本、为老服务”的宗旨，把解决好、维护好、发展好广大老年人最关心、最直接、最现实的利益问题作为做好老龄工作、促进老龄事业发展的出发点和落脚点，加强调研，充分论证，建立完善涉老法规政策措施，狠抓各项工作落实，老龄工作整体水平得到明显提高。

一、养老保障体制逐步健全

云南省劳保厅制定下发了《关于完善企业职工基本养老保障制度实施意见的细则》和《关于企业职工办理退休办法（试行）》，并加强了扩面征缴工作，2007年企业职工参保人数达到272.7万人。省劳保厅、财政厅进一步完善基本养老金正常调整机制，退休人员每人每月增加养老金60元；全省城镇职工基本养老保险金按时足额发放，发放率达100%；农村社会化养老保险累积基金达6.781亿元，领取养老金的人数达5.46万人；省人民政府连续3年把城市低保工作作为当年办好的十件实事之一，全省城镇贫困老年人都已纳入最低生活保障，实现了“应保尽保”，“按标施保”。省民政厅、财政厅、发改委联合下发了《关于进一步加强“五保”供养工作的通知》，省级财政安排转移支付补助资金1.03亿元，对全省14.3万名“五保”对象实施补助供养，实现了农村“五保”供养由集体供养、农民互助共济向财政供养为主的转变。2007年，全省129个县市区3100万名农民参加新型农村合作医疗，参合率达86.14%；全省88个国家级扶贫攻坚重点县、省扶贫攻坚重点县和边境县地方财政对参合农民每人每年20元补助经费全部由省级财政承担；2007在昆明、红河、楚雄为首批实施城镇居民基本医疗保险试点城市的基础上，曲靖、玉溪、普洱、大理、德宏、怒江、迪庆7个州市又被国务院列为2008年扩大试点城市。省总工会开展全省职工医疗互助活动243万人，其中退休职工72.4万人参加医疗互助活动，获得补助8.97万人，补助金额5355.8万元，补助金额最高达12万元，较好地减轻了退休职工住院困难的负担。

二、老年法规政策逐步完善

在省人大内司委、法制委的重视下，省政府法制办、省政府办公厅、省老龄办组成联合考察组，分赴四川、甘肃、新疆和北京、上海、山东、浙江等7个省市区学习考察老年法规的立法工作的基础上，经过三年多的努力，修订了《云南省老年人权益保障条例》，并于去年3月30日经省十届人大常委会第28次会议审议通过。同时，由省老龄办牵头，省发改委、劳保厅、建设厅、卫生厅、地方税务局等10个部门组成联合调研组，分赴昆明、玉溪等8个州

（市）对其养老服务业现状进行深入细致的调查研究，撰写了《云南省加快发展养老服务业的实施意见》，云南省人民政府办公厅于2007年7月5日转发此各州市人民政府、省直各委办厅局执行。

三、为老服务取得进展

省人民政府先后两次研究敬老院建设，从2007年起计划用五年时间投入资金8.1亿元加强农村敬老院建设，拟增加床位10万张，将集中供养率由4.7%提升到45%，2007年投入建设资金5235万元。2007年7月30日至8月6日，省老龄办会同省民政厅、省发改委、省劳保厅等部门，分赴昆明、曲靖、玉溪、昭通、普洱、临沧、红河、大理8个州（市）就老龄工作相关问题进行了调研，重点调研了加快发展我省养老服务业相关情况；省民政厅、财政厅、发改委、劳保厅等部门在加大城市福利机构建设的同时，将城市社区养老服务中心建设纳入了和谐社区建设整体规划，为进一步深化发展城市社区居家养老服务探索了路子。省委组织部、老干部局进一步加强老干部活动中心、老年大学和老干部党校建设，积极开展丰富多彩的活动，使其成为了广大老干部学习知识的课堂、文体娱乐的场所、安度晚年的乐园。到2007年全省建有老干部活动中心203个、年参加活动的人数700余万人次，老年大学142所、培训学员近20万人，老干部党校41所、培训学员近4000人次。省妇联、团省委等部门广泛发动志愿者积极开展为老服务活动，收到了较好的社会效果。

四、老年维权工作成效明显

云南省各级人大、政协适时组织执法检查和视察，及时发现和纠正存在的问题及薄弱环节；司法部门创办了老年维权热线和老年法律援助中心，妥善处置涉老纠纷和案件，自2006年9月确定盘龙区、大理市、禄丰县三个单位为老年人法律援助项目的试点单位一年多来，共办理老年人法律援助案件291件，接待老年人法律咨询1000余人次；公安机关加大对侵犯老年人合法权益的违法犯罪行为的查处力度；各级法院对优先审理涉老案件，并减免贫困老年人的诉讼费；新闻媒体加强对老年维权案件进行舆论监督；省老龄办还把老年维权工作纳入了老龄工作目标管理责任制考核的重要内容，并在农村推行签订“家庭赡养协议书”制度，保障农村老年人“受赡养扶助”的合法权益，有力地促进了老年维权工作的落实。2007年，全省为老年人代理诉讼和非诉讼法律事务（案件）2900余件，办理法律援助3442件，这老年人提供法律咨询2万余人次，调解各类涉老纠纷近万余件，投入法律援助经费93.7万元，切实有效地保障了老年人的合法权益。

五、老龄宣传工作有声有色

2007年，在云南省委宣传部、省民政厅、省司法厅、教育厅、省广电局、团省委、省工商局等部门的大力配合下，省老龄办牵头先后组织了《云南省老年人权益保障条例》系列宣传暨孝心行天下活动启动仪式、第三届“云岭十大孝星”评选、云南省老年人权益保障法律知识竞赛、云南省第二十届敬老节暨第三届“云岭十大孝星”颁奖晚会、感恩回报、敬老爱老助老公益广告征集及“做好老龄工作，促进和谐社会建设”征文等活动，通过加大广播、电视、报刊等媒体的报道力度，进一步提高了老龄工作的社会感知度，营造了“关爱老人、共建共享”的良好社会氛围。

重要会议和活动

【《条例》系列宣传暨孝心行天下活动启动仪式】 6月16日上午，省民政厅、省老龄办、省委宣传部、省司法厅等单位主办的《云南省老年人权益保障条例》系列宣传暨孝心行天下活动启动仪式在昆明市金碧广场隆重举行。省人大内司委、省委老干局、省政府法制办、省教育厅、省司法厅、省建设厅、省文化厅、省卫生厅、省新闻出版局、省公安厅、省旅游局、省广电局、省工商局、省总工会、省军区的领导出席了启动仪式。仪式由省司法厅政治部主任李维俊主持，省老龄王建新副主任代表省民政厅党组、省老龄委办公室作了动员讲话、第二届“云岭十大孝星”代表高会珍向全社会发出了倡议；紧接着，省电视台、省老年艺术团、银潮老龄服务中心等单位表演了丰富多彩的文艺节目；同时，还以展板的形式对《云南省老年人权益保障条例》进行了宣传，并开展了义诊、法律、心理、养老等咨询服务活动。

【第三届“云岭十大孝星”评选】 采取基层推荐、群众评议、组委会审核、电视展播事迹的办法，经过为期4个月的评选，从63名候选人中筛选出20名事迹突出的同志，在云南电视台六台中逐一展播，最终确定10人为省第三届“云岭十大孝星”，10名获得了本届孝星提名奖。

【云南省老年人权益保障法律知识竞赛】 《云南法制报》、《春城晚报》和《云南老年报》刊登竞赛试题，各州市按要求组织答题，省老龄办与省司法厅从16469份答题卡中，抽出个人一等奖10名、二等奖20名、三等奖30名，单位组织奖5名。

【云南省第二十届敬老节暨第三届“云岭十大孝星”颁奖晚会】 孔垂柱副省长及部分省级老领导和省老

龄委成员单位领导，老劳模、离退休老干部代表，第三届“云岭十大孝星”，省老年人权益保障法律知识竞赛获奖单位和爱心捐赠企业的代表出席了晚会现场。孔副省长代表省委、省政府作了重要讲话，省民政厅厅长、省老龄委常务副主任夜礼斌介绍了我省老龄工作基本情况；云南铜业集团、昆钢集团等企业代表共为贫困老年人捐款200多万元。晚会突出了“孝心行天下、和谐彩云南”的主题，营造了“关爱老人、共建和谐、共享和谐”的良好氛围，收到了很好的社会效果。

【慰问贫困老年人】　10月9日至11日，根据全国老龄办的统一安排，省民政厅领导随全国老龄办袁新立副主任一行，对我省昆明、玉溪、普洱市的贫困老年人和3所敬老院进行了走访慰问。此外，省政府还拨出20万元专项经费，由民政厅领导带队分别对楚雄、红河、曲靖三个州（市）的部分贫困老年人和敬老院进行了入户（院）慰问，深受广大老年人的欢迎，引起了社会的强烈反响。

【敬老爱老助老公益广告征文】　活动突出了“关爱老人、营造文明和谐社会氛围”这个主题，截止10月底共收到各类作品171件，经专家严格考评后，评选出优秀电视作品3件、广播作品5件、平面作品44件，获奖作品已陆续在广播、电视、报刊播出和刊登，收到了较好的社会效果。

各项业务进展

【修订通过了《云南省老年人权益保障条例》】　2007年3月30日，云南省十届人大常委会第28次会议审议修订通过了《云南省老年人权益保障条例》（以下简称《条例》），并于7月1日起施行。修订后的《条例》突出了三个特点和四个亮点。“三个特点”：突出了老年人权益保障，突出了老年人优待，突出了“共建和谐，共享和谐”的时代主题。“四个亮点”：一是加大了组织保障的力度。将原《条例》中设在第五章的组织保障调整到第二章，职责由原来的五款增至七款，以提高组织保障在《条例》中的地位作用，以地方立法的形式确定了老龄办的职责，授予了老龄办行政执法的权利。二是降低了老年人的优待年龄。原《条例》中规定享受优待的老年人是70周岁以上的高龄老年人，修订后的《条例》将优待标准下降为60周岁以上老年人。三是扩大了对老年人的优待范围。修订后的《条例》将优待内容从原来的10项扩大到现在的26项，范围包括老年人的养、医、行、住、教、学、乐、为和维权、殡葬等方面。四是增大了侵权法律责任的范围。对侵占、挪用、虚报、冒领养老金、医疗保险费的单位和个人明确了相应的法律责任；对拖欠养老金、医疗费的单位，被侵权人可依法要求拖欠人及时支付养老金、医疗费，并承担拖欠期间的利息损失等法律责任；对不落实老年人各项优待措施的单位，制定了责令限期改正、向社会通报批评的处罚措施。

【召开云南省州市老龄办主任会议】　会议传达学习了全国老龄委第九次全会、全国居家养老服务经验交流会和全国省级老龄办主任会议精神；听取了云南大学发展研究学院副院长“关于人口老龄化现状、趋势、影响及对策”的专题讲座；通报了“2006年度云南省老龄工作目标管理责任制落实情况”，并表彰了先进；省老龄办与州市老龄办签订了《2007年老龄工作目标管理责任书》。会议号召全省各级老龄工作部门，要有团结协作、奋发有为的精神，扎实工作，不断开创我省老龄事业新局面。

【组织2006年度老龄工作目标管理责任制考核】　3月初，通过严密组织对部分州市去年落实老龄工作目标管理责任制情况的考核验收和对其他州市的跟踪检查，表明各地试行目标管理责任制一年来，全省老龄工作得到了较快发展：党政主导的地位和作用更加凸显；全社会老龄意识和敬老意识得到强化；基层老龄工作组织建设力度不断加大；老龄工作机制更加健全完善；老龄工作干部队伍素质明显提高；老年救助工作取得实效；“创建活动”不断深入开展；基层老年协会建设全面发展；老年维权工作扎实有效；老龄事业和老龄工作经费保障有所突破等。通过考核，进一步增强了各级抓好老龄工作的责任意识、使命意识，推动了全省老龄工作向制度化、规范化方向快步发展。

【“163”计划】　2006年底，云南省老龄委办公室分别在昆明、曲靖、玉溪、红河四个州市共七个城镇社区，组织实施了“163”计划试点，即建设1个老年服务中心，开展温情、援助、医疗、教育、康乐、维权6项服务，实行统一领导、统一标准、统一标识，3个统一，此项工作得到了各级党委政府的高度重视和大力扶持，各试点单位严格按照省里的统一部署，立足自身实际和老年人的需求，积极协调各方面力量，加强研究，完善方案，筹集资金，整合资源，抓紧建设，并充分做好信息沟通，确保试点工作的有序开展。

试点过程中，全省投入资金近500万元，其中省级配套资金175万元，州市县自筹300多万元，共完成建筑面积近2万平方米，40多个建设项目全部完成并投入使用。2007年7月底8月初，云南省老龄办会同相关部门对各地实施“163”计划试点工作情况进行了检查验收，各地均完成试点工作任务，成效明显，较好地解决了社区老年人吃、住、行、医等问题，收到了很好的社会效果。

【百村建设】 2007年，云南省从省级福利彩票公益金中协调资金70万元，对140个老年人协会进行了帮扶，各州（市）、县（市、区）按照1：2：4（即：省级扶持1个协会，州市扶持2个协会，县市区扶持4个协会）的比例落实了配套资金，使农村老年人协会办公有地点、活动有场所、经费有保障，有力地促进了农村的安全与稳定。

【创建活动】 云南省各级党委、政府高度重视创建活动，将树立先进典型，加强对各类典型宣传和表彰作为推动老龄工作的重要环节，以建设社会主义新农村为契机，抓结合促创建，加快推进了“创建”的步伐，做到了“五个结合”，即创建活动与新农村建设相结合，与和谐社区建设相结合，与解决老龄工作中的突出问题相结合，与充分发挥老年人的作用相结合，与维护社会稳定、促进经济发展相结合。通过完善机制、多方鼓励，整合资源、创新途径，多方筹资、加大投入，加强指导、健全制度，各级对老龄工作的投入逐年增加，工作运行机制逐步健全，较好地调动了各级老龄工作部门的积极性、主动性和创造性，有力地促进了全省老龄事业持续稳步发展。曲靖市把“创建”活动与“千村扶贫、百村整体推进”、实施“866”工程和市委组织部开展的“两校一中心”建设有机结合起来，充分整合社会资源，加快了创建活动的步伐。

【举办云南省老龄系统行政执法培训班】 省老龄办工作人员、省老龄委成员单位的联络员或信息员、各州（市）老龄办分管维权工作的领导、维权专职干部共100余人参加了培训，省政府法制办的领导和有关专家讲授了有关行政执法的法律知识。经过为期五天的培训，经省政府法制办考核，参训人员全部领取到了行政执法证。通过培训，使各级老龄工作者初步掌握了行政执法的内容、程序和方法，较好地提高了行政执法的能力和水平，为贯彻好、落实好《条例》奠定了坚实基础。

【老龄宣传工作】 2007年，我省老龄宣传工作，主要围绕学习宣传《条例》这条主线，省民政厅安排100万元老龄宣传专用资金，充分调动各方面力量全方位、多层次地进行宣传，各大媒体新闻报道达1000多篇，省老年艺术团慰问演出近20场，观众达几万人次，营造了积极老龄化和“关爱老人就是关爱自己”的良好社会氛围。各地充分利用报刊、电台、电视、网络等媒体和手机信息，加大“一法一条例”的宣传力度，通过开展“敬老宣传月”、“云岭十大孝星”、“送老年法下乡”、“老年法律知识竞赛”、“老龄公益广告征集”、“敬老事迹报告会”、评选“敬老好儿女、好媳妇、好家庭”、“我为贫困老年人捐1元钱”、“孝心进社区”等活动，掀起了读敬老书、做敬老事、写敬老好文章的热潮，进一步增强了全社会的敬老意识，营造了积极老龄化、健康老龄化、和谐老龄化的良好氛围。玉溪市开展“新世纪老年人钻石婚、金婚、银婚评选活动”，市级四套班子有关领导出席现场表示祝贺；保山市开展了“万名老人讲和谐”活动，掀起了尊敬老人、争做“五好老人”的高潮；临沧市在临翔区部分中学开展了“感恩之心”演讲比赛，提高了广大青少年孝亲敬老的认知水平和思想素质；文山州加强与当地报社、电台、电视台的合作，开设了“七彩夕阳”、“夕阳无限好”、“生活大观”等老龄专栏（刊），为广泛展示老年人的时代风采搭建了平台。

【助老工程】 2007年，云南省老龄事业发展基金会募集资金326万余元，发放助养助医金35万元（助养1500人、助医1000人），安排100万元经费为12个州市的45名“五老”解决“两难”（老英模，老党员，老优抚对象，老支边教师，老乡干；治病难，住房难）问题。各地党委政府也加大了对贫困老年人的救助力度，各项救助资金落实到了为贫困老年人解决实际困难上，进一步扩大了老年福利事业的社会影响力。

【老年优待工作】 2007年，云南省以修订并施行《条例》为契机，把落实老年优待作为推动全省老龄工作持续可协调发展的重要抓手，加强督促协调和执法检查，逐步推进老年优待政策的落实。目前，昆明、玉溪等十一个州市人民政府制定了贯彻落实《条例》的实施意见；已落实免乘城镇公交车的39个县，占县级总数的30%；发放80周岁以上不满百岁的高龄老年人保健补助有68个县、占县级总数的53%；发放百岁老人长寿补助有90个县、占县级总数的70%；全省共发放老年优待证140万本，已办理90多万本。

【认真做好老年优待证的换发和办理工作】 2007年，全省共发放老年优待证140万本，各地已办理90多万本。办证过程中，各级老龄办克服时间紧、人员少、任务重、经费短缺等困难，高质量地完成了老年优待证的发放工作。同时，通过增设办证设备，基层老龄部门的自动化办公条件得到了明显改善。

贵州省

综　述

一、社会养老保障体系进一步完善

2007年底，全省基本养老、基本医疗参保人数分别达到240.9万人和221.5万人，全省养老、医疗保险基金征缴收入分别达到52.05亿元和16.5亿元。省劳动和社会保障厅制定下发了《关于完善企业职工基本养老保险制度的有关问题的处理意见》等政策措施，拟制《关于做好被征地农民就业培训和社会保险工作的意见》，养老保险的体制机制进一步健全；省财政厅积极抓好有关涉老财政政策的落实，进一步加大了在社会保障、医疗卫生、城乡低保、养老服务设施等方面的投入力度，及时划拨了全省百岁老人生活补助费。通过省劳动和社会保障厅、省财政厅等有关部门的努力，确保了离退休人员基本养老金按时足额发放，并筹措了2.8亿元资金专项用于提高52万名企业离退休人员的基本养老金，连续三年调增了企业退休人员的基本养老金水平；省委组织部、省人事厅联合下发了《关于机关、事业单位工作人员工资制度改革后有关离退休（职）问题处理意见的通知》，从政策上落实了离退休老同志的待遇；省委老干局、省劳动和社会保障厅、省财政厅认真研究企业离休干部“两费”问题，按规定将114家省属国有企业2000多名离休干部“两费”纳入财政支付范围，分别安排专项资金4862万元和700万元，确保困难企业离休人员离休费按时足额发放，医药费按规定实报实销；省人事厅、省劳动和社会保障厅、省民政厅共同出台了企业退休军队转业干部生活困难补助和复员老战士生活补贴政策，省级共分配军休经费9405万元，确保了军休干部生活待遇落到实处；省委组织部实施“党员关怀工程”，要求有关部门切实落实老党员的生活补贴；省民政厅在生活保障、医疗保障、住房保障以及对困难人群的优惠政策方面，将老年人，尤其是城市“三无”老人，农村“五保”老人、贫困老人作为重点关注对象，在政策上给予了特殊照顾。在实施城乡低保补助中对农村“五保”老人和70岁以上老人增发20%～30%的保障金，农村“五保”老人全部纳入新型农村合作医疗；省卫生厅切实加强农村卫生服务能力建设，将新增省级卫生专项经费的99.92%用于全省公共卫生和农村卫生工作，在一定程度上缓解了包括老年人在内的群众“看病难、看病贵”问题，尤其是改善了农村老年群众缺医少药的状况；2007年全省88个县（市、区）全面实施新型农村合作医疗，提前3年实现了以县（市、区）为单位的全省覆盖；贵阳、遵义两市城镇居民基本医疗保险试点工作稳步推进，参保人数达到34万人，覆盖范围进一步扩大；进一步完善了城市低保制度，全面实施农村低保制度，2007年全省已有106.09万户、256.7万人纳入农村低保，发放农村低保金近5.9亿元。全省城乡广大老年人的基本生活和医疗得到较好保障，生活质量进一步提高。

二、为老服务体系建设进一步加强

为推动我省老年服务体系建设，省民政厅在充分调查研究的基础上，草拟了《关于加快发展养老服务机构的意见》上报省政府，提出了鼓励扶持社会力量多种方式兴办养老服务机构的具体措施，同时大力实施“农村“五保”供养服务设施建设霞光计划”，2007年，全省共筹集安排敬老院资金3515万元，各地新建、改建、扩建农村“五保”供养机构130所。至2007年底，全省共有13.7万农村“五保”对象纳入供养范围，农村敬老院862所，集中供养7242人，比上年增加508人，床位利用率从2006年的62.29%提高到70%。同时加强对农村“五保”供养服务机构的建设和管理，制定下发了《贵州省农村“五保”供养服务机构建设基本规范（试行）》，通过积极开展敬老院规范化管理活动，敬老院硬件设施得到加强，服务功能与生活环境得到进一步完善，提高了敬老院规范化管理水平；省发改委将老龄事业纳入2007年全省国民经济和社会发展规划，完成了对全省68个贫困县的老干部活动中心建设的调研及规划编制工作，并启动了17个贫困县的建设计划，共投入补助680万元，老干部活动阵地建设得到进一步加强；省建设厅在指导各地组织编制规划和审查的过程中，把按规定配置老年人服务设施作为一项重要内容。同时，在推进社区建设过程中，加快社区养老服务设施和服务网络建设，形成以街道、社区为主的为老服务格局，初步建成覆盖全省的社区老年福利服务网络。

三、维护老年人合法权益、关爱老年人的社会氛围日益浓厚

省司法厅积极倡导律师协会、公证部门和法律援助部门，成立老龄工作站，为老年人提供法律援助和法律服务，每年组织一次老年人《法律援助条例》宣传月活动，为弱势群体和老年人提供义务法律咨询；省妇联从维护老龄妇女合法权益的角度做好老龄工作，开展“三八”维权周系列活动，启动普法大讲堂，认真处理老年妇女来信来访，为老年妇女提供法律咨询服务；省老龄办聘请了两位律师免费担任常年法律顾问；省总工会积极开展“三关工程”，在遵义市开展了关心农民工、关爱留守儿童、关怀空巢老人的活动，建立联系关爱制度，使空巢老人能够安享晚年；团省委积极开展“三支一扶关爱老人、共创和谐”活动、“春晖映晚晴活动”，继续巩固“志愿者服务金晖行动”、“红领巾为老送温暖行动”，坚持为老年人办好事、办实事，献爱心，送温暖；省委宣传部、省广电局、省新闻出版局充分发挥各类媒体优势，切实加强老龄工作和老龄问题的宣传报道，宣传党和政府有关老龄工作的方针、政策，营造敬老助老的舆论氛围。省民委在少数民族地区大力开展学习贯彻党和国家老龄工作方针政策，两次拨专款支持基层老年协会建设，推动少数民族地区老龄工作的健康发展。通过一系列工作的开展，进一步拓宽了维护了老年人的合法权益的渠道，营造了良好的敬老、爱老、助老的社会风尚。

四、老年思想教育得到进一步重视和加强

省委组织部、省委宣传部、省直机关工委等成员单位切实抓好老年政治思想工作，大力加强和改进新形势下离退休党支部建设。省直机关工委认真抓好省直单位离退休党组织学习贯彻党的十七大和省第十次党代会精神，各成员单位认真组织离退休同志学习中央、省委的重大战略决策和重要文件精神，及时通报本部门工作开展情况，认真听取离退休老同志的意见和建议。

五、老年精神文化生活丰富多彩

根据老年人的特点，各有关部门积极创造条件，满足老年群众的文化需求，引导组织老年人开展科学、文明、健康、有益的文体活动。广播电视、报刊杂志等主流媒体面向广大老年人开辟了丰富多彩的栏目和节目；省新闻出版局积极扶持老年刊物《晚晴》、《贵州老年报》的健康发展；省体育局下拨体彩公益金40万元修建老年体育场地15个，使我省老年体育场地设施建设短缺的状况得到改善；省文化厅积极组织老年文艺团体送文化下乡演出，组织老年合唱团参加全国第九届老年合唱节，获全国“双塔奖”第一名；省体育局启动“全民健身与奥运同行·贵州省百万老年人健步走向北京奥运会”活动，成功举办“贵州省第五届老年人运动会”；省体育局、省妇联联合举办全省“千万妇女健身大赛”；省委宣传部认真组织老年人参加“多彩贵州”舞蹈大赛，充分展示了我省老年人健康向上的精神风貌，使广大老年人在强身健体的同时也陶冶了情操。老年教育事业迅速发展，2007年全省新建各级各类老年大学（学校）150所，全省老年大学（学校）已达到722所，在校学员76153人。省人事厅补充完善了离退休专家数据库，积极实施科技帮扶，推进全省退休人才二次开发工作；省高校工委充分发挥省属高校离退休老专家、老教授、老干部在教学、科研、管理及新农村建设等领域的作用，城乡广大老年人积极参与社区精神文明建设和社会公益活动，在提供科技文化咨询、关心下一代、开展传统教育、维护社区治安、调解邻里纠纷等方面发挥了积极作用。

重要会议和活动

【第二次全省老龄工作会议】 2007年10月12日，贵州省第二次老龄工作会议在贵阳召开，全国老龄办副主任袁新立到会并作讲话，副省长、省老龄委常务副主任肖永安作全省老龄工作报告，省老龄委副主任刘福成、何仁叔、郭猛出席会议，省老龄委23个成员单位委员和联络员、全省9个地（州、市）分管老龄工作的领导和老龄办主任、全省88个县（市、区）的分管领导和老龄办主任参加了会议，会议由省政府副秘书长刘福成主持。大会全面回顾了2001年至2007年间全省老龄事业发展的情况，总结了6年间全省开展老龄工作的经验，对进一步提高做好老龄工作的认识提出了要求，明确了今后一个时期要抓好完善社会保障制度、加强老年福利服务体系建设、推进老龄产业发展、维护老年人合法权益、积极开展老年文化教育体育活动等五项工作，大会还要求各级党委、政府要切实加强老龄工作领导，不断提高全省老龄工作的整体水平。会议对全省老龄工作先进集体、全省老龄工作先进个人、全省敬老助老先进个人进行了表彰，向获奖代表进行了颁奖。会上，参会人员进行了分组讨论，气氛热烈。省劳动和社会保障厅、贵阳市南明区委区政府、六盘水市政府、黔南州政府作经验交流发言。最后，省民政厅厅长、省老龄办主任郭猛进行了会议总结。

【省老龄委第七次全体会议】 2007年3月15日，省老龄工作委员会在省政府召开第七次全体会议，副省长、省老龄委常务副主任肖永安主持会议并作重要讲话，省老龄委23个成员单位的负责同志参加会议。省民政厅厅长、省老龄办主任郭猛受肖永安副省长的委托，向全体会议作工作报告，总结2006年全省老龄工作情况，对2007年全省老龄工作提出安排意见，省民政厅副厅长陈如昌传达了全国省级老龄办主任会议暨全国居家养老服务经验交流会议精神，会议通报了省老龄委成员单位2006年老龄工作目标考核情况。

【2007年全省老龄办主任会议】　2007年全省市（州、地）老龄办主任会议于3月28日在贵阳召开，全省9个市（州、地）老龄办主任暨民政局局长、老龄办专职副主任及省老龄委23个成员单位的联络员参加了会议。会议传达了2007年全国省级老龄办主任会议和省老龄委第七次全体会议精神，对2006年全省老龄工作进行了总结回顾，并安排部署了2007年全省老龄工作，会议还表彰了2006年度市州地老龄办目标考核的获奖单位和2006年度省老龄委成员单位优秀联络员。

各项业务进展

【为老服务】　为推动全省老年服务体系建设，省民政厅在充分调查研究的基础上，草拟了《关于加快发展养老服务机构的意见》报省政府，提出了鼓励扶持社会力量多种方式兴办养老服务机构的具体措施，同时大力实施“农村“五保”供养服务设施建设霞光计划”，2007年，全省共筹集安排敬老院资金3515万元，各地新建、改建、扩建农村“五保”供养机构130所。至2007年底，全省共有13.7万农村“五保”对象纳入供养范围，农村敬老院862所，集中供养7242人，比上年增加508人，床位利用率从2006年的62.29%提高到70%。同时加强对农村“五保”供养服务机构的建设和管理，制定下发了《贵州省农村“五保”供养服务机构建设基本规范（试行）》，通过积极开展敬老院规范化管理活动，敬老院硬件设施得到加强，服务功能与生活环境得到进一步完善，提高了敬老院规范化管理水平；省发改委将老龄事业纳入2007年全省国民经济和社会发展规划，完成了对全省68个贫困县的老干部活动中心建设的调研及规划编制工作，并启动了17个贫困县的建设计划，共投入补助680万元，老干部活动阵地建设得到进一步加强；省建设厅在指导各地组织编制规划和审查的过程中，把按规定配置老年人服务设施作为一项重要内容。同时，在推进社区建设过程中，加快社区养老服务设施和服务网络建设，形成以街道、社区为主的为老服务格局，初步建成覆盖全省的社区老年福利服务网络。

【老年维权和老年优待工作】　各地认真贯彻执行《中华人民共和国老年人权益保障法》（以下简称《老年法》）和《贵州省老年人保护条例》，切实维护老年人合法权益。各市（州、地）积极努力争取设立老年维权机构，铜仁地区老龄办率先成立了维权科；各地充分利用电视、板报、印发宣传资料等形式，积极开展《老年法》宣传工作。铜仁地区由人大工委牵头、会同地区老龄办、司法局三家联合开展了全区各县《老年法》的执法情况和老年维权工作检查。认真落实《贵州省优待老年人试行办法》，积极为老年人办理《优待证》。贵阳市免费为三城区70岁以上老人免费办理IC乘车卡，出台了百岁以上老人高龄保健和80岁以上生活不能自理的特困高龄老人护理补贴的规定。六盘水市落实了城区70岁以上老人的免费乘车优待。遵义市积极开展包括“关怀空巢老人”的“三关工程”，黔西南州各县在省级百岁老人生活补贴外，还适当增加了百岁老人生活补贴。

【基层老龄工作】　各级党委、政府和老龄办高度重视基层老龄工作，不断建立健全各级老龄工作机构。黔西南州老龄委成员单位从原来的22个增加到26个，将军分区、中级法院、计生局和老体协几个单位纳入成员单位。六盘水市加强了对老龄工作的组织领导，市和县（区）两级老龄委主任均由同级组织部长担任。六盘水市钟山区、水城县，黔西南州兴义市、兴仁县已落实按照当地老年人口1元/人的标准提取老龄事业发展经费。各地按照“巩固、加强、发展”的原则，继续推进基层老年协会建设，目前全省9个市（州、地）和88个县（市、区）都已成立了老龄工作委员会及办公室；1540个乡镇、街道办事处，有1437个成立了老龄工作委员会或领导小组，80%以上的村（居）委会已建立了老年协会或老龄工作委员会，毕节地区达到90%，六盘水市的各县（区），铜仁的江口、玉屏等县已达到了95%以上。黔西南州以州政府文件明确要求在村（居）委会换届选举中要一并建立健全村级老龄工作机构。各基层老龄工作机构积极开展工作，切实发挥作用，全省基本形成了上下贯通、左右协调，以老龄工作机构为主体，以老年群众为依托的老龄工作网络，对于加强基层老龄工作，维护老年人合法权益，丰富老年人精神文化生活，团结和带领老年人参与基层“三个文明”建设发挥了重要作用，为发展我省老龄事业提供了组织保证。

【老龄综合性基础工作】　一是人口老龄化发展趋势预测工作如期完成。2000年至2007年底，我省老年人口由353万人增加到495.34万人，占全省总人口的12.46%，远远高于全国老龄化平均速度。为了更好地了解和掌握全省人口老龄化发展趋势，进一步推动《中国人口老龄化发展趋势预测》的成果转化，省老龄办和省统计局开展了对我省2006年至2020年人口老龄化趋势的预测工作。据预测，2010年我省老年人口将达534万人左右，占总人口的13.81%，到2020年将达到665万人左右，占总人口的16.14%。我省80岁以上高龄老年人口已达35.21万人，预计2020年将达到59.39万人。黔东南州充分利用自身优势，依靠自身力量，在老龄人口的分析预测方面作了大量艰苦细致的工作，目前，已初步预测了2010年、2020年、2050年黔东南州老年人口数据。二是不断加强老龄工作的调查研究和信息交流。按照全国老龄办关于征求《老年法》修订意见的通知要求，各级老龄办积极组织有关单位对《老年法》的贯彻实施情况深入进行调查研究，提出《老年法》修订意见和建议。各地积极开展发展养老服务业的调查研究，此外，贵阳市对老年人生活质量，毕节地区对乡镇老龄工作情况，黔南州对敬老院建设情况，黔西南州对少数民族地区居家养老情况进行了深入的调查研究，安顺市开展了城乡老年人情况摸底调查及老年人福利服务需求情况的调查统计工作，六盘水市将“六个老有”细化为76个小项，发放调查问卷，开展了深入细致的调查，各地在调研的同时认真撰写调研报告为领导决策提供参考。各地、各成员单位老龄信息工作紧紧围绕工作目标，不断提高信息的质量，及时反映老龄工作中的重要情况，总结工作经验，分析存在的问题，提出工作意见和建议，为领导及时掌握全省老龄工作动态，为各地加强交流作好信息服务工作。三是督促各地出台当地《规划》（以下简称《规划》）。为确保《贵州省老龄事业发展“十一五”规划》顺利实施，省老龄办督促各地尽快出台本地老龄事业发展“十一五”规划。截至2007年底，贵阳市、六盘水市、黔南州、黔东南州、黔西南州、铜仁地区、毕节地区7个市（州、地）已经出台了本地老龄事业发展“十一五”规划，铜仁全区10个县（市、特区）的《规划》已全部经当地政府批准颁布实施，各地《规划》的出台，为顺利实施《贵州省老龄事业发展“十一五”规划》、完成“十一五”期间老龄工作的目标和任务奠定了良好的基础。四是老龄工作队伍自身建设得到进一步加强。全省老龄工作干部以开展机关作风教育整顿活动为契机，通过全面加强作风建设，更好地为发展服务、为老年群众服务，以良好的作风创造性地推动全省老龄工作顺利开展。同时，各地积极采取与会代训、举办培训班、参观学习等多种形式积极开展干部业务培训，努力提高老龄工作干部队伍业务素质。为进一步发挥省老龄委各成员单位和各市、州、地老龄办在老龄工作中的积极作用，省老龄办成立了目标考核领导小组，于2007年1月赴各市、州、地老龄办对业务目标的完成情况进行了现场考核。

【居家养老服务试点工作】 2007年在贵阳市南明区西湖办事处蟠桃宫社区、云岩区黔东办事处陕西路社区、小河区黄河办事处黄河社区作为试点社区开展居家养老服务试点工作，努力探索适合我省经济发展状况和人口老龄化特点的居家养老服务新路子。试点工作在贵阳市政府、试点区政府的高度重视下，通过贵阳市老龄办、试点区老龄办的积极探索和不断总结经验，居家养老服务模式已经逐渐深入人心，三个试点区高龄老人在遇到困难时，能及时得到社区在生活起居、卫生医疗和精神慰藉等方面的服务，深受社区广大老年人的欢迎，试点工作进展顺利，取得了明显效果。

【老年文体活动】 各地除了在春节、老年节等重大节日举办大型的文艺节目、体育比赛等文体活动外，还经常性地举办老年文艺汇演、老年人体育运动会、老年书画摄影展等活动，老年广场文化、社区文化活动越来越活跃，老年人已经成为基层群众文化的重要力量。

各地各部门高度重视老龄宣传工作，进一步加大老龄工作的宣传力度，在抓好老龄工作方针政策和《老年法》、《贵州省优待老年人试行办法》宣传的同时，紧紧围绕“六个老有”大力宣传老龄工作先进典型和模范事迹，开展“老龄工作先进单位”、“老龄工作先进个人”、“敬老助老先进个人”、“老有所为先进个人”、“孝亲敬老之星”等的评选表彰。铜仁地区、黔南州部分县（区）在中小学校开展了以敬老爱老为主题的征文活动，通过宣传在全社会营造了敬老、爱老、助老的良好社会氛围，不断扩大老龄工作的社会影响。各地高度重视庆祝第二十个老年节活动，认真制定活动方案，结合庆祝党的十七大顺利召开，开展了声势浩大、气氛热烈、丰富多彩的宣传庆祝活动，组织了富有时代精神和地方特色的各类老年文体活动，营造了欢乐、祥和的节日氛围。黔东南州详细采集全州百岁老人资料，汇编成册出版，专门制作了27寸百名百岁寿星彩照，在老年节期间举办“百岁老人风采展”，吸引了社会各界的关注，取得了很好的宣传效应。各地在老年节期间，积极为老年人办实事、做好事，深入到老年人中开展访贫问苦、法制宣传、卫生服务、文化服务等活动，深受老年群众的赞扬。省老龄办出资12万元与全国老龄办联合慰问走访了全省88个县的贫困老年人，让老年群众感受党和政府的关怀；各地积极组织开展“银龄助老健康服务”，全省共组织9个“银龄助老健康服务”队，60多名老年专家，深入8个市、州、地200多个乡镇，为10万余老年人免费进行心脑血管健康检查，为伤残军人、老劳模、百岁老人、特困伤残、孤寡老人及灾区群众赠送药品10万余元，使广大老年群众感受到社会主义和谐社会大家庭的温暖。

四川省

一、基本情况

2007年底，全省60岁以上的老年人口1190万人，占人口总数13.52%，80岁以上的老年人口144万人，100岁以上的老年人口3780人，纯老年人家庭人口189万人；各级建立老年法律援助中心1427个，维权协调组织9022个，老龄系统接待来信来访27749人（次）；全省有各类老年活动中心（站、室）19135个，常年参与活动的老年人超过300万人；有53054人享受了高龄补贴；全省有老年医院374家，床位数9538张，老年临终关怀医院3家，床位数122张；老年人协会20873个，协会会员308万人，其他老年社团组织1133个，参加人数48万人；全省老年大学（学校）1691所，在校学员31万人。

二、制定政策，为老龄工作实现跨跃式发展提供保障

2007年3月，省政府下发了《四川省人民政府关于进一步加强老龄工作的意见》。4月省政府办公厅印发了《四川省老龄事业发展“十一五”规划》。乐山、广安、雅安等市出台了《关于进一步加强老龄工作的意见》和《老龄事业发展“十一五”规划》。德阳、达州市政府出台了“十一五”惠民行动规划，细化了老龄工作目标任务。达州市结合实际出台了《关于加快发展养老服务业的意见》。为切实贯彻落实第二次全国老龄工作会议精神和省政府的要求，开创全省老龄工作新局面提供了政策保障。

三、敬老模范县创建工作

2007年2月，省老龄工作委员会下发了《四川省第二轮创建敬老模范县（市、区）验收标准》。4月又下发了《关于第二轮省级敬老模范县（市、区）检查验收、命名表彰工作的通知》。根据文件要求各市（州）老龄办积极做好迎检工作。宜宾、广元市召开了迎检达标动员会，乐山市分管副市长带队检查。泸州、绵阳、德阳、乐山、内江、阿坝等市州结合创模验收工作，通过多种形式对敬老模范先进单位和先进个人进行了表彰或奖励。巴中市在创模活动中大力弘扬孝道文化，隆重表彰、宣传十大孝星，营造了良好的敬老氛围。全省共有108个县（市、区）申报参加。各市（州）在复查的基础上，共推荐了70个县（市、区）请求省级验收。省老龄办、省委老干部局、省民政厅、省劳动和社会保障厅组成4个检查组，先后对68个县（市、区）的创模工作进行了检查验收。创模工作不仅给老年人带来了实惠，提高了老龄工作干部的综合协调能力，更促进了“大老龄”工作格局的快速形成。

四、加快建设社会保障体系，养老医疗覆盖面不断扩大

2007年省委、省政府将老龄工作列入了“十大惠民行动”目标之中。2007年底，全省城镇基本养老保险参保人数达到917.2万人。成都市160多万老年人的养老、医疗实现了全覆盖。全省普遍提高了城市最低生活保障标准，174.5万城市低保对象中约有33万城市贫困老人享受了低保，累计月人均补助90.6元，比上年提高23.1元。“五保”老人集中养老实现了跨越式发展，全省投入4.86亿元，新（改扩）建敬老院449所，新增床位4.33万张，超过年初计划1.83万张。全省44.34万“五保”对象实现应保尽保，集中供养人数达到11.06万人，集中供养率由年初的14.10%提高到24.96%。全省176个涉农县（市、区）全部建立了农村低保制度，实现了全覆盖。222.9万农村低保对象中约有55万农村贫困老人优先享受了低保，累计月人均补差23元，比上年提高8.8元。27万名农村计划生育老人享受了政府每年600元的奖励。

全省普遍建立了农村医疗救助制度，救助农村贫困患者60万人次，人均救助339元。部分城市开展了城镇医疗救助试点，救助城市贫困患者65.49万次，人均救助180元。城乡医疗救助对象中贫困老年人占多数。全省有154个县（市、区）开展了新型农村合作医疗试点，试点县（市、区）的“五保”老人和农村低保老人全部免费参加了新型农村合作医疗（即每年个人应缴的10元保费，全部由医疗救助金支付）。

2007年全省有61个县（市、区）新建、改扩建了社会救济福利中心，新增床位4181张，超过年初计划2181张。全省国办福利机构床位数累计达到16447张，城市“三无”老人集中供养得到进一步缓解。

五、强化维权工作，切实维护老年人权益

各级老龄办认真按照省老龄工作委员会《关于深入开展“五五”普法教育的通知》要求，积极协调有关单位将《中华人民共和国老年人权益保障法》（以下简称《老年法》），列入了本地“五五”普法范围，将任务分解到各相关部门。成都、泸州、宜宾、广元、内江、乐山、遂宁等市在基层广泛张贴《老年法》宣传画，联合相关部门开展普法宣传工作，公开审理涉老案件，及时调解赡养纠纷，大张旗鼓地维护老年人的权益，在社会上产生了积极影响。

各地进一步完善了落实《老年法》的措施，成都、广元、达州市出台了70岁以上老年人免费乘坐公交车的政策。宜宾市政府下发了《关于进一步加强老年优待服务的意见》，将全市百岁老人每月的补贴提高到150元。全省有42个县（市、区）提高了百岁以上老人的长寿补贴金标准。最高的金牛区达到每人每月330元；双流等31个县（市、区）还建立了给80～99岁老人发放补贴金制度，最高的双流县每人每月达到100元。10月，省老龄办安排6万元专款慰问了300名贫困老人，成都、泸州、德阳、绵阳、广元、内江、甘孜等市州在慰问活动中积极帮助困难老人排忧解难。据不完全统计，2007年重阳节期间，各地党政领导走访慰问百岁老人、困难老人10多万人，送出慰问金500多万元。

六、老龄宣传工作持久深入，宣传形式呈现多样化

2007年，在继续发挥《晚霞报》、《四川老龄》、“四川老龄网”三大媒体作用的同时，经省政府同意，又创办了《四川老龄工作简报》，半月一期，上送省委、省人大、省政府、省政协领导和省级各单位，下发各市（州）老龄办，全年共出版18期，内容丰富及时，实现了下情上达，互通信息。

经过2007年省老龄办宣传信息员培训班学习之后，达州、乐山、广元、泸州、宜宾、资阳、巴中、阿坝等市州来稿数量和质量都有明显提高。泸州、宜宾、德阳市充分利用本市老龄网开展宣传，乐山、眉山、巴中、资阳、南充等市充分发挥当地媒体的作用，有效地提高了老龄工作的地位。阿坝州在《阿坝日报》等媒体刊载信息65条，达州全年编发信息283篇，绵阳市开办宣传专栏1700多期、继续联办“夕阳红”、“金色人生”栏目，刊播稿件100多篇。达州、南充、资阳、广元、巴中、阿坝州举办了老龄工作成果展，突出宣传了党政主导、创模工作、老年维权、孝亲敬老、设施建设、为老服务、老协建设等工作，在当地产生了良好反响。全省一年共计在全国和省级新闻媒体上刊发稿件1000余篇。

七、积极推动居家养老服务工作的发展

四川省居家养老服务试点工作启动，主要在成都市五城区展开。自2006年9月成都市政府在武侯区召开“成都市城区居家养老服务工作经验交流暨理论研讨会”以来，成都市五城区认真贯彻落实会议精神，制定了《加强居家养老服务工作意见》等政策，采取措施，进一步加强了居家养老工作。2007年又将居家养老服务工作推向涉农县（市、区），开展农村空巢老人居家养老服务工作。各区（市、县）建立了四级空巢老人居家养老帮扶服务工作网络，全市高龄、空巢老人居家养老帮扶对象达到5000人。武侯区还投入200万元，建立了区、街道、社区三级联网的空巢老人呼叫救助系统。宜宾市深入调查，写出了《宜宾老年人居家养老的现状及对策》，为市政府出台《关于进一步加强老年优待服务工作的意见》提供了依据。广元、遂宁、达州等市也在城市社区开展了居家养老试点，受到了老年人的普遍欢迎。

2007年，在各市（州）老龄办的努力下，完成了民办养老服务机构的普查登记工作。全省现有民办养老机构140个，床位18145张，其中成都市11549张。这次普查摸清了全省民办养老机构的底数，为2008年完成全国民办养老机构现状调查作了前期准备。

八、多种形式开展“银龄行动”

2007年，省老龄工作委员会下发了《关于组织老年知识分子开展“银龄行动”工作的意见》，各地立足本地积极组织援助活动，把“银龄行动”引向深入。省科技顾问团中的老专家完成了《科学发展观与四川战略发展重点研究》、《构建四川和谐社会若干问题研究》等一系列重大课题，受到省政府表彰。宜宾市修建沿江路，采用老专家们修改设计的意见，使工程投资由2200万元降为600万元。攀昆高速公路攀枝花段采用老专家们的建议，缩短路程6公里，少拆房屋1/3，少占农田300亩，节省投资2亿元。川农大老科协先后组织1100人次参加“三下乡”活动，举办技术培训班 240 场次，培训农民 5000 人次，发放技术资料 6000 余份。

省老龄办、省老科协、乐山市老龄办、乐山市老科协联合组织老农业专家组成“老年志愿者服务团”，在乐山市市中区临江镇开展无公害茶叶生产援助行动，2007 年结束了为期三年的援助计划。先后派出专家和相关人员 180 多人次，开展无公害茶叶生产的宣传和技术援助。通过援助，新发展茶园 3150 亩，更新改造茶园 2000 亩，茶叶产量由 120 吨增加到 258 吨，茶叶产值由 380 万元增加到 1035 万元，人均茶叶产值达 1290 元。

2007 年 3 月，正式启动了川浙“银龄行动”。川浙两省实行项目管理制，用协议明确了双方到 2010 年的合作项目和每年要完成的工作任务。浙江援助四川的茶叶新品种 10.5 万株，已于 2007 年 10 月运抵乐山，在 6 个试点县（区），种植在 6 个不同海拔高度、不同土质的 15 亩茶园中。11 月上旬，浙江无偿支援四川的技术培训和新品种试验资金 25 万元也已到账。

九、老年教育有序发展，老年协会建设更加规范

2007 年是老年教育大发展的一年。全省新建老年大学（学校）301 所，其中县级老年大学 21 所，超额完成年初下达的 200 所发展目标，在校学员比上年增加 3.5 万人。为展示全省老年大学的教学成果，举办了全省首届老年大学交谊舞、国标舞比赛和首届老年大学书法绘画摄影展。来自全省的 23 支老年大学代表队，近 600 名选手参加了 21 项交谊舞、国标舞比赛。270 幅作品从不同角度反映了老年学员对艺术人生的追求。这些活动的开展，进一步促进了老年大学及学员之间的交流。

2007 年全省 123 个县（市、区）开展了基层老龄工作干部和老年人协会负责人培训工作，参训人员达到 9850 人，超额完成了年初下达的 7480 人的目标任务。极大地提高了基层老龄工作者和老年人协会负责人的工作能力。2007 年底，全省老年人协会共有 20873 个，比上年增加了 3239 个，会员 308 万人，比上年增加了 40 万人。全省基层老协发展迅速，管理更加规范，作用发挥更加明显。

十、老年活动规模扩大，内容丰富多彩

2007 年全省性的老年文体活动十分活跃。省老龄办与省体育局等 14 个单位联办的四川省第六届老年人运动会，分别在 10 个城市举行。共有 3000 余名老人参与 13 个项目比赛，历时 3 个月，获得多方好评。省老龄办联合 8 个部门共同举办了“四川省首届中老年激情广场大家唱暨 2007 重阳敬老节活动周”。来自各地的 82 支代表队，6000 余名中老年朋友用雄壮嘹亮的歌声、饱满的激情喜迎党的十七大的胜利召开，庆祝老年人自己的节日。省老龄办与省老干部局联合举办的“四川省庆祝党的十七大胜利召开书画展”，展出的 167 件作品，从不同角度讴歌了党的丰功伟绩和伟大成就。

各地的活动异彩纷呈。成都市举办了第六届老年艺术节，共有 5000 多老年人参与，推动了老年文化艺术的发展、创新和提高。成都市重阳节在浣花公园举行的万名老人游园活动，更受老人称赞；泸州市 4000 多老年人参加了“庆重阳、迎奥运”健步走活动；德阳市举办了“秋之韵”老年文艺演出；乐山市重阳节期间举行“关爱老年人，构建和谐社会”主题活动和“庆重阳、迎奥运”健身乐活动；攀枝花、自贡、眉山、雅安、甘孜、凉山等地开展了以“庆祝党的十七大胜利召开、欢庆重阳节”为主题的丰富多彩、形式多样的文体活动。

海南省

在海南省委、省政府的领导下，各级党委政府深入贯彻落实科学发展观，2007 年老年人权益保障工作取得了突破性进展。

《海南省实施〈中华人民共和国老年人权益保障法〉若干规定》增强了社会各方面保障老年人合法权益的责任。各级人民代表大会常务委员会和人民政府以尊重和保护老年人的权益为出发点，制定配套政策法规，推进老年人权益保障法律、法规的贯彻实施。经海南省第三届人民代表大会常务委员会第三十四次会议批准，海口市人民代表大会常务委员会公布施行《海口市城市公共交通客运管理条例》。该条例规定：公交客运经营者应当依照有关法律、法规和本条例的规定，为老、弱、病、残、孕等特殊人群设置专座和提供必要帮助；离休干部、70 周岁以上的老年人、身高 1.2 米以下的儿童及持有全国统一印发的《残疾人证》的残疾人享有免费乘车待遇；小学生以及 65

周岁以上不满70周岁的老年人享有半票乘车待遇；海口市人民政府应当建立健全公共交通财政补贴、补偿制度，对经营者因实行低票价和承担社会福利形成的政策性亏损给予适当的经济补贴。

省民政厅、省财政厅协同制定专项规范性文件，推进老年人优待工作。实施对100周岁以上老人长寿补助，各级老龄委办公室负责长寿补助对象申报登记和审核发放的管理，省财政厅负责编制年度预算和拨付补助金。2007年省财政厅拨付长寿补助金111.42万元，631名100周岁以上老年人享受长寿补助。东方市、白沙县等地人民政府，在省级长寿补助基础上安排了专项资金，对包括100周岁以上老人在内的高龄老人发放补助。白沙县政府对100周岁以上老人每人每月补助150元。东方市政府对100周岁以上老人每人每月补助100元。老年人优待证的发放，除离退休人员以外对所有老年人免费发放，免费发放老年人优待证制作费由市县财政负担。2007年，各市、县（区）财政预算共计安排108.46万元老年优待证印制专项经费。老年人优待证共发放8万张。

全省尊重老年人的社会氛围明显增强。省内外新闻媒体对老年人优待政策等热点问题给予高度关注和广泛报道，家庭赡养、老年人优待、养老服务等老年话题逐步进入社会舆论主流。海南省政府网开设“老年人网”，有两家企业办老年网。海南老人节期间，全省以“关爱贫困老年人，共建和谐社会”为主题，开展慰问贫困老年人活动。省人大常务委员会副主任、省老龄工作委员会主任吴昌元前往海口秀英区石山镇慰问贫困老年人。各市县政府组织对贫困老年人的慰问活动，送去党和政府的温暖和关爱。全省共慰问贫困老年人1484人，送慰问金和慰问品共计34.66万元。三亚市人民政府、省老龄委办公室、海南日报社、省社会科学界联合会和南山文化旅游区联合主办，新华社海南分社、中新社海南分社、海南省电视台、海南省在线、南国都市报、海南旅游发展研究会等单位协办，在南山举办“首届海南省长寿事业发展论坛”，共商海南老龄事业发展。

宁夏回族自治区

综　述

2007年，各地认真贯彻第二次全区老龄工作会议精神和《宁夏老龄事业发展“十一五”规划》，按照自治区老龄委第四次全体会议的要求和部署，各成员单位和各级老龄工作部门，各司其职，准确定位，突出重点，统筹兼顾，较好地完成了全年工作任务，在构建社会主义和谐社会中发挥了积极作用。

一、建立健全养老保障体系，保障老年人的基本生活

抓紧制定有关养老保障政策。颁布了《农村村民最低生活保障办法》，制定了《宁夏农村特困户和特重大疾病医疗救助办法（试行）》，下发了《关于开展城镇居民基本医疗试点工作的实施意见》，印发了《关于进一步提高村干部待遇的意见》、《关于建立全区村干部养老保险的意见》，下发了《关于贯彻落实中组部关于进一步加强和改进离退休干部党支部建设工作的意见的通知》，印发了《银川市已征地农转非人员基本养老保险试行办法》，有4520名被征地农民按月领取300元养老金。

养老金发放与调整稳步推进。截止2007年年底，宁夏城镇职工基本养老和基本医疗保险参保人数分别达到了17.7万人和21.34万人，全年征缴养老保险基金30.8亿元，应支付养老金25亿元，实际支付25亿元，支付率达到100%，并且全部实行了社会化发放，社会化发放率达到100%。调整了企业退休人员的待遇，企业退休人员基本养老金月人均达到了1160元，比全国目前的963元高出197元。企业退休人员冬季取暖费补贴标准由2006年的862元调整为986元。

企业退休人员社会化管理服务工作稳步推进。全区实行社会化管理的退休人员达到17.3万人，社会化管理率达到99.43%，其中15.67万名退休人员纳入社区管理，社区管理服务率达到90%。

二、建立健全社会救助制度，贫困老年人的生活得到保障

认真落实“五保”供养政策。“五保”供养工作实现了由农民集体互助共济向财政保障为主的历史性转变，供养对象达到1.6万人，年人均集中供养标准达到2781元，分散供养标准达到2002元。

城市低保规范运行，实现了动态管理下的应保尽保。经过6次提标，城市低保标准提高到银川市、石嘴山市月人均200元，吴忠市、固原市、中卫市月人均170元，全区保障人数达到206815人，对70岁以上的老年人实行了全额保障，给予了政策性倾斜。2007年共发放城市低保金27519万元，保障城市低保对象21万人，人均补差110元。

在全国率先推行农村低保工作。将23万年收入在683元以下的特困农民全部纳入农村低保范围（对60岁以上的贫困老年人实行全额保障），按照人均55元的标准进行保障。

积极应对物价上涨，适时调整保障标准。根据我区城镇居民的基本生活状况，再次提高了全区城市低保标准和补助标准，并连续四次为低保户发放五项临时生活补贴。

农村大病医疗救助制度全面建立。按照《宁夏农村特困户和特重大疾病医疗救助办法（试行）》，农村村民特重大疾病年最高救助金达5万元。民政部门按每人每年10元的标准，为特困户缴纳参加新型农村合作医疗费用，使其参合率达到100%。还按农村“五保户”、孤儿每人每年200元，农村低保对象中60岁以上老年人每人每年100元，其他低保对象每人每年60元的标准，给予门诊医疗救助，农村特困户住院还可以享受“零起付”救助。

大力推进危窖危房改造工程。筹集资金6900万元，在南部山区10个县（区）、93个乡（镇）、606个村，安排危窖危房改造任务13000户实际完成15715户，其中70%以上为老年人家庭。危窖危房改造工程成为推动社会主义新农村建设、构建和谐宁夏的“民心工程”、“德政工程”。

继续深入做好农村计划生育家庭奖励扶助制度工作。奖励扶助制度自2005年开展以来，范围已扩大到全区。2007年经确认符合国家奖励扶助政策的对象为3445人，到目前已累计兑现奖励资金494.28万元。

三、完善医疗保障制度，提高健康水平

城镇居民基本医疗保险制度进一步完善，覆盖面不断扩大。下发了《关于开展城镇居民基本医疗试点工作的实施意见》，在银川、石嘴山、中卫市率先开展了试点工作，基本医疗保险覆盖了城镇各类经济组织的所有从业人员和城市居民，覆盖面进一步扩大，医疗保险的参保主体继续向多元化方向发展，基本医疗保险、大额医疗费用补助、公务员医疗补助运行平稳。银川市对低保、丧失劳动能力的残疾成年人及女50周岁、男60周岁以上的低收入老年人降低缴费标准。截止2007年年底，全区参加基本医疗保险人数为77.86万人，其中退休人员为21.34万人。

新型农村合作医疗制度全面推进。截止2007年，全区18个农业县（区）全面实施新型农村合作医疗，参加人数达到319.44万人，覆盖农业人口374.78万人，参合率为85.23%。对农村“五保”老人及生活困难的老年人，制定优惠政策，应自筹部分的参保费用由财政负担，实行更有甚者优惠的费用报销、减免政策。

四、重视养老服务设施建设，巩固为老服务成果

（一）把社区为老服务设施建设纳入社区建设整体规划。把社区医疗站、托老所、老年公寓、老年康复站、老年活动站、残疾人活动站、法律救助中心、文化体育中心、家政服务中心等社会服务机构建设和老年服务设施和服务网络建设分别纳入《宁夏回族自治区国民经济和社会发展第十一个五年规划》和星级社区考核评估标准。部分县区在住宅小区工程建设中，按照《老年人建筑设计规范》要求，统筹安排为老服务设施建设，纳入建设工程整体规划并监督实施。

（二）加强社区服务设施建设。深入开展养老服务社会化示范单位创建活动，以城市和农村社区建设为契机，全区有328个社区建立了老年活动站、托老所、老年康复站、老年服务站，37个农村社区建立了老年活动站、法律援助站。全区大部分县（市、区）、街道都建有社区服务中心，开辟了老年服务热线。根据老年人的不同需求，增加了配套设施，拓宽了设施的服务功能，形成了集社区服务中心、托老所、日间照料室、卫生服务站、图书阅览室、法律救助中心老年学校为一体，具备养老、医疗、健身、教育、休闲娱乐等综合服务功能的老年福利服务设施体系。

（三）加强农村敬老院建设和管理。投资4550万元，市县划拨土地729亩，配套投资3720万元，新建和改扩建农村敬老院38所，床位由原来的2709张增加到6520张，集中供养率由14%增加到现在的40%以上。研究出台了《宁夏回族自治区农村敬老院星级管理考核办法》，修改了《农村敬老院管理暂行办法》。投资260万元资助4个县建立老年活动中心，广泛开展了“星级敬老院”评定活动，全面提升了敬老院的管理服务水平。

（四）开展为老服务活动。为老服务志愿者队伍不断壮大，广泛开展了“金晖行动”、“爱心助成长”等为老服务项目，开展了社区老年护理示范项目、老年病防治研究、老年人健康状况普查，在银川市部分社区建立了家庭病床诊疗制度，为行动不便的老年患者提供医疗服务。开展了居家养老服务试点工作，根据老年人的实际需求，设立老年餐桌、理发、洗浴、代购物品等一系列的生活服务项目，发动社区志愿者对特困、孤寡、空巢和生活不能自理的老人实行服务，极大地方便了老年人的生活。

五、积极采取有效措施，切实维护老年人合法权益

加强了法律援助工作，在全区238个乡镇（街道）司法所、80%以上的村（居）委会建立了法律援助工作站，为老年人办理公证服务3350件，提供涉老法律咨询4360余起，调解处理涉老纠纷2320余件，办理涉及老年人的法律援助案件280余起，“12348”法律热线共接待电话咨询16536人次，接待群众来访12356人次，老年人法律咨询量占20%，老年人称“12348”法律热线是“明白线”“救生线”和“指导线”。认真落实《关于加强老年人优待工作的意见》，对老年人参观文化设施、进入旅游景区（点）实行更加优惠的门票减免政策。会同旅游局、物价检查所协调解决了老年人反映比较强烈、媒体多次呼吁的西部影视城擅自提高优待门槛儿问题，在老年人中引起了强烈反响。在深入调研、先行试点的基础上，深入开展《家庭赡养协议书》签订工作，统一印制了《家庭赡养协议书》范本，召开了专门的会议在全区推行。以“关爱高龄贫困老人，构建和谐社会”为主题，在全区范围内广泛组织开展了慰问高龄贫困老年人活动，自治区从福利金中安排66万元，在“重阳节”期间为全区3000余名90岁以上高龄老人每人发放了200元慰问金。各市、县（市、区）积极行动，由县委、政府、人大、政协四套班子领导亲自带队，深入社区、农村、厂矿，为老年人送去了米面、棉衣、棉被、慰问金。重阳节期间，全区共慰问敬老院28个，惠及高龄、贫困老年人21000余人，发放慰问金120余万元，得到了广大老年人和社会各界的广泛赞誉。

六、高度重视老龄宣传教育工作

积极引导和协调新闻单位，充分利用报纸、广播、电视、黑板报、大型集市等，以公益广告为主，专题、专版、专栏联动，多角度、多侧面、多形式地组织老龄工作方针政策的宣传教育。组织各级普法依法治理机构落实“涉老”法制宣传教育、法律服务等具体工作，把老龄法治工作纳入普法依法治理和推进依法治区工作范围，面向社会积极开展与老龄工作相关的法律法规的宣传教育。以“12.4”全国法制宣传日和“三下乡”活动为依托，动员全区各级普法机构，深入到乡村、街道、社区、工矿、集市、学校，开展多种形式的法律宣传活动。借助法律服务进社区、进乡村工作，加大社区、乡村老龄法律法规的普及力度。举办婚姻、赡养、继承等法治讲座，提高老年人自觉维护自身合法权益的意识。协调区内各级新闻单位，利用广播、电视、报纸、网络等大众传媒，开设法制栏目，大力宣传老年人权益保护法以及相关的法律法规，选播“涉老”案例进行宣传报道，引导老年人树立正确的法治观念，培养老年人依法维权、依法办事的意识。利用法制集中宣传活动，宣传与老龄工作相关的法律法规知识。认真办好《宁夏老龄工作》刊物，及时宣传党和政府有关老龄工作的方针政策，交流各地老龄工作先进经验，沟通各地老龄工作信息，普及老年法律法规知识，提高全社会的老龄意识和敬老意识，指导基层做好老龄工作。各地各部门充分利用“重阳节”等重大节日，开辟专栏、专题宣传报道“敬老好儿女”“敬老模范家庭”“孝亲敬老之星”“五好文明家庭”等先进典型。通过广泛的宣传教育，营造了良好的老龄法治工作氛围，为维护老年人合法权益提供了良好的法治环境。

七、发展老年教育、文化、体育事业，丰富老年人的精神文化生活

（一）发展老年教育，完善老年文化活动网络。积极协调有关部门，做好宁夏老干部及少儿活动中心项目工程概算调整工作，支持基层老干部活动中心和老年大学建设。目前，全区老年大学发展到22所，在校党员7000多人，市、县（市、区）基本普及老年大学。

（二）加强老年文化设施建设。认真贯彻落实国务院办公厅《关于加强公共文化服务体系建设的若干意见》，投入资金200万元，安排扶持50个农村文化室示范点、200个农民文化户、50个农民文艺团（队）。开展了“万家社区图书援建和万家社区读书活动”，筹集300多万元资金，为全区的180个社区居委会提供近百万的受援图书。

（三）广泛开展老年文体活动。在全区开展了“2007清凉宁夏”广场文化活动2000余场次，观众达500余万人次，演出节目20000个，并举办了“农家乐”首届全区建设社会主义新农村系列文化活动。开展了老年人文明风采书画摄影比赛，加强了老年艺术团之间的交流。各地也积极引导、鼓励当地老年群众团体，在社区、广场开展丰富多彩的老年文化教育活动，举办老年人美术、书法、摄影大赛，为传播先进文化、促进社会主义精神文明建设提供着智力支持。

举办了“全民健身与奥运同行——亿万老年人健步走向2008”启动仪式，3000名银发老人参加了启动仪式和迎奥运老年人乒乓球友谊赛、台球赛、“国税杯”中国象棋邀请赛、拥军书画展，各地普遍在

“重阳节”期间开展了一系列庆祝活动，极大地丰富了老年人的精神文化生活。

八、注重老年人作用的发挥

邀请“五老”在青少年中广泛开展爱国主义和革命传统教育，参与预防青少年违法犯罪、“12355”青少年维权和心理咨询等服务，选聘一批热心少先队工作、责任心强、有能力、有经验的“五老”担任校外辅导员。鼓励和引导老干部在“十一五”规划制定、新农村建设、党的建设、社区服务、普法教育、关心下一代等方面发挥作用。聘请了10余名资深的离退休法律界知名专家学者，担任自治区普法讲师团和专家委员会委员，在我区法学研究和普法依法治理中发挥了学术带头人的作用。组织老科技工作者、老专家、老学者广泛开展调查研究，为宁夏经济社会发展建言献策。许多老同志继续发挥余热，积极参加“老年法律服务志愿者队伍”，开展社区（农村）法制宣传和矛盾纠纷调解工作，为社会稳定做出了贡献。

重要会议和活动

【全区老龄办主任会议】　为全面贯彻落实第二次全国、全区老龄工作会议精神和《宁夏回族自治区老龄事业发展“十一五”规划》，认真分析我区人口老龄化的新形势，全面部署当前和今后一个时期的老龄工作，2007年3月28日，自治区老龄办在银川召开全区老龄办主任会议，来自各市、县（区）老龄办主任、负责宣传工作的人员，民政厅在家的厅领导、机关副处以上干部参加了会议。会议传达了全国老龄委第十次全体会议和全国省级老龄办主任会议精神，自治区老龄办常务副主任李广庆回顾了2007年全区老龄工作基本情况，安排部署了2008年重点工作，会议还表彰了全区2007年度老龄工作先进市、县（市、区），银川市金凤区、平罗县、青铜峡市、彭阳县4个先进单位，进行了大会发言和经验交流。自治区民政厅厅长、老龄办主任马廷礼做了重要讲话，副厅长赵俊新主持会议。马廷礼厅长在讲话中指出，人口问题历来是制定经济社会发展规划和各项政策必须对待的重大问题。人口问题不只是总量问题，更有结构问题，老龄问题就是我们把握人口发展规律，促进社会和谐发展的重大问题。随着“未富先老”趋势的明显加快，老龄工作面临的复杂形势和肩负的特殊责任日益突出的摆在了我们的面前。老龄工作部门一定要按照十七大关于“加强老龄工作”的要求，认真学习领会十七大精神，加强调查研究，把十七大提出的目标任务具体地贯彻落实到各项老龄工作中去，坚定以民生为本的宗旨，围绕当前乃至今后一个时期建立健全老年人社会保障制度和社会为老服务体系两大目标任务，协调配合有关部门分阶段、分层次，有计划、有步骤地加速推进。特别是通过有计划、有目的的调查研究，发现问题，分析原因，提出政策建议，使老年群体中的贫困老人、空巢老人、高龄老人的特殊困难在保障制度制定、服务体系建设中能够得到充分考虑。要突出重点，认真落实老龄事业发展“十一五”规划，积极推进居家养老服务，切实提高老龄宣传实效。要按照党的十七大的要求，以能力建设为核心，全面加强自身建设，做到“四个切实”，即切实提高工作能力，切实履行工作职责，切实转变工作作风。

【庆祝宁夏第18个老人节活动】　一是采取悬挂横幅、刷写标语、印发宣传单、制作专题节目、开办专栏等形式，广泛开展了宣传教育活动。据统计，重阳节期间，各地共制作宣传横幅300余幅、刷写标语800余条、制作展版60余块、发放宣传单50000余份。

二是通过召开座谈会、联谊会、报告会等形式，学习宣传《中华人民共和国老年人权益保障法》（以下简称《老年法》）、《宁夏回族自治区老年人权益保障条例》（以下简称《条例》）等涉老法律法规，宣传我区人口老龄化的严峻形势和尊老敬老爱老的先进典型，营造了良好的尊老、敬老社会氛围。

三是深入开展敬老模范评选表彰活动。彭阳县妇联组织开展了“乡风文明进农家”创建活动，在全县范围内评选表彰了“好儿媳”“好公婆”各10名；金凤区良田镇、丰登镇开展了“好儿媳”、“尊老好家庭”评选表彰活动；盐池县组织开展了“敬老好儿女”“敬老好媳妇”及“敬老模范家庭”评选表彰活动，通过身边的人和事教育引导广大群众，认真履行赡养义务，善待老人。

四是深入贯彻老年法律法规，切实维护老年人的合法权益。青铜峡市老龄办抽调6名工作人员深入到乡镇、街道、社区、厂矿、企业，将《老年法》《条例》印成宣传单进行发放，与司法局在市区主要街道设立“老年人法律咨询点”，现场解答老年人提出的各种问题，协调市广电局、司法局、法院在电视台播出涉老案件；大武口区对贯彻落实老年法律法规、政策情况进行了自查；彭阳县司法部门深入乡村、集镇，为老年人开展法律咨询，鼓励老年人增强自我维权意识，以积极的心态安度晚年；金凤区以青年妇女为教育对象，组织了老年法律法规专题宣传月活动，印发《让我们来共同关爱老年人》等倡议书8000余份，通过举办广播讲座、法制课堂、接鼓传花知识竞赛及小品相声等各种形式，大力宣传老年法律法规。

五是开展丰富多彩的老年文体活动，丰富老年人的精神文化生活。银川市、泾源、盐池、中宁、金凤区等县、市、区都举办了老年人体育运动会，银川市、石嘴山市召开了全市庆祝第18个“老人节”大会，举办了全市老年文艺汇演，市委、政府分管领导出席会议并讲话，在家的四套班子领导全部出席会议，充分体现了各级党委、政府对老龄工作的重视和支持，体现了各级党委、政府对老年人的关爱。彭阳县组织策划了“情系夕阳”主题广场文艺演出活动。各成员单位也相应开展了丰富多彩的庆祝活动。青铜峡市文体局举办了“迎十七大书法、美术、摄影作品展”，共展出各类作品364幅；市老干部局联合街道、社区、老龄办开展了武术、秧歌、舞蹈、秦腔演出活动，组织老干部收看了“十七大”开幕式实况，并进行了座谈讨论；市老龄办“夕阳红”秦腔剧团深入到新井煤矿、老钱茶社等地进行慰问演出，市社保局开展了向社区赠送健身器材、图书等活动。石嘴山市中级法院、市直机关工委组织召开了离退休干部座谈会，市老干部局组织老干部参观了大武口区市政建设，市文化旅游局举办了庆“重阳节”文物展览，神华宁煤集团太西退管中心召开了离退休人员表彰大会，丰富了老年人的精神文体生活。

六是切实为老年人办实事、办好事。各地充分发挥成员单位的职能作用，积极为老年人办实事、办好事。为切实解决农村敬老院老年人看病、生活保障等现实问题，在纪念福利彩票发行20周年、我区第18个“老人节”之际，宁夏福利彩票发行中心从本级福利彩票发行费结余资金中捐出200万元资金，为每个市、县的敬老院购置了一台东风小康“敬老服务车”；固原市老龄办组织卫生、城管、文体、旅游、交通等部门负责人，到医院、景区、公共厕所、公交车、博物馆等场所，统一悬挂老年人凭《老年人优待证》可享受各种优惠待遇的标识牌。石嘴山市、彭阳、青铜峡、大武口、兴庆区、金凤区、中宁、永宁等县、市、区为老年人免费体检，组织老年人游览城市建设，切身感受改革开放以来各地日新月异的发展变化。永宁县组织60余名老年人入住敬老院，为老人们添置了全新的生活用品；彭阳县卫生部门组成医疗小分队，深入社区、偏僻乡村，为老年人送医送药，开展义诊活动。

七是深入开展慰问贫困老年人和高龄老人活动。10月10日，自治区党委常委、组织部部长、老龄委主任徐松南，自治区党委常委、政府副主席、老龄委副主任刘慧带领民政厅、财政厅、老龄办等部门领导，亲切慰问了银川市崇安社区爱心老年公寓、银川市兴庆区老年公寓的老人，看望慰问了爱心老年公寓、银川市兴庆区老年公寓90岁以上的高龄老人，入户慰问了杨凤兰、马金明、邢秀莲老人，送去了慰问金和鲜花，召开了庆祝第18个“老人节”大会，并与银川市兴庆区老年公寓的老人共度我区第18个“老人节。各地按照自治区老龄办的要求，四套班子领导亲自带队，深入社区、农村、厂矿，广泛开展了慰问高龄老人和贫困老年人活动。除此之外，全区各乡镇（街道）、村（居）也广泛开展了慰问贫困老年人活动，为老年人送去了米面、棉衣、棉被、慰问金。截止目前，全区共慰问敬老院28个，惠及高龄、贫困老年人21000余人，发放慰问金额共120余万元。

各项业务进展

【加强居家养老服务工作的探索实践】 2007年，宁夏进一步加强居家养老服务扶持政策、管理体制、运行机制、行业标准、资源整合、市场培育、服务队伍建设等方面的探索研究，指导银川市兴庆区、金凤区、西夏区开展了居家养老服务试点，确定了试点单位，制定了《关于试点街道开展居家养老服务的实施办法》、《关于在全区推进居家养老工作的实施方案》、《街道社区居家养老工作标准》、《街道社区居家养老服务站职责》等规章和文件。在试点中，宁夏老龄办重视调查研究，坚持从基础做起，扎实有效地推进试点工作顺利开展。目前，金凤区有3个社区、西夏区有17个社区、吴忠市有4个社区成立了居家养老服务站。各个服务站均采取“一帮一”结对帮扶、低龄老人服务高龄老人、建立党员志愿者服务队、低保人员志愿者服务队等，为独居、空巢高龄老人提供洗衣做饭、清洁卫生、代购物品、聊天谈心、文化娱乐、帮助户外活动等项服务。在农村，以农村社区建设为契机，在去年建成30个农村老年活动站的基础上，今年计划再建30个农村社区老年活动站。已建成的农村老年活动站，为农村老年人广泛提供了文化娱乐、棋牌等方面的服务。

【开展了老年人生活状况普查】 为准确了解我区老年人口数量，全面掌握我区老年人基本生活状况，为自治区党委、人民政府决策老龄工作提供依据，按照自治区老龄办的工作安排，各地广泛开展了老年人生活状况普查，分析了各地人口老龄化现状，找出了存在的问题的原因，提出了解决问题的对策和措施，重点普查了80岁以上老年人的生活状况。为了确保普查工作顺利进行，各地成立了以老龄委领导为组长，民政局、老龄办为成员的老年人生活状况普查领导小组，负责普查工作的组织领导工作；召开了老龄工作会议，传达了全区老龄办主任会议精神，抽调业务能力强、责任心强的人员组成专门力量，具体负责普查工作的指导和督促检查。下发了《关于开展老年人生活状况普查的通知》，明确了普查对象、范围、重点，要求各地成立普查工作领导小组，由乡镇主要领导任组长，分管领导任副组长，民政所负责，并确定县老龄办及其工作人员、各乡镇主管老龄工作的干部为第一责任人，由村（居）民委员会具体登记工作，形成了老龄办抓乡镇（街道）、乡镇（街道）抓村（居）、村（居）抓具体登记人员的一级抓一级、各负其责、相互配合的良好工作局面。

为了确保普查工作“不漏人、不虚报”，针对普查工作面广、老年人口多、工作人员少的实际，各地组织业务骨干，分别对各乡镇的普查人员进行了培训，制定了具体的普查方案，实行分片包干负责，并发动社区“4050”人员积极参与普查工作。针对各居民区住户特点，分时间、有重点地进行普查登记，对60周岁以上的老年人进行详细登记，做到了村不漏户、户不漏人、不漏登、不重登、不虚报，杜绝了胡乱编造数据的现象发生。根据普查结果，向自治区党委、人民政府提交了关于在重阳节期间开展慰问高龄老人的请示，得到了自治区分管领导的重视和支持。自治区民政厅、财政厅、老龄办联合下发通知，为全区90岁以上的高龄老人每人发放200元慰问金。

【落实老年优待政策，切实维护老年人合法权益】 一年来，各级老年维权组织全年共接待老年人来信来访2000多人次，并做到了件件有回音。加强了法律援助工作，在全区238个乡镇（街道）司法所、80%以上的村（居）委会建立了法律援助工作站，一年来共为老年人办理公证服务3350件，提供涉老法律咨询4360余起，调解处理涉老纠纷2320余件，办理涉及老年人的法律援助案件280余起，“12348”法律热线共接待电话咨询16536人次，接待群众来访12356人次，老年人法律咨询量占20%，老年人称“12348”法律热线是“明白线”“救生线”和“指导线”。民政部门按农村“五保户”、孤儿每人每年200元，农村低保对象中60岁以上老年人每人每年100元，其他低保对象每人每年60元的标准，给予门诊医疗救助，农村特困户住院还可以享受“零起付”救助。各级文化部门认真落实《关于加强老年人优待工作的意见》，对老年人参观文化设施实行更加优惠的门票减免政策。各级旅游行政管理部门，按照《条例》的规定，切实做好老年人持《老年人优待证》进入旅游景区（点）门票免费工作。各级医疗卫生机构严格执行《条例》规定有老年人优惠待遇，并在相应窗口设立“老年人优先”标志。老龄办会同旅游局、物价检查所协调解决了老年人反映比较强烈、媒体多次呼吁的西部影视城擅自提高优待门槛儿问题，在老年人中引起了强烈反响。泾源县在老年人优待政策中新增了90岁以上高龄老人每月享受100元特殊生活补贴内容。深入开展家庭赡养协议书的签订工作，下发了《关于做好农村家庭赡养协议书签订工作的通知》，统一印制了《家庭赡养协议书》范本。以民政部门开展的农村社区建设试点工作为契机，下发了《关于认真做好农村老年活动站建设试点工作的通知》，在贺兰、青铜峡、平罗等县市开展了农村老年活动站建设试点工作，搭建了农村老龄工作平台。

【广泛开展调研活动，为自治区党委、人民政府决策老龄工作提供依据】 根据自治区党委书记陈建国，自治区党委常委、组织部部长、老龄委主任徐松南的批示精神，配合有关开展了《关于老龄委的职能和机构设置》、《区直机关离退休干部职工开展健身活动情况》、《居家养老服务和民办养老机构情况》、《老年活动中心建设》四项专题调研，并牵头召开了由自治区民政厅、财政厅、体育局、老干部局、老年体协等有关部门参加的会议。在此基础上，向自治区党委、政府报送了《宁夏老龄事业发展情况汇报》、《关于我区区直机关离退休干部职工开展健身活动情况调研报告》、《关于进一步加强离退休干部职工健身活动的意见》、《关于我区民办养老服务机构情况调研报告》，提出了《关于在重阳节期间广泛开展慰问高龄老人和贫困老年人的请示》和落实自治区人民政府办公厅转发老龄办、发改委等10部门《关于加快发展养老服务业的意见》的建议。

【加大宣传力度，促进敬老爱老助老社会氛围的形成】 认真办好《宁夏老龄工作》刊物，及时宣传党和政府有关老龄工作的方针政策，交流各地老龄工作先进经验，沟通各地老龄工作信息，普及老年法律法规知识，提高全社会的老龄意识和敬老意识，指导基层做好老龄工作。发挥新闻媒体的作用。全区老龄工作重大活动，各新闻媒体都以专题、专板、专栏联动，多角度、多侧面、多形式地组织开展了宣传报道。一年来，《中国老年报》《老年日报》《中国社会报》《中国老龄》《宁夏日报》等区内外公开出版的媒体刊登的有关我区老龄工作的消息、报道、综述、图片等共103篇，内容涉及养老、医疗、老年教育、老年人权益保障、老年文体活动、老年人社会参与等多个方面。编发《宁夏老龄工作信息》21期，采集各类信息余条。各地也采取多种形式广泛开展了宣传报道，形成了生活上关心老年人、精神上慰藉老年人、权益上维护老年人的良好社会氛围。

【重阳节活动丰富多彩】 一是以重阳节庆祝活动为契机，广泛开展了多层次、多形式的宣传教育活动。一是采取悬挂横幅、刷写标语、印发宣传单、制作专题节目、开办专栏等形式，广泛开展了宣传教育活动。据统计，重阳节期间，各地共制作宣传横幅300余幅、刷写标语800余条、制作展版60余块、发放宣传单50000余份。二是通过召开座谈会、联谊会、报告会等形式，学习宣传《老年法》、《条例》等涉老法律法规，宣传我区人口老龄化的严峻形势和尊老敬老爱老的先进典型，营造了良好的尊老、敬老社会氛围。三是深入开展敬老模范评选表彰活动。彭阳县妇联组织开展了“乡风文明进农家”创建活动，在全县范围内评选表彰了“好儿媳”“好公婆”各10名；金凤区良田镇、丰登镇开展了“好儿媳”、“尊老好家庭”评选表彰活动；盐池县组织开展了“敬老好儿女”“敬老好媳妇”及“敬老模范家庭”评选表彰活动，通过身边的人和事教育引导广大群众，认真履行赡养义务，善待老人。四是深入宣传老年法律法规。青铜峡市将《老年法》《条例》印成宣传单，抽调6名工作人员深入到乡镇、街道、社区、厂矿、企业进行发放，与司法局在市区主要街道设立“老年人法律咨询点”，现场解答老年人提出的各种问题，协调市广电局、司法局、法院在电视台播出涉老案件；大武口区对贯彻落实老年法律法规、政策情况进行了自查；彭阳县司法部门深入乡村、集镇，为老年人开展法律咨询，鼓励老年人增强自我维权意识，以积极的心态安度晚年；金凤区以青年妇女为教育对象，组织了老年法律法规专题宣传月活动，印发《让我们来共同关爱老年人》等倡议书8000余份，通过举办广播讲座、法制课堂、接鼓传花知识竞赛及小品相声等各种形式，大力宣传老年法律法规。通过广泛的宣传教育活动，全社会敬老、爱老、助老的良好社会氛围日益浓厚。

二是开展丰富多彩的老年文体活动，丰富老年人的精神文化生活。银川市、泾源、盐池、中宁、金凤区等县、市、区都举办了老年人体育运动会，银川市、石嘴山市召开了全市庆祝第18个“老人节”大会，举办了全市老年文艺汇演，市委、政府分管领导出席会议并讲话，在家的四套班子领导全部出席会议。彭阳县组织策划了“情系夕阳”主题广场文艺演出活动，青铜峡市举办了“迎十七大书法、美术、摄影作品展”，开展了武术、秧歌、舞蹈、秦腔演出活动，市老龄办“夕阳红”秦腔剧团深入到新井煤矿、老钱茶社等地进行慰问演出，市社保局开展了向社区赠送健身器材、图书等活动。石嘴山市中级法院、市直机关工委组织召开了离退休干部座谈会，市老干部局组织老干部参观了大武口区市政建设，市文化旅游局举办了庆“重阳节”文物展览，神华宁煤集团太西退管中心召开了离退休人员表彰大会，丰富了老年人的精神文体生活。

三是切实为老年人办实事、办好事。宁夏福利彩票发行中心从本级福利彩票发行费结余资金中捐出200万元资金，为每个市、县的敬老院购置了一台东风小康“敬老服务车”；固原市老龄办组织卫生、城管、文体、旅游、交通等部门负责人，到医院、景区、公共厕所、公交车、博物馆等场所，统一悬挂老年人凭《老年人优待证》可享受各种优惠待遇的标识牌。石嘴山市、彭阳、青铜峡、大武口、兴庆区、金凤区、中宁、永宁等县、市、区为老年人免费体检，组织老年人游览城市建设，切身感受改革开放以来各地日新月异的发展变化。永宁县组织60余名老年人入住敬老院，为老人们添置了全新的生活用品；彭阳县卫生部门组成医疗小分队，深入社区、偏僻乡村，为老年人送医送药，开展义诊活动。

四是深入开展慰问贫困老年人和高龄老人活动。以“关爱高龄贫困老人，构建和谐社会”为主题，在全区范围内广泛组织开展了慰问高龄贫困老年人活动，各地老龄办积极配合，各市、县（市、区）四套班子领导亲自带队，深入社区、农村、厂矿，广泛开展了慰问活动，为老年人送去了米面、棉衣、棉被、慰问金。整个重阳节期间，全区共慰问敬老院28个，惠及高龄、贫困老年人21000余人，发放慰问金额共120余万元。

新疆维吾尔自治区

综　　述

一、各级党委、政府高度重视老龄工作

2007年，新疆维吾尔自治区各级党委、政府高度重视老龄工作，把老龄工作摆上重要议事日程，基本实现了把老龄工作纳入党委政府工作的总体规划，

纳入党政目标考核管理，经费纳入财政预算，做到老龄工作与党委政府中心工作同步安排、同步考核、同步落实。自治区老龄办主任会议之后，各地相继召开老龄工作会议、老龄委全体会议和老龄办主任会议，党政主要领导亲临会议，研究贯彻落实全国和自治区的会议精神，安排部署工作任务。昌吉州党委、政府将老龄事业五项经费、落实优待老年人规定、签订家庭赡养协议书、规范老龄协会四项指标，纳入了县市党政综合目标管理考核内容，把州老龄办列入州精神文明建设成员单位，并把老龄工作作为精神文明检查考核验收的主要内容，使老龄工作成为党委政府工作的重要组成部分。同时，州党委政府还专门邀请自治区党校教授为全州副县级以上领导干部作了“人口老龄化形势与对策”的专题报告，增强了各级领导干部重视和加强老龄工作的责任感、紧迫感。和田、塔城等地区党委、政府制定下发了《关于进一步加强老龄工作的意见》，要求从老龄工作机构设置、人员编制、干部待遇、工作条件及经费保障等多方面支持老龄工作，推动了基层老龄工作的发展。

二、各级老龄委成员单位充分发挥职能作用

自治区各级民政部门利用“星光计划”和福利彩票资金，修建老年公寓、老年活动室，增添各种活动设施，给老年人养老和参加各种活动提供了方便。各级司法部门发挥法制宣传、法律服务和法律援助的职能作用，配合老龄办成立老年维权机构，为老年人提供法规咨询和司法保护。各级卫生部门在组织所属医院做好老年病预防、治疗和保健工作的同时，要求各医院设立了老年人窗口，使老年人能够享受到就诊、化验、交费、取药等优先服务。自治区民宗委（宗教局）成立老龄工作领导小组，由党组书记任组长，分管老龄工作的副主任（副局长）任副组长，各地民宗委相应成立专门的老龄工作机构。自治区妇联认真贯彻全国妇联老龄工作会议精神，成立了自治区妇联老龄工作协调委员会，确立了组织机构、工作职责和任务，同时要求各地州妇联确定主管老龄妇女工作的领导和联络员，有利地促进了老龄工作的开展。自治区体育局组织开展以“全民健身与奥运同行”为主题的全国健身球保健操比赛、全国门球新疆分赛区比赛、全疆柔力球比赛、全区气排球等多项老年人体育比赛活动，丰富了老年人的文体生活，取得了较好的社会效应。在“银龄行动”工作中，组织部、老干局、人事厅、财政厅、教育厅、广电局等相关成员单位通力合作，使第五期“银龄行动”圆满顺利地完成。其他成员单位也都根据各自的工作性质和职责，基本做到了老龄工作有计划、有安排、有落实，在为老年人办好事、办实事方面做了大量工作，取得了显著成效。

三、各级老龄工作部门自身建设得到加强

各级老龄工作部门根据实际情况，举办各级各类人员参加的学习培训班，全面加强基层老龄工作干部队伍建设。通过建立健全老龄办主任季度联系工作制度，定期讲评工作情况，加强交流学习，推动了老龄工作的制度化、规范化建设。乌鲁木齐市老龄办进一步规范了对市老龄委成员单位履行职责的考核工作，细化了对区县老龄办的目标管理，对成员单位从领导重视、参与组织开展活动、建立健全工作制度、加强调查研究和获得市、自治区、全国表彰奖励等五个方面 11 项内容进行考核，调动了成员单位参与构建大老龄工作格局的积极性，同时，对各区（县）老龄办主要从组织建设、自身建设、老龄宣传、维权调研、创优创新五个方面 22 项内容实施目标管理，并专门召开会议，与各区（县）老龄办签定了目标管理责任书。和田地区地、县两级老龄办专职副主任全部到位，全地区 80％的乡镇已成立了乡镇（街办）老龄工作委员会并下设办公室，日常工作由相关人员兼任，部分村还成立了村老年协会。昌吉州所有老龄办全部纳入了政府序列，州级老龄事业经费增加到 31.4 万元，由老年人人均 1.5 元增加到 2 元，逐步形成了党政领导亲自抓、人大政协领导参与抓、成员单位联合抓、老龄部门具体抓的大老龄工作格局。巴州老龄办重视巩固全国及自治区老龄工作先进县市创建成果，在认真总结经验、对照检查、找出差距的基础上，对未能争创先进县（市）的县采取制订目标、年终检查的办法提出后进赶先进，后进更进步的要求，为进行第二轮创建活动做好了充分准备，同时与各成员单位签订目标管理责任书，实行领导负责制，考核目标实效，取得显著成效。

重要会议和活动

【新疆维吾尔自治区老龄工作委员会第六次全体会议】 2007 年 3 月 26 日，自治区老龄工作委员会召开了第六次全体会议，分析研究了我区人口老龄化的形势和任务，安排部署了 2007 年的老龄工作。会议由自治区人民政府副秘书长阿不力孜·吾守尔主持，自治区老龄委各成员单位领导参加了会议。会上，自治区老龄委副主任宋海渭作了《关于 2006 年自治区老龄工作基本情况和 2007 年工作安排意见的报告》，自治区民政厅厅长、老龄委副主任吾买尔江·米孜艾合买提传达了全国老龄委第九次全体会议和全国省级老龄办主任会议精神，自治区党校经济学教研部方珊媛副教授作了题为《客观认识老龄化形式，开拓老龄工作新局面》的专题讲座，自治区政协副主席、政府党组成员、劳动和社会保障厅党组书记、老龄委副主任黄昌元同志出席会议并作了重要讲话。会议要求，各级要增强全局意识和责任意识，从构建社会主义和谐社会的大局出发，切实维护老年人的利益，改善老年人的生活，以法律法规为保障推动老龄事业的发展。要进一步完善社会保障制度，切实保障老年人基本生活和基本医疗，积极推进为老服务体系建设，加快发展养老服务业。要加强对老龄事业的宣传教育，进一步营造敬老养老助老的社会风尚，推进老年文体事业发展，调动老年人参与社会生活的积极性，充分发挥老年人的作用。要加强对老龄工作的领导，重视老龄机构建设，加大老龄事业投入，促进老龄工作再上新台阶。

【新疆维吾尔自治区老龄办主任会议】 2007 年 3 月 29 日至 30 日，自治区召开了老龄办主任会议。各地州市老龄办主任或副专职主任，各地州市所在城市老龄办主任或专职副主任，全国和自治区“老年维权示范岗”、“敬老模范村居（社区）”和自治区“银龄行动”工作先进单位、优秀工作者代表，区市部分新闻媒体记者共 100 多人参加了会议。29 日上午，自治区人民政府副秘书长阿不力孜·吾守尔主持会议。自治区老龄委副主任、老龄办副主任宋海渭全面总结了 2006 年的老龄工作，安排部署了 2007 年的工作任务。自治区政协副主席、政府党组成员、劳动和社会保障厅党组书记、老龄委副主任黄昌元同志亲临会议，代表自治区人民政府和自治区老龄委看望会议代表并作了重要讲话。他要求充分认识人口老龄化发展形势，进一步增强做好老龄工作的责任感和紧迫感，立足服务大局，心系老年群众，认真贯彻老龄工作方针，充分调动社会力量齐抓共管发展老龄事业，进一步提高老年人生命生活质量，扎实推进自治区老龄工作的全面发展。自治区民政厅厅长、老龄委副主任、老龄办主任吾买尔江·米孜艾合买提，自治区高级人民法院党组成员、政治部主任张春学，自治区公安厅副厅长赵启明出席会议，宣读全国和自治区“老年维权示范岗”、“敬老模范村居（社区）”、“银龄行动”先进单位及优秀工作者表彰决定。与会领导为受奖单位和个人颁奖。29 日下午，大会传达了全国老龄委第九次全体会议、全国老龄办主任会议、全国老年维权工作经验交流会、全国居家养老服务经验交流会和自治区老龄委第六次全体会议精神，昌吉州、乌鲁木齐市、克拉玛依区、库尔勒市老龄办进行了大会发言，分别就发挥党政主导作用、发挥成员单位职能作用、创建居家养老新模式、做好老年维权工作介绍了经验。30 日上午，会议组织代表进行了分组讨论，下午进行了专题讲座，宋海渭副主任作了题为《振奋精神、扎实工作，全面贯彻落实会议精神》的总结讲话，就如何贯彻会议精神，抓好 2007 年各项目标任务的落实提出了具体要求。

【老龄信息宣传工作干部培训班】 2007 年 7 月 9 日至 13 日，自治区老龄办组织了为期 5 天的全区老龄信息宣传工作干部培训班，14 个地州市及其 41 个县市区分管老龄信息宣传工作的 57 名干部参加了培训。培训班进行了《客观认识人口老龄化发展形势、努力开拓老龄工作新局面》、《老龄宣传工作的内容、特点和方法》、《谈新闻写作》、《公文写作中的几个问题》、《老龄信息工作与信息写作》5 个专题的讲座，并组织昌吉州、阿克苏地区、喀什地区、沙依巴克区、塔城市、焉耆县老龄办进行了交流发言，分别从领导重视、改善条件、健全载体、完善制度、创新机制、队伍建设等方面入手，介绍了加强老龄信息宣传工作的有效做法。培训班还对近年来全区老龄信息工作进行了全面回顾，总结了成绩和经验，对进一步加强自治区老龄信息工作进行了具体的安排部署。

【新疆老龄工作干部赴内地学习考察】 2007 年，自治区老龄办先后分三批组织部分地州市和县市区的老龄工作干部共 76 人，赴湖南、湖北、重庆、广东、广西、海南六省市学习，实地参观考察养老服务设施建设、老龄事业项目建设和经费投入、老龄委成员单位发挥作用等情况，组织进行座谈讨论，相互交流工作经验，研讨工作新思路。在学习考察活动中，基层老龄工作干部学到了经验、开阔了眼界、拓展了思路，增强了做好老龄工作的信心和决心，一些地方很快将学到的经验运用到实际工作中，有力地推动了工作的创新和发展。

【自治区敬老宣传月】 2007 年 9 月，全区组织开展以“我与奥运同行、共创健康老龄”为主题的第十一个“敬老宣传月”活动，丰富了老年人的精神文化生活，营造了敬老助老的社会氛围。自治区副主席、老龄委副主任贾帕尔·阿比布拉通过《老年康乐报》发出致全区各族老年人的慰问信，自治区老龄委副主任、老龄办常务副主任宋海渭在《老年康乐报》发表文章倡议全社会积极组织开展敬老宣传活动。自治区老龄办向各地老龄办发出通知，全面部署“敬老宣传月”主题教育宣传活动，组织在乌鲁木齐市 6 条主要公交线路的 40 辆公共汽车内悬挂为期一个月的敬老公益宣传广告，组织部分自治区委办厅局的 1500 多名老年人参加了庆祝自治区老人节电影招待会，会同自治区老年大学举办了庆祝自治区老人节文艺演出，参与自治区老干部书画协会主办“迎十七大献礼杯全疆老年书画大赛”筹备及颁奖活动，会同自治区老年基金会慰问了吐鲁番地区的15户百岁老人和贫困老人。各地在敬老宣传月和重阳节期间广泛开展慰问贫困老年人等专项活动，各级共慰问贫困老人、高龄老人和百岁老人29039人。塔城地区组织老龄工作干部、老年人举办各种形式的学习班、召开座谈会40多场。喀什地区各县市广播站每日用维、汉语交叉宣传《老年法》、《条例》和《优待老年人规定》。博州举办了“千人健步走”和“百对老人金婚庆典”大型公益活动。吐鲁番地区开展了“金婚家旅”、“健康老人”评选表彰活动。克州、阿勒泰地区等还结合实际，通过举办老年艺术节、金秋游园活动，设立法律咨询点和宣传栏，办板报、开展讲座、印发宣传材料等多种方式，营造浓厚的敬老宣传氛围。

各项业务进展

【老年维权工作】　2007年，自治区老龄办先后派出工作组，深入8个地州市及其21个县市区，进行专题调研督导，全面了解掌握老年人优待规定的落实情况，针对存在的问题研究对策措施，提出整改建议，向自治区人民政府提交了各地执行《优待老年人规定》的情况反映和解决难点问题的建议意见。乌鲁木齐市、哈密地区成立了老年维权工作领导小组、老年维权法律援助中心、老年法律援助工作站等老年维权组织网络，组织召开了老年维权案例分析会，学习交流经验，提高维权工作能力。哈密市召开市长办公会，出台《哈密市老年人免费乘车管理规定》政府令，并将落实老年人免费乘车作为哈密市为民办好的十件好事之一来落实，通过按老年人3%的出行率计算，分别给每辆公交车年3070元、每座公厕年300元的补助，由市财政按月给公交和环卫部门划拨此项经费，公交公司根据此规定制定出配套的奖惩制度，市老龄办和公交公司分别设立举报电话，使老年人优待规定得到有效落实。阿克苏地区老龄办针对个别老年人反映免费乘坐公交车难的问题，积极组织联合检查组，进行督促检查、明查暗访，下发整改通知责令改正，并和司法部门联合开通了“148”法律服务热线，为老年人提供法律援助和形式多样的法律服务。巴州老龄办先后两次对全州八县一市落实《优待老年人规定》情况进行了检查，对不落实《优待老年人规定》的单位和个人在报刊、电视上进行了曝光。石河子市老龄办先后两次对违规使用《老年优待证》的96位老年人进行了通报批评。阿克苏地区。阿勒泰地区客运站专门设置老年人候车室，老年人在各级医疗服务机构就医免收普通门诊挂号费，在检查、交费、取药等服务窗口享受优先服务。吐鲁番地区将百岁老人保健费标准由原来的100元提高到150元至200元，全年共发放保健费21.5万元。克拉玛依市进一步完善《优待老年人规定》，新增90岁至99岁老人每月享受200元特殊生活补贴内容，将百岁老人享受的特殊生活补贴由每月200元调高到300元，并为936名高龄老人进行了体检。

乌鲁木齐市成立老年维权工作领导小组及其办公室和老年维权法律援助中心、老年法律援助工作站，建成四级老年维权组织网络，同时，还专门召开由各区（县）老龄办主任以及维权专干参加的老年维权案例分析会议，通过案例分析，学习交流经验和做法。伊犁州州直90%以上的县乡成立了老年法律维权部（站）或老年司法调解委员会。喀什市在全市范围内开展“老年人、残疾人维权示范岗”评选活动。昌吉州各县市建立老年维权服务中心9个，乡镇（社区）设立老年人法律援助工作站96个，各村（居）委会设立老年人法律援助维权岗555个，有效地维护了老年人合法权益。

各级老龄办高度重视和加强老年信访接待工作，建立信访联络员制度，针对老年人反映的问题，能解决的马上解决，对一时解决不了的，及时做好耐心说服和疏导工作，对一些矛盾比较集中的热点、难点问题，及时协调有关部门给予解决。全年各级老龄办共接待老年人来信来电来访3万多人次。吐鲁番地区地县两级老龄办设立了举报电话，及时受理老年人的来信来访。和田地区采取首问责任制和专人负责制，认真接待、妥善处理老年人反映的问题。

【老龄信息宣传工作】　自治区老龄办按照“质量提高年”、提升信息工作质量和水平的思路，加强了对基层老龄信息宣传工作的指导，修改了《自治区老龄信息工作先进单位评选细则》，坚持每月汇总各地州市、县市区信息上报、刊用情况，通报半年信息工作情况，评选表彰了28个老龄信息工作先进单位和33名先进个人。全年编辑出刊《新疆老龄工作》4期、《老龄工作动态》12期、《老龄工作简报》4期，收集、整理各级老龄工作信息1655条、采用440条。向中国老龄网、中国银龄网、《中国老龄》、《中国老年报》等报送信息被刊用20多条，上报全国老龄办信息450多条。认真总结了四年来通过“三个抓手”打牢“三个基础”、实现信息工作“三个提高”，坚持一年一个主题目标整体推进全区信息工作一年一个新突破发展的有效做法，在2007年全国老龄统计和信息工作会议上大会交流发言介绍了经验，受到与会代表的一致好评，一名同志被评为全国十名优秀信息员之一受到表彰。《老年康乐报》不断创新版面，开设品牌栏目，扩大发行量，提高版面质量，期发行量超过13万份，连续十一年位居全疆各邮发报刊首位，充分发挥了老龄宣传主阵地作用。伊犁州将信息工作纳入老龄工作目标责任制管理，建立信息工作网络和奖励制度，定期通报信息工作情况，同时，充分利用全疆及全国唯一哈文刊物《西塞老年》，进一步扩大了宣传的覆盖面。

【“银龄行动”】 2007年5月29日，22位上海老年志愿者抵达乌鲁木齐，启动实施上海援助新疆的第五期“银龄行动”。6月1日，老年志愿者分赴阿克苏地区、巴州和博州开展智力援助活动。7月下旬，上海市和自治区老龄办组成慰问团，深入各受援点专程看望慰问了老年志愿者。8月29日，老年志愿者安全返沪，“银龄行动”圆满结束。这期“银龄行动”在巩固前四期工作经验的基础上，保持实施原则、援助范围、援助领域、援助方式等总体思路不变，在实施领域、实施方式上有所突破，一是拓展了援助领域，在医疗卫生、教育、畜牧专业的基础上，新增加了农业专业，二是创新了援助方式，实施了两个月的定点援助，在各地州区域内探索实施了一个月的巡回诊疗和培训，确立了“省际对口援助”定点与巡回援助相结合、启动“区域内对口援助”试点的“双轨”运行机制。3个月的“智力援助”和“志愿行动”中，老年志愿者立足传、帮、带、教，医疗领域以疑难病例门诊会诊、手术示教、学术讲座、带培助手等为主，其他领域以研究和指导工作、培训和培养专业技术骨干等为主，使受援地的2万多名各族群众直接受益，填补了21项地县医疗、畜牧业科技空白。

2007年，乌鲁木齐市老龄办组织开展以“银龄援农”为主题的“区域内对口援助”试点工作。市委、市政府高度重视，大力支持，成立了“银龄行动”领导小组，由市老龄委领导担任组长、副组长，市财政局、卫生局、教育局等9个成员单位联络员和市老年协会、老科协负责人为成员，领导小组下设办公室，拨付了7.5万元的“银龄行动”工作专项经费，批准了市老龄办制定的工作实施方案。9月1日，乌鲁木齐市举办“银龄行动”老年志愿者赴乌鲁木齐县实施“银龄援农”工作启动仪式，市政府副秘书长、老龄委副主任委员李占清代表市委、市政府，隆重欢送4名医疗卫生专家和5名教育专家赴乌鲁木齐县，分别实施为期3个月和1个学期的对口援助。在实施对口援助的同时，乌鲁木齐市进一步拓展“银龄行动”实施领域，在各区组织老年知识分子开展“银龄行动”进农牧区、进街道、进社区、进学校、进机关企业、进家庭的“六进”活动，使“银龄行动”实施工作呈现出点上推进、面上拓展的良好局面。

【老年教育】 2007年，我区各级老年大学重视规范化建设，不断扩大办学规模，改进专业设置和教学方法，使老年大学成为老年人“老有所学”和对老年人进行思想政治教育的重要阵地，为促进我区老龄事业发展和“四个文明”建设，维护社会稳定，构建和谐新疆发挥了重要作用。新疆老年大学全年共开办了180个班，招收学员5078人次，共有28人取得专业等级证书，300余幅作品参加区内外各种书画大赛86人次获奖，参加了“全疆第四届舞蹈、服饰大赛”、“庆祝中国共产党建党86周年暨香港回归10周年声乐演唱会”等各种演出和慰问、宣传活动。在较好的完成教学任务的同时，新疆老年大学还加强了新疆老年大学协会的工作，广泛开展与区内外老年大学的交流，成功地召开了西北五省区老年大学第十二次协作会议暨新疆老年大学协会第四次会员代表大会，在区内外树立了良好的形象。巴州老年大学克服工作人员少、经费不足等困难，因地制宜地开展老年教育，提出“理顺关系、保证场地、积极投资、办学精良”的工作思路，确保了教学计划的完成和教学质量的提高。石河子市调整了老年大学领导班子，理顺了管理关系，提高了办学水平，同时努力构建师市、团场(街道)、社区三位一体的老年教育体系。哈密地区成立了由区域内15家老年大学组成的老年大学协会，为整合地区老年教育资源提供了平台。昌吉州老年大学拓宽办学思路，不断提高教学质量，顺利通过自治区老年大学协会的评估验收，被授予“自治区级规范化老年大学”称号。

【老龄调研工作】 2007年，各地针对老龄事业和老龄工作的薄弱环节，结合老年人普遍关心的热点难点问题，广泛开展了调查研究。自治区老龄办在全区组织开展了养老机构发展状况、“空巢”老人基本情况、农村老年人基本情况、居家养老状况的专题调研，并对乌鲁木齐市、昌吉州等地进行了督导。协助全国调研组深入乌鲁木齐市、伊犁州、喀什地区及其部分县市，座谈调研各地推进“爱心护理工程”情况。在全国“中国老年人口状况追踪调查”经验交流会介绍了我区追踪调查工作的成功做法和经验，被授予追踪调查工作二等奖，全区有2个单位和10名个人受到表彰奖励。在全区组织开展了老龄事业发展情况的调查统计，为发展老龄事业提供了翔实可靠的依据。

【办理政协委员提案】　2007 年，自治区老龄办先后办理回复了《关于在乌鲁木齐市亟待建成一座老年活动中心》、《关于解决我区人口老龄化问题的建议》、《我区人口老龄化速度加快应加快发展社会养老服务体系建设》、《关于城市建立养老院有助于老年人身心健康促进社会和谐发展的建议》、《关于新建或扩建自治区老年大学的建议》等六件自治区政协九届五次会议交办的委员提案，得到了政协办公厅的高度评价，承办提案办理回复的一名同志被评选为政协委员提案承办先进个人受到表彰。

【老年文体活动】　2007 年，各级老龄办积极组织开展丰富多彩的老年文体活动，丰富了老年人的精神文化生活。巴州老龄办充分利用老年活动中心大楼场地大、设施全的优势，提出了"天天有活动，月月有比赛"的要求，全州的 119 个社区、老年活动场所和 200 多个老年群团组织积极开展各类活动，先后举办了各种比赛 70 余场。克拉玛依市举办了"全民健身与奥运同行"中国门球冠军赛新疆克拉玛依赛区暨市局门球康乐赛和"千名老人游油城"活动，市老年文化艺术团参加了全国"中华不老城"活动，取得优异成绩。博州举办"我与奥运同行，共创健康老龄"第四届全州老年人门球邀请赛、"全民健身与奥运同行"千人健步走活动和首届百对老人金婚庆典大型公益活动，协助自治区老年体协完成为期 4 天、近 150 人参加的年自治区首届老年人骑自行车环游"赛里木糊"暨保护环境、促进旅游活动。吐鲁番地区老龄办开展了"金婚家旅"、"健康老人"评选表彰活动和"庆祝老人节，共迎中秋节"游街演出活动。伊犁州举办了老年太极拳表演赛及州直第二届老年人文艺调演。石河子市举办了第六届老年文化艺术节。昌吉举办了第十五届老年人运动会和首届"健康老人才艺展示大赛"。哈密地区举办"地矿杯"第五届老年文艺汇演。阿克苏地区举办第八届老年人运动会。喀什市组织举办了专场"迎奥运、强身健体"文艺演出联谊会。这些活动为扩大老龄工作的影响，唤起全社会的关注和参与热情发挥了重要的作用。

广西壮族自治区

综　　述

一、养老保障体系进一步完善

广西劳动部门努力扩大社会保险覆盖范围，截至 2007 年底，全区城镇企业基本养老保险参保人数 325.45 万人，比上年增长 7.51%；医疗保险的覆盖面逐步扩大，全区参加城镇职工基本医疗保险人数 339.31 万人，比上年增长 12.35%。其中参保退休人员 99.19 万人，参加基本医疗保险的农民工人数 16.03 万人；民政部门逐步扩大最低生活保障面，做到应保尽保，截至 2007 年底，全区平均每月纳入低保的人数保持在 60 万人左右，共发放低保资金 6.98 亿元，低保对象月人均补助 97 元。筹集到农村低保资金 3.59 亿元，纳入农村低保的对象达 162.8 万人，占农村总人口的 4%，月人均补助 20 元的低保金；全区纳入"五保"供养的对象 33.98 万人，筹集到农村"五保"供养资金 2.8 亿元，"五保"供养实现了自治区人民政府确定的月人均补助"30 斤米、30 元钱、1 斤食油"的工作目标。积极推进新型农村合作医疗，至 2007 年底，全区开展新农合的县（市、区）已达 88 个，占全区所有县（市、区）的 80.73%，覆盖农业人口达 3620 多万人。医疗救助制度日益完善，全区共发放城市医疗救助资助金 3282 万元，享受城市医疗救助的人数达 9.7 人次；在农村医疗救助方面，全区 109 个县（市、区）已全面建立了农村医疗救助制度，全年筹集到农村医疗救助资金 8630 万元，共发放农村医疗救助资金 4780 万元，享受农村医疗救助的人数达 113.45 万人次。

二、老年人福利设施建设有了新发展

2007 年，全区城乡老年收养机构 3803 个，床位 49654 张，其中民办收养性单位 48 个，床位 2389 个。全区 70%的市（区）拥有 1 所综合性社会福利院，乡镇敬老院，实现每万老年人口拥有床位 108 张。"五保"供养设施建设和维修改造也得到了加强，全区新建"五保"村 388 个，新建敬老院 45 所、维修改造敬老院 143 所，到年底全区共建成乡镇敬老院 978 所、"五保"村 6521 个，集中供养"五保"对象达 10.8 万人，集中供养率占"五保"对象总人数的 31.8%，比上一年增加了 3 个百分点。出台了《关于扶持我区民办养老服务机构发展的通知》（桂民发

〔2007〕162号)，促进了我区民办养老服务机构的快速发展。

三、为老服务体系初步建立

根据自治区老龄委、发改委和建设厅等九个厅局联合下发的《关于加快发展我区养老服务业的实施意见》精神，为进一步推动我区养老服务业的发展，提高老年社会保障的水平，我们及时召开了全区地级市老龄办主任会议，传达“全国省级老龄办主任会议暨全国居家养老服务经验交流会”主要精神，就如何推进我区居家养老服务工作进行了布置。同时，组织各市老龄办领导及有关人员赴东北三省及浙江、上海、云南等省（市）学习和了解开展“居家养老”服务工作的好经验和好做法，为做好我区居家养老服务工作开阔了眼界，拓展了思路。

四、维护老年人合法权益工作有新突破

一是建立老年维权咨询机制。2007年，为了加大老年人维权力度，自治区老龄办与广西法律援助中心等有关司法部门联系，在《广西老年报》和广西老龄网开设了“老年法律援助之窗”专栏，定期请法律事务所的法律专家，免费为需要法律援助的老年人答题解难，扩大老年维权服务工作面，受到老年人欢迎。同时，柳州市老龄办与当地律师事务所开设了“柳州市法律援助中心老龄委联络站”，及时、有效地为老年人提供法律服务。二是抓好老年优待政策的落实。桂林市老龄办联合司法、民政等多家单位开展了贯彻实施“三优”办法情况的检查工作。各地扩大老年人享受免费、优惠服务项目范围，如柳州、北海都使用了IC卡乘车服务，为老年人提供更多的便利，目前全区已有约40多万名老年人享受各类优待政策。三是建立信访登记制度，抓好信访工作。各地为了做好老年维权工作，建立了老年人来访来信登记制度，认真处理老年人来信来访，针对老年人反映的问题，对能当场解答、处理的事情当即办结，不能当场处理的事情，做好耐心说服和疏导工作，对一些难点热点问题，及时上报和协调有关部门并做好答复工作。

五、老年人文化娱乐活动丰富多彩

为活跃老年人精神文化生活，展示老年人风采，举办全区老年文艺调演、绿城科普广场活动、“老年科普进社区”活动及召开“社区为老服务体系建设”学术研讨会等活动。广西军区为老干部们举办广西军区第五届老年运动会、《纪念建军80周年广西军区老战士书画作品展览》和《广西军民庆祝中国人民解放军建军80周年书画摄影联展》，各有关旅行社在当地旅游局的指导下，针对老年人的特点，为老年游客提供了细致、周全的“夕阳红”旅游专列、“爸妈之旅”、“银发之旅”、“红色之旅”等旅游活动，深受广大老年游客的欢迎。广西电台常年为老年人开办专题栏目《长乐宫》，全年发稿438篇；广西电视台开展“十大敬老孝亲”的评比活动和开设了“金色舞台”专栏，同时还配合有关部门做好宣传报道我区老年人的生活、学习情况。广西新闻出版局为帮助广大老年读者掌握科学的保健养生知识，全区8家图书出版社在2007年出版了200余种图书。其中，漓江出版社出版的《60岁登上健康快车》尤其受欢迎，至今已经发行了近50万册。广西美术出版社等2007年出版了近100余种适合老年人的书法与绘画美术类图书等丰富了老年人的晚年生活。

重要会议和活动

【全区地级市老龄办主任会议】 2月13日，全区地级市老龄办主任会议在南宁召开。来自全区14个地级市老龄办主任及部分工作人员参加了会议。会议传达了“全国省级老龄办主任会议暨全国居家养老服务经验交流会”主要精神，提出我区贯彻落实会议意见。总结了2006年全区老龄工作取得的成绩，就2007年全区老龄工作做了部署。

【全区老年文艺调演】 2007年7月至11月，自治区老龄办在广西开展了全区老年文艺调演评选活动，各地共报送音乐、表演、舞蹈等60个节目参加评选。经过文艺专家公正、公平、精心、细致评选，共评选出一等奖3名、二等奖6名、三等奖10名、优秀奖14名、组织奖3名。12月1日，在南宁举办全区老年文艺调演暨颁奖晚会，共表演了17个节目，200多名全区各地的老年人参演。

【全区老龄宣传工作会议暨第十三期老龄工作干部培训班】 8月20至24日，在南宁召开全区老龄宣传工作会议并举办全区第十三期老龄工作干部培训班。主要是总结、分析、布置我区老龄宣传工作，交流老龄宣传工作经验。在全区第十三期老龄工作干部培训班中向学员讲授了，认清形势，做好新时期老龄工作；老年维权和法律援助工作；如何做好老龄宣传和新闻写作工作等内容，有70多人参加了培训。

【居家养老培训班】 11月13日，举办了居家养老培训班，对南宁、柳州、桂林等7个城市相关工作人员进行培训，并于11月—12月在南宁、柳州、桂林等七个城市60个社区开展居家养老抽样调查工作，调查对象为60岁以上老年人，调查人数为1500人。同时对60个社区进行社区问卷调查。调查内容主要为老年人家庭状况、居住情况、收入与消费、居家养老服务需求等方面的情况。

各项业务进展

【“银龄行动”】 2007年，广西继续组织实施“银龄行动”工作，援助项目涉及医疗卫生、资源开发咨询、科学素质报告演讲等，援助范围涉及崇左、钦州等7个市的部分城区和13个县（市、区），受援单位达136个，涉及医院、企业、学校和社区等机构，参加志愿者行动的老年专家达44人，经费投入达43.1万元。援助工作期间，医疗援助专家开展门诊义诊接诊患者2637人次，疑难病例讨论737例；开展学术讲座48场，受训人数达3276人次；科学素质报告演讲团共作演讲报告108场，内容涉及天文、地理、饲养种植技术、健康与营养等，参加听报告人数6.5万人。并对在2007年“银龄行动”中成绩突出的11位老专家进行表扬。

【老龄工作调研】 2007年10至12月，自治区老龄办联合国家统计局广西调查总队在南宁、柳州、桂林等7个城市60个社区开展了居家养老抽样调查。调查对象为60岁以上老年人，调查人数为1500人，同时对60个社区进行问卷调查。调查内容主要为老年人家庭状况、居住情况、收入与消费、居家养老服务需求等方面的情况。调查显示，88.9%的老年人选择“居家养老”。为党和政府决策老年人养老服务产业发展提供科学依据。

西藏自治区

2007年，西藏自治区的老龄工作按照自治区老龄委的统一安排和部署，顺利完成了全年各项目标任务，为构建小康西藏、平安西藏、和谐西藏发挥了积极作用。

一、养老保障体系不断完善

继续推进统筹城乡养老保障制度工作，出台了《西藏自治区“五保”供养工作条例》，2007年，全区农牧区特困老人供养救助标准提高到每人每年不低于1500元的应保尽保标准。建立完善了社区离退休党支部，活跃了基层文化、体育生活。进一步加强了为老服务的工作力度。各级老年活动中心（站）、“星光老年之家”有效运转。为80周岁以上寿星老人免费办理寿星证书10000多本，兑现健康补贴费600多万元。为60周岁以上老年人免费办理《老年人优待证》10万多本。

二、为老服务体系初步建立

截至2007年底，全区建成32个老年活动中心（站），7个“星光老年之家”，为广大老年人健身娱乐，安度晚年生活提供了有利条件。广大老年人积极参与书画、舞蹈、棋牌赛，庆祝党的十七大胜利召开。虽然我区老龄事业起步较晚，但经过各级老龄办和各级涉老部门的共同努力，我区的各项老龄事业也得到了长足的发展和进步，老年活动中心（站）的建立和完善，给我区广大老年人提供了愉悦身心的场所。“九九重阳节”期间，自治区老龄委办公室组织联合慰问组走访慰问百岁老人、特困老人、“五保”老人。给百岁老人购买了新衣服，送去了慰问金。县、乡老年文艺队为祝贺百岁老人生日表演了精彩的文艺节目。

社区“星光老年之家”为全区广大老年人“老有所学、老有所乐”，安度晚年生活，提高生活和生命质量打下了良好的环境基础，使广大老年朋友真正享受到改革发展的成果，感受到社会主义大家庭的无比温暖，坚定了永远跟党走的信念。

三、老龄工作宣传力度不断加大，老年人的精神文化生活越来越丰富

（一）在法制宣传日期间，为了深入贯彻落实《西藏自治区实施〈中华人民共和国老年人权益保障法〉办法》，自治区老龄委办公室组织人员走上街头向广大市民发放相关宣传资料手册，并利用报纸、电视台等新闻媒体作为重要的宣传工具，设立专版，围绕各年龄段的老年人应享受的优待规定和办理《老年人优待证》、《寿星证》，发放健康补贴费等相关手续和程序，严把登记和办证关，各涉老部门通力协作。聘请专家为老年人讲授气象知识、老年病的防治、花草种植等老年人关心的内容。还定时召开离退休老人党支部会议，组织学习、传达与老年人相关的各类信息。

（二）全区各县（市、区）、各基层社区居委会都成立了老年文艺队，自编、自演健康文明的各类文体表演节目。各类老年人文艺团队活跃在基层，为推动西藏的精神文明、物质文明建设发挥着积极的作用。

（三）老年人精神文化生活丰富多彩。为迎接党的十七大暨“九九重阳节”，自治区老龄委办公室会同自治区党委老干部局，在拉萨（自治区政协礼堂）成功举办了“全区老年人大型文体表演”活动。表演单位有拉萨市各社区居委会、老干部活动中心、各地驻拉萨办事处退休服务站共10个单位。自治区老龄工作委员会主任尹德明、自治区老龄委各成员单位领导一同观看了演出。观众达500多名，受到了领导和观众的一致好评。经与自治区电视台协商，将整台演出节目录制成专场晚会，并于10月28日在自治区电视台新闻联播之后，黄金时间向全区广大老年朋友播出。

四、积极发挥“五老”爱国主义报告团的作用

2007年，自治区老龄委办公室组织“五老”爱国主义报告团对广大青年学生进行革命传统教育。4月5日清明节来临之际，自治区老龄委办公室会同拉萨市团委在拉萨市师范学校举办了“继承革命传统，弘扬爱国主义精神”主题报告会。自治区“五老”爱国主义报告团成员用通俗易懂的语言，列举大量事实，通过对西藏新旧社会对比，为同学们上了一堂生动的历史教育课，并对青年一代寄予厚望。参加此次活动的师生有800余名，师生们纷纷表示，将把个人的命运同祖国的前途命运和西藏的繁荣发展结合起来，把远大理想、爱国情怀和社会责任转化为勤奋学习的实际行动，继承革命先辈遗志，高举爱国主义伟大旗帜，坚决反对分裂，以实际行动向党和人民交一份合格的答卷。

五、加大老龄工作的宣传力度

全区各级老龄工作部门，认真贯彻落实《西藏自治区实施〈中华人民共和国老年人权益保障法〉办法》和全区第二次老龄工作会议精神。自治区老龄办和志愿者服务队走上街头，发放宣传资料，设立咨询点，为广大老年朋友提供优质的免费服务。有条件的地（市）老龄工作部门也因地制宜地积极组织开展尊老、爱老、助老等各项活动，深受老年朋友和社会各界的欢迎。共发放宣传手册25000余份，老年人的合法权益得到有效保障。并在全社会形成了大家都来关爱老人的良好社会氛围。

六、加强了老龄工作机构自身建设

各级老龄工作委员会是各级政府主管老龄工作的议事协调机构，老龄委办公室是老龄委下设的具体办事机构，是各级政府老龄工作议事协调机构的办事机构，在老龄工作部门从事老龄工作干部的素质如何直接关系到本地（市）老龄工作的质量。因此，加强对基层老龄干部的培训尤为重要。积极参加全国老龄办举办的各类培训班，不断提高老龄干部的业务水平。加强各级老龄部门自身的制度建设，包括信息工作制度、通报制度、激励制度、会议制度等制度建设，使办公室工作有章可循，提高工作效率。

大连市

综　述

一年来，老龄工作按照年初制定的工作目标，以邓小平理论和“三个代表”重要思想为指导，深入贯彻落实科学发展观，按照第二次全国老龄工作会议和省老龄工作会议要求，立足服务大局，心系老年群众，协调有关部门，发挥成员单位职能作用，突出工作重点，创造性地开展工作，老龄事业呈现出良好发展势头，较好地完成了工作任务。

截至2007年末，全市常住人口608万人，户籍总人口为578.2万人，其中60岁以上老龄人口101万人，占全市人口的17.5%，高于全国老龄人口平均值7个百分点。全市现有百岁老人372人，居全省首位。目前，我市老年人口仍以年均4%的速度递增，高于全国年均3%的增长速度。

全年全市养老保险参保人数139.1万人，比上年末增长3.1%；征缴保险费67.6亿元，比上年末增长22.9%，其中企业参保人数125.3万人，征缴保险费57.7亿元，分别增长3.6%和22%。50.6万名企业离退休人员全部按时足额领取了基本养老金。失业保险参保人数96.4万人，征缴保险费6.3亿元，分别比上年末增长4.9%和23.5%。医疗保险参保人数236万人，比上年末增长15.2%。工伤保险参保人数133万人，征缴保险费2.2亿元，分别比上年末增长12%和22.2%。生育保险参保人数98.2万人，征缴保险费1.1亿元，分别比上年末增长7.3%和22.2%。提高企业退休人员养老金标准，由889元提高到1029元，增长15.7%。提高城乡低保标准，城市低保标准由每人每月的200元、280元提高到240元、320元；农村低保标准由每人每年的1500元、1800元提高到1800元、2100元。提高企业职工最低工资标准，整体上浮14.8%。提高失业保险金标准，平均提高109.7元。实施城镇居民基本医疗保险制度，市内四区参保人员达33.2万人。采暖费补贴社会化发放工作稳步推进。筹集企事业单位采暖费补贴专项资金12.3亿元，20.5万名企事业单位离退休人员采暖费补贴实现了社会化发放，1.1万名困难企业退休人员采暖费补贴纳入社会化发放。

2007年末，全市共有211.5万农民参加了以大病统筹为主的新型农村合作医疗，参合率达到94.7%，提前两年实现了国家提出的建立基本覆盖农村居民的新型农村合作医疗制度的目标。市内四区建立57个社区卫生服务中心，为城市60岁以上老人建立健康档案，建档率达到89.6%。全民健身运动蓬勃发展。新增31个社区全民健身休闲广场，配置各类健身器材5600件；新增农民健身场地83个。

计划生育家庭奖励扶助制度稳步推进，1.1万人得到农村部分计划生育家庭奖励扶助费，11.3万城镇无业人员和20.8万名农村村民得到独生子女父母奖励费，2130个实行计划生育的特殊家庭得到扶助。

2007年成功举办全市首届老年用品大集，办理老年人意外伤害保险6万多份。提高百岁老人生活补贴标准，由每月100元提高到现行城市低保标准，并首次建立自然增长机制。成功主办2007大连“日本周·银发之旅”活动。全年审批新建养老机构26所，吸纳社会投资1亿多元，新增养老床位2527张。新建农村区域性中心敬老院16所。

重要会议和活动

【春节前夕，为全市百岁老人发放了临时救济金】 共为312名百岁老人发放救济金12.48万元。同时，安排各级领导走访慰问市内四区百岁老人，代表市委、市政府送去了慰问金。重阳节前夕，遵照全国老龄委的部署，安排了走访慰问贫困老人活动，市领导和老龄委领导共走访困难老人和百岁老人14位，为他们送去了米面油等生活用品和慰问金，表达党和政府对老年人的特殊关爱。

【开展了2007“大连慈孝奖”评选活动】 为推进全市精神文明建设与社会和谐进程，与市慈善总会、精神文明办公室一起在全市范围内广泛开展了2007“大连慈孝奖·百名爱心老人和百名爱心孝子”评选活动。

【举办“大连市首届老年用品大集”】 为进一步开拓社会参与老龄事业的渠道，整合为老服务资源，助推我市老龄产业的健康发展，9月15日至9月16日举办了“大连市首届老年用品大集”。共征集50多个老年用品厂家，百余种产品参展，展品涉及老年文化教育、老年生活用品等六大系列。大连市老年医院等十几家医疗单位开展了义诊活动，养老机构和法律援助机构开展了宣传和咨询活动，还举办了多场老年文艺演出，“大连市老年人书画展”也同时举行。来大集购物、咨询、参观的老年人达3万多人。参展的厂家一致反映大集办得好，无论是销售和宣传，效益都很大，非常有利于老年产业的发展；老年人普遍反映大集好，说这是本市第一次专门为老年人服务的大集，大集既可以购物，还是娱乐活动，都希望继续举办。

【举办老年人文艺大赛】 为检阅我市老年人在精神文明建设中开展文艺活动的成果，推动我市老年文艺活动更广泛地开展，迎接党的十七大胜利召开，在大连市慈善总会的资助下，与市文化局、劳动和社会保障局联合举办了主题为“携手慈善、展示风采、情系奥运、共建和谐”的全市社区（村）老年人文艺大赛。11个区市县及军休干部系统共24个节目参加了决赛，同时举行了欢度重阳节暨“慈善杯”社区（村）老年人文艺大赛颁奖晚会。这次大赛有力地推动了我市老年文化活动的开展，也起到了重要的示范作用。

【重阳节期间开展文体活动】 为在重阳节期间丰富中老年人的文体活动，与市老体协等单位联合举办了“关爱老年人健康·九九重阳”万人游览活动；与市老体协、《大连日报·健康快车》、大连电视台·霜叶集联合举办迎奥运“知蜂堂”杯健身运动社区展演活动。

【举办老年集体健身舞大赛】 与中国农工民主党大连市委员会、大连晚报社等联合举办了大连市“爱在滨城，共建和谐”银发一族集体健身舞大赛，市内四区共8个代表队参加了大赛。

各项业务进展

【老龄工作政策研究进一步深入】 1. 从年初开始，我们就结合市老龄工作会议的筹备，依据全国、省老龄工作会议精神，研究我市老龄工作的新情况、新任务和新思路，并把研究的成果写入我市老龄事业十一五发展规划，在起草《大连市实施〈老年人权益保障法〉办法》时，也贯彻了新的理念，提出了相应的措施。

2. 与市慈善总会、市老年学学会联合开展了市内四区老年人生活状况和养老需求以及养老机构、老年服务设施建设状况的调研。形成了《关于加快发展我市城区养老服务业的调查报告》和《赴厦门、上海、青岛学习考察报告》。市委副书记、市老龄委主任怀忠民和副市长、市老龄委主任刘俊文都对报告给予了较高评价，并指示依据调查结果，提出我市老龄工作的意见。

3. 为整合社会老龄事业资源，进行了全市老龄资源的普查，并形成调查报告。摸清了基本情况，理清了发展老龄事业的思路。

4. 与市老年学学会联合对我市老年人优待工作、基层老年人协会建设情况进行了调研，完成的《大连市老年人优待工作情况调查报告》被中国老龄科学研究中心主办的《老龄问题研究》2007年第9期头版全文刊发。

【广泛开展了敬老爱老助老系列活动】 1. 在广泛调研的基础上，提出提高百岁老人生活补贴标准的建议，市政府接受了我们的建议，决定从2007年10月1日起，将全市百岁老人每人每月生活补贴标准从100元提高至现行城市居民最低生活保障标准每人每月280元。建立百岁老人生活补贴标准自然增长机制。今后我市百岁老人生活补助标准与当地城市居民最低生活保障标准保持一致，实行同步增长。

2. 与生命人寿大连分公司合作，继续在全市开展了以提高广大老年人抵御意外风险的能力，保护老年人身心健康的“关爱老年人健康行动”主题活动。目前全市已有3万余名60岁至80岁的老人参加了意外伤害保险。

3. 在市慈善总会的资助下，启动了大连市老年人应急求助信息系统建设。以市内四区的居家养老老年人、“空巢家庭”老年人、“三无”老年人为主，通过服务信息网络，整合政府、市场和社会资源，动员社会力量，为居家养老和生活不便的老年人办急事、解难题，提供最迅捷、最及时的服务。

【积极推进基层老龄工作，开展了评选表彰活动】 1. 把老龄工作的重点放在基层，先后组织多次基层老龄工作的调查，并深入基层指导工作。在各区市县老龄工作机构不健全的情况下，积极推动各项工作的开展，保证了各项任务的落实。

2. 在全市开展老龄工作的争先创优活动，带动老龄工作的发展。在2007年8月8日召开的辽宁省老龄工作总结表彰暨经验交流会上，市民政局、市财政局等10个单位荣获省老龄工作先进单位称号；孙洁、于凤明等11人荣获省老龄工作先进工作者称号；中山区青泥洼桥街道办事处双合社区、人民路街道办事处兴和社区等15个社区（村）荣获省敬老优秀社区（村）称号；西岗区八一路街道办事处林茂社区都淑梅荣获省孝亲敬老十佳称号；李俊、程煜等11人荣获省“孝亲敬老之星”称号；张贞慧等5人荣获省“老有所为贡献之星”称号；刘桂兰等5人荣获省“健康之星”称号。

【向市人大汇报老龄工作，争取人大的支持和指导】 7月20日，大连市第十三届人大内司委召开第21次专委会议，专门听取了市民政局、市老龄办关于《中华人民共和国老年人权益保障法》（以下简称《老年法》）贯彻执行情况的汇报。会议认为：市民政局能够认真贯彻《老年法》，在加强老龄政策法规建设、完善养老和医疗保障、增加为老服务供给、活跃老年文体活动、深化老年维权工作方面作了大量工作，取得了积极成效。同时建议要进一步加大对《老年法》的宣传力度，切实提高各级党政领导的认识，把老龄工作纳入经济和社会发展规划，在全社会形成“心系百万老人，共谋老龄事业”的尊老爱老氛围，加大资金投入，并研究和借鉴国外经验，建立老年基金，向社会募集资金，弥补经费的不足。

【各成员单位认真履行职责，工作成绩显著】 市人事局认真做好全市75800名机关事业单位离退休人员管理服务工作，进一步完善了包括离休和机关退休人员在内的公务员津补贴制度，切实落实离退休人员政治、生活待遇，保证离退休人员队伍稳定，促进了社会和谐发展。市民政局认真落实市政府为民办实事要求，全年新建农村区域性中心敬老院16所，新增城镇养老机构26所、养老床位2527张，提前完成全年任务。成功举办“银发之旅”活动，扩大了养老福利事业在社会各界的影响力和知名度。加大政府扶持力度，先后为120家民营养老机构下拨民办公助资金58万元。其中，38万民办公助引导资金分配给38家供养408名60周岁以上“三无”老人、遗属孤老、享受城市低保的特困老人的民营养老福利机构。投资20万元，购买120台“枫吕泡浴车”，资助给全市城镇120家民营养老福利机构，极大调动了民营养老福利机构和积极性。团市委认真贯彻落实《关于加强老年人优待工作的意见》，积极促进老年人共享经济社会发展成果，以青年志愿者“温暖孤老心，共度除夕夜”爱心公益活动、青年志愿者集中帮扶活动、“关爱老前辈、心系红领巾”主题实践体验活动、“青年学子关爱老前辈”活动、“青春暖夕阳，关爱老前辈”慰问活动为牵动，积极组织全市各级团组织认真开展关爱老年人工作，以实际行动为老年人办好事、办实事。市建委在房屋设计审查方面严格按照建设部、民政部1999年10月1日实施的《老年人建筑设计规范》规定，严把设计审查关。今年1至10月份共审查备案了568个工程项目，其中有一半涉及《老年人建筑设计规范》，经审查修改审定全部符合《老年人建筑设计规范》。在市政设施建设方面，严格设计规范，方便老年人使用通行。今年新建的道路、桥梁，物业园林绿化坡路等300多个项目，均符合无障碍设计要求。为解决老年人到公园晨练休息桌椅不够用问题，市城建局筹集资金购置100套桌椅和健身器材，放在海军广场、石东公园、金家街公园等十几处公园，并对中山路六方游园进行升极改造，更加方便了老年人健身与休闲。对新纳入城区的摸黑路进行全面改造，大大方便了老年人行走。新增设10个路街开放公厕，为老年人提供更便利条件。市体育局为全市所有街道和乡镇投入230余万元配置了124套1188件全民健身路径；为农村晨晚练点赠送60余万元音响器材；培训社会体育指导员2000余名。市劳动保障局企业离退休人员管理服务中心积极推进退休人员社会化管理，截止11月底，全市11个区市县、163个街道（乡镇）、580个社区全部建立健全了社会化管理服务机构，有工作人员898人。目前全市533772名企业退休人员，已有531618人实行社会化管理，社会化管理率99.6%，530494人移交到社区实行了属地化管理和服务，社区管理率99.4%；退休人员养老金和采暖费资格认证率达到100%。市卫生局在为民办实事中明确提出：“为中山区、西岗区、沙河口区、甘井子区85%的60岁以上老年人建立健康档案。”目前为60岁以上老年人建档率已达到89.6%。市法律援助中心在出台的《大连市法律援助办法》中，将老年人直接纳入法律援助对象，同时，规定对涉老案件优先服务。在今年全市所有乡镇、街道建立法律援助工作站的同时，设立老年人维权专岗，方便老年人就近、及时申请法律援助。对老年人维权中出现的疑难复杂问题，及时组织案情研讨、分析情况，妥善解决老年人涉法维权问题。同时，市法律援助中心积极落实为老年人服务的便民措施，深入社区、家庭，参与社区涉老侵权案件的人民调解工作，为行动不便的老人提供上门服务。在法律援助机构办公场所设置无障碍通道，法律援助机构接待窗口配备电脑触摸屏，法律援助范围、内容上墙公示，方便来访的老年人寻求法律服务。今年，全市两级法律援助机构共办理老年人法律援助案件360余件，当事人满意率在95%以上，接待老年人法律咨询3682人次。市人事局、财政局重视老龄机构设置和经费落实问题，多次协调，积极解决。市广播、电视和大连日报、晚报等报刊都开办了老年人专栏或专题节目。

青岛市

综　述

一、各级党委、政府、人大、政协、高度重视，老龄工作日渐成为关注的焦点

青岛市委、市人大、市政府、市政协关注、重视老龄工作。青岛市第十次党代会上首次把老龄工作纳入“十大民生工程”，确认了老龄工作在青岛市和谐社会建设中的重要地位。青岛市十三届人大五次会议就老龄事业发展进行了专题审议，48名人大代表联名提出的建设市、区两级老年活动中心的议案被列为一号议案转建议；市政府召开老龄工作专题协调会，确定了今后五年市财政投入老龄事业的“1234”发展目标；省委常委、市委书记阎启俊同志作了“要带着感情做好老龄工作”的重要批示，市委副书记、市长夏耕先后三次听取老龄工作汇报，并就养老服务业发展等若干重大问题做出重要指示。在市政府常务会、市长办公会、市长碰头会、全市经济工作会议、全市农村工作会议、全市计划生育工作会议、民生问题专题汇报会等重要会议上，夏耕市长都反复突出强调老龄工作。市委副书记、市老龄委主任王文华全年先后7次就老龄工作做出批示，关注老龄工作、关心老年群体成为青岛市决策层的重要议事内容。两会对老龄问题的关注达到历史新高，仅市老龄办就收到并办理了关于老龄的代表建议意见和委员提案14件。

各区、市党委、政府把老龄工作提上重要日程，出台政策，加大投入。市南区把区老年人活动中心、老年大学建设列入年度为民办的10件实事之一；市北区在商务中心黄金地脚开工建设上万平米的区级老年人活动中心；李沧区整合社会资源，将一处停办的小学校舍改建成区老年教育培训中心，在全市率先完成了“十一五”规划目标；城阳区把15000平方米的区老年人综合活动中心列入2008年区政府要办的11件实事之一；黄岛区率先推出为全区70岁—79岁老年人发放健康体检补助、百岁老人每人每年增发

2400元长寿金制度；崂山区把全区老年人纳入了法律援助范围；胶南市制定出台了《进一步加快社区建设的意见》和《关于加快镇中心敬老院建设的意见》；胶州市3800平方米的老年大学建成使用。

二、养医保障体系不断完善，老年人生命生活质量得到提高

（一）城镇社会养老保障体系建设取得新进展

一是城镇养老保险发展较快，全年企业养老保险新增11.7万人、征缴养老保险费56.1亿元，分别增长46%、24.9%；及时足额发放养老金54.8亿元，实现了基金收支平衡；两次为37.4万名企业退休（职）人员分别提高月均养老金105元和123元，使全市企业离退休人员月人均养老金从1006元提高到1234元，增长22.7%。

二是农村社会养老保险工作有序推进，全市56.4万人参加了新农保。五市被征地农民参保总人数达到22.7万，覆盖率达到96%。有13.8万农村老年人按月领取养老金，当年收缴养老保险基金6.9亿元，支出3亿元，基金滚存结余19亿元。农村“低保”制度进一步完善，全年共为农村44442“低保”户、72588名“低保”对象发放低保金7617.4万元。

（二）城乡老年医疗社会保障取得新突破

城镇医疗保障实现了全覆盖，全市城镇职工基本医疗保险参保人数达到208.2万人、征缴医疗保险费32.5亿元。将47.9万名退休人员的门诊大病、家庭病床和老年医疗护理纳入社区管理，门诊大病患者个人负担的费用比医院平均减少700.89元，降低了43%。2007年7月出台《青岛市城镇居民基本医疗保险暂行办法》，全面启动城镇居民医疗保险工作。到12月底，全市参保登记居民达52.5万人，其中3万余名“无保”老年人参保，城镇老年人全部纳入了医疗保险覆盖范围。农村新型合作医疗工作发展迅速，2007年参合农民达到442.64万人，参合率98%，其中老年人受益最大。

（三）社会化养老服务体系建设不断加快

一是社会养老机构建设全面发展。市内四区社会养老机构建设步伐加快，全年新增社会养老服务机构14家、床位1885张，全市新增城镇社会养老机构养老床位2167张。同时，街道（镇）中心敬老院建设力度进一步加大，全市投入1.2亿元，新建、改扩建敬老院59处，总建筑面积达235610平方米，新增床位5800张，全市敬老院总床位数达到1.2万张，有效地保障了农村老年人特别是“五保”老人的入住需求。其中黄岛区投资800万元，扩建了薛家岛和辛安街道敬老院；崂山区投资185万元，对3处街道敬老院进行改扩建；城阳区投资540万元对7个街道敬老院进行规范化建设工程；即墨市投入3500多万元，对15个镇、街敬老院实施了扩建和新建；平度市积极筹措资金381万元，实现了全市镇敬老院全覆盖；胶南市投资300万元，新建、扩建了七处镇敬老院；莱西市投入934万元，新建、改建或扩建了6处镇敬老院；胶州市投入380万元，新建、改建或扩建了9处镇敬老院。

二是老年人社会供养水平不断提高。全年新增政府买单居家养老服务的老年人1158名。集中供养“五保”老人的标准由年人均2000元提高到2400元，分散供养标准由年人均1200元提高到1600元，全市“五保”老人集中供养率达到70.4%。

三、认真贯彻落实老年法律法规，保障老年人合法权益

（一）加强法律援助、调解、信访制度建设，贯彻落实老年人优待政策。市中级法院受理涉老案件96件，减免缓交诉讼费9.8万元，审结率达100%。全市共接待老年人法律援助来访4490人次，为263名老年人提供了法律援助，为3000多名老年人提供了法律咨询，为老年人免除法律服务费60余万元。全市成立调解委员会10905个，人民调解员31928余人。全年调解涉老纠纷、化解涉老矛盾3202起，调结率达98%以上。市老龄办制订了《青岛市老龄系统信访工作制度》，做到了来访、来信、来电件件有落实，全年无投诉，与2006年相比，来访降低28.3%、来信降低67%。制定出台了《关于老年人乘车卡有关问题的补充规定》，彻底解决了“免费乘车政策”落实不彻底的问题。

（二）各区、市基层老年维权开展顺利。市北区成立了老年人调委会，开通24小时“老年人灵通维权热线”，为全区老年人提供免费法律咨询，对行动不便的老年人提供上门服务。崂山区开展了“送法律服务、送健康知识”进社区的“双送”活动，聘请法律专家及健康专家组成专门宣讲团，深入社区，宣讲法律知识、健康知识，自9月份以来，先后在24个社区开展了活动，近3000名老年人受益。

四、老年文体活动和老年教育工作稳定发展，老年人精神文化生活丰富多彩

（一）老年文体教育设施建设力度加大。全市各级积极落实“十一五”规划中“在市区内建设具有较高水准的与青岛经济社会发展需要相适应的具有示范性和辐射功能的大型综合性青岛市老年教育培训活动中心；各区市新建或改扩建一处以上具有一定规模、档次和示范带动作用的综合性、多功能的老年活动中心”的目标要求，加大投入力度，掀起了老年文体教育场所建设的热潮。青岛市政府投入1200万元完成了对老干部活动中心的改造，投入1000万元开工建设市老年体育活动中心，拨款100万元进行市老年活动中心建设项目的规划选址、设计论证等前期各项工作。李沧区投资200万元改建完成了区老年教育培训活动中心。胶南市投资1200万元建设的建筑面积11100平方米、床位120张的“老党员之家”投入使用。胶州市投入500万元建设3800平方米的市老年大学正式启用。市南区投资600万元建设了面积3000平方米的区老年活动中心、区老年大学，还投资1000余万元，对全区不足50平方米的53处社区老年文体活动场所进行改、扩建。

（二）老年教育事业稳步推进。全市在校学员142744人，占老年人口的11.96%。其中，各级老年大学编班学员26400人，比上年增加了2741人。全市170个街道（镇）老年学校编班学员23692人，比上年增加了2175人。全市2525个社区老年学校学员达92652人，比上年增加了4151人。

五、各成员单位紧密配合、齐抓共管，形成了老龄工作的强大合力

各成员单位积极履行职责，紧密配合，积极做好老龄工作，形成了齐抓共管的大老龄工作格局。市委政策研究室积极主动做好老龄调查研究工作，撰写了《构建积极的老龄社会，促进老龄事业与经济社会协调发展》调研报告，引起市委市政府领导的高度重视，市委主要领导和分管领导分别作了批示，推进了老龄工作的开展。市委组织部、宣传部分别将老龄问题列入市委党校和市委讲师团的培训与授课计划，同时把关注老龄工作作为考察干部履行工作职责的内容。市人大内务司法工作室积极协调办理《关于加快建设市、区两级老年人活动中心的议案》，两次召开有关部门参加的联席会议进行跟踪督办，推动了市区两级老年活动中心建设。市建委会同有关部门认真执行《老年人建筑设计规范》、《城市道路和建筑物无障碍设计规范》，为老年人提供了优质和方便服务。市规划局依据控规的要求及项目建设情况，落实养老院、托老所、老年人服务中心等老年设施的具体位置和建设规模，在旧城旧村改造项目中，严格按照国家、青岛有关规范，对达到配建规模的小区都配置了老年设施。市公安局及时准确地提供了翔实的全市老年人口户籍数据，为研究制定应对人口老龄化对策、发展老龄事业做出了贡献。市统计局开展了1%人口和劳动力抽样调查工作，适时掌握老年人口动态变化，为开展人口研究提供参考。市旅游局采取积极措施，组织多条适合老年人旅游的线路，受到了老年旅游者的欢迎。青岛市教育局将尊老敬老教育纳入中小学生德育，通过主题校会、主题班会、志愿者义务服务、到敬老院服务、老少两代人运动会、老少两代人艺术节等形式，开展了中小学生尊老敬老教育。市计生委认真落实农村计划生育家庭奖励扶助制度，及时发放扶助金。

重要会议和活动

【青岛市2007年老年人口数据新闻发布会】　2007年1月19日上午，在青岛国际新闻中心举行了青岛市2007年老年人口基本数据及人口老龄化基本状况新闻发布会。市政府新闻办公室主任王海涛主持了发布会，市老龄办主任李雪华首次发布了2007年初全市老年人口基本情况，全市人口老龄化的特点、现状与发展趋势及对经济社会发展的影响，并就青岛市老龄事业发展和老龄工作开展情况回答记者提问。青岛新闻网、青岛传媒网进行了现场网上直播，《人民日报》、中新社、中央人民广播电台、山东电视台、山东人民广播电台等11家中央、省新闻媒体及《青岛日报》、青岛电视台等7家市内媒体参加了新闻发布会。发布的老龄数据信息在全社会引起强烈共鸣。

【青岛市十三届人大五次会议关于加快老龄事业发展的专题审议会议】　1月25日上午，青岛市十三届人大五次会议对加快老龄事业发展进行了专题审议。市人大常委会副主任、内务司法委员会主任委员于锦初、市人大常委会副主任邢厚仁、原市政协主席胡延森参加了专题审议，于锦初作了重要讲话，市人大内务司法委员会副主任委员宋海泉主持会议，市委秘书长张泽忠、市政府副市长宁经谋和市政府有关部门负责同志到会听取了代表的发言。市老龄办主任李雪华列席会议并听取了代表们对老龄工作的意见和建议。

【青岛市老龄工作委员会全体会议】　4月26日上午，青岛市老龄工作委员会全体会议在市级机关会议中心举行。市委副书记、老龄委主任王文华主持了会议。副市长、老龄委副主任宁经谋作了重要讲话。市老龄办主任李雪华向大会传达了全省老龄工作会议精神。大会审议通过了《2006年度全市老龄工作总结》、《2007年全市老龄工作要点》、《青岛市老龄事业发展“十一五”规划》主要定量定性目标责任分解和《青岛市老龄事业发展“十一五”规划》2007年主要定量定性目标责任分解。市政府副秘书长、老龄委副主任白光昭及36个成员单位的老龄委委员参加了会议。

【青岛市全市老龄工作会议】 4月29日，全市老龄工作会议在市级机关会议中心召开。省委常委、市委书记阎启俊和市委副书记、市长夏耕联合向大会发来了贺信。市委副书记、老龄委主任王文华出席会议并作重要讲话。市人大常委会副主任于锦初、市政协副主席张培军出席了会议。副市长宁经谋主持了会议。市老龄委副主任、老龄办主任李雪华同志作工作报告，总结了去年老龄工作，部署了今年全市老龄工作任务。黄岛区、四方区、莱西市、市中级人民法院四个单位进行了典型经验发言，其他12个区市、单位进行了书面经验交流。大会还为获得全国敬老模范村居（社区）、“孝亲敬老之星”和青岛市“六个一批”先进典型代表进行了颁奖。市老龄委副主任，各区市分管领导、老龄办主任，市老龄委委员、联络员，市委各部委、市直各单位和中央、省驻青单位分管领导参加了大会。

【青岛市庆祝老人节暨“四个十星”电视颁奖晚会】 与青岛电视台《对话》栏目再次携手，举办了青岛市庆祝老人节暨“四个十星”电视颁奖晚会，隆重表彰了全市“十大寿星”“十大孝星”“十大华龄之星”和“十佳敬老企业明星”。副市长、老龄委副主任宁经谋，市政协副主席宋静毅，原市政协主席、市慈善总会会长胡延森等市领导及老龄委成员单位的领导出席颁奖典礼，并分别为“四十个星”颁奖，李雪华主任还接受了主持人的现场采访。节目于10月19日老人节当天晚上播出后，社会反响强烈，应广大观众要求，10月份青岛市电视台对这期节目先后五次重播。通过对“四个十星”的表彰和宣传，弘扬孝德文化，引导老有所为，褒扬企业公德，用舆论的力量营造社会关爱的推力，让关爱老年人成为社会共识。

【青岛市2007“启城杯”老年文艺调演】 9月20日下午至21日，2007年青岛市老年文艺调演在市歌舞剧院的梦幻剧场举行，部分区、市和市老年服务中心选送的合唱、器乐、舞蹈、服饰、声乐、曲艺、戏剧和小品8个别类21共58项节目参加了比赛，最多的队伍达120人。全国著名歌唱家贾世骏先生和市文联的专家担任评委。市老龄办主任李雪华、副主任薛莉及市委老干部局、市文化局、市老年体协的有关领导应邀观看了演出。青岛市老年文艺调演每两年举办一次，与同样每两年一次的“七彩华龄”文化艺术节交叉进行，展示了老年朋友精神风貌和“七彩华龄”的风采，丰富了老年朋友文化生活。

【2007青岛国际中老年养生保健展和2007国际中老年健康产业高层论坛】 10月29日至11月1日，作为亚欧会议中小企业贸易投资博览会的重要组成部分，市老龄办首次承办了“2007青岛国际中老年养生保健展”，来自德国青年社会及教育工作国际联盟（IB）、韩国旅游发展局、即墨妙府老酒有限公司、沈源水务科技有限公司等国内外数十家与中老年产品、服务相关的单位在展会上亮相，约有2万余人参观了展会。与此同时，举办了“2007国际中老年健康产业高层论坛”，全国老龄办联络部主任程勇、日本企业对中国投资促进会藤井晋二、德国IB国际联盟副董事长格罗·科瑞克博士和中国社会科学院老年科学研究会会长熊必俊等分别就中国人口老龄化对社会经济的影响与对策、境外养老保障制度及配套服务推介和实现积极老龄化与构建社会主义和谐社会等进行了演讲，吸引了220名来自全市老龄机构、老年社团、数十家企业代表和近10名外宾参加，李雪华主任主持了此次演讲。这是青岛市首次举办以中老年产品和服务为主题的专题国际展会和国际性的中老年产业专题论坛，增进了青岛市养老事业的国际化交流。

【唐诃作品音乐会及“中国工尺谱”唐诃音乐作品书法展】 12月29日至1月3日，青岛市老龄办联合市委宣传部、市文化局、即墨妙府老酒有限公司在市美术馆举行了“妙府老酒敬老情——《中国工尺谱》唐诃音乐作品书法展”，展览共展出唐诃音乐书法作品100余幅。展览开幕式上，副市长王修林代表青岛市政府致辞，市政协副主席刘光享主持了开幕式，海政文工团文艺一级指导、上将吕远，北京军区战友文工团演奏家许讲德等全国文艺界领导、前辈、专家，中国老年学学会副会长兼秘书长赵宝华等出席了开幕式。12月29日晚，市委宣传部、市老龄办、市文化局、市文学艺术界联合会、市广播电视局、山东即墨妙府老酒有限公司联合在青岛音乐厅举行了“妙府老酒喜迎新年”唐诃作品音乐会，音乐会演出了唐诃先生自1954年到2007年的各个时期的代表作，其中包括《在村外小河旁》、《毛主席永远和我们在一起》、《众手浇开幸福花》、《打靶歌》、《沁园春·雪》、《长征组歌》等传唱了半个世纪的脍炙人口的歌曲。全国文艺界领导、前辈、专家，中国老年学学会副会长兼秘书长赵宝华，市委副书记、老龄委主任王文华等领导和近500位观众观看了演出。

各项业务进展

【精神关爱】 随着《牵挂》、《人间晚情》等老年专题广播节目社会影响力日渐深入，两年来，老年人精神关爱活动日渐上升为老年人“民生”的主要内容，成为了社会各界踊跃参与的自觉行动。

一是各部门广泛参与，形成关爱老年人共识。市老龄办组织开展了“银发无忧”老年人意外伤害保障及爱心捐助活动，先后举办了大型的千名老人参加的“牵挂你的人是我”华龄之友中老年人联谊会两次，十多次小型的联谊活动每月一次，保障老年人基本生活的同时，也让老年人晚年更加精彩。市劳动和社会保障局、市总工会、市委老干部局、市民政局、市慈善总会、团市委、市档案局等部门纷纷与市老龄办联合开展了一系列关爱活动，用实际的行动，形成了关爱老年人活动的强大合力。

二是关爱老年人长效机制初步形成。召开了青岛市关爱老年人长效机制建设城区现场会，推广了关爱老年人长效机制建设方面的先进经验和做法，在胶州市开展了关爱农村老年人试点工作，使“关爱老年人”活动在城乡同步展开。目前，关爱工作已逐步成为各级党政领导关注民生工作的重要议程，送奶送报，与空巢老人结对等活动在基层深入开展。市南区为3737名独居和空巢老人每天提供免费送奶探视服务，为5000余名独居老人免费订阅《老年生活报》，为1000多名“三无”、低保、优抚对象等困难老人每天免费提供1小时家政服务，实现了独居、困难老人养老服务全覆盖。市北区、四方区、李沧区、崂山区分别在助老应急服务、互助式养老、志愿服务、走访慰问等方面形成了各具特色的养老服务机制，助推了全市关爱老年人长效机制建设。

【老龄宣传工作】　2007年是青岛市老龄宣传工作取得突破的一年，得到了全国、省老龄办领导的充分肯定。《中国老龄》以《青岛模式》为题，以“有为才能有位”、“为了咱爸咱妈”、“路在脚下”三篇图文并茂地介绍了青岛市老龄工作经验；《中国老年报》先后以三个头版加编者按连续报道青岛市老龄工作；《老龄工作简报》也专门以“青岛老龄工作的基本经验和启示”为题，全面总结介绍了青岛的老龄工作，在全国老龄系统引起积极反响。全年共编发老龄信息105期、277篇，信息综合排名居全国各省市首位，受到全国老龄办的表彰。

老龄宣传成全市宣传工作热点。年初，市老龄办与市委宣传部联合下发了《2007年全市老龄宣传工作要点》，并于年底开展了第二届老龄宣传好新闻奖评选活动，进一步提高了各全社会参与老龄宣传工作的积极性和主动性。市委党校、市委讲师团、中国海洋大学等均把老龄问题作为重要内容列入了授课计划。市老龄办与市新闻办联合举行了首次全市老年人口基本状况新闻发布会，20余家新闻单位参加。市委市直机关工委、市委组织部、市委宣传部和市老龄办联合举办了人口老龄化形势报告会，邀请南开大学原新教授为市级党政机关700余位干部作了题为“我国人口老龄化——挑战与机遇”的专题报告。青岛电视台《代表之声》、《委员论坛》为市老龄办与人大代表、政协委员等社会各界人士搭建了探讨应对人口老龄化问题的平台，推动全社会对老龄化问题的关注。私营企业即墨妙府老酒有限公司也为老龄宣传尽了一份力，出资10万元为全市社会各界赠阅了1282份2007全年《中国老龄》杂志，进一步扩大了老龄宣传的辐射面。

重点宣传显青岛特色。老人节期间，组织了庆祝老人节暨“四个十星”（“青岛市十大寿星”、“青岛市十大孝星”、“青岛市十大华龄之星”、“青岛市十佳敬老企业明星”）电视颁奖晚会——《相约重阳》，通过对这些长寿老人、孝亲敬老、老有所为和敬老企业典型的大力表彰宣传，引导全社会给老人以更多关爱，给老龄工作以更大动力。同时，充分利用现代通讯和网络，扩大老龄宣传的覆盖面。市老龄办主任李雪华在每年多次做客“行风在线”“牵挂”节目的同时，首次做客青岛政务网“在线访谈”栏目，以“关注民生、关注老龄”为主题与市民进行了交流。春节、老人节期间，移动、联通、网通三大通讯公司向全市200多万手机用户发送“过节不忘敬老”的温馨提示，成为节日里最佳信息。

【老年维权工作】　主动维权成为我市老年维权工作的主旋律。先后两次进行了落实老年人优待规定情况执法检查，绝大部分单位已严格执行老年人优待规定，对少数落实不规范的单位责令整改。市公交集团出台了方便老年人办卡、充值、补卡、退卡的相关意见。市老龄办与市交通委联合出台了《关于老年人乘车卡有关问题的补充规定》，增设了优待卡售卡处，并明确规定免费卡“一年内不限制充值数和次数”。开展了“国药杯”青岛市老年法律法规、保健知识竞赛活动。制订了《青岛市老龄系统信访工作制度》，全年共接待老年人来访86人，来信27件，来电1215次，政府信箱、信访局转来两件。与去年相比，来访降低28.3%、来信降低67%、来电上升18%，做到了件件有落实。围绕精神关爱而开办的“华龄之友——刘真骅聊天室”，在对心理有问题老年人的精神治疗方面发挥了积极作用。

【老龄工作调研和科学研究】　充分发挥学者、专家和老龄工作者的作用，开展老龄学术研究工作。市社科院等单位撰写的《人口老龄化背景下的农村养老保险研究》、《中国老年市场的现状分析与战略选择》、

《老年市场：问题与对策》、《人口老龄化的政策替代与社会支持的研究》等老龄问题理论文章参加了“第八届亚洲/大洋洲地区老年学和老年医学大会”、“活跃韩、中、日老年用品市场国际研讨会”等国际学术会议的交流。完成了青岛市区域人口发展战略研究分课题《青岛市人口老龄化发展趋势及对策研究》，通过了专家鉴定。组织参加了省老年学术理论研讨会，青岛市论文获得一等奖2篇、三等奖2篇、优秀奖6篇，在全省名列前茅。

各区、市老龄办积极开展老龄调研。组织各区、市老龄办先后开展了城镇老年人生活需求问卷入户调查、城镇社会养老机构基本状况调查、五市城镇‘无保’老年人生活状况问卷调查、农村人口老龄化基本状况调查等调研工作，为各级党委、政府决策提供了基本资料。市老龄办编印了《青岛市老龄事业发展“十一五”规划汇编》、《老龄工作文件汇编》两本资料，对基层老龄工作的开展起到了积极的指导作用。

【对外交流与合作】 主办国际性论坛和展会，赢得更多国际关注。作为亚欧会议中小企业贸易投资博览会的重要组成部分，市老龄办参与首次承办了“2007青岛国际中老年养生保健展”，并举办了“2007国际中老年健康产业高层论坛”。在北京召开的第八届亚洲/大洋洲地区老年学和老年医学大会上，市老龄办主办了以“城乡一体化养老保障体系建设”为主题的中文论坛，这也是市老龄办首次主办国际老年学中文论坛。这些国际性论坛和展会的举办，助推了青岛老龄工作的对外交流。

老年旅游和文化交流渐入佳境。市老龄办、市老年学学会全年共组织了8批近500名老年人赴韩、日、俄旅游和文化交流，市老年服务中心组织近600名老年人赴华东五市和云台山旅游。其中113名老年人参加的赴日游再一次创青岛市市民一次集体出境游人数纪录。随后，日本山口县修学旅行访问团、日本山口县和歌山县联合旅游推介团、日本下关市市长访问团来青访问，并专门与市老龄办交流老年旅游事宜，并就下一步交流合作达成意向。“以旅游为载体，以文化交流为纽带”的老年旅游事业呈现出了强劲的发展势头。

老龄产业对外交流态势良好。与德国青年社会及教育工作国际联盟（简称IB）的合作有了实质性进展；德国国际教育职业协会多次来市老龄办探讨培训与合作。与日本在养老服务领域的交流不断深入，日本山口县修学旅行访问团、日本山口县和歌山县联合旅游推介团、日本下关市市长访问团来青访问期间，专门拜会市老龄办，就下一步更多领域的交流合作达成意向。年初，日本NHK电视台摄制组来青拍摄了《晚年的圣殿——青岛老年公寓》电视专题片，并于5月在日本播出，引起日本民众强烈反响。安倍首相提出“要了解更多有关青岛的养老事业信息，希望能对日本的养老事业有所裨益。”日本老年公寓代表团一行26人来青考察了部分养老机构，交流了养老服务经验，为双方进一步合作打下了良好基础。德国驻华大使馆哈克博士对青岛市养老护理产业进行考察，并与市老龄办进行了洽谈。李雪华主任受全国老龄办国际部邀请专程赴北京就《青岛市老龄事业发展“十一五”规划》的编制及分解情况向联合国人口基金、国际助老会第六周期援华老龄项目官员作了介绍，青岛市老龄工作与相关国际组织的交流得到拓展。

【“七彩华龄”老有所为】 关注老年人才的保护和开发利用，建成老年人才库。建成了“七彩华龄”老年人才库，共有105种专业的3000余位中老年人才信息入库。与市人才交流中心联合举办了2007年首届中老年人才洽谈会，120余家用人单位参加招聘，现场提供了咨询专家、机械工程师、翻译等1600个岗位。据不完全统计，约有2000位中老年人才参加了洽谈会，近200人与企业达成意向。

“七彩华龄”志愿者踊跃参与奥运服务。27名“七彩华龄”奥帆志愿者参加了2007年国际帆船赛场馆服务，加上城市运行服务人员共36名奥帆赛场服务队队员，在18天赛事里，为国际帆船赛的顺利进行做出了应有的贡献，受到了市奥帆委的表扬和肯定。与团市委联合组织了“七彩华龄”志愿服务团“奥帆旗帜在传递”活动，为文明青岛做出了积极贡献。市老龄办被评为“2007青岛国际帆船赛贡献单位”。“七彩华龄”志愿服务团奥运骑游队为宣传奥运，走遍了除台湾省之外的所有省市，现已发展成为有韩国、日本等国际志愿者共同参与的国际性志愿组织。

开展老年文艺活动，展现华龄风采。全年共组织29项130多次文体活动，营造了浓郁的“人文奥运”氛围。举办了“喜迎党的十七大暨庆祝青岛市老年书画研究会成立二十周年”书画展，展出作品300多幅；“七彩风”艺术团开展了走进社区、走进老年公寓、走进军营、走进学校进行专场文艺演出80余场，丰富了基层老年人精神文化生活，成为青岛市唱响和谐社会主旋律的一支生力军。举办了“鱼水情深——青岛市庆祝建军80周年慰问驻青部队‘七彩华龄’音乐会”、“启城之夜”迎新春民族音乐会和迎新春交响音乐会等具有一定专业水平的演出，展示了青岛市老年文艺团队高超的艺术水平。

【老龄公益事业社会办】 青岛市社会各界积极支持老龄工作，投入老龄事业，助推老龄事业发展。近三年来即墨妙府老酒公司每年支持老龄事业投入达20余万元，今年，仅为全市各界赠阅《中国老龄》就投入10万元，特制价值12.5万元百坛妙府老酒送百岁老人，举办著名词作家唐诃音乐会、唐诃音乐书法展及出版作品展20余万元；启城集团2005年开始至今每年赞助“七彩风”艺术团20万元冠名支持艺术团开展文艺活动。2007年老人节前夕，青岛沈源水务有限公司一次捐助20万元及50台净水设备支持老人节庆祝活动，该公司还决定将每年产品销售收入的1%捐给即将成立的市老龄事业发展基金会；中华慈善总会—LDS慈善协会还向青岛市养老机构捐赠了150辆轮椅，为岛城老年人献上了一份节日大礼。新华人寿保险股份有限公司青岛分公司和市老龄办联合开展了“银发无忧”关爱活动。青岛港集团、奥润集团等4家企业为“银发无忧”关爱工程捐款43400元。此外，青岛国药医疗器械公司、建联医院、青岛港集团、工商银行、网通公司等等，越来越多企业、单位、个人为老龄事业发展贡献了力量。

筹资400万元注册成立了青岛市老龄事业基金会。

宁波市

综　述

2007年，宁波市老龄工作委员会和各级老龄工作部门认真贯彻落实全市老龄工作会议精神，按照年初的部署，圆满完成了全年各项工作任务，为和谐宁波建设作出了应有的贡献。

一、覆盖城乡的多层次社会保障体系不断完善

宁波市政府先后制定出台了市区城镇居民基本医疗保险办法、外来务工人员社会保险办法和新型农村养老保险制度。其中市区城镇居民基本医疗保险于2007年11月1日开始办理参保手续，参保人员于2008年1月起享受待遇。年末，市区参保老年人3.53万人。外来务工人员社会保险将于2008年1月1日在市级统筹区开始实施。随着以上三项社保新制度的出台，宁波市基本建立了以养老保险、医疗保险为重点，覆盖城乡全体居民和外来务工人员的多层次社会保险（障）体系。

积极推进各类群体的参保扩面工作。年末，全市参加城镇企业职工养老保险人数达197.04万人，比上年底净增17.98万人；医疗保险参保人数151.75万人，净增24.64万人；共有52.1万人参加了被征地人员养老保障，重点对象参保率为80.5%，其中32.95万人享受了被征地人员养老保障待遇；共有101个乡镇（街道）实施了城镇老年居民养老保障，1.88万人参保。全市参加新型农村合作医疗人数达到370万人，参保率为96.5%，受益面进一步扩大。筹资与补偿水平稳步提高，全市人均筹资由100元增加到130元。

调整提高了机关事业单位离退休干部、企业退休人员及相关群体的待遇水平。上半年，为全市机关事业单位离退休干部增加了离退休生活费。其中，离休人员平均月增加526元，退休人员平均月增加285元。从7月起普遍提高了企业退休人员养老金，企业退休人员人均月养老金达到1264元。被征地人员和城镇老年居民的养老保障待遇也得到相应提高。

把老年医疗卫生服务纳入城乡社区卫生工作重点，加快建设城乡社区卫生服务体系。社区卫生服务网络进一步健全。年末，全市已设置社区卫生服务中心143家，社区卫生服务站1251家，城市社区卫生服务覆盖率达100%，农村达90%以上。全市60岁以上老年人建档率达80%以上。各社区卫生服务中心普遍开展了家庭病床服务，全市共建立家庭病床2489张。

老年福利事业有新发展。加强老年人福利设施建设。年末，全市共有养老服务机构169家，床位数21834张。农村“五保”对象集中供养率达到99.09%，年供养标准达到了当地农民人均年收入的70%。城镇“三无”对象集中供养率达到了100%。继续全面实施农村部分计划生育家庭奖励扶助制度，全年共发放奖励扶助资金3083.04万元，31311名农村老年人得到扶助。从2007年10月1日起，将岁老人长寿保健补助标准由每人每月200元调整提高到每人每月300元。

老年人社会救助和帮扶力度加大。给全市困难老年人等弱势群体增发副食品价格上涨动态补贴；全面贯彻《宁波市医疗救助办法》。通过对困难对象住院救助、特殊重大疾病门诊救助和发放医疗救助卡等形式，落实医疗救助措施，较好地缓解困难老年人等群体看病就医难的问题；继续开展困难老年人白内障患者免费复明手术，对78名符合条件的白内障老年患者进行手术；广泛开展慰问老年人活动。在元旦、春节、重阳节期间，各级领导走访慰问困难老年人32834人。江北区、镇海区政府制定出台了困难老人生活补助政策，对持有《低保证》、《社会扶助证》的60周岁以上老年人，在按规定享受最低生活保障补助和社会扶助的基础上，再每人每月增加100元或130元的生活补助。

二、居家养老服务工作继续推进

宁波市政府将推进居家养老服务列为为民办实事项目，下发了《关于加快发展养老服务业的实施意见》（甬政办发〔2007〕67号），提出了加快发展社会化养老服务事业的三个工作重点和十一条政策措施。市民政局下发了《关于促进居家养老服务规范运作的指导意见》，从七个方面对全市居家养老服务工作进行规范。将居家养老服务作为现代化和谐社区建设的一项重要内容，加大督促指导和财政投入，在巩固提高社区居家养老服务工作的基础上，将居家养老服务向农村延伸。召开了全市农村居家养老服务工作座谈会，下发了《关于推进农村居家养老服务的指导意见》，提出了农村居家养老服务阶段性工作目标。年末，全市实质性开展居家养老服务工作的社区达到371个，6万多名社区居家老年人享受到各种公益性居家养老服务，建立带有综合服务功能的居家养老服务中心89个，全市经过培训的专职居家养老服务员已增加到500余人，参与居家养老服务的社会志愿者和义工人数超过1.5万人。

三、基层老龄工作不断加强

各级老龄工作部门从老年人的需求热点和老龄工作的薄弱环节入手，结合政府中心工作，深入基层调查研究，积极为党委政府建言献策。以第二轮浙江省老龄工作先进县（市）、区创建为契机，采取有效措施，不断夯实老龄工作基础。宁波市老龄办同浙江大学人口与发展研究所联合开展了农村老年人基本状况1%抽样调查。加强老年活动阵地建设和管理。市财政下拨资金100万元，继续扶持部分经济薄弱村建设老年活动室，“星光老年之家”建设由社区向农村延伸，积极开展“星级”老年活动中心（室）评比活动。组织开展农村老年人协会骨干培训。全市共培训农村老年人协会骨干1304名，培训内容包括新农村建设、老龄工作形势、老年协会规范化建设、社团基本知识等。继续开展创建浙江省老龄工作规范化社区活动，17个社区达到浙江省老龄工作规范化社区标准。

四、老年人合法权益得到有效维护

加强老年法律宣传。通过法律进社区、上法制宣传专窗、发放有关宣传资料等多种形式，广泛深入开展《中华人民共和国老年人权益保障法》、《浙江省实施〈中华人民共和国老年人权益保障法〉实施办法》和《继承法》等与老年权益保障密切相关的法律法规宣传教育活动。积极推动预防和制止家庭暴力地方立法工作，《宁波市预防和制止家庭暴力条例》被列入2008年市人大常委会的立法项目，进入立法程序。广泛开展敬老先进典型评比表彰活动，并通过电视、广播、报纸等新闻媒体对敬老、爱老典型的先进事迹大张旗鼓的进行宣传。在全市建立老年人司法维权网络，认真做好老年人法律援助和服务工作。全年办理为老法律援助案件225件，接待老年人法律问题来访5830件。全市律师事务所义务为老法律咨询、代书1275余次，减免费用计10万余元。深化“平安家庭”创建活动，把老年人合法权益维护列为创建主要内容，以家庭平安促进老年权益维护。

五、老年文化体育教育活动广泛开展

以迎接2008年北京奥运会、庆祝老人节、迎接党的十七大胜利召开等为契机，开展形式多样的老年文体活动。举行宁波市十万老年人健步走活动，组团参加了浙江省第五届老年人运动会和全国有关项目比赛获得好成绩；举办全市第二届退休干部运动会和庆重阳老年文艺团队优秀节目汇演；开展了钓鱼、门球、麻将、柔力球比赛。市老龄办在老人节期间会同有关部门举办了《红叶风采》广场文艺晚会、第八届“夕阳红”钓鱼比赛、“发现晚霞之美·寻找年轻态老人”等活动，丰富了老年人的精神文化生活。

加强老年电大教育工作，积极发展基层老年电大教学点和教学班，建立健全了老年电大四级组织网络和辅导员网络。建立激励机制，定期召开老年电大先进表彰会，对老年电大办学先进单位和个人进行表彰。整合教育资源，进一步提高农村老年电大办学质量和条件。年末，全市春秋两季参加电大教育的老年人合计达到77878人次，占老年人总数的9.2%。加强老年人思想政治教育，围绕党委、政府中心工作，重点开展对老年人的形势教育和思想教育。积极搭建平台，引导老年人在和谐社区和新农村建设中发挥作用。

重要会议和活动

【促进居家养老服务规范运作座谈会】　1月18日，宁波市老龄办召开了以如何促进居家养老服务规范运作为主题的座谈会。会上，来自市六区的老龄办和民政局负责同志、部分街道和社区代表共20余人，共同探讨居家养老服务规范发展之路，并结合各自的工作实践交流了意见。

【全市老龄工作会议】　3月13日，宁波市政府召开全市老龄工作会议。会议传达学习了全国老龄委第九次全体会议精神，回顾总结近年来全市老龄事业发展情况，分析研究了老龄工作面临的形势和任务，安排部署了当前和今后一个时期全市老龄工作。宁波市老龄委全体委员、各县（市）、区政府，大榭开发区、市科技园区、东钱湖旅游度假区管委会分管领导和老龄委副主任（老龄办主任）共60余人参加了会议。会上，慈溪市、镇海区作了老龄工作情况介绍。宁波市委常委、常务副市长、市老龄委主任王勇出席会议并并讲话。

【县（市）、区老龄办主任会议】　3月14日，县（市）、区老龄办主任会议召开。会议总结了2006年全市老龄工作，安排部署了2007年老龄工作任务。市老龄委副主任左建一出席会议并讲话。

【农村老年人生活状况1%抽样调查活动】　7月至9月，宁波市老龄办联合浙江大学人口与发展研究开展了农村老年人生活状况1%抽样调查。本次调查采取实地入户问卷访问的形式。在对全市各乡镇、街道按经济发展水平好中差进行分类的基础上，随机抽取了8700户农村老年人家庭作为样本库，再在这些样本库中随机抽取5800位60周岁以上的农村老年人作为入户调查样本，入户调查样本数占宁波市58万名农村老年人口比重的1%。被抽调的5800位农村老年人分布在除海曙区、江东区外的其余9个县（市）、区的39个乡镇（街道）、145个行政村，既有生活在经济较发达的农村，也有生活在诸如边远山区和海岛等经济较落后的地方，具有较好的代表性。调查问卷委托浙江大学人口与发展研究所设计。问卷内容包括五个大项、65个小项和168个子项，涉及农村老年人的婚姻、家庭、经济、居住、健康、医疗、生活照料、精神慰藉、文化娱乐、权益保障、主观意向等各个方面，可以比较全面地反映全市农村老年人的基本情况。

【全市农村居家养老服务工作座谈会】　10月16日，宁波市民政局在镇海区召开了全市农村居家养老服务工作座谈会。会议总结回顾了前一阶段全市居家养老服务工作开展情况，研究探讨新形势下居家养老服务工作从城市向农村拓展的思路和途径。市民政局局长王月凤作了题为《巩固提高、开拓创新，将居家养老服务工作全面推向深入》的重要讲话，市老龄委副主任左建一主持会议，各县（市）、区民政局局长和老龄办主任，大榭开发区民政局及国家高新技术产业开发区、东钱湖旅游度假区社区事务管理局有关负责人共30余人参加了会议。会上，镇海区、北仑区分别介绍了农村居家养老服务工作情况，大家还就如何做好下一阶段居家养老服务工作进行了交流和讨论，并参观了镇海区蟹浦镇老年人服务中心。

【市领导走访慰问老年人】　10月16日至17日，中共宁波市委副书记郭正伟、宁波市副市长王勇、宁波市人大常委会副主任陈旭、宁波市政协副主席常敏毅等领导分两路走访慰问了海曙、江东、江北、镇海区部分困难老人、百岁老人，代表市委、市政府向全市84万名老年人致以节日的问候和良好祝愿。

各项业务进展

【继续推进居家养老服务工作】　2007年，宁波市政府将推进居家养老服务工作列为为民办实事项目，提出年底全市350个社区实质性开展居家养老服务的工作目标。市民政局作为此实事项目的责任单位，采取多项措施，大力推进居家养老服工作务。一是分解任务。制定下发了《关于加快推进居家养老服务工作的通知》，对2007年内各地推进居家养老服务的工作目标、阶段任务、设施建设等提出了明确的要求，并作了任务分解；二是抓规范运作。召开了促进居家养老服务规范运作座谈会，下发了《关于促进居家养老服务规范运作的指导意见》，从七个方面对全市居家养老服务工作进行规范。对2006年市级居家养老服务专项补助资金进行了绩效评价。会同市财政局下发了《宁波市市级老龄事务经费使用管理暂行办法》；三是加大资金投入。会商市财政局下拨居家养老服务专项补助经费430万元。市福利彩票公益金对全市77个已建和18个在建的居家养老服务中心分别给予运作或建设资金补助，共投入福利彩票公益金247万元；四是加强督查。9月份，在市委、市政府组织开展对县（市）、区推进现代化和谐社区建设工作督查中，对各地推进社区居家养老服务工作重点作了督促，通报了各地推进居家养老服务工作情况；五是促纵深发展。首先召开了居家养老服务社会化、市场化发展座谈会，探讨提高居家养老服务社会化、市场化程度的措施和办法。其次召开了全市农村居家养老服务工作座谈会，下发了《关于推进农村居家养老服务的指导意见》，提出了农村居家养老服务阶段性工作目标。

即力争到2008年全市有5%的行政村开展居家养老服务工作，2009年底达到10%，2010年底达到30%以上；积极开展对特殊困难老年人养老服务保障工作，力争到2008年全市有20%的基本生活难以自理的农村低保老年人享受政府提供的居家养老服务，2009年底达到50%，2010年底达到80%以上。

通过以上措施，如期完成了市政府确定的工作目标。年末，全市实质性开展居家养老服务工作的社区达到371个，比2006年底增加243个，增幅达到190%。已建立并开展运作的居家养老服务中心89个，比2006年底增加33个，增幅达到37%，享受公益性居家养老服务的老年人达6万多名，比2006年增加近2倍。其中，市区享受政府购买服务的困难居家老年人达到1700人，比上年底增加500人。居家养老服务队伍进一步壮大。全市经过培训的专职居家养老服务员已增加到500余人，比上年底增加了100余人。全市参与居家养老服务的社会志愿者和义工人数超过1.5万人，比上年增加了近1倍。

【基层老龄工作】 积极开展第二轮浙江省老龄工作先进县（市）、区创建活动，按照创建标准，固强补弱，提高基层老龄工作整体水平。继续加强农村老年活动室建设。年内市财政年下拨资金100万元，有关县（市、区）、乡镇（街道）配套资金200万元，资助了100个经济薄弱村建造老年活动室。同时，积极开展试点，将“星光老年之家”建设向农村延伸。加强老年人协会规范化建设。认真组织开展好农村老年人协会骨干培训活动，年内，全市共培训农村老年人协会骨干1304名。培训内容包括新农村建设、老龄工作形势、老年协会规范化建设、社团基本知识等。通过培训有效地提高了广大老年人协会骨干的政治素质和业务能力。开展评先表彰活动，对达到规范化的老年人协会和优秀的老年人协会会长进行表彰，充分调动了老年人协会的工作积极性。继续开展创建浙江省老龄工作规范化社区活动，年内17个社区达到浙江省老龄工作规范化社区，全市达标社区累计323个。企业退休人员社会化管理服务工作不断推进，服务内容不断拓展。一方面，慈溪、鄞州、宁海等地积极创造条件，推进退休人员纳入居住地街道（乡镇）、社区管理服务工作，明确职责，延伸职能，落实经费，使社区管理服务率进一步提高。慈溪市今年10月还组织了首届“社保杯”企业退休人员文艺汇演，收到了良好的社会效果。另一方面，已落实退休人员社会化管理专项经费的地区，不断拓展服务内容，通过开展形式多样的文体活动、组织各类知识讲座、落实重病住院、死亡慰问、提供政策咨询服务等为退休人员提供全方位的服务。年未，全市企业退休人员社会化管理服务率为98.39%，其中社区管理服务率为84.24%。

厦门市

综　述

2007年，厦门市老龄工作紧紧围绕厦门市新一轮跨越式发展和海西建设的要求，不断开创老龄工作新局面，全市老龄工作又上新台阶，取得了新进展。

一、坚持党政主导，推动老龄工作全面发展

（一）各级领导率先垂范，市委市政府高度重视老龄工作。福建省委常委、厦门市委书记何立峰等各大班子领导多次出席我市举办的各种大型老年文化体育活动和会议；福建省副省长陈芸，全国政协委员、中国老龄事业发展基金会会长李宝库，福建省人大常委会原副主任、省老龄事业发展基金会会长童万亨，全国老龄办巡视员张同春等，全国、省及相关部门的领导莅临我市检查、指导工作。市人大常委会副主任何清秋带领人大内司委的同志到市老龄办调研；根据新一届市政府领导分工，潘世建副市长分管市老龄委工作后，多次到市老龄办、市老年基金会等涉老部门检查指导工作。

（二）坚持从政策层面入手，强化养老保障意识，适时制定涉老措施。厦门市政府出台《厦门市企业职工基本养老金计发办法改革的若干规定》（厦府〔2006〕408号），按照新规定，从2007年1月1日起，缴费年限越久、缴费系数越高，退休后养老金就越多。市劳动和社会保障局、市发改委、市财政局、市卫生局、市地税局制定了《关于进一步健全和完善覆盖城乡居民基本医疗保险制度的实施意见》，规定从2008年1月1日起门诊医疗费报销起付线由原来的5000元以上，调低至1500元，对困难的参保城镇居民实行自付医疗费困难补助政策。市民政局印发了《关于提高革命“五老”人员及“五老”遗孀定期生

活补助标准的意见》，增加了“五老”人员及其遗孀的生活补助。

二、坚持齐抓共管，努力构建大老龄工作格局

（一）认真履行职责，各成员单位充分发挥作用。厦门市委宣传部配合市老龄办分别于年初和老年节前召开两次新闻通气会，通过媒体向公众传播全市老龄工作年度要点和老年节活动安排，协调我市媒体及时做好全市重大涉老工作和活动的采访宣传报道。厦门市民政局与规划局联合制定了厦门市养老服务机构布局规划；拟在湖里区枋湖圆山附近筹建圆山老年公寓，将增加600张床位；市社会福利中心的改扩建工程预计2008年完工，2009年投入使用，床位增加至500张。厦门市财政局联合市人事局对机关事业单位退休干部和退管组织活动经费管理使用情况进行调研，出台了《关于厦门市市直机关事业单位退休干部公用经费管理使用有关问题的通知》（厦财社〔2007〕5号），将退休干部公用经费（含退管组织活动费）从退休干部活动经费的中间值120元提高到人均450人。厦门市劳动和社会保障局继续做好退休人员移交、档案接收管理和基层退管业务等工作，全市已接收81，304名退休人员进入社会化管理，社会化管理率达到98.97%，社区管理率达到100%，累计接收77696位退休人员档案，全市现有医疗保险定点医疗机构及纳入医疗保险定点医疗服务管理的医疗机构162家、医疗保险定点零售药店203家，方便社区老年人就近看病购药。厦门市人事局配合省人事厅退管办创建“福建银色人才库”，把我市退休老年人才统统纳入信息库管理。厦门市委老干部局组织老干部认真学习贯彻党的十七大精神，举办座谈会、专家辅导讲座、报告会100多场，坚持从制度上落实好老干部的各项待遇。厦门市教育局深入开展创建先进合格离退休教工之家、在基层开展创建“五好关工委”活动。厦门市公安局举办了市公安系统第二届老年运动会，全系统300多名老同志参加了十余个项目的角逐，市委常委、公安局局长卢士钢出席开幕式并讲话。厦门市文化局下属市文化艺术中心（内设市图书馆、博物馆、艺术展览馆）向全市持有“敬老优待证”的老年人免费开放；在老年节当天上午，老人们凭离退休证可到思明电影院免费观看电影一场。厦门市旅游局指导和支持相关旅行社组织“夕阳红”旅游专列，近2000名老人参加；邀请厦门市老年摄影协会参加“2007年百万市民游厦门”、“2007花车巡游”活动。厦门市妇联深入开展“三进三送”、“第二届十大杰出母亲”评选表彰活动等，在全社会营造了感恩、敬老的社会风气。厦门团市委继续实施“青年志愿者金晖行动”，已形成稳定挂钩对象20多户，参与志愿服务人数达2000多人次。

（二）积极主动作为，基层老龄工作有了较大的发展。厦门市思明区深入抓好社区老年教育工作，召开了思明区社区老年教育协作网络会，今年又新成立11所社区老年学校，其中梧村街道所有社区全部成立社区老年学校；成功举办了首届思明区老年人运动会，全区16个系统，街道2000多名老同志参加了比赛；老年节举办了“绚丽夕阳”老年文艺汇演。厦门市湖里区组织基层老龄工作者和老年协会会长近100人进行老龄业务培训，充分发挥老年协会在征地拆迁和创建文明城市的作用；举办“金秋的祝福”老年节专场文艺演出。厦门市集美区全年投入142万元用于基层老年组织建设，募集188万元成立了区福利协会，区政府投资1200万元对集美区老年活动中心进行扩建（分为室内运动馆、老年公寓、综合楼三部分），使老年活动中心总建筑面积达10556平方米。厦门市海沧区积极推动老年福利事业发展，全年募集老年人福利协会捐款48万元，并将老年福利协会资金214.9万元存入财政局设立的基金专户。在海沧街道温厝村推行试点，建立“居民健康档案”，目前建档率达82%。厦门市同安区开展“法律援助牵手老年人”系列活动；成功承办了厦门市2007年老龄系统工作人员运动会，区委、区政府和区老龄委领导出席并讲话，还参与部分项目比赛；老年节组织老年人参观园博园、开展健康知识讲座、文艺联欢、游园、金婚银婚纪念庆典等活动。厦门市翔安区区委、区政府对涉老机构进行整合，实行老龄办、老干局、关工委、老年大学、老年活动中心、老体协等“涉老”组织合署办公。区老龄办组织各村（居）老年协会会长参加“走进新翔安”活动。

（三）多方协调参与，各涉老组织多渠道多层次开展工作。厦门老年大学努力提高办学率，目前全市已创办各级各类老年大学（学校）183所，在校学员28，283人，占全市老年人口总数的15.5%，不断满足广大老年人老有所学的要求。厦门市老年活动中心全年为老同志办理活动IC卡977张，有179，584名老年人（次）到各场馆活动、锻炼，举办各种大中型活动共1488场（次），其中免费为涉老单位、社团组织提供演出、会议、排练1300场次。厦门市老年基金会今年慰问困难老年人1500人次，助养特困老人612人，募集建设“爱心护理院”专项资金近2000万元。厦门市老年学学会今年被评为厦门市社科联系统先进学会，全年共收到各类老龄问题研究近200篇，其中11篇论文荣获省老年学学术研讨论文一、

二、三等奖，5名会员获省老年学学会表彰。厦门市老体协紧扣“全民健身与奥运同行”的主题，全年举办千人以上的各种健身项目活动100余次，参与人数超过10万人。厦门市老科协今年组织实施了30余个科研项目，合同金额达130万元，举办各类科普讲座百余场次，全年发展会员179名，使会员总数达530名，团体会员9个。厦门市老年书法研究会组织参加了“三八国际妇女节笔会”、“红土地蓝海洋厦门龙岩老年书画联展”、“首届两岸老少人文风光书画摄影展”等7场次大型书画展，展出各类书画作品700多幅。同时配合市老龄办到农村送春联慰问活动。厦门市离退休干部集邮协会开展“集邮五进”进校园、进社区、进军营、进厂矿、进机关活动，举办人民军队邮票论坛，努力普及集邮文化建设。厦门市南下服务团团史研究会继续办好《两代人》杂志编辑出版工作，积极参加厦门社会科学普及周活动。厦门市闽粤赣边区革命史研究会和新四军历史研究会在开展革命史、党史传统教育和研究方面成效显著。

三、坚持整合共享，推动涉老宣传调研和维权工作

（一）重视宣传工作，努力拓展宣传广度和深度。厦门市老龄办召开“全市老龄宣传和调研工作会议”，总结布置2006年和2007年老龄宣传和调研工作；受全国老龄办委托代为表彰6名“全国孝亲敬老之星”；表彰我市2006年度16名优秀宣传报道信息员和9名获奖论文作者。厦门人民广播电台《新闻招手停》栏目以每周一句敬老语，倡导全社会敬老、养老、爱老、助老。《厦门日报》制作了题为《敬老爱老真情九九》的老年节专版，厦门电视台《十分关注》、《特区新闻广场》栏目派出资深记者专题采访市老龄办常务副主任张培军，制作二期老年节专题节目。厦门市老龄办、市老年基金会、市广电集团联合拍摄《晚霞辉映夕阳红——厦门老龄工作巡礼》专题片。

（二）重视老年信访工作，维护老年人合法权益。根据老年维权工作的需要，市老龄办向市人大内司委呈报了2010年修订《厦门市实施〈中华人民共和国老年人权益保障法〉若干规定》和2008年对《厦门市老龄事业发展“十一五”规划》中期执行情况进行检查的建议书，同时，为方便老年人就近就地维权，市老龄办、市司法局在全市重新设定街、镇老年人法律援助站38个。为老年人提供法律咨询，为困难老人提供法律援助，全年接待各类来信来访近200多件次。市、区两级法律援助中心共免费受理涉老案件104件。市老龄办为60周岁以上老年人办理《敬老优待证》7246张，累计办证11.7万张。市离退联为退休职工办理公园风景点门票优惠证5089张。

（三）深入基层调研，了解掌握情况，撰写调研报告。厦门市老龄办与厦门大学公共管理学院社会学系联合开展的《厦门市城区老年人生活状况调查与对策研究报告》已成稿，待召开论证会进行最后修改完善后报市政府。针对各区镇、街以下基层老年学校创建区级示范校进展情况，市委老干部局、市老龄办、厦门老年大学联合组成调研组，下发《关于开展区级示范校创建评估情况调研检查的通知》，评选出24所“示范校”，其中思明区8所、湖里区3所、集美区3所、海沧区2所、同安区3所、翔安区5所，联合表彰“创建基层老年学校十佳示范校”。

四、坚持推陈出新，推动老年文化多元化

（一）推动银发健身热潮，举办万名老年健步行活动。今年元宵节期间，市体育局、市老体协、市老龄办在环岛路联合举办了“全民健康与奥运同行”为主题的2007年厦门市万名老年人新春健步行活动，市政协原主席、市老体协主席林源主持了活动仪式。省委常委、市委书记何立峰，省人大常委会原主任、省老体协主席袁启彤等省级老领导，市领导陈炳发、洪碧玲、杜明聪、裴金佳、桂其明和市人大常委会原副主任、市老体协常务副主席林明鑫等领导与2万多名老年人参加这次行程约6公里的健步行活动，沿路还有200多人的秧歌队和400多人的腰鼓队助阵。

（二）注重教学成效、展示老年风采，市老龄办与市老年大学联合举办“全市老年大学（学校）文艺汇演”。9月26日—27日在市老年活动中心音乐厅举办“全市老年大学（学校）文艺汇演”。来自厦门老年大学以及5个区级老年大学的235名老年学员，展演了舞蹈、器乐、声乐、曲艺、戏剧五大类共12个节目。

（三）老年节（重阳节）文体活动精彩纷呈。2007年是厦门市第20个老年节，又是街（镇）老年文化艺术年。市、区老龄办和市、区所属涉老组织共举办了85场次老年人文体活动，其中市级37场次、区级48场次。

（四）打造老年文艺品牌，选调优秀节目参加全国老年文艺汇演。市老年艺术团的器乐演奏《正月点灯红》，小品《生日》被选调进京参加由民政部、文化部、国家广电总局、全国妇联、全国老龄委办公室主办，中国老龄事业发展基金会承办的2007年重阳节中国老年艺术团——《红叶风采》文艺晚会演出活动。其中，《正月点灯红》的演员还分别为第八届亚洲/大洋洲地区老年学和老年医学大会的代表、北京太阳城老年公寓的老年朋友、延庆监狱服刑人员等演出。

五、坚持老有所为，推出“银龄行动”新品牌

（一）发挥优势，关爱青少年，启动“关爱工程”。由厦门市关工委、市老龄办、市委文明办、市教育局、团市委、市妇联、厦门日报社、厦门广电集团等单位共同发起“关爱工程”，已建立关心下一代教育基地13个，收到首批来自社会各界的150多万元捐赠款，该款将全部用于资助1000多名在我市读书的进城务工家庭子女就学。市委常委、宣传部长洪碧玲等有关领导出席启动仪式。

（二）举办“两岸老少携手共创美好家园”系列活动，加强两岸沟通交流活动。由市关工委、市金联会、市妇联、市老龄办牵头与金门县教育局、台北市“中正国小”、高雄市金门同乡会、金门县老人权益促进会、市老年活动中心等联合举办的“两岸老少携手共创美好家园系列活动”，具体内容有举行文化讲座，赴金门的“厦金亲子夏令营”，台湾、金门同胞参加的“厦金情深夏令营”、“两岸老少牵手厦门行夏令营”等。

（三）启动“老少共建和谐社区活动”，共创文明城市。由市文明办、市关工委、共青团市委联合下文，要求全市社区要成立“五老志愿者文明建设督导队”和“文明建设青少年志愿服务队”服务构建和谐社会，年底对金鸡亭等43个先进组织予以表彰。

（四）发挥关工委作用，加强基层关工委建设。市关工委积极组织中小学生参与“寻找身边的好榜样”为主题的征文和演讲朗诵比赛，向中小学赠书上万册，开展评选基层“五好”关工委活动，目前已有370多个基层关工委被授予“五好”基层关工委牌匾。

（五）创造条件，搭建老年人才平台。市老龄办与市人才服务中心在市人才市场联合举办了“2007年——银色年华”离退休人才专场交流会。60多家单位到场为老年同志提供了近千个招聘岗位，为发掘老年人才，参与我市经济社会发展作出了积极努力。

重要会议和活动

【召开第六次老龄委全体（扩大）会议】　3月13日，市政府在市行政中心召开第六次老龄委全体（扩大）会议，会议由市老龄委副主任、市老龄办主任李建福主持。副市长、市老龄委主任潘世建到会讲话。会上还书面传达了全国老龄委第十次全体会议和全国老龄办主任会议精神；市老龄办常务副主任张培军汇报了2007年全市老龄工作情况和2008年工作意见。市老龄委全体成员，各区政府分管领导，市、区老龄办主任（常务副主任），市属涉老部门负责人，市老龄委成员单位联络员参加了会议。

【全面开展社区“情暖空巢”工作】　市老龄办、市文明办、市民政局、市劳动和社会保障局、市卫生局、团市委、市老年基金会、市红十字会联合下发了《关于在全市社区开展“情暖空巢”工作的意见》（厦老龄办〔2007〕24号），标志着“情暖空巢”实质性工作已在我市全面展开。“情暖空巢”工作以“情暖空巢、和谐社区”为主题，以人文关怀为重点，采取福利服务、志愿服务、互助服务、有偿服务相结合的方式，服务“空巢”老人，重点关注其中有迫切帮扶需求的高龄、独居、病残、低保老人。服务内容为安全服务、生活服务、医疗服务、慰藉服务四种。

【我市举办2007年老龄工作业务培训班】　8月22日—25日，“厦门2007年老龄工作业务培训班”在市老年活动中心开班，市老龄委成员单位联络员，市、区、街（镇）老龄委（办）、老年（老干）活动中心及涉老部门工作人员近200人参加了培训，其中基层老龄工作者占了2/3。此次培训共设6个专题，内容包括：《我国人口老龄化的形势与问题》、《老年教育：世界性共同课题》、《社区建设和社区老龄工作》、《如何做好社区老年人协会工作》、《韩国、日本老年福利服务机构发展现状》、《澳大利亚和新西兰老龄工作情况》等。本期培训分两个阶段进行，在参加完第一阶段的集中学习后，部分学员赴莆田学习交流老龄工作，重点学习考察城乡区南门社区。

【第二次全国“爱心护理工程”试点工作会议暨2007年全国老年基金会工作座谈会在厦召开】　中国老龄事业发展基金会受民政部委托于9月20日—23日在我市召开此次会议。会议总结了“爱心护理工程”试点工作开展两年多来取得的成效以及全国老年基金会的工作经验。福建省副省长陈芸，全国政协委员、中国老龄事业发展基金会会长李宝库，福建省人大常委会原副主任、省老龄事业发展基金会会长童万亨，厦门市副市长黄菱，厦门市老年基金会会长林源和省、市民政、老龄等部门领导以及全国“爱心护理工程”试点单位和各地老年基金会负责人150多人参会。福建省老龄事业发展基金会、厦门市老年基金会共同承办了此次会议。

【举办“喜庆十七大　欢度老人节”—全民健身与奥运同行健身大会操】　厦门市老龄办、市总工会和市体育局在厦大明培体育馆内联办“‘喜庆十七大　欢度老人节’——‘全民健身与奥运同行’健身大会操”，全市有1200多名老年朋友分成10个方阵，表演了精彩的节目。市领导钟兴国、黄诗福、潘世建、庄威，市级老领导李秀记、林源、陈昆源、张斌生、林明鑫等出席开幕式并观看演出。副市长潘世建代表市四套班子领导讲话，市委常委钟兴国宣布开幕。

【厦门市老年艺术团赴金门参加老年文化艺术联欢活动】 厦门市老年艺术团赴金门举办“2007台金厦两岸三地老年文化艺术联欢活动”。本次联欢活动，由金门县元极舞及功法研究会、金门体育会元极舞运动委员会和厦门市老年艺术团共同举办，分别在金门县文化局演艺厅和金门县烈屿乡复合式运动场进行。台湾、金门的元极舞人与厦门市老年艺术团，同台献艺，受到金门县父老乡亲的一致好评。金门县和烈屿乡领导专门接见并盛情款待了厦门市老年艺术团的全体演职人员，并一同观看演出。

【“电话平安铃”声声敬老情】 厦门市老龄办与《厦门晚报》在全市开展“情暖空巢——电话平安铃”公益活动。此活动自2007年重阳节起，在思明区四里社区、演武社区、屿后西社区、湖里区金尚社区、金山社区、集美区纺织社区启动，此次活动是“情暖空巢”活动的内容，服务对象为空巢老人。具体做法为以社区为单位，逐批为空巢老人设置爱心“电话平安铃”，即在老人家庭电话上设置快捷键，使老人在紧急情况下按“＊＊11”就可直接呼叫结对的志愿者，及时得到帮助。本次活动将陆续在全市社区推开。

【市委市政府致全市老年人慰问信】 10月19日，即我市第20个老年节当日，《厦门日报》、厦门电视台、厦门广播电台分别刊、播发了市委、市政府致全市离退休老同志和全体老年朋友的慰问信。市委、市政府向全市离退休老同志和老年朋友们致以亲切的节日问候和最美好的祝福，向关爱老年人，支持老龄事业发展的社会各界表示衷心的感谢。同时，希望全市离退休老同志和全体老年朋友们节日快乐，在颐养天年的同时，继续发扬长期在革命和建设中形成的优良传统与作风，继续关心、支持我市各项建设与发展，为特区新一轮跨越式发展和海峡西岸重要中心城市建设做出新的贡献。

【全国37城市第20次老龄工作联席会】 11月27日—28日在我市举行。来自全国39个城市（含直辖市、省会城市、计划单列市、特邀城市）和金门县的150多位代表参加了会议。会议的主要议题是：交流、研讨构筑社区居家养老服务网络、新时期农村老龄工作和加强社会敬老优待等内容。厦门市副市长、市老龄委主任潘世建致欢迎辞；全国老龄办巡视员张同春、福建省老龄办处长张冀闽分别代表全国老龄办和福建省老龄办出席会议并讲话。本次会议共有33个城市提交了35篇书面交流材料。上海等八个城市在会上作经验交流，我市在会上播放了《晚霞辉映夕阳红——厦门市老龄工作巡礼》专题片。

【全市老龄系统工作人员运动会召开】 12月6日—8日在同安区体育馆召开。市、区老龄委、老龄办、老年活动中心及街（镇）、社区的老龄工作者组成的8支代表队120多名运动员参加了比赛。本届运动会共设6个项目，团体项目包括气排球、羽毛球、乒乓球比赛，个人项目包括跳绳、扑克、定点投篮。经过激烈的角逐，同安区代表队荣获团体总分第一名，市老龄办与集美区代表队分获团体总分二、三名。

各项业务进展

【“温馨夕阳”服务热线开通】 5月13日（母亲节），厦门市“温馨夕阳”服务热线正式开通。副市长、市老龄委主任潘世建出席开通仪式并打进“2012999”第一个热线特服电话。“温馨夕阳”服务热线是由市老龄委办公室、厦门电信分公司、市老年活动中心、厦门大学公共事务学院、《厦门晚报》和厦门市“温馨夕阳”老年谈心专线合作开通的一条为老服务公益热线，开设健康咨询、法律服务、心理慰藉、生活服务四个栏目。热线通过招募，整合全市医疗、法律、心理咨询等专家，为老年人提供无偿服务。

【厦门老龄网开通】 由市老龄工作委员会办公室、市老年基金会主办，市老年活动中心协办的厦门老龄网（www.xmll.gov.cn）于老年节正式开通，受到广大老龄工作人员和老年朋友的欢迎。厦门老龄网为厦门市老龄工作的门户网站，现设新闻发布系统、资料信息系统、邮件系统、视频点播功能等模块，包括大首页、银龄新闻、涉老部门、办事指南、乐龄影音、资料中心等栏目。网站的开通实现了老龄工作信息的全面公开，扩大了对外交流，在老龄工作部门和老年人之间架起信息共享、互动的桥梁。

【厦门市老年活动中心台球棋牌馆开馆】 5月13日上午，市老年活动中心举行台球棋牌馆开馆仪式，副市长、市老龄委主任潘世建和市政协原主席、市老体协主席、市老年基金会会长林源等共同为新馆揭牌，原市级老领导陈昆源、林明鑫，市政府副秘书长、市老龄委副主任卓锦绵，以及市文明办、团市委、厦门人民广播电台、厦门电信分公司的有关领导，各涉老部门负责人，老年人代表约300多人参加开馆仪式。台球棋牌馆设在市老年活动中心C楼，市财政划拨了专项经费100万元。改造后台球棋牌馆建筑面积达1376平方米，其中台球馆672平方米，棋牌馆704平方米，可同时容纳200多名老同志参加活动。

【深入开展“情暖空巢”活动】　重点关注有迫切帮扶需求的高龄、独居、病残、低保老人，为老年人提供安全服务、生活服务、医疗服务、慰藉服务。老年节启动的“情暖空巢”电话平安铃进社区公益活动在全市推广，已有930多户老人安装完毕。

【推行“安康计划”】　厦门市思明区“安康计划”确定了社会化养老服务对象为户籍在辖区内的60岁以上的老年人。低保老人、“三无老人”和重点优扶老人为政府购买服务对象。这些老人享受每周3个小时的家政服务，1个小时的医疗服务。费用全部由厦门市思明区政府负担。目前，已募集资金672万元，成立区安康服务中心，10个街道均成立安康服务站，有社区安康服务网点127个，授牌的安康助老服务基地21个，建立健全了2700多人的老年志愿者队伍，为553位符合要求的老人提供上门服务。

【春节重阳节开展走访慰问活动】　厦门市老龄办、厦门市老年基金会共慰问582名困难老人、2597位90岁以上的老人和69位百岁老人，共计发放慰问金80多万元。各区慰问高龄老人、困难老人等累计金额达120多万元。

【加大投入力度，完善活动场所】　厦门市老年活动中心投资120多万元建成台球棋牌馆，建筑面积达1376平方米，并对羽毛球馆也进行综合改造。思明区政府拨出专项经费52.5万元，用于拓宽和改造区老年活动中心乒乓球馆。集美区投资1200万元，扩建区老年活动中心，总建筑面积达10556平方米。同安区对区老年活动中心进行了部分改造、装修。湖里区老年活动中心也对场所硬件设施、场地安全进行了一次较大范围的整治、维修和完善。厦门爱心护理院于2008年1月12日封顶，总建筑面积11400平方米，200张床位，总投资3000多万元，建成后具备医疗保健、健身健体、娱乐休闲、餐饮服务等功能，主要为厦门市“空巢”老人和高龄老人，特别是生活不能自理或半自理的老人，提供专业护理服务。

深圳市

综　述

一、敬老优待政策不断完善

进一步落实老年人乘车优待政策，老年人免费乘车范围扩大到特区内外所有公交线路和地铁，男性老年人免费乘车年龄由70岁降至65岁，全年办理敬老优待证52729张。百岁老人营养补贴由原来的每人每月300元提高到500元。通过敬老优待政策的调整完善，使广大老年人得到了更多的实惠。

二、为老服务项目深入开展

一是深化居家养老服务。进一步扩大受益老人范围，年底符合资助条件的老人达16171人，基本包含了全市最困难的老年群体，全年共支出居家养老补助金4278.44万元。二是扶持民办养老福利机构发展。由公益金提供300万元，用于资助民办福利机构和民间组织为老人服务。积极调研起草了民办福利机构的扶持政策，成立了26家居家养老服务机构，有5家民办养老机构正在筹办中，预计可增加床位1500多张。三是实施“老有所乐计划”。由公益金投入2000万元资助老人开展社区文体活动，已资助1116个老年人文体项目。四是实施“老有所学计划”。资助社区老年协会和老年教育机构开展老年教育，已资助82间老年学校。五是实施“老有所为·结对关爱”计划，组织低龄健康老人与高龄独居和体弱多病老人结对帮扶，结成对子1498个。六是实施“临终关怀计划”。资助临终老人购买身体护理和精神慰藉等服务，全年资助了704人。七是实施“高龄独居老人关爱计划”。为2000位80岁以上的独居老人免费提供“亲情通”，让老人随时随地与家人和服务机构保持联系，全年有55位老人因此而得到及时救助。

三、尊老爱老活动有声有色

2007年老人节和元旦春节期间，发放慰问金（品）500多万元，开展了形式多样的敬老爱老活动。我市还协助举办了“中华孝亲敬老楷模”事迹报告会，百位将军、部长和艺术家作了感人的报告。2007年10月，我市隆重召开深圳市庆祝老人节暨敬老模范社区颁奖大会，表彰了54个敬老模范社区。此外，罗湖区为1600多位老年人进行了健康体检，印发了老年保健宣传资料2万多份，播放健康教育录像68场；盐田区与香港圣约翰爵士基金会联合举办了“千叟宴”慰问老人；光明新区组织开展“天使行动”，为43位患白内障的老人免费治疗，使老人重见光明。

四、老年文体项目丰富多彩

2007年，我市实施“公园老年文化活动计划”，将老年文化活动与公园文化结合起来，让老年人天天有活动、月月有演出、节日有表演，并举办了深圳市首届公园老年文化活动节，社会反映良好。在“敬老月”期间，市“老有所乐”老年文艺比赛、市“老龄杯”门球大赛、市老年钓鱼比赛、“好日子”万名老人迎奥运健步走活动受到了广大老年人的欢迎。福田区举办了“康乐杯”老年人柔力球比赛和第三届“社保杯”夕阳红文艺会演；罗湖区举办了“社保杯”老年太极拳比赛；南山区举办了欢庆重阳节老年文艺演出、“重阳杯”老年乒乓球赛，并派队参加全国第四届老年气排球比赛，获男队冠军奖；盐田区举办了第六届老年书画作品展、“社保杯”老年文艺汇演，派队参加全国老年秧歌大赛，获得金奖；宝安区举办了全区老年文艺会演；龙岗区举办了老年文艺会演和太极拳（剑）、木兰扇比赛。“八一”前夕，市民政局、老龄办、双拥办组织了3个老年文艺团体，深入4个驻深部队营地进行慰问演出，给子弟兵送上节日的祝福和问候。由市委宣传部、市文化局、市民政局等联合举办的“鹏城金秋”社区文化艺术节，专设了老年文艺汇演项目，受到老年人欢迎和全社会的关注。市劳动保障局与市老年体协联合举办了深圳市“社保杯”首届老年人太极拳（剑）比赛。市总工会退管办举办了“乐力杯”退休职工健身秧歌、武术比赛，有3000多退休职工参加比赛；组织“九九艺术团”参加全国中老年合唱比赛和才艺大赛，均荣获金奖。市公安局举办了“长寿杯”老干部钓鱼比赛。市老年体协举办了首届老年柔力球和第四届气排球赛。

五、老年维权工作扎实有效

一是协调落实老人退休待遇。完成企业退休人员的待遇调整工作，全市12.15万名企业退休人员的待遇连续三年得到提高，月人均养老金超过2600元。推进企业退休人员社会化管理服务工作，截至去年底，我市已受理移交街道、社区管理企业退休人员7488人。二是老年信访工作进一步加强。认真做好协调疏导工作，做到件件有结果、有回复，反映效果较好。三是推进老年法律援助工作制度化，全市共办理老年法律援助案件118件，均为免费优先援助，较好地维护了老年人的合法权益，维护了社会的和谐稳定。四是广泛深入开展老年政策法规宣传，增强了老年人的依法维权观念，提高了全市人民的敬老助老意识。

六、老年社团组织建设不断规范

在原来全市只有社区老年协会的基础上，2007年9月，成立了深圳市老年协会，福田、南山两区随后成立了区老年协会，使我市老年社团组织建设工作覆盖到市、区、街道、社区四级。2007年全市各级老年协会共有639个，其中办理登记的有253个，我市老年社团组织网络逐步形成。

七、老龄事业基础工作再上台阶

一是颁布实施了《深圳市老龄事业发展“十一五”规划》，明确了“十一五”时期我市老龄指导思想、工作目标和工作措施。二是加强老龄工作调研，现已有部分成果转化为相关政策措施。三是加强老龄工作者培训，有60多名基层工作者参加了培训。四是加强老龄工作统计，开展了《老年事业统计年报表》、《各区老龄事业有关情况统计表》、老年教育发展和老年群众文体活动组织情况的统计工作。

重要会议和活动

【深圳市老龄工作委员会第六次全体扩大会议】 2007年4月24日下午，市老龄工作委员会在市政府常务会议室召开了第六次全体扩大会议。会议由市政府副秘书长陈玉明同志主持，副市长李铭出席会议并作重要讲话。会议传达了全国省级老龄办主任会议精神，听取和讨论了刘润华同志代表市老龄委作的《深圳市老龄工作报告》。市老龄委成员单位负责人，各区分管老龄工作的副区长、民政局长和老龄办负责人参加了会议。会议认为，过去的一年，在市委、市政府的正确领导和社会各界的大力支持下，全市老龄工作在广度和深度上都取得了新的进展：老龄工作组织更加健全，老龄创建工作取得了新的成绩，老年福利保障有新的突破，老龄维权工作进一步加强，敬老月系列活动更加丰富活跃，老年主题活动开展有声有色，老龄基础工作得到了加强，较好地完成了本年度的各项目标任务，老龄工作和老龄事业发展迈上了新的台阶，获得了上级和社会的好评。会议对2007年的老龄工作作了部署。今年，要以科学发展观和中央关于建设和谐社会的指示精神统揽老龄工作的全局，开拓前进，重点要做好以下几项工作：一是要做好《深圳市老龄事业发展“十一五”规划》的报批和发布后的宣传、实施工作；二是要加大投入，大力推进助老工程；三是要做好敬老优待政策调整、完善地协调工作；四是要做好老人节“敬老月”系列活动的组织、指导工作；五是要继续开展老龄工作目标管理和老龄创建工作；六是要进一步抓好基层老年群众组织建设；七是要加强老龄统计工作和数据库建设；八是要继续抓好老龄宣传、调研、维权和培训工作。

会议强调，要提高认识，增强做好老龄工作的责任感；突出重点，进一步推动老龄工作各项任务的落实。特别是要加大协调工作力度，要降低男性老年人免费乘车年龄和宝安、龙岗公交车和跨区大巴同时供老年人免费乘坐。要齐抓共管，理顺、整合老龄工作管理体制，积极构建大老龄工作格局。要有长期规划，要积极研究如何应对老龄化，党和政府做好服务工作。要大胆探索，深化改革，使老龄工作和老龄事业发展有新的突破。要加强引导和监督，研究制定社会力量进入养老领域的准入标准，动员、整合各种社会资源，支持民间兴办老年福利机构，扶持兴办老年产业，相关部门互相协助，为老年人提供更好的服务。要加强老龄工作队伍建设，关心、爱护、培养老龄工作干部，支持他们开展工作。

会议最后要求，各单位要认真贯彻落实会议精神，开拓创新，扎实努力，全面推进我市老龄工作和老龄事业发展。

【我市召开庆祝老人节暨敬老模范社区颁奖大会】 为了庆祝我省第十九届“老人节”，10月18日上午在市民中心礼堂召开了2007年深圳市庆祝老人节暨敬老模范社区颁奖大会。副市长、市老龄委主任李铭出席会议并作讲话。市老龄委副主任兼办公室主任、市民政局局长刘润华同志，市老龄委副主任、市人事局副局长陆韬同志，市民政局党组成员、局长助理曾威斌同志；以及各老龄委成员单位的领导同志，各区老龄委、民政局的领导和老龄办负责人和老年群众代表共1000人参加了会议。大会宣读了表彰深圳市敬老模范社区的通报，为敬老模范社区和2007年“老有所乐”文艺比赛的获奖节目颁奖。会后举行老年文艺演出。李铭副市长在讲话中，肯定了多年来我市的老龄工作。今年我市老龄工作的新进展：一是开始实施《深圳市老龄事业发展“十一五”规划》，二是解决了老年人免费乘车扩大线路范围和降低年龄问题，三是积极开展了福彩公益金助老系列计划活动。李铭副市长提出，要加快我市老龄事业社会化、产业化的步伐，树立科学发展观，构建与我市经济社会发展相匹配的老龄事业，要结合深圳实际，探索一条适合我市老龄事业发展的新路子。

【我市首届公园老年文化节正式启动】 2007年10月19日上午，我市首届公园老年文化活动节在莲花山公园风筝广场正式启动，身穿各色服装的2000多名老年人欢聚一堂，10个老年艺术团载歌载舞。市老领导厉有为出席启动仪式。本届公园老年文化活动节的主题为“展示夕阳无限好，康乐走上大自然”。除莲花山公园主会场外，全市其他市政公园和社区公园作为分会场，也同时举行了丰富多彩的老年文体活动。市政府副秘书长陈玉明致辞时表示，公园老人文化活动节是一个崭新的文化活动载体，也是推进老龄工作的一项创新举措。据了解，首届公园老年文化活动节是打造具有深圳特色老年社区文化和公园文化的开始，市民政局还将在莲花山公园、荔枝公园试行协管员制度，派专人组织协调开展各种公园老年人文体活动，培育老年文体特色项目。同时，市民政局还计划在莲花山公园兴建一个集老年文体书画、娱乐锻炼、交流展演于一体的大型老年文化广场，力争于明年年底前投入使用。

【全市十万老人健步迎奥运活动】 为体现全民健身与奥运同行的精神，把深圳老人对北京奥运的期盼化为行动，变成一项长期而有益的健身运动，10月13日上午8点半，深圳市第五届“好日子”老年人健步活动在市体育馆举行。全市13000名老人从市体育馆西广场出发，沿笔架山健步，全程约4公里，其中3000名老人还在活动中表演了丰富多样的老年文体节目。今年的健步活动紧扣时代主旋律——支持深圳申办2011年世界大运会，同时为“十万老人健步迎奥运”活动揭开序幕。据悉，“十万老人健步迎奥运”活动的内容是：从10月13日至2008年北京奥运会开幕共有665天。以每位参加活动的老人每天健步3.5公里计算，在665天内就将完成从深圳到北京的2300公里路程。到北京奥运会开幕时，亲自参加过奥运健步活动的老年人在观看奥运活动时会更感亲切。

【盛世“千叟宴”、文化名人图片展尽展重阳特色】 99桌宴席，数百位老人，散发着浓郁客家风情的大盆菜，在羊台山脚下演绎着一场热闹红火的盛世景观。作为中国·深圳第八届羊台山登山节的重头戏——盛世“千叟宴”于10月30日在旺阁渔村隆重举行。敬老尊老是中华民族的传统美德，也是此次登山节的活动内容之一。为此，石岩特邀请街道辖区的60岁以上老人，聚集在一起品尝客家大盆菜，举办“千叟宴”。“千叟宴”还举行了“十大寿星”评选活动，由小学生代表为“十大寿星”献花。区民政局和石岩街道相关领导参加在“千叟宴”上表示，今后，将进一步加强对老龄工作的指导，加大对老龄事业的投入，积极推动各项老年人的法规、政策和优待规定的落实，不断丰富老年人的精神文化生活，为老年人安度晚年创造良好的条件。在重阳节里，组委员在沿着登山道的各站点举办了“九月九的思念——追忆文化名人图片展”，展示当年被营救的文化名人和爱国民主人士的照片，追忆先辈的战斗足迹，缅怀他们的丰功伟绩，使登山者在登山时感受羊台山英雄山的厚重历史。

各项业务进展

【进一步实施“老有所乐”“老有所学”“老有所为—结对关爱”资助计划】 2007年我市在2006年实施“老有所乐”资助计划的基础上，进一步扩大了资助额度，资助金额2000万元，同时新增加了“老有所学”资助计划350万元、“老有所为·关爱结对”资助计划300万元、总资助金额为2650万元。上述为老服务系列资助计划实施后，在社会上产生了巨大的影响，深受广大老年人的欢迎和好评。我们资助的基本做法是采取点面结合的办法，即主要的资助对象是面对基层、面对社区，同时重点资助一些涉及全市性的、影响较大的活动项目，如举行全市老年文艺大赛、市老年摄影大赛、首届公园文化节、“八一”慰问部队演出活动、全市木兰拳比赛、春节期间为来深建设者“送温暖”慰问演出、万名老人迎奥运健步走等活动，选派代表队到澳门演出，与国家老龄办等单位联合举办“第十一届中华不老城（中国·深圳）全国中老年文化欢乐节”等都取得了圆满成功，收到良好效果。如全市老年文艺节目大赛，全市七个区和市属单位通过层层选拔共组织34个节目参赛，推动了基层老年文艺活动的开展；作为老年文化活动品牌项目，举办首届公园老年文化节在国内开了先河，主会场精品节目展演，分会场同时进行，欢乐气氛遍及鹏城，成为老年万人同欢的节日；“八一”慰问演出，所到之处均受到子弟兵热烈欢迎，为建设“双拥”模范城作出了贡献；在为期一周的“第十一届中华不老城（中国·深圳）全国中老年文化欢乐节”活动中，来自北京、天津、新疆、内蒙古、辽宁、福建、江西等全国21个地区的1000多名中老年人进行了各种文体节目比赛、民族特色文艺表演，并前往香港、澳门等地进行文体交流。国家民政部党组成员、国家老龄办副主任、中国老龄协会会长李本公，省民政厅厅长杨华维，深圳市副市长李铭等出席了开幕式；春节期间，南方地区发生冰冻雪灾，交通受阻，数百万名来深建设者滞留深圳。市、区老龄办发动和组织几十个受“老有所乐”项目资助的老年文艺团体在短短的几天时间，进行了近百场“送温暖”慰问演出，受到广泛欢迎；“老有所学”资助计划缓解了老年人在学习中碰到的实际困难；“老有所为·关爱结对”资助计划则是一项创举，为完善居家养老服务体系探索了新的路子。

【深圳市老年协会成立】 2007年9月28日上午，深圳市老年协会会员代表大会在中民时代广场A座18楼会议室召开，会议由市老年协会筹备负责人徐萌同志主持，市民政局党组成员局长助理曾威斌同志、市老龄办负责人欧细菊同志、市老年基金会会长朱流星同志、市民间组织管理局张静同志、各区老龄办负责人，和已登记的基层老年协会代表共42人参加了会议。会议首先由徐萌同志介绍参会人员情况及协会发起筹备成立工作。欧细菊同志宣读关于市民政局同意筹备“深圳市老年协会”的批复文件。徐萌同志主持讨论老年协会章程（草案）。参会人员认真阅读和讨论章程草案各项细节，一致同意章程条款的各项内容。会议产生了首届市老年协会组织机构。经大会讨论、参会人员举手表决，一致同意李定等12人组成市老年协会理事会。选出以李定同志为会长、朱流星同志为常务副会长、徐萌同志为副会长兼秘书长（法人代表）、谭家歆同志为副会长兼副秘书长，陈俊辉同志、陈禹山同志为副会长、张之先同志为常务理事的常务理事会，确立了市老年协会组织领导机构。市民政局党组成员局长助理曾威斌同志受润华局长的委托，代表市民政局、市老龄办向大家表示最衷心的祝贺！向关心、支持市老年协会成立的领导和同志们表示衷心的感谢！他说：市老年协会的成立，标志着我市为老服务体系进一步完善，标志着我市老龄工作队伍的壮大和发展，也体现了党政主导、社会参与、全民关怀的方针，有利于更好地实现“六有”的老龄工作目标。并就老年协会建设提出四点意见：第一，要统一思想，提高认识。首先要明确社区老年人协会的地位和作用；其次要明确尽快把市、区和街道老年协会建立起来的重要意义。第二，要加强组织建设，健全网络机构。第三，要认真抓好公园老年文化建设，打造我市“老有所乐”为老服务的标志性品牌。第四，要加大资助力度，保障各级老年协会的顺利发展。最后，提出殷切的期望：市老年协会成立后，我市的老龄工作在各级党和政府的领导下，在基层老年协会的支持下，我市又有大量德高望重、德才兼备的离退休人员，他们政治素质高、具有高度责任感、事业心强、热爱老龄工作、有较高组织能力，且群众威信好，老年协会一定能完成它的历史使命。

【老龄文艺汇演被列入鹏城金秋项目】 为期一个月的第八届鹏城金秋社区文化艺术节于10月30日晚落下帷幕，本届艺术节吸引观众120余万人次，规模超过历届。本届艺术节由深圳市委宣传部、市文化局、市文明办、市民政局联合主办，32家文化事业单位、文化企业和民间文艺社团参与承办、协办。艺术节期间，先后举办了音乐舞蹈、小品曲艺、国际交谊舞、京剧、粤剧粤曲大赛、老龄文艺汇演、民间社团文艺汇演；优秀美术、平面设计、书法、摄影展览、邻里文化活动评选及社区文化建设论坛等12项活动。第八届艺术节得到了市民的广泛参与，主办方共收到了参赛节目（作品）3058个（件），参赛演员（作者）近万人次，其中年纪最大者78岁，最小的5岁，一批具有浓郁生活气息的优秀作品和文艺新人涌现出来。艺术节共评出金奖106个，银奖134个，铜奖130个，优秀奖260个，3家企业和社团还获得了艺术节组委会颁发的“热心支持公益文化事业奖”。

【亲情通紧急求助系统计划实施】　2007年深圳市为2000名高龄独居老人亲情通紧急求助系统计划，填补了我市空白，该系统服务中心24小时有人值班，到2007年底为止，服务中心共接听老人求助电话达5000多个，其中有50多位老人通过该系统得到了及时救助，受到家属和亲人的好评。此系统项目也引起了社会和媒体的广泛关注和好评，众多媒体（中央电视台、广东电视台、深圳电视台、《深圳特区报》、《深圳商报》、《深圳晚报》、《晶报》、《羊城晚报》、《广州日报》、深圳新闻网等）纷纷给予了报道。《深圳特区报》在以显著的位置登刊报道的同时，还专门为此编写了社评《老人家，您的安全有人牵挂》，对这一做法给予了充分肯定。深圳卫视频道《深圳新闻》在开设“向党的十七大献礼”栏目中，作了专题报道。本项目社会影响日益扩大，已成为政府关注民生福利的一项标志性的公益项目。从2008年开始，全国文明城市考评测评体系新增了“做好孤寡老人的呼叫救助和监护保护工作”内容。

新疆生产建设兵团

综　述

到年末，兵团离退休人员及社会老年人达59.87万人，其中60岁以上老年人48.5万人，占兵团总人口的19.4%，其中离休人员1.01万人，退休人员43.86万人，社会老人15万人。他们中属国家养老占75%，属家庭养老占25%。因此，兵团老龄工作坚持“以人为本”，重点解决老年人民生问题，以带动“六个老有”的全面落实。

一、认真抓好老年人民生问题

（一）确保44.87万名离退人员养老金社会化发放率及按时足额发放率均达100%，离退休人员社会化管理服务率98%，并为43.2万名离退休人员增发养老金628819200元，人均月增资121.3元。（二）保证离休干部医药费在制度规定的范围内实报实销，同时为兵直统筹区离休干部增发医疗周转金。兵团还将4.5万名低保老人纳入医疗救助范围。（三）兵团投资4.48亿元建造或改造住房94万平方米，使20多万老年人迁居功能设施完善的新房。2007年12月6日，兵团又下发了《贯彻落实国务院关于解决城市低收入家庭住房困难若干意见的实施意见》，4.5万名低保老人将优先享受廉租住房或自筹资金建住房有困难的离退休职工、孤寡老人享受宽限交房款等优惠政策并可申请建房贷款。（四）给4.5万名低保老年人发液化气补助费108万元。（五）为离退休人员发冬季取暖补助费。农八师石河子总场为9000名离退休人员发冬季取暖补助费497万元。农六师五家渠市为破产或转制企业1276名离退休人员发冬季取暖费76.7万元。

二、继续抓好老年教育

（一）各级老龄委有计划地组织离退休人员学习政治、经济、科技、文化等，学习党和国家及自治区、兵团重要文件和领导人的重要讲话。把学习党的十七大精神作为老年教育的头等大事来抓，举办了学习班，组建5000人“五老”宣讲团到各师及兵直单位宣传党的十七大精神。（二）兵、师、团创办老年大学（学校）63所，在校老年学员18900人。各级学校设置了老年养生保健、书画、舞蹈、声乐、英语、器乐等10余门专业课，并开展科学、文明、健康的文体娱乐活动。（三）为离退休干部订阅学习材料。今年，全兵团为老同志订阅各类学习资料20万份。

三、继续抓好老年文化体育工作

（一）持久广泛开展老年群众文化娱乐活动。兵团机关老年活动中心举办了第二届中老年卡拉OK大奖赛。农八师石河子市老龄办和文体局联合举办第六届老年文化艺术节“笑厨杯”文艺汇演，万名老人参加了活动。兵直西域夕阳红艺术团参加全国中老年时装舞蹈大赛获“巴山云奖”（即一等奖）和优秀组织奖。兵团老龄委艺术团参加兵直党工委、兵团团委和兵团体育局联合举办的“全民健身与奥运同行，构建和谐机关”群众文体活动民族舞蹈大赛获特别奖，受到兵团司令员华士飞等领导的高度评价。(二)普及老年体育健身运动，兵、师、团层层有活动，天天有展演，月月有比赛，全兵团有29.9万名老年人走出家门参加体育锻炼。

四、继续抓好信访工作

兵团各级老龄委坚持“有问必答，来信必回，来人善待，百问不烦”的原则，认真做好老年信访工作。全兵团接待来访老人7106人次，处理来信5224封，电话1356人次，协调解决问题97%。

各项业务进展

【百岁寿星】 到年底共有百岁寿星31名。钟秀荣，女，汉族，生于1906年9月，现年101岁，原籍河南省，定居在农二师二十九团团部，由长子胡青印赡养。她十分注意饮食起居，不发脾气，不生气，不怕烦，不暴饮暴食，不过度劳累，老人现在身体结实，生活能自理，耳不聋，就是有些眼花，每天保持读书看报的习惯，子孙轮流陪老人学习，家人为她订阅了《人民日报》、《新疆日报》、《兵团日报》、《中国老年》杂志等。阿不拉汗·库瓦，女，维吾尔族，生于1903年5月，现年104岁，定居在农三师四十五团机耕三连，退休职工，老人有2儿4女，五世同堂共41口人，现由大女儿赡养，家庭和睦，子孙十分孝敬老人，如今老人耳聪目明，身心健康，生活有序能自理、爱劳动、爱活动、爱干净、爱吃水果、鱼、虾等。郑秀娥，女，汉族，生于1904年4月，现年103岁，原籍河南省，现定居在农五师九十一团。老人身体健康，生活起居有规律，她喜爱剪纸工艺，经常为亲友邻居办喜事剪喜庆图。今年，她剪了许多工艺高超的剪纸图迎奥运。吴敬文，男，汉族，生于1906年3月，现年101岁。定居在农八师石河子总场清泉集九连，其妻现年99岁，夫妇身体安康，互敬互爱，现由长子吴广申负责赡养，如今五代同堂，共45口人，和睦相处，子孙对老人非常孝敬、体贴。胡秀兰，女，汉族，生于1904年，现年103岁，定居在农一师十四团团部，老人性格开朗，爱吃清淡食物，爱劳动，爱运动，生活能自理，老人五代同堂，有儿女子孙21人，后代十分孝敬老人，对老人衣、食、住、行照顾周全。刘庆林，男，汉族，生于1907年12月7日，现年100岁，定居在农一师七团三连，原籍甘肃省，1948年9月参加革命工作，1949年跟随王震将军赶马车拉大炮徒步进疆，1980年离休。他身体健壮，耳不聋、眼不花，饮食清淡，爱吃水果，爱劳动，乐于助人，心胸开阔，十分关注时事政治。

【敬老助老工作成绩突出】 兵团老龄委坚持以人为本，积极开展敬老助老献爱心活动。

一、为老年人“送温暖”。兵、师、团为9351位“三无”、病、伤、残、高龄老人赠送面粉、大米、青油、水果和衣服、棉被等价值28.1万元，送慰问金84万元。农三师图木舒克市老龄委先后为766户退休老干部、老党员、老模范、贫困老人和百岁老人送慰问金76600元，送面粉2100公斤。

二、为老年人“送健康”。兵、师老龄老干工作部门分期分批组织512名离退休人员到北京、大连、苏州、杭州、广州、海南等省市疗养。请老医务专家为老干部、老职工及家属11万人上保健知识课。为5万老年人印发老年病防治材料，价值20万元。组织医务人员为16万离退休人员、“三无”、高龄老人免费进行心、脑、肝、胆、肾等15项体检，为国家和个人节约体检费1800万元。为8000位贫困老人送医送药价值240万元。

2007年，农八师一三六团免费为480位退休人员健康体检，7年来，该团共为老年人体检达3480人次，团里支付体检费20.8万元。

三、为老年人“送爱心”。年底累计，全兵团已为23万老年人办了老年人优待证和优惠证，老年人可持证免费乘公共汽车、免费看电影、到文化宫、体育馆活动等。农二师制定六项制度关爱老干部，一是走访慰问；二是领导与老干部联系；三是组织老干部学习免费订报；四是坚持开展文体活动；五是组织老干部外出参观考察；六是坚持为老干部体检。

四、为老年人献孝心。兵团各级敬老院、老年公寓、离休干部休养所、老年护理院、托老组等工作人员，精心照顾老干部、老职工、“三无”老人，病、伤、残老人和高龄老人，他们比老人的子女还要孝顺，不是儿女，胜似儿女。农九师干休所工作人员实行“三到”(即心到、手到、情到)服务，使老干部十分满意，孤老王建军逢人就说师干休所工作人员为他洗衣服、做饭、疏通下水道、修自来水管、买冬菜等，使他感到好像有很多儿女，而不是一个“空巢”老人。该所去年被评为全国老干部先进集体，如今继续保持荣誉。农十四师四十七团干休所在师党委“老干部工作无小事”工作理念指导下，提出了“宁跑两次腿，不动一次嘴，宁愿自己多吃苦，不愿老同志不舒服”的工作要求。遇有老同志生急病，他们经常半夜护送上医院。他们像儿女般细致、周到的服务，让老干部们体验到了晚年生活的幸福。农六师一〇二团敬老院院长张新玲尽心尽力尽责照顾好每一位老人。17年来，她视老人如父母，既是院长，又是炊事员、护士和保姆，为老人端水送饭、喂药打针、洗脸擦身等是她每天必做的工作。遇到病重和大小便失禁的老人，她更是细心照料，让老人感到家的温暖。继去年被评为全国孝亲敬老之星后，又被评为首届感动兵团十大人物之一。94岁高龄的秦魏氏常对人说："新玲是我们的亲女儿，我们离不开她呀!"农四师六十二团四连老干部职工都十分敬老，他们帮孤寡老人生炉子、做饭、洗衣服等，冬天轮流负责孤寡、病伤空巢老人取暖用电安全，确保他们安全过冬。农八师石河子总场美发师王清红和同事赵璇每月抽半天时间到敬老院为老人免费理发。她说："现在全社会都提倡敬老助老，我也应该为老人尽一点孝心"。

【老年社团活动】　兵团有各类老年社团3534个，会员302210人次。

一、兵团老年学学会。该会创建18年，会员1.2万人。今年协助兵团老龄委开展"银龄行动"、敬老献爱心活动、老年人权益保障法知识竞赛及"爱心护理工程"、长寿老人和老年教育等调研，评选优秀论文16篇，分获一、二、三等奖，其中，理事陈刚《关于老年人居住形式的探讨》论文获一等奖并获第八届亚洲/大洋洲老年学和老年医学大会中文论坛优秀论文奖，是兵团唯一获此国际殊荣的老年学论文及作者。

二、老年人协会。兵、师、团共有1136个，会员12万人，该会实行自我管理、自我教育、自我服务，为各级领导作参谋助手，组织会员支援各行各业生产经营、搞种养业、植树造林、维护社会治安、保护环境卫生、防止污染等。今年，组织会员1万人帮团场拾棉花5000吨。

三、老年体育协会。兵、师、团共有364个，会员70989人，各会经常举办运动会和门球、乒乓球、羽毛球、太极拳（剑）、健身操（舞）、登山、钓鱼等比赛。兵团老年体协于今年8月，在农六师五家渠市举办"全民健身与奥运同行"，兵团老年人第二届健身球保健操大赛，经团、师选拔，有15个代表队260名中老年队员参加了这次赛事。农一师及阿拉尔市有80%的老年人参加文体活动。5月份组队参加兵团举办的"华夏杯"巾帼门球锦标赛获团体冠军。今年11月初，兵团老龄办、兵团老年体协派员参加由国家体育总局、全国老龄委办公室、中国老年人体育协会在福建省武夷山市举办的全国亿万老年人健身活动展示大会。兵直健身操队获健身展示表演优秀奖。

四、老年书画研究会。兵师级共15个，会员1536名，兵团老年书画研究会成立18年来办书画展26次，参展作品17800幅，编印老年书画集3册、《书画动态》18期。会员张永跃参加长沙市文联举办的"老泽东诗词全国书画大赛"，以一幅草书作品获金奖。

五、老年艺术团队。共有1684个，队员67385人。今年，兵团老年艺术团到基层48个团连和敬老院慰问演出67场次，观众达13.5万人次。他们演出的精彩节目，特别是舞蹈、服饰表演《兵团人情满天山》、《夕阳金婚》、《天山夕阳情》等深受群众欢迎。该团舞蹈2队张德梅指导参赛的藏族舞《天路》获乌鲁木齐市和米东新区2个一等奖。

六、老年人保健协会。有3个，会员1800人。石河子老年协会成立2年来，办老年保健讲座10次，听众6200人次。组织调研老年人常见病、多发病、健康长寿的因素等，撰写论文12篇6万字，并为农八师石河子5000老年人赠送老年保健资料，编印《养生保健信息》15期。

另外还有老科技工作者协会、老年人联谊会、老年网球协会、老年气功协会、老年养生协会等社团331个，会员28500名，为兵团"三个文明"建设作出了一定的贡献。

【老年维权工作】　兵团老龄委坚持维护老年人合法权益做了大量工作。

一、开辟老年人维权法律援助"绿色通道"。兵团各级老龄委成员单位司法部门为老年人提供关于赡养、养老金、抚恤金、人身伤害、婚姻家庭、财产纠纷等案件的援助，并实行为老人维权全免费跟踪服务。兵、师从今年起均将为老法律援助经费列入财务预算，每年3至5万元，超支可申请补助。到年底，各级法律援助机关受理老年人案件416件，其中197件已结案。各级司法部门还免费为老年人进行法律咨询服务到家。

二、大力开展老年法律法规宣传。各级老龄委充分利用报刊、杂志、板报、宣传栏、广播、电视等工具宣传老年法律法规，基本做到家喻户晓，老幼皆知。兵团老龄委举办了第二次《中华人民共和国老年人权益保障法》（以下简称《老年法》）知识竞赛，参赛人员33052人，其中在职干部、工人4958人，中小学生1294人，离退休干部职工及家属26800人。参赛人员中有维吾尔族、哈萨克族、达斡尔族、塔吉克族、布依族、白族、土家族等18个民族。年龄最大的参赛者是农九师一六三团92岁的庄锡勇。兵团老龄委协会办公室、农二师、农六师、农八师老龄委办公室及三十一团、二十四团、新湖农场、芳草湖农场、一四二团老龄委、石河子市向阳街道办事处等10个单位获优秀组织奖。

三、开展修改《老年法》调研和建议。兵团老龄委通过对部分师、团、兵直单位调研、座谈、讨论、汇总，向全国老龄办和全国人大秘书处呈报了关于修改《中华人民共和国老年人权益保障法》增加法规内容的几点建议。主要增加：（一）关于省、市、区、地、县各级老龄机构编制和工作经费等有关规定，以保证老龄工作的正常开展。（二）关于老年大学、大年体协、老年人协会等老年社团的隶属关系要作明确规定，否则管理混乱，不利于老年社团工作。（三）要扩大对老年人优待的项目和范围并降低优待年龄。建议全社会各行各业包括民营、个体和外资企业等都要对老年人优惠优待。优待项目要增加乘飞机、火车、轮船、出租车及旅游、购物、住宿等，实现全社会全方位的优惠优待老年人。优待老人年龄限制在70岁以上，既不合情理，也不符合实际。应当放宽到60岁。

【"银龄行动"】 今年初，兵团老龄委制定了"银龄行动"计划，出台了《兵团银龄行动工作简章》，确定了"党政主导、老龄牵头、社会支持、面向基层、注重实效"的方针，指导督促全兵团卓有成效地开展工作。

一、大力支援农牧团场。各级老龄委组织老专家就近、方便、定点、定项，以智力、科技为主支援团场农牧生产，使之从根本上脱贫致富。全年有2463名农牧业老专家深入41个农牧团场献智力、献技术，使千家万户脱贫。"老土专家"王洪勋退休后搞种植业，将含酸度、抗寒力、挂果率高的6种海棠果树种在附近部分团场积极推广，使种户年职均收入超万元。

二、支援基层医疗卫生事业。各级老龄委普遍组织医务人员用先进仪器为老年人免费体检21万人次。农二师三O团老专家医疗队为库尔楚园艺场287位农民义诊义检，并赠送万元药品。67岁维吾尔族农民热合曼夸奖兵团老医生亚克西。农八师一三六团老医务人员为团场463位老年人免费体检，并为贫困老人赠送药品价值1.5万元。

三、关心教育青少年。今年，有10万"五老"（即老干部、老职工、老教师、老党员、老模范），关心教育下一代，其中部分老同志到学校、连队、社区、工厂宣讲革命传统和故事400场次，直接听众26万人次。兵直党工委原女书记谢树仁2年半走遍兵团376个农牧团场和工矿企业及学校，为万名学生作报告，社会影响极好。

四、参与社会文化建设。兵团有2400位老作家、老教育家、老新闻工作者等积极著书立说，编志写史2100套册。著名老教授方英楷带领写作组为兵团建设局编修《兵团建设志》一套。

五、参与社会文明建设。全年有13万老年人投入各项社会公益活动，维护社会治安和市场秩序、植树造林，为社会环境的"四化"（即绿化、净化、亮化、美化）无私奉献。兵团有1561个"三老"巡逻队、2186个治安保卫组，一年365天为职工、居民护厂、护店、看家护院、护粮、护棉、防火、防盗、防污染、防诈骗、防破坏捣乱，协助公安机关查案、破案、调解民事纠纷等作出了突出贡献。

六、支援农业生产。全兵团有21万老年人支援农工抓生产。农二师二十四团组建986名退休职工参加的"银发突击队"，帮职工摘辣椒1200吨。农七师一二三团十四连"老年秋收突击队"56人，月拾棉花5万公斤。农七师一二四团69岁回族退休女职工张玉英十九年如一日帮职工拾棉花累计达5.7万公斤，年均拾棉花3000公斤，且质量好、摘得干净，做到棉壳上无"羊胡须"、"羊尾巴"。

【增加百岁寿星】 李玉芳，女，汉族，生于1905年1月，原籍河南省洛阳市，1950年随丈夫进疆，定居在农八师一二一团炮台镇。1971年丈夫去世后由儿子崔建新、儿媳郑维娜赡养。李老勤劳节俭、心地善良、乐于助人，邻里乡亲有困难，她总是主动援助。现身体健康，耳聪目明，生活能自理，能帮助家人干些力所能及的家务活，子孙十分孝敬老人，儿媳郑维娜无微不至照顾老人，连续10多年被评为团、师敬老好儿媳。

【老龄事业发展"十一·五"规划】 经兵团批准于今年年初出台。"规划"提出兵团老龄事业发展的基本原则是：1. 坚持科学发展观，按照"五个统筹"要求，兼顾当前与长远，使兵团老龄事业与国民经济和社会发展相适应。2. 坚持老龄事业与社会主义市场经济体制相适应。3. 坚持国家、社会养老与家庭养老相结合。4. 坚持法制与道德相结合，营造发展老龄事业的良好社会环境。5. 坚持物质和精神相结合，全面提高兵团老年人的生活生命质量。6. 坚持统筹规划，因地制宜与分类指导和突出重点相结合。"规划"提出了关于老年人的社会保障，措施是要进一步规范、完善职工养老保险制度，加强养老保险基金征缴工作，建立可靠、稳定的资金筹措机制，确保离退休人员养老金的按时足额发放，保障他们的基本生活并随着经济发展和职工工资水平的提高，合理增加养老金，使离退休人员共享经济和社会发展成果。要继续完善"五保"供养制度。继续确保城市居民最低生活保障制度在城市老年人中的贯彻落实。老年人的医疗保障措施是要完善和推进兵团职工基本医疗保险制度。加强兵、师、团三级老年卫生工作。要帮助支持“老少边穷”团场和工矿企业老年人的医疗保健工作，逐步改善贫困老人缺医少药的状况。“规划”提出要大力发展兵团老龄产业，加强兵团老龄事业基础设施建设，要逐步建成兵团养老设施网络。在充分利用现有设施的基础上，争取国家和社会增加对养老基础设施建设的投入，兵团各单位也要逐步增加对养老设施建设的投入，同时要制定优惠政策，吸引社会力量投资兴办不同档次的养老服务设施。“规划”强调要保障老年人的合法权益，要加大执法力度，依法查处和打击侵犯老年人合法权益的不法行为。加大《中华人民共和国老年人权益保障法》的宣传力度，强化全兵团维护老年人权益的法制观念。“规划”提出要努力营造老年人参与社会发展的社会环境和条件。积极开展老年人才服务，大力开发老年人才资源。“规划”强调各单位要加强对老龄工作的领导，把老龄工作列入党日常工作议程，建立和完善各级老龄工作委员会及其办事机构，明确任务和职责，核定编制，配备干部，确保必要的工作经费和工作条件。兵、师、团、连按老年人数每人每年 2 元、5 元、8 元、10 元列入各级财务拨款，并根据各单位经济发展逐年递增老龄事业经费。在兵团发行的福利彩票收益中要按比例提取经费用于老龄事业的发展。

【老龄宣传工作】　兵团老龄委历来十分重视老龄宣传工作，今年有新进展。

一、组建强大的宣传队伍和网络。目前，兵、师、团、连、社区及各事业单位和企业单位都有宣传组和通讯组，共有专兼职宣传员、通讯员 6781 人，其中退休人员占 65%，平均每天可向各新闻媒体投稿 100 篇，刊登率 25%。大部分单位建立了宣传通讯网络，能及时报导本单位的老龄工作情况。

二、把宣传党的十七大精神作为老龄工作头等大事抓紧抓好。兵团老龄委及时下发了《关于学习宣传贯彻党的十七大精神，加强老龄工作的通知》（以下简称《通知》）（兵老龄字〔2007〕2 号）。《通知》要求各级老龄委要把学习、宣传、贯彻党的十七大精神作为首要政治任务抓紧抓好，以十七大精神指导老龄工作。各单位举办辅导班、读书班、报告会、专题讲座、研讨与交流、座谈会、知识竞赛、印发学习材料、办宣传栏、板报、广播、电视等形式学习，宣传党的十七大精神。兵团组成了千名“五老”宣讲团深入团、连、社区宣讲党的十七大文件，使党的十七大精神家喻户晓，深入人心。

三、坚持宣传党和国家关于老龄工作的政策、法规、老龄工作经验等。今年，兵团复印《中华人民共和国老年人权益保障法》（以下简称《老年法》）1 万份送给老年人；开展第二次《老年法》知识竞赛，办《老年法》图解展览，印发老龄工作政策、法规，印发党和国家领导人及兵团领导关于老龄工作的重要指示，召开老龄工作经验交流会，宣传老龄百科知识。

四、大力宣传老龄工作和孝亲敬老先进事迹。各级老龄委充分利用各种宣传工具和各类新闻媒体大力宣传 33 位全国“孝亲敬老之星”，38 个全国“敬老模范社区（连队）”和 17 个全国“维权示范岗”先进集体和先进个人事迹，并及时宣传报导本单位孝敬父母、公婆的好儿女，好儿媳。农二师二十九团职工陈天凤 20 多年如一日无微不至地照顾公公杜来和，每天为公公洗脚、洗脸、喂饭等，年年受到团、师老龄委的表彰，并在兵、师、团报刊或信息简报上宣传。农五师八十六团老龄委为 1491 位离退休干部职工订做生日蛋糕每人一份。他们将老人的出生年月日，家庭住址及联系电话登记造册交食品店，让其按时为老人制作发送蛋糕，各类新闻媒体报导宣传后，结果许多单位纷纷效仿，产生了良好的社会效应。

兵团各级老龄委 9 年来坚持与新疆维吾尔自治区各级老龄委于每年 9 月份同步开展“敬老宣传月”活动，共同宣传敬老助老先进事迹，在全社会营造孝亲敬老的良好氛围。

兵团老龄委同兵团党委老干局、兵团民政局和兵团关心下一代委员会报经兵团党委批准将兵团《生活晚报》改版为《老年报》，成为兵团老龄工作的宣传基地，今年订报达 2 万多份。

【老年服务机构建设】　到年末，兵团各类老年服务机构 455 所，托老组 332 个。

一、敬（养）老院 58 所，其中民办 5 所，属国家为主举办的设有生活起居、康复训练、医疗保健、文化娱乐等设施，供养“三无”、“五保”老人福利服务机构。有 2800 张床位，收养 2681 名老人，建筑面积 51352 平方米，国家投资 3400 万元。今年 7 月，年近古稀美籍华人王天伦回国投资 5 万元，改建石河子市一所敬老院，他将计划捐资 100 万元扩建敬老院收养更多的老人。

二、老年公寓 11 所，其中民办 1 所，专供老年人集中居住，符合老年人体能心态特征的公寓式住宅，建筑面积 47936 平方米，室外活动场所包括门球、羽毛球、体育活动和绿化场地等 33000 平方米，2410 张床位，在寓 2365 位老人，总投资 12576 万元，其中国家引导资金 1270 万元，兵团配套资金 1170 万元，企业自筹 6936 万元，吸引社会资金 3200

万元，工作人员380名，年经济效益150万元。农二师老年公寓建筑面积8136平方米，设备齐全、功能完善，被列为国家关爱老人“星火计划”60家养老示范建设项目之一，在新疆仅有2所。

三、老年康复护理院，有13所，在院163人，今年10月，25岁女大学生孔令媛不顾家人反对，毅然辞去月薪4000元的工作，从东北电力设计院回农八师石河子总场北泉镇投资6万元创办老年康复护理院。

四、老年星光服务之家，有316所，兵团累计投资3500万元，建筑面积7.3万平方米，为丰富、充实老年人精神文化生活增加了室内活动场所。

五、全兵团有离休干部养所57所，住所离休干部和家属1148人。

六、托老组332个，均属民办微利组织，以举办者居室为养老场所，照料1564位老人。

第六部分

科研成果和调研报告

天津市

天津市“空巢”老人家庭生活状况和养老需求的调查报告

天津市老龄工作委员会办公室

“空巢”老人的养老问题，正成为一个需要迫切研究和解决的重大社会问题。为开展居家养老服务，满足那些确实需要帮扶的困难“空巢”老年人家庭的养老需求，提出可行的对策和措施，天津市老龄办组织了对“空巢”老人家庭的生活状况和养老需求的调查。

本次调查对象是市内六区范围内的“空巢”老人家庭，即夫妻双方均年满60周岁，且不与子女（或其他家庭成员）共同生活或无子女的老年人家庭（包括夫妻共同居住和单身居住的老年人家庭）。调查内容涉及“空巢”老人的基本情况、经济状况、健康医疗情况、住房情况、生活照料情况、精神文化生活状况以及养老意愿和需求等。调查采取入户问卷调查的方法，随机抽取1200户“空巢”老人家庭作为调查样本。

一、“空巢”老人家庭基本状况

（一）总体数量和分布

据调查统计，市内六区有老年人口582015人，有老年人口的家庭372130户，“空巢”老人家庭有148205户，“空巢”老人家庭占有老年人家庭的比例为39.83%，占总家庭户数的11.37%。“空巢”老人家庭中老夫妇俩共同居住的有99086户，占66.86%；老人独自一人居住的有49120户，占33.14%。

（二）“空巢”老人基本情况

1200位受访老人中，男性有555人，占46.3%；女性645人，占53.8%。根据老年人口各年龄组人数，计算出“空巢”老人人口平均年龄为71.97岁，这也说明“空巢”老人中，中低龄老年人比较多，年龄构成较年轻。

（三）男女比例和预期寿命

“空巢”老人中女性略多于男性，且女性老人独居的比例要高于男性老人。这与女性平均预期寿命高和死亡率低有关。据统计，2005年女性平均预期寿命已达77.63岁，高于男性3.24岁。2006年65岁及以上老年人口死亡率为42.37‰，男性老年人口的死亡率为50.26‰，明显高于女性35.44‰。这种现象的直接结果就是女性丧偶老年人的逐渐增加，也使女性独居老人的比例增多。

二、基本结论

（一）经济状况

调查中，绝大多数老年人对自己目前的经济状况还是满意的，特别是对国家自2005年以来连续三年给退休人员大幅度涨养老金感到非常满意和高兴。2006年底全市退休职工平均退休金为979元，受访的“空巢”老人每月平均退休金为1195.76元，高于全市平均水平216.76元。

考察家庭月人均收入，“空巢”老人家庭月人均收入低于我市城市居民家庭人均收入水平。2007年1—4月份间，受访老人的家庭月人均收入为1092.88元，而我市城市居民家庭人均收入以2006年数字计算，为每月1289.67元。这与老人的退休金比在职从业人员的人均劳动报酬低，且收入来源比较单一有关，即老年人主要的收入来源就是退休金，其他来源如投资理财、房租利息等收入寥寥无几。

我们应看到，仍有12.9%的“空巢”老人没有退休金，且没有退休金老人中，女性老人的比例高达94.2%，即没有退休金的老人中绝大多数都是女性老人。这与女性老人无业者多有关。这使得女性老人在经济上的自立程度低，这部分女性老人一旦失去老伴，就会失去固定的经济来源。享有退休金的女性老人每月退休金也普遍低于男性老人。女性老人在经济上比男性老人对家庭的依赖性更强。

同时，高龄老人中享有退休金的比例相对于中低龄老人的比例低，有近三成的80岁及以上的老人没有退休金。因此，没有退休金的高龄“空巢”老人和女性“空巢”老人的在经济上处于相对弱势地位，经济上较为困难，应该是我们重点关注的对象。

（二）健康和医疗保障

虽然有85%的受访老人患有一种或多种老年慢性病，但绝大多数的老人日常生活都能自理，仅有10%左右的老人日常生活不能自理或半自理。受访老人普遍感觉现在医疗水平和医院设施条件得到改善，无论是大病去大医院，还是小病去社区医院，或是自己到药店买药，都非常方便。由于子女不在身边，有很多“空巢”老人尤其是行动不便的老人希望社区卫生服务站能够提供陪同看病、生病护理、代请医生、代买药等方面的服务。

医药费高、门槛费偏高、个人负担部分比较多、报销手续复杂且周期长等问题成为老人普遍比较担心的问题。

对于不享有城镇职工基本医疗保险的老人（占受访老人的17%）医药费问题，将随着2008年1月1日起我市实行的《城镇居民基本医疗保险》得以解决，这项政策将使无工作的老人享受到医保，降低他们的医疗费用，大大减轻他们的家庭负担。

（三）精神文化生活

从总体上看，老年人的兴趣爱好少，闲暇活动内容单调，各项健身娱乐活动的参与率低。在调查的16项健身娱乐中，老年人经常参加的比例不足半数的高达14项，仅有两项，即看电视/听广播、读书看报达到半数以上。尤其是一些需要文化、技术、经济条件的活动，如书画、骑行、摄影、游泳、球类运动、上网等活动，参与率都很低。

“空巢”老人中参与老年教育活动的比例还是比较高的。目前我市老年教育人学率为4.71%，参与率为20%。还有20%左右的老人经常或每次都参加社区或街道组织的文体活动和社会公益活动，这说明有许多老人依然活跃在社会，用积极的心态参与社会活动，用丰富的经验为社会继续服务。

（四）日常生活照料

调查中发现，虽然“空巢”老人不和子女生活在一起，但是老人的子女绝大多数都能够经常性地看望老人，或是通过电话问候。仅有4%的老人感到“子女探望少，缺少亲情”。

有84.9%的老人更愿意在家养老，觉得在家里安度晚年，更自由、方便，且绝大多数老人希望日常生活由老伴或子女照顾，同时有半数以上的老人希望社区提供如做家务、陪同看病、老年饭桌或送饭等方面的照料和服务，这样就解决了子女不在身边照顾不周的问题，弥补家庭照料的不足。

（五）老人对目前生活的总体评价

绝大多数老人对目前生活状况是满意的，有着较高的主观评价。在调查过程中，很多老人都表示：现在生活挺好，退休了国家还每月给1000多元退休金，吃饭穿衣没问题。

三、对策与建议

（一）加强尊老敬老的宣传教育，鼓励子女与老人共同生活

加强尊老敬老传统美德的宣传，教育子女要关心自己的父母，关心老年人。子女应该帮助老年父母安排好日常生活，保持与父母的联系，经常回家看望，听听他们的要求和需要。即使不能回家，也要经常打电话问候，加强彼此之间的交流和沟通。在居住方式上，鼓励老少两代人同住或者就近居住，保持“端一碗汤不凉”的空间距离，即：子女与老人居住距离以送一碗汤到老人家不凉为宜。子女与父母住同一小区、同一栋楼、甚至同一层楼的不同单元都有利于成年子女对老年父母的关照。

（二）提高“空巢”老人的收入水平，保障其生活水平不低于社会平均水平

建立和完善养老金正常调整机制，根据物价指数的变化以及在岗职工工资增长的情况适时调整养老金。养老金的调整要适当向年龄大、退休早、养老金相对偏低的人员倾斜。根据我市经济发展水平和财政承受能力，适时制定出台无经济来源的老年人的养老保障制度。如：北京市将在2008年1月1日起实行《北京市城乡无社会保障老年居民养老保障办法》，届时北京70万名60岁以上无社会保障的城乡老年人每月可领200元福利养老金。

对于生活困难的“空巢”老人，要建立救助机制，该纳入低保的要及时纳入低保。

（三）加快老年福利设施的建设，满足老年人的养老需要

各级政府要加大老年福利设施建设的投人，加快老年福利设施建设的步伐，并给予必要的政策支持。老年福利设施不仅包括老年公寓、敬老院、托老所的建设，还包括老年康复中心、老年活动中心、老年日间照料服务中心、老年大学（老年学校）、临终关怀医院等，为老年人提供养老、医疗、教育、娱乐休闲等全方位的服务，为“空巢”老人提供更多的、更全面的养老选择。

（四）完善社区为老服务，弥补家庭照料的不足

家庭和社区是“空巢”老人生活的主要空间。“空巢”老人的家庭照料资源缺乏，这就需要社区提供必要的、专业化的服务来弥补家庭照料功能的不足，也就是我们说的居家养老模式。社区可以利用自身的资源或与养老机构和家政公司合作，为老年人提供生活照料、家政服务、精神慰藉、医疗保健、应急救助等方面的服务内容。

（五）完善社区卫生服务网络

目前，我市社区卫生服务网络在市区已实现100%覆盖，形成了“街有中心、居委会友站（组）、户有责任者”的网络格局。社区卫生服务机构要充分发挥贴近社区、方便及时的优势，以主动服务、上门服务为主，把老年人特别是患慢性病老年人、行动不便的老年人作为重点服务对象，建立老年人医疗档案，采取开设家庭病床、入户巡诊、入户健康教育宣传咨询、入户护理、入户采送取检验样本和结果等形式，方便老人就医，实现小病不出社区。

（六）倡导“空巢”老人“走出家门，融入社会”，丰富晚年生活

老年人，特别是“空巢”老人，如果整天呆在家里，难免会感到孤单寂寞。因此，老年人要善于安排

好自己的生活，寻找精神寄托，充实自己的晚年生活，如：培养自己广泛的兴趣爱好，不要仅仅局限于在家看电视/听广播、读书看报；增强人际交往，联系老朋友、结交新朋友；参加社区组织的文体活动和社会公益活动，融入社会；上老年大学，学习新知识、新技能等。

社区居委会要充分利用本社区的老年活动站（室），开设棋牌室、聊天室、健身房、图书室等，组织开展形式多样的文化娱乐活动。同时，可根据社区老年人的爱好，组织成立合唱团、秧歌队、骑行队、健身队等文体队伍，活跃社区文化生活。办好老年大学（学校），定期组织老年人学习时事政治、学习养生保健方法、学习新的科学文化知识。同时，要扩大社区文体活动的影响力，吸引更多的老年人走出家门，参与活动，消除他们的孤独感、寂寞感。

上海市

上海市老龄科研成果

上海市老龄工作委员会办公室

本市老龄科研工作紧密围绕人口老龄化和高龄化进程中关乎老年人民生的热点、难点和重点问题，根据理论研究和应用研究相结合的原则，协调社会各方力量，开展老龄问题的科学研究。

一、开展课题研究

2007年，上海市老龄科学研究中心完成了《上海市老龄工作委员会成员单位老龄工作评估指标体系研究》、《上海市企业退（离）休人员现状及管理服务对策研究》、《上海市老年人口生活质量的现状和对策研究》、《“中国城乡老年人口状况追踪调查”上海地区调查数据分析研究》、《上海市退（离）休高级专业技术人员参与社会现状及对策研究》、《上海市郊区养老机构资源充分利用研究》等6项课题。

二、完善老年人口和老龄事业监测统计工作

在建立《上海市老年人口和老龄事业监测统计调查制度》的基础上，逐步巩固和完善了老年人口和老龄事业的监测统计工作，并及时向社会发布本市老年人口和老龄事业发展的有关信息，为本市老龄事业发展提供基础数据和科学依据。

三、举办老龄科研论坛

（一）“积极老龄化与社会参与”老龄科研论坛

上海市老龄科学研究中心成功举办了以“积极老龄化与社会参与”为主题的上海老龄科研论坛。从积极老龄化理念、老年人再就业、老年人力资源、老年协会建设、老年教育、信息技术与老年生活、涉老法律、老年医学等不同内容与视角阐释了老年人参与社会所面临的主要矛盾及解决办法，并对老年人社会参与提出相应思考。

（二）老龄科研“青年论坛”

上海市老年学学会为了鼓励和吸引高校、研究部门和老龄实际工作者中的青年专家关注老龄问题，投身老年学和老年医学的研究。促进学术交流，提高学术水平，培育青年人才团队，倡办了“青年论坛”，分别于2007年6月和11月举办了“老年医学专场”和“老年理财与保险专场”。

重庆市

重庆农村“空巢”家庭老年人状况调研报告

重庆市老年学学会
重庆市老龄工作委员会办公室

一、重庆农村“空巢”家庭老年人的基本情况

重庆是大城市带大农村的直辖市，2006年底，全市农村有60岁以上老年人口310多万人，占全市445万老年人的70%。随着我国经济与社会的发展，人民生活水平的提高，老年人自养能力的增强，住房条件的改善，加之两代人之间的生活方式以及价值观念的差异，导致家庭规模小型化与核心化，致使老年人同成年子女分居单独生活的“空巢家庭”日益增多，成为老年人家庭的一种发展趋势。尤其是重庆的农村地区，大量的中青年农民外出打工，留下老人空守家庭，加速了农村老年“空巢家庭”的发展。据调查，2005年全市有“空巢”老人181万人，占全市老年人口的43.72%，其中单身“空巢”老人31万多人，占“空巢”老人的17.13%。目前，重庆的农村“空巢”老人家庭数已占到农村老人家庭的56.7%。尤其是以农村人口为主的“三峡库区”15个区县，“渝西地区”11个区县，“渝东南”少数民族5个区县的老年人“空巢”化率分别达到48.25%、44.5%和38.83%，分别高于主城9个区（33.45%）的14、11和5个百分点。在全市40个区县中，有12个区县的老年人家庭“空巢化”率超过50%，有7个区县高达70%。重庆地区的农村“空巢”家庭老人问题相当突出，要解决的困难问题很多，难度也很大。从忠县老龄办对5个乡镇的村（社）538户“空巢”老人家庭1660人的抽样调查看，其中男性824人，女性836人，“空巢”家庭数在70岁以下的有247户，占69%，70－79岁的占14%，80岁以上的占12%。（具体数据见表1）

在调查的538户中，丧偶独居的家庭191户，有配偶家庭347户。在丧偶独居的老人中，女性多于男性，占77.3%。已婚的有1513人，占91.15%，按居住类型分：独居的有104户，占19.33%，夫妇同居的有183户，占34%。文盲和半文盲的老人占36.4%。（具体数据见表2）

表1 “空巢”老人家庭结构情况表

年龄段	“空巢”家庭数		“空巢”家庭人		性别	
	户	比例(%)	人数	比例(%)	男	女
	538	100	1660	100	824	836
60—69	247	69	1004	69	543	461
70—79	195	14	304	14	179	125
80—89	73	12	192	12	65	127
90以上	23	5	160	5	37	123

表2 “空巢”家庭老人居住类型表

年龄段	婚姻		居住类型					文化程度	
	已婚	未婚	独居	夫妇	隔代	两代	其他	中小学	文盲
	1513	147	104	183	110	95	46	392	1268
60—69	917	87	24	143	57	19	4	248	756
70—79	267	37	39	24	35	62	35	103	201
80—89	169	23	37	16	9	7	4	29	163
90以上	160	49	7	3	12	148			

随着农村经济的发展和农业生产水平的提高，在调查的538户中，“空巢”家庭人均年经济收入在1000元以上的有749人，占45.12%，500元以下的占25.3%，500～999元之间的占29.58%。由于经济收入的增加和子女外出打工挣钱，居住条件大有改善，人均居住在20平方米以上的“空巢”老人有1425人，占85.9%，20平方米以下的占14.1%。（具体数据见表3）

表3 “空巢”老人经济收入和居住情况表

年龄段	经济收入（元/年）			居住条件 $m^2$500元以下	
	500元以下	500—999元	1000元以上	20以下	20以上
16—60人	420	491	749	235	1425
60—69岁	118	249	637	137	867
70—79岁	124	84	96	68	236
80—89岁	42	131	11	13	179
90以上	136	19	5	17	143

在调查的538户“空巢”老人中，有两个子女以上的老人家庭有489户，占92%；依靠子女供养的有1456人，占78.7%；能自食其力的老人只占18.2%；依靠社会供养和救济的老人占3.1%；能参加农田劳动的有937人，占56.65%；无劳动能力的有723人，占43.35%。需要社会帮助生活照料的老人家庭有149户，占27.7%，老人希望有护理的1474人，占87.2%，其中独居有1040人，占62.65%；需家政帮扶服务的有317人，占19.09%。（具体数据见表4）

表4　老年人生活照料及需护理情况

人数	生活照料		需护理老人及分类						帮扶内容自理			
	自理	照料	人数	独居	夫妇	隔代	两代	其他	家政	保姆	医疗	其他
1660人	1249	411	1474	1040	183	110	95	46	317	144	956	243
100%	75.24%	24.76%	87.20%	62.65%	11.08%	6.62%	5.7%	2.8%	19.09%	8.67%	57.6%	14.64%

另外，从垫江县老龄办的调查看，全县共有农村“空巢老人”4.13万人，占农村60岁以上的老人10.89万人的38%。在“空巢”老人中，独居老人0.942万人，占22.83%，夫妻同居的有2.44万人，占59.02%，两代同住的有2158人，占5.23%。有3.5万多老人没有劳动能力，占85.19%。有48.58%的老人生活能自理，心里状态较好的只占18.3%，只有1.53%的老年人参加了养老保险，绝大多数“空巢老人”需要帮扶，最希望得到帮扶的是医疗救助，占97.1%。

二、农村老年“空巢”家庭产生原因及对农村经济社会发展的影响

老龄问题是目前全社会共同关注的一个重大社会问题。近年来，随着农村生活水平的提高和医疗条件的改善，人们的平均寿命提高了，老龄化、高龄化随之而来的农村老人“空巢化”也显现出来，其产生原因：一是广大农村人民群众生活的改善与提高，老年人同子女分居生活有维持基本生活的经济收入增加了和住房条件大有改善。2006年全市农民年人均纯收入2874元，比直辖时1997年1643元和2003年2215元增长75%和30%。住房人均面积由1997年的8.2m²到2003年达到20.4m²，2006年已上升到25m²。二是两代人的“共识”和“共需”由于在年龄、文化、身体等条件，在生活方式上的改变和价值观念的差异，两代人之间代沟和子女不孝、儿媳不愿与老人同吃同住及日常生活中产生的隔阂难以共同生活在一起，而产生的独居老人“空巢”家庭增多是主要因素，导致“空巢”家庭老人的增加。据我市北碚区的调查，全区有60岁以上的老人有9.4万人，农村“空巢”老人占全区“空巢”老人的88.5%，其中单身和孤寡老人独居的占“空巢”老人的24.4%，完全与子女分家居住的“空巢”老人占40%左右。三是大批青壮年农民带妻外出务工挣钱和在外安家，留下老父老母自耕其力留家养老的多了，造成农村“空巢老人”逐年增多。据统计，垫江县常年在外打工的人数30多万人，占全县农业人口77万的40%，形成全县“空巢”家庭老年人4.13万人，占全县老年人的31.4%。四是社会养老保障体系的建立与完善和合作医疗制度的改革，老年人想单独居住，清闲过好晚年生活的多了。五是有子女不孝，老人无靠或无儿女的孤寡老人。

随着老龄人口的增加，老年高龄化产生“空巢”家庭老人带来的经济社会影响：一是土地撂荒严重。很多田地无人耕种，任其荒废。如今在田间耕种的多数是老年人，老年人体弱多病，种植技术原始落后，导致土地单产效益低等问题严重。二是住房破损严重，如垫江县高桥村六组李世发87岁，妻子彭焕珍90岁，大儿子李中全67岁，都有病，不能劳作、田土收益微薄，家庭生活十分困难。由于老人的体力、精力、经济限制，很多“空巢”家庭不注重对住房的修缮，导致住房受自然灾害影响，旧房严重破坏，有的甚至出现不安全隐患。三是生活质量下降。由于身边无人照料，若有突发性疾病救治无法得到保证，加上精神慰藉少，精神空虚，生活悲观，导致痴呆症发病多，由于家务无人干，得过且过，导致饮食、卫生差、发病率高等。四是隔代教育困难。“空巢”老人带的孙子（女）们被称为“留守儿童”，在家庭抚养教育和关心健康成长安全等都难以得到保证。总之，农村“空巢”家庭老人的增加对农村经济社会发展产生极大影响。

三、农村“空巢家庭”老人存在的主要问题

（一）在农村敬老、助老的社会氛围不浓，精神慰藉少。“空巢”家庭老人大多数生活单调，精神空虚，基本无闲暇参与集体活动，普遍都有一种孤独感。从垫江县调查，子女在外打工，回家看望父母的多数都是一年一次，还有的3年、5年从未看望过老人的，有的子女一年中从未给父母一分钱。特别是单身“空巢”老人更为寂寞。

（二）“空巢”老人独居家庭生活照料缺乏，家庭养老功能严重“弱化”。大多数农村“空巢”老人的自我养老保障能力差，有的连做饭自食都很困难，更谈不上有病更无法得到照料。

（三）劳务重，难以承受。随着年龄的增长，身体健康的退减，子女离乡打工留下的田土仍要老人耕种肩挑背扛，靠劳动养活自己更为艰难。

（四）经济收入低，医疗服务得不到保障。重庆地区绝大部分农村“空巢老人”没有社会养老保障，老人的收入主要靠种地，地里的收入甚微。“空巢”老人又是患疾病的高发期，一般是得了大病、重病、慢性病后，丧失了劳动能力和生活自理能力，且支付不起更昂贵的医疗费，只好听天由命等到不吃饭那一天。

（五）身边无子女，老人独居在家又无安全感，怕偷盗，心理紧张。加上单身“空巢”老人无钱也无法进住敬老院，得不到社会关照。

四、对策建议

去年，市老龄办和市老年学学会在全市开展了“抚慰、帮助、和谐”为主题的关爱老年学术研究活动，对“空巢家庭”老人进行了全面的调查：对两个区、三个城市社区、六个乡镇、22所大中小学“空巢老人”生活状况数据调查报告，提出一些好的解决“空巢”家庭老人的对策与建议，对重庆“空巢”老人的帮扶工作进行了有益探索。有的区县、乡镇也作了大量的工作，他们有了一些好的做法和经验，如：忠县农村实行的委托赡养制，九龙坡区实行“黄丝带”连结“空巢”老人制度，大渡口区为“空巢”老人安装救助电源、电铃等。但尚有更多的农村“空巢”家庭老人的问题需要解决。

为此，特提出以下对策与建议：

1. 党政关怀、社会关注。坚持党政主导，是关怀“空巢老人”家庭的重要前提。加快城乡统筹，发展农村经济，为提高“空巢老人”生活质量创造根本的基本条件。加大法制普及宣传力度、增强老年人的维权意识，弘扬中华民族传统美德，提高年轻人的敬老、养老、爱老意识，营造敬老助老氛围。建议国家效仿新加坡建立“空巢老人”关注激励机制，出台政策法规，对愿意和老人同住的子女或非子女的老人，减免相应的税费或者发给相应的费用；镇和村社应建立“空巢老人”档案，民政部门应建设适宜老年人居住的老年公寓、敬老院；卫生部门应建立农村村社医疗保健机制以及为“空巢老人”服务的绿色通道；加大财政支撑力度，增加农村老年福利设施和修建休闲乐园；建立帮扶志愿者队伍为“空巢老人”服务。

2. 大力发展农村经济，增强自给能力。在城乡统筹配套改革中，对尚有一定劳动能力的“空巢”老人，村社干部要像抓扶贫工作那样，结对从资金、技术等方面予以帮扶，使老人们力所能及地养猪、养羊、养鸡、养鸭、种果等，尽可能地增加经济收入，提高生活水平，积蓄养老资金。

3. 完善社会保障体系，惠及“空巢”家庭老人。要努力将最低生活保障和医疗保险的覆盖面扩大到农村的每一个角落，特别要关注高龄老人和低收入“空巢”老人家庭，使他们能享受到社会的保障，确保老年人安享晚年，提高生活质量。

4. 加大政策性资金投入，满足必需物资需求。农村“空巢”家庭老人，生活生命质量都普遍较差，除各级党政高度重视外，国家应建立老年人基金，加大对老年人救助力度。对西部地区，尤其是三峡库区农村老年人更应加大资金扶持力度。一是出台相应的“空巢”老人家庭资金扶持政策；二是建立老年人专项事业基金，按实际老年人口数拨付人平2～4元专项经费；三是提供优惠政策条件，鼓励或提倡社会兴办老年服务实体；四是国家和市级对基层老年人协会拨付专项资金，发展农村老年人协会工作网络。

5. 搭建老年载体，强化组织保障。村社老年协会是基层的老龄工作组织，老年协会负责人有一定威望，有一定的政策理论水平和原则性，他们在调解家庭赡养矛盾中，有时说话比村干部还起作用。因此，要充分发挥农村老年协会作用，利用他们，做好“空巢老人”的帮扶工作。

6. 创新养老模式，解“空巢”老人之忧

（1）推行委托赡养制。各区县委、县府应本着为“空巢”老人解难，为和谐社会出力的原则，创造性地探索“推行委托赡养制，解“空巢”老人之忧”的新型养老制度。一是专业机构托管制，建立老年康乐院。“空巢”老人自愿申请，其子女同意签订赡养协议书后，老年康乐院实行集中委托赡养，合理收费。二是社区结队救助制。由社区（村）班子成员、小组长、党员及志愿者与“空巢”老人结对帮扶，主要是为“空巢”老人安装爱心门铃、黄丝带、“一键通”、呼叫器等设备，便于“空巢”老人遇危难时及时求助。三是邻里亲友帮扶制。通过社区（村）牵线，在双方自愿的条件下，确定好帮扶对象，接受定期上门服务。四是以小老头帮老老头制。鼓励低龄老人照顾高龄老人，结成建立和谐的互帮互助对子。

（2）大力开展居家养老。针对当前“空巢”老人低收入家庭数量大，经济状况普遍较低，生活自理能力差，依赖照料性强的特点，要大力开展农村社区建设中的老年服务项目的布置设点工作，为他们开展家政服务、送餐服务、医疗服务、日托服务等，以满足农村“空巢”老人生活照料之需。

（3）实行以地养老、以房养老、以财养老、以券养老的养老模式探索，有的“空巢”老人的家庭承包土地自己无力耕种，可转租给邻里，适当收取租金补助自己的生活费用。有的“空巢”老人家中房屋较多，可出卖给他人，签订好协议，每月收取一定经费，直至收完卖房费为止。

五、重庆农村忠县探索委托赡养制，着力解决“空巢老人”后顾之忧的做法

随着我市工业化、城镇化的不断推进，农村劳动力大量转移就业，农村普遍出现了土地撂荒，农房“空巢”现象，留守老人的赡养问题日趋突出。如我市的农业人口大县忠县，目前有60岁以上老人161187人，占全县总人口的16.5%。全县“空巢”老人已达8.11万人，占全县老年人的52%。其中农村“空巢老人”7.2万人，占“空巢老人”的90%，其中子女全部外出务工的“空巢”老人有6.9万人，占60岁以上老人的42.8%，这部分老年人由于子女长期外出务工，不但缺乏亲人的照料，而且相当多的老年人还承担了农业生产和照料晚辈的任务，赡养问题日趋突出，特别是高龄“空巢老人”的赡养已成为子女的一块心病。针对这个问题，2006年开始，忠县县委、县政府高度重视，老龄、民政、卫生等部门勇于实践、不断创新、积极探索出了委托赡养的新机制，有效地解决了老年人的后顾之忧。现将具体的三种委托赡养模式介绍如下：

（一）集中委托赡养模式

充分利用各乡镇敬老院、“五保”家园、村小布局调整后闲置的教学用房和乡镇建制调整后出的办公用房，改建成各级老年康乐院，坚持出入自愿的原则，吸收农村“空巢”老人入驻，入驻费用按不高于“五保”老人生活补助金标准收取，鼓励更多的“空巢”老人进院。如拔山镇午阴村九组的张信权老人，其子女均已在外务工长达8年，每月给老人寄回五六百元生活费，老人每月向院里交300元，还剩下一些零花钱。

（二）责任委托赡养模式

村居委会班子成员、居委会小组长以及党员或志愿者与“空巢”老人实行一帮一结对帮扶，并签定帮扶协议书，责任人定期上门服务，做到帮扶对象、帮扶责任人、帮扶时间、帮扶地点“四落实”，使“空巢”老人、独居老人有人管，困难老人有人帮，老人需求有人问，老人心声有人听，老人困惑有人解。同时，广泛开展以助养、助学、助乐、助医、助为、助餐、助伴和助法为主要内容的“八助”工程。

（三）亲友委托赡养模式

子女外出务工后，将老人委托给尚未外出务工的亲戚、朋友或邻居赡养。由于在农村亲戚、朋友或邻居之间都比较熟悉，照看比较方便，大部分老人还有能力从事一些力所能及的简单劳动，所以大多数人也愿意通过此种方式委托赡养老人。

为了让委托赡养制收到实效，该县还建立健全了配套措施。一是实行“空巢”老人建卡制。给高龄、“空巢”、病残老人建档立卡，将年龄、健康状况、经济条件、儿女地址、特殊需求等情况都记录在档，全面摸清老人的身体、生活状况，规划“空巢”老人的档案管理，以更好地为“空巢”老人服好务。二是实行“空巢”老人健康保健制度。建立70岁以上老人免费体检制度，并建立个人健康档案。有救护车的医疗卫生实行免费接送农村“空巢”老人，并将急救电话号码印发给“空巢”老人，积极开展上门诊疗服务，加强健康保健知识的宣传和培训，各乡镇卫生院和村卫生站为委托赡养老人进行健康保健知识培训，讲解一些急救知识和卫生常识。据统计，2006年全县医疗卫生单位为70岁以上老人免费体验6500人，开展健康知识培训43场次。三是精心服务“空巢”老人。广泛开展以助养、助学、助乐、助医、助为、助餐、助伴和助法为主要的“八助”工程，建立“空巢”老人关爱服务中心，为他们提供精神慰藉、生活护理、医疗保健、文体娱乐、权益保护等服务。

目前，全县有28个乡镇，337个村镇开展了委托赡养工作，已赡养老人4349人。

总之，“空巢”家庭养老是一个复杂的系统工程，其模式因遵循不同地域不同经济收入地区、不同环境、不同家庭结构、不同生理心理、不同年龄等，采取不同的养老模式予以探索，以期实现和达到“六个老有”之目的。

河北省

河北省农村老年人现状及对策研究的调查报告

宋士民　张茜

为了贯彻落实党的十七大关于“关注民生、改善民生”的重要精神，深入了解河北省农村老年人的生活、养老、医疗、精神文化生活等现状，更好地做好农村老龄工作，去年党的十七大刚召开之后，河北省老龄办即确定了22个项目县（每个设区市2个）进行了专题调研，期间，还根据经济状况选择了好、中、差三种类型的6个县，即三河、迁安、武强、蔚县、东光、赞皇（市）进行了实地调研。所调查的项目县占全省136个县的16.2%，集中反映了河北省一部分农村老年人的基本状况。现将调研情况报告如下：

一、农村老年人生活现状

（一）基本情况

目前，河北省 60 岁以上老年人口已达 840 万，占全省总人口的 11.4%，其中乡村老年人口 513.83 万人，占全省老年人口的 61.17%。（此为省统计局提供。如按 22 个县调查农村老年人口占老年人口总数的 75%统计，全省农村老年人口应为 630 万人。）据调查：22 个县（市）总人口约为 1173.4 万人，其中老年人口为 141.64 万人，占 22 个县（市）总人口的 12.07%。从年龄结构看，60 岁－69 岁 793968 人、70 岁－79 岁 456519 人、80 岁以上 165916 人，分别占老年人口总数的 56.05%、32.23%、11.72%；从养老方式看，22 个县市共有农村“五保”老人 54353 人，占老年人口总数的 3.78%；据 22 个县市中的 18 个县调查统计，有空巢老人 293572 人、隔代老人 83037 人，分别占老年人口总数的 24.57%、6.94%；从经济条件看，22 个县（市）年均收入低于 693 元的贫困老年人共有 186687 人，占老年人口总数的 13%。

（二）生活保障状况

1. 绝大多数老年人的生活状况。农村老年人温饱问题基本得到解决，大多数老年人过着一般和较富裕的生活。改革开放以来，经济和社会建设迅速发展，特别是近些年来，党中央、国务院解决“三农”问题，有关惠农、支农扶持政策相继出台，农民增产增收，各级政府增加投入，加大帮扶力度，河北省广大农村发生了翻天覆地的变化，老年人和广大农民一样吃、穿、住等生活方面得到了很大改善。省老龄办调查组座谈所到之处，基层干部、老年人一致反映农村所有老年人的温饱问题基本得到解决，约有 87%的老年人过着一般、较好或自给自足较为富裕的家庭养老生活，尚有 13%的“三无”、孤寡、因病因灾等情况的老人，需要长期依靠政府提供经济保障才能生活。

2. 贫困老年人的生活保障情况。为了保障农村贫困老年人的基本生活，政府有关部门主要采取了以下主要措施：

一是实施“五保”供养制度。为了保障农村“五保”供养对象的正常生活，全省各地认真贯彻实施国务院颁发的《农村“五保”供养工作条例》和省政府有关规定，将农村“三无”老人（即无劳动能力、无生活来源、无法定赡养人或法定赡养人无赡养能力的）纳入了“五保”供养制度，由县以上各级财政列入预算，确保了他们的基本生活。截止 2007 年底，河北省供养农村“五保”对象 23.6 万人，其中集中供养 3.4 万人，分散供养 20.2 万人，分别占“五保”对象总数的 14.4%和 85.6%；其中老年人“五保”供养标准，省规定集中供养每人每年不低于 1500 元，分散供养每人每年不低于 1200 元。

从 22 个县市调查的情况看，经济条件较好的县（市）在省规定的供养标准基础上都有所增加。如：滦平县集中供养标准每人每年 2460 元，分散供养每人每年 1200 元；昌黎县集中供养每人每年 2000 元，分散供养每人每年 1500 元；青龙满族自治县、文安、晋州等县（市）也都不同程度的提高了“五保”标准。在调查、走访“五保”老人过程中，特别是住敬老院的老人对政府给予他们的生活、居住安排都非常满意。分散供养的“五保”老人生活水平也都不低于当地人均生活水平，他们对此也是满意的。

二是实施农村最低生活保障制度。河北省从 2006 年 1 月 1 日起，在全省范围内逐步建立并完善了农村最低生活保障制度，将符合条件的农村贫困人口全部纳入保障范围。凡共同生活的家庭成员年人均纯收入低于户籍所在地农村最低生活保障标准、持有本地居民常住户口的农村居民均属保障范围。截至 2007 年底，河北省农村低保对象有 157 万人，月人均补差 26 元，累计发放低保资金 3.06 亿元，其中中央补助资金 11395 万元，省级资金 5800 万元，市、县资金 13405 万元。

从调查的各县情况看，在实施农村低保制度过程中，均对贫困老年人和贫困老年人家庭给予了关注和倾斜。如：文安县农村低保人数 11493 人，其中老年人 6974 人，占到了 61%；三河市共有农村低保户 6243 人，其中老年人 2754 人，占到了农村低保人数的 44%。如按此推算，全省农村低保对象 157 万人中，约有 70－80 万名贫困老年人享受了低保制度。如加上 20 多万名“五保”老人，全省农村约有 100 余万名老人须由各级政府提供资金才能保障他们的基本生活，这就是河北省农村贫困老年人的养老现实。

三是实施临时救助政策。为了保障未纳入“五保”、“低保”制度，因病、因灾或意外事故导致生活极端贫困的老年人，各级民政部门均制定了救助办法，给予及时救助，保证其正常生活。据河北省民政厅提供：2007 年全省用于临时救助、救济的资金有 9527 万元，救助 100.22 万人，其中大部分是贫困老年人或老年人家庭。

3. 对计划生育家庭老年人实施奖励扶助政策。从计划生育部门了解到，河北省从 2004 年起开始实施对农村中执行计划生育政策的独生子女或者双女户家庭年满 60 周岁的夫妇给予每人每月不低于 50 元的奖励扶助政策。截止到2007年底，河北省共有12.4万名农村扶助对象领到了每年600元的奖扶金，对独生子女亡故的父母奖扶金提高一倍，全省已有1000余户领到了此项奖扶金。仅2007年全省用于计划生育家庭老年人的奖励扶助金就有8400多万元。这些奖金对于上述家庭的老年人的生活无疑起到了保健补贴作用。

4. 经济条件较好的部分县（市）实行了农村养老金和对高龄老人发放津贴制度。改革开放以来，党的富民政策推动了农村经济的大发展，也给农民养老带来了实惠和好处。

如河北首富迁安市从2007年开始对全市78000多名老年人实行了每人每月发放60元的退养金制度，深受老年人们的欢迎。三河市已有395个村街对60周岁以上17836名老人实行了养老金制度，最低和最高标准每人每年分别为240元和1800元。武强、承德县、滦平等县也实行了不等的退养金制度。此外，各地在落实100岁以上高龄老人每人月领取100元长寿补贴的同时，还相继出现了部分县（市）制定优待政策，对80岁以上高龄老人发放保健补贴的好现象。如任丘市自2005年开始就对全市80岁以上高龄老人发放每人每月30元、50元、60元不等的保健补贴。晋州市、冀州市的部分乡镇村近几年也开始对80岁—99岁的高龄老人发放不等的保健补贴，这些充分展现了尊老敬老的的良好社会风尚。

（三）医疗保障状况

17个县市老年人身体状况：

县　市	老年人口	健康	亚健康	长期患病	不能自理
晋州市	7.11万	26%	37%	33%	4%
赞皇县	2.77万	28.73%	49.42%	17.1%	4.66%
迁安市	8.02万	35.73%	51.14%	10.45%	2.68%
遵化市	9.15万	41.3%	31.7%	22.3%	4.7%
昌黎县	8.59万	15.7%	56.8%	23%	4.5%
青龙县	6.85万	15%	32%	45%	8%
武安市	8.1万	28%	41%	29%	2%
大名县	9.34万	26.1%	41.9%	22.6%	9.4%
巨鹿县	5.19万	34.06%	38.96%	20.3%	6.75%
涿州市	7.2万	6.9%	27.8%	58.3%	7%
定州市	13万	10%	60%	20%	10%
蔚县	5.98万	52%	38%	8%	2%
冀州市	4.91万	26%	37%	33%	4%
武强县	3.55万	11.3%	27.8%	54%	6.9%
任丘市	7.71万	40.09%	42.44%	12.76%	4.71%
三河市	5.6万	65%	31%	3%	1%
文安县	5.33万	44.2%	45.3%	7.5%	3%

以上数据表明，老年人中约有1/3身体状况良好，1/3强的老年人身体状况一般或较差，近1/3的老年人处于长年患病和生活不能自理的状况，随着高龄化老人的不断增长，此比例还将升高，对他们的生活应引起重视和关注。

河北省从2003年开始新型农村合作医疗制度试点，随后逐步扩大试点范围。至2007年底，全省已有139个县（市）实行了新型农村合作医疗制度，覆盖5194多万人口，参加新农合的有4167万人，占应参加新农合的80.4%。调查情况表明，老年人患病率最高，卫生资源消耗的主体是老年人，所以实行新农合以来，得到最大实惠的是广大老年人。因此，开展新农合得到广大老年人的欢迎和参与。据蔚县调查，全县已有39500老年人参加了新农合，占老年人口的98.5%。巨鹿县有50495老年人参加了新农合，占老年人口的97.4%。据省民政厅调查：2007年资助84.13万人参加了新农合，支出资金1171.2万元。在新农合试行和实行过程中，民政部门制定并实行了大病医疗救助制度，每年都不同程度的救助一部分贫困老年人，解决他们的看病难、看病贵的问题。三河市2007年支出70万元，救助了146名贫困老人；冀州市2007年支出30多万元，救助特困老人134名；东光县作为全国贫困县也投放资金5.7万元，救助了45位特困老人。

(四) 精神文化生活情况

经济和社会的迅速发展，促进了农民物质水平的提高，同时也推动了乡村老年精神文化生活的日趋活跃与发展。从调查的情况看，许多乡村建立了老年活动场所、休闲广场等。

从经济条件上看，经济发展较快较好县（市）的乡村，老年人文化活动开展得活跃、丰富多彩。如迁安市近500个村街，三河市400多个村街均建立了老年活动站（室），并配备了羽毛球、乒乓球、台球、棋类等健身器材，还组建了秧歌队、民乐队等，老年文体活动异常活跃，既益于健身，又丰富了文化生活，陶冶了情操，和谐欢乐，深受老年人们的欢迎。贫困地区则较差或很差。如青龙满族自治县是个贫困县，除极少数村庄有老年活动场所外，多数村不开展老年人文化活动，老年人只是串门聊天、看电视、下棋、打牌等，老年人深感文化生活单调、匮乏。从地域上看，老年文化活动平原农村好于山区农村，县(市)、乡镇驻地好于其他村庄。如衡水冀州市、沧州的东光县均处于华北大平原，这两个县、市大部分村建立了教育学习娱乐于一体的老年人活动室，还组建了秧歌队、腰鼓、体操、舞剑队等，并以敬老院为阵地，经常给老人演出，老年文化活动搞得有声有色，丰富多姿。而地处山区的滦平县除少数乡镇所在村建有休闲广场和文化场所供老年人娱乐、活动外，多数村老年人们除聊天、看电视外，什么活动都没有，老人们缺乏幸福感和满足感。

二、农村老龄和老龄工作存在的主要问题

(一) 贫困老年人中因病致贫、返贫问题突出。贫困老年人是社会老年人弱势群体中最脆弱的一部分。农村老年人致贫的原因是多方面的，但其年老多病、患慢性病、重病、病残丧失劳动能力、且无任何经济来源是导致乡村老年人致贫返贫的重要原因，这已是农村中不争的事实。这一问题在一些贫困落后地区较为突出，调查组所到之处，对此呼声较高，反映比较强烈。据文安县调查：全县有贫困老人8795人，其中因病致贫、返贫的有3984人，占贫困老人的45.3%；因子女无赡养能力致贫的3078人，占35%；“五保”老人1118人，占12.7%；因灾、特殊事故致贫的615人，占7%。这说明因病已成为农村老年人致贫、返贫的主要原因。据滦平县调查：全县农村患重大疾病的高达2174人，占全县农业人口的0.8%，一旦患有大病，无论是老年人还是其子女，巨额的医药费就成了全家生活的沉重负担，政府有限的大病统筹救助金对于他们来说只是杯水车薪。武强县孙庄乡黄甫村贫困老人21人，其中因病致贫的13人；王代乡王沙洼村贫困老人11人，其中因病致贫的7人，分别占贫困老年人的62%和64%。据经济条件较好的三河市新集镇调查：该镇共有贫困老年人233人，其中仅因高龄病残致贫的34人，占14.6%。这些老年人本来就很贫困，多为当地生活低保线边缘徘徊，长期患病、重病，每年支付高额的医疗费，对于他们如雪上加霜，既使政府给点救助金也摆脱不了困窘。小病拖、大病扛，治不了了炕上躺。老年人一旦患上大病、重病，本人受罪，子女受累，全家拖贫拖垮。

(二)“空巢”、“隔代”家庭增多，养老问题日趋严重，长期照料服务业需求压力已凸显。随着中国城市化进程的加快和人口的迁移流动，大量的年轻农民涌向城镇，引发农民老龄化、少儿化、女性化“三化”并存的局面，农村中出现了大量的空巢老人、隔代家庭留守老人。

为了摸清这一部分老人形成的原因、生活状况、存在困难、帮扶需求和如何采取措施等，河北省老龄办选择邯郸魏县进行了专题调研。该县调查显示：全县农村老年人78388人，其中空巢老人19504人，隔代家庭老人4709人，分别占老年人口总数的24.88%和6%。据被调查的项目县（市）中18个县(市）统计，空巢老人293572人，隔代老人83037人，分别占18个县（市）老年人口总数的24.57%和6.94%。这说明大量的年轻农民工流入城镇形成了农村空巢老人、隔代老人日益增多，引发了农村老龄化速度加快，老龄问题增多且日趋严重。从魏县调查的情况看，空巢老人、隔代家庭增多由此诱发的主要问题是：生产难、生活难、养老照料难、看病难、脱困难。如魏县大马村乡大马村空巢老人姜某，男，79岁，老伴曹某，79岁，独生女外嫁，两位老人靠种四亩地为生，身体状况日趋愈下，一日三餐无人管，有病无人照料，日子越过越艰难。如魏县张二庄乡军寨村，空巢老人傅某，男，86岁，老伴崔某72岁，二老均患有严重疾病。其三个儿、两个女儿都在西宁市工作或打工，经济条件还可以，但生活无人照料，养老也极度困难。

据22个县（市）调查测算，目前河北省农村513万多老年人中空巢、隔代家庭老人大约有161.6万人。这部分人群还将逐年增加，现在的养老机构、服务设施和组织远远不能满足这部分人的需要，在这方面，大部分县的乡村还很滞后或还是空白。空巢老人、隔代家庭的增多，农村家庭养老功能将日益弱化，为这部分老年人提供长期照料服务，如生活照料、康复护理、精神慰藉等服务需求的压力已凸显。照此发展下去，将有可能成为严重的社会问题，对此，必须引起广泛的关注和足够的重视。

（三）“五保”老人集中供养率偏低。据上述县（市）调查，集中供养率高的仅有三河、文安，集中供养率分别达到了81%、72.3%；集中供养率一般的有巨鹿和迁安，分别占到48%、41.6%，其余的都未达到20%的集中供养标准，最低的3.5%。全省的农村“五保”供养情况是：截止到2007年底，全省已供养农村“五保”对象23.6万人，集中供养3.4万人，分散供养20.2万人，集中供养和分散供养分别占农村“五保”对象总数的14.4%和85.6%。集中供养率比全国农村“五保”平均集中供养率低18%。

造成集中供养低的主要原因，首先，是受现有农村“五保”供养服务机构数量的限制，有的布局也不够合理还远远不能满足“五保”供养工作的需要；其次，一些乡镇敬老院建筑陈旧、设施落后，服务功能差制约和影响着农村“五保”集中供养的提高；三是，极少数或个别老年人受旧的传统和穷家难舍等观念的影响，不愿入住。“五保”供养工作中存在的另一个问题是，少数地方或穷困落后地区，还存在基本符合“五保”条件的对象没有完全纳入“五保”供养，当地民政部门采取低保或救助的办法保障其基本生活的现象。

（四）领导对老龄工作重视、支持不够，基层老龄工作机构薄弱、不健全，工作经费困难。市、县党委政府，特别是县以下基层党委政府对老龄工作重视不够，支持也不够，没有把老龄工作列入议事日程，就是各级老龄工作委员会中也有相当一部分，没有充分发挥综合协调和各涉老部门的作用，老龄工作中存在着诸多问题，老龄事业发展迟缓，这不能不是一个重要原因。

从老龄事业发展经费投入情况看，河北省第一次老龄工作会议提出的“省、市、县三级按本级老年人口每人每年1元、2元、3元的标准列支老龄事业发展经费”的要求，至目前多数市县未列入。一部分财政比较好的县（市、区）表示落实没问题，财政比较困难的县则反映有难度。

再从老龄工作经费投入情况看，河北省11个设区市本级很不平衡，有1个市年投入达到近30万元，一般在1—3万元，少的只有几千元或没有，靠民政部门支持维持正常工作。从各县（市）情况看，老龄工作经费更为紧张，有些县只安排1000元—5000元，有些县根本没有，连日常办公费和电话费都难以维持。

县级老龄工作机构薄弱、不健全，极不适应老龄工作形势发展的需要。据调查：全省172个县（市、区）配备了专职老龄工作干部的88个，占总数的51%；安排兼职老龄工作干部的有50个县（市），占29%；既无编制又无工作人员的34个县（市），占总数的20%。就是已配备或安排了专、兼职干部的县级老龄办，一般1人，多的2人。如此情况，怎么能做好繁重、具体的老龄工作。

（五）文化娱乐生活单调、匮乏且发展极不平衡。随着经济社会的迅速发展，农村老年人和广大农民一样物质生活有了很大改善和提高，农村日趋活跃的精神文化生活，开始改变农村老年人的精神风貌。从20多个县调查的情况看，许多农村都建立了老年活动室（站）等文化活动场所，但是由于经济收入的差异和地域上的差别，农村老年人文化活动开展情况很不平衡。总的看，经济发展较快、富裕的农村的文化生活比贫困地区农村开展得活跃、开展得好，县、乡镇驻地比一般农村开展得好，平原地区农村又比山区农村文化活动搞得好。搞得好的地方，既有活动场所，又有人组织老年人开展文化娱乐、健身活动，反之，既无活动场所，更无人组织，老人闲来只有串门、聊天，玩玩棋牌而已，文化生活单调、乏味。

三、建议与对策思考

（一）以党的十七大精神为指导，切实加强对老龄工作的领导。党的十七大报告中关于“加强老龄工作”的指示精神，关于“关注民生、改善民生”的论述，关于抓好“五个老有”“改善民生，加强社会建设”的论述，关于加强和完善社会保险体系的论述，是各级领导和涉老行政部门做好新时期老龄工作的根本指导思想和行动指南。全面建设小康社会是十七大提出的任务目标，实现这个任务目标，重点和难点都在农村。农村能否如期完成建设小康社会的各项任务，其中包括农民养老问题。邓小平同志曾指出："没有农民的小康，就没有全国的小康"。没有老年人参与，没有老年人同步进入小康社会，是一个不全面、不完善和水平不高的小康社会，通过发展经济、制度保障使广大农村老年人同步进入小康，构建和谐社会，是各级党委和政府的重大职责，对此我们必须有足够的认识。因此，各级党政和有关部门要从贯彻落实十七大精神，落实科学发展观，统筹城乡社会经济发展和实现全面小康社会全局的高度，将老龄工作和老龄事业纳入农村经济与发展和建设社会主义新农村规划中去，列入党委和政府的重要议事日程。各级分管老龄工作的同志，应该定期听取汇报，集中更多的精力和时间研究、部署，抓好农村老龄工作。各级政府应根据"多予、少取"的精神，多为农村老年人做好事、办实事、解难事。各涉老部门要充分发挥职能作用，切实落实好各项涉老政策，维护老年人的合法权益。同时，要加大财政投入，积极支持和推动农村老龄事业健康快速发展。

（二）进一步加强财政投入，切实保障农村贫困老年人的基本生活，促进和推动老龄事业的快速发展。保障和改善民生的重中之重在农村，老龄工作的重中之重也在农村。当前，农村老年人民生的突出问题是"养"和"医"，这是农村老龄工作的两大难题。高龄老人、空巢老人、隔代老人的逐渐增多，照料问题也将日益凸显。要解决上述问题，我们建议各级政府应加大财政投入力度，并随着经济社会的发展逐步增加。政府投入的资金，首先要保障农村贫困老人的基本生活。通过这次调查研究估算，全省农村贫困、特困老人约有100余万人（其中"五保"老人20多万人，低保老人50－60万人，因病、因灾祸致贫的老人20余万人)，这是各级政府每年需要投入确保和资助的最困难的一部分老人。二是为农村居家养老的高龄病残、空巢、留守老人中需要提供照料服务的特困老人购买服务。根据22县调查数据测算，全省农村513万多老年人中，空巢、留守老人约有161.6万人，其中一部分是贫困老人和患重疾病老人，在保障这些贫困老人基本生活的同时，还要提供日间照料、康护服务。目前，河北省农村为老社会服务发展滞后，供需矛盾十分突出。各地、各有关部门在实施"十一五"社区建设规划的过程中，要认真贯彻全国老龄办发〔2008〕4号《关于全面推进居家养老服务工作的意见》，并以此为指导，结合河北省实际，尽快研究出台促进居家养老服务的有关政策，加快为老服务中心建设，建立和健全服务网络。在农村开展居家养老服务，谁为空巢和留守老人中的特困老人购买服务，这是一个面临的实际问题。建议要把城镇居家养老服务机制引入农村，各级政府除为组建服务机构、服务组织、培训服务队伍提供必要的经费外，还要为安装服务设施（如呼叫器等)，为空巢、留守老人中的特困老人购买服务费用。三是在继续推进新型农村合作医疗制度建设过程中，各级政府要加大财政投入建立和完善农村医疗救助制度。一方面要资助那些"三无"老人、低保老人参加新农合，解决他们看病贵、看病难的问题，另一方面要扩大医疗救助范围，增加救助资金，帮助那些长期患病、支付过多医药费导致极端困难的老人解决生活中的实际问题，保障其基本生活。据调查，现行新农合制度规定，只是为那些住院老人按照比例报销医疗费或为患重大疾病住院治疗期间支付巨额医疗费的老人进行统筹（即大病统筹)。目前，河北省规定"大病统筹"最大限额可补助15000元－20000元，而那些长年患慢性病（如：高血压、心脑血管、糖尿病、关节炎等）不住院治疗在家靠服药的老人，虽然累计也支付了高额的医疗费却得不到相应补助，这样的老人占多数。卫生、民政等部门应该研究解决办法，对上述因病造成贫困的老人区别不同情况给予适当补助，以解决他们的实际困难。四是政府投入资金的一部分用于推动农村养老服务资源的整合利用。集中建设较大型综合性为老服务中心，一方面为"五保"对象集中供养提供养老设施；另一方面要引导社会力量参与养老服务业发展，满足不同层次的老年人的养老服务需求。五是为做好老龄工作，促进老龄事业健康发展，要继续落实全省第一次老龄工作会议提出的各地要根据老年人口数量，原则上按照每年每名老年人省1元、设区市2元、县（市、区）3元的标准，安排老龄事业发展经费。这部分经费主要用于"爱心护理工程"、社会办养老机构床位补贴、高龄老人（80岁以上）保健补贴、"银龄行动"、老龄事业统计、宣传、干部培训、表彰尊老敬老典型、开展老龄调查与科研活动、特困老人救助等。建议将此经费列入各级财政年度预算，形成法规化、制度化。

（三）切实加强各级老龄机构建设，为做好老龄工作提供组织保证。加强老龄机构建设是做好老龄工作的组织保证。面对人口老龄化快速发展的严峻形势，为适应老龄工作发展的需要，切实加强市、县（市、区）两级老龄工作机构建设，解决有人干事的问题，这是摆在我们面前的一项首要任务。据2007年底调查，河北省尚有49%的县（市、区）没有编制或没有配备专职的老龄工作干部，有的还处于无机构、无编制、无人员的“三无”状况，为贯彻落实党的十七大关于要“加强老龄工作”的指示精神和全省第一次老龄工作会议的要求，建议各市、县要参照省里的模式设置老龄工作机构，抓紧配备与工作任务相适应的工作人员，保证老龄工作顺利开展。原则上各市县（市、区）老龄办都要配备专职副主任和专职老龄工作干部，当地政府要保证必要的办公经费和工作条件。各级老龄办要准确职能定位，潜心研究业务，切实提高工作能力，充分发挥综合协调、督促检查和参谋助手的作用。

（四）加强和完善农村的养老保障体系。一是加快探索建立农村社会养老保险制度。劳动和社会保障等部门要完善目前实施的不健全的农村养老保险机制，建立和完善适合农村实际的农村养老保险的各项政策和措施，扩大农村养老保险试点范围，建议在经济状况较好的县（市），探索并逐步建立“农民个人缴费、集体适当补助和各级财政补贴”的三方筹资机制，使现行的完全个人积累储蓄制的农村养老保险转变为政府引导型完全积累储蓄制的农村养老保险，个人、集体的全部缴费和政府补贴资金的大部分划入参保农民个人账户。个人账户归个人所有，以此进一步激励、调动农民参保积极性，扩大提高农民参保率，使社会养老保险逐步成为农民养老的主渠道。二是鼓励和支持家庭养老。检查督促赡养人对老年人经济上供养、生活上照料、精神上慰藉的家庭赡养义务的落实，保证老年人的生活水平不低于家庭其他成员的生活水平。倡导和推行赡养人之间签订“家庭赡养协议书”。鼓励低龄健康老人提高自身能力。充分利用家庭照料资源，探索支持家庭成员照料老年人的有效办法。三是按照政府救济和社会互助相结合的原则，构建多层次、多元化、多项目的贫困老年人救助体系，逐步建立和完善政府救济和社会互助制度；大力倡导多种形式的扶老助困送温暖活动，向特困老人提供经济资助。四是进一步完善城乡最低生活保障制度，稳步推进农村居民最低生活保障工作，将家庭人均收入低于当地最低生活保障标准的老年人优先纳入保障范围，切实保障贫困老年人的基本生活。五是对“三无老人”继续完善保吃、保穿、保住、保医、保葬为内容的“五保”供养制度，随着经济社会的发展逐步提高其供养标准和集中供养率。六是在经济条件好的乡（镇）、村，建立老年人福利补贴制度，对高龄老人、独生子女家庭老人、农村二女户家庭老人、生活不能自理又经济困难的老人给予补助。七是巩固和发展养老创收基地、创收项目，已进入小康的行政村，要积极探索为老农民发放固定生活补助或养老金。有条件的行政村，可将为承包的集体土地、山林、水面、滩涂等作为养老创收基地，收益供老年人养老。

（五）加强老年人协会建设。进一步加强基层老年协会建设，充分发挥“协会”做好基层老龄工作的作用。老年协会已成为基层老龄工作的有效载体，在维护社会治安、调解邻里纠纷、维护老年人合法权益、丰富老年人精神文化生活方面发挥了重要作用，是党和政府联系群众，做好群众工作的纽带和桥梁。老龄工作的重点在基层、在社区，以老年“协会”为抓手，依托“协会”做好基层老龄工作，这是一条重要经验。城乡社区都应该加强老年人协会建设，研究制定管理办法，充分发挥其在基层民主自治、社区建设和老龄工作中的作用。

（六）加强农村老年人文化活动场所建设，丰富老年人精神文化生活。要加大力度搭建农村老年人开展文化娱乐活动的平台，有条件的乡（镇）、村至少要有1所老年文化活动中心和老年文化活动站。基层老年人协会牵头组织老年人开展文明健康、积极向上、具有地方特色、老年人喜闻乐见的文化娱乐健身活动，丰富广大老年人的精神文化生活，提高老年人的生命生活质量。

内蒙古自治区

“空巢老人”家庭增多已成为亟待解决的社会问题

哈 斯

随着老龄化社会的到来，人们生活水平的提高，生活观念的转变，家庭规模日趋小型化，“空巢老人”家庭越来越增多。根据2000年全国第五次人口普查，65以上的老年人的家庭占全国家庭总数的20.09%；其中“空巢老人”家庭则占老年人家庭的22.83%，有部分地区这个比例已超30%。全国大约有2340万名“空巢老人”需要照料。

“空巢老人”作为老年人中的一个特殊群体，其数量和比例迅速增长，给社会提出了许多问题。当养老成为一个社会问题的时候，其应对和解决以必然需要从社会化的角度寻求出路。在经济发展、社会进步、社会保障日益完善的今天，我国对民生问题越来越关注，尤其是对“空巢老人”的生活和精神赡养，已经刻不容缓。

“空巢老人”是指身边即无子女又无人照顾孤寡老人或有子女却不与其共同居住的老年人；独身居住老人和老配偶。

“空巢老人”家庭出现的主要原因有三点：一是随着社会经济的发展，家庭结构居住条件发生了巨大的变化。实行计划生育政策以来，我国城市农村的家庭结构已经日益趋同，逐步向2人抚养1个子女、赡养夫妇双方4位老人的“4—2—1”结构过渡。过去多子女分担照顾和赡养老人的时代已经不复存在。二是在观念上家庭结构从四室同堂的家庭已分解为独立门户的小型化家庭。三是劳动流动对家庭格局产生影响。我国劳动力市场化和用工制度改革，城镇经济体制改革以及鼓励并给农村的劳动者创造了大量的就业机会，大量农民特别是青壮年农民进城务工、经商，对留在农村的老年人的养老也同样产生不利影响。剩下来留守的空巢老人”。其特点主要是：年龄偏高，一般在70岁左右，身体状况体弱多病的占大多数；有配偶的少，丧偶的多。例如：清水河县北堡乡桦树沟村是一个名副其实的“空巢老人村”。全村总共280人，青壮年都出去打工，只剩下57名老年人和一个年轻村长，老年人生活照料和精神照料更是无从谈起。像这种情况全区农村比较普遍存在的一个问题。需要我们认真研究思考。

在目前看，“空巢老人”的主要生活照料：

1. 子女是“空巢老人”的主要关照人，打电话是子女与“空巢老人”联系的主要方式。

2. “空巢老人”由邻里关照。关照的内容主要包括帮助就医、买药、买生活用品，有的帮助烧水做饭、洗衣服、打扫卫生。

3. 关照“空巢老人”只能以本区居住为主。“空巢老人”的义工关照，即区居委会组织的老年志愿者队伍。

4. “空巢老人”由福利院或老年公寓等养老机构关照。

目前来看，我国的社会养老机构也刚刚处于起步阶段。需求和供给之间的矛盾日益突出。根据统计，中国目前社会养老床位120.5万张，平均每千名老年人中8.6张，而发达国家是50—70张。此外，这些矛盾不仅来自于社会养老床位在数量上难以满足老人的需求，也来自于在院的老人对精神生活的更大需求，也对福利机构提出了更高的要求。

除了社会化养老服务外，许多地方正在试行的“居家养老服务”，给传统的家庭养老注入社会服务功能，也正在成为养老的有益探索。

“空巢老人”增多是社会经济发展进步的体现，同时也是好多老年人面对选择独立生活遗愿的体现，我们应予积极的支持，而对空巢现象带来的问题，各级政府和整个社会应予以高度的重视，制定相应的政策措施，对“空巢老人”的生活需求给予以积极的帮助，特别是对各种困难的“空巢老人”提供可靠的保障是十分重要的。各级政府应在帮扶“空巢老人”的工作中发挥主导作用，把“空巢老人”工作，作为一项战略任务去抓，作为落实十六届六中全会精神，构建社会主义和谐社会的重要内容来抓，不断地去关注、分析和解决“空巢老人”的问题。

今年2月，国务院转发了全国老龄办等10个部门《关于加快发展养老服务业的意见》，这个文件的出台为解决老年人的养老服务提出了具体的要求，根据文件精神，我们当前，主要应做以下几方面的工作。

第一，认真贯彻《中华人民共和国老年人权益保障法》，依法维护“空巢老人”的合法权益。特别是维护他们的养老权益，医疗权益，婚姻权益，住房权益。认真贯彻《中华人民共和国老年人权益保障法》，使“空巢”老人的合法权益得到全面保障。解决好“空巢老人”的生活、精神赡养问题必须由政府来主导，社会来参与，全民来关怀。要进一步明确社会公共保障服务的政府间职责分工，明确政府各部门间的职责分工，由各级老龄部门具体抓好落实老龄问题。使这项工作要有计划有步骤地开展，把解决“空巢老人”的问题，例入老龄工作目标和考核目标来实施，否则就会职责不明，互相推委、扯皮。

第二，完善社区为老服务体系。要全面建立服务机构、服务队伍、服务运行机制。首先，在建立老龄服务机制，开展统筹、例会、检查等老龄工作制度。建立空巢老人”档案，了解“空巢老人”的家庭情况。把独居老人的关怀落实到亲属、邻里、社区——应当构建起以社区为中心的关爱“空巢老人的为老服务体系。

现在不少城市社区兴起了独居老人安装求助门铃，以保证老人得到及时的救助。这是善待“空巢老人”的一种有效方式。越来越多的社区把构建起关爱“空巢老人”的社会服务体系纳入法制化、规范化的轨道。这些成功的经验和做法需要我们认真的学习、借鉴。

第三，要加快居家养老为基础，社区老年公益服务为依托，加强社会养老服务机构和服务设施建设，为老年人提供生活照料、精神慰藉、卫生保健、文化教育，体育健身和权益维护等服务。社区要建立一些服务岗位，让一批热爱老年工作的下岗人员，包扶需要照顾的空巢老人，在他们生活和精神上进行照料，这样做既满足“空巢老人”需求，又解决了社会就业压力。

锡盟基层社区和农村牧区老年人社保医保工作新情况

锡盟老龄工作委员会办公室

一、老年人纳入最低生活保障范围情况

（一）从农区看：太旗光林村、西苏旗亦可乌素村的老年人口为438人，其中贫困老年人口352人，纳入低保的贫困老年人口26%，另有84%的贫困老年人未纳入低保；

（二）从牧区看：西苏旗的敦达乌苏嘎查、西乌旗的赛罕淖尔嘎查、二连浩特市的格日勒敖都三个嘎查共有老年人口241人，其中贫困老年人口128人，已纳入低保的老年人口112人，纳入低保的贫困老年人口占88%，12%的贫困老年人未纳入。

二、老年人健康和医疗卫生状况

（一）老年人看病率不高，太旗永丰卫生院年4300人中60岁以上看病人只有205人，西乌旗巴彦胡舒中心卫生院年1000人看病中60岁以上老人看病240人，锡市达布希勒图卫生院年1200人看病其中60岁以上老年人看病只有20人，二连浩特赛乌苏卫生院和格日勒图敖都苏木卫生院分别为700：25人和1000：109人；基层卫生院对老年人看病（挂号、处诊、处置、上门、健康咨询）5项优待初步实现，其中门诊窗口设有“老人优待”的标志。

（二）锡林浩特市、二连浩特市街道办事处社区居委会。目前只靠现有的几处大医院和个体小诊所，看病难、看病贵，不便于社区群众看病就医，为老年人优质服务十分薄弱。

（三）农牧区老年人身体健康状况：在调查的679名老人中，身体硬朗、较健康的约218人（在农牧区60岁－70岁间）占32%；身体一般没有大病的313人（在农牧区60岁－70岁间）占46%；长期患病的重病者86人（在农牧区70岁－80岁以上）占13%。从饮食起居生活能力看，不需别人照料、生活完全能自理的老年人418人，占62%；不能自理需要护理照料的112人，占17%，完全不能自理、生活需要别人照料的38人，占6%左右。

（四）纳入合作医疗保障状况：2006年起开始实施农牧区新型合作医疗保障以来，农牧民普遍入保，基层反映很好。现入保率达农村80%，牧区70%。许多老年人由于从来未享受过医保，加之收入水平低，对现阶段药价高、各种诊断、化验、救护用车及交通费昂贵而个人难以承受，看病较难，致使怕生病，生了病又不能去治病而带病生存的现象时有发生。影响老年人健康，且给家庭和社会带来赡养照料上的沉重负担。

三、农牧区老年人经济状况

（一）农民中60岁以上老年人经济收入主要分三个年龄段来划分：一是60岁－69岁的人群中部分健康老人的劳动收入为主要经济来源，占52%。二是70岁－79岁的人群中大多数已丧失劳动能力，主要靠子女供养，还有部分退耕还林还草耕地的补偿收入；也有部分农民打工收入低和有其他原因丧失了照料家中老人的能力，高龄老人收入者贫困化加剧。三是完全丧失劳动能力并需要他人照料的老年人靠子女供养、民政纳入低保，少数“五保”老人、特困老人主要靠民政部门的救济和社会救济生活，经济供养仍出于低水平状态。

（二）牧民中60岁以上老年人除少数健康老人外，多数为常年患有“老毛病”带病生存。经济来源主要有以下几种：一是草场（每亩转租20元，每人800亩－1200亩不等）；二是牲畜（10只）羊单位；三是子女供养；四是社会救济等。从表面上看牧区老年人的经济收入略高于农区，但是从生活环境、交通条件、地理特点、生产活动、医疗卫生条件、饮用水中含多种有害于健康的元素等，牧民的生命质量仍处于比较低水平状态。

（三）企业离退休人员：退休金有保障，医疗费略有保障。

（四）住房和穿着状况：679位老人中，都有住房（其中住房较好的占40%，住房一般的占55%，住差房的占5%）。另外绝大多数老人和子女一起生活。在穿着方面，穿得好的占25%；穿着一般的占65%；穿着差的占20%。穿着方面虽然解决基本温寒问题，但与城镇的差距很大。

黑龙江省

对我省老年维权工作的认识与思考

杨铁生

一、我省人口的严峻形势

我省60岁以上的老年人口已达到446万人，占人口总数的11.67%。一对30多岁的独生子女夫妻要负担4到8位老人的赡养义务。“上有老，下有小”，家庭重负可想而知。我省尚属于经济欠发达地区。老工业基地国有经济比重大，离退休人员多，职工平均收入低。农业基础薄弱，靠天吃饭的格局没有根本改变，农民收入仍在低水平徘徊。而我省现行的养老保障程度低，医疗保障程度不健全，为老服务缺乏政策和硬件支持；维护老年人合法权益的宣传贯彻还没有完全到位，存在盲区和工作的死角，侵犯老年人财产权、婚姻自由权的事件还时有发生；老年维权机构还受老龄体制因素的影响不健全，或难以发挥作用。这些问题说明了老龄问题已经超越家庭，成为关乎国计民生和国家安定的社会问题。今后一个时期，老龄化程度将不断加深。据预测，2010年以后，我省老年人的年增长速度将达到4.8%，到2020年全省老年人口数达到792.67万人，占人口总数的19.40%；到2030年开始进入老龄化的高峰期，全省老年人口数量达到1120.74万人，占人口总数的28.27%。因此，我们要对老龄化加剧，对我省经济结构、消费结构、家庭社会结构、社会稳定产生的深刻影响有清醒的认识，对老龄化带来的养老保障负担沉重、医疗卫生消费剧增、为老社会服务供需矛盾突出等方面的问题要有积极应对的准备，加快发展老龄事业的步伐，全面维护老年人合法权益。

二、做好老年维权工作的有利因素

面对新时期老龄工作的诸多问题，也要看到开展老龄工作的有利因素。一是大的政策法规和舆论环境有利。《中华人民共和国老年人权益保障法》的出台，党中央、国务院、有关部门出台的一系列涉老方面的方针政策，对积极应对老龄化作出了战略部署和统筹考虑，为老年维权工作提供了法规政策上的依据。十六届六中全会明确提出：“发展老龄事业，开展多种形式的为老服务。”国务院发布的《老龄事业发展白皮书》将老龄事业发展上升为国家机制。二是老龄事业发展纳入了省委总体工作布局。围绕构建和谐龙江，突出民生思想，省委明确提出了“要积极应对人口老龄化趋势”，引起全省上下各相关部门、单位的高度重视和研究，形成了未雨绸缪，认真规划和携手推进老龄工作的良好态势。三是全省老龄工作方形未艾，展现无限生机。近几年，各地老龄事业取得了阶段性成果，得到社会各界的广泛认知，国家老龄办关于维权工作的指导意见及我省老年维权工作在实践中培养的典型、积累的经验，将很好地发挥指导和示范效应，从现在起到2030年我省正处于人口红利期(人口机会窗口)，抢抓这二十多年的宝贵时机，做好老年维权工作，将对促进老龄事业的发展产生深远的历史意义。四是老年人自身主观能动性的发挥，将有利于做好新时期的老年维权工作。近年来，老年人自身的法律素质、文化素质等综合素质在不断增强，自我维权意识不断提高。老年人在民主政治建设、先进文化建设、市场经济建设、和谐社会建设等方面的影响力不断扩大，为扎实开展老年维权工作奠定了良好的社会基础。

三、努力开创老年维权工作的新局面

当前和今后一个时期的老年维权工作，要坚持以老年人为本，以科学发展观为指导，以贯彻“一法一例”为主线，坚持“一手抓发展，一手抓维权”的总体思路，树立“情系老龄，孝行龙江，构建和谐”的工作理念，实施制度体系建设、老年维权工作网络建设、维权保障机制建设，不断开创全省老年维权工作的新局面。

一是健全三个制度体系。老龄事业由于其公益性质，其发展的源动力主要来自相关的法律制度以及政策的严格约束，目前要巩固好社保试点省工作的成果，在养老保障和医疗保障方面进一步健全制度体系，切实解决好城市贫困老年人的养老和医疗保障问题。并针对城乡二元经济体制的特点，重点解决好农村老年人的养老和医疗保障制度问题，不断扩大养老和医疗保险的覆盖范围和筹资渠道，逐步做到让每个老年人老有所养、老有所医。在为老服务方面，尤其是对失能老人的护理服务方面，我国制度保障体系建设尚属于空白。各地老龄委要协调成员单位的力量，搞好调查研究，以实施“爱心护理工程”为切入点，率先探索为老服务制度体系建设，制定长远发展规划，建立商业保险、社会保险、管理制度、服务规范等一系列配套的制度体系，保障为老人服务的需求。

二是构建五级社会化老年维权工作网络。老年维权工作是一个复杂的系统工程，不是一级组织、一两个部门能够独立完成的。构建省、市（地）、县（区）、乡镇（街道）、社区（村）五级社会化老年维权工作网络，是切实维护好老年人的合法权益的一项硬措施。省、市（地）、县（区）老龄委应将老年维权纳入重要工作日程，由老龄办负责综合协调。公检法部门、律师事务所、公证处等单位应建设老年维权机构，设立维权示范岗，建立老年法庭，并挂出明显标志，为老年人提供方便、快捷、优质、高效的法律服务。乡镇（街道）、社区（村）有关职能部门或专职人员，积极联系辖区内的社会团体、企事业单位、中介组织、基层组织、老年群众自治及居民家庭，形成各方面相互配合推进老年维权工作的合力。各级民政、劳动保障、司法行政、人事、卫生等部门充分发挥职能作用，切实保障老年维权工作职责的落实。逐步形成上下协调、运转高效、综合施治的五级社会化老年维权工作网络。同时，加强老龄工作组织机构建设，强化维权职能。

三是开展“情系老龄，孝行龙江，构建和谐”主题教育活动。这既是我们教育活动的主题，也是我们的工作理念。广泛深入地搞好主题教育的宣传和发动，让主题教育活动走出老龄工作圈，在全社会叫响。各部门、各行业发挥各自的优势开展为老人办实事、办好事活动；宣传树立好典型，联系实际开展“敬老文明窗口”评选活动，以及孝亲敬老好儿女、重视老龄工作好领导、敬老优秀公务员等评选活动，不断创新活动形式；开展与贫困老人手拉手、与百岁老人面对面等活动，在全社会形成浓郁的敬老维权氛围。老年节要集中声势，推出主题教育活动，扩大主题教育的影响，通过扎实有效的主题教育把法制教育与敬老道德教育结合起来，逐步形成与社会主义市场经济相适应，与社会主义法律规范相协调，与中华民族传统美德相承接的社会主义敬老爱老思想道德观。

四是建立四项维权工作机制。即老年维权工作法律监督机制、信访调解机制、社会舆论监督机制、司法救助机制。在法律监督机制的建立上，充分发挥各级人大的作用，搞好老年法的执法检查，发现问题，从法律源头上正确区分和处理。坚持“依法、及时、就地解决问题与疏导教育相结合”的信访工作原则，建立信访调解机制。推广齐齐哈尔市在老年信访工作中的“六言、六心、六不”做法，真正使老年信访问题解决在基层。建立社会舆论监督机制，发挥新闻部门的舆论监督作用，发挥群众团体的社会监督作用，曝光侵害老年人的典型案例。谴责不赡养老人、虐待老年人的丑恶行为，从社会舆论上形成维护老年人权益的有利氛围。建立司法援助机制，重点构建县（区）法律援助中心——乡镇（街道）法律援助站——社区（村）法律援助点三级服务网络。对需要获得律师及其他法律帮助但又无力支付法律服务费用的老年人，按《老年法》的规定向他们提供法律援助。通过这些机制，全方位、宽领域、多层次地维护好老年人的合法权益，真正让老年人实现“六个老有”工作目标。

吉林省

关于全省65岁以上老年人基本情况调查的报告

吉林省老龄工作委员会办公室

按省政府领导的要求，省老龄办会同省人口计生委、省统计局联合部署在全省开展了65岁以上老年人基本情况调查工作，调查工作已经结束。现将情况报告如下：

一、调查的主要信息数据

调查自2007年6月上旬开始至10月下旬结束，历时5个月。调查范围为全省65岁以上老年人，调查方式为问卷式，基点时间为2007年1月1日。调查内容包括老年人的自然状况、养老医疗保障、健康状况、空巢老人、养老方式和未来养老需求等。共对159.3万名65岁以上老年人的基本情况进行了调查。其中，非农业户籍69.33万人，占43.52%；农业户籍89.98万人，占56.48%。

（一）养老保障

非农业户籍养老保障有效调查信息为66.59万人。其中有单位离退休金和社会养老保险的占67.02%，依靠赡养人供养的占18.25%，享受最低生活保障待遇的占9.31%。

农业户籍养老保障有效调查信息为82.48万人。其中依靠赡养人供养的占72.11%，享受最低生活保障待遇的占10.91%，依靠劳动和其他收入的占16.26%。

（单位：万人）

	离退休金和社会养老保险	赡养人供养	享受最低生活保障	依靠劳动和其他收入	享受遗属生活补助	农村计划生育家庭奖励救助	享受集体发放退休金	享受集体发放生活补贴
非农业户籍	44.63	12.15	6.20	2.46	1.15			
农业户籍		59.81	9.05	13.49		0.46	0.13	1.13

（二）医疗保障

非农业户籍医疗保障有效调查信息为61.55万人。其中有职工医疗保险的占53.3%，参加城镇居民基本医疗保险的占18.93%，没有任何医疗保险的占25.49%。

农业户籍医疗保障有效调查信息为83.34万人。其中参加新型农村合作医疗的占93%，没有任何医疗保险的占6.71%。

（单位：万人）

	职工医保	城镇保险	新农合	商业医保	没有任何医疗保险
非农业户籍	32.81	11.65		0.285	15.69
农业户籍			77.51	0.034	5.59

（三）健康状况

身体健康生活基本正常的占76.32%，长期患病生活部分能自理的占18.42%，长期患病生活不能自理的占4.17%，身体残疾但生活部分能自理的占0.77%，完全不能自理的占0.31%。

（单位：万人）

	身体健康生活基本正常	患病生活部分自理	患病生活不能自理	残疾生活部分自理	残疾生活不能自理
非农业户籍	57.42	9.10	2.33	0.35	0.13
农业户籍	64.16	20.25	4.32	0.88	0.37
合计	121.58	29.35	6.65	1.23	0.5

（四）"空巢老人"

据对吉林市29.02万名65岁以上城乡老年人的调查，生活在"空巢老人"家庭的老年人占45.00%。"空巢"家庭老人中，夫妻老人占71.7%，单身老人占28.3%，有子女老人占97.7%；无子女老人占2.3%，80岁以上老人占3.8%。

吉林市"空巢老人"调查情况

（单位：万人）

	空巢老人	夫妻老人	单身老人	有子女老人	无子女老人
非农业户籍	7.40	5.53	1.87	7.31	0.09
农业户籍	5.66	3.84	1.82	5.45	0.21
合计	13.06	9.37	3.69	12.76	0.30
其中：80岁以上	1.10	0.53	0.57	1.06	0.03

（五）养老方式及需求

调查显示，居家老人占98.98%，入住在养老机构的老人占1.02%，在健康时有入住养老机构需求的老人占0.92%；生活自理出现困难时有入住养老机构需求的老人占2.08%。

（单位：万人）

	居家养老	入住养老机构	健康有入住需求	困难有入住需求
非农业户籍	68.67	0.654	0.57	1.78
农业户籍	89.01	0.973	0.90	1.54
合计	157.68	1.63	1.47	3.32

（六）年龄结构

对159.3万人的调查显示，65岁至69岁占41.22%，70岁至79岁占46.46%，80岁至89岁占11.47%，90岁至99岁占0.83%，100岁及以上467人，为万分之三。

二、信息数据分析

通过对调查信息数据的梳理分析，有以下主要问题：

（一）农村养老保障问题仍然突出

调查数据显示，城镇职工基本养老保险制度的实施，使67.02%的65岁以上非农业户籍老年人自身都有稳定的生活来源，生活能够得到基本保障。随着城乡最低生活保障制度的建立和不断完善，占65岁以上老年人总数9.57%的贫困老年人也都有了最低生活保障。而农村绝大多数老年人仍然依靠赡养人供养，由于土地养老功能在逐步弱化，计划生育家庭老人不断增多，赡养人供养老年人的负担越来越重。农村依靠劳动维持生活的老年人仅次于赡养人供养的老年人，且所占比例明显高于城镇，随着年龄的增长他们会逐步丧失劳动能力，或依赖赡养人供养，或生活陷入困境。虽然计划生育奖励扶助政策的实施，增加了部分农村老年人的养老生活费用，一定程度上改善了生活，但月均也仅有50元，无法从根本上解决养老保障问题。农业户籍老年人口数量超过老年人口总数的一半，农民养老保障问题日益突出，农村养老保险制度的缺失，已成为社会保障亟待解决的突出问题。

（二）老年人参加城镇居民基本医疗保险尚有很大空间

我省新型农村合作医疗制度经过试点，已在省内农村全面实施，由于缴费标准低，受到农村广大老年人的欢迎，65岁以上农业户籍老年人参合比例高达

93.00%，基本实现了全覆盖。而非农业户籍65岁以上老年人尚有25.49%没有任何医疗保险，如以2005年底65岁以上城镇老年人口总数（1%人口抽样调查推算）117万为基数，推算未参保人数达29.82万人，若考虑65岁以下未参保老年人因素，吸纳老年人参加城镇居民基本医疗保险实现"老有所医"还有很大空间。

（三）空巢老人生活照料、精神慰藉问题需要认真对待

随着人口老龄化快速发展、高龄老人显著增加、居住条件不断改善和人口流动性的增强，家庭结构日趋小型化，空巢老人家庭不断增多。调查显示，高达45%的65岁以上老年人成为空巢老人，其中单身老人占28.3%、无子女老人占2.3%，80岁以上老人占8.42%。而计划生育政策实施多年来，还将持续涌现大量"四二一"家庭结构的老人，空巢老人的数量和所占的比重都将呈现快速增长态势。高龄、病残空巢老人将面临料理生活困难和精神上的孤独与寂寞问题。

（四）养老机构现状难以满足养老需求

调查数据显示，65岁以上老人居家养老比例高达98.98%，这里既有传统观念影响也有经济条件制约的因素，因而居家养老仍然是目前老年人养老的主要形式，也是符合国情解决养老问题的根本途径，需要进一步巩固。近年来，社会力量兴办的养老机构呈现了较快的发展势头，65岁以上老人入住养老机构占1.02%，为满足不同老年人的养老需求，解决养老问题发挥了较好的作用。随着人口老龄化快速发展和养老问题的日益突出以及家庭养老功能的进一步弱化，对机构养老的需求呈现较快增长趋势。调查显示，超过3%的老年人有入住养老机构需求，若按省统计局预测的2010年全省364.8万老年人推算，需要养老床位近11万张。而我省目前养老机构床位数量、养老机构服务类型与养老需求相差甚远，供需矛盾将日益突出，加快发展养老服务业，扶持社会力量兴办养老机构迫在眉睫。

（五）社区（村）医疗服务应当进一步完善

从调查的信息数据分析看，65岁以上居家老人中因长期患病生活仅能部分自理和不能自理的比例达到22.47%，因身体残疾生活仅能部分自理和完全不能自理的老人约占1.1%。高龄老人数量也呈现了明显的增长趋势，80岁以上老年人已占65岁以上老年人总数的12.33%。从倡导支持居家养老的角度出发，这些老年人就近在社区（村）得到便捷医疗及上门服务就显得尤为重要，而目前基层医疗服务网点布局、医疗设施条件和医疗保健服务项目还难以满足这样的要求。

（六）对贫困老年人的保障力度尚显不够

调查显示，65岁以上低保老人15.25万人，占调查对象的9.57%。而65岁以上享受低保待遇非农业、农业户籍老人中，因病、残生活部分自理或完全不能自理的分别占33.87%和40.66%。有资料表明，老年人的人均医疗费用支出是在职人员的3至5倍，因病至贫、返贫是导致老年人长期生活困难的重要原因。这部分老年人贫困加病残，生活更加艰难，应进一步加大对他们的保障力度。

三、对策建议

为积极应对日益突出的人口老龄化问题，贯彻落实科学发展观，着力解决老年人最关心、最直接、最现实的利益问题，不断促进社会和谐，根据我省实际提出以下对策建议：

（一）进一步完善社会保障体系，探索建立农村养老保险制度

从构建社会保障体系、共享发展成果和体现社会公平正义的高度出发，积极探索建立农村养老保险制度是贯彻落实十七大精神，解决农村养老保障问题的根本途径，也是实现社会稳定和全面建设小康社会的重要保证。一是应发挥政府的主导作用，通过制度建设将养老保障覆盖到农村。二是运用各级公共财力对农民参加养老保险给予补助，对符合计划生育政策家庭成员（包括父母、子女）参保给予政策倾斜，适当提高补助比例。三是参保人员缴纳必要的费用，尽到应尽的义务。通过个人拿一点、政府补一点的办法，用制度保障农民"老有所养"。适当提高符合计划生育政策家庭老人的保障待遇。

（二）加大医保工作力度，积极吸纳城镇老人参保

按照省政府办公厅吉政办发〔2006〕44号文件精神，扩大医疗保险覆盖面，让更多城镇老年人能够享有基本医疗保障，既符合构建社会主义和谐社会的总体要求，又体现出以人为本和社会的公平与正义。因此，加大医疗保险参保工作力度，吸纳更多的非农业户籍老年人参加城镇居民医疗保险，是从根本上解决老年人特别是低收入老年人看病难、看病贵的有效制度保障。

（三）加大对低保老人保障力度，建立救助贫困老年人长效机制

进一步加大对我省城乡贫困老年人的政策保障力度，探索建立救助贫困老年人的长效机制。一是将分类施保政策倾斜范围逐步扩大，使更多贫困老年人享

受政策优待。二是进一步提高补助标准，增加分类施保的低保老人补助金额。三是进一步完善社会救助制度，形成长效机制，对城乡因病、灾等原因造成生活、医疗困难的老年人加大救助力度，保障他们的基本生活和疾病及时得到救治。

（四）加强城乡社区基础设施建设，完善为老服务设施

居家养老不但要有完善的服务体系，更需要有完善的服务设施作基础。因此，应发挥政府的主导作用，加大资金投入力度，加强城乡社区为老服务设施建设。一是应在城镇社区建立老年人日间照料服务设施。二是充分发挥“星光老年之家”作用，配备必要的老年文娱活动器材。三是在社区增设室内、外健身设施，配备必要的老年健身器材。四是为社区开办老年学校创造条件。五是对农村基层综合文化体育活动设施建设提供支持，满足农村老年人开展文体活动的需求。

（五）积极发展社区服务，构建居家养老服务体系

解决养老问题应着力构建以居家养老为基础、社区服务为依托、机构养老为补充的服务体系。一是在社区建立服务中心，开展居家养老服务。二是通过政府购买服务，由公益型岗位养老服务人员为贫困的高龄、病残空巢老人提供生活料理服务。三是在社区配备老龄工作专职人员，负责组织开展社区老龄和为老服务工作。四是引导养老服务进社区，通过市场机制，为有经济能力的老年人提供居家养老有偿服务。五是建立社区（村）医疗服务机构，纳入职工、城镇居民基本医疗保险和新型农村合作医疗定点范围，为居家老人就近提供医疗和上门服务。

（六）加快发展养老服务业，扶持社会力量兴办养老机构

加快发展养老服务业是积极应对人口老龄化挑战，解决日益突出养老问题，满足不同老年人养老需求的重要举措。社会力量兴办的养老机构具有公益性，但其运营却普遍比较困难，入住率较高的仅能维持保本或略有结余，设施维护、扩大发展都举步艰难。根据《吉林省政府办公厅转发省老龄办等部门关于加快发展养老服务业若干意见的通知》（吉政办发〔2006〕43号）要求，“要按照政策引导、政府扶持、社会兴办、市场推动的原则，逐步建立和完善符合我省实际的以居家养老为基础、社区服务为依托、机构养老为补充的服务体系。”应积极支持以公建民营、民办公助、政府补贴、购买服务等多种方式兴办养老服务机构。一是各级政府有关职能部门要督促检查所管理的行业、单位，切实将省政府扶持养老机构发展的各项优惠政策落到实处。二是应对具备一定规模、设施完善社会力量兴办的养老机构给予适当床位补贴。三是支持社会力量兴办的各类养老机构收养“三无”老人，由政府购买服务。四是支持社会力量兴办的各类养老机构收养贫困老人，政府提供适当补助。五是制定实施《吉林省养老机构等级划分与评定标准》，指导养老机构建设，规范养老机构发展。六是加强养老机构登记注册的资格审查和运行中的监督管理，维护入住老人的合法权益。七是加强养老护理人员技能培训工作，鼓励下岗职工和农村转移劳动力从事养老护理工作，落实补贴政策，实施持证（资格证）上岗制度。

吉林省民办养老机构发展情况的调研报告

吉林省老龄工作委员会办公室

为摸清民办养老机构现状，研究促进民办养老机构有序发展的思路对策，吉林省老龄办抽调力量组成调研组，用近半年时间，分赴全省九个市州及十余个县（市、区），对民办养老机构发展及经营管理情况进行调查。通过发放调查表、实地调研和召开座谈会，较为全面地掌握了民办养老机构发展情况，研析了民办养老机构发展中的诸多问题和困难，并提出对策建议。

一、吉林省民办养老机构基本情况

吉林省人口老龄化进程不断加快。截至2007年底，吉林省有60岁以上老年人320万人，占全省总人口的12%。其中65岁以上老年人222.4万人，80岁以上老年人超过25万人，百岁以上老年人540万人。据调查，超过3%的老年人有入住养老机构需求。养老系数不断增大与家庭赡养能力不断弱化的矛盾日益突出，大批民办养老机构应时应运而生，并在近几年有了很大发展。截至2007年底，我省共有民办养老机构530所，占全省养老机构总数的44.2%。其中个人办养老机构524个，占民办养老机构的98.9%，其余为合资（境外投资）。共有床位23331张，占全省养老机构总量的31.9%；入住老年人数达14326人，入住率为61.4%。

虽然全省民办养老机构的发展尚处在初步阶段，但在有些方面已取得长足发展，也有许多值得肯定的地方。在经营规模上，有的已达到一定规模，吉林市

东浩老年康复护理院投资1500万元，建筑占地3000平方米，200张床位，集护理和疗养于一体，各种医疗设施齐全，既满足了一部分高收入老年人的各项需求，也相应增加了收入来源；吉林市永吉县老年康乐园投入近1000万元，建筑占地6000平方米，271张床位，另在广东也建了一所老年公寓，70张床位，入住老人可去广东疗养，每月只加收200元。在入住率上，不少养老机构达到了70%以上，有的甚至达到了100%，并且取得了相应的经营效益。在自身经营管理上，许多民办养老机构为入院老人建立了健康档案，制定了服务人员岗位职责、定期体检、活动等制度，伙食标准及每日食谱公开上墙。吉林市东浩老年康复护理院、吉林市永吉县老年康乐园、白城市颐年老人护理院每年都自费派工作人员到北京、上海等地学习取经，借鉴先进地区经验做法，努力提高经营管理水平。在服务上，很多靠周到细致的服务赢得了入住老人及亲属的人心。龙井市老年人福祉院除日常的餐饮外，设有额外服务，老年人可自己点菜，价格按成本价收取。老人生病了，特殊照顾"病号饭"，每逢老人生日时，院里还为老人免费送生日蛋糕、做长寿面。延吉市依兰镇松涛院专门在厨房设置了公用灶具，老人亲属来看望时，可自己做饭，材料自备，不另收费用。许多老年人反映，入住养老院，家庭氛围浓厚，心情格外舒畅。很多老人入住时患有各种老年性疾病或肢体功能障碍，甚至带有严重的褥疮，通过护理人员的精心治疗护理，身体健康状况有了不同程度的提高。延边龙井市平安老人全托院一位身患绝症的老人，入住时医生说最多活不过三个月，但进入养老院已两年多，仍没有临终迹象。

二、制约民办养老机构发展的主要问题

虽然民办养老机构发展很快，发展的空间很大，但同时也有许多障碍性问题需要破解。

（一）民办养老机构发展所受到的重视程度不平衡

作为老龄服务性民办养老机构，有一定的公益性，需要党委政府及社会的重视、支持和必要的扶持。目前有的地方对人口老龄化认识比较充分，对养老事业的发展重视程度较高，结合本地实际，出台专门政策，进行专门扶持。如长春市为促进养老机构健康发展，制定了《长春市养老服务机构管理办法》，就开办养老服务机构应具备的条件、办非营利性养老机构实行的优惠政策以及对养老机构的规范性管理等内容进行了详细规定。相比之下，一些地方对民办养老机构缺乏应有的重视，缺少对民办养老服务社会福利化的科学研究、市场意识和长远设计，对民办养老机构情况不关心，不过问，养老机构生存和发展得不到应有的重视和扶持。有的地区甚至连养老机构数量的基本情况掌握都不清楚，在问卷调查中，有两个市民办养老机构总数分别为3家和7家，这与实地调研所掌握的情况有很大出入。

（二）管理体制机制不健全

一是对养老机构的管理和指导部门尚不明确。目前，民办养老机构只有民政部门对其履行注册程序，但除了能为其注册外，并没有专门的部门、专门的人员去承担对民办养老机构的管理、指导和服务。调查中民办养老机构普遍反映，虽然政府鼓励兴办养老机构，但在经营过程中却没有一个专门的部门和人员去指导和解决在养老服务过程中遇到的经营性、服务性等问题。

二是监督管理机制不健全。民办养老机构的管理还没有形成统一规范的体系，对其运营也缺乏行之有效的监督，致使一些养老机构游离于政府的监管之外。一些个人办的养老机构不具备相应条件，没有履行注册等相应程序，想办就办，想黄就黄，随意性很强。一些养老机构经营和服务行为不规范，各项制度不健全，甚至有的连入院老人的花名册和健康资料都没有，达不到养老机构服务目标和服务标准，未能给老年人提供良好生活、养老氛围。据调查，在全省530家民办养老机构中，没有登记注册的就达292个，占总数的55.1%。白城市88个民办养老机构中，登记注册的一家也没有。松原市民办养老机构，注册率也为0。全省民办养老机构中卫生许可和消防许可等各类手续齐全的只有301个，占总数的56.8%。

三是行业组织不健全。在调研中发现，目前我省各地民办养老机构都处在单独经营、"各自为战"的状况，还没有形成一个促进同行业间相互交流、相互指导的组织，来进行自我约束、自我管理、自我服务、自我完善，实现各机构之间的优势互补，避免恶性竞争，促进整个行业的健康发展。

（三）扶持政策落实不到位

一是政策不平等。公办、民办养老机构都承担着公益性的养老社会服务，其功能并无明显区别，但所享受的政策却有着很大的差别。公办养老机构的一些管理等费用政府给拨付，工作人员的工资政府来承担或补贴，养老服务设施、房屋改造财政也给予专项投入。民办养老机构不但享受不到这些政策，还要承担比公办更多的费用，仅房租费一项，就占了很大的比重，另外还要支付工作人员的工资、水电等费用，决定了民办养老机构只能在微利中甚至是亏损风险中经营。而且民办养老机构要想上档次、上规模更是面临着贷款难、无周转资金、无场地等重重困难。

二是现有扶持政策执行不到位。去年，省老龄办协调11部门联合制定了《关于加快发展养老服务业的若干意见》，在鼓励社会力量参与养老服务业发展方面制定多项优惠措施，经省政府常务会议同意并以省政府办公厅文件转发。但在调研中发现，政策落实得并没有完全到位，相当数量的民办养老机构不能享受这些优惠政策。有的地方本应享受和落实到的一些政策却要靠个人社会关系去争取，还有的拿着文件要求享受这些优惠政策，被断然拒绝，影响了政令的权威性，更影响了社会力量兴办养老服务业的积极性，一定程度上制约了民办养老机构的发展。

三是明目众多的收费项目给民办养老机构增加了负担。大多数民办养老机构在经营过程中，不仅在水、电、取暖、有线电视等收费没有享受到优惠，还要受到来自工商、税务、环保、防疫、排污、消防等部门的管理，并交纳相关费用。许多民办养老机构反映卫生防疫年检收费标准太高，每年按饭店的标准收取，争取优惠时，答复说没有养老院这个行业，不能优惠。排污费对民办养老机构也是一笔不小的支出，仅延吉市白头乐园今年一年就交了5000元。通化市二道江区温馨托老院是一个小型的民办养老院，煤气费、水费议价，不但没有享受政府资金等方面的扶持，每月还要交付社区100元的管理费，并按每个床位月缴12元的标准，向工商局缴纳管理费。

（四）自身经营管理和服务不适应养老服务的要求

一是服务设施投入不足。有的经营者重获利，轻投入，片面追求经济效益，不想办法或是无力改善养老服务设施等基础建设。由于缺少资金投入，很多民办养老机构条件设施较差。除6家合资兴办的养老机构设施功能齐全外，具备起居室、餐厅、活动室、室内健身室的仅占35.1%。有的只能提供食宿，没有娱乐设施和医疗护理设备，其硬件服务设施难以适应和符合老年人生活的特殊需求，造成入住率过低，难于经营下去。据调查，全省530家民办养老机构中，平均入住率为61.4%，很多处于亏损或微利状况。

二是服务内容比较单一。主要是以日常生活护理、照料为主，收住的对象中80%以上是家庭无力照顾的生活半自理或完全不能自理的老年人，难以满足不同群体、不同层次老年人多方面的需求。

三是服务人员素质不高。一些小型民办养老机构，大多是医院退休和下岗职工创办的，服务人员多数是从农村或下岗职工中招聘的女同志，近70%的从业人员未参加过培训，大都不是持证上岗，只是在上岗前由管理人员简单地讲解一些基本的护理要领和要求，素质参差不齐，服务水平较低。据调查，在我省530家民办养老机构中，从业人员2563人，经过专业培训持证上岗的服务人员只有890人，只占从业人员的34.7%。

三、加快民办养老机构发展的对策建议

民办养老机构是新型养老事业发展的主要方向，在缓解养老服务需求方面将发挥越来越突出的作用。应采取有效措施，解决目前存在的困难和问题，引导和规范民办养老机构的经营管理，促进民办养老机构的发展。

（一）将民办养老机构的发展作为党委政府和相关部门落实关注民生的一个重要内容去重视和支持

随着人口老龄化趋势的进一步加快，民办养老机构的发展问题越来越重要，关注这一群体的民生问题成为维护和保障老年人权益、实现“六个老有”目标的重要方面。各级党委政府应将民办养老机构的发展问题作为关注老龄群体民生问题的重要内容，纳入议事日程，并把解决有效养老服务需求纳入政府相应部门工作目标责任制考核范围。各级党政领导应将民办养老机构作为实地调研和现场办公的一项内容，深入了解情况，研究和解决民办养老机构发展中的新问题，制定和实施相关政策，加大对民办养老机构的资金投入，鼓励和扶持一些发展典型，从党委政府的层面推动养老机构的发展。当前首要的应建立以老龄工作委员会成员单位为主的民办养老机构支持体系，如老龄办协调相关部门制定相关政策，并负责检查督促各项政策的实施落实情况。

（二）加强对民办养老服务机构监督管理，实行管办分理

加强对民办养老机构业务上的指导和经营上的管理和监督，促进民办养老机构健康、有序、规范发展。

一是明确养老机构的管理和指导部门。明确各级老龄办在支持民办养老机构发展等方面的协调和指导职能，承担对民办养老机构的业务指导和各项服务，帮助其解决在养老服务过程中遇到的经营性、服务性等问题。实行管办分理，改变有些部门既当运动员、又当裁判员的现象。

二是加强对民办养老机构的管理。建立行业准入制度，研究制定民办养老机构准入基本标准，明确开业条件、服务要求和收费标准。鉴于民办养老机构是

非营利性的社会福利机构，把养老机构的注册登记与经营性场所区别开来，简化注册登记和投资核准。建立民办养老机构的管理服务制度、年检评审制度，规范审批和管理程序。通过制定行业规范、行业标准，细化评定内容等措施，规范民办养老服务机构的行为，引导其合理、有序竞争。建议由老龄委成员单位按照行政管理职能，就养老服务业的注册登记、评估审核、执法检查等进行符合实际的细化规定，由老龄办协调有关部门对养老机构服务水平的提高进行业务指导、评估和鉴定，对侵犯老年人权益行为进行查处，对不合格的养老机构，限期停业整改直至吊销执照。

三是组建行业协会，促进行业发展。鼓励、引导和支持组建民间团体性质的养老机构行业协会。明确各级老龄办为协会的指导和服务部门，指导协会研究行业发展趋势，制定行业标准，建立行业制度，加强行业管理。协调解决养老机构在经营管理中遇到的困难，维护会员的合法权益。同时，促进各机构间、机构与政府、机构与医疗单位之间的相互协作，实现机构联动、功能互补、资源共享。切实使民办养老机构发展运行更加科学化、规范化、制度化和市场化，成为推动养老事业发展的重要社会力量。

（三）加大对民办养老机构的政策扶持力度，实行放水养鱼

研究、制定、实施和落实有利于推进民办养老机构发展的政策，并给予适当的倾斜政策，扶持民办养老机构发展。

一是加强督促检查，推进现有政策的进一步落实。各级老龄委办公室协调相关成员单位，将国家与省的现有文件具体细化，分解落实到相关部门，特别是市（县、区）政府的相关职能部门，如国土资源、卫生、电力、电信、自来水、燃气等管理部门，应不折不扣地落实《吉林省人民政府办公厅转发省老龄办等部门关于加快发展养老服务业若干意见的通知》（吉政办发〔2006〕43号）文件精神，将优惠政策落到实处。同时加强监督检查，必要时可纳入人大、政协执法检查和视察的内容，促进相关政策的进一步落实。

二是制定和出台有利于民办养老机构发展的新政策。加强老龄委成员单位的协调配合，创造民办养老机构在一定范围内与公办享有同等待遇的政策条件。在实施民生工程中，将民办养老机构纳入其中，对民办养老机构给予一定的资金扶持，创造宽松的发展环境。如解决民办养老机构创业资金短缺难题，可借鉴上海、苏州等地按经营规模给以一定数额标准的床位补贴，并在体育文化设施上予以必要的投入。可采取政府购买公益性岗位、购买服务的办法，设置养老护理公益性岗位，给养老机构护理人员一定的岗位补贴，增加护理岗位的竞争力，让老年人获取优质的服务，让民办养老机构有能力经营，有利润可赚，增强社会力量投资养老服务业的积极性。同时，协调相关部门建立专项民办养老设施建设扶持基金，建议每年拿出一部分固定资金，试行奖励制度，扶持优秀民办养老机构。可采取提供免费培训、帮助改进养老服务设施等形式，奖励符合质量标准和规范的民办养老机构，促进全省民办养老机构服务质量和水平的提高。此外，在政府建设的廉租房中，也应按老龄人口比例划出一部分用于民办养老机构服务用房。

三是加强对民办养老机构的宣传，提高民办养老机构的社会地位。营造支持民办养老机构的社会舆论，多宣传民办养老机构的地位和作用，宣传政府制定和颁布实施的有关兴办社会养老机构的政策、办法，提高各级领导干部和广大群众对搞好老年福利建设重要性的认识，鼓励年轻的、有知识的人从事养老事业，争取全社会关心和支持老年福利事业的发展。

（四）加强对民办养老机构的指导，搞好“扶上马，送一程”

一是指导民办养老机构制定符合发展要求的经营规划。避免只求利益不去投入，或者不切实际地过多过大投入，导致融资困难经营不善。

二是引导民办养老机构挖掘自身优势搞好经营。发挥民办养老机构投资少、规模小、管理简单、家庭气氛浓等优势，在提高养老机构硬件水平的同时，更注重软件质量的提高。可通过组织观摩学习、召开现场会、对经营管理到位的养老机构进行表彰等方式，学习、推广民办养老机构运营典型经验，促进民办养老机构靠服务创品牌，争取客员。

三是建立养老服务从业人员的培训体系。建立健全社会化的、规范的养老技能教育培训体系。协调教育部门尽快开展老年专业教育和专业资格培训项目，有计划地在高等院校和中等职业学校增设养老服务相关专业和课程。为民办养老机构培养高级管理人才，逐步提高全省民办养老机构的整体水平。

四是开展规范、系统的在职人员专业教育和职业培训。协调和组织养老服务从业人员培训教育活动，采取集中办班、观摩学习等形式，促进从业人员了解和掌握老年生理、心理、护理等方面的知识，不断提高服务队伍的专业化水平，提高管理水平和服务质量。

辽宁省

辽宁省城乡老年人口状况调研报告

辽宁省老龄工作委员会办公室

前　言

一、研究背景

《中国老龄事业发展“十五”计划纲要（2001—2005年）》指出，世纪之交，我国60岁以上老年人口超过总人口的10%，人口年龄结构开始进入老龄化阶段。今后的一个时期，我国老年人口还将以较快的速度增长，到2015年，60岁以上老年人口将超过2亿人，约占总人口的14%。我国人口老龄化具有发展快、数量大、地区之间不平衡、超前于社会经济发展等特点。老年人对经济供养、医疗保健、生活照料和精神文化等方面的需求日益增长，必将给经济和社会发展带来巨大的挑战。面对如此严峻的人口老龄化形势，尤其是生活自理能力较差的高龄老年人口快速增长的趋势，如何兼顾家庭养老功能弱化和国家的经济承受能力两方面的客观情况，探索适合国情国力的养老模式，妥善解决老年人口养老中的照料问题，完善各个层次的老年照料体系，不仅具有重要的理论意义，而且也具有更为重要的现实意义。如何解决老龄问题，满足老年人的需求，实现老龄事业与经济社会协调发展，促进社会公平和稳定，是实现“和谐社会”一项重要而紧迫的战略任务。

二、研究方法和研究框架

本项目运用经济学、人口学、老年人口、社会发展等基本理论，运用调查问卷的方法以我省城乡老年人口作为研究对象，考察城乡老年人口在经济、社会、生活、思想状况等各个方面的具体特征。调查问卷分城市问卷、农村问卷和城乡社区问卷。调查内容主要涉及老年人口的基本生活状况、经济供养、医疗保健、社区服务、精神文化生活、社会活动、老龄基层组织和工作等情况。调查采用分层配额系统随机抽样方法，共获得有效样本量997份，其中城市500份，农村497份。项目研究的主要过程和阶段包括文献综述、实证材料分析以及提取研究结论和相关政策建议。

三、研究意义

本份报告力图利用有说服力的数据来描述目前辽宁省老年人口基本状况、经济供养，老年人口的主要健康需求、服务的利用、现有的和潜在可利用的资源、需求和服务的缺口，尝试了解我省老年人口的基本特征，研究我省经济有效的老年人口社会和医疗保健服务基本框架所急需解决的基本问题，为社会经济的发展和提高老年人群的生活质量提供理论依据。

老年人口基本状况

一、性别年龄特征

在本次调查的老年人口总数中，男性占48.9%，女性占51.1%；年龄分布特征为低龄老年人口为主。数据显示辽宁城乡老年人口男女性别比为85 ：95。年龄分布为低龄老年人口为主。城市调查老年人口的平均年龄为69.43岁，中位数年龄为69岁，最高年龄为99岁。农村调查老年人口的平均年龄69.84岁，中位数年龄为68岁，最高年龄为96岁。（见表1.1）

表1.1　城乡老年人口的年龄分布

		年龄分组						
		60—64	65—69	70—74	75—79	80—84	85+	Total
城市	Count	106	160	139	65	22	4	496
	%	21.40%	32.30%	28.00%	13.10%	4.40%	0.80%	100.00%
农村	Count	156	116	85	69	47	18	491
	%	31.80%	23.60%	17.30%	14.10%	9.60%	3.70%	100.00%

二、教育程度

调查显示，农村老年人口的教育程度以“小学”为主，达到43.8%。城市老年人口以“小学”和“初中”这两部分为主，小学和初中比例相近，分别占城市老年人口总数的33.5%和30.6%，两部分相加人数约为城市老年人口总数的2/3；而在农村“不识字”的老年人口占农村老年人口的比重为36%，超出1/3，加上占农村老年人口总数43.8%的“小学”

文化程度的老年人口，则有80%左右的农村老年人口未接受过初等教育。与我省15岁以上总人口中接受过初等教育的人口占绝大多数的事实形成反差。

性别比较表明，女性老年人口的文化程度更低。从城市老年人口分性别文化程度比较来看，在城市男性老年人口中，初中是男性较普及的教育等级，32%的城市男性老年人口接受过初中教育；而城市女性老年人口中，小学是较普遍的教育等级，39.9%的女性老年人口接受过小学教育。对比尤为明显的是男性初中以上学历的比例是72.5%，而女性老年人口初中以上学历的比例是47.9%。从农村男女性老年人口文化程度比较来看，小学是男性较普及的教育等级，48.8%的男性老年人口接受过小学教育；而农村女性老年人口中，不识字的比例达到55.3%。男性初中以上学历的比例是28.1%，而女性老年人口初中以上学历的比例是6.4%。

可见，在农村老年人口教育程度普遍低于城市的前提下，农村女性老年人口更是文化程度最低的一个群体。从年龄数据显示，无论城乡，年龄越大的老年人口受教育程度越低。在城市老年人口中，仅有2.8%的60～64岁老年人口“没上过学”，随着年龄增加，“没上过学”的比例也随之上升，到80～84岁则达到31.8%；农村老年人口的相应比例则是7.1%（60～65岁），72.3%（80～84岁）（见表1.2）。

表1.2　辽宁城乡老年人口文化程度的性别比较

分类		文化程度						
		不识字	私塾	小学	初中	中专	大专	Total
城市	男性	3.00%	0.50%	24.00%	32.00%	23.50%	17.00%	100.00%
	女性	10.80%	1.40%	39.90%	29.70%	12.80%	5.40%	100.00%
	total	7.70%	1.00%	33.50%	30.60%	17.10%	10.10%	100.00%
农村	男性	22.10%	1.10%	48.80%	24.60%	2.80%	0.70%	100.00%
	女性	55.30%	1.50%	36.90%	4.40%	1.50%	0.50%	100.00%
	total	36.00%	1.20%	43.80%	16.10%	2.20%	0.60%	100.00%

可见，老年人口的教育程度偏低是历史问题，与这些老年人口处于学龄期和青年时期的受教育背景有关，与当时社会的经济文化背景也紧密相关。随着目前的这批老年人逐渐退出历史舞台，随着目前青少年人口中教育的普及，新加入老年群体的人口的文化素质必然会逐渐提高，未来老年人口的文化程度必然不同于目前的老年人口，本次调查显示，在低龄老年人口中，接受过初等甚至高等教育的已达一定比例。但我们也应注意到城乡人口教育程度上仍然存在着巨大差异，注意到在某些地区尤其贫困边远地区青少年的辍学问题，提高全民族的文化科学素质在中国仍有很长的路程。

三、婚姻状况

“有配偶同住”和“丧偶”是老年人口最普遍的两种婚姻状态，城乡基本一致；城市有更高比例的“有偶同住”老年人口，农村有更高比例的“丧偶”老年人口。

城市和农村“有偶同居”的老年人口占老年人口总数的绝大多数，但城市比例高于农村；也有1/3左右的城乡老年人口处于丧偶状态，但农村比例高于城市。分性别的老年人口婚姻状态显示，女性老年人口具有更高的丧偶比例，城乡丧偶老年人口中，分别有43.0%和52.4%是女性，这与死亡率的性别差异是吻合的。男性老年人口则享有较高的“有偶同居”比例，有86.5%的城市男性老年人口和70.8%的农村男性老年人口有配偶且住在一起。但农村男性老年人口存在比较多的未婚人口，4.2%的农村男性老年人口未婚（见表1.3）。

表1.3　城乡老年人口婚姻状况分性别比较

分类		婚姻状况					
		与配偶同住	配偶分居	丧偶	离婚	未婚	Total
城市	男性	86.50%	0.50%	12.50%	0.50%		100.00%
	女性	54.40%	1.00%	43.00%	1.70%		100.00%
	total	67.30%	0.80%	30.70%	1.20%		100.00%

（续）

分类		婚姻状况					
		与配偶同住	配偶分居	丧偶	离婚	未婚	Total
农村	男性	70.80%		24.60%	0.40%	4.20%	100.00%
	女性	46.60%	0.50%	52.40%	0.50%		100.00%
	total	60.60%	0.20%	36.40%	0.40%	2.40%	100.00%

老年人的经济特征分析

一、城市老年人就业基本状况

由于所处地域和就业性质的差异，城乡老年人口的就业状况完全不同。城市老年人口的目前就业状态以退休为主，仍在工作的老年人非常少；而农村老年人口目前仍继续干农活的比例还很高。

（一）城市老年人就业状况

城市老年人口的目前就业状态以退休为主，占84.7%；其次是离休的老年人，占4.6%；目前仍在工作的老年人非常少，仅占0.4%，而且全部为男性。在老年人中，离休和退休老年人占据绝大部分，达到89.3%。

老年人的就业状况中显示出明显的性别和年龄差异，男性老年人中离休和退休的比例分别比女性老年人高出7.3和2.9个百分点。在从未工作过的老年人中，女性老年人比例要比男性高出11.4个百分点。这表明，无论是过去和现在，女性老年人的经济活动参与率都大大低于男性老年人（见表2.1）。

表2.1 城市老年人口分性别就业状况

分类	离休	退休	仍在工作	从未工作	其他
男性	9.0%	86.5%	1.0%	2.0%	1.5%
女性	1.7%	83.6%	0.0%	13.4%	1.3%
合计	4.6%	84.7%	0.4%	8.8%	1.4%

退休老年人口的比例随着年龄的增加而减少，60～64岁组的老年人口中，退休人口比例为80.2%，到80～84岁组，退休人口比例降至45.5%；而从未工作过的老年人口的比例随年龄增加而上升，在60～64岁组为15.1%，在80～84岁组升至31.8%。从年龄差别看，我们可以观察到以下特点：第一，低龄离退休老年人比例高于高龄离退休老年人比例；第二，低龄老年人中从未工作过的比例低于高龄老年人中从未工作过的比例；第三，低龄老年人仍在工作的比例高于高龄老年人仍在工作的比例。

（二）是否提前退休

调查显示，城市老年人口中，总共有25.4%的人是提前退休的，已占1/4的比例。性别上也有很大差异，女性中有28.2%的人是属于提前退休的，而男性该比例只有21.8%。对城市老年人口退休年龄的进一步分析表明，城市老年人口的退休年龄也存在明显的性别差异，女性退休年龄早于男性：将近69.4%的城市男性老年人口是在60岁以后退休的，而72.3%的城市女性老年人口在55岁前已退出就业岗位，这一现象与目前劳动就业制度中所规定的男女退休年龄差异有关，有些岗位的女工50岁就退休了，加之女性较长的存活寿命，很多老年女性要度过比工作年限更长的退休时光（见表2.2）。

（三）原单位性质及有无职称

本次调查的结果显示，曾经工作过的老年人中，其离退休之前基本上都是在国有和集体企事业单位工

表2.2 城市老年人口分年龄就业状况

%

分类	分年龄					
	60～64岁	65～69岁	70～74岁	75～79岁	80～84岁	85+岁
离休	1.9	1.9	1.4	15.4	22.7	0
退休	80.2	88.8	95.7	75.4	45.5	50
仍在工作	0	0.6	0.7	0	0	0
从未工作	15.1	8.1	1.4	6.2	31.8	50
其他	2.8	0.6	0.7	3.1	0	0

作，有77.7%的老年人曾在党政机关、事业单位和国营企业中工作，这个比例在男性老年人中更高，达到89.1%，而女性老年人中有30.2%曾在集体企业中工作（见表2.3）。

表2.3　城市老年人口按性别的原工作单位性质分布

分类	党政机关	事业单位	国有企业	集体企业	民营企业	部队	其他
男性	8.8%	16.6%	63.7%	9.3%	0.5%	0.5%	0.5%
女性	2.4%	13.7%	52.9%	30.2%	0.0%	0.0%	0.8%
合计	5.1%	15.0%	57.6%	21.2%	0.2%	0.2%	0.7%

被调查的城市老年人中，大部分都没有职称(61.8%)，但也有19.9%的老年人退休前享有中级职称，而初级和高级职称者分别占7.3%、9.1%。从性别差异上来看，无论是初级还是高级职称，男性所占比例都高于女性。这充分体现出，与女性相比男性在就业方面的绝对性优势（见表2.4）。

表2.4　城市老年人口职称状况

分类	无	初级	中级	高级	不适用
男性	47.4%	8.7%	28.1%	13.3%	2.6%
女性	72.8%	6.2%	13.6%	5.8%	1.6%
合计	61.8%	7.3%	19.9%	9.1%	2.0%

（四）工作意愿

总体而言，城市老年人口的就业意愿并不强烈，有66.6%的城市老年人口现在不愿意从事有经济收入的工作，尤其是女性，比例高达70.9%。虽然不愿意工作的老年人仍占大多数，但也有23.1%的男性城市老年人口和18.5%的女性城市老年人口表示出对工作的要求，其中男性要比女性有更强的工作意愿。年龄分析表明，低龄老年人口对工作的意愿更强烈，60—64岁人口中，有33.7%希望能从事有收入的工作，随着年龄的上升，有工作意愿的比例逐渐下降，可能与老年人口的身体状况和自身能力有关（见表2.5）。

表2.5　城市老年人口分性别工作意愿

分类	愿意	无所谓	不愿意
男性	23.1%	16.6%	60.3%
女性	18.5%	10.6%	70.9%
合计	20.40%	13%	66.6%

在被调查时还在从事有收入工作的老年人，占2.6%，其中男性占全部男性老年人的3.5%，女性占全部女性老年人的2%。虽然城市老年人总体劳动参与率很低，但是低龄老年人劳动参与率相对要高一些，并且都是75岁以下老年人。在这些老年人中，从事临时性和季节性工作的人占大多数，比例分别为66.7%和8.3%，两项合计所占比例75%，而从事固定性工作的老年人比例仅为16.7%。同时还可以发现一个重要现象，即仍在从事有收入工作的老年人中，给别人打工和自己单干的比例最高，分别占到41.7%和50%。寻找这份工作的途径，50%是个人关系、12.5%通过中介、12.5%市场招聘，还有50%是其他方式。这种就业模式与一般劳动力的就业模式有很大差别。

二、农村老年人就业基本状况

（一）农村老年人就业状况

农村老年人口的就业状况以目前是否还在干农活表示。调查表明超过一半的农村老年人口已不再干农活了，但继续干农活的比例仍高达41.5%，该比例大大高于城市老年人仍在工作的比例。其中男性目前仍在劳动的比例高出女性33.2个百分点；低龄老年人口仍在劳动的比例高，随着年龄的上升，仍在干农活的老年人口的比例呈现明显的下降趋势。但仍有4.7%的农村80岁以上老年人口在坚持干农活。这既与农业生产的特点有关，也与农村老年人口的经济状况和生活安排有关，经济水平低，不劳动就难以维生，生活乐趣少，劳动可以成为打发空闲时间的一种途径，也反映了农村老年人口生活的相对辛劳（见表2.6）。

表2.6　农村老年人口按年龄分干得动农活状况

%

分类	60～64	65～69	70～74	75～79	80～84	85+岁
干得动	63.6	48.7	38.8	17.4	6.4	0
干不动	36.4	51.3	61.2	82.6	93.6	100

与城市老年人相比，农村老年人进入劳动力的时间更早，他们开始下地干活的平均年龄为17.67岁。在不再干农活的老年人当中，有96.2%的人已经干不动农活了。因此可见农村老年人退出劳动力主要是由于身体和体力方面的原因。

（二）其他经营

被调查的农村老年人中，90%承包了土地或口粮田，所承包的土地主要是由自己和子女耕种。78%农户种地收入因取消农业税增加，农业税取消的政策对农民切实起到了增收的作用。在被调查的老年人当中还有2.7%的人（年龄都在75岁以下）从事林、牧、副、渔业方面的劳动，而这一比例基本上随着老年人年龄的递增而减小，其中65岁以下老年人仍从事林、牧、副、渔方面劳动的比例稍高，达到4.2%。

表2.7 土地耕种状况 %

分类	自己	配偶	子女	孙子女	其他
耕种或经营	37.8	7.7	58.7	0.7	4.7

三、城乡老年人经济活动

被调查的老年人中，仅有3.3%去年有从事做生意、买卖有价证券或务工等经济活动，且做生意的老年人年龄大多在75岁以下，大部分集中在60～70岁之间。在问及“您手头上有没有股份”时，老年人中基本上没有进行股票或债券的投资活动，城乡的比例分别为99.2%和99.8%。这和老年人身体状况、理财投资理念和心理承受能力有很大关系，大多数老年人都倾向安全、稳健的理财方式。

四、城乡老年人交通工具及专门性农业生产服务

被调查的农村老年人中，22.9%的人家里有摩托车，6.4%的人家里有机动三轮车，27.2%的人家有马车，10.4%的人家有农用车，1.2%的人家有汽车（包括小轿车和大货车）。从农村老年人获得农业生产活动专门服务的情况看，获得机耕服务的比例最高30%，其次为播种20.9%和农业技术服务10.8%，比例最低的是收割服务的获得，只有7.6%（见表2.8）。

表2.8 交通工具拥有比例 %

分类	摩托车	机动三轮车/电动车	小轿车	大货车	马车	农用车
城市	1.7	5.7	0.6	0		
农村	22.9	6.4	0.2	1	27.2	10.4

五、城乡老年人收入状况

（一）离/退休金

在城市老年人有46.99%的老年人回答了“目前您每月的离/退休金有多少元”的问题，他们平均每月领取的离/退休金数额为816.21元。这些老年人的离/退休金领取处主要是银行（88.1%），然后依次是邮局（6.3%）、原单位（4.5%）、社会保障部门（1.1%）。这表明我省城市离/退休金发放社会化的程度已经有了很大的提高。调查结果还表明，我国城市地区离/退休金基本上可以做到按时、足额发放，经缺失处理后，统计显示92.2%的离退休人员能够按时、足额领取离/退休金，但是仍有7.8%的离退休人员不能够按时足额领取离/退休金，平均拖欠16.95个月，平均拖欠金额3106元（见表2.9）。

表2.9 离/退休老年人领取养老金地点

	银行	邮局	社保部门	原单位	总计	缺失	总计
频数	392	28	5	20	445	551	996
百分比	39.4	2.8	0.5	2	44.7	55.3	100
有效百分比	88.1	6.3	1.1	4.5	100		
累计百分比	88.1	94.4	95.5	100			

（二）储蓄和保险

调查数据表明，在老年人当中，为自己养老存了一笔钱的人为数并不多，老年人为自己存了一笔养老钱的，所占比例仅为15.9%，该比例在城市老年人中略为高一些，达到27%，而在农村老年人中仅为4.7%，没有存储这笔钱的农村老年人比例竟占到95.3%。这种现象值得我们高度重视。而从性别差异比较来看，城市男性人口存养老钱比例要高于女性，而农村女性人口存养老钱比例要高于男性。值得重视的是，即使为自己养老存了一笔钱，但是仍有34.3%的城市老年人认为自己存的这笔钱不够养老所需，并且男性老年人认为自己存的钱不够养老所需的比例更高，为41.3%，而在女性老年人中该比例为28.2%。而农村老年人不够养老所需的比例为11.1%，男性老年人比例为14.3%，女性老年人比例为7.7%（见表2.10、2.11）。

表2.10 城乡老年人存养老钱比例

城市或农村			没存	存了	Total
城市	性别	男	68.50%	31.50%	100.00%
		女	76.00%	24.00%	100.00%
	total		73.00%	27.00%	100.00%

（续）

城市或农村			没存	存了	Total
农村	性别	男	96.10%	3.90%	100.00%
		女	94.20%	5.80%	100.00%
	total		95.30%	4.70%	100.00%

表 2.11　存养老钱的满足度

城市或农村			够养老	不够养老	Total
城市	性别	男	58.70%	41.30%	100.00%
		女	71.80%	28.20%	100.00%
	total		65.70%	34.30%	100.00%
农村	性别	男	85.70%	14.30%	100.00%
		女	92.30%	7.70%	100.00%
	total		88.90%	11.10%	100.00%

（三）养老经济保障来源选择

对老年人养老经济保障来源的意愿调查结果表明，我省老年人在很大程度上倾向于依靠子女保障、依靠自己储蓄保险养老、参加社会养老保险。老年人对四种养老经济保障来源的先后选择次序有较大的倾向性且具有城乡差别性，城市老年人把参加社会养老保障作为第一选择的人数最多，比例高达 43.2%；将其作为次优选择的比例为 1.5%。而农村老年人把子女保障作为第一选择的人数最多，占 30.7%，然后依次是：社会保障（26.5%）、商业保险（22.6%）、自己储蓄养老（19.5%）（见表 2.12、2.13）。

表 2.12　养老经济保障来源选择

分类	项目	第一选择	第二选择	第三选择	第四选择
城市	参加社会养老保险	43.2	1.5	17.8	37.8
	买商业保险	18.4	8.2	30.3	42
	靠子女保障	30.4	22.2	34.5	12.9
	自己储蓄养老	8	68.1	17.4	7.3
农村	参加社会养老保险	26.5	0.7	34.4	43
	买商业保险	22.6	6.3	33.8	36.3
	靠子女保障	30.7	34.4	18.8	13.1
	自己储蓄养老	19.5	58.1	12.9	7.2

表 2.13　分性别养老经济保障来源选择

分类	性别	项目	第一选择	第二选择	第三选择	第四选择
城市	男性	参加社会养老保险	49.00%	1.50%	13.60%	35.50%
		买商业保险	23.00%	10.70%	23.20%	43.10%
		靠子女保障	19.40%	27.00%	39.40%	14.20%
		自己储蓄养老	8.70%	60.70%	23.70%	7.10%
	女性	参加社会养老保险	39.10%	1.40%	20.70%	39.40%
		买商业保险	15.30%	6.50%	35.40%	41.20%
		靠子女保障	38.10%	18.70%	31.10%	12.00%
		自己储蓄养老	7.50%	73.40%	12.90%	7.40%
农村	男性	参加社会养老保险	25.90%	1.20%	34.10%	44.40%
		买商业保险	25.50%	5.20%	33.00%	35.20%
		靠子女保障	29.00%	37.10%	17.60%	12.40%
		自己储蓄养老	18.90%	55.60%	15.00%	7.20%
	女性	参加社会养老保险	27.70%	0.00%	35.10%	40.60%
		买商业保险	18.50%	7.80%	34.60%	38.00%
		靠子女保障	32.80%	31.30%	20.00%	14.10%
		自己储蓄养老	20.50%	60.90%	10.20%	7.30%

将养老保障的第一选择和第二选择作为选择倾向归类，我们可以发现，城市和农村老年人第一选择和第二选择相加比例最高的是自己储蓄养老，其次是将靠子女养老。而社会保障和商业保险更多地是被作为第三或第四选择，其中把购买商业保险作为养老保障的比例最低。与农村老年人相比，城市老年人养老意愿偏向于依靠社会养老保险的比例要高一些。可见，农村老年人“养儿防老”的观念根深蒂固，对社会化及商业化养老方式认同度很低。

在对养老保障来源的选择上，第一选择和第二选择相加结果来看，虽然男女老年人都更多地是把子女保障和自己储蓄保障作为首选或次选，但是他们之间仍然存在着明显的差别，例如：城市男性老年人中，把参加社会养老保险作为首选的比例最高，为 49%，而把参加社会保险为第四选择的比例也较大，35.5%。这说明城市老年人对于社会养老保险的认识差异很大。城市老年人在第二选择时半数以上选择自己储蓄养老的（60.7%）。但是城市女性老年人则不同，她们把参加社会养老保险放在首选的比例较大，但同时自己储蓄的比例也比较大，尤其是第二选择上选择自己储蓄的比例达到73.4%。而农村老年人口分布相对较为平均，男性女性的差别不太大。

从老年人经济保障来看，农村老年人认为自己经济上更没有保障。城市老年人口中，男性老年人口认为自己经济有保障的比例为85.4%，城市女性老年人口认为自己经济有保障的比例为74.7%。而农村男性老年人口认为自己没有经济保障的比例为67%。农村女性老年人口认为自己没有经济保障的比例为69.4%。此外，高龄老年人认为自己没有经济保障的比例要明显低于低龄老年人，低龄老人对经济保障的信心度要高于高龄老人（见表2.14）。

与以前的老年人口相比，城市男性老年人口中有8%的老年人认为自己经济上更没有保障，在城市女性老年人中这一比例为15.5%。而该比例在农村男女性老年人口中问题比较突出，农村男性老年人口和农村女性老年人口认为自己经济上更没有保障的比例为57.6%、22.6%（见表2.15、2.16）。

本次调查对老年人的商业保险购买情况进行了调查，调查结果表明，农村老年人更倾向于农村合作医疗保险，其他的人寿险、意外伤害险城市购买比例略高于农村。

表2.14 经济保障程度

分类	性别	现状	年龄分组						Total
			60—64	65—69	70—74	75—79	80—84	85+	
城市	男性	有保障	16.2%	20.2%	28.3%	14.1%	6.6%	0.0%	100%
		没保障	5.6%	4.0%	1.0%	2.5%	0.5%	1.0%	
	女性	有保障	14.9%	27.7%	22.3%	7.8%	1.7%	0.3%	100%
		没保障	6.4%	9.8%	4.7%	3.0%	1.0%	0.3%	
农村	男性	有保障	13.4%	5.3%	5.6%	4.9%	2.8%	1.1%	100%
		没保障	23.6%	17.3%	11.3%	8.8%	4.2%	1.8%	
	女性	有保障	8.7%	8.7%	4.8%	4.3%	2.9%	1.0%	100%
		没保障	15.9%	16.4%	13.0%	10.1%	10.1%	3.9%	

表2.15 与以前老人比更有经济保障分类

分类	性别	现状	年龄分组						Total
			60—64	65—69	70—74	75—79	80—84	85+	
城市	男性	是	18.6%	21.6%	29.1%	15.1%	7.0%	0.5%	100%
		否	3.0%	2.5%	0.5%	1.5%	0.0%	0.5%	
	女性	是	17.6%	30.4%	25.0%	8.8%	2.0%	0.7%	100%
		否	3.7%	7.1%	2.0%	2.0%	0.7%	0.0%	
农村	男性	是	16.2%	7.4%	7.4%	6.3%	2.8%	1.4%	100%
		否	20.4%	15.1%	9.5%	7.0%	4.2%	1.4%	
	女性	是	9.2%	11.7%	6.3%	5.8%	3.9%	0.5%	100%
		否	15.5%	13.6%	11.2%	8.7%	9.2%	4.4%	

表2.16 商业保险情况

分类	人寿险		医疗保险		意外伤害险		养老险		都没买	
	有	没有	有	没有	有	没有	有	没有	是	不是
城市	1.0%	99.0%	1.2%	98.8%	0.8%	99.2%	0.0%	100.0%	92.0%	8.0%
农村	0.6%	99.4%	5.7%	94.3%	0.0%	100.0%	0.8%	99.2%	90.2%	9.8%

六、消费支出状况

（一）家庭消费支出

在本次调查时点的前一个月，被调查的有老年人的城市家庭的平均支出水平为949元，其中饮食费用的支出最多，平均629元，表明我省城市中有老年人的家庭处于较低的生活水平。

（二）老年人个人消费支出

在被调查的老年人中，除了家庭开支以外，有76.4%以上的老年人还有自己专门个人支出，但支出水平并不高，平均仅为704元。在老年人自己专门的个人支出中，相对而言，有比较多的老年人是花费在人际交往方面，为335元（见表2.17）。

表2.17　城乡老年人个人开支支出水平及其构成

（元/月）

		烟酒钱	人际钱	化妆品钱	其他钱
N	Valid	418	377	75	418
	Missing	578	619	921	578
Mean		86.74	335.09	29.67	252.5

（三）老年人医疗费支出

此次调查对老年人看病和住院的花费进行了统计，我省老年人调查时点的前一年医疗支出平均为2630元。从来源的构成上看，1/3的费用是由公费医疗支付，其次是本人负担，大约2/3的人选择本人负担，子女或亲属负担比例占第三位，而商业医疗保险的支付比例最小。而支付平均值上，自己负担的平均费用最高，达到6967元。这表明我省医疗保险制度对老年人的覆盖率还处于较低的水平，医疗费用对于老年人及其子女来说都是一项较重的经济负担。

（三）代际经济交流状况

被调查的老年人中，曾经给子女和孙子女钱的比例较大。老年人平均给子女钱的比例最大，有15%的老年人曾经给子女钱，平均为2741.95元，其次是给孙子女钱，有40%的老年人给孙子女钱，平均为1270.69元。此外，还有将近15%的老年人曾经给过亲戚钱，平均为983.77元，还有将近40.7%的人曾经在其他人情往来中花过钱，平均为827.46元。换言之，老年人在上述方面的平均支出达到6885.93元，月平均573.83元。这表明，老年人与其子女和孙子女之间的经济交流是双向的（见表2.18）。

表2.18　老年人在子女等人身上的花费　（元/年）

		衣服多钱	娱乐多钱	给子女钱	给孙子女钱	给亲戚钱	其他往来
N	Valid	651	113	154	404	151	406
	Missing	345	883	842	592	845	590
Mean		281.84	780.22	2741.95	1270.69	983.77	827.46
Median		200	200	1000	400	500	500
Mode		200	100	1000	200	200	500
Minimum		9	10	50	10	50	10
Maximum		3000	13000	50000	80000	8000	15000
Sum		183477	88165	422260	513360	148550	335950

从表2.19中可以看出，城乡家庭收入有明显差距。城市老人选择比例最高的为“大致够用”，比例为61.2%；农村老人选择比例最高的为“比较困难”，比例为34.7%。城市富裕家庭（很宽裕和比较宽裕之和）的比例为13%，农村富裕家庭的比例为17.8%，农村富裕家庭的比例比城市高4.8%。同时，农村困难家庭的比例也高于城市，城市困难家庭（比较困难和很困难之和）的比例25.8%，农村困难家庭的比例49.3%，比城市高出23.5%。

表 2.19 家庭收入与需求比较状况

	城市					农村					Total
	很宽裕	比较宽裕	大致够用	比较困难	很困难	很宽裕	比较宽裕	大致够用	比较困难	很困难	
男	0.0%	17.9%	59.2%	20.1%	2.7%	1.8%	17.5%	32.4%	34.2%	14.2%	100.00%
女	0	9.6%	62.5%	19.1%	8.5%	0.0%	16.0%	34.0%	35.0%	15.0%	100.00%
60—64		11.6%	61.1%	0	8.4%	1.3%	14.7%	35.3%	0	14.0%	100.00%
65—69	0	10.3%	1	21.9%	7.5%		15.9%	28.3%	36.3%	19.5%	100.00%
70—74		15.7%	62.2%	17.3%	4.7%	1.2%	16.9%	0	27.7%	13.3%	100.00%
75—79		16.4%	63.9%	0	3.3%	1.5%	27.3%	33.3%	0	7.6%	100.00%
80—84		4.8%	66.7%	0	0		13.6%	0	1	11.4%	100.00%
85+		25.0%	0	1		0	5.9%	23.5%	0	29.4%	100.00%
Total	0.2%	12.8%	61.2%	19.6%	6.2%	1.1%	16.7%	33.0%	34.7%	14.6%	100.00%

从性别上看，男性比女性宽裕。城市男性宽裕的比例（很宽裕和比较宽裕之和）为 17.9%，女性为 9.6%；农村男性宽裕的比例为 19.3%，女性为 16%。女性比男性困难。城市男性困难的比例为（很困难和比较困难之和）22.8%，女性为 27.6%；农村男性困难的比例为 48.4%，女性为 50%。

从年龄上看，城市 80 岁以上老人分布在“比较宽裕”和“大致够用”两列，农村 80 岁以上老人除上述两列外，还有一部分老人分布在“很困难”之列，说明农村高龄老人没有城市老人的经济状况好。

老年人住房相关状况分析

老年人口是社会人群中的一个非常重要的群体，他们一般为社会、家庭做出贡献之后才进入退休养老期，因此老年人口的生活好坏可以从一个方面反映出一个国家物质文化发展水平，而老年人口的住房情况则是其中的一个重要指标。

一、居住状况

（一）住房类型

住房的类型是从产权角度（主要是指所有权）来反映老年人口住房状况的一个主要指标。一般来说，拥有产权的住房能够给老年人晚年生活带来一定的安定感。城市中大多数老年人的房子产权都属于自己或老伴，占 83.1%，而农村的比例只有 68.6%。被调查的城市老年人口其住房所在地 56.4%属于单位家属区，23.2%是旧街道/胡同。

过去绝大多数的农村老年人的住房都属于私房。然而随着城市化进程加快，部分农村土地被征用，使得农村老年人住房拥有量下降。本次调查显示，80.4%的城市老年人的住房都是自己的房产，有 7.3%是子女的房产，而农村此比例分别占到 66.7%和 30.4%，可以看出城市老年人自有房产比重高于农村，农村老年人在养老方面更依赖于子女（见表 3.1）。

表 3.1 住房情况

分类	自己房产	子女房产	租公房	租私房	其他
城市	80.4%	7.3%	11.3%	0.2%	0.8%
农村	66.7%	30.4%	0.0%	0.6%	2.2%

（二）单独居住房间

在调查中所使用的单独住房是指老年人自己单独使用、自己与配偶共同使用或与未成年（18 岁以下）的子女共同使用的住房。

调查结果显示，城市中有单独住房的老年人口比例为 90.1%，农村中有单独住房的老年人口比例为 90.6%。与 1992 年调查的数据相比，无论是城市还是农村，有单独住房的老年人比例有所下降。造成这种下降的原因可能是由于老年人口年龄结构的老化。高龄老人由于身体健康状况越来越差，生活自理能力下降，越来越需要人来照顾，因此独居一个房间的比例明显低于低龄老人（见表 3.2）。

表 3.2　单独居住房间的老年人比例　%

分类	分年龄						合计
	60—64	65—69	70—74	75—79	80—84	85+	
城市	91.5	91.2	89.9	87.7	81.8	100	90.1
农村	94.9	93.1	86.9	92.5	78.7	77.8	90.6

二、家庭设施

(一) 生活设施

住房本身状况只是反映老年人口生活质量的一个方面，而住房内部的生活设施情况如用水、用电、用气及方便程度则反映了老年人口居住环境的总体质量。

调查结果显示，目前城市老年人基本都能用上自来水和暖气，大多数住房内都有煤气/天然气和室内厕所，分别占 71.7%和 82.9%。农村老年人住房的生活设施比城市要差得多，目前农村老年人基本上只解决了生活用电问题（98.8%），有暖气的占到 42.4%，能用上自来水的占 28.1%，用上煤气/天然气的只占 25.2%，有室内厕所的则更少（3.3%）（见表 3.3）。

表 3.3　生活设施状况

分类	自来水		煤气/天然气		暖气/土暖气		室内厕所	
	没有	有	没有	有	没有	有	没有	有
城市	3.2%	96.8%	28.3%	71.7%	4.8%	95.2%	17.1%	82.9%
农村	71.9%	28.1%	74.8%	25.2%	57.6%	42.4%	96.7%	3.3%

(二) 家用电器

家用电器的拥有量及普及率代表着现代化的发展进程。城市家用电器普及率明显高于农村，电视机、电冰箱、洗衣机、电话、电饭煲都是城市中比较普遍的家用电器，其拥有量都在 70%以上，而农村只有电视机超过了这个比例，能达到 89.9%，其它电器拥有的比重都很低。像空调、微波炉、热水器、电暖器和计算机这样稍后逐步进入百姓家庭的电器，对于农村老年家庭更是奢望，拥有量都不超过 3%（见表 3.4）。

表 3.4　家用电器拥有情况　%

电器名称	城市		农村		电器名称	城市		农村	
	有	没有	有	没有		有	没有	有	没有
电话	90	10	45.2	54.8	计算机	7.4	92.6	3	97
电视机	98.2	1.8	89.9	10.1	电冰箱	78.3	21.7	4.6	95.3
洗衣机	70.5	29.5	28.3	71.7	微波炉	35.9	64.1	1	99
手机	23.1	76.9	15.2	84.8	热水器	42.4	57.6	0.6	99.4
电风扇	60.6	39.4	15.4	84.6	电暖器	11.4	88.6	0.2	99.8
空调	9.4	90.6	0.2	99.8	电饭煲	79.9	20.1	6.7	93.3

三、居家环境

(一) 住处附近设施

调查选择了几项对居民生活影响比较大的住处附近设施（见表 3.5），从城乡比较来看，城市老年人居住附近除公园/活动场地比例将近 1/2 外，其余项均在 80%以上，而农村只有商场和医院的比例较高，分别占到 93.9%和 75.2%，其他设施在农村老年人居住环境周围都比较少。可见，城市老年人的生活便利条件较高，农村的城市化进程还有待继续加强。

表 3.5 住处附近设施拥有比例

%

分类	商场/小商店	公园/活动场地	医院/诊所	集市	银行/储蓄所
城市	86.1	44.5	88.8	80.7	81.7
农村	93.9	8.1	75.2	33.7	19.6

（二）是否愿意搬家

在考察是否愿意搬到生活条件更好的外地居住时，城市中有 62.8%的老年人不愿意，只有 26.4%的老年人愿意，而相应的农村这两项比例分别占到 39%和 25.3%（见表 3.6）。虽然农村老年人口对现阶段住房状况满意度高于城市，但他们还是愿意搬到更好一点的环境居住。从性别差异上来看，无论城市还是农村，男性比女性更愿意迁移，分别高出 5.3 和 4.3 个百分点，不愿意的程度也是女性较高。

表 3.6 分性别的老年人搬家意愿

分 类	城 市			农 村		
	愿意	不愿意	说不好	愿意	不愿意	说不好
男性	29.5%	59.5%	11.0%	37.6%	50.0%	12.4%
女性	24.2%	65.0%	10.8%	33.3%	52.5%	14.2%

随着年龄的增长，老年人对所在环境有了更多的依赖性，也受制于身体条件的限制，即便是搬到生活条件更好的地方，愿意的比例也随着年龄的增长而逐渐减少，反之不愿意的比例随之上升，这种情况在农村老年人中表现显著。对于城市老年人却没有这种显著性（见表 3.7）。

表 3.7 分年龄组的老年人搬家意愿

%

分 类	城 市						农 村					
	60—64	65—69	70—74	75—79	80—84	85+	60—64	65—69	70—74	75—79	80—84	85+
愿意	24.5	27.5	25.9	26.6	36.4	0	39.4	40.9	31	33.8	26.1	31.3
不愿意	66	58.8	65.5	60.9	54.5	100	44.5	47.8	58.3	54.4	60.9	50
说不好	9.4	13.8	8.6	12.5	9.1	0	16.1	11.3	10.7	11.8	13	18.8

（三）邻里之间

这次调查有两个问题着重考察了老年人的人际交往情况，分别是“您经常到邻居家串门吗?”和“经常有人请您去陪酒席吗?”前一个项目更多地反映的是被调查城市老年人“主动”进行人际交往的程度，后一项目则更主要地体现了邻里社会对被调查城乡老年人的尊重程度以及他（她）人际交往的频度。

到邻居家串门是老年人交流思想和感情、了解新信息、学习新知识的重要渠道，同时也是他们排除孤独感、减少郁闷的重要途径。被调查城市老年人邻里之间的人际交往还是比较多的，16.3%的老年人经常到邻里家去串门，44.1%的老年人偶尔到邻里家去串门。两者合计，超过半数的老年人经常或偶尔与街坊邻里交流，到别人家去串门。当然，也要看到，还有近 2/5 的老年人从来不与邻里交往。经过我们的初步分析，发现城市家庭彼此封闭的生活特点是阻碍城市老年人人际交流的重要因素。要提高城市老年人的人际交流频率，就要首先提高城市家庭生活的开放程度。居住的环境在一定程度上会限制老年人之间的邻里交往。调查显示，城市中 81.6%的老年人居住在楼房，农村 98.9%的老年人居住在平房。楼房限制了老年人的活动范围，尤其是那些居住在高层的老年人，到了寒冷的季节，老年人就更不愿意出门走动。在农村，有 25.2%的老年人经常串门，这与他们居住在平房有一定的关系。同时，老年人的个体特征（如：年龄）也是影响老年人人际交流的重要因素。随着年龄的增长，老年人到邻居家串门的频率越来越低，从来不到邻居家串门的老年人的比例越来越高。年龄因素的这一作用，实质上体现了老年人健康状况对其人际交往的影响。

与城市老年人相比，农村老年人的邻里互访要多于城市。25.2%的老年人经常到邻里家去串门，

39.2%的老年人偶尔到邻里家去串门，近65%的农村老年人经常或偶尔与街坊邻里交流，到别人家去串门。但是，随着年龄的增长，农村老年人到邻居家串门的频率也越来越低。性别也是影响老年人人际交往的因素之一，在城市老年人中，18.9%的老年妇女经常到邻居家串门，而经常到邻居家串门的男性老年人只有12.5%（见表3.8）。

表3.8　老年人串门情况　%

分类	性别	经常	偶尔	从不
城市	男性	12.5%	39.5%	48.0%
	女性	18.9%	47.1%	34.0%
	合计	16.3%	44.1%	39.6%
农村	男性	29.2%	35.2%	35.6%
	女性	19.7%	44.7%	35.6%
	合计	25.2%	39.2%	35.6%

表3.9　邀请陪酒席状况

分类	经常	偶尔	从不
男性	5.3%	25.4%	69.4%
女性	0.0%	11.2%	88.8%
合计	3.1%	19.5%	77.4%

尽管女性老年人到邻居家串门的比例高于男性老年人，但经常或偶尔被邀请赴宴陪酒席的男性老年人的比例（30.7%）却大大高于女性老年人的同一比例（11.2%）。再次反映了我国社会对男性社会地位的更加重视。但随着年龄的增长，农村老年人经常被邀请陪酒席的可能性明显地下降了，同样显示了年龄在老年人社会交往活动中影响了老年人的社会活动（见表3.10）。

表3.10　分年龄陪酒席状况　%

分类	60～64	65～69	70～74	75～79	80～84	85+
经常	7.7	1.7	0	0	2.1	0
偶尔	23.2	27	21.2	7.5	6.4	11.1
从不	69	71.3	78.8	92.5	91.5	88.9

（四）住房条件是否满意

老年人口对现有住房条件的主观评价，反映了他们对目前居住条件的满意程度。目前居住条件与期望居住条件的差距一般与住房满意度成反比，而居住条件的期望值是受收入、子女经济条件、所在地区发展水平等多种因素共同影响的。

城市被调查对象中，有44.8%的老年人对住房条件满意，而农村有51.7%的老年人对住房条件满意。城市与农村相比，尽管农村老年人的住房生活设施比城市老年人要差得多，但农村老年人对住房条件满意度要高于城市老年人，这主要反映了城市老年人口对居住条件有更高的期望（见表3.11）。

表3.11　住房状况满意状况　%

分类	满意	一般	不满意
城市	44.8	35.7	19.5
农村	51.7	31.7	16.4

相关对策建议

中国目前正在经历着世界上规模最大同时也是速度最快的人口老龄化过程。随着20世纪中期出生高峰的人口陆续进入老年，可以预见，21世纪前期将是我国人口老龄化发展最快的时期。按照国际标准，60岁及以上人口占总人口的10%（或65岁及以上人口占总人口的7%）就是进入老龄化阶段。辽宁省已于1996年进入人口老龄化阶段，是我国第3个进入人口老龄化的省份，且具有老龄人口数量大、增长速度快、城市离退休职工多、中低收入老人多、高龄老人数量多、城乡差异大等特点。2005年，辽宁省65岁及以上老年人口占总人口的比重为9.74%，老年人已经成为我省不容忽视的群体。特别是许多老年人的心理年龄要比实际年龄还要高出许多，比如，农村老年人认为自己已经老了的比重高达84.5%。自1999年全国老龄工作委员会成立后，中央在老龄工作上提出的一系列方针、政策和应对措施我省正在逐步贯彻执行，但依然还有很多问题存在。从本次调查的情况看，有些问题日益突出，有些问题初见端倪。在此基础上，课题组提出如下建议：

一、加强城乡养老保障制度建设

随着人口老龄化的不断加剧，老年人是否能够老有所养，将越来越依赖于社会养老保障制度的建立与完善。依据本次调查，城市虽然有92%的离退休人员能够按时足额领取养老金，但养老金总体水平还比较低（月均养老金为816元）。而在农村，社会养老保障制度尚属于起步阶段，依靠子女养老的意愿比较高（30.7%），但随着农村外出打工人员的不断增加以及农村子女独立生活意愿的逐步加强，农村老年人对社会养老保险的需求强度会不断深化，因此，建立健全覆盖城乡的养老保险制度对提高辽宁老年人口的生活质量，消除他们在未来养老方面的后顾之忧显得非常重要。此次调查表明，农村丧偶比例明显高于城市，在农村建立社会养老保险制度的迫切性更为突出。为此，我们提出如下建议：

一是在养老保险的基本模式方面，应本着“广覆盖、保基本、多层次、可持续”的原则，注重统筹兼顾，区别对待，实现农民最基本的生活需求。借鉴城镇养老保险的模式，实行社会统筹与个人账户相结合的模式。个人账户以个人缴费为主，政府按农民缴费额的一定比例给予补贴，集体经济给予适当补助。社会统筹账户由政府从财政中划拨固定的比例，用于应对养老保险基金出现贬值风险等各种不确定情况的发生。根据农村各地的经济发展情况，因地制宜，建立与之相适应的管理体制与配套机制。通过农村养老保险个人账户的建立，改变农村世代依靠家庭养老的传统，使广大农民融入现代社会，共享社会发展成果。

二是在养老保险基金的供给方面，应加强集体补助和政府财政的直接投入。东北三省农村养老保险发展十多年的经验表明，农村养老保险在国家原有政策和方针指导下发展缓慢，甚至出现后退的趋势。究其原因，是由于原有的农村社会养老保险完全靠农民个人积累，集体补贴微乎其微，政府不直接承担财政支持。实际上，加强集体补助、地方政府的财政直接投入，是实现农村养老保险可持续发展的必然措施。就公平原则而言，政府对城镇养老保险实行财政担保，同样也应对农村养老保险给予扶持和补贴。

三是在巩固家庭养老基础方面，要通过签订赡养协议书等形式，明确赡养责任和义务，强化家庭养老的功能。同时，制定相关的监督机制和制约措施，切实保障老年人受赡养的权利。鼓励低龄健康老人提高自养能力；对无劳动能力、无生活来源、无赡养人和扶养人，或者赡养人和扶养人确无赡养能力或者扶养能力的老人继续完善“五保”供养制度，逐步提高供养水平。

四是有条件的地方可实行对老年人的集体福利制度。改善农村敬老院的条件，逐步将单一的敬老院改造成为集居住、学习、健身、娱乐为一体的多功能的老年福利服务中心。

二、强化政府主导的医疗保险制度改革

通过完善城镇社会保障体系试点工作以及后续的各项建设，辽宁省在城镇职工基本医疗保险、公务员和企业补充医疗保险、新型农村合作医疗保险、城镇居民和农民工医疗保险等诸多方面均取得了长足的进步。但城乡医疗资源配制的巨大反差和医疗保险在覆盖人群方面的巨大差异致使医疗保障制度的公平性难以得到体现。

医疗费用支出与年龄结构高度相关，一般来说，60岁以上年龄组的医疗费用是60岁以下年龄组医疗费用的3—5倍。卫生部卫生统计信息中心关于《中国健康模式转轨和服务需求变化及其对经济社会的影响》报告提出，即便是按1998年的医疗实际费用支出计算，人口老龄化带来的医疗需求量负担到2025年将增加47%；如果考虑到各年龄组的医疗实际费用按GDP年增长率同比增长，我国医疗需求量费用到2025年将达到6万亿元以上，占当年GDP的12%左右。

此次调查表明，没有享受医疗保障的城市老年人的比例为28.5%，农村该比例却高达44.4%，因此，今后辽宁省在医疗保险制度的进一步改革与完善过程中，一定要把政府主导的公平理念始终融入到各项改革政策的具体落实当中，同时要特别关注老年人口在医疗保险方面的巨大需求和特殊规律，强化公共财政的主体责任，全面提高老年人口的健康水平和保障水平。

辽宁省人口转变的同时伴随着疾病模式的转变，人口转变的客观后果是人口老龄化，而疾病模式则从传染病转变为慢性病为主。从研究表明，老年病主要以慢性病为主。患慢性病的人口以老年人为主体。工作重点应转向预防为主，把社区发展、预防战略和平等有效的医疗服务政策结合起来形成综合发展的卫生服务模式。

重点发展以社区为重心的卫生服务体系。为老年人提供连续、综合的卫生保健服务列为社区保健的重点，使服务模式从单一医疗向集医疗、预防、保健、康复、健康教育为一体的模式转变。小病、慢性病及功能康复放到社区。将社区卫生服务体系的建立和完善落实到社区，使其成为社区规划和发展的目标和考核的指标。在社区创造适合老年人参与和活动的条件与环境，为老年人提供促进健康、开展体育锻炼的空间和技术指导，并提供在饮食、卫生行为等方面的咨询服务。

不仅如此，养老保险和医疗保险制度的改革与完善还有助于加快老年服务产业的发展。当人口结构发生重大变化时，市场需求也必然随之做出反应。作为未来社会一个庞大的消费群体，老年人口在物质生活和精神生活方面都有其自身需求和消费特点，必将对东北老工业基地再工业化过程中的市场和产业结构产生越来越大的冲击，使原有的市场机构和产业结构不再适应人口老龄化社会的需要。但老年人的这种需求如果没有社会保障制度的强大支持，就不会转化为现实的消费需求。只有通过社会保障的转移支付和延期消费功能，使老年人没有了后顾之忧，他们才能够踏实地去购物、去旅游，这样既可以使老年人开心地享受晚年生活，又促进了老年产业的不断发展。从辽宁省目前的情况来看，老龄产业远远滞后于人口老龄化迅速发展的客观要求，今后，随着社会保障制度、特别是养老保险和医疗保险制度改革的不断深化，老年人消费需求、消费水平、消费结构变化对老龄产业的影响就会逐步显露出来，这对于保证辽宁经济增长的有效需求，推动辽宁消费市场的结构优化都会产生积极的影响。

从政治层面上来说，中国民主化步伐正在逐步加快，发达国家经验表明，在一个民主社会尤其是在民选政府领导下的社会，老年人的需求一般会引起政府当局的高度重视，老年人口规模愈大，老年人对社会保障制度安排的影响力就愈大。

三、促进老年人卫生保健工作

老年人健康和卫生保健工作不仅仅是卫生部门的工作，而是涉及到社会方方面面的工作。因此需要从宏观方面加强协调和指导，全面考虑和统筹规划。

第一，将促进健康老龄化、提高全面健康水平作为各市可持续发展的综合考核指标，实施不同部门分工协作，将医疗保障、生活护理和照料服务、产业发展等内容相结合，为老年人提供医疗、保健、预防、康复等多个范畴，身体、心理和社会环境等全方位多层次的综合服务体系。

第二，打破单位制、身份制、行业管理等传统的方法，按照资源共享和资源配置最大化的原则，充分考虑辽宁地区社会、经济、文化、传统习俗、人口等特点，因地制宜，分类指导，加强区域和社区规划来发展老年人健康和卫生保健事业。

第三，加强宣传和科普，提高人口老龄化和全面健康意识，除了医疗卫生部门以外，要充分发动各方面的力量尤其是老年人自身的力量参与社会规划和管理，共同发展。

第四，重视注重长期效益的老年科学人才的培养和老年科学研究，尤其是老年卫生保健管理人才、全科医生的培养和老年病预防和治疗的研究，为制定有关老年卫生保健服务提供科学决策的信息和依据。

老年人生活方式的最主要困难是生活照料和护理内容，因此，医疗卫生服务的重点内容应该依托在社区老年人照料上。这主要体现在：

第一，增加照料来源。排除再婚的社会和家庭干扰，使丧偶老人得到配偶的照料和心理支持；采取鼓励老人与子女就近居住的政策，保证老年人能够及时获得子女的照顾；社会提供保姆、小时工、志愿者等照料来源，鼓励邻里互助和老年人之间的互助，如开展时间储蓄等方式作为补充。

第二，提高照料质量。普及老年照料和护理知识，使老年人可以获得科学的护理方式。设立日间护理中心、托老所等专门的照料机构，建立社区专业护理服务队伍，制定老年人护理标准和规范，使老年人得到高质量的专业服务。

第三，改善照料环境。在社区整合为老服务资源，设立方便、快捷的社区医疗机构，建立老年人健康状况监测信息卡片，设置家庭病床并提供上门服务等；改善老年人居住环境，在上下楼梯，交通出行，居家设施等方面的设计上充分考虑老年人的特殊需求，开发能够增强老年人自理能力的器材，普及应急铃、紧急呼叫系统等防范老年人出现意外事件的装备。

四、重视老年人精神文化生活

（一）发展福利彩票事业，增加老年文化体育设施。尤其是农村老年人的文化体育设施。经常组织开展老年人喜闻乐见的集体文化体育活动，并充分利用电视和广播媒介办好老年人喜爱的活动。积极引导农村女性老年人自愿参与文化活动。

（二）积极发展老年大学（学校）、老年人活动室等老年人教育和学习娱乐场所，根据老年人的特点有针对性地搞好老年教育，寻找适合老年人思想教育的新形式、新方法，组织老年人学习理论。

（三）积极建立、发展老年人协会、老年人维权小组等维护老年人合法权益的组织，切实解决老年人的实际困难。大力宣传和普及教育有关《中华人民共和国老年人权益保障法》的法律法规知识，尤其是对农村老年人进行教育，使他们不但有维护自身权益的意识，也有维护自身权益的工具。

（四）积极引导老年人参与社会发展。高度重视老年人在社会发展和社会稳定中的积极作用，根据社会需要和自愿量力的原则，鼓励老年人参与社会和经济发展的活动。鼓励老年人进行互帮互助活动，充分发挥老年人的余热。引导老年人认识到自己自身的价值，抛弃“自我隔绝”和自卑的心理，健康、乐观、向上地生活。

（五）大力倡导“敬老、养老、助老”的传统美德。大力倡导敬老道德规范，将敬老道德教育纳入到社区宣传中；动员和组织广大青年和社会公众加入到为老年人服务的志愿者行列；宣传先进典型，树立敬老、养老、助老的良好社会风尚。

山东省

山东省居家养老的社会支持系统研究（概要）

山东省居家养老的社会支持系统研究课题组

该课题为山东省社会科学重点课题，分为：山东省人口老龄化的背景、居家养老及在山东省的发展现状、主要问题及原因、政策建议四部分。指出，山东省居家养老在人口老龄化速度快，“空巢”家庭逐年增加，居家养老模式面临社会支持系统不完善、支持力度不足挑战的背景下，出现了居家养老意识不强，社会支持系统不健全，居家养老服务业现状滞后于人口老龄化发展，各地区居家养老发展不均衡，农村老年人居家养老缺乏必要社会支持，居家养老相关理论研究滞后等一系列问题。通过分析得出，山东省居家养老系统需要社会政策法规支持、社会保障支持、组织网络支持、人力资源支持、服务设施支持、道德文化支持等。对此，从三个方面提出了老年人口居家养老建立社会支持的政策建议：一是高度重视居家养老，构建全社会支持大系统。二是对居家养老社会支持实行全覆盖。三是对居家养老社会支持应分层次分类型进行按需配置。

（课题组负责人：高利平；主要成员：陈志军 王秀银 鹿 立 张学强）

山东省养老服务业发展情况调研报告（概要）

山东省老龄工作委员会办公室

2007 年 5 月，山东省老龄办选择青岛、济南、聊城三市和上海、江苏、浙江等省市，对养老服务业发展情况进行调研。本文是这次调研活动的主报告。报告对山东省养老服务业发展情况进行了总结，发现养老服务业呈现出较快的发展趋势：一是养老服务机构和设施不断增加，二是居家养老服务发展较快，三是老年医疗服务能力明显提高，四是老年文化、体育、教育持续发展，五是老年旅游快速兴起，六是财政支持的力度加大。同时，指出了制约山东省养老服务业发展的主要问题：如体制不适应、投入机制不够健全、扶持政策不完善、从业人员队伍建设差距较大等。并提出了发展建议：一是对养老服务业准确定性定位；二是实行分类管理；三是建立符合市场经济的财政投入办法；四是健全、完善和落实扶持政策；五是加强从业人员队伍建设；六是开设养老机构意外险业务。

江苏省

积极应对人口老龄化，加快构建和谐新江苏

——关于我省人口老龄化问题的调查与建议

江苏省联合调研组

近期，省委研究室和省老龄办会同省劳动和社会

保障厅、财政厅、人口计生委、国家统计局江苏调查总队、省委老干部局、省老年学会和省妇女研究所等部门，就人口老龄化问题分赴南京、徐州、南通、盐城、扬州、苏州等地进行了调研。通过听取介绍、专家座谈、实地走访和问卷调查等，总体上看，我省老龄工作在省委省政府领导下，养老保障体系逐步建立，老龄工作基础得到加强，老年文化教育有了发展，老年合法权益得到有效维护，促进了“六个老有”目标逐步实现。但作为在全国提出“两个率先”目标，且率先步入人口老龄化的省份，老年问题对经济社会的压力日益加剧，对和谐江苏建设影响日趋突出，人口老龄化形势严峻，潜在危机正在我省静悄悄地迅速蔓延，我们必须及早规划，采取强有力的对策措施加以解决。

一、人口老龄化的现状与趋势

（一）现状与特点

江苏历史悠久、经济发达、人口密集，老龄化程度高。1986年，我省60周岁以上老年人口占户籍人口的10.03%。截至2006年底，全省老年人口已超过1151万人，占户籍总人口的15.7%以上，比全国平均水平高4.7个百分点。人口老龄化进程呈现出“六大特点”：

一是来得早。老年人口占总人口数10%，是衡量一个地区进入老龄化的标准。江苏人口老龄化出现于1986年，比全国（1999年）早了13年。其中苏州早了18年，无锡早了16年。

二是基数大。全省老年人口数从1986年的629万人到2006年的1151万人，20年净增522万人。老年人口占户籍人口的比例从1986年的10%增长到2006年的15.7%。农村老年人口基数大，占全省老年人口总数70%左右。

三是增速快。1986年至2006年，我省老年人口的年均增长率为3.2%，快于全国3%的增长速度。特别是人口高峰期间实行计划生育的独生子女父母一代正在步入老年，人口老龄化进入快速发展阶段。太仓市人口老龄化程度在我省最高，已达21.7%。

四是寿龄高。我省人口预期平均寿命，从1949年的39岁提高到目前的78岁。80周岁以上的高龄老人达160万人，占全省老年人口总数的14%，且以年均3.8%以上的速度继续增长。在高龄老人中，男女比例是1：5，女性寿龄高于男性。

五是“空巢”多。据调查，至2006年底，我省城市空巢老人占老年人口总数的40%以上；农村空巢老人占老年人口总数的35%以上。其中80岁以上城乡高龄空巢老人达20%。有些地区的比例还要高。

六是农村弱。农村老年人在经济上的自立能力不强，社会保障制度建设还滞后于实际需要。农村特别是苏北地区养儿防老的现实状况没有完全改变。

我省人口老龄化呈现“早、大、快、高、多和弱”特点的主要原因：一、生产力提高和生活条件改善是人口老龄化的重要原因。随着经济发展和社会保障体系的逐步建立，我省人民的生活条件得到明显改善，老年人的生存、生活质量及预期寿命有了提高，促进了老龄化的加速。二、出生率和死亡率下降是人口老龄化的决定性因素。江苏实行计划生育以来，共少生了4000多万人，这是贯彻落实基本国策的巨大成果，但在一定程度上导致了人口老龄化的提前到来。三、医疗水平有所提高、老年人自我保健意识增强是人口老龄化的必然结果。我省城乡基本医疗保障体系逐步健全，医疗卫生健全率达90.2%，老年人的基本医疗得到有效保障。老年人自我保健意识提高，常年参加健身锻炼的老年人占老年人口总数的30%。综上所述，人口老龄化的提前到来，不是偶然的，是我省坚定贯彻计划生育国策，严格控制人口的题中应有之义，同时也是经济发展、富民优先、生活条件和生存环境不断改善的结果，它既是我省的自觉选择，也是经济社会发展的客观规律。

（二）发展趋势

江苏已进入规模最大、速度最快、不可逆转的老龄社会，而且向扶养比系数不断攀升的重度老龄化发展。从2001年至2050年，江苏人口老龄化发展趋势可划分为三个阶段：

第一阶段——老龄化快速阶段（2001—2010年）。1949－1958年是我国建国后第一个人口高峰期，这期间出生的人口于2008年后都将步入老年期，成为我省人口老龄化快速发展的主要因素，苏南苏北发展不平衡趋势日益明显。据测算，这一时期，我省平均每年增加老年人口27万人。到2010年，老年人口将达到1260万人，老龄化水平将达到16%以上。

第二阶段——老龄化加速阶段（2011—2020年）。20世纪60－70年代是我省第二次生育高峰。这期间出生的人群又将进入老年期，平均每年增加老年人口43万人，年平均增长速度达3.5%。农村老龄化发展将明显快于城市。据分析，这一阶段江苏总人口逐渐进入零增长与负增长。2020年，老年人口数量将增加到1648万人。

第三阶段——老龄化重度阶段（2021—2050年）。这一时期，我省老龄人口规模将达到峰值，共2290万人。由于前两次老龄人口累积的影响，老龄人口规模在一段时期内将稳定在2200万人到2300万人之间，老龄化水平达33.3%左右，江苏省进入一个重度老龄化时期。

以上三个阶段的发展趋势表明，我省在今后一段时期，老龄化速度越来越快，老年人口规模越来越大，高龄化程度越来越高，空巢家庭越来越多，苏南、苏中、苏北地区发展不平衡呈现梯次特征，城乡老龄化程度倒置显著。这些问题既将在全国率先出现，又比全国老龄化问题严重得多。据有关资料报告，发达国家人口老龄化是伴随工业化、城市化和现代化经济快速增长的过程发展起来的，一般用了40年至80年时间，他们在人口老龄化程度不高时，经济已达到较高水平。而我省老龄化的快速到来只用了20年左右的时间，并处于全面建设小康社会过程中，既有发展的压力、老龄化的压力，又有社会和家庭结构转型的压力，要连续满足日益庞大的老年人口各方面的需求，困难就更大，任务更艰巨，形势更严峻。“十一五”期间是我省老龄事业发展的重要阶段，也是应对人口老龄化的关键时期，我们绝不能掉以轻心，否则将会错失战略机遇期，付出巨大代价。

二、应对人口老龄化工作取得初步成效

改革开放以来，特别是近几年来，全省老龄工作坚持以科学发展观为指导，以构建和谐社会为目标，以提高老年人生活水平和生活质量为出发点和落脚点，扎实开展老龄工作，争先创优，取得了较大成绩。

（一）注重夯实基础，城乡社会保障体系建设得到发展。一是养老保障制度逐步建立。全省城镇职工养老保险覆盖率达97.2%，离退休人员基本养老金按时足额发放并逐年有所增加。退休职工社会化管理率已达96.5%。农村社会养老保险进一步发展，参保人数达868.97万人（其中，参加“新农保”的有176万人），被征地农民全面落实社会保障143.2万人，全省有22.78万农村“五保”老人和1万多城市“三无”老人生活得到保障。城乡老年人救助制度正在建立，全省已有42.86万名城镇居民纳入低保补助，有105.82万名农民纳入农村低保。二是老年医疗保障得到加强。城镇职工基本医疗保险覆盖率达92.8%。新型农村合作医疗覆盖面已达92%，各地还建立和推广多种老年人补充医疗、多种大病医疗保险和慈善医疗补贴，弥补老年人基本医疗保险的不足。全省建有老年病医院10所，开设老年病专科门诊200个，老年护理院4个。

（二）积极探索，养老设施建设和服务业发展逐步推进。一是加强养老基础设施建设。到2006年底，全省现有城市养老机构499所，老年护理康复机构255所，农村敬老院1611所，养老床位共计14万张以上。省政府2005—2006年两年共投入资金2.85亿元，推动经济薄弱地区改扩建农村敬老院，新增床位6万多张。养老机构建设不断加强、服务不断改善、功能不断提高，全省农村“五保”集中供养率已达52%。二是加强养老服务建设。以老年人为主要服务对象的社区服务中心、服务站和各种家政服务机构迅速发展。各地因地制宜，积极探索，创造了公办民营、民办公营和政府购买服务等养老服务新路子，得到了国家的肯定和推广，产生了积极的社会效益。

（三）整合社会资源，老年文体事业整体推进。目前，全省共有老年大学和学校3284所，初步形成了多层次、多形式、多学制、多学科的老年教育体系。参加学校学习的老年人超过38万人，占老年人口总数的5%以上。老年体育网络进一步健全，基层老年人协会18986个，每年有超过300万的老年人参加文化体育和社会公益活动。通过实施“星光计划”，共投入7.3亿元改善了全省基层老年活动场所和基础设施。城乡老年群众文艺活动组织得到壮大，开展了经常性、多样化、健康向上的老年文化娱乐活动，丰富了广大老年人的精神文化生活。

（四）发挥老年余热，参与社会发展作用明显。近年来，我省出台了《关于进一步发挥离退休专业技术人员作用的意见》，在关心教育下一代、扶贫济困、参与社区管理、维护社会治安、参与科研项目、进行科普宣传、兴办社会公益事业等方面发挥了老年群体的积极作用。

（五）弘扬孝道文化，老年人合法权益得到有效保障。全省老年维权网络逐步健全，各市、县、区老龄工作系统均建立了老年人法律援助站，并逐步向乡镇（街道）、村（社区）辐射，广泛实施了老年法律援助、老年法律服务、老年司法救助，有效地维护了老年人合法权益。

三、应对人口老龄化存在的主要问题与分析

我省老年人口多，平均寿命长，一方面，体现了社会的文明进步，是经济发展、生活水平提高、社会保障体系的逐步健全、医疗卫生条件改善的重大成果；另一方面，人口老龄化、高龄化、空巢化对我省人口结构、消费结构、产业结构、城市化进程乃至经济社会可持续发展带来一系列深刻影响。

（一）人口老龄化制约“两个率先”目标的实现日益凸现

一是对经济社会发展的影响。国际社会把15岁—64岁劳动适龄人口的总抚养系数（少年＋老年）低于50%的年份作为“人口红利期”。据预测，我省

"人口红利期"于2020年左右就转入人口负债期，即劳动力年龄结构老化问题日趋严重，整个社会的扶养压力日益加重。同时，人口老龄化导致劳动力数量减少和供给困难，从而影响生产率的提高，制约"两个率先"目标的加快推进。人口老龄化问题也是发展问题，没有老年人的小康，就没有江苏的小康；没有老年人的现代化，就没有江苏的现代化。面对这种形势，我们必须早作准备，否则积重难返。

二是对消费结构的影响。老年人口是社会上收入较低的群体。老龄人口增加和老龄寿命的延长，将使我省社会总的消费群体扩大、个人消费时间延长。同时，老年人有较多的特殊需求，如老年生活照料服务、常见病多发病的医治、保健品和康复服务、老年教育、文化、体育服务和老年旅游等，将不断影响我省消费结构的调整和扩大。

三是对产业结构的影响。随着我省老年人口规模扩大，由原来满足儿童和中青年人的产品和服务将转型和换代，对我省产业和产品结构提出了新的要求，产生新的变化。

四是对投资结构的影响。首先，人口老龄化会使我省社会储蓄相对下降，投资将受到影响；其次，人口老龄化的社会保障投入增加，必将对全社会的生产、生活和基础设施建设等投入比例会下降。

五是对社会分配的影响。随着老龄人口的增加，我省国民收入中用于老年人的费用不断增加，促使分配向老年人倾斜，必将改变原有的分配格局。同时，人口老龄化会促进我省老龄事业费用支出的不断增长。

（二）老龄工作滞后于人口老龄化的快速发展

一是老有所养，保障负担日益加重。当前，进入和即将进入老年期的有两类人群，一是抗战胜利前出生的一代老年人，他们的命运同新中国的重大事件紧密相联，是为新中国建设无私献身的一代。由于历史因素，农村老人基本没有积蓄和养老保障，是"未富先老"的一代。二是建国后出生即将进入老年的一代。他们为新江苏建设贡献大、牺牲多。相当一部分城乡边缘化老人经济条件差，应对能力低。为以上老年群体的支付养老金乃是历史贡献的延期回报，是社会主义制度优越性的体现。目前，随着"未富先老"、"边富边老"和"已富已老"不同阶段的发展，特别是"未富先老"的人口占很大比例，对现行的养老保障体系产生了巨大的资金压力。今后一段时期，我省养老保险制度的供养比例和资金支付压力非常大。据省劳动保障部门统计，1991年我省在职职工与退休人员的供养比是5.36：1，1996年为4.1：1，而到2006年末，这个比例已经锐减到3.5：1。而我省现行养老保险制度的覆盖面不够，2006年末，全省参加各项养老保险的总人数为2338.77万人（其中，参加企业职工养老保险1361.63万人，参加机关事业单位养老保险108.17万人，参加农村养老保险868.97万人），只占全省总人口的30.98%，仍有大量农村人口处于社会化和共济性的社会保障体系之外。随着农村人口老龄化的加深，客观上家庭赡养能力在下降，依赖社会保障的农村高龄、贫困、病残老年人将会有增无减，这既是政府不可推卸的责任，也是对政府执政能力的考验，亟待引起高度重视。

二是老有所医，医疗支出压力剧增。人到老年，身体机能自然老化。老年人患病是其他年龄群的2倍左右，老年人医疗费用支出是年轻人的4倍左右，这对我省医疗卫生事业发展提出了较高要求，医疗保险基金也面临很大压力和风险。从目前情况来看，我省医疗资源分布有失均衡、医疗保障水平还不高，医疗救助机制刚刚启动。特别是患有高血压、糖尿病等慢性疾病的老人需要长期服药，个人负担医疗费用较大，常常难以承受，导致老年人"看病难、看病贵"的问题十分突出。调查显示，城市和农村中因病致贫或因病返贫的现象比较普遍，有90%以上的老年人有"三怕"，一怕生病、二怕看病、三怕连累子女和家庭。

三是为老服务，社会供给相对匮乏。养老机构建设滞后。随着小家庭与核心家庭数量的急剧增加，"四二一"独生子女结构使家庭养老功能日趋弱化。据有关资料报告，发达国家社会养老床位数约占老年人总数的5%～7%，我省仅有1.1%。当前，我省纯老年人家庭（单独居住的老年人）的比例已达到50%左右。随着城市化发展和生活方式的变化，纯老年人家庭的比例还将进一步增加。但社会为老年人提供护理服务的机构严重不足，现有养老机构的服务项目和服务内容也不齐全，服务人员总体素质和服务质量远不能满足老年人的需要。特别是高龄老人和残疾老人，他们是弱势群体中的弱势人群，他们的困难日益突出，护理需求日益增多，亟需政府和社会高度关注。据全国第二次残疾人抽样调查数据显示，全省479万残疾人中，有60%以上是残疾老年人，这对社会养老服务提出了更高的要求。养老服务滞后。目前，发达国家的社区服务从业人员占就业总人口的20%～30%，发展中国家平均已达12%～18%，而我国只有3.9%，我省有4%左右（我省社区公益岗位和灵活就业人数〈统计口径〉80.62万人，占全省城镇就业总人数的5.97%；剔除灵活就业人数，社区公益岗位就业人数23万人，占全省城镇就业总人数的1.7%)。我省苏南也只仅有一半的街道和社区建有老年服务机构，苏北的街道和社区养老机构很少。农村各乡镇的敬老院建设，在省政府“关爱工程”扶持下有了一定改善，为“五保”老人服务的水平有了提高，但面向全体农村老年人的养老服务机构整体上还没起步。

四是老年权益，维权工作任重道远。《中华人民共和国老年人权益保障法》(以下简称《老年法》)出台以后，老年人的权益得到有效维护。但不尊老、不养老和虐待老年人等侵犯老年人权益的现象还时有发生，甚至出现打骂父母、老人病死在家中无人知晓的情况。在具体维权工作中，养老“主要依靠家庭论”受到挑战，老年人的精神赡养远未引起重视，老年维权案件的复杂性和法律缺乏可操作性的矛盾突出，因此维权工作任重道远。

五是老有所乐，文化需求与日俱增。当今社会，中青年人的学习工作压力大，竞争激烈，许多人无力照料老人。不少老年人常常是“出门一把锁，进门一盏灯”。据调查，我省老年人在满足基本物质生活需求的前提下，最难忍受的就是孤独和寂寞。随着我省经济社会的发展，老年人的物质生活得到了基本保障，但老年人精神文化需求日益增多，而现在城乡老年活动场所少、条件简陋，大多数老年人只能在电视机旁消磨时间或就近搓搓麻将、打打牌，缺乏丰富多彩的文体生活。

以上问题涉及经济、文化和社会生活等诸多领域，是关系国计民生和长治久安的重大社会问题。从调查情况来看，产生这些问题的主要原因还是各级政府重视不够，思想认识滞后于形势发展。一些领导坦诚地说，我们也认识到家家有老人，人人都要老，不久将来我们也要步入老年行列。但实际工作的中心还是抓经济，促发展，保平安，对老龄工作重视不够，关心不多，支持不力，还没有把它作为一项硬任务来抓。调查显示，大部分地区存在着“三个没有”，一是没有将老龄事业真正纳入经济社会发展具体规划；二是没有将老龄工作列入地方政府的重要议事日程；三是没有建立健全老龄事业经费投入机制。一些将近100万人口的地级市，每年只有几万元老龄工作经费、县级市区每年只有几千元工作经费；大多数老龄工作机构是本级民政局的内设机构，职级低，人员少，难以承担“参谋助手、综合协调、督促检查”的职责。有的同志在汇报时深有感慨地说，领导在位时做得到想不到，领导退下来后想得到做不到。因此，当前我省老龄工作现状，与日益严峻的老龄化形势不适应，与快速发展的经济社会事业不适应，与老年人日益增长的多元化的物质文化需求不适应，与上级的要求和先进省市发展不适应。

四、积极应对人口老龄化的对策建议

江苏是经济大省、文化大省，也是老年人口大省。在“全面达小康，建设新江苏”的进程中，我们必须从江苏经济社会发展的全局出发，从和谐江苏建设的高度，在全国率先开展“和谐老龄化”创建，这是落实科学发展的内在要求，是以人为本、关注民生的具体体现，也是与实现“两个率先”目标相匹配的重要内容，更是和谐江苏建设的重要保障。江苏率先开展“和谐老龄化”创建的目标是以科学发展观为指导，以经济建设为中心，大力发展生产力，力争实现经济社会发展与老龄事业的和谐、代际的和谐、利益的和谐、家庭的和谐和老年人身心的和谐。没有和谐老龄化，就没有和谐新江苏。开展“和谐老龄化”创建，要立足省情，借鉴国内外“健康老龄化”和“积极老龄化”的做法经验，走具有江苏特色的和谐之路。“十一五”期间是我省全面建设小康社会的决战阶段，也是应对人口老龄化的关键时期，当务之急要加快实施“一二三四五”体系建设，即“提高一个认识，制订两个规划，坚持三项原则，协调四个关系，开展五项工作”。

(一)率先创建“和谐老龄化”,必须提高一个认识

古人云：“老吾老以及人之老，幼吾幼以及人之幼。”尊老爱幼是中华民族的优良传统。老龄事业的兴衰，不仅关系每一位老年人和每一个家庭的切身利益，也关系到全社会的稳定。老龄事业的发展不仅反映我省综合竞争力的提高，也体现了社会文明与进步。当今社会，关心老龄工作，关爱老年人，维护老年人的权益，越来越成为衡量一个地区制度建设、民生安排和社会道德的重要尺度。各级部门和领导要以科学发展观为统领，清醒认识我省老龄化发展的严峻形势，着力增强“和谐老龄化”创建的机遇感、紧迫感和责任感，立足现实，着眼未来，未雨绸缪，高度重视经济社会与老龄工作的协调发展，把思想和行动统一到开展“和谐老龄化”创建上来，健全政策，完善机制体制，增强创新意识，定期发布“江苏老龄人口信息白皮书”，动员全社会力量积极支持和参与“和谐老龄化”创建，推进我省老龄人口走上一条幸福和谐之路。

(二)率先创建“和谐老龄化”，必须加快研究编制两个规划

一是江苏人口老龄化发展趋势预测报告。情况明，才能方向对、思路正，决心大。面对我省人口老

龄化的严峻形势，当前必须开展人口老龄化趋势的科学预测，摸清我省人口老龄化在全省经济社会中的发展态势和阶段性特征，全面把握“十一五”期间及今后一段时期老龄问题与实现小康、现代化目标的关系，总结过去、做好现在、把握未来。省发改委、人口与计生委、老龄工作办和老龄科研等有关部门，要通过深入调研、专家咨询等多种途径，积极开展应对人口老龄化的前瞻性、战略性研究，建立应急工作机制，及时发布人口发展预测报告，为省委省政府提供开展“和谐老龄化”创建的科学依据和政策建议。

二是江苏老龄事业发展中长期规划。凡事预则立，不预则废。加强老龄工作、发展老龄事业必须做好中长期规划，未雨绸缪，才能从容不迫地积极应对老龄化问题。制定老龄事业发展规划要根据省情，从老年人实际需求出发，既要有针对性，又要有可操作性。规划就是行动纲领，要将规划纳入全省国民经济和社会发展的总体规划，发挥政府主导的作用，增加财政投入，建立老龄工作目标考核责任制，分工负责，各司其职，形成齐抓共管的新格局。

(三)率先创建“和谐老龄化”，必须坚持三项原则

一是坚持“政府主导、社会主体和全民参与”的方针。坚持政府主导是做好老龄工作的保证。各级党委和政府通过制定法律法规、方针政策、发展规划、机构设置和经费投入等，实施有效措施，推动老龄事业发展。老龄工作委员会的各成员单位都要按其分工，充分发挥职能作用。坚持社会主体是搞好老龄工作的关键。在政府领导下，充分调动和发挥全社会的力量，在多渠道筹措建设资金，加强基础设施和服务网络等方面，为老年人提供各种服务和消费产品。坚持全民参与是做好老龄工作的基础。不分阶层、职业、年龄和性别，各行各业各部门都有责任和义务关注老龄问题，关心老龄事业，关爱老年人。

二是坚持共建共享、共享共建原则。每个单位和每个人都是老龄事业的建设者，也是共享者。今天，老年人既是和谐社会的享受者，也是和谐社会的建设者。共建是全社会的每一个人积极参与社会发展，共享就是每一个人也享受改革和社会发展成果。在共建中共享，在共享中共建，促进社会和谐发展。

三是坚持因地制宜、分类指导原则。老龄工作必须实事求是，一切从实际出发。我省地区发展不平衡、老龄化程度不一，因此我们考虑问题、制定政策、采取措施既要有统一的规划行动，又要从各地实际出发，因地制宜，真抓实干，切实研究解决苏南、苏中和苏北老龄化梯次结构和城乡倒置等问题。

(四) 率先创建“和谐老龄化”，要正确协调四个关系

一是协调居家养老与机构养老关系。由于我省老龄人口的快速增加，社会化养老事业还远远不能满足老年人的需求，以家庭养老为主、社会养老为辅的养老模式，仍将是今后主要的养老模式。从我省实际看，养老服务必须走以居家养老为基础、社区服务为依托、机构养老为补充的发展道路。当前，支撑居家养老的社区服务和机构养老明显滞后，必须创新思路，加大力度全面推进。南京、无锡等地在居家养老工作中进行了积极探索，取得了明显成效，要及时总结这方面的做法和经验，求真务实地开创居家养老新局面。同时，要充分调动社会力量，运用市场机制，加快建立和健全社会化养老的运行机制体制，选择有条件的地区积极开展试点工作，及时总结经验加以推广。要充分重视发挥机构养老，特别是高龄老人的养老需求，加快推进机构养老步伐。苏南地区要加大社会化养老力度，研究出台老年护理等涉老商业保险；要加快建立示范性老年公寓，有效地提高老年人的生活和生命质量。经济欠发达地区要进一步探索研究和建立“补偿与反哺”机制，在大力发展农村经济、壮大农村集体经济实力基础上，采取措施，切实解决农村养老问题。

二是协调物质养老与精神养老关系。随着经济社会发展，我省老年人在吃饱穿暖等物质养老方面的问题基本得到解决，而精神养老方面的问题会日益突出。亲情的关怀、精神的慰藉，享受天伦之乐是老年人生活不可或缺的重要组成部分。随着现代生活节奏加快、工作竞争压力加大和工作流动性的增加，城市人出国留学定居、农村大批农民流入城市打工，空巢老人越来越多。由于子女不在身边，缺少精神慰藉和心理关怀，使空巢老人产生孤独感、失落感和寂寞感。实践证明，精神上的失落空虚比物质上的匮乏更可怕。家庭和谐是“和谐老龄化”创建的基础，我们要采取扎实的措施，更多地关注老年人的精神养老，对老年人多一些感情上的沟通，精神上的抚慰，使他们心情愉悦地安度晚年。

三是协调老年基本生存与提高老年生活质量的关系。一方面，要建立健全统筹城乡的多层次的社会养老保险；完善最低生活保障制度，建立随城市人均可支配收入和农村农民纯收入增长而提高的最低生活保障标准自然增长机制，健全对基本生活困难老人救助的社会化管理机制；对农村计划生育家庭老人实行奖励扶助制度；进一步完善“五保”供养制度。完善城镇职工基本医疗保险；建立覆盖城镇全体居民的医疗保险制度；完善农村新型合作医疗；加大对医疗救助

投入和覆盖面等。另一方面，政府在切实保障以上老年人基本生存和基本医疗的同时，要随经济发展不断提高城乡老年人养老保障水平，正确把握保障老年人基本生存与提高生活质量的关系，努力实践“三个兼顾”，兼顾社会共同利益和老年特殊利益，兼顾“未富先老、边富边老和已富已老”利益，兼顾不同行业、不同职业老人的利益，让老年人共享经济社会发展成果，真正使每一位老人的晚年既是安度，又是欢度；既活得长，又活得快乐健康。

四是协调政府、社会、家庭、个人之间的关系。老年人是一个庞大的群体，老龄问题的解决需要政府、社会、家庭和个人的共同努力。这其中，各级政府的重视和工作推进是重中之重，全社会的关心和支持是不可缺少的保障，千万个家庭的养老是老年人安度晚年的港湾，老年人自我养老能力的提高是减轻社会、家庭养老负担的基础条件。因此，在市场经济条件下，面对老年人的多元化需求，必须充分发挥政府、社会、家庭、个人各方面的积极性，各负其责、各尽所能，切合实际地为老年人服务，共同推动老龄事业的发展。

(三)率先创建“和谐老龄化”,必须抓好五项工作

一是养老保障工作。要加快建立健全社会保险、社会救助、社会福利、慈善事业相衔接的覆盖城乡全体居民的社会保障体系。一要完善基本养老保险制度。及时足额地强化养老保险基金征缴，有条件的地区逐步做实个人账户；逐步完善农村最低生活保障制度，建立多种形式的农村养老保险制度；建立适应农民工特点的社会保障制度；进一步解决被征地农民以及农转非人口的养老保障问题。二要健全与我省省情相适应的老年医疗保障制度。进一步完善医疗服务网络、医疗保障和医疗救助制度，进一步提高老年人医疗保障水平，改善老年人就医环境，缓解老年人看病难、看病贵的问题。三要建立和完善老年特困群体救助体系。加强对特困老人的救助，农村“五保”供养、老年特困户救助、城市生活无着的老年流浪乞讨人员救助等制度。发展以扶老、助残、救孤、济困为重点的社会福利。四要积极探索老年护理保险和临终关爱工程。加紧研究对高龄老人服务的护理保险。积极开展临终关爱工程，在致命性疾病患者结束生命时提供良好的关怀和照顾，使他们得以安宁和有尊严地走完人生旅途的最后一程。

二是政策法规工作。加快制定出台有关政策法规。构建社会主义和谐社会对加强老龄工作、发展老龄事业、维护老年人合法权益，提出了更高要求。我们要加快制定并出台关于加快老龄事业发展的政策法规。要认真贯彻落实《江苏省实施〈中华人民共和国老年人权益保障法〉办法》、《江苏省老龄事业发展“十一五”规划》、《省政府办公厅关于进一步推进养老服务业发展的意见》和《省政府办公厅关于进一步做好老年人社会优待和服务工作的通知》等，制定配套实施办法，进一步完善我省老龄政策体系。要结合实际，充分运用财政、金融、税收等手段，探索研究江苏省老年人福利法规政策，进一步开创和谐老龄化的公共福利新格局。加快推进老龄维权工作。针对部分基层行政区划部分的调整，应尽快健全基层老年维权组织；要营造和优化维护老年人合法权益的法制和道德环境，为构建“和谐老龄化”服务；要根据人口老龄化的实际和贯彻《老年法》中的新情况，深入调研、着力推进老龄法规政策的完善；要积极主动地配合各级人大和政协，加强对老年维权工作以及对老年人优待服务政策落实的指导、监督和检查。通过各方共同努力，为老年人幸福指数的提升、生活和生命质量的提高做出不懈的努力，打造“和谐老龄化”的新江苏。

三是精神文化工作。要不断满足老年人日益增长的多元化的精神文化需求，不断提高老年人的健康水平，繁荣和发展老年教育、文化、体育事业。各级各部门要进一步科学规划，整合资源，加大投入，整体推进。一要加强老年文化建设，文化、广电、新闻出版等部门，要采取多种形式，在搞好老龄工作宣传，弘扬敬老爱老社会美德的同时，为老年人创作更多更好的优秀文化产品；二要加强老年教育工作，各级政府要继续加大对老年教育的资金投入。充分发挥老干部大学的示范引导作用，同时动员社会力量办好各类老年学校，加快发展空中老年大学、网络大学，鼓励和支持更多的老年人参加老年大学（学校）、空中老年大学的学习，健全完善老年教育管理体制，加强老年大学（学校）规范化管理，创建示范性老年大学（学校）；三要结合城市改造规划，加强老年活动场所建设，积极开展适合老年人特点的文体活动。

四是老龄产业工作。老龄产业潜力大，市场前景广阔。它既是为老年人服务，又是刺激消费、扩大我省就业机会的新兴产业。当务之急，一要切实加强对老龄产业的领导，进一步研究促进老龄产业发展的机制和政策。各地要把发展老龄产业与产业结构的调整相结合，会同发改委、经贸委、物价等部门深入开展研究，加紧制定老龄产业发展规划，选准方向和目标，突出重点，尽快出台我省发展老龄产业的优惠政策意见。二要遵循市场经济原则，引导社会力量和企业参与老龄服务业。要在宏观调控的前提下，鼓励和

引导老龄产业按照市场经济的要求自主经营，建立科学管理体制，制定统一标准，强化服务意识，推进养老服务业走社会化、产业化、市场化道路。三要大力开发老年产品，积极培育和规范养老市场。当前，要优先发展与老年人特殊需求相适应的社会养老服务业。建立以家庭养老为核心、以社区服务为依托、以机构养老为补充的居家养老服务体系；大力发展社区老年服务站，重视为老服务志愿者队伍建设，积极探索退休人员及“4050”人员社区管理服务新模式；进一步开发和建设老龄产业网络，为老年人提供信息网络服务；加强对社区老年管理与服务人员的培训，提高为老服务水平。

五是能力建设工作。老龄工作具有全局性、群众性、科学性和政治性等特征。提高老龄工作能力建设是应对人口老龄化的重要一环。一是加强老龄工作机构建设。针对目前机构薄弱的现状，加强省、市、县（市、区）老龄工作机构建设。要根据人口老龄化情况和老年人口、高龄人口数确定专职人员数和经费投入比例。人员配置要重视安排责任心强、有创新能力的年轻干部，保持老龄工作活力和持续稳定发展。二是加强街道、社区和乡镇、村老龄基层组织建设。街道和乡镇要建立老龄工作办公室或领导小组，配备一名专职老龄工作者。要重视基层老年协会建设，逐步实现老年人自我组织、自我管理、自我教育和自我服务。三是加强老龄科学研究工作。要发挥老年学学会在老年科学研究中的作用，进一步依靠我省大专院校和科学研究机构力量，紧紧围绕老年健康、老年心理、老年教育、老年产业等开展研究，提出有针对性、可操作性的对策建议。四是加快老龄专业人才培养。要及时总结推广江苏经贸职业技术学院和江苏应天职业技术学院的做法和经验，充分发挥各类院校的积极性和创造性，创造条件积极开办老年护理和老年管理等专业，加快养老服务人才的培养。五是要提高老龄工作的组织协调、调查研究、督促检查和参谋助手能力，加大与成员单位和社会各界的沟通联系力度，整合各种涉老资源，形成齐抓共管新局面。

老龄工作是一项全社会的系统工程。政府的舆论宣传和引导至关重要。建议我省率先开展“和谐老龄化”创建的宣传，加大推进力度。一是在适当时候，召开一个新闻发布会，发布“江苏人口老龄化和创建和谐老龄化社会信息”。二是在此基础上，积极搞好六个活动。1. 积极策划搞好“江苏创建和谐老龄化行动”。内容包括动员服务行业做好老年人优待和服务工作，代际和谐社区建设，尊老、爱老、助老主题教育，为老服务志愿者队伍建设、和谐家庭建设等活动；2. 积极策划搞好“江苏新农村建设老年维权活动”。在农村中开展老年法宣传、“家庭赡养协议”签订、敬老道德评议、老年人协会建设等活动；3. 积极策划搞好“江苏关爱帮扶贫困老人救助活动”。做好老年人的专项医疗救助和康复救助活动；4. 积极策划搞好“江苏老年健康行动”。开展老年保健、老年病预防知识普及教育，做好老年定期体检和健康档案工作，开展老年保健、康复咨询和指导服务；5. 积极策划搞好“江苏老人爱心助成长”活动。发动老年志愿者关心、教育、帮助下一代；6. 积极策划搞好“江苏银龄行动”。开发老年人才更好地为社会和经济发展服务。

新型养老模式与服务体系建设研究*

江苏省老龄研究课题组

1999 年，中国 60 岁及以上老年人口占总人口的比例超过 10%，标志着中国已经进入了老龄社会。2004 年底，中国 60 岁及以上老年人口为 1.43，据预测，2014 年将达到 2 亿人，2026 年将达到 3 亿人，2037 年超过 4 亿人，2051 年达到最大值 4.37 亿人，之后一直维持在 3～4 亿人的规模。面对汹涌而来“银发浪潮”，作为一个发展中国家，如何为基数庞大并日益增长的老龄人口提供良好的生活保障，丰富并提升其晚年生活，是中国实现经济发展和建设和谐社会过程中面临的重大问题。

人口老龄化不是简单的人口结构中比例的变化，在它的背后蕴含着深刻的经济和社会方面的变动和调整。发展经济学把劳动力供给非常充分，社会储蓄率比较高，人口扶养比较低，给经济增长带来了额外的源泉，称作“人口红利”。一般认为，随着老龄人口的迅速增加，新增人口的下降可能无法抵补老龄人口的增加，老龄人口的扶养比例不断上升，在 2015 年左右，我国将面临用尽“人口红利”所带来的挑战，人口老龄化加速将给发展中的中国经济带来一定程度的负面影响。另一方面，就家庭而言，由于计划生育

* 本课题得到了江苏省老龄工作办公室，玄武区、鼓楼区、扬州市、江都市民政局、老龄办，以及多家养老机构的关心和支持，在此表示衷心感谢。

政策的推行，每个家庭只能生育一个孩子，家庭规模呈现小型化的趋势，代际之间的4－2－1结构开始变得越来越普遍，家庭中一个子女一旦成年，就需要独立承担起照料父母，甚至祖父母的任务，这显然是一个不堪承受的重负。

因此，如何在符合经济社会发展规律的基础上，建立具有科学性和前瞻性的养老模式，就成了理论界、政府和实际部门的迫切任务。本报告在前人研究和实践的基础上，厘清一些基本概念和基本观点，结合江苏的实际，提出我们关于新型养老模式和服务体系的看法。

一、养老模式与养老服务的内涵

（一）养老模式的含义

老年人的赡养是一个综合问题，涉及经济、社会发展的诸多方面，但概括起来所谓“养老问题”大致可分为两层含义：一是养老的资金支持，也就是资金筹集问题，或者说“养老资源提供”问题；二是养老服务的提供问题，或者说“养老职能承担”问题。不同的研究者有不同的侧重，本报告主要侧重于后者，即在有养老资源提供的前提下，研究关于养老职能的划分、承担、组织和养老体系的健康、可持续运行的一系列制度安排。当然，必要时，也会涉及养老资源的提供。

在区别养老模式的两层含义的基础上，还要进行“养老方式”和“养老模式”的区别，我们认为：养老方式是一种具体的养老安排，一种行为或运作形式，是养老模式的运作路径、展开过程和活动形式，具有明显的直观性、规范性和不稳定性。比如农村中的“五保户”养老、敬老院养老等概念，都具有直观性特征；而根据子女赡养老年人的外在形式而总结出的共居、轮居、独居等养老方式则体现了养老方式的非规范性；人类社会的养老从群体养老到家庭的共居养老再向分局养老变化，从居家养老到机构养老变化等，说明了养老方式始终处于变动和不稳定的状态中。养老模式则是社会、经济思想、环境、群体、民族等诸多因素综合的产物，代表了对养老问题的整体思维，体现对养老问题的基本认识、基本原则和基本的价值观。养老模式反映了整体，养老方式则是局部，养老模式包含了养老方式也制约了养老方式。同一种养老模式之下可以采取不同的养老方式，比如说由家庭成员提供资金的机构养老和居家养老在养老模式上都是家庭养老；不同的养老模式也可以采取同一种养老方式，比如说同样采用机构养老的方式，如果资金来源于自己就属于自我养老模式，如果由家庭出资就隶属家庭养老模式。总的来说，可以这样归结：目前比较公认的养老模式主要有家庭养老模式、社会养老模式、自我养老模式；具体的养老方式则包括居家养老、机构养老、社区养老、异地养老、集中养老、分散养老等众多方式。

（二）养老服务的内容

“养老服务”是指直接满足老年人基本生活水平和更高生活水平的现实的劳务，在现实中包括对老年人的日常照料，老年生活娱乐文化活动，疾病监护医疗等等与老年人生活关系紧密但又区别于年轻人的独特而多方面的需要。

马洛斯的需求层次概括了人的各种需求，可以成为我们研究老年人需求的普通性的理论指导，但是作为社会的特殊群体我们仍然需要在充分认识他普遍性需求的同时准确把握老年人需求的特殊性。

西方学者将老年人需求主要集中在三个方面，简称为3M，包括物质需求，即Money（经济保障）；精神需求，即Mental（包括精神慰藉、心理满足等）；医疗需求，即Medicare（医疗保障，或者医疗保险）。

在我国，有学者将之归纳为生理需求，安全需求，归属和爱的需求，自尊的需求，自我实现的需求等五个方面，也有学者将老年人的需求分为了三大类：即生存性、发展性和价值性需求。

我国政府相关部门提出了“五个老有”，即：老有所养、老有所医、老有所为、老有所学、老有所乐，大致包含了上述内容。但是，与前述区别在于，“五个老有”在内在结构上，未能准确地反映出老人需求的层次性，因而也难以体现其差别性。从内容上看，“五个老有”更像是带有政治意义的承诺，反映了老人问题上的社会责任，有积极的意义，但是，这种表述是站在政府或管理机构角度上讲的，带有一定的主动性甚至主观性，容易产生误解。实际上，在养老服务问题上，存在着两个主体或者说两方关系，社会是一方，老人是相对的另外一方，而且应该是两个平等主体之间的关系。

养老服务应该作为一项事业，而不是作为一个任务。任务是一次性的，只需就事论事地完成。事业则是作为一个系统存在的和运行的，需要建立内在的机制和外部的环境，需要建立良性循环才能保证其可持续性。因此，“养老服务”在中国应该是一项重大的系统工程，需要结合中国的实际，建立科学的系统和运行机制，在探索中不断地提高。

二、新型养老模式和服务体系形成背景

我国正处在经济社会激烈变动的时期，作为沿海发达地区，江苏省更是感受到变化带来的压力、动力和新的机遇。

应该说，探讨建立新型养老模式和服务体系的原因，不仅是中国人口老龄化速度的加快，更重要的是中国经济社会结构正在发生和将要发生的深刻变化。前者只能说明养老问题的重要性和迫切性，后者才是建立新模式的内在原因和要求。因此，对新型养老模式和服务体系背景的认识，可以更好地把握发展趋势，提高体系建立的科学性和前瞻性。

养老模式转变的原因是多方面的，新型养老模式最终是多方面的因素共同作用的结果。

（一）人口结构和家庭结构同时变化。从人口结构看，据预测，本世纪中叶之前我国的人口动态有三个转折点。第一，劳动年龄人口占总人口的比率从2010年起趋于下降；第二，劳动年龄人口的绝对数量在2020年以后将大幅度减少；第三，总人口在2030年前后达到峰值，不会超过15亿人，随后绝对减少。从这个预测可以看到，少儿抚养比下降与老年扶养比上升之间的间隔将很短，使得总体抚养比只在相对短暂的时期内处于较低的水平上，即在本世纪只会再继续一个较短的下降，随后将以老年扶养比提高为特征大幅度回升。其结果是社会总体养老负担迅速加重。到2017年，老年人口占总人口的比例将超过10%，在少儿抚养比高达26%的情况下，老年扶养比超过14%。

江苏的情况在全国则更具典型性，其特点有三：一是来得早。60岁以上老年人口占总人口数的10%以上是衡量一个地区老龄化的标准。江苏人口老龄化出现于1986年，比全国（1999年）早了13年。其中苏州早了18年，无锡早了16年。二是基数大。全省老年人口数从1986年的629万人到2005年的1151万人，20年净增522万人。老年人口占户籍人口的比例从1986年的10%增长到2006年的15.7%。特别是农村老年人口基数大，占全省老年人口总数的70%。三是增速快。1986年至2006年，我省老年人口的年均增长率3.5%，快于全国3%的增长速度，人口老龄化已进入快速发展阶段。特征是人口高峰期间实行计划生育的独生子女父母一代正在步入老年，人口老龄化进入快速发展阶段。太仓市人口老龄化程度在我省最高，以达21.7%。

随着经济发展水平的提高，人们的生活方式和家庭结构发生很大的变化。人们更多地被卷入到社会生产的洪流当中，传统的家庭空间让位于快速的生活节奏，人们将较少的精力集中在家庭方面。一方面，经济负担的加重以及社会活动的增加使得年轻人推迟生育，减少生育，较低的出生率以及较长的预期寿命提高了家庭和整个社会中老年人的比重，另一方面，年老一代和年轻一代分巢而居的情况越来越普遍，形成独特的“空巢家庭”现象，这无形中加大了社会中的养老压力。以江苏为例，据调查，至2006年底，我省城市社区空巢家庭占居住老年人户数的30%以上，空巢老人占40%以上；农村空巢家庭占25%以上，空巢老人占35%以上。其中80岁以上高龄空巢老人与其他年龄段空巢老人比例，城市社区占20%以上，农村占15%以上。

（二）工业化对传统养老模式的机遇与挑战。工业化改变了整个社会结构和组织方式。工业化要求劳动力大范围地流动，改变了中国传统的家庭结构模式，“父母在不远游”成为历史，“养儿防老”主要体现在资金提供方面和服务提供方面。这似乎是工业化带来的负面影响，但是，实际上工业化是中国发展的必经之路，我们在享受工业化成果的时候，也要正面工业化的影响，更重要的是，要利用工业化的成果，改进我国传统的养老模式，从挑战中寻求机遇，变不利为有利。

工业化带来的有利因素是，第一，由于产业结构的调整，经济发展不是建立在农业基础上，而是建立在有极大扩展空间的工业基础上，一国经济可以在较短时间内得到跨越式发展，这就为包括养老事业在内的经济社会事业发展提供坚实的物质基础。第二，工业化的基本理念是分工协作，是生产的社会化，它可以将一件完全是个人或单个家庭完成的事情，通过全社会范围的分工、调动一切社会资源，专业化、高效率地完成。养老事业社会化的基础主要不是建立在政府行政资源基础上的，而应该建立在工业化提供的社会分工协作基础上。第三，与工业化相伴随的是新的经济社会组织方式，具有法人治理结构的现代公司，具有强大的资源吸纳、整合和利用能力，不仅在经济领域可以发挥作用，同样可以在社会事业中发挥作用。

（三）市场经济发展为养老事业提供了新的动力和机制。消极地看，在市场经济条件下，老人是竞争力最弱的群体，养老难度可能增大。但是，现代市场经济不是自发的、没有政府调控和道德规范的，在政府调控和道德规范下，市场的作用就可能通过利益的吸引和调节，使养老事业同样具有生机和活力，规范、活跃的市场经济应该能够为新型养老模式的发展提供了良好的支撑。一方面，满足不同需求的老年人群，在政府保障基本养老生活水平之上，根据自身能力通过市场购买满足自身个性化的需要，美国的养老模式就是一例；另一方面，市场经济的有序发展及竞争水平的提高使得政府组织大规模服务购买成为可能，许多以往认为只能由政府提供的服务，也可以外包给相关企业，这样引入了竞争机制，提高了养老服务的效率。

（四）政府职能转换与建立和谐社会带来极大的利好。中国的体制改革已近30年，政府体制改革成为今后一阶段的重点，而转换政府职能，即政府由直接管理企业、经济，变成以社会管理为重点，以提供公共产品为主要职能。特别是，建立和谐社会，要求在经济社会的各个方面体现以人为本，尤其是对弱势群体、对市场自发作用难以实现的目标进行管理和调控。养老事业具有一定的公共产品性质，老人又是社会弱势群体，正是政府和社会今后关注和工作的重点。

（五）文化的交融与变迁对养老事业的两面影响。一个社会的文化观念不是一成不变的，在东西方文化交融日益密切的时代背景下，东方社会中儒家传统的家庭观念受到挑战，家庭的养老功能开始弱化，因此需要覆盖更广泛的养老服务体系的建立。但是，另一方面，作为养老对象的老年人群同样也在发生着意识、观念的变化。最重要的一点，老人逐渐增强了两方面的意识，一是权力意识，老人有权力获得应有的权力，这就给政府提出了较高的要求。二是独立意识，老人有自己的地位和尊严，在可能的情况下不是简单地依附于子女，可以独立地安排自己的生活。应该说，这都是社会进步的象征。也为我们新型养老模式提出了新的要求。

（六）新技术带来的新机遇。二次大战之后，计算机技术的兴起与迅速传播极大地改变了人类的生活，计算机和信息技术的广泛运用使得处理大量信息成为可能。新型养老模式可以充分利用新技术带来的观念上的创新和技术手段的创新，将“点对点”、“面对面”的养老方式，变得更加具有开放化、精确化和专业化。特别是，信息技术的充分利用，为“远程控制”下的养老服务提供的基础，能够大大提高养老服务的效率，也能为老人提供更加及时、准确、高效的服务。例如，国内正在推广使用的“安信通”，把居家的老年人与医疗救援机构直接联系起来，使得老年人即使在家一遇到紧急情况，也能即时将信息传达到急救中心，以便在最短的时间内获得救治，这些在以往都是难以想象的。应该说，只有充分考虑信息技术的广泛应用，才能使养老模式更加能够与时代发展的趋势相一致。

三、新型养老模式和服务体系建立的基本原则

所谓新型养老模式建立和服务体系的基本原则，是为了更好地探求养老事业背后的基本关系，揭示对养老模式和服务体系形成起基础作用的一般规律，避免就事论事和短视行为，使养老模式和服务体系更科学、更符合发展趋势，更具前瞻性、稳定性、持续性。

（一）公平与效率兼顾原则

公平与效率兼容和平衡，不仅是经济活动中的基本原则，也是建立养老模式应该坚持的原则。无论何种养老模式，公平与效率的任何失衡，或者会失去其应有的社会意义，或者会使之难以持续。

从一般意义上讲，养老模式中体现的公平，是指每一个老人都有在这一特定阶段平等的生存权利。在我们的社会里，老人无论是否有经济收入、或收入高低，无论是其是否有子女、子女多少、是否孝顺，无论是生活在城市或者农村，无论其身体状况如何。出于对老人人生基本权力的尊重，或者是出于对老人一生中所做贡献的肯定和感激，社会都应该尽其所能，提供能够维持老人正常生存和保持起码尊严的条件，这是一个社会价值取向的反映，是政府的责任所在。做不到这一点，对政府而言是失职，对老人来说，是被侵权。当然，公平不是绝对平均，不是否认客观存在的地区差别，不是无视经济社会发展的实际，漫无边际地提出超越可能的条件。

政府的责任和由政府直接承担责任应该加以区别。政府的责任可以在提高效率的前提下，投入不同的资源、采取不同的形式。政府直接投入人、财、物创办养老院，是一种最直接也最传统的形式。而实际上，政府还可以通过投入其他资源或以不同的形式投入资源，实现养老的目标。特别是，在市场经济条件下，政府应该更多地利用制度资源，通过利益调节，调动一切因素实现养老目标。

从效率的角度看，提高效率涉及两个因素，一是物质因素，二是人的因素。

养老的物质要素包括养老院（所），养老设施，养老的技术手段等。在这方面，提高效率有非常大的空间。途径有三，其一是发挥规模经济的作用，科学地计算在特定区域、特定条件下养老机构的最低经济规模，通过政府规划强制地实施最低规模准入制度，这样可以控制成本提高效率。其二是，发挥要素结合的综合优势，充分发挥相关要素的结合作用，特别是利用医疗体制改革中普遍建立社区医疗机构的机会，将机构养老、家庭养老和社区养老与社区医疗体系相结合，解决养老中最具技术性和“刚性”的问题。其三是，充分发挥现代技术，特别是信息技术的作用，大力开发与养老相关的新的信息技术和设备，缩小空

间差距和时间差距，提高效率。

养老的人的要素涉及到养老事业的直接和间接的参与者，都可能影响效率的提高。新型养老模式应该比传统养老模式更能够充分调动社会各方面参与者的积极性、创造性和实施效率。养老参与者可分为三个方面。其一是养老资源投入者——政府（及其下属机构如社区）、企业家、慈善家；其二是养老事业管理者，包括行业管理和运行管理两个方面；其三是养老服务直接提供者。从人的角度看，养老效率的高低主要取决于运行体制机制、管理者和服务直接提供者的能力和积极性。所谓运行体制机制，主要涉及投入资金的产权属性，是政府投入还是企业投入，投入与回报的利益关系，项目或机构的管理体制等。管理者的能力是指管理者熟悉市场经济、熟悉资本运作、熟悉现代信息技术和现代管理理念和技术的水平，服务提供者的能力，主要是指他们的用于养老服务的专业技术水平。管理者和直接服务提供者的积极性，主要是其受到的激励的方向和程度，激励越有效其积极性越高，效率越高。

在传统养老体制下，公平与效率可能会产生矛盾的原因主要在于，政府既是养老制度制定者，资金投入者，监督者，同时又是具体养老机构或项目的直接管理者。应该说，政府在控制养老公平性有独特的行政资源和财政资源，但在具体运行过程中，既缺乏专业管理优势，同时由于其性质所限，无法得到充分的激励，当然就会缺乏效率。在新型养老模式中，处理公平与效率的关系的前提应该是，政府把握公平，而将效率交由市场和社会，通过市场作用整合社会资源，吸引优秀人才，形成有效激励，提高养老资源的利用效率。

（二）社会性与私人性协调原则

一种产品、服务或行为具有社会性还是私人性，主要取决于其是否有外部性，或外部性强弱。经济学所谓外部性，是指个体的生产或消费活动给其他个体带来成本或收益，并没有相应补偿或获得报酬。在养老问题上外部性是指，如果老人不能得到有效的照顾（以至流落街头或贫病交加）而政府社会无动于衷，人们就会指责社会的价值取向和道德规范，就会对社会产生恶性的示范作用。老人是特殊的社会群体，或者由于丧失劳动能力难以得到生存资源，或者由于身体状况恶化不能自理，通过市场关系不能自动满足其各种需求，或者说，在养老问题上存在市场失灵，需要得到社会的特殊关注。具有社会性的需求，需要提供的是公共产品。养老的公共产品是就其性质而言，其提供者可以是政府，可以是非政府或非盈利组织（NGO、NPO），也可以是企业。在其运行过程中，可以是无利的，也可以是盈利的。但是，针对公共产品的需求者——老人而言，其本质特征是，以增进福利为目的，以无偿的方式提供。[①] 公共产品的多寡、质量高低，主要取决产品提供者的供给能力。

相对于公共产品，私人产品是市场竞争的生产物，通过市场原则实现供给需求双方的联系和均衡。养老需要私人产品的原因是，其一，在特定的经济发展水平下，政府和社会提供的公共产品不足以满足养老的全部需要；其二，“老年人”是一个差异性极大的群体，在存在需求“相似性”的同时，存在着相当大的需求“差异性”。这种“差异性”的需求只能由私人产品满足。其三，随着经济社会的发展，老人需求的内涵和外延有非常大的扩展空间，需要有更新的技术和更好的产品，这种创新活动在竞争条件下更易实现，通过私人产品提供过程中的竞争，有利于提供更好的产品和服务满足养老需求。

在新型养老模式中，社会性与私人性的协调，主要通过三个途径实现。一是公共产品和私人产品的结构平衡。政府既要关心公共产品的供给，也要关心私人产品的供给，特别是给公共产品和私人产品的供给，从规划、标准等进行有效监督和管理，保证老人在得到基本公共产品保证的同时，通过享受质量越来越高的私人产品，提高生活质量。二是公共产品和私人产品供给组织的协调。刻意地划分养老公共产品与私人产品供给主体，人为地划清界线，只会使有限资源产生巨大的浪费，政府在规划中应该打破所有制和身分限制，让最适合的养老机构和养老管理者综合利用区域养老资源。三是协调公共产品与私人产品供给中的利益关系，利用优惠的政策和制度安排，引导社会资源在提供私人产品的同时，承担提供公共产品的责任。

（三）分层推进与动态均衡原则

与西欧北美等发达国家不同，我国地域辽阔，经济发展水平差异巨大，养老资源的分布很不均匀。建立新型养老模式和服务体系，必须充分考虑这一中国特色，遵循分层推进的原则。根据我国的实际情况，至少可以分为三层。一是城市与农村的分层，二是发达地区与欠发达地区的分层，三是养老内涵上的分层。通过分层规划，根据不同的经济社会条件，明确

① 刘诗白，《市场经济与公共产品》，《经济学动态》，2007.6

不同地区养老推进的次序，防止初则一哄而上，后则难以为继。

需要强调的是，这里考虑地区的分层养老，并不意味着完全按照经济条件决定老人的命运。最基本层次的养老，必须实行省一级、市一级的统筹，使老人的生存得到基本的保证。今后一个相当的时间，中国养老的重点在于保证贫困老年人群基本的生活需要，保证病残老人基本的医疗，保证重症老人的临终关怀。后者可以结合正在进行的医疗体制改革，加大力度形成新的体制框架和全覆盖的老人医疗体系。

从经济学角度来看，养老的问题最终归结点是养老资源的供给和需求，这里的动态均衡是指要保持养老资源供给和需求的持续均衡。老人是养老事业的主体，我们的各项工作的启动都要以老人的需求为出发点，具体到老年人的基本需要，就是通过服务来维持他的生存质量，并由此产生对各种服务的愿望，只要具有一定的购买力，就会形成相应的需求。只有及时准确地了解老人的真正需求后，有针对性为老人提供所需要的产品和服务，才能使资源得到合理的配置和充分利用。但同时老龄化是个持续发展的过程，老人的身体状况、经济收入、思想观念等都会随着经济和社会的发展而发生变化，老人的需求也不会一成不变，而是呈现出动态变化的特点。因此，在养老模式的构建和服务体系的运行中，不论是完善原有的养老体系还是创建新的养老服务项目，必须要时刻跟随老人需求的变化，对供给做出调整，即坚持动态均衡原则，从而推动养老事业健康持续发展。根据2005年中国老龄产业国际论坛消息，目前我国老年人市场年需求为6000亿元，而国内市场每年能为老人提供的产品不足1000亿元，可见，养老产品供需严重不均衡。由于老年人的需求是多种多样的，因此供需不均衡也存在于多个方面。

动态均衡的实现，首先需要有人或机构不断发现、甚至超前地考虑老人未来将要产生的需求，甚至是创造新的养老产品引导老人消费。这就需要将养老事业做成一个可以不断创新，实现自我良性循环的产业，通过产业内的企业和市场作用，实现养老供求的动态均衡。

四、新型养老模式和服务体系的构成与运行

我们将养老模式抽象地定义为“关于养老职能的划分、承担、组织和养老体系的健康、可持续运行的一系列制度安排”。前述就在于背景和基本原则的研究，为我们提供了关于新型养老模式和服务体系建立的基础和前提。在此前提和基础上，我们将新型养老模式具体地归纳为“在政府主导下，以现代信息技术为手段，通过社会化、产业化、市场化的方式组织和配置养老资源，满足老年人群不断增长的物质、精神方面的需要”。

判断一个养老模式科学与否，第一是看通过这一模式的安排，养老资源能否满足现实需要，第二养老资源是否有高的利用效率。

在现实中，无论是发达国家还是发展中国家，如中国，政府作用下的居家养老、社区养老和机构养老，是通行的“养老方式”，即使在传统计划经济下，我国也存在这三种方式。所以，新型养老模式要创新的不是这三种实现方式，而是对这三种方式起支配作用的制度安排。新型养老模式需要增加的是新的制度安排，和保证这些制度安排得以实现有力措施。

（一）政府主导下的养老模式中，政府主导应该有新的制度含义。

养老作为社会保障体系的重要组成部分，应该将之放在完善社会主义市场经济体系和建设和谐社会的高度认识。科学发展观的一个重要内涵是以人为本，在养老问题上，以人为本要突出对老人群体权利的尊重，要将这种尊重以制度的方式确定上来。

政府主导应该体现在三个方面。

第一，政府要根据地区经济发展水平和老人群体的实际确定最低养老财政支出，将养老与发展教育、修路修桥等相同，作为“刚性”需求列入财政预算，财政无力支付最低合理支出的，应由上一级或上两级政府进行统筹。同时，要明确，养老的投入增长不低于地方财力的增长。

第二，政府主导要体现为规划引导。政府应在建立高水平老年人群信息库的基础上，准确预测老年发展趋势的基础上，科学地编制养老中长期规划，有预见性提前考虑将要产生的问题并提出对策。在城市规划中和区域规划中，要充分考虑养老机构的选址、土地利用规模等因素。

第三，制定与养老相关的法律法规和政策，特别是对涉及养老机构设置、养老标准制定、老人权利维护等，要通过政策的规范、引导，使养老事业法治化、规范化。

第四，政府主导要体现为通过行政资源带动更多的社会资源进入养老事业，因此，政府的资金投入，通过适当的制度安排，要更多地起到“种子基金”、“杠杆基金”的作用。

（二）养老社会化是新型养老模式的重要内容

养老社会化的含义是，养老不再是仅仅老人家庭子女亲属的事，也不仅仅是承担公共责任的政府的事，而应该是全社会的事业。这不仅仅意味着全社会要关心养老事业，更重要的是：

第一，利用全社会的资源经营养老事业。从投资主体看，要由政府投资转为多元化投资，不仅有本地投资而且有异地投资，不仅有内资而且有外资，不仅有公益性投资，也允许有盈利性投资。有两个现实的问题应该较好地得到解决。一是如何放开养老事业（特别是高端养老）的准入，政府只制定进入标准，允许企业法律或政策规定自由投资。二是加大慈善基金对养老事业的进入，这同样要进行政策调整，减少基金会设立的难度，加大基金设立和投入的力度。另一方面，社会志愿者的适当进入，也是养老事业社会化的重要内容。三是在社会资本进入时，要有保证地提供政策优惠和奖励，使进入企业得到经济效益和社会效益的双赢。

第二，建立养老事业的社会化分工协作关系。现代养老事业必须走分工协作和专业化的道路，这不仅可以降低养老成本，而且有利于利用现代信息技术等先进手段，有利于创新养老产品和养老经营方式。这就有需要在两个方面做出努力。一是养老院（所）具备一定的规模，使得养老服务链可以进行细分，核心环节在院（所）内进行，将医疗、餐饮、旅游、劳务中介、培训、管理等环节由专业机构进行。这些专业机构不一定是专门做养老服务的，但是，其相关性可以将养老相关服务纳入社会服务体系。而且，通过更大范围内的竞争，质量、效率得到提升。二是在规模条件暂不具备的条件下，养老组织实行连锁化经营，在虚拟的条件下将养老规模做大。南京市“万家帮”居家养老服务中心所做的连锁经营，形成了统一的经营模式和服务标准，初步形成了品牌效应，昭示了养老服务社会化的发展方向。

（三）养老产业化在新型养老模式中起着关键作用

养老产业化的核心内容是，在政府引导和适当支持下，在养老事业内部形成高效的组织结构、合理的产业链和良性作用机制。

形成产业化的基本条件之一，是这一产业基础和发展前景，养老产业存在巨大的需求空间，也存在着极大的提升空间，应该说养老产业基础良好。形成产业化的重要条件是，该产业的发展主体是否健全和有力。传统养老模式的主体是政府，依靠财政支撑和官员参与，形成封闭性的养老链条，难以带动社会资源进入，难以形成竞争和激励机制。养老产业化要求在养老主体和养老机制上产生巨大的突破，在政府主导下，形成新的企业化养老主体和有充分激励和限制的作用机制。企业化养老主体与政府作用并不矛盾，它只是将养老的供给由政府直接提供，改为由企业化组织提供，政府要求实现的政治目标和社会效益，通过政府与企业间的合约得以保证。

如同企业发展的关键要素是高水平的企业家一样，养老资金、养老机构、养老设施的效率高低，关键在于养老组织、运行、管理者的水平高低。从目前情况看，养老事业的管理者主要来自政府福利部门在职官员和退休官员，与养老相关的医疗机构管理者，小企业管理者。尽管他们作出了巨大的努力甚至牺牲了自己的利益，但是，从长远看，我们更需要熟悉市场经济、熟悉资本运作、熟悉现代信息技术、专家型的人才进入管理队伍。提高养老企业的管理水平和运行效率，特别是形成在相当大范围内产生影响的品牌企业和优秀企业家，这样养老产业的产业链就会不断延伸，养老质量就会不断提高，养老产业和养老事业就会进入良性循环。

（四）养老市场化在新型养老模式中起着资源配置的作用

市场是资源配置的手段，市场本身没有好与不好之分，市场配置的结果才有好与不好之分。在社会的价值标准或偏好，如我们现在的偏好是“和谐社会”既定的情况下，市场就成为配置养老资源的重要手段之一。传统养老模式之所以排斥市场的作用，原因在于，有人认为，市场参与者是“逐利”的，而养老是一项福利事业，是“奉献”、“牺牲”、“无偿”的，与市场是水火不相容的。实际上，“逐利”只是市场作用中的一个环节或过程，市场的真正作用一是实现资源均衡配置，二是对市场参与者产生充分地激励，以提高效率。在新型养老模式中，我们需要利用市场的就是其资源配置和激励功能。

从资源配置角度看，除非是慈善性质的投资，将资源投入养老事业的企业和机构需要得到平均利润，这是一个不容回避的现实。为了吸引更多的资源投入到养老事业中，政府要明确提出让投资者得到合理回报，而不是要其“作贡献”。事实上，如果投资者得不到如平均利润这样的合理回报，短期里也可能有投资和经营活动，但其企业却是难以持续和高质量发展的。

由于养老产业针对是特定的消费和服务群体，完全由市场定价是其难以承受的，但如果不由市场定价，则养老机构或企业之间就难以有效竞争，最终会降低养老资源利用效率。这就需要政府在其中发挥作用。政府在养老市场上发挥的作用，类似于政府在农业中的作用，因为农业也被称为“弱质产业”。政府通过补贴养老企业的方式，使其得到平均利润，因而继续留在该产业发挥作用。但是，政府的补贴不是以消除养老企业竞争为条件，相反，以只有竞争力强者才能得到政府补贴为原则。与其他产业有可能得到超额利润不同，养老企业只能得到平均利润。但尽管如此，其产业有吸引的地方是，它有相对稳定的需求和较大的扩展空间，有较高的“进入门槛”，诚信经营的企业有可能形成稳定的市场地位。

应该说，相比其他产业市场而言，政府利用、管理和调控养老市场，有更大的难度。如何根据养老的不同需求和养老产品的不同性质，选择适合的企业和给出不同的补贴标准，需要在实践中不断探索。

五、关于新型养老模式和服务体系的建议

目前，随着中共中央对养老工作的关注和投入的增加，各地的养老工作都在积极地展开，并取得了一定的成绩，切实改善了老年人的生活水平。同时在调研的过程中我们也发现一些可以改进的地方，具体如下：

（一）政府

1. 与养老事业相关的财政体制改革

现行的养老事业的资金是通过养老工作单位申请，财政部门审批确定具体数额的。通常会受到在职主要领导对养老事业的关注度、当年财政是否宽裕等因素的影响，并且没有结合当年养老事业支出的实际需要相结合，容易造成养老事业投入的资金波动性大、养老工作单位无法根据本地区当时的养老需求开展工作而是量入为出，束缚了养老工作的顺利、有计划的开展；阻碍养老事业的逐步推进，不利于稳步提高老年人的生活水平和逐步扩大收益老年人的数量。我们认为应该在法律法规的制定上对养老事业的支持，以规定有规划的预算的形式保证养老资金来源的稳定性，各地可以根据实际情况采取按财政收入的固定比例划分养老事业的投入资金、或者按本地区老年人的数目以人均固定金额动态确定总的投入金额，或者以现行的老年事业投入总额为基点逐年一定比例增加投入等等。在确保老年事业投入的资金额稳定性的基础上动态的调整总投入金额符合分层推进与动态均衡原则，从资金角度保障养老事业规划可以顺利进行，从而为老年人赢得更多的社会关爱和生活支持。

2. 政府补贴的针对性和规范性

目前，本着支持和鼓励民营资本进入养老市场，各地政府都对兴办养老机构实行补助，虽然各地因为经济发展不尽相同，具体补助的标准也不同，但是基本都采取了按照床位数一次性的方式，并没有区分不同层次养老需求。我们认为，由于目前中国面临着“未富先老”的局面，在可投入养老资源短缺的情况下，根据公平性的原则，政府应该对于满足基本要求的养老服务给予一定程度的补贴，但对于高层次的养老需求鉴于老年消费者具有一定的经济能力，应该减少乃至不补贴，遵循养老需求的低层次向高层次发展的分层推进和动态均衡的原则，同时提高养老资金投入的使用效率，实现社会福利的最大化，同时兼顾了公平和效率原则。

3. 充分利用信息化条件

伴随着信息化、工业化的到来，社会的发展给养老带来了诸多不利影响的同时，高科技和信息化产品在养老服务中的使用可以极大地提高老年人的生活水平，为老年人提供可靠的安全保障。目前在大中城市中逐步普及的安康通就是一个典型，“安康通”是借助现代网络通讯及信息技术，依托社会服务资源，面向社区老人家庭提供紧急呼叫救助和日常生活照顾的居家养老服务援助系统，能够为老人提供 24 小时全天候的保障服务。它的服务器终端可装在家庭电话上，也可以当作手表戴在老人身上。如遇到紧急情况，老人只需按一下键便可接通服务台，援助中心即能确认其大致位置，并通知其家属或救护、公安等部门实施救助。目前在南京市鼓楼区，已有 150 多户独居老人家庭安装了“安康通”呼叫服务器，享受到了政府买单提供的应急服务。事实上，很多老人对这项服务都有需求，而并非仅局限于独居老人有需求。这就需要我们政府加大对该项服务的提供力度，争取让更多的老人分享到信息技术的成果，同时，我们也希望有更多的企业和部门向我们提供直线通道，加入到关爱老人的行列中来，使“安康通”这个桥梁能够更加宽敞，能更好地为老人服务。但是安康通仅仅是运用科技、借助信息化的一个小小的方面，在空巢老人日益增加的情况下，无人看护时老年人的日常生活照料和陪伴等问题都有希望通过高科技产品来弥补。丰富老年人的晚年生活让他们充分享受技术进步的成果、分享社会发展的果实，也是提高老年人精神慰藉的一种途径。所以政策应该鼓励和引导新技术在养老事业中的运用，由高校和科研院所进行的科研研究，并积极引导企业将科研成果转化为产品。遵循养老资源投入的效率原则，提高单位资金的使用效率和导致社会福利增量的增加。

4. 将养老事业系统化、规范化

养老事业涉及到不同部门的配合，各种具体操作的零碎环节，不同部门的行政法规的立足点不同、出发点不同，而养老事业和谐、健康、稳步发展需要各方面协调一致，才能提高办事效率，更快更好的为老年人某福利。因此，政府在考虑老年人的福利保障问题时，应该系统化思考，避免可能发生的政策性误差和矛盾。

其次，在养老服务市场化的背景下，如何对非营利性组织进行审核、监管成为关系老年人切实利益的重中之重。如何保证政府的种种优惠政策最终躲到老年人身上是政府制定审核、监管政策的出发点。在保障非营利性组织正常运行的前提，最大程度地让老年人获得政策优惠的实惠、享受物美价廉的服务，是政策执行过程中的验金石。政府可聘用社会上专业的、认可度高的监管机构发挥其专业优势，由他们对提高养老服务的组织进行检验、评估，并根据反馈的评估结果进行政策上的调整，可引入招标等高效率的选择合作对象的方式。目前，在各城市中存在的与政府合作的非营利性组织比较单一，缺乏竞争，客观上不利于养老服务质量的提高，造成资源效率的浪费。

同时，可积极引导养老服务机构的专业化发展，利用规模经济、专业化来降低服务成本，将更多的老年人纳入被服务的范围，进一步实现公平的原则，提高养老资源的使用效率。

5. 与老年人权益保护的相关法律法规的与时俱进

社会的不断发展，老年人面临的现实不断变化，他们的需求和遇到的问题总是动态变化的，政府应该清楚认识到他们面临的问题，使得保护老年人合法权益的法律法规与时俱进，动态发展和完善。目前，逐渐兴起的康复院极好地解决了身患疾病老年人养老问题，但是在康复院里有医疗保险的老年人依然没有办法完全享受到医疗保险，不利于老年人更好地养老，也不利于适应社会养老需求的机构养老的发展。这就需要通过国家在医疗体系的改革中，将此问题纳入改革的范畴，扩展老人医保使用的范围，并且以法律法规的形式确定下来，使得老人可以切实享受到自己的权益。

（二）企业

1. 专业化经营

民营资本投资养老机构和服务体系，进行市场化运作是我国养老事业的一个发展趋势。以企业投资建立养老机构为例，目前我国企业投资建立的康复护理院、疗养院、护理中心等各类养老机构针对性不强，绝大多数是混合型的，即对于自理，半自理和完全不能自理的老人都收，而几乎没有针对性的专收一类对象的单一型养老机构。在这方面，一些发达地区和国家的经验很值得我们借鉴。例如，我国香港把安老院分为重度照顾、中度照顾、低度照顾三种；日本把养老机构分为特别养护机构、养护机构、老人保健机构、收费老年公寓等类型，划分标准主要还是看入住机构的老人身体和经济情况以及服务功能。这种分类是国际上比较科学的分类，它不同于我国现行的以所有制形态或行政级别进行分类的方法。中国社会科学院政策研究中心副主任杨团研究员在不久前举行的全国第三届老人院院长论坛上说“进行老人院的类型界定是为国家和社会的资源配置找准方向，避免资源的浪费，更好地服务于老人。”因此，未来企业在建立养老机构时，要向着专业化的方向发展，针对不同健康状况的老人设立不同类型的养老机构，专业化的发展，即可以使资源得到充分利用，提高企业的经营效率，又可以培养专业化的护理员，使老人享受到更加优质的护理服务。

2. 多样化经营

面对中国越来越庞大的老年人口，巨大的养老需求市场必然孕育不同层次的养老产品的需求。根据2005年中国老龄产业国际论坛消息，目前我国老年人市场年需求为6000亿元，而国内市场每年能为老人提供的产品不足1000亿元。同时老年人他们生活在社会的各个层面上，性格、经历、经济能力、文化程度等的差异导致他们对养老产品的需求存在很大的差异。因此，作为寻求利润最大化的企业，在抓住养老这个巨大商机的同时，还需要敏锐自己的“眼睛”，善于发现不同的养老需求，根据这些需求方面的特征，准确定位自己提供的产品，实现养老服务的供给均衡发展。具体在运行中，企业要采用符合政府制定的基本经营标准和管理规范，及时、准确地了解养老市场的变化，通过服务的专业化，管理的科学化，不断提高企业的效率，实现企业自身追求的利润。

（三）个人

社会不断的变化，人们的观念也应该不断的变化，面对严峻的养老形势，在政府、企业不断努力为老人提供丰富的养老资源的同时，作为养老事业重要的参与者——个人，也要积极地加入到养老事业中来。首先，老年人要积极转变养老观念，未雨绸缪，积极为度过一个健康、幸福的晚年生活进行健康、经济、精神上的储备，一方面：提早储备自己的养老金，或是自己开设养老金储备账户，或是参加社会的养老保险，商业养老保险等，尽量不要让自己晚年生活的保障过多地依赖政府和自己的子女。同时还要发挥余热，参加老年活动团体，老年大学等多种老年人项目，提高自己晚年的生活质量，真正作到老有所学、老有所乐。另一方面也要加强权利意识，保护自己在医疗、养老金等方面的合法权益。其次，除老人之外的个体，要继承我国爱老助老的优良传统，积极加入到为老年人服务的志愿者大军中，尽自己所能，利用周末或闲暇的时间为本社区的老人提供上门服务。志愿者的服务不仅可以节省大量的公共养老资金，而且延伸了政府公共服务的范围，使老年人得到更广泛的帮助，同时也增强了志愿者的社会责任感和成就感，可以说给政府、志愿者和老人三方都带来了好处。

（四）社区建设

我国养老事业未来的发展方向之一就是社会化。在社会化中，社区作为重要的参与主体，在养老事业中的作用不可小视。尽管我国社区这几年发展很快，为老人提供了许多优质的服务，但是相对于多层次、多样化的老年人需求，作为基层工作的社区还有很多方面需要完善。首先，应该致力于社区服务的多样化。一方面，由于老人的需求是动态的需求，即随着年龄和身体健康状况等各种因素的变化而变化。因此，就需要社区充分考虑老人的动态的个性化需求，开展多样化的服务项目，尽可能全面细致地照顾到本社区的每位老人。以老人对医疗服务的需求具有特殊性为例，身体机能老化使绝大部分老人有两种以上的慢性病，需要经常看病吃药体检，但行动不便又使得很多老人生病时，宁愿自己买药吃也不愿去医院就诊，自然影响了他们的及时就医。这就需要完善社区的医疗服务体系，吸引优秀医护人员投身到社区的服务中，加强社区基础医疗设施的建设，使老人在自己的社区就可以医治感冒发烧等一些日常的小病和常见的慢性病。社区要尽可能提供入户就诊、入户送药、家庭输液、家庭护理等老人需求比较大的项目。另一方面，由于各个社区的经济水平、地理位置、基础设施，老人的状况等都有很大的差异，因此，社区在拓展多样化的服务中，不可能每个社区的服务完全相同，也不能看其他社区某项服务搞的好，就去照搬照抄，而是一定要立足于自身的实际情况，针对本社区老人的具体需要来提供相应的服务，即坚持动态均衡的原则，使社区资源得到高效率的利用。

参考文献

1. 周向红、张小明，《老年人社区照顾的跨国比较》[M]，中国社会出版社，2002年版

2. 陶立群，《中国老年人社会福利》[M]，中国社会出版社，2002年版

3. 哈尔·肯迪格，《世界家庭养老探悉》[M]，中国劳动出版社，1997年版

4. 陈功，《我国养老方式研究》[M]，北京大学出版社，2003年版

5. 丁士军、陈传波，《经济转型时期的中国农村老年保障》[M]，中国财政经济出版社，2005年版

6. 林超民，《应对人口老龄化挑战——以云南老龄工作为例》[M]，云南大学出版社，2002年版

7. 张良礼，《应对人口老龄化挑战》[M]，社会科学文献出版社，2006年版

8. 穆光宗，《家庭养老制度的传统与变革——基于东亚与东南亚地区的一项比较研究》[M]，华龄出版社，2002年版

9. 穆光宗，《丧失和超越——寻求老龄政策的理论支点》[J]，《市场和人口分析》，2002年第四期

10. 王树新，《社区养老是辅助家庭养老的最佳载体》[J]，《南方人口》1999年第2期

11. 陈赛权，《养老资源自我积累制初探》[J]，《人口学刊》，1999年第5期

12. 陈赛权，《中国养老模式研究综述》[J]，《人口学刊》，2000年第3期

浙江省

浙江省老龄科学研究（概要）

浙江省老龄工作委员会办公室

一、浙江省城乡老年人口状况调查

此次调查总样本量为3000份（城乡各1500人）。本项课题的入户调查和数据录入工作于2006年下半年完成，2007年初开始数据分析和调查报告的撰写。4月，完成了《浙江省城乡老年人口生活状况调查报告》，为省老龄办代拟向省委、省政府呈报的《关于浙江省城乡老年人口生活状况与对策建议》的报告。4月18日，在“浙江省老龄办主任会议”期间正式对外公布调查数据。中国老龄科学研究中心于5月26日—31日在云南召开了“2006年中国城乡老年人口状况追踪调查表彰会暨经验交流会”。浙江省荣获调查一等奖，慈溪市、玉环县、安吉县荣获调查先进单位称号，马樟贵等5名调查督导员被评为优秀督导员，支文红等7名调查员被评为优秀调查员。

二、浙江省农村空巢老年人家庭调查

根据全国老龄工作委员会办公室《关于在北京等六省（市）实施农村空巢家庭老年人状况调查研究工作的通知》（全国老龄办发〔2007〕39号）精神，浙江省是被确定开展该项调查的6个省市之一。本调查的目的是了解空巢家庭老年人生活状况及存在的问题，总结帮扶空巢家庭老年人的经验做法，研究探讨对策措施。本次调查选取了湖州市吴兴区、衢州市龙

游县、温州市永嘉县3个县（区）作为调查样本点，分别代表了浙江省经济强县、中等发展水平县及经济发展欠发达县，地域上则分别位于浙北、浙中和浙南。每个调查点根据各乡镇经济发展程度分别选取3个乡镇。调查范围涵盖9个乡镇，289个行政村，总人口307132人。其中，60岁及以上老年人口49357人，占总人口的16.07%；家庭总户数86412户，其中有老年人的家庭户数为35646户，占41.25%。调查工作于11月15日完成。

三、健康老龄化的对策与实践

本课题由浙江省老龄科学研究中心委托浙江大学公共卫生学院执行，该院院长陈坤教授担任课题负责人。课题组选取杭州市拱墅区、金华市武义县为项目点，于8月正式启动，第一期执行年度为一年。本课题围绕实现“健康老龄化”这个最终目标，主要研究内容包括：老年人口的基本情况调研、老年人健康状况主要影响因素分析、老年人健康干预及其成本效益分析、城乡老年人社会医疗保障体系研究、对策研究。

四、城市化进程中浙江农村养老保障体系研究

本项研究由浙江省老龄科学研究中心委托浙江大学人口与发展研究所承担，课题负责人为姚引妹。于4月份开始启动，9月份完成。本课题对浙江省农村老年人生活状况进行了系统分析，首次全面总结了浙江省农村现有各项养老保障体系，对各种制度进行了深入的思考。在此基础上提出了城镇基本养老保险制度设计应更具开放性，重构农村社会养老保险制度，建立农村老年人普惠津贴制度，建立相关保障制度的协调与衔接机制，完善被征地农民基本生活保障制度和土地征用制度，大力扶持民间资本举办社会养老机构，加强农村养老保障立法制度等7项政策建议，并提出了构建浙江省农村养老保障体系的总体框架。

江西省

大力发展民营养老服务业势在必行
——关于我省部分城区民营养老服务业发展的状况调查

江建中　曾广水　肖守渊

养老服务业是为老年人提供生活照顾和护理服务，满足老年人特殊生活需求的服务行业。我国已进入了人口老龄化。人口老龄化对养老保障工作提出了严峻的挑战，大力发展民营养老服务业是做好养老保障工作、构建和谐社会的重要举措。为促进我省民营养老服务业的发展，最近，我们根据省厅的安排，通过实地考察、召开座谈会、书面问卷等多种形式，对南昌、赣州、九江、萍乡等部分城区民营养老服务业的发展状况进行了一次调研。

一、人口老龄化形势严峻，发展民营养老服务业迫在眉睫

通过对我国和省人口老龄化的形势分析、现状调查研究，我们感到发展民营养老服务业势在必行。

（一）庞大的老年群体给国家养老工作带来沉重的负担，必须走社会化养老的路子。有关资料表明，我国现有60岁以上老年人1.43亿，占全国总人数的11%。我省60岁以上老年人458万，占全省总人口数的10.63%，均进入了人口老龄化社会。我国人口基数大，再过20年，老龄人口还将翻一番。2050年是我国人口老龄化的高峰期，届时60岁以上老年人将达到4亿。我国人口老龄化超前于现代化，属典型的“未富先老”。发达国家进入老龄化社会时人均国内生产总值一般在5000～10000美元以上，而中国进入人口老龄化时人均国内生产总值刚刚达到1000美元，应对人口老龄化的经济实力比较薄弱。同时，我国目前还有8200万残疾人、67万孤儿，这些弱势群体都需要政府给予基本生活保障，养护、康复条件亟待改善。我国是发展中国家，仍处在社会主义初级阶段，庞大的老年群体，在医疗、保健和社会福利等方面给国家带来了沉重的负担。在“未富先老”的社会背景下进入人口老龄化，政府没有能力，也不可能把老年人的基本生活和福利待遇等养老问题统统包揽起来，这就必须大力发展民营养老服务业，走社会化的养老路子。因此，充分利用民间资本，大力发展民营养老服务业，是符合我国国情，缓解社会养老保障压力，减轻政府负担的良策。各级党委政府要站在科学发展观、构建和谐社会的高度，充分认识加强老龄工作，大力发展民营养老服务业的重要性，进一步增强紧迫感和责任感，做到未雨绸缪，采取积极措施，重视和支持发展民营养老服务业，以适应养老保障工作形势发展的需要。

（二）“空巢化”、高龄化的加剧给家庭养老带来了现实的压力，发展民营养老服务业可以满足不同层次的养老需求。据调查了解，各城区有不少老人，有的老伴去世，有的儿女远在异地，一人独守空房。不少老人虽然生活上吃穿不是问题，但精神上却十分孤独。有的老人腿脚不便，长久不能下楼房。目前，我国老年人的“空巢”率已达到26.4%，人口老龄化程度较高的上海市和天津市分别高达36.8%和55.06%，南昌市已接近30%。我国50、60年代出生的人多数生育一胎，随着“四二一”家庭的增多，“空巢”率将成倍增加。且“空巢化”伴随着高龄化。我国80岁以上的高龄老人有1300万。卫生部门调查分析，60岁以上老年人慢性病患病率是全部人口患病率的3.2倍，伤残率是全部人口伤残率的3.6倍，60岁以上老年人口余寿中有平均1/4左右的时间处于肌体功能受损状态，需要不同程度的的照料、护理。就目前我国养老机构来讲，全国有各类老年社会福利机构3.8万个，床位112.9万张，平均千名老年人拥有床位8.4张，与发达国家平均70张相差甚远。“空巢化”和高龄化的加剧，意味着养老服业的社会需求量增大，社会化养老需求也越来越迫切，大力发展民营养老服务业是一项积极的应对策略，应当抓紧组织实施。

（三）“干部创事业、能人创企业、百姓创家业”的强省方略给民营经济带来了前所未有的发展机遇，大力发展民营养老服务业可以成为新的经济增长点。养老服务业是新兴的第三产业，主要有养老院、护理院、临终关怀医院等机构，面向广大居家养老人群提供家政、护理、配餐、精神慰藉、心理调适等生活照料服务和娱乐、旅游、教育、体育等文化服务。加快民营养老服务的发展，不仅可以满足老年人日益增长的物质文化生活需求，还可以促进社会消费、拉动经济增长、开辟就业渠道，促进国民经济良性循环。据统计，目前发达国家的社会服务业收入占GDP总值60%以上，而我国仅占GDP的35%左右；发达国家的社区服务从业人员占就业人口20%～30%，而我国只有3.9%。差距很大，发展潜力也很大。我们认为，养老服务业发展相对缓慢的发展的空间和潜力是很大的，我省458万老年人中有30%生活在城区，若以进养老机构、外出旅游休闲、家政服务、学习娱乐等人均消费1000元，城区老年人每年消费额就近14亿。从拉动内需，发展经济，满足老年人需求，增加就业岗位的角度讲，政府也应当采取措施，引导和动员民间资本积极参与我省养老服务业的发展。

二、现状与要求不相适应，发展民营养老服务业任重道远

目前，全省民营养老服务机构为86家，无论从政策层面的支持力度上，还是从数量、规模、服务质量上，都与我省日益庞大的养老服务需求不相适应，民营养老服务业发展缓慢滞后。

（一）制定的政策操作性不强，且现有的政策难以落实。为促进民营养老服务业的发展，省政府和省有关部门相继出台了一些扶持政策。比如：2001年省政府下发的《关于加快社会福利社会化的决定》和2006年省政府办公厅转发省老龄委等10个部门《关于加快发展我省养老服务业的实施意见》明确规定，“举办以老年人为主要服务对象的社会福利机构，凭省民政厅核发的《社会福利机构设置批准证书》，可免缴市政公用设施配套费、防空地下室易地建设费、墙体革新费、散装水泥专项基金等有关收费；免缴城市煤气增容费，用电、用水和使用煤气按照居民生活或行政事业的分类价格择低执行。对养老社会福利机构使用电话等电信业务要给予优惠和优先照顾。养老社会福利机构的生活车辆免收养路费。对政府部门和企事业单位、社会团体以及个人等社会力量投资兴办的福利性、非营利性的养老服务机构，暂免征收企业所得税，以及老年服务机构自用的房产、土地、车船的房产税、城镇土地使用税、车船使用税。养老服务机构开办的具备条件可以对外开展医疗、康复服务的老年公寓或敬老院，卫生部门应按照区域卫生规划医疗机构管理条例予以优先考虑。对申请成为基本医疗保险定点医疗机构的，劳动保障部门应按条件从宽批准。对企事业单位、社会团体和个人等社会力量，通过非盈利性社会团体和政府部门向老年服务机构的捐赠，可在交纳企业所得税和个人所得税前全额扣除。对承担‘五保’、‘三无’、‘低保’老人养老的民营养老服务机构，各级政府要采取‘民营公助’办法予以扶持和资助。”这些政策看起来很全面，但太原则，费用怎么减免，没有标准。更重要的是这些政策执行起来十分困难。水电、工商、税务等部门强调更多的是要有本系统主管部门的文件，且本系统又没有具体的操作性强的硬性规定。所以，想办养老服务业的，无论是企业或是个人拿着这些文件咨询或落实有关优惠政策，几乎到处碰壁、处处受阻。在南昌市，我们考察的6家民营养老机构中，多数不能享受到居民生活用水、用电的政策，有的享受了这一政策也是靠朋友、熟人找了关系。政策兑现不了，使得我省民营养老服务业的发展步履维艰。

（二）服务实体数量少、规模小。在调查的5个城区中，民营养老机构南昌市有10家，赣州市6家，九江市6家，萍乡市18家，抚州市5家。这5个城区除抚州市以外，60岁以上老年人占全市人口的比例均已超过10%，进入了人口老龄化。从全省的情况来看，截止2006年底，我省现有民营养老机构86家，可设床位数5303张，加上公办养老机构（1678

家，可设床位数 149860 张），床位数也只有 155163 张，每千名老年人床位数仅占 32.7‰。偌大的城区，有 458.28 万老年人的省份，民营养老机构这种数量，是远远不能满足城区老年人需求的。数量少而且规模小。调查的 5 个城区中，规模较大的，只有萍乡市高雅休闲中心（占地 200 亩，可设床位数 400 张，现入住老人 300 名）、九江市老年护理院（占地 20 亩，可设床位数 130 张，现入住老人 130 名），其它多数是“小打小闹”、“小作坊”式的，入住老人 10～50 人不等。如南昌市剑声松鹤园老年人公寓，占地仅 1 亩，建筑面积 217 平方米，床位 12 张，现入住老人 9 名。民营养老机构数量少，规模小，除了政府缺少优惠政策、扶持力度以外，还存在养老服务业经营者只有微利、回报周期长、民营资本不雄厚等多种原因。

（三）设施简陋，服务水平低。在调查中，我们发现民营养老机构存在老人“想去的不想去”，即设备条件太差；经营者“想收的收不到”，即剩余空床位闲置。究其原因，主要是民营养老机构设施十分简陋，缺乏投入和规范管理，服务质量差。民办养老机构是非营利性企业，回报周期长，经营者舍不得投入，存在急功近利的想法。多数民营养老机构是租用闲置的废旧厂房和民房，基础设施差。有的民营养老院在 10 个平方米的房间里安排 3 个老人居住，不符合国家标准要求（14 个平方米设 2 张床位），十分拥挤。有的民营养老院没有文化娱乐设施，服务只是停留在不让老人饿着、冻着。服务人员多数是从农村来的中年妇女，没有接受专门的技能培训，没有相应的资质证书，服务水平跟不上。从南昌市的情况看，民营养老机构入住的大多数是生活不能自理且家庭没有能力照料的高龄老人。入住的老人及其子女是出于无奈的状况才把老人送进民营养老机构的。

三、积极应对人口老龄化，大力发展民营养老服务业

老年人是人民群众的重要组成部分，大力发展养老服务业体现了立党为公、执政为民的本质要求。我们所构建的和谐社会，是包括老年人同步进入小康的和谐社会。为推动我省民营养老服务业的发展，使老年人安享晚年，就加快发展我省民营养老服务业提出如下对策建议：

（一）制定、出台系统具体的扶持政策，增强操作性。近几年，我省出台的养老服务业发展扶持政策，均散落在相关的文件中，零碎且原则，不便于操作。应由省政府办公厅牵头，会同省老龄办、财政、民政、工商、税务、土管、建设、水电等有关部门进行调研，将近几年来的扶持政策进行梳理，相关部门制定出具体的实施细则，由省政府批准下发。系统的扶持政策包括非公有制养老服务机构用地优惠、企业税赋减免、水电和燃气及电信优惠、财政补贴、慈善捐赠等。扶持政策操作性要强，明确具体的责任单位和监管部门。

（二）对民营养老机构实行政府补贴，调动积极性。借鉴先进省份的做法，根据我省经济发展情况，建议对用房属自建的，且提供社会老人养老床位数达 50 张以上的，按核定的床位数给予一次性开办补助，每个床位补助 1000 元；用房属租用且租用期 5 年以上的，分 5 年给予开办补助，按核定的床位每张床位每年补助 100 元。所需资金主要由县（市、区）财政承担，省和设区市对财政困难的县可按 30％的比例给予补助。受补助的民营养老服务机构 5 年内改变用途的，收回一次性开办补贴。同时对已接收老年人的民营养老服务机构，按入住满一个月的老年人实际占用床位数计划全年平均数，每年给予每个床位不低于 120 元的营运补贴。民营养老服务机构安置城市“三无”人员、农村“五保”对象的，当地财政可按上述人员的供养标准将费用转入民营养老机构。对民营养老机构中的工作人员，政府要提供免费的定期培训，并在每人缴纳基本养老、医疗、失业等保险总费用上给予不低于 30％的财政补助。在政府财政不足、拿不出更多的资金用于补贴民营养老服务机构的情况下，还可以考虑改变社会保障、社会福利资金的投放方式，使民营养老机构以服务换取社保、福利资金的补贴。

（三）建立资质评估系统，加强对民营养老服务机构的监管。无论是公办的还是民营的养老服务机构，从本质上讲都是为老年人服务的，只是投资渠道不同。因此，政府有关部门要坚持以人为本，把民营养老服务机构等同公办养老服务机构看待，按照包括建筑设施、卫生条件、服务水平、管理能力在内的资质评估认证标准，定期对民营养老服务机构进行资质认证和监管，特别是要重视民营养老服务机构从业人员的专业技能培训，实行持证上岗。对不具有资质条件的民办养老服务机构限期改正，有的要坚决取缔，以确保服务质量。

（四）加强舆论宣传和引导，转变传统的孝道观。有些老年人想去养老院，但子女不同意，怕别人说不孝顺，老年人也担忧有子女到养老院去而没面子。这是养老社会化过程中人们的行为取向与传统的伦理道德观发生冲突的表现，应当加强舆论宣传和引导，转变人们传统的孝道观。要使人们知道，大力兴办民营养老服务业，目的是缓解家庭养老压力。在家庭没有能力和条件更好地照顾老人的情况下，把老人送进养老院，保证他们的生活质量，让他们在有生之年享受到幸福和快乐，这才是真正的孝道，才是子女献给老人最大的爱。同时，还要加强人们的思想道德教育，大力弘扬中华民族敬老、爱老的传统美德，防止家庭有赡养条件而强行把老人送进养老院或送进养老院后子女不管不问的现象发生。

陕西省

陕西省人口老龄化发展趋势及对策

艾向东

一、陕西省人口老龄化概况

随着人民生活水平的不断提高，科技、卫生事业的不断发展，我省人口的预期寿命不断提高，60岁以上老年人口的绝对数量大幅增加，老年人口的规模不断扩大。据陕西省人口普查及预测资料，从1982年到2050年，陕西省人口中，60岁及以上人口数呈现出强劲的上升势头。1982年第三次全国人口普查时，我省60岁以上老年人口仅为215.17万人，到2000年第五次全国人口普查时，已增加到339.95万人，至2004年底全国1%人口抽样调查显示，我省60岁以上老年人口已增至428万人，2005年11月1日抽样调查，我省60岁老年人口比率为12.79%，高出全国水平1.59个百分点，65岁以上老年人口比率为8.58%，高出全国平均水平0.89个百分点。我省人口老龄化的基本特点是：

一是我省的人口老龄化发展迅速。陕西省2004年底抽样调查，60岁以上老年人口为428万人，占总人口的11.66%，比全国平均水平高出1.36个百分点。从2002年至2004年陕西省的老年人口年递增幅度为5.75%，也高于同期全国平均水平2.55个百分点。这种老龄人口的快速发展趋势在今后相当长的一段时间里仍将持续。这些数据说明陕西人口老龄化的速度远远高于全国平均水平。

二是陕西省人口高龄化趋势明显。伴随着我省老年人口的快速增长，人口高龄化的趋势也更加明显，其数量及在老年人口中所占比重都在迅速上升。未来50年我省人口中80岁及以上人口数量将高速增加，从2000年的26.15万人，增加到2010年的45万人。此后，每年将以更快的速度甚至是成倍地增加，2020年达到100万人，到2050年达到294万人。高龄人口的平均年递增率为8.8%，远高于人口老龄化递增率。

三是女性人口老龄化程度高于男性。根据陕西省人口普查资料，女性总人口中老龄人口所占比重不断上升，男性总人口中老龄人口所占比重不断下降，女性人口老龄化的速度快于男性，女性的人口老龄化程度也明显高于男性，而女性老年人享受养老金待遇的比率又远远低于男性老年人。根据这一特点，我们在建立养老保障制度和供养体系时必须予以考量。

四是陕西省人口老龄化的发展不均衡。从全省10个设区市横向比较，汉中市的老龄化程度最高，西安次之，延安、榆林等城市低于全省平均水平。造成陕西省老年人口发展不平衡的主要原因：一是人口的生育政策。西安作为省会城市，计划生育政策执行的早且严，使人口出生率下降得快，少儿人口在总人口中比重下降快，老年人口比重相对上升快，导致人口老龄程度高。相反陕北等地市，由于历史上农村人口生育率下降较慢，少儿人口在总人口中比重下降慢，老年人口比重相对上升也慢，其人口老龄化程度低于全省均值；二是人口迁移。随着西部大开发力度加大和城镇化进程的加速，在省内引发了大量农村人口由农村向城镇，由欠发达地区向较发达地区转移。在转移过程中，其人口主要为青壮年，青壮年的大量流失致使农村老人比例高于城镇，一些欠发达地区高于发达地区，正因为如此，像汉中、安康等城市的人口老龄化程度高于全省的平均水平，甚至高于西安市的水平。

二、陕西人口老龄化所引发的社会经济影响

人口的老龄化是社会发展的必然产物，陕西省人口老龄化给我省经济、社会、政治、文化等方面带来的影响是全面的、结构性的，也是深刻长远的。

（一）人口老龄化直接导致社会及家庭养老负担加重

其一，老年人扶养比正在加速上升。人口扶养比是衡量人口老龄化程度及其进程的又一个重要指标。从陕西省人口普查资料及省统计局预测资料来看，老年扶养比1982年为12.48%，2000年为14.7%，同比高出2.21个百分点，预计2050年老年供养比将上升到46%左右，即每100名劳动年龄人口除过扶养未成年子女外，还要供养46名老年人，比2000年高出31.31个百分点，相对于老年人口扶养比，高龄老年扶养比上升速度更快。

其二，养老金支出的快速上升，加重了政府及社会的负担。在城市，伴随着人口老龄化速度加快，机

关、企事业单位退休人员大量增加，养老金的支付也快速增长，使延续多年的职工养老制度由于职工年龄结构的老化而出现困难，是人口老龄化最直接明显的后果之一，也是社会养老统筹资金缺口越来越大，财政负担越来越重的重要起因。

我省自1998年实行养老基金统筹以来，由于离退休人员数量的不断增加，离退费用逐年提高，全省养老保险基金一直处于“寅吃卯粮”的状况，1998年全省发放养老金水平为人均366元/月，而到2005年全省养老金发放水平已提高至人均645元/月。近几年来，由于我省在宏观上加强了对养老基金收缴、清欠的管理力度，全省的养老基金收缴工作有所好转，每年的清欠数额也正在逐步下降，但这方面的收支状况仍不容乐观，每年均有10个亿的缺口，有关专家预测，直到2050年我省养老基金缺口将逐年加大，形势会更加严峻。抓紧这方面的调研，采取必要的措施，扭转养老金赤字运行的不利局面，已迫在眉睫，刻不容缓。

（二）人口老龄化使传统的家庭养老模式面临严峻挑战

中华民族具有悠久的孝亲尊老传统家庭养老制度从氏族社会后期开始延续了四千年。建国以来，我们能在经济不发达，社会保障制度不完善的条件下，使众多老年人安度晚年，重要原因就是传统文化和道德伦理观念支撑了人们对赡养老人的心理承受力，老年人也很愿意在家庭中颐养天年，安享天伦之乐。

随着时代的发展和人们思想观念的改变，传统家庭养老模式所存在的经济和社会基础正在发生动摇。一方面，家庭规模呈现小型化趋势，纯老年人家庭大量涌现。传统的三代、四代同堂式的大家庭正在消失，取而代之的是以两代人为主体的核心家庭结构模式。引起这种变化的主要原因有三个：一是子女外出打工谋生或长期不在老人身边的比例上升，导致“空巢”家庭出现；二是子女成家后独立门户，分开居住已成为一个普遍的社会现象；三是由于生活习惯及方式的差异，老年人不愿与子女在一起居住。据陕西省老龄工作委员会办公室调查，不愿与子女一起居住的比例占老年家庭60%。以上原因导致目前我省纯老年人家庭已达到50%左右。这样，老年人作为传统大家庭中一家之主的财产支配地位发生改变，家庭成员关系更为平等，老年人逐渐变为被动地接受子女供养，而这种供养关系主要依靠道德规范来制约，缺乏法律保障，呈现出不稳定性。况且再有10年左右，随着第一代独生子女的父辈步入老年行列，所谓的“4－2－1”家庭结构将成为一种普遍形式，一个家甚至要担负四位老年人的供养，供养者减少，家庭及子女养老将更加困难。另一方面，随着生活水平的提高，老年人的供养水平也水涨船高，供养年限随着寿命水平的提高而延长，相对过去低水平的短期供养来说，子女的养老更加难承重负。

老年人口的大量增加家庭的养老功能日趋弱化，尽管如此已不可逆转，但家庭作为养老的最基本单位，仍然是当前及今后最为主要的养老方式。我们不能回避家庭养老所承载的愈来愈沉重的养老压力这个客观事实，长此以往，必然对社会和谐以及家庭稳定产生负面影响。

（三）人口的老龄化致使医疗保障资金和医疗护理矛盾日益突出

老年人是医疗卫生资源的主要消费体，是医疗保障制度的重点对象，老年人口的急速增长，不仅会加剧社会医疗保障费用支出规模的压力，更主要的是会从根本上改变医疗卫生资源的代际分配格局，引发潜在的社会代际矛盾和利益冲突，深刻影响和谐社会进程。老年长期照料服务是人口老龄化过程中暴露最晚、问题最多、解决起来难度最大的一个严重社会问题。陕西省老龄办曾做过调查，在老年人口中有慢性病的比例高达80%，有医疗护理需求的比例为45%，其中生活不能自理的老人就达33万多名，如此庞大人群的长期照料服务需求，仅供家庭是解决不了的，政府也不可能包办，出路在于大力发展长期照料服务机构和培训老年长期照料专业护理服务队伍。

（四）人口老龄化对社会服务福利设施的发展提出了更高的要求

随着当今老年人参与社会活动和对社会化养老服务需求的不断增长，现有的社会福利服务设施已不能满足这种需求，绝大多数老年人都呆在家中，闲暇时间较多，老年人并不愿意局限于家庭这一狭小的生活空间，而希望更多的参与各项自己喜爱的社会活动，这也完全符合现代医学的观点，也符合联合国第二届世界老龄大会提出的“健康老龄化”和“积极老龄化”的行动纲领。创造一切条件，让老年人积极参加社会活动，不仅有利于充实晚年生活，也有助于促进身体健康。由于生理心理特点不同于中青年人，老年人参加社会活动的内容及方式具有特殊性，具体来讲，他们喜爱参加时间较长、节奏较慢、组织性和群体性较强、花费较少的活动。这些特点决定了老年群体需要有自己的活动场所。目前，各类老年人活动中心、老年活动站（室）是广受老年人欢迎的活动场所。

老年人作为弱势群体，生活自理的能力相对较弱，渴求社会提供服务的愿望强烈，据各级老龄办调查，这一比例占到老年人总数的90%左右。同时，按照老年人所需提供服务的比例排列，分别为：上门做家务70%，上门做饭50%，上门护理45%，上门看病45%，上门聊天40%。可以想象，在目前社会节奏快中青年人生活、工作压力大的情况下，仅靠家庭子女来承担养老照料之责将难以为继，依靠社会提供服务是一种必然选择。为老年人提供良好的社会化服务，着眼点应放在健全并完善社区为老服务功能上，使老年人足不出户，就可享受全方位、多层次、热情周到且质优而价廉的服务。

人口的老龄化、高龄化以及家庭小型化，使老年人对托老所、老年公寓等老年福利服务设施的需求不断增长。据调查，我省老年人中有入住社会化养老机构意愿的占7%，全省现有的养老机构根本难以满足。据国外的资料显示，在人口老龄化的发达国家，其养老机构床位总数约为老龄人口的5%至7%之间，这样才能基本满足老年人的社会化养老需求。目前我省各类养老机构约800余所，床位总数不足2万张，仅占全省老龄人口的5‰，与国外的标准相差甚远，即使与全国8.4‰的平均数尚有一定差距。同时，现有的一些养老机构存在着诸如设施简陋、选址不当，服务管理水平不高，收费不尽合理等方面的问题，严重影响老年人入住。为此，各级政府需要逐步加大对老年福利服务设施的投入和政策扶持，以解未来的社会化养老之忧。

（五）人口老龄化给老龄产业和养老服务的发展提供了广阔的空间

老年群体作为一个有别于其他年龄段的人群，由于具有生理、心理、经济收入等方面的特殊性，从而衍生出其消费的特殊性。随着西部大开发力度的加强以及陕西经济快速发展，物质条件得到显著改善，当代老年人已不仅仅满足于吃饱穿暖，开始追求生活生命质量的提高，产生了多样化的消费需求。

老年群体快速增长，已形成了庞大的消费人群，其消费需求对社会消费结构的影响日益明显，产业结构必须作出适应性调整，通过培育老年消费与服务市场，发展新型的老龄产业来满足他们日益增长的物质及精神文化需求。我省许多地市在这方面，已进行了有益的尝试，如举行老年人用品博览会、开发老年旅游产业、老年文化教育、老年服务业、老年医疗保健等，受到老年群众的好评，取得了良好的经济效益，经济学家称这为21世纪的“朝阳产业”。但总的来讲，我省涉老产业仍在起步阶段，还未形成规模化，老龄产业发展任重而道远。

（六）人口老龄化影响社会主义新农村建设的进程

我省65%的老年人生活在广阔的农村，占了老年人口中的大头，构建和谐社会，建设新农村就必须让这部分老年人共享经济社会的发展成果。但我国长期实行的二元体制，致使城乡、工农差别有愈拉愈大的趋势，农村老年人的生活、生存状况不容乐观，主要表现在以下两点：

一是缺乏有效的社会保障。最基本的养老、医疗保险尚未全面覆盖农村，最低生活保障制度也仅在城镇周边实施。广大农村老年人在劳作一生，步入老年后，若再丧失了劳动能力，他们的养老就只能依赖家庭及子女。对老年人来讲，出现生活困难甚至生存困境，对家庭和子女来讲，承受起老人的养老和医疗费用及日常照料之责，也是负担沉重。

二是农村老年人合法权益易受侵害。由于历史的原因，农村老年人受教育的程度普遍偏低，法律意识薄弱，自我保护能力差。加之文化上的欠缺，目前，农村部分年轻人的“重幼轻老”现象严重，尊老敬老意识有所淡化，致使歧视、虐待甚至遗弃老年人的事件时有发生。

三、陕西省人口老龄化对策研究

陕西省已步入人口老龄化社会行列，21世纪人口老龄化程度不断提高将是我省人口发展的必然趋势。要实现省委省政府提出的“建设西部强省”的战略目标和实现社会和谐的历史任务，必须考虑人口老龄化这一重大社会问题的影响，同时将提高老年群体生活生命质量，发展老龄事业作为构建和谐社会的重要内容。因此，根据我省人口老龄化实际，制定应对人口老龄化对策，减少人口老龄化负面影响，调动各方面积极因素，坚持科学的发展观，实现人口老龄化与经济社会的协调发展，让老年人共享我省改革发展的成果，已成为必须予以解决的紧迫课题。应从以下五个方面开展调研，做好工作。

（一）加快发展经济，为推行老年福利政策奠定物质基础

陕西省第五次人口普查资料表明，我省少儿抚养比在逐渐下降，老年扶养比不断上升，但从总人口扶养比（老年人口加少儿人口与劳动年龄人口之比）指标来看，最近10年，即2000年至2010年，我省总人口扶养比呈不断下降的趋势，2010年之后呈不断上升的趋势。2000年总人口扶养比为52.8%，2010年下降到39%左右，即2010年100个劳动年龄人口只供养39个少儿或老人，而2050年上升到72%左右。这说明，近10年以内，我省处于劳动年龄人口充足，扶养系数较低，对经济发展极为有利的“人口

红利”期。我们应充分利用这一时期的劳动力充沛的优势，促进经济跨越式发展，积累较多的社会财富，调整公共财政支出结构加大投入，全面推动老龄事业，从而为尽快健全、完善城乡社会保障制度，推行老年福利政策，构筑为社会老服务体系，奠定坚实的物质基础。

（二）发挥政府在老龄事业中的主导作用

老龄问题涉及面广，涵盖扶贫济困、医疗、养老、住宅、教育、文化等诸多方面，不仅关系到老年群体本身，也关系到千家万户，正所谓“家家有老人、人人都会老”。处理不好这方面的关系，就会影响经济发展和社会稳定，影响和谐社会进程。按照政府职能转换的要求，今后各级政府应更加注重在公共管理及社会服务领域发挥作用。实实在在地，提高老年人生活生命质量，实现“老有所养、老有所医、老有所教、老有所学、老有所为、老有所乐”的目标，各级政府要研究全面加强老龄工作的新机制，进一步加强老龄组织机构建设和行政执法职能、健全老年法律政策体系、改革和完善现有的养老和医疗社会保障制度、研究制定促进老年产业发展的各项优惠政策、加大《老年法》执法监督检查力度维护老年人合法权益、重视舆论导向弘扬孝亲敬老文化等方面充分发挥主导作用，特别要加大各级财政对老龄事业的投放力度。

（三）加快社区服务体系建设，完善以居家养老为主体，社会化养老为辅助的养老模式

尽管家庭规模缩小，与子女分开居住老人增多，但居家养老仍然是绝大多数老年人的主要选择，而现阶段入住老年公寓等社会化养老机构的多为一些缺乏生活自理能力、无人照料的老年人。我省“纯老人家庭”已达到50%，许多老年人的子女在外地工作或居住地较远，难以经常及时地提供帮助，而目前社区为老年人提供生活帮助的能力还没有开发出来，缺乏服务保障，居家养老确实面临着许多现实和潜在的困难。建议政府考虑以提供津贴等优惠政策鼓励子女照料老人。同时，鼓励社会软管理多元投资，兴办社会化养老机构，提供各项社会化服务，满足不同老年人的养老需求。

目前最紧迫的是要完善社区为老服务功能，要从加强城乡社区老年生活设施建设和老年服务体系建设着手：（1）将老年生活设施纳入城乡建设发展规划。如老年活动室（站）、老年公寓、老年学校、老年服务保障中心等涉老设施，在制定城乡建设规划和大型住宅社区建设中，必须统筹安排，合理布局，强制开发商配套建设。（2）全面建立社区养老服务中心，构建社区为老服务体系。为老年人提供各项服务应该是社区服务工作的重点。其项目应包含：应急医疗服务、保健咨询、生活照料、临终关怀、购物、精神慰藉等等，让老年人可以免费或通过货币购买形式得到及时周到的服务，使社区养老服务中心成为居家养老的依托和养老服务社会化的载体。对于特困老年人，社区服务中心应为其提供无偿服务，所需资金建议由政府拨付。

（四）积极发展老年文化、卫生事业，提高老年人生活质量

老年人有着强烈的精神文化需求，渴望健康多彩的文化生活。政府对此应予足够重视，在做好老年人物质生活保障的同时，拓展丰富老年人的精神文化生活。首先，要建立和完善老年人协会等基层群众组织，兴办老年大学、老年活动中心等老年活动场所。我省的一些街道农村老年人协会，以及老年人体育协会、老年书画协会、老年科技工作者协会、老年法律工作者协会等老年人组织，在反映老年人呼声，组织老年人开展丰富、健康、有益的社会实践活动和促进基层社会和谐方面都发挥了积极作用，得到社会的充分肯定。就是这些组织和场所是老年人参加社会活动的必要条件。其次，有关政府职能部门要加强对老年人参与社会活动的宏观指导。各级文化站、馆和体育场所要积极开展各种形式的老年文化体育活动，组织老年人学习书画、演唱、舞蹈、保健等知识；新闻出版，广播影视部门，要加强对老年人的宣传，开辟老年人专栏，创造老年人题材的文艺作品，促进社会老龄共识，弘扬尊老敬老爱老助老的道德风尚；人事部门可研究老年人再就业的政策措施，积极开发利用老年人力资源，鼓励低龄健康及有专业技能的老年人继续为社会发展作贡献；卫生部门要加强老年健康教育和疾病预防工作，在社区卫生中心布点中要设置老年病诊治及康复保健科室，大力促进健康老龄化。

（五）发展老龄产业，满足老年人的消费需求

老年人消费虽然与其他人群的消费有共同之处，但具有自身的特征，特别是在保健、医疗、饮食、服装、文化娱乐、旅游等方面的消费有较强的群体特征。随着我省人民生活水平的不断提高，老年人的购买力也在不断增强，子女也愿意为辛苦一辈子的长辈支付金钱用于消费，老年人享受娱乐性消费支出增加，老年特色用品和服务的需求不断增长。但有关方面对老年消费市场尚缺乏深入的调查研究，真正投资老龄产业的厂商还比较少，缺乏发展信心。因此，政府应起主导作用，加强政策指导，积极培育老年消费与服务市场。首先，需要深入研究，科学规划。对老年人的消费需求进行专门的调查，详细掌握全省老年人经济收入、支出、医疗、健康、娱乐等基本情况，

以此作为发展老龄产业的决策依据。其次，要加强引导扶持工作。根据我省实际，制定综合性、系统性的老龄产业政策；各级财政可划拨专款或从福利彩票销售中按比例提取部分公益金，用于对老龄产业的改造升级，完善服务设施，提高服务档次；对全省现有养老机构、家政服务业实行货币化扶助促其发展；加强对老年人消费习惯和消费心理研究，引导老年人树立正确的消费观念。第三，在重点行业实施突破。老年产业涉及面广，为避免平均用力，我省目前可着重从社会化机构养老、社区养老、家政服务、老年旅游等方面入手，培植全省性的典型单位，推出适应我省老年群体需求的老龄产业品牌，为带动全省老年产业发展，起到示范作用。

甘肃省

甘肃省老龄科学研究（概要）

甘肃省老龄工作委员会办公室

我们始终坚持老龄业务工作与科学研究同步推进，以老龄科研成果作为指导业务工作的理论武器。2007年全年出版《甘肃老龄工作》刊物14期，正常12期之外，外加两期老年维权和“银龄行动”专辑，共发表通讯报道与理论文章几百篇，有力地宣传了甘肃老龄工作的突出成果，也为全省老龄工作者理论研究与工作交流提供了重要平台。2007年，经过一年的准备，我们出版了《甘肃老年人口报告》，为掌握全省老年人基本情况提供了基本资料，成为我们从事老龄工作和党委、政府决策重要依据。同时，为掌握困难老年人的基本情况并开展救助，去年我们共进行了空巢老人、特困老人、失能老人、大病救治后困难老人状况的四个专项调查，形成了调研报告，这些调研报告有的提交全国老龄办，有的正在作为我们开展特困老年人救助工作的依据而发挥作用。此外，我们还坚持鼓励全体干部从事老龄科学的理论研究，分析探讨全国、全省的老龄化形势，提出我们的对策，分析十七大后老龄工作面临的新形势，分析“银龄行动”、老年维权、老年产业等具体问题，探索解决之道。去年省老龄办副主任张忠健同志有两篇论文入选《中国社会导刊·中国老龄》，调研处处长李明远同志在中国老年报、《中国社会导刊·中国老龄》、《老龄科学研究》等刊物发表文章21篇，综合处崔高鹏同志也有一篇论文入选省民政厅论文集。

湖北省

湖北省人口老龄化发展趋势预测报告（2005—2050）

湖北省老龄工作委员会办公室
南开大学老龄发展战略研究中心

一、预测报告背景

湖北省已进入老龄社会。2001年湖北省常住人口中60岁及以上老年人口为601.04%万人，占总人口的10.06%；65岁及以上老年人口为402.69万人，占总人口的6.74%。按照60岁及以上老年人口比重超过10%为标准，2001年湖北省已经进入了老龄社会。

人口老龄化和老龄问题是当今世界面临的全球性问题，也是深刻影响未来50年湖北省经济发展的战略性问题，对湖北省政治、经济、文化和社会生产与生活的深刻影响正逐渐显现出来。

对这些问题的深入研究需要对未来湖北省人口老龄化和老年人口的发展前景有一个清晰准确的预测。

二、湖北省人口年龄结构和老年人口：历史与现状

1949年以来，随着社会经济、人民生活水平和国家人口政策的变化，湖北省人口的再生产类型发生了两次重大的转变。

解放前，湖北省的人口再生产类型处于高出生、高死亡、低自然增长阶段。新中国成立后，人民生活水平不断提高，医疗卫生事业不断发展，许多恶性传染病得到控制，死亡率迅速下降（1957年降到了10‰以下）。

从20世纪70年代初开始提倡计划生育，使得出生率和自然增长率得到显著下降，死亡率继续稳定下降，人口再生产类型开始了向现代型的转变。到目前为至，湖北省人口已完成了向低出生、低死亡、人口低速增长的第二次重大转变，进入到现代型的人口再生产类型。

三、湖北省人口年龄结构及老年人口发展趋势

（一）湖北省常住人口将在2020年实现零人口增长，达到峰值人口规模6503万人，然后开始进入负增长阶段

从20世纪70年代初大力推行计划生育开始，全省人口出生率和自然增长率明显下降，1993年与1971

年比,全省人口出生率由31.11‰下降到20.04‰,自然增长率由22.72‰下降到13.11‰。但是，受人口惯性规律的作用，总人口还将以低速度，高增长量的方式持续增长。到2020年达到最大人口规模6503万人；从2021年起人口开始负增长。总人口将在2022年达到最大值6637万人，然后人口开始减少。

（二）21世纪上半叶湖北省总人口规模的变化取决于未来生育的走向

2030年湖北省总人口减少到6369万人，2040年降到点6151万人，2050年的总人口为5706万人。按高方案预测，湖北省2030年总人口为6564万人，2040年为6510万人，2050年为减少到6221万人。

3.21世纪上半叶的湖北省将是一个不可逆转的老龄社会。

从2005年到2050年，湖北省60岁以上人口老龄化发展趋势可以划分为三个阶段。

第一个阶段，从2005年到2015年是加速老龄化阶段。

第二个阶段，从2015年到2035年是持续快速老龄化阶段。

第三个阶段，从2035年到2050年是稳定的老龄化和加速的重度老龄化阶段。

四、湖北省总人口、老年人口和人口老龄化的重大问题

首先，由于人口增长的惯性作用，湖北省人口结构将会出现生育旺龄妇女人数不断增加的趋势。

其次，由于湖北省人口总量规模较大，因此每年增长的人口绝对数较大，人口总量仍将保持一定的增长趋势。

随着多年来生育水平的下降和人们健康水平的提高，未来湖北省老龄化进程将进一步加快。一方面，老年人口规模迅速扩大。另一方面，老年人口比重迅速提高，老龄化速度明显加快。湖北省人口老龄化的快速发展和日益增加的老龄人口规模，给湖北省社会经济发展和社会养老保障带来了严峻的挑战。

五、主要结论及对策

（一）主要结论

1.21世纪上半叶的湖北省将是一个不可逆转的老龄社会。

2.2005年—2015年是加速老龄化阶段。

3.2015年—2035年是持续快速老龄化阶段。

4.2035年—2050年是湖北省重度人口老龄化和高龄化的平台期。

5.2050年湖北省老年人口规模达到最大值，为2149.18万人，80岁及以上高龄老年人口规模超过450万人。

6.2049年湖北省女性老年人口比男性老年人口多94.45万人，达到峰值。

7.人口机会窗口将开启到了2032年，此后扶养负担逐年加重。

（二）对策建议

1.大力发展经济，为迎接老龄化奠定物质基础。

2.建立和完善多层次、广覆盖面的养老社会保障制度。

3.重视家庭养老作用，走家庭养老、社区养老与社会养老相结合的道路。

4.鼓励老年消费市场的发展,大力发展老年服务业。

关注农村“空巢”老人加强农村社会保障制度建设

——湖北省农村“空巢”老人家庭调研综合报告

湖北省老龄工作委员会办公室
华中师范大学老龄问题研究中心

一、湖北省农村“空巢”老人基本情况

本次调查分别选取了黄冈市英山县、孝感市云梦县、襄樊市宜城县、宜昌市秭归县和荆州区共计发调查问卷600份，收回有效问卷584份，有效回收率为97.33%。

从性别上来看，男性360人，占61.64%，女性224人，占38.36%；文化程度方面，小学生及其以下504人，占86.30%，初中76人，占13.02%；高中或中专4人，占0.68%。从年龄结构看，60岁—69岁的363人，占62.16%，70岁—79岁的179人，占30.65%，80岁—89岁的40人，占6.85%，90岁及其以上的2人，占0.34%。“空巢”老人与配偶同住的329人，占56.34%，与18岁以下孙辈同住的169人，占有28.94%，独身或丧偶独居的141人，占24.14%，其他12人，占2.05%。

二、湖北省农村“空巢”老人家庭

（一）农村“空巢”老人家庭年收入

年收入1200元以下的“空巢”老年人家庭占总数的39.9%，1200元—2400元的占20.55%，2400元—3600元的占7.88%，无经济收入的占了13.52%。有超过80%的“空巢”老人家庭为低收入家庭，年收入超过3600元的仅占18.15%。

（二）农村“空巢”老人主要经济来源

把“农村低保金”、“政府资助”、“社会捐助”和“其他”作为主要经济来源的只有39人，仅占总数的6.67%。高达61.99%的农村“空巢”老人靠自食其力，31.34%靠子女供养。

（三）农村“空巢”老人对自身经济状况的评价

对自己经济状况感到“非常满意”和“比较满意”的为30.48%；37.84%的被调查者觉得“一般”、“不太满意”的占28.60%。

（四）农村“空巢”老人健康状况

80.82%的农村“空巢”老人健康或基本健康，92.81%生活能够自理或基本能够自理；但身患重病的老人占到样本总量的近二成。

（五）农村“空巢”老人患病后所选择治疗方式

21.75%的受访老人采用“正规治疗”采用“简单治疗的占55.48%；选择“间隙性治疗”的占16.10%；另有6.67%的老人“放弃治疗”。

（六）农村“空巢”老人对新型合作医疗制度的评价

在被调查的584位农村“空巢”老人中，有511位已经参加了农村合作医疗或办理了医疗保险，占被调查总数的87.50%，未参加的有73人，占有12.50%。

（七）农村“空巢”老人家底晚年生活照料与养老模式选择

农村“空巢”老人认为子女比较孝顺的有385人，占65.93%，一般的152人，占26.03%，非常孝顺的36人，占6.16%，不孝顺的11人，占1.88%。

（八）农村“空巢”老人的休闲与精神慰藉

农村“空巢”老人平时看电视听广播的，占了63.36%，其次是串门聊天，占51.54%。

三、湖北省农村“空巢”老人家庭形成的原因

（一）农村家庭传统习俗促成了“空巢”老人家庭的形成；

（二）社会的转型和经济的发展加快了农村“空巢”老人家庭的形成进程；

（三）经济的发展，农民收入水平的提高，为农村“空巢”老人家庭的形成提供了物资条件；

（四）两代人的思想观念、生活习惯的差异所形成的代际隔阂，也是形成农村“空巢”家庭的一个重要因素。

四、湖北省农村“空巢”老人家庭的特点及发展趋势

（一）农村“空巢”家庭的特点

1.“空巢”率高；

2. 老人负担重；

3. 获取社会资源少；

4. 文化水平低。

（二）农村“空巢”老人家庭的发展趋势

1. 农村“空巢”老人家庭比例将持续上升；

2. 农村“空巢”老人的整体文化素质将不断提高；

3. 农村“空巢”老人的养老保障、医疗保障、服务保障将不断得到改善，生活质量将不断提高。

五、湖北省农村“空巢”老人家庭的主要困难与需求

（一）农村“空巢”老人家庭经济收入低，其生活水平大大低于农村人均水平；

（二）看病难、看病贵困扰农村“空巢”老人；

（三）农村“空巢”老人心理和精神上的需求不能得到应有的满足；

（四）生活照料的“缺位”、“错位”，加重了“空巢”老人的经济负担和精神压力；

（五）养老模式单一，不能满足农村“空巢”老人需求；

（六）家庭养老观念根深蒂固，多数“空巢”老人不愿入住养老院；

（七）农村没有建立老龄工作机构和老龄社团组织，不利于把老龄工作方针政策落实到基层；

（八）投入不足，农村“空巢”老人养老缺乏应有的保障。“五保”福利院拨款标准偏低，难以维持正常运转。

六、解决湖北省农村“空巢”老年人家庭困难与需求的建议

（一）大力发展农村经济，增加农民收入，为农村老年人养老打下物质基础；

（二）提高城市务工农民的工资收入水平，为他们赡养老年人提供可靠的经济保障；

（三）加强对外出务工农民的教育管理，落实他们履行赡养农村“空巢”老人的义务；

（四）以乡镇为单位建立农村“空巢”老人养老院；

（五）提高入住福利院“五保”“空巢”老人拨款标准，增加拨款项目；

（六）加大农村精神文明建设投入，丰富老年人的精神文化生活；

（七）分别情况，出台各类老人的生活、医疗等保障政策；

（八）在落实家庭养老职能的同时，创建多元化、多形式养老模式；

（九）开展“敬老志愿者”、“老年志愿服务队”活动，调动各种积极因素为农村“空巢”老人服务；

（十）机关单位要主动联系一所乡村养老机构，定期开展慰问捐赠活动；

（十一）乡城要建立老龄工作机构，林一级在设立老年协会，使老龄工作能落实到基层；

（十二）以改革身份制为突破口,推动二元经济结构改革,逐步建立覆盖城乡的一体化社会养老保障体系；

（十三）老年人要积极面对晚年生活，提高自我服务意识和能力。

湖北省老年残疾问题数据分析报告（摘要）

湖北省老龄工作委员会办公室

第一部分　老年残疾问题的背景与特点

第二部分　湖北省老年残疾人概况

第三部分　湖北省老年残疾人现状的基本描述与分析

第四部分　湖北省老年残疾人生活与需求状况

第五部分　不同类型残疾老人的描述与分析

第六部分　老年残疾问题专题分析

以上六个部分数据分析报告的目标及主要内容：

本数据分析报告的目的是综合描述与分析湖北省老年残疾人口的残疾人口的残疾状况与生活状况。我们参考1987年第一次残疾人调查相关经验和成果的基础上，以老年残疾人群众及个人的需求为导向，深切关注老年残疾人生存与发展权利的实现状况及老年残疾人群体、个人对自身生活与发展的期望，借助第二次全国残疾人调查湖北省数据，运用SPSS统计分析软件及相关统计分析技术主要对其中的老年残疾人数据进行处理与挖掘，在相关重要问题上得出了一些基本结论，希望能为相关政策和制度建设提供若干参考。

本数据分析报告中的老年年龄标准是60周岁及以上。本报告主要分为七个部分。其中第一部分从总体上介绍老年残疾问题的背景与意义；第二部分概括给出湖北省老年残关情况的基本数据；第三部分对湖北省老年残疾人口的基本现状作出描述与分析；第四部分着力于湖北省老年残疾人生活与需求的描述与分析；第五部分对湖北省老年残疾人口进行分类分析，具体的类别包括不同残疾类别，不同性别、不同年龄段、不同户口性质等；第六部分对高龄残疾人口、独居老年残疾人口、贫困老年残疾人口、知识分子老年残疾人口、少数民族老年残疾人口做了专题分析；第七部分总结归纳了湖北省老年残疾的基本问题，并提供了相关政策建议为参考。

广东省

我省老年人机构养老诉求及养老机构发展状况的调研报告（摘要）

广东省老龄工作委员会办公室

省政协《积极应对人口老龄化，尽快发展老年服务业》重点提案指出，当前我省人口老龄化形势日趋严峻，应借鉴外省和世界先进国家老年服务的做法和经验，努力探索具有我省特色的养老服务业发展的新路子，尽快制定扶持全省养老服务业发展的政策性文件。对此，我们组成了调研组，就我省老年人的机构养老诉求和我省养老机构的现状，以及外省扶持养老机构发展的经验做法等多方面进行了专题调研。

一、老年人口状况以及老年人对机构养老服务的诉求

（一）我省人口老龄化现状及发展态势

我省在2005年全面进入人口老龄化社会。据全国1%人口抽样调查资料显示，到2005年末，广东老年人口（65岁及以上人口）为681.28万人，占总人口的7.41%。按目前国际上主要沿用的人口类型划分四项标准，目前广东已全面进入人口老龄化社会（见表1）。

表1　我省人口老龄化综合指标变化情况

单位：%

人口老龄化综合指标	国际上通常使用的的人口老龄化判别标准	2000年	2005年
65岁及以上老年人口比例	>7	6.17	7.41
0—14岁少儿人口比例	<30	24.11	21.32
老少比	>30	25.59	34.76
年龄中位数（岁）	30岁以上	26	30

（数据来源于省统计局2005年广东1%人口抽样调查）

与此同时，我省老年人口增长迅速，形势严峻。据我省老龄事业统计，截至2006年，按户籍人口计算，我省60岁以上的老年人口已达918万人，预计2010年和2020年将分别达到1063万人和1487万人，年递增超过3%。

我省的人口老龄化呈现以下几个特征：一是老龄化速度迅猛，结构日趋高龄化。统计数据显示，2006年我省老年人口比2005年增加了19万人，其中80岁以上的老年人就增加了近10万人。二是农村人口老龄化形势比城镇严峻，超过1/2的老年人口在农村。三是欠发达地区老龄人口基数较大。广州、深圳、东莞、佛山、中山、珠海、江门、惠州等8市老年人口共约279万人，占全省老年人口的31%；其他欠发达地区老年人口达639万人，占全省老年人口的69%。

（二）随着经济社会发展水平和老年人口增长，老年人机构养老的诉求日益增长

1. 老年人生活水平不断提高

一是养老保障水平稳步提高。至2005年，全省参加企业基本养老保险人数达到1423.6万人。参加医疗保险人数达1265.3万人，比“九五”期末增长了347.46%，各项指标均居全国前列。全省城乡进入最低生活保障线人口170万人，其中48万名贫困老年人得到应保尽保。2006年，全省新型农村合作医疗农民参合率超过60%。

二是老年人经济收入逐年增加。提案调研组开展的“双百村居老年人生活状况”和“城乡老年人口生活状况”调研显示：

2005年，广东城市老年人年平均收入达到14873元，农村老年人年平均收入达到4385元（见表2-1），超过或基本达到同期广东人均水平。同期的广东省城镇居民人均可支配收入为14769.94元，农村居民人均纯收入为4690.49元。而全国城镇居民人均可支配收入为10493.0元，全国农村居民人均纯收入为3254.9元。广东老年人口的整体水平，与本身的在业者相比，收入绝对值偏低，基本达到了本省平均水平。与同期全国有关指标相比，广东老年人收入水平在全国处于较高水平。

从统计数据同时也可看出（参见表2-1，表2-2及表2-3），广东老年人口经济收入来源有如下特点：

一是来源较多，但主要出自两三条渠道，过于集中。

二是城乡老年人口的主要收入来源差异极大。农

表2-1　2005年广东老年人平均收入情况

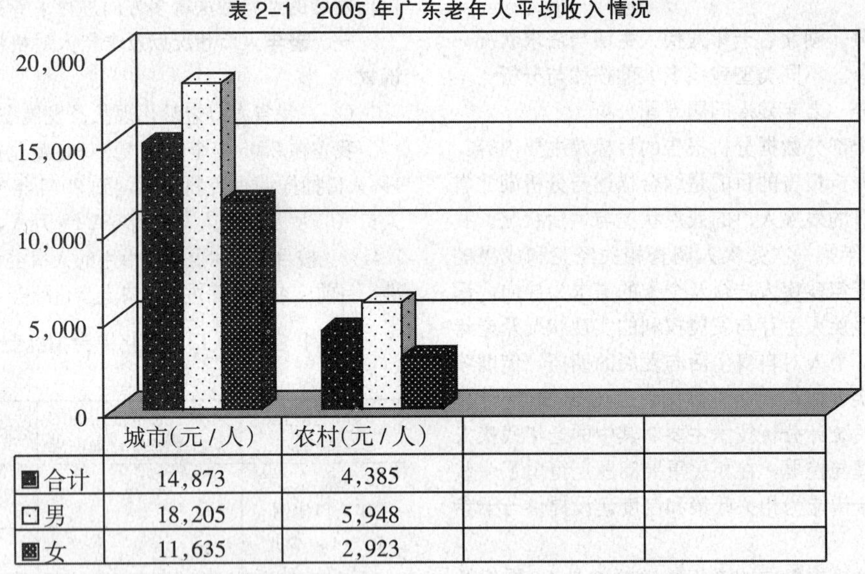

	城市(元/人)	农村(元/人)		
合计	14,873	4,385		
男	18,205	5,948		
女	11,635	2,923		

表2-2　广东城市老年人收入构成

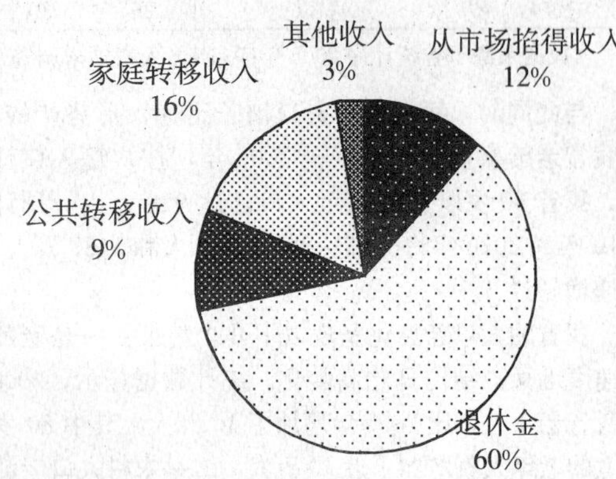

表2-3　广东农村老年人收入构成

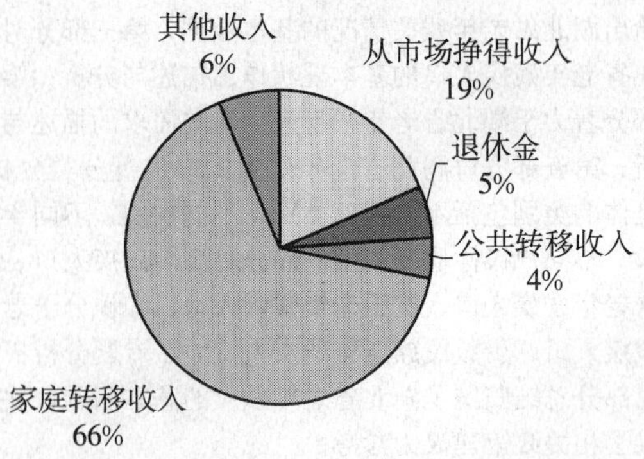

村老年人口的经济收入主要来源于家庭，城市老年人则主要来自于社会。反映出城乡社会保障水平的巨大差异。

三是女性尤其是农村女性老年人，经济的依赖程度高于男性，社会独立性低于男性。

反映在老年人对自身保障的评价上（表 3），77.4%和 86.8 的城市老年人觉得自己经济上有保障或者比以前的老年人更有保障。而同样的指标，只有 53.8%和 60.6%的农村老年人有相同的感受。

但总体而言，我省的老年人口经济水平在全国处于领先地位。良好的经济生活条件为其进入专门的养老机构养老，享受集体生活以及规范专业的照料护理提供了条件。

表 3　2006 年广东省城市及农村老年人保障情况

合计		城市		农村	
		人数	%	人数	%
		409	100.0	689	100.0
是否觉得自己目前经济上有保障	没有	93	22.6	314	45.6
	有	317	77.4	370	53.8
与以前老人相比是否觉得自己经济上更有保障	没有	54	13.2	267	38.8
	有	355	86.8	417	60.6
对现在的住房条件是否满意	满意	209	51.1	324	47.0
	一般	137	33.4	281	40.8
	不满意	62	15.0	81	11.8
是否有老年人优待证	没有	139	33.9	—	—
	有	270	66.1	—	—
不享受任何医疗保障	否	299	73.1	571	83.0
	是	110	26.9	117	17.0

2. 家庭养老功能弱化

从目前我省老年人的居住格局来看，城市和农村都有接近 4 成的纯老年人户，有越来越多的空巢家庭或纯老年人家庭出现（表 4）。

表 4　2006 年广东省城市和农村老年人居住格局情况

项目	城市		农村	
	人数	%	人数	%
合计	409	100.0	689	100.0
一人独居	44	10.8	108	15.7
仅与配偶一起居住	102	24.8	121	17.5
与其他家庭成员一起生活	263	64.3	460	66.8

随着人口寿命的提高，高龄老人数量的增加，老人生活自理能力的缺失（表 5），配偶所能提供的依靠又相应减少，加上子女在当今社会竞争中的压力，又增加了对老人生活照料的困难。可以预见，生活照料以及家务料理将愈发成为老年人的生活难题，老年人养老依靠社会的比例将不断增加。

从老年人生活居住（接近四成的纯老年人家庭）以及不少老年人生活不能自理或自理困难的情况来看，有更多的老年人有潜在的进入养老机构养老的需要。

根据“双百村居老年人生活状况”调研对被调查的社区生活不能自理的 205 名老年人和行政村生活不能自理的 197 名老年人的情况分析看，目前急需养老照料服务的有：社区老年人 125 人，所占比例 61%；行政村老年人 135 人，所占比例 68.53%。愿意长期入住社会福利机构的有社区老年人 35 人，所占比例 17.10%；

表 5　2006 年广东省分年龄组的老年人日常生活自理能力情况

项目	Total		60－64		65－69		70－74		75－79		80＋	
	人数	%	人数	%	人数	%	人数	%	人数	%	人数	%
城市合计	409	100.0	86	100.0	97	100.0	105	100.0	58	100.0	63	100.0
能够自理	375	91.7	83	96.8	91	93.5	100	95.4	53	91.2	47	75.8
有部分自理困难	23	5.5	3	3.2	4	3.8	3	3.1	3	4.4	10	16.3
不能自理	12	2.8			3	2.6	1	1.4	3	4.4	5	7.9
农村合计	689	100.0	113	100.0	131	100.0	158	100.0	146	100.0	141	100.0
能够自理	600	87.2	110	97.5	120	91.6	143	90.4	135	92.4	92	65.7
有部分自理困难	72	10.4	3	2.5	11	8.4	14	8.7	10	6.6	34	24.5
不能自理	17	2.4					1	0.9	1	1.0	14	9.8

行政村老年人30人，所占比例15.23%。但目前已入住社会福利机构的仅有：社区老年人6人，所占比例2.93%；行政村老年人5人，所占比例2.54%。

3. 养老观念的转变

随着经济的发展和家庭模式的变化，我省老年人对机构养老服务诉求日益增长。越来越多老年人的养老观念已由过去的“家庭养老”转变为“机构养老”。相对于农村老年人，城市老年人中绝大部分由于得到国家劳保福利的实惠，有稳定的退休金收入，晚年经济供给较有保障，因此城市老年人对于进入敬老院、老年公寓等养老机构养老的意愿更加迫切，也更具经济条件。数据显示，接近12%的城市老年人愿意入住养老机构养老（表6）。他们要求到养老院享受集体生活，享受规范的照料和专业的护理。

表6 2006年广东老年人养老意愿情况

项目		城市		农村	
		人数	%	人数	%
合计		409	100.0	689	100.0
是否愿意住敬老院、福利院、老年公寓机构	否	359	87.8	631	91.6
	是	49	11.9	44	6.4
是否愿意和子女住在一起	愿意	222	54.1	411	59.6
	无所谓	100	24.5	183	26.6
	不愿意	80	19.5	81	11.8

注：表2-表6的数据均来自“2006年中国城乡老年人状况追踪调查”。

二、我省养老服务机构发展状况、问题

（一）发展现状

公办养老服务机构：截至2006年底，我省共有公办城市养老服务机构90间，床位15426张，供养老人7052人。有镇级敬老院1400间（省一级敬老院207间，二级敬老院317间），实现了每个乡镇都有一间敬老院的目标。但是，由于我省经济发展的不平衡，尤其是欠发达地区，目前仍有部分地市、县（区）未建或未建成养老服务机构。

我省从2004年开始，在全省范围内统一实施了“千间敬老福星工程”，用3—4年的时间，改建、扩建900多间条件较差的乡镇敬老院，省级对每间敬老院补助20万元，从根本上改善敬老院供养环境，实现上等级、上水平，提高敬老院的供养能力。

民办城市养老服务机构：截止2006年底，我省共有民办城市养老服务机构97间，床位11664张，供养老人7506人。

我省从2001年起把民办福利机构（绝大部分是养老服务机构）纳入省级福利机构的评审范围，促进了一批民办福利机构上规模、上档次、上水平。目前全省有等级福利机构42个（国家二级福利机构1个，省一级福利机构19个，省二级福利机构22个），其中达到省一级标准的民办福利机构有2个，达到省二级的有5个。

在推动民办养老服务机构发展的过程中，我省也涌现了一批民办养老服务机构的典型，如寿星大厦、友好老年公寓等等。由广州市康老协会、友好医院共同投资8000万元建设的广州寿星大厦，目前发展成为拥有2300张床位，规模较大，功能齐全，设施完善，集生活照顾、文化娱乐、康复训练、医疗保障为一体的综合性的民办福利机构，被评为省二级福利院和广州市模范敬老院，在社会上产生了较好的示范和带动作用，取得了社会效益和经济效益双丰收。

（二）现行我省扶持民办养老机构发展的主要优惠政策

2000年1月，省民政厅等16个省直部门联合出台了《关于扶持我省社会福利事业发展的通知》（粤民福〔2000〕2号）（以下简称《通知》），《通知》提出对我省民办社会福利机构（主要是民办养老机构）应在建设用地、公用事业收费和税收优惠等几个方面给予扶持。

1. 建设用地优惠政策。对建设用地，可以优先划拨供地、实施地价优惠、降低土地出让金标准。对征用或者使用集体所有的非耕地建设社会福利设施工程的，按照国家规定免收征地管理费、土地权属调查、地籍测绘费。

2. 公用事业收费优惠政策。对城市建设和房屋建设有关收费、用水、用电、用气等方面收费可以减半征收、按最低价格征收甚至免收。

3. 税收优惠政策。对机构内托养、康复及相关的社会福利服务免收营业税。对按规定缴纳所得税有困难的，可给予减免税照顾。对机构兴办第三产业、安置残疾人和下岗工人就业的，按相关规定给予税收优惠。

4. 其他优惠政策。包括对入住对象在教育、就业等方面的优惠政策、对内设医疗机构的优惠政策、收住“三无”对象政府给予专项补助的优惠政策等。

（三）主要问题

1. 国办社会福利机构设施老化严重，社会福利事业资金缺口较大。我省许多国办社会福利机构始建于上世纪70年代、80年代，建造标准较低，设施设备简陋。随着时间的推移，房舍开始破旧，收养人员

的生活环境变差。由于经济欠发达地区财政困难，当地政府一直无力对这些机构的房舍进行改造维修，仅靠每年从各级福利金中拨出一定的金额进行小修小补，勉强维持，房舍及设备的利用率越来越低，严重制约了我省社会福利事业的发展。

2. 不少民办社会养老机构经营困难。民办社会养老机构普遍床位成本较高，收费往往高于国办养老机构，许多有到机构养老意愿仅靠退休金生活的老人难以负担。民办社会养老机构护理人员不少来自外地的劳动力和本地下岗职工，文化知识水平不高，缺乏必要的入职培训，管理能力和业务素质较差。许多民办社会养老机构没有内设的医疗机构，院内长期患病老人看病很不方便。由于以上种种原因，导致许多老年人不愿意选择民办社会福利院机构养老，而情愿选择去条件较好、设施齐全、收费较低、有政府作坚实后盾的国办养老机构排队轮候入住。一些民办社会养老机构在开办初期往往投入大量资金，由于开业后入住老人不多，投资与收入严重失调，造成财务资金运转困难，经营处于亏损状态，因此缺乏足够的后续资金用于提升服务质量，有的甚至难以为继。

3. 民办养老机构的扶持政策难以落实。如 2000 年 1 月，省民政厅等 16 个省直部门联合出台了《关于扶持我省社会福利事业发展的通知》；2000 年 2 月，国务院办公厅转发民政部等部门《关于加快实现社会福利社会化的意见的通知》；2000 年 11 月，财政部、国家税务总局下发了《关于对老年服务机构有关税收政策问题的通知》。这些通知对民办福利机构的规划、建设、税费减免、用水、用电等方面提出了很多具体的扶持和优惠政策，但这些措施在实际操作中很难得到较好的贯彻落实，使本来与国家办、集体办福利机构就不在同一个起跑线上的民办福利机构难以参与社会福利服务的市场竞争，不能很好地调动和发挥社会力量参与发展社会福利事业的作用。

4. 现行《广东省民办社会福利机构管理办法》（以下简称《办法》）与当前形势不相适应。该《办法》中一些内容已与当前形势不相适应，急需重新修订。如《办法》对“民办福利机构是非营利性的社团组织”的定性已不准确；对民办福利机构的设立条件，有的要求过严，有些不够完善；有些规定与国务院 1998 年 10 月发布的《民办非企业单位登记管理暂行条例》和民政部 1999 年 12 月发布的《社会福利机构管理暂行办法》的有关规定不相符，定义表述不一致等等。致使《办法》在实际工作中难以把握和执行，同时由于扶持政策不明确不具体，不能很好地调动社会力量参与社会福利事业的积极性，因此有必要对《办法》进行修订。

5. 港澳地区的组织和个人在内地独资举办非营利性福利机构的问题。《民办非企业单位登记管理暂行条例》规定，对境外组织和个人独资的非营利性项目尚不能办理民办非企业单位登记。比如香港慈善组织和赞助机构在我省资助举办的“肇庆伸手助人护老颐养院”、“深圳复康会颐康院”两家养老机构，只能以外资企业的形式在工商部门办理登记，不能享受国家对民办非企业的相关优惠政策，这一定程度上影响了港澳地区民间组织和个人到内地投资兴办非营利性福利机构的积极性。

三、促进我省养老机构发展的建议

目前我省 60 岁以上的老年人口已达 918 万人，预计 2010 年间将增至 1063 万人。据“城乡老年人口生活状况”调查数据估算，我省有超过 8% 的老年人（70 多万人）有入住养老机构的意愿。而我省现有养老床位（国办及民办养老机构床位及敬老院床位）8 万余张，养老服务供需矛盾日益突出。根据当前我省养老机构的发展情况以及到外省市考察学习的结果，建议采取以下措施，促进我省养老机构发展：

（一）提高认识

建议政府从落实科学发展观、构建和谐社会的高度，将加快发展养老服务事业列入我省经济和社会发展规划，尽快制定适应形势发展要求的养老服务业发展措施，切实履行政府职责，统筹养老服务资源，加大政策扶持力度。政府相关职能部门要加强调查研究，当好政府的参谋，提出切实可行的实施方案，制定养老服务社会福利机构的认定、政策扶持、经费资助、日常监管等具体操作办法，并做好服务协调和督促检查工作，共同推动养老服务事业发展。新闻媒体单位要大力宣传发展养老服务事业的重要意义和先进典型事例，通过舆论宣传、社区教育等多种形式，广泛动员全社会重视养老问题，引导社会进一步转变养老观念，增强责任和义务意识，在全社会形成尊老爱老、关心支持养老服务事业的良好风尚。

（二）制定政策

上海为扶持该市养老服务业的发展出台了 18 项具体措施。其中重要优惠政策是：对养老床位建设经费实施一次性补贴政策，每张新增床位由市建设财力和市福利金补贴 5000 元。部分区在此基础上，区财政也给予 5000 元的补贴。

浙江省优先安排养老机构建设用地，并鼓励金融部门发挥信贷支持作用。同时，将养老服务机构划分为福利性、非营利性和营利性，针对不同性质的养老服务机构实施程度不一的服务收费制度、税费政策扶持。

建议我省尽快修订出台《广东省民办社会福利机构管理办法》，吸收上述经验。修订内容主要包括：

1. 对民办福利机构进行重新定义和定性，改变民办福利机构是“非营利性的社团组织”的定义，明确将民办福利机构分为营利性和非营利性两种形式，由申办人自主选择“民办非企业单位”登记或“企业”登记。

2. 对申办、审批和发证的条件、程序和需要提供的材料做出较大幅度的修改，如申办时应提交的材料与国家民政部的颁布的《社会福利机构管理暂行办法》保持一致，香港、澳门、台湾地区的组织和个人，华侨以及国外的申办人申办社会福利机构的，应当向省级人民政府民政部门提出筹办申请，省级人民政府民政部门受理筹办申请后会省级人民政府外经贸部门办理。

3. 增加对民办福利机构日常管理的一些具体要求，如需与服务对象、家属等签订服务协议书，对孤儿和弃婴的收养做出限制性规定等。

4. 增加对民办福利机构进行扶持和优惠的内容。一方面，将历年出台的适用于民办福利机构的规定归笼在一起，以利于社会各界了解和掌握，确保这些扶持和优惠措施得到更好的贯彻落实；另一方面，增加“公办民营”、“民办公助”“政府购买服务”等扶持措施，如规定设置非营利性民办福利机构，可向举办地的民政部门申请一次性的开办经费补贴；如收养“三无”人员的可向当地民政部门申请补贴；非营利性的民办养老机构，可以给予减免城市建设和房屋建设的有关行政事业性收费（证照费除外）和防空地下室易地建设费等。

（三）完善机制

1. 建立养老服务事业目标管理机制。将加快发展养老服务事业列为市政府办实事项目，具体由有关部门明确量化指标，实施目标管理责任制，确保目标任务如期实现。

2. 建立养老服务事业经费投入机制。为确保养老服务事业的健康稳定发展，各级财政要不断增加对养老服务事业的资金投入。建议将各市、县（区）按上年度户籍人口60岁以上的老年人数，以每人50元的标准安排养老服务事业经费（不含各级政府原来对“三无”、“五保”、低保老人的保障经费），列入同级年度财政预算，今后根据发展需要逐步加大对养老服务事业的投入。

（四）加强管理

1. 建立养老服务职业资格认证制度。对各类社会养老机构的从业人员，实行职业资格认证制度，持证上岗。鼓励和支持更多人投身养老产业，不断扩大养老产业从业人员队伍，逐步实现养老服务人员的职业化、专业化。

2. 建立定期检查制度。民政部门会同相关部门，依照民政部《老年人社会福利机构基本规范》，对养老机构和居家养老服务组织进行定期检查。对达不到要求的责令限期整改；对不执行整改或整改以后仍达不到要求的，停止社会福利机构享受的各种扶持政策，并向社会公布处理结果；对盗用社会福利机构名义骗取各种扶持政策的，有关部门有权中止并追回相应的减免资金和资助经费；对违反法律法规的要依法追究有关法律责任。

（五）人才支撑

1. 开设养老服务管理专业。积极鼓励有条件的高等院校和职业教育机构设立养老管理与服务、老年护理、老年社会学和老年产品开发等专业。有关部门对上述院校和机构在招生、收费、基础设施建设等方面给予政策上的倾斜。

2. 建立养老服务人员定期培训制度。可与大专院校、卫生院校联合协作，对现有养老机构和社区养老服务人员进行有计划的培训。在近期内主要加强应知应会培训，确保养老服务人员掌握基本的保健、护理、康复知识和技能。

3. 引进养老专业人才。要广开门路，在提高现有养老服务人员素质的同时，大力引进人才，通过公开招考、招聘和定向培养，吸收一批学历较高、年轻优秀的人才充实到养老服务队伍中来。同时，注重吸收有一定技能和业务素质的下岗职工到机构和社区养老服务岗位上来。

4. 培育发展养老志愿者队伍。努力造就一支由党员、干部、学生等组成的专、兼职人员和志愿者相结合的养老服务志愿者队伍。聘请一批德高望重的老同志参加社区养老服务管理工作，利用老年人同老年人容易沟通的优势，自己管理自己，自己服务自己。

云南省

云南省老龄工作调研报告

云南省老龄工作委员会办公室

2007年7月30日至8月6日，省老龄办会同省民政厅、省发改委、省劳保厅等部门组成4个调研组，赴昆明、曲靖、玉溪、昭通、普洱、临沧、红河、大理8个州（市）就老龄工作有关问题进行了调研。具体情况如下：

一、基本情况

调研组分赴四个方向，采取“听、看、问、”等方式，分别对昆明市盘龙区、五华区、官渡区、西山区和玉溪市红塔区、曲靖市麒麟区、红河州个旧市的7个城市社区实施“163”计划试点情况进行了考核验收，并对昆明、昭通、普洱、临沧、大理等8个州（市）共21个县（市、区）、46个社区或村委会宣传贯彻《云南省老年人权益保障条例》（以下简称《条例》)、落实《云南省老龄事业发展“十一五”规划》（以下简称《规划》）和“百村建设”等情况认真进行了调研。通过调研，总体感到：各级党委政府对老龄工作高度重视，齐抓共管的格局已经基本形成；基层组织建设坚强有力，人员编制基本得到落实；基层老龄工作基础比较扎实，各级各类人员做好老龄工作的热情较高；“163”试点工作进展顺利，初见成效；“十一五”有规划、有措施，内容实在、分工明确、落实有力；《条例》宣传活动抓得较紧、执行较好、效果比较明显。

二、各地的经验和做法

（一）“163”计划试点情况。实施“163”计划试点任务下达后，各级党委、政府高度重视，在一无经费二无经验的情况下，立足本地区的实际，不等不靠，在狠抓硬件、完善软件上下功夫，初步取得了成效。一是健全组织，加强领导。各地都相继成立了由相关单位组成的实施“163”计划试点工作领导小组，区分了任务，明确了责任，强化了组织领导，使整个试点工作形成了上下互动、内外联动的良好局面。二是认真摸底，制定方案。各地在实施试点工作前，组织人员对辖区老年人按年龄、性别、收入、居住方式及对养老服务的需求等情况进行了调查摸底，对社区开展为老服务的内容、方式、运作机制等进行了详细的调查了解，经广泛征求意见和反复论证后，制定了操作性较强的试点实施方案，为试点工作有计划、分步骤地实施奠定了基础。三是广集资金，抓好建设。为确保试点工作顺利进行，各地不等不靠，广泛募集社会资金，充分整合社区资源，扎实推进老年服务中心建设。省老龄办安排试点经费175万元，其中每个点工作经费5万元，项目经费20万元；曲靖市筹集资金72万余元，在麒麟区麟东社区建设了一个建筑面积达450平方米的老年服务中心；玉溪市投入37万元，在红塔区瓦窑社区扩建了一个占地面积达2000平方米的老年服务中心。各地按照“163”计划试点的相关标准和要求，每个老年服务中心都建有健身房、球类活动室、棋牌室、电视房、陪聊室、阅览室、日间照料室、维权咨询室、老年教室、医疗保健室等，开设了相应的服务窗口，并规范了服务管理制度。四是创新工作，促进和谐。各试点社区严格按照“163”计划试点的要求，立足社区实际，广泛开展为老服务活动，拓展老龄工作的广度和深度，丰富基层老龄工作内涵，不断满足老年人的物质精神文化需求，促进了社区的和谐。如，曲靖市麒麟区麟东社区建立老年服务中心以来，为多名生活困难的老年人申请办理了低保，接收8位老年人的来访咨询；举办了老年人健康知识讲座26期，为老年人体检1538人次；接受捐赠衣物20余件、电视机一台，向贫困老年人和贫困家庭发放捐赠衣物20余件，组织义工为老年人打扫卫生、整理家务、代买粮物等服务186人次，接待日间照料168人次；定期组织老年人进行党的路线、方针、政策和国际国内形势教育和学习；开展了以受理上访、调解家庭纠纷、法律咨询为主要内容的维权服务等。通过开展一系列为老服务活动，深受广大老年人的欢迎，在社会上引起了强烈反响。

（二）“十一五”规划的制定与落实情况。从调研情况看，各地能认真贯彻落实《云南省老龄事业发展“十一五”规划》，并紧密结合当地的实际，研究制定本地区的“十一五”规划，并注重在抓规划落实上下功夫，玉溪市将“百村建设”、“七个一工程”建设、“163计划”等内容纳入了《规划》，华宁县还将对80岁以上高龄老人的保健补助和对社会兴办养老机构由县政府给予补助等内容列入了《规划》。普洱市政府常务会议明确了市老龄办两个编制，将市级老龄事业经费纳入了市级财政预算，市老龄办工作经费由原来2万元增加到10万元，景东、景谷、镇沅、墨江、孟连、思茅等6个县区的老龄事业经费，按每个老年人1元的标准纳入了本级财政预算。红河州部分市县加大对老龄事业经费的投入，蒙自县老龄事业经费除按老年人总数由原来的人均1元提高到2元外，还增拨了10万元；个旧市筹集资金86万多元投入老年基础设施建设；州老龄办协调相关部门，加大督促检查力度，有力地促进了全州老龄事业的稳步发展。

（三）贯彻落实《条例》情况。新修订的《条例》颁布实施后，各地立足实际，做了大量而卓有成效的工作。一是政府重视，齐抓共管。各州（市）就宣传贯彻落实《条例》做出了部署安排，明确了由各级分管领导负总责，各有关部门按职责分工逐条逐项地抓好贯彻落实，形成了齐抓共管的良好格局。昆明市结合本地区的实际，制定出台了《关于贯彻〈云南省老年人权益保障条例〉的实施意见》，从优待对象、优待范围、相关部门职责及处理意见等方面进行了明确和规范，对贯彻好、落实好《条例》起到了积极的推动作用。二是大张旗鼓地开展宣传活动。各地以老年人权益保障法律知识竞赛为契机，充分利用各类媒体进行广泛深入的宣传，收到了较好的社会效果。全省共印制《条例宣传手册》20 余万册、宣传单 30 万张、贴标语近百万条，举办培训班 25 期。普洱市印发了《老年朋友特别关心的几个问题解答》，并在普洱日报刊登了《条例》内容；临沧市老龄办与移动公司密切合作，将《条例》的内容编辑成手机短信发给手机用户；玉溪市及时在玉溪老龄网更新了《条例》内容；曲靖市将《条例》的有关内容编排成群众喜闻乐见的节目，在城乡进行公演；红河州将《条例》的内容印制成宣传单，发到机关、企事业单位和农村老年协会；昭通市组织了的全民“迎奥运 2008 健步走”活动，广泛进行《条例》知识宣传。三是积极协调解决落实《条例》中的重点、难点问题。在贯彻落实《条例》过程中，各地把解决老年人免费乘坐城市市内公交车和发放高龄老年人保健补助作为工作重点。全省已落实免乘城镇公交车的 39 个县，发放高龄老年人保健补助的 68 个县、百岁老人长寿补助 90 个县。昆明市、曲靖市政府出台的《关于贯彻落实〈条例〉的实施意见》，明确每年由市政府向市公交公司实施补助，并将按实际承运量和当地经济发展情况进行调整。昆明市政府明确：对 80 周岁以上不满 89 周岁的老年人每月不低于 100 元的保健补助，90 周岁以上不满 100 周岁的老年人每月不低于 150 元的保健补助，对百岁老人每月不低于 200 元的长寿补助；曲靖市规定分年龄段为老年人给予保健和生活补助量化指标，百岁老人的生活补助将提高到每年每人 2400 元的标准。红河州政府先后出台两个文件，对老年人关心的重点、热点和难点问题进行了明确和规范；建水县对 90 周岁以上不满 100 岁的老年人每月助养补助 50 元，百岁老人的长寿补助由每月 100 元提高到 300 元；开远市从 7 月 1 日起，对无固定收入的 70 周岁以上老年人定期发放保健补助和长寿补助，按年龄段每人每月 10 元至 500 元不等；个旧、蒙自、建水等市县老年人乘坐公交车实行了免费。

（四）百村建设情况。自实施“百村建设”计划以来，各地党委、政府高度重视，按照配套比例，加大对基层老年人协会的投入。通过调研我们感到，近几年各地建管并举，基层老年人协会建设得到较快发展，设施逐步配套，内容逐步丰富，管理逐步规范，在丰富基层群众精神文化生活、调解家庭纠纷、开展老年救助、维护老年人合法权益、维护村容村貌等方面发挥了重要作用，有力地促进了社会的和谐与稳定。2005 年以来，省级安排资金 195 万元，州级配套资金 300 多万元，县级配套资金近 500 万元，较好地改善了农村老年协会的基础设施条件，促进了老年人协会的健康发展。

三、存在的困难和问题

调研中各地反映出的困难和问题，主要集中体现在以下几个方面：

一是“163”计划未立项，经费难以得到保障，影响了试点工作的推广。由于云南属西部欠发达省份，大多数城市社区处于下岗人员多、低保户多、流动人员多、社区经济来源渠道少的“三多一少”的状况。由于“163”计划至今未立项，各地担心经费得不到保障，致使既影响了“163”计划试点工作在全省范围内的逐步推广，也制约了“163”计划试点社区硬件设施的建设，现有的为老“六项服务”活动空间比较狭窄，开展为老服务工作仍有些困难。

二是县级老龄工作机构虽然建立，编制、人员也基本明确，但部分县的老龄工作人员长期被抽调到各类下乡工作组，不同程度地影响了老龄部门工作的正常开展。

三是经济社会的发展还不能完全满足《条例》规定的所有优待项目的落实。具体表现在：1.《条例》第二十七条规定“州（市）、县（市、区）人民政府应当每年对 80 周岁以上不满 100 周岁的老年人给予保健补助”。红河州，若按每人每月 10 元的保健补贴计算，截止 2006 年底全州 80 周岁以上老年人 46234 人，每月需 462340 元，每年近 555 万元。由于我省属欠发达地区，经济基础相对薄弱，地方财政难以承担。2. 随着企业转制，部分州县的公交车营运权、公厕等被个人承包，对所有老年人实行免费乘坐公交车和免费入厕等有一定的困难。如昆明市公交集团抬高门槛，以办理“公交爱心卡”为由，强行向每名老年人收取办卡费 20 元、保险费 12 元；再如，昆明世博园、昆明民族村、石林旅游风景区尚未执行《条例》第二十六条“向公众开放的公园、园林、旅游景点、风景名胜区、博物馆、美术馆、科技馆、纪念馆、烈士纪念建筑物、名人故居、公共图书馆、文化馆（站、宫），老年人持《老年人优待证》或者《离休证》免购门票进入；属个体私营的，应当为老年人提供门票价格优惠”之规定，仍在向部分老年人收费。

四是通过各级的不断投入和扶持，基层老年人协会得到了快速发展，但由于州县两级给的建设经费需在民政事业经费中统筹安排，协调困难大，导致经费保障难度大和发展不平衡的现象依然存在；部分地区还存在着重投入轻管理的现象，致使老年人协会功能较为弱化。

四、需加强的几点重点工作

（一）进一步加大《条例》的宣传力度，扎实抓好贯彻落实。当前和今后一段时期全省老龄工作的重点，就是进一步宣传好、贯彻好、执行好《条例》。充分利用各类传媒、采取多种手段，把老龄宣传工作与社会性、群众性活动有机地结合起来，全方位、多角度地大力宣传《条例》。协调相关部门加强对执行《条例》情况的督促检查力度，突出《条例》优待条款的落实，定期不定期地对落实情况进行通报；加强协调工作，广泛争取社会各界的支持，特别是政府补助经费的落实和有承担履行条款义务单位的支持，确保各项条款落到实处，切实维护好老年人合法权益；挖掘贯彻《条例》先进典型，强化正面宣传效果；加大对不落实《条例》人和事曝光力度，发挥法律法规的威胁力。增强全社会落实《条例》的自觉性。加强对《条例》宣传贯彻落实情况的调研工作，多发现、多反映、多报告、多建议执行中的困难和问题，提高《条例》落实的有效性。

（二）突出基层老龄工作重点，深入持久地开展“创建活动”和“百村建设”。自从开展“创建活动”和实施“百村建设”以来，基层老龄工作得到了较大的推进，基层老年群众组织得到了迅猛发展，各地涌现出许多先进典型和经验，下一步我们将认真挖掘，并逐步推广。建议将创建活动和百村建设的经费纳入各级财政统筹安排，尤其要纳入省级财政预算，以解决经费保障渠道不顺畅、落实不到位的问题，进一步激励基层老龄工作者的积极性、主动性和创造性；不断扩大基层老年人协会建设范围，增加建设数量，提高建设质量，注重规范化、制度化管理。

（三）认真总结，加强汇报，尽快立项，全面推广“163”试点经验，积极探索为老服务体系建设。从“163”计划试点情况看，该项工程是解决当前我省城市社区养老服务业发展滞后，促进社区和谐建设，推动社区基层老龄工作的有效途径，是一项深受社会关注、基层支持、老年群众欢迎的民心工程。调研中我们了解到，各地对实施“163”计划工程的热情非常高，特别是自今年4月省老龄办下发《关于做好实施“163”计划准备工作的通知》以来，各地党政领导极为重视，认识明确，及时做出安排部署，并明确提出要把做好“163”计划的推广与普及工作作为加强老龄工作，促进老龄事业又好又快发展的大事来抓，并投入了大量的财力、物力和人力，取得了较好的社会效果。但由于地方经济发展的制约，老年服务中心建设不全面、发展不平衡，有些功能无法得到正常发挥。建议省政府尽快立项，并将“163”计划建设经费纳入各级财政预算，为全省全面普及推广实施“163”计划提供政策依据和经费保障。

（四）加大督促检查力度，确保“十一五”规划的制定与落实。通过调研发现，各地在贯彻落实“十一五”规划中还不同程度地存在一些问题，下一步将加大对“十一五”规划贯彻落实情况的检查督促力度，确保规划目标任务的圆满完成，推动我省老龄事业的稳步健康发展。

（五）加强沟通交流，强化会商机制、联动机制，形成齐抓共管的良好局面。

贵州省

贵州人口老龄化进程及前瞻性研究

贵州省人口老龄化研究课题组

一、贵州人口老龄化进程及其特点

贵州人口老龄化进程一方面遵循着人口发展的自然规律，另一方面在国家“控制人口数量，提高人口素质”基本国策主导下，在流动人口数量和流动频率不断增加的情况下，于2000年以来加快了发展速度。

（一）贵州人口老龄化进程的主要历史阶段

建国以来，贵州人口老龄化进程主要经历三个阶段。

第一阶段：上世纪50年代到80年代，（1950—1990）贵州人口年龄结构总体年轻，人口老龄化进程变化基本平稳。

第二阶段：上世纪90年代（1991——2000），贵州人口老龄化初现萌芽，“分母影响”显出端倪。

第三阶段：新世纪以来（2001－2005），贵州人口老龄化在年龄结构类型和人口外出的双重影响下快速形成并高速发展。

（二）贵州人口老龄化进程的主要特征

1. 老龄人口增长速度前低后高，比总人口增长速度高出近一倍；

2. 老年比重陡然提高，老龄化发展速度超快；

3. 老龄化水平城乡倒置显著；

4. 人口老龄化“跨越式”到来，经济发展水平压力凸现；

5. 大量人口流出省外加快了贵州人口老龄化进程。

二、老龄人口结构状况

（一）老龄化程度及性别比地区分布差异较大。

（二）老龄人口年龄结构向中龄组扩展。

（三）老龄人口受教育程度低，高龄老人文盲占八成。

（四）婚姻状况稳定，七成老龄人口老有所伴。

（五）家庭养老总量扩大，增长率出现下降趋势。

（六）近八成老人基本健康，城乡差异明显可见。

（七）老龄人口生活来源家庭供养第一、劳动收入第二、社会来源第三，城乡差异较大。

1. 农村老龄人口的主要经济来源于家庭，城镇老龄人口的主要经济来源于养老金；

2. 老龄人口生活来源地区结构差异明显；

3. 老龄人口生活来源城乡比例大幅度超过总人口的城乡比例。

三、贵州人口老龄化发展趋势预测

（一）老龄人口总量预测

预测结果表明，贵州60岁以上老龄人口总量将在2008年左右突破500万人，2010年达到534万人；2014年左右突破600万人，2015年达到635万人。预测显示，以2000年为基期，以5年为一个比较时期，2000年—2020年老龄人口绝对数分别增加125万人、78万人、101万人、30万人；各时期老龄人口年均增长率分别为6.52%、3.21%、3.53%、0.92%。绝对数和年均增长率同时表明：2000年—2005年是贵州老龄人口增长的特别时期，凸现了抗日战争胜利之后人口补偿性生育的惯性规律（1945年出生的人口在2005年达到60岁）；与此相反，2015年—2020年老龄人口增长速度突现大幅下降，其正好反映了1960年前后我国三年自然灾害时期人口负增长的惯性规律（1960年出生的人口在2020年达到60岁）。

预测结果同时表明：未来15年，贵州低龄老人增长74.62%，中龄老人增长153.83%；高龄老人增长117.55%。其中2015年—2020年低龄老人负增长3.09%。

（二）老年系数预测

常住半年人口中方案预测数据表明：贵州“老年系数”在2010年达到13.31，比2005年增长1.07个百分点，2015年、2020年将达到15.89和16.14，分别比2005年增加3.65和3.90个百分点。

封闭人口和常住半年人口“老年系数”三个方案预测数据表明：

1. 在高、中、低三个方案中，老龄人口绝对数不变，常住半年总人口的变动均能拉动“老年系数”变化，高低之间最大拉动的影响能达1.41个百分点。

2. 三个方案预测值同时表明“老年系数”上升的总趋势，“十一五”期末“老年系数”将上升至13.31—13.87；“十二五”期末上升至15.12—16.08；“十三五”期末上升至15.11—16.52。

3. 封闭人口和常住半年人口“老年系数”的差距充分说明，贵州是人口净流出省份，净流出人口在贵州人口老龄化进程中起了推波助澜的作用。以中方案为例：如果没有人口流动的影响，封闭人口“老年系数”2010、2015、2020年分别为11.89、14.01和14.37，贵州人口在“十五”期末才勉强触及“老年系数”的老龄化门槛，“十一五”期末开始进入，“十二五”和“十三五”期间“老年系数”以较平稳的速度上升；常住半年人口在相同年份的“老年系数”分别为13.31、15.89、16.14，比封闭人口“老年系数”分别高出1.42、1.88、1.88。

4. 预测说明未来贵州“老年系数”或老龄化程度并不是一个固定的量化概念，但无论流动人口怎样变化，今后10年特别是“十二五”和“十三五”时期贵州人口老龄化程度和老龄化问题的典型化时期，也是为长远应对贵州老龄化问题打下基础的重要阶段。

四、对策建议

（一）集中精力抓好经济建设仍然是头等大事，从根本上应对“未富先老”的矛盾

1. 加大扶持老年产品力度，把培育老年产品市场纳入完善市场经济体系的总盘子。

2. 深化对人口省情新变化的认识，高度重视城乡老年设施的软硬件建设，把老年设施建设纳入国家和地方各级基础性建设规划中。

3. 在经济发展结构的调整中，运用政策扶持、税收扶持、信息和信贷扶持“三套车”，驱动物质形态和非物质形态老龄产业加速发展。

（二）把“老有所养”问题放在老龄工作的第一位，整合政府、社会、个人的养老资源，建立有地方特色的养老保障体系

1. 贵州是中央财政倾斜的重点省份，办任何重大的事情都离不开中央财政的支持。建议加强与中央有关部委的沟通，将贵州老年基础设施建设和老龄产业发展按照“五年计划，批次建设”的步骤立项，争取中央财政支持；各级政府将老年基础设施建设和老龄产业发展整体规划后，以每年必办的实事逐年量力实施一部分。

2. 加强政府老龄工作机构，适应现代老龄事业

发展要求。

3. 当务之急是改革养老保险制度，进一步扩大社会基本养老保险的覆盖面，并逐步缩小不同社会保险类型在待遇水平上的差距，以调动全民参保的积极性。

4. 倡议建立贵州省社会老年救济基金。

5. 在当前的社会保险范围开设“孝心保险”险种，由儿女为父母在进入老龄以后，在基本养老保险的基础上享受多一点的养老保险，可叫“孝心养老保险”。

（三）拓宽和创新构建社区养老服务平台的思路

1. 创建集生活、学习、生产、服务、管理为一体，开放式、半开放式、封闭式“综合性社区养老服务超级平台”。

2. 政府可以出台相应政策鼓励低龄老人在单位的安排下，自己兴办老龄企业或老龄事业性实体，政府对老龄人口自己兴办的老龄事业实体，可参照福利企业（单位）的政策给与特殊扶持和鼓励。

3. 在“综合性养老服务平台”工作人员劳动报酬问题上应多渠道、多形式解决。

（四）加强舆论宣传，普及老龄化社会有关知识，积极营造敬老、助老、养老的社会氛围

1. 将营造敬老、助老、养老的社会氛围作为宣传机构非盈利任务，及时宣传老年事业软硬件建设进展情况。

2. 所有公益事业场所和公益事业单位均应对老年人开展专门的宣传和服务。

3. 充分发挥“老年节”、“母亲节”、“父亲节”等法定或民俗节日的尊老爱老文化效应，在工、青、妇、少先队组织开展相应活动。

4. 在农村，搭载计划生育宣传平台，大力普及人口老龄化知识、宣传现代养老观念，宣传科学的老年保健常识。

5. 建议在中小学课程中：在计划生育基本国策课程中，应加入人口老龄化课程；在德育教育课程中，加入“敬老、助老、养老”教育课程。

6. 创新“老有所为”的理论含义，扩展“老有所为”的行为领域。

课题组成员：

程邦嘉　贵州省统计局

聂　江　贵州财经学院

李玉梅　贵州民族学院

程　聪　贵州电力职业教育学院

陈应芳　贵州省统计局

张忠阳　贵州省统计局

四川省

老龄工作委员会办公室关于第二轮省级敬老模范县（市、区）检查验收的情况报告

第二轮创建省级敬老模范县（市、区）活动从2005年开始，全省有107个县（市、区）申报参加。去年组织17个市老龄办主任交叉检查了37个县（市、区）的创模工作。今年上半年，省老龄工作委员会下发了《四川省第二轮创建敬老模范县（市、区）验收标准》和《四川省老龄工作委员会关于第二轮省级敬老模范县（市、区）检查验收、命名表彰工作的通知》。今年6月起，各县（市、区）组织自查，8月底，各市（州）老龄委复查后向省老龄委上报了69个县（市、区），并请求对其检查验收。

2007年9月19日至11月9日，由省委老干部局、省民政厅、省劳动和社会保障厅、省老龄办领导分别率领四个检查验收组，对上报的66个县（市、区）进行了检查验收。检查组抽查了300多个机关、司法单位、医院、中小学校、敬老院（老年公寓）、乡镇（街道）、社区（村）的老龄工作，查看了软、硬件建设。召开老年人座谈会60多次，听取老年人对创模的评价。石棉、道孚、九龙县因交通困难，省委托市（州）予以检查。现将情况报告如下：

一、党政主导，老龄工作实现跨越式发展

（一）领导重视，认识到位。参与创模活动的县（市、区）党委、政府高度重视，将创模活动纳入“十大惠民行动”，作为“民心工程”。射洪、筠连、通江、大竹、沐川等绝大部分县（市、区）党政一把手亲自作动员、主动抓创模。旺苍县委书记、县长多次听取老龄工作和创模汇报，协调有关单位出地、出资，县财政投入资金70万元，建成了松林坡老年活动中心。平昌县委书记刘谦祥带头宣传孝道文化，并作为考核干部执政实绩的重要内容之一。宣汉县委书记张礼忠在全县创模大会上直言：不重视老龄工作，不敬老，就是对中华民族传统美德的背叛。芦山县委书记何树平在全县创模大会上，要求各乡镇和县级部门把创模活动与履行职责结合起来。高县县委书记刘坪在创模动员大会上强调：对老龄事业不重视的领导，是一个不成熟的领导。长宁、犍为、岳池、南江等地党政一把手多次主持会议，研究老龄工作，协调

解决创模的具体问题。各县（市、区）老龄委成员单位主要领导，乡镇（街道）、村（社区）主要负责人主动挂帅，党政主导的方针在创模活动中处处体现。

（二）政策先行，措施得力。参与创模活动的县（市、区）政府加强了政策法规建设，结合实际，认真制定了《进一步加强老龄工作的意见》和《老龄事业发展“十一五”规划》，将老龄事业纳入经济社会发展总体规划。在创模工作中，一是建立健全了县（市、区）、乡镇（街道）、村（社区）三级老龄工作体系；二是将老龄工作纳入目标考核，确保工作落到实处；三是建立健全了《老龄工作岗位责任制度》和《空巢老人帮扶联系责任制》等配套制度，做到责任到人；四是将本地 60 岁以上老年人基本情况全部登记造册，实行微机动态管理，对 90 岁以上的高龄老人、特困老人等特殊对象还采取结队帮扶，跟踪回访等措施，给予优先优质服务。

（三）机构健全，精干高效。参加创模活动的县（市、区）都把配齐配强老龄工作队伍作为创模工作的重要内容。多数县（市、区）老龄办都配备了 2—3 个工作人员，并选派年轻干部做老龄工作。老龄办综合协调、参谋助手和督促检查的作用在创模活动中得到了充分发挥，创模县（市、区）老龄工作干部的协调能力、综合素质得到普遍提高，为今后加强老龄工作，发展老龄事业培养了干部队伍。多数受检县（市、区）的老龄工作经费达到了老年人人均 3 元，青川、武侯等县（区）的老龄工作经费达到老年人人均 4 元，有力地保障了创模工作的开展。

二、宣传教育，敬老养老助老之风吹遍天府

（一）多措并举，敬老宣传广覆盖。创模活动开展以来，各县（市、区）通过电视台、电台、报纸、网络、标语等媒体，宣传老龄工作、传递创模信息、褒扬敬老典型、展示老龄成果、维护老年人权益等，为创模活动营造了良好的舆论氛围。岳池县电视台在“岳池新闻”、“银城看台”的栏目中，编播敬老助老先进事迹，宣传孝道文化；金牛区有线电视的《新金牛》栏目，及时反映创模动态；宣汉县先后出动宣传车 50 余次，办板报 120 余期，张贴标语 1500 多幅，营造了创模氛围；内江市市中区在主要街道、交叉路口设立固定敬老标志 180 余处，《中华人民共和国老年人权益保障法》（以下简称《老年法》）宣传画张贴到村；利州区在创模过程中，宣传老龄工作 100 余次，书写敬老标语 200 余幅，办板报 500 多期，印发宣传资料 52000 份；沐川县在县城和交通干线设置固定敬老标语 80 幅。通过宣传，各地社会力量参与发展老龄事业、关心爱护老年人的积极性明显高涨。自贡市自流井区花派制衣公司免费为20多位孤寡老人量身定做服装；大竹县东湖国际酒店董事长黄英全主动为敬老活动赞助20万元等。关心、关爱老年人蔚然成风。

（二）特色鲜明，主题教育效果好。三年来，参加创模的县（市、区）将新型孝道文化纳入和谐文化建设之中。各地在创模工作中，特别加强了《老年法》等涉老法律法规的普及宣传和“敬老爱老助老”主题教育工作。在中学开展以法制宣传为主的敬老教育，在小学开展以爱老助老为主的感恩教育。邛崃市羊安镇中心小学、乐山市五通桥区实验小学通过“四个一”活动，即“说一句感恩话、为老人洗一次脚、送老人一件小礼物、帮老人做一件事”，既让学生树立起敬老爱老助老的意识，又教育了学生的家长。通江县将每年的 5 月份定为“《老年法》宣传月”，三年印发《老年法》宣传手册近 1 万册，组织讲座 200 场次。平昌县在全县开展“孝道文化建设”活动，营造了“孝敬光荣，不孝耻辱”的社会氛围。宜宾市翠屏区武庙街小学建立了《中层干部、党员孝亲敬老基本条件》和《教师敬老活动的基本要求》，率先垂范。多种形式的教育活动，使《老年法》和敬老教育普及率都达到了 90％以上。

（三）典型带动，孝亲敬老成新风。各地把“老龄工作先进单位”、“敬老模范村（社区）”、“孝亲敬老之星”评选表彰活动，与建立“和谐家庭”、“文明单位”及“和谐社区”等活动结合起来，利用身边事教育身边人。犍为县委、县政府要求集体收看中央电视台《焦点访谈》播放万映贵敬老、养老、助老的感人事迹；号召全县人民向 20 多年如一日精心奉养百岁五保老人的陈树云学习。营山县委、县政府号召全县青少年向 12 年来边上学，边照顾瘫痪母亲生活的唐俊学习，报达父母的养育之恩。筠连县大力宣传“全国老有所为奖”获得者韦兰光、市级“孝亲敬老之星”谢明生的感人事迹，增强了全民的敬老养老意识。

三、加大投入，为老服务设施建设迈上新台阶

创模活动就是让老年人共享经济社会发展成果。投入是实现共享的根本保证。加大老龄事业投入已在创建单位中形成共识。

（一）敬老院建设成为新亮点。高县利用国有闲置资产，改扩建为等级敬老院。2006 年，投入建设资金 260 万元，利用闲置房屋 7000 多平方米，新建敬老院 5 个，改扩建敬老院 5 个，使五保集中供养率达到 45％。龙泉驿区将敬老养老中心建设纳入“惠民行动”，投资 2000 多万元修建全省规模最大、拥有 3000 张床位的敬老养老中心，今年年底一期工程将竣工并投入使用。新都区先后投入 3200 多万元对 22

所敬老院进行了改、扩、新建，建设面积30000多平方米，床位数达到2735张，可以实现100%集中供养。金川县先后投入300多万元修建了4所敬老院，五保集中供养率达到了31%。2007年，创模县（市、区）敬老院建设的数量和质量均突破了历史纪录，五保老人集中供养率创造了历史新高。

（二）老年活动场所建设出现新气象。政府投资修建的老年活动场所，是创模活动中最受老年人称赞的一件事。利州区先后投入2540余万元发展老龄事业，加强基础设施建设，每个乡镇、社区都建有100平方米的老年活动室。金牛区街道、社区建有老年活动中心（室）138处，共计19680平方米，健身路径190条。成华区投资3100多万元，修建了3150平方米的老年活动中心。高县投入560万元，修建了功能齐备的县老年活动中心，并于今年3月投入使用。营山县投资200多万元，修建了2500平方米的老年活动中心。米易县投入128万元建成1382平方米的活动中心，满足了老年人多年的期盼。

（三）老年大学建设有了新提升。通过开展创模活动，老年大学（学校）教学设备、办学条件得到了不同程度的改善。阿坝州第一所老年大学2005年在金川县成立。沐川县投入1200多万元建成了文体活动中心大楼，无偿划拨近300平方米供老年大学使用，有关部门还为老年大学配备了教学器材、室外音响设备等。宣汉县投入150多万元，重新为老年大学购置办学场所和添置教学用品。苍溪县老年大学在县政府的大力支持下，将2000多平方米的教学场地合理利用，开设了声乐、书画、时政、保健等10余门课程，深受老年人的欢迎。什邡市将原民政局办公大楼划拨给市老年大学，市财政投入近100万元进行装修和添置教学及办公设备。青羊区老年大学在教学管理中引入“人本”理念，积极开发二、三课堂，将老年教育延伸到街道、社区，专业班扩展到55个。南充市高坪区、武胜县、华蓥市老年大学都是在创模活动中诞生的。老有所学成为老年人追求的时尚。

四、保障到位，老年人共享经济社会发展成果创新高

（一）权益维护，形成网络。参加创模活动的县（市、区）在把《老年法》纳入“五五”普法的同时，重点完善了三级法律援助网络，实现老年人维权服务网络化和制度化。司法系统法律援助，采取老年人维权求助信息优先处理、法律咨询优先解答、矛盾纠纷优先调解、法律援助案件优先受案的原则为老年人维权。泸县给老年人发放“司法援助卡”，3年来向老年人提供法律咨询970起，提供法律援助15起。元坝区在落实《老年法》、《四川省老年人合法权益保护条例》和《四川省优待老年人规定》的同时，结合实际出台配套政策，涉老纠纷受理及执行率为100%。夹江县制定了《夹江县老年法律援助实施办法》，开通了2条老年维权热线，县财政拨专款5万元，建立司法救助基金，主要用于涉老案件的司法援助。青川县强化了法律宣传、监督检查、法律援助等六项工作，成立县老年人法律援助中心，先后为老年人提供法律咨询和援助服务780多次，为特困老人减免诉讼、代理等费用5.8万元。各创模县（市、区）认真落实省政府优待老年人规定，减免老年人入厕费、进入国家名胜风景区、纪念馆的门票。医院、车站等公共服务窗口，普遍张贴了优先、优惠老年人的告示。

（二）养老保障，快速推进。一是全面落实了离退休人员待遇，优先保障离退休人员养老及其他费用按时足额发放，实现社会化发放率100%。二是基本养老保险基金扩面征缴均超额完成上级下达的年度目标任务。纳溪区采取多管齐下狠抓扩面征缴工作。今年8月底，全区养老保险参保人数达16463人，比去年同期增加1134人，增长7%；养老保险基金收入3168万元，较去年同期增加676万元，增长27%；养老保险费支出比去年同期增加797万元，增长44%。三是优先将符合条件的城乡贫困老人全部纳入低保范围，做到应保尽保，低保补差均超过城市76元、农村19元的月补差标准。荣县于2005年启动了农村低保工作，仅今年就支出农村低保金达350万元，月人均补差超过20元。四是认真落实五保老人的供养待遇，供养标准年平超过1200元，绝大多数创模县（市、区）集中供养率超过20%。内江市市中区集中供养五保老人每人每年供养标准达到2760元，使五保老人的生活质量进一步提高。五是加大了城市福利设施建设，城市“三无”老人得到妥善安置。宣汉县今年投资2100多万元，修建了一所建筑面积26400多平方米的社会救助福利服务中心，一期工程已完工，30名城镇“三无”老人已正式入住。六是给高龄老人建立了补贴制度。百岁老人每月100元长寿补贴金按时足额发放，69个创模县（市、区）中有21个提高了标准，金牛区、成华区达到每人每月330元；69个创模县（市、区）中有16个建立了给90岁—99岁老人发放长寿补贴金制度，最高的达到每人每月100元。七是对特困老人，建立起多种救助制度，予以重点保障。筠连县委、县政府制定了《关于推进城乡社会救助体系建设的意见》。高县从2005年开始，每年修建100套廉租房，特困老人免费入住。八是不断探索和完善新形势下为老服务保障机制。金牛区制定了《金牛区社区敬老服务量化标准》，将生活困难的孤寡和高龄空巢老人提供居家养老服务纳入了“惠民行动”。成华区成立“彩霞助老服务社”，通过政府购买服务的形式安排失业人员到特困老人家中从事养老服务，实现了“一种岗位，两种关爱”。武侯区财政每年拿出200万元专项资金用于老年人居家养老服务，还建立了呼救应急系统和市场化管理的为老服务中心。

（三）医疗保障，高效及时。一是各地都落实了离退休人员医疗保障政策，对离退休人员的医疗费按照规定给予及时报销，无拖欠行为。二是普遍建立起了县（市、区）、乡镇（街道）、村（社区）三级医疗保障服务网络，乡镇卫生院建设已基本实现全覆盖。青羊区现有布局合理的大小医疗机构103个，医疗保障网络全面建立，2006年5月出台了《青羊区医疗救助服务实施办法》，对特困老年人看病就医产生的费用由区财政统一报销，对70岁以上的老年人在分类救助享受补差的基础上，将每人每年100元的门诊补助费提高到500元。三是普遍开通了特困、高龄老人“绿色救助通道”。什邡市创新思路，民政局与市第二人民医院联办市福利院，给入住老年人适时提供健康咨询、医疗保健和医疗救助，产生了良好的社会效应。珙县制定了《珙县农村(城市)医疗救助管理(暂行)办法》，今年1—9月共支付农村医疗救助金49.77万元，城市医疗救助金56万元，共救助特困老人1978人。苍溪县出台了《苍溪县特困医疗救助暂行办法》，对城乡低保老人的医疗救助不限病种，五保对象的住院费和门诊费给予全额报销。四是各地认真推广农村新型合作医疗制度，老年人参合率平均在90%以上。69个创模县(市、区)政府为农村五保、低保老人个人缴费埋单。2007年，宣汉县政府投入36.13万元，将7672名五保老人、1.2万名低保老人全部免费纳入农村新型合作医疗。元坝区每年划拨专项资金，为710名农村特困老人缴纳新型合作医疗保险费。

五、老有所乐，老年文体活动异彩纷呈

（一）老年文体活动有序开展。参与创模活动的县（市、区），坚持政府搭台、老人娱乐、健身益智、和谐社会的管理理念开展老年文体活动。老年腰鼓队、秧歌队、舞蹈健身队和器乐队已成为群众文化活动的主力军，天天活跃在城乡的广场、舞台和运动场上。老年人已经成为广场文化的参与者和推动者。形式多样、健康有益的老年文体活动，既丰富了老年人的精神生活，增强了身心健康，又促进了和谐社会建设。

（二）老年群众组织建设形势喜人。通过创模活动的开展，进一步规范和加强了老年群众组织建设，基层老年人协会、老年人体育协会、老科技工作者协会和书画协会建设出现了可喜的局面。基层老年人协会建设按照新的“六条标准”，制定和完善《学习制度》、《财务管理制度》和《会议制度》等，为化解矛盾、维护老年人权益发挥了应有的作用。老年人体育协会充分发挥自我管理、自我教育、自我娱乐的作用，有效地提高了老年人的健康水平。老科技工作者协会积极发挥人才优势，为经济发展服务。乐山市市中区有老年人协会（分会）211个，会员27950人，建立健全了各项制度，积极开展多种健康有益的活动，不仅丰富了老年人的文化生活，提升了老有所乐的品位，还促进了城乡精神文明、政治文明建设。

六、老有所为，老年人发挥余热激情高

创模活动为老年人带来了实惠，也为老年人继续发挥余热提供了平台。通过创模，形成了一个“和谐社会老年人共享，建设和谐老年人参与”的互动局面。金川县各级老年人协会先后整理收集嘉绒锅庄120余首、民间山歌350余首、谚语250余条、民间故事60余个。什邡市有60多位老年人志愿担任监督员、宣传员、信息员，100多名老年人从事治安协管员，154名老年人参加关心下一代工作，为维护社会稳定、构建和谐社会、促进什邡的经济发展，做了大量的工作。

全省创建级敬老模范县（市、区）的活动，极大地调动了党政领导和广大群众参与老龄工作的积极性，有力地推动了老龄事业的快速发展。参与创模的县（市、区）老龄工作机构更加健全，为老服务设施更加完善，社区为老服务形式更加多样，老年人得到社会的优待更多，尊敬老年人的社会风气更加浓厚。这些县（市、区）已成为全省老龄工作的样板。

宁夏回族自治区

宁夏区直机关离退休干部职工开展健身活动情况调查报告

岳秀霞

一、全区老年人健身活动开展情况

近几年，我区老年体育工作认真贯彻“党政主导、社会参与、全民关怀”的老龄工作方针和“促进城市、发展农村、重在基层、面向全体”的老年体育工作方针，进一步加强了老年体育组织建设，完善老年人体育组织网络，推行“广场体育”，积极引导老年人参与健康文明的文化娱乐活动，老年体育工作取得了明显成效。目前全区有16个市、县（市、区）及区直机关，都已建立了老年人体育协会，每年都组织不同类型的适合老年人参加的体育健身活动，如：门球、台球、乒乓球、太极拳等，营造了积极健康向上的良好体育活动氛围。基本做到了组织机构健全、开展活动经常。老年体育已成为群众体育的重要组成部分，老年人也成为社区体育活动的主力军。

但区直机关离退休干部职工健身活动开展的并不尽如人意。

二、区直机关离退休干部职工健身活动存在的问题

从调研的情况来看，区直机关离退休干部职工健身活动主要存在以下问题：

（一）区直机关离退休干部职工不论是行政关系还是党组织关系都留在本单位，没有像企业职工那样移交到社区，实行社会化管理，社区无法组织这些人参加活动。这些人从心理上也没有完成由单位人向社会人的转换，对社区缺少认同感和归属感，不愿参加社区组织的活动。

（二）区直机关尽管都设有老干部处，但由于经费紧张，离退休干部居住又很分散，组织活动十分不易。尽管许多单位都有老干部活动室，但是由于种种原因，大部分人离退休后不愿意到机关去活动。一是怕给机关添麻烦，二是怕讨人嫌。

（三）目前我区老年人体育健身活动场地短缺，无法满足广大老年人活动的需求。一些规模较大的体育场馆实行有偿服务，没有落实对老年人的优惠政策，致使许多老年人被拒之门外。即使是在中山公园、宁园这样的场所，老人们也常常是今天在这个地方活动，明天到另一个地方活动，以便给其他的老年群众组织提供方便，形成了老人们“追求健康有热情，缺少场地受制约，老人无奈打游击”，“夏天找荫凉、冬天找太阳、雨天无处去”的尴尬局面。

（四）区直机关老年健身活动缺乏统一的组织和管理，老干部局、老龄办、老年体协协作不够，再加上活动经费短缺以及老年人的身体状况限制，都不愿牵头搞大规模的活动。

三、建议

（一）改变目前机关离退休干部职工管理体制，将党组织关系转到社区，为实行社会化管理创造条件。社区可以组织党员学习，开展各项活动。在参与社区各项活动的过程中，进一步强化机关离退休干部职工对社区的认同感和归属感，完成由单位人向社会人的转换。

（二）现有的体育场馆、老干部活动中心应向社会老年人开放，实行免费或优惠服务。新建、改建和扩建一批老年人活动场所，逐步形成以社区健身活动场所为依托、以现有体育场馆为补充、以基层老年文体活动组织为骨干的老年体育活动网络，为老年人体育健身、文化娱乐活动提供一个宽松的环境。

（三）加强对社区“星光老年之家”的投入和管理。建立长效管理机制，制定有效的管理制度，充分发挥社区老年人协会的作用，增加活动内容，增添活动器材，形成全民健身的社会氛围。

（四）自治区体育局、老龄办、老年体协要加强协作，自治区财政厅应加大对老年人体育健身活动的资金投入，并将其列入财政预算予以保障。自治区体育彩票收益金中应安排一部分资金，用于老年体育健身活动的开展。

（五）区直机关老年体育协会应加强对区直各机关离退休干部职工开展健身活动的指导，制定计划，并将其纳入各部门工作考核内容监督实施。

关于我区民办养老服务机构情况调研报告（摘要）

岳秀霞

民办养老机构是我国养老服务体系的重要组成部分，对于妥善解决我国人口老龄化问题具有十分积极的作用。为了了解掌握我区民办养老服务机构情况，落实自治区人民政府办公厅转发自治区老龄办等部门《关于加快发展养老服务业的意见》精神，2007年7月30日，自治区老龄办组成调研组，对我区民办养老服务机构情况进行了调研。

调研报告从我区民办养老服务机构的基本情况着手，从4个方面研究了我区民办养老服务机构的现状，分析了我区民办养老服务机构存在的问题及原因，提出了5项解决问题的意见和建议。

新疆维吾尔自治区

新疆维吾尔自治区执行《优待老年人规定》工作情况的调研报告（摘要）

赵清杰

一、主要成绩和经验

（一）各地党政高度重视，认识到位，是执行好《优待老年人规定》（以下简称《优待规定》）的关键

《优待规定》颁布实施后，各地党政把落实《优待规定》作为维护老年人合法权益的重要工作来抓，召开专题会议研究部署，高度重视《优待规定》的贯彻落实，真正为广大老年人谋利益。各有关部门把落实《优待规定》列入坚持以人为本、关注民生、构建和谐社会的实事来努力办好，取得了显著成绩。乌鲁木齐市委、政府在《优待规定》实施前，先后召开四次会议，组织各区（县）老龄办主任、有关部门负责人学习《优待规定》及配套文件，对有关问题进行解释说明，要求各承担优待义务主体积极履行义务，对办理老年人优待证工作提出了具体要求，使该市作为全区承担对老年人优惠优待任务最繁重的城市，率先给老年人办理了优待证，让老年人及时享受到了优待政策，在全区执行《优待规定》工作中起到了典型示范作用。和田地区下发了《和田地区老年人优待证发放管理实施意见》，在《优待规定》实施前就要求地区老龄办向所辖7县1市发放老年人基本情况调查统计表，并制作了老年人优待证办证申请登记表，地区老龄办还举办了由各县市老龄办负责人参加的老年人优待证发放管理培训班，并与各县市老龄办负责人签订了老年人优待证发放管理责任书。乌鲁木齐市、昌吉州等地将贯彻落实《优待规定》纳入党政工作综合目标管理考核，执行《优待规定》的力度进一步加大。阿克苏市、哈密市、塔城市政府针对老年人免费乘车给公交公司增加营运成本的实际情况，决定由市财政给予公交公司一定的财政补贴，以减轻公交公司的运营负担。乌鲁木齐市、克拉玛依市等地在全面执行《优待规定》的基础上，又制定了适用于本行政区域的优待老年人补充规定，对老年人的优惠优待服务范围更广、标准更高。

（二）加强宣传教育，为执行《优待规定》营造良好的社会氛围，是落实《优待规定》的基础

在执行《优待规定》的过程中，各地加大宣传教育工作力度，提高全社会为老年人提供优惠优待服务的思想意识，增强全社会做好优待老年人工作的自觉性。《优待规定》实施后，自治区老龄办先后五次做客新疆人民广播电台“新广行风热线”节目，并通过《新疆日报》、《新疆经济报》、《老年康乐报》等媒体，广泛宣传《优待规定》及配套政策，解答老年人关心的热点问题。各地也充分利用广播、电视、报纸等新闻媒体开展宣传工作。浓厚的宣传氛围，使各级老龄办增强了责任感、承担优待义务的主体及享受优惠优待服务的老年人明确了各自的权利义务，为《优待规定》的顺利执行奠定了良好的思想认识基础。

（三）各级老龄办和承担优待义务的主体齐抓共管，认真履行职责，努力为优待老年人工作创造条件，是落实《优待规定》的重要保障

《优待规定》实施后，首要工作就是办理老年人优待证。各级老龄办认真履行职责，扎实做好老年人优待证的发放管理工作，严格按照《优待规定》、《新疆维吾尔自治区老年人优待证发放管理暂行办法》和《关于户籍不在本行政区域内的老年人如何办理老年人优待证有关问题的通知》办理老年人优待证。各级老龄办还积极履行协调职责，督促承担优待义务的主体制定落实《优待规定》的实施意见，使执行《优待规定》有了易于操作的依据。在做好发放老年人优待证和协调工作的同时，各级老龄办根据《优待规定》赋予的权利，加大对优待老年人工作的检查力度，对《优待规定》执行过程中反映比较突出的免费乘坐市内公交车、免费使用收费的公厕、老年人优待证的使用等情况进行明察暗访，发现问题，解决问题。在此基础上，各级老龄办坚持开展评选表彰贯彻落实《优待规定》先进集体和先进个人活动，及时总结推广经验，树立典型，有利地推动了《优待规定》的贯彻落实。

自治区召开贯彻落实《优待规定》工作会议后，自治区司法、文化（文物）、卫生、交通、建设、旅游、体育、邮政等八个厅局，高度重视，按照责任分工，围绕本部门行业承担优待义务的内容，分别制定办法或发出通知，要求所属单位行业，认真履行《优待规定》确定的相关优待义务。各承担优待义务主体努力开展对老年人的优待工作，为执行《优待规定》创造了先决条件。

二、存在的主要问题

（一）关于各级老龄办人员编制少和老龄事业经费不足的问题

老龄工作的重点在基层，随着老年人口数量的逐年增加，老龄工作任务的日趋繁重，全区大部分县市老龄办工作人员编制偏少，开展工作基本上是综合办公，有些县市的工作只是维持现状，无法开展有效性的工作，更无从谈论工作的开拓创新。随着优待老年人工作的不断深入，县市老龄机构人员少已成为一个迫在眉睫的问题，需要加以解决。

由于全区多数县市财政比较困难，老龄事业经费没有形成制度化的投入机制，在执行《优待规定》过程中，除一部分县市配有自动化办公设备以外，多数县市老龄机构的办公条件较差，致使老年人优待证的发放仍存在人工填写的情况，有些县市即使使用了计

算机办证，也只不过是计算机打印而已，没有实现真正意义上的计算机联网办证，给办证过程中人为造假、涂改等问题留下了隐患，既影响了老年人优待证的效果，又影响了《优待规定》的严肃性。由于受经费不足的限制，全区大多数县市老龄办没有交通工具，致使深入基层开展对优待老年人等工作的督导检查困难重重，不易落实。

（二）关于对承担优待义务主体的财政补贴问题

在执行老年人免费乘坐市内公交车的优待政策时，由于全区只有地州所在地的城市和少数县有城市公交车，其他大多数县城没有公交车，只有运管部门管理的由私营业主租用线路经营的线路车，这类车辆在承担了对老年人免费乘车优待义务后，既没有资格享受城市公交车的财政补贴政策，也没有得到减免养路费等相关费用的优惠，权利义务不对等，执行难度大。由于对承担了老年人免费乘车义务的公交企业的财政补贴政策还不到位，造成个别县市在执行老年人免费乘坐市内公交车政策时，实行地域封锁，只对本行政区域内的老年人执行这一政策，对外地老年人不执行此政策，违反了老年人优待证在全区“一证通原则”。

在执行老年人免费使用收费的公厕政策时，全区各县市由公共财政投资兴建并由环卫部门直管的公厕落实到位。但目前县市公厕大多数是个人承建或买断，用水属商业性质，经营者多为老弱病残等弱势群体，除个别县市对执行这一政策的主体给予一定的财政补贴外，多数主体没有享受到优惠政策，执行这一政策大多靠行政强制手段，困难很多。

（三）关于老年人补办优待证和兵团老年人办理优待证的费用承担问题

在老年人优待证的使用过程中，由于一些老年人对优待证疏于履行谨慎保管义务，使老年人优待证的遗失和损坏情况较为严重。大多数县市在补办证件时没有收取证件工本费，但也有一些县市在补办证件时收取了一定费用。对于老年人补办优待证的证件工本费问题，全区各县市普遍认为收取一定的证件工本费比较合理。

在兵团老年人办理老年人优待证的证件工本费负担问题上，各地的做法不尽相同。有的是兵团老年人所在的县（市区）财政承担，有的是兵团老年人所在地的兵团单位财政承担。各地普遍要求兵团老年人的优待证证件工本费应由兵团单位财政承担。

（四）关于在执行《优待规定》过程中，承担优待义务的主体和享受优待服务的老年人存在的问题

个别承担优待义务的主体存在对持证老年人拒绝提供优惠优待服务或服务态度不好的问题，伤害了老年人的自尊；另外，部分承担优待义务的主体没有在明显位置设置优先优待为老服务标志。

大多数老年人在享受优惠优待服务的同时，能履行自己应尽的义务，但也有一些老年人在使用老年人优待证时存在转借冒用、拒绝承担优待义务主体查验证件、不能避开在职人员上下班，学生上下课等人流高峰期、短距离反复乘车，造成公共资源不能合理利用、乘坐公交车违规带宠物等问题。

另外，老年人在享受免费乘坐公交车的优待政策时，绝大多数人没有购买人身意外伤害保险，致使发生事故后，公交企业还要承担损害赔偿责任，不符合社会公平理念原则。

三、几点建议

（一）鉴于目前我区人口老龄化日趋加重、老龄工作任务日益繁重的形势，而各级老龄办人员编制少、老龄事业经费不到位的实际情况，根据《中华人民共和国老年人权益保障法》、《新疆维吾尔自治区保护老年人合法权益条例》、《优待规定》等法规政策的要求，建议自治区人民政府进一步明确老龄机构的职能任务，适当增加各级老龄办人员编制，建立明确的经费保障机制，解决老龄机构面临的现实困难，以有利于《优待规定》等老龄法规政策的贯彻落实，提高老龄工作的整体水平，从而适应人口老龄化的发展需要。

（二）针对在执行《优待规定》过程中为老年人承担了免费乘坐市内公交车、免费使用收费的公厕等优待服务的义务主体，根据国家建设部、发展改革委、科技部、公安部、财政部、国土资源部《关于优先发展城市公共交通的意见》的精神，建议自治区人民政府出台明确的补贴政策，要求各地对城市公交企业、县城民营私营线路车对老年人等特殊群体实行免费或优惠乘车而增加的支出，给予相应的补偿。

（三）由于多数县市财政较困难，老年人优待证全部免费发放，增加了老龄办的工作难度，一方面是老年人要办证，另一方面是老龄办经费不足无法足额购证，从自治区人民政府办公厅印刷厂提供的统计数字来看，目前各地州市尚欠老年人优待证工本费 20 多万元；再则，免费办理老年人优待证使一些老年人疏于对优待证的保管，经常发生丢失、人为损坏证件等现象，老年人补办证件的情况比较多，增加了经费支出。对此问题，建议对遗失、损坏老年人优待证等需要补办老年人优待证的老年人收取一定的证件工本费，以缓解基层办理老年人优待证费用紧张的矛盾，也有利于提高老年人谨慎保管优待证的自觉性。另

外，考虑到地方财力确实有限、兵团又是一级独立的财政核算单位以及各县市普遍要求兵团老年人办理老年人优待证费用由兵团单位财政支付等因素，建议兵团老年人办理老年人优待证证件工本费用由兵团各级财政承担。

（四）针对承担优待义务主体履行优待义务时和老年人使用优待证中存在的问题，各级老龄办要进一步加强对《优待规定》的宣传教育工作力度，使承担优待义务的主体和老年人明确各自的权利和义务，进一步加大对执行《优待规定》的检查力度，督促承担优待义务的主体和老年人正确履行义务、享受权利。同时，积极开展执行《优待规定》创先评优活动，为老年人谋利益，为构建和谐社会做贡献。

（五）由于老年人免费乘坐市内公交车人身意外伤害保险属于非法定强制推行的险种，老年人的投保率很低。老年人之所以对人身意外伤害险态度漠然，主要是心存侥幸，认为没有必要购买保险去化解风险，再加上事故赔偿责任由公交公司承担的心理，让老年人难以产生投保意愿。正因如此，各地老年人免费乘坐市内公交车发生的人身意外伤害赔偿，最后都不得不由公交企业赔偿损失，给公交企业带来沉重负担。鉴于上述情况，推行老年人免费乘坐市内公交车人身意外伤害保险势在必行。建议老年人在办理老年人优待证的同时，必须购买乘坐市内公交车人身意外伤害保险，从而保障老年人的乘车安全并减轻公交企业的经济负担。

新疆养老机构发展现状、问题及对策（摘要）

李永萍　宋德全

新疆养老机构历经多年发展，数量和类型不断增多，服务内容不断扩展，在促进社会安定和谐、为各族老年人安享晚年生活、解决部分老年人的实际困难等方面发挥了积极的作用。

一、加快发展养老机构的重要性和必要性

一是人口老龄化加快，老年人数量增长，“空巢”老人数量增多，对养老机构的需求加大。

二是传统观念的转变对养老机构需求增多。

三是家庭结构变化对养老机构需求增加。

四是健全、完善的养老机构服务体系是和谐社会的组成部分。

二、基本情况

经过多年的发展，新疆养老机构目前已经形成了以国有养老机构为主体，私有养老机构为重要补充并快速发展的模式。基本情况可以概括如下：

（一）机构性质

近些年，我区养老机构的构成已经出现了一定的变化，改变了养老机构由政府主办、主管的单一格局。形成了以国有养老机构为主、民办养老机构为辅的格局。

（二）数量及分布

新疆现有各类养老机构511家，床位数15920张，老年人拥有床位数比例为8.55‰。各类养老机构现有入住人数10305人，平均入住率为64.73%。我区的养老机构大多数分布在农村，主要为农村敬老院。全区共有敬老院395家。全区城镇养老机构116家，其中社会福利院有32所，老年公寓39个，城镇敬老院23个，城镇养老院8个，老年护理院5个，其他类型养老机构9个。

（三）基础设施

经过各级政府和社会各界的共同努力，全区养老机构基础设施具备了一定的规模。以全区现有养老机构的平均水平计算，每个养老机构的建筑面积为1093平方米，活动场所面积为585平方米，院落面积为8036平方米，平均每个养老机构基础设施投资为投人63.5万元。

（四）工作人员

全区各类养老机构中共有工作人员2867名、医护人员165名、护理人员471名。入住老年人平均每100人拥有工作人员7.95人、医护人员1.60人、护理人员4.57人。

三、新疆养老机构发展现状

目前基本形成了纵贯地州市、县、乡的不同性质类型、不同规模、功能各异、经营方式多样的养老机构体系。

（一）农村敬老院现状

1. 基础设施条件得到改善，供养标准差异明显。

“十一五”期间，新疆通过实施“关爱工程”，新建、改扩建敬老院，使全区敬老院基础设施得到了较大的改善。各地农村敬老院供养标准与各地社会经济条件有密切的联系，供养标准在南北疆之间的差距也很突出，北疆的供养标准普遍高于南疆。

2. 资源利用率不高，提供服务项目单一。

在一些没有纳入改扩建的敬老院里，还存在着入住率低、床位长期闲置、资源浪费的现象。敬老院主要是为“五保”对象提供日常的生活供养和照料，其他的服务项目开展的较少、内容简单。

3. 医护人员数量少，医疗条件差。

各地养老机构的医护人员、护理人员主要集中在社会福利院、老年公寓等一些城镇养老机构中，敬老院的医护人员数量很少。

4. 费税改革后“五保”老人集中供养资金多样化。

2003年税费改革以后，农村敬老院的资金来源由过去的“三提五统”改变为财政转移支付，农村“五保”供养资金列入各级财政预算科目，专项管理，专款专用，确保供养资金用于“五保”供养。

（二）城镇养老机构现状

1. 国有养老机构

(1) 基础设施齐全，管理规范，入住率较高。

(2) 工作人员整体素质较高，工作队伍相对稳定。

(3) 入住对象范围逐步扩大，经济条件有所改善。

2. 民办养老机构

(1) 民办养老机构正处于发展阶段。我区民办养老机构从无到有、从小到大，在近些年快速增长，数量稳步增加。调查显示，目前全区共有民办养老机构42家，占城镇养老机构总数的36.2%。

(2) 基础设施差，经费投入短缺。由于民办养老机构是社会力量兴办的，在资金、技术等方面或多或少的会存在一定的困难，大多数机构都存在经费不足、投入欠缺、基础设施条件差等现象。

(3) 管理经验少，专业技能低，缺乏长远的发展规划。目前，我区大多数民办老年公寓的规模很小，属于家庭作坊式的养老机构。一些老年公寓根本没有发展目标和发展规划。其中的护理人员也不稳定，严重缺乏专业护理知识，服务水平很低。

(4) 四是经营状况不佳，经济效益低。这些老年公寓基本上都不赢利，只能维持保本的状态，一些长期亏损，只有一部分能够保持微利。根据调查统计，在42家民办老年公寓中，经营状况良好占19%，保本占67%，差和亏损占14%。

(5) 民办养老机构的管理不规范，监管力度不够。由于民政、工商等部门主要是对民办养老机构进行履行资格认证和审查，不对其进行日常的业务指导和管理。民办养老机构在实际运营中没有统一规范的的管理制度，也缺乏职能部门的有效监管。

四、当前我区养老机构存在的主要问题

虽然我区各类养老机构有一定程度的发展，但受经济条件等多种因素的影响，目前养老机构在发展过程中还存在一些问题，主要表现在：

（一）农村敬老院点多分散、不利于管理和集中供养

现有的敬老院绝大多数建在乡（镇）、村里，由于高度分散、地处偏远，入住老年人在就医、参加文化娱乐活动等方面都很不方便，当地政府和民政部门的管理也有一定的难度。

（二）国有养老机构体制、机制不活，服务成本偏高，经济效益低

国有养老机构虽然条件较好、入住率较高，但经济效益始终不高，其中的主要原因在于国有养老机构的体制不活。其次，国有养老机构的经营权与经营责任不相适应。另外，国有养老机构还存在机构臃肿，服务成本过高，服务质量和效益不高，没有竞争压力，造成了目前的投资大、经济效益低的现象。

（三）民办养老机构数量少，发展不平衡

全区有42家民办养老机构，都集中于发展民办养老机构条件较好的乌鲁木齐市、昌吉市、伊宁市三个城市，占到了全区民办养老机构总数的77%，而在吐鲁番、阿克苏、和田、塔城、阿勒泰等地区，由于经济相对落后，缺乏相应条件，目前还没有民办性质的养老机构。

（四）医护人员数量少，队伍不稳定

目前，全区养老机构中的医护人员和护理人员数量严重不足，人均拥有量低，平均每100名入住老人拥有医护人员仅为1.6人，拥有护理人员4.5人。有些养老机构由于受到条件的限制，工作人员只能既当管理人员又当护理人员，身兼数职，劳动强度大、工资待遇低、工作环境差，社会上还存在着对养老服务人员的偏见，导致养老机构工作人员队伍不稳定。

（五）个性化服务项目少，服务内容单一

目前，我区大部分国有养老机构因其机构本身的性质定位和软硬件所限，大多数只能给入住老人提供最基本的养老服务，医疗保健、文化娱乐等其他方面的服务内容很少。而能为老年人提供个性化、高质量生活环境的老年公寓、老年小区等功能各异、各具特色的其他类型的养老机构的数量却又很少，分布不均匀。

（六）缺乏政策扶持，经营状况不容乐观

各地对民办养老机构的扶持不够，运营成本很高。大部分民办养老机构的经营状况不佳，经济效益差，一些规模较小的老年公寓甚至是在负债经营，根本无力再发展扩大。

五、发展我区养老机构的对策建议

（一）有关部门应加快制定相配套的优惠政策，推动社会兴办养老服务机构快速发展，以适应当前社

会及老年人需求。

各级政府和相关职能部门要严格落实《关于加快发展养老服务业的意见》(新政办发〔2006〕157号)文件精神。认真落实国家对养老服务机构的有关优惠政策,各地、各有关部门要相互协调,各负其责,切实抓好现有各项优惠政策的落实。把发展民办养老机构列入当地老龄事业发展第十一个五年规划,充分调动社会力量开办养老机构的积极性,促进我区养老服务业的发展。

(二)对国有养老机构进行改革,创新管理机制

当前可以对部分国有养老机构试行改革,采取管理权、所有权分离,经营效益和个人经济收入挂钩等措施,转变经营理念,引入竞争机制,实行管理人员和工作人员的聘用制度等,以促进国有养老机构有效提高管理水平和服务质量。

(三)规范养老机构,加强管理

一是对各类养老服务机构名称的规范。二是对养老机构实施分类登记管理,便于加强管理。三是严格按照《社会福利机构管理暂行办法》对现有各类养老机构进行资格审查。四是建立健全各项规章制度和服务标准。五是定期对社会福利机构的工作进行年度检查,给予指导。六是对养老服务机构按基础设施、服务内容、收费标准等项目进行星级评定。

(四)提高工作人员的综合素质

要在具备条件的大中院校设置老年人护理专业,培养专业人才,在各地的劳动就业培训中增加养老机构护理知识等方面的培训内容,并要针对不同老年人群体制定不同培训内容,统一教学,统一考核,统一发证。

大连市

关于加快发展我市城区养老服务业的调查报告

大连市慈善总会
大连市老龄办
大连市老年学学会

为加快发展我市老龄事业,为构建和谐大连提供决策参考依据,由市慈善总会发起,会同市老龄办、市老年学会组成联合调查组,对我市城区养老服务网络建设情况进行了专题调研,并赴厦门、上海、青岛市进行了学习考察。市民政局对这一调查给予了大力支持和具体的帮助指导。在调研的基础上,经过认真研究分析,提出如下关于加快发展我市城区养老服务业的意见与建议。

一、加快发展养老服务业的必要性和紧迫性

按照国际标准,一个地区60岁以上老年人口占总人口的10%即属于老龄化社会。大连市于1987年(全国是2000年)就成为老龄化城市,先于全国13年。截止2007年底,全市60岁以上老年人口有101.3万,占全市人口总数的17. 54%,其中80岁以上14.9万人,100岁以上372人,男性平均寿命75岁,女性77岁。我市不仅老龄化程度高,而且增长速度快。预计每年将以3.69%的速度增长,到2010年,我市老年人口将突破100万。我市60岁以上的老年人都是建国前出生或参加工作的,他们为中国的社会主义革命、社会主义建设和改革开放作出过重大贡献,是最值得尊敬的人,也是最需要关心和帮助的群体。然而,伴随着改革开放和社会的巨大变革,老龄事业的历史遗留的欠帐问题突出出来。相比而言,改革开放丰富成果惠及到他们身上最少。现在他们的工资收入最低,每月平均不足900元(全市人均1315元),50%的老人在800元以下;他们的住房面积最小,50%的老人与儿女混住一起;他们的医疗负担最重,50%的老人每年在2000元以上;他们的活动场所最少,60%以上在自家、街头、公园;他们的孤独压力最大,50%是空巢家庭,30%独身生活。他们已构成当今社会的一个重大弱势群体。面对老龄人口快速增长和老龄问题日益突出的严峻形势,我市的养老服务业存在诸多不适应的地方:老年人口规模增大产生的需求与供给不足的矛盾突出;养老服务业发展的长效投入机制尚未建立和完善起来,为老服务的投入明显落后于经济社会发展;老年抚养系数逐年提高与社会保障能力不足的矛盾日益凸现;老龄工作机构和队伍的现状还不适应老龄事业发展的需要。

老龄事业是整个社会政治、经济、文化发展事业中的重要组成部分,解决养老需求与供给之间的矛盾,是最大的民生问题之一,是摆在各级党委和政府面前的当务之急,也是稳定社会,构建和谐社会的重要任务。大力发展养老服务业,不仅能促进老年群体与其他群体和谐相处,而且也有助于待业下岗人员的再就业,推动相关产业的发展和经济增长。

二、我市城区养老服务工作取得的成绩与面临的困难

近几年来,我市城区养老服务业按照"政策引导,政府扶持,社会兴办,市场推动"的原则,正在健康有序地向前发展,为老服务基础设施建设有了一

定改善。一是无劳动能力、无经济来源、无赡养人的“三无”老人和生活特殊困难的老人基本上得到了政府的无偿或低偿服务，每人每月可得到50元～200元不等的政府补贴，他们的生活和医疗得到了基本保障；二是社区较普遍地建立了老年人文化活动室（站），社区400平米办公用房中，一般都腾出一部分面积，用于老年休闲服务，开展各种文体活动；三是机构养老有一定规模，市内四区有养老机构（养老院）110所，养老床位8271张。小型家庭养老院18所，床位250张，日间托老所16个；四是有的社区开始建立集电话、计算机网络技术于一体的为老服务的信息平台。一个以居家养老为基础，社区服务为依托，机构养老为补充的养老服务体系开始形成，并创造了许多经验。市民政局总结归纳出机构养老、小型家庭养老院养老、居家养老、货币化养老、日托养老、异地养老等10种养老模式，已在全市进行推广。国家民政部李学举部长视察我市一些养老设施后批示：“大连的作法值得重视。多种养老形式适合中国国情，要认真总结推广”。

在肯定成绩的同时，还要看到我市现有的养老服务设施与急剧增长的养老需求不相适应，与快速发展的经济不相适应，与上海、青岛、厦门等先进城市相比还有不小差距。一是社会福利保障水平较低。如，上海市老年人全部享受社会养老保险，我市城区尚有11%的老年人没有享受养老保险。同样实行货币化养老，上海的每月补助标准是200元～400元，而我市的补助标准只有50元～200元。二是享受到养老服务的人数少，服务内容范围窄。目前，我市城区养老服务对象大都是“三无”和孤寡老人，很少面向大多数老年人。三是为老服务设施的投入不足。厦门市投资建设了3万平方米的老年活动中心，每年市财政还补贴150万元的运营费。青岛市也建了市老年活动中心，面积达3400平方米。上海市投入更大，近3年仅实施“老年星光计划”就投入资金12亿元，养老机构每增加一张床位，就补贴一万元。我市为老服务设施远远满足不了需要，市、区至今没有老年活动中心，社区老年人活动设施匮乏。四是为老服务网络还很不健全。目前我市各种为老服务模式虽然样样都有，但从总体上说，全市从上到下还没有形成一个比较系统、比较健全的为老服务网络体系。五是各种养老机构还缺乏必要的政策扶持，收费标准较高，许多老年人难以入住。因此，应该从现在起，采取各种政策和措施，大力推进养老设施建设，逐步把为老服务网络缝全起来，以主动迎接老龄高峰的到来。

三、加大政府投入，发动社会参与，整合社会资源，健全为老服务网络

为老服务工作的基础在社区，服务的重点也在社区。因为居家养老的老人生活在社区，企业退休人员社会化管理的主体也在社区。要解决我市城区养老服务设施不足和资金短缺的两大突出问题，应该遵循“政策引导，政府扶持，社会兴办，市场推动”的原则，统一规划，加大各级政府的财政扶持力度，制定各项优惠政策，鼓励社会力量积极参与社区养老服务业的建设，从而使我市城区的养老服务业尽快步入投资主体多元化、服务对象公众化、服务方式多样化、服务队伍专业化的发展轨道。

（一）建议各级党委和政府进一步贯彻国办发〔2006〕6号文件精神，切实把加快发展老龄事业纳入经济社会发展规划，尽快制定与大连市经济社会发展相适应的老龄事业发展规划和政策，纳入政府重要议事日程，列为政府每年为民办实事的重要内容，作为考核干部的重要指标，一级抓一级，层层抓落实。

（二）加大养老服务投入，建立财政投入的长效机制。随着经济社会发展和人民生活水平的提高，逐年增加对养老服务业的投入。市、区财政每年应有计划地安排一定经费用以建设和完善为老服务设施，发展老龄事业，其增长比例，不低于同级财政的增长幅度。逐年提高基本养老金的水平，增加对老年人的适当补贴，增强他们接受为老服务的支付能力。对有特殊困难的老人给予适当补助。鉴于百岁老人情况特殊，困难尤多，应给予更多的关怀。尽快解决社区退管工作经费严重缺口的问题，由市财政纳入财政预算，每年按食业退休人员人数向社区划拨，专款专用。

（三）制定优惠政策，引导社会力量积极参与养老服务基础设施建设。认真落实国家有关政策，对社会各个方面，凡是兴办旨在为老服务的服务设施和服务项目，均给予适当的政策优惠。居民区要把养老服务发施纳入公共设施，统一规划，参与建设的社会力量，在土地出让金、配套费等方面，给予适当减免。今后新开发的居民小区，都要留出总面积的1%用作养老服务设施用地。对社会力量兴各种养老服务设施，每新增加1张床位，市区政府给予5000元的补贴。养老服务机构所用水、电、煤气等，均按居民生活标准收取费用。加强对养老机构的扶持力度，以适应降低收费标准，使更多的老年人进得去，留得住。

（四）整合社会资源，挖掘内部潜力，扩大服务范围。根据老龄社会发展的需要，发动社会参与，争取到2010年，使我市各种养老床位由现在的2.2万张达到5万张（包括农村）。其中，建议由政府适当投入，政策给予扶持，发动社会力量，于西郊度假村建设老年示范社区床位1000张，百合山庄养老服务中心床位300张，开发区老年文化社区床位1000张。争取到2010年有2/3：3的社区建有不少于500平方米的多功能为老服务中心（包括托老所）。为解决社区老年人活动场所严重不足问题，除各级政府加大投入外，社区所在地的单位在不影响保密和安全的前提下，所有公共设施和文化体育场所，应适当向周围老年人开放。充分挖掘社区辖区内各单位闲置的厂房、车棚和废弃场所，改扩建为养老服务设施。动员开发商适当建设一点每户40平方米的廉租住房，租给一些特困老人，以改善他们的居住条件。为开展社区多功能服务，可吸收社会力量加盟为老服务体系，组织动员辖区内的医疗、饮食、服务、爱心商店等企事业单位，结合各自的经营业务承担为老人助养、助购、助餐、助医、助浴、助洁等为老服务。发挥全市现有信息网络的功能作用，建议由市民政局牵头，市慈善总会参与，会同市有关部门和单位，进行试点，建立大连市老年求助服务网络平台，先期无偿给市内四区的“三无”和孤寡老人提供服务。逐步扩大到为所有老年人提供多层次、宽领域的无偿和低偿服务。建议市殡仪馆结合自身的搬迁改造，同时建设一个海葬殡仪馆，以满足越来越多的海葬需求。

（五）筹建专门机构，满足老年人的特殊需要。市老年服务活动中心、老年病医院、老年爱心护理院（亦称临终关怀医院），是整个为老服务网络的组成部分。建议尽早落实建设市老年人服务活动中心的规划，加强对老年人的服务和管理，具体地址以改造华宫为宜。加快市老年病医院的建设，将其床位逐步扩大到1000张，充分发挥其为老年人治疗、康复、养护和临终关怀的职能作用。建立市老年爱心护理院，或在大医院设专门的关爱病房，帮助临终老人能够安详、尊严地走向人生的终点。

（六）加强领导，健全老龄工作管理机构。进一步加强市委、市政府对老龄工作的领导，充分发挥老龄委及其成员单位为老服务的职能作用。充实市区老龄工作机构，适当增加其人员编制，提升其组织协调能力，加强其日常工作，以适应老龄事业新形势的发展需要。各社区要根据市政府关于在基层建立老年人协会的指示精神，积极抓紧落实，发挥好其老龄工作的助手作用。

（执笔：吴厚福）

赴厦门、上海、青岛学习考察报告

大连市民政局
大连市老龄办
大连市老年学学会

我市为老服务联合调查组在对市内中山、西岗、沙河口、甘井子四城区为老服务工作广泛深入调查研究的基础上，又派7名同志于去年6月24日至7月1日赴厦门、上海、青岛学习考察老龄工作。他们冒着酷暑烈日深入社区，参观老年活动中心，走访家庭养老院，所见所闻，受益匪浅。现将赴三市考察中值得学习借鉴之处报告如下。

一、领导高度重视，加大财政投入

（一）上海、青岛、厦门都把加快发展养老服务业纳入本市经济和社会发展规划，作为解决民生问题、构建和谐社会的重大问题来抓。如上海市已连续12年将增加养老机构床位列入市政府为民办实事之列，每新增1张床位，补贴1万元，市、区财政各承担5000元，极大地调动了社会力量办养老服务业的积极性，创造了“5年等于50年”的跨越式发展速度。青岛市把实施养老服务业“双千”计划列入市政府每年为民办实事之首（即每年增加机构养老床位1000张，由政府买单实行货币化养老人数每年增加1000人），仅此一项去年市政府每年就投入7100万。

（二）各市都制定了老龄事业发展“十一五”规划，年年都有具体目标。如解决老年活动场所不足问题，三市都把养老服务设施公建配套标准设置与建设纳入城市建设统一规划。上海市（沪府［2006］2号文件）规定，按照规划配置建设的养老服务公共设施，一律归县区民政局所有，属国家财产，未经批准，不准擅自改变用途。

（三）加大养老服务业投入，建立财政投入的长效机制。随着经济社会的发展，老龄人口的剧增，三市都把过去的计划经济财政向社会公共财政、福利财政转变。如厦门市不仅把为老服务设施的开办费和运营费补贴列入财政预算，市财政按各社区实有人数每人每年100元的活动经费划拨到社区。青岛市区财政投入一个多亿给4万多无医疗保障的社区老年人上了医疗保险；给80岁以上的老年人每年发放150元的体检费补贴；从去年开始给农村46万老年人每月20—30元生活补贴。该市还规定市内四个区都要建所100张床位规模的老年爱心护理院，市里要建300张床位规模的爱心护理院，现在大都在规划、建设中，其中一个区的爱心护理院已建成并投入使用。厦门市无偿划拨地皮，由市老年基金会筹集2500万元，建设一个拥有200张床位规模的市爱心护理院。上海市投入更大，近3年仅实施“老年星光计划”就投入资金12亿，新（改）建185个养老院，83个社区日间托老所；老年医疗机构（老年爱心护理院、老年医院）70所，床位9822张，设老年家庭病床6.09万张。

二、健全领导机构，完善为老服务管理网

三个市都十分重视加强老龄机构建设。青岛市老龄办是市老龄委名副其实的办事机构，负责组织协调全市涉老部门，贯彻实施老龄委的部署、计划和安排，监督检查老龄委成员单位在为老服务方面工作落实情况。青岛市老龄办是正局级建制，20个公务员编制，现有23名工作人员，设主任1名，副主任2名，局助理巡视员1名，共设4个处，即秘书处、事业处、权益处、宣传调研处。厦门市老龄办是副局级建制，12个机关事业编制（参照公务员管理），内设3个处，即综合处、宣传调研处、教育活动处。三市都设有老年活动中心，青岛市老年活动中心建筑而积3400平米，厦门市由市财政投资建设而积5万平米，现已建成3万平米的老年人活动中心，包括1万平米的宾馆，2万平米的活动场所，系全额拨款的事业单位，编制30人，每年市财政还要补贴150万元的营运费。上海市老龄办下设5个部门和单位，老龄工作处9名行政编制、市老龄事业发展中心15名事业编制、市老年法律服务中心10名事业编制、市老年对外交流中心5名事业编制，合计54人。上海市为加强养老服务工作的领导，还建立了市、区、街道、社区四级为老服务管理系统，市区建老年服务中心，街道建分中心、社区建服务站（点）。为保证为老服务资源和服务补贴的合理使用，上海市创新开发出符合市情、较为规范的《上海市养老需求评估报告与评估表》，确定四大评估参数，实现量化补贴。如货币化养老补贴，根据评估参数分成老年人不能自理的程度为轻度、中度、重度，每人每月分别领取200—300—400元的货币补贴。使养老服务业逐渐走上了系统化、科学化、制度化、经常化的轨道。

三、制定优惠政策，吸引社会力量参与

厦门、青岛、上海三市都制定了发展养老服务业的优惠政策，吸引社会力量积极参与，促进了养老服务业快速发展。如厦门市规定，社会力量兴办的非营利性老年服务机构，免征企业所得税及自用房屋的房产税、土地使用税、耕地占用税；对企事业单位和个人向养老服务机构的捐赠，可在缴纳所得税前全额扣除；为老服务机构用水、电、煤气等均按居民生活标准收取费用等。上海市还出台了养老机构转制开办费补贴、养老机构租金补贴等优惠政策。在繁华地区租房办养老机构，由于房屋租赁价格高，政府还按每平米每天0.5元的标准给予租金补贴。如按100张床位规模计1算，一年可获房屋租金补贴45.6万元。

四、整合社会资源，拓展为老服务网络

“床位不离家，服务送到家”。解决城市老年人养老问题重点在社区，基础在社区。据上海市的调查统计，有3%的老年人愿意到养老院养老，有7%的“三无”老人和特困老人需要政府为其购买服务居家养老，有90%的老人喜欢在家养老。即有97%的老年人养老离不开家，家在社区，为老服务靠社区。上海、青岛、厦门三市为了解决社区养老服务设施不足与日益增长的养老需求的矛盾，都采取了一些具体措施。如上海市静安区江宁街道，地处上海市中心繁华地区，寸土寸金。为解决养老服务设施严重不足问题（上海市要求每个社区至少建一个100平米以上的老年服务站），一是将街道企业经营用房改做养老服务用房；二是调剂置换或高价购买；三是区政府按规定标准（100平米）缺多少，财政补多少，即每平米2万元，由财政支付。为完善社区服务网络，实施为老服务十助项目：助餐、助医、助浴、助洁、助学、助急、助聊、助游、助困等，他们改变过去大包大揽的办法，发动辖区内20多家单位参与助老服务行列，有的包办老年人餐桌，有的包老年人洗澡，也有的包老年人家里卫生，有的送医送药上门。厦门市思明区各街道采取与社会医疗卫生，文化体育、司法、家政等服务主体签订服务协议等形式，根据老年人的不同需求，提供定时间、定地点、定服务项目、定服务人员、定服务对象的个性化服务。青岛市南区金门路街道仙游社区老年活动中心，还发动辖区内单位力量，不断拓宽为老服务领域，先后组织了16支志愿者队伍，创建了“银龄服务社”、“社区养老服务站”和社区老年超市等，深受老年人的欢迎。

五、几点看法和建议

通过调查研究，我们认为大连市城区“三无”老人和低保困难老人的生活、医疗得到了基本保障，居家养老取得了不少经验，创造了十种养老模式，有的已在全国推广。但同上海等先进城市相比，我们还有不少差距。一是市老龄办力量薄弱，成员单位合力不强；二是财政投入与我市经济发展和日益增长的养老需求不相适应；三是为老服务设施短缺，服务网络还不健全，服务对象少，服务范围窄。为此，提出加快发展我市养老服务的几点建议。

（一）建议市委、市政府把发展养老服务业作为解决民生、促进社会和谐的大事，纳入重要议事日程，制定发展规划，研究出台优惠政策，配套相关措施，引导社会力量积极兴办养老服务事业。

（二）充实和加强市老龄办工作。一些退休老同志反映，全市离休干部有2万多人，由一个老干部局管，全市100多万老年人，只有几个人管（市老龄办现有人员），很难管得好，服务得好。市老龄办是市老龄工作委员会的办事机构，对其成员单位和涉老部门负有组织、协调、监督的职能，应设局级建制为宜，增加人员编制提升组织协调能力。

（三）我市养老服务业的发展建设应列入市、区、县（市）经济和社会发展规划，逐年提出发展目标，分步加以实施。要建立市、区、县（市）财政投入的长效机制，并随着经济的发展和老年人增加，逐年加大财政对养老服务业的投放。当前，一是制定并尽快出台我市老龄事业发展“十一五”规划和落实“国务院关于加强和改进社区服务工作的意见》的具体措施；二是建立老龄事业专项经费；三是提高社会办养老机构的补贴标准；四是加大老年活动设施建设的投入；五是增加百岁老人的生活补贴。

（四）养老金是离退休老年人生活的基本保障。应随着我市经济发展和社会人均工资水平的提高，逐年增加离退休人员的基本养老金。上海市自1993年在全国率先建立城镇职工基本养老保险制度以来，已14次上调养老金（即每年调整一次）。

上述报告和建议，仅供参考。

（执笔：吴厚福）

宁波市

宁波市农村老年人生活状况抽样调查报告

左建一　周兆骏

2007年，市老龄委办公室与浙江大学人口与发展研究所合作，共同开展了“宁波市农村老年人生活状况1%抽样调查研究”。调查采用配额、分层、PPS方案相结合的随机抽样问卷调查方法。全市9个县（市、区）、145个行政村、5800位老人参与了本次调查，调查人数占本市农村老年人总数的0.999%。调查内容涉及农村老人家庭结构、经济状况、住房条件、居住方式、健康医疗、社会参与、主观感受等方面，并包括所有参加调查的行政村的老龄设施建设和老龄工作开展情况。

一、工作成就

农村老人的最基本生活得到了切实有效的保障；农村老人的医疗有了一定的保障；农村老人居住条件和生活设施明显改善；农村老龄基础设施建设得到加强；农村老人的幸福感和生活满意度较高。

二、主要问题

一是农村老人经济状况总体处于低水平。人均收入不到当地农民人均收入的一半；农村老人家庭经济亏空现象较普遍；超过一半的农村老人表示收入不够用。二是农村老人家庭医疗负担较沉重。近7成的农村老人患有慢性病；农村老人超过八成的医疗费由家庭承担；三成农村老人3年中没有接受过健康体检。三是农村家庭内部养老服务供求矛盾突出。近八成农村老人为“空巢老人”，独居老人又占两成半；近两成的农村老人日常生活需要照顾；超过八成的农村老人将居家养老作为唯一选择。四是农村老人的参政意识和维权意识较淡薄。超过六成的农村老人不关心村务；近四成的农村老人对子女的拒绝赡养采取忍耐态度。五是对农村老龄事业的扶持和投入有待加强。部分行政村对老龄事业投入不足；大部分农村老年协会活动经费紧张；部分农村老年活动设施有待改善。

三、对策建议

（一）广开增收渠道，逐步改善农村老人经济状况

1. 大力发展农村生产力，不断壮大农村集体经济和提高农村老人经济收入

解决农村老龄问题，最根本的出路就是发展社会生产力，为农村老年人提供足够雄厚的物质基础。各级党委、政府要以科学发展观统领全局，坚持把发展现代农业、繁荣农村经济作为新农村建设的首要任务，坚持把促进农民增收作为核心，继续深化农村各项改革，加强农村基础设施建设，加大支农惠农政策力度，增强农业综合生产能力，建立健全以工促农、以城带乡的长效机制，实现农业增产、农民增收和城乡经济的协调发展。要大力支持村级集体经济组织发挥特色优势，寻求更好发展途径，不断发展壮大集体经济。要合理调整农村的收入分配制度，提高农村老年群体的收入水平，缩小与其他社会群体的经济差距，逐步扭转被相对贫困化现象。

2. 加快推进农村社会养老保障制度建设，适当降低农村老人参保门槛

建立健全农村社会养老保障体系是切实改善农村老年人经济状况的必由之路。市委、市政府十分重视

农村社会养老保障工作，于2007年11月正式出台了《关于建立新型农村养老保险制度的意见》。该政策的实施，在制度层面上实现了社会养老保障城乡全覆盖。下一步的工作关键是要督促各县(市)、区根据市里的政策精神，尽快制订相应的实施办法和有关配套措施，并认真加以贯彻执行。各地在制度设计时，要充分考虑到农村老人低收入的现实，注重提高农村老人的参保率，在政府财力能够承受，并且不降低养老金待遇的基础上，尽可能减少参保老人个人缴费费用，使绝大部分农村老人都能参得起保。对部分经济确实困难的老年人(如低保户)参保，政府应给予一定的资金补助，尽可能避免农村老年人有心参保却无力参保，被无奈地排除在社会养老保障体系之外的现象。如果参保的老人每年能得到2000元的养老保险金，他们的年收入将增加50%左右，生活水平亦将有较大的提高。

3. 进一步健全老年人扶贫帮困机制，制度安排可逐步由救济型向适度普惠型转变

要继续巩固提高城乡一体的最低生活保障、被征地人员养老保障、农村部分计划生育家庭奖励扶助等一系列现行有效的救助和保障工作，建立完善与经济社会发展相适应的享受标准自然增长机制，并加强工作规范化建设和动态管理，确保每一项保障制度真正落实到每一个有享受资格的农村老人。有条件的地区，对农村老人的经济扶助可考虑由救济型向适度普惠型转变。如政府对未纳入社会养老保障（险）体系的或达到一定年龄的农村老人发放生活补助金，鼓励有经济实力的村集体向老人定期发放养老金等。

（二）提升医疗保障，切实减轻农村老人医疗负担

1. 完善新型农村合作医疗制度，适当提高参保老人的补偿率

以政府组织、支持，个人自愿参加，政府、个人、集体多方筹资的新型农村合作医疗在我市已推行多年。2007年10月，市政府又对完善这个制度出台了实施意见，加大政府扶助力度。下一步，各地在巩固这项工作成果的基础上，针对农村老人疾病易发、自身经济状况又较差的现实，应适当提高农村老人合作医疗报销范围和报销比例，并适当降低住院补偿起付线，提高住院补偿封顶线。如果农村合作医疗承担金额能从目前的占农村老人医药费总支出的10%左右提高到20%－30%，将能有效减轻患病老人的经济压力，一定程度上改善其经济状况。

2. 加大医疗救助力度，适当扩大农村老人受益面

进一步完善老年人的医疗救助工作，实现与新型农村合作医疗有机衔接。认真全面贯彻落实《宁波市医疗救助办法》，适时调整提高医疗救助标准，实施医疗救助“零门槛”，确保救助的有效性。建议适当扩大我市医疗救助办法规定的申请救助对象，将农村低收入老人和高龄、病残老人也纳入其中，以提高农村老人医疗救助水平。此外，可鼓励和倡导有条件的村集体对本村老人给予医疗费用补助。

3. 加强农村医疗卫生服务工作，全面建立农村老年人健康档案

加快发展农村社区卫生服务工作，加大公共卫生投入，将老年人作为服务重点，积极开展健康教育、预防、保健、康复等服务和指导，加强对老年人常见病、多发病和慢性病的防治工作。由于农村老人就医范围主要集中在乡镇区域内，要着力加强乡镇和村卫生服务机构建设，加大资金投入和技术支持，不断提升其服务水平和服务质量，确保农村老人能够就近就便地享受到基本公共卫生服务。针对目前农村老人体检率偏低的问题，要进一步加强对新型农村合作医疗参保人员的健康体检工作，完善相应工作机制，加大宣传引导，帮助农村老人消除对体检的偏见和顾虑，切实提高体检率，在此基础上，建立健全农村老年人健康档案，逐步实施动态管理，充分发挥其在保障老年人健康卫生方面的积极作用。

（三）健全养老服务体系，更好满足农村老年人的需求

1. 大力推进农村居家养老服务，建立健全多方位的服务网络

针对农村家庭养老服务功能日趋弱化的现状，着力将居家养老服务工作从城市向农村拓展和延伸，逐步建立起与我市经济社会发展相适应的农村居家养老服务体系，向农村居家老人开展以生活照料、安全看护、精神慰藉为主的多方位服务，服务重点是空巢、独居、高龄、病残老人。为此，要结合新农村建设，加大投入，整合资源，完善服务配套设施，建立居家养老服务队伍。对经济困难、缺乏生活自理能力又确实得不到子女有效照顾的农村老人，政府应免费提供基本生活照料服务。同时积极发动和组织农村党员、志愿者和老人邻里以结对形式开展各种帮扶活动。要注重发挥农村低龄健康老年人的作用，可通过或委托农村老年人协会，使之有组织地参与到居家养老服务工作。政府对农村居家养老服务工作要建立相应的管理制度和激励机制，确保这项工作持续、扎实推进。

2. 加快发展农村养老机构，进一步提高养老机构服务水平

3. 加强农村老年活动设施建设，不断丰富农村老人精神文化生活

（四）完善投入机制，多渠道筹措农村老龄事业

发展资金

1. 加大财政支持，建立县（市、区）、乡镇（街道）、村三级农村老龄经费投入机制

县（市、区）和乡镇（街道）要将农村老龄经费列入财政预算，根据本地农村老年人的人口规模和工作需要，每年投入一定比例资金用于发展农村老龄事业，开展农村老龄工作，并建立财政投入自然增长机制。村集体也应在每年村集体收益金中，拨出一部分资金用于老龄工作，并在财力许可的情况下，加大对农村老年人协会活动的资金扶持，增强协会的活力，更好地发挥协会的作用。

2. 发挥政府主导作用，引导社会力量参与农村老龄事业建设

发展农村老龄事业，也是全社会的共同责任，必须发动社会各方力量齐抓共管。政府应发挥好主导、示范作用，一方面做好舆论宣传，提高全社会的老龄意识和敬老意识，增强社会各界参与农村老龄事业建设的责任感，另一方面加大扶持力度，对社会组织和个人参与农村老龄事业建设，在政策、财力、人员、技术、物质等方面给予必要和及时的扶助，努力搭建良好的社会参与支持平台，提高社会参与的积极性，引导更多的社会资金和社会力量投入到农村老龄事业建设中来。

（五）注重宣传教育，不断提高农村老人参政意识和维权意识

1. 加强公民教育和基层民主，提高农村老年人的参政意识

2. 加强普法宣传和法律服务，提高农村老人的维权意识

（六）大力弘扬孝道，充分发挥家庭在农村养老中的基础作用

厦门市

厦门市基层老龄工作情况调研报告

王丹　陈仕荣

今年是厦门市老龄事业发展“十一五”规划实施的第二年。为全面了解和掌握我市老龄事业发展“十一五”规划的执行情况和《中华人民共和国老年人权益保障法》、《厦门市实施〈老年法〉若干规定》、《厦门市关于加强基层老龄工作的意见》的贯彻落实情况，促进我市老龄事业更好地服务和融入新一轮跨越式发展，市老龄办组成专题调研组对全市各区、街（镇）老龄工作基本情况进行了一次全面调研，形成如下调研报告。

一、调研工作基本情况

2007年4月5日至8月24日，市老龄办调研组对全市6个区、24个街道、13个镇、5个农场的老龄工作基本情况进行了一次全面调研。调研分四个步骤进行：3月份印发调研提纲；4月－8月深入街（镇）、村（居）实地走访调研；6月－9月起草各区调研报告，向各区分管领导反馈调研情况；9月－10总结全市调研情况，起草全市调研报告。调研采取召开座谈会和实地察看两种形式进行。在座谈会上，先由街（镇）分管领导汇报本街（镇）老龄工作基本情况，再由区老龄办领导补充说明，最后由市老龄办领导进行点评，提出具体指导性意见和要求。座谈会后，每个区选取有代表性的2－3个村（居）实地察看老龄工作总体情况。为了准确掌握基层老龄工作有关数据，市老龄办调研组专门设计《全市街（镇、农场）老龄工作情况调查表》印发全市各街（镇），最后汇总形成基础调研数据。截止2007年6月底，全市60周岁以上老年人口19.1万人，占总人口约12%。其中：思明区7.22万人，占全区总人口数的12.8%；湖里区1.61万人，占全区总人口数的9.5%；集美区2.11万人，占全区总人口数的12.9%；海沧区1.12万人，占全区总人口数的10.7%；同安区3.66万人，占全区总人口11.8%；翔安区3.39万人，占全区总人口数的12%。全市百岁及以上老人69人，90岁及以上高龄老人2597人，全市城市离退休低保人员261人，农村低保老人1893人。

二、基层老龄工作主要成效

在各级党委、政府重视关心和正确领导下，全市各区、街（镇）紧紧围绕“六个老有”扎实开展老龄工作，取得一定成效，基层老龄工作和老龄事业发展总体情况较好。

（一）贯彻落实老年政策法规，有效保障老年人基本权益

近年来出台的《厦门市最低生活保障办法》、《厦门市事业单位职工基本养老保险试行办法》、《厦门市被征地人员基本养老保险暂行办法》、《关于农村部分计划生育家庭奖励扶助制度实施办法》、《厦门市基本医疗保险参保人员自付医疗费困难补助暂行办法》、《厦门市医疗救助试行办法》等法规文件精神均得到贯彻落实。全市已有71万人参加职工基本养老保险，有近16万名农民参加农村养老保险，城乡低保标准逐步提高，

水平位居全国前列。市财政每月为百岁及以上老人发放的生活补贴以及老年节为全市90岁以上高龄老人发放过节费均能及时发放到老人手中。各区还根据实际为辖区80岁—99岁高龄老人每月发放高龄补贴。年满60周岁的计划生育奖励扶助对象，每月可按时领取奖励扶助金。目前，全市有医保定点刷卡医疗机构144家，定点刷卡药房148家，方便老年人就近就医。

（二）重视建设基层老年组织，繁荣老年精神文化生活

全市现有454个老年人协会，组建率达99.13%。老年人协会会长一般由村（居）委会书记或主任担任，设常务副会长1人。常务副会长通过民主推荐和选举的方式产生，一般由社区热心老龄事业的退休老同志担任。老年人协会大部分都制定了协会章程和规章制度。全市基层老年人体育协会组织有496个，会员5万多人。每年有10余万老年人参加体育健身活动，常年开展的有：登山活动、健步行活动、健身项目展示、老年人运动会、健身操、棋牌赛等。全市有近千支老年文体队伍，老年文体活动开展得有声有色，每年都有项目在全国、省、市比赛中荣获奖项，极大地丰富了我市老年人的晚年生活。全市各区有6所区级老年大学，街（镇）、村（居）老年学校133所，开设时事政治、老年保健、电脑、插花、烹饪、音乐、舞蹈、中医、英语、健身操、柔力球、气排球、书法、太极拳等课程。在校学员2.6万多名，占全市老年人口13%。全市正在开展创建基层老年教育示范校活动，力争让更多的老年学校实现有机构、有人员、有经费、有场所、有活动。

（三）不断完善老年活动场所，满足老年文体活动需求

近年来，广大老年人文化活动需求不断提升，各区、街（镇）、社会企、事业单位不断兴办老年活动场所，完善设施，扩大规模，免费或优惠向老年人开放，提高了老年人精神生活质量，为繁荣社会主义先进文化发挥了积极作用。目前，区、街（镇、农场）、村（居）共有各类老年人活动场所14.4万平方米，老年人人均拥有活动场所约0.78平方米。按照区、街（镇、农场）、村（居）来统计，区级老年活动中心2.76万平方米，占全市各类老年人活动场所的19.16%；街（镇、农场）老年活动中心共有1.72万平方米，占全市各类老年人活动场所的11.96%；村（居）拥有老年活动场所共9.92万平方米，占全市各类老年人活动场所的68.87%。街（镇）、村（居）的老年活动场所，大都比较简陋。区级活动场所总体情况较好些，湖里区和集美区老年人人均拥有活动场所面积超过1平方米。其他四区均不足1平方米。各区老年活动场所有关数据图示如下：

各区老年活动场所统计表（单位：平方米）

区属	老年人活动场所面积	占全市老年人活动场所比例	老年人人均拥有面积
思明	57，142	39.66%	0.84
湖里	27，110	18.82%	1.8
集美	26，151.92	18.14%	1.245
海沧	5，050	3.5%	0.46
同安	23，018	15.98%	0.66
翔安	5，580	3.9%	0.17
合计	144，051.92	100%	0.78

（四）积极拓展为老服务内容，创新基层老龄工作机制

各区、街（镇）根据各自实际创新性的开展基层为老服务活动，内容不断拓展，机制不断创新。思明区较有特色的活动有：厦港街道“爱心联动在厦港”帮老助困系列活动和启动“助养和救助特困老人基金”；下沃社区“情满空巢”和“十代三帮三满意”便民服务活动；鹭江街道组建安康服务站和社区安康服务点；莲前街道建立“村改居”社区社会保障体系；梧村街道成立“金榜老人之家”长期开设讲古场。湖里区较有特色的活动有：江头街道协调辖区内学校、驻军、企事业单位，共签署文体资源共享协议书40余份，增加了老年人活动场所。禾山街道为辖区内61名70周岁以上低保老人每人每月补助20元，各个社区每月另外补助60周岁以上老人40—200元不等的生活费；金山街道开展老年人白内障义诊活动，为13位老人免费做手术。集美区较有特色的活动有：采取“三个一点”（区财出1000元、镇财出500元、个人出500元）的办法，为全镇75名白内障患者做人工晶体植入手术；浔江社区开展“五定”服务（定人员、定时间、定对象、定项目、定效果），创新基层老龄工作服务内容。海沧区较有特色的活动有：洪塘村老年人协会在厦门涌泉集团的赞助下，先后举办四届老年运动会，总投资近10万元人民币。同安区较有特色的活动有：五显镇党政领导每人挂钩三户、公务员挂钩二户、事业干部挂钩一户困难老人家庭，平时走访了解帮助解决生活困难。翔安区较有影响的活动有：新店茂林社区募集侨胞捐款15万元建设“老年人协会活动楼”。

各村（居）老年人协会在加强为老服务工作的同

时，积极引导低龄健康老人老有所为，努力发挥他们在创建文明城市、调解邻里纠纷、维护社会治安、关心下一代、新农村建设、征地折迁、移风易俗、计划生育等方面的积极作用，为构建和谐社会做贡献。

三、基层老龄工作存在的问题

（一）组织机构不够健全

目前，全市六区均已设立老龄委及其办事机构老龄委办公室。各区老龄办机构模式不同，思明区老龄办为独立办事机构；集美区老龄办与区委老干部局合署办公；湖里、海沧、同安、翔安四区老龄办挂靠区民政局，由区民政局局长兼任老龄办主任。思明区和集美区老龄办为处级单位，其他四区老龄办均未定级别。全市42个街（镇、农场）均已设立老龄委，但均挂靠（部分虚设）在街政办或社会事务办。全市各区、街（镇、农场）共有专、兼职老龄工作干部103人，平均约每1805名老人配备一名老龄工作干部，且大部分是兼职人员。其中各区老龄办有专（兼）职老龄工作干部22名。行政编制8人，占36%，事业编制9人，占41%，其他人员5人，占23%。思明区现有人员编制2名，到编4名（含借用和司机各1名）。湖里区编制1人，到编1人。集美区老龄、老干合署办公，行政编制4人，到编5人，事业编制6人，合同工3人。海沧区老龄办编制1人，到编1人，为事业编制。同安区老龄办编制1人，没有到编，目前聘请一名合同制工作人员负责老龄工作。翔安区没有编制，由区老龄办指定区民政局一名工作人员兼职老龄工作。全市42个街（镇、农场）共有专、兼职老龄工作干部81人。其中，思明区22人，湖里区7人，海沧区5人，集美区24人（其中返聘退休老同志18人），同安区15人，翔安区8人。行政编制16人，占19.75%；事业编制47人，占58.03%；合同制（返聘退休老同志）18人，占22.22%。

调查显示，思明区和集美区老龄工作机构独立，经费列入本级财政预算，老龄工作干部有正式编制，工作开展较为顺畅；湖里、海沧、同安、翔安区老龄办与区民政局混在一起，属挂靠性质，职责分工不够明确。42个街（镇、农场）老龄办挂靠或设在街政办和社会事务办，没有正式编制，除同安区西柯镇设专职老龄干部，新民镇和翔安区马巷镇返聘老同志做老龄工作外，其他街（镇）均没有专职老龄工作干部，普遍存在人员少、经费少的问题，工作浮在表面，有的街（镇）分管领导对辖区内的老龄工作知之甚少，很难有效地指导基层开展工作。

（二）工作经费无保障

目前，只有思明区和集美区老龄工作经费纳入本区财政预算，财务管理以区老龄委办公室的名义设立一个独立账户，作为区一级财政预算单位，纳入区会计中心统一管理；湖里区、海沧区、同安区、翔安区老龄工作经费划拨在区民政局，根据开展工作和活动的需要向区民政局逐次申请，实报实销。42个街（镇）的老龄工作经费没有单独预算，均纳入街（镇）每年预算的“社会事务支出”或“民政事务支出”项目。因部分街（镇）计账项目未单独列支，统计难度较大，未能及时填报，故经费支出总额难以确定。根据其他街（镇）填报数据情况，街（镇）老龄工作经费支出主要用于开展老年文体活动、发放高龄补贴和节日慰问金、救助困难老人以及发展老年教育、体育、文化、维权工作等。由此可见，未列入财政预算的区和街（镇）每年用于老龄工作和发展老龄事业的经费不固定，发展不平衡，随意性较大。老龄工作经费和老龄事业发展经费难以保障，必将影响老龄事业的可持续性发展。

（三）活动场所不完善

我市老年人均拥有活动场所约0.78平方米。现有老年活动场所和设施难以满足老年人日益增长的需求。近几年，老年活动场所和设施建设虽然有了很大的进展，但是，各区普遍存在区老年活动场所和设施数量少、覆盖面窄、功能简单、设备老化、规模小、档次低和损毁的问题。随着我市老年人口不断增加，随着旧城改造征地拆迁等原因，造成我市老年人活动场所越来越难以满足日益增长的老年群体需求。海沧区、翔安区目前还没有区级老年活动中心，已经不能满足老年人日常基本的文体活动需求。思明区作为我市的中心城区，没有一个上规模上档次的活动中心，现存的几个活动场所也只能满足一般性的活动需求，对此老年人多有反映。

四、加强基层老龄工作的建议和措施

为适应我市人口老龄化的快速发展，各级党政领导应该从战略的高度重视老龄工作，按照全国、省老龄工作会议要求，结合我市的实际，尽快采取措施，及时解决问题，积极应对人口老龄化对我市经济社会发展以及构建和谐社会产生的影响。

（一）加强基层老龄工作机构建设

目前，我市老龄工作机构通过各级各部门多年的努力，基本明确了机构，配备了人员，比过去有了很大的进步，反映了党委政府对老龄工作的重视，但从老龄工作机构的职能和定位来看，也反映出对老龄问题的重视程度还不够。按照全国、省老龄办关于创建老龄工作先进区评选条件要求，县级老龄工作机构要有3名以上单列编制，工作人员专职在职在岗。从调查情况来看，现有机构并未从根本上理顺关系，机构体制、编制不统一，各区发展不平衡，在实际工作中协调难度很大。建议由市编制、人事部门牵头，由民政、老龄工作部门参与就我市区级以下老龄工作机构、编制等进行调研，提出切实可行的办法。根据各区的实际情况，建议湖里、海沧、同安、翔安四区借鉴其他区好的做法，根据本区的实际，整合涉老机构，节约资源，明确机构职能和定位，将老龄工作列入党委政府目标考核内容，确保区级老龄工作由专门机构负责，切实发挥承上启下的作用，为基层老龄工作扎实有效开展奠定基础。

（二）重视基层老龄工作队伍建设

老龄工作的重点、难点在基层。要做好基层老龄工作，必须进一步完善街（镇）、村（居）两级老龄工作体制，做到老龄工作有人管、有人抓、有人干。客观上讲，街（镇）、村（居）两级工作无所不包、千头万绪，面对的工作压力大、任务重。街（镇）、村（居）两级老龄工作由兼职工作人员来做，无法真正负起责任。建议各街（镇）按照每3000名老人配备一名专职老龄工作人员的办法（不足3000人按3000人计），向社会统一招考老龄工作协管员，配在街（镇）专职负责老龄工作，其工资由市、区、街（镇）财政按比例分担（可参照市民政、市残联等系统的做法）。每个村（居）至少指定一名工作人员负责老龄工作具体事务。同时，建议条件较好的街（镇）、村（居）可根据需要返聘年富力强、热心老龄事业的老同志协助开展工作，可给予少量补贴。

（三）建立基层老龄事业经费投入机制

近年来，在各级党委、政府的高度重视和正确领导下，我市老龄工作取得了长足进步。但与全国先进省市相比，我市老龄事业经费投入与人口老龄化形势还不相适应。据资料显示，全国许多省市都在财政预算中列支了一定比例的老龄事业发展经费。老龄事业发展经费由市老龄办统一管理，专门用于支持基层老龄事业发展。如广东省、山东省根据省、市、县（区）三级老年人口数量，分别按每人每年省3元、市5元、县（区）7元的标准列支；湖北省老龄事业发展经费标准为：省2元、市3元、县（区）5元；内蒙古自治区的标准为：区1元、市2元、旗3元。

我市经济发展水平并不低，但目前全市各级财政均没有设立一定规模的本级老龄事业发展专项经费，尚未形成制度化的老龄事业财力投入机制。这种状况导致老龄事业发展经费的来源不稳定、不经常，使老龄工作、老年福利、公益事业难以规范、有序开展。建议市政府把老龄事业纳入可持续发展战略，纳入我市经济和社会发展的总体规划和新农村建设规划。根据经济发展水平和老龄化程度，加大老龄事业资金投入，将各级老龄工作经费和老龄事业发展经费列入财政预算，并随经济社会发展逐年提高。同时协调有关部门制定相关政策措施，鼓励、引导社会各界投资兴建老年福利事业和老年产业，建立多元化资金筹集渠道，共同发展老龄事业。同时加强对各级老龄工作经费使用的管理和监督。

新疆生产建设兵团

“爱心护理工程”调研

朱彧江

兵团老龄委于今年6月至9月进行了“爱心护理工程”调研并上报全国老龄办。从此项工程情况来看，主要问题是为失能老人服务机构少，公办的多，民办的少，条件差的、经济困难的多，举步维艰，老年人收入普遍较低，为老服务市场发育不良。全兵团老年康复院和临终关怀医院只有184所，在院3864人，占失能老人的10%。以居家服务解决失能老人长期照料不可行，一是失能老人需要每天24小时服务，绝大多数家庭做不到，“421”结构家庭更不可能。二是雇用家政服务人员（保姆）缺专业知识，失能老人得不到应有的科学、规范服务，而且经费比为老服务的机构高。三是家庭不具备长期照料失能老人的设施、设备及相关条件。为解决上述问题，建议一，为失能老人制定等级分类标准来确定护理经费和补贴经费。二、整合老龄事业和医疗事业及残疾人工作资源，从制度上安排解决失能老人照料问题。三、增加老年人收入，增发养老金或救助金及开展社会赞助和帮扶等，为失能老人入住养老护理机构创造经济条件。四、国家和社会相结合采取两种方式办失能老人照料机构，一是公办民营，即国家负责建设，委托社会力量经营；二是民办公助，即社会力量负责建设和经营，国家给予奖励或补贴。例如：政府拨建设引导资金，购买服务及床位补贴等。民办公助是一重要方式，但目前困难和问题很多，例如：土地价格和建设成本直线上涨，资本投入回收周期过长等因素遏制了社会力量向为老服务的投入；中央和地方财政资助如何从体制上划分界限，在由国家举办的社会福利事业尚未进行重大改革的情况下如何购买服务的问题不好解决；对经济条件差的失能老人的财政负担依据和能力尚不清晰等。为此，建议中央和地方政府要出台优惠政策，尤其要在土地和建设资金问题需要有较大的突破。五、要制定“爱心护理工程”长远发展规划、要建立老年人长期照料护理制度。如何适应人口老龄人和高龄化，特别是失能老人对长期照料和需求，要着眼长远，统筹规划等。六、加快推进政府扶持下的为老长期服务商业保险。目前已有部分保险公司开辟了此项保险，但发展困难，迫切需要政府支持。七、加强为老服务市场的行业规范和指导。现有的为老服务机构都要求应当尽快制定《为老服务机构服务纠纷处理办法》（以下简称《办法》），没有《办法》，他们的经营没有安全感，就不敢大量投入资金用于“爱心护理工程”。

高龄老人长寿的主要因素调研

朱彧江

兵团现有 80 岁以上老年人 54362 人，占兵团老年人总数 0.09%，据调研，兵团高龄老人长寿的主要因素是：

一、社会因素：兵团社会稳定、经济发展，医疗卫生事业成绩显著，防疫防病措施不断加强，文化体育健身活动普及，科学技术进展迅速，生态环境保护效果良好，养老体系基本健全，社会福利越来越好，兵团各级党政领导对老年人特别是对高龄老人十分关心和照顾，社会敬老助老蔚然成风。兵团人的生活生命质量不断提高，寿命不断延长。农一师党政领导三十年如一日照顾定居在十四团的长寿老人胡秀兰，如今她已年满 103 岁，身体仍很健康。农八师一二一团全方位关爱老人，倾全力为老人服务，高龄老人比例位于全师前列。

二、地理环境气候因素。各师、团、连在创建初期大部地处戈壁滩，风沙大，降水量少，气候干燥，地理环境气候很差。兵团人开荒造田，兴修水利，植树种草，空气中的氧气充足，促进人体健康的阴离子比例达 10 万个/cm^3 以上，使居住环境园林化，是高龄老人长寿的重要因素。

三、生活因素。兵团人食用的是自己生产的大米、小麦、豆类、蔬菜、瓜果等，这些绿色食品中富有防癌作用的维生素 A、B、C 等，富有对人体具有免疫、杀菌、抑制癌症，促进长寿等功能的微量元素锰、硒和镉铁等。高龄老人饮食嗜好节制有度，生活有规律，习惯良好，勤劳节俭，运动适度，心胸坦荡，乐观向上，为人善良，乐于助人等。

四、遗传因素。据调研资料证明兵团高龄老人与长寿家族有关，受祖辈长寿遗传基因的影响占 4%，有 1848 位高龄老人的父亲或母亲是长寿老人，子女已是 60 岁的老人。

居家养老调研

朱彧江

按照全国老龄委的要求，兵团老龄委积极组织人员于 2007 年 2 月至 4 月进行居家养老调研并提出相关的建议及时上报作为国家研究制定居家养老服务政策法规提供科学可靠依据之一。据调研统计，兵团 59.87 万名老年人中，独居老人 49692 人，居养机构的老人 7921 人，居家养老 541087 人，分别占兵团老年人数的 0.083%、0.013%和 0.904%。由此可见，兵团居家养老比重特大，居家养老服务是老龄工作的重中之重。为此，兵团老龄委建议：

一、中央和地方都要科学地研究制定切实可行的居家养老服务总体规划，并把其纳入经济社会发展的整体规划中，优先发展，统筹兼顾，整合资源，齐抓共管，从根本上保证和促进居家养老服务的快速发展。

二、积极为居家养老服务，制定相关政策法规体系。对居家养老服务免收营业税和所得税及土地、房产、车船税，对其用水、用电、用气(燃料)等价格实行民用价格，并免收相应的基本建设配套费。要组织政府相关部门调研、论证、制定和颁布施行纵横关联具有法律效力的居家养老服务公共政策体系，最大限度地鼓励和支持社会力量参与、兴办居家养老服务事业。

三、要加大政府对居家养老服务的资源配置。要逐年加大财政对居家养老服务的资源分配份额和资金投入，尽力担负起居家养老服务保障的责任，加大对居家养老服务的设施建设、队伍建设和管理运营的资源配置。大力推动专业化的老年医疗卫生、康复护理、文体娱乐、信息咨询、老年教育等为居家养老服务提供方便。政府对享受低保或经济较为困难的家庭中失能或半失能老人给予居家养老补贴或购买服务费。

四、组建和加强专业化人员与志愿者相结合的居家养老服务队伍建设。要普遍实行专职养老护理员资格考试和持证上岗制度，认真实施专业社会工作者职业水平评定制度，加强对为老服务人员的培训，改善和提高专业队伍的政治与业务素质。还要大力发展并鼓励和支持志愿者为居家养老服务。

第七部分

出访报告

关于出席“亚洲人口快速老龄化形势下的社会养老金保障区域研讨会”的报告

肖才伟　贾江　孙扬　麻凤利

经批准，由民政部、劳动保障部和全国老龄办人员组成的代表团应国际助老会的邀请赴泰国曼谷出席了由联合国亚太经社会（UNESCAP）、国际劳工组织（ILO）、日本基金会（JF）和国际助老会（HAI）于1月29—31日联合举办的“亚洲人口快速老龄化形势下的社会养老金保障区域研讨会”。来自包括中国在内的亚洲12个国家及联合国有关机构和有关国际组织的60多位代表及专家应邀参加了会议。现将出席研讨会有关情况报告如下：

一、研讨会的基本情况：

研讨会于1月29日上午开幕，联合国亚太经社会、国际劳工组织、日本基金会和国际助老会的官员出席并分别做了讲话。研讨会第一天的内容为亚洲各国典型经验介绍，以尼泊尔、斯里兰卡、印度、孟加拉国为代表的南亚国家，以泰国、越南、印度尼西亚、马来西亚、菲律宾为代表的东南亚国家，以中国为代表的东亚国家分别介绍了本国社会养老金保障及社会救助情况。

1月30日，研讨会安排联合国人口基金（UNFPA）和亚太经社会官员全面介绍了亚洲的老龄化形势和老龄人口的贫困状况，南非经济政策研究会的学者介绍了南非和拉丁美洲的经验，印度助老会代表和孟加拉国资源整合中心（RIC）代表分别报告了印度和孟加拉国针对社会养老金保障的田野研究成果，英国国际发展部（UKDFID）代表和日本千叶大学教授分别论述了有关社会养老金保障的理论和实践。

1月30日下午至31日上午，各国代表针对社会养老金保障的现状和前景展开了深入的分组讨论，在分组讨论成果展示、研讨会回顾之后，本次研讨会形成了一个关于积极推动本地区社会养老金政策的建议。

二、本次会议反映的社会养老金的国际实践

（一）国际社会对社会养老金概念的理解

一些国际组织及专家普遍认为，1948年的人权宣言（Universaldeclaration of Human Rights）和1966年的经济和社会权利国际盟约（International Covenant on economic and Social Rights）都表示，老年期的定期收入是社会保障权利和适当生活水平的基本组成部分。老年获取定期收入的权利在《马德里国际老龄行动计划》（Madrid Plan of Action on Aging，2002）中得到进一步重申。养老金是保证这一定期收入的有效方式。联合国副秘书长、联合国亚太经社会秘书长金学洙先生在会议开幕式的致辞中表示：“人到了老年却没有养老金无异于走在没有安全网的钢丝上。”

“养老金”通常指用于老年养老的一揽子现金收入，既包括雇主与受雇人共同出资的养老金，也包括各种形式的非缴费型养老金。

“社会养老金（Sociai pension）”这个概念，是国际上目前较为通用的术语，仅指非缴费型养老金（non-contributory pensions）（资料来源：国际助老会HAI，2004），一般是国家为老年公民（不同的国家规定不同的领取年龄）提供的非缴费的定期的现金转移支付，包括各种形式的非缴费的普惠制养老金（U）和资格审查养老金（M）。目前国际老龄届为数不少的专家认为，社会养老金在发展中国家是可负担、可实现、在政治上也是可行的；所有年过60岁的老人都应取得社会养老金，以实现享有社会保障和保障老年生活的基本权利。

（二）社会养老金在全球的覆盖范围

据与会专家介绍，截止目前，全世界有72个国家推行了社会养老金制度，其中46个是中、低收入国家。

（三）社会养老金的影响

多个国家的实践证明，社会养老金开支虽小，但是作用斐然。定期的社会养老金不仅有助于减少老年和家庭贫困、提高健康水平、提升老年社会地位、增进家庭享有基本服务设施和就业能力、拓宽老年人和家庭社会福利，而且在促进社会和谐等方面都具有积极的意义。

——可以促进实现老年权益

社会养老金是帮助老年人实现权利的有效方式。社会养老金的现金转移支付有助于老年人口实现在

《人权宣言》、《经济和社会权利国际盟约》和《马德里关于老龄化行动计划》等宣言中提出保障的老年生活权利。

——可以减少贫困

社会养老金是减少老年人收入贫困和其他贫困的有效途径。发展中国家老年贫困人口的数量在不断增加，而且不均衡地分布在最贫穷阶层。2/3 的老人没有任何定期收入来源，约 1 亿老年人口每天靠不足 1 美元来维持生计。

社会养老金的现金转移支付有助于缩小老年人实际收入和贫困线之间的差距。领取社会养老金的老年人能够满足部分对收入、食物保障、健康开销的基本需求。同时，定期养老金发放增加了贫困老人得到服务、健康看护的数量。

由于大多数老年人和较年轻的家庭成员一起生活并分享资源，社会养老金数额虽然少，但是对减轻家庭贫困却有着重要贡献。老年人总是把他们的养老金用于家庭首要支出，包括食物、健康、燃料以及孙儿的教育支出。养老金在养育第三代方面作用巨大，不仅提高了儿童入学数量并为孩子提供更好的营养，而且在打破代际贫困循环方面起着重要作用。

——可以帮助提高老年人的社会地位

取得社会养老金待遇提高了老年人在家庭和社会中的社会地位，给予了老年人较强的安全感和尊严感，同时有助于巩固代际关系和责任。老年人领取养老金对整个家庭作了贡献，家庭成员更愿意照顾老人，从而巩固了家庭赡养结构。

——促进了社会和谐

定期的社会养老金收入有助于各个年龄段的家庭成员能够享受基本服务和就业。普惠制的社会养老金能够促进社会和谐，增进社会凝聚力。

（四）社会养老金制度在发展中国家的可行性

与会者认为，社会养老金在发展中国家具有政治上和管理上的可行性。目前全球已有 16％的低收入国家推行了社会养老金制度，亚洲也有至少 12 个国家开展了这一实践。

表 1：部分中低收入国家社会养老金水平情况

国家	领取年龄条件	普惠性养老金制度（U）/资格审查养老金（M）	每月支付金额（US$）	60 岁以上老人占总人口的比例（％）	60 岁以上领取养老金人数占老年人口的比例（％）	占 GDP 的比例（％）	低（L）/中（M）收入国家
阿根廷	70＋	M	88	14	6	0.23	M
孟加拉国	57＋	M	2	6	16＊	0.03	L
玻利维亚	65＋	U	18	7	69	1.3	M
博茨瓦纳	65＋	U	27	5	85	0.4	M
巴西	67＋	M	140	9	5	0.2	M
巴西（农村）	男 60＋ 女 55＋	M	140	9	27＊＊	0.7	M
智利	65＋	M	75	12	51	0.38	M
哥斯达黎加	65＋	M	26	8	20	0.18	M
印度	65＋	M	4	8	13	0.01	L
莱索托	70＋	U＊＊＊	21	8	53	1.43	L
毛里求斯	60＋	U	60	10	100	2	M
摩尔多瓦	男 62＋ 女 57＋	M	5	14	12	0.08	L
纳米比亚	60＋	M	28	5	87	0.8	M
尼泊尔	75＋	U	2	6	12	——	L
南非	男 65＋ 女 50＋	M	109	7	60	1.4	M
塔吉克斯坦	男 63＋ 女 58＋	M	4	5	———	———	L

（续）

国家	领取年龄条件	普惠性养老金制度（U）/资格审查养老金（M）	每月支付金额（US$）	60岁以上老人占总人口的比例（%）	60岁以上领取养老金人数占老年人口的比例（%）	占GDP的比例（%）	低（L）/中（M）收入国家
泰国	60+	M	8	11	16	0.00582	M
乌拉圭	70+	M	100	17	10	0.62	M
越南	60+	M	6	7	2	0.022	L
越南	90+	U	6	7	0.5	0.0005	L

* 57岁以上领取养老金人数占老年人口的比例。

* * 包括55岁以上妇女

* * * 有例外的普济性的制度，主要是那些已经领取较多政府养老金的人群

1. 部分中低收入国家的社会养老金制度的基本情况

表1从领取年龄、制度类别、月付养老金、受益人口比例、养老金支出占CDP比例等方面列举了部分中低收入国家推行社会养老金制度的实践。

2. 社会养老金在中低收入国家产生的积极效应

国际组织在中低收入国家的调查表明，社会养老金在减少老年和家庭贫困方面意义显著。如，智利45%的社会养老金领取者因此而脱贫。在巴西，领取社会养老金使占5%的贫穷人口收入翻了一翻。

发展中国家的多数老年人不仅照顾孙儿，而且也把养老金用于家庭支出，养老金经常花费在孩子的健康、教育和营养上。在巴西的农村地区，有社会养老金的地方，10—14岁孩子的入学率比别的地方高很多。在南非，领取社会养老金的家庭女孩子身高比那些没有养老金的高出平均3～4厘米。

老年妇女在中低收入国家一般很少有机会获取缴费型的养老金，而社会养老金较好地保障了妇女的老年生计，通常更多的社会养老金按比例地再分配到妇女手中。

在面临HIV/AIDS的情况下，社会养老金同时提高了老年护理员、孤儿以及感染HIV/AIDS人员的生活水平。

3. 政府在经济上是可负担社会养老金的

图1对18个中低收入国家的调查显示，67%的

图1：社会养老占GDP的比例

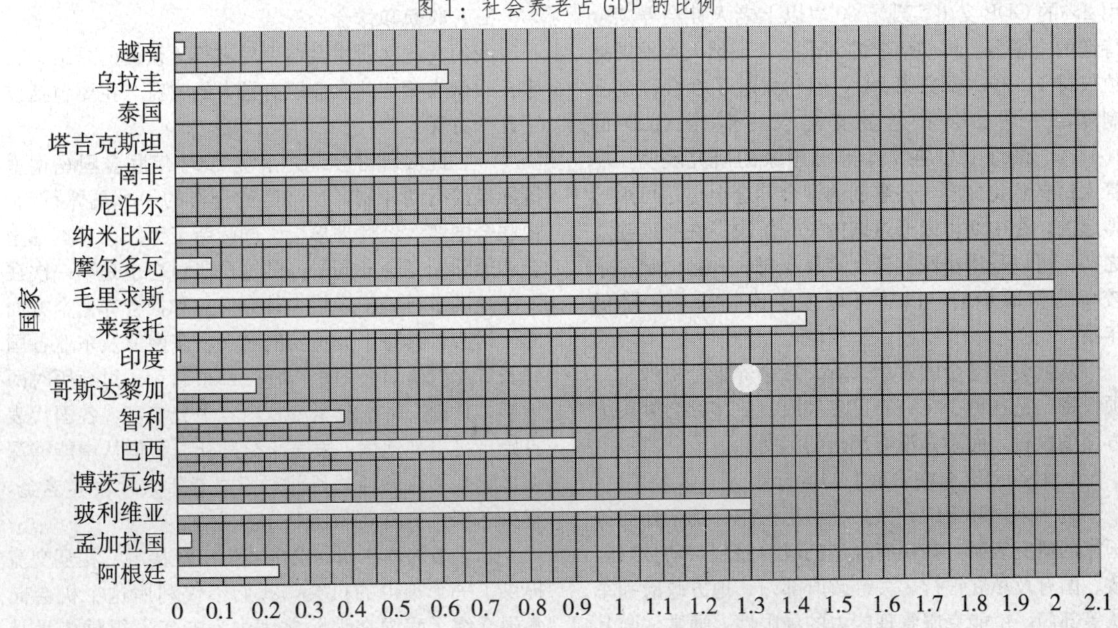

国家用于社会养老金的支出不到 GDP 的 1%，社会养老金支出占 GDP 最多的国家也没有超过 2%。

图 2 是国际助老会在 17 个国家的调查，2430 万的 60 岁以上老人享受到社会养老金待遇，其中，7 个国家 50%的 60 岁老人享有社会养老金。

结合图 1、图 2 来看，较小的 GDP 支出却解决了较多老人的社会养老金问题。

图 2 领取养老金人数占老年人数比例

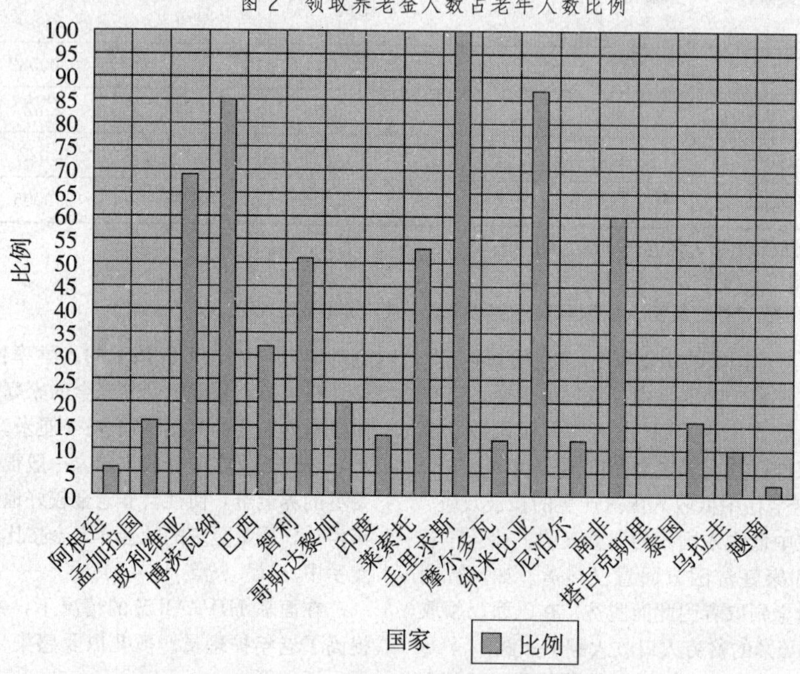

发展中国家的实践表明，社会养老金在中低收入国家是能负担得起的。如中等收入国家毛里求斯，用 2%的 GDP 支出实现了 60 岁以上老人社会养老金待遇的全覆盖。再如南非的莱索托，虽然人类发展指数仅排 149 位（倒数第 28），但建立起了社会养老金制度，并且社会养老金支出仅占整个 GDP 的 1.41%。最近 ILO 在 7 个非洲国家的研究表明，尽管人口老龄化加剧，普惠制的社会养老金仍是可承担得起的，在中期可以通过国内资源解决。在制度建立之初，可以采用小额养老金转移支付，并且设定一个较高的领取年龄，以后可以逐年递增金额，降低年龄。

从社会养老金的效用来看，社会养老金更像是一项投资，是在更少贫穷、更多健康、更多社会凝聚力方面的投资，而不是没有产出的消费。

4. 社会养老金在管理上的可行性

近年来国际组织在莱索托、尼泊尔、纳米比亚等国家的研究表明，如果有强烈的政治愿望，动员好邮政、国有及私立银行、关键政府部门、地方政府和军队等部门，就能克服管理能力的局限性。通常，与其他各种转移支付形式相比，政府层面规定的社会养老金具有更强的行政支持力度。在管理能力有限的地区，简单透明特别重要，普遍性（非资格审查）的社会养老金制度最为适合。

三、收获和体会

我们在此次研讨会结束后进行了认真的总结，大家一致认为参加此次会议有较大的收获，主要包括以下几个方面：

一、此次研讨会是为落实 2002 年联合国马德里国际老龄行动计划，加强区域合作的一个具体行动。由联合国亚太经社理事会、国际劳工组织、日本基金会和国际助老会共同举办的这次研讨会也是第一次在亚洲地区举行关于老年人社会保护和社会养老金方面的研讨会，具有十分重要的意义。东南亚及东亚各国代表对此次研讨会的重视程度都很高，研讨会历时两天半，日程安排十分紧凑，内容十分丰富，各国代表自始至终精神饱满，发言十分踊跃。我们从中能够深切地感受到亚洲各国目前对建立老年人社会养老金，解决老年人贫困问题是十分重视的。

二、参加本次研讨会为我们广泛接触、相互交流提供了一个难得的机会，我们不仅利用这个机会向各国介绍了我国在消除贫困、为老年人提供各种社会救助所采取的一系列适合我国国情、行之有效的方针政策及具体措施，而且我们从各国代表的发言中也了解了各国在为老年人提供社会保护、消除老年人贫困方面的一些做法和经验，在许多方面对于建立健全我国自己的老年人社会保障体系具有积极的借鉴作用。参加这样的国际研讨会我们认为是十分有益的。

三、和与会的其他发展中国家一样，我们通过此次国际研讨会对非缴纳式社会养老金的定义有了深一步的了解。我们体会到，在我国经济较发达地区结合现行的社会保障体系，探索建立适合我国国情的社会养老金制对于消除老年人贫困、促进和谐社会的建立不仅具有一定的现实意义，而且也为我们开展这方面的政策理论研究提出了一个新的课题，值得我们认真研究和探索。

四、通过参加此次国际研讨会我们的另一个体会是，在不断制定和完善我国老年人社会保障体系过程中，应该进一步加强政府有关部门之间的沟通和交流；加强科研部门与政府相关部门的交流与合作，进一步加强调研工作，为政府制定相关政策提供科学的咨询。

澳大利亚第十届社会政策国际研讨会在悉尼召开

张恺悌 牟新渝

澳大利亚第十届社会政策国际研讨会于 2007 年 7 月 11 日—13 日，在悉尼新南威尔士大学举行。本次会议的议题“生命周期过程中的社会政策——强化社区服务能力和恢复社会活力”。会议由澳大利亚社会政策研究中心（SPRC）组织。新南威尔士大学社会政策研究中心专家、学者，研究工作人员，以及来自澳大利亚其他社会政策研究机构代表与世界各地大学和相关研究机构的专家等 400 多人参加了此次年度会议。会议收到了有关儿童、妇女、老年、残疾、就业、社会保障及社会政策等方面的研究论文 80 多篇。中国老龄科学研究中心应邀参加了会议。

作为英联邦成员国之一，澳大利亚的社会政策与福利制度颇具有代表性，尤其重视社会理论研究。由澳大利亚社会政策研究中心主办的社会政策研究会每两年举办一期，主要参加会议的人员由澳大利亚国内社会政策研究领域的专家、学者，以及澳大利亚政府官员。每届会议的主要议题就澳大利亚社会发展过程中，出现的新的社会问题进行广泛探讨，并为政府下一年度制定新的社会政策提供理论参考。而他们理论研究领域的机构就是依托新南威尔士大学的澳大利亚社会政策研究中心（SPRC）。该中心为澳大利亚新南威尔士大学社会系所属研究机构。该中心创立于 1980 年，研究人员主要从事经济学、社会学以及儿童发展问题专家，还有专门的数据统计分析、社会心理、人口统计学、法律和公共政策卫生的学者。其研究成果旨在指导社会政策的各个领域，为政府决策提供参考，该中心并可通过继续教育方式，培养社会学专业的博士研究生。

本次会议的议题是“生命周期过程中的社会政策——强化社区服务能力和恢复社会活力”。这个议题包括社会政策领域中两个相关的主题，一是关注在生命周期的转换过程中，不同年龄、性别、社会、经济和文化的人群面临的多变的挑战和机遇。二是识别社会事业投资、社会服务和那些意为处于社会网络中的个体服务，而强化社区服务能力和恢复社会活力项目之间的联系。

会议期间，首先由三位主要代表就家庭周期、家庭照料与社会政策的关系等议题进行了典型报告发言。Jeanne Brooks-Gunn 教授研究了那些甚至在很小年龄的时候就生活在恶劣家庭中儿童所面临的问题。同时，她对社会经济、怀孕、幼儿健康、育儿、造成幼儿孤癖的儿童照顾环境及其最有效减少学龄儿童性格缺陷的幼儿项目和政策给予了关注。Barbara Pocok 教授研究了澳大利亚社会政策对个人工作和生活的影响。她认为，澳大利亚社会福利的工作制度与照料伦理有必要同步发展；同时，新的制度安排必须确保照料和工作能够得到平衡。Fiona Willians 教授以欧洲的视角审视了有关儿童照料的体系。她认为，儿童照料是国家、家庭、经济以及父亲和母亲之间的法定义务，而且照料伦理应渗透在地方政府、国家和国际关系和政策中。

此次研讨会首次设立中国社会问题，与会代表就部分专题进行讨论：中国政府儿童家庭外照料与社会保护的角色，流浪儿童的福利政策分析等社会问题进行分析。

会议期间，参会代表分组分专题进行了研讨性发言。

同时在会议期间，中国老龄科学研究中心主任张恺悌与澳大利亚社会政策研究中心（SPRC）主任及尚晓援教授在总结我们第一期合作研究（2002—2006）年的经验基础之上，讨论了我们两个单位（2007—2009）年的后续合作研究，并为确保后续合作研究能力顺利扩展，双方表示要加快工作进度，提交高质量的研究报告。根据项目工作安排，九月份，澳方专家将分两批来中国老龄科学研究中心进行工作访问。

曹炳良副主任出席亚太经社会马德里老龄问题国际行动计划执行情况区域评估高级别会议小结

应联合国亚太经社会社会事务司司长的邀请，全国老龄办副主任、中国老龄协会副会长曹炳良和国际部副主任苏京华于2007年10月9日至11日赴澳门出席了由亚太经社会和澳门政府共同主办召开的“马德里老龄问题国际行动计划执行情况区域评估高级别会议”。来自亚太地区30多个国家和地区的政府代表出席会议，国际和国内的非政府组织、民间组织、私人机构以及有关联合国专门机构派观察员参会。

此次高官会议的三个目的是：回顾亚太地区老龄化的发展；借鉴各国的评估成果，分享好的经验，评估亚太地区执行马德里行动计划的情况并确定在未来执行该行动计划时的优先领域。

会议就“老年人与发展”、“健康与长期照料”和“建立支持性环境”三个优先主题进行了专家发言和国家政府代表发言。

专家发言回顾2002年以来本地区老龄领域的主要发展和本地区的人口变化以及在执行马德里行动计划过程中的主要进步。

各国政府代表分别就不同的主题陈述了本国执行马德里国际老龄行动计划的情况。

曹炳良副主任应会议主席的安排，代表中国政府首先发言。他指出，第二次世界老龄大会之后，中国政府高度重视并认真履行联合国关于老龄问题的各项决议和第二次世界老龄大会《政治宣言》的承诺，依据本国国情将《2002年马德里国际老龄行动计划》确定的目标原则与中国的实际相结合，强化老龄法规政策的建立与完善，采取一系列政策措施，积极推动行动计划在中国的执行，努力将老龄问题和老龄工作纳入国家经济和社会发展总体战略及规划。五年来，中国按照行动计划确定的三个优先发展方向，着力于加强老年人与发展领域的工作，着力于大力促进老年健康与福祉，着力于老龄事业支持性环境建设，有效地保障了老年人的合法权益，有力地推动了中国老龄事业的健康持续发展。中国政府对《行动计划》在中国5年来的执行情况进行了自下而上，以老年人、中青年人、老龄工作者和政府官员共同参与的方式开展了评估。

曹炳良副主任并主要介绍了中国老年人参与社会发展的情况。发言引起会议代表的广泛关注。

此次会议根据各国政府提交的国家评估报告和各国政府代表的发言，形成了一份“澳门会议成果文件”。亚太经社会将以此文件为基础，完成亚太地区的老龄化发展状况和执行马德里行动计划评估报告，并向2008联合国社发委第46届会议提交。

会议期间，曹炳良副主任与多个国家和国际组织的代表就老龄工作与合作进行了广泛的交流，回答了有关中国政府的老龄政策和全国老龄办的工作等问题。同时，在进一步发展老龄领域的人员培训方面与国际助老会和新加坡曹氏基金会的主要负责人交换了意见。

会后，曹炳良副主任一行访问了澳门社会工作局并参观了澳门绿杨老人日间活动中心、母亲会安老院和燃仔老人活动中心。

出席澳大利亚老年照料协会第 26 届年会报告

肖才伟

经批准，我应邀出席了于 2007 年 10 月 28 日至 30 日在悉尼召开的澳大利亚老年照料协会第 26 届年会，现将出席会议的情况汇报如下：

一、澳大利亚老年照料协会简况

澳大利亚老年照料协会是一个全国性的老年照料专业组织，由澳国内私营的老年照料机构和社区老年服务机构组成，成立于上世纪 80 年代初，其宗旨是推动澳国内老年照料政策的改进；致力于提高澳国内老年照料服务的水平，让老年人享受到优质的服务；代表老年照料向政府反映业内的需要与声音。

二、本次年会的主要内容及背景

该组织每年举办一次年会。今年年会的主题是："探讨本行业（老年照料夜）的中长期发展方向"。会议的主要内容有：政府相关部门官员介绍澳国内近期老龄政策的情况及今后的发展；老年照料机构介绍好的经验，新的管理模式；国外代表介绍国外老龄情况；请执政党老龄部长和在野党的"影子老龄部长"介绍各自在老龄方面的政策，辩论，现场提问；实地参观老年服务和照料设施；老年设施、用品展览。

今年正值澳国内大选年，下月（11 月）将举行全国大选。而老龄问题，特别是老年的照料问题和照料机构的发展历来是澳不同党派为争取选民而开展竞争的重要领域。鉴于，澳老年照料协会是在澳国内老龄领域影响较大的组织，目前执政的自由党和国家党联盟及在野的工党都非常重视这次会议。执政党主管老龄事务的部长阿伯特（Tony Abbott）及在野党工党的"影子老龄部长"麦卡卢卡斯（Jan McLucas）出席了会议，介绍各自党派的老龄主张及政策，并就目前的老龄政策进行了辩论。澳国内各大老年照料机构主管都积极参加此次会议，出席会议的代表超过 700 人，成为澳大利亚老龄届一次非常重要的会议。

三、参加的主要活动

作为本次会议邀请做大会发言的唯一国外代表，我在 30 日下午举行的全体会议上做了"中国人口老龄形势及老龄政策"的演讲。由于该组织过去举行的年会都是邀请欧美代表演讲，因此澳方老龄照料届对亚洲及中国的人口老龄形势及老龄政策缺乏了解。我对中国人口老龄化现状及趋势和现行老龄政策的介绍引起了与会代表的兴趣。

在当晚举行的招待会上，与澳工党"影子老龄部长"麦卡卢卡斯，澳老年照料协会主席等进行了交流。从交流中，感觉澳大利亚目前无论从政党高官，还是非政府组织，商界对华态度友好，对中国的老龄问题非常关注，也希望加强与中国在老龄领域的交流与合作。

此外，还与大会代表一道参观了一所老年设施。

四、感受与建议

澳大利亚是一个地大，人口相对较少的国家。60 岁以上老年人口占总人口的 18%，约 360 万。但澳大利亚对老龄工作，特别是老年长期照料工作非常重视，政府设有专门的老龄部（名称为卫生与老龄部），制定了非常详细的老年照料国家标准，管理非常科学、系统，值得我国学习了借鉴。

澳大利亚各界及各阶层人士对华友好，澳老龄界对中国的老龄事业非常关注，愿意与我国开展老龄领域的交流。澳老龄产业界也对来华投资，与中方合作表示了兴趣。

建议进一步加强与澳在老龄领域的交流与合作，如工党在即将到来的大选中获胜，似可考虑邀请其老龄部长来华访问，以加强两国在老龄领域的交流。可鼓励国内相关组织加强与澳有关组织的往来，鼓励国内老龄企业加强与澳同行的合作。

第二届海峡两岸四地老年教育研讨会在澳门举行

2007年6月21日至23日由澳门理工学院长者书院主办，在澳门特别行政区澳门理工学院综合大楼召开了第二届海峡两岸四地老年教育研讨会。会议主题为“二十一世纪老人教育定位与方向”。

参加研讨会的两岸四地的老年教育专家、学者有澳门长者书院校长林中宝、副校长林韵薇，香港耆英进修学院总监岑伟全，台湾中正大学高龄教育研究所所长魏惠娟、台东社教馆馆长兼老年大学校长吴坤良、副校长陈清美。内地接到邀请出席研讨会的有三个代表团，其中中国老年大学协会代表团成员有刘平生、马贵觉、江晨清、杨守清、韩高洪，山东老年大学代表团成员有李延良、刘俊奇、牛海征，重庆代表团成员有罗淑芳、钟旭秋。内地代表均在会上宣读了论文，从理论上阐明内地发展老年教育的理念和在实践过程中的经验以及今后的设想。澳门、香港、台湾的专家学者各自介绍当地老人学校近况以及今后工作的思路。通过大家发言，分析了二十一世纪人口老龄化急速发展的趋势下，老年学校教育在应对不断变化进步的社会中的作用。通过交流，对当前四地老年教育多种多样办学模式有了更为广泛的了解与认识，为今后的合作奠定了基础。

会议期间，各地代表还参加了长者书院2006/2007学年的毕业典礼，观看了长者书院与重庆老年大学学员们的联欢与精彩演出。与会人员对澳门理工大学长者书院为海峡两岸四地老年教育工作者搭建了一个加深了解、相互学习借鉴的平台，并为此做出了周到细致的安排与服务表示了真诚的感谢。

关于赴澳门学习培训的报告

骆开定　岳琳琳

4月15日至4月28日，受全国老龄办委派，政工部骆开定、综合部岳琳琳2人赴澳门学习培训。培训期间，澳门社会工作局社会互助厅长者服务处负责学习的具体协调工作，给予了极大的支持。这次培训内容安排得非常充实，我们不仅与澳门特区政府所有的涉老部门进行了座谈，还现场参与了很多老年人的活动，与当地老年人进行了很好的互动，使我们对澳门的涉老服务体系有了总体把握的同时，对具体的为老服务也有了感性的认识，收获很大。现将有关情况报告如下：

一、澳门为老服务的保障制度和服务内容

根据澳门统计暨普查局2006年12月31日统计，现澳门总人口约51万人，65岁及以上的老年人占总人口数的7%，约3.6万人。

澳门长者服务组织大致经历了三个阶段：1982年以前，自由发展阶段；1983年－1999年，各种长者服务社团快速发展时期；1999年以后，对长者服务社团调整规划时期。回归后，特区政府高度重视为老服务工作，经过近年来的发展，逐步形成了一个涵盖社会保障、社会福利、医疗服务和公共房屋等服务范畴的安老政策及服务架构。其主要内容包括：

（一）社会养老保障制度。澳门的养老保障制度主要由三部分组成：第一，养老金。社会保障基金在1990年正式起动，它是澳门的第一层社会保障制度。社保基金采用月供款方式。在2006年雇员每月供款为15元，雇主为30元。社保基金的养老金专门用于养老保障，其领取资格包括：年满65岁；已作最少60个月供款；最少居澳满7年。养老金的金额每月1450元，每年的一月份，领取养老金的长者可额外获发“特别支付”，数额相当于一个月的养老金。第二，社会救济金。社会救济金是社保基金的一种援助金，其对象是没有资格领取养老金的贫困老人。符合领取资格的老人，必须是不从事任何有报酬活动的人员，而且必须通过社工局的经济能力审查。社会救济金的援助额在2006年9月是每月1600元。第三，敬老金。从2005年10月开始推行，由社工局负责发放，对象是所有满65岁的澳门永久性居民，在2006年，敬老金是每年1500元。

（二）社会福利。包括社会个案工作服务、耆康中心、老人日间中心、长者日间护理中心、社区饭堂、长者关怀服务网络、颐老咭与社区教育活动等家居支持、日间照顾和社区照顾及支持服务，以及安老院舍、护理安老院舍和老年末期病人特别护理等院舍照顾服务。

（三）医疗服务：包括预防保健、一般护理和专门护理的免费门诊及住院服务。此外，倘有需要，也会为老年病人提供家居医疗及护理服务。2000年，社工局与卫生局及镜湖医院合作开设了住院式善终服务。现在65岁以上的澳门居民看病免费。

（四）公共住房：包括以优惠价格出售的经济房屋，以及租金便宜的社会房屋，两者均供包括符合资格的老人及其家庭在内的市民购置或租赁。此外，还专门为独居长者或老年夫妇提供的长者大厦，这样的房屋目前在澳门有5处。

（五）其他服务：在教育及交通范畴，除由各安老机构提供的短期文化及兴趣课程外，澳门理工学院也设有长者书院专供年长居民进修。

二、澳门为老服务的主要特色

通过学习培训，我们感到澳门的为老服务工作有以下几个特色：

一是中西福利观念交融。

澳门开埠四百多年来，中西文化交融共存。各种社会福利观念长期共存。华人社会传统的福利观念是围绕家庭和宗族关系建立起来，所谓“老吾老以及人之老，幼吾幼以及人之幼”的传统观念和追求大同的社会愿望。佛教组织宣扬“普渡众生”的布施精神。天主教和基督教则宣扬耶稣“爱人如己”的博爱主义。它们共同地推动澳门社会救助和慈善福利事业的发展，并逐步形成一个由不同类别的服务模式交织、互补而成，形成了较为稳健的社区支持网络，至今仍发挥着积极的影响和作用。这是澳门在为老服务组织模式上的特色。

由于澳门受“老吾老以及人之老，幼吾幼以及人之幼”的传统观念和追求大同的社会愿望的影响较深，在养老模式上他们提倡“家居养老，多代共融”。根据最新公布的《澳门特区长者长期照顾需求评估》报告显示，在受访的2039位长者中，有84.5%的长者患有一种或多种疾病，有七成半长者认为就诊时所遇到的困难是等候时间过长、经济困难和交通不便等为主。调查还显示，各类型长者表示最需要的帮助是经济援助、社会房屋、家居清洁服务、及时免费医疗服务和上门护理等。澳门的服务机构以及老年人大都认同居家养老，因此，除了及时向长者提供经济援助外，澳门还在探索医院服务、机构养老及家居养老相结合的服务模式。

二是发展速度快。

回归前，澳门为老服务发展相对缓慢。澳葡政府沿用殖民地政策进行管理，使得澳门经济无法快速发展，居民生活水平较低，贫困家庭较多。1974年葡国发生民主革命，澳葡政府因此宣布放弃殖民地化政策。更因澳门回归日期的临近，澳葡政府于1979年将慈善救济委员会改组成社会救济处，1986年重组为社会工作司，回归后改称为社会工作局。从那时起，政府才开始逐渐承担起主要的社会救助责任，并依法为贫困家庭和不幸者提供各种公共援助，也开始加强对民间社团开展社会服务的资助和管理。20世纪90年代后，政府开始建立社区免费医疗网络；制订了失业救济金制度；设立由政府、雇主、雇员三方供款的社会保障基金，雇员只须每月上缴15元的社保基金，到年满65岁后，每月便可领取一定数额的养老金，为晚年生活提供一定的保障。

回归后，澳门社会经济快速发展，尤其是2003年博彩业开放以来，经济取得了前所未有的发展，2006年人均GDP已经超过了香港，特区政府更加重视社会保障工作，不断健全和完善社会保障制度。例如在社会保障基金方面，除在扩大社会保障范围外，还上调了养老金的数额。年届65岁或以上的长者有资格申请敬老金。这些举措和政策的实施令澳门的社会救助机制在短短的30年间日趋完善，并发展成较规范化的社会保障制度。现在澳门65岁及以上的老人看病全是免费，凡符合条件的老人每月可领取1450元的养老金。

三是社团组织活跃。

在澳门，一些为老服务机构由政府建设，建成后交由民间社团管理。政府除按月拨付资金来维持机构的运作外，只负责社团服务的督察工作。这是澳门比较有特色的地方，当地称之为“官民协作”。这样，在澳门整个为老服务体系中，民间社团承担着具体的服务工作，是为老服务的主要力量之一。民间社团的服务资质也在很大程度上影响着澳门总体的为老服务质量。

澳门民间社会服务团体是经合法注册登记的民间

非牟利社团（获政府认可为公益法人）。它们大都有相对集中的服务对象，其行政、财政和服务方式都是完全独立，其服务对象范围十分广泛，包括：长者、青少年、幼儿、妇女、残疾人士、工人等；服务内容也十分丰富，覆盖社会各个领域，包括开展社区、大厦、家庭、文化教育、卫生、社会治安和环保等各方面的服务工作。这些团体有的已有百年的历史。如同善堂、镜湖医院慈善会、仁慈堂等在一百多年前就已开展各类社会慈善活动。而澳门工会联合总会、澳门街坊总会、澳门妇联总会、澳门天主教明爱中心等团体在社区一线，担负具体的工作。现在澳门有各种社团3000多个，涉老社团组织有30多个。澳门老年人大都有从事社会活动，服务社会的意愿，一般老人都参加3个以上社团组织，接受他们的服务。

四是社区服务工作实。

现澳门有安老院共18家，护理院1家，服务内容大致和内地相同。由于安老院和护理院提供的床位极其有限，满足不了绝大多数老人的需求，因此，澳门政府开始大力发展社区支持服务。经过近年来的实践，澳门逐步形成了自身的社区服务特色，其主要内容有以下几项：

1. 个案服务。社会工作局辖下的五个社会工作中心为包括长者在内的本澳市民提供个别接待服务，协助有关个人或家庭处理生活的问题。有需要的老年人或其家属，可直接与所属区域的中心联络。

2. 耆康中心。为老年人提供社交、康乐、教育活动和其它社会服务，以丰富长者的日常生活，满足社交、娱乐、学习及其他发展需要。目前，本地区受社会工作局资助、由非政府机构设立的耆康中心共有23个，由社会工作局直接开办的有1个。

3. 老人日间中心。主要是提供多元化及综合性服务的老人服务中心。除包括上述耆康中心的所有活动外，尚会为长者提供膳食、洗衣、淋浴、理发，以至家务助理等社区支持服务，使有需要的长者能有条件留在熟悉的社区生活，保持与家庭及社区的联系。2003年初，社工局在部分日间中心增设独居长者社区支持服务，进一步强化独居长者的支持网络。

4. 长者日间护理中心。1998年开设，主要是为健康欠佳或身体机能受损，以致在日常起居生活上需要别人照顾的长者提供个人照顾、一般护理、康复服务和社交活动等服务，用以满足他们日常的生活需要，并分担家庭护老者的照顾压力。

5. 饭堂服务。现在社工局在澳门设有一间饭堂，有需要的长者可申请在有关饭堂内享用廉价以至免费的膳食服务。

6. 家居照顾及支持服务。为增强对自理能力或健康欠佳，而又缺乏亲友提供照顾及支持，以致在生活起居方面需要他人协助的人士或独居长者、年老夫妇的照顾和支援。社工局于2005年将独居长者社区支持服务及家务助理队合并成为一支跨专业团队的家居照顾及支持服务社区照护队伍。服务包括：送膳、个人照顾、家居清洁、洗澡、护送或陪诊、洗衣、购物、个人辅导、电话慰问、互助网络、社区活动、探访、护理或复康等服务。

7. 长者关怀服务网络。此项工作始于1994年，由澳门街坊联合总会开办，并得到社工局提供的财政资助。该网络的主要目的在为独居长者提供个别化的关怀协助，以及接触社会的活动机会。服务内容除了由义工及职员提供定期的家居探访和按需要进行不定期生活协助外，也包括为服务对象而设的活动，如旅游、参观、联欢及讲座等。此外，家居照顾及支持服务的服务对象和工作范畴，也包括独居长者或年老夫妇的支持。他们主动寻找在社区居住的独居长者或年老夫妇，评估其需要，除运用中心或社区资源为他们提供不同的服务外，也透过互助小组、义工探访等活动和联系，扩展及增强独居长者们在社区、邻居、个人层面等的支持网络，与长者关怀服务网络形成互补的功能，进一步巩固长者在社区的支援。

三、澳门为老服务工作的缺失

第一，长远规划不够。

一是对为老服务人才的培养没有规划。澳门的长者服务研究工作起步比较晚，现在高等院校开设涉老课程的仅有澳门理工学院，在开设的三门课程中有一门是必修课，其余两门都是选修课，而且只能授大学专科学位。澳门没有专门的涉老研究机构培养涉老研究高端人才，现有的研究人员都是从香港聘请的。

二是没有制定长效长者福利的机制。目前澳门的涉老服务主要依靠特区政府。近几年，澳门经济快速发展，特区政府把民生提高到很重要的位置，使得老年人的福利不断提升，内容越来越多，质量越来越好。福利是要有经济支撑的。目前，澳门的经济支柱是博彩业，政府的税收也主要来自博彩业，2006年这项税收就占到政府总收入的七层以上，政府在博彩业征得的高额税收维持着现在的高福利待遇。但是，这种收入的来源是不稳定的。正如现在很多澳门政府和市民担心的一样，一旦博彩业出现不稳定，现有的高福利将不保，而作为没有任何其他经济来源的老年群体，长效长者福利的机制的缺失，使得他们的福利更是无法保障。

第二，专业技术有待提高。

现在澳门从事涉老服务的高素质专业人员不足，服务人员流失严重。2003年以后，澳门赌权开放，按法律规定，在赌场工作的人员必须保证99%是澳门本地人，由于赌场需求工作人员量很大，造成人员紧张，各赌场纷纷出高价聘用工作人员。一般高中毕业后进赌场第一年月薪能拿到1.3万多元，第二年能拿到1.5万多元，以后会更多，而政府一般的公务员也拿不到这样的薪水，具体从事长者服务工作的职工薪水更低。在这种现实的生活压力面前，大部分从事涉老服务的人员都无法安心。据了解，各个长者服务中心有经验的服务人员、工作人员每年都要流失很多，相应的缺口又没有专业人才填补，使得澳门涉老服务的专业技术提高受到限制。

第三，社团服务监管体系有待完善。

澳门社会服务工作的一个特点就是“官民协办”，政府出资，社团操作。澳门的社团大部分是在1983年－1999年这个时期发展起来的，涉老社团有30多家。这些社团都是合法注册的，都可以向政府要钱、要物。正是存在利益问题，社团之间难免存在竞争，你做，我也做，你要钱，我也要钱，导致服务内容有重叠，更有甚者有些政府资源都不能真正用到老年人服务上。这就需要作为管理机关的政府部门加强监管体系建设，保证为老服务有效性。

四、澳门为老服务正在努力的方向

学习培训中，我们了解到，现在澳门为老服务正在努力的方向主要有以下几项：一是建立社团评估体系，对社团的工作进行评估，重新分配政府资源，好的社团就多分配，办的不好就少分配，甚至淘汰掉，以促进社团的工作。目前，该体系已初步建立，将于明年进行试点阶段。二是广泛开展地区和国际交流合作。虽然澳门涉老工作起步比较晚，但是近年来，他们积极与内地、香港以及与国际上多个组织开展交流，今年世界为老服务组织还将在澳门开展“澳门行动计划”，拟将澳门作为长者服务的一个典型模式，这必将大大促进澳门涉老服务的发展。三是筹建长者工作委员会。现在澳门涉老政府部门有房屋局、卫生局、社会工作局、社会保障基金等，由于分属不同的司管辖，一些为老服务政策的出台需要多个审批环节，大大影响了政策出台的时效性。所以，澳门特区政府正在积极筹建长者工作委员会，作为一个统一的涉老工作协调机构，以此提高行政管理的效率。该委员会主管计划由一名司长担任。

五、内地可借鉴的经验

通过学习，结合内地的实际情况，我们认为澳门为老服务工作有一些好的做法可供借鉴。

第一，加大涉老社会宣传力度。

老龄工作涉及到社会方方面面，需要全社会的关注。由于澳门有众多社团的推动，所以涉老工作宣传非常深入，基本上是全民参与。每年10月的一个星期天是敬老日，各社团动员每个老年人都参加，现在学校和社区的志愿者也参与到敬老日中来，进行筹款。近年来，社会工作局与本地区非政府机构积极合作，在年中举办多项大型的社区活动以弘扬敬老精神，推广老人福利及鼓励长者发挥自己的潜能。例如在每年10月举行的国际长者节系列庆祝活动，均有为数众多的政府和非政府安老服务机构、老年人及市民大众参与其中。除了每年举行大型宣传外，他们主动对社区的每个老人做细致的调查，对他们的服务需求进行全面了解。通过办实事宣传老龄工作。总的感到，澳门的涉老宣传做得很具体，几乎做到了全民参与。我们做涉老宣传，既应有造势，还需要做实事，通过具体工作为老年人谋福利，让广大群众更深刻地认识老龄工作。

第二，增强社区为老服务功能。

养老问题的解决不能过分依赖养养机构，工作重点应放在增强政府社会保障力度，提高老年人自身经济供养能力，发展社区服务，完善家庭养老功能上。现在澳门有安老院18所，有1所护理院，但提供的床位数量很小，绝大部分老人还是通过社区服务来完成的。本报告前面已经介绍过了，澳门的社区服务功能是很全面细致的，在很大程度上满足了老人的服务需求。从内地养老设施建设来看：一方面，我们必须要建设各种层次的养老院、护理院、老年公寓等设施以满足一部分老年人的需要；另一方面必须认识到，养老设施所能容纳的老年人毕竟是少数，更积极的养老准备应向社区倾斜，向老年人家庭倾斜，增强社区服务功能，提高家庭养老能力，尽可能长时间地让老年人生活在自己熟悉的环境里。

第三，从细节入手做实为老服务工作。

澳门为老服务工作注重从细节入手，处处体现以人为本的理念，满足老年人的需要。无论走到哪个养老机构都感到很温馨，到处都可见到人性化服务。如卫生中心家访。现在澳门共有8所卫生中心，中心除了为本澳居民（包括长者）提供初级保健外，有需要时还会上门为病人进行家访诊病及护理的服务。在一处长者大厦里，我们发现一对老年夫妇不识字，服务人员就在已分好药的药盒上贴上标签，分别用太阳、月亮等代表早、中、晚，帮助老人区分在各时间段要吃的药。在安老院和护理院里，一些高级护理设施应用到老年护理上，可以代替护理人员的工作。我们内地的为老服务工作也应更人性化一些，把一些概念少挂在嘴边，多落到实际行动上。

赴俄罗斯出席第6届欧洲地区老年学和老年医学大会的情况报告

中国老年学学会赴俄罗斯代表团

以赵宝华为团长的中国老年学学会代表团一行7人，于2007年7月4日—9日出席了在俄罗斯圣彼得堡召开的第6届欧洲地区老年学和老年医学大会。现将情况报告如下：

一、大会基本情况

本届大会是在俄罗斯圣彼得堡市波罗的海大饭店召开。出席大会的大约有800人。亚洲也有一些国家的专家、学者出席了这次大会，如中国，日本，但人数不多。

7月4日上午全体代表集体参观了圣彼得堡要塞，国际老年学和老年医学学会会长雷纳多在12时点燃了大炮，以示纪念，然后大家参观了要塞和沙皇时期关押重要犯的监狱。列宁的哥哥就关在这里并被处死。

大会开幕式是在7月4日下午5时在Tavrichesky皇宫举行。首先由俄罗斯联邦议会的联邦理事会主席向大会致辞、随后圣彼得堡市市长致辞、接着联合国经济和社会事务部社会政策和发展处代表发言、随之由一位著名学者讲解了欧洲人口老龄化的状况和发展驱势，最后由大会主席，俄罗斯老年学学会主席发言。大会最后表扬了一批老年学和老年医学方面有成就的专家和学者及俄罗斯一位117岁的长寿老奶奶。开幕式结束后在一楼大厅举行了招待会。这是沙皇时期的一座宫殿，大厅金碧辉煌，一座座吊灯灿烂光彩，由4人组成的管玄乐队，一直演奏着世界名曲，更增加了和谐的节日气氛。来自各地的代表相互交谈，直到8时结束。

7月5日论坛全面开始。从5日至8日：医学论坛21个、主旨报告6个；社会学论坛9个，主旨报告2个；生物学论坛7个，主旨报告2个；共邀请了欧洲各国的91位专家、学者在大会各论坛上发言，并邀请4位世界知名专家在大会上作报告，他们是：美国专家作的：全球老龄化：国际未来的前景展望。瑞典专家作的：干细胞对老龄化研究：即是艺术，又是美好前景。俄罗斯专家作的：人口老龄化与年龄有关的疾病：遗传和环境的作用。意大利专家作的：急性心肌梗死预后的管理和发病率上的碰撞。中国代表团除了听取论坛外，主要巡视了他们论坛的会场。各个会场简补，没有任何布置，但都有计算机和多媒体。中国代表团在大会期间还参观了大会附设的展览会。展览会规模不大，设在饭店2楼长方形的大厅内，一边为注册台，3面为展台，大约有20家。中间为大会茶歇处，备有矿泉水，橙汁，咖啡，糕点等，俄罗斯物价很高，但茶点配备还是比较丰富的。中国代表团也在此处发放了“关于第8届亚/大地区老年学和老年医学大会”的第三轮通知450份（英文版），希望欧洲的专家、学者能来华出席2007年10月的亚/大会议。

7月5日上午10时至下午3时国际老年学和老年医学学会欧洲委员会召开了理事会，其主要内容为：1、主席工作汇报，2、选举医学、生物学和社会学部门的负责人，3、选举国际老年学和老年医学学会欧洲委员会会长、司库和秘书长。

7月6日晚在俄罗斯艺术展览馆内举行了全体与会者的宴请招待会。

7月8日下午14：00—14：30召开闭幕式，最后宣布大会闭幕。

二、拜会国际老年学和老年医学学会会长并解决了台湾老年学会入会名称问题

会议期间，我们拜会了国际老年学和老年医学学会会长雷纳多·马雅·圭马雷斯博士。他对中国老年学学会代表团出席这次大会表示欢迎。赵宝华团长首先代表李本公会长向雷纳多先生表示问候，后谈到亚/大会议筹备情况，赵团长对雷纳多先生对台湾入会名称问题的支持和所作的努力，表示感谢。雷纳多先生认为，遵守联合国宪章是国际组织的职责。赵团长请雷纳多先生对台湾入会的正式名称写一书面的保证，他欣然同意，书写了：“我确认台湾加入国际老年学和老年医学学会的名称为：中国台湾老年学学会（The Gerontological Society of Taiwan，China），然后签上了他的名字和日期。最后，赵团长热情和诚挚地邀请他能出席第8届亚／大会议，并希望他能在开幕式上讲话。他欣然同意了。

会议期间还会见了联合国老龄研究所所长特罗马依先生。他非常热情，连连夸口说：中国好！中国好！赵团长邀请他出席亚／大会议的闭幕式，并在会上讲话。他也欣然同意了。

三、从欧洲大会吸取了主办会议的经验

（一）俄罗斯为这次大会作了很好的准备，该隆重的隆重，如开幕式；该简化的简化，如各个专题论坛的准备、专家的邀请、会议通知的印制简而明、会场的布置朴而实等。开幕式与招待会合并，这样节省人力、物力和财力。论文摘要集和会议指南制作比较精制，文字简练，会议指南标示清楚。这些都值得我们学习和借鉴。

（二）感受了俄罗斯的社会经济发展状况。俄罗斯目前正处于经济转轨时期，工作秩序比较混乱。节奏比较慢，如机场安检。俄罗斯国际机场和国内机场是分开的，国际机场比较陈旧，大件行李出台很慢，很像我国20世纪90年代初的水平。国内机场只有一个安检口，又脱裤子又脱鞋，外面的人要排队等一到两个小时才能入关。社会上流传一句口头禅：等待—忍耐—无奈。据当地留学生讲，商店排队购物，到售货员休息时间，售货员可以不管有多少人排队，就在一旁吸烟，休息时间不可侵犯。临行前，我们中有的同志买些纪念品，买的东西多了一点，售货员就说，可累死我们了，有些不耐烦。城市变化不大，没有什么新的建筑。以圣彼得堡为例：城里城外仍保持一百多年前的模样，缺少新气象。初到者到是对彼得大帝的功劳赞不绝口。

四、存在的问题

这次出访是外事改革后的一个出访团，会议5天，只给了6天。在莫斯科换机，连莫斯科是什么样的都不知道。大家认为，除了开会还应访问一个相关的组织，给一或两天访问时间。因为出国究竟不像国内出差那样便当。请有关部门考虑。

中国老龄协会代表团在日本参加老龄问题国际会议的情况

阎青春　张恺悌　王珑璇

2007年3月14日至16日，全国老龄工作委员会办公室副主任、中国老龄协会副会长阎青春率代表团（代表团由三人组成，包括阎青春副主任、中国老龄科研中心主任张恺悌和协会国际部干部王珑璇）出席了在日本东京举行的主题为“重新认识退休·亚洲”的国际会议。会议由美国退休者协会（American Association of Retired Persons，简称AARP）主办，日本老龄非政府组织（Japanese NGO Council on Ageing）协助筹办。此次会议的主要目的是探讨亚洲社会处理老龄社会退休问题的方法，以及讨论退休人员和年长工作者的生活质量问题；来自包括中国、日本、韩国、印度在内的10多个亚洲国家的120名政府部门、非政府组织、商界、学术界代表出席了此次会议，并作了有关各个国家的老龄状况以及处理老龄化问题的对策的报告和研讨。此次会议得到了社会各界媒体的广泛关注，联合国秘书长潘基文通过视频向此次大会致词，美国前总统克林顿致欢迎信，美国驻日本大使也到场致辞，日本《经济新闻报》和经济时报（亚洲版）全程追踪报道。

此次大会由欢迎晚宴、开幕式、午宴及高科技产品展示、研讨会和闭幕式组成，午宴和茶歇均有会议赞助商发言和高科技产品展示，内容丰富，形式活泼。会议的开幕式以日本老龄非政府组织委员会主席Tsutomu Hotta先生的演讲“为老年人创造活下去的理由”闭幕，同时也为接下来的全体大会拉开了序幕。全体会议的主题是“亚洲的远景·老龄事业的机遇与挑战”，作为正式会议的第一个发言者，阎主任代表中国政府作了题为“中国应对老龄化的对策与思路”的报告，从中国的老龄化状况和基本国情出发，谈了中国政府应对老龄化的各种对策，报告列举了我国政府在养老保障体系、为老社会服务、老年文化教育以及老年人参与社会发展方面所做的工作以及涉及到的数据，引起了各国代表的广泛关注。印度政府社会公正和权利部联合秘书Narayana Murthy先生代表原定发言人印度国家政府社会公正和权力部部长发言，由于其不是老龄问题的专家，就没有介绍印度的老龄化状况，只发表了对老龄化以及应对老龄化问题的看法。韩国发言人老龄社会和人口政策执行委员会主席兼秘书长 Park Jyu-Hoon 女士对韩国的老龄化状况和人口结构作了详细的分析，同时也对近年来出现的与韩国传统文化相悖的低生育率问题进行了反思。全体会议是此次会议参与人数最多，影响最大的会议，全体会议上的发言是由中国、印度和韩国这三个近些年来老龄化问题突出，正在探索解决老龄化问题路子的国家完成的。各国发言人一致认为，发挥老年人余热，积极老龄化，是老龄工作的重点。

研讨会的主题有："家庭和社区：传统养老模式的创新"、"政府、雇主和个人：退休收入的三大支柱"、"开发巨大的老年人力资源"、"加强亚洲老龄非政府组织的作用"、"保障健康护理的正常提供和可支付性"和"五十岁以上市场的金色力量"等。这些主题都是发展老龄事业的热门话题，得到了与会国广泛的参与和支持，每个研讨会的讨论小组成员都是来自著名大学、各国权威研究机构、政府相关部门、非政府组织以及经济研究部门的专家学者，他们围绕主题发表自己的见解，为老龄事业的发展开拓了新的思路。来自中国老龄科研中心的张恺悌主任在研讨会上作了题为"Social Protection for the Elderly: The Profile of Social Security in China"（老年人的社会保护：中国社会保障概览）的报告，对中国的养老保险体系、医疗保险体系、最低生活保障和农村地区实行的"五保户"计划等作了大概的介绍，也为中国社会保障的发展提供了几点意见。

中国老龄协会代表团赴美国交流考察报告

2007 年 3 月 17 日—24 日，以全国老龄工作委员会阎青春副主任为团长，科研中心张恺悌主任、刘芳副主任和于践同志为团员的 4 人代表团赴美国访问。访问期间，代表团先后在南加州大学社会学系介绍了中国的老龄事业白皮书、科研中心 2006 年中国老年人口生活状况追踪调查相关研究、拜访了有关老龄研究机构和老龄领域的专家学者。随后，又赴华盛顿特区访问了美国普查局，就中美项目的研究报告"2000 年中国城乡老年人口的健康与健康护理"定稿进行磋商。最后访问了美国国家老龄研究所（NIA），商谈了双方合作的事宜。双方还就过去有人冒用科研中心名义和 NIA 进行合作研究事宜进行澄清和沟通，表达了科研中心今后继续合作的意愿，同时也不卑不亢地表明了中国政府关于对外交流的基本原则与我们今后的合作立场和原则。

现将访问期间的主要活动做如下详细汇报：

一、介绍"中国应对人口老龄化挑战的对策与思路"

在南加州大学公共政策与城市规划管理学系，老龄办阎青春副主任向该校的师生和学者作了题为"中国应对人口老龄化挑战的对策与思路"的报告。阎主任在报告中阐述：随着人类社会的发展进步，人口老龄化问题已经成为当今世界亟需积极应对的一个社会问题。中国作为世界上最大的发展中国家，到 2005 年底，60 岁以上的老年人口已经达到 1.44 亿人，占总人口的比例达到 11%。且中国人口老龄化与国际社会相比较，明显具有老年人口基数大、老龄化速度快、高龄老人数量多、老龄人口呈现城乡倒置、女性多于男性等特点。面对老年人口剧增、老龄化速度加快且地区发展不平衡的状况，顶着"未富先老"的巨大压力，如何保障老年人合法权益，促进老龄事业发展，也是中国社会发展中亟待解决的重大课题。阎主任还介绍了中国政府所采取的一些措施：1. 建立健全老龄事业的国家机制：中国政府为老龄事业确立了"老有所养、老有所医、老有所教、老有所学、老有所为、老有所乐"的发展目标；颁布了 200 余件涵盖老年社会保障、老年福利与服务、老年卫生、老年文化教育和体育、老年人权益保障以及老龄产业等多方面内容的法律法规和政策，初步形成以《中华人民共和国宪法》为基础，《中华人民共和国老年人权益保障法》为主体。中国政府先后颁布实施了三个有关老龄工作阶段性发展的规划纲要，国务院成立了由国务院副总理担任主任、国家 26 个部门组成的全国老龄工作委员会并专设办公室，统筹规划和协调指导全国的老龄工作，初步形成了从中央到地方的工作网络。2. 努力构建养老保障体系：建立与经济社会发展和人口老龄化水平相适应的养老保障制度，是中国发展老龄事业的重要任务和优先领域。近年来，中国逐步建立健全政府、社会、家庭和个人相结合的养老保障体系，努力保障老年人基本生活。首先是建立城镇职工养老保险体系。其次是探索建立农村养老保障体系。中国老年人口近60%分布在农村。2005年全国有31个省约1900个县开展了农村社会养老保险工作，5400多万农民参保，积累保险基金约310亿元人民币，300多万参保农民领取养老金，当年支付养老保险金21.3亿元人民币，使更多农村老年人的基本生活有了制度保障。国家对农村460多万无劳动能力、无生活来源、无法定赡养人或扶养人的老年人，实行吃、穿、住、医、葬方面的“五保”供养制度。再次是建立贫困老年人救助制度。中国政府把缓解和消除老年贫困纳入国家反贫困战略和老龄事业发展规划。国家建立城市居民最低生活保障制度，对人均收入低于当地最低生活保障标准的家庭按标准给予补助。国家积极采取多种补充性医疗保障措施，推动各地建立大额医疗费用补助办法，探索建立城乡社会医疗救助制度，努力减轻老年人的医疗费负担。3. 大力发展为老社会服务：近年来，中国政府加快为老社会服务体系建设，大力发展社区为老服务，同时，积极推进机构养老服务，努力满足老年人多样化的养老服务需求，初步形成以居家养老为基础、社区服务为依托、机构养老为补充的为老社会服务体系。国家制定政策，采取措施，加大投入，加强社区为老服务建设。从2001年起，中国政府连续三年实施建设社区老年福利服务设施的“星光计划”，总投资134亿元人民币，建成“社区星光老年之家”3.2万个，涵盖老年人入户服务、紧急援助、日间照料、保健康复和文体娱乐等多种功能，受益老年人超过3000万人。2005年底，全国城市社区服务设施达到19.5万处，综合性社区服务中心8479个。国家加大资金投入，采取公建民营、民办公助、政府补贴、购买服务等多种形式，加快城乡社会福利院、老年公寓、养老院和老年护理院等养老机构建设，为不同经济状况和生活能力的老年人，特别是高龄失能人群提供机构养老服务。2005年底，全国城乡各级各类养老服务机构39546个，总床位149.7万张，其中农村乡镇敬老院29681个，总床位89.5万张。国家通过多种形式，培养了近3万名为老服务的专门管理和服务人才。4. 重视发展老年文化教育：中国重视发展老年文化教育事业，不断丰富和满足老年人精神文化需求。全国大中城市逐步建立起了设施完备、功能齐全的综合性老年活动中心，县城镇建立了老年文化活动中心，乡镇街道设立老年活动站（点），基层村（社区）开设老年活动室。目前全国共出版老年类报纸24种，发行量280多万份；老年期刊23种，期发行量305.8万册。文艺、影视、戏剧和出版界创作了大量老年人喜闻乐见的文艺作品。国家重视保障老年人受教育的权利，加大投入，积极扶持，到2005年底，全国已创办老年大学（学校）2.6万多所，在校学员230多万人。5. 鼓励老年人参与社会发展国家重视和珍惜老年人的知识、经验和技能，积极创造条件，发挥他们的专长和作用，鼓励和支持老年人融入社会，继续参与社会发展。最后，阎主任强调：中国的老龄事业取得了显著成就，但也存在一些问题和不足：老龄法律法规还不够健全，侵害老年人合法权益的现象时有发生；社会保障制度尚需完善，一些生活困难老人的保障水平较低；全社会尊老敬老的社会氛围有待于进一步形成，等等。面对日益严峻的人口老龄化挑战，中国政府将围绕构建社会主义和谐社会的宏伟目标，积极采取更加有效的战略措施，加大老龄事业发展力度，努力建设“三个体系”，推动老龄事业与经济社会协调发展，促进老年人共享经济社会发展成果。首先是健全法律法规政策体系，为老龄事业发展创造良好的法制和政策环境。其次是不断完善老年人社会保障体系，为维护老年人的基本生活权益提供制度保障。再次是着力构建为老社会服务体系，最大限度地满足老年人的多种服务需求。报告在师生中引起了很大的反响，受到了高度赞扬。

二、介绍“2006年中国城乡老年人生活状况追踪调查”基本情况

在南加州大学访问期间，科研中心张恺悌主任介绍了“2006年中国城乡老年人生活状况追踪调查”基本情况和部分研究成果。

首先，张主任介绍调查的背景和基本情况：为全面了解近年来我国城乡老年人口基本状况的变化和老年人养老保障与服务需求的情况，掌握我国人口老龄化发展过程中存在的问题，为党和政府研究制定社会经济发展规划和老龄事业发展规划以及相关的法律、法规和政策提供科学决策依据，中国老龄科学研究中心于2006年在全国开展了城乡老年人口状况抽样调查。

本次调查全面反映了当前我国老年人口的状况，并在一定程度上反映了我国老龄工作的状况；本次调查与2000年中国城乡老年人口状况一次性抽样调查相衔接，可以显示2000年以来我国城乡老年人口基本生活变化，以及老年人养老保障和服务需求的变动趋势。

本次调查的标准时点为2006年6月1日零时。调查对象为居住在中华人民共和国境内（不包扩台湾省、香港特别行政区和澳门特别行政区）的60岁及以上的中国公民。调查采取分层按人口规模比例的随机抽样方法，根椐华北、东北、华东、中南、西南和西北6个大区的老年人口规模，抽取20个省、自治区、直辖市，最终抽取2000个村委会、居委会（社区），共得到有效样本19947人。调查所获得的数据经加权后对全国具有代表性；调查结果经检验是科学、可靠的。

随后，主任介绍和部分调查结果和研究成果：1.2006年我国城乡老年人口基本状况，老年人口总数及城乡分布①：截止2006年6月1日，全国60岁及以上老年人口总数为14，657万人（2006年底为14，901万人②），其中城市老年人口3，856万人，占全国老年人总数的26.3%，农村老年人口10，801万人，占73.7%；按户口类型分类，非农业老年人口4，019万人，占27.5%，农业老年人口10，619万人，占72.5%。2.老年人家庭户结构与居住意愿：老年人收入与经济状况老年人健康和医疗保障状况、老年人生活自理能力及照料、服务需求老年人幸福感与生活满意度基层老龄工作和为老服务状况。3.中国城乡老年人口状况发生了明显变化（2000年一2006年）：2000年以来，我国城乡老年人口及其生活状况发生显著变化，老年人群体素质有所提升，经济水平有所提高，居住环境有所改善，养老保障、医疗保障、社会福利和社会救助等一系列社会保障和社会福利措施正逐步覆盖包括老年人在内的城乡全体居民，老龄事业获得了新的发展。调查结果显示：老年人口规模及其社会人口学特征发生显著变化，老年人的退休金（养老金）和收入水平明显提高，老年人的住房状况和社区服务有所改善，老年人的医疗保障得到一定改善，老年人的社会福利和社会救助不断发展，老年人的社会参与水平逐步上升。

最后，恺悌主任向学者强调了我国人口老龄化及老龄事业面临的问题和挑战：

1.日益严峻的人口老龄化趋势对经济社会发展的压力不断加大。

我国60岁及以上老年人口一是规模庞大，总数已达1.49亿人，占全球老年人口的21.4%，居世界首位，约相当于整个欧洲60岁及以上老年人口的总和。二是增长速度加快，其年均增长率高达3.2%，几近总人口增长速度的5倍。根据《中国人口老龄化发展趋势百年预测》③，2010年老年人口将达1.74亿人，占总人口的12.8%，2020年进一步增至2.48亿人，占17.2%，人口老龄化呈加速增长之势。三是高龄化趋向显露，目前80岁及以上高龄老年人口已达1619万人，2020年将进一步增至3067万人。

日益严峻的人口老龄化趋势对我国经济社会发展的压力不断增大，特别是在2030年以后，中国人口老龄化即进入最严峻时期，同时人口红利期窗口也将关闭，人口总抚养比和老年抚养比双双冲高，经济和社会发展将面临前所未有的压力。

2.老年人尤其是农村老年人的收入水平较低，消费仍以温饱为主。

我国老年人的收入近年来虽有提高，但总体水平和增长幅度仍然较低，农村尤为突出。我国老年人的消费结构以日常生活支出为主，在2000年—2006年间，消费主要以温饱为主的格局没有变化。2000年城市老年人日常生活支出在消费结构中占63.3%，农村老年人占77.2%；到2006年分别占64.2%和75.5%。

3.老年人尤其是农村老年人的健康和医疗开支负担较大，心理问题和精神需求值得关注。

老年人慢性病带病率较高，健康和医疗支出数额和比例均较其他人群大。2006年城市老年人医疗费支出（已扣除非本人承担医药费）在消费结构中占8.8%，农村老年人更占到10.7%。

老年人的心理和精神状态近年虽有所改善，但在他们中感到自已越来越跟不上社会发展的比例到2006年时仍高达73.6%，只比2000年下降1.2个百分点，在农村这一问题更显突出。目前，常感孤独的老年人，在城市占18%，农村30.9%；有过自杀念头的老年人，在城市占2.6%，农村为4.9%。

基层医疗卫生资源仍然比较匮乏，在本次被调查的城市居委会（社区）中，有59%缺乏全科医生，56%缺乏护理指导人员，49%缺乏护理员，38%缺乏照料人员，34%缺乏志愿者。农村村委会在这些方面更亟待加强。

4.养老和医疗保障不完善，社会福利需求大，为老年人提供的社会化服务水平低，农村问题尤为突出。

农村老年人非常担心没有生活费来源的同期从12.4%升至14.2%，非常担心生病时没钱医治的从

① 本次调查由于考虑到各县内的绝大多数老年人实际为农业户籍或具有农民身份，因而采取按照市、县的区划来划分城乡，居住在县辖内的镇人口仍按农村人口计，与国家统计局城镇划分口径不同，特此说明。

② 据国家统计局《2006年国民经济和社会发展统计公报》。

③ 李本公主编，《中国人口老龄化发展趋势百年预测》，华龄出版社，2007年版

17%升至20%，非常担心需要时没人照料的从11.3%升至13.4%。

所有这些都表明，在我国尤其是农村地区，面临着老年人长期照料的严峻挑战，建立包括经济供养、生活照料、健康护理和精神慰籍在内的全方位的社会化养老服务体系迫在眉睫。

总之，通过本次调查，我们既可以看到我国老年人口的基本状况在不断改善，老龄事业在不断发展，又可以看到我国老年人口日益增长的物质文化生活和服务照料需求与社会供给之间的矛盾。我们应当遵照“加快推进以改善民生为重点的社会建设”方针和“加强老龄工作”、“积极应对人口老龄化”的要求，切实将解决我国城乡老年人口问题纳入经济社会发展规划，制订和完善相应的法律和政策法规；深化改革、整合资源，加大相关公共服务和设施的投入力度，不断完善社会保障体系，使之惠及更广泛的老年人群体；加强和改善从中央到地方的城乡各级老龄工作，加快老龄事业的发展，确保我国老年人共享改革发展的成果。

此次访美意义重大，美国学者通过这个报告了解了中国老龄化现状、发展趋势、面临的挑战，以及中国政府所采取的积极措施。增强了科研中心与美国老龄机构和专家学者的联系与沟通。为今后的进一步合作与交流奠定了基础。

联合国人口基金第六周期援华老龄项目赴日本、越南研习考察报告

郭　平

2007年10月25日至11月4日，由联合国人口基金第六周期援华老龄项目安排和资助，全国老龄工作委员会办公室国际部组织包括5个项目县（市、区）老龄办有关负责人在内的8人代表团，赴日本和越南两国访问，研习和考察两国在应对人口老龄化、为老年人提供保障和照料服务等方面取得的成功经验。

一、本次出访的主要目的

结合联合国人口基金第六周期援华老龄项目，即“提升政府在制定和执行科学的老龄问题战略规划和政策的能力”方面的计划安排，通过对日本和越南两国老龄工作的考察研习，分析对比我国国情和当地实际情况，提高各项目县（市、区）老龄工作部门负责人对老龄社会和健康问题的认识，推动当地老龄工作的开展和积极老龄化行动。

结合本项目基线调查中发现的主要问题和项目预期目标，全国老龄办国际部国际项目合作办公室与项目援助方——联合国人口基金驻华代表处（UNFPA Beijing Office）、项目国际执行机构——国际助老会（HAI）协商，精心设计安排了考察研习的方向和内容。主要包括：两国政府和民众的老龄化意识，相关法律、法规、政策和规划的指导作用，政府的管理方法，老年人保障、健康、参与状况，养老机构和社区为老服务状况，老年人照料护理的专业化情况，老龄化社会的人文关怀和环境支持，社区和非政府组织在老年人社会服务中的作用等方面。整个出访安排的活动非常紧凑，有两天都持续到晚上10点钟左右。联合国人口基金驻华代表处项目官员金花对整个考察研习过程进行了督导。

二、主要考察研习活动概况

（一）在日本的考察研习情况

1.10月26日上午参观了兵库县尼崎市的一家高龄者施设。这里规模不算大，床位只有50张，有长期生活在这里的老人，也有短期休养的老人；另外，此机构还能将服务辐射到附近社区，由工作人员提供上门服务或白天接到机构活动、洗澡的老年人共有500人左右，他们能享受到专业的施设和服务服务。施设的生活条件很人性化，管理也人性化，工作人员不要求统一着装，也不挂牌，利于接近老人，像扮演老人们亲人的角色。施设还与周围小学校联系，经常让学生们不定期来这里为老人表演节目、与老人交谈等，使老人的生活充满生气。长期生活在施设的老人身体状况都不好，有2/3是失能或部分失能老人，还有老年痴呆症患者；医疗方面，老人们一般有自己的家庭医生，生病了也可以上医院。但是许多老人的家属不能经常来看望，所以有些生活在这里的老人仍然缺乏亲情照料。

我们了解到，在日本由政府支持举办的养老院

中，其职员是终身雇用制的，工作到一定年限可以退休，享受相关社会保障待遇，所以工作也比较安心和敬业。养老施设也会根据需要，聘请一些临时工、钟点工。由于日本推行了高龄护理保险，经过评估，有资格入住福利性养老机构的老人，自己只需交纳10%的入院费用，其他的由国家、地方政府和护理保险来负担。

2.10月26日下午参观了兵库县宝塚市的一个私人企业化养老设施。这个设施是由民间兴办的，享受税收优惠政策，也可以享受介护保险。这个施设前期投入了大约20亿日元，合人民币1.3亿元，合美元1800万元。该设施的环境条件很好，每位老人都有独立居住的房间，大约10平方米，内设卫生间、小厨房；10个房间为一个区域组合，共用一个餐厅、一个浴室，浴室里配有可操控的洗澡仪器。按20：9.8来配备管理、护理和服务人员，晚间也有工作人员值班看护。

3.10月29日上午，根据事先联系，我们团里4位代表访问了日本厚生劳动省的社会福址课。日本是高龄社会，国家要用很大的资金在老年人的社会福利保障方面，介护保险从2004年开始执行，现在还在试行阶段。老年人和残疾人都是很大的社会问题，日本从三个方面来解决他们的照料问题：一是对待老人是人性化，老人可以选择住在哪里，不管是住家里，还是住养老院，都可以享受介护保险；二是残疾人自立化，日本去年推出法律，鼓励他们走向社会；三是失能老年人的地域福址化，发挥基层社区的作用。厚生劳动省社会福址课主要负责组织地域福址的安排。日本对于老年人有两部法律：《老人法》和《介护法》。介护保险已经写进了法律，公民从40岁开始缴纳介护保险费用，到65岁以后，根据实际情况就可以享受介护服务。相关法律照顾到老年福址事业的平衡发展，完善了相关法律条文；日本政府在地域福址建设中给予资金支持，建设费用分配比例是：国家50%，县（相当于中国的省级）政府25%，市级地方政府或法人25%。

当前日本的养老服务面临的最大问题是缺少专业服务人员，如护士、护理员，目前正从其他地方如菲律宾来引进和培训专业服务人员，以弥补人力资源的短缺。

4.10月29日上午，我们还访问了东京都高龄社会对策部福址保健局介护保险课。东京都的老年人介护保障制度开始于2000年4月，该部门主要负责介护人才的培养，取得国家资质的介护人员需要两年的专业培训教育，一般的介护人员上岗前需培训3个月。介护机构的运营情况由第三方来评估考察，每两年一次，对家庭介护的评估由负责的私人机构来执行评价。日本对老年人的要求很重视，介护保险政策三年修改一次。不需要介护的老人到地域的活动中心去活动。

5.10月25日、26日、28日和29日，我们还与担任这次访日期间日方的主要联系人——日本社会福祉大学的村川教授进行了多次交流，特别是在日本制定社会福利和高龄护理保险等法律方面了解到许多可供借鉴的理念和实践经验。

（二）在越南的考察研习情况

1.10月31日上午8：30与越南全国妇女联合会国际部负责人Pham Hoai Glang女士会谈。越南妇联是HAI的伙伴，合作有10年了，组织老年妇女开展了不少的活动。妇联从法律政策和日常生活两个方面来帮助妇女。在政策方面，重视妇女劳动的权益，要求性别平等，即妇女应和男人一样工作到60岁，目前妇联正协助越南老年人协会制定老人法，主要职责是将性别平等原则写进法律，这样就能关怀到老年妇女的生活。在日常生活方面，借助与国际组织的合作，在项目执行中侧重老年人的生活，因为老年人缺乏关怀，有孤独感，所以组织了很多的俱乐部，让她们有机会多参加活动，丰富她们的生活。

2.10月31日上午10：00访问越南老人会。副主席丁文治先生向我们介绍了越南老年人协会的工作情况。越南目前60岁以上老年人有800万人，占总人口的9%，预计到2020年，老年人口占总人口的15%。平均年龄71岁，老年妇女的寿命比男性长5年。越南受两次战争影响，老年人很多，政府对老年人比较关心。法令规定，90岁以上老年人免费看病，有4000名老人进养老中心养老。越南老人会成立已有20年了，早在1941年，胡志明主席就倡导建立老人会，越南中央老人会是1995年10月10日正式命名的，已经召开了三次大会。老人会是非政府组织，但受到政府的支持，其最大目的是将老年人联合起来，帮助他们，让他们好好生活，参与社会，同时给社会多作贡献。96%的地方有老人会代表，有82%的老年人参加了老人会。老人会借助国际组织的帮助，经常开展活动，如组织医疗保健讲座，组织体育活动，组织文化活动如唱歌、做诗、才艺表演等，还倡导老年人积极参与社会，在发展经济上、在文化生活上、在环境保护上做好表率。越南于2000年颁发了老人法令，为了更好地保护老年人的权益，推动老年工作的发展，今年1月18日中央委员会决定委托老人会起草《老年法》，目前正在进行中。

2.10月31日下午访问越南养老研究中心。该组织是越南红十字会支持的一个非政府组织，是一个小型互助组织，有16年历史。中心有6个工作人员，都是志愿者，负责人是一个年近70的女性作家，他们还有30个志愿者合作伙伴（教授、专家等），工作人员都没有报酬，工作经费主要来自于与国际组织合作项目提供的资金。该组织主要工作是：培训为老服务人员（共培训了800人，目前就业的有150人），帮助各地建立各种类型的俱乐部（如艾滋病同感俱乐部），帮助老年人借钱发展经济来提高自养能力。由于工作卓有成效，受到了国际组织的认可，也受到国家老龄委的认可，还深得人民群众的欢迎。

我们分两组访问了两户老年家庭。这两个家庭都有生活不能自理的老人。由养老研究中心派一个护理人员上门服务，家庭每月支付约合350元人民币的费用，负担不重。家庭对中心介绍的护理员比较满意，一是因为护理员是经过了培训的，除会做家务外，还有一定的照护技术；二是有中心在的信用作支持，给予保障（中心给养护人员购买了养老保险和医疗保险），不用担心人员的来源和人品的问题。

3.11月1日上午访问海洋省老人会安乐社代表处及老人家庭。海洋省老龄委的负责人介绍了当地的情况，该地有79个志愿者参与照顾老人的工作。然后实地了解了两个鳏寡孤独老人的生活，一个老越南女兵，年龄85岁，志愿者照顾她的生活已3年了，一般是白天来照料，如果老人生病了，那就要整天呆在老人家。另一个女性孤寡老人，由志愿者将她接到自己家中养老。

4.11月1日下午访问广宁省劳动事务所。广宁省的经济相对比较发达，因此老年人的保障工作做得比较好，为85岁以上的老人发放每月90元的生活补助，计划每隔两年提高25元一30元。正在倡导社会化福利，鼓励企业界来投资养老服务业，有一个县由私人投资建了一个养老院，政府为其提供优惠。

5.11月1日晚上观摩亚龙湾艾滋病同感俱乐部活动。由于当地艾滋病发病率比较高，受其危害的家庭比较多，病人及其家属在精神上和资金上压力很大，组建同感俱乐部，将他们联合起来，走出疾病的阴影，激发生活的热情。俱乐部每月开展一次活动，或进行医疗讲座，或传授生产技术，或组织才艺表演，形式多样，内容丰富。俱乐部还帮助成员向机构借钱（由妇联作信用担保）来发展经济改善生活。

6.11月2日下午观摩河内的一个艾滋病同感俱乐部的活动。该俱乐部获得HAI的支持，刚刚争取了一个生产加工手工玩具的项目，由国际组织包销。成员们来俱乐部活动，大家在一起交流，不仅能改善心情，还能获得一定的报酬补贴家用。

三、本次考察研习的主要发现和体会

（一）日本由于是高度老龄化的国家，在应对人口老龄化社会的对策方面有许多成功的经验，也有可吸取的教训。我们主要感到日本在应对老龄化社会带来的挑战中，其法律建设已经比较完备，一切均以法律条文规定执行。我们印象比较深的是各级政府部门的公务员是在相关法律受权下开展工作的，他们对法律规定的工作范围非常清楚，定位明确，而对不属于自己职权范围的工作决不越位；这样一来，就不需要更多层次的协调工作，而是在法律层面完成各项事业的协调和安排。

（二）日本的养老服务设施、人员和相关产品的专业化程度给我们留下了深刻印象，这与相关社会福利制度的推行和完善有直接关系。

（三）越南在为老年人提供服务和保障方面起步时间不长，老年法也还在制定过程中，但他们同样也有敬老养老的传统文化。越南党和政府也很关心老龄事业，除了有政府层面的专门委员会来协调老龄工作，他们还有全国老人联合会这样的人民团体性组织，与全国妇女联合会等组织一样，在维护老年人权益、代表老年人诉求的声音方面起到非常重要的作用，是越南党和政府与老年人群体之间的桥梁。

（四）越南虽然没有更多的养老机构，但他们在对老年人的照料和服务方面有自己独特的实践，特别是发挥非政府在为老年人照料服务中的作用，给我们留下了深刻印象。可以在政府主导下，积极发挥社会民间组织作用，通过志愿者的工作，为老年人开展照料服务，取得更好的效果，提高为老年人服务的质量和效率。

四、几点建议

通过这次访问，我们感到收获很大，开阔了眼界，增长了知识，取得了预期的成果。在考虑我国老龄事业发展、老龄科学研究和地方老龄工作时，有了更加广阔的视野，可以借鉴许多经验，汲取相关教训，避免走弯路。

日本和越南的国情和我国不同，我国的养老体制与日本和越南相比，各有特点，各有千秋。我国老龄事业如何发展，老龄工作如何开展，实行什么样的模式，首先是不能离开中国国情，其次又要照顾到老年人这一个特殊的群体的特点。

（一）要尽快把我国老龄工作纳入法制化轨道。另一方面由于《中华人民共和国老年人权益保障法》是我国保障老年人权益的基本法，在新形势下除了应做必要的修改和补充外，应该加快制定与之相配套的法规条例。

（二）积极探索我国养老服务业发展的新路子，进一步拓宽养老服务的领域。一是积极探索养老服务机构的发展模式，二是积极研究制定我国养老服务业的设施、人员和服务的相关标准，规范发展养老服务业。

（三）继续加大国家对老龄事业的投入力度，建立多元化、多渠道、多层次的投入机制。我国还是发展中国家，经济基础仍比较薄弱，而且我国幅员辽阔，人口众多，地区差异很大，老年人日趋增多，养老压力越来越大，不能光靠国家投资解决一系列问题，必须建立与社会主义市场经济相适应的多元化、多渠道、多层次的投入新机制，在政府主导下，发挥社会、企业、家庭和个人的主观能动性，调动全社会参与老龄事业的积极性。

（四）加强社会组织和社区在养老服务业中的作用，加强基层老年人协会等群众自治组织的积极参与作用，鼓励老年人进一步参与社会。

（五）要进一步加强老龄工作机构的交流与合作。一是要充分发挥全国老龄办及各省、市、县老龄办的作用，通过举办培训班、组织考察、召开研讨会和座谈会等各种形式，加强省与省、地与地、县与县之间工作交流与合作机制，互相促进、互相学习、共同发展。二是要进一步加强国际间的合作与交流，从这次考察情况看，日本的养老服务业的发展已趋于成熟和法制化，越南也根据自己的国情发展适合于本国国情的养老方式。今后继续加强与国际机构的合作，加强老龄工作者的国际交流，特别是人员培训等方面的交流与合作，加快我国老龄事业的发展。

日本东京中日韩社会福利研讨会

2007年5月25日—29日，陶立群同志赴日本东京参加“日中韩人老龄化和地区福利研讨会”。参会的中日韩三国专家学者共计40余人，会上陶立群同志还作了“我国人口老龄化发展趋势及社区服务”学术报告，论文发表在会议文集上。同时与会的还有北京大学的三位专家，他们分别就我国社会工作、医疗体制问题发表了学术报告，会议开得紧张而有成效。会后中方几位专家还到驹泽大学参加了“日本社会福利教育联盟”会议，参观了和平广场敬老院。随后，日方还委托陶立群同志向科研中心张恺悌主任表达日方希望今后派专家到中心与张主任面谈合作的意向。

附件　研讨会论文

养老服务设施和护理服务产业化发展现状及趋势摘要

中国老龄科学研究中心研究员　陶立群

【内容提要】　随着我国人口的进一步老龄化、高龄化、长寿化，作为老龄产业支柱型产业的养老服务设施和护理产业，将会有较大的发展。涉及老年人养老的各个方面都可能成为养老服务设施和护理产业发展的重要契机，就地就近在社区中发展社区服务和社区护理服务、老年服务设施，以“居家养老”和社区服务等相结合的方式来解决高龄老人的照料问题，在社区中有计划的发展“特别护理老人之家”、“家庭病床”和“家庭护理员”，是我国今后解决高龄老人照料护理问题应该重点投资的产业。

我国经济基础薄弱、社会化程度不高，只有加快建立和完善以社区为中心的社会化、网络化养老服务体系，形成多层次、网络化、社会化服务能力，才是实现老年社会福利社会化、产业化、市场化。

【关键词】　养老　护理　服务　产业化

一、庞大的老年群体的特殊需求

（一）老龄产业发展是人口老龄化的必然结果

老年人口在总人口中的绝对数和比例不断增加，

将带来一场深刻的人口革命——步入老年型国家。在未来的近半个世纪中，我国老年人口一直是呈迅速增长的发展趋势，而且高龄老年人口增长速度又大大快于低龄老年人口增长的速度。这预示着在社会总需求中，老年人的特殊需求在迅速增长，以满足老年人特殊需求的养老服务设施、日常生活用品和社区服务、娱乐业的新型产业——老龄产业，已经展现出前所未有的发展机遇。伴随着人口老龄化，老年人口将成为一个日益有影响的、重要的社会群体，关注老龄问题和老龄事业，关注老年人的物质和精神文化的需求，不断提高老年人生活水平，需要大力发展老龄产业，为老年人能够提供更多更好的优质服务和特殊生活用品，这不仅对提高老年人晚年的生活质量十分重要，同时也有利于拉动内需，促进国民经济健康可持续的发展，老龄产业的迅速崛起是21世纪我国国民经济新的增长点。

老龄产业是老年消费市场需求增长带动而形成的新兴产业。目前，老龄产业在我国还刚刚兴起，但是随着我国人口老龄化的迅速发展，老年人口的迅速增加，为老年人提供的养老服务设施、社区服务和老年生活用品的需求会越来越多。老龄化社会的来临，在给社会发展带来了诸多不利因素的同时，也在孕育着一个潜力无穷的巨大的消费市场。

一定的人口规模、购买欲望和实现这一需求的购买力水平是决定市场需求状况的三大要素，也是促进产业结构调整的先决条件。庞大的老年群体特殊需求的不断增长，是促成老龄产业发展极为重要的人口基础。因此，老龄产业的形成是人口老龄化、社会经济发展以及提高老年人口生活质量的必然结果。

（二）我国老年人口的发展

从1950年到2005年，我国总人口由5.52亿人发展到13亿人，年均增长速度为1.6%；而老年人口由0.42亿人发展到1.4亿多人，年均增长速度为2.3%，大大快于总人口的增长速度。根据联合国的预测，2065年之前，我国老年人口将一直处于增长状态。21世纪上半叶我国人口老龄化的另一个重要特点是老年人口高龄化发展迅速，2000年我国80岁以上的高龄老年人已经达到1199万人，占总人口的比例接近1%，到2050年将会提高到近7%。庞大而且不断增长的老年人口的绝对规模，老年人口的特殊需求无疑也将迅速增长，这构成了老龄产业发展极为重要的人口基础。

图1　1953—2003年中国60岁以上老年人口发展状况　（万人）

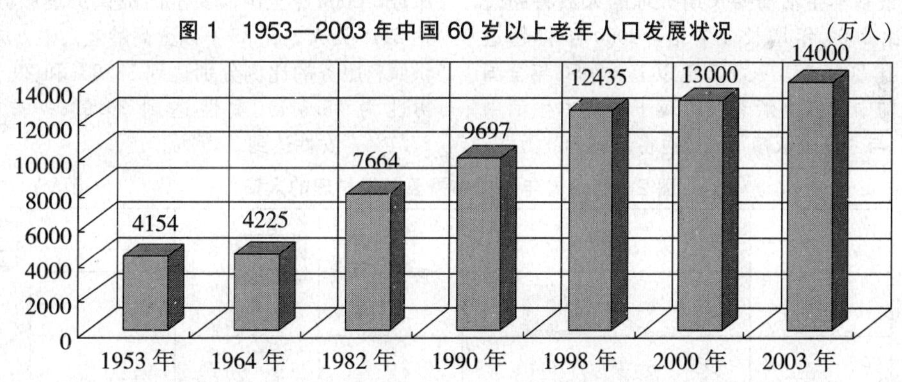

资料来源：萧振禹，2004年，“我国人口革命转变与老龄化”，“市场与人口分析”，增刊及有关数据整理绘制。

表1　中国百年老年人口发展、预测　（亿人）

年份	总人口	0～14		60＋		80＋		TFR	平均寿命	中位年龄
		人数	%	人数	%	人数	%			
1950	5.52	1.85	33.6	0.40	7.5	0.02	0.3	5.8	41.0	23.9
1953	5.67	2.06	36.3	0.42	7.3	0.02	0.3	6.0	55.0	22.7
1964	6.95	2.81	40.7	0.42	6.1	0.02	0.3	6.2	61.8	20.2
1982	10.04	3.37	33.6	0.77	7.4	0.05	0.5	2.8	67.9	22.9
1990	11.31	3.13	27.7	0.97	8.6	0.08	0.7	2.3	69.2	25.3

（续）

年份	总人口	0～14		60＋		80＋		TFR	平均寿命	中位年龄
		人数	%	人数	%	人数	%			
2000	12.66	2.90	22.9	1.30	10.3	0.13	0.9	1.8	71.2	30.1
2005	13.15	2.97	22.5	1.45	11.0	0.16	1.2		72.0	32.5
2010	13.65	2.93	21.5	1.68	12.3	0.19	1.4		73.0	34.5
2015	14.10	2.75	19.5	2.09	14.8	0.24	1.7		74.0	36.0
2020	14.40	2.74	19.0	2.40	16.7	0.31	2.2		75.0	37.0
2025	14.70	2.72	18.5	2.88	19.6	0.38	2.6	1.6	76.0	39.0
2030	14.85	2.67	18.0	3.50	23.5	0.46	3.1		77.0	40.5
2040	15.00	2.55	17.0	4.05	27.0	0.74	4.9		78.0	43.0
2050	14.80	2.49	16.8	4.36	29.5	1.10	7.4	1.7	80.0	43.5

资料来源：根据历年《中国人口统计年鉴》萧振禹．我国人口革命转变与老龄化「J」北京大学，市场与人口分析 2004 年增刊。

注：此表数据不含台湾、香港、澳门地区和金澎、马祖岛屿人口。

（三）需要长期护理的老年人增加

在老年人口迅速增长的同时高龄老人增长的速度最快，老龄化社会中，高龄老年人口中最基本生活需要护理的人数在迅速增加，据预测，2025 年，高龄老年人口中最基本生活需要长期护理的人数将超过 690 万人，比 2000 年增长 1.7 倍，2050 年将超过 2200 万人，比 2000 年增长 7.5 倍以上。2050 年全国各类养老机构中收养高龄老人中属于最基本生活中"相对依赖"与"完全依赖"人数也将超过 650 万张。为了适应这种状况，全国平均每年要增加 11 万张床位。

老年群体有非常强烈的照料服务需求，尤其是高龄老人。无论城乡，大约 7%的老年人需要提供照料服务，2000 年全国需要上门提供护理服务的人数高达 2119 万人。在 85 岁以上高龄老人中，城乡需要提供照料服务的比例分别达到 33.9%和 29.4%。城市男性为 28.6%，女性达到 36.6%；农村男性为 27.1%，女性达到 30.5%。

图 2　高龄老年人口中需要长期护理的人口　（万人）

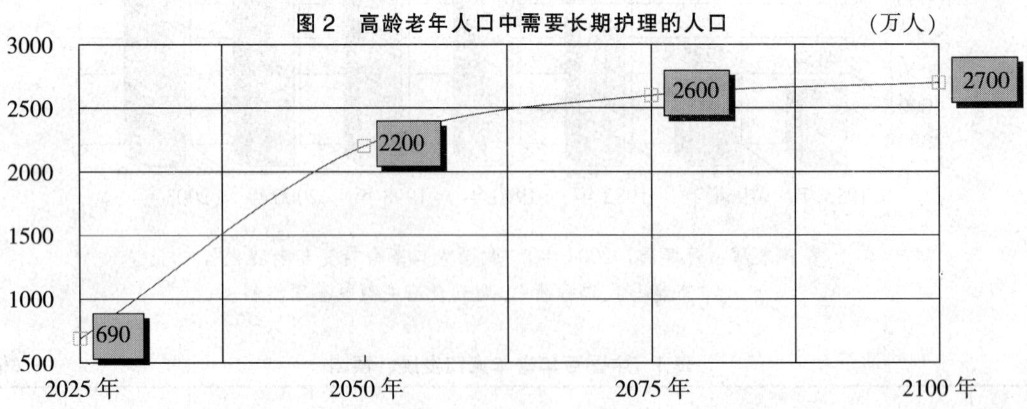

（四）需要社区日常生活服务增加

我国高龄老人、独居老人及孤寡老人的比例不断上升。根据全国第五次人口普查资料显示，2000 年我国有"空巢老人"2000 多万人，老年"空巢家庭"户占老年家庭的 22.83%。上海市 2002 年一次对独居老人的调查，30%的老人担心生病无人照料，28%的担心生活不能自理。另据北京市 1997 年关于中青年养老问题的一项调查也显示，有近半数的中青年人反映因为工作忙没有时间照料老人，他们迫切需要大力发展社区服务。全国一次性调查数据显示，在各种服务中，无论是城市还农村，男性老人或女性老人，最需要的是上门看病服务，其次男性是上门做家务（城乡女性老人都是需要聊天解闷服务），第三位是上门护理服务（城市女性老人需要的是做家务服务）。

在城市，老年人对陪同看病服务、帮助日常购物服务、提供老年饭桌或送饭服务以及老年人服务热线的需要也相当迫切，这些服务将是今后社区服务工作的重点。

（五）老年人入住养老服务设施的意愿

人到老年后随着年龄的增长，无论是肢体还是感官、智力、接受能力以及适应环境的能力，都会不同程度地出现衰退、下降。他们会对养老服务设施需求越来越大，希望入住那些适合他们心理和生理变化的有无障碍设施的养老服务机构，老年人的这些特殊需求主要是由于生理与心理方面的变化所引起的。

调查显示，城市有20.5%的老年居民愿意住养老院，农村中15.4%的人愿意住养老院，城乡性别之间的差异不太明显。

老年人居住区周围的养老服务设施与他们的愿望之间还有一定的差距。养老院的建设相对更加集中在郊区，由于养老服务设施在布局上存在的问题，所以，部分城市的养老服务设施入住率存在空床率居高不下的问题。近两年，越来越多的老年人表达了他们愿意居住在自己家附近的养老服务设施中，除了不愿意离开他们所熟悉的环境以外，其主要是子女或老伴无力照顾、不想给子女添麻烦等因素。

表2 老年人入住养老服务设施的主要原因

入住养老服务设施的主要原因	比 重
子女或老伴无力照顾	34.8
不想给子女添麻烦	23.2
在养老服务设施有乐趣	15.0
老伴去世	14.2
与子女关系不好	5.2
无子女	3.0
其他	4.6

资料来源：杨会英，2004年，中国社会福利事业的变革与创新，中国社会工作教育协会“中日妇女就业与社会福利制度比较研究”国际研讨会论文集。

养老服务设施是近年来发展最快也是最成熟的产业，已经成为老龄产业的支柱型产业。

从调查数据来看，住养老院能够承担的费用，城市老年人远远高于农村老年人，城市男性高于女性，低龄老人高于高龄老人。因此发展养老服务机构，应该立足老年人的可支付能力，根据城乡经济发展状况，发展不同水平的养老服务设施，贴近老年人的切实需要。

我国的养老服务设施，目前主要有政府举办、政府与社会团体联合办、社会组织机构举办和民办的四大类。近年来民办的养老服务设施发展呈现明显上升趋势，有的地区已占相当比例，甚至超过公有制养老机构。

2006年全国收养性单位情况		
1. 收养性单位数	万个	3.9
2. 床位数	万张	175.3
3. 收养人数	万人	135.6

2006年末，中国各类老年社会福利机构3.9万个，养老床位175.3万张，收养人数135.6万人，平均每千名老年人占有养老床位仅有8.4张，与发达国家平均每千名老人占有养老床位数约70张的水平相比，差距很大。

在不断增长的需求面前，市场行为的主体政府和企业需要做的是充分考虑老年人的心理特点，根据不同地区老年人的经济收入水平，设立不同类型，不同规模的养老服务机构，来满足不同特征老年群体的不同需求。许多传统行业已经开始意识到老龄化社会将给企业带来新的发展空间。以传统的房地产行业为例，近年来我国商品住宅的建设有了一个突飞猛进的发展，在这个过程中越来越多的房地产开发商在住宅建筑项目中开始把眼光放在老年人这个特殊群体上，并在住宅项目的选址、规划、建筑设计、物业管理、内部设施以及服务项目等方面都不同程度的考虑到了老年人的特殊需求。大型老年社区是老龄产业中养老服务设施老年住宅产业发展的一种新模式，比较有代表性的是北京太阳城和东方太阳城。

二、老龄产业发展中存在的主要问题

（一）养老服务设施总量不足，供需矛盾突出

全国老年人一次性调查数据显示，老年人对养老、服务需求主要集中在老年设施、护理服务、医疗服务、文化娱乐设施、日常生活用品和生活照料的需求方面。全国大约有17.5%左右的老年人有入住养老机构的愿望，希望晚年能够在养老服务设施中养老。随着我国人口老龄化的高龄化发展，从对老年需求的预测看，入住养老服务设施的高龄老人的比例还会增加。而我国目前的养老服务设施总床位仅占老年人口的0.8%，大大低于经济发达国家5%的水平。虽然近年来民办养老设施有了相当大的发展，但仍然严重不足，供需矛盾十分突出。即使像经济发达的北京市每百名老年人拥有床位也仅为1.5张，而一些经济不发达的地区这一比例就更低。与社会、老年人的实际需求相差甚远，养老、照料服务设施的发展亟待大幅度发展。

（二）资金来源渠道少，投入资金严重不足

近些年来，随着我国人口老龄化发展越来越快，各级政府部门和社会力量对老龄事业投入在不断增加，但是人口老龄化发展的速度和老年人不断增长的需求比例要大大快于老龄产业资金投入增长的比例，这就造成了老龄产业资金上存在严重缺口和不足。因此，如果完全依靠政府的投入，老龄产业就不能获得长期、稳定和足够的发展资金的支持。民办老龄产业虽然近年来有了较大的发展，然而，大多数民办老龄产业发展举步维艰的根本原因就是缺乏有力的财政和政策支持。大多数民办老龄产业都面临资金、贷款的困境。民政部虽然提出社会福利社会化的发展模式，可由于具体的鼓励社会各界投资的优惠政策不具体，难以落实，社会投资积极性不高，尤其是来自企业、集体和个人的投资比例不高，民营企业资金投入则更少。

（三）地域分布不合理，城乡发展比例失衡

养老服务设施由于缺乏政府的统一规划，城乡比例失调，缺乏以老年人口动态发展为基础科学的规划和指导。许多城市出现了城区养老服务设施匮乏，远郊县发展不足，近、远郊区又高度集中的局面。各级政府虽然提倡社会福利社会化，但是至今民政部门也没有把民办社会养老服务机构的发展纳入到本地区的规划中，更谈不上对民办养老服务设施的布局、规模、服务结构、法律咨询等方面进行有效的引导，对他们的服务质量、服务水平进行评估。北京市四个城区的养老服务设施床位仅占全市的4.5%，近、远郊区养老服务设施的床位占全市的77.8%，远郊县养老服务设施的床位占全市的17.7%。城区大多数是以街道居委会为主兴办的养老服务机构，设施和床位少、规模小，条件差，入住率却是全市最高的。由于分布上的不合理，城区老年人入住养老服务设施难，而入住收费较低，条件好，交通方便的政府办的养老设施就更难了。郊区养老服务设施数量又高度集中，全市六分之五社会办的养老服务设施和95%的社会集资兴办的养老服务设施集中在郊区，远郊县大多数是以乡镇办的养老服务设施为主兴办的，规模小、设施设备差，对社会开放程度低，入住率低，空床率高，服务质量不高，人员素质低。这些因素直接影响养老服务设施的入住率，由于入住率低，经济效益低，亏损面广，导致政府和社会投入的有效回报率降低，投入效益得不到实现。社会办、个人办的养老服务设施投入高，回报率更低，严重亏损局面长期存在，导致大量的民办养老服务设施倒闭停业，迫使相当一部分社会办的养老服务设施撤出资金或退出养老领域，影响了老龄产业健康、有序的发展。

（四）规模小影响整体服务功能的发挥

北京市仅有19%的养老服务设施的床位超过100张，大部分设施的床位低于50张，小型的养老服务设施和大型的养老设施相对集中，中型规模的养老设施发展不平衡，数量过少。小型的养老服务设施设备简陋，入住率低，无规模效应，而且抗风险的能力差，大型养老服务设施由于机构庞大，管理、经营难度大，机构自身运营成本上升，服务效率低。许多民办养老服务设施难于实行统一的规范化服务标准和管理标准。因此，难以提高服务水平，上升服务档次，入住率必然低，直接影响其经济效益。

（五）服务项目单一，服务功能简单

养老服务设施，尤其是民办的养老服务设施，大多数服务项目单一，设备简陋，服务水平低，仅仅能够满足老年人的吃、住、医基本生活需求，服务模式雷同，缺乏特色和个性服务。而对老年人心理慰藉、精神赡养、文化娱乐、身体康复等更高层次的需求缺乏服务。同时也缺乏对高龄老人专业护理指导的高层次的培训服务项目。

许多养老服务设施服务意识不强，不能以老年人为本，而是把方便服务机构自身管理运营作为中心，而一些政府部门的干预和管理多于服务。城市社区、街道办的养老服务设施许多是20世纪80年代兴建的，房屋陈旧，结构不合理，无障碍设施，而且附属设施不配套，缺少卫生设施和医疗室、活动室等。而农村和边远山区的乡镇办的养老服务设施受农村经济条件的限制，住房条件差，设施、设备十分简陋，有的甚至连保障基本生活需要的服务设施、设备都不具备。

作为老龄产业龙头产业的养老服务设施、社区老年服务产业的发展在整个老龄事业发展中具有举足轻重的作用和地位，作为目前老龄产业发展比较快和比较成熟的养老服务设施虽然近年来发展的比较快，但是问题也相当多。

由社会各方面力量举办的养老服务设施由于资金投入有限，贷款困难，土地和基本建设投入大，资金回笼慢，政府给予的有限支持，对养老服务机构来说是杯水车薪。有些个人办的老年公寓资金、人力匮乏，由于空间小，床位相对密度大，空气不清洁，众多不能自理的老人住在一起，感觉没有生气，压抑。个人兴办的养老机构基本上走的是市场化的路子，以往除了水、电、气有些优惠政策外，其他全靠自己出资，有的地方连这些优惠政策也落实不了。

（六）养老设施政策不配套，管理、服务落后

与我国养老服务设施尤其是民办的养老服务设施

迅速发展相比，各级政府在相关的管理体制、管理制度、管理措施、法规、组织机构建设和业务指导上明显滞后，对养老服务设施的审批、管理，尚未实现法制化、规范化、专业化的管理模式。一些政府的管理部门仍主要按照旧体制、旧制度实行管理。养老服务产业的迅速发展，迫切需要进行机制和体制的改革，提高政府的管理水平，实现“公助民办”、“公办民营”新的老龄产业发展机制和模式。

内部管理体制不顺，管理水平需要提高也是制约老龄产业发展的羁绊。民政部提出社会福利社会化的目标，但是管理体制并没有同步实现社会化，社会化的具体体现应该是养老服务的产业化、市场化、规范化。管理体制与服务性质相矛盾，经营权与经营责任、利益与责任相分离，养老服务设施内部工作人员积极性不高，服务不主动，缺少活力。由于老人福利设施对护理人员的要求高，导致一些民营养老院因护理水平偏低而床位空置率高。天津市拥有养老机构143家，其民营养老院132家、床位10338张，分别占全市养老机构和床位总数的92.3%、83.3%。如按照养老护理员与老年人总体比例1：4来计算，未来5年至少需要养老护理员68500人。按照劳动和社会保障部《招用技术工种从业人员规定》，养老护理人员属于必须持证上岗的职业。未通过职业技能鉴定获得证书的人员不得从事此职业。

投资养老服务行业要经历三个阶段：初期亏本，中期保本，后期微利。入住率低于60%就可能亏损，入住率达到70%左右能够盈利。除个别民营养老机构经济效益较好外，大多数处于微利运营状态。公办养老机构由国家划拨土地、人员进入入事业编制并给予财政补贴。相比之下，民营养老院则没有这些待遇，成本非常高，竞争条件先天不平等，而且在各项优惠措施上不能保证到位。因此不少民营养老院只重效益，不愿意投入财力对护理员进行培训，人手不够时就直接招聘外来工上岗。

薪水太低留不住人。由于养老护理员的配备数量不足，很难进行8小时工作运转。一般护理员平均一人要照料6位以上老人。年龄50岁以上的人员无论是体力还是心理都无法胜任这一职业，40多岁的没有精力去接受系统培训，而30多岁的年轻人对养老护理职业几乎没有兴趣。很多人不愿意做这项工作或做不长久，影响了养老护理员队伍的稳定。

民营养老院开出的月工资一般在600元左右，与一般求职者期望的800元至1000元月薪相差甚远，多数养老院不具备给予护理员高工资高待遇的实力。民营养老院还处于市场探索的阶段，本身资金有限，缺乏市场培育和政策扶持，想要开高薪尚需时日。

另外，在开发建设其他老龄产业项目上，征、租用土地时价格太高；办证时程序和关卡太多，费用太高；民办老年设施经营过程中税费太重，政策扶持力度不够也是制约老龄产业发展的羁绊。

（七）从业人员素质低，知识结构不合理，人员亟待培训

许多养老服务机构内部的工作人员和管理人员没有经过相关专业培训，大多数工作人员学历是初中或初中以下，即使像首都北京这样的大都市一些养老服务机构内55%工作人员的学历水平仅仅是初中或初中以下，大学文化程度或者是专门学校毕业的所占比例极小。民办的养老服务设施大多数从事护理工作的人员为下岗女工或农民工，学历低，难以胜任护理工作。他们由于缺乏相关专业、岗位的技术培训，缺乏基本的医疗、护理知识，使一些本不应该死亡的老人死亡，本不应该残疾的老人残疾，更谈不上提高服务水平和质量。而且容易产生服务质量和事故隐患的纠纷。这些民办的养老服务机构的管理人员大多数没有配备或没有意识到需要配备具有专业护理、老年心理学、社会工作方面的专业人士的重要性。因此，日常服务中无法满足老年人多方面的需求，服务质量、管理水平也难上更高的档次。

（八）缺乏必要的扶持政策，对现有的优惠政策难以落实

老年人对社区服务、养老设施、生活照料、老年用品、老年旅游等总需求量呈迅速增长趋势，但是，目前乃至今后相当长的时间内，老年人能够向养老机构支付的费用却十分有限。由于民办养老服务机构的服务人员工资自理、房屋设施自建，设备自筹，与政府兴办的养老服务机构相比，缺乏政府和社会各界的资助和扶持，缺乏良好的外部环境。民办的养老服务机构在实际运营中往往会遇到比政府办的机构更多的问题和困难。

许多民办养老服务设施在运作过程中都有过这样的经历，当拿着国家的优惠政策向当地政府申请诸如税费、水费、电费、电话安装费、车辆使用费的优惠时，往往得到的答复是你不是福利企业，不是非企业单位，而把这些民办的福利单位归为社会一般企业，营利单位而拒绝其享受优惠申请。这不仅仅是政府的优惠政策没有落实到实处，同时，也让人们感到社会上包括一些政府职能部门对民办养老服务设施的认识还存在一些误区，并没有把民办养老服务设施看成是社会福利机构。这无疑是对民办养老服务设施的一种伤害。

从国家和政府的角度来看，民办养老服务设施是

社会福利事业这是毋庸置疑的。但是，政府的一系列优惠政策为什么难以落实或者落实的不好呢？这些政策由于操作性差，同时缺少一种有效的监督管理机制，使文件往往流于形式，由于各政府部门之间的互相不通气，目前民办的养老服务机构还没有真正纳入到政府部门的管理中（一些地区的管理仅仅限于审批），使得许多管理机构和养老服务机构并不了解政府的政策，政策难以落实贯彻，就更谈不上政府部门的监督和评估了。大多数民办养老服务机构希望政府能够加强管理，给他们一个准确的定位，能够使国家的各项优惠政策真正落实到实处。

老龄产业涉及到我国国民经济的各个行业，包括生产、流通经营、消费等各个环节，涉及工商、民政、老龄委员会、财政、劳动、社会保障、计委、国税、地税、物价、银行等许多部门，缺乏统一协调部门。费用征收、银行贷款、财政资金支持等具体规定在实施过程中难以落实，社会企业、个人兴办老龄产业投资审批手续繁杂，优惠政策不落实，投资者在财税、金融、地税、信贷等方面很难得到相应的支持。

（九）政策不完善，缺乏市场规范和行业标准，法律纠纷不断

老龄产业的发展需要产业化、市场化运作，社会福利社会化，但是，由计划经济向市场经济过渡，运行机制和市场管理大多数还是依照计划经济的管理模式和体制，市场运行的机制尚未实现规范化和标准化，还缺乏从法律上和产业政策上保护从事老龄产业的企业和个人的生产、经营。

部分民办养老服务机构中存在着管理人员行政违法的现象。管理人员的聘用不符合资质要求的人员从事涉及到老年人生命健康的岗位工作、设置医务室无照经营、“以医代护”（只有医生没有护士，更没有护理管理人员）等等。

在一些养老设施中经常发生由于行为人的过错造成侵害事实发生的所谓行为侵害。在服务过程中，由于服务不当、技术不熟练、工作不负责任或服务态度不端正，给老人带来了身体、精神上的损害，侵犯了老人的权利，经常会引起民事纠纷。

虽然近年来我国出台了不少相关的法律法规，如《中华人民共和国老年人权益保障法》，但直接与养老服务相关的法律法规却不多也不健全。尽管民政部出台了《老年人社会福利机构基本规范》、但养老服务机构并未形成质量管理体系，养老服务机构内部规章制度不完善，服务技术操作无规范，质量管理不完善，服务记录不全，服务合同不规范，合同纠纷时有发生、已成为养老服务机构主要的服务纠纷问题。而且行政执法比较滞后。虽然涉及养老服务机构的重大服务纠纷时有发生，却无处理服务纠纷的仲裁机构或行业协会。入住老人与养老服务机构发生服务纠纷不知如何投诉，常常采取媒体曝光的方式来解决纠纷。同时，由于仲裁机构或行业协会不健全，服务纠纷的性质和所造成的侵害难以确定，使服务纠纷得不到及时正确的处理，媒体的不正当炒作也给养老服务机构的整体形象带来了不利影响。

在市场经济条件下，企业和社会力量、个人投入是老龄产业投资的主体，他们的投资积极性，对老龄产业的发展至关重要。我国老龄产业发展缓慢滞后，和企业、社会力量及个人缺乏投资的积极性，缺乏政府的积极引导有很大关系。由于缺乏对人口老龄化发展趋势的认识，缺乏对老年人特殊需求的市场调查，直接影响他们的投资趋向。影响企业和各种社会力量投入的一个重要因素是长期以来老年人被看成是一个退休的、年老体衰、思想保守、收入低下、缺乏购买欲望和购买能力的群体，是企业产品、服务的非重点行销对象。因而对人口老龄化发展的趋势，老年人的特殊需求老年市场不重视，对开发和生产老年用品缺乏积极性。他们没有意识到随着老龄化的发展所导致的消费市场需求构成的变化，没有看到老年市场的巨大的发展空间和潜力，对老年市场的片面认识，影响了他们对老龄产业的直接参与和投入。

企业、个人和社会力量在发展老龄产业上存在的另一个问题，就是生产的产品不适应老年人的需要，老年人不愿意购买，养老服务设施的服务不到位，设施、设备不符合老年人心理、生理的需求，一些老年设施缺乏人性化的设计和服务，养老服务设施缺乏家庭气氛，养老服务设施内生活起居单调，缺乏生动和活力，日常生活太程序化，一些养老服务设施像“兵营”，像“医院”，缺少人文关怀和个性化服务，老年人不愿意入住。那些以为养老服务设施仅仅满足老年人吃住就可以了，这样的养老服务设施入住率肯定不会高。因此，在一些城市出现养老服务设施条件好的和服务态度好收费合理的往往供不应求，而一些缺少人文关怀和人性化服务，设施简陋，服务质量低的养老服务设施入住率低的现象。设施入住率低，厂家和服务机构亏损，其生产经营的积极性自然也就没有了。由于部分企业缺乏对老年人用品的开发与研制，没有对老年人的心理需求和消费特点进行深入研究，对老年产品的认识也存在误区，以为老年用品就等于式样陈旧、档次低下的产品，更没有能够根据老年人的心理需要和消费特点来开发研制老年用品。结果是生产出来的东西品种单调、质量不高，缺乏技术含

量，更缺乏美感，这样的用品自然难以受到老年人的青睐。其产品出现滞销也就不足为怪了。目前，我国的商品市场和服务设施，常常是以经济效益来确定消费的商品质量和服务质量，大多数商家和企业看好儿童市场和妇女市场，而忽视老龄产业和老年市场，忽视老年人的需求，在老年设施服务质量上更是缺乏耐心、细致的服务，更谈不上周到、热情的服务。许多老年人因为在消费中受到欺骗或在服务中受到冷遇或抢白而产生害怕消费，躲避消费的心理，这种消费心态与消费现象对老龄产业的发展十分不利。

三、对不同老年群体的需求特点认识不足

在产品研制开发的企业和商家的另一个误区是缺乏对老年群体需求结构的分层深入分析。一些企业以为不同年龄层的老年人的需求都是一个模式，实际上从60岁到80岁，由于生理的原因，老年人的需求心理存在着相当大的差别，需要我们分层分析。在老年人消费群体中，低龄老人与高龄老人的消费需求在内容上有很大的差别，一般说，低龄老人是以休闲性消费为主，高龄老人是以服务性、照料性消费为主。不能针对老年人心理生理需求特点和消费观念开发的产品和服务设施是得不到老年消费者的认可的，在老年群体中就没有市场。在开发、研制老年产品的同时，正确引导老年人树立新的消费观念十分必要。由于消费是一个自主性消费，老年人的消费观念既成熟又相对保守，他们对新型的老年用品、养老服务设施往往开始会感到陌生，认同或接受会有一个过程，需要社会和市场的正确积极的引导。从年龄上分，高龄老人和低龄老人需要的用品和服务的内容也不尽相同，高龄老人更需要一些生活辅助用品和日常生活照料服务，从收入水平看，文化程度和职业及生活阅历等方面老年人都存在相当大的差别，这些就决定了老年人消费需求的个性化和多样化特点。也就是说，老年群体的需求存在着不同层次，不同内容的需求，企业和商家应该根据老年人的不同需求，开发生产不同层次的产品，提供不同层次的服务设施。

四、政府没有确立宏观管理、行业管理的新思维

作为老年福利服务设施的主管部门，各级民政部门在民办老年福利设施的咨询、登记、审批业务指导和监督过程中，缺乏详细规范的政策依据，虽然民政部提出社会福利社会化，但政府有关部门仍处于待管不管的状态（仅仅是登记、审批），致使民办社会福利服务设施的发展呈现杂乱无序，甚至出现盲目重复建设的现象。大部分民办的养老服务设施简陋，管理不规范，服务属粗放型。由于没有政府的宏观规划和指导，少数个人兴办的养老设施“误入歧途”，以为兴办老年设施可以赚大钱，实际上远远不是这种情况。一些民办福利设施由于缺乏发展的眼光或者缺乏资金等原因，使老年设施在资金投入、设备购置方面投入不足，过于因陋就简。由于缺乏政府的指导，一些养老设施建设没有无障碍设计和方便老人生理心理的设施，而且在防火、安全方面都存在着大量的隐患。个人办的养老服务设施雇佣的工作人员大多数未经过任何培训，缺乏护理照料老人的基本知识，业务生疏，服务上简单粗放，服务水平和服务质量较低，因此直接影响入住率，也影响民办养老服务设施的可持续发展。

五、政府的扶持优惠政策尚不完善和落实

许多个人投资兴办的养老服务设施，由于没有基本建设的优惠政策，事业发展的扶持、保护政策，投资者的免税政策，价格政策、补助经费不足，自办经济实体的免税优惠政策、贷款优惠政策等，严重的影响和挫伤了投资者的积极性。民政部在1999年12月发布了《社会福利机构管理暂行办法》中规定“社会福利机构是指国家、社会组织和个人举办的，为老年人、残疾人、孤儿和弃婴提供养护、康复、托管等服务的机构”。“社会福利机构享受国家有关优惠政策”。尽管国家提倡发展社会福利，鼓励社会团体和个人兴办养老服务设施，但落实到基层的具体事情上，相关的优惠政策还不能及时到位，许多民办养老服务机构并不知道政府有优惠政策，导致民办养老服务设施发展迟缓，数量少，积极性不高。民政部门对于政府举办的养老服务设施不仅有资金投入，而且有一套严格的管理措施和办法，对民办的养老服务设施缺乏政策上的指导和资金方面的支持，大多数个人兴办的老年福利设施还没有纳入政府有关部门的管理指导的范围，这些民办养老服务设施贷款相当困难。

尽管老龄产业是二十一世纪的朝阳产业，老年市场发展空间非常广阔，但是由于老年人收入有限，我国目前社会的经济发展水平还不高，因而，老龄产业的许多行业主要是面向低收入的老年群体，主要是微利或非营利事业。对于这项特殊的事业，要促成其实现社会化、产业化，政府的激励政策就十分重要。老龄产业由于其服务对象的特殊性，特别强调其社会效益，老龄产业在产业化过程中，除了必须考虑自身的利益外，还要重视所向老年人提供产品和服务的公益性，如果没有政府的优惠政策，企业和服务机构无利可图，产业就难以为继，老龄产业的发展必然受到影响。因此，老龄产业的发展初期阶段，需要政府的扶植政策。尤其是对于那些经济效益低却是老年人迫切需要的老龄产业，政府要给予适当的政策性贷款、贴息贷款及必要的资金支持。

六、养老服务设施产业发展趋势

作为老龄产业支柱型产业的养老服务设施产业，近期应该有较大幅度的发展。如果 2050 年我国有 1%老年人入住养老服务设施，从现在起每年要新增 5.9 万张床位。如果 2050 年有 2%、3%、4%的老年人入住养老服务设施，从现在起每年要分别新增 14.6 万张、23.3 万张和 32 万张床位。2050 老年痴呆患者保守估计人数在 1600 万人以上，其中 30%以上为重度痴呆患者，如果其中 10%入住长期养护中心，平均每年要增建 1 万张床位；如果 20%入住长期养护中心，平均每年要增建 2.1 万张床位；如果 30%入住长期养护中心，平均每年要增建 3.1 万张床位；如果 40%入住长期养护中心，平均每年要增建 4.2 万张床位。由此不难看出，由于家庭小型化，家庭照料资源的匮乏，更多的老年人选择了设施养老。在老年人入住养老服务设施的原因中，58.0%的老年人是因为子女和老伴无力照顾和怕给子女添麻烦。

根据老年人的需求，我国在 21 世纪头 50 年，养老服务设施将会有较大的发展。涉及老年人养老的各个方面都可能成为养老服务设施产业发展的重要契机，那些为能自理老人开办的托老所、需要长期护理的特别护理养老院、专门治疗老年病的老年病医院以及临终关怀医院等将会有较大的发展。

图 3　2000-2025 年中国老年人日常生活需要别人提供服务的人数　（万人）

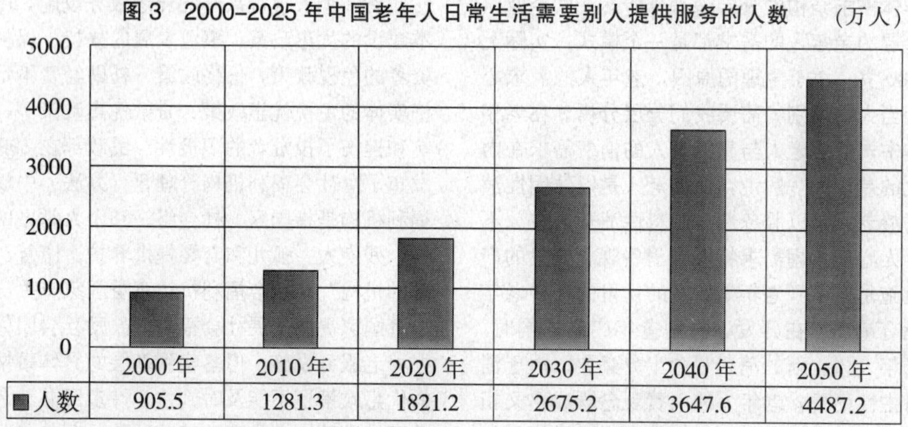

图 4　2000-2025 年中国老年人患慢性病人数　（万人）

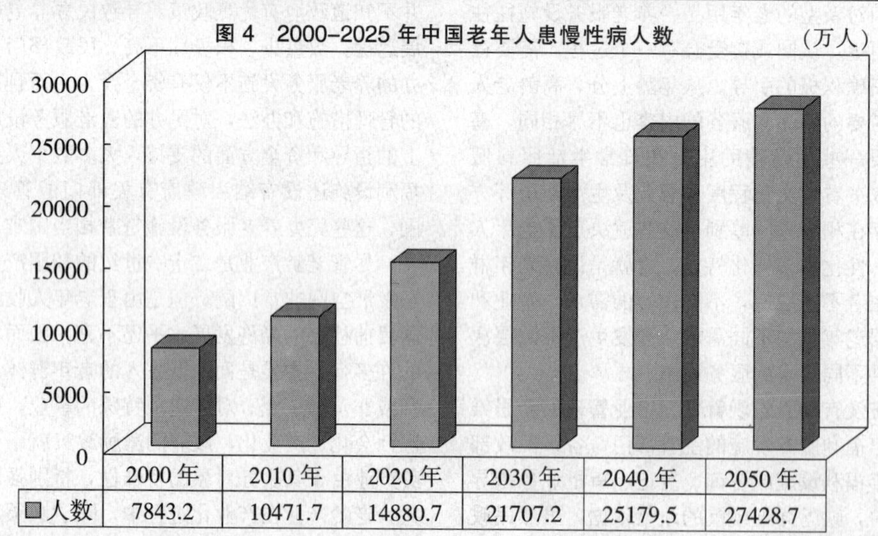

资料来源：见注释中注 7。

老年护理产业的需求与发展。据各地调查，老年人对服务性需求依次排名为护理服务、医疗服务和生活服务等。全国约有 5%的老年人有入住养老机构的愿望，且将逐步增加。按照入住老年人自身的状况可以分成能自理、半自理老人和完全不能自理等需要特殊照料的老人。在这一特殊的群体之中又有一些更为特殊的群体，如高龄老人、痴呆老人、残疾老人、临终老人、空巢老人等等，这些老年人依赖性很强，需求特殊而迫切。随着我国人口的进一步老龄化、高龄化、长寿化，这些需求的满足有赖于我国老龄产业中护理、照料产业的发展。在大中城市，许多老年家庭靠雇佣保姆照料和护理，这虽然能够在一定程度上使老年家庭护理照料人手不足的矛盾有所缓解，但从整个社会发展来看，这种办法照料老人维持的时限是有限的。因此，就地就近在社区中发展社区服务和社区护理服务、老年服务设施，以“居家养老”和社区服务等方式来解决高龄老人的照料问题，在社区中有计划的发展“特别护理老人之家”、“家庭病床”和“家庭护理员”，是我国今后解决高龄老人照料护理问题应该重点投资的产业。

图 5 2000-2025 年中国老年人需要上门提供护理服务的人数

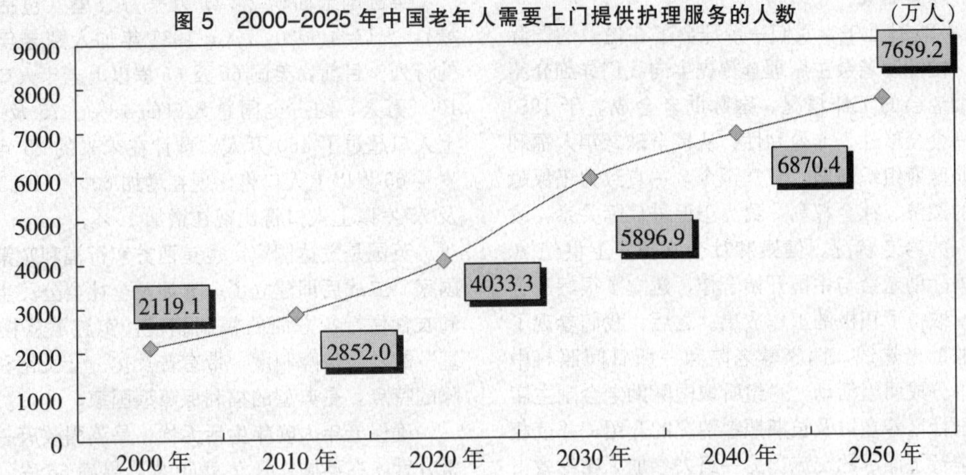

我国经济基础薄弱、社会化程度不高，只有加快建立和完善以社区为中心的社会化、网络化养老服务体系，有计划建造和改善一批社区老年公寓、老年活动中心、老年康复医院及街道敬老院等设施，形成多层次、网络化、社会化服务能力，大力发展社区养老服务填补社会福利社会化服务的不足，才是实现社会福利社会化、产业化、市场化的重要举措。随着人口老龄化的高龄化，高龄卧床的老人的护理问题将成为社区服务工作的重点，也是老年服务设施发展的重点。逐步形成老年公寓、养老院、护理院、特别护理院相互配套，各有分工的社会养老服务体系。

虽然我国近年来老龄产业尤其是老年服务设施、老年生活用品和社区服务产业有了较大的发展。但是，总体上看，我国的老龄产业还处在被社会逐步认识和开始起步阶段，还远远没有形成产业的规模。全社会对老龄产业的认识还不够，促进老龄产业发展的机制还没有形成，一些政策措施还不配套，老龄产业发展还没有一个长远的规划目标。要推进老龄产业的发展必须建立在正确的理论和政策的指导下，形成比较完善的发展机制和政策，老龄产业才能健康有序的发展。

老龄化社会同其他社会现象一样，在不同程度地改变着人们的社会生活方式，在老龄化社会中，由于年龄结构的变化，整个社会观念、生产结构、市场供求都将会发生一系列的变革。发展老龄产业的目的是为日益增长的老年群体提供服务和特殊生活用品，使老年人过着有保障、有尊严的物质和精神生活，我们要建立一个使孩子、青年人、中年人和老年人共同生活的，没有年龄歧视的不分年龄人人共享，一个健康、富裕、和谐、文明、充满活力、有生气的长寿社会和老龄化社会，这是我们在二十一世纪的正确选择。

赴英法考察老龄工作和社区养老情况的报告

全国老龄工作委员会办公室赴英法社区考察团

应国际助老会和国际老龄协会的邀请，2007 年 10 月 27 日至 11 月 5 日，以全国老龄办副主任、中国老龄协会副会长吴玉韶为团长一行 10 人，赴英国和法国进行了为期 10 天的考察和学习。期间，我们拜会了国际助老会和国际老龄协会，考察了英国两所养老院和一所日间照料中心。这次公务出访虽然时间短，但主题明确，准备充分，安排紧凑，内容丰富，加之各有关方面的支持，考察访问达到了了解情况，坦率交流，促进合作，增进友谊的目的。我们也开阔了视野，拓展了思路，获得了不少有益的启示。

一、考察概况

10月29日上午，我们一行拜会了在伦敦的国际助老会。国际助老会主席理查德先生向我们详细介绍了国际助老会的工作情况。国际助老会成立于1983年，是一个全球性、非盈利性、从事全球老年人福利事业的非政府组织联盟。成立至今，一直致力于保障老年人的经济、社会权利，致力于促进代际关系，改善老年人的养老状况、健康和社会服务。上世纪80年代，国际助老会与中国开始合作，建立了很好的合作关系，取得了积极的工作成果。之后，我们参观了伦敦市的助老热线，两家养老院和一所日间照料中心。下午分成两组活动，一组听取国际助老会副主席关于英国社区养老以及长期照料情况的介绍，并就相关问题进行了详尽的交流。另一组去参加了在伦敦市政厅召开的有关老年人和残疾人如何参与2012年伦敦奥运会的研讨会。

11月1日上午，我们拜访了总部在巴黎的国际老龄协会。国际老龄协会现任主席阿尔贝·马盖瑞和侯任主席托马斯向我们介绍了国际老龄协会的工作和法国老年人的养老情况。他们首先肯定了中国老龄协会于1997年加入国际老龄协会以来，和国际老龄协会建立的友好合作关系，同时非常赞赏中国在该组织中的积极作用。中国老龄协会所取得的成绩已经载入该组织20年成就汇集的出版物中。尔后，大家就法国老年人养老情况进行了比较详细的探讨和交流。

在访问两个国际组织期间，吴玉韶团长代表中国老龄协会，充分肯定了国际助老会和国际老龄协会在协助亚太地区发展中国家解决人口老龄化问题所起的积极作用。对他们在促进中国老龄事业发展，以及对改善贫困老年人的生活状况等方面所做的努力表示衷心的感谢。他指出，21世纪，人类将不可避免地经历“人口老龄化振动”，最直接、最突出的影响就是社会养老负担加重。解决老年人的养老和医疗问题，既是个人和家庭的大事，更是政府和社会的职责。中国作为全球最大的发展中国家，尽管在文化、制度和经济发展水平等方面和西方发达国家不一样，但欧洲国家比中国提前100多年步入老龄化社会，是世界上“最老”的地区，在解决养老问题上有很多值得我们借鉴之处。中国老龄协会愿意进一步密切与两个国际组织的合作，以争取国际组织更多的支持与帮助。同时，中国也将结合国情，学习国际社会成功的经验和做法，促进中国老龄事业与社会经济协调发展。

二、英、法两国老年人基本情况和基本养老方式

（一）英国老年人基本情况和基本养老方式

1. 老龄化和老年社会保障

英国国土面积24.41万平方公里（包括内陆水域），人口约6020万人，1931年加入到老年型国家的行列。目前，英国65及65岁以上老年人口已超过1000万人，约占全国总人口的18%。75及75岁以上人口超过了460万人。预计在未来的25年中，65岁及65岁以上人口将比现在增加60%。2023年，75及75岁以上人口将比现在增加10%。

英国是发达国家，也是西方实行福利政策最早的国家。二战后即建立了一套涉及全社会公民生老病死和衣食住行各方面的福利制度，实施“从摇篮到坟墓”的社会保障制度，带有普及化、全民化和全面保障的特点，是典型的福利保障型国家。

确保老年人晚年生活无忧，是英国政府一贯的政策方针。在英国，凡女满60岁，男满65岁，只要缴足保险费（一般为156周），退休后每周可领退休金。凡缴纳保险费满20年者，可以在基本退休金外另得一笔附加退休金。所有80岁以上老年人都可以领取每周25便士的高龄补助。政府对65岁以上的纳税人给予适当补贴，住房税也相应减少。65岁以上的老年人可以享受国内旅游车船票减免的权利，电灯、电视、电话费和冬季取暖费也有优惠。

2. 社区为老服务

社区为老服务（或称“社区养老”）是英国采取的主要养老服务模式。英国人认为，对大多数的老年人而言，社区为老服务是最佳的养老方式。其理念是：（1）尽可能地让老年人在自己的家或地方社区的类似家庭的环境下，过着正常的生活。（2）提供适当的照护和支持，协助老年人得到高度的独立自主性，并由此获得基本的生活技能，帮助他们发挥最大的潜能。（3）给老年人对自己的生活方式及所需服务以较大决定权。因此，英国政府大力扶持社区养老或以社区为基础的养老服务，鼓励有关部门和社会志愿者组织为老年人提供各种福利设施和各类社区服务。社区养老已成为英国老年人养老的主要模式，也是一些老龄化程度较高、福利国家当今采取的主要办法。目前在英国，社区为老服务是老龄产业最活跃的一个因素，已经形成规模，每年大约有110亿英镑的产值。

英国社区为老服务体系主要由经理人、主要工作人员和照顾人员组成。经理人为某一社区照顾的总负责人，主要掌管资金的分配、人员的聘用及工作监督。主要工作人员负责照顾社区内的老年人，为他们发放养老金，了解老年人的需要及解决一些实际问题。照顾人员是受雇直接从事老年人生活服务的人，多为老年人的亲人和邻居，政府给予他们一定的服务补贴。

英国社区养老的特点是：（1）政策引导。英国政府既制定社区养老这一社会福利政策，又订立具体的措施，以使社区能切实地承担起这一职能。（2）政府出资。英国的社区养老在财政出资上完全体现了以政府为主的特点，很多服务设施都是由政府资助的，社区、家庭和个人的支出不多。（3）依靠社区。英国的社区养老主要是立足社区、依靠社区，以社区为依托，各种服务设施都建立在社区中，且社区养老的方式尽量与老年人的生活相融合。（4）体系完整。各种社区养老的机构既有政府出资社区举办的非赢利性的机构，也有私营的、商业性的服务机构。提供服务的人员既有政府雇员，又有民间的专业工作人员和志愿服务人员，形成了多主体、多层次的服务体系，以满足不同情况的老年人的需求。

社区养老服务的内容有：（1）社交及康乐服务。提供各种发展性、教育性、社交性及康乐性活动，使老年人建立良好的人际关系，提升自我形象，善用余暇，发挥潜能，参与社区生活。例如，组织老年人助人自助；组织各类学习小组、兴趣小组、讲座及参观等；进行各类健康检查、讲座、咨询服务等。（2）生活照料服务。包括上门送饭、做饭、打扫居室、洗涤衣物、洗澡、理发、购物、陪同上医院等项目。（3）定期保健服务。社区保健医生定期上门为老年人看病，免处方费；保健访问者上门为老年人传授养生之道，帮助老年人预防疾病等，每年约有60万名老年人接受此类帮助。

英国社区为老服务最突出的特点是“以人为本”。我们所到之处都看到，尽管大多为老年人服务的福利服务设施地方狭小，但是都能做到就近就便，方便实用，功能齐全，周到细致，适用于所有老年人。仅以老年设施为例，从设计到服务都从老年人的生理、心理和本身的需要出发，充分体现了对这一特殊群体的人文关怀。比如：他们为不同年龄、体质的老年人提供不同的设施；所有居住环境都有人性化设计，地板都防滑，大多走廊都有防摔扶手，并适合轮椅通过，所有的门都有防止走失的设施。老年人居住的房间，既充分照顾到私密性，又方便照顾和医疗。而且所有为老年人的服务，都充分征求老年人自己的意愿，不强迫老年人接受既定服务和安排。他们还进行详细的老年人生理和心理的检查，建立所有入住老年人的健康档案，针对不同情况的老年人设计不同的服务康复计划，如对脑中风的病人，采取声、光、电复合刺激的方法帮助老年人恢复记忆。对肢体活动障碍的老年人，有循序渐进的锻炼康复训练计划。

（二）法国老年人基本情况和基本养老方式

1. 老龄化基本情况

法国是西方主要发达国家之一，国民生产总值居世界第四位。现有人口5800万，近十几年来出生率呈持续下降，人口老龄化在加快，平均寿命男性为74岁，女性82岁。1870年，法国60岁以上老年人口占总人口的12%，成为世界上最早步入老年型的国家。目前，法国60岁以上的老年人占全国人口的比例高达20.6%。其中，85岁以上高龄者有108万人，至2010年预计将达到160万人，法国社会的老龄化正在加快。

2. 社会保障和养老保障

法国社会保障体系分两部分：一为基本社会保障，即宪法规定的保障；一为补充社会保障，即由雇主和职工代表共同组成的机构管理的社会保障。法国社会保护支出占GDP的25%，其中社会保障占24%，社会行动（即社会救助）占1%。

法国在1972年就建立起了全国统一的强制性补充养老保险计划，近期又决定在法定的基本养老金计划和强制性的补充养老保险计划之外再建立一个志愿性的个人储蓄计划，从而形成三个层次的养老保险模式。在法国，退休的老年人可以享受很好的福利待遇，其每个月的收入比如今一般的年轻人还要高。

3. 为老服务

一是机构养老服务。法国机构养老服务业比较发达，大体上分为收容所、老年公寓、护理院、中长期老年医院和养老院。收容所是为生活能够自理的老年人而建的一种收费较低的住宅形式。老年公寓通常具备完善的服务设施，包括膳食、淋浴、阅览、文化活动和医疗保健等项目。护理院主要收住失去生活自理能力的患病老年人，有较完善的医疗和生活服务设施。中长期老年医院则以治疗为主，属于康复医院性质。最发达的是养老院，在法国合法登记的养老院接近一万家，收容了约65万名老年人。养老院不论是公营还是私营，都统一由社会福利部管理，养老院的医疗服务则由卫生部门进行管理。

二是社区为老服务。法国政府提倡老年人更多地在社区内生活，于是大力发展老年住宅社区，大力开展社区为老服务。着重开展三个方面的服务：生活服务，为老年人提供家庭保洁、代购生活用品等方面的服务；医疗保健服务上门为老年人提供一定的保健或简单的治疗服务；文体娱乐服务，为老年人的身心健康和社会交流提供条件。这种老年社区服务充分体现了老年人养老与提高生活品质相结合，它与传统的养老院和老年公寓有着本质的区别。

三是为老服务社会化。法国政府致力于提高老年服务的社会化程度，将老年人服务工作提升到行业的高度，使这一行业与其他行业具有同等的地位。其具体做法是对老年服务行业进行职业划分，建立不同的职位和职称，如家庭帮手、护理员、护士、医疗心理助手和行业推动者等，同时对各岗位人员的上岗资格制定标准和行业指南，开展培训，并在各方面给予政策上的扶持和优惠。

三、我国居家养老服务同英法两国社区养老模式的比较

比较我国居家养老服务与英、法两国社区养老模式，可以发现许多共同点和不同之处。

首先是政府的作用。可以看出，我国政府和英法两国一样，在开展居家养老服务和社区服务过程中，都发挥了主导作用。所不同的是英法两国是在完善的社会保障制度基础上开展社区为老服务的，社区养老服务从政策和制度层面上得到了保障。政府可以侧重在观念引导、政策制定和监督方面发挥作用，具体的社区养老服务则主要依靠市场力量和中介组织等来运作。而我国居家养老服务则是在社会保障制度不尽完善的基础上开始的，在政策制定和社会保障制度方面得不到保障。政府既要筹措资金，又要组织实施，相反在政策制定和制度完善方面有许多缺憾。

其次是资金来源。英法两国社区养老服务的资金来源主要有三个方面：医疗保险和医疗救助，长期护理保险，个人自费。此外，还有少量的慈善机构、教堂、中介组织、志愿者提供的免费服务。而我国的资金来源则主要还依靠政府财政和社会福利彩票公益金。专门针对居家护理的医疗保险或护理保险目前还没有。我国也有企业、个人、志愿者等提供赞助和免费服务，但总的来说还不成规模，影响不是很大。

比较国内外的资金投入机制，国外的医疗保险和护理保险等都是制度性投入，具有很高的稳定性，因而其保障功能也较强。而我国主要依赖政府财政投入，虽然有的地方纳入了财政预算，但是，财政投入受政府财力限制，当财政收入较多时，政府可以多向居家养老服务投入，而财政收入少时，势必就会减少对居家养老的投入，这种投入的稳定性是较差的，老年人的服务缺乏保障。

第三，机制运作方面。国外的居家养老服务是完全的市场化运作，由专业的机构提供服务，与机构养老服务差别不大，只不过服务地点是在老年人家里或者社区。而我国由于居家养老的福利性质，目前市场化程度很低，主要还是政府运作。我国有些地方开展的为老年人提供家政、洗衣、送餐、维修、购物、托管、医疗、政务等个性化、专业化服务，已经具有一定的市场化性质，但总的来说，我国居家养老的市场运作部分还不够发达。

第四，服务对象方面。英法两国社区服务的对象为全部需要提供服务的老年人，具有普惠性。而我国居家养老服务的对象主要是困难老年群体，因而从一开始就具有明显的社会救助和福利的性质。

总的来说，尽管我们和英法两国的文化、制度不同，但居家养老（社区养老）的模式确有许多共同之处，仍是中外大多数老年人的首选养老方式。因此，我们应该大力推进居家养老和社区养老服务，同时重视机构养老服务的作用，走家庭养老和社会养老相结合的道路。

四、几点启示

（一）应该加强相关的法律法规和配套政策的出台和完善。从国外经验看，居家养老经济支撑都是制度性的安排，资金来源相当稳定。虽然我国也建立了养老、医疗等社会保险制度，但是，由于保障水平较低，无法满足居家养老的实际需要。而且，我国的社会保障制度还不支持老年人购买居家养老服务。最根本的就是我们法律法规和配套政策不完善，使社区养老服务无论从资金、管理、服务方面都面临很多困难。所以，当务之急是要做好居家养老服务政策的研究和制定，完善社会保障制度，从制度上保障居家养老服务的顺利开展。

（二）应该加强居家养老服务体系建设。英法两国都有完善的养老服务组织体系。包括政府、社会福利组织、评估机构、非政府组织、慈善组织、从事养老服务的企事业单位等，体系完整健全，各司其职，各尽其能。相对而言，我国居家养老服务还处于探索阶段，服务组织体系尚未建立和完善。国家有必要建立和完善包括老年人养老服务补贴评估、服务队伍和组织管理以及养老服务设施建设等在内的居家养老服务体系。

（三）充分利用社团、机构、非政府组织和老年人自身的力量，

共同为营造促进老年人健康生活的环境而努力。通过我们的了解和观察，英法的社团、机构、非政府组织在社区为老服务方面发挥了很大的作用。而同英法相比，我们的社团、机构、非政府组织和老年人自身，无论组织形式上，活动能力和发挥作用上都有不

少的差距。

考察团成员：

吴玉韶　全国老龄办副主任
艾向东　陕西省老龄办常务副主任
曹　健　全国老龄办机关服务中心主任
李文斗　北京市老龄办副主任
梅长青　福建省老龄办副主任
韩保福　陕西省咸阳市民政局调研员
刘敏兰　国家统计局老干局副处长
般富秀　新疆库尔勒老龄办主任
肖宏燕　全国老龄办国际部副处长
贺常梅　全国老龄办政研部副处长

关于参加马来西亚第19届亚太地区社会工作者会议的报告

孙陆军

2007年9月4～6日，我与老龄办政研部的孙慧峰同志申请参加了在马来西亚的槟城举行第十九届亚太地区社会工作者会议。出席该次会议的代表有400多位，其中有150位来自日本、韩国、中国、澳大利亚、印度尼西亚、北欧、加拿大的专家、学者和社会工作者。港、台地区也有代表出席了会议。

亚太地区社会工作者大会每两年举办一次。本次会议是由亚太社会工作教育协会（APASWE），马来西亚Sains大学（USM）下属社会学分院以及马来西亚社会学所共同主办。会议日程安排紧凑，9月4日上午8点半为会议代表报到，9点15到11点30分为大会开幕式和代表致词，11点30分以后，当天下午以及第二天上午，代表们分别在5个分会场就社会福利、社会政策、社会工作实践等方面的内容进行了会议交流。会议于5日下午结束，大会在9月6日安排了半天参观槟城当地的养老院，使各国代表有机会亲身体会马来西亚老年照料服务的情况。大多数外国代表于9月7日离开马来西亚。

本次社会工作会议涉及的主题广泛，从宏观到微观层面都有涉及，涵盖社会政策、社会转型对于传统社会工作的影响、社会工作的职业化挑战、培训需求与对策等内容，关注焦点包括提供如何提供服务、贫困和不平等、儿童问题和老年人问题、家庭、残疾、人口迁移，甚至恐怖主义与社会工作也是部分学者关注的问题。大会代表提出的问题，经过实践的经验对于我们这样社会工作还在起步阶段国家很有借鉴的意义，因为这些国家经过自己的实践发现的问题和遭遇的困境，正是我们明天可能将要面对的实际问题。本次会议以光盘的方式收录将近50篇论文，有几十位代表在会议上介绍了自己的研究成果。我与全国老龄办的孙慧峰分别做了“农村家庭养老面临的困境”和“中国城市老年人的居家养老服务”，为题的专题发言，帮助其他国家了解中国城乡的老年人情况发挥了积极的作用。同时，借助这样的会议也扩大了中国老龄科研中心的影响。

本次活动所发生的费用主要包括两部分：其中机票以及交通费由联合国人口基金负担，而住宿是由会议承办方提供。

赴莫斯科参加第一届世界社会保障论坛暨第二十九届国际社会保障协会（ISSA）大会的情况汇报

中国老龄协会代表团

第一届世界社会保障论坛暨第二十九届国际社会保障协会（ISSA）大会于2007年9月10日在莫斯科

世贸中心开幕。来自129个国家的1200名以上社会保障组织的代表出席会议。中国劳动部胡晓义副部长、王东进副部长和中国社会保障协会会长、政协委员王建伦分别代表中国政府会员和联席会员出席会议。中国老龄协会作为该组织联系会员，由阎青春副会长带领4人代表团应邀出席了会议。

依照ISSA以往大会的经验（惯例），本次会议旨在提供一个供全球社会保障领域的领导人与专家见面的独特平台，讨论这一领域的发展以及他们的组织所面对的问题，加强社会保障的国际合作，分享成果，促进共同发展。

9月10日上午，于2004年当选的ISSA主席格拉森．德拉帕斯女士在大会的开幕式上致辞。她赞赏会议主办方俄罗斯联邦在ISSA成立80周年之际为筹办此次大会所做的努力，并指出这是该国政府第二次主办ISSA大会。上一次是在40年前，ISSA在列宁格勒（圣彼德堡）召开了她成立40周年时的大会。她同时表示，基于ISSA的理念，我们将要在世界范围内推动与扩大社会保障与社会合作的发展中发挥更加重要的作用。我们来到这里，就是要为大家提供一个机会，用我们自己的方式向贫困和不幸宣战。她表示相信，今天这次战斗如同80年前ISSA的成立具有同样的价值。

开幕式上，俄罗斯联邦第一任总理（负责国家社保计划）麦德维德夫先生代表俄罗斯政府欢迎与会代表的到来。他首先转达了普京总统对ISSA大会和成立80周年的祝贺，并对该组织多年来在社会保障领域工作成绩的感谢和赞赏。他指出，社会发展不应滞后于经济发展。社会所关注的问题，特别是人口问题，也是俄罗斯联邦政府所关注的国家优先问题。ISSA这次大会为我们大家提供了一次为解决这些主要挑战进行磋商和对话的机会。

此次会议国家组委会主席，俄罗斯联邦卫生与社会发展部长苏拉伯夫先生指出，此次会议的召开正值完成了俄罗斯本国的快速转型之时，会议使大家有机会在全球化和人口（统计）结构转变的环境下，交流各自在发展过程中的经验并完善我们本国的社会保障体系。

俄罗斯联邦国家杜马第一副主席莫罗佐夫先生和国际劳工组织代表戴欧普先生分别致辞。俄卫生和社会发展部长苏拉伯夫当选本届大会主席，原始英属维京群岛社会保障理事会会长斯凯顿女士、南非社会发展局局长马当赛拉先生、中国劳动部副部长胡晓义先生当选为会议副主席。

在接下来的几次全体会议和技术委员会会议中，各国与会代表围绕着《不断扩大社会保障覆盖范围的战略》、《老龄化不仅是一个养老金的问题，而是一个社会问题》、《社会保障与社会合作的发展》等问题召开了对话和研讨。

发言者指出，世界各国在发展经济的同时，必须要十分注意与社会的发展和社会的公平正义紧密结合起来。许多发言者用对社会保险的投资和劳动市场政策促进生产力提高的事实，证明和阐述了经济增长与公平公正相结合的重要性。

为呼吁世界各国立即行动起来以减少全球的不安全和贫困，国际劳工组织社会保障司司长斯琼报告了一个来自欧洲的最新成果：《为所有人的社会保障》。他说，在欧洲，社会保障已经帮助了大约50%的人减少了贫困，并且实践证明这样做是那些国家和政府可以承担的。他强调这一结果应该适用于所有国家。他针对有些发展中国家强调的不能那样搞社会保障，因为本国资源不足，资金"短缺"，"贫穷的国家支付不起社会保险，社会保险的花费会破坏经济增长……"斯琼先生反驳指出那并不是因为资源不足的原因，而是出于政治原因。"基本的一揽子全面社会保险的花费不会高于国家国民生产总值的5%。它应该适用并且受益于所有国家"。斯琼先生指出，这一建议只是达到"逐渐实现全面保险"的第一步，而长期的和更大范围的保障应采取进一步的行动。这就要求各国政府应在建立"基本的一揽子普通保险"之后，对扩大社会保障覆盖范围发挥主要的作用。他肯定这种保险的覆盖范围必须以公平公正为基础，在政府、工人、雇主三方统筹调整与监督中不断发展和巩固。

9月13日下午，大会围绕老龄、病残、遗属保险等问题分别召开了技术委员会会议。在发达国家，养老金的覆盖已经通过功能完善的劳动市场和有效的收缴方案得以规范地运作。近年来，高失业水平、长寿和低出生率的影响，对原社会养老保险体系的财政支撑能力的可持续性提出了挑战。为了适应财政支撑能力的持续性，各国都在进行改革的努力，都在寻求新的方法来扩大就业、延迟退休。由于早退休而产生的不利因素，延长工作生涯在许多国家都受到鼓励。在不发达国家，非正式就业率的增长和行政管理的不完善，造成这些地方的养老金覆盖范围维持在一个低水平上。有发言者指出，在非洲撒哈拉南部地区，目前养老金覆盖率平均只占劳动力的5%左右。但同时却有许多发展中国家已经面临着快速的老龄化，这无疑对于正在建立和完善老年人社会保障需求的国家更加造成不断上升的压力。

作为一个可能的解决办法，参会国家的代表讨论了使用“非缴费”养老金方案的可行性。发言者相信，这种“非缴费”方案就是根据本国群众最基本生活需求的测算和国家财政的支付能力，完全由国家财政统一发放救助性的最基本养老金，这将有助于社会稳定，所以应是不发达国家的一个政治上的选择。

国际劳工组织、世界银行和国际经合组织的代表也参加了此次研讨。会议结论认为，:应设计出连贯的、可持续的,既注意到老年人的需求又不妨碍就业与经济发展的政策,来应对当前所面临的老龄化的挑战。

9月14日大会举行了全体会议，展开了最精彩的《社会保障高层论坛》。论坛嘉宾来自国际劳工组织、世界银行、经合组织、欧盟以及一些国家负责社会保护和社会保障的部长们。他们在发言中阐述了社会保障在面对全球发展和减少贫困中所发挥的重要作用。论坛首先肯定了社会保障是20世纪最显著的成就之一，它使人民通过摆脱脆弱和贫困享受到了福利。同时也分析了全球化带来的快速经济增长加剧了劳动力市场的不稳定和劳动人口的变化，指出了这些新情况、新问题对扩大社会保障覆盖面和有效性带来了新的挑战。各国的专家和官员们在高层论坛上还共同围绕如何“建立一个新型的有活力的社会保障体系来面对全球发展的挑战”，充分发表了不同的意见。

9月14日下午，会议主办方俄罗斯联邦组委会专门举行了《社会保障在俄联邦》的专场报告会。俄罗斯联邦政府养老金基金会主席巴塔诺夫先生介绍了该基金会的工作。他说，俄罗斯联邦政府养老金基金会成立至今已经15周年了，它的成立标志着旧的养老分配模式改变为以国家养老保险金制度为基础的新的养老保险模式。从那时开始的很多改革已经完成：1997年建立并开始实行个人账户；2002年颁布了新的养老金法规。这是俄罗斯历史上第一次把养老金引入劳动者养老金结构体系的资金组成部分，俄罗斯人民将在2013年从中得到益处。部分养老基金可以用来投资，每年都有超过7400万俄罗斯公民接到官方通知，告之其个人养老金账户的近期资金积累明细。这些明显的成果都来自于养老基金会有针对性的辛勤工作，以及俄罗斯联邦政府和总统客观明确的社会养老政策。根据俄罗斯联邦养老金基金会预算，2000年～2005年，俄罗斯联邦养老金基金会筹集资金实施了一项旨在帮助全国一些特定地区有特殊需求和残疾的退休人员的“目标社会帮助项目”，此项目向贫困的退休人员、残疾人、老退伍军人和参加过伟大卫国战争的老战士提供所需的基本物质援助。这些活动在每年的胜利纪念日、老年日和残疾日举办。到2005年，该基金会已为此项目发放了100亿卢布。还有其他的一些目标援助，如遵照俄罗斯联邦政府的决定，该基金会向50952位特殊困难者提供了现金援助。他们是因2001年萨哈地区、2002年6月南部地区和2004年阿尔泰地区洪水灾害而失去工作的人，以及2004年4、5月库尔干火灾中失去家园的人。俄罗斯的养老保障情况也给与会者提供了有益的启发和借鉴。

此外，大会技术委员会还举办了有关社会保障多个领域的全体会议和研讨会。会议期间ISSA秘书处也召开了会议，修改了章程。

会议期间，中国老龄协会代表团与ISSA组织的成员、各国参会代表以及专家学者进行了广泛的接触和交流，并经国际社会保障协会秘书处安排，代表团还会见了ISSA组织主席格拉森．德拉帕斯女士等官员，增进了相互间的了解和信任。

（代表团成员：阎青春　苏京华　柏娟　武保银）

赴瑞典、马耳他访问考察报告

中国老龄协会赴瑞典、马耳他代表团

应瑞典卫生福利部和马耳他老龄事务议会国务秘书的邀请，全国老龄办常务副主任李本公率代表团于5月29日至6月7日，赴瑞典和马耳他访问，考察了瑞、马两国的养老服务工作。代表团先后访问了瑞典卫生福利部、联合国老龄问题研究所，与马耳他老龄事务议会国务秘书海伦·达马托女士举行了会谈，参观了马耳他Mtarfa老人院。

瑞典和马耳他都是人口老龄化程度较高的国家，老龄工作开展的时间早，积累了较丰富的经验。瑞典国内60岁以上老年人口为219万人，占总人口数的24%；马耳他老年人口为7.8万人，占总人口的19%。总的来看，这两个国家同为发达国家，经济实力雄厚，运行稳定，在养老方面，都实行高福利的养老保障模式，在发达国家中，具有较强的代表性，其共同特点是：

（一）健全的养老保障制度。以瑞典为例：瑞典从1932年开始，逐步建立了闻名于世的“从摇篮到坟墓”的福利保障制度，惠泽每个社会成员的养老金制度就是瑞典福利模式的一个重要部分。在瑞典，养老退休金包括基本年金和附加年金，约为退休前工资的70%。法律规定由雇主代雇员交纳全员保险金和保险费中的40%，中央和地方政府财政补贴分别占24%和28%，基金利润占8%。政府统一发放基本养老金为养老提供经济保障，所有定居瑞典的人，年满65岁都可根据居住年限领取数额不等的基本养老金；政府对所有低收入退休者提供住房补贴；地方政府提供医疗服务保障，老人们退休后仍能享受近乎免费的医疗服务。2006年瑞典政府用于社区医疗保健服务费用年支出达813亿瑞典克朗（瑞典克朗与人民币的比值中间价为1：1.085），为老服务年支出达80.3亿瑞典克朗，合计893.3亿瑞典克朗，约占当年国民生产总值（28380亿瑞典克朗）的3.15%。

（二）强大的社区服务网络。瑞典老年人几乎全部为空巢。瑞典政府养老服务的基本出发点是“最大限度的让老年人住在自己家里养老”，主张开展社区服务、远程服务、定点、定期上门等为老服务，切实解决居家老年人的各种生活困难和问题。瑞典政府规定，由市级政府提供社会服务保障，在各市建立政府服务网，服务内容包括入户服务、住房维修、短期照料、日常活动、社区医保等。目前瑞典国内参与社区服务总人数达到24.48万人，有50万名老年人可以在社区享受到全天候的各种照料服务。

（三）完善的养老服务组织机构。瑞典养老服务工作机构分三级：国家级—地区级—县级。国家养老服务工作机构设在卫生福利部，有三位部长分别负责社会保险、生活照料、医疗公共卫生等涉老事务。地区和县配置相应的工作机构，专门负责老年人的健康保健和社会照料服务等工作。县级政府聘用有爱心、有经验有能力的人员组成社工组织，负责对本地区老年人收入、健康状况做出评估，并就老人应不应该享受服务及补贴做出决定。程序是：老年人本人提出服务需求和补贴申请→医生出具该老人需要的社工服务时间证明→社工组织审查批准→社工组织具体负责组织实施。其中，社工组织对本地政府负责。

我国是一个人口众多的发展中国家，经济发展水平较低，城乡二元结构明显，存在一定比例的贫困人口。因此，我国的养老保障只能是低水平的、广覆盖的、确保大多数老年人的基本养老保障，不能走瑞典等发达国家高福利的养老保障道路，但是他们的养老服务模式和理念却很值得我们学习和借鉴。

首先，最大限度的让老年人在家里养老，不仅是国际养老服务趋势，也符合中国国情。由于亲情的维系和地缘文化的吸引，我国绝大多数老年人都希望居住在子女附近，居住在熟悉的地方和环境中养老。此外，中国的老年人不单是被赡养者，在老年期的很长一段时间里，还是对家庭其他成员提供帮助者，是家庭生活的支持者。因为多数老年人在大部分时间里是可以生活自理的，他们可以对家庭生活做出很大贡献，例如料理家务、照看和教育第三代。老年人在家庭中的这些作用对于年轻一代减轻家庭负担、全力投入工作是很有积极意义的，这也是一种对社会的贡献。再有，居家养老可以大大节约养老服务费用。瑞典政府2005年对比统计表明：养老院养老，每个老年人的年服务费用是45.5万瑞典克朗，而居家养老每个老年人的年服务费用仅为21.2万瑞典克朗，节约开支53.4%。在中国，家庭养老是几千年延续下来的优良传统，在新形势下仍有巨大的生命力。目前我们积极推进居家养老服务，尽最大努力满足老年人居家养老的意愿，不仅有利于老年人身心健康，而且有利于家庭社会的稳定，意义重大。

其次，政府应该发挥主导作用，更多地承担起组织实施居家养老服务的责任。为“最大限度的让老年人住在自己家里养老”，瑞典政府采取了一系列措施，如在普通住宅区内建造老年公寓、康复中心，或在一般住宅建筑中酌建便于老年人居住的辅助住宅，免费为老年人改建住房，使之更适于老年人居住；为患慢性病需要长期护理的老年人配备家庭护理保健助手，国家发给家庭护理补助费；社区还雇佣走家串户的家庭服务员，定时上门为散居的老年人购物、备餐、整理卧室和处理家务；边远地区的邮递员还在送信途中负责探视分散居住的老年人，服务费用由政府社会局支付等。明确规定，老年人的健康保健（入户保健）由市医院和地方医院各承担50%，生活照料由基层政府设立社工组织负责，形成了一套组织严密、分工具体、服务周到的养老服务网络。我国的居家养老服务现在还处于探索试点阶段，有的地方政府还没有认识到居家养老服务的重大意义，财政投入不够，社区养老服务设施短缺；有的地方没有建立组织领导机构，把居家养老服务完全交给中介组织来做，政府的主导作用还没有充分体现。因此，在我国要推进居家养老服务工作，政府必须更多地担当起组织实施的责任，建立一个包括设施建设、补贴制度、组织领导、服务队伍、决策评估、监督管理等在内的服务体系。

第三，要大力发展为老服务队伍。瑞典60岁以上老年人口仅为219万人，而参与社区服务的人员就有24.48万人，就是说平均不到9个老年人就有一个为之服务的人员。1975年瑞典65岁以上老年人将近130万人，而家庭服务员竟达7万人之多。而我国由于政策扶持力度不够，服务补贴制度没有建立或者不够完善，社区为老服务队伍没有得到发展，有许多社区根本就没有专为老年人服务的人员，这是制约我国居家养老服务业发展的重要因素。我们应该学习瑞典的成功经验，采取有效措施，加快社区养老服务队伍的建设，使之适应居家养老服务的需要。

第四，机构养老依然需要，但应以需要全护理的老年人为服务对象。瑞典、马耳他的养老院都是以长期患病需要长期护理的老年人为对象的。对于哪些人该进、哪些人不该进养老院，该不该享受入住养老院补贴，政府都要进行评估、审查，不到万不得已，两国政府都不主张入住养老院养老。目前我国养老机构一方面还远不能满足有长期护理需求的老年人需要，另一方面又存在大量健康老人入住养老院，占有紧缺的养老服务床位的现象。有鉴于此，我国的养老机构尤其是国办养老机构应该确立正确的服务方向，加强入住对象的审查、评估，保证确实需要长期护理的老年人享受到应有的服务，同时避免养老院这一社会福利资源被不该享有的人占用。

代表团团长：李本公　全国老龄办常务副主任；
团员：肖才伟　全国老龄办国际部主任
王建新　云南省老龄办副主任
杨东法　全国老龄办政研部副主任
庞　涛　全国老龄办综合部

中国老年艺术团赴澳门演出交流活动总结

中国老年艺术团赴澳门演出领导小组

为加强内地与澳门地区的老年文化交流，促进两地老年人之间的相互了解和沟通，应澳门特别行政区政府邀请，由老龄办国际部组织的中国老年艺术团一行85人，于11月13日至16日赴澳进行了演出和交流活动，与澳门同胞共庆“2007年长者节”。

一、活动背景

今年十一月是澳门开展为期一个月的“2007国际长者节”，澳门特别行政区政府通过组织社会各界以各种方式庆祝老年人的节日，促进全社会关注老年群体，关爱老年人，关心老龄事业。为丰富“长者节”的活动内容，澳门特别行政区社会工作局特别邀请了中国老年艺术团在长者节期间赴澳门演出交流，给节日注入了丰富的内涵，融入了丰富多彩的内容。

二、活动概况

澳门文化交流中心综合剧院，是澳门顶级的艺术殿堂，来这里演出的都是国际级的艺术团体或艺术家，中国老年艺术团于11月13日至15日登上这个舞台，以一台展示《红叶风采》的歌舞晚会，连演三日，大受欢迎，反响强烈。成为国际“长者节”活动的一个亮点。澳门各界数千名观众走进剧场，争相观看，共同感受《红叶风采》的艺术魅力。台上台下融为一体，剧场氛围和谐热烈。当由李宝库、孟庆云同志创作的《孝亲敬老歌》作为开场曲在剧场响起时，台下一片掌声。北京大钟寺祈福钟的钟声作为礼物带到了澳门，敲响了三声，一祝祖国繁荣昌盛；二祝澳门同胞阖家幸福，长者健康长寿；三祝澳门明天更美好。祝福的钟声在剧场回响，引起了澳门观众的强烈共鸣，把演出推向高潮。

演出内容以以“风采颂”、“奥运颂”、“和谐颂”为主题，展示了内地老年人在党在十七大召开后，意气风发，幸福和谐的“红叶风采”。

由来自北京、上海、湖北、浙江、贵州、广东、海南等七个省、市的老年演员，表演了包括民族舞蹈，时装舞蹈、踢踏舞、古典舞、声乐、器乐、粤剧、川剧变脸、魔术、武术在内的形式多样、精彩纷呈的节目，受到当地各界观众的热烈欢迎，澳门长者也和我们同台演出了具有当地特色的精彩节目，演出谢幕时，掌声达十几分钟，观众迟迟不肯离去。

三、媒体反映

中国老年艺术团建团五年来，这次出访是首次由当地政府正式邀请访问演出，澳门当地各媒体也给予高度重视。精彩的演出获得了众多媒体的好评，如澳门时报演出首场后评道：“请来的中国老年艺术团，虽说是业余组团，水准却是专业的，团员平均年龄六十有余，最长者八十有五，可是，个个比后生更后生，舞台上生龙活虎，一点老态也没有，台下观众拍烂手掌，成效如何，不用多说。”“赞叹”、“倾倒”、“极为精彩”、“十分感人”、“反响强烈”、“引起轰动”等词句连见报端。

四、澳门有关方面领导出席

演出期间，澳门特别行政区政府社会工作局，中央政府中联办等有关方面领导出席了演出的开闭幕式，社会工作局局长叶炳权先生发表了热情详溢的讲话。

五、几点体会

1. 澳门回归整整八年了，回归八年来澳门取得了巨大的发展和惊人的变化，社会稳定、繁荣，人民安居乐业，充分体现了“一国两制”方针的英明伟大。

2. 通过文化艺术交流方式，实现两地老年人之间的相互了解和沟通，增进了友谊，促进了两地的文化繁荣和社会发展。

3. 通过老年人自编自导自演的文艺节目，向澳门社会各界展示了内地老年人老有所乐的幸福生活现状和精神面貌，展示了内地“积极老龄化”的老龄事业发展状况。

4. 内地老年人和澳门地区老年人有着同样的爱国情怀，应把两地老年人的各项交流活动进一步发展、扩大，共同促进老龄事业的发展。

小组成员：

张志鑫　中国老龄事业发展基金会副会长
　　　　中国老年艺术团团长

钟　扬　中国老龄事业发展基金会宣传活动部副主任
　　　　中国老年艺术团团长助理

蔡　婕　中国老龄协会国际部综合处副处长

第八部分

大　事　记

2007 年全国老龄工作大事记

一月

▲4 日，常务副主任李本公在中国老年大学协会上报的《全国老年大学文艺汇演在宁圆满结束》上批示：

这次文艺汇演的圆满成功，充分说明老年大学协会大有可为，同时也是群众组织发挥自身优势、充分发掘各地、各级老年文艺人才、形成各方联动的一次成功尝试，为今后的发展提供了经验。

▲8 日，副主任袁新立到国务院办公厅汇报全国老龄委第九次全体会议材料准备情况。

▲9 日，副主任阎青春率领机关第三党支部的党员赴北京市顺义区牛栏山镇敬老院慰问“五保”老人。

▲10 日，副主任阎青春同中国社会出版社协商《中国老龄》办刊事宜。

▲11 日，副主任曹炳良就《中华人民共和国老年人权益保障法》（以下简称《老年法》）修订问题与北京市平谷区老龄办和法院进行座谈。

▲12 日，常务副主任李本公主持召开主任办公会议，研究《关于全面推进居家养老服务工作的意见》等问题。

▲13 日，副主任阎青春出席中国残联康复协会年会。

▲14 日，副主任阎青春出席中国社工协会举办的养老院院长风险管理培训班并授课。

▲15 日，副主任阎青春赴北京大学出席“建设和谐的老龄社会”专家前沿论坛并作演讲。

▲16 日，副主任阎青春、顾问赵宝华、主任助理张同春赴江苏省常州市出席中国老年学学会旅游专业委员会二届一次会议。

▲17 日，民政部党组成员、常务副主任李本公出席湖南省民政工作会议并讲话。

▲18 日，常务副主任李本公主持召开主任办公会议，研究《关于 2006 年全国老龄工作情况和 2007 年工作安排意见的报告》等问题。

同日，副主任袁新立出席民政部直属机关廉政建设集体谈话会；全国老龄办印发了《关于报送老年人权益保障法规和农村老年空巢、隔代家庭帮扶政策措施等有关材料的通知》。

▲22 日，常务副主任李本公在权益部上报的《关于 2006 年全国老龄办信访情况的报告》上批示：

随着社会各种矛盾的凸显，老年人维权意识的增强，全国老龄办职能为社会更多的了解，可能今后来我们这里上访的人数会越来越多，信访量加大。我办信访工作理应加强，在其他方面尚不好研究解决之前，首先应适当增加信访经费。同时在平时信访接待过程中，注意发现带有倾向性、苗头性问题，形成专题报告，必要时上报供决策参考。

▲24 日，副主任吴玉韶出席中国老年杂志社 2006 年工作总结会。

▲25 日，常务副主任李本公主持召开主任办公会议，研究《关于派人出席联合国社会发展委员会第 45 届会议的请示》等问题。

▲26 日，常务副主任、中国老年学学会会长李本公主持召开中国老年学学会常务理事会并讲话，副主任阎青春、顾问赵宝华出席会议。

▲27 日，副主任曹炳良出席中国老龄事业发展基金会常务理事会第四次会议。

▲31 日，副主任曹炳良出席马耳他驻华大使馆举办的马中建交 35 周年联谊会。

二月

▲1 日，全国老龄工作委员会召开第九次全体会议，中共中央政治局委员、国务院副总理、全国老龄委主任回良玉出席会议并作重要讲话。民政部部长、全国老龄委副主任兼办公室主任李学举在会上作了《关于 2006 年全国老龄工作情况和 2007 年工作安排意见的报告》。全国老龄委全体委员，全国老龄委办公室常务副主任李本公，副主任袁新立、曹炳良、阎青春、吴玉韶，顾问赵宝华、白桦，主任助理张同春等出席会议。

▲2 日，常务副主任李本公主持召开主任办公会议，研究《关于全面推进居家养老服务工作的意见》等问题。

▲6 日至 7 日，2007 年全国省级老龄办主任会议暨全国居家养老服务经验交流会在浙江省杭州市召开。会议传达学习了回良玉同志在全国老龄委第九次

全体会议上的重要讲话。全国老龄委办公室常务副主任李本公作了工作报告。会议总结了2006年全国老龄工作情况，部署了2007年工作任务，交流了居家养老服务工作的典型经验。全国老龄委办公室副主任袁新立、曹炳良、阎青春、吴玉韶，顾问赵宝华、白桦，主任助理张同春等出席了会议。

▲9日，副主任阎青春、吴玉韶，顾问赵宝华出席中国老年杂志社举办的迎新春敬老联谊会。

▲12日，全国老龄办举办了迎新春团拜会，常务副主任李本公，副主任袁新立、曹炳良、阎青春、吴玉韶，顾问张志鑫、赵宝华、白桦，主任助理张同春等出席。

同日，副主任阎青春出席民政部社工队伍建设和标准化建设领导小组会议。

▲12日至13日，常务副主任李本公，副主任袁新立、曹炳良、阎青春、吴玉韶，主任助理张同春等分别慰问了全国老龄办的老领导。

▲13日，常务副主任李本公，副主任袁新立、曹炳良、阎青春、吴玉韶，主任助理张同春等出席民政部机关组织的网上团拜会。

同日，副主任袁新立主持召开13个全国性涉老社团联席会议。

▲14日，副主任吴玉韶主持召开老龄办直属机关保密安全工作领导小组全体会议。

同日，全国老龄办印发了《关于印发李本公同志在2007年全国省级老龄工作委员会办公室主任会议上的讲话的通知》和《关于印发李本公同志在全国居家养老服务经验交流会上的讲话的通知》。

▲15日，全国老龄办印发了《关于印发〈全国老龄工作委员会办公室二〇〇七年工作要点〉的通知》。

三月

▲2日，全国老龄办印发了《关于印发李学举部长在全国老龄办中层以上干部座谈会上的讲话的通知》。

▲5日，全国老龄办召开机关和直属单位建设和谐机关主题教育活动周动员大会，常务副主任李本公作动员报告，副主任袁新立、曹炳良、阎青春、吴玉韶，主任助理张同春出席会议。

同日，副主任吴玉韶出席全国老龄办机关和直属单位纪念“三八”妇女节座谈会并讲话。

▲8日，常务副主任李本公出席“民政部党组专题民主生活会情况反馈暨建设和谐机关主题教育活动周总结大会”，副主任袁新立、曹炳良参加了会议。

▲9日，副主任阎青春出席中国邮电出版社举办的老年电脑课堂丛书发行会。

同日，副主任吴玉韶出席民政部保密委员会全体会议。

▲10日，副主任阎青春接受中国国际广播电台记者关于中国老龄问题的专题采访。

▲12日，常务副主任李本公主持召开主任办公会议，研究《老年法修订工作方案》等问题。

同日，副主任吴玉韶出席全国老龄办直属机关共青团工作会议并讲话。

▲13日至25日，副主任阎青春率团访问了日本和美国。在日本期间，代表团出席了美国退休者协会在日本东京举行的题为“重新认识‘退休’·亚洲”的国际会议，阎青春副主任应邀在全体大会上作了“中国：应对人口老龄化挑战的对策和思路”的讲话。代表团先后与日本和美国的老龄部门、老龄社团就老龄工作问题进行了广泛交流。

▲14日，常务副主任李本公会见了以奥地利前内政部长、现奥地利及欧盟老龄协会主席布莱夏为团长的奥地利代表团，双方就加强老龄领域的合作与交流进行了探讨。

▲22日，民政部党组成员、常务副主任李本公出席甘肃省民政工作会议并讲话。

▲23日，常务副主任李本公主持召开主任办公会议，研究《全国老龄办2007年重点工作分解表》等问题。

▲27日至28日，全国老龄办召开学习“两会”精神和李学举部长在全国老龄办中层以上干部座谈会上的讲话座谈会，观看学习了十届人大五次会议精神辅导讲座录像资料；座谈交流了学习李学举部长讲话心得体会；研讨了2007年全国老龄工作和老龄办机关重点业务工作；常务副主任李本公作总结讲话。副主任袁新立、曹炳良、阎青春、吴玉韶，主任助理张同春出席会议，机关各部门、各直属单位负责人参加了座谈会。

▲28日，副主任阎青春出席第三届全国老人院院长论坛，31日在论坛上授课。

▲30日，全国老龄办召开机关和直属单位“党委常委民主生活会情况反馈暨建设和谐机关主题教育活动周总结大会”。常务副主任李本公作总结讲话，副主任袁新立、曹炳良、阎青春、吴玉韶，主任助理张同春等出席会议。

四月

▲3日，全国老龄办印发了《关于转发〈李学举

部长在部党组民主生活会情况反馈暨建设和谐机关主题教育活动周总结大会上讲话〉的通知》。

▲4日，副主任曹炳良出席外事工作通报会。

▲9日，副主任吴玉韶出席民政部社会工作研究中心成立大会。

同日，全国老龄办印发了《关于印发全国老龄办2007年重点工作分解方案的通知》。

▲12日，副主任阎青春与中央电视台“夕阳红”栏目组商谈老龄宣传工作事宜。

▲17日至22日，副主任阎青春出席山西省老龄工作会议并调研当地的农村老龄工作。

▲18日，全国老龄办召开机关和直属单位、社团纪检工作会议，副主任袁新立出席会议并讲话。

▲23日、26日，常务副主任李本公主持召开主任办公会议，研究《农村空巢家庭老年人状况调查研究的工作方案》等问题。

▲24日，副主任阎青春接受北京电视台记者关于居家养老服务问题的专题采访。

▲25日，副主任阎青春出席民政部计财司和中国老龄科学研究中心联合召开的老年服务标准编写会议。

▲27日，民政部党组成员、常务副主任李本公受部党组委托参加国务院有关工作会议。

同日，副主任袁新立、吴玉韶出席全国老龄办机关财务情况通报会并分别讲话；全国老龄办印发了《关于印发〈全国老龄办2007年保密和安全工作要点〉的通知》。

▲27日至29日，民政部党组成员、常务副主任李本公出席云南省第十八次民政工作会议并调研云南省老龄工作。

▲29日，副主任阎青春赴江苏省南通市出席中国社工协会举办的为老服务研讨会。

五月

▲4日，副主任袁新立、曹炳良、吴玉韶，主任助理张同春出席“中国国际福祉博览会”开幕式和福祉专场文艺晚会。

▲8日，副主任袁新立会见了以松井直树为团长的日本国际福祉博览会代表团，双方就老年人护理问题进行了交流。

▲9日，主任助理张同春出席亚大会议执委会会议。

▲11日，副主任阎青春接受中央电视台新闻中心记者关于“世界家庭日一社区养老服务”的专题采访。

▲14日至16日，常务副主任李本公、副主任曹炳良出席上海市老龄委成员单位会议，并调研上海市民办养老机构发展状况。

▲14日至22日，副主任吴玉韶出席在浙江省绍兴市举办的全国老龄系统首届乒乓球邀请赛，并调研浙江省的老龄工作。

▲15日，常务副主任李本公、副主任曹炳良赴上海市出席联合国人口基金第六周期援华项目基线调查成果发布会。

▲16日至18日，民政部党组成员、常务副主任李本公出席贵州省第十二次民政工作会议并讲话。

▲18日，副主任曹炳良主持召开《老年法》修订工作办公室会议，讨论修订方案。

▲18日至20日，副主任阎青春出席在山东省泰安市举办的养老事业发展研讨会，并调研当地的机构养老发展情况。

▲20日，副主任袁新立赴山东省青岛市出席中国老年大学协会三届三次常务理事会议。

▲21日，常务副主任李本公、副主任袁新立同国家发改委有关领导商谈“爱心护理工程”十一五发展规划实施问题。

▲22日，副主任袁新立出席由卫生部召集的部级联席会议。

同日，副主任阎青春到北京大学为美国南加州大学公共管理专业的学生作社区养老情况专题讲座。

▲23日，民政部党组成员、常务副主任李本公出席福建省第十七次民政工作会议并讲话。

同日，副主任阎青春到中国社工协会老年福利委员会考察中国养老机构信息网站建设情况。

▲24日，全国老龄委印发了《关于调整全国老龄工作委员会副主任委员的通知》。

▲25日，常务副主任李本公出席全国公安系统英雄模范立功集体表彰大会。

▲25日至28日，副主任袁新立赴安徽省考察民办养老机构情况。

▲25日至30日，副主任阎青春赴云南省迪庆州出席中国老龄科学研究中心举办的“中国城乡老年人状况追踪调查表彰暨经验交流会”，并调研了当地老龄工作。

▲28日，常务副主任李本公、副主任曹炳良会见了以美国老龄协会会长RobynLGolden女士为团长的代表团一行，双方就中国老年人状况和人口结构情况进行了会谈。

▲29日，副主任吴玉韶出席全国老龄办机关环保节能座谈会并讲话。

▲29日至6月7日，常务副主任李本公率团访问了瑞典和马耳他两个国家。瑞典卫生与社会事务部官员和马耳他老龄与社区服务议会国务秘书德阿马托女士分别向代表团介绍了两国的老龄状况，相互交流了老龄领域的工作经验。

▲31日，副主任吴玉韶分别出席全国老龄办机关信息工作会议和国有资产清查领导小组会议并讲话。

六月

▲8日至9日，常务副主任李本公赴吉林省长春市考察民办养老机构发展情况，并出席中国老年学学会骨质疏松诊疗与研究长春基地挂牌仪式。

▲9日至16日，副主任阎青春出席在河南省安阳市举办的第三届全国养老机构发展战略论坛，并调研河南省居家养老和农村老年人协会建设情况。

▲13日，副主任吴玉韶出席民政部财务工作会议。

▲14日，常务副主任李本公主持召开主任办公会议，研究《关于拟派全国老龄委办公室副主任袁新立率团赴美国、加拿大考察老年立法和爱心护理工作的请示》等问题。

▲18日，副主任袁新立出席全国老龄办纪委关于贯彻实施《中共中央纪委关于严格禁止利用职务上的便利谋取不正当利益的若干规定》会议并讲话。

同日，副主任吴玉韶主持召开全国老龄办机关2008年项目预算编制会议并讲话；全国老龄办印发了《关于印发〈全国老龄工作委员会办公室外事工作管理规定〉和〈全国老龄工作委员会办公室国际合作项目管理办法〉的通知》、《关于做好全国老龄办机关2007年"节能宣传周"有关活动的通知》。

▲19日，常务副主任李本公赴天津市出席"天津市社区民间组织活动成果展"开幕式并致辞。

同日，副主任曹炳良主持召开《老年法》修订工作办公室第二次会议；主任助理张同春出席亚大会议执委会会议。

▲21日至26日，副主任曹炳良率团出席了在法国因赫莱贝恩市举行的国际老龄协会第十九届大会和理事会，并访问了国际老龄协会总部。

▲23日至24日，民政部党组成员、常务副主任李本公，副主任袁新立赴吉林省长春市出席2007年全国民政工作年中分析会。

▲27日，副主任吴玉韶出席中直机关十部委老干部迎接十七大文艺演出。

▲29日，副主任袁新立会见了以台湾老人基金会秘书长甘玉玦为团长的台湾代表团一行，双方就老年大学有关情况进行了交流。

同日，副主任吴玉韶出席全国老龄办信息化建设座谈会。

七月

▲1日，全国老龄办党委召开纪念建党85周年大会，党委书记李本公，党委常委袁新立、曹炳良、阎青春、吴玉韶等出席大会。会议表彰了6名优秀党员、4名优秀党务工作者和3个先进党支部。党委副书记袁新立以"不断提高共产党员的综合素质做一名称职的党员干部"为题讲了党课。

▲3日，常务副主任李本公主持召开主任办公会议，研究《关于办公楼消防安全改造立项的报告》等问题。

同日，副主任阎青春出席在人民大学举办的老年学学科建设研讨会。

▲4日，副主任曹炳良出席联合国人口基金第六周期项目情况汇报会。

▲5日，李本公常务副主任在《老龄工作简报》第四期上批示：

上海市的《意见》很有现实性、前瞻性和可操作性，可能代表了我国养老服务事业发展在具体实施方面的方向，很有指导意义。请联络部、政研部认真研究并予以密切关注。

同日，副主任阎青春主持召开十部委有关人员参加的居家养老调研课题座谈会。

▲8日，副主任阎青春出席中国社工协会举办的首届养老机构管理交流论坛。

▲9日，副主任曹炳良主持召开《老年法》修订工作专家座谈会，常务副主任李本公出席。

▲11日，副主任吴玉韶出席民政部政务公开工作会议。

▲12日，李本公常务副主任在联络部提交的《关于实施爱心护理工程的调研报告》上批示：

多搞点这样有针对性的、有确切情况、深刻分析、有实用价值的意见、建议，有利于认识的深化，有利于推动工作的扎实开展。

▲13日，副主任阎青春为云南省民政干部培训班授课。

同日，副主任吴玉韶出席全国老龄办机关环保节能活动总结表彰会议并讲话。

▲17日至22日，副主任吴玉韶赴山东省青岛市调研老龄工作。

▲23日，常务副主任李本公主持召开主任办公